Psicología

Los siguientes capítulos del presente volumen (así como el «Formulario de Autoayuda de la TRE» del capítulo 20) han sido traducidos y adaptados del inglés por V. E. Caballo.

Capítulos núm.: 1, 2, 7, 10, 11, 12, 14, 15, 19, 21, 22, 23, 26, 27, 28, 29, 30 y 32.

Vicente E. Caballo (comp.)

MANUAL DE TÉCNICAS DE TERAPIA Y MODIFICACIÓN DE CONDUCTA

siglo veintiuno editores

archipiélago
siglo veintiuno

españa
siglo xxi editores
www.sigloxxieditores.com
travesía bellver, 2, 28039, madrid

argentina
siglo xxi editores
www.sigloxxieditores.com.ar
guatemala 4824, c1425bup, buenos aires

méxico
siglo xxi editores
www.sigloxxieditores.com.mx
cerro del agua 248, coyoacán, 04310, ciudad de méxico

1.ª edición, 1991
2.ª edición, corregida, 1993
9.ª reimpresión, 2025

Travesía Bellver, 2 - 28039 Madrid
editorial@sigloxxieditores.com
www.sigloxxieditores.com

Diseño interior y cubierta: RAG

ISBN: 978-84-323-1773-6
Depósito legal: M-13.922-2015

Impreso en España

ÍNDICE

CUARTA PARTE

TÉCNICAS BASADAS PRINCIPALMENTE EN EL CONDICIONAMIENTO OPERANTE

QUINTA PARTE

TÉCNICAS BASADAS PRINCIPALMENTE EN LA TEORÍA DEL APRENDIZAJE SOCIAL

SEXTA PARTE

TÉCNICAS COGNITIVAS Y DE AUTOCONTROL

SÉPTIMA PARTE

OTRAS TÉCNICAS EN TERAPIA DE CONDUCTA

OCTAVA PARTE

EXTENSIONES DE LA TERAPIA DE CONDUCTA

PRÓLOGO

Desde comienzos de la década de los sesenta, la terapia de la conducta se ha convertido en una alternativa viable para los problemas tradicionales de la psicoterapia y de la psicología clínica en general. Se trata de un enfoque de los trastornos del comportamiento que se caracteriza por ser válido y fiable, basado en la ciencia y fundamentado en las investigaciones de laboratorio. Nada de esto tenía la psicoterapia tradicional, ante todo de corte psicoanalítico.

Sin embargo, este nuevo enfoque no llegó de inmediato a España ni a Latinoamérica. Sólo a comienzos de la década de los setenta se tradujeron los primeros libros sobre el tema y se escribieron algunas obras de psicología del aprendizaje, modificación de conducta aplicada al retardo en el desarrollo, etc. En esa época, los países latinoamericanos líderes en el campo de la terapia de la conducta, incluyendo también la investigación básica, eran fundamentalmente México y Brasil. Sin embargo, en otras naciones también se trabajaba con gran entusiasmo y en forma sistemática sobre análisis comportamental aplicado a la educación, análisis conductual en las organizaciones, diseño de culturas y —claro está— terapia de la conducta.

En México se fundó pronto una de las comunidades basadas en Walden II que más ha resistido el paso del tiempo y se ha solidificado, avanzado con mayor asidero en las ideas de Skinner: se trata de Los Horcones, en el estado de Sonora (al norte de México, muy cerca de los Estados Unidos), fundada en 1973. Se publicaron también importantes obras, se creó un programa de Magíster en Análisis Experimental de la Conducta, se llevaron a cabo investigaciones de laboratorio y se publicaron obras de trascendencia internacional. Brasil no se quedó atrás, y aunque sus trabajos han tenido menos influencia —porque se escriben en portugués y no en castellano— la influencia de este gigante suramericano en la terapia del comportamiento es muy relevante.

La fundación de la Asociación Latinoamericana de Análisis y Modificación del Comportamiento (ALAMOC) en 1975, en Bogotá, merece destacarse como hito en el desarrollo del área. ALAMOC ha organizado Congresos Latinoamericanos de Análisis y Modificación del Comportamiento en Panamá, Bogotá, Santiago de Chile, Lima, Caracas, Montevideo, San José de Costa Rica, etc. Publica además una revista y un Boletín, y busca unir a los especialistas del área en América.

Señalemos que de todos estos desarrollos, en la década de los setenta, estuvo ausente España. No es que no hubiera esfuerzos aislados de investigadores, sino que no se habían sistematizado y estructurado. En España, la psicología científica estaba reapareciendo, después de varias décadas de silencio, que los latinoamericanos extrañábamos mucho y que nos preocupaba sobremanera. Los psicólogos hispanoparlantes volvíamos los ojos a España y esperábamos encontrar directrices a nivel de investigación y de aplicación.

En la década de los ochenta, la situación cambió y España pasó a la vanguardia en psicología científica, incluyendo diversos campos de trabajo —básico y aplicado— y dentro de él la terapia de conducta *tuvo un papel prioritario. España recuperó el liderazgo que aquí, en Latinoamérica, todos esperábamos que recuperara. Se crearon laboratorios, se hicieron publicaciones de alcance internacional, se publicaron libros, se fundaron importantes revistas. Los «colegios invisibles» hicieron su aparición, la psicología alcanzó autonomía, prestigio e impacto social. La psicología española de la década de los noventa es internacional, científica, con una adecuada imagen pública, con buena financiación, con metas a largo plazo, y está contribuyendo eficazmente al acervo de conocimientos de la psicología mundial.*

Una prueba de ello es el presente libro. Entre sus autores, se encuentran distinguidos investigadores y terapeutas de muchos países del mundo, y un buen conjunto de los principales psicólogos españoles que trabajan en terapia de la conducta. Sus ocho partes abarcan toda la gama de la terapia comportamental: historia de la terapia de la conducta, aspectos metodológicos, técnicas basadas en el condicionamiento clásico, técnicas basadas en el condicionamiento operante, técnicas con fundamento en el aprendizaje social, aspectos cognoscitivos y de autocontrol, otras técnicas, y extensiones. No queda nada fuera y, aún así, el libro se ciñe estrictamente al enfoque científico del área. Encontramos aquí tanto las técnicas y estrategias más clásicas o tradicionales, como las más modernas. No es común que en un libro como éste se dedique un capítulo a la hipnoterapia *(el 28) o a la* psicología conductual comunitaria *(el 33) o a* problemas ambientales *(el 34).*

Junto a estos capítulos «no tradicionales» tenemos los clásicos, sobre economía de fichas, condicionamiento encubierto, desensibilización sistemática, relajación, etcétera.

Es un libro bien equilibrado, que brindará a los estudiantes y profesionales una importante fuente de consulta sobre terapia de la conducta y sus avances recientes. Psicólogos, psiquiatras, médicos generales, educadores, trabajadores sociales, estudiantes y todos aquellos interesados en beneficiarse de este campo, tienen aquí una obra de inmenso valor.

El profesor Vicente E. Caballo ha sido pionero en el mundo de habla castellano en terapia de conducta, como lo demuestran sus anteriores obras, entre ellas una muy bien documentada sobre habilidades sociales. *En el presente libro ha logrado reunir trabajos originales, escritos por especialistas de primera magnitud, que son los protagonistas de la investigación contemporánea en terapia de la conducta.*

Damos la bienvenida a este importante libro y lo recomendamos con gran entusiasmo. Consideramos que tendrá un lugar de enorme relevancia en España y América Latina y que servirá como texto para cursos sobre terapia de la conducta. Al público no especializado le mostrará lo que está avanzando este campo de trabajo y el lugar tan decisivo que ha alcanzado la psicología española de hoy. Le auguramos muchos éxitos a este libro y estamos seguros de que todos vamos a aprender mucho de él.

RUBÉN ARDILA
Universidad Nacional de Colombia

PREFACIO

La modificación o terapia de conducta es, sin lugar a dudas, el movimiento más importante dentro de la psicología clínica en las últimas décadas. Toda una nueva concepción de las tradicionalmente denominadas «enfermedades mentales» ha sido aportada por dicho movimiento. Este nuevo (y distinto) enfoque de la «enfermedad mental» ha constituido una ruptura con los modos y métodos de enfoques tradicionales anteriores. No sólo se emplean términos nuevos («trastornos conductuales» *versus* «enfermedades mentales») que encierran actitudes radicalmente distintas, sino que el mismo proceso de aproximación a un determinado problema tiene muy poco que ver con los métodos de la psicología clínica tradicional. Desde el mismo momento de la aproximación al problema, siguiendo con la evaluación del mismo y finalizando con su tratamiento, el enfoque de la modificación de conducta presenta aires nuevos y frescos y, lo que es más importante, su aplicación práctica es inmediata y verificable. La calidad de un psicólogo clínico ya no depende de su arte. El psicólogo clínico no nace, se hace. El estudio, la investigación y la práctica clínica forman al terapeuta de nuestros días. La intuición ha pasado a la historia. Los psicólogos de hoy no son (o al menos no deberían ser) los confesores del ayer. La modificación de conducta ofrece numerosos procedimientos de intervención para encarar los trastornos conductuales que presentan los individuos. De esos procedimientos o técnicas de intervención trata el presente manual. De igual manera que la profesión médica dispone de toda una serie de fármacos y técnicas quirúrgicas para el tratamiento de problemas orgánicos, así también la psicología clínica dispone de un conjunto de procedimientos terapéuticos para el tratamiento y la modificación de los problemas conductuales.

El objetivo de este manual es la presentación, a los psicólogos y psiquiatras que se dediquen a la práctica clínica, a los residentes de los hospitales implicados en la salud mental y a los estudiantes de los últimos cursos de la carrera de Psicología, de las técnicas de modificación de conducta más importantes de que se dispone hoy día. La intención ha sido ofrecer un libro eminentemente práctico (dentro de las limitaciones del espacio disponible), insistiendo para ello en la forma de llevar a cabo cada técnica específica y en las variaciones que presenta (o puede presentar) la misma. Pero tampoco hemos querido olvidarnos de todos los otros aspectos de la terapia de conducta, es decir, de la historia, de los fundamentos conceptuales y empíricos, y de factores que ejercen una importante influencia sobre la práctica de la terapia de conducta. Por ello hemos incluido también una serie de capítulos y una pequeña parte del espacio dedicado a cada técnica para tratar estos temas.

Dada la gran diversidad de procedimientos de la modificación de conducta que existen y la imposibilidad material de ser un experto en todos ellos, en el presente manual cada técnica es descrita por un especialista en la misma. Todos los capítulos, excepto uno, han sido escritos originalmente para este libro. Participan en él más de 40 doctores en psicología pertenecientes a 25 universidades, nacionales y extranjeras, y a distintos centros privados. El libro se compone de 35 capítulos agrupados en varias secciones. Un primer bloque reúne tres capítulos dedicados fundamentalmente a la historia (e incluso la «prehistoria») de la modificación de conducta. El autor del primer capítulo, el Dr. Franks, fue uno de los fundadores de la Association for Advancement of Behavior Therapy (Estados Unidos), su primer presidente y el primer director de la revista *Behavior Therapy,* aparecida en 1970, que tanto ha influido en todos los terapeutas de conducta.

El segundo bloque del libro lo forman cinco capítulos dedicados a cuestiones básicas de la modificación de conducta, tales como la evaluación, la generalización y mantenimiento de los efectos del tratamiento y la consideración de variables, tanto relativas al paciente como al terapeuta, que pueden estar influyendo en el proceso de terapia.

Las secciones de la tres a la siete están dedicadas a la descripción de las distintas técnicas. Se las ha agrupado por bloques, dependiendo del modelo que parece sustentar la base teórica de cada técnica. Pero esto se ha hecho con fines principalmente didácticos y de claridad expositiva, ya que no existe en terapia de conducta un modelo o modelos que expliquen por qué funcionan las distintas técnicas, ofreciéndose frecuentemente explicaciones *a posteriori* o planteando meras especulaciones sobre los mecanismos implicados en la eficacia de las técnicas. Así, las técnicas basadas *principalmente* en el condicionamiento clásico conllevan frecuentemente numerosos elementos cognitivos, elementos del condicionamiento operante y/o factores del aprendizaje social. Lo mismo sucede con las técnicas agrupadas bajo los otros apartados. No puede decirse que alguna de las técnicas del libro se base exclusivamente en uno de los modelos de aprendizaje que en él se exponen.

Aunque los autores han tenido cierta libertad en la descripción de las técnicas, cada una de éstas sigue un esquema organizado alrededor de los siguientes puntos: historia, definición y descripción, fundamentos conceptuales y empíricos, procedimiento, variaciones, aplicaciones, resumen/comentario final y lecturas para profundizar. De esta forma, pensamos que el lector puede adquirir los conocimientos esenciales de cada técnica, especialmente cómo llevarla a cabo, y, si aún quiere profundizar más en ellas, pueda hacerlo a través de las lecturas que se incluyen al final de cada capítulo.

El último bloque del presente manual trata con temas que pueden considerarse extensiones en la aplicación de las técnicas de terapia de conducta. Muchas de estas técnicas pueden tomar un formato grupal e incidir sobre un grupo de personas a la vez. Lo mismo sucede cuando esas técnicas se aplican a la comunidad, pero en este caso el grupo es mucho más numeroso y muchas veces la intervención puede dirigirse más a prevenir que a curar. Los aspectos ambientales y contextuales, olvidados con mucha frecuencia por los terapeutas de conducta en favor de estímulos externos «moleculares», se enfatizan en el penúltimo capítulo del libro, resaltando la importancia de considerar el contexto más amplio que frecuentemente rodea a la conducta. Finalmente, el último capítulo aborda un área reservada hasta hace muy poco a los médicos y donde la terapia de conducta tiene también mucho que decir.

Tengo la firme esperanza de que este manual cumpla los objetivos para los que fue proyectado. Si las técnicas de terapia de conducta llegan a hacerse comprensibles a los futuros psiquiatras y psicólogos clínicos y a los que ya lo son, la realización de este libro habrá merecido la pena.

Finalmente, quisiera agradecer a la editorial Siglo XXI de España, y especialmente a su director Javier Abásolo, no sólo la ayuda prestada en la realización de este proyecto, sino también la esperanza y el ánimo infundidos en los momentos más difíciles. Tengo la impresión de que esta fluida relación entre la editorial y el autor, que he tenido el placer de experimentar, constituye una isla en el complicado mundo de la edición. ¡Gracias por ello!

VICENTE E. CABALLO

RELACIÓN DE AUTORES

Rubén Ardila, Dpto. de Psicología, Universidad Nacional de Colombia, Bogotá, Colombia.

Michael Ascher, Department of Psychiatry, Temple University Health Science Center, Philadephia, Pennsylvania, Estados Unidos.

Cristina Botella, Dpto. de Personalidad, Evaluación y Tratamientos Psicológicos, Universidad de Valencia, Valencia, España.

Gualberto Buela, Dpto. de Personalidad, Evaluación y Tratamiento Psicológico, Universidad de Granada, Granada, España.

Vicente E. Caballo, Dpto. de Personalidad, Evaluación y Tratamiento Psicológico, Universidad de Granada, Granada, España.

José Cáceres, Dirección de Salud Mental, Servicio Regional de Salud, Pamplona, Navarra, España.

Jerry L. Deffenbacher, Department of Psychology, Colorado State University, Fort Collins, Colorado, Estados Unidos.

Keith S. Dobson, Department of Psychology, Faculty of Social Sciences, The University of Calgary, Calgary, Alberta, Canadá.

E. Thomas Dowd, Department of Educational Psychology, Administration, Technology, and Foundations, Kent State University, Kent, Ohio, Estados Unidos.

Barry Edelstein, Department of Psychology, College of Arts and Sciences, West Virginia University, Morgantown, West Virginia, Estados Unidos.

Luis Fernández Ríos, Dpto. de Psicología Clínica y Psicobiología, Universidad de Santiago de Compostela, Santiago de Compostela, La Coruña, España.

Renee-Louise Franche, Department of Psychology, University of British Columbia, Vancouver, British Columbia, Canadá.

Cyril M. Franks, Graduate School of Applied and Professional Psychology, The State University of New Jersey at Rutgers, Piscataway, New Jersey, Estados Unidos.

Aurora Gavino, Dpto. de Psicología, Universidad de Málaga, Málaga, España.

Antonio Godoy, Dpto. de Psicología, Universidad de Málaga, Málaga, España.

Juan F. Godoy, Dpto. de Personalidad, Evaluación y Tratamiento Psicológico, Universidad de Granada, Granada, España.

Sheenah Hankin-Wessler, Cognitive Psychotherapy Associates, Nueva York, Estados Unidos.

Marjorie L. Hatch, Department of Psychology, Temple University, Philadephia, Pennsylvania, Estados Unidos.

Alan E. Kazdin, Department of Psychology, Yale University, New Haven, Connecticut, Estados Unidos.

Maurits G. T. Kwee, Psychiatrisch Centrum JORIS, GA Delft, Holanda.

Leonor I. Lega, Psychology Department, St. Peter's College, Jersey City, New Jersey, e Institute for Rational-Emotive Therapy, Nueva York, Estados Unidos.

Donald J. Levis, Department of Psychology, State University of New York at Binghamton, Binghamton, Nueva York, Estados Unidos.

Carmen Martorell, Dpto. de Personalidad, Evaluación y Tratamientos Psicológicos, Universidad de Valencia, Valencia, España.

Robert J. McMahon, Department of Psychology, University of Washington, Seattle, Washington, Estados Unidos.

Michael A. Milan, Psychology Department, Georgia State University, Atlanta, Georgia, Estados Unidos.

Z. Peter Mitchell, Mitchell and Associates, New York City, Estados Unidos.

Arthur M. Nezu, Department of Mental Health Sciences, Hahnemann University, Philadelphia, Pennsylvania, Estados Unidos.

Christine M. Nezu, Department of Mental Health Sciences, Hahnemann University, Philadelphia, Pennsylvania, Estados Unidos.

Roger L. Patterson, Veteran's Administration Clinic, Daytona Beach, Florida, Estados Unidos.

Joseph J. Pear, Department of Psychology, The University of Manitoba, Winnipeg, Manitoba, Canadá.

Marino Pérez Alvarez, Dpto. de Psicología, Universidad de Oviedo, Oviedo, España.

Rosa Mª Raich, Dpto. de Psicologia de la Salut, Laboratori de Psicologia Clínica, Universitat Autònoma de Barcelona, Bellaterra, Barcelona, España.

Lynn P. Rehm, Department of Psychology, University of Houston, Houston, Texas, Estados Unidos.

Patricia A. Rourke, Department of Psychology, University of Iowa, Iowa, Estados Unidos.

José Santacreu, Dpto. de Psicología Biológica y de la Salud, Universidad Autónoma de Madrid, Madrid, España.

Fernando Silva, Dpto. de Personalidad, Evaluación y Tratamiento Psicológico, Universidad Complutense de Madrid, Madrid, España.

Miguel A. Simón, Dpto. de Psicología Clínica y Psicobiología, Universidad de Santiago de Compostela, Santiago de Compostela, La Coruña, España.

Ralph M. Turner, Department of Psychiatry, Health Sciences Center, Temple University, Philadelphia, Pennsylvania, Estados Unidos.

Mª Nieves Vera, Dpto. de Personalidad, Evaluación y Tratamiento Psicológico, Universidad de Granada, Granada, España.

Jaime Vila, Dpto. de Personalidad, Evaluación y Tratamiento Psicológico, Universidad de Granada, Granada, España.

Richard L. Wessler, Department of Psychology, Pace University, Pleasantville, Nueva York, Estados Unidos.

Jerome Yoman, Department of Psychology, College of Arts and Sciences, West Virginia University, Morgantown, West Virginia, Estados Unidos.

PRIMERA PARTE

HISTORIA DE LA TERAPIA DE CONDUCTA

1. ORÍGENES, HISTORIA RECIENTE, CUESTIONES ACTUALES Y ESTATUS FUTURO DE LA TERAPIA DE CONDUCTA: UNA REVISIÓN CONCEPTUAL

CYRIL M. FRANKS

I. INTRODUCCIÓN

La *terapia de conducta (TC)*, un término que emplearemos de forma sinónima al de *modificación de conducta*, tiene un amplio pasado pero una corta historia. En su cuarta década como cuerpo de conocimiento formalmente desarrollado y sistematizado, podemos decir que las técnicas predominantes en TC son tan antiguas como la historia de la humanidad. Los principios básicos del refuerzo y del castigo positivo y negativo se han utilizado durante miles de años de manera intuitiva, desprovista de proposiciones formales sobre los principios implicados. Fue a finales de los años cincuenta cuando se registraron notables intentos para sistematizar estos principios. En cierto sentido, se podría considerar que tales intentos constituyeron el nacimiento de la TC, tal como la conocemos hoy día. Pero, por otro lado, la terapia conductual tiene muchos orígenes y ningún fundador o punto de partida únicos. Ningún país o escuela de pensamiento puede reivindicar en exclusiva el campo de la TC y ninguna técnica puede hacer lo mismo.

Algunos expertos en la materia, como London (1972), alegan que la TC se contempla mejor como un conjunto de técnicas, más que como un enfoque. Sin embargo, es la metodología de la TC como enfoque lo que define a la terapia conductual tal como la conocemos hoy día. Existen en ella diferentes estrategias, técnicas y conceptos teóricos. Pero lo común a todos los que se llaman a sí mismos «terapeutas conductuales» es un compromiso con la evaluación, la intervención y los conceptos que descansan en algún tipo de marco teórico de aprendizaje E-R (estímulo-respuesta), inmerso a su vez dentro de la metodología del científico comportamental.

Cuando la psicología fue capaz de abandonar las especulaciones filosóficas en favor de la metodología cientificoexperimental, el terreno estaba preparado para que la TC germinase. En 1971, en el primer artículo dedicado exclusivamente a la TC de la *Annual Review of Psychology*, Krasner reseñó quince áreas de investigación que concurrieron en los años cincuenta y sesenta para formar el núcleo de este —a partir de entonces— nuevo enfoque. Entre

---

Rutgers University (EE UU).

aquellas áreas se encontraban la psicología experimental, el condicionamiento clásico y el operante, los principios teóricos de aprendizaje de Hull y de Pavlov, la cada vez más madura disciplina de la psicología clínica y una creciente insatisfacción con la corriente psicodinámica, predominante en aquellos momentos en el campo de la salud mental.

Aunque el trabajo de Pavlov sobre el condicionamiento clásico, el de Watson sobre el conductismo, el de Thorndike sobre el aprendizaje y el de Skinner sobre el condicionamiento operante constituyen las piedras angulares de la TC, hubo que esperar hasta los últimos años sesenta para que, por las razones señaladas anteriormente, estos fundamentos conceptuales se encontraran preparados para sostener toda la estructura. La TC está ahora entrando en su cuarta década. La primera, los años sesenta, constituyó la época pionera, una época llena de ideologías y polémicas, en la que los terapeutas de conducta intentaron presentar un frente unido contra el «enemigo» común psicodinámico. Durante este período turbulento, y a pesar de la gran resistencia encontrada, la TC empezó a establecerse como un respetable método de tratamiento. Como escribió London en 1972, era entonces el momento de acomodar el campo, más que dedicarse a defenderlo, lo que se llevó a cabo conforme se desarrollaba la segunda década. De forma gradual, pero progresiva, los terapeutas de conducta dejaron de preocuparse por —y lo abandonaron en gran medida— el celo misionero en favor de la búsqueda de nuevos horizontes dentro de su propio campo. Entre las nuevas fronteras colonizadas se encontraron la práctica médica general, el «biofeedback», la psicofarmacología, la psicología ecológica, la psicología comunitaria y el mundo de la administración y del gobierno. Ésta era también la época excitante de la expansión intelectual en conceptos, metodologías y modos de contemplar los datos más allá de los considerados por la «teoría del aprendizaje» tradicional. Se desarrollaron métodos de tratamiento más sofisticados, se perfeccionó la metodología y se establecieron mejores procedimientos para la evaluación de los resultados. Y, descansando sobre una base menos segura, la «revolución cognitiva» invadió la TC, al igual que sucedió en una gran parte de las áreas de la psicología.

Esta tendencia continuó en la tercera década, dándose un menor interés en cuanto a la expansión, una mayor inclinación hacia la metodología sofisticada y un salto todavía más grande hacia perspectivas que van mucho más allá de la «teoría del aprendizaje» tradicional E-R. Ahora, en su cuarta década —sobre la que volveré en el último apartado del presente capítulo— el énfasis se centra en la dificultad para lograr la unión de una perfeccionada sofisticación metodológica (proveniente de un reconocimiento cada vez mayor de las limitaciones de la metodología conductual tradicional), junto con una viva conciencia de las contribuciones potenciales de disciplinas y formas de pensar que no se habían considerado dignas de ser exploradas, hasta hoy día, por la

TC tradicional. Al mismo tiempo, como intentaré demostrar, se da un retorno esperanzador hacia los fundamentos intelectuales en los que se basan la TC, en general, y la Association for Advancement of Behavior Therapy, AABT [Asociación para el Progreso de la Terapia de Conducta], en particular.

Como se ha hecho notar anteriormente, ningún país puede reivindicar como suya la TC. Sus orígenes y su alcance actual son, realmente, internacionales. En Rusia, y en lo que más tarde sería la Unión Soviética, se dio una notable sistematización de los principios y de los datos del condicionamiento clásico, bajo la batuta de Pavlov y sus seguidores. Si la TC, tal como la conocemos hoy día, no floreció en la Unión Soviética, fue debido, en gran parte, a que las bases filosóficas del condicionamiento pavloviano se encontraban íntimamente unidas al materialismo dialéctico, en vez de hallarse ligadas al materialismo más mecanicista que caracterizaba a la primera TC que se desarrolló en el mundo occidental —un punto de vista no aceptable, de forma comprensible, desde un marco marxista. Sin embargo, aunque la tradición pavloviana, como sistema filosófico, no fue aceptada y no influyó, ni siquiera indirectamente, en la psicología norteamericana, no se puede decir lo mismo de la teoría y de la tecnología pavlovianas. En el mundo occidental, y especialmente en los Estados Unidos, el condicionamiento pavloviano se tradujo en la práctica por medio de técnicas tales como el condicionamiento aversivo y la desensibilización sistemática, por nombrar sólo dos de ellas.

En el Reino Unido, la TC surgió de los esfuerzos de un pequeño grupo de personas —en el que me encontraba yo— para intentar desarrollar una alternativa más viable al entonces preponderante modo de intervención terapéutica en los denominados trastornos mentales, es decir, el modelo psicodinámico (Franks, 1987*b*). Eysenck, en aquel entonces «profesor» de Psicología (más tarde catedrático) en el Instituto de Psiquiatría (Hospital Maudsley) de la Universidad de Londres, tenía un ambicioso y atrevido plan. El primer paso era que algo llamado «personalidad» tenía que descomponerse en un pequeño número de dimensiones, definidas operacionalmente, medibles factorialmente y exploradas experimentalmente. La idea esperanzadora consistía en que, al relacionar estas dimensiones con sus, hasta entonces sin identificar, determinantes fisiológicos, sería posible, en última instancia, desarrollar un amplio modelo de la actividad psicológica, el cual explicaría cada aspecto del funcionamiento humano —un encomiable intento de establecer la unificación en psicología, una búsqueda que no era desalentada por el hecho de que numerosos predecesores distinguidos lo habían intentado y habían fracasado. Considérese, por ejemplo, la búsqueda de los factores generales de inteligencia, por Spearman, o la búsqueda, por parte de Lashley, de ese evasivo engrama que explicase, de forma general, las funciones del cerebro.

Para facilitar este ambicioso plan, Eysenck se rodeó de un selecto equipo de estudiantes de carrera y doctorado (incluido yo mismo) y juntos empezamos a labrar nuestros proyectos individuales. El modelo guía era el de un estudiante amable, pero crítico, en vez de el de un discípulo ciego. La investigación siempre tuvo preferencia sobre la ideología, una perspectiva que caracterizó no sólo a los años de formación de la TC, sino también a los que les siguieron.

Se consideraron y descartaron muchos modelos y sólo la teoría del aprendizaje E-R, en particular el trabajo de Hull y Pavlov, parecía, en aquellos momentos, ofrecer esperanzas para el desarrollo de predicciones verificables y una base de datos para la intervención terapéutica. Y así fue, en forma sucinta, como nació en el Reino Unido el concepto de «terapia de conducta». A lo largo de los años, los estudiantes de Eysenck establecieron enclaves del Maudsley por todo el mundo. Es importante señalar que el énfasis en la investigación científica, en vez de en la obediencia ciega, condujo a que muchos de esos centros desarrollasen sus propias individualidades y a que se produjeran agudas, y menos agudas, diferencias de opinión.

Siguiendo con la historia, hay que señalar un hecho notable, como es el desarrollo —primero en Africa del Sur y luego en los Estados Unidos— por Wolpe (1958) de la psicoterapia por inhibición recíproca y de la técnica de la desensibilización sistemática, sin duda la primera «terapia verbal» viable ofrecida como alternativa a la psicoterapia tradicional. El hecho de que el laborioso procedimiento de Wolpe haya sido modificado muchas veces como consecuencia de estudios posteriores y el hecho de que su explicación teórica original, en términos del condicionamiento clásico y de la inhibición sheringtoniana, haya sido rechazada desde hace tiempo, no desmerece en absoluto el significado del importante logro de Wolpe.

Otros dos pioneros de Africa del Sur, que obtuvieron reconocimiento mundial, primero en los Estados Unidos y el Reino Unido y luego en los Estados Unidos y Canadá, fueron Lazarus y Rachman. Sin embargo, hay que señalar que Lazarus, aun reconociendo lealtad a una amplia tradición conductual, ya no se considera un terapeuta de conducta. Según afirmación propia, es un «terapeuta multimodal» (Lazarus, 1981).

Si la primera TC que se desarrolló en Gran Bretaña se apoyaba, en gran medida, en el condicionamiento clásico, no se puede decir lo mismo sobre el desarrollo de la TC en los Estados Unidos. Quizás a causa de la creencia de que el ambiente se encuentra donde está para ser conquistado y de que hay pocos límites, si es que hay alguno, para hacerlo, el énfasis en las variables externas, en las influencias ambientales y en el condicionamiento operante ateórico de Skinner, predominó en los EE UU y, hasta cierto punto, sigue predominando hoy día. La tradición proveniente del Maudsley de las influencias genéticas y de los determinantes constitucionales, retrotrayéndose al mismo Pavlov, se arrinconó en favor de un ambientalismo más bien simplista, que predominó en la TC norteamericana hasta la llegada de la cognición, de la teoría de la interacción recíproca de Bandura (1982) y de los modelos más sofisticados que surgieron en los últimos años ochenta.

Parece ser que el término «terapia de conducta» se introdujo, de modo más o menos independiente, por tres grupos de investigadores. En 1953, Lindsley, Skinner y Solomon se refirieron al empleo del condicionamiento operante en pacientes psicóticos hospitalizados con el término de «terapia de conducta». En 1959, Eysenck utilizó por primera vez este término de forma impresa, para referirse a un nuevo enfoque de la terapia, definiendo a la TC como la aplicación de las «modernas teorías del aprendizaje» en el tratamiento de trastornos psicológicos. Mientras que Lindsley y cols. conceptualizaron a la TC exclusivamente en términos del condicionamiento operante de Skinner, Eysenck adoptó una perspectiva mucho más amplia. Para Eysenck, la TC abarcaba el condicionamiento operante, el condicionamiento clásico y, posteriormente, el modelado, con un notable reconocimiento hacia Pavlov, Mowrer y a los neoconductistas como Hull, Spence y (con ciertas reticencias) Bandura. En 1958, en Africa del Sur, Lazarus acuñó, de forma independiente, el término «terapia de conducta» para referirse al hecho de añadir procedimientos objetivos de laboratorio a la psicoterapia tradicional. A este respecto, Lazarus pensaba, tanto antes como ahora, que la TC es solamente parte de una totalidad multimodal que podría incluir procedimientos derivados de cualquier fuente, siempre que hubiera evidencia experimental de su utilidad (Lazarus, 1981). Esta estrategia se conoce como *eclecticismo técnico.*

Como señala Krasner (1971), las raíces de la TC se remontan a muchas escuelas de pensamiento, a metodologías contrapuestas, a sistemas filosóficos y teóricos diversos, a países distintos y a líderes diferentes. Algunos individuos enfatizan el condicionamiento clásico y su aplicación práctica por medio de técnicas como la terapia aversiva y la desensibilización sistemática, otros confían en la tradición skinneriana del condicionamiento operante y el análisis experimental de la conducta, y un tercer grupo se centra en los datos de la psicología experimental en conjunto, en vez de fiarse exclusivamente de la teoría del condicionamiento *per se* (Wilson y Franks, 1982). A veces la TC presenta aspectos idiosincrásicos, como, por ejemplo, el énfasis de Yates (1970) en el caso individual como concepto básico y necesario.

Desde 1970, la European Association of Behaviour Therapy, EABT [Asociación Europea de Terapia de Conducta] ha organizado congresos anuales en distintos países europeos. En el séptimo de dichos congresos, que tuvo lugar en Uppsala, Suecia, en el verano de 1977, se acordó celebrar el décimo congreso en Jerusalén. Por acuerdo explícito de todos los implicados, esta reunión científica se convirtió en el I Congreso Mundial de Terapia de Conducta. Desde entonces, la TC ha florecido por todo el mundo. Existen hoy día multitud de asociaciones de terapia de conducta y, por lo menos, cincuenta revistas dedicadas exclusivamente a algún aspecto de este campo —si se incluyen ramificaciones como la medicina conductual, el «biofeedback» y una amplia variedad de métodos de intervención con base cognitiva. El II Congreso Mundial se celebró en Washington, DC, el tercero en Edimburgo, Escocia, y el cuarto tendrá lugar en Bogotá, Colombia, en 1993 [1].

Hasta aquí esta breve revisión histórica. Seguidamente pasaré a discutir las numerosas definiciones de la TC y las características más sobresalientes de la TC contemporánea. Puesto que la TC es un enfoque de amplia base, es comprensible que haya muchas perspectivas diferentes dentro de ella, presentando, a primera vista, un panorama de mutua discordia. Sin embargo, todo ello concuerda con la noción de la TC como enfoque, como regla metodológica, más que como una serie de técnicas específicas o como una unidad estrechamente delimitada que todo el mundo tiene que acatar.

II. CARACTERÍSTICAS DE LA TERAPIA DE CONDUCTA CONTEMPORÁNEA

Muchas voces alegan hablar en nombre de la TC. Existen grandes disensiones, normalmente (aunque no siempre) en armonía, sobre, virtualmente, cada asunto conceptual, teórico, profesional y técnico de nuestro campo. Es mucho más fácil escribir y pensar sobre sistemas más unificados, como el psicoanálisis, donde la elección de técnicas está limitada. Aun así, examinando las muchas ramas de la TC, existe ese núcleo E-R de amplia base señalado anteriormente. Empleo el término «de amplia base» deliberadamente, puesto que, especialmente en los últimos años, la noción de lo que constituye un marco E-R está cambiando radicalmente. El significado de las palabras «estímulo» y «respuesta» en los años noventa se encuentra lejos de las formulaciones más específicas utilizadas en los últimos años cincuenta.

La TC contemporánea refleja una combinación de procedimientos verbales y de acción, el empleo de métodos multidimensionales en vez de abordajes únicos, una atención cada vez mayor en la responsabilidad del cliente y en la del terapeuta, un énfasis en los determinantes actuales más que en los históricos, un respeto hacia los datos y una prudente disposición a ir más allá de los límites restringidos del condicionamiento tradicional o incluso de la teoría del aprendizaje E-R, para obtener su base de datos. La TC es un enfoque de solución de problemas, en el que se entremezclan la evaluación y la intervención para generar valoraciones continuas del progreso.

---

[1] Parece ser que el IV Congreso Mundial de Terapia de Conducta no tendrá lugar en Colombia en 1993, sino que se celebrará en The Gold Coast, Queensland, Australia, en julio de 1992. (*Nota del compilador*).

Algo muy importante (al menos en principio, aunque no siempre en la práctica) es que las actuaciones clínicas surgen de formulaciones basadas en datos y de predicciones comprobadas, en vez de provenir de la intuición y de la impresión clínica. Estos últimos procesos tienen valor sólo cuando se utilicen para generar una estrategia conductual de investigación. Se considera que métodos como la terapia racional emotiva de Ellis (1979), la terapia multimodal de Lazarus (1981) y la terapia cognitiva de Beck (1976) caen dentro de la órbita de la TC sólo en el grado en que siguen el precepto señalado anteriormente.

Un clínico experto sólo en técnicas de TC no es un terapeuta conductual: el concepto y la metodología son lo principal y las técnicas específicas lo secundario. Esto no trata de rebajar a las técnicas o a la práctica clínica. Después de todo, son las técnicas las que producen el cambio y la TC posee muchas técnicas efectivas que lo acreditan. Entre ellas (se aconseja al lector que consulte alguno de los numerosos libros sobre TC que existen hoy día, siendo un buen ejemplo el que tiene en las manos en estos momentos) las más conocidas incluyen el ensayo de conducta, la desensibilización sistemática, el entrenamiento asertivo, el reforzamiento por fichas, el establecimiento de contratos, el modelado y una variedad de procedimientos cognitivos y de autocontrol. Además, el biofeedback, la medicina conductual, y la psicología comunitaria y ambiental están convirtiéndose progresivamente en una parte del campo de la TC.

En sus comienzos, se consideraba a la TC como un enfoque limitado que se emplearía, principalmente, con fobias específicas o problemas localizados; se veía como una estrategia de ayuda añadida al proceso «real» de cambio de la personalidad. Sin embargo, debería quedar claro que, hoy día, la TC, como enfoque, es aplicable a todas las clases de trastornos, de individuos, de situaciones o lugares. Esto no significa que esté garantizado el éxito. Por ejemplo, aunque la TC puede ser el tratamiento de elección para el autismo, no puede considerarse, de ninguna manera, como un remedio total. La fuerza de la TC yace, no en la demostración del éxito terapéutico, por gratificante que pueda ser, sino, cono se ha señalado anteriormente, en la singularidad de su enfoque. Los fracasos investigados de forma apropiada pueden ser tan útiles como los éxitos (Barbrack, 1985; Foa y Emmelkamp, 1983).

Cuando se formó la AABT en 1967, el intento de sus fundadores fue el modelar esta organización conforme a las British and American Associations for the Advancement of Science, [Asociaciones Inglesa y Americana para el Progreso de la Ciencia], de ahí su nombre. Inicialmente, la organización se llamó Association for Advancement of Behavior Therapies [Asociación para el Progreso de las Terapias de Conducta]. Posteriormente, dos licenciados desconocidos, G.T. Wilson y Ian Evans —más tarde figuras importantes del campo— escribieron una carta al *Association Newsletter* [Boletín de la Asociación], llamando la atención sobre el hecho de que no se debería malinterpretar a las distintas técnicas de TC, todas derivadas de la teoría del aprendizaje, como diferentes clases de TC, implicado por el plural «terapias», sin una justificación teórica. Se reconoció inmediatamente que esto no era una sutileza semántica, sino un asunto de considerable importancia, por lo que se cambió el nombre de la Asociación. Desde entonces hasta hoy día, se conoce como la Association for Advancement of Behavior Therapy [Asociación para el Progreso de la Terapia de Conducta]. Sin embargo, el dar un nombre a algo no produce, por sí mismo, un cambio y se ha mantenido, desde entonces, una pugna constante dentro de las filas de la TC. Lo que suceda en un futuro sólo él lo sabrá y es por lo que, teniendo esto en mente, escribí en 1981 un artículo titulado: «2081 —¿Serán muchas o sólo una? ¿o quizás ninguna?». Esta cuestión tiene el mismo interés ahora, en 1990, que hace una década.

Lo cierto es que la TC actual es capaz de incluir una considerable variedad dentro de sus límites conceptuales sin una aparente desintegración. Están aquellos que consideran a las teorías del rasgo altamente compatibles con una posición conductual y aquellos otros que mantienen un punto de vista diametralmente opuesto. También están aquellos que piensan que no se debería hablar de autocontrol o control de sí mismo *(self-control),* porque no existen cosas como el «sí mismo» *(self)* y aquellos otros para los que el autocontrol o control de sí mismo es una importante realidad. O también aquellos que adoptan una, quizá intelectualmente poco honesta, posición intermedia, para los que no existe un «verdadero» autocontrol o control de uno mismo, pero que consideran que es mejor vivir sus vidas como si existiera. Igualmente, están aquellos que se apoyan notablemente en factores fisiológicos, constitucionales y genéticos y aquellos que piensan que esos determinantes no existen o son, como mucho, irrelevantes. También encontramos a aquéllos para los que el marco de referencia es el conductismo radical, rechazando totalmente cualquier variable interviniente entre el estímulo y la respuesta y a aquéllos cuya única fidelidad se limita a la metodología conductual. Para otros, los principios del condicionamiento clásico y del condicionamiento operante, con la posible añadidura del modelado, son suficientes, mientras que otros piensan que el condicionamiento es sólo una parte de la película. Para algunos, los datos son suficientes y la teoría tiene poca importancia, mientras que para otros la teoría es esencial para el progreso de la TC.

Puesto que hay muchas dimensiones (de las que he mencionado algunas y, dentro de ellas, una serie de puntos de su espectro), es posible, lógicamente, que la terapia de conducta tolere muchos puntos de diferencia dentro de su marco conceptual. Algunas de estas diferencias han dado lugar a disputas más encarnizadas que otras. La terapia de conducta cognitiva, considerada por sus defensores más entusiastas como un cambio de paradigma, anunciador de una nueva era en terapia de conducta, es un caso que merece una atención especial.

La reacción contra el «estigma» del mentalismo llevó a muchos de los primeros terapeutas de conducta a centrarse en las respuestas manifiestas y a ignorar completamente cualquier forma de proceso cognitivo. También era mucho más fácil trabajar con fichas y recompensas relativamente específicas que con procedimientos más vagos. Además, la tecnología para trabajar con procesos y sistemas de grupo no existía todavía, de modo que los primeros terapeutas de conducta ponían el énfasis en procedimientos específicos dirigidos hacia el individuo. El reconocimiento de las influencias más sutiles de la sociedad se encontraba, por lo menos, a una década de distancia.

La denominada «revolución cognitiva», introducida por líderes como Mahoney (1977) y Beck (1976), constituye un acontecimiento de notable significación en la historia de la terapia de conducta. Muchos extremistas consideraron este suceso como un cambio de paradigma de trascendencia decisiva, a pesar de que se podría alegar que la TC se encuentra todavía en una etapa pre-paradigmática, de modo similar a como se encontraban las ciencias naturales en los siglos XVI y XVII. Tal como lo emplea Kuhn (1970), la noción de paradigma descansa sobre tierras movedizas y el concepto se utiliza de modos muy diversos (ver Fishman, Rotgers y Franks, 1988). Si es discutible que una cosa como es un paradigma —empleado de manera distinta al uso limitado e incorrecto que frecuentemente se hace de él como modelo o teoría específicos— exista en psicología, menos aún existiría en TC. Es cuestionable, por lo tanto, si hay algún paradigma que cambiar. Sea como fuere, algunos consideran a la TC cognitiva como un nuevo enfoque de intervención, enfoque que ya no se podría clasificar como parte de la terapia de conducta. Los pros y los contras de este argumento, y el apasionado debate que ha suscitado y continúa suscitando, se han tratado en muchas ocasiones, por lo que se remite al lector interesado a otras fuentes de consulta (p.ej., Franks, 1982).

Mi punto de vista es que toda TC emplea la cognición en mayor o menor medida. Lo que se necesita, si se quiere aclarar el tema, es que las cuestiones pertinentes sean trasladadas desde la escena de debate al ruedo de la investigación empírica. Los prerrequisitos incluyen un consenso sobre la definición de la TC, especificaciones técnicas precisas de los métodos empleados y una aceptación de estos métodos por los terapeutas de conducta (ver Rachman y Wilson, 1980). Incluso Mahoney reconoce ahora que todas las terapias son simultáneamente cognitivas y conductuales, en mayor o menor medida, y que lo que se necesita es investigación sistemática más que continuos debates (Mahoney y Kazdin, 1979).

Parecería, entonces, que han surgido varios modelos teóricos diferentes de TC, de los cuales la modificación de conducta cognitiva es uno más. Dichos modelos incluyen, además de la terapia de conducta cognitiva, el análisis conductual aplicado, basado en el condicionamiento operante de Skinner; las terapias basadas en el aprendizaje o condicionamiento pavlovianos, filtradas a través de la visión de neoconductistas como Hull, Spence, Eysenck, Rachman y Wolpe; la teoría del aprendizaje social, con Bandura (1969) como su principal representante; y la terapia de conducta paradigmática de Staats (1981), una versión puesta al día de su planteamiento del conductismo social (Staats, 1975).

III. LA DEFINICIÓN DE TERAPIA DE CONDUCTA

Prefiero evitar cualquier definición comprehensiva y rigurosa de la TC en favor de alguna fórmula general que subraye simplemente el hecho de que la TC es un enfoque enraizado, que no estancado, en la metodología de las ciencias conductuales y con una fuerte, que no exclusiva, predilección hacia alguna forma de teoría de aprendizaje E-R. Esto prepara el terreno para que coexistan la estructura y la fluidez. Hace más de una década, Kazdin (1978*a*) señaló las características más sobresalientes de los terapeutas de conducta:

1. Un énfasis en los determinantes actuales de la conducta, en vez de en los determinantes históricos.
2. Un énfasis en el cambio de la conducta manifiesta como el principal criterio por el que se evalúa el tratamiento.
3. Especificación del tratamiento en términos objetivos, de modo que pueda ser posible la réplica del mismo.
4. Confianza en la investigación básica en psicología, con el fin de generar hipótesis generales sobre el tratamiento y las técnicas terapéuticas específicas.
5. Especificidad en las definiciones y explicaciones, en el tratamiento y en la medición.

Después de una década y media, con la posible añadidura de un énfasis no lineal, con la aparición de una perspectiva multidimensional y con una drástica reinterpretación de lo que significa la metodología de la ciencia conductual, estos criterios se siguen aplicando.

Las primeras definiciones se esforzaron por vincular a la TC con doctrinas, teorías, leyes o principios de aprendizaje específicos. Ejemplos típicos son la confianza de Eysenck (1959) en algo denominado la «moderna teoría del aprendizaje» y el refugio idiosincrásico de Yates (1970) en la investigación sistemática del caso único como la esencia de la TC. La siguiente definición de TC, respaldada originalmente por la AABT en 1975, intenta cubrir todos los frentes. Dice lo siguiente:

La terapia de conducta implica, principalmente, la aplicación de los principios derivados de la investigación en la psicología experimental y social, para el alivio del sufrimiento de las personas y el progreso del funcionamiento humano. La terapia de conducta pone el énfasis en una valoración sistemática de la efectividad de estas aplicaciones. La terapia de conducta implica el cambio ambiental y la interacción social, más que la alteración directa de los procesos corporales por medio de procedimientos biológicos. El objetivo es, esencialmente, educativo. Las técnicas facilitan un mayor autocontrol. En la aplicación de la terapia de conducta, normalmente se negocia un acuerdo contractual en el que se especifican procedimientos y objetivos mutuamente agradables. Aquellos que emplean los enfoques conductuales de modo responsable se guían por principios éticos ampliamente aceptados [Franks y Wilson, 1975, p. 1].

Las distintas definiciones de TC tienden a caer dentro de dos clases: doctrinales o epistemológicas. Las definiciones doctrinales intentan vincular la TC a doctrinas, teorías, leyes o principios de aprendizaje. Las definiciones epistemológicas se encuentran más inclinadas a caracterizar a la TC en términos de los distintos modos de estudiar los fenómenos clínicos. En general, las definiciones doctrinales tienden a ser más limitadas y, por consiguiente, no se ajustan a toda la TC, mientras que las definiciones epistemológicas tienden a ser excesivamente acomodaticias y, por consiguiente, potencialmente aplicables a muchas terapias no conductuales. Cuanto más flexible y comprehensiva sea la definición, mayor es su potencial para solaparse con modelos no conductuales, y pudiera ser, como sugiere Erwin (1978), que no sea posible actualmente una definición de TC que sea aceptable para la mayoría de los terapeutas conductuales. Por esta razón, quizás, en vez de intentar una definición, Davison y Stuart (1975) listan, simplemente, «varias características unificadoras importantes», la mayoría de ellas acordes con las señaladas anteriormente. La caracterización de Erwin (1978) de la TC como «una forma no biológica de terapia que se desarrolló, en gran medida, a partir de la investigación sobre la teoría del aprendizaje y que, normalmente, se aplica de modo directo, gradual y experimental en el tratamiento de patrones desadaptativos específicos» (p. 44), es consistente con esta posición.

Teniendo en cuenta lo que se ha escrito hasta ahora, no es sorprendente que tengan lugar vivas controversias dentro de la TC, así como entre los terapeutas de conducta y aquellos que se encuentran fuera del movimiento. En la siguiente sección, resaltaré algunas de estas áreas de controversia.

IV. ALGUNAS CUESTIONES ACTUALES EN TERAPIA DE CONDUCTA

IV.1. *La naturaleza y el papel del condicionamiento y la teoría de aprendizaje E-R en terapia de conducta*

Se supone que la TC se basa en los principios de aprendizaje del estímulo y la respuesta. Pero esto no nos dice mucho. ¿Qué principios de aprendizaje, de los muchos y distintos que existen, deberíamos emplear como nuestros pilares fundamentales? ¿Qué evidencias apoyan a estas teorías de aprendizaje? Si la teoría del aprendizaje es necesaria como base explicativa para la TC, ¿es, no obstante, suficiente? Por ejemplo, ¿se aplican de igual o parecida manera los principios del condicionamiento clásico y del condicionamiento operante a los procesos internos, encubiertos y son suficientes para explicar los datos? Si no fuese así, ¿es necesario ampliar los fundamentos de la TC para incluir principios y conocimientos extraídos de la psicología social, de la fisiología y de la sociología? (Kanfer y Grimm, 1980). Si la TC se amplía de esta manera, ¿se convierte en algo distinto a lo que constituyó originalmente la TC o incluso a como la conocemos hoy día? Desde aquí, apenas es posible hacer más que prestar atención a estas cuestiones y remitir a los lectores que quieran profundizar en ello a algunos de los muchos textos de TC que se encuentran disponibles en estos momentos (p.ej., Eysenck y Martin, 1987; O'Leary y Wilson, 1987). En especial, se recomienda que el lector consulte la obra de Erwin (1978), uno de los pocos libros importantes de esta área que trata exclusivamente con problemas conceptuales y científicos. Quizá sea significativo que Erwin sea un filósofo y no un psicólogo.

Es fácil utilizar la palabra «condicionamiento». Desgraciadamente, éste es un concepto desprovisto de un significado sobre el que haya un común acuerdo. A veces se emplea para referirse a un procedimiento experimental, otras veces para referirse a la eficacia de este procedimiento y, en otras ocasiones, para referirse al proceso que se cree explica estos efectos. En particular, las dificultades se plantean cuando se intentan extrapolar los datos derivados de los experimentos con animales a los seres humanos. Además, la relación exacta entre el condicionamiento clásico y el condicionamiento operante sigue siendo ambigua y no es, en absoluto, poco razonable dudar si el condicionamiento, en el sentido de una asociación contingente sistemática entre el estímulo y la respuesta, existe claramente.

Las relaciones entre el condicionamiento en el laboratorio, el condicionamiento en la clínica y el condicionamiento en la vida diaria son complejas y están abiertas a muchas interpretaciones. Esto hace difícil extrapolar (como eran las esperanzas de los primeros terapeutas de conducta) los estudios sobre condicionamiento en el laboratorio a la vida real. Además, hablamos de buenos y malos individuos para llegar a condicionarse, como si hubiese evidencia clara de un factor general de «condicionabilidad». Realmente, no ha llegado a demostrarse dicho factor. Además, si se demostrase dicho factor por medio de un preciso análisis factorial de las distintas medidas de condicionamiento en el laboratorio y en otras partes, tendría que explicar una parte significativa de la varianza para tener una relevancia significativa en la vida real. Hasta hoy día, ni el condicionamiento clásico, ni el condicionamiento operante, ni el análisis conductual aplicado son capaces de explicar adecuadamente las numerosas y variadas complejidades de las neurosis contemporáneas. Explicaciones sofisticadas como la teoría de los dos factores de Mowrer (1962) sobre la conducta de evitación o la más reciente explicación de la incubación condicionada de Eysenck (1982) sobre las neurosis, no llegan mucho más lejos. Los intentos de actualizar la teoría del condicionamiento en términos cognitivos (Hillner, 1979), de la experiencia subjetiva (Martin y Levey, 1985) o de patrones de la respuesta de interacción (Henton e Iverson, 1978), parecen complicar más que clarificar el tema. Así, en estos momentos, la evidencia con respecto a los distintos conceptos del condicionamiento y sus relaciones con la terapia de conducta contemporánea siguen siendo muy ambiguas.

IV.2. *La naturaleza del conductismo y su relación con la terapia de conducta*

Contrariamente a la creencia de muchos profesionales, de dentro y de fuera de la TC, el conductismo dista mucho de ser un concepto monolítico. Tiene que entenderse dentro de un contexto histórico y en función de líderes específicos del campo como Watson, Hull, Eysenck y, más recientemente, Herrnstein y Rachlin (ver, p.ej., Franks, 1980; Herrnstein, 1977; Kendler y Spence, 1971). Por lo menos, pueden identificarse dos clases de conductismo. Para el conductista *metodológico,* la conducta puede investigarse y explicarse sin un examen directo de los estados mentales. Este conductismo tiende a ser mediacional, se acepta la existencia de estados mentales sobre una base inferencial, y las variables mediacionales, intervinientes, constituyen la base habitual para la investigación formal y la consistencia teórica. La metodología hipoteticodeductiva constituye, normalmente, la estrategia de elección para dichas investigaciones. Es perfectamente posible ser un conductista metodológico y apoyar conceptos tales como el libre albedrío, el autocontrol, la cognición y el darse cuenta.

En oposición, se encuentra el conductista *metafísico* o *radical,* que niega la existencia de estados mentales como proposiciones útiles. El conductista radical tiende a ser no mediacional, antimentalista, nunca inferencial, y a favorecer a la inducción sobre la comprobación formal de las hipótesis. Individuos como Watson eran conductistas metafísicos, mientras que Hull, Spence, Eysenck y, virtualmente, todos los terapeutas de conducta contemporáneos pueden considerarse, de forma más apropiada, como conductistas metodológicos (algunos dirían «conductuales» en vez de «conductistas»). Para estos individuos, la metodología tiene preferencia con respecto a las especulaciones y a las implicaciones filosóficas. En lo que concierne a la práctica, parece difícil ver, con pocas (o posiblemente ninguna) excepciones, cómo un terapeuta de conducta podría trabajar con su paciente, en una relación significativa, sin recurrir a aspectos cognitivos tanto del paciente como del terapeuta. Es difícil ver cómo podría responder un paciente, incluso a un procedimiento delimitado como un sistema de fichas o un estímulo aversivo, sin implicar a la cognición o al darse cuenta. Sea esto como fuere, el debate sobre la naturaleza, el papel y el significado del conductismo en TC sigue estando a la orden del día (ver Franks, 1980, 1982; Tryon y cols., 1980, para una discusión más profunda sobre estos temas).

IV.3. *La teoría de aprendizaje social y el determinismo recíproco*

Bandura (1977b) es uno de los proponentes, más claros y ampliamente reconocidos, de un modelo eficaz y significativo de la TC desde una perspectiva del conductismo metodológico. En su formulación más avanzada (p.ej., Bandura, 1982), la teoría del aprendizaje social es interaccionista, interdisciplinaria y multimodal. Si los conductistas radicales tienden a ignorar o rebajar el papel de la cognición y los terapeutas cognitivos a minimizar la importancia de la ejecución, los teóricos del aprendizaje social subrayan tanto la cognición como la ejecución. Mientras que el condicionamiento clásico tiende a centrarse, casi exclusivamente, en los acontecimientos estimulares externos (el modelo de condicionamiento encubierto de Cautela y Kearney, 1986, es una notable excepción), el condicionamiento operante subraya las contingencias de reforzamiento. La teoría del aprendizaje social toma en cuenta estas dos situaciones, empleando conceptos derivados de la teoría de la autoeficacia y del modelado para construir los mecanismos de enlace necesarios. La teoría de la autoeficacia, en estos momentos un componente esencial de la teoría del aprendizaje social, proporciona a Bandura los medios necesarios para esclarecer la interdependencia entre los cambios cognitivos y conductuales, integrando, por consiguiente, los tres sistemas reguladores de los antecedentes, consecuentes e influencias mediacionales, en un marco único, comprehensivo (Bandura, 1977a; 1978a; 1982; 1986).

Aunque hay muchos aspectos que requieren más investigación, la teoría se encuentra formulada de tal manera que conduce fácilmente a la exploración experimental y, por consiguiente, no constituye ninguna sorpresa que forme la base de numerosas tesis doctorales y propuestas de investigación. Según Bandura, la autoeficacia influye en los patrones de pensamiento, en las acciones y en la activación emocional a lo largo de un amplio rango de experiencias humanas, que va desde la fisiología del individuo hasta los esfuerzos colectivos de grupo.

Los procesos causales los conceptualiza Bandura en términos de lo que él denomina «determinantes recíprocos». Esto implica una interacción recíproca, continua, entre las influencias conductuales, cognitivas y ambientales, y es aquí donde surgen las dificultades conceptuales. El argumento de Bandura está pensado de forma inteligente. Se las arregla para nadar y guardar la ropa, en el sentido de que crea una apariencia de libertad humana que permite el libre albedrío, mientras retiene al mismo tiempo el concepto de determinismo. En esencia, Bandura sostiene que, al igual que sucede con la conducta humana, un ambiente puede tener causas. En otras palabras, la relación entre la conducta humana y el ambiente es recíproca. Las acciones humanas influyen sobre la naturaleza de los acontecimientos ambientales que, a su vez, influyen sobre las acciones humanas de una manera continua y recíproca.

Para aquellos que se sienten ofendidos por la idea popular de igualar la terapia de conducta con la manipulación coercitiva, la conformidad y la restricción de la libertad de elección, el determinismo recíproco puede constituir una opción seductora. Pero el empleo del determinismo recíproco para salir de este dilema puede ser también, lógicamente, problemático. A aquellos que creen en el libre albedrío, y en último caso es una cuestión de creencia, les es posible plantear numerosas objeciones legales, filosóficas y teológicas al determinismo. Otra táctica consiste en aceptar la existencia de algún tipo de determinismo, pero evitar el empleo, en psicoterapia, de métodos que asuman la aplicación de dicha creencia (p.ej., los programas de refuerzo). No está claro cómo el determinismo recíproco puede solucionar estas objeciones. ¿Cómo explica el determinismo recíproco la manera en que las acciones humanas afectan al ambiente? Si los principios que gobiernan este proceso no son diferentes de los que gobiernan la influencia del ambiente sobre la conducta humana, entonces no queda claro qué añade el determinismo recíproco a la libertad humana. Por otra parte, si estas influencias son distintas, no queda claro qué principios adicionales gobiernan la interacción conducta-ambiente. Quizás el determinismo recíproco cree más una ilusión de libertad humana que libertad real.

IV.4 *La importancia de la teoría, el progresivo distanciamiento de la teoría y la práctica y el problema del eclecticismo técnico*

Se supone que la TC se encuentra comprometida con el empirismo y la investigación de la teoría pero, en realidad, se conoce poco sobre el impacto de este compromiso sobre la práctica. En 1972, la encuesta realizada por Kanfer entre treinta líderes del campo de la TC insinuó que la relación entre la evaluación y la investigación clínicas es mínima. Las cosas no han cambiado en años posteriores. Cuando Swan y MacDonald (1978) exploraron la discrepancia entre la investigación y la práctica en una muestra representativa de miembros de la AABT, encontraron que pocos terapeutas de conducta practicaban lo que predicaban. También se daba una reconocida tendencia hacia el eclecticismo. Otras encuestas arrojaron inquietantes hallazgos similares (p.ej., Wade y Hartmann, 1979). Quizá sea hora de que los terapeutas de conducta apliquen la metodología conductual ¡para aumentar su propia adherencia a los principios por los que se aboga en la TC!

Lazarus (1981), en su enérgica defensa de lo que llama eclecticismo técnico, plantea que, si bien un científico no se puede permitir el ser ecléctico, el clínico no puede permitirse el lujo de *no* ser ecléctico. Con esto quiere decir que, mientras que el eclecticismo teórico es lógicamente imposible (el adoptar una teoría significa hacer una elección, no importa lo provisional que sea), el eclecticismo técnico, es decir, el empleo de cualquier técnica validada sin importar su origen, es una estrategia esencial para el clínico cuya preocupación principal sea el bienestar del paciente.

Existen dos puntos de vista contrapuestos. Por una parte, se puede alegar que la investigación sistemáticamente programada es la estrategia ideal, no sólo para la investigación sino también para el progreso de la práctica clínica. Desde esta perspectiva y a largo plazo, la información más útil, y por lo tanto de más ayuda a los pacientes, podría ir acumulándose a partir de un enfoque consistente dentro de un marco teórico. Después de todo, existe una gran cantidad de posibles técnicas y parecería más efectivo centrarse en el desarrollo de aquellas que surgen como parte de un programa de actuación, de la investigación y de la acumulación de datos, llevados a cabo de manera consistente y sensata dentro de un marco determinado. Desde esta perspectiva, es menos eficaz practicar el eclecticismo técnico, puesto que no hay modo de saber qué es lo que funciona si no es por medio de buenos estudios de validación y, a la vista de las numerosas técnicas que surgen continuamente, esto constituiría un proceso inviable.

Un problema adicional que los defensores del eclecticismo técnico tienden a pasar por alto es que el término «validación» significa cosas diferentes para distintos teóricos (ver el siguiente apartado). El validar técnicas que proceden de un único modelo teórico nos llevaría, por lo menos, a una utilización consistente de la palabra «validación».

Por la otra parte, el clínico de orientación conductual en el aspecto teórico, pero ecléctico en el aspecto práctico, podría alegar que algunas técnicas parecen ser más prometedoras que otras y de más fácil investigación. Estas son las que deberían investigarse en primer lugar, sin importar sus orígenes teóricos. Se alega que, en interés del desventurado paciente, es preferible confiar en el ensayo y error clínicos y agarrarse a casi todo aquello sobre lo que existe alguna razón o intuición para pensar que posiblemente podría ser útil.

Mientras tanto, el debate continúa, con apasionados oponentes que se expresan enérgicamente en ambos lados y, al mismo tiempo, la distancia entre la teoría y la investigación y entre lo que escriben y lo que realmente hacen los terapeutas de conducta se va haciendo cada vez mayor.

IV.5. *La terapia de conducta, el psicoanálisis y la integración*

Los terapeutas de conducta y los psicoanalistas se han enzarzado durante mucho tiempo en debates hostiles, mutuamente denigrantes y potencialmente destructivos. Últimamente, ha habido una llamada para un acercamiento tanto conceptual como práctico. El que esto anuncie un sano espíritu de progreso conjunto o el espectro de una retrógrada inutilidad, es una cuestión de opiniones. Mi posición en este debate es clara: los dos son básicamente irreconciliables a niveles conceptuales y teóricos, y la integración a nivel de la práctica clínica plantea numerosos problemas (p.ej., Franks, 1984). No es un asunto de ser mejor o peor sino una cuestión de ser diferentes. Los terapeutas de conducta y los psicoanalistas se basan en paradigmas distintos, entienden y formulan los problemas psicológicos de manera diferente, confían en métodos diferentes de verificación y aceptan «hechos» distintos como datos legítimos. Por ejemplo, la impresión clínica es a menudo validación suficiente para el psicoanalista, pero no para el terapeuta de conducta. Por consiguiente, es posible que los defensores de ambas posiciones sean lógicamente consistentes con las suposiciones y límites de sus respectivos paradigmas y, en consecuencia, que puedan llegar a conclusiones contradictorias y, posiblemente, irreconciliables. Desde mi punto de vista, una solución, al menos en un futuro cercano, sería que cada sistema «fuese a su avío», con la esperanza de desarrollar una teoría y una práctica más viables dentro de su propio sistema.

Muchos terapeutas de conducta renombrados toman posiciones diametralmente opuestas (p.ej., Goldfried, 1978; Wachtel, 1977). Goldfried, por ejemplo, alega que el distanciamiento entre la TC y el psicoanálisis podría reducirse en un nivel medio de abstracción, que sería algo intermedio entre la teoría y la técnica. Sugiere que examinemos distintos enfoques con respecto a las estrategias de intervención empleadas por diferentes terapeutas de cada grupo y que, de esta manera, sería posible alcanzar un acuerdo con respecto a alguna forma de intervención común. Supuestamente, esto daría lugar bien a la integración o bien a un nuevo modelo conceptual. En mi opinión, dicha síntesis, si ocurre alguna vez, sería más probable que se diese como un subproducto de la investigación programada, calculada, dentro de cada campo.

IV.6 *La terapia de conducta y la preponderancia del profesionalismo*

La AABT comenzó como un grupo de *interés* —y la palabra interés es muy importante, puesto que no conlleva ninguna implicación con respecto a la competencia clínica— en la comprensión y aplicación científicas, en vez de en el desarrollo del profesionalismo y de una mentalidad corporativista. Lamentablemente, por lo menos en mi forma de pensar, el rumbo seguido ha sido otro —al igual que ha sucedido con la American Psychological Association [Asociación Psicológica Americana]— y son las cuestiones clínicas, metodológicas y profesionales las que dominan el campo de la TC hoy día. Aunque la metodología y el «saber hacer» clínico han progresado significativamente en las últimas cuatro décadas, no ha habido un desarrollo paralelo similar del aspecto conceptual. Se ha escrito mucho sobre los pros y los contras de estas dos perspectivas opuestas (ver Franks, 1982, 1987a). Menos mal que la reciente formación de un Grupo de Interés Especial dentro de la AABT, orientado explícitamente hacia el impulso y el apoyo de intereses teóricos, filosóficos y conceptuales, refleja el comienzo de una vuelta, dentro de la terapia conductual, hacia el progreso del conocimiento, en vez de centrarse solamente en la potencia profesional.

Aunque estas actividades pueden influir, y de hecho lo hacen, en el terapeuta de conducta aplicado, es más probable que las futuras generaciones de terapeutas de conducta sean influidas por el entrenamiento que reciban. En principio, la TC no pertenece a una única disciplina. En la práctica, al menos en los EE UU, la mayoría de los programas formales y prolongados de entrenamiento (en contraposición con los programas especializados de breve duración o con el entrenamiento de paraprofesionales y ayudantes conductuales) tienen lugar, generalmente, dentro de la órbita de algunos programas doctorales cientificoaplicados de cinco años, a tiempo completo, en psicología clínica. Si dichos programas enfatizasen el progreso del conocimiento, de los conceptos y de la metodología, además de una adhesión secundaria a las técnicas y procedimientos, entonces sería más probable que los futuros terapeutas de conducta volvieran a nuestros principios originarios.

La mayoría de los terapeutas de conducta son psicólogos clínicos. Pero si la TC tiene que llegar a ser interdisciplinaria, necesitará tener un mayor peso en el entrenamiento de los psiquiatras y de los asistentes sociales. Los programas especializados de entrenamiento, de corta duración, para profesionales no conductuales son también importantes, en el supuesto de que esos entrenamientos centrados en las técnicas no sean considerados como habilitaciones para conseguir la etiqueta de «terapeuta de conducta», como tal.

Los puntos débiles que se encuentran actualmente en el entrenamiento de los terapeutas de conducta parecen caer dentro de tres grandes áreas. En primer lugar, la mayoría de los terapeutas de conducta no reciben entrenamiento para llevar a cabo investigación clínica (Barlow, 1981). En segundo lugar, raramente se da a los terapeutas de conducta una comprensión adecuada de la psicopatología desde una perspectiva conductual y no son entrenados adecuadamente en la práctica de un diagnóstico satisfactorio (Hersen, 1981). En tercer y último lugar, puede ser que los terapeutas de conducta no estén preparados para vérselas con las reacciones negativas del paciente y con la mejoría de las relaciones paciente-terapeuta (p.ej., Kazdin y Cole, 1981; May y Franks, 1985).

IV.7. *Cuestiones éticas, legales y de licencia de la terapia de conducta*

Las cuestiones de licencia, legales e, incluso, éticas dependen básicamente de la situación. La extrapolación a un medio diferente es arriesgado. Aunque los valores pueden mantenerse por medio de la legislación, el mayor impulso tiene que provenir de los responsables del entrenamiento y de los que se dedican a la práctica, en cada país en que se planteen estas cuestiones. También es necesario hacer notar que la ética de la TC no es diferente de la de otras profesiones pertenecientes al ámbito de la salud mental. Sin embargo, es el énfasis en cuantificación, en la claridad, en la objetividad y en la sensibilidad a los determinantes internos y externos lo que convierte en única a la TC.

En los comienzos del desarrollo de la TC, Bandura (1969) distinguió entre valores y ciencia. Los valores, señalaba Bandura, contribuyen a la selección del objetivo, mientras que la ciencia dirige la selección de procedimientos.

Al hacer esta distinción, Bandura evadió la cuestión de si la TC, el estudio científico del cambio de conducta, es o no independiente de las consideraciones éticas. Hoy día existe el consenso de que no pueden evadirse las consideraciones éticas en la aplicación de la tecnología conductual (p.ej., Farkas, 1980; Kanfer y Grimm, 1980). Si la aplicación de cualquier tecnología está repleta de valores y no se pueden aplicar, de forma exclusiva, formulaciones estrictamente lógicas, entonces los terapeutas de conducta deberían apearse del terreno científico/tecnológico en la búsqueda de una superestructura ética. Entretanto, es importante que los terapeutas de conducta continúen debatiendo estas cuestiones. La legislación puede ser necesaria, pero no suficiente.

IV.8. *La imagen de la terapia de conducta*

Existe una lamentable tendencia, en el público, a contemplar a la TC como un conjunto de poderosas, y potencialmente dañinas, técnicas, para el fomento de la conformidad y el control de la conducta humana, sin apenas consideración hacia los derechos y los sentimientos de los demás. Este panorama ha sido expuesto en artículos (Turkat y Feuerstein, 1978), en libros populares sobre las prisiones (Milford, 1973), por psicoterapeutas (Ehrenberg y Ehrenberg, 1977) y en otras partes. Estas imágenes negativas, reforzadas por una desafortunada, pero firmemente establecida, terminología, como «control», «castigo» y condicionamiento aversivo, impactan negativamente sobre la disposición de la gente a considerar a la TC como una opción viable de tratamiento, al igual que afectan desfavorablemente a los resultados del tratamiento (Mays y Franks, 1985).

Seguramente no se encontrarán fuera del alcance de las capacidades de los terapeutas de conducta el encontrar y desarrollar estrategias correctoras adecuadas. La sofisticación técnica y metodológica ha avanzado enormemente en las últimas tres o cuatro décadas y ya existen los procedimientos necesarios para ello.

Relacionada tangencialmente con estos temas se encuentra la tan debatida cuestión de la terminología y el modelo médico. Todavía seguimos pensando, hablando y escribiendo sobre «pacientes», «tratamiento», «terapia», etc. Una ventaja de esta asociación con la medicina es la menor probabilidad de que la TC sea interpretada como algo dañino. Por otra parte, la TC empezó como una desviación radical del modelo médico, desviación que no se fomenta precisamente con la continuación de esta terminología.

V. ESTATUS PRESENTE Y FUTURO PRÓXIMO DE LA TERAPIA DE CONDUCTA

Muchas cosas han sucedido desde la *Historia de la modificación de conducta* de Kazdin (1978b) y también, sorprendentemente y en otro sentido, pocas cosas han ocurrido. Los terapeutas de conducta se encuentran hoy día firmemente introducidos en el entramado de la salud mental y ya no es necesario que se les ponga a prueba. Los terapeutas de conducta pueden tomarse ahora tiempo para reflexionar sobre las realizaciones presentes y las implicaciones para el futuro.

Parecería que hubiéramos entrado en dique seco en lo que a la innovación teórica se refiere, incluso aunque sigan ocurriendo avances tecnológicos. El comienzo de la cuarta década de TC trae consigo desarrollos alentadores. En primer lugar se encuentra el progresivo interés en una vuelta a nuestras bases teóricas y conceptuales. Hasta ahora, quizás porque los reforzadores del éxito profesional son más potentes que los que conlleva el progreso del conocimiento, la mayoría de los terapeutas de conducta se encuentran intelectual y emocionalmente comprometidos con el aspecto profesional. Conozco pocos textos que traten exclusivamente, o incluso principalmente, con temas conceptuales en TC, y, como se ha señalado, una de las contribuciones más importantes ha sido escrita por un filósofo, no un psicólogo (Erwin, 1978). El número de textos recientes orientados hacia la teoría es actualmente pequeño (p.ej., Eysenck y Martin, 1987; Fischman, Rotgers y Franks, 1988; Wilson y Franks, 1982).

Un segundo aspecto, articulado con menos claridad pero igual de importante, se caracteriza por el cambio de un modelo E-R simplista a una perspectiva multicausal, no lineal, pero metodológicamente rigurosa. Al igual que la física avanzó de forma constante, pero con poca imaginación, bajo la dominación benevolente de las entonces omnipresentes ideas de causalidad física, hasta la llegada de la teoría de la relatividad, así sucede con la TC. Por ejemplo, cuando Wahler y Hann (1986) se enfrentaron con la falta de continuidad observada entre el comportamiento de los niños «con problemas de conducta» y las contingencias ambientales, a corto plazo, que operan en las interacciones familiares, buscaron una explicación empírica por medio de un análisis más amplio y sofisticado de los acontecimientos situacionales. De igual manera, Goldiamond (1984) aplica el término *lineal* a las intervenciones locales en las que se define a los tratamientos por medio de los problemas presentes y el término *no lineal* para referirse al empleo de intervenciones tanto locales como del sistema total, iniciadas por los problemas presentes pero dirigidas hacia distintos sistemas comportamiento-contingencia. De esta manera, los análisis lineales y no lineales se convierten en formas útiles y legítimas de investigación, teniendo siempre en cuenta las variables determinantes.

Sobre lo que puede constituir una innovadora contribución a la literatura sobre TC, Delprato (en prensa) ofrece un enfoque no lineal que considera y combina varias áreas íntimamente relacionadas. El *interaccionismo evolutivo* de Delprato se define como «un desarrollo relativamente reciente de varios movimientos confluentes, incluyendo al interaccionismo herencia × medio ambiente, a la perspectiva de la integración del campo, al pensamiento evolucionista, la psicología comparativoevolutiva de Schneirla, a la embriología conductual, a la psicología evolutiva de todo el ciclo vital, una huida del reduccionismo y al enfoque de sistemas». Dentro de este contexto, el desarrollo se convierte en un proceso interactivo en el que tanto el organismo como el ambiente son participantes activos.

En consistencia con la formulación anterior, se encuentra el resurgimiento del interés en la, durante mucho tiempo olvidada, psicología interconductual de Kantor (1959). Con la excepción de algunos de los más importantes terapeutas de conducta de México y de ciertas áreas de Latinoamérica, Kantor ha sido olvidado o incomprendido. Esto se debe, en parte, a causa de su prematura insistencia en que la teoría y la terapia conductuales deben ser tan científicas como las ciencias físicas y que el conductismo es un primer paso necesario, pero está lejos de ser el objetivo final. Kantor, una figura no muy conocida en psicología a pesar de su notable productividad, fue un conocido crítico del dualismo metafísico. En su lugar, Kantor ofrecía una teoría conductual de campo con un lugar importante para el organismo, centrándose en las interacciones recíprocas y simultáneas entre el organismo y el ambiente. Para Kantor, el sujeto de la psicología era la coordinación holista y natural de todo el organismo. No hay una relación artificial y exclusivamente lineal uno-a-uno entre el estímulo y la respuesta (ver Ruben, 1986; Ruben y Delprato, 1987). Es importante reconocer y comprender la posición de Kantor de que una perspectiva holista no tiene que implicar una vuelta a una forma de pensamiento confuso, un déficit que embrolla los objetivos generalmente loables del terapeuta de «sistemas».

Lo que añade todo esto es que la TC se está construyendo de forma lógica, e incluso predecible, sobre sus fundamentos. El énfasis original en la cuantificación, el pensamiento riguroso pero receptivo, la metodología científica y la teoría del aprendizaje siguen siendo, prácticamente, los mismos. Lo que ha cambiado ha sido la complejidad de los problemas abordados y, con ello, la necesidad de adoptar una perspectiva multidimensional, interdisciplinaria, que tenga en cuenta los datos, las formulaciones e incluso las metodologías provenientes de disciplinas encuadradas, en otros tiempos, fuera del campo de la TC tradicional. Una importante tarea, con la que se enfrenta la TC hoy día, consiste en cómo tener en cuenta estos desarrollos innovadores e incorporarlos a un modelo general que retenga el espíritu de la integridad científica que llevó a la TC a estar en una posición de privilegio. Esta vibrante dualidad es lo que caracteriza lo mejor de la TC de hoy día y el desafío para el futuro. Estos horizontes en continua expansión, ¿nos llevarán a algún tipo de armonía conceptual o quizás a una fragmentación final? Sólo el futuro lo decidirá. Si el creciente interés en estas cuestiones y los numerosos congresos, revistas y asociaciones dedicados exclusivamente a la TC son índices válidos, entonces nuestra, todavía joven, disciplina se encuentra viva y coleando e incluso con un próspero aspecto. Probablemente tengamos un brillante futuro ante nuestros ojos.

VI. LECTURAS PARA PROFUNDIZAR

Erwin, E., *Terapia de conducta,* Madrid, Pirámide, 1985. (Or.: 1978)
Eysenck, H. J. y Martin, I., *Theoretical foundations of behavior therapy,* Nueva York, Plenum Press, 1987.
Fishman, D. B., Rotgers, F. y Franks, C. M. (comps.), *Paradigms in behavior therapy: Present and promise,* Nueva York, Springer, 1988.
Reiss, S. y Bootzin, R. R. (comps.), *Theoretical issues in behavior therapy,* Nueva York, Academic Press, 1985.
Wilson, G. T. y Franks, C. M. (comps.), *Contemporary behavior therapy: conceptual and empirical foundations,* Nueva York, Guilford Press, 1982.

2. SOBRE LOS ASPECTOS CONCEPTUALES Y EMPÍRICOS DE LA TERAPIA DE CONDUCTA

ALAN E. KAZDIN

I. INTRODUCCIÓN

La *terapia de conducta* o *modificación de conducta* [1] refleja un enfoque de tratamiento de la disfunción clínica y de la conducta desadaptativa. En la literatura contemporánea se puede identificar una serie de posiciones conceptuales y teóricas, enfoques metodológicos y técnicas de tratamiento, diferentes (Bellack y Hersen, 1985; Fishman, Rotgers y Franks, 1988). El campo ha aumentado enormemente su especialización a lo largo de los aproximadamente treinta años transcurridos desde su origen. Cuando la modificación de conducta surgió formalmente, había un consenso que se centraba en los aspectos comunes de las distintas posiciones. Hoy día, es difícil detectar los restos de un enfoque unitario y un solo movimiento. Con seguridad, los fundamentos de la modificación de conducta reflejan diversas posiciones conceptuales sobre la conducta. Con el tiempo, éstas se han vuelto más explícitas y se han ido desarrollando más en la literatura contemporánea.

El surgimiento de la modificación de conducta puede rastrearse históricamente por medio de la discusión de muchas de sus influencias. Realmente, no se pueden ignorar los factores contextuales críticos, especialmente aquellos que reflejan la progresiva insatisfacción, dentro de la psicología clínica y de la psiquiatría, con respecto a los puntos de vista tradicionales sobre la conducta anormal y su tratamiento. Las posiciones psicodinámicas, y más específicamente las psicoanalíticas, eran una fuente de descontento y proporcionaban un punto de arranque para el desarrollo de un «nuevo» enfoque (ver Kazdin, 1978). Este descontento proporciona un telón de fondo contra el que se pueden examinar los desarrollos críticos.

Los factores contextuales son muy diferentes de los fundamentos del trabajo contemporáneo. Los fundamentos pueden examinarse a diferentes nive-

---

La realización de este capítulo fue facilitada por una *Research Scientist Development Award* (MH00353) del National Institute of Mental Health

Universidad de Yale (EE UU)

[1] Los términos *modificación de conducta y terapia de conducta* se emplean de forma sinónima en el presente capítulo. Históricamente, estos términos se han desarrollado desde distintos enfoques teóricos, dependiendo de diferentes técnicas básicas de tratamiento, de la manera en que se aplican las técnicas y de los países en los que han surgido las técnicas (Franzini y Tilker, 1972; Keehn y Websten, 1969; Krasner, 1971; Yates, 1970). Sin embargo, dicha distinción y sus fundamentos no se han adoptado de forma consistente.

les. En el nivel más molecular, se podrían localizar intervenciones específicas de uso contemporáneo y sus conexiones con paradigmas teóricos y de laboratorio. Este enfoque tiene obviamente su valor, puesto que determinadas técnicas en terapia de conducta se obtuvieron de forma bastante directa a partir de esos paradigmas. Sin embargo, con el paso de los años muchas de las conexiones específicas se han vuelto menos claras. Tanto los paradigmas de laboratorio como las técnicas de tratamiento se contemplan con mayor complejidad. El «condicionamiento clásico», por ejemplo, ya no se ve como un simple medio mecanicista y asociativo de aprendizaje (p.ej., Rescorla, 1988), como se ha representado frecuentemente en la modificación de conducta. Igualmente, técnicas fundamentales como la desensibilización sistemática, desarrolladas a partir de paradigmas de contigüidad, ya no parecen explicarse bien por los planteamientos de aprendizaje originales de los que se sacaron (p.ej., Emmelkamp, 1982b).

Al rastrear los fundamentos de la modificación de conducta contemporánea, es útil considerar los rasgos centrales que subyacen al movimiento y al trabajo contemporáneos. A un nivel más molar, se pueden identificar dos amplias características. Éstas consisten en el empleo de métodos empíricos («objetivos») de investigación y en la confianza en la psicología del aprendizaje como un punto de arranque para el tratamiento. En la investigación psicológica no pueden separarse el desarrollo de métodos objetivos y el desarrollo de métodos de aprendizaje . El movimiento hacia una psicología más objetiva tuvo lugar, en gran medida, en el contexto de la investigación del aprendizaje. De este modo, el desarrollo de un enfoque metodológico y el establecimiento de unos fundamentos explícitos se encuentran entrelazados. El capítulo presente se centra en los fundamentos del trabajo contemporáneo y discute las bases de la modificación de conducta como un enfoque de tratamiento. En vez de identificar los paradigmas específicos, el capítulo se centra en dos temas subyacentes, es decir, el desarrollo de métodos objetivos de estudio y la psicología del aprendizaje. Estos temas sirven como los fundamentos del trabajo contemporáneo. El capítulo examina el surgimiento de la investigación experimental, las extensiones de los paradigmas de la investigación experimental, y el desarrollo formal de estas extensiones como un movimiento.

II. LOS FUNDAMENTOS DE LA MODIFICACIÓN DE CONDUCTA

En el siglo XIX, el desarrollo de las ciencias biológicas y físicas influyó notablemente en la psicología. La investigación biológica empezó a progresar identificando las bases de determinadas enfermedades orgánicas y su tratamiento. El estudio del cerebro y de su relación con las funciones humanas (p.ej., el habla, la memoria y la conducta) aumentó en esta época. La teoría y la investigación de la física mantenían un enfoque científico básico para comprender la materia física. También, el desarrollo de la teoría sobre la evolución, realizado por Darwin (1859, 1871), tuvo su impacto no sólo sobre las ciencias biológicas, sino también sobre las ciencias sociales. Darwin enfatizó la adaptabilidad de los organismos a su ambiente y la continuidad de las especies, ideas que influyeron directamente sobre la investigación en psicología. Un tema común, sobre el que actuaron distintas influencias, fue el que la ciencia y el enfoque científico proporcionan los medios para comprender el mundo. Muchos de los principios y de los enfoques del conductismo reflejaban un amplio movimiento hacia una mayor valoración de la ciencia y un enfoque materialista y mecanicista respecto a los temas de las ciencias físicas, biológicas y sociales. También, la psicología del aprendizaje empezó a surgir como la base crítica para la comprensión de la conducta.

II.1. *El condicionamiento como un desarrollo crítico*

Al comienzo del siglo XIX, aumentó en Europa la influencia de la experimentación e investigación científicas. El movimiento se extendió hasta Rusia, principalmente a través del trabajo neurofisiológico de Ivan M. Sechenov (1829-1905). Sechenov, considerado «el padre de la fisiología rusa», estaba interesado en temas relevantes para la psicología, que en aquella época era, en gran medida, un área de especulación y exploración subjetivas sobre los estados de la conciencia. Creía que el estudio de los reflejos representaba un punto en el que la psicología y la fisiología podían converger. Sechenov (1865/1965) sugirió que la conducta podía explicarse por medio de varios «reflejos del cerebro». Sechenov mantenía que los complejos reflejos que explicaban la conducta se desarrollaban por medio del *aprendizaje*. Distintos estímulos del ambiente se llegaban a asociar con los movimientos musculares; la asociación repetida de los estímulos con los movimientos hacía que los actos se volviesen habituales. Los puntos de vista generales de Sechenov sobre la conducta reflejaban posiciones que más tarde serían adoptadas por conductistas como John B. Watson y B. F. Skinner. La conducta se consideraba como una función de los acontecimientos ambientales y del aprendizaje.

Básicamente, Sechenov proporcionó dos contribuciones, relacionadas entre sí, a los fundamentos de la investigación conductual. Primero, defendió el estudio de los reflejos como una manera de abordar los problemas de la psicología. Creía que el estudio de los reflejos proporcionaba las bases para la comprensión de la conducta. Segundo, defendía la aplicación de los métodos objetivos de la fisiología a los problemas de la psicología. Pensaba que los métodos de investigación de la fisiología mejorarían notablemente los métodos subjetivos e introspectivos de la psicología. El reconocimiento, por parte de Sechenov, de la importancia de los reflejos y su fuerte defensa de los métodos objetivos de investigación fueron muy importantes. Los puntos de vista de Sechenov influyeron en dos jóvenes de su época, Ivan P. Pavlov (1849-1936) y Vladimir M. Bechterev (1857-1927).

La investigación de Pavlov continuó básicamente los puntos de vista de Sechenov, utilizando métodos de investigación fisiológica para examinar el funcionamiento neurológico. En su trabajo sobre la digestión, Pavlov investigó los reflejos que implicaban a las principales secreciones glandulares. En el proceso de su investigación, que le proporcionó el premio Nobel, Pavlov (1902) descubrió las *secreciones psíquicas.* Encontró que las secreciones gástricas del perro empezaban a menudo antes de que se le presentase el estímulo (p.ej., comida); la visión de la comida o del experimentador que se acercaba podía estimular las secreciones. Éstas se consideraba que se debían a la estimulación psíquica. Pero *psíquica* se refería a estados subjetivos del organismo y de aquí que se abandonase ese término y fuese remplazado por el de *reflejos condicionales* (Pavlov, 1903/1955) [2].

La investigación de Pavlov se dirigió hacia los reflejos condicionados. Su trabajo se extendió a lo largo de varios años e implicó a un gran número de investigadores en su laboratorio, investigadores que metódicamente elaboraron diversos procesos asociados con el desarrollo y la eliminación de los reflejos condicionados, como la extinción, la generalización y la diferenciación. El interés principal de Pavlov, al estudiar los reflejos, era comprender la actividad del cerebro. Con el paso de los años, sus intereses por los reflejos se extendieron a la comprensión de la conducta, viéndose reflejados en temas como el lenguaje y la psicopatología.

La principal contribución de Pavlov fue el investigar objetivamente los reflejos condicionados desde el punto de vista de un fisiólogo. Defendió fuertemente el objetivismo en la investigación y criticaba los rasgos subjetivos de la investigación psicológica (p.ej., Pavlov, 1906). Su trabajo demostró también la importancia del aprendizaje en la explicación de la conducta animal y, finalmente, proporcionó un paradigma de investigación para estudiar también la conducta humana. De este modo, Pavlov proporcionó el modelo metodológico de trabajo conductual que se tenía que seguir. Su desarrollo del condicionamiento respondiente proporcionó una base conceptual para explicar la conducta y que, en último término, se utilizaría como una base para explicar y desarrollar técnicas de tratamiento.

---

[2] Aparentemente, *reflejo condicional* se encuentra más cerca del término ruso que utilizó Pavlov; este último término se convirtió en el más familiar *reflejo condicionado* debido a la traducción (Hilgard y Bower, 1966).

Bechterev, un contemporáneo de Pavlov, que estaba también influido por Sechenov, desarrolló un programa de investigación que aplicaba los métodos de la fisiología al estudio del funcionamiento del cerebro. La mayoría del trabajo de Bechterev se centró en los reflejos del sistema motor (es decir, de los músculos estriados), en vez de en las glándulas y el sistema digestivo estudiados por Pavlov. Bechterev también se encontró con los reflejos condicionados (a los que se refirió como «reflejos asociativos») e investigó los procesos asociados con su desarrollo. Curiosamente, el método de Betcherev era más fácilmente aplicable a la conducta humana que el método de Pavlov, ya que empleaba una descarga eléctrica y la flexión del músculo como el estímulo incondicionado y la respuesta incondicionada, respectivamente. La intervención quirúrgica especial y la evaluación de la salivación, requeridas por los primeros métodos de Pavlov, eran más difícilmente aplicables a los seres humanos, por razones obvias. Betcherev (1913), más que Pavlov y Sechenov, desarrolló la idea de que el condicionamiento podía explicar una variedad de conductas humanas y que proporcionaba una base objetiva para la psicología. Betcherev creía que los temas de la psicología podían estudiarse examinando los reflejos y desarrolló lo que él consideraba una disciplina separada, a la que se refería como «reflexología» (Betcherev, 1932). La reflexología abordó muchos problemas de la psicología, incluyendo explicaciones sobre la personalidad y sobre la conducta normal y desviada.

El desarrollo del condicionamiento en Rusia es, obviamente, crítico para los fundamentos de la modificación de conducta. El surgimiento del condicionamiento a partir de la fisiología es significativo, puesto que los métodos objetivos de la investigación fisiológica proporcionaron una alternativa respetable a los métodos introspectivos, subjetivos, de la psicología. También, el papel del aprendizaje asumió una mayor importancia en la explicación de la conducta. Sechenov, Pavlov y Betcherev señalaron la importancia del ambiente como fuente de conductas.

Pavlov estableció relaciones, en forma de leyes, en el condicionamiento y proporcionó años de investigación sistemática, años durante los que se elaboraron muchos procesos básicos. Betcherev también llevó a cabo trabajos básicos sobre el condicionamiento, pero se distingue más fácilmente por su interés en la aplicación del condicionamiento como una base conceptual para la conducta —toda la conducta— y para el tratamiento de la conducta anormal. Para remplazar a la psicología, Betcherev desarrolló una nueva disciplina, la reflexología, que tuvo un considerable impacto en Rusia. La reflexología, en sí misma, no tuvo mucho impacto directo en la psicología de los Estados Unidos. Sin embargo, el movimiento conductista de Estados Unidos se apoyó notablemente sobre la reflexología y proporcionó la desviación radical que Betcherev había contemplado para la investigación psicológica.

II.2. *El surgimiento del conductismo*

El trabajo sobre el condicionamiento en Rusia era parte de un movimiento más amplio hacia un aumento del objetivismo y del materialismo dentro de las ciencias. Este movimiento más amplio tomó la forma del conductismo en los Estados Unidos, tal y como lo adoptó Watson (1878-1958). El interés inicial de Watson era la psicología animal, que se había beneficiado de los métodos experimentales objetivos característicos de la fisiología en un grado mucho mayor que otras áreas de la psicología. Conforme continuaba con su investigación, Watson se fue convenciendo cada vez más de que la psicología animal era una ciencia objetiva, que podía funcionar independientemente de la característica mentalista de otras áreas de la psicología. En esa época, la psicología seguía la escuela del funcionalismo, que analizaba la conciencia. Se había empleado la introspección para examinar las operaciones de la conciencia, haciendo que la gente «observase» sus propios procesos mentales. Watson criticó el estudio de la conciencia por medio de la introspección, como algo extremadamente mentalista y subjetivo.

Básicamente, Watson cristalizó un movimiento hacia el objetivismo que ya estaba en marcha. El movimiento hacia métodos de investigación objetiva se encontraba claramente en marcha en la psicología animal y comparativa, que se había extendido notablemente al final del siglo XIX. Especialmente destacable entre los muchos ejemplos disponibles es el trabajo de Edward L. Thorndike (1874-1949), que investigó el aprendizaje en diversas especies de animales hacia el final de la última década del siglo XIX. También, Robert Yerkes (1876-1956) empezó a investigar sobre distintas especies y ayudó a introducir el método de condicionamiento de Pavlov en la psicología de los Estados Unidos (Yerkes y Morgulis, 1909).

La posición de Watson, desarrollada en los primeros años del siglo XX, mantenía que la psicología era puramente objetiva y experimental y excluía a la introspección como método de estudio y a la conciencia como tema apropiado (Watson, 1913, 1914). Watson tuvo muchos puntos de vista específicos sobre una variedad de temas de la psicología. Fue importante mostrar que el conductismo podía abordar distintos temas de la psicología, como los pensamientos, las emociones y los instintos. Los puntos de vista que Watson proclamó pueden distinguirse fácilmente de los principios metodológicos, los cuales ejercieron el impacto más duradero sobre el conductismo. Estos principios metodológicos eran muy similares a aquellos adelantados por Sechenov, Pavlov y Betcherev, quienes habían defendido anteriormente la sustitución de la investigación especulativa e introspectiva de estados subjetivos por el estudio objetivo de la conducta manifiesta. El propio trabajo de Watson sobre el condicionamiento había sido estimulado directamente por las traducciones del trabajo de Betcherev y, posteriormente, del trabajo y los métodos de Pavlov. Realmente, Betcherev había extendido el condicionamiento a un amplio rango de conductas humanas; sus escritos habían proporcionado a Watson una detallada visión de las implicaciones del condicionamiento.

En el conductismo, el condicionamiento fue inicialmente un método de estudio diseñado para remplazar a la introspección (Watson, 1913) pero, finalmente, se convirtió en un concepto central empleado para explicar el desarrollo de la conducta (Watson, 1924). Al igual que sucedió con Sechenov y Betcherev antes que él, Watson consideró a la conducta como una serie de reflejos. Esta suposición tuvo un notable valor heurístico, puesto que sugirió que la compleja conducta humana podía investigarse estudiando los reflejos simples y sus combinaciones. Watson hizo del condicionamiento la piedra angular de su enfoque sobre la conducta.

II.3. *La psicología del aprendizaje*

El trabajo sobre el condicionamiento en Rusia y en los Estados Unidos enfatizó la modificabilidad de la conducta y, realmente, esto era consistente con el influyente punto de vista de Darwin sobre la adaptación al medio ambiente. Watson y Betcherev proporcionaron amplias teorías de la conducta basadas en los reflejos condicionados. Se consideraba al condicionamiento como la base de la conducta y el aprendizaje se estableció firmemente como un tema central. Las conductas complejas se veían como combinaciones de respuestas simples, aunque las explicaciones que se limitaban a los reflejos condicionados se hicieron cada vez más forzadas.

En los Estados Unidos, la psicología del aprendizaje empezó a recibir cada vez más atención y se utilizó para explicar cómo se adquirían las conductas. Los principios metodológicos del conductismo generalmente se mantenían, pero los paradigmas específicos de investigación y el rango de teorías del aprendizaje aumentaron. Para la modificación de conducta, los primeros trabajos sobre la psicología del aprendizaje suministraron una base importante. La psicología del aprendizaje proporcionó las posiciones teóricas y los paradigmas de laboratorio sobre los que la modificación de conducta se desarrolló posteriormente (p.ej., Levis, 1982).

Como ya se ha señalado, antes del desarrollo del conductismo, Thorndike empezó una sistemática investigación animal que empleaba métodos de investigación objetivos. La investigación de Thorndike sobre el aprendizaje era distinta a la de Pavlov y a la de Betcherev, aunque en esta etapa de la investigación, la distinción no estaba totalmente clara (Hilgard y Marquis, 1940). Thorndike no estudió cómo la conducta reflexiva podía ser provocada por otros estímulos nuevos. Por el contrario, estaba interesado en cómo aprendían los animales nuevas respuestas que no se encontraban inicialmente en su repertorio. Entre los muchos y cuidadosos experimentos, el más conocido es su trabajo con gatos que aprendían a escapar de una jaula para obtener comida. Por medio del «ensayo y error», los gatos se volvieron cada vez más habilidosos para escapar de la jaula. Sobre la base de su extensa investigación, que mostraba la influencia de las consecuencias sobre la conducta y de la práctica repetida, Thorndike formuló varias «leyes del aprendizaje». La más influyente desde el punto de vista de la investigación actual fue la *ley del efecto,* que señalaba que las «consecuencias satisfactorias» fortalecían el lazo entre un estímulo y una respuesta y que las «consecuencias molestas» debilitaban dicha conexión (Thorndike, 1931). Aunque las distintas leyes que Thorndike desarrolló evolucionaron con el curso de su trabajo (Thorndike, 1932, 1933), la importancia de las consecuencias positivas para el fortalecimiento de la conducta permaneció y ha tenido un constante impacto sobre los avances contemporáneos del aprendizaje y de la modificación de conducta.

En los años posteriores al conductismo, surgieron algunos otros teóricos y otras posiciones del aprendizaje. Guthrie, Tolman, Hull, Mowrer y Skinner proporcionaron puntos de vista especialmente influyentes sobre los avances de la psicología del aprendizaje y sobre aspectos de la modificación de conducta. Por ejemplo, Guthrie (1935) consideró al aprendizaje como una función del emparejamiento repetido de estímulos y respuestas. Creía que una respuesta podría establecerse emparejando repetidamente su ocurrencia con las condiciones estimulares deseadas. De igual manera, para eliminar una respuesta, se necesitan ejecutar nuevas respuestas en presencia de estímulos que habían evocado previamente otras respuestas (indeseables). Aparte de la investigación experimental, Guthrie adelantó recomendaciones prácticas para terminar con hábitos no deseados. Por ejemplo, para vencer el miedo, Guthrie recomendó el introducir gradualmente estímulos provocadores de miedo y emparejar respuestas incompatibles con el temor, con esos estímulos. Esta recomendación posee una clara similitud con la práctica contemporánea de la desensibilización sistemática. Realmente, la fuerte defensa por parte de Guthrie sobre la práctica repetida de las respuestas deseadas y sobre el emparejamiento de respuestas con condiciones estimulares apropiadas, puede verse en la aplicación de muchas técnicas conductuales contemporáneas.

También Mowrer (1947, 1960) estaba interesado en el desarrollo y la eliminación de la conducta de evitación y proponía la combinación de «dos factores» para proporcionar una explicación adecuada. Mowrer razonó que inicialmente el miedo se establece por medio del condicionamiento pavloviano. El miedo se desarrolla en el organismo y se reduce escapando de la situación a través del aprendizaje thorndikeano. La teoría de los dos factores proporcionó una explicación sobre un importante problema de la conducta humana, a saber, las reacciones de evitación. A partir de aquí, hubo implicaciones inmediatas para extender los conceptos del aprendizaje a la explicación de la conducta desadaptada de evitación y, quizás, al desarrollo de tratamientos basados en el aprendizaje.

De todos los individuos que pueden identificarse con una posición o teoría específica sobre el aprendizaje, quizás sea B. F. Skinner quien tenga el impacto más directo sobre la modificación de conducta contemporánea. El impacto es claramente aparente, porque los principios del condicionamiento operante desarrollados en la investigación de laboratorio, han sido extrapolados ampliamente a lugares aplicados (ver Kazdin, 1989). En las primeras décadas del siglo XIX, la distinción entre el aprendizaje pavloviano y el aprendizaje thorndikeano no estaba siempre clara. Las diferencias básicas entre los paradigmas de investigación se confundían debido a las distintas clases de respuestas que se estudiaban y a la investigación de paradigmas combinados de aprendizaje, en donde se mezclaban el condicionamiento operante y el respondiente. Se hicieron intentos para clarificar los diferentes tipos de aprendizaje, colocándolos bajo un único marco teórico o explicando su interrelación, como hicieron teóricos al estilo de Hull y Mowrer. Skinner (1935, 1937) colocó la distinción entre el aprendizaje respondiente y el operante en un primer plano y describió casos especiales en los que la distinción aparentemente no estaba clara (es decir, casos en los que las respuestas operantes son una función de estímulos antecedentes y el aprendizaje se haya bajo control discriminativo). Aunque la distinción entre estos tipos de aprendizaje no era nueva, la importancia y las implicaciones de esta distinción no habían sido establecidas.

Skinner (1938) empezó a desarrollar la conducta operante en una serie de estudios experimentales. Además de defender un determinado tipo de aprendizaje para la explicación de la mayoría de la conducta animal y humana, Skinner se asoció a un enfoque particular en la conceptualización de la materia de estudio de la psicología y en el desarrollo de la investigación. El enfoque, conocido como *análisis experimental de la conducta,* tendía a rechazar la teoría, a centrarse en la frecuencia o en la tasa de la respuesta, y a estudiar los organismos individuales empleando diseños experimentales especiales que se apartaban de la investigación habitual (Skinner, 1938, 1950, 1953b). Aparte del trabajo experimental, Skinner señaló la relevancia social y clínica de la conducta operante y, en mayor grado que otros teóricos, apuntó hacia posibles aplicaciones (Skinner, 1953a).

La psicología del aprendizaje ocupó un papel central en la investigación psicológica después del desarrollo del conductismo. Los distintos puntos de vista que se desarrollaron y la investigación que generaron, proporcionan los fundamentos de los enfoques generales y de las técnicas específicas en la modificación de conducta contemporánea. Realmente, muchos debates contemporáneos sobre la investigación conductual a menudo tienen un claro precedente en el desarrollo de la teoría del aprendizaje. Por ejemplo, el debate sobre la necesidad de variables intervinientes, de factores cognitivos, y las limitaciones de las explicaciones estímulo-respuesta sobre la conducta, reflejan cuestiones importantes en la historia de la psicología del aprendizaje (Spence, 1950) y sigue siendo un tema relevante en la modificación de conducta contemporánea (Reiss y Bootzin, 1985).

III. EXTENSIONES DEL CONDICIONAMIENTO Y DEL APRENDIZAJE

Poco después de comenzar la investigación sobre el condicionamiento, sus conceptos se extendieron mucho más allá de los paradigmas del laboratorio, de los que surgieron. Esas extensiones alcanzaron rápidamente a la conducta humana, siguiendo el temprano trabajo de Betcherev. Por ejemplo, en 1907 en Rusia y unos pocos años más tarde en los Estados Unidos, el condicionamiento, como método de estudio, se aplicó a niños normales y a niños mentalmente retrasados (ver Krasnogorski, 1925; Mateer, 1918). También distintos tipos de psicopatología se interpretaron sobre la base del condicionamiento y los métodos se extendieron al diagnóstico, estudio y tratamiento de determinadas poblaciones clínicas (ver Aldrich, 1928; Bechterev, 1923, 1932; Gant y Muncie, 1942). La relevancia del condicionamiento para la psicopatología, la personalidad y la psicoterapia se hizo cada vez más clara con el paso de los años. Una serie de acontecimientos, en especial, hacen resaltar esta evolución, incluyendo determinadas extensiones de paradigmas de laboratorio al estudio de la conducta perturbada, una serie de aplicaciones del condicionamiento a la conducta clínicamente relevante y las interpretaciones y extensiones del aprendizaje a la psicoterapia.

III.1. *Paradigmas y análogos de laboratorio*

Una extensión especialmente significativa del condicionamiento fue la investigación de la neurosis experimental, que consistía en estados inducidos experimentalmente que se parecían a la conducta neurótica encontrada en humanos. Las reacciones de los animales de laboratorio ante varios métodos que inducían la «neurosis» variaban, dependiendo de la especie, pero a menudo incluían evitación, retirada, aceleración de la tasa de pulso, de la tasa cardíaca y de la respiración, irritabilidad y otras reacciones que guardan cierto parecido con la ansiedad humana (ver Hunt, 1944). Las demostraciones iniciales de la neurosis experimental se desarrollaron, como parte de la investigación, en el laboratorio de Pavlov. En investigaciones separadas en 1912 y en 1913, los investigadores del laboratorio de Pavlov encontraron que cuando se requería que los animales hiciesen discriminaciones sutiles sobre el estímulo condicionado, se perdían todas las reacciones condicionadas previamente entrenadas. Además, los animales mostraban distintas perturbaciones en la conducta y se volvían agitados y agresivos. Pavlov (1927) denominó a las perturbaciones emocionales resultantes como «neurosis inducidas experimentalmente» y especuló sobre las bases neurológicas de la reacción.

Pavlov dedicó gran parte de sus esfuerzos investigadores a estas reacciones neuróticas inesperadas. Consideraba a estas reacciones, lo mismo que al reflejo condicionado, como una manera de investigar los procesos neurológicos superiores. Así, reconoció también la conexión potencial entre sus resultados y la psicopatología de la conducta humana. Con este fin, se familiarizó con los trastornos psiquiátricos, visitando distintas clínicas y especuló sobre la base de muchos síntomas de la psicopatología, incluyendo la apatía, el negativismo, los movimientos estereotipados, el miedo y la catalepsia (Pavlov, 1928).

El estudio de la neurosis experimental se convirtió en un área de investigación por derecho propio y se continuó en los Estados Unidos por investigadores tales como W. Horsely Gantt y Howard S. Liddell. Una extensión especialmente importante de la investigación sobre la neurosis experimental, desde el punto de vista del desarrollo del tratamiento, se debe a Jules H. Masserman, quién llevó a cabo investigaciones sobre neurosis inducidas experimentalmente en animales, principalmente en gatos. Masserman (1943) intentó integrar los conceptos del condicionamiento con la psicopatología y la teoría psicoanalítica. Además, desarrolló distintos procedimientos para vencer las reacciones neuróticas de los animales. Estos procedimientos incluían análogos animales de técnicas de modificación de conducta contemporáneas como el *modelado* (colocando un animal sin miedos en la misma jaula que el animal con los miedos), la *exposición* (forzando físicamente al animal a que tomase contacto con el estímulo provocador de miedo) y el *autocontrol* (autoadministrándose comida por medio del control del aparato que la proporcionaba). El principal interés de Masserman en estos procedimientos era el proporcionar una base experimental para los procesos psicodinámicos empleados en la psicoterapia. Se utilizaron conceptos de la terapia psicodinámica (p.ej., la penetración) para explicar los mecanismos a través de los cuales los procedimientos de laboratorio habían mejorado la ansiedad de los animales. De aquí que este planteamiento general sea especialmente interesante, puesto que muchos de los progresos posteriores en la modificación de conducta se dieron en la dirección opuesta, es decir, usando procedimientos y conceptos del aprendizaje basados en el laboratorio para generar nuevos procedimientos terapéuticos.

III.2. *Aplicaciones clínicamente relevantes*

La investigación sobre el condicionamiento, con pocas excepciones, empezó con sujetos infrahumanos. Sin embargo, los métodos se extendieron a la conducta humana de distintas maneras. Entre las muchas extensiones que pueden citarse, algunas de ellas fueron especialmente significativas en la historia de la modificación de conducta. Una de las aplicaciones más influyentes del condicionamiento a la conducta humana se debe a Watson, que estudió las reacciones emocionales de los niños. Watson estaba interesado en las reacciones emocionales condicionadas, en parte para mostrar que los conceptos y los métodos conductuales podían emplearse para estudiar los sentimientos y la experiencia privada.

Watson y Rosalie Rayner comunicaron un influyente caso, en 1920, en el que se intentó condicionar el miedo en un niño de 11 meses llamado Alberto. Alberto no tenía miedo de toda una serie de estímulos, incluyendo una rata blanca, un conejo, un perro y otros que se le presentaron como parte de una batería de evaluación que se pasaba antes del estudio. La rata se seleccionó como un estímulo neutral porque, al igual que otros estímulos, no provocaba temor. El emparejar la presentación de la rata a Alberto con un fuerte ruido, producido al golpear una barra de acero con un martillo, provocaba una respuesta de sobresalto. Con sólo siete emparejamientos del estímulo condicionado (rata) y el estímulo incondicionado (ruido), la presentación de la rata sola provocaba que el niño llorase y se retirase. Además, la reacción de miedo se transfirió a otros objetos, incluyendo un conejo, un perro, un trozo de algodón y un abrigo de pieles, objetos que no provocaban temor antes de los ensayos de condicionamiento.

El caso fue muy significativo, puesto que se consideró que proporcionaba una clara evidencia de que los miedos pueden condicionarse. Las implicaciones de esa interpretación eran enormes, sugiriendo que el aprendizaje podría explicar los miedos y la conducta de evitación y, por implicación, que esas conductas podrían vencerse por medio de experiencias de aprendizaje alternativas. La significación del caso es especialmente notable, ya que los fenómenos que se produjeron se mostraron difíciles de replicar (Bregman, 1934; English, 1929). Además, el mismo estudio original no se cita habitualmente de forma correcta, de modo que los hallazgos reales se representan erróneamente (Harris, 1979). Finalmente, la cuestión de si el estudio demostró el condicionamiento respondiente, como se considera normalmente, puede ser fácilmente rebatida examinando los procedimientos reales que se emplearon (Kazdin, 1978). A pesar de estos aspectos críticos, el caso ejerció un impacto importante.

El informe original sobre Alberto fue sólo un primer paso y el significado completo de la demostración fue acentuado, tres años más tarde, por M. C. Jones, una estudiante que trabajaba bajo la dirección de Watson. Jones (1924b) relató el caso de Pedro, un niño de 34 meses, que era una continuación natural de Alberto. Básicamente, Pedro tenía miedo de los distintos estímulos a los que Alberto llegó a tener miedo debido al condicionamiento. La tarea era desarrollar formas de vencer los temores de Pedro. Como un conejo provocaba más temor que los otros estímulos en la situación de prueba, se empleó como el objeto temido durante el tratamiento. Se utilizaron varios procedimientos para vencer el miedo, principalmente la presentación gradual del conejo a Pedro, bajo condiciones no amenazantes. Mientras que Pedro comía, se le acercaba gradualmente una jaula con un conejo sin que le provocara miedo. El propósito era asociar estímulos (comida) y respuestas (comer) agradables con el objeto temido. Finalmente, Pedro no reaccionó adversamente cuando el conejo tuvo libertad para salir de la jaula y, lo que es más, jugaba con él.

Además del tratamiento con éxito de Pedro, Jones (1924a) publicó un informe más extenso que incluía diferentes métodos para tratar a niños institucionalizados que tenían una serie de temores (p.ej., estar solo, estar en una habitación oscura, y encontrarse cerca de pequeños animales). Dos métodos parecían tener éxito especialmente, a saber, el condicionamiento directo, en el que un objeto temido se asociaba con reacciones positivas (p.ej., como se había hecho con Pedro); y la imitación social, en donde niños que no tenían miedo modelaban una interacción sin temor con el estímulo.

Las demostraciones por parte de Watson, Rayner y Jones de que los miedos podían condicionarse y descondicionarse tenían, por sí mismas, una significación obvia. Así, los puntos de vista sobre la naturaleza del condicionamiento y los métodos de investigación proporcionaron un paradigma a seguir en el trabajo clínico. Los mismos investigadores eran explícitos al señalar las implicaciones de los hallazgos para los conceptos existentes sobre la psicopatología. Por ejemplo, Watson y Rayner (1920) se burlaron de las interpretaciones psicoanalíticas que podían ser aplicadas al miedo adquirido por Alberto, interpretaciones que se aplicaban a pesar del hecho de que el miedo se había condicionado en el laboratorio. De este modo, las demostraciones del condicionamiento y del descondicionamiento del miedo se colocaron en el campo más amplio de la psicopatología y su tratamiento y se plantearon como un desafío para los enfoques existentes.

III.3. *Personalidad y psicoterapia*

III.3.1. Teorías integradoras de la conducta

Las extensiones del condicionamiento no fueron aplicaciones aisladas de los hallazgos de Pavlov, como la anterior discusión podría implicar. El condicionamiento tuvo un notable impacto en muchos niveles diferentes. Desde los años treinta hasta los cincuenta (del presente siglo), se hicieron intentos para desarrollar teorías generales que explicasen la conducta normal y la anormal y el progreso terapéutico basado en el aprendizaje (p.ej., French, 1933; Kubie, 1934; Mowrer, 1950b). Una teoría integradora que merece resaltarse especialmente fue la propuesta en 1950 por John Dollard, un sociólogo, y Neal E. Miller, un psicólogo experimental, intentando proporcionar una teoría comprehensiva de la conducta que uniese el aprendizaje, la psicopatología y la psicoterapia. El trabajo se inspiró en gran medida en Pavlov, Thorndike y Hull. La posición fundamental era que la psicopatología y la psicoterapia podían explicarse por medio de conceptos de aprendizaje y que tanto el desarrollo como la eliminación de los síntomas podían conceptualizarse en términos de aprendizaje. Los conceptos y los procesos de la teoría psicoanalítica (p.ej., el principio del placer, la transferencia, el conflicto neurótico) se volverían a explicar en términos de la teoría del aprendizaje (p.ej., reforzamiento, generalización del estímulo e impulsos adquiridos). Conceptos que no tenían una buena base y que no habían sido bien investigados, se apoyaban en conceptos del aprendizaje que constituían la fuente de la teoría y la investigación en la época en que Dollard y Miller desarrollaron su teoría.

Otras personas, aparte de Dollard y Miller, desarrollaron otras teorías sobre la personalidad y la psicoterapia que incorporaban la teoría del aprendizaje. Por ejemplo, Julian B. Rotter se apoyó en el trabajo del aprendizaje y de la psicología experimental en general y en teóricos específicos (Tolman, Thorndike, Hull y Kurt Lewin), para desarrollar una teoría general de la conducta (Rotter, 1954). La terapia se consideraba también como un proceso de aprendizaje y se aplicaron conceptos de la psicología del aprendizaje para explicar la terapia convencional.

La teoría y la investigación sobre el aprendizaje habían logrado una preponderancia, si no un dominio, en la psicología experimental y se consideraba el mejor candidato para una sólida base conceptual en la comprensión de la psicopatología y la psicoterapia. Las teorías específicas de Dollard y Miller y de Rotter han tenido poco impacto directo sobre las prácticas contemporáneas de la modificación de conducta. Las teorías explicaban, principalmente, los tratamientos existentes en términos del aprendizaje. Progresivamente, los principios del aprendizaje fueron considerados como una fuente de nuevas técnicas de terapia que, en último término, tuvieron el mayor impacto sobre el trabajo actual. Sin embargo, la conceptualización de la psicoterapia existente como un proceso de aprendizaje y la aplicación seria de la investigación contemporánea sobre el aprendizaje, a la personalidad y a la psicoterapia, fueron unos primeros pasos muy importantes.

III.3.2. El condicionamiento verbal

El reexplicar simplemente la terapia convencional en términos del aprendizaje no estimuló mucho la investigación en psicoterapia. Sin embargo, las extrapolaciones del condicionamiento operante a la interacción diádica de la terapia, generó una considerable investigación que proporcionó un importante paso intermedio en su camino hacia las aplicaciones de los principios del aprendizaje para propósitos de tratamiento. De forma específica, los métodos operantes se investigaron en el contexto del condicionamiento verbal. Skinner había extendido los principios del condicionamiento operante a una variedad de conductas, incluyendo la conducta verbal, al comienzo de los años cuarenta. Skinner propuso que la conducta verbal era una operante mantenida por las consecuencias del que escucha (Skinner, 1953a, 1957).

La investigación de laboratorio empezó a examinar la influencia del experimentador sobre las verbalizaciones del sujeto. Al diseñar una situación experimental para investigar la conducta verbal humana se adoptó el modelo general de la investigación de laboratorio, en el que un animal que respondía recibía una consecuencia reforzante. La conducta verbal (p.ej., seleccionar pronombres cuando se construyen frases) sirvió como la respuesta y era seguida por reacciones del experimentador (p.ej., expresiones de «bien» o «mmm-hmm»). Distintos estudios mostraron que tipos específicos de habla y conversación podían ser influidos por las consecuencias proporcionadas por el que escucha (Greenspoon, 1962).

La investigación sobre el condicionamiento verbal comenzó en los años cincuenta y se realizó principalmente con estudiantes universitarios en una situación de tipo entrevista. En unos pocos años, el condicionamiento verbal se extendió a áreas de la investigación clínica, aplicando los métodos a distintas poblaciones clínicas y a situaciones de diagnóstico, en las que la conducta del paciente podía ser influida por el examinador. La extensión más importante del condicionamiento verbal se dio en situaciones que se parecían a la psicoterapia. La investigación sobre condicionamiento verbal se empleó en tareas que se parecían más a la conducta del paciente real (p.ej., hablar libremente en vez de construir frases), mientras que el terapeuta respondía a determinadas clases de palabras. Las clases de palabras aumentaron en el área clínica (p.ej., respuestas emocionales, expresiones de aceptación de uno mismo, expresiones «alucinatorias») y las poblaciones incluían pacientes psiquiátricos en vez de estudiantes universitarios. Se establecieron paralelismos cada vez mayores entre el condicionamiento verbal y la psicoterapia (Krasner, 1955, 1958, 1962), una analogía apoyada más tarde por hallazgos de que los terapeutas realmente respondían de forma selectiva a las conductas del paciente (Truax, 1966).

En general, el condicionamiento verbal proporcionó un análogo en donde se podían investigar los procesos aislados de la interacción diádica. El hecho de que la conducta verbal podía condicionarse sirvió para indicar el papel del aprendizaje de maneras concretas (es decir, cómo hablaba el paciente sobre las cosas) que fuesen relevantes para el cambio del paciente. Además, el condicionamiento verbal sustentaba un enfoque general de la conducta en la sesión de terapia, a saber, que la conducta podía ser parcialmente, o quizás incluso principalmente, una función de los determinantes externos en vez de los procesos intrapsíquicos. Aunque muchos investigadores pusieron en duda la similitud con la psicoterapia de las situaciones en las que se llevaba a cabo el condicionamiento verbal (Heller y Marlatt, 1969; Luborsky y Strupp, 1962), el hecho de que se pudieran establecer paralelismos de forma clara aumentó la importancia del aprendizaje en relación con los procesos terapéuticos. Igualmente, las demostraciones de que la conducta verbal podía ser modificada por las consecuencias proporcionadas por los demás, llevó a extensiones directas en el trabajo clínico con la modificación de la conducta verbal problemática, como el habla incoherente o irracional entre pacientes psicóticos (Ayllon y Michael, 1959; Isaacs, Thomas y Goldiamond, 1960; Rickard, Dignam y Horner, 1960).

IV. LA EXTENSIÓN DE LOS PARADIGMAS AL TRATAMIENTO

La extensión de los paradigmas de aprendizaje a los problemas de conducta era claramente evidente en el trabajo de Watson, Rayner, M. C. Jones y los Mowrers, por mencionar ejemplos especialmente prominentes. Estos investigadores no sólo aplicaron los principios del aprendizaje, sino que colocaron su trabajo en el contexto, más amplio, de la psicopatología y de la psicoterapia en general. Básicamente, consideraban que su trabajo representaba un nuevo enfoque de la psicopatología. De aquí que su trabajo inicial ilustre un movimiento hacia el tratamiento que es difícil de distinguir de conceptualizaciones y aplicaciones posteriores que fueron denominadas explícitamente modificación de conducta. Es difícil señalar una fecha determinada en la que la modificación de conducta surgió formalmente. No obstante, en los años cincuenta y sesenta, se pueden identificar distintos trabajos en los que el tratamiento estaba explícitamente unido a los fundamentos del aprendizaje y a los métodos objetivos de investigación. Algunos ejemplos presentarán la formalización del movimiento y las conexiones con los fundamentos de laboratorio mencionados anteriormente.

IV.1. *La desensibilización sistemática*

Realmente uno de los acontecimientos más significativos en el surgimiento de la modificación de conducta fue el trabajo de Wolpe en Africa del Sur. El desarrollo, por parte de Wolpe, de la desensibilización sistemática no sólo proporcionó una técnica innovadora, sino que de distintas maneras ayudó a cristalizar el cambio conceptual más amplio hacia la terapia de conducta. Wolpe estaba interesado en la psicología del aprendizaje como una fuente posible para comprender las reacciones neuróticas y para desarrollar técnicas de tratamiento. Estaba especialmente interesado en el trabajo de Pavlov y de Hull y empezó la investigación sobre la neurosis experimental con gatos, utilizando como punto de partida el trabajo de Masserman (1943).

Wolpe señaló que la reacción neurótica, establecida en los gatos, se extendía a situaciones diferentes a aquellas en las que se había inducido inicialmente la reacción. Algo interesante era que la gravedad de la reacción neurótica parecía ser una función de la similitud del entorno, en el que se encontraban los gatos, con el de la situación original. Cuanto más parecido era el lugar en el que se colocaban los gatos al sitio en el que se había establecido el miedo, más graves eran los síntomas. Para establecer inicialmente estas reacciones neuróticas, Wolpe asoció una descarga con la aproximación a la comida; finalmente, la reacción neurótica inhibía la conducta de comer. Este resultado sugería que el comer podría, bajo circunstancias diferentes, inhibir a la ansiedad; es decir, las dos reacciones podrían «inhibirse recíprocamente» (ver Wolpe, 1952, 1954).

Para vencer las reacciones neuróticas, Wolpe colocó a los animales en situaciones que se parecían, en distintos grados, a la situación original en la que se habían desarrollado las reacciones neuróticas, y proporcionaba oportunidades y ayudas físicas que alentaban a comer. Después de que se había restablecido la conducta de comer, Wolpe inducía la conducta de comer en lugares que se parecían mucho al sitio original, y continuaba con este procedimiento hasta que el animal podía comer libremente en el lugar original, sin ansiedad. Cuando se llevaba a cabo satisfactoriamente la conducta de comer en la situación original, se eliminaba el miedo.

Wolpe (1958) explicó las «curas» sobre la base de la inhibición de la reacción de ansiedad y formuló el principio general de la inhibición recíproca: «Si se puede conseguir que tenga lugar una respuesta antagónica a la ansiedad en presencia de estímulos evocadores de ansiedad, de modo que se acompañe por una completa o parcial supresión de las respuestas de ansiedad, se debilitará la conexión entre esos estímulos y las respuestas de ansiedad» (p. 71). Este principio sirvió de base para el desarrollo de tratamientos que venciesen el miedo humano, un paso extremadamente importante que amplió en gran medida el trabajo previo sobre las neurosis experimentales. Wolpe desarrolló la idea de que los humanos podían exponerse a situaciones provocadoras de ansiedad de modo similar a la exposición de los gatos a lugares asociados con el miedo. Aunque Wolpe expuso inicialmente a los pacientes a situaciones reales en las que se provocaba la ansiedad, exploró el uso de la imaginación por medio de la cual los pacientes se imaginaban una serie graduada de situaciones. También, siguiendo el trabajo del fisiólogo Edmund Jacobson (1938), que había utilizado la relajación para tratar la ansiedad y otros trastornos, Wolpe seleccionó la relajación muscular como una respuesta que podría inhibir la ansiedad, de la misma manera que, entre animales, se usó el comer como una respuesta incompatible con el miedo.

El procedimiento que Wolpe desarrolló fue la desensibilización sistemática, que se componía de la relajación, el desarrollo de una serie graduada de situaciones provocadoras de ansiedad (jerarquía), y el emparejamiento de la imaginación de los ítems de la jerarquía con la relajación. Este procedimiento constituye la técnica más importante desarrollada a partir del principio de la inhibición recíproca, pero puede llevarse a la práctica en distintas formas (p.ej., empleando respuestas diferentes a la relajación como la respuesta incompatible, la presentación en vivo de las situaciones provocadoras de ansiedad, etc.).

El desarrollo de la desensibilización fue muy significativo. En los comienzos de la modificación de conducta, la desensibilización se convirtió en una de las técnicas de tratamiento más investigadas y practicadas. Sin embargo, no era la técnica en sí misma lo que era crítico. Aproximaciones parecidas, así como la explicación subyacente, estaban disponibles y habían sido aplicadas en múltiples formas mucho antes del desarrollo formal de la desensibilización en la década de 1950 (p.ej., Alexander, 1928; Brissaud, 1894; Meige y Feindel, 1907; Pitres, 1888).

El desarrollo y el contexto teórico de las terapias de inhibición recíproca eran consistentes con el *zeitgeist*. Wolpe se apoyó en la psicología del aprendizaje, incluyendo las investigaciones de Pavlov, Hull, Mowrer, Miller, Masserman y otros, y en la fisiología, al explicar los mecanismos por medio de los cuales se llevaba a cabo el cambio de conducta. De este modo, la técnica se colocó sobre una base conceptual con un alto grado de respetabilidad científica. También, hizo afirmaciones muy específicas y comprobables sobre la terapia. Sugirió que deberían incluirse ciertas condiciones en el tratamiento (p.ej., la relajación, la construcción de la jerarquía, y el emparejamiento de la relajación con la imaginación de la jerarquía de ítems). La especificidad del tratamiento propuesto por Wolpe, las conexiones con el laboratorio, y el apoyo en los paradigmas y en los conceptos del aprendizaje ayudaron en gran medida a formalizar la terapia de conducta. La formalización se logró cimentando el tratamiento con los fundamentos críticos de la psicología del aprendizaje.

IV.2. *Extensiones del condicionamiento operante*

En los años cincuenta y sesenta, el condicionamiento operante se extendió a la conducta humana a lo largo de una serie de frentes diferentes. Las aplicaciones ilustran una progresión sistemática, comenzando con las extensiones conceptuales de los principios operantes, siguiendo con las extensiones de los métodos operantes a la experimentación con humanos, hasta las aplicaciones clínicas directas.

Para empezar, el alcance del condicionamiento operante se reflejaba en las extensiones conceptuales a diversas áreas de la conducta humana (p.ej., Keller y Schoenfeld, 1950; Skinner, 1948). Por ejemplo, el libro de Skinner, *Ciencia y conducta humana* (1953a) explicaba el papel de los principios del condicionamiento operante en el gobierno, en la ley, en la religión, en la psicoterapia, en la economía y en la educación. De especial interés fueron sus extensiones a la psicoterapia, que sugerían que las contingencias de reforzamiento por el terapeuta constituían el principal responsable de cualquier cambio que se lograse en el paciente.

Al principio de los años cincuenta, Ogden R. Lindsley y Skinner empezaron a aplicar métodos operantes a pacientes psicóticos. Estudiaron, de modo individual, a pacientes adultos e infantiles así como a personas «normales», en una cámara experimental, con el fin de evaluar los efectos del reforzamiento. La cámara permitía la ejecución de una respuesta simple (tirar de un émbolo) seguida por el reforzamiento (p.ej., la entrega de dulces o cigarrillos). La conductas de los pacientes individuales se evaluaba diariamente durante extensos períodos (hasta varios años para algunos pacientes), sobre la base del grado de respuesta del paciente a las contingencias operantes. Aunque el propósito de la investigación era simplemente extender los métodos operantes a la conducta humana, las implicaciones clínicas fueron evidentes. La conducta sintomática (p.ej., alucinaciones) interfería en ocasiones con la conducta operante. El desarrollar respuestas hacia el aparato competía con las conductas sintomáticas y de aquí que disminuyesen los síntomas. En general, el significado de esta extensión inicial fue la aplicación de los métodos científicos a una investigación de la conducta de pacientes psicóticos y de su grado de respuesta a distintas manipulaciones experimentales (Lindley, 1956, 1960).

En las décadas de los años cincuenta y sesenta, el condicionamiento operante se extendió como un método para estudiar la conducta (p.ej., Barrett y Lindsley, 1962; Bijou, 1957; Ferster y DeMyer, 1961) y para modificar la conducta con objetivos aplicados (p.ej., Barrett, 1962; Baer, 1962; Flanagan, Goldiamond y Azrin, 1958). A mediados y finales de la década de los sesenta, los métodos de condicionamiento operante se habían extendido a diversas poblaciones en la escuela, en los hospitales psiquiátricos y en las instituciones para pacientes mentalmente retrasados.

V. LA FORMALIZACIÓN DE LA TERAPIA DE CONDUCTA

La terapia de conducta se convirtió en un movimiento visible a principios de los años sesenta. Aunque es difícil marcar el punto en el que el movimiento se hizo identificable, determinadas publicaciones parecen haber cristalizado los avances existentes. Eysenck (1960) publicó, como compilador, el primer libro que incluía el término *terapia de conducta* en el título, juntando distintos escritos que aplicaban los principios del aprendizaje a problemas terapéuticos [3]. La identificación del campo fue delimitada más tarde en 1963, cuando Eysenck puso en marcha la primera revista de terapia de conducta, *Behaviour Research and Therapy*. En unos pocos años, surgieron varias publicaciones más, juntando las aplicaciones terapéuticas que se basaban en el aprendizaje. La conexión con los paradigmas de laboratorio, enfatizando el papel del aprendizaje y los métodos objetivos de estudio, estaba clara en las primeras publicaciones del campo (p.ej., Eysenck, 1964; Franks, 1964; Staats, 1964; Wolpe, Salter y Reyna, 1964).

A principios de la década de los sesenta, la terapia de conducta se había convertido en un movimiento formal, extendiéndose las ideas a través de distintos límites conceptuales y geográficos. La terapia de conducta provenía de distintos desarrollos, incluyendo diferentes enfoques teóricos y técnicas de tratamiento. Sin embargo, se extrajeron denominadores comunes del enfoque para proporcionar unidad al campo. Esos denominadores consistían en un enfoque hacia el tratamiento que se apoyaba en el aprendizaje, como un

[3] Aparentemente Lindsley y Skinner fueron los primeros en emplear el término *terapia de conducta* (Skinner, Solomon y Lindsley, 1953; Skinner, Solomon, Lindsley y Richards, 1954). Sin embargo, el término permaneció en informes sin publicar, por lo que no recibió una amplia circulación. El término se hizo popular principalmente por medio de los primeros escritos de Eysenck (1959, 1960) sobre el tema. Lazarus (1958) había utilizado el término antes que Eysenck, pero no se había adoptado su empleo ni se le había dado publicidad.

punto de partida conceptual, y en los métodos objetivos o experimentales de investigación.

V.1. *La diversidad dentro de la modificación de conducta*

La modificación de conducta no es una posición uniforme o monolítica. En el comienzo de la existencia del campo, muchos esfuerzos independientes que intentaban proporcionar unos fundamentos científicos, basados en el aprendizaje, a la psicoterapia, se unificaron bajo los encabezamientos de *terapia de conducta* y *modificación de conducta.* La justificación para la unificación de desarrollos diferentes fue la reacción común contra la posición preponderante en la psiquiatría y en la psicología clínica y la adherencia a la teoría del aprendizaje, concebida de forma amplia. Las diferencias dentro de las áreas de la modificación de conducta eran minimizadas o ignoradas, con el propósito de desarrollar un movimiento relativamente unificado que se opusiese al modelo tradicional de enfermedad sobre la conducta anormal y su tratamiento.

En la realidad, la modificación de conducta es muy diversa. La diversidad era evidente desde el comienzo del campo, pero en los últimos años se ha hecho cada vez más aparente. Después de que surgiese la terapia de conducta, se desarrollaron enfoques individuales dentro del campo a lo largo de los años y las diferencias entre los enfoques se hicieron más fácilmente identificables. Consideraremos algunas de las principales dimensiones a lo largo de las cuales existe la diversidad.

V.1.1. Enfoques conceptuales

Dentro de la terapia de conducta se pueden identificar fácilmente distintos enfoques conceptuales, incluyendo un punto de vista mediacional del estímulo-respuesta (E-R), el análisis aplicado de la conducta y la modificación de conducta cognitiva (ver Fishman y cols., 1988). El punto de vista mediacional E-R consiste principalmente en la aplicación de los conceptos del aprendizaje y enfatiza el emparejamiento estímulo-respuesta, según se deriva de las posiciones del aprendizaje por contigüidad, de Pavlov, Guthrie, Mowrer y otros. Se apoyan en variables intervinientes y en constructos hipotéticos para explicar la conducta. Ilustrativas de este enfoque teórico general se encuentran técnicas como la desensibilización sistemática y la inundación, que se centran en la extinción de la ansiedad subyacente que explica y mantiene la conducta de evitación. Característico de este enfoque es el intento de ligar los constructos mediacionales con estímulos antecedentes y respuestas que puedan ser fácilmente operacionalizados.

El análisis aplicado de la conducta es un enfoque diferente dentro de la terapia de conducta, ya que descansa principalmente sobre la herencia metodológica y de contenido del condicionamiento operante y del análisis experimental de la conducta. El énfasis se coloca sobre los acontecimientos antecedentes y consecuentes; se evitan los estados mediacionales, los acontecimientos privados y las cogniciones. El tratamiento se centra en modificar los antecedentes y las consecuencias, con el fin de cambiar la conducta problema. El análisis aplicado de la conducta también está caracterizado por un enfoque metodológico singular e incluye la evaluación experimental de la actuación de los sujetos empleando normalmente diseños intrasujeto de medidas repetidas, en lugar de los diseños entre grupos. El análisis aplicado de la conducta incluye una serie de técnicas que se basan en el reforzamiento, el castigo, la extinción, el control del estímulo y en otros principios derivados de la investigación de laboratorio (Cooper, Heron y Heward, 1987).

La terapia de conducta cognitiva es un enfoque que pone en un primer plano a los pensamientos, a las creencias y a la suposición de que la gente moldea activamente su propio ambiente. La conducta desadaptativa se considera el resultado de cogniciones erróneas y la terapia se centra en eliminar estas cogniciones y remplazarlas por pensamientos y creencias que fomenten una conducta más adaptativa. Aunque la conducta se considera un resultado de los procesos cognitivos simbólicos, a menudo se emplean métodos conductuales para modificar estos procesos cognitivos, como, por ejemplo, el recibir consecuencias reforzantes por expresar autoverbalizaciones que fomenten las conductas deseadas. Entre las distintas posiciones existentes, los modelos con base cognitiva son los que han recibido más atención en la última década (ver Fishman y cols., 1988).

V.1.2. Dimensiones adicionales

La diversidad de la terapia de conducta puede resaltarse señalando brevemente varias dimensiones. Por ejemplo, las técnicas de terapia de conducta varían en el grado en que se apoyan en la teoría psicológica y en los hallazgos de laboratorio. Muchas técnicas provienen de la teoría en un sentido amplio, como el aprendizaje E-R, el condicionamiento operante y las teorías cognitivas. Otras técnicas no se apoyan en la teoría. Realmente, algunos autores no han alentado que los recursos se obtengan únicamente de la teoría y de la investigación básica. Por ejemplo, Lazarus (1971) ha sugerido que la terapia de conducta debería incluir técnicas útiles para el tratamiento, se obtengan o no de la teoría o de la investigación de laboratorio. Finalmente, otras técnicas han surgido de una orientación general del aprendizaje, pero se han desarrollado a partir de la práctica real en lugares aplicados (Azrin, 1977). En resumen, las técnicas de terapia de conducta difieren notablemente en el grado en que provienen de los paradigmas de la teoría o de la investigación de laboratorio.

VI. CONCLUSIONES

Cuando la terapia de conducta surgió inicialmente como un movimiento formal, abarcaba diferentes posiciones conceptuales y distintas técnicas de tratamiento. Sin embargo, las diferencias que había en el origen del movimiento se pasaron por alto para fomentar las características comunes más importantes, a saber, los procedimientos de tratamiento basados en el aprendizaje y una alternativa conceptual a los enfoques intrapsíquicos. Las primeras definiciones subrayaban los lazos de la terapia de conducta con la teoría del aprendizaje y con los principios del condicionamiento, como ingrediente común. Cuando la terapia de conducta se desarrollaba inicialmente, disfrutaba de la claridad engañosa asociada a menudo con la juventud. La polaridad de los enfoques intrapsíquicos y conductuales parecía clara, tanto si se discutía a un amplio nivel conceptual (p.ej., teorías psicoanalíticas *versus* teorías conceptuales) como si se hacía en relación a fenómenos clínicos específicos (p.ej., sustitución del síntoma). Igualmente, los defensores de la modificación de conducta consideraban que los fundamentos de la «teoría del aprendizaje», a menudo tema de debate, proporcionaban una base mucho más firme que las «arenas movedizas» conceptuales que ofrecía el psicoanálisis.

Con el paso de los años, la teoría, la investigación y la experiencia clínicas han modificado, de muchas formas, las características básicas del enfoque. Aunque el aprendizaje ha representado un énfasis crítico, las ambigüedades a nivel teórico en el más básico de los paradigmas, como es el condicionamiento clásico (p.ej., Rescorla, 1988), hacen que los fundamentos no estén muy claros. Igualmente, se reconoce más fácilmente que la relación de técnicas conductuales específicas con teorías del aprendizaje o con modelos de laboratorio está forzada. La intolerancia sobre los enfoques psicodinámicos se ha moderado. La tendencia hacia posiciones cognitivas dentro de la modificación de conducta ha ido emparejada con una orientación más amplia respecto a la integración de muchos enfoques teóricos. El acercamiento y la integración de enfoques anteriormente opuestos se discute y se defiende activamente (p.ej., Arkowitz y Messer, 1984; Goldfried, 1982b; Wachtel, 1977). El objetivo de desarrollar un enfoque conductual claro y distinto se ha convertido en algo subordinado a la tarea de comprender los fenómenos clínicos y a la de fundamentar y comprobar posiciones teóricas diversas.

La modificación de conducta se ha desarrollado notablemente en los treinta años transcurridos desde su origen. El campo no se puede caracterizar con precisión apuntando a un conjunto particular de teorías o áreas de la psicología como las bases para el tratamiento. Una de las características principales de la modificación de conducta contemporánea es un enfoque empírico sobre el tratamiento y su evaluación. Curiosamente, este rasgo común de los enfoques dentro de la terapia de conducta refleja los principios metodológicos generales del conductismo, a los que se puede remontar el movimiento en general. Dentro del enfoque metodológico general, se alienta la diversidad dentro del campo, tanto a niveles conceptuales como a niveles técnicos. Se da la bienvenida a nuevos enfoques siempre que estén sujetos a la evaluación empírica. Por otra parte, la modificación de conducta no defiende un empirismo ciego con respecto a la psicoterapia, puesto que muchas técnicas y procedimientos difícilmente se pueden deducir a partir de la psicología científica en general y de las teorías del aprendizaje en particular.

Los fundamentos de la modificación de conducta pueden remontarse fácilmente a modelos de aprendizaje específicos y a principios metodológicos con los que dichos modelos estaban asociados. Permanece el fuerte énfasis en la investigación empírica. Sin embargo, los lazos con modelos de aprendizaje específicos se han vuelto forzados. Esta cuestión se ha discutido anteriormente en el desarrollo de la modificación de conducta (p.ej., Breger y McGaugh, 1965, 1966). En años más recientes, la fortaleza de los enfoques conductuales se ha obtenido a partir de la investigación acumulada, que se vale por sí misma. De este modo, los modelos del aprendizaje en los que se apoyaba el enfoque conductual son contemplados, con menos frecuencia, como aspectos centrales.

VII. LECTURAS PARA PROFUNDIZAR

Bayés, R. y Pinillos, J. L., *Tratado de psicología general 2: Aprendizaje y condicionamiento*, Madrid, Alhambra, 1989.

Fishman, D. B., Rotgers, F. y Franks, C. M. (comps.), *Paradigms in behavior therapy: present and promise*, Nueva York, Springer, 1988.

Kazdin, A. E., *Historia de la modificación de conducta*, Bilbao, Desclée de Brouwer, 1983. (Or.: 1978).

Kazdin, A. E., *Modificación de la conducta y sus aplicaciones prácticas*, México, El Manual Moderno, 1978. (Or.: 1975).

Keller, F. S. y Schoenfeld, W. N., *Fundamentos de psicología*, Barcelona, Fontanella, 1975. (Or.: 1950).

Whaley, D. L. y Malott, R. W., *Psicología del comportamiento*, Barcelona, Fontanella, 1978. (Or.: 1971).

Tarpy, R., *Aprendizaje y motivación animal*, Madrid, Debate, 1986. (Or.: 1982).

3. PREHISTORIA DE LA MODIFICACIÓN DE CONDUCTA EN LA CULTURA ESPAÑOLA

MARINO PÉREZ ÁLVAREZ

I. INTRODUCCIÓN

Se describen una serie de referencias de la tradición cultural española relativas a técnicas de cambio psicológico, reconocibles como formas más o menos claras de modificación de conducta. Sin embargo, no se ha utilizado la modificación de conducta como una plantilla que se haya superpuesto a un panorama histórico, sino que más bien lo que se encuentra se reconocería como tal. Obviamente, quien hace esto no es ingenuo (en cuanto a las técnicas vigentes), de modo que se analiza el pasado desde ciertos criterios del presente. Ahora bien, lo encontrado es en algún sentido modificación de conducta antes de su constitución formal. Así pues, no es tanto que se haya utilizado ésta como una red con la que capturar ciertas formas, sino que quizá lo que hay es modificación de conducta más o menos elaborada y en contextos más o menos decorativos para la sensibilidad actual.

II. LA PROYECCIÓN CLÍNICA Y EDUCATIVA DE VIVES

En Vives (1492-1540) se encuentran antecedentes firmes de importantes cuestiones psicológicas actuales. Su punto de partida está comprometido con el interés práctico. «No nos importa saber qué es el alma, aunque sí, y en gran manera, saber cómo es y cuáles son sus operaciones» *(Tratado del alma,* 1538, p. 55).

Se ocupa de la asociación de ideas, del conocimiento y de la memoria, y en este contexto hace la siguiente observación: «En ocasiones, simultáneamente con una voz o un sonido, nos sucede algo agradable, y así nos gusta siempre que volvemos a oírle, o nos entristecemos si lo que ocurrió fue triste; cosa que también se observa en los animales: si al llamarlos de cierto modo se les da una cosa que les guste, acuden alegres corriendo cuando oyen el mismo sonido; pero si han recibido daño, tiemblan al oírle, por el recuerdo

---

Universidad de Oviedo (España)

de los golpes» (p. 79). Dicho esto, lo relevante aquí es apreciar la proyección clínica y educativa de sus planteamientos.

En cuanto a la proyección clínica, un aspecto de interés ha sido puesto de relieve por Zilboorg y Henry (1941, pp. 179-195). Al caracterizar la «primera revolución psiquiátrica», reconocen en Vives el principal humanista que ha dirigido la atención hacia los asuntos sociales y culturales de la época. La transcendencia de esto está en ver la condición humana dentro de la cultura (frente a la gracia divina) y en el cultivo del alma (frente a la glorificación religiosa). En este sentido, Vives sugiere que los remedios deben acomodarse a las condiciones de vida. Unos necesitarán un tratamiento amistoso, otros instrucciones (y otros fuerza y cadenas, si son violentos). Pero sobre todo, lo que se debe proporcionar es tranquilidad, tanto como sea posible. Ha de recordarse que esto está escrito cuarenta y tantos años después del Malleus Maleficarum.

Otro aspecto concierne a las pasiones. El libro III del *Tratado del alma* analiza, en términos psicológicos, una amplia lista de afectos tradicionalmente en el dominio de la moral. Es el primer estudio moderno de las pasiones, antecesor del tratado de Descartes (Guy, 1972, pp. 61-67). Un hito de esta proyección clínica se encontrará cincuenta años después en M. Sabuco.

La proyección educativa tiene también dedicación en un capítulo del *Tratado del alma* titulado «De la manera de aprender», donde, al considerar los sentidos como los primeros maestros, se sitúa en la perspectiva de las condiciones de lo que hay que enseñar, es decir, en la facilitación de la tarea. De todos modos, su obra básica sobre la educación es el *Tratado de la enseñanza* (1531). Identifica la cuestión principal de la enseñanza con la actividad del alumno. «Hay que presentar al niño las cosas de tal modo que se manifieste su inteligencia con movimientos y con actos, pues nada cabe juzgar en estado de quietud» (*Tratado de la enseñanza,* p. 36). Así, recomienda la elaboración del propio libro de texto, la repetición ante otros y el escribir lo que se va a memorizar. En coordinación con la actividad del alumno pone énfasis en la disposición de la tarea, por parte del profesor, en un orden de creciente dificultad, tal que el aprendizaje resulte accesible y fácil, «introduciendo poco a poco» la materia más compleja, y en el uso de modelos. Propone, asimismo, una evaluación del progreso mediante la comparación del niño consigo mismo desde el principio, y la adecuación ingenio-ciencia, o sea, aptitudes-tarea. Sería Huarte de San Juan quien tematizaría esta cuestión en el *Examen de ingenios para las ciencias.* Un impacto particular de estos planteamientos educativos, de especial notoriedad, hay que reconocerlo en la aportación española a la terapéutica del lenguaje.

III. EL MOLDEAMIENTO VERBAL EN EL TRABAJO DE PEREIRA

Sin olvidar a Ponce de León, Ramírez del Carrión y Juan Pablo Bonet, hay que señalar que es Jacobo Rodríguez Pereira (1715-1780) quien ha desarrollado un avanzado método de educación del lenguaje en sordomudos, fundando la logopedia. Eduardo Seguin ha escrito en 1847 un libro reivindicativo del mérito de Pereira, en el que hace un análisis razonado de su método (ya que su autor no lo ha dejado escrito), cuya exposición se seguirá aquí. No se puede menos que decir, de entrada, que el trabajo de Pereira tiene una alta densidad psicológica, dada por la construcción de un ámbito de relaciones funcionales consistentes en el moldeamiento de la conducta verbal y su mantenimiento por medio de la interfuncionalidad comportamental.

El procedimiento de Pereira se puede resumir en los siguientes componentes. En primer lugar, el diagnóstico diferencial de la sordera respecto a otras afecciones aparentemente similares y su clasificación en alguna de estas tres categorías: 1) absoluta, 2) la de los que son sensibles a ruidos, aunque sin discriminarlos y 3) aquélla en que se distinguen algunos sonidos vocales, (Seguin, 1932, pp. 171-174).

En segundo lugar, el inicio de un mínimo de relación maestro-alumno por medio de signos ya establecidos en el sordo, de modo que permitan la instauración de un sistema de «escritura volante, hecha en el aire con los dedos y destinada a reemplazar la palabra», llamado dactilología o «alfabeto manual a la española», (pp. 175-183), ya descrito por Bonet. El aspecto crítico de este procedimiento es que «cada especial posición de los dedos designa a la vez, de una parte, la disposición y la acción de los órganos de la palabra propios para producir el sonido, y de otra parte el carácter o caracteres que la ortografía usual exige para representar este mismo sonido» (p. 179). Así, podía ser usado en la oscuridad (y por ciegos) hablando a alguien moviéndole los dedos según el sistema dactilológico (p. 178). En consecuencia, la dactilología no era meramente una manera de comunicación, sino un sistema de articulación coadyuvante de la lectura labial, y visual, para poner los órganos productores de la palabra en actividad útil.

En este sentido, y en tercer lugar, incorporaba la percepción táctil de las vibraciones sonoras como gimnasia del órgano fonador atrofiado y ejercicios de los movimientos propulsores de la voz, de manera que se sustituía el oído por el tacto para la autopercepción de la propia palabra. Se empleaban en este desarrollo propioceptivo ejercicios de imitación de los órganos vocales y el moldeamiento. Obviamente, en los sordos de la «segunda especie» era más fácil hacer llegar la percepción de la voz por el tacto (que en los de la primera), mientras que un «sordo de la tercer especie percibía muy bien la palabra por el tacto», para los cuales, por lo demás, disponía de ejercicios para el cultivo de la audición, mediante una estimulación asistida por un tipo de megáfono al mismo tiempo que se veía la forma articulada (pp. 190-191). Igualmente, se enseñaba la entonación y el acento por medio de gesticulaciones apropiadas con la cabeza, los brazos, los hombros y los músculos intercostales. Así pues, se trataba de una compleja práctica de interfuncionalidad, pero no dirigida a sustituir la palabra hablada por otras formas de comunicación, sino a desarrollar aquélla a través del apoyo y la modulación a partir de éstas.

En cuarto lugar, una vez establecida la palabra (después de seis, diez o quince meses), que, en todo caso, si no la oía la leía en los labios y la podía apoyar con la dactilología, como recurso mnemónico de la articulación (aparte su posibilidad como una lengua más, junto a la escritura), el alumno se incorporaba a la instrucción convencional (pp. 222-223).

En definitiva, se está en presencia de un procedimiento terapéutico en un problema concreto que se puede describir en términos de moldeamiento de la conducta verbal, incluyendo la imitación y la sustitución sensorial y en el que son decisivas la acción práctica del sujeto y una particular disposición de las condiciones estimulares. La contribución de Pereira alcanza aún más relevancia si se tienen en cuenta, por un lado, el dogma establecido por Aristóteles e Hipócrates y sostenido por Huarte relativo a que los mudos nunca hablarían, y, por otro, que en la misma época la «imbecilidad» se trataba con aguas termales, purgaciones, baños e inoculación de la sarna.

IV. LA PSICOLOGÍA DE LOS MÉDICOS

En esta época se considera que hay al menos cuatro médicos que tienen relevancia psicológica, aunque en distinto grado para el énfasis que se da aquí. Se trata de Huarte de San Juan, Gómez Pereira, Francisco Vallés y Miguel Sabuco.

Hay que reconocer que la importante obra *Examen de ingenios para las ciencias* (1575) de Huarte de San Juan ofrece escaso relieve para una psicología interesada en el cambio. Ya que, el «ánima vegetativa, sensitiva y racional, son sabias sin ser enseñadas de nadie, teniendo el temperamento conveniente que piden sus obras» *(Examen,* IV*).* De hecho, las diligencias que se han de hacer para que los niños salgan ingeniosos y sabios y conserven estas cualidades después de estar formados y nacidos se remite, sobre todo, a ciertos cuidados en la nutrición *(Examen,* III y V*).* Se diría que su psicología es anticuada y rancia. Con todo, no se dejará de apreciar el criterio intervencionista relativo a acoplar las ciencias, es decir, los oficios, profesiones, tareas, artes, al ingenio según el cual están diferencialmente dotadas las personas. A este respecto, no sólo establece diferencias cuantitativas, sino también cualitativas, según predomine la memoria, la imaginativa o el entendimiento *(Examen,* VIII-XIV*)*. La doctrina de Huarte está ejercitada en la construcción psicológica de Don Quijote (Iriarte, 1948, pp. 311-332).

Otro atisbo de intervención puede verse en el reconocimiento de que el ambiente influye en el estudio. Recomienda que los estudios se realicen en una ciudad diferente de la que se es natural, «porque el regalo de la madre, de los hermanos, parientes y amigos que no son de su profesión, es grande estorbo para aprender. Esto se ve claramente en los estudiantes naturales de las villas y lugares donde hay Universidades; ninguno de los cuales, si no es por gran maravilla, jamás sale letrado» *(Examen,* I*)*.

Un mayor interés psicológico en el sentido destacado aquí lo ofrece la doctrina del automatismo de los animales, de Gómez Pereira. Formula cuatro causas del movimiento de los animales. La primera depende de la presencia de los objetos, que causan directamente en los órganos, según su naturaleza, un movimiento proporcional de acercamiento o de evitación (según sea conveniente y atractivo o nocivo y repelente). La segunda ocurre en ausencia de objetos presentes, merced a sus fantasmas. Los fantasmas son «corpúsculos sutilísimos, producidos y transmitidos de modo oculto por los objetos exteriores, destinados a obrar en ausencia de las cosas a las que corresponden [...], haciendo que por ellos se conozcan nuevamente los objetos previamente conocidos», de modo que pueden iniciar un movimiento hacia las cosas necesarias (*cf.* Solana, 1941, p. 219 del t. I).

La causa tercera se debe a cierta enseñanza, sin la cual no se explicarían algunos movimientos que no dependen de objetos presentes ni de fantasmas. Esto es posible gracias a que los sonidos del habla producen movimientos del aire que, a través del oído, actúan en la parte del cerebro de la que salen los nervios motores, dando lugar a un movimiento que se corresponde justamente con la peculiar manera del sonido. En cuanto a la cuarta causa, se trata del instinto natural.

En los animales estos movimientos tienen una naturaleza automática. En cambio, el conocimiento humano se comprueba por la experiencia, que uno se da cuenta de sus operaciones intelectivas. Lo relevante es que el conocimiento sensitivo e intelectivo es la propia facultad de conocer. El alma se resuelve en sus actos, en operaciones referidas a objetos de las que se tiene experiencia. Esta experiencia es más segura que el raciocinio o los sueños, donde los pensamientos ocurren sin ningún objetivo externo. Es más, todos los actos del alma podrían ser ilusiones. Pero el conocimiento, como tiene que ser de algo externo al alma, es la evidencia firme. Al considerar al objeto como condición del sujeto, se puede ver en G. Pereira, no ya un precursor de Descartes, sino una doctrina más avanzada, pues sujeto y objeto forman la unidad firme de la experiencia (mientras que la prueba cartesiana es solipsista).

La obra de Francisco Vallés titulada *Sagrada filosofía* (1587) está ya directamente comprometida con la clínica. Su planteamiento de la medicina es psicosomático, de modo que entre la imaginación y el cuerpo puede haber una relación recíproca. «Se sabe que la imaginación y la generación, en un mismo animal, son acciones unidas entre sí por mutua simpatía, siempre van de acuerdo; así, cuando los genitales abundan en semen, la imaginación se llena de fantasmas libidinosos, lo mismo sucede cuando la imaginación comienza a imbuirse en tales imágenes, pronto los genitales aumentan su acción» (*Sagrada filosofía*, XI, pp. 132-133). Este comercio entre el alma y el cuerpo está también asumido en el capítulo 35 de los Proverbios, de lo que se hace cargo Vallés «Dad sidra a los tristes y vino a los que sufren amarguras, beban y olviden su necesidad y no recuerden más su dolor» (XXVII, p. 210).

Sin embargo, se ha de considerar, así mismo, que la desmedida en el beber y «un error dietético perjudica por igual a ambas partes» (el cuerpo y el espíritu). Para defender la salud del cuerpo y del alma se necesita que los humores sean compuestos, «porque uno y otra perturba cualquier error en la comida». Pero no sólo se ha de tener en cuenta la comida, sino el movimiento y el descanso, el sueño y la vigilia, el aire, lo que se expulsa y se retiene, y las perturbaciones del ánimo. «Por lo cual fue dicho por Galeno con mucho fundamento que "una parte de la medicina es la filosofía de las costumbres"» (LXXIII, p. 598). Todo ello requiere el uso de la moderación mediante la disciplina de los apetitos corporales por parte de la razón, de acuerdo con esta doble fuerza que compone la naturaleza humana (XLIV).

En cuanto a las enfermedades del alma, propone la logoterapia. Las palabras, si bien no «llevan en sí una fuerza natural», sin embargo

> ayudan a apartar alguna enfermedad por la sola confianza del enfermo, a la manera que el miedo, la tristeza y la desesperación crecientan muchas enfermedades, dañando a los enfermos, por el contrario, la confianza y el buen ánimo socorren a muchos y les anima como si hubieren mejorado. Esta encantación resulta accidentalmente buena por los efectos satisfactorios que produce, aunque no sea por el poder natural de las palabras. No falta quienes su ignorancia les hace ver la utilidad; por eso, algunos sabios y médicos entendidos conceden esto a la necesidad de los enfermos, como los que curan la locura, y les permiten emplear la encantación aun sabiendo que en sí carece de todo poder (III, pp. 80-81).

Efectivamente, Vallés es presentado como logoterapeuta en la historia de la psiquiatría (Diechöfer, 1984). En fin, recuerda Vallés la melancolía de Saúl y su curación con la música y otras distracciones, con las que alejó la tristeza. Por lo demás, ya es sabido por el Eclesiástico que «el vino y la música alegran el corazón» (XXVIII, p. 214).

La obra de Miguel Sabuco titulada *Nueva filosofía de la naturaleza del hombre* (1587) ofrece tácticas para el tratamiento de las pasiones y, también, una doctrina psicosomática. Sabuco considera que las pasiones son causa de enfermedades e, incluso, de la muerte, y las virtudes medios de conservación de la salud y de la vida. Las enfermedades no provienen de un desequilibrio de los humores ni de alimentos inadecuados (según doctrina tradicional), sino de algún estado del cerebro (relativo a la pérdida de jugo o humedad), en cuanto que regidor de los compuestos corporales y sede de las pasiones. Con todo, la terapéutica de las pasiones se resuelve en algún cambio psicológico.

El remedio contra la ira es la «insinuación retórica», consistente en la siguiente ayuda proporcionada por un amigo. De entrada se ha de reconocer a uno que tiene sus motivos para estar con ira, pero se le aconseja aplazar la venganza, de modo que se pueda reconsiderar el asunto más adelante, en cuyo distanciamiento se analizan las consecuencias de lo que se va a hacer. Así, la cólera se atenúa e incluso se olvida, (*Nueva filosofía*, pp. 19-20).

«Para remedio de la tristeza toma estos avisos. Cuando la esperanza de tu bien pereció, luego busca, inquiere e imagina otra». Se han de apartar las cosas que producen pena. Se remedia también «así por las razones del alma, como por alegrías exteriores, y corporales» (p. 22). Respecto a la esperanza, recomienda además representársela «aunque sea fingida» (p. 31). Pero el placer y la alegría también pueden ser peligrosos, así que una noticia de «grande alegría no se ha de decir de golpe improvisadamente» (p. 30).

Para vencer el miedo, la primero es «conocerle la condición, y naturaleza, para no darle crédito», esto es, saber que más daño produce el temor que la cosa temida cuando llega. «Lo segundo, es alegría, buen olor, música, el campo, el sonido de los árboles, y agua, buena conversación, tomar placeres y contentos por todas vías» (p. 24). Ha de tenerse en cuenta que la imaginación «hace lo mismo que la verdad, ya que es "como un molde vacío, que lo que le echa eso imprime", y "como un espejo, que todas las figuras que vienen, las recibe y muestra: así si la imaginación es de miedo, daña, como verdadero", de manera que si uno tiene imaginación de estar dichoso y feliz, esto obra "como si fuera verdad". Y por tanto te doy este consejo, juzga el día presente por feliz» (pp. 92-93).

La congoja y preocupación se ha de tratar de acuerdo a una agenda, dejando los cuidados «a tiempos, y ponerlos en un lugar, como en un papel, haciendo lista, y fijarla en la pared, y alivia la congoja, y miedo de la memoria, y sin pena se miran allí los cuidados, y se hacen, y a la noche se duerme mejor» (p. 35). «La gran congoja se aliviará con razones del alma, lo que es, ya es, o lo que ha de ser, será, mi fatiga no la mejora, ni remedia» (p. 36).

En el exceso de amor, dado que este afecto puede matar, se ha de usar el remedio de la prevención, diciéndose que si uno ha perdido esto que tanto amaba, ¿sería uno tan apocado y pusilánime de perder la vida también por ello? En el caso de que no se pueda alcanzar lo deseado, «está claro, y común el remedio, que es buscar, y tomar otros amores, que un clavo con otro se saca» (p. 29).

Pero también hay afectos saludables, particularmente la esperanza y la alegría, el contento y el placer, (p. 45), del mismo modo que sus contrarios son nocivos. Las virtudes también son causa de salud. Respecto a ellos no da procedimientos, únicamente sugiere para la templanza que «en todo caso huye el extremo, y demasía» (p. 52).

En definitiva, «El principal y general remedio de la vera medicina, es, componer el ánima con el cuerpo, y quitar la discordia, y descontento»... para ello «El mejor medicamento, o remedio es palabras, y obras, que en los adultos engendren alegría, y esperanza de bien» (p. 207). Así pues, Sabuco tiene un notable interés como psicólogo de las pasiones y precursor de la medicina psicosomática (Guy, 1987).

V. AUTOCONTROL ASCÉTICO Y CONSTRUCTIVISMO MÍSTICO

La ascética y la mística constituyen otra zona de contenido psicológico. El logro de la experiencia mística requiere de una práctica ascética, sin que necesariamente ésta termine en aquélla. Los *Ejercicios espirituales para vencer a sí mismo y ordenar su vida* (1521-1541) de San Ignacio de Loyola son el manual más representativo del autodominio ascético. El dominio de sí se refiere al control de los pecados, que pueden presentarse según la triple modalidad de pensamiento, palabra y obra. Su análisis y control se realiza de acuerdo a las tres potencias del alma: memoria (contemplación y meditación sobre los pecados y su penitencia), entendimiento («por más me avergonzar y confundir, trayendo en comparación de un pecado de los Angeles tantos pecados míos») y voluntad o movimiento del afecto (*Ejercicios,* pp. 45-52). Contiene técnicas para el entrenamiento de la imaginación como la «composición del lugar» (47, 56, 101-121) y de la voluntad, como el «sistema de elecciones» (169-187). Se contemplan reglas específicas «para ordenarse en el comer» (210), «para alcanzar el amor» (230), etc. Este autocontrol conlleva ciertas disposiciones ambientales relativas al retiro de la vida cotidiana, prácticas posturales, soledad de la noche, etc.

La *Guía de pecadores* (1556/1567) de fray Luis de Granada consiste en «avisos y documentos para hacer un hombre virtuoso». Ofrece remedios contra los vicios y ejercicios para la virtud. Entre los primeros están las técnicas de «resistir al principio» puesto que es más efectivo que cuando la pasión está encendida, evitar las ocasiones y contraponer un pensamiento con otro (*Guía,* II, 7, 1). Para lo segundo, ante todo se atiene a la disciplina del cuerpo, puesto que difícilmente se hallaría «un espíritu recogido en un cuerpo inquieto y desasosegado» (II, 15, 1). En este sentido, da reglas sobre el autocontrol de la comida y del beber. Ahora bien, para alcanzar estas disciplinas se requiere una reforma del entendimiento, o virtud de la prudencia. La prudencia se refiere al gobierno equilibrado de las pasiones del cuerpo, unas veces aflojando las riendas y otras recogiéndolas, pero también es saber hablar y callarse a tiempo, «no fiarse de todos», «entender las artes y celadas del enemigo», «saber cuando es ganancia perder, y cuando perder es ganar» (II, 15, 8).

Una vez establecido el autocontrol ascético, el logro siguiente puede ser (en ciertas personas) la experiencia mística. En términos de modificación psicológica se vería en la construcción del mundo interior una técnica del éxtasis. Una vez disciplinados los apetitos y oscurecidos los sentidos, (en la noche oscura del alma) se ilumina y contempla un mundo interior. Ahora bien, estos escenarios son construidos a imagen y semejanza del mundo externo. Precisamente, lo que permite la exploración del interior es la construcción de un alma que en rigor es alguna forma de vida social o algún escenario público.

Así, Luis de Granada concibe la parte superior del alma como «la cabeza espiritual y bodega de vino precioso y ve en su esencia, en su centro, la imagen y semejanza de Dios», de modo que «arrollase dentro de sí [...] y comienza a dormir aquel sueño velador» (*cf.* Morales Borrero, 1975, p. 356). Fray Luis de León *(De los nombre de Cristo,* 1583) construye la conexión mística a través de los nombres que Cristo recibe en la Biblia, que en realidad son figuras sociales bien reconocibles: Pastor, Padre, Cordero, Esposo, elaboradas para servir de modelo de vida interior. Por ejemplo, la figura del Pastor sugiere la guía de las opiniones, apetitos y deseos al bien, porque «cierto es que el verdadero pasto del hombre está dentro del mismo hombre» (*De los nombres,* p. 236).

San Juan de la Cruz construye su unión de amor divino mediante las figuras, precisamente, del amado, del esposo o del matrimonio espiritual *(Cántico espiritual,* 1578). Ello supone, entonces, una identificación del amado en sus rasgos fisiognómicos (hermosura que se puede dibujar) y una asimilación del otro con uno. El amor dibuja «la figura del Amado y tan conjunta y vivamente se retrata en él, cuando hay unión de amor, que es verdad decir que» hay una transformación mutua (*Cántico,* XII, p. 183). Capanaga (1950, pp. 246 ss.) expone estas nociones de asimilación-transformación. Hay que decir que esta imagen del amor conlleva efectivamente el aspecto pulsional o pasional de los afectos o «aficiones» del alma. Porque, el interior del alma es «la parte racional, que tiene capacidad para comunicar con Dios, cuyas operaciones son contrarias a las de la sensualidad». El alma es como una ciudad, cuyo centro (elevado) es propiamente el alma racional, siendo la parte sensitiva sus «arrabales» o barrios bajos de los apetitos. «Pero, porque hay natural comunicación de la gente que mora en estos arrabales [...] con la parte superior [...], de tal manera que lo que obra en esta parte inferior, ordinariamente siente en la otra interior», es por lo que se requiere tener apartadas estas aficiones en sus barrios (*Cántico,* XVIII, pp. 224-225), un modo de decir «barrios bajos de la personalidad». El empeño de Juan de la Cruz es el vencimiento de unos apetitos (el amor sensible) mediante la potenciación de otros (el amor espiritual), resultando, como no, que el amor espiritual exacerbado es la misma pasión corporal.

Santa Teresa de Jesús construye su mundo interior según la semejanza de un castillo con siete moradas *(Las moradas,* 1577). En su recorrido ascético e introspectivo hacia la unión plena con el esposo, en la sexta morada le ocurren grandes «tribulaciones del cuerpo», ardiente deseo y «operación de amor» (*Las moradas,* pp. 96-97), así como arrobamientos quedándole los sentidos absortos y con muchas visiones de la morada donde está el esposo, «embebida en gozarle» (p. 110), y «se enfrían las manos y el cuerpo de manera que no parece tiene alma» (p. 112). Una «operación de amor» la describe en *Su vida* (pp. 96-97);

> via un ángel cabe mí hacia el lado izquierdo en forma corporal [...] no era grande, sino pequeño, hermoso mucho, el rostro tan encendido... Veíale en las manos un dardo de oro largo, y al fin del hierro me parecía tener un poco de fuego. Este me parecía meter con el corazón algunas veces, y que me llegaba a las entrañas: al sacarle me parecía las llevaba consigo, y me dejaba toda abrasada en amor grande de Dios. Era tan grande el dolor, que me hacía dar aquellos quejidos, y tan excesiva la suavidad que me pone este grandísimo dolor, que no hay desear que se quite [...]. No es dolor corporal, sino espiritual, aunque no deja de participar el cuerpo algo, y aun harto.

La séptima morada es de tranquilidad.

Es decir, el estado místico es alcanzado mediante ejercicios ascéticos y la construcción de un expresivo espacio introspectivo a semejanza de la vida cotidiana (el castillo es una analogía, pero hay al menos otras trece, con veinte denominaciones para el interior del alma) (cf. Morales Barrero, 1975, pp. 236-237), y de acuerdo con un ambiente cultural envolvente. Un estado místico que, en cierto sentido, tiene poco de místico, por cuanto ocurren más turbaciones del cuerpo que en cualquier otra situación enriquecida con estímulos externos. La geometría según la cual se ha construido el alma resulta en estados corporales cambiados.

VI. HABILIDADES DE PÍCAROS Y DE PRÍNCIPES

El interés de la picaresca viene dado por dos circunstancias: el declarado énfasis en el aprendizaje social y en la habilidosa tecnificación de la conducta. En cuanto al primer aspecto, en efecto, el ambiente familiar condiciona el ingreso del niño en la clase de los buscones y el consiguiente contacto con los ya existentes. Como reconoce *Estebanillo González* (de autor anónimo), «tan hijo de mis obras, que por si la cuerda se saca el ovillo, por ella sacarás mi noble descendencia» (*Estebanillo* I, p. 57). El niño pícaro estaba preocupado por su educación escolar, a pesar de su familia, como condición para el ascenso social. Recuérdese, por ejemplo, la estancia de Pablos en la escuela, en la creación de Quevedo. Es interesante referir el método utilizado por su maestro para castigar y corregir la travesura de llamar Poncio Pilato a Poncio Aguirre (cosa que, por lo demás, hiciera para agradar a otro niño del que quería ser amigo),

> azotándome, decía tras cada azote: — «¿Diréis más Poncio Pilato?» Yo respondía: —«No, señor»; y respondilo veinte veces, a otros tantos azotes que me dió. Quedé tan escarmentado de decir Poncio Pilato, y con tal miedo, que mandándome al día siguiente decir (como solía) las oraciones a los otros, llegando al credo..., dije: «padeció so el poder de Poncio Aguirre». Dióle al maestro tanta risa de oír mi simplicidad y de ver el miedo que le había tenido, que me abrazó y dió un papel firmado en que me perdonaba de azotes las dos primeras veces que les mereciese [*El Buscón,* p. 110].

El aprendizaje de la escuela de la vida surge como «avisos para vivir». El caso paradigmático es el del ciego respecto a Lázaro (de autor anónimo), que «siendo ciego me alumbró y adiestró en la carrera de vivir» (*Lazarillo,* p. 97). Las formas educativas del ciego son la experimentación práctica (el caso del toro), el ejemplo continuado (el caso de las uvas) y el consejo prudente y oportuno («necio, aprende, que el mozo de ciego un punto ha de saber más que el diablo», p. 96). Igualmente, enseñanzas mundanas están en la cofradía de Monipodio descrita por Cervantes, donde se perfeccionan Rinconete y Cortadillo, y en las reglas para vivir en la Corte que refiere un hidalgo a Pablos (*El Buscón,* pp. 171-174).

En cuanto a las habilidades sociales se destacan cuatro tipos. Uno es el mimetismo o imitación, de acuerdo al refrán «Haz como vieres» (*El Buscón,* p. 132). Así *Guzmán de Alfarache* (1597/1604) (de Mateo Alemán) cuando tuvo que hacerse pícaro se juntó con otros principiantes, «diestros en la presa. Hacía como ellos en lo que podía; mas como no sabía los métodos para el robo, ayudábales a trabajar, seguía sus pasos... [y así] íbaseme sutilizando el ingenio por horas» (*Guzmán,* p. 275). Por demás, se tiene el continuo mimetismo de Estebanillo González según requieran las circunstancias.

Con «el alemán soy alemán; con el flamenco, flamenco; con el armenio, armenio; y con quien voy, voy, y con quien vengo, vengo» (*Estebanillo,* I, p. 61).

Otro tipo de industria, solidaria con la anterior, es la simulación o usurpación de papeles. Aquí se tienen, por un lado, los papeles de hacer de mendigo, habilidades muy útiles en el contexto de la caridad cristiana, y por otro, la simulación de riqueza, ostentando signos indicativos de no tener que trabajar para vivir, conforme al desprecio por el trabajo manual. El hidalgo arruinado amigo de Pablos es paradigmático:

> Mi amigo iba pisando tieso, y mirándose a los pies; sacó unas migajas de pan que traía para el efecto siempre en una cajuela, y derramándoselas por la barba y vestido, de suerte que parecía haber comido. Ya yo iba tosiendo y escarbando, por simular mi flaqueza, limpiándome los bigotes, arrebozado y la capa sobre el hombro izquierdo [...]. Todos los que me veían me juzgaban por comido, y si lo fuera de piojos, no erraran [*El Buscón,* p. 182].

Los recursos más preciados para la ostentación son la ociosidad, el uso de vestidos y de adornos reservados para los superiores, el gasto desmedido en las comidas, la casa propia o su alquiler y el paseo en coche, siendo la novela picaresca donde mejor se refleja tal fenómeno cultural, (Maravall, 1986, pp. 544-590).

Otra habilidad es la adulación. «Es la lisonja llave maestra, que abre a todas voluntades en tales pueblos» (*El Buscón,* p. 170). Véanse las instrucciones del hidalgo a Pablos para comer en casas de conocidos: averiguar su casa, visitar a la hora de comer con un asunto elogioso, aceptar si invitan, ofrecerse a servir de «maestresala» si ya han empezado y de esta oportunidad elogiar los guisos cogiendo ya «que "sería agravio a la guisandera en no probarlo. ¡Qué buena mano tiene!". Y diciendo y haciendo, va en pruebas medio plato» (*El Buscón,* p. 171). Otro ejemplo notable está en el escudero hambriento pero que ya había dicho que había comido; «Dígote, Lázaro, que tienes en comer la mejor gracia que en mi vida vi a hombre, y que nadie te lo verá hacer que no le pongas gana aunque no la tenga», de modo que empieza a comer, facilitado por Lázaro que ya había entrado en la complicidad del disimulo (*Lazarillo,* p. 141).

Finalmente, otra habilidad es el sentido del humor, que tendría la función saludable que los médicos de la época reconocen en la alegría ante la vida, máxime si ésta es adversa. Se referiría aquí el gracioso afrontamiento de la condena a muerte de Estebanillo González (I, pp. 331-332). Otras formas de humor están en las personificaciones y cosificaciones, en la transfiguración semántica de las cosas y en la recreación distanciada de la adversidad. Un estudio de las clases de ironía y de humor en el Lazarillo está en García de la Concha (1981, pp. 217-235).

La conducta del pícaro representa la actitud de prudencia característica del Barroco, referida a la astucia, la desconfianza, el disimulo, el acecho, la ocasión para actuar y la vigilancia. Es el «avivar el ojo y avisar» del Lazarillo, dos nociones de la práctica venatoria. Todo ello supone una ascética mundana al servicio del medro y de la instalación social confortable, de acuerdo a la figura emergente del *homo economicus* que define la integración del individuo en el Estado (según una suerte de «cuerpo místico del Estado»). De hecho, es legítimo coordinar la razón personal del pícaro con la razón de Estado. Ambos se atienen a un proceder calculado, pragmático, según el interés propio. En efecto, los estadistas hablan de la «industria y sagacidad del Estado» y las novelas picarescas de «razón de estado» para referir las razones del obrar del pícaro. Es más, los príncipes que han de regir los estados habrán de ser educados en la pragmática política, que tiene mucho de la prudencia del pícaro, caracterizándose ambas por el proceder maquiavélico.

Ante todo, la educación del príncipe ha de ser muy cuidada. El tratado de Saavedra Fajardo *Empresas políticas* (1640) es el manual más representativo. Es de destacar, en este sentido, un marcado énfasis en el ejercicio práctico de acuerdo a una elaborada disposición de las condiciones ambientales. Así, para enseñar a leer, «es menester la industria y el arte del maestro, procurando que en ellos y en los juegos pueriles vaya tan disfrazada la enseñanza, que la beba el príncipe sin sentir [...]. Aprende a escribir teniendo grabadas en una lámina sutil las letras. La cual, puesta sobre papel, lleva la mano y la pluma, ejercitándose mucho en habituarse en aquellas letras de quien se forman las demás. Con que se enamorará del trabajo, atribuyendo a su ingenio la industria de la lámina» (Empresa 5). Si se descubrieran «algunas inclinaciones opuestas a las cualidades que debe tener quien nació para gobernar a otros, es conveniente ponelle al lado de meninos de virtudes opuestas a sus vicios [...], pues, al príncipe avaro acompañe un liberal; al tímido un animoso; al encogido un desenvuelto; al perezoso un diligente; porque aquella edad imita lo que ve y oye, y copia en sí las costumbres del compañero» (Empresa 2).

En cuanto a las pasiones, es muy adecuado para el príncipe el dominio de la vergüenza y la conmiseración, que «se vencen y sujetan con algunos actos opuestos a ellas, que enjuguen y desequen aquella ternura del corazón, aquella fragilidad del ánimo, y le hagan robusto, librándole de estos temores serviles [...]. El miedo a hablar y salir en público y la desconfianza de sí mismo se curan introduciendo audiencias de los súbditos y de los forasteros, sacándole por las calles y plazas a que conozca la gente, y conciba las cosas como son, y no como las pinta la imaginación» (Empresa 7). El remedio de la ira está en la demora de la respuesta, mediante el recurso de pedir consejo y en el disimulo (Empresa 8), y así mismo, «es menester disimular las ofensas, y que primero se vean los efectos de la satisfación que la amenaza [...] Ninguna venganza mayor que un silencio mudo» (Empresa 11). Se consideran también habilidades del príncipe el disimulo de sus intenciones y acciones, lo que es objeto de la Empresa 43: «Para saber reinar, sepa disimular». Se recomienda el recato, el uso de palabras generales y equívocas, se advierte que decir «siempre la verdad sería peligrosa sencillez, siendo el silencio el principal instrumento de reinar». Se toma como modelo la astucia de ciertos animales; «no hay virtud moral que no se halle en los animales. Con ellos mismos nace la prudencia práctica», y, así, la Empresa 44, dedicada a ocultar los propósitos tiene como emblema la culebra (con su movimiento incierto), y la 45 el león con su vigilancia, tan necesaria ante el engaño y acecho de los demás. «No se fie el príncipe poderoso en las demostraciones con que los demás le reverencian; porque todo es fingimiento y diferente de lo que parece. El agrado es lisonja; la adoración, miedo; el respeto, fuerza; y la amistad, necesidad».

Las figuras del pícaro y del príncipe representan los extremos de la escala social. Se puede decir que el perfil psicológico del hombre medio de la época participa de estas características. Se trata del hombre prudente, ingenioso y con buen gusto, de acuerdo con una conducta instrumental y con una actitud individualista de salvación personal (no tanto en el cuerpo de Cristo como en el cuerpo del Estado).

VII. REMEDIO DE JUGADORES

Entre las habilidades indispensables del pícaro estaba la de jugador, obviamente, valiéndose de cualquier artimaña. A este respecto, el mundo del juego ofrece, sin duda, interesantes situaciones en las que se reconocerían formas de control psicológico; así, por ejemplo, el «enganchador» en cuanto que preparación de modelado. Por lo demás, se trata, en principio, de una diversión recomendable. Ahora bien, en la época barroca era un «vicio nacional». En «España se jugó siempre, y cuanto más se jugó fue en el momento del barroco, cuando Madrid y Sevilla, las dos grandes capitales, se habían convertido en un enorme garito» (Luján, 1988, p.160). Dado el problema, se han escrito varios tratados, en los que se encuentran técnicas psicológicas. Pedro de Covarrubias en *Remedio de jugadores* (1543) ofrece doce reglas que da la industria para remediar el juego compulsivo. En las primeras se enfatizan ciertos afrontamientos cognoscitivos, relativos a estar alerta y apercibidos, a reconocer que en la apariencia del juego se esconde el camino de mayores adversidades y tristezas, al uso de imágenes contrarrestadoras de las tentaciones, a confiar en que dios no deja que la tentación sea mayor que la que se pueda resistir y, en fin, a no contentarse ni estar confiado en haber superado una tentación, sino a mantenerse sobre aviso. La regla nueve «es que puesto que estás bien apercibido y determinado, siempre seas humilde huyendo de las ocasiones y aparejos de pecar». La diez «es que las tentaciones y malos pensamientos resistas al principio y no los dejes asentar real en el reino de tu ánima: más a la entrada ejercita tus fuerzas, que ligeramente vencerás». La regla once recomienda que cuando se sea tentado, en vez de comparar el placer del juego con el esfuerzo del resistir, se coteje el placer del pecado, que es poco duradero, con la suavidad y contentamiento de haberlo superado, que es el verdadero placer que dura. Según la regla doce, uno no se ha de sentir desamparado por tener enfermedades y trabajos afligidos ya que, al ser la soberbia nuestro más sutil y mayor enemigo, «para la defensa de ella es menester con débiles tentaciones y enfermedades hacernos conocer lo poco que somos» (*Remedio,* pp. LXXXVII-XC).

VIII. ENUNCIADO DE ALGUNAS IMPLICACIONES

La referencia a la tradición cultural en un texto de actualización de la modificación de conducta tiene, entre otras, tres implicaciones.

Ante todo, ofrecer el estado actual en un perspectiva histórica (aunque aquí haya sido muy limitada), de manera que esto pueda proporcionar una cierta solidez intelectual, al menos que prive de creer que la psicología se ha inventado hace unos años. La puesta en referencia de técnicas actuales con procederes del pasado, no supone necesariamente alguna degradación de aquéllas, sino que, por el contrario, pueden cobrar la potencia de la proyección histórica. Con todo, como ha dicho Freud, la originalidad a menudo es haber leído poco.

Particularmente, el análisis de los problemas psicológicos y sus soluciones quizá requieren reparar más en el contexto cultural propio (que afanarse en una rápida importación). Tres referencias fuera de contexto: quizá el empeño por el apoyo social, al menos en las formas que usualmente se citan como tales, tienen poco sentido en España, por cuanto que tal apoyo aquí ya forma parte de la vida cotidiana; de la solución de problemas, a veces, se tiene la impresión que es meramente formalista, pues, el «sistema de elecciones» genera alternativas que bien son ilusorias o resultan triviales; el entrenamiento en asertividad tal vez no sea la principal habilidad social que se pueda ofrecer, pues el «éxito» social puede tener otras modalidades (por ejemplo, habilidades picarescas o de arte de ingenio).

En tercer lugar, se sugiere que tal vez se ha exagerado el origen experimental de la modificación de conducta en detrimento de la tradición cultural, incluyendo la literaria. Aunque, ciertamente, el laboratorio ya forma parte de la cultura, el control psicológico tiene más corrientes. La tradición cultural debiera considerarse junto a las dos disciplinas de la psicología científica. En la línea de este trabajo se defendería la tesis relativa al carácter técnico de la psicología frente a la pretensión de su figuración como ciencia. Para la modificación de conducta en particular se reivindicaría su origen y naturaleza en relación con las técnicas mundanas dadas. El análisis y la modificación de la conducta humana están ocurriendo continuamente en la vida cotidiana.

IX. LECTURAS PARA PROFUNDIZAR

Dieckhöfer, K., *El desarrollo de la psiquiatría en España. Elementos históricos y culturales,* Madrid, Gredos, 1984.

Iriarte, M. de, *El doctor Huarte de San Juan y su Examen de ingenios. Contribuciones a la historia de la psicología diferencial,* Madrid, CSIC, 1948. (Orig.: 1938).

Luján, N., *La vida cotidiana en el siglo de oro español,* Barcelona, Planeta, 1988.

Maravall, J. A., *La literatura picaresca desde la historia social,* Barcelona, Taurus, 1986.

Zilboorg, G. y Henry, G. W., *A history of medical psychology,* Nueva York, W. W. Norton, 1941.

SEGUNDA PARTE

ASPECTOS METODOLÓGICOS DE LA TERAPIA DE CONDUCTA

4. EL SUJETO EN LA MODIFICACIÓN DE CONDUCTA: UN ANÁLISIS CONDUCTISTA

MARINO PÉREZ ÁLVAREZ

El presente capítulo es un ensayo, es decir, un intento de formular la noción de sujeto psicológico que corresponde al análisis aplicado de conducta y, en general, al conductismo radical.

1. EL SUJETO Y LAS CONTINGENCIAS

Es una simplicidad dar por hecho que la noción de sujeto asumida por el conductismo radical tiene un carácter pasivo. Quizás sea cómplice, en alguna medida, de esta apreciación el que únicamente se tenga como aportación del análisis de conducta los programas de reforzamiento y, aun ello, entendido como unas cuantas legalidades empíricas de la (mera) conducta, cuyo interés aplicado (aunque importante) sería muy limitado. Lo que se ofrece en esta sección es una actualización empírica y conceptual.

1.1. *Sujeto operante*

Como una cuestión históricamente establecida, se puede decir que el ámbito de la psicología se organiza en torno al comportamiento. La separación de las distintas doctrinas está cifrada, principalmente, por las condiciones de las que se haga depender el comportamiento y, en consecuencia, también respecto a ciertas consideraciones definicionales del mismo.

El análisis de conducta y el conductismo radical, que es su teoría, ponen el énfasis en la determinación ambiental. En principio, valdría decir que la conducta de los sujetos ocurre (se desarrolla y modifica) en función de ciertas condiciones ambientales especificables. Es decir, aunque la conducta es de los sujetos, está en función de las situaciones circundantes. Es más, precisamente el sujeto de la conducta está «sujeto» a (y es función de) un ambiente. De un ambiente físico, cultural y social preexistente (obviamente, histórico) que posibilita y determina al sujeto psicológico. De modo que el análisis de con-

---

Universidad de Oviedo (España)

ducta se resuelve en su análisis funcional, esto es, en la especificación de las condiciones ambientales de las cuales depende. Dicho en fórmula orteguiana, lo cierto y evidente es la coexistencia de mi yo y mis circunstancias, de modo que para salvarme a mí necesito salvar el mundo en el que estoy. Como ha señalado Yela (1987, p. 261), el planteamiento de Ortega y Gasset prefigura el análisis de Skinner. En términos skinnerianos, la pregunta relevante es acerca del control, de cómo se puede crear, mantener, modificar o extinguir la conducta a través de cambios ambientales (no qué es la psique o cómo se cambia la mente).

Puede asumirse la condición de libertad radical en el sentido de que el sujeto en una situación cualquiera tiene que hacer algo, está necesariamente libre (la «operante libre»). Sin embargo, lo que puede hacer lo tiene que hacer con arreglo al ambiente. En realidad, su libertad está organizada en el mundo en el que (co)existe. De modo que las necesarias operaciones en el entorno son seleccionadas, moldeadas, mantenidas y modificadas según sus consecuencias, técnicamente denominadas refuerzos (esto es, fortalecedores de la probabilidad de ciertos comportamientos). En otras palabras, *se concibe un sujeto activo, cuya actividad, obviamente, está en función de los objetos a los que se dirige.*

En la noción de conducta operante está implícito este carácter activo, precisamente, en su sentido práctico manipulativo, de intervención en las condiciones dadas. Es el ambiente el que responde, con respecto a lo cual el sujeto se modula sucesivamente al seguir operando de nuevo. Es importante reconocer aquí que ciertas condiciones de las que depende la conducta pueden estar creadas por el propio sujeto. En efecto, una vez que se da la conducta, ésta o sus logros ya son condiciones objetivas del ambiente interactivo, sobre las que se puede operar de nuevo diferenciadamente, (ver apartado II, sección II.3). En definitiva, si el sujeto es activo, lo será de un modo fáctico. Quizás mejor que decir que el sujeto (re)construye el mundo (mentalmente) es asumir que aprende cada vez formas más diferenciadas, discriminativas y sutiles.

Es importante advertir, también, que esta actividad psicológica, cuya presentación misma se declara interactiva, no consiste en pautas comportamentales prefijadas mecánicamente, en aprendizajes estereotipados, como han supuesto algunos críticos (Breger y McGaugh, 1965). Por el contrario, se trata de clases de conductas de acuerdo, a su vez, con una definición genérica del estímulo, según habría señalado tempranamente Skinner (1975) y reparado Wiest (1975), en respuesta a las críticas de Breger-McGaugh y, también, de Chomsky. Lo relevante en la concepción conductista es la función, no precisamente la topografía, por lo demás de acuerdo con una potente tradición en la que es interesante recordar a W. S. Hunter, J. R. Kantor y E. Brunswik. Valdría hablar aquí, en este mismo sentido, de relaciones medios-fines (Fuentes Ortega, 1989a; Lee, 1988). Consiguientemente, si se representara este análisis de la conducta en términos de estímulo y respuesta, el esquema sería en todo caso respuesta-estímulo, según un esencial carácter interdependiente. Se podría decir que la causa de la conducta es su consecuencia, esto es, una causa final, en vez de una de naturaleza mecánica antecedente (ver apartado IV, sección IV.2).

I.2. *Contingencias, relaciones de equivalencia y significado*

El análisis debe incluir, además, ciertas condiciones en cuya presencia la conducta logra sus efectos. Son los estímulos discriminativos, relativos a la ocasión y a la selección de las acciones apropiadas. Es decir, junto a los estímulos consecuentes reforzantes, el análisis de conducta requiere de la especificación de ciertos estímulos antecedentes discriminativos. Sea este ejemplo: Si está presente un cuadrado, apretar el botón de debajo logra una ficha (cualquier otra acción no trae este efecto). Si hay un círculo, ni apretar el botón ni cualquier otra conducta consigue el resultado. Esta es la contingencia de tres términos, tradicionalmente ofrecida como unidad básica del análisis de conducta y que en terapia se representa usualmente con el esquema A-B-C. Esta referencia tan elemental está al servicio de introducir el concepto de discriminación condicionada (o contingencia de cuatro términos), de especial interés para dar cuenta del significado y, consiguientemente, de la aparición de conductas nuevas.

Los estímulos discriminativos pueden estar condicionados a otros estímulos contextuales que llegan a funcionar como selectores de la contingencia de tres términos. Se disponen unas condiciones en las que ahora el cuadrado es discriminativo si está presente el color verde (que se llamará selector): Si verde, presionar el botón bajo el cuadrado produce el efecto, pero sin este color o con cualquier otro presente, aunque esté el cuadrado, la conducta no funciona. Ampliando esta condición, todavía podría ser que si está el rojo (otro selector), funciona el botón bajo el círculo (pero no el del cuadrado), con lo cual se tiene el verde y el rojo seleccionando el tipo de contingencia activa. Lo relevante es que verde y cuadrado, por una parte, y rojo y círculo, por otra, resultan miembros equivalentes de una clase de estímulos. Es conveniente reparar en la emergencia de la equivalencia a partir de la condicionalidad, cara a apreciar el alcance del análisis de conducta en el entendimiento del significado.

El surgimiento de la equivalencia a partir de la contingencia de cuatro términos se demuestra comprobando las propiedades de reflexividad, simetría y transitividad, relativas a los estímulos en cuestión, (Gatch y Osborne, 1989; Sidman, 1986).

La reflexividad (o identidad) se demuestra al poner como selector el mismo estímulo discriminativo (o como estímulo discriminativo el mismo selector); por ejemplo: Si está presente el cuadrado (ahora como selector), apretar el botón bajo el cuadrado (que sigue como estímulo discriminativo) produce los efectos. Los sujetos que han aprendido la discriminación condicionada, actúan con éxito ante esta contingencia a la que nunca fueron expuestos. La simetría consiste en invertir selector y estímulo discriminativo. Igualmente, ante esta nueva configuración se mantiene la ejecución eficaz. Para probar la transitividad es necesario introducir un nuevo estímulo discriminativo y aprender también la discriminación condicionada ante un selector de los practicados (anterior selector o estímulo discriminativo, dada la simetría). Pues bien, cuando se expone al sujeto el nuevo estímulo introducido (sea como discriminativo o selector) junto con otro de los anteriores que nunca ha estado emparejado con él, el sujeto mantiene las respuestas correctas.

Se puede decir que el sujeto responde al significado. Estímulos, en principio bien distintos, adquieren un significado equivalente, se constituyen en una clase, en virtud de su significado operatorio, y no por simple generalización topográfica. De otro modo, la conducta operante manipulativa sobre discriminaciones condicionadas comporta el significado en el que consisten estas relaciones de identidad y de equivalencia. El caso es que el significado ha brotado de las operaciones del sujeto con los objetos, pero está contenido en las relaciones construidas entre ellos. Ortega y Gasset expone muy bien esta noción. Merced a las operaciones de identificar y discriminar los objetos adquieren nuevas cualidades. De múltiples relaciones con el amarillo de un armario y el amarillo de otro

> resulta que no sólo son amarillos ambos sino que además son iguales [...]. Amarillos pueden ser estos colores cada uno separadamente; iguales, en cambio, sólo pueden serlo en relación uno con otro. La igualdad es una cualidad relativa. Pero esta relación en la que han entrado y merced a la cual ha nacido, ha brotado en ellos esa nueva cualidad, es obra mía subjetiva. Yo soy quien los ha puesto en relación. No sé si se dan ustedes bien cuenta de la paradoja que resulta. Los objetos no son iguales sino en tanto en cuanto yo los pongo en relación; parece, pues, que su ser iguales depende de mí y que sin mi intervención no lo serían jamás. Y sin embargo, el efecto de mi intervención, a saber, la igualdad, es igualdad de ellos y entre ellos, es un carácter objetivo, tan objetivo como su amarillez que no conserva el menor rastro de mi subjetiva actuación. La igualdad entre estos dos colores que primero parecía depender de mí es, por otro lado, ajena e independiente de mí; no soy yo el igual, sino ellos [Ortega y Gasset, 1981, pp. 74-75].

Así pues, lo decisivo es considerar que el significado brota de las propias operaciones con los objetos y está contenido inherentemente en la conducta operante. La conducta ya es esencialmente significativa de acuerdo con las contingencias. Como ha señalado Sidman:

> La emergencia de la equivalencia a partir de la condicionalidad permite al análisis de conducta dar cuenta del establecimiento por lo menos de correspondencias semánticas simples, sin tener que postular una historia de reforzamiento directo para cada ejemplo. En vez de apelar a cogniciones, representaciones y correspondencias almacenadas para explicar la ocurrencia inicial de conducta nueva apropiada, se puede encontrar una explicación completa en las unidades de cuatro términos que son los prerrequisitos para la conducta emergente [Sidman, 1986, p. 236].

Dentro del análisis experimental de la conducta se ha demostrado, también, que el significado así construido puede estar bajo control contextual. Un control contextual de segundo orden que matiza o cambia el sentido. Por ejemplo, ahora el verde y el cuadrado y el rojo y el círculo mantienen tal relación en un contexto (por ejemplo, en presencia del tono 1), pero en otro verde y círculo podrían componer una clase y rojo y cuadrado otra (ante el tono 2), llevando la contingencia a cinco términos, y aún más (Bush, Sidman y De Rose, 1989; Sidman, 1986).

De esta apurada exposición de las relaciones de equivalencia (una de las vanguardias en la investigación conductista), aún se podrían sugerir algunas aplicaciones de relevancia para la modificación de conducta, por ejemplo, en el ámbito educativo especial relativo a la formación de conceptos y al lenguaje. Sin embargo, su presentación aquí tiene un interés conceptual, que es el interés de mostrar que el significado, que define la estructura de la conducta (Yela, 1974), tiene una coherente formulación en la teoría conductista. Por otro lado, ello constituye un buen fundamento para el análisis del lenguaje, puesto que las clases operantes emergentes son relevantes a la conducta verbal (Waughan, 1989).

I.3. *Conductas adjuntivas y reforzamiento promedio*

Sin embargo, antes de entrar en la conducta verbal es oportuno hacerse cargo aquí, aunque sea más a modo recordatorio que de tematización, de ciertas extensiones del condicionamiento operante, quizá poco invocadas, siendo por el contrario que los problemas que cubren se citan a menudo como sus límites.

En primer lugar, se ha de recordar que están bien establecidos en la investigación operante ciertos efectos (en principio) adventicios o adjuntivos de los programas de reforzamiento. Es decir, ciertas conductas inicialmente no especificadas por las contingencias pero que resultan colateralmente de ciertos programas de reforzamiento, de ahí también su nombre de conducta inducida por el programa (Staddon, 1983). El caso es que algunas de estas conductas son relevantes al ámbito clínico, tales como polidipsia, fumar, patrones obsesivocompulsivos, hábitos nerviosos de morderse las uñas, el «picar» comida entre horas, rituales de autoestimulación, episodios maníacos, agresión, hiperactividad en la anorexia, etc., (Cantor y Wilson, 1985; Epling y Pierce, 1988). Aunque ciertas cuestiones metodológicas requieren mayor atención (Roper, 1981), es de destacar, al menos, el modelo del alcoholismo basado en la polidpsia adjuntiva (Colotla, 1980; Riley y Wetherington, 1989). Así mismo, la conducta ritual también puede ser entendida en el contexto de la conducta adjuntiva (Falk, 1986).

En definitiva, el interés por el condicionamiento operante no se centra sólo en sus efectos lineales en la conducta objetivo, sino que, incluso programas de reforzamiento que pueden darse en la organización convencional de la vida (en casa, en el trabajo, en la escuela, en las rutinas de la hospitalización), conllevan importantes pautas colaterales. La aparente simplicidad de un programa de reforzamiento remite a complejos efectos comportamentales, por no hablar de complicados programas concurrentes.

En segundo lugar, se ha de tener presente que la conducta puede estar controlada por las contingencias, aun sin darse una relación directa conducta-consecuencia. Una conducta puede mantenerse sin sus reforzadores puntuales y, aún más, ocurrir a pesar de sus consecuencias aversivas. Similarmente, la tasa cero de conducta extinguida puede mantenerse ante posibles reforzamientos contingentes.

Para entender estos hechos experimentales, sin duda de alta relevancia aplicada, hay que tener en cuenta la ley del efecto basada en la correlación, según la cual las operantes son adquiridas y mantenidas sobre los promedios de la conducta y del reforzamiento considerados en períodos largos. Este es el caso de la mayoría de las operantes humanas que, aunque se estudien en el laboratorio, pueden tener similitud funcional y cierta continuidad con la programación asistemática del ambiente natural, de modo que el experimento (aunque prolongado) no deja de ser un episodio insertado en la historia personal de reforzamiento. Un análisis del experimento en el que se encontraran tasas de conducta sin reforzamiento contingente no indicaría que la conducta es ajena al reforzamiento. (Remitirse, en este caso, a la historia del reforzamiento no implica un argumento infalsable, puesto que el criterio para comprobar el reforzamiento, y falsar su innecesariedad, es construir experimentalmente la conducta, lo que supone su explicación). Una situación similar se presenta a menudo cuando el clínico analiza las condiciones que mantienen ciertos problemas actuales y trata de identificar los eventos presentes que pudieran cambiar tales conductas. Puede encontrar las paradojas aludidas, pero ello quizás es una consecuencia de analizar un episodio aislado. Un ejemplo extremo es la indefensión aprendida, en la que se ha «construido» una correlación de cero entre la tasa de conducta y la tasa de castigo, de modo que al introducir una correlación positiva entre hacer algo y eliminar la estimulación aversiva, el sujeto sin embargo soporta «estoicamente» su suerte. La posible correlación actual esta codeterminada por la correlación pasada, de cero. Al remover, de alguna manera, al sujeto para operar sobre el ambiente y así alterar la contingencia, se ve que la depresión no era «endógena». El análisis del ambiente contiene todas las claves explicativas. Si no se consideran estas cuestiones, difícilmente se puede entender que se sigan echando paladas de carbón al fuego siendo que de inmediato lo apagan.

El análisis operante humano se hace bien complejo si a lo anterior se incorpora la elección conductual, es decir, el estar a la vez bajo dos o más programas de reforzamiento relativos a conductas distintas. Se ha demostrado que una conducta determinada depende más del reforzamiento relativo que de su cantidad absoluta, respecto a la otra conducta alternativa, lo que sugiere, en todo caso, que cualquier conducta debe ser analizada en relación a todas las fuentes de reforzamiento disponibles simultáneamente (Rachlin, 1977). Aunque los sujetos no hagan las ecuaciones hiperbólicas, sus conductas de elección se pueden describir según ciertos análisis matemáticos (Bradshaw y Szabadi, 1988). Diferencia ésta (entre las contingencias concurrentes y las ecuaciones que las describen) de importancia para no incurrir en el postulado metafísico de invocar una suerte de gramática universal de la elección. El hecho de que se descubra una regularidad legal, no quiere decir que los sujetos hagan los cálculos. Su conducta, aunque compleja, se explica analizando las contingencias. Las implicaciones para la modificación de conducta han sido expuestas por McDowell (1982).

Finalmente, estaría la consideración del lenguaje, en cuanto que puede afectar a los programas de reforzamiento y como conducta de interés por sí misma, pero esto lleva a la prometida sección siguiente.

II. CONDUCTA VERBAL Y TERAPIA

Lo que más ha (pre)ocupado a Skinner es el estudio del lenguaje, siendo seguramente su obra principal la titulada *Verbal behavior* (1957). En ella se hace un análisis funcional del lenguaje y se ofrece una taxonomía de las funciones psicolingüísticas. Así, se distinguen tipos de conducta verbal de acuerdo con condiciones antecedentes específicas y con las consecuencias producidas. Las clases de conducta verbal definidas tienen gran importancia en el análisis de la psicoterapia (Hamilton, 1988). A continuación se enuncian estas clases de conducta verbal y se sugieren sus intereses en la modificación de conducta. Establecido esto, se estará en condiciones de ver el alcance del análisis skinneriano en otros procesos psicológicos complejos.

II.1. *Clases de conducta verbal y control instruccional*

El primer tipo de conducta verbal al que Skinner hace referencia se define por ciertas consecuencias instrumentales mandatarias, relevantes a una condición de privación o de estimulación aversiva. El caso tipo es mandar hacer algo a alguien dado un estado de necesidad. Sea decir «fuego» en presencia de alguien que lo pueda proporcionar cuando uno necesita encender algo. Como es conocido, recibe el nombre de *mando* («mand») en la terminología skinneriana y cubre numerosas variantes comúnmente denominadas solicitud, orden, súplica, ruego, pregunta, llamada, etc. (Skinner, 1957).

Es interesante situar esta función en la continuidad evolutiva de las acciones manipulativas directas sobre las cosas y las personas. A la acción manipulativa del niño (por ejemplo, para coger algo que necesita y que está al alcance de la mano) la comunidad acopla alguna expresión verbal y quizás responde, también, proporcionando el objeto intentado. De esta manera, la acción instrumental (del niño) se convierte en un gesto que más adelante puede ser sustituido por la palabra (adjuntada). De ahí, el carácter mandatario del lenguaje, en el mismo sentido que Vygotski entiende los «signos como herramientas» y Wallon habla de la transición «del acto al pensamiento».

Un caso particular del mando es el automando, es decir, la instrucción dirigida a una acción no verbal del mismo sujeto que habla (aunque sea silenciosamente), lo que es posible precisamente porque la comunidad antes lo ha hecho con uno, y uno ha controlado así a otros.

Uno de los determinantes de que las curvas de ejecución operante en humanos sea distinta a la encontrada en animales, bajo el mismo programa de reforzamiento, está, probablemente, en lo que se dicen a sí mismos los sujetos (Lowe, 1979). Esto es, en alguna suerte de automandos o autorreglas, como se dirá después, aunque no sean una descripción adecuada de las contingencias, pueden influir en la conducta ejecutiva no-verbal (Lowe, 1983). Particularmente, el entrenamiento autoinstruccional puede ser analizado desde esta perspectiva (Hayes, Zettle y Rosenfarb, 1989; Lowe y Hinson, 1981; Zettle y Hayes, 1982), de cuyo análisis se generaría como mínimo claridad conceptual.

Un segundo tipo de función psicolingüística cubre las relaciones del lenguaje y aquello a que se refiere o de lo que se habla. Se trata, en definitiva, del significado referencial, es decir, de la conducta verbal que «hace contacto con» el mundo físico, conducta denominada *tacto* («tact») (cap. 5). El aspecto decisivo ahora está en algún evento, objeto o propiedad ambiental que evoca o en cuya presencia se fortalece determinada operante verbal, que la comunidad enseña y refuerza. Sea decir «fuego» al observar un incendio en un cine: la condición de control es un evento y el efecto en los demás es característico (por ejemplo, distinto del de pedir fuego). Esta función cubre, además de la referencia, la metáfora, la abstracción y la formación de conceptos. Un caso particular de esta función es el conocimiento de sí mismo. Existen varios medios en virtud de los cuales la comunidad, que no tiene acceso a estímulos privados, puede enseñar conducta verbal como respuesta a los mismos (Skinner, 1957).

De interés directo para la modificación de conducta está la posible inadecuación o distorsión verbal que un individuo puede tener de la realidad y de sí mismo, con repercusiones personales negativas (por ejemplo, depresión). Se trataría de un desajuste entre los tactos según los que se definen las contingencias y las contingencias que efectivamente se dan. Es el supuesto del contacto distorsionado con la realidad (Skinner, 1957), que tradicionalmete se asume como distorsión cognitiva. Algo importante aquí es que, de acuerdo con estos criterios, se pueden analizar, de un modo más cabal, las dimensiones cognitivas de la depresión, tanto en su aspecto atribucional (Hamilton, 1988), como en el lógico (Zettle y Hayes, 1982), y reconstruir la terapia cognitiva de Beck y la TRE de Ellis en términos más coherentes con los procederes en los que, de hecho, consisten (Zettle y Hayes, 1982). Asimismo, la oscura teoría de la autoeficacia también ganaría claridad conceptual en estos términos (Poppen, 1989). Por su parte, la reestructuración cognitiva se reconocería como una forma de modificación de la conducta verbal (Hamilton, 1988; Hayes, Kohlenberg y Melancon, 1989).

La conducta verbal presenta otras funciones psicolingüísticas que se definen de acuerdo con un criterio común, a saber, el de estar bajo el control de estímulos verbales antecedentes (por demás, sin dejar de atenerse a la relación contingencial entre respuesta verbal y, por lo común, un reforzador general condicionado). El análisis skinneriano describe tres funciones de este tipo: la ecoica, la intraverbal y la textual (cap. 4).

La *ecoica* («ecoic») es una operante verbal cuya pauta es similar al estímulo verbal de la que depende (a modo de eco), considerando relevantes en la definición la correspondencia «modelo-respuesta» y la unidad del evento en un episodio contiguo con conexión funcional. Sea por ejemplo, que el hablante dice «fuego» ante el estímulo verbal del oyente consistente en «di "fuego"». Aunque tiene el formato del mando, lo decisivo es la condición de control, pues hay otras situaciones en las que el oyente no pide y en cambio el hablante es reforzado por la repetición, y otras, todavía, en las que se da una repetición como relleno o manera de tomarse tiempo al responder. Tiene un marcado interés educativo infantil, pero está presente, también, en numerosas otras contingencias de la vida adulta. Se contempla, asimismo, la conducta autoecoica, donde incluso el estímulo verbal inicial puede ser encubierto, presentándose formas patológicas como la palilalia y la perseveración psicótica.

La *intraverbal* describe una conducta verbal que depende también de estímulos verbales, pero la relación no está en la correspondencia formal, sino en la secuencia establecida, en el sentido de que los anteriores «arrastran» probablemente respuestas (en buena medida) pautadas. Sea la secuencia «¡apunten, disparen, fuego!». Cubre formas estándar de secuenciación (saludos, pautas convencionales, frases hechas) y los ejercicios formales de la asociación de palabras. Puede ser tan pequeña como una letra del abecedario o un número correlativo y tan larga como un estribillo o una «frase prestada». Puede estar tan instaurada como una obsesión.

La conducta *textual* se refiere a la lectura, es decir, a la conducta verbal bajo el control de estímulos verbales escritos (por ejemplo, leer «fuego»). La distinción viene marcada por el tipo y modalidad del estímulo control, obviamente, dentro de una historia de reforzamiento, por demás, de alto interés educativo. La conducta autotextual, la modalidad silenciosa y la transcripción forman parte del mismo continuo. La importancia teórica y práctica de la lectura da lugar a numerosos y diversos planteamientos, generalmente, dentro de las premisas cognitivas, con sofisticados niveles de interacción mental, diciéndose, incluso, que es una temática que desborda el alcance conductista. Sin embargo, es bien posible desarrollar un modelo conductista, de la lectura, de amplio alcance y, así, se ha propuesto uno que se hace cargo, a su vez, de los modelos cognitivos, permitiendo la viabilidad de éstos, ciertamente, no sin antes ser reconstruidos en términos de contingencias de reforzamiento (Pérez Alvarez, 1985a). En particular, problemas especiales en el aprendizaje de la lectura tienen un fértil abordaje en este perspectiva.

Finalmente, correspondería alinear aquí un sexto tipo de control verbal, llamado *audiencia* («audience») (cap. 7). El énfasis se pone ahora en el carácter discriminativo y selector, debido al oyente (que puede ser una persona, un grupo o un auditorio), de determinadas formas verbales y temas del hablante, en el sentido de que diferentes audiencias controlan diferentes subdivisiones del repertorio del hablante. Sea, por ejemplo, la probabilidad de hablar del fuego ante bomberos. La audiencia en cuya presencia se refuerza la conducta verbal, puede tener, a su vez, un valor reforzante, que la convierte en un poderoso estímulo de control. Las dimensiones físicas de la audiencia, así como otras características de predisposición respecto al hablante, junto con el lugar en su sentido físico, son especificaciones importantes de sus funciones de control. Asimismo, se contempla «el hablante como su propia audiencia», lo que remite a la consideración del pensamiento.

Sin dejar de reconocer un desarrollo aún insuficiente en términos empíricos tanto por lo que respecta a la evolución de la conducta verbal (Catania, 1985; Skinner, 1986b), como por el afianzamiento y la eventual mejora definicional de las funciones referidas (Chase, Johnson y Sulzer-Azaroff, 1985; Lamarre y Hollan, 1985; Michael, 1988a; 1988b; Zettle y Yung, 1987), lo relevante es señalar que el lenguaje y, consiguientemente, los procesos cognitivos forman parte del mismo ámbito que se organiza en torno a la conducta, y tienen un coherente planteamiento conductista.

II.2. *Conducta gobernada por reglas y cognición*

Un modo apropiado de abordar el pensamiento conforme a los criterios que se siguen es situar el asunto como un caso en el que el hablante se comporta consigo mismo como un oyente. Hablante y oyente son la misma persona, algo que puede darse públicamente y, de hecho, se da con frecuencia en la infancia, y, por lo demás, se recordaría que la lectura, una actividad del «ámbito íntimo» hoy día, hasta la Edad Media era una actividad abierta (se leía en voz alta y, suponía, incluso, un fuerte castigo obligar a leer en silencio). Al decir esto, se reconoce el pensar silencioso en un continuo que forma parte de la conducta abierta, a su vez, en distintos grados. Por lo demás, las formas silentes pueden hacerse públicas en ciertas circunstancias. Se considera que la «decadencia» de las formas abiertas y su mantenimiento inaudible, tienen que ver, respectivamente, con el debilitamiento de las variables de control (que en otras ocasiones las harían fuertes) y con la mayor ventaja y facilidad para hablarse a sí mismo en silencio (de hecho, cuando es conveniente, uno se habla en voz alta). No sería correcto hacer corresponder el pensamiento con el lenguaje atenuado, ya que también se puede pensar haciendo algo y, en todo caso, el lenguaje encubierto es un caso particular del lenguaje, y es que, también, se puede pensar en voz alta. El caso es que el lenguaje no se define, precisamente, por el silencio. Del mismo modo, la solución de problemas y las operaciones mentales son, ante todo, operaciones.

La parte encubierta de la solución de problemas (el pensar en silencio y las operaciones mentales), que puede ser bien compleja y larga, se concibe como un curso de operaciones verbales, como un momento que supone y pide continuamente el comportamiento positivo. El comportamiento silencioso no es la negación de la conducta, sino su grado cero entendido dentro del propio desenvolvimiento de las relaciones distales relativas a objetos (Fuentes Ortega, 1989a; Kantor, 1924; Ortega y Gasset, 1981; Pérez Alvarez, 1989). Esta conducta implícita puede devenir, y de hecho así es, en un «procesamiento automático», que en realidad es un efecto de la práctica, de acuerdo a precisos arreglos estimulares (Pérez Alvarez, 1986). Los estímulos resultan, en virtud de la práctica reforzada, en reorganizaciones cada vez más complejas en las que la conducta se hace dependiente de nuevas unidades constituidas por la reestructuración de estímulos que previamente formaban otras configuraciones separadas más simples (Cheng, 1985). Por ejemplo, primero se cuenta por los dedos o con palotes como unidades, y después, con la práctica, se cuenta por las manos o por medio de grupos de palotes como nuevas unidades.

Una persona resolviendo un problema se diferencia por el hecho de que cambia otra parte de su conducta y es reforzado y fortalecido al hacerlo. Un proceder característico consiste en la construcción de estímulos discriminativos, a los que se responde diferencialmente en adelante y, así, se va seleccionando la conducta apropiada a la solución. Un tipo de estímulos que se puede generar en las operaciones quizá consiste en conducta verbal en la función de mando («ahora debo hacer esto») o de tacto en la que se especifica alguna contingencia («si se hace esto, entonces resulta aquello»). De esta manera, la conducta es moldeada por las consecuencias, es decir, por los efectos propios de las operaciones, y gobernada por reglas que controlan las ejecuciones y que describen contingencias, es decir, que regulan y discriminan las conductas apropiadas (Skinner, 1988; 1981b). Las reglas, por supuesto, pueden estar dadas como un producto cultural, de modo que ya se dispone ante muchas situaciones problemáticas de pistas verbales acerca del proceder conveniente.

Esta distinción entre contingencias y reglas tiene una importancia decisiva en la teoría psicológica y en la modificación de conducta, como ha puesto de relieve Blackman (1985). Particularmente, la noción de conducta gobernada por reglas da cuenta de la «actividad psíquica superior» (Vaughan, 1987). La calidad funcional de la regla viene conferida por formar parte de un conjunto de contingencias de reforzamiento, de las cuales brota con una entidad objetiva, (Glenn, 1987; Skinner, 1988). A este respecto, es conveniente recordar el significado construido e incorporado en las operaciones en que consistían las relaciones de equivalencia. Las contingencias tienen ya un significado, esto es, dicen algo de por sí, de modo que la palabra se incardina con los demás ingredientes de una circunstancia que no es palabra. Vaughan (1989) ha puesto en correspondencia la conducta gobernada por reglas con la investigación sobre la equivalencia de estímulos. En este sentido, se han tipificado varias clases de reglas según su relación con las contingencias. Una clase se diferencia porque las consecuencias de su seguimiento (de la correspondencia entre la regla y la conducta relevante) están mediadas por las personas; otra, por depender más bien de la disposición del ambiente; y otra, por el efecto aumentativo que la regla puede tener sobre el carácter reforzante o punitivo de los estímulos (Hayes, Zettle y Rosenfarb, 1989). Estas especificaciones han resultado, precisamente, del análisis de las terapias cognitivas (Zettle y Hayes, 1982). Dicho esto, es importante destacar que el sujeto puede tener como objeto su propia conducta verbal.

II.3. *Metaconducta*

La propia conducta verbal dada o dándose constituye ya un elemento del ambiente con el que puede interactuar el sujeto. De este modo, parte de la conducta de un sujeto se convierte en variable que controla otra parte. Ante todo, es en la comunidad donde están dispuestas las contingencias que hacen relevante el reparar en la propia conducta (¿qué dijiste?, ¿es cierto...?, ¿has dicho...?, etc.), lo que modula la respuesta y el control del hablante de su propio discurso. Incluso, se podría decir que el sujeto «tactea» y «manda» la propia conducta verbal. Esta función técnicamente recibe, en el análisis de Skinner, el nombre de *autoclítica.* Del amplio tratamiento que se da en *Conducta verbal* a los autoclíticos, se destacan varias clases. Los autoclíticos descriptivos son formas verbales que matizan el tipo, la fuerza del comportamiento verbal, las circunstancias del hablante, la forma de operar de una respuesta, la especificación de un mando, etc., tales como «recuerdo que...», «lo que voy a decir se ha de entender...», «se dice que...», «es necesario...». Otros autoclíticos tienen una función calificadora, en la que se altera decisivamente la intensidad o la dirección del efecto en el oyente, como en la negación y la afirmación y en los cuantificadores. La noción de autoclítico cubre también el tratamiento que el análisis funcional da a la gramática y a la sintaxis, y la composición y arreglos de la conducta verbal que hacen el hablante y el escritor, cara al logro de ciertos efectos. Se considera aquí tanto la composición de palabras y frases, como los arreglos de segmentos más grandes, dados por ejemplo como textos o discursos. Así pues, este tipo de conducta verbal se ocupa de las cuestiones que en los últimos tiempos se ofrecen como procesos metacognitivos. La dificultad de la concepción mentalista de la metacognición es que se sale del ámbito en el que efectivamente ocurren los procesos de control de una conducta por otra del mismo sujeto, hasta invocar metafísicas ejecuciones centrales supuestas en el reino del espíritu puro. Ejecutores centrales de los que, por lo demás, no se tiene otra noticia que la ejecución comportamental, incurriendo en tautología, ya que finalmente los procesos metacognitivos invocados para explicar el control de una conducta tienen que ser explicados por la ocurrencia de ésta (Pérez Alvarez, 1986).

III. IMPLICACIONES CLÍNICAS

Aunque anteriormente se han sugerido algunas implicaciones clínicas (adicionales a las dadas tradicionalmente), ahora se van a seleccionar dos tópicos.

Uno relativo a la reconstrucción de la (insatisfactoria) trimodalidad de respuesta y el otro concerniente al (injustificado) empeño por la operativización de la conducta.

III.1. *Una nueva clasificación comportamental*

En terapia de conducta se utiliza comúnmente la taxonomía que distingue tres modalidades de conducta: cognitiva, fisiológica y motora. Como es conocido, la modalidad cognitiva se refiere al pensamiento, la imaginación y, en general, la actividades encubiertas. La fisiológica remite a las emociones, los sentimientos y, en general, a la activación nerviosa. La motora alude a la acción observable que implica movimiento corporal, generalmente, con cambios espaciales o logros ejecutivos. A pesar de ser una clasificación bien razonable y del, asimismo, razonable entusiasmo a que ha dado lugar relativo a la aplicación de técnicas específicas según la modalidad más comprometida en un trastorno determinado, lo cierto es que actualmente resulta insatisfactoria, sobre todo porque la correspondencia entre modalidad de respuesta (más) alterada y técnica específica no parece muy relevante (Dance y Neufeld, 1988). Los efectos de las técnicas resultan entrecruzados, desincrónicos y, generalmente, inespecíficos respecto a las modalidades tratadas. Ello puede deberse, en parte al menos, a la propia taxonomía conductual, en cuanto a su incidencia en la definición del problema y en la configuración de las técnicas.

Las dificultades de esta taxonomía se aprecian en lo siguiente. La llamada conducta cognitiva implica también (y aun se diría esencialmente) acciones observables verbales y no verbales (recuérdese lo dicho para el pensamiento). Por su parte, la llamada conducta motora puede tener una «manifestación» encubierta, como son las respuestas preparatorias (por ejemplo, de relajación o de tensión muscular). Por lo demás, la conducta emocional psicofisiológica comporta, a menudo, formas observables motoras y verbales. En definitiva, parece ser que la distinción cognitivocomportamental asentada en el criterio encubierto-observable no es adecuada para el análisis psicológico. Lo abierto y encubierto está presente en las conductas que pretendidamente se trataba de diferenciar. Por su parte, lo emocional también parece participar de todas estas dimensiones.

Así pues, según parece, la tradicional tripartición debería recomponerse. Suinn (1984) ha ofrecido una interesante reconstrucción. Aun manteniendo las mismas categorías (si bien ya redenominadas), dentro de cada una considera tres manifestaciones. Así, el canal de respuesta afectivosomático, además de la activación autónoma aumentada, incluye los sentimientos subjetivos de malestar y posibles alteraciones psicofisiológicas. El somaticoconductual, junto a las alteraciones en la ejecución, contempla la tensión muscular (aunque no sea públicamente observable) y la vigilancia (cognitiva) aumentada. El canal de respuesta cognitiva, además de los pensamientos de preocupación y las verbalizaciones, asume las interferencias en la ejecución.

Sin embargo, quizá sea conveniente (por lo dicho en la sección anterior) establecer declaradamente una categoría como conducta verbal (a su vez ya con varias funciones), que vendría a suplir la dada como cognitiva. Ello no sólo por las connotaciones mentalistas, sino también por lo confuso que resulta el vocabulario relativo a la cognición, puesto que, de hecho, tiene que acoplarse a (o serle acoplado) lo comportamental, y aunque sólo sea porque siempre se expone y defiende lo cognitivo (curiosamente) mediante la conducta verbal.

De acuerdo con los criterios funcionales, parece necesario reconocer una categoría a las conductas de búsqueda y selección de estímulos discriminativos. Tales conductas ponen al sujeto en contacto con estímulos discriminativos correlacionados con el estado de las contingencias de reforzamiento, lo que permite disponerse ante la tarea o el ambiente. La topografía de estas conductas puede consistir en la orientación que facilita una mejor exposición a los estímulos relevantes, la atención selectiva, el examen previo, la «catación», el «ver sin la cosa presente», el repaso imaginario y el ensayo encubierto de lo que se intenta hacer o decir. En la tradición conductista, estas funciones se denominan *conducta de observación* (Millenson, 1977), y así se propone en esta nueva taxonomía conductual.

Consiguientemente, la clasificación conductual propuesta consiste en cuatro modalidades principales, cada una conteniendo formas públicas y privadas, a saber: conducta *motora,* conducta *verbal,* conducta *visceral* y conducta *observacional* (Poppen, 1989).

III.2. *Objetivos globales en vez de conductas operativizadas*

Es casi un dogma en la modificación de conducta definir operacionalmente las conductas objetivo de una intervención. La verdad, sin embargo, es que la especificación de conductas concretas a cambiar y lograr no es exactamente un asunto exigido por el análisis funcional de la conducta. Excepto en tareas en las que la propia naturaleza de la conducta suponga un control estimular preciso, como, por ejemplo, en la lectura, el interés está más en la función que en la topografía. Ciertamente, hay determinadas formas comportamentales que realizan más «económicamente» la función, y, por demás, la conducta alguna objetividad ha de tener, obviamente. En lo que se quiere insistir es en la definición de la conducta en función del contexto, de modo que el objetivo habría de estar más comprometido con el fin (a lograr) que con el medio (para conseguirlo).

Efectivamente, los problemas se presentan y las ayudas se ofrecen en su contexto social natural, que se habrá de reconocer complejo en cuanto a la multitud de matices que concurren continuamente. Quiere ello decir, entonces, que la operativización de la conducta puede resultar en un catálogo de formas escasas y poco flexibles respecto a los infinitos matices del contexto. La cuestión coherente con los criterios conductistas está en atenerse a clases de conductas, definidas precisamente por fines genéricos (no en el sentido de vagos, sino de clases generales).

Este asunto tiene ante todo una transcendencia empírica respecto al tema de la generalización. Es interesante reparar que las instrucciones en las que se operativizan las conductas, por ejemplo, en el entrenamiento en asertividad, podrían hacer, sin embargo, el logro así conseguido poco flexible en su adaptación real. Es decir, la dependencia de las instrucciones puede dificultar la generalización. Frente a ello, un entrenamiento mediante la exposición directa a las condiciones, recibiendo feedback, pero sin definir operacionalmente las conductas se ha mostrado efectivo. «El entrenamiento social a menudo recurre a especificar reglas o instrucciones, a pesar de que la conducta social normal no parece desarrollarse de esta manera. Mientras que los efectos de las instrucciones son en general rápidos, la conducta bajo su control puede ser menos sensible a cambios en el ambiente que aquellos bajo el control de la experiencia directa» (Azrin y Hayes, 1984, p. 182). El feedback proporcionado se atenía a la habilidad social considerada de manera global. En efecto, la apreciación de habilidades sociales son frecuentemente fiables debido a su cargado carácter social. «En definitiva, las habilidades sociales fueron evaluadas y mejoradas sin haber definido previamente cuáles era necesario cambiar» (Hayes, Kohlenberg y Melancon, 1989, pp. 365-366).

Lo que se insinúa es que, a veces, tal vez el clínico confía excesivamente en la definición operativa de las conductas a cambiar, lo que podría, en ciertos casos, ser una dificultad porque, por un lado, los objetivos concretados quizás fueran demasiado limitados respecto a los fines y, por otro, los logros sean muy dependientes de las instrucciones.

En este sentido, lo que se sugiere es el uso del reforzamiento de la exposición directa (del cliente) a las situaciones, de un modo social convencional, esto es, sin «exagerar», incluso, el carácter reforzante, cara a evitar la dependencia con respecto al terapeuta, que actuaría conforme a la naturalidad social.

Según los autores proponentes (Hayes, Kohlenberg y Melancon, 1989), estas formas implican ciertos repertorios del terapeuta, relativos a la discriminación de conductas clínicamente relevantes (por ejemplo, aquellas dadas en la terapia que sean similares a las del ámbito extraclínico) y a la construcción del contexto terapéutico (por ejemplo, disponiendo elementos idénticos a la vida real en la que son pertinentes las mejoras).

Se supone y enfatiza que el terapeuta al funcionar como tal, incorpora (o debe incorporar) representatividad del mundo social al que pertenece el cliente. De este modo, se considera que sus reacciones «privadas» forman parte inherente de la ayuda profesional (y no sólo el protocolo); de ahí, entonces, su importancia, lo que no deja de insinuar que el clínico disponga de las habilidades en cuya dirección debe mejorar el cliente. Esto también remite al interés por la creatividad del paciente, cara a una adaptación más flexible a las circunstancias, y cuyos comportamientos concretos no se pueden especificar de antemano.

Es decir, la posibilidad del control por parte de las reglas permite reconocer algunas situaciones en las que, sin embargo, sería mejor quizás evitar su incidencia, en favor de la estrategia del moldeamiento por exposición directa.

IV. UNA NUEVA IMAGEN DEL SUJETO

Se ofrece una imagen dialéctica del sujeto, según una argumentación escalonada. El primer apartado se ocupa de estos puntos: el carácter operante de los procesos psicológicos, la simultaneidad del pasado y el presente, la subjetividad como depositada en la objetualidad y la regulación ambiental. El segundo apartado desarrolla la noción de causalidad y se establece el sentido que se da a la imagen dialéctica.

IV.1. *Consideraciones sobre la subjetividad*

La caracterización que más conviene a la noción de sujeto psicológico de acuerdo con el planteamiento anterior, es la de sujeto operante, con las siguientes consideraciones.

Se significa con ello que los procesos psicológicos son ante todo operaciones, es decir, interacciones del sujeto en relación con objetos. Relaciones que pueden ser de varias clases, según las funciones, y de muchas formas en cuanto a su topografía. Recuérdese la taxonomía propuesta de cuatro clases de conductas, dentro de la cual, por ejemplo, respecto a la conducta verbal se diferenciaban, a su vez, seis tipos y, aún, la reconsideración de algunos de esos tipos en términos de reglas remitía a varias subclases de éstas. Todo ello dándose simultáneamente en multitud de formas en continuo cambio funcional.

El aspecto que se subraya es que las operaciones comportamentales cambian el ambiente y éste, recíprocamente, modifica al sujeto en sus interacciones futuras. El cambio del ambiente se refiere al efecto ejecutivo de alguna operación manual o autoclítica, cuya nueva disposición puede repercutir en las acciones sucesivas, pero también a la modificación de su función, aunque físicamente no haya sido alterado, haciéndolo, de este modo, psicológicamente distinto. Por ejemplo, después de escuchar numerosas veces una pieza musical, ésta resulta distinta en sus efectos, no se percibe igual a la primera vez, y en cambio es la misma en su dimensión fisicalista (o, más exactamente, en la realidad psicológica, no es la misma de antes). Así pues, lo que se tiene correlativamente es un sujeto cambiado, o sea como resultado del efecto de sus operaciones en el ambiente, sea como modificación de su sensibilidad, es decir, de la manera de experimentar y operar en adelante. Naturalmente, esta cuestión remite al aprendizaje anterior, a la historia de reforzamiento. Lo único que se quiere decir aquí es que el pasado se concibe como un positivo estar ausente (Pérez Alvarez, 1989). Es decir, la historia de aprendizaje es el sujeto cambiado en cuanto a su manera de experimentar y probabilidad de operar de acuerdo a las contingencias presentes. El pasado está presente como probabilidad comportamental, cuyas formas e intensidad están seleccionadas por el ambiente que, naturalmente, es complejo en cuanto a sus matices discriminativos. En términos de K. Lewin, se diría que el pasado y el presente se dan simultáneamente, de acuerdo con el «principio de la contemporaneidad» (Lewin, 1936). El sujeto dispone o tiene ciertas conductas en el mismo sentido que un actor de teatro puede hacer sus papeles de acuerdo con un repertorio y dadas las circunstancias apropiadas.

La oposición entre procesos y productos, según la cual los primeros serían el funcionamiento cognitivo que darían lugar y explicarían los segundos, los cuales aún siendo importantes como tales resultados, no tendrían, sin embargo, tanto interés psicológico como aquéllos, se reconstruiría así. Esquemáticamente, lo que se diría aquí es que los procesos son otros productos que han quedado segregados en el curso de las operaciones. Su contribución está incorporada al logro, formando parte de los moldeamientos y autocorrecciones acaecidos, pero que necesariamente resultan eliminados. Cuando se invocan procesos mentales (encubiertos, automáticos o no) para explicar la ejecución comportamental o producto logrado, resulta que aquéllos tienen que ser explicados por las contingencias de reforzamiento.

La consideración de la individualidad psicológica, según esto, se ofrece como una tarea (bien complicada) de definir los repertorios comportamentales de acuerdo con las circunstancias. Las clases de conducta funcional aludidas, y sus subclases, podrían ser un criterio para establecer el «perfil de personalidad», contando con el escenario pertinente, es decir, con algún criterio de la tarea. En cuanto a la introspección, más rigurosamente, se entendería como retrospección relativa a las experiencias pretéritas o de una inspección o descripción fenomenológica de las experiencias presentes, que siempre son de algo. Luego, no se puede aislar una subjetividad pura puesto que, en efecto, la subjetividad está depositada en la objetividad, es decir, lo que se inspecciona es el aspecto subjetivo de los objetos (Fuentes Ortega, 1989a). Curiosamente, el énfasis conductista en el caso único no ha dado, sin embargo, un interés por la tematización de la personalidad, si bien se dispone de una rigurosa metodología experimental para el estudio de las diferencias entre los individuos y la consistencia, y variabilidad, intrasujeto (Sidman, 1973). Se considera que la tematización de la personalidad es un asunto pendiente del análisis de conducta, que concierne directamente a los intereses aplicados relativos a la generalización y grado de consolidación del cambio.

En definitiva, la imagen que se tiene del sujeto psicológico es la de un sujeto operante situado en un contexto envolvente preexistente. Se acomoda al ambiente, entre tanto éste ya está adaptado selectivamente por los individuos anteriores, y lo acomoda al adaptarse. Este estar en el mundo supone que el sujeto necesariamente tiene que comportarse de alguna manera. Este tener que hacer algo ya está prefigurado en el entorno, pero es cierto que la realidad de este mundo circundante es el punto de vista del sujeto, según su perspectiva. La perspectiva es un componente de la realidad. Ahora bien, esta perspectiva personal tampoco se ha de concebir como una subjetividad incoordinable con la de otros. Precisamente, el sujeto se construye socialmente y la objetividad surge de la multiplicidad de actos subjetivos (Fuentes Ortega, 1989a). Dentro de esta consideración, el análisis psicológico siempre hace referencia a alguna condición antecedente con funciones discriminativas, que puede consistir en los propios efectos comportamentales, y alguna condición consecuente a la cual tiende. Se concibe un sujeto cuya libertad comportamental está organizada por la estructuración ceremonial del ambiente. Quiere ello decir que las operaciones se dan de acuerdo con unas estructuras y respecto a unos resultados, consecuencias o fines. Las estructuras y esquemas mentales se verían mejor como formas de organización del ambiente (Neisser, 1985; Pérez Álvarez, 1985b), es decir, como estímulos institucionales (Kantor, 1982) o, en los términos más usados aquí, como contingencias.

El sujeto se regula por la textura causal del ambiente y mediante múltiples operaciones recompone su organización. Así pues, ni se concibe un sujeto naturalista como si fuera un organismo yuxtapuesto a las cosas, con la insignificancia de una hierba en el universo, ni un sujeto mentalista que haya absorbido el mundo, como una hierba pensante donde el mundo fuera representación. Consiguientemente, se establecen compromisos con una causalidad final (frente a una mecanicista, sea de índole mentalista o E-R) y con una consideración dialéctica del sujeto (de carácter adualista).

IV.2. *Causalidad final y conjugación sujeto-objeto*

El análisis de las contingencias que, como se ha visto, requiere de n-términos, más allá de los tres tradicionalmente establecidos, remite a la noción de causalidad. Las contingencias definen las condiciones que toma el ambiente respecto a la conducta de los sujetos. En esquema resumido, establecen la relación si... (están dadas ciertas condiciones), entonces... (la conducta probablemente tenga tales logros). En este sentido, se puede identificar con la «textura causal del ambiente» de la que hablaran E. C. Tolman y E. Brunswik (Lee, 1988). Ni que decir tiene que el ambiente psicológico es bien complejo en cuanto a la multiplicidad de condiciones estimulares, formas comportamentales posibles y efectos probables, continuamente cambiantes. Quiere ello decir que en principio el sujeto está situado ante una variedad de perspectivas y es libre de actuar de diversas maneras operatorias. Pero el caso es, como se ha visto, que ante la perspectiva del ambiente, algunas circunstancias seleccionan y modulan el comportamiento y reorganizan las restantes condiciones estimulares. Estas circunstancias con el poder de poner al sujeto en cierta dirección son, dicho técnicamente, los refuerzos.

El sujeto queda «sujeto» a ciertas circunstancias que van a mediar el conjunto de perspectivas disponibles. Se podría decir que psicológicamente el sujeto está circunstanciado por las condiciones de reforzamiento. La probabilidad del reforzamiento en cuanto que condición del ambiente se constituye en determinante de las operaciones del sujeto. Es el logro por conseguir lo que determina la acción y ello lo hace de un modo probable (no seguro), esto es, contingencialmente (contingencias de reforzamiento). Lo que mueve la conducta son ciertos objetos (del deseo o motivos), presentes en una cierta perspectiva, pero que se logran como consecuencia de alguna acción operante. Una vez logrado, deja de funcionar como reforzador, siendo otros objetos los que estarán ahí de nuevo moviendo el comportamiento. Lo que mueve al gato para estar al acecho es la perspectiva de un posible ratón, no el ratón ya ingerido. Permítase este crudo ejemplo para indicar el carácter adaptativo que tiene precisamente la causalidad final. Se podría decir que el gato conoce esas contingencias, pero no se comporta como lo hace porque tenga el conocimiento. Con toda seguridad, el taxista tiene un buen conocimiento de la ciudad, pero no es por eso por lo que transita por ella (Skinner, 1977). (Una coordinación de las nociones de perspectiva y circunstancia en sentido orteguiano con las skinnerianas relativas a los estímulos discriminativos y reforzantes está en Pérez Álvarez, 1989; la noción de causalidad final en psicología está desarrollada en Fuentes Ortega, 1989b).

En la exposición precedente se ha enfatizado la consideración conjunta de la conducta y de las condiciones ambientales. Ahora bien, se habrá de insistir todavía en que el ambiente relevante al sujeto es uno que tiene un significado subjetivo. El sujeto interactúa con el mundo, pero no en función de su definición física, sino de su sentido psicológico. Se trata de un ambiente psicológico, del que sin embargo es imprescindible su consistencia física, en el sentido de la distinción establecida por Koffka (1935) entre ambiente «geográfico» y ambiente «conductual». Recuérdese la construcción operante de las relaciones de equivalencia entre estímulos físicamente distintos, pero resultando psicológicamente iguales. Se podría decir que el estímulo psicológico surge de las operaciones del sujeto. El estímulo se objetiva precisamente a través del sujeto operante. Pero al mismo tiempo, cualquier operación del sujeto requiere de objetos. Percibir, pensar y manipular suponen necesariamente algo que se percibe, sobre lo que piensa o que se manipula.

En consecuencia, el estímulo llega a ser tal y se define por la conducta del sujeto en relación con él, y la conducta hace relación al estímulo en cuestión. La estructura de la conducta es la interdependencia entre el estímulo y la acción del sujeto (Yela, 1974). Esta redefinición mutua ha de entenderse como la oposición dialéctica sujeto-objeto, ninguno de cuyos miembros es pensable sin el otro, pero que no se reduce o absorbe el uno en el otro, ni resultan meramente yuxtapuestos. Técnicamente dicho, son conceptos conjugados, al igual que la cara y la cruz de una moneda, el punto y la recta, o el movimiento y el reposo, no una definición circular viciosa ni tautológica (del tipo «el opio duerme porque tiene propiedades dormitivas»).

Este planteamiento es solidario de una consideración fenoménica del hecho psíquico (Fuentes Ortega, 1989a; Ortega y Gasset, 1981; Pérez Alvarez, 1989). Las consecuencias decisivas de este planteamiento están en su carácter adualista, en el que se reconstruye el par interno-externo (correspondientes a lo psíquico y a lo físico), por la distinción entre las relaciones distales en el sentido definido de medios-fines (que caracteriza el ámbito psicológico) y relaciones por contigüidad o mecánicas (que caracterizan los ámbitos fisicoquímicos).

V. LECTURAS PARA PROFUNDIZAR

Catania, A. C., «Rule-governed behaviour and origins of language», en C. F. Lowe, M. Richelle, D. E. Blackman y C. M. Bradshow (comps.), *Behaviour analysis and contemporary psychology*, Londres, Lawrence Erlbaum, 1985.

Hayes, S. C. (comp.), *Rule-governed behavior. Cognition, contingencies, and instructional control*, Nueva York, Plenum Press, 1989.

Pérez Álvarez, M., «Propuesta conductista de aplicación social de un modelo cognitivo de la lectura», *Análisis y Modificación de Conducta*, 11, 1985, pp. 5-41.

Skinner, B. F., *Conducta verbal*, México, Trillas, 1981. (Or.: 1957).

Skinner, B. F., *Sobre el conductismo*, Barcelona, Fontanella, 1977. (Or.: 1974).

5. EL PROCESO DE LA EVALUACIÓN CONDUCTUAL

ANTONIO GODOY

I. INTRODUCCIÓN

Distintos autores suelen proponer un número diferente de pasos en la realización de una evaluación conductual (Barrios y Hartman, 1986; Fernández Ballesteros, 1980; Llavona, 1984; Nelson y Hayes, 1986b; Silva, 1985). En la mayoría de los casos se está de acuerdo en que pueden distinguirse, al menos, tres fases principales:

a. Selección y descripción de las conductas problema.
b. Selección de las técnicas de intervención con las que se incidirá sobre las conductas descritas en el paso anterior
c. Valoración de los efectos producidos por la intervención realizada.

Algunos autores (p.ej., Llavona, 1984), tras la fase de selección y descripción de las conductas problema (análisis topográfico o morfológico y análisis funcional de las mismas) sitúan, en nuestra opinión muy acertadamente, la elección de los objetivos del tratamiento.

En el presente capítulo se añadirá alguna fase más, en un intento por describir y clarificar los distintos pasos a través de los cuales el terapeuta de conducta se enfrenta a los problemas que le plantea el paciente y le ayuda a solucionarlos. Las fases, pues, que a continuación se detallan representan aquello que el terapeuta hace desde que se dispone a enterarse de los problemas que aquejan al paciente hasta que finaliza su intervención.

Seguidamente describiremos cada una de las fases del proceso de evaluación conductual.

II. LAS FASES DEL PROCESO DE EVALUACIÓN CONDUCTUAL

II.1. *Análisis del motivo de consulta*

Posiblemente no existe una fase del proceso de evaluación conductual menos estudiada que el análisis del motivo por el que el paciente acude a consulta

---

Universidad de Málaga (España)

o por el que otras personas importantes de su medio lo traen. Prácticamente toda la literatura existente versa sobre el resto de las fases, aun cuando algunas hayan sido estudiadas con mucha mayor profusión que otras. Es más, la mayoría de los autores suelen pasarla casi completamente por alto, comenzando con la traducción del motivo de consulta en conductas operacionalmente definidas, de tal forma que a lo más que suelen llegar es a dar algunos consejos de tipo general. Así, algo frecuentemente recomendado, es pedir al paciente que ponga ejemplos del problema del que se queja, o de cosas que deberían ocurrir para que éste mejorara (Nelson y Hayes, 1986b). Lazarus (1971), por su parte, pide a los pacientes que señalen tres cosas en que su vida podría mejorar. Sin embargo, como resulta obvio, antes de traducir a conductas es absolutamente necesario tener perfectamente claro qué es lo que se necesita traducir. Sin embargo, la importancia de atender a una descripción completa de cuáles pueden ser las quejas y demandas del paciente y de su ambiente, aparece clara en los llamamientos de algunos autores para que el evaluador conductual se asegure de que la conceptualización teórica que hace del problema representa adecuadamente los motivos por los que se realiza la consulta (Baer, 1982; Evans, 1985; Hawkins, 1986; Kanfer, 1985; Kazdin, 1985b). Así, por ejemplo, Baer (1982) manifiesta que «esta disciplina (el análisis funcional aplicado) necesita conocer... cómo traducir cualquier queja del paciente en conductas a cambiar, de modo que, si se las cambia, convertirán las conductas de queja del paciente en conductas de satisfacción» (p. 286). Para ello, desde luego, es necesario conocer con exactitud y de forma completa cuáles son las conductas de queja del paciente. Igualmente ilustrativo puede resultar el siguiente caso propuesto por Hawkins (1975):

Se trataba de un joven biólogo, con el grado de doctor, que recientemente había desarrollado, sin causa orgánica alguna que lo justificara, una ceguera, supuestamente histérica, y había perdido su puesto de trabajo como profesor universitario. El terapeuta de conducta construyó un aparato de laboratorio con el que el paciente debía realizar discriminaciones visuales gruesas, recibiendo choques eléctricos en caso de no realizarlas. Conforme el paciente iba mostrando cada vez mayor efectividad en la realización de los problemas de discriminación que se le proponían, éstos fueron haciéndose cada vez más complejos y sutiles hasta que el paciente mostró una discriminación visual considerada normal.

Esta forma de actuar, como dice Hawkins al describir el caso, puede resultar razonable para muchos terapeutas conductuales. Sin embargo, un estudio más detenido de la vida del paciente mostró datos interesantes: el biólogo había tenido grandes dificultades para terminar sus estudios en la facultad, su trabajo como profesor era su primera ocupación, lo llevaba desempeñando sólo unos cuantos meses cuando se quedó «ciego», durante esta época mostraba grandes signos de ansiedad en todo lo que se relacionaba con el trabajo, y siempre había manifestado un inusual grado de dependencia [pp. 196-197].

Como concluye Hawkins en un escrito posterior, al comentar el caso (Hawkins, 1986), «los problemas del paciente eran, desde luego, bastante más que una ceguera histérica» (p. 357).

Esta necesidad de atender y clarificar todo el conglomerado de quejas y demandas que presenta el propio paciente, así como las demandas que el entorno en que vive le presenta, requiere una exploración minuciosa y activa por parte del evaluador, si es que no quiere quedarse únicamente en aquellos problemas más llamativos o más molestos que son los primeros en salir a la luz en las entrevistas diagnósticas iniciales y que pueden quedar como los únicos existentes (al menos durante un largo período del proceso evaluador y terapéutico), si el terapeuta no se mantiene vigilante.

Esta exploración activa de los posibles motivos de consulta parece necesaria aun en aquellos casos en los que el problema aparentemente resulta «monosintomático», como es el caso anteriormente expuesto de Hawkins (1975). Si el sujeto acude a consulta es porque el «síntoma» es importante. Esto es, porque influye sobre aspectos importantes de su vida o de su entorno. Por ejemplo, nadie acude a consulta porque le tenga miedo a subir a los aviones si ello no acarrea consecuencias importantes en su vida diaria.

Aparte de estas llamadas de atención y ejemplos señalando la necesidad de realizar un estudio exhaustivo de lo que puede ser el motivo de consulta, poco se ha hecho en el estudio de esta fase de la evaluación. Así, en el momento presente, se echan en falta guías teóricas o reglas de procedimiento que permitan enfrentarse con esta fase de la evaluación de forma segura. Cabe destacar, no obstante, algunos esfuerzos realizados en este sentido por autores como Lazarus (1981) con la creación de su Cuestionario Multimodal de la Historia de Vida, o, entre nosotros, el tratamiento recibido por la historia clínica en el libro de Bartolomé, Carrobles, Costa y Del Ser (1977).

II.2. *Establecimiento de las metas últimas del tratamiento*

Hace ya algunos años que Rosen y Proctor (1981) diferenciaron entre lo que ellos denominan los «resultados finales» (lo que nosotros hemos venido llamando *metas últimas,* «goals»), los «resultados instrumentales» *(conductas objetivo,* «target behavior») y los «resultados intermediarios» del tratamiento.

Para estos autores (Rosen y Proctor, 1981), los *resultados finales* hacen referencia a los criterios utilizados para considerar el tratamiento como un éxito. A estos resultados, por tanto, se les pedirá que posean validez clínica y social. Por ello, los cambios directa o indirectamente logrados deberán ser clínicamente relevantes y socialmente significativos. Ello supone que su valoración debe enfocarse desde diversos puntos de vista: tantos como criterios puedan utilizar los distintos valoradores sociales que resulten pertinentes. Esto es, los resultados finales deben haber solucionado las demandas del paciente y de los agentes sociales significativos que lo rodean.

Los *resultados instrumentales*, para Rosen y Proctor, son aquellos que son suficientes para alcanzar otros resultados sin intervención adicional. Deben, pues, poseer validez clínica, en el sentido de que con su consecución se logre afrontar con éxito las respuestas clínicas que se persiguen (p.ej., todas y cada una de las conductas que se conciben propias de la depresión). De la misma forma, deben valorarse también según su contribución en la consecución de los resultados finales. Esto último tiene una doble vertiente: que los resultados instrumentales sean suficientes para alcanzar los resultados finales, y que exista alguna forma de intervenir sobre los resultados instrumentales.

Por último, Rosen y Proctor diferencian lo que ellos denominan *resultados intermediarios,* es decir, aquellos que facilitan la continuación del tratamiento o posibilitan la aplicación de determinadas técnicas de intervención (p.ej., la capacidad de imaginar para aplicar la desensibilización sistemática por medio de la imaginación).

Con las expresiones «metas», «objetivos últimos de la terapia», o «resultados finales», en palabras de Rosen y Proctor (en la literatura de lengua inglesa suele utilizarse el término *«goals»),* suele hacerse referencia a las metas o efectos finales que se espera produzca el tratamiento (por ejemplo, un mejor rendimiento académico, un mejor ajuste laboral, la mejoría de las relaciones familiares, etc.). Las conductas objetivo *(«target behavior»)* hacen referencia a aquellas variables concretas de la conducta o del contexto en el que ésta sucede y sobre las que se enfoca el tratamiento (de ahí que se las proponga como «resultados instrumentales»). Los objetivos últimos de la terapia, por el contrario, se expresan en términos de los efectos que deben producir las conductas cambiadas durante el tratamiento. No se trata ya de que la conducta o la situación manipuladas se hayan modificado en la dirección deseada. Se hace necesario que hayan cambiado en la magnitud y con la generalización y perdurabilidad necesarias para producir los efectos que se pretendían. Estos cambios, pues, deben haber alcanzado las metas últimas deseadas incidiendo en el comportamiento y el ambiente del sujeto.

Puede pensarse, pues, que a la vista de la diferenciación conceptual previamente realizada, no siempre explicitada en los escritos sobre terapia y evaluación conductual, queda claro que la famosa frase de Eysenck (1960) «controla el síntoma y habrás eliminado la neurosis» queda ya lejos de lo que se pretende sea la moderna terapia de conducta.

Dada la complejidad e interrelación entre las distintas partes de la intervención, quizá conviene, como han señalado algunos autores, no olvidar que existen covariaciones entre distintas clases de conductas (p.ej., Kazdin, 1985b) y dependencias funcionales entre conductas, y que, más que modificar un conjunto inconexo de las mismas sobre lo que se está interviniendo es sobre un sistema funcional (Evans, 1985; Voeltz y Evans, 1983).

II.2.1. Variables de las que dependen las metas últimas del tratamiento

Las metas últimas del tratamiento dependen fundamentalmente de los juicios de valor de los que directa o indirectamente intervienen en la terapia (Wilson y O'Leary, 1980). En terapia de conducta se supone que los objetivos finales que deben alcanzarse son un asunto a consensuar entre el paciente (o, como en el caso de los niños, otros que tienen responsabilidad sobre el mismo) y el terapeuta (Nelson y Hayes, 1986b). Resumidamente, pues, las metas últimas del tratamiento puede decirse que dependen de:

a. El sistema conceptual y de valores del terapeuta. Distintas terapias y distintos terapeutas parecen tener objetivos finales diferentes.

b. El sistema conceptual y de valores de quien realiza la consulta. Las quejas y demandas procedentes de los pacientes con frecuencia se expresan en términos vagos y de teorías de rasgos (Mischel, 1968; Kazdin, 1985b). Dado que el terapeuta de conducta suele adoptar una postura activa en la recopilación de información, los datos que proporciona el paciente, sin embargo, con frecuencia se encuentran influidos por el sistema conceptual empleado por el terapeuta (Kazdin, 1985b; Kratochwill, 1985).

c. Los requerimientos del medio físico y social en el que vive y se desenvuelve el paciente.

II.3. *Análisis de las conductas problema*

Desde el punto de vista del paciente, o de los otros usuarios de la psicoterapia, los problemas que se plantean son de dos tipos: a) quejas, y b) demandas. Ambas suelen agruparse en lo que se considera «el motivo de consulta». Las *quejas* suelen referirse a lo que va mal y se quiere eliminar, a lo que causa problemas, a lo negativo y molesto. Las *demandas,* a su vez, hacen referencia a lo que se quiere adquirir, a lo positivo. Las demandas no siempre coinciden con la eliminación de lo que constituye una queja. En general, puede decirse sin embargo que toda queja encierra una demanda: una nueva forma de comportarse (p.ej., más desinhibida, menos impulsiva, más persistente, etc.) o un cambio en el ambiente (p.ej., en los padres, en un determinado alumno, en la pareja, etc.). Tanto las quejas como las demandas, en nuestra cultura, suelen plantearse bien en términos de clases de conductas (p.ej., «se pasa el día sentado», «no hace más que llorar», etc.), o bien en términos de capacidades («no soy capaz de...», «me gustaría poder...», etc.).

Las quejas y demandas del paciente, tal como éste las presenta, son reinterpretadas desde las distintas corrientes teóricas subyacentes a cada una de las terapias existentes. De la misma forma, en evaluación conductual lo que el paciente experimenta como un sentimiento sordo de malestar puede pasar a conceptualizarse como respuestas específicas a nivel motor, cognitivo y fisiológico.

En lo que llevamos dicho hasta aquí puede verse que estamos diferenciando entre lo que son: a) los motivos de consulta, b) las conductas problema, c) el punto sobre el que debe incidir la intervención, y d) las metas últimas del tratamiento. Aun cuando con frecuencia tiendan a confundirse los tres últimos elementos, en el estado actual de nuestros conocimientos parece ventajoso el mantenerlos diferenciados.

Las conductas problema hacen referencia, pues, a la traducción, en términos conductuales operacionales, del motivo de consulta presentado por el usuario (paciente u «otros significativos» de su medio). Cuando se habla de delimitación o definición de las conductas problema en terapia de conducta suele hacerse referencia a la operacionalización, en términos conductuales, tanto de las quejas como de aquello que produce las demandas del paciente.

En algunos casos la conducta problema propuesta por el terapeuta aparentemente se aleja de las quejas del paciente. Ello no quiere decir que el evaluador haya descubierto «el problema real» o algún problema «más profundo». Únicamente el evaluador se ha creado un modelo de trabajo del funcionamiento del paciente en el que aparecen otros comportamientos, previos en la «cadena causal», de los que dependen las quejas presentadas y que es necesario eliminar, o instaurar para hacer desaparecer las quejas o conseguir las demandas que se hacen.

Algunos autores (Evans, 1985 y Voeltz y Evans, 1983) señalan que pueden distinguirse en terapia de conducta y en evaluación conductual dos enfoques subyacentes: el enfoque mayoritario en la actualidad, centrado en el problema (o «enfoque eliminador», en términos de Goldiamond, 1974), y otro punto de vista, siempre existente pero poco destacado, en el que se defiende que las metas del tratamiento no siempre llegan a coincidir con la traducción operacional en conductas aisladas de las demandas del paciente (enfoque al que, a partir de ahora, llamaremos «enfoque constructivo» o «sistémico» [Goldiamond, 1974, 1984]). En el extremo de este último enfoque cabría situar los intentos por construir positivamente (en contraposición a la eliminación del problema, típico de la visión anterior) una nueva forma de ser y comportarse del paciente, de relacionarse con su medio, e incluso de cambiar el medio, o de cambiar de medio (Goldiamond, 1974; Hawkins, 1986; Kanfer, 1985; Schwartz y Goldiamond, 1975). No se trataría ya, por tanto, de eliminar algo (las conductas problemas), sino de dotar al sujeto de toda una serie de herramientas comportamentales con las que valerse mejor en su vida diaria.

El elegir uno u otro enfoque influye profundamente sobre todas las fases de la evaluación. Desde el punto de vista centrado en las conductas problema, el ideal parece consistir en llegar a una situación de conocimientos tal que permita un acto diagnóstico completo: la clasificación de las conductas problema de tal forma que sea posible la indicación del tratamiento más adecuado (Kanfer y Saslow, 1965, 1969; Pelechano, 1981b), es decir, el tratamiento que elimine el problema a lo largo del tiempo y a través de las situaciones. Desde el punto de vista centrado en la construcción positiva de una nueva forma de comportarse, la generalización a través de las respuestas, de las situaciones y del tiempo cambia de perspectiva. Ya no se trata de que el efecto producido sobre la conducta tratada se generalice a otras conductas, a otros ambientes y que perdure en el tiempo. El objetivo consiste, más bien, en cambiar muchas clases de conductas en muchas situaciones, de tal forma que se automantengan y desencadenen una nueva forma de relacionarse con el ambiente y/o proporcionen posibilidades de acceder a otros ambientes. Se trata, en suma, de cambiar el curso de la vida del sujeto.

Desde el punto de vista centrado en el problema, o enfoque eliminativo y tópico (en contraposición al enfoque constructivo y sistémico) se ha propuesto que, dado el estado actual de la cuestión, los trastornos comportamentales, más que con etiquetas diagnósticas, deben conceptualizarse como excesos o déficit (Kanfer y Saslow, 1969). Para esto se dice que una conducta se puede catalogar como exceso o déficit atendiendo a los parámetros objetivos de frecuencia, duración o intensidad, a que se produzca de forma adecuada o bajo condiciones en las que socialmente se espera que ocurra. Sin embargo, aunque en clínica los parámetros de frecuencia, tasa, duración, latencia y, en menor medida, intensidad pueden ser bastante objetivos, no lo es tanto el «que se produzca de forma *adecuada* o bajo las condiciones en que se espera que ocurra», ya que con frecuencia distintos valoradores sociales poseen ideas diferentes de lo que puede ser adecuado o no, o de lo que debería o no ocurrir, dadas unas determinadas condiciones ambientales. Por otra parte, es obvio que conociendo la frecuencia, la intensidad o la duración de una conducta problemática no se sabe aún si debe catalogarse ésta como exceso o como déficit. Se necesitan para ello, además, normas o criterios acerca de lo que es adecuado o normal, con los que comparar la frecuencia, la duración o la intensidad obtenidas en un caso particular. Catalogarlas de una u otra forma sobre la base de lo que el terapeuta o evaluador conductual considera que es lo normal o adecuado, posiblemente no es más objetivo que catalogarlas como tal o cual entidad nosológica.

Barrios y Hartmann (1986) han señalado que para clasificar de forma objetiva a las conductas problema como excesos o como déficit es necesario disponer, bien de normas estadísticas de actuación del grupo social al que pertenece el sujeto, bien de criterios de ejecución derivados de lo que se propone en el desempeño completo de las tareas o funciones que se analizan o de criterios de bondad de los resultados producidos por dichas tareas o funciones, o bien de criterios de validación social brevemente expresados en la siguiente pregunta propuesta por Barrios y Hartmann (1986): ¿qué expectativas existen, en el medio social que rodea al paciente, acerca de su actuación y de los niveles que debe alcanzar, de tal forma que quede sometido al juego normal de refuerzos en dicho medio?

Ante lo que acaba de decirse en el punto anterior, como es obvio, los criterios contra los que debe contrastarse la bondad del tratamiento son completamente distintos en uno y otro enfoque de la terapia. En el primer caso (enfoque eliminador) se trata de averiguar si la conducta-problema ha desaparecido tras la aplicación del tratamiento y si continúa sin aparecer durante el seguimiento. El mejor punto de comparación en este enfoque es la línea base. En el segundo caso (enfoque constructivo), se trata más bien de contrastar si las herramientas comportamentales proporcionadas al sujeto han orientado su vida diaria por un camino mejor que el truncado por el tratamiento. La valoración, en este último caso, resulta bastante más compleja y supone que se evalúen muchas facetas de la vida del sujeto y, posiblemente, de muchas formas distintas. Desde esta perspectiva, los puntos de comparación son múltiples. Por otra parte, no se trataría de saber cuánto nos hemos alejado de la línea base (multilínea base), sino cuánto nos hemos acercado a los criterios positivamente propuestos. El éxito de los cambios, pues, no se juzgará por la magnitud de la diferencia entre el estado actual y el estado reflejado en la línea base, de manera que cuanto *mayor* sea dicha magnitud, tanto más efectivo habrá sido el tratamiento. La bondad de los cambios vendrá dada, más bien, por la magnitud de la diferencia entre el estado actual y los estados propuestos como metas, de tal forma que cuanto *menor* sea dicha magnitud, tanto mayor habrá sido el éxito del tratamiento.

II.4. *El estudio de los objetivos terapéuticos*

Las conductas meta, o conductas objetivo, constituyen aquella clase de conductas a las que se dirige, o sobre las que se centra la intervención terapéutica (Evans, 1985). Una vez modificadas las conductas objetivo se supone que deben haber quedado igualmente satisfechas las quejas y demandas del paciente (Baer, 1982). Sin embargo, no toda demanda o queja produce una conducta objetivo. Con frecuencia una demanda o queja supone que el terapeuta debe proponer varios puntos sobre los que la terapia debe incidir. Y al revés, en algunas ocasiones se espera poder cubrir varias quejas o demandas con la intervención sobre un único punto.

Aunque suele hablarse de conductas problema y de conductas objetivo, en muchas ocasiones el terapeuta de conducta propone como problemas o como puntos sobre los que debe incidir la terapia, no clases de conductas, sino más bien determinadas condiciones ambientales. Así se hace cuando lo que se ve como problemático no es la conducta del niño, sino más bien la relación entre los padres, o de éstos con el niño, o la disposición de determinados enseres en el hogar, en una residencia o en la clase, o el momento y/o el lugar en el que sucede la conducta, etcétera).

II.4.1. La elección de las conductas meta

Desde un punto de vista centrado en el problema, Nelson y Hayes (1986b) señalan algunas consideraciones que utilizan los terapeutas de conducta para guiarse en la elección de las conductas objetivo y de la secuencia más adecuada en que debe abordarse cada una de ellas. Dichas consideraciones son las siguientes:

1. Deben cambiarse los comportamientos que son física, social o económicamente peligrosos para el paciente o para los que le rodean (Kanfer, 1985).
2. Una conducta es anormal y debe modificarse si es aversiva para el propio sujeto o para otros, bien porque se aparta de lo que se espera del sujeto en ciertas situaciones, bien porque resulta impredecible (Ullman y Krasner, 1969).
3. Se debe cambiar una determinada conducta si así se flexibiliza el repertorio del paciente, de tal forma que se aumenta el bienestar individual y social a largo plazo. Por ejemplo, cuando con la implantación de una nueva conducta o con la eliminación de la actual se maximiza la obtención de reforzadores a largo plazo (Krasner, 1969; Myerson y Hayes, 1978).
4. La conducta a implantar en lugar de la conducta problema debe establecerse en términos positivos y constructivos, en oposición a la visión supresora o negativa. La razón de este consejo reside en la idea de que las conductas positivas, constructivas, tenderán a mantenerse si tienen validez ecológica, en tanto que la eliminación de las conductas negativas puede ser sólo temporal, especialmente si tenían por función, como suele ser el caso, obtener reforzadores que con la eliminación de dichas conductas ahora no se obtienen (Goldiamond, 1974; McFall, 1982; Winett y Winkler, 1972).
5. Deben obtenerse niveles óptimos de funcionamiento, y no sólo niveles medios (Foster y Ritchey, 1979; Van Houten, 1979).
6. Se deben seleccionar para su modificación únicamente aquellas con-

ductas que el contexto continuará manteniendo (Ayllon y Azrin, 1968). Debe entenderse aquí por «contexto» no sólo el entorno físico y social que rodea al paciente, sino también su sistema de valores y creencias, especialmente cuando éstas son consonantes con el medio social en el que se desenvuelve (Kanfer, 1985).

7. Sólo se deben considerar como conductas objetivo aquellas que son susceptibles de ser tratadas, dados los recursos con que cuentan el paciente y el terapeuta y con los medios disponibles en un determinado momento de desarrollo de las técnicas terapéuticas (Kanfer, 1985; Kanfer y Grimm, 1977).

II.4.2. La prioridad en las conductas objetivo

La cuestión acerca de qué conducta objetivo se debe intentar alcanzar en primer lugar se plantea siempre que el problema no es «monosintómatico», es decir, siempre que exista más de una conducta objetivo. En estos casos, la conducta a modificar en primer lugar será:

1. La conducta que resulte más molesta para el paciente o los otros significativos, ya que de esta forma el propio paciente o los otros, como mediadores, estarán más motivados a continuar con el tratamiento si se benefician con la intervención (Tharp y Wetzel, 1969).
2. La conducta más fácil de modificar, ya que los resultados rápidos motivarán al paciente y/o a los otros significativos y los llevarán a esforzarse y a colaborar en los intentos terapéuticos (O'Leary, 1972).
3. La conducta que produzca la máxima generalización de los efectos terapéuticos (Hay, Hay y Nelson, 1977).
4. La primera conducta de la cadena en el caso de que varias conductas constituyan una cadena comportamental (Nelson y Hayes, 1986b).

Estos consejos generales, surgidos del sentido común o de las teorías subyacentes a los modelos conductuales, no parecen universalmente aplicables, excepto en lo que respecta a los puntos tres y cuatro. Así, por ejemplo, puede aducirse con respecto al primer aserto, que cuando se elimina lo más molesto para el paciente o para los otros significativos, existe cierta probabilidad de que se abandone el tratamiento, ya que, habiendo eliminado la conducta más molesta, el coste de seguir con el tratamiento pudiera resultar mayor que el que supondría abandonarlo. Algo semejante puede decirse con respecto a la segunda afirmación. Aunque en algunos casos el elegir una conducta sobre la que los efectos de la intervención sean rápidos puede llevar al sujeto a implicarse más en la terapia, en otros casos puede crearle expectativas de que todo lo que resta es igualmente fácil y rápido, llevándolo a desanimarse, e incluso a abandonar, ante los primeros inconvenientes, dificultades o recaídas.

En nuestra opinión, parece más sensato intervenir en primer lugar (excepto en aquellos casos en que existen conductas peligrosas o muy aversivas para el sujeto o los que lo rodean) sobre aquellos elementos (conductas o factores ambientales) que produzcan un proceso de intervención más rápido, parsimonioso y dotado de efectos más generales. Aunque el análisis de tipo sistémico es mucho más complejo y prolonga el tiempo necesario para realizar la evaluación pretratamiento, pensamos que posiblemente resulte más económico a largo plazo, teniendo en cuenta la duración total del proceso evaluación-tratamiento-valoración de los efectos.

II.5. *Criterios directrices para la elección del tratamiento adecuado*

Se supone, como se ha dicho anteriormente, que la evaluación debe señalar, de alguna manera, cuál es el tratamiento más adecuado. Ello supone que la existencia de un sistema de conocimientos que permita que, conociendo el diagnóstico, se sepa igualmente si existe o no tratamiento y, en el caso de que lo haya, cuál es el apropiado.

Nelson (1984) y Nelson y Hayes (1986b) han propuesto que las estrategias principales para elegir tratamiento pueden agruparse en tres categorías clasificatorias: el análisis funcional, la estrategia de la conducta clave *(«keystone behavior»)* y la estrategia diagnóstica. A estas tres estrategias de actuación posiblemente pueda añadirse una más, denominada «estrategia de la guía teórica».

II.5.1. La estrategia del análisis funcional

El análisis funcional es la estrategia clásica en terapia de conducta para unir evaluación y tratamiento, esto es, para derivar el tratamiento adecuado a partir de los datos de la evaluación.

Con frecuencia, sin embargo, el análisis funcional, fiel a sus orígenes dentro de las teorías operantes, ha sido un análisis funcional operante y, con más frecuencia aún, se ha venido haciendo en exclusiva cuando lo que se pretendía era la eliminación de conductas problema. En estos casos, como repetidamente se ha señalado, el estudio de las conductas problema debe realizarse mediante un cuidadoso análisis topográfico, al que sigue el análisis funcional propiamente dicho.

Cuando de lo que se trata no es de la eliminación de alguna conducta problema, sino más bien de la creación de nuevas conductas en el repertorio del paciente, parece ser que el análisis funcional no se realiza con el mismo esmero, limitándose, en la mayoría de los casos, a exponer de forma gruesa en qué debe consistir la conducta a implantar, pero prescindiendo de definirla en términos de los mismos parámetros de frecuencia, intensidad, duración, etc., empleados en otras ocasiones. De la misma forma, el análisis de los estímulos ambientales que deben evocar y mantener la conducta a implantar ha consistido, más en señalar qué estímulos se van a emplear durante la fase de tratamiento que en prever qué estímulos deberán provocar y mantener la conducta en el medio natural en el que vive el sujeto.

Por otra parte, como han indicado Nelson y Hayes (1986b), el análisis funcional realizado en la clínica con frecuencia ha distado bastante de parecerse al análisis experimental del comportamiento en el que decía basarse, ya que las variables controladoras de la conducta que se proponen son *hipotéticamente* controladoras y no ha habido comprobación previa de que efectivamente controlan la conducta a modificar. En la mayoría de los casos, el tratamiento constituye la única contrastación empírica de las hipótesis funcionales formuladas.

Por último, conviene hacer notar que en algunos casos el análisis funcional (operante) parece resultar bastante irrelevante, especialmente en aquellas ocasiones en las que se ha dado una explicación pavloviana a los problemas.

II.5.2. La estrategia de la conducta clave

Dentro de la evaluación conductual se ha venido desarrollando cada vez con más fuerza una nueva tendencia, que tal como es propuesta por algunos autores (p.ej., Patterson, 1976; Wahler, 1975; Evans, 1985), más que contradecir el análisis funcional clásico, lo complementa. Esta corriente ha venido ganando terreno, especialmente desde la entrada dentro de la modificación de conducta de la terapia cognitiva. La estrategia de la *conducta clave* («keystone behavior») parte del supuesto de que los trastornos conductuales están constituidos por clases de conductas que se interrelacionan en los tres sistemas de respuestas: motor, cognitivo y fisiológico (Evans, 1986). Se supone, igualmente, que el modificar alguna clase de conductas, o algunas conductas de una determinada clase, modifica otras clases o la clase entera. Un ejemplo de ello son las conductas que se conciben como cadenas causales y en las que se espera que el cambio de la primera conducta (conducta clave) cambie toda la cadena.

En palabras de Evans (1986), la estrategia de la conducta clave pretende cambiar una conducta para que ésta cambie otra, y ésta a otra, y así sucesivamente. Por ejemplo, podemos aumentar las habilidades de comunicación para facilitar las relaciones sexuales que, a su vez, disminuirán la depresión, lo que debe reducir la ingesta de bebida. O podemos enseñar estrategias de autocontrol para reducir la impulsividad, de tal forma que aumenten los logros académicos, de manera que mejoren las habilidades y conocimientos básicos que, a su vez, facilitarán las oportunidades laborales.

Desde este punto de vista puede fácilmente concluirse que raramente existe una conducta objetivo de tratamiento que deba elegirse en primer lugar, sino que se extrae de un conjunto de conductas objetivo de más o menos la misma importancia. Este enfoque implica que lo que existe son ciertos puntos de comienzo, anteriores a las conductas objetivo a cambiar, que se eligen por la facilidad o rapidez con que el terapeuta puede modificarlos y por los efectos en cascada que sobre tales conductas objetivo producen.

Como puede apreciarse, pues, en tanto que el análisis funcional pretende descubrir relaciones estímulo-respuesta, la estrategia de la conducta clave intenta descubrir relaciones respuesta-respuesta (Evans, 1985; Kazdin, 1985b).

II.5.3. La estrategia diagnóstica

Aunque en otras ramas de la medicina el diagnóstico suele hacerse en función de los factores etiológicos que causan la enfermedad, en psiquiatría el diagnóstico se basa más bien en la forma, topografía o propiedades estructurales de la conducta, en oposición a sus propiedades funcionales.

A pesar de estas diferencias importantes con los enfoques más usuales en evaluación conductual, la estrategia diagnóstica es encontrada de utilidad por muchos autores de este campo (Nathan, 1981; Taylor, 1983).

Según este enfoque, una vez que se le ha asignado a la persona un diagnóstico determinado, se elegirá el tratamiento que se ha encontrado más efectivo para ese tipo de trastorno, suponiendo que tal tratamiento exista. Así, para la depresión puede aconsejarse la terapia cognitiva de Beck; para las fobias, técnicas de exposición; para el exhibicionismo, sensibilización encubierta, etc.

Posiblemente, como han señalado Nelson y Hayes (1986b), este enfoque esté siendo frecuentemente utilizado por los evaluadores conductuales, aun cuando suela hablarse con más frecuencia de la utilización del análisis funcional. Por ejemplo, los hallazgos de Felton y Nelson (1984) señalan que los evaluadores conductuales concordaban más acerca del tratamiento indicado que acerca de las variables controladoras de las conductas a modificar, lo que desde el punto de vista del análisis funcional resulta poco explicable. Posiblemente, como concluyen Nelson y Hayes (1986b), muchos evaluadores conductuales para elegir el tratamiento, más que el análisis funcional, utilizan estrategias diagnósticas.

II.5.4. La estrategia de la guía teórica

Si se admite, como hace ya casi veinte años propuso Yates (1970), que la terapia de conducta se basa en cualquier teoría o sistema de conocimientos procedentes de la psicología científica, y no únicamente en aquéllos derivados de las teorías del aprendizaje, puede proponerse una cuarta estrategia de diagnóstico a la que podemos denominar «de la guía teórica» y de la que el análisis funcional no es sino un caso concreto.

El procedimiento, brevemente expresado, puede describirse de la siguiente forma: enfrentados con las quejas y demandas del paciente, el terapeuta recurre al arsenal de teorías y conocimientos científicos existentes en busca de un sistema conceptual que verse sobre la región de fenómenos con que se encuentra, de tal forma que le sea posible describirlos con precisión y encontrar estrategias de actuación para pasar de un estado A (coincidente con el que actualmente presenta el paciente) a un estado B (coincidente con las metas últimas propuestas).

Esta parece ser la forma de actuar de algunos autores conductuales. Así, ante algunos problemas de tipo depresivo, pueden llegar a plantearse qué estímulos discriminativos los provocan y qué estímulos reforzantes los mantienen (hipótesis operante de las «ganancias secundarias de los síntomas»), de cara a someter al sujeto a procesos de extinción. En tanto que ante otros casos, en los que las mismas conductas van acompañadas de una extensa pérdida de reforzadores puede recurrir a las hipótesis de Fester (1965), o a la de Lazarus (1968b), en las que se considera que el sujeto está sometido a un programa de extinción de las conductas más adaptativas (y, quizá, a un programa de refuerzo de conductas de evitación). En otras ocasiones, por el contrario, puede pensarse que las quejas y demandas del paciente y sus familiares quedan mejor conceptualizadas desde la visión de Lewinsohn (1974), en la que se propone que el paciente carece de las habilidades necesarias para obtener reforzadores en su medio social habitual; o desde la teoría de la «indefensión aprendida» de Seligman (1975; Abramson, Seligman y Teasdale, 1978), o desde la posición cognitiva de Beck (1979), etc. De este modo, las quejas y demandas planteadas de forma semejante, tras un análisis más detenido, pueden quedar conceptualizadas en una forma distinta y requerir la evaluación de unos u otros contenidos, así como desembocar en uno u otro tipo de tratamiento.

Sobre las ventajas relativas de uno u otro enfoque de elección del tratamiento existen discrepancias entre los distintos autores. Lo que sí parece claro en este momento es que no se justifica la recomendación que hacen algunos de que el análisis funcional debe hacerse de forma rutinaria. En primer lugar, porque en algunos casos puede resultar inútil. En segundo, porque en otros casos, aun cuando no resulte gratuito, la razón coste/beneficio, si se compara con otros procedimientos, no lo hace aconsejable.

Posiblemente, como han señalado algunos autores (Haynes, 1986; Nathan, 1981; Nelson y Hayes, 1986b), en algunas situaciones sea mejor el empleo de una estrategia y en otras el empleo de otra. Así por ejemplo, Nathan (1981) ha propuesto que en los trastornos con una etiología biológica relativamente clara, puede resultar de más utilidad el enfoque diagnóstico. En tanto que el análisis funcional sería más idóneo en los trastornos altamente dependientes del ambiente circundante. Haynes (1986), por su parte, propone que el acercamiento diagnóstico puede resultar preferible al análisis funcional cuando existe, para un determinado tipo de trastorno, un tratamiento que sea suficiente y proporcione una alta probabilidad de éxito (p.ej., la desensibilización sistemática o las técnicas de exposición con las fobias).

II.6. *Evaluación de los resultados del tratamiento*

II.6.1. Razones para realizar una valoración sistemática de los resultados

Existen muchas razones que aconsejan la realización de una valoración sistemática de los resultados de las intervenciones psicológicas (Hayes y Nelson, 1986; Nelson y Hayes, 1986b). Entre las señaladas más frecuentemente se encuentran las siguientes:

1. La calidad del servicio al paciente se mejora, ya que la valoración proporciona información acerca de la magnitud y dirección de los cambios, así como acerca de en qué medida se camina hacia la consecución de las metas últimas del tratamiento, permitiendo con ello la corrección de los fallos o deficiencias que se observen (valoración formativa).
2. Cuando la valoración se realiza tras la terminación de la intervención, bien inmediatamente después de la misma, o bien durante el período de seguimiento, la valoración permite apreciar el grado con el que se han alcanzado las metas últimas del tratamiento y, por tanto, si el tratamiento puede considerarse o no como un éxito, en qué medida lo es y con respecto a qué criterios de los utilizados (valoración normativa).
3. La valoración normativa realizada sobre los procedimientos de intervención nos da seguridad acerca de su calidad y permite diseminar mejor los tratamientos, como productos psicológicos que son, entre sus consumidores: terapeutas, responsables de la administración indirecta de intervenciones psicológicas (gerentes, directores médicos, responsables de salud, etc.), y pacientes (Pelechano, 1980b, 1980c).
4. Por último, la realización de valoraciones sistemáticas y cuidadosamen-

te realizadas hace avanzar las ciencias clínicas y contribuye al aumento de nuestros conocimientos técnicos y aplicados.

II.6.2. Valoración de las metas últimas del tratamiento

Las conductas objetivo, sobre las que se realiza la intervención, habitualmente son escogidas por el terapeuta de conducta, con frecuencia de forma consensuada con el paciente, sobre la base de su consideración como conductas adaptativas; es decir, sobre la base de su adecuación para alcanzar las metas últimas del tratamiento. Éstas se eligen sobre criterios de valores culturales y personales (Wilson y O'Leary, 1980) y para establecerlas en terapia de conducta se debe realizar un contrato, previamente consensuado, entre el terapeuta y el paciente o quien lo representa (Davison y Stuart, 1975; Nelson y Hayes, 1986b).

Desde un punto de vista centrado en las conductas problema, puede pensarse que el establecimiento de las metas últimas de la intervención dependen del paciente o de las personas bajo cuya tutela se encuentra, en el caso de los sujetos incapacitados. Desde un punto de vista sistémico, más amplio, el establecimiento y la valoración de la consecución de las metas últimas puede resultar bastante más complejo. Desde este último punto de vista, el establecimiento del éxito del tratamiento depende de diversos criterios que pueden diferir según los agentes sociales u otras personas significativas que realicen la valoración de los resultados. Esto hace que sea necesario hacer un muestreo de los otros significativos en los distintos ambientes en que se desenvuelve el paciente para establecer cuáles son los criterios de éxito que utilizan. De un ambiente a otro y de un valorador a otro estos criterios pueden diferir, tal como se ha puesto de manifiesto en algunas obras relacionadas con la valoración de programas de intervención (p.ej., Stufflebeam y Shinkfield, 1987). Así los criterios empleados para valorar una misma actuación difieren dependiendo del sexo, la edad o el «rol» del que actúa (McFall, 1982). De la misma forma, los criterios con los que se valora la adecuación de una determinada actuación pueden ser muy distintos, según quién sea el que la valora.

Así, parece simplista suponer que la adecuación del cambio depende única y exclusivamente del grado de cambio que se ha producido con respecto a la línea base y de la dirección del mismo. Una misma magnitud de cambio en determinada dirección puede ser valorada como muy relevante y adecuada, o irrelevante y contraproducente, según los criterios de adecuación que utilicen los agentes sociales que se toman como jueces.

II.6.3. Procedimientos de valoración de los resultados

Puede decirse que existen dos formas fundamentales de valorar los resultados del tratamiento: con respecto a la línea base y con respecto a los objetivos meta o fines últimos de la intervención.

II.6.3.1. *Valoración de los resultados del tratamiento con respecto a la línea base*

La comparación del estado del paciente, en cada una de las conductas elegidas como conducta objeto de intervención, y su situación en las mismas durante la línea base es propia de los acercamientos centrados en el problema, y más que una valoración de la mejoría o eficacia supone una valoración del impacto del tratamiento.

La diferencia entre los valores actuales y los valores de las mismas variables durante la línea base proporcionan una medida de la magnitud y dirección del cambio producido entre uno y otro momento. Si el diseño según el que se ha llevado a cabo el tratamiento resulta metodológicamente adecuado, puede concluirse además que dicho cambio probablemente ha sido debido a la manipulación o intervención realizada. Sin embargo, no siempre es posible, emplear en la práctica clínica diseños metodológicamente apropiados que permitan concluir, con un alto grado de seguridad, que ha sido el tratamiento aplicado y no algún otro factor el responsable de los cambios producidos.

La comparación de los valores actuales en las variables elegidas con sus valores en la línea base a lo más que llega es a mostrar que se ha producido cambio en la dirección esperada, pero no que dicho cambio sea altamente relevante.

II.6.3.2. *Valoración de los resultados de la intervención por comparación con las metas últimas del tratamiento*

Como acabamos de manifestar, quizá no interesa tanto la magnitud del cambio como su relevancia clínica y social. Sin embargo, la relevancia clínica no se extrae de la comparación del estado actual con el estado durante la línea base, sino de la comparación del estado actual con los objetivos meta previamente fijados. Cuanto mayor es la coincidencia del estado producido por el tratamiento con los objetivos meta propuestos, tanta mayor relevancia clínica posee el cambio operado. El criterio de bondad que, según parece, conviene utilizar no es la significación estadística de las diferencias pre y postratamiento, o entre el grupo control y el experimental, sino la concordancia entre el estado producido tras el tratamiento y el estado que se deseaba conseguir, así como la estabilidad temporal del estado alcanzado. Es esta estabilidad la que asegura que el nuevo estado no es una fluctuación azarosa. Por otra parte, la concordancia entre el estado deseado y el estado conseguido asegura que el cambio no es despreciable, que es clínicamente relevante, sea o no estadísticamente significativo.

En nuestra opinión, pues, la línea base es de utilidad para establecer si se ha de emprender o no algún tipo de intervención y para calcular la magnitud del cambio producido tras el tratamiento. En ningún caso para juzgar acerca del éxito de dicho cambio, dando por supuesto que se haya producido.

Si el comportamiento que el sujeto manifiesta en el estado conseguido concuerda con los comportamientos del universo (o universos) definido como meta y el estado instaurado perdura, el terapeuta dirá que el tratamiento ha tenido éxito, ya que se ha logrado la meta que se buscaba. Esto, obviamente, supone que los universos definidos como metas, así como el muestreo realizado de cara a la evaluación de los mismos, se han elegido con cuidado, habiéndose incluido qué conductas deberá manifestar el sujeto, qué conductas no deberá manifestar, en qué situaciones deberán aparecer y en cuáles no..., así como qué criterios de adecuación va a emplear el propio paciente y los distintos agentes sociales que van a valorar los resultados alcanzados. De esta forma, más que una medida del cambio o impacto de la intervención realizada, se obtienen diferentes valoraciones de la adecuación, bondad o éxito del cambio logrado.

III. LECTURAS PARA PROFUNDIZAR

Barrios, B. A., «On the changing nature of behavioral assessment», en A. S. Bellack y M. Hersen (comps.), *Behavioral assessment: a practical handbook*, 3.ª ed., Nueva York, Pergamon Press, 1988.

Egan, G., *The skilled helper*, 3.ª ed., Pacific Grove, Calif., Brooks/Cole, 1986.

Fernández Ballesteros, R. y Carrobles, J. A. I. (comps.), *Evaluación conductual: metodología y aplicaciones*, 3.ª ed., Madrid, Pirámide, 1986.

Goldfried, M. R., «Behavioral assessment: an overview», en A. S. Bellack, M. Hersen y A. E. Kazdin (comps.), *International handbook of behavior modification and therapy*, Nueva York, Plenum Press, 1982.

Kanfer, F. y Schefft, B., *Guiding the process of therapeutic change*, Champaign, Ill., Research Press, 1988.

Nelson, R. O. y Hayes, S. C. (comps.), *Conceptual foundations of behavioral assessment*, Nueva York, Guilford Press, 1986.

6. EVALUACIÓN CONDUCTUAL Y EVALUACIÓN TRADICIONAL: LA CUESTIÓN PSICOMÉTRICA

FERNANDO SILVA Y CARMEN MARTORELL

I. INTRODUCCIÓN

Este capítulo se inserta en el problema de las relaciones entre la novel disciplina de la *evaluación conductual* —nacida durante el desarrollo de la modificación y terapia de conducta— y lo que, desde esa disciplina, se ha venido llamando (en verdad, de manera algo despectiva) «evaluación» o «diagnóstico tradicional». Es evidente que, en sus comienzos, la evaluación conductual se autodefinió de forma antitética, frente a la evaluación tradicional, siguiendo con ello la tendencia usual de una nueva disciplina, de proponerse antitéticamente en relación con otras que la han precedido dentro de un mismo ámbito de acción (p.ej., Goldfried y Pomeranz, 1968; Mischel, 1968). Sin embargo, lo que es menos comprensible es que en una etapa como la actual, más avanzada, de la evaluación conductual, resurja con fuerza y de manera polémica, el problema de sus relaciones con la evaluación tradicional. Así lo atestiguan, no obstante, muchos trabajos tanto presentados en reuniones científicas como publicados en libros y revistas especializadas (p.ej., Barrios, 1988; Barrios y Hartmann, 1986; Cone, 1981, 1986, 1988; Nelson y Hayes, 1986b).

Antes de introducirnos de forma sistemática en este problema, y deseando acotarlo de modo más preciso, deben decirse algunas palabras acerca del concepto de evaluación conductual.

II. CONCEPTO DE EVALUACIÓN CONDUCTUAL

Intentar aclarar ciertos aspectos del concepto de evaluación conductual en la actualidad no constituye solamente una cuestión de elegancia expositiva. Al contrario, de él se desgrana en realidad todo lo que seguirá a continuación. Observamos que a la expresión «evaluación conductual» —históricamente tardía— se le reconoce hoy un carácter comprehensivo que recoge anteriores expresiones tales como la de diagnóstico conductual y (al menos en parte)

Universidad Complutense de Madrid (España) y Universidad de Valencia (España), respectivamente.

análisis conductual aplicado. Asimismo, y siguiendo a la gran mayoría de los autores, incluimos el análisis funcional de conducta dentro de la evaluación conductual y, a saber, como su tarea central en tanto evaluación de pretratamiento: realizar una exploración que permita formular hipótesis acerca de enlaces funcionales entre las variables de respuesta objeto de estudio y aquellas que, según determinados procesos psicológicos que implican aprendizaje, las determinarían.

La historia más reciente de la evaluación conductual habla claramente a favor de una *fuerte expansión* o ampliación, tanto en un sentido teórico como metodológico y aplicado (Strosahl y Linehan, 1986). Así, por ejemplo, el concepto de conducta abarca los tres sistemas de respuesta propuestos por Lang (1968), donde el sistema cognitivoverbal nos abre, al menos en la opinión de la gran mayoría de los autores, a acontecimientos «encubiertos»; en buenas cuentas, subjetivos. El objeto tanto de estudio como de intervención —la llamada conducta meta o *«target behavior»*— ya no es considerado de forma puntual (Wahler y Fox, 1981; Evans, 1986). Existe cada vez más la tendencia a una aproximación sindromática que acerca a los evaluadores conductuales a los esfuerzos taxonómicos de la psicopatología actual (p.ej., Hersen y Bellack, 1988b). Esto conlleva una mayor atención a las relaciones R-R, no ya tan sólo de utilidad en el capítulo de los efectos de generalización, sino también en el momento de formular hipótesis explicativas (R=S–R), lo que se extiende hasta hacer que algunos autores vean la necesidad de reintroducir el concepto de *personalidad* (reinterpretado a su vez conductualmente) (Staats, 1986). Asimismo, la vertiente estimular es vista con mayor amplitud que antaño, dejándose ver la clara influencia de la psicología ambiental, que ha hecho a los evaluadores conductuales más sensibles a la consideración de influencias mediatas, tanto del ambiente sobre la conducta, como de la conducta sobre el ambiente, abriéndose por lo tanto a la consideración de períodos temporales más dilatados (Martens y Witt, 1988). Todo esto, en fin, ha hecho necesaria la apertura a modelos explicativos de la conducta quizás complementarios, pero distintos de los clásicos y que implican procesos mediacionales, así como una importante apertura respecto a los recursos instrumentales, lo que implica una revaloración de técnicas de entrevista, de autoobservación y de autoinforme (Hersen y Bellack, 1988a).

Naturalmente, esta fuerte expansión de la evaluación conductual ha puesto en peligro su identidad. Hay autores que dicen que no hay una evaluación conductual, sino muchas (Cone, 1986). Se han suscitado polémicas y posiciones encontradas entre los evaluadores conductuales, coexistiendo de manera casi «esquizofrénica» planteamientos muy diferentes. Para decirlo con palabras de R. O. Nelson (1983), ha terminado definitivamente el período de «luna de miel» de los años setenta.

Ahora bien, aunque sin duda existen cuestiones conceptuales de fondo y será seguramente allí donde, en definitiva, se resuelva el problema, es en el plano *metodológico* donde, en estos momentos, la polémica es más candente. Baste señalar, como ejemplo, que la obra más importante de la última década en evaluación conductual —el libro *Conceptual foundations of behavioral assessment* dirigido por Nelson y Hayes (1986a)— trata menos de cuestiones estrictamente conceptuales y más de cuestiones metodológicas.

Detenernos en ello nos ayudará a precisar nuestro campo de indagación. Esa polémica entre evaluación conductual y tradicional de la que hablábamos al comienzo y que se ha reavivado recientemente dentro de la primera, toma la forma más concreta de una discusión en torno a la *integración o al rechazo de los principios psicométricos,* de los fundamentos que hacen posible la evaluación psicométrica y de los criterios psicométricos que han de orientar la recopilación de información así como de valorar la calidad de la misma. Tal cuestión, que se plantea desde que los evaluadores conductuales toman conciencia de la necesidad de asegurar la calidad de la información recogida a través de sus estrategias e instrumentos de recopilación de información, acapara ahora buena parte de su atención. La mayoría de los autores están en pro de una integración entre evaluación conductual y principios y criterios psicométricos (aunque a menudo «con reparos»). Sin embargo, un grupo influyente donde sobresalen J. D. Cone y R. O. Nelson, ha tomado al respecto una postura de claro rechazo. Para ellos, el modelo conductual y el modelo psicométrico diferirían, fundamental y de forma resumida, en tres vertientes (Hayes, Nelson y Jarret, 1986): a) la de algunos supuestos acerca del comportamiento (supuestos de consistencia y estabilidad en el enfoque psicométrico, que no son compartidos por el enfoque conductual), b) la del nivel de análisis (grupal *versus* individual), y c) la de los modelos de causalidad (causalidad estructural intrasujeto *versus* causalidad funcional ambiente-sujeto). Todo esto conlleva, en mayor o menor medida, un rechazo de las interpretaciones nomotéticas y normativas, así como de los criterios psicométricos de fiabilidad, validez y utilidad. Con ello tienden a subrayarse y agudizarse las diferencias entre «las dos disciplinas de la psicología científica» de que hablaba Cronbach (1957), el distanciamiento entre distintas aproximaciones a la evaluación psicológica que podría llevar, según la no velada amenaza de Cone (1981), a una total escisión.

Tocaremos ahora solamente algunas cuestiones relacionadas con los criterios psicométricos de fiabilidad, validez y utilidad.

III. FIABILIDAD, VALIDEZ Y UTILIDAD

III.1. *Fiabilidad*

Comencemos con la cuestión de la *fiabilidad* en evaluación conductual. Es muy posible que la crítica más extendida de los evaluadores conductuales al enfoque psicométrico se concentre en los supuestos de consistencia y estabilidad de la conducta que la interpretación clásica de la fiabilidad lleva consigo (Mischel, 1968). Sin embargo, el pensamiento psicométrico ha evolucionado ya lo bastante como para dejar claro que el núcleo de la teoría de la fiabilidad, es decir, la teoría del error de medición, no tiene por qué estar necesariamente atado a supuestos, por así decirlo, ontológicos sobre el comportamiento; ni a una pretendida consistencia, ni a una pretendida estabilidad, ni a ningún otro supuesto. Así por ejemplo, Raven, ya en el año 1966, dejaba bien en claro que la estabilidad temporal (que técnicamente se conoce como fiabilidad test-retest) *no es* deseable, si se supone que se está intentando medir conductas cambiantes a través del tiempo, y Cattell (1986) viene proponiendo insistentemente la exclusión de la estabilidad temporal del concepto de fiabilidad. Por otra parte, la necesidad de la consistencia interna de los instrumentos viene siendo también repetidamente cuestionada en la vertiente psicométrica. Franzen (1989) resume la idea central al respecto: «el grado de fiabilidad de consistencia interna varía según la homogeneidad teórica del constructo que el test mide» (p. 25). Estabilidad y consistencia dependen, pues, de cuestiones más sustantivas que abordaremos próximamente, y no tienen por qué ser vistas como requisitos *a priori* de la calidad de un instrumento.

Hoy en día, y recogiendo el sentir de muchos evaluadores de la vertiente psicométrica, los problemas de fiabilidad son vistos, de forma pragmática y más realista, como problemas de «generalizabilidad» de las mediciones (para emplear el neologismo introducido por Cronbach y cols., 1963, 1972). Lo esencial reside en qué faceta es en la que interesa generalizar, y hasta qué punto. Asimismo, interpretar los problemas de fiabilidad como problemas de generalizabilidad nos ayuda a diluir los límites entre los conceptos de fiabilidad y validez en su acepción tradicional. Con ello nos damos cuenta de que, previo a todo planteamiento concreto sobre la posibilidad de generalización de la medida a través de una faceta determinada, está la cuestión acerca de la definición de la conducta a medir y de si nuestros instrumentos dan efectivamente cuenta de ella; para ponerlo en términos clásicos, la cuestión acerca de si efectivamente estamos midiendo aquello que pretendemos medir, todo ello y sólo ello, es decir, la cuestión acerca de la validez. No es otra cosa lo que algunos evaluadores conductuales pretenden con la introducción del concepto de «precisión» *(«accuracy»)* (Cone, 1981; Jonhston y Pennypacker, 1980; Kazdin, 1977), que a primera vista podría parecer nuevo y que, en realidad, parece conllevar el peligro de un verdadero retroceso en la teoría de la calidad de la medida (Barrios, 1988; Silva, 1989).

III.2. *Validez*

Al entrar, pues, en la cuestión de la *validez*, no pasamos de un tema a otro, como se pasa de un lugar a otro diferente; más bien profundizamos en la misma cuestión de intentar desentrañar lo que esencialmente significa evaluar, según el pensamiento psicométrico, y su eventual vigencia en evaluación conductual. Pero en la medida en que este enfoque ha significado realmente una evolución del propio pensamiento psicométrico, que no parece haber estado presente en etapas anteriores, consideramos necesario detenernos brevemente en dos aspectos de la concepción más actualizada de la validez. Manteniéndose fiel a la definición clásica, la teoría psicométrica ha dado un paso hacia adelante al insistir en que la validez se refiere, no a las puntuaciones o datos en sí mismo, sino a las *inferencias* que se hagan a partir de ellos bajo determinadas circunstancias (Cronbach, 1971; Vernon, 1964). Asimismo, se insiste en que el concepto de validez es esencialmente *unitario* (Anastasi, 1986; Landy, 1986; Messick, 1980, 1989), en que debemos evitar en adelante hablar de «tipos» o «clases» de validez (al menos en su sentido psicométrico) y referirnos más bien a tipos o clases de evidencia, a énfasis determinados en determinadas aplicaciones. Conservemos, sin embargo, la trilogía clásica «validez criterial», «validez de contenido», «validez de constructo», sólo con fines expositivos, para discutir su eventual vigencia en evaluación conductual.

En cuanto a la *validez criterial*, debemos ante todo subrayar el aporte de la evaluación conductual al esfuerzo por aproximar las variables predictoras a las variables de criterio. Sin embargo, esto no significa, como pretenden algunos autores (Cone, 1988; Hayes, Nelson y Jarret, 1986; Hersen, 1976), que los problemas de validez criterial tiendan a «desaparecer» de la evaluación conductual. Al contrario, subsisten en la medida en que no sea posible prescindir de una estimación indirecta de las variables criteriales —lo que ocurre con extraordinaria frecuencia—; también cobran mayor importancia en la medida en que la consideración de las variables criteriales mismas se ha hecho, como veíamos al principio, más molar y, en fin, mantiene plena vigencia la pregunta central que da sentido al concepto de validez criterial, es decir, la de predecir, dadas determinadas características de los sujetos y determinados programas de tratamiento, los resultados de estos últimos. A algunos autores puede haberles engañado la apariencia, por así decirlo, «camuflada» de los tratamientos que se relacionan típicamente con los estudios psicométricos de validez criterial (cuando se predice, por ejemplo, un determinado rendimiento académico o laboral). Sin embargo, desde hace ya tiempo Cronbach (1957) ha subrayado que el problema esencial de la predicción es el de encontrar el cruce óptimo Aptitud x Tratamiento, dando a este último término una acepción amplia en la que cabe tanto un programa terapéutico como una determinada planificación escolar o un determinado puesto de trabajo (Cronbach y Gleser, 1965).

Si entre algunos evaluadores conductuales ha existido resistencia respecto a la aplicación del concepto de validez criterial en su disciplina, el concepto de *validez de contenido* ha gozado, en cambio, de aceptación general. Se ha llegado a sugerir que el único criterio psicométrico que tiene vigencia en evaluación conductual sería el de la validez de contenido (Goldfried y Linehan, 1977; Linehan, 1980).

A la gran popularidad con que la validez de contenido goza entre los evaluadores conductuales, ha colaborado sin duda su estrecha relación con lo que se denomina un «enfoque de muestras» *(sample approach)* al comportamiento. En efecto, los evaluadores conductuales se identifican con esta aproximación rechazando, a la vez, lo que se denomina un «enfoque de signos» *(sign approach),* que sería propio de una concepción tradicional de la conducta, en el sentido de estar determinada por entidades intrapsíquicas, no observables ni contrastables —de una concepción de la conducta que es típica, ya sea de un enfoque psicodinámico, ya sea de una psicología de rasgos. Sin embargo, existe aquí un pertinaz malentendido que nos obliga a tratar este punto con mayor detalle.

Goldfried y Kent (1972), que ayudaron significativamente a popularizar esta distinción entre aproximación a signos y a muestras entre los evaluadores conductuales, nos remiten a la fuente original: el libro de Goodenough de 1949. No obstante, sorprende observar que autores como Cronbach (1984) o Wiggins (1973), citando también el mismo trabajo de Goodenough, vean las cosas de manera distinta. Así, por ejemplo, se identifica al enfoque de signos con la aproximación actuarial, que es esencialmente empírica y nada inclinada a referencias intrapsíquicas, a la vez que se afirma que la perspectiva de la psicología de rasgos participa más bien de una aproximación muestral que de una aproximación de signos (Cronbach, 1984). No queda, pues, más remedio que regresar a Goodenough (1949).

La autora introduce la distinción entre signo y muestra cuando, al hablar de técnicas proyectivas, nos dice que debe tomarse un enfoque distinto del que en su libro se estaba tomando hasta ese momento. Cuando se trataba de instrumentos psicométricos de inteligencia *y de personalidad* (autoinfomes sobre intereses, sentimientos, creencias, etc.), se recogían *muestras* de comportamientos que «se suponen representativos de áreas más amplias de habilidades, conductas o afirmaciones de las que presumiblemente se han extraído las muestras» (Goodenough, 1949, p. 83). En las técnicas proyectivas, en cambio, se ve al comportamiento como signo, ya que «es inherente a la naturaleza de la misma de un signo que sus características aparentes no se asemejen necesariamente a la cosa significada» *(ibid).*

Lo anterior nos hace ya adivinar que los rasgos estarán más cerca de un enfoque de muestras, y el enfoque de signos, en cambio, se encontrará dentro de los problemas de *predicción* (véase *ibid,* p. 100). Sólo tras estas observaciones puede entenderse el cuadro comparativo que ofrece la autora entre lo que llama el «método de muestras» y el «método de signos», en el cual, si no estuviese escrito por ella misma, muchos dirían que se han cambiado los encabezamientos... Lo reproducimos textualmente (Goodenough, 1949, p. 100):

	MÉTODO DE MUESTRAS	MÉTODO DE SIGNOS
Definición del universo	Predefinido	Emergente
Límites del universo	Arbitrario	Empírico
Designación del universo	Usualmente un nombre abstracto	Conductual en términos de probabilidad
Interpretación de la terminología	Varía en mayor o menor grado con diferentes investigadores	Comparativamente uniforme

¿Qué mejor caracterización de un enfoque de rasgos que el que la determinación del universo esté predefinida, que sus límites sean arbitrarios, que se trabaje usualmente con nombres abstractos y que la interpretación de la terminología suela variar de un investigador a otro? Pues bien, esto es lo que caracteriza al «método de muestras». En cambio, el «método de signos» aparece como más empírico, objetivo y ligado a lo conductual. Así pues, cuando ubica Goodenough a las técnicas proyectivas dentro del enfoque de signos *no es,* como podría pensarse, por la frecuente referencia a entidades intrapsíquicas, sino porque tanto el estímulo como la respuesta al test son *topográficamente diferentes* de aquéllas que, a través del test, se pretende predecir. En realidad, no hay en Goodenough ninguna referencia a constructos hipotéticos, entidades intrapsíquicas, estados internos, rasgos subyacentes que causan y explican la conducta, o cosas por el estilo. El «método de signos» se mueve en el ámbito de lo que posteriormente se llamará la validez criterial, subrayando a la vez su obligado carácter empírico.

Nos vemos, pues, obligados a dar la razón a Wiggins y a Cronbach, y no a Goldfried y Kent y a tantos otros autores, en la interpretación que hacen de la distinción de Goodenough entre orientación a muestras y orientación a signos. Goldfried y Kent (1972) no parecen inspirarse en Goodenough —a quien citan— sino, por ejemplo, en Mischel (1968), quien en distintos lugares de su libro apunta a la distinción signos-muestras que se atribuye erróneamente a esa autora. En realidad, sólo queda en pie, de la distinción original de Goodenough, que en el caso de la orientación a muestras se trata de ceñirse lo más posible a un tipo determinado de conductas. Nada más.

Pero si nos volvemos a centrar en la importancia dada el concepto de validez de contenido, la cuestión resulta también algo paradójica. Cuando parecíamos encontrar al menos un punto de unión en el que había total acuerdo entre los autores de la vertiente conductual respecto a los criterios psicométricos, ocurre que se nos escurre de entre las manos. ¿Por qué? Porque la aproximación psicométrica está francamente en vías de abandonar el concepto de validez de contenido. En efecto, diversos autores han señalado ya desde hace tiempo su debilidad (Fitzpatrick, 1983; Guion, 1977; Loevinger, 1957; Messick, 1975; Tenopyr, 1977). Pero tampoco se trataría aquí de descubrir cómo el único eslabón firme entre evaluación conductual y psicométrica se rompe. Los evaluadores de la aproximación psicométrica abandonan el *concepto* de validez de contenido, pero no los *problemas* tradicionalmente tratados en torno a él. Lo que ocurre es que, en su mayoría, parecen estar mejor conceptualizados si se les enfoca a través del concepto de validez de constructo (véase, por ejemplo, la recapitulación de Messick, 1989).

La *validez de constructo* ha pasado a ser, sin lugar a dudas, el capítulo más importante dentro del tema de la validez, puesto que los conceptos de «validez» y «validez de constructo» han terminado por confundirse (Anastasi, 1986; Cronbach, 1980; Guion, 1977; Hogan y Nicholson, 1988; Loevinger, 1957; Messick, 1975, 1980, 1989). Para comprender esto hemos debido dar antes dos pasos indispensables. Uno estaba en la evolución del concepto mismo de validez: en la medida en que ésta se estima en función de la calidad de las inferencias que se hacen a partir de los datos obtenidos, identificar los conceptos de validez y validez de constructo significa, en buenas cuentas, que se reclama para tales inferencias un soporte teoricoconceptual cuya carencia durante muchos años ha ido en claro detrimento del psicodiagnóstico como disciplina científica a la vez que aplicada (p.ej., Anastasi, 1967). El otro paso ha consistido en reinterpretar los problemas de validez criterial, por un lado, y de validez de contenido, por otro, como problemas de validez de constructo (Anastasi, 1986). En el caso de la validez criterial, esto se logra al preguntar por los fundamentos teoricoconductuales que justifican la predicción y guían sus pasos, más allá de un empirismo ciego. Así, las relaciones entre predictores y criterios son vistas dentro de una «red nomológica» donde se relacionan elementos observables entre sí, elementos observables y conceptos, y conceptos entre sí, tal como ocurre en cualquier teoría científica. En el caso de la validez de contenido, se trata de darnos cuenta de que, cuando en ella se habla de «universo de contenidos» y de «muestra representativa» de los mismos, se debe recurrir necesariamente a conceptos que los fundamenten, les den sentido y marquen sus límites (Drenth, 1969; Silva, 1982).

Para poder discutir la cuestión de la vigencia de la validez de constructo (es decir, hoy en día, de la validez psicométrica sin más) en evaluación conductual, se debe no sólo hacer las aclaraciones precedentes, sino precisar también qué se ha de entender por constructo y por validez de constructo. Así, hay que insistir en que a la noción de constructo, es decir, de concepto inserto en el quehacer científico, no se le debe adscribir ninguna pretensión «materializadora» (Loevinger, 1957; Messick, 1981). El estatus de los constructos es esencialmente epistemológico, y no metafísico; el constructo es un medio de conocimiento; no es una entidad que soporta, o «está detrás» de la conducta, sino «delante» de ella, entre la conducta y el científico que la estudia, siendo su función ayudar a la hora de su descripción y de su explicación. Por ello, los constructos no deben ser, ni nunca han sido, postulados como desligados del dato empírico (Cronbach y Kirk, 1976; Cronbach y Meehl, 1955). Al contrario, los constructos, y la validación del constructo, han sido vistos por los autores como indisolublemente ligados a la evidencia empírica; su tarea original está en potenciar la predicción, y su valor se juzga por su utilidad (Loevinger, 1959; Nunnally y Durham, 1975). Dentro del necesario rigor que implica la cientificidad, se manifiesta a la vez en la validación de constructo toda la libertad de que debe gozar el científico y, en particular, el científico aplicado: no existen límites respecto a las estrategias, procedimientos, instrumentos y tipos de datos potencialmente útiles en una validación de constructo y ella, a la vez, se interpreta como un proceso siempre inacabado, perfectible, en el cual se puede progresar y del cual ninguna información, dato o coeficiente puntual, da completa razón (Anastasi, 1986; Cronbach, 1971; Messick, 1989). En buenas cuentas, la validación de constructo o, repetimos, la validación sin más desde el punto de vista psicométrico, se identifica con el proceso de formulación y contrastación de hipótesis científicas —es decir, de hipótesis teóricamente mediadas— en el campo de la evaluación psicológica (Cronbach y Meehl, 1985). El trayecto que lleva desde la elaboración del concepto de validez de constructo a principios de los años cincuenta, hasta su identificación con el concepto de validez que ha quedado firmemente establecido más recientemente, no ha significado otra cosa que un esfuerzo por reinsertar a la evaluación psicológica que ha de servirle siempre de soporte y de inspiración.

Con lo dicho hasta aquí, que es, creemos, reflejo fiel del desarrollo del pensamiento psicométrico, las frecuentes críticas que se han hecho desde la evaluación conductual a la validez de constructo quedan desvirtuadas. Tales críticas se han centrado sobre todo en ver a los constructos en una perspectiva «materialista» o sustancialista (Cone, 1976, 1978, 1979; Goldfried y Kent,

1972; Mischel, 1968) que ninguno de los autores importantes en el desarrollo de tal concepto ha defendido. Tampoco debe tenerse de los constructos, necesariamente, una visión estática; más bien al contrario, se viene insistiendo cada vez más en la necesidad de centrar la indagación en el campo de los procesos que dan cuenta de la génesis y de la modificación del comportamiento (Cronbach, 1984). Por otra parte, se ha señalado con frecuencia que en evaluación conductual puede prescindirse de los constructos, puesto que en ella se trabaja con conductas muy concretas (p.ej., Fiske, 1979; Goldfried y Kent, 1972). Sin embargo, y además de que, sobre todo en sus desarrollos más actuales, parece imposible que en evaluación conductual puede prescindirse de la categorización conceptual del comportamiento (a lo que Skinner nunca se ha opuesto...), *el problema del grado de abstracción en la descripción del comportamiento es, en relación con la validación de constructo, por así decirlo, secundario.* El momento fundamental en el que interviene la validación de constructo en evaluación conductual es el de construir hipótesis explicativas acerca de la génesis, mantenimiento o modificación de una conducta en función de determinados procesos de aprendizaje; es decir, el momento de intentar un análisis funcional de conducta. Dicho en forma más simple, *el proceso diagnóstico conocido como análisis funcional de conducta es un proceso de validación de constructo* (Silva, 1978, 1989).

III.3. *Utilidad*

Pero los evaluadores conductuales no se han planteado solamente cuestiones relacionadas con la calidad o «bondad» de la evaluación, sino también, y últimamente cada vez con más fuerza, cuestiones relativas a la *utilidad* de la misma. Es nuevamente el grupo de Nelson el que se ha ocupado con más detenimiento de esta cuestión, a través de su concepto de «validez de tratamiento» (Nelson y Hayes, 1979a, 1979b, 1981, 1986b), que últimamente han rebautizado como «utilidad de tratamiento» (Hayes, Nelson y Jarrett, 1986, 1987; Nelson, 1988). La pregunta más general es, en sus propias palabras, la siguiente:«¿Mejora esta evaluación los resultados del tratamiento?». Tal pregunta puede formularse, asimismo y de forma más concreta, respecto a cada componente del proceso de evaluación y también puede plantearse teniendo como punto de comparación o bien la ausencia de toda evaluación (evaluación conductual *versus* no evaluación) o bien, lo que es más realista, otra aproximación evaluativa (por ejemplo, comparar la eficacia de la aproximación conductual en relación con la aproximación taxonómica).

Esta compleja cuestión de la utilidad de tratamiento comienza en los últimos años a atraer la atención de los evaluadores de conducta (más allá de observaciones, por desgracia aisladas, que han existido siempre) y no podemos sino aplaudir que así sea (p.ej., Ciminero, 1977; Hartmann, Roper y Bradford, 1979; Hayes, 1983; Mash, 1979). En efecto, la pregunta por la utilidad nos parece, en una disciplina aplicada como es aquella con la cual estamos tratando, de importancia capital. Ahora bien, también en este capítulo se observa que algunos autores (Hayes, Nelson y Jarrett, 1986, 1987) se esfuerzan por desligar la «utilidad de tratamiento» de la aproximación psicométrica, en dos sentidos: por una parte, postulando que aquélla es independiente de los criterios psicométricos de calidad (fiabilidad, validez) y, por otra, postulando que el concepto de «utilidad de tratamiento» es diferente del concepto psicométrico de utilidad (que está inserto a su vez en la interpretación psicométrica de la evaluación como un proceso de toma de decisiones).

Nos ha parecido grave intentar desligar la utilidad de tratamiento de los criterios de calidad de la medición, puesto que ésta es otra vía para terminar por caer en un empirismo ciego. Por ello, nos inclinamos decididamente a ver el concepto de utilidad —tal como ocurre, por lo demás, en la aproximación psicométrica— como distinto, pero necesariamente ligado a los criterios de calidad (Cronbach y Gleser, 1965; Wiggins, 1973). Asimismo, el intento de distinguir la utilidad de tratamiento del concepto psicométrico de utilidad nos parece fallido; aquí surge nuevamente el error frecuente de algunos evaluadores conductuales, de no interpretar de forma adecuada la teoría psicométrica. Al contrario, defendemos que el concepto psicométrico de utilidad puede ayudar a aclarar algunas cuestiones todavía confusas en el concepto de utilidad de tratamiento (así, por ejemplo, si la utilidad de tratamiento se trata o no de un problema de coste/beneficio). El problema de la utilidad de la evaluación —es decir, del valor relativo de cada resultado, respecto a otros resultados posibles— es, en realidad, común a las aproximaciones conductual y psicométrica.

Con todo lo dicho hasta ahora, nuestra conclusión respecto a la pregunta, «¿integración o escisión entre evaluación conductual y evaluación psicométrica?», es clara y rotunda: *integración*. No es difícil descubrir cómo los evaluadores conductuales ayudan con importantes aportes que son de alcance general, y que se ven desvirtuados cuando aparecen intentos separatistas, exclusivistas. Asimismo, son evidentes los aportes de la aproximación psicométrica a la evaluación conductual, *a condición* de que los conceptos psicométricos se interpreten correctamente y se tomen en cuenta sus desarrollos más recientes. Por otra parte, la integración nos parece no sólo conveniente, sino necesaria. Concebida toda evaluación psicológica como un proceso siempre renovado, siempre en parte inédito, que debe llevar consigo el diseño de su propia validación y abocado a la común tarea de predecir los mejores resultados posibles en relación con determinados comportamientos de un sujeto (o grupo de sujetos) sometido o enfrentado a una determinada constelación estimular, es difícil, por no decir imposible, suponer que ello se logrará sin el concurso tanto de una aproximación descriptivocorrelacional como de una aproximación manipulativoexperimental. En nuestra opinión, la evaluación conductual debe ser considerada dentro de un contexto más amplio (McReynolds, 1986; Mischel, 1988), donde a la vez su aporte pueda dar los mayores frutos. Con ello no hacemos sino alinearnos con quienes piensan que en evaluación psicológica, tal como en otras disciplinas aplicadas, sólo una integración de «las dos disciplinas de la psicología científica», la correlacional y la experimental, hará posible dar una respuesta adecuada a las preguntas que la sociedad nos plantea.

IV. LECTURAS PARA PROFUNDIZAR

Fernández-Ballesteros, R. y Carrobles, J. A. I. (comps.), *Evaluación conductual: metodología y aplicaciones*, 3.ª ed., Madrid, Pirámide, 1986.

Messick, S., «Validity», en R. L. Lynn (comp.), *Educational measurement*, 3.ª ed., Nueva York, American Council of Education y MacMillan Publishing Company, 1989.

Nelson, R. O. y Hayes, S. C. (comps.), *Conceptual foundations of behavioral assessment*, Nueva York, Guilford Press, 1986.

Silva, F., «El análisis funcional de conducta como disciplina diagnóstica», *Análisis y Modificación de Conducta*, 4, 1978, pp. 28-55.

Silva, F., *Evaluación conductual y criterios psicométricos*, Madrid, Pirámide, 1989.

7. LA GENERALIZACIÓN Y EL MANTENIMIENTO DE LOS EFECTOS DEL TRATAMIENTO

MICHAEL A. MILAN Y Z. PETER MITCHELL

I. INTRODUCCIÓN

Las técnicas y los procedimientos surgidos de los principios del aprendizaje han mostrado, de manera convincente, su potencial para modificar la conducta humana. Estas técnicas, incluidas con frecuencia bajo los rótulos de «análisis aplicado de la conducta», «modificación de conducta» o «terapia de conducta» (ejemplificados, a su vez, por revistas como *Journal of Applied Behavior Analysis* [Revista de Análisis Aplicado de la Conducta], *Behavior Modification* [Modificación de Conducta] y *Behaviour Research and Therapy* [Investigación y Terapia de Conducta], se han utilizado con éxito en el tratamiento de un impresionante conjunto de trastornos psicológicos experimentados por una sorprendente variedad de poblaciones de pacientes. A pesar de su comprobada eficacia, el enfoque conductual no se ha librado de las críticas, tanto de los psicólogos conductuales como de los no conductuales. Una crítica frecuente ha sido que los resultados de las intervenciones conductuales, siendo tan beneficiosos, pueden estar limitados con respecto al lugar y al tiempo (p.ej., O'Leary y O'Leary, 1976). Expresado de forma más técnica, las críticas plantean las cuestiones del mantenimiento de los efectos del tratamiento a lo largo del tiempo y de la generalización de esos efectos a lugares diferentes a aquellos en los que se ha desarrollado el tratamiento.

La crítica de que los efectos del tratamiento puedan no generalizarse al, y mantenerse en el, «mundo real», a menudo se plantea como si fuera un problema exclusivo del enfoque conductual. Éste no es exactamente el caso y, como se verá en este capítulo, la crítica puede ser más relevante para los enfoques no conductuales que para el enfoque conductual. Por ejemplo, en los Estados Unidos, donde la terapia y modificación de conducta está lejos de ser la forma más común de tratamiento psiquiátrico, un conocido problema es lo que se denomina la «puerta giratoria» del hospital psiquiátrico. Carson, Butcher y Coleman (1988), por ejemplo, informan que hasta un 45%

Los autores expresan su agradecimiento a Kevin Baldwin por la ayuda prestada en la realización de este capítulo.

Georgia State University (EE UU) y Mitchell and Associates, Nueva York (EE UU), respectivamente.

de los pacientes dados de alta en los hospitales psiquiátricos son readmitidos antes de un año. Realmente, el planteamiento de que no se puede esperar que se mantengan con el tiempo o que se generalicen a través de las situaciones los efectos del tratamiento, salvo si se programan dichos resultados, está presente en los diseños de investigación de línea base múltiple que pueden emplearse para evaluar los efectos de intervenciones conductuales y no conductuales (Barlow y Hersen, 1984).

La investigación conductual inicial estaba preocupada, fundamentalmente, en desarrollar y redefinir procedimientos de tratamiento clínicamente significativos. Como consecuencia, se prestó poca atención a la generalización y mantenimiento de los efectos de aquellos procedimientos que se encontraban más allá de los «laboratorios naturales» como las salas de clase, las instituciones y las prisiones, en donde se llevaba a cabo la investigación. Sólo cuando Hayes, Rincover y Solnick (1980) revisaron el área de la generalización y el mantenimiento, en los primeros ocho volúmenes de la *Journal of Applied Behavior Analysis,* los psicólogos conductuales volvieron su mirada hacia estos fenómenos. Hayes y cols. encontraron que sólo el 19,3% de los artículos aparecidos a lo largo de los volúmenes 1-4 (1968-1971) abordaban la generalización y el mantenimiento. En los siguientes cuatro volúmenes (1972-1975), los estudios que incluían el mantenimiento y la generalización aumentaban al 24,8% de los artículos publicados. Basándose en estos datos, Hayes y cols. consideraron que el mantenimiento y la generalización del cambio de conducta eran los dos problemas más importantes con los que se enfrentaba el análisis aplicado de la conducta en los años ochenta.

Antes de embarcarnos en una amplia discusión sobre la generalización y el mantenimiento, debería señalarse que, hasta hace poco, estos dos aspectos no se distinguían claramente como conceptos separados. Baer, Wolf y Risley (1968), por ejemplo, incluyeron el mantenimiento bajo el rótulo de la generalización, en su influyente discusión sobre las dimensiones importantes del análisis aplicado de la conducta. Sin embargo, Koegel y Rincover (1977) proporcionaron una demostración experimental de que los dos son fenómenos independientes. En ese estudio, se enseñaba a tres niños autistas a que siguieran una serie de instrucciones en una sala de terapia. Los resultados indicaron que la conducta de dos de los niños se generalizaba a lugares externos a la sala de terapia, mientras que no sucedía así con la del tercero. No obstante, los niveles de «seguimiento de instrucciones» disminuían rápidamente en los lugares fuera de la sala de terapia, indicando una falta de mantenimiento de la conducta generalizada. Debido a que se podían medir, de forma separada, los déficit en la generalización y en el mantenimiento, se concluyó que los dos eran procesos diferentes.

No sólo existe ahora una distinción entre la *generalización* y el *mantenimiento,* sino que también se da una distinción adicional entre dos tipos de generalización. Esta distinción se hace entre la generalización del estímulo y la generalización de la respuesta. La *generalización del estímulo* tiene lugar cuando el paciente lleva a cabo la conducta aprendida en lugares diferentes a aquellos en los que se le ha enseñado la conducta. La *generalización de la respuesta* ocurre cuando el paciente lleva a cabo conductas similares, pero no idénticas, a aquellas que se le han enseñado durante el curso del tratamiento. En la práctica real, la generalización del estímulo, la generalización de la respuesta y el mantenimiento constituyen los resultados deseados en la mayoría de los programas de tratamiento. Es decir, los pacientes llevan a cabo variaciones apropiadas de las conductas que han adquirido (generalización de la respuesta) como adecuadas a las demandas únicas de las distintas situaciones en las que se desenvuelven (generalización del estímulo), después de la terminación del tratamiento (mantenimiento).

Stokes y Baer (1977) evaluaron los estudios conductuales iniciales sobre la generalización y el mantenimiento y clasificaron las estrategias que se habían utilizado en esos estudios. Se dieron cuenta de que los investigadores se habían preocupado principalmente por procedimientos de discriminación y que se consideraba que la generalización no era nada más que el resultado del fracaso del paciente para discriminar entre situaciones diferentes. Desde el punto de vista de Stokes y Baer, esto fomentaba una conceptualización «pasiva» sobre la generalización del cambio de conducta, mientras que las dificultades que se encontraban en la terapia sugerían claramente que se debería perseguir activamente la generalización.

Stokes y Baer (1977) identificaron un total de nueve estrategias para mejorar la generalización: Entrenar y Esperar, Modificación Secuencial, Programación de Estímulos Comunes, Generalización Mediada, Entrenar en Generalización, Entrenar Muestras Suficientes, Entrenar de Forma no Estructurada, Introducción a las Contingencias Naturales de Mantenimiento y Contingencias no Discriminables. Sin embargo, se ha cuestionado el grado en el que las nueve estrategias representan realmente principios diferentes. Kirby y Bickell (1988), por ejemplo, señalaron que el Entrenar en Generalización, el Entrenar Muestras Suficientes y el Entrenar de Forma no Estructurada son lógicamente idénticas. Además, señalan que el grueso de las nueve estrategias representan variaciones de procedimientos del *control del estímulo* y del *reforzamiento* que, por sí mismo, constituye un ingrediente importante del entrenamiento en el control del estímulo.

II. MANTENIMIENTO Y GENERALIZACIÓN NATURALES

A pesar de las cuestiones planteadas sobre el sistema de clasificación de Stokes y Baer (1977), su trabajo representa uno de los primeros y más influyentes intentos de sistematizar la literatura sobre la generalización y el mantenimiento y por esta razón se describirá aquí. Sin embargo, la primera de las nueve estrategias, denominada *«Entrenar y Esperar»* por Stokes y Baer, no puede ser considerada una verdadera estrategia de generalización. En esta estrategia, se comprueba el mantenimiento y la generalización, naturales o espontáneos, de los efectos del tratamiento, pero no se emplean procedimientos especiales para fomentar su ocurrencia. Antes de repasar las restantes ocho estrategias verdaderas de mantenimiento y generalización señaladas por Stokes y Baer, se examinarán algunos de los datos que demuestran la eficacia ocasional de la estrategia «Entrenar y Esperar». Estos datos proporcionan indicios que plantean las condiciones bajo las cuales la estrategia puede ser eficaz.

Un ejemplo de mantenimiento, por lo menos a corto plazo, a pesar de la ausencia de una programación orientada a lograrlo, lo proporcionan Jones, Kazdin y Haney (1981a). Emplearon un paquete complejo desarrollado para enseñar habilidades para escapar del fuego a cinco niños provenientes del gueto (edades 8-9) que no conocían dichas habilidades. Los niños aprendieron una secuencia determinada de respuestas en cada una de las distintas situaciones, que permitía un escape seguro. Se registraron mejorías significativas de las habilidades de los niños inmediatamente después de terminar el entrenamiento y en un período de seguimiento de dos semanas. Un seguimiento a los cinco meses encontró un mantenimiento mínimo de estas habilidades (Jones, Kazdin y Haney, 1981b), debido, quizás, a que no hubo oportunidades de practicar la conducta durante ese período de cinco meses.

Forehand, Sturgis, McMahon, Aguar, Wells y Breiner (1979) demostraron un mantenimiento considerable de los efectos del tratamiento bajo condiciones de «Entrenar y Esperar». Estos investigadores trabajaron con diez díadas madre-hijo, remitidas para tratamiento a causa de la falta de adherencia al mismo por parte de los niños. Un programa de entrenamiento, en dos fases, enseñó a las madres a reforzar la conducta de sus hijos, a emplear peticiones apropiadas en vez de órdenes o amenazas y a emplear procedimientos de Tiempo Fuera de manera adecuada. Las observaciones en casa y los cuestionarios pasados a los padres indicaban cambios positivos, tanto en la conducta de los niños como en las percepciones de los padres sobre sus hijos. Estas mejoras se mantenían en seguimientos a los 6 y a los 12 meses.

Más recientemente, Milan, Mitchell, Berger y Pierson (1982) desarrollaron y enseñaron a los padres un programa de encadenamiento y desvanecimiento conocido como «hábitos positivos», como alternativa a los programas de extinción usados habitualmente para la eliminación de las pataletas que tienen lugar a la hora de irse a acostar. Los hábitos positivos tuvieron éxito en la eliminación de las pataletas a la hora de acostarse. Además, los hábitos positivos no provocaban los largos períodos de pataletas que normalmente ocurren en los programas de extinción y que, frecuentemente, dan como resultado el prematuro abandono del programa por parte de los cuidadores. Aunque no estaba incluido en el programa ningún componente de mantenimiento, un seguimiento al año indicó que todos los niños seguían sin tener pataletas a la hora de irse a la cama.

Un último ejemplo de éxito con la estrategia «Entrenar y Esperar» lo proporcionan Berkowitz, Sherry y Davis (1971), que emplearon un procedimiento de guía manual para enseñar a 14 niños profundamente retrasados (edades de 9 a 17) a comer. La guía manual se fue eliminando luego de forma gradual. Todos los niños aprendieron a comer en dos meses. Hay que subrayar que 10 de los 14 niños continuaban sabiendo comer a los 3 años una vez acabado el entrenamiento, sin una programación adicional.

Los estudios descritos anteriormente muestran que la estrategia de «Entrenar y Esperar» es eficaz, a veces, para producir mantenimiento y/o generalización. Sin embargo, los estudios son atípicos, porque la mayoría de los estudios que utilizan la estrategia de «Entrenar y Esperar» informan, normalmente, de un completo o casi completo fracaso para generalizar o mantener las beneficios iniciales. No obstante, el éxito ocasional de la estrategia «Entrenar y Esperar» proporciona ciertas aclaraciones sobre las condiciones que fomentarán la generalización y el mantenimiento.

II.1. *La trampa conductual*

Gran parte de la generalización y el mantenimiento observados bajo las condiciones de «Entrenar y Esperar» puede atribuirse a la «trampa conductual» (Baer y Wolf, 1970). Se dice que la conducta se encuentra atrapada cuando, una vez que se ha emitido, obtiene reforzamientos naturales tan consistentes y potentes, que se convierte en un poderoso componente del repertorio conductual del paciente. En las clases, por ejemplo, el profesor y muchos de los niños proporcionan numerosas oportunidades para el refuerzo social de la conducta correcta. Esto parecería constituir la clase de contingencias naturales que Baer y Wolf contemplaban como una trampa conductual. Si esto es así, el conseguir el apoyo (o por lo menos el evitar la resistencia) de las personas significativas del ambiente, puede ser una ayuda válida para la programación de la generalización y el mantenimiento.

Una segunda explicación de la generalización y el mantenimiento de algunas conductas es que, una vez adquiridas, las conductas mismas son directamente («intrínsecamente») reforzantes. Por ejemplo, las habilidades de comer recién aprendidas pueden dar como resultado que, de forma inmediata, los sujetos puedan comer trozos de tamaño apropiado a un ritmo apropiado. De igual manera, el no vivir con los propios excrementos puede ser negativamente reforzante para el sujeto encoprético tratado con éxito. Por consiguiente, la trampa conductual puede llevar a efectos duraderos de tratamiento, sin haberse incluido una programación específica de la generalización o el mantenimiento en el programa de tratamiento. No obstante, el éxito de la estrategia «Entrenar y Esperar» requiere un conjunto fortuito de circunstancias que puede que no existan en el ambiente natural de la mayoría de nuestros clientes. Por consiguiente, en la mayoría de los programas de tratamiento es necesario incluir procedimientos para la generalización y el mantenimiento.

III. LA PROGRAMACIÓN DE LA GENERALIZACIÓN Y EL MANTENIMIENTO

Como se ha señalado previamente, ocho de las nueve estrategias identificadas por Stokes y Baer (1977) se diseñan para fomentar, de manera activa, la generalización del estímulo, la generalización de la respuesta y el mantenimiento. Realmente, gran parte de las ocho estrategias fomentan una o ambas formas de generalización y mantenimiento, mostrando las dificultades que existen en la práctica cuando se realizan intentos para separar estos tres procesos. Sin embargo, haremos un intento para clasificar las ocho estrategias en función de su efecto más importante.

III.1. *Generalización del estímulo*

Cuatro de las restantes ocho estrategias propuestas por Stokes y Baer (1977) parecen centrarse o enfatizar la generalización del estímulo. La primera de ellas es la *Modificación Secuencial.* Esta estrategia se emplea a menudo cuando falla la de «Entrenar y Esperar» en la producción de la generalización del estímulo. En esta estrategia, los procedimientos de tratamiento se repiten en las circunstancias o en los lugares en los que se tiene que dar la generalización, con el fin de extender los efectos de la intervención. Uno de los primeros ejemplos de esta estrategia lo proporcionan Kale, Kaye, Whelan y Hopkins (1968), que tuvieron éxito en hacer que pacientes esquizofrénicos, cuya conducta verbal era muda, hablasen con extraños, por medio de la inclusión de una sucesión de miembros del personal hospitalario en el programa de tratamiento, hasta que se produjo la generalización del estímulo requerida.

La segunda estrategia, el *Programar Estímulos Comunes,* es una aplicación del entrenamiento en el control del estímulo, un procedimiento conductual sobre el que se ha investigado mucho. En esta estrategia, los estímulos más importantes están presentes en los lugares de entrenamiento y en los de generalización. Lo que se espera es que los estímulos comunes establezcan la ocasión para la misma conducta en ambos tipos de lugares. Ejemplos de estímulos potencialmente eficaces incluyen a la gente, materiales académicos o simples objetos caseros. El empleo del control del estímulo se discutirá con detalle en un apartado posterior de este capítulo.

La tercera estrategia de Stokes y Baer (1977) implica el enseñar una conducta mediadora designada para aumentar la probabilidad de que los pacientes pongan en práctica la conducta que es el centro del tratamiento, en la variedad de situaciones en que se requiere dicha conducta. Esto se denomina *Generalización Mediada.* La aplicación más común de esta estrategia es el lenguaje. Israel (1978), por ejemplo, ha resumido una buena cantidad de investigación en la que los investigadores reforzaban la correspondencia entre la conducta verbal y la posterior conducta no verbal de los pacientes o, en otras palabras, decir qué se hará y luego hacerlo. Israel alega que ese «entrenamiento en asociación» ayuda a los pacientes a desarrollar sus propias señales verbales en ausencia de estímulos externos que establezcan la ocasión para una conducta determinada. Las estrategias mediacionales son un componente importante de los procedimientos de autocontrol, que también se discutirán en un apartado posterior de este capítulo.

La cuarta estrategia se conoce como *Entrenamiento en Generalización* y consiste en el entrenamiento directo de la generalización del estímulo. Stokes y Baer (1977) alegan que la generalización se puede considerar como cualquier otra respuesta operante y que, por consiguiente, se pueden reforzar muestras de ella. Un ejemplo de sentido común de este método lo ofrecen Stokes y Baer, al plantear la idea de un profesor que urge a los estudiantes, después de aprender un ejemplo de un principio general, a que «consideren» otros ejemplos como la «misma cosa» y que requieren la misma respuesta. La misma clase de enfoque podría aplicarse a los problemas de la generalización de la respuesta, en donde se podría animar a los estudiantes a que «considerasen» respuestas alternativas que pudieran emplearse para vérselas con la «misma cosa».

III.2. *Generalización de la respuesta*

Las estrategias quinta y sexta de Stokes y Baer (1977) parecen enfatizar la generalización de la respuesta. La quinta estrategia, el *Entrenar Muestras Suficientes*, implica el enseñar tantos ejemplos de una clase de respuesta como sean necesarios para que ocurran otros ejemplos no entrenados de dicha clase de respuesta. Si la definición de esta estrategia de generalización parece ser ambigua, puede ser porque el procedimiento real y el número de ejemplos están determinados por las características de las conductas y por la naturaleza del repertorio del paciente. Como señalaron Stokes y Baer (1977), la palabra clave es «suficiente», puesto que el propósito de la estrategia es emplear procedimientos económicos (cuantos menos ejemplos sean necesarios enseñar para lograr la generalización, tanto mejor es la técnica). Parece que el Entrenar Muestras Suficientes requiere una habilidad y una planificación substanciales por parte del terapeuta.

Stokes y Baer (1977) describen la sexta estrategia como *Entrenar de Forma no Estructurada.* Se ha empleado más frecuentemente para fomentar la generalización de la respuesta, pero también puede ser eficaz para ayudar a la generalización del estímulo. Ambas cosas pueden lograrse programando variaciones en las situaciones o circunstancias a las que tiene que responder el paciente y alentando la variabilidad, dentro de límites aceptables, de las respuestas del paciente. Supuestamente, el Entrenar de Forma no Estructurada aumenta la capacidad del paciente para responder a situaciones nuevas, al igual que amplía también el repertorio de respuestas del paciente, de modo que las respuestas sean apropiadas a esas nuevas situaciones. La estrategia no se ha discutido con detalle en la literatura, quizás porque parece ser incompatible con las exigencias de la investigación experimental. Hartmann y Atkinson (1973) han comentado esos conflictos aparentes entre el psicólogo conductista como clínico y como investigador.

III.3. *El mantenimiento*

Las dos últimas estrategias de Stokes y Baer (1977) parecen tener un efecto fundamental sobre el mantenimiento de los efectos del tratamiento a lo largo del tiempo. La séptima estrategia, denominada *Introducción a las Contingencias Naturales de Mantenimiento,* subraya la necesidad de tener en cuenta los factores culturales, étnicos y otros similares, cuando se desarrolla un plan de tratamiento. En esta estrategia, se tiene cuidado de asegurarse que la nueva conducta es apropiada para las contingencias de reforzamiento del ambiente natural del paciente, de modo que dicha conducta obtenga reforzamiento en ese ambiente. Como se señaló anteriormente, la conducta que obtiene un reforzamiento poderoso del ambiente natural es más probable que quede «atrapada» y sea mantenida por ese ambiente.

En su octava estrategia, Stokes y Baer (1977) defienden el uso de las *Contingencias No Discriminables.* El objetivo de la estrategia consiste en hacer que las contingencias de reforzamiento, en las situaciones de entrenamiento y de generalización o mantenimiento, sean tan poco discriminables como se pueda lograr, con el fin de mantener la conducta. El ejemplo más conocido de Contingencias No Discriminables es el programa de reforzamiento intermitente (Ferster y Skinner, 1957), que es eficaz para producir una respuesta duradera a lo largo del tiempo y durante los períodos de extinción. De modo similar, Stokes y Baer sugieren que las Contingencias No Discriminables pueden aplicarse tanto a lugares físicos como al tiempo.

Aunque Stokes y Baer (1977) identificaron ocho estrategias reales de generalización y mantenimiento, una revisión de la literatura sugiere que han sido cinco los enfoques generales de generalización y mantenimiento que han recibido la mayor parte de la atención de la comunidad conductual. Dichos enfoques se solapan con las estrategias identificadas por Stokes y Baer, pero van más allá, en el sentido de que representan una tecnología en desarrollo de la generalización y el mantenimiento. Los cinco enfoques consisten en: 1) atenuación de las consecuencias reforzantes (como el cambiar del reforzamiento continuo al intermitente); 2) entrenamiento de agentes naturales para el cambio, como son los padres en la continuación del programa; 3) utilización del control del estímulo (como estímulos discriminativos eficaces, incluyendo a determinadas personas); 4) transferencia gradual del control de la conducta a los participantes, a través de procedimientos de autocontrol; y 5) entrenamiento de los pacientes en la prevención de recaídas.

III.4. *Atenuación de las consecuencias reforzantes*

La *atenuación de las consecuencias reforzantes* se refiere a cambios graduales en el programa o en la manera en que se dispensan los reforzadores establecidos, de modo que las consecuencias naturales puedan lograr el control de la conducta. Un ejemplo habitual de esta estrategia implica el cambiar gradualmente del reforzamiento continuo al reforzamiento intermitente y luego del reforzamiento intermitente al no reforzamiento. Una clara aplicación del principio de que «el reforzamiento intermitente mejora la resistencia a la extinción» lo proporcionaron Kazdin y Polster (1973). En un taller protegido, dos hombres moderadamente deficientes, que eran considerados socialmente aislados, recibieron, de forma continua, fichas de reforzamiento por interactuar con los iguales. La interacción aumentó en los dos hombres. Se dejaron de entregar las fichas y la tasa de interacciones disminuyó rápidamente a los niveles de la línea base. Kazdin y Polster reintrodujeron luego el reforzamiento por fichas, según un programa de reforzamiento continuo, para un sujeto, y según un programa de reforzamiento intermitente para el segundo sujeto. Se dejaron de entregar las fichas una segunda vez. El número medio de interacciones disminuyó otra vez rápidamente para el primer hombre, pero permaneció en niveles elevados para el segundo hombre, demostrando, por consiguiente, el efecto mantenedor del reforzamiento intermitente.

Reisinger (1972) empleó una estrategia similar para preparar a una mujer de 20 años, que mostraba un síndrome de «ansiedad-depresión», a abandonar un hospital psiquiátrico y volver a su comunidad. Un programa de economía de fichas modificado tuvo éxito para superar sus problemas de ansiedad y depresión en el hospital. Las fichas se retiraron entonces de una manera gradual, mientras se empleaban procedimientos de reforzamiento social para mantener los beneficios del tratamiento. El desvanecimiento de las consecuencias artificiales, que eran necesarias para tratar su problema y la transferencia a un tipo de reforzamiento más natural, con el fin de mantener los efectos del tratamiento, iban dirigidos específicamente al mantenimiento de las conductas en la comunidad. Reisinger informó que la paciente estaba funcionando bien 14 meses después de haber obtenido el alta.

En un estudio más detallado sobre los efectos de la atenuación del reforzamiento sobre el mantenimiento, Greenwood, Hops, Delquadri y Guild (1974) enseñaron, en primer lugar, conductas de clase apropiadas, a niños de tres diferentes clases, por medio del uso de reglas, retroalimentación y consecuencias para el paciente y el grupo (una agradable actividad de grupo). Una vez que se alcanzaron niveles deseables de conducta apropiada (por lo menos el 80%), Greenwood y cols. programaron el mantenimiento haciendo que los estudiantes trabajasen para conseguir unas consecuencias de grupo cada vez más demoradas. Primero, los niños tenían que comportarse apropiadamente el 80% de cada sesión en 2 de 3 días, luego en 3 de 4, luego en 4 de 6 y así progresivamente, hasta alcanzar una demora de 11 sesiones antes de poder participar en la actividad de grupo. Los datos referentes al seguimiento se recogieron tres semanas después de terminarse todos los procedimientos del programa. Los niveles de conducta apropiada se mantenían, a los niveles del entrenamiento, en las tres clases.

Koegel y Rincover (1977) estudiaron dos factores que afectaban a la duración conductual en seis niños autistas. Se empleó un programa de refuerzo continuo para enseñar a todos los niños a imitar y seguir las instrucciones en una clase especial. Algunos niños siguieron recibiendo reforzamiento sobre la base de un programa de refuerzo continuo, mientras que otros se pusieron bajo programas de refuerzo intermitentes (RF 2 ó RF 5), todo ello en la clase especial. El propósito del programa intermitente era aumentar la similitud de la clase especial y de la clase regular en la que pasaban la mayor parte del día. Cuando tuvo lugar la generalización a la clase regular, los mejores resultados se obtenían con el programa de reforzamiento más amplio (RF 5).

El que el reforzamiento intermitente mantenga la conducta de forma más efectiva que el reforzamiento continuo ha sido ampliamente documentado en la investigación animal (p.ej., Ferster y Skinner, 1957). No es sorprendente, por consiguiente, que se obtengan resultados similares en las investigaciones con seres humanos. En algunas de las investigaciones citadas en este apartado, el reforzamiento intermitente solo mantenía las conductas deseadas; en otras, el reforzamiento intermitente se combinaba con una transferencia de los refuerzos artificiales, como las fichas, a los refuerzos naturales, como la alabanza. Algunos investigadores comenzaron el tratamiento con un paquete complejo y luego, gradualmente, eliminaron algunos o todos los componentes. Aunque existen algunas diferencias en los procedimientos utilizados por estos investigadores, el denominador común es que en cada caso el tratamiento empezó con una relativamente alta tasa de reforzamiento y fue reemplazada gradualmente por una tasa más baja. Dado el éxito informado en estos estudios, está claro que esta estrategia es una de las más poderosas de que disponemos y debería ser considerada de forma habitual cuando las condiciones bajo las que se administra el tratamiento lo permitan.

III.5. *Entrenamiento de los agentes naturales de cambio*

Los *agentes naturales de cambio* pueden definirse como aquellas personas que pertenecen de forma natural y están de modo relativamente permanente en el lugar en el que tienen que ocurrir los cambios de conducta. Los profesores y los compañeros de clase en la escuela, los padres y los esposos en casa, los hermanos y los amigos en la comunidad, y los supervisores y los compañeros laborales en el trabajo, son agentes de cambio potenciales que se encuentran disponibles para llevar a cabo o apoyar los procedimientos de tratamiento en el ambiente natural del paciente específico. Walker y Buckley (1972) evaluaron los efectos de tres diferentes estrategias de mantenimiento que implicaban agentes de cambio naturales actuando sobre la conducta escolar de niños que habían participado en un programa de economía de fichas. La economía de fichas, que tuvo lugar en una clase distinta, corrigió de manera eficaz la conducta de 44 niños y niñas, de 3° a 6° grado [1], remitidos por sus problemas académicos y de ajuste. Los sujetos se asignaron a tres procedimientos de mantenimiento que implicaban agentes de cambio naturales, o a un grupo de control sin mantenimiento.

El primer procedimiento de mantenimiento consistía en igualar las condiciones estimulares entre la clase con economía de fichas y la clase normal, extendiendo los procedimientos de tratamiento y los materiales que eran eficaces en la clase especial, a la clase normal. En el segundo procedimiento, que se denominó «reprogramación por los iguales», se enseñó a los compañeros de los niños y niñas a alabar la conducta apropiada y a ignorar la conducta inapropiada, y se les reforzaba por hacerlo. La tercera estrategia

[1] Aproximadamente el 1.° grado en los Estados Unidos corresponde al 1.° de EGB en España (alrededor de los 6 años). El tercer y el cuarto grado (unos 8 y 9 años, respectivamente) correspondería, por lo tanto, a 3.° y 4.° de EGB. La etapa que se denomina preescolar en los Estados Unidos abarcaría a los niños de tres y cuatro años. *[Nota del compilador.]*

consistía en el entrenamiento de los profesores en técnicas normales de modificación de conducta, como el reforzamiento y el manejo de las contingencias, y luego se les animaba para que diseñasen su propio programa de mantenimiento basado en lo que habían aprendido. Los datos de mantenimiento de la conducta apropiada se recogieron a lo largo de dos meses. Dos de los procedimientos, el igualar las condiciones estimulares y la reprogramación por los iguales, produjeron un mantenimiento similar entre ellos y significativamente más alto que el grupo control. Sin embargo, no había diferencias significativas entre el entrenamiento de los profesores y el grupo control. En este estudio se resalta la importancia de proporcionar entrenamiento específico en los procedimientos de mantenimiento y luego reforzar a los pacientes conforme llevan a cabo esos procedimientos.

Russo y Koegel (1977) desarrollaron una esmerada intervención, a largo plazo, para adaptar a la vida normal a una niña autista de 5 años muy problemática. La niña mostraba un habla muy inapropiada y frecuentes pataletas. El tratamiento consistía en el reforzamiento con fichas del habla apropiada y de la conducta social, por un terapeuta que trabajaba con la niña durante todo el horario escolar. Durante el curso de tratamiento, se aumentaban gradualmente los requisitos de la respuesta y se eliminaban gradualmente las fichas, remplazándolas por el refuerzo social. Aunque el terapeuta abandonó la clase, se entrenó a los profesores de la niña para que mantuviesen las mejoras conductuales que ella había obtenido. Un seguimiento a los dos años mostró que la niña no tenía problemas importantes y que se había integrado satisfactoriamente en una clase normal. Este caso representa un uso combinado de la atenuación de las consecuencias reforzantes y del entrenamiento de los agentes de cambio naturales, como un medio para mantener la conducta apropiada. Los resultados de esta técnica son especialmente impresionantes cuando se considera la gravedad de los problemas de conducta de la niña.

Halle, Baer y Spradlin (1981) estaban interesados en aumentar y luego mantener el uso del lenguaje en niños con retraso en el desarrollo. Hipotetizaron que adultos bienintencionados podrían evitar que el niño hablase al intervenir verbalmente antes de que el niño pudiera responder. Enseñaron, por consiguiente, a dos profesores de educación especial un «procedimiento de demora», por medio del cual los profesores tenían que ofrecer reforzadores a seis niños con retraso en el lenguaje, pero no tenían que proporcionar el refuerzo hasta que los niños lo pidiesen verbalmente. Durante 10 semanas se llevaron a cabo observaciones sobre el mantenimiento. Los resultados indicaron que un profesor empleaba la técnica de demora con la misma tasa a lo largo del mantenimiento, mientras que el uso del procedimiento por el otro profesor disminuyó de manera continua. La conducta verbal de los niños se mantenía cuando los profesores utilizaban la técnica de modo apropiado, pero desaparecía cuando no lo hacían. Los resultados de este estudio indican que los agentes de cambio naturales pueden ser muy eficaces en el mantenimiento de la conducta. Sin embargo, la naturaleza mezclada de los resultados indica también que la cuestión de cómo se puede mantener la propia conducta de los agentes de cambio a lo largo de una franja de tiempo relativamente larga, es un tema a debatir.

La escasez relativa de estudios sobre el empleo de agentes de cambio naturales puede constituir muy bien un testimonio de las dificultades inherentes a trabajar con estos agentes de cambio con el fin de mantener o generalizar la conducta. Los hallazgos de los estudios citados muestran un cuadro mixto (pero esperanzadoramente desafiante). Parece, por ejemplo, que con nuestro estado actual de conocimiento, es más probable que los beneficios del tratamiento se mantengan cuando los especialistas conductuales continúan con el programa, que cuando se entrena a agentes de cambio naturales y se les anima para que continúen con los procedimientos conductuales, a discreción propia. Sin embargo, cuando el entrenamiento de los agentes de cambio naturales se combina con un programa de reforzamiento por llevar a cabo los programas en los que se ha entrenado a esos agentes de cambio, los resultados son a menudo comparables a aquellos logrados por los especialistas conductuales. Parece que los investigadores conductuales deberían encontrar modos de vigilar y reforzar la conducta de los agentes de cambio naturales, al menos sobre una base periódica. El no hacer esto es probable que produzca disminuciones de las conductas relevantes en los agentes de cambio y, consecuentemente, en las conductas objetivo de los pacientes. La tarea probablemente variará en dificultad, dependiendo de la cantidad de influencia que el investigador conductual tenga sobre un lugar determinado.

III.6. *El empleo del control del estímulo*

El *control del estímulo* es una amplia estrategia por la cual la presencia o ausencia de un estímulo particular o de un complejo de estímulos influye, de modo fiable, sobre si una respuesta o una clase determinada de respuestas tendrá lugar o no. Connis (1979) empleó procedimientos de control del estímulo para mantener la actuación de cuatro personas con incapacidades del desarrollo, después de haber sido entrenadas para realizar trabajos en talleres protegidos. Se necesitó una estrategia de mantenimiento porque los pacientes, una vez que habían sido entrenados, experimentaban dificultades para empezar tareas sin directrices o instrucciones. La estrategia de control del estímulo que empleó Connis consistía en colocar fotografías de conductas relacionadas con el trabajo en la pared que veían cuando entraban en el lugar de trabajo, fotografías que funcionaban como estímulos incitadores para la realización del trabajo. Además, Connis proporcionó a los pacientes papel y lápiz para autorregistrarse la actuación. Ésta mejoró y se mantuvo después de un período de seguimiento de 10 semanas. El estudio mostró cómo un potente estímulo de control, combinado con un procedimiento de autocontrol, puede emplearse para asegurar el mantenimiento de las mejoras del tratamiento.

Otro de los pocos ejemplos con datos sobre el mantenimiento de la conducta de los agentes de cambio naturales es una investigación de Ivancic, Reid, Iwata, Faw y Page (1981), que se centraron en el mantenimiento de la conducta de los agentes de cambio por medio de una estrategia de control del estímulo similar a la anterior. Se entrenó al personal hospitalario, que estaba a cargo del cuidado directo, para que estimulara las vocalizaciones de niños muy deficientes. Se proporcionaba retroalimentación sistemática por medio de reuniones regulares de supervisión y entrenamiento. Además, se colocaban en las paredes *posters* que mostraban a un niño alegre y hablando, como recuerdo constante para el personal hospitalario del propósito de su trabajo. Dicho personal adquirió la conducta de estimulación en el lugar de entrenamiento. Hay que resaltar que dicha conducta se generalizó a un segundo lugar. Ivancic y cols. llevaron luego a cabo un programa de mantenimiento, que era básicamente un modelo de control del estímulo y de desvanecimiento. Continuaban con la supervisión, la retroalimentación y la presencia de *posters,* pero las reuniones se mantenían con una menor frecuencia cada vez (el 19% de los días comparado con el 47% durante el entrenamiento). A lo largo de un período de mantenimiento de 19 semanas, la conducta de estimulación continuaba con la misma tasa.

Ayllon, Kuhlman y Warzak (1982) mostraron el potencial de un objeto importante para facilitar la transferencia de los efectos del entrenamiento. Los participantes eran ocho estudiantes con problemas de conducta, entre 8 y 11 años, que terminaron correctamente tareas de matemáticas y de lectura a niveles casi perfectos en una clase especial. Sin embargo, en sus clases normales terminaron correctamente menos del 60% de sus tareas. En una condición de línea base, Ayllon y cols. instruyeron a los estudiantes para que trajeran un «amuleto de la suerte» (un objeto portátil positivo como una foto, una medalla o una chuchería) a la sala especial, con el fin de que les recordase que tenían que trabajar bien. Se instruyó a cada estudiante para que llevase los amuletos de la suerte a la clase normal de lectura o de matemáticas, con la explicación de que los amuletos les ayudarían también allí. Los datos indicaron que la tasa de precisión de todos los niños mejoró rápidamente hasta niveles excelentes, en las clases normales, después de la introducción de los amuletos. Los autores concluyeron que su enfoque es válido para la generalización de las habilidades académicas o de otras conductas que se encuentran ya en el repertorio de los participantes.

Barton y Ascione (1979) enseñaron a sujetos de preescolar a «compartir», empleando tres enfoques diferentes: instrucción verbal, guía física y una combinación de la instrucción verbal y la guía física. A los niños se les observaba posteriormente durante cuatro semanas, en un lugar diferente, con el objetivo puesto en la generalización y el mantenimiento. Aquellos a los que les había enseñado una combinación de instrucciones físicas y verbales mostraron la generalización y el mantenimiento mayores de la conducta de compartir, pero sólo ligeramente más que los niños a los que se les había enseñado sólo de forma verbal. Los niños a los que se les había enseñado sólo de modo físico no mostraron ni generalización ni mantenimiento. Los resultados duraderos de los dos primeros enfoques tuvieron lugar a pesar de la ausencia de un programa formal para lograr la generalización y el mantenimiento. Parece que los pacientes adoptaron las instrucciones verbales como estímulos verbales producidos por ellos mismos, estímulos que controlaban eficazmente la conducta en los lugares de mantenimiento y generalización.

Se esperaría que un término general como el de «control del estímulo» cubriese un amplio rango de aplicaciones. Realmente, en los estudios revisados en este apartado, los investigadores emplearon procedimientos que tienen entre ellos poco parecido superficial. Sin embargo, un examen más profundo revela que la mayoría se incluye dentro de tres categorías: 1) la presencia de otras personas significativas; 2) la presencia de ciertos objetos o estímulos tangibles; y 3) la colocación de señales visuales en lugares prominentes.

En estudios que implican la presencia de otras personas como factor de generalización o mantenimiento, esas personas (p.ej., profesores, personal hospitalario) se encontraban normalmente en una posición de autoridad con respecto a los pacientes. Muchos de estos investigadores alegan que la presencia de esas otras personas significativas actúan como una señal o estímulo facilitador para las conductas objetivo deseadas. Sin embargo, los profesores, los paraprofesionales, los supervisores de los hospitales, etc. a menudo realizan otras funciones importantes que tienen preferencia sobre la realización de programas conductuales. Cuando sea este el caso, el desvanecimiento gradual de una supervisión muy estrecha a una supervisión más diseminada, una vez que se notan los efectos del tratamiento, o el empleo de iguales en el programa de tratamiento, parecen constituir estrategias eficaces de generalización y mantenimiento. Otra estrategia de generalización o mantenimiento implica el colocar carteles con información relevante o fotografías sobre las conductas de interés, en lugares prominentes. Quizás esto apoya el dicho de que una imagen vale más que mil palabras. En conclusión, el emplear pacientes, objetos o información prominentes, con el fin de mantener o generalizar la conducta, es una auténtica aplicación del control del estímulo, es práctico y tiene una buena relación coste-eficacia. El confiar en los observadores o supervisores humanos no es tan eficaz como una forma de control del estímulo y está marcado por inconvenientes pragmáticos, como es un mayor coste y un mayor esfuerzo.

III.7. *Procedimientos de autocontrol*

Como sugiere el término, el *autocontrol* es un conjunto de procedimientos diseñados para permitir a los pacientes que controlen su propia conducta. Rosenbaum y Drabman (1979) y O'Leary y Dubey (1979) fueron unos de los primeros en abordar los procedimientos de autocontrol, procedimientos que han asumido un papel central en la investigación y en la práctica de la generalización y el mantenimiento. Rosenbaum y Drabman observaron que el propósito del autocontrol es el permitir a los pacientes que controlen tanto como sea posible su propia conducta. Advierten, sin embargo, que las técnicas de autocontrol tienen, como mucho, únicamente efectos modestos, a corto plazo, cuando se utilizan solas. Los mejores resultados se obtienen cuando constituyen componentes de paquetes de tratamiento que también contienen procedimientos de cambios de conducta y contingencias de reforzamiento.

Basándose en la revisión de la literatura que hicieron, Rosenbaum y Drabman (1979) han recomendado que los investigadores incorporen una serie de procedimientos en sus programas de tratamiento:

1. Enseñar a los pacientes alguna forma de autoobservación, de autoevaluación y de autorregistro.
2. Introducir un criterio de «emparejamiento», como el de que las autoevaluaciones de los pacientes sean comparables a las evaluaciones por los profesores o por otras personas significativas.
3. Arreglar la situación para el refuerzo de la conducta deseada.
4. Enseñar a los clientes a autoinstruirse y/o a autorreforzarse para guiar su propia conducta (como lo han ejemplificado Meichenbaum y Goodman, 1971).
5. Transferir gradualmente el control del reforzamiento a los pacientes.
6. Retirar gradualmente las contingencias artificiales cuando se ha demostrado el autocontrol.

Un ejemplo del empleo con éxito de un modelo de autocontrol para mantener la conducta lo proporcionan Broden, Hall y Mitts (1971), que evaluaron los efectos de procedimientos de autorregistro sobre los hábitos de estudio de ocho estudiantes. En un caso, una chica registró su propia conducta de estudio en clase sobre tiras de papel. Esto produjo un aumento del estudio. La eliminación y la reinstauración de las tiras de papel llevó a una disminución y a un aumento, respectivamente, de la conducta de estudio. El profesor alabó luego, ocasionalmente, la conducta de estudio de la chica, lo que mantuvo dicha conducta a un nivel elevado. En un segundo caso, un chico que hablaba excesivamente en clase se autorregistró dicha conducta, después de lo cual la conducta disminuyó. La eliminación y la reinstauración del autorregistro condujo a un aumento y a una disminución de la conducta de hablar, un patrón similar al caso de la chica.

Wood y Flynn (1978) compararon un sistema de fichas autoevaluado con un sistema de fichas externo, administrado por personas adultas, en un lugar residencial para jóvenes predelincuentes. En el sistema administrado por los adultos, los cuidadores de la residencia evaluaban la actuación y recompensaban con puntos a los jóvenes por la conducta correcta. En el sistema autoevaluado, tanto los jóvenes como los cuidadores evaluaban la actuación y los cuidadores recompensaban a los jóvenes con puntos por la conducta correcta cuando las evaluaciones de los jóvenes coincidían con las de los cuidadores. Cuando se dejó de emplear el sistema de puntos, los jóvenes del grupo de la autoevaluación mantenían su conducta con una tasa significativamente mayor que los jóvenes del grupo administrado por adultos.

Frederiksen y Frederiksen (1975) proporcionan un ejemplo de los procedimientos de autocontrol con una población con retraso en el desarrollo. Estos investigadores establecieron un programa de economía de fichas en una clase de educación especial de 14 alumnos de sexto y séptimo grado (CIs entre 50 y 80). Se podían ganar reforzadores de respaldo, como el escuchar discos o echar un pulso, por medio de los puntos recibidos por un elevado porcentaje de conducta dedicada a la tarea y una baja tasa de conducta perturbadora. Inicialmente, el profesor determinaba la tasa de refuerzo. Después de 14 semanas, se permitía a los estudiantes que determinasen ellos mismos la cantidad de refuerzo que tenían que recibir. Esta condición, que estuvo funcionando durante un total de 11 semanas, mantuvo niveles de conducta deseables, aunque los autores señalaron que los estudiantes autoevaluaban su conducta de un modo algo más indulgente que los profesores.

Bornstein y Quevillon (1976) utilizaron un paquete de autoinstrucciones, en una clase especial, para enseñar conducta relevante a las tareas de clase a tres niños de 4 años, hiperactivos. El entrenamiento se basó en el modelo de autocontrol de Meichenbaum y Goodman (1971), en el que un profesor o entrenador modela primero una tarea, luego ayuda al niño con instrucciones y, gradualmente, permite que el niño realice la tarea de forma cada vez más independiente. Se lograron excelentes resultados en el aumento de la conducta relevante a las tareas de clase, en una sala experimental. Después de volver a su clase normal, los niños continuaron con una alta tasa de conducta relevante a las tareas, durante 20 semanas.

Bornstein y Quevillon (1976) atribuyeron el mantenimiento y la generalización a dos factores. El primero era la «trampa conductual» de los cuidadores de los niños y de los otros niños, que a menudo moldean y refuerzan, de modo natural, la conducta apropiada. El segundo factor se refería a las instrucciones dadas a los niños, que consistían en que se imaginasen que se encontraban en la clase normal mientras estaban realmente en la clase especial. Esta intervención puede interpretarse como una forma de control del estímulo, ya que se intentó igualar ciertas condiciones estimulares entre las dos habitaciones. El estudio también es reseñable debido al empleo de procedimientos de autocontrol con niños tan pequeños.

En otro estudio a reseñar, Drabman, Spitalnik y O'Leary (1973) transfirieron los deberes de evaluación y reforzamiento desde el profesor a los estudiantes (con conducta perturbadora) de 3° grado (aproximadamente 3.° de EGB) de una clase de recuperación de lectura. Inicialmente, el profesor administró un sistema normal de economía de fichas, que disminuyó la conducta perturbadora y aumentó las realizaciones académicas. Se enseñó también a los estudiantes a que autorregistrasen su conducta perturbadora. Luego, se recompensaba a los estudiantes con puntos si coincidían con el registro del profesor sobre su conducta (de ellos). En la última fase de autocontrol, en este trabajo, los estudiantes evaluaban, de forma independiente, su propia conducta y determinaban sus propios refuerzos. La conducta perturbadora permaneció en un nivel bajo y la actuación académica en un nivel alto durante la fase de autocontrol, de una duración de 25 días. Además de este mantenimiento satisfactorio, los niños continuaron autoevaluándose con precisión, a pesar de la libertad para «maximizar» el reforzamiento autorrecompensándose con puntos independientemente de su conducta. Los autores sugirieron varios posibles factores para este resultado, hasta cierto punto inesperado. Primero, se había reforzado la autoevaluación correcta (emparejándola con las evaluaciones del profesor); segundo, no se especificaron, a los estudiantes, los criterios exactos de evaluación, un método consistente con la estrategia de Stokes y Baer (1977) de «Entrenar de Forma no Estructurada»; tercero, estaba presente el refuezo social, bajo la forma de presión por los iguales para ser honrado. Por ejemplo, los niños que se daban a sí mismos puntuaciones bajas por haberse portado mal, hacían comentarios como «Me comporté mal, pero soy honrado».

Los resultados de los estudios de autocontrol muestran, de modo convincente, que toda una serie de poblaciones puede aprender a evaluar de forma precisa y a controlar eficazmente su propia conducta, de acuerdo con criterios definidos externamente. Quizás la ventaja más práctica de los programas de autocontrol y de autoevaluación es que se evita la vigilancia e implicación continuas de otras personas para mantener las mejoras conductuales. Una desventaja potencial de permitir a los pacientes autoevaluarse es la posibilidad de que adopten criterios más indulgentes que los exigidos en el programa de tratamiento. Un modo de reducir dicha posibilidad es la frecuente utilización de procedimientos de «emparejamiento» durante las primeras fases del tratamiento. Los procedimientos de emparejamiento requieren normalmente que las autoevaluaciones estén de acuerdo, en un elevado porcentaje de ocasiones, con las evaluaciones del personal que aplica el programa, antes de que se confíe en las autoevaluaciones como base para el reforzamiento. El emparejamiento puede considerarse como un moldeamiento del juicio de los pacientes hacia una dirección deseable. El que se mantenga y cómo se mantenga la precisión de las autoevaluaciones después de la completa desaparición de las contingencias externas constituye, con seguridad, unas de las cuestiones más cruciales a las que tiene que responder la investigación futura.

III.8. *Prevención de las recaídas*

El trabajo reciente en el área de la prevención de las recaídas (Marlatt y Gordon, 1986) representa una extensión y una variación importantes de los procedimientos de autocontrol. La recaída constituye una crisis o un retroceso de los intentos del paciente para cambiar, o mantener los cambios, de su conducta. El modelo de *prevención de las recaídas* se desarrolló originalmente para mantener el cambio de conducta en los programas de tratamiento para la ingestión excesiva de sustancias (drogas). Sin embargo, los procedimientos de prevención de las recaídas son aplicables también a otras adicciones, como el alcoholismo, la conducta de fumar y el comer en exceso, así como también a los programas de cambio de conducta, en general. La prevención de las recaídas tiene una serie de componentes. La autovigilancia se emplea para identificar situaciones de alto riesgo en las que es probable la recaída. Además, la autovigilancia requiere que los pacientes presten atención a su conducta y, haciendo esto, inhiban su conducta habitual. Gran parte del éxito del modelo de prevención de las recaídas se atribuye a su fuerte énfasis en la enseñanza de habilidades de afrontamiento, que los pacientes pueden utilizar en las situaciones que son de alto riesgo para ellos y, lo que es más importante, cuando se encuentran a punto de ser desbordados por esas situaciones. También se enseñan a menudo procedimientos de manejo del estrés y de entrenamiento en relajación, con el fin de fomentar una sensación de autocontrol y de maximizar la probabilidad de que los pacientes sean capaces de utilizar sus habilidades de afrontamiento cuando se encuentren en peligro de ser desbordados por situaciones de alto riesgo.

La prevención de las recaídas incluye una serie de procedimientos adicionales. Éstos incluyen la educación sobre los efectos inmediatos y demorados por adherirse y desviarse del programa de tratamiento. Se anima a los pacientes para que realicen cambios de su estilo de vida y para que desarrollen intereses y actividades agradables que sean incompatibles con sus antiguas formas de comportamiento. Los terapeutas negocian a menudo contratos de recaídas con sus pacientes, contratos que son diseñados para limitar el grado de desviación, por parte de los pacientes, del programa de tratamiento en caso de que tenga lugar la recaída. La reestructuración cognitiva se emplea frecuentemente para contrarrestar las reacciones de fracaso, culpa e indefensión personal que se asocian típicamente con una recaída y, por el contrario, centrar la atención en los aspectos del ambiente y del estilo de vida del paciente que precipitaron la recaída, de modo que el programa de tratamiento pueda modificarse para minimizar futuras recaídas.

En la fase final del programa de prevención de las recaídas, se emplea un procedimiento de recaídas programadas, en el que se pide a los pacientes que se desvíen del programa de tratamiento en un momento y lugar específicos designados por el terapeuta. Al hacer esto, los pacientes aprenden que se pueden desviar del, y luego volver al, programa de tratamiento. La recaída programada minimiza la posibilidad de que abandonen el programa de tratamiento cuando ocurra la recaída y que aumenten la probabilidad de que la recaída sea de pequeñas dimensiones, de corta duración y sea superada por una vuelta al programa de tratamiento. El potencial de los programas de prevención de las recaídas se ha demostrado en una variedad de áreas. Fitterling, Martin, Gramling, Cole y Milan (1988), por ejemplo, incluyeron un componente de prevención de las recaídas en su programa de ejercicios de «aerobic» para pacientes con cefaleas vasculares. El programa de ejercicios fue eficaz para aumentar la aptitud, para el «aerobic», de los pacientes, que experimentaban disminuciones asociadas en la actividad de las cefaleas. De los cinco pacientes, cuatro continuaron con los ejercicios 3 meses después de la terminación del programa y tres continuaron haciendo ejercicios 6 meses después de la terminación el mismo.

IV. CONCLUSIONES

Se puede destacar una serie de puntos a partir de la literatura revisada. Algunos de éstos incluyen ideas o conocimientos que pertenecen a los temas del mantenimiento y la generalización; otros reflejan áreas de incertidumbre o de cuestiones pendientes, tanto con respecto a las estrategias de investigación como a las aplicaciones prácticas. Es evidente que la investigación conductual tiene que continuar abordando las cuestiones del mantenimiento y de la generalización, con el fin de alcanzar un impacto verdaderamente significativo en la terapia y en otros lugares de énfasis aplicado. Hasta hace poco, se había prestado relativamente poca atención a estas cuestiones. La investigación, en las últimas dos décadas, ha examinado la eficacia de una variedad de estrategias que se han desarrollado para mantener o generalizar los beneficios iniciales del tratamiento. Estas estrategias han implicado normalmente la extensión y la elaboración de estrategias y procedimientos, ya establecidos, de cambio de conducta, en vez del descubrimiento y desarrollo de nuevos principios sobre la conducta. Las «nuevas» estrategias consisten, por consiguiente, en el uso novedoso y creativo del conocimiento ya establecido, para vérselas con los problemas de generalización y mantenimiento.

La evaluación crítica de las distintas estrategias revela ventajas y desventajas, la mayoría de las cuales son predecibles a partir de la teoría del aprendizaje o a partir del conocimiento recogido por el análisis aplicado de la conducta. Los programas de refuerzo intermitente constituyen una técnica poderosa para el mantenimiento y la generalización de la conducta, un hecho bien establecido en la investigación animal hace muchos años. Cuando ocurren problemas en la aplicación de estas técnicas, los problemas son atribuibles, a menudo, al amplio esfuerzo requerido para vigilar y reforzar la conducta en el ambiente natural. Los agentes de cambio naturales, como los profesores, a menudo no siguen esos procedimientos. Se aconseja, por consiguiente, a los psicólogos clínicos, que desarrollen procedimientos para asegurar la actuación correcta de los agentes de cambio naturales o para emplear el desvanecimiento rápido de técnicas formales de este tipo, mientras se mantienen y se generalizan los beneficios del tratamiento con los procedimientos del control del estímulo o del autocontrol.

El entrenamiento de agentes de cambio naturales, aunque correcto desde un punto de vista teórico, está lleno de problemas en su aplicación. Los agentes de cambio pueden no aprender los procedimientos de generalización y mantenimiento, pueden aplicarlos de forma incorrecta o no aplicarlos, o pueden experimentar disminuciones progresivas de la actuación, del mismo tipo que ocurre con los pacientes, los participantes o los sujetos con los que tienen que llevar a cabo los procedimientos. Se ha realizado relativamente poco trabajo en la medición de la conducta de los agentes de cambio. Los pocos estudios que informan de resultados positivos utilizaron técnicas similares a aquellas que se han encontrado eficaces para los participantes (un hallazgo inesperado), tales como el refuerzo intermitente y la supervisión periódica de la conducta de los agentes de cambio. Una consideración importante para el trabajo futuro es el aspecto práctico de esas intervenciones. En muchos casos, las intervenciones a largo plazo en las escuelas, en las casas y en otros lugares de énfasis aplicado, presentan importantes obstáculos a los investigadores, como cuando, por ejemplo, los padres de niños inmersos en un proyecto de investigación se han trasladado a un lugar alejado en el momento de intentar realizar el seguimiento al cabo de un año.

Se ha demostrado que los procedimientos de control del estímulo son válidos en una variedad de lugares y con una serie de problemas. La aplicación conlleva, normalmente, la presencia de personas significativas, objetos importantes o señales visuales prominentes para controlar la conducta. Sin embargo, las aplicaciones del control del estímulo con personas significativas pueden implicar propiedades estimulares más complejas, en los pacientes participantes en el programa, que las reconocidas por los investigadores. Por ejemplo, muchas de esas personas se encuentran a menudo en una posición de autoridad con respecto a los pacientes y su presencia implica, por consiguiente, la posibilidad de consecuencias positivas o de consecuencias aversivas si la conducta de interés se lleva o no a cabo. Los efectos sobre la conducta, de la naturaleza y la calidad de las relaciones entre los pacientes y las personas que trabajan con ellos, necesitan de un examen más detallado.

El enseñar a los participantes a controlar su propia conducta con técnicas de autorregistro, de autoevaluación y de autorrefuerzo, constituye un vehículo excelente para el mantenimiento y la generalización de la conducta ya establecida por otros procedimientos determinados externamente. Se plantean cuestiones con respecto al grado en que se deben utilizar controles externos antes, durante y después del comienzo del autocontrol por los participantes. Como comentaban Rosenbaum y Drabman (1979), los investigadores han demostrado sólo «débiles» formas de autocontrol, ya que el control externo ha estado presente, en un amplio grado, en todos los estudios realizados hasta la fecha. Se desconoce si los participantes continuarían satisfaciendo los criterios conductuales en ausencia total de controles, como cuando, por ejemplo, los reforzadores se encuentran disponibles sin contingencias, sin la presencia de figuras de autoridad y sin la posibilidad de que se descubra la desviación del programa.

Aunque queda mucho por hacer, las últimas dos décadas se han destacado por el progreso significativo en la identificación de enfoques conductuales eficaces para los problemas de la generalización y el mantenimiento de los efectos del tratamiento. Realmente, el interés de los psicólogos conductuales sobre estos problemas ofrece un marcado contraste con la falta de interés que parece caracterizar gran parte de la investigación sobre el tratamiento no conductual. Como señalan Stokes y Baer (1977), el interés de los psicólogos conductuales sobre la generalización y el mantenimiento ha conducido a una rudimentaria tecnología de la generalización y el mantenimiento, basada en los principios bien establecidos del aprendizaje y la conducta. El desafío para los psicólogos conductuales ahora, al igual que sucedía en 1977, es fomentar activamente el desarrollo de esta tecnología, con el fin de lograr cambios más generales, más duraderos y, por consiguiente, más significativos, en lugares con énfasis aplicado.

V. LECTURAS PARA PROFUNDIZAR

Barlow, D. H. y Hersen, M., *Diseños experimentales de caso único*, Barcelona, Martínez Roca, 1988. (Or.: 1984).

Goldstein, A. y Kanfer, F. H. (comps.), *Generalización y transfer en psicoterapia*, Bilbao, Desclée de Brouwer, 1981. (Or.: 1979).

Kazdin, A. E., *Modificación de la conducta y sus aplicaciones prácticas*, México, El Manual Moderno, 1978. (Or.: 1975).

Marlatt, G. A. y Gordon, J. R. (comps.), *Relapse prevention: Maintenance strategies in the treatment of addictive behavior*, Nueva York, Guilford Press, 1986.

Shelton, J. L. y Levy, R. L., *Behavioral assignments and treatment compliance: a handbook of clinical strategies*, Champaign, Ill., Research Press, 1981.

8. LAS VARIABLES DEL PROCESO TERAPÉUTICO

AURORA GAVINO

I. INTRODUCCIÓN

En los últimos años parece evidente que la famosa máxima de Paul (1967) continúa siendo actual. Tomándola como referencia, Kazdin (1986b) insiste en la necesidad de identificar qué tratamientos son los más adecuados para qué problemas clínicos, con qué personas y bajo qué condiciones.

Quizás este planteamiento se deba a la controversia existente respecto a la eficacia de la psicoterapia en general y al éxito diferencial de las distintas psicoterapias.

Efectivamente, aunque hoy día existe consenso entre los autores al afirmar que la psicoterapia, en general, beneficia a un gran número de pacientes (Bergin y Lambert, 1978; Shapiro y Shapiro, 1982; Smith, Glass y Miller, 1980), es evidente que se necesita conocer a qué se debe dicho beneficio, es decir, qué aspectos de la psicoterapia son los que favorecen los resultados positivos, máxime cuando en el momento actual existen unas implicaciones sociales, políticas y económicas que exigen una demostración palpable de que los tratamientos en el campo de la salud mental son necesarios (Van Den Bos, 1980, 1986). Este hecho es preocupante y, sin duda alguna, concierne especialmente a los clínicos que diariamente se enfrentan a una variedad de alteraciones y pacientes, no sabiendo a menudo cuál será el resultado final de su intervención.

Todo ello ha motivado distintas líneas de investigación, que se pueden agrupar en tres: a) el abordaje directo del «problema», es decir, la creación de estrategias y técnicas dirigidas al tratamiento de la patología (por ejemplo, la desensibilización sistemática [DS] para el tratamiento de fobias, la terapia cognitiva de Beck para el tratamiento de la depresión); b) el estudio diferencial de las técnicas de los «paquetes terapéuticos» (McFall y Lillesand, 1971; McFall y Marston, 1970; McFall y Twentyman, 1973); y c) la investigación de las variables que están presentes en el proceso terapéutico.

De estas tres vías de investigación, últimamente se está incidiendo de manera especial en la última, es decir, en las variables del terapeuta, del paciente, y de la interacción entre ambos (Boget, Clariana y Bayés, 1982;

Universidad de Málaga (España)

Howard, Kopta, Krause y Orlinsky, 1986; Jones, Cummings y Horowitz, 1988; Schaffer, 1982, entre otros).

De este modo, en un tratamiento psicológico nos encontramos con los siguientes elementos: terapeuta, paciente, técnicas y problemas. Hasta hace poco tiempo los dos últimos elementos han sido los más estudiados. Se han pretendido encontrar técnicas específicas para problemas concretos; así, por ejemplo, tenemos la tan conocida relación desensibilización sistemática-fobias. Sin embargo, nunca el éxito ha sido del cien por cien. Así, tenemos que la literatura nos muestra casos de fobias en los que la DS no se ha mostrado eficaz. Las causas de ello no están claras, pudiendo deberse a que la técnica no se haya aplicado adecuadamente, a que no se tratase realmente de una fobia, o a que estuviesen incidiendo variables ajenas al problema y a la técnica, es decir, variables relacionadas con el terapeuta, con el paciente y/o con la propia relación entre ambos.

Así, en las distintas psicoterapias, incluyendo la terapia de conducta, se ha comenzado a dar importancia a variables hasta no hace mucho relegadas por determinadas corrientes. Se ha incorporado la famosa tríada rogeriana de *empatía, aceptación* y *autenticidad* (Beck y cols., 1979) como elementos si no suficientes sí necesarios para que la terapia consiga sus objetivos. Por otra parte, nuevas teorías incitan a contemplar variables personales del paciente que pueden favorecer o entorpecer el desarrollo de la terapia (Bandura, 1977a; Rotter, 1954). ¿Hasta qué punto las creencias de control externo del sujeto influyen sobre la conveniencia de tal o cual técnica? ¿Qué expectativas de éxito tiene?, ¿Cómo influye su autoestima?, etc. Es más, el propio terapeuta no está exento de estos interrogantes. Por ejemplo, ¿influyen las diferencias sexuales?, ¿influye la edad?, ¿la experiencia o inexperiencia es un factor a tener en cuenta?, etc.

En general, podemos decir que existen tres posturas: a) aquellos que consideran que el factor fundamental que decide el resultado terapéutico son las propias técnicas terapéuticas, siempre y cuando se apliquen de manera apropiada (Marks, 1978; Mahoney y Arnkoff, 1978); b) aquellos que defienden la relevancia de factores no específicos como determinantes de los resultados (Bergin y Lambert, 1978; Orlinsky y Howard, 1978; Parloff, Waskow y Wolfe, 1978); y c) aquellos otros que mantienen que las variables del paciente y del terapeuta son realmente relevantes (Bergin y Lambert, 1978).

Desde hace unos años, como indican algunos autores (Bernstein y Nietzel, 1980; Korchin y Sands, 1983; Segura, 1985, entre otros), se observa un intento por investigar los procesos terapéuticos en general y, en especial, su papel en el éxito del tratamiento. Estos procesos, que en parte parecen comunes a todas las terapias, podrían ser para el clínico una vía de comprensión respecto al éxito de un tratamiento en un momento determinado. Algunos autores proponen nuevas estrategias para investigar el cambio en psicoterapia.

Por ejemplo, Gendlin (1986) plantea 18 estrategias de investigación en psicoterapia que, según él, pueden hacer las investigaciones en este campo más productivas y significativas que las realizadas hasta ahora. Estas estrategias van enfocadas a investigar variables específicas de la psicoterapia que constituyen los subprocesos y microprocesos de la misma.

Así pues, en la investigación sobre la psicoterapia, el debate puede centrarse en este momento en torno a estas tres preguntas: a) los efectos de la psicoterapia, ¿son el resultado de la aplicación de técnicas o estrategias específicas a problemas concretos?; b) En lugar de esas técnicas o estrategias ¿no son, más bien, algunos factores específicos del propio proceso terapéutico los que producen los efectos observados?; y c) existen factores inespecíficos a lo largo de las sesiones terapéuticas que están incidiendo de manera decisiva en los resultados del tratamiento? En el presente trabajo vamos a centrarnos en los dos últimos puntos, aunque a lo largo de él habrá algunas referencias a la primera pregunta.

II. FACTORES ESPECÍFICOS E INESPECÍFICOS DEL PROCESO TERAPÉUTICO

No todos los autores se ponen de acuerdo a la hora de diferenciar entre factores específicos e inespecíficos. En general, podemos decir que por factores específicos se entienden las actuaciones intencionadas del terapeuta, como *interpretación, habilidad de comprensión* o la *corrección de creencias distorsionadas* sobre la realidad. Por factores no específicos, por el contrario, se entienden las cualidades inherentes a una relación humana satisfactoria que afecte positivamente al individuo. La importancia de estos factores la popularizó Frank (1961) quien consideraba que factores como el *estatus* y el *rol* que el terapeuta tiene en la sociedad juegan un papel importante. En realidad, lo que se defiende es que la interacción humana que se da en toda psicoterapia actúa, de alguna manera, igual que en toda relación humana.

Ambos tipos de factores se confunden muchas veces y, en general, los autores hablan indistintamente de unos y de otros a lo largo de sus investigaciones. Por otra parte, tanto los factores específicos como los inespecíficos se dividen a su vez en aquellos que se refieren al propio terapeuta y aquellos otros que implican directamente al paciente.

II.1. *Variables del terapeuta*

Greenberg (1986) se plantea estudiar los resultados que se obtienen en cada sesión, y para ello divide ésta en procesos específicos que contribuyen a dichos resultados. Cada uno de estos procesos es un nivel estándar de unidades. Las principales unidades serían, para este autor, los niveles de contenido, el acto de hablar, el episodio y las interrelaciones. El *contenido* es el más indispensable de los niveles y comprende todo aquello que acontece durante la sesión terapéutica, ya sea verbal o no verbal, por parte del terapeuta o del paciente. Los *actos de hablar*, como su nombre indica, hacen referencia al lenguaje verbal que utilizan los participantes en la terapia y su sentido en el contexto específico en el que ocurren: dar información, hacer una promesa, advertencias, explicación, etc. Los diferentes sentidos que se le den a este lenguaje dependerá de la fuerza y directividad con que se exprese. Greenberg, siguiendo a Matarazzo (Matarazzo y cols., 1968) incluye también en esta unidad la calidad de la voz, la duración del discurso y los silencios. Los *episodios* son porciones de comunicación claramente diferenciadas unas de otras por los participantes, con un sentido terapéutico. Son unidades significativas de la interacción terapéutica, ya que generalmente se dirigen a fines específicos dentro de la misma (por ejemplo, el «orden del día» en la terapia cognitiva de Beck). Por último, las *interrelaciones* comprenden las cualidades concretas que debe poseer el terapeuta para conseguir un contenido, acto o episodio determinados, y se podría considerar, por tanto, un factor inespecífico.

Para Greenberg el estudio de estos niveles permitiría conocer a qué se deben los resultados de un tratamiento, así como cuáles son los más frecuentes en cada tipo de terapia y los que permitirían mejores resultados.

Schaffer (1982) plantea como variables de estudio en el terapeuta el tipo de conducta que manifiesta en la sesión clínica, su habilidad para aplicar las tácticas adecuadas que permitan conseguir los fines terapéuticos y la forma de comportarse en la relación interpersonal con el paciente. Las dos primeras las considera específicas y la tercera no específica. El *tipo de conducta del terapeuta* se refiere a las tácticas que éste utiliza para conseguir los fines u objetivos terapéuticos que se plantea de acuerdo con la teoría de la que parte. La *habilidad de la conducta del terapeuta* se refiere a la manera competente de aplicar las tácticas. La *forma de comportamiento interpersonal* hace referencia a la manera en que el terapeuta se relaciona con el paciente. Esta variable se evalúa mediante constructos tales como la famosa tríada de empatía, autenticidad y aceptación (Rogers, 1957), o según medidas de la contribución del terapeuta en el establecimiento de la alianza terapéutica (Hartley y Strupp, 1982).

Schaffer propone, para estudiar las variables anteriores, la división de la sesión terapéutica en unidades de evaluación. Cada unidad es una parte de la sesión que comprende un determinado tipo de conducta del terapeuta. Cuando dicho tipo de conducta cambia, se pasa a otra unidad. Lo que se mide en cada una de ellas es la habilidad y la forma de comportamiento interpersonal.

Sin embargo, no existen unidades de estudio unánimes para todos los autores. Schaffer llama la atención para que se establezcan unidades por consenso que dirijan las investigaciones futuras, ya se refieran esas unidades a espacios de tiempo o a variables específicas, como, por ejemplo, el tipo de conducta del terapeuta, como él propone, o el contenido, los actos de hablar, etc., como propone Greenberg. De este modo, los jueces que evaluasen esas unidades pudieran distinguir claramente cuándo termina una y comienza otra, evitando, de esta manera, la diversidad de fragmentos a estudiar entre los diferentes jueces y la falta de claridad y especificidad de los procesos que se estudian. Es evidente, entonces, que el motivo de incidir en las unidades de estudio no es otro que el de llegar a un consenso entre los autores dedicados a este tema, para obtener así resultados que pudieran generalizarse. Podemos destacar en esta dirección, el trabajo de autores como Cook y Kipnis (1986), que trabajan con las unidades propuestas por Schaffer, pero atendiendo exclusivamente a las tácticas que usa el terapeuta para cambiar la conducta del paciente (información, instrucciones, explicación, refuerzo verbal, interrupción, apoyo, entre otras). Estos autores estudian la influencia del terapeuta de acuerdo con la teoría del poder social y parten de la hipótesis de que el terapeuta intenta influir en sus pacientes para cambiar la conducta, cogniciones o sentimientos del mismo. Esta influencia tiene una fuerza determinada y unos fines concretos, existiendo diferencias entre terapeutas de diferente sexo. Estos autores hallaron algunos resultados verdaderamente interesantes. Cada terapeuta había tratado a dos pacientes y aparecía consistencia de las categorías utilizadas para los dos pacientes. Los terapeutas masculinos usaban mayor cantidad de tácticas de influencia que los terapeutas femeninos. La proporción de interrupciones era significativamente mayor en terapeutas hombres (un 12% del tiempo) que en terapeutas mujeres (un 2% del tiempo).

Los autores comentan en la discusión que las diferencias individuales sugerían una dimensión de actividad-pasividad. Algunos terapeutas eran activos, usando tácticas de influencia de todo tipo, y algunos eran pasivos, usando pocas tácticas. Los terapeutas eran también consistentes, de un paciente a otro, en el uso de ciertos modos de influencia específicos.

Esta información, que *a priori* parece interesante, no la relacionan los autores con los resultados obtenidos en los tratamientos, ni tampoco informan de la proporción en que cada una de estas tácticas se utilizaba dependiendo del tipo de terapia que se aplicaba. Hubiera sido de gran utilidad el haber recogido estos datos, ya que hubiera permitido al menos esbozar algunas hipótesis sobre la influencia de tales tácticas en el éxito terapéutico, así como si su uso es diferente según el tipo de terapia.

Varios investigadores han seguido en esta línea intentando responder a alguna de estas cuestiones; por ejemplo, Elliot y cols. (1987) han encontrado que la mayor frecuencia del uso de una u otra táctica, por parte del terapeuta, depende efectivamente del tipo de terapia que se esté utilizando.

Como se ha indicado más arriba, estas investigaciones van referidas más bien a la relación entre determinadas variables del proceso terapéutico y variables concernientes al mismo terapeuta, como es el sexo, o a la formación teórica de éste, operativizadas generalmente en el tipo de terapia que realiza. Sin embargo, no plantean como objetivo el conocer qué influencia tiene sobre los resultados del tratamiento el que se utilicen unas u otras tácticas. Elliot y cols. (1987) concluyen que no hay en general un modo de respuesta mejor para todas las terapias y que estos modos deben estudiarse según el contexto en el que se encuentran, las características del paciente, el tipo de relaciones que se pretende establecer entre terapeuta y paciente, así como las prioridades inmediatas que plantea el mismo paciente. Sin embargo, y yendo un poco más lejos, se podría añadir a estas afirmaciones que no sólo hay que conocer los modos de respuesta más adecuados según la terapia de que se trate, sino también, dentro de éstas, qué tácticas son más eficaces en cada técnica terapéutica para conseguir los mayores éxitos.

Quizás a causa de esta falta de información, y por la misma dispersión de los estudios realizados hasta ahora, los resultados obtenidos no son muy alentadores. Así, el «Temple Study» (Sloane y cols. 1975) no encontró relaciones significativas entre la conducta del terapeuta y los resultados de la terapia. Otros investigadores tampoco han encontrado relaciones significativas entre el tipo de conducta del terapeuta (Kilman y Howell, 1974; Marziali y Sullivan, 1980), la habilidad (Rice, 1965, 1973) y la forma de comportamiento interpersonal (Marziali, Marmar y Krupnick, 1981) respecto a los resultados terapéuticos. Schaffer propone una explicación de estos resultados diciendo que se deben a que estos factores se han estudiado como aspectos de una simple dimensión, lo que arroja resultados pobres.

Según este autor, los ejemplos que ofrece la literatura sobre este tema demuestran que estudiar predicciones de resultados con dimensiones simples de la conducta del terapeuta hace que se ignoren otros posibles determinantes del impacto en el resultado de las dimensiones del paciente, no estudiadas en el proceso. Schaffer propone estudiar los factores ya mencionados de una manera multidimensional, atendiendo a cómo son seleccionadas, conceptualizadas y utilizadas las medidas de la conducta del terapeuta para predecir resultados. Estudios multidimensionales evalúan cada unidad de la conducta del terapeuta en dos o más dimensiones, seleccionan medidas de dos o más dimensiones de dicha conducta, y formulan hipótesis y discuten resultados en términos de dos o más dimensiones a la vez. Schaffer opina que la multidimensionalidad de la conducta del terapeuta no ha sido adecuadamente evaluada en la investigación existente debido a problemas metodológicos. Schaffer sugiere que los métodos de investigación deben cambiarse en la dirección por él recomendada, ya que de esta manera se conseguiría hallar dimensiones independientes.

El argumento de Schaffer de conceptualizar la conducta del terapeuta en términos de las dimensiones de tipo, habilidad y forma de comportamiento interpersonal está basado en los siguientes puntos. Primero, este autor cree que las definiciones de las dimensiones son claras. Segundo, es capaz de clasificar las medidas usadas en investigaciones previas en términos de dimensiones, lo cual sugiere que esas dimensiones son generalizables. Tercero, las dimensiones son similares para los factores específicos e inespecíficos. Tipo y habilidad se refieren a factores específicos, y forma de comportamiento se refiere a factores no específicos. Cuarto, estos métodos llevan a la formulación de nuevas e interesantes cuestiones de investigación. Según Schaffer, la claridad, generalizabilidad y valor heurístico de las dimensiones de tipo, habilidad y forma de comportamiento interpersonal deberían considerarse como una base conceptual para futuras investigaciones y permitirían conocer su influencia en los resultados terapéuticos.

II.2. *Variables del paciente*

El poder predictivo de las variables del paciente es otro asunto controvertido. Bergin y Lambert (1978) consideran que las variables del paciente son las más importantes para explicar los resultados terapéuticos. Garfield (1978), sin embargo, ha mostrado que las medidas sobre el estatus inicial del paciente no son predictores poderosos del resultado.

Si atendemos a los trabajos publicados sobre este tema se puede ver que no es nada extraño encontrar tales contradicciones, ya que existe una gran disparidad entre ellos en la selección de las variables. Al igual que sucedía con las variables del terapeuta, no existe un consenso sobre la elección de las variables del paciente. Las distintas investigaciones que versan sobre ellas parten de variables diferentes, dando lugar a resultados dispares. Veamos algunos ejemplos.

Strong (1978) sugirió que un determinante importante del resultado es la manera en que el paciente percibe al terapeuta, con estatus, credibilidad, valores similares y los recursos que el paciente necesita. Orlinsky y Howard (1978) concluyeron que el éxito de la terapia está asociado con la manera de ver el paciente al terapeuta como confidente, profesional, comprendiendo, aceptando y animándolo a la independencia. Sin embargo, otros autores han relacionado los éxitos con momentos, en la terapia, en los que la calidad de voz del paciente se caracteriza por actividad, energía, expresividad, viveza y riqueza de las palabras utilizadas (Butler, Rice y Wagstaff, 1962; Rice, 1973, 1974; Rice y Wagstaff, 1967). Gomes-Schwartz (1978) relaciona los buenos resultados de la terapia con la implicación del paciente y su enganche activo en el proceso de terapia, es decir, con el gusto por comunicarse, el compromiso para cambiar, la confianza en el terapeuta, el reconocimiento de responsabilidad de uno mismo para realizar el cambio, el gusto de relacionarse con el terapeuta, y el reconocer sentimientos y conductas.

En una revisión de estudios en la que se examinaban las relaciones de los buenos momentos en terapia con los criterios de éxito, Orlinsky y Howard (1978) concluyeron que los buenos momentos se caracterizaban por una comunicación expresiva, concreta y no excesivamente racional; por pacientes hablando sobre sí mismos de una manera personal; y por pacientes con unas relaciones fluidas con sus terapeutas. Otros autores consideran buenos momentos aquéllos en los que los pacientes evidencian maneras de ser y actuar que son generalmente aceptadas como sanas, maduras, ajustadas, o normales. Por ejemplo, Hoffman (citado por Raskin, 1949) consideraba buenos momentos aquéllos en los que los pacientes evidenciaban o aportaban conductas que los jueces consideraban maduras, y Haigh (1949) veía los buenos momentos como aquellos en los que la conducta defensiva era reducida. También se consideran buenos momentos cuando el paciente demuestra altos niveles de cooperación, coincidencia y complicidad. Rice y Saperia (1984) aportan una serie de estudios donde los buenos momentos se caracterizaban por una elevada consciencia, entendimiento, reconocimiento, y reexamen de constructos superiores de orden personal relativos a la resolución de situaciones problemáticas y abiertos a opciones de vida.

Si atendemos al tipo de terapia sobre la que se han investigado las variables del paciente parece lógico concluir que la selección de dichas variables y su influencia en los resultados del tratamiento dependen de la terapia de la que se parte, aunque en todas se considere como requisito imprescindible la eliminación del problema. Sin embargo, en un intento de aunar esfuerzos y llegar a establecer categorías claras que permitan estudiar el papel del paciente en los buenos momentos de la terapia, algunos autores han establecido unas normas o puntos de partida. Quizás el más representativo sea el de Mahrer y Nadler (1986), quienes han elaborado una lista de buenos momentos en psicoterapia que intenta ser lo más precisa posible, con una conceptualización compatible con la mayoría de las corrientes teóricas. Sin embargo, poco se puede decir de la utilidad de tal listado, ya que no se han llevado a cabo, o al menos publicado, investigaciones basadas en él. Es evidente, no obstante, que una mayor unanimidad por parte de los autores a la hora de establecer unidades de estudio permitirá resultados menos confusos que los obtenidos hasta ahora.

III. EL PROCESO TERAPÉUTICO O EL HILO DE ARIADNA

En todo lo expuesto hasta aquí es fácil apreciar que el estudio del proceso terapéutico es arduo y complejo, sin conclusiones claras hoy por hoy y, al mismo tiempo, con una gran cantidad de interrogantes por resolver.

Desde nuestro punto de vista, el problema principal es la falta de acuerdo entre los autores a la hora de establecer líneas de investigación comunes. En realidad, éste es un defecto que se mantiene en todos los campos de estudio de la psicoterapia, como ya hemos expuesto en otra parte (Gavino, 1988).

Se supone que en toda interacción humana hay una influencia mayor o menor de una persona sobre la otra. Sin embargo, muchas veces las investigaciones que estudian las variables de esa interacción, en el proceso terapéutico, dan a entender que ésa es la verdadera razón del cambio terapéutico. Se ha pasado, pues, de dar a las técnicas el papel más importante en el cambio del paciente a relegarlas a un lugar bastante irrelevante. Quizá ello se ha debido, como ya se expuso al principio de este trabajo, al deseo de los clínicos de dar una respuesta clara acerca de las causas de la utilidad de la psicoterapia en general y de los motivos de éxito o fracaso de cada terapia en particular.

Como afirma Kanfer (1985), el proceso terapéutico es una continua interrelación entre la información que se recoge, la formulación de objetivos de tratamiento y la retroalimentación de cada uno de los pasos, y el refinamiento de hipótesis sobre la elección óptima de los objetivos. La intervención clínica puede ser, entonces, vista como un proceso de solución de problemas y toma de decisiones. Esta visión implica un modelo básico sobre la tarea del clínico. El paciente presenta un estado inicial (A) que es insatisfactorio, debiendo definir el clínico, en muchos casos junto con el paciente, un estado meta (B) que aliviará el malestar o insatisfacción presente, y propone una serie de pasos (C), así como los instrumentos para la transformación del estado A en el estado B. La selección de objetivos se refiere, entonces, al acto de elegir la combinación adecuada de objetivos situacionales y conductuales y los métodos de cambio que consigan esta transformación. Claramente, las decisiones clínicas dependen de la definición del problema (estado A) por parte del clínico, de la selección de un estado final apropiado (B), y del conocimiento y fuentes de procedimientos para producir el cambio (ver capítulo 5).

El conocer las variables que intervienen en el proceso terapéutico es, por lo tanto, algo importante para esclarecer los resultados que se obtienen. Pero dentro de esas variables se incluyen también algunas completamente olvidadas en los estudios planteados. Entre estas variables destacan la selección de la(s) conducta(s) problema(s) y la de los objetivos a conseguir, aspectos que algunos autores que estudian las variables del proceso terapéutico consideran de máxima importancia (Kratochwill, 1985; Rice y Greenberg, 1984). Por ejemplo, en un intento integrador, Rice y Greenberg (1984) se plantean responder a las siguientes preguntas:

1. ¿Qué actuaciones del paciente durante la terapia sugieren por sí mismas un estado del problema requiriendo por tanto intervención?
2. ¿Qué operaciones del terapeuta son apropiadas?, es decir, ¿qué operaciones facilitarían mejor un proceso de cambio en los pacientes?
3. ¿Qué actuación del paciente lleva al cambio?, o más bien, ¿cuáles son los aspectos de la actuación del paciente que parecen conducir al proceso de cambio?

Rice y Greenberg enfocan, pues, la investigación sobre los procesos terapéuticos a partir de unas cuestiones operativas. Sin embargo, su planteamiento a lo largo del trabajo es mucho más complejo que lo que pueda suponer responder a tales preguntas. En efecto, estos autores se plantean, para el estudio de procesos de cambio, atender a variables tales como el problema que plantea el paciente, la intervención del terapeuta para solucionar el problema y la respuesta que da el paciente ante la intervención del terapeuta, todo ello en cada sesión. El planteamiento expuesto sigue las mismas directrices que las señaladas por otros autores ya mencionados al principio de este trabajo (Paul, 1967; Kazdin, 1986b). Se intenta responder a los interrogantes de qué intervenciones producen qué tipo de impacto en qué paciente determinado y en qué momentos particulares de la terapia.

Incluso esta integración propuesta por Rice y Greenberg no es suficiente. Existen variables que posiblemente juegan algún papel en el cambio terapéutico y que estos autores han soslayado. Variables tales como las expectativas de éxito por parte del paciente y del terapeuta, el lugar («locus») de control (externo-interno, controlable-incontrolable) del que parten al comienzo de la terapia, o las atribuciones que ambos participantes en la terapia hacen respecto a ésta.

Todo clínico sabe por experiencia propia que la motivación y las expectativas que el paciente tiene respecto a la terapia y a su resultado son importantes. Este conocimiento práctico no ha tenido una atención adecuada hasta hoy día en la investigación. Sin embargo, la mayoría de los autores que investigan en el área clínica lo mencionan como algo evidente y básico para el trabajo clínico. Las expectativas del paciente dependen de la percepción que éste tenga del terapeuta, es decir, de variables personales y terapéuticas acordes con su idea de cómo tiene que ser un terapeuta (Kanfer y Grimm, 1980), de la eficacia de la terapia, en general, y en su caso, en particular (Upper y Cautela, 1979). Expectativas erróneas requieren una intervención rápida y esclarecedora por parte del terapeuta, dependiendo muchas veces la continuación del proceso terapéutico de una intervención satisfactoria a este respecto.

Pero estas expectativas pueden deberse también a otros motivos. El considerar que el problema que uno padece no tiene solución, porque depende de características propias inmodificables (atribución interna-incontrolable), o de la intervención de otras personas a las que no hay posibilidad de hacerles cambiar de manera de actuar (atribución externa-incontrolable), da lugar a unas débiles expectativas de éxito terapéutico. Por el contrario, pensar que el problema creado depende de uno mismo, pero que puede ser cambiado (atribución interna-controlable), o que se debe a otras personas sobre las que se puede intervenir (atribución externa-controlable), favorece la intervención del terapeuta hacia el cambio propuesto como objetivo. Y no sólo son variables relacionadas con el éxito del tratamiento sino que también implican una actuación particular del propio terapeuta. Ante las expectativas de incontrolabilidad, el terapeuta tiene que utilizar los medios que tenga disponibles (registros, ejemplos, etc.) para modificarlas. En pacientes con expectativas de controlabilidad, es preciso distinguir muy bien si el planteamiento del paciente es correcto en la atribución que hace del motivo que origina y mantiene su problema. Si lo es, hay que buscar estrategias de intervención que lo modifiquen; si no lo es, primero hay que demostrar al paciente, al igual que en los casos de incontrolabilidad, el error de partida, y a continuación desarrollar el plan terapéutico que requiera el problema señalado. Quizá un buen ejemplo de este planteamiento sea la terapia elaborada por Beck (Beck y cols., 1979; Dobson y Franche, este volumen) en la que uno de los puntos principales es comprobar si las creencias que tiene el paciente sobre las causas de su situación son reales o no, o la estrategia de solución de problemas (D'Zurilla y Goldfried, 1971; Nezu y Nezu, este volumen) en la que se enseña al sujeto a plantear de manera adecuada su problema y a darle soluciones realistas y con el mayor éxito posible.

Las atribuciones respecto al tratamiento también pueden influir en la evolución de la terapia. Su estudio se ha realizado desde varios frentes. Algunos autores han investigado la posible influencia de las variables atribucionales que los terapeutas y los pacientes hacen respecto a la responsabilidad, por parte de estos últimos, de la causa de su problema y de la solución del mismo. Existe consenso en afirmar que las asunciones sobre la responsabilidad de la causa del problema y su remedio se manifiestan en la orientación teórica del clínico, en la diagnosis del problema, en el tipo de intervención, en los fines, la elección, y el resultado del tratamiento, y en los roles esperados del clínico y del paciente. Es posible, como afirman McGovern, Newman y Kopta (1986), que estos aspectos estén influyendo en la manera de enfocar el tratamiento, encontrándose que los enfoques que atribuyen menores niveles de responsabilidad a los pacientes tiendan a tener estrategias directivas que ofrezcan tratamientos concentrados a corto plazo, y orientaciones que enfaticen la responsabilidad del paciente para cambiar establezcan tratamientos menos directivos de larga duración, resultando así que la disminución de la responsabilidad del paciente (en la causa y en el cambio), dé lugar a un aumento del esfuerzo clínico o de la responsabilidad del terapeuta.

Son muchos, pues, los factores que intervienen en el proceso terapéutico. Quizá esta misma complejidad hace inviable hoy por hoy su integración en una investigación. Seguramente sea éste uno de los motivos que ha propiciado la diversidad de trabajos y los resultados parciales encontrados en ellos.

Por lo tanto, sería conveniente, pues, atender primero a los requisitos necesarios de cada técnica y estudiar después qué variables del proceso terapéutico intervienen y de qué manera se pueden aplicar para conseguir los mayores resultados positivos posibles. En esta línea parece que se dirigen algunos autores. Estamos de acuerdo con Schaffer cuando intenta dar sentido al estudio de las variables del terapeuta encuadrándolas en un todo dentro de la terapia y de un marco teórico determinado.

Schaffer (1986) plantea la necesidad de evaluar las habilidades del terapeuta, a la hora de usar las tácticas adecuadas para el tratamiento, en relación con variables tales como la conducta a tratar o las mismas técnicas terapéuticas. Consideremos el valor heurístico de un estudio en el que no se conoce si la técnica es aplicada adecuadamente. Si el resultado es un fracaso, y se concluye que la técnica es ineficaz, se pierde prematuramente la posibilidad de saber si la técnica funciona cuando es aplicada con habilidad suficiente. Sin embargo, si se comprueba que la técnica es aplicada de manera apropiada y el resultado es insatisfactorio, entonces se sabe que la técnica era inapropiada para el tipo de paciente o para el problema que estaban siendo estudiados. Cuando se comparan algunas técnicas y el nivel de habilidad es conocido como adecuado, entonces se puede evaluar si la técnica es o no la mejor para un problema determinado.

Parece razonable pensar que la evaluación de las habilidades del terapeuta es una necesidad importante. Quizá el problema principal radique en establecer criterios estables y fiables del concepto de habilidad, y medidas de evaluación adecuadas para tal fin. Precisamente con el propósito de conseguir estos criterios y medios de evaluación, Schaffer considera, como objetivo inmediato, el desarrollo de una teoría de la psicopatología y la psicoterapia que permita definir las cualidades de la conducta habilidosa del terapeuta. Según este autor, si se utilizan diversas teorías de psicopatología y psicoterapia para definir dicha habilidad, entonces las discrepancias de los jueces sobre sus respectivas teorías pueden constituirse en una fuente de dificultad a la hora de evaluar la habilidad. Así pues, parece plausible que se pueda maximizar el nivel de fiabilidad interjueces utilizando jueces que concuerden en las cuestiones teóricas relevantes.

Otra dificultad respecto a los jueces es que éstos a veces evalúan la conducta del terapeuta comparándola con la que ellos hubieran tenido en el mismo punto de la sesión que están evaluando. Schaffer sugiere que es posible entrenar a jueces para evaluar la habilidad del terapeuta considerándola desde el punto de vista de la teoría que está siendo estudiada y no de otra manera.

Así pues, para Schaffer, el impedimento más serio para desarrollar medidas de habilidad terapéutica es la falta de especificidad de la mayoría de las teorías y las medidas. Schaffer sugiere la necesidad de desarrollar teorías de terapia que tengan muy pocos niveles de abstracción e inferencia para, de esta manera, conseguir altos niveles de especificidad. Sin embargo, esto no desembocaría, a nuestro juicio, en una teoría general de la terapia, sino en un listado de casuísticas. Más que limitarse a los conceptos concretos quizá lo que hay que hacer es definir los conceptos que se utilicen (concretos o abstractos) de forma clara y precisa, y ser rigurosos en los razonamientos que sobre los mismos se realicen. Hay que huir de los conceptos vagos y de los razonamientos endebles, no de los conceptos ni del razonamiento.

Un ejemplo patente de la propuesta de Schaffer es la labor realizada en esta dirección por los investigadores del *NIMH Treatment of Depression Collaborative Research Program,* quienes, en opinión de Schaffer, han conseguido importantes progresos en la tarea de describir teorías de terapia en términos específicos. Dichos investigadores desarrollan «manuales de tratamiento» que sirven como componentes de un intensivo programa de entrenamiento en cada tratamiento (Beck, 1976; Beck y cols., 1979; Dobson y Shaw, 1988).

Schaffer anima a los investigadores a usar medios semejantes a estos manuales, que permiten desarrollar medios altamente específicos en cada tratamiento, que permiten verificar en qué medida un tratamiento dado es aplicado, y en qué medida esa aplicación se ha llevado a cabo de manera habilidosa.

Por ejemplo, el ítem llamado «Orden del día» *(Agenda)* en la escala de terapia cognitiva (Young y Beck, 1980) es una de las medidas más altamente específicas de habilidad del NIMH, según Schaffer:

0 -El terapeuta no hace un orden del día.

2 -El terapeuta elabora un orden del día que es vago o incompleto.

4 -El terapeuta ha trabajado con el paciente usando un orden del día satisfactorio.

6 -El terapeuta ha trabajado con el paciente usando un orden del día específico, apropiado para el tiempo disponible, y estableciendo prioridades.

Es evidente que la propuesta de Schaffer es un intento de esclarecer la terrible maraña de información que, a partir de investigaciones independientes, está apareciendo en la literatura científica. Por lo pronto, elimina el grave problema de estudiar el proceso terapéutico desde distintas teorías de manera indiscriminada, dando lugar a unos resultados poco útiles, ya que cada terapia, basada en una teoría, tiende a sobreenfatizar una dimensión de la conducta del terapeuta en tanto que minusvalora otras, resaltando uno o dos tipos de conducta y olvidando otros.

Estas reflexiones de Schaffer han llevado a algunos autores (Henry, Schacht y Strupp, 1986) a plantearse métodos de investigación congruentes con las premisas teóricas sobre el proceso interpersonal en psicoterapia y atendiendo al conjunto de variables que intervienen en el proceso terapéutico, a saber: a) antecedentes del paciente, b) técnicas del terapeuta, y c) relaciones entre variables («no específicas»).

IV. LECTURAS PARA PROFUNDIZAR

Beutler, L. E. (comp.), «Special series: advances in psychotherapy process research», *Journal of Consulting and Clinical Psychology,* 58, 1990, pp. 263-303.

Egan, G., *The skiller helper,* 3ª ed., Pacific Grove, Calif., Brooks/Cole, 1986.

Gardfield, S. L. y Bergin, A. E. (comps.), *Handbook of psychotherapy and behavior change,* 2ª ed., Nueva York, Wiley, 1986.

Goldstein, A. P., «Relationship enhancement methods», en F. H. Kanfer y A. P. Goldstein (comps.), *Helping people change,* 3ª ed., Nueva York, Pergamon Press, 1986.

Greenberg, L. S. y Pinsoff, W. M. (comps.), *The psychotherapeutic process: a research handbook,* Nueva York, Guilford Press, 1986.

Rice, L. N. y Greenberg, L. (comps.), *Patterns of change: intensive analysis of psychotherapy process,* Nueva York, Guilford Press, 1984.

TERCERA PARTE

TÉCNICAS BASADAS PRINCIPALMENTE EN EL CONDICIONAMIENTO CLÁSICO

9. TÉCNICAS DE RELAJACIÓN

M.ª Nieves Vera y Jaime Vila

I. INTRODUCCIÓN

Las técnicas de relajación constituyen un conjunto de procedimientos de intervención útiles no sólo en el ámbito de la psicología clínica y de la salud, sino también en el de la psicología aplicada en general. Su desarrollo histórico es relativamente reciente, dado que las principales técnicas de relajación, tal como se utilizan actualmente, tienen sus orígenes formales en los primeros años de nuestro siglo. Las primeras publicaciones sobre la *relajación progresiva* de Jacobson y la *relajación autógena* de Schultz son de 1929 y 1932, respectivamente. Otras técnicas de relajación, como las basadas en el biofeedback o retroalimentación, son bastante más recientes, ya que se desarrollaron formalmente a partir de los años sesenta y setenta.

A pesar de los orígenes relativamente nuevos de los procedimientos de relajación, sus antecedentes históricos son antiguos. Existen, por ejemplo, importantes conexiones históricas entre las técnicas de relajación, basadas en la sugestión, y los primeros intentos de tratamiento de la enfermedad mental, basados en el magnetismo animal y la hipnosis, tal como fueron aplicados en los siglos XVII y XIX. Asimismo, los avances en el conocimiento de la anatomía y electrofisiología de los sistemas neuromuscular y neurovegetativo a lo largo de los siglos XVIII y XIX —descubrimiento del carácter eléctrico de las contracciones musculares y de las funciones antagónicas de las ramas simpática y parasimpática del sistema nervioso autónomo— fueron decisivos para el posterior desarrollo de las técnicas psicofisiológicas de relajación.

La evolución de las técnicas de relajación a lo largo del siglo XX y su consolidación como procedimientos válidos de intervención psicológica, se ha debido en gran medida al fuerte impulso que recibieron dentro de la Terapia y Modificación de Conducta, al ser consideradas como parte integrante de otras técnicas —por ejemplo, la desensibilización sistemática— o como técnicas de modificación de conducta en sí mismas. Este impulso inicial se vio reforzado por el lugar relevante que continuaron teniendo en los ámbitos de aplicación más recientes de la medicina conductual y la psicología

Universidad de Granada (España)

de la salud. Sin embargo, una parte importante del proceso de consolidación de las técnicas de relajación, se ha debido a la existencia de unos marcos conceptuales derivados de la investigación experimental sobre los procesos emocionales y motivacionales, desde los que nos ha sido posible entender la naturaleza y los mecanismos de acción de dichas técnicas.

En el presente capítulo se describen los fundamentos conceptuales de las técnicas de relajación y se presentan en detalle los procedimientos para la aplicación de las siguientes técnicas: relajación progresiva, relajación pasiva, relajación autógena y la respuesta de relajación. A lo largo del capítulo se resalta la necesidad de integrar las técnicas de relajación dentro de las habilidades clínicas de interacción paciente-terapeuta, adaptándolas a las características individuales de cada persona.

II. FUNDAMENTOS CONCEPTUALES

Aunque se ha tendido a definir la *relajación* por referencia exclusivamente a su correlato fisiológico —por ejemplo, ausencia de tensión muscular—, la relajación, en sentido estricto, constituye un típico proceso psicofisiológico de carácter interactivo, donde lo fisiológico y lo psicológico no son simples correlatos uno del otro, sino que ambos interactúan siendo partes integrantes del proceso, como causa y como producto (Turpin, 1989). De ahí que cualquier definición de la relajación deba hacer referencia necesariamente a sus componentes *fisiológicos* —patrón reducido de activación somática y autónoma—, *subjetivos* —informes verbales de tranquilidad y sosiego— y *conductuales* —estado de quiescencia motora—, así como a sus posibles vías de interacción e influencia. Existen diferentes marcos conceptuales desde los que es posible abordar el estudio psicofisiológico de la relajación. Los principales proceden de las investigaciones sobre procesos emocionales, motivacionales y de aprendizaje.

II.1. *Relajación y emoción*

Desde el ámbito de la emoción, la relajación se ha entendido como un estado con características fisiológicas, subjetivas y conductuales similares a las de los estados emocionales, pero de signo contrario. Las teorías sobre las emociones difieren en el papel que asignan a las respuestas corporales en la evocación de la experiencia emocional. Una de las posturas teóricas más influyentes, conocida como *teoría del arousal-cognición,* propone que la emoción es el producto de una interacción entre un estado de activación fisiológica y un proceso cognitivo de percepción y atribución causal de dicha activación a claves emocionales del ambiente. La activación fisiológica o *arousal* determinaría la cualidad emocional. Ambos componentes son necesarios de forma interactiva: si no hay activación fisiológica no hay emoción, pero si no hay cognición tampoco hay emoción.

La teoría del arousal-cognición supone que la activación fisiológica es inespecífica —esto es, similar en las distintas emociones—, siendo su principal mecanismo de acción la activación del sistema nervioso simpático. De acuerdo con la propuesta inicial de Cannon a principios de siglo, se supone que la rama simpática del sistema nervioso autónomo es la responsable de los cambios fisiológicos presentes en las emociones. Su función es la de preparar al organismo desde un punto de vista energético, proporcionándole el aporte sanguíneo necesario para actuar de forma adaptativa ante las demandas ambientales. Por el contrario, en los estados de tranquilidad y quiescencia —como en el caso de la relajación— el nivel de activación fisiológica se supone mínimo, siendo su principal mecanismo de acción la activación del sistema nervioso parasimpático cuya función es de signo contrario: conservar la energía del organismo. Ambas ramas actuarían según el principio de inhibición recíproca: cuando una se activa la otra se inhibe y viceversa.

Frente a esta concepción de la emoción y de la activación fisiológica, existe una alternativa teórica que considera a las emociones como el producto del feedback aferente de patrones corporales específicos. Existirían distintas emociones caracterizadas por patrones distintos de activación tanto autónoma como somática, siendo uno de los principales sistemas de expresión emocional el de los músculos faciales: expresiones de miedo, ira, tristeza, alegría, etc. Desde esta perspectiva, la activación fisiológica contribuiría tanto a la intensidad como a la cualidad emocional. Por consiguiente, la relajación podría ser entendida no como un estado general caracterizado por un nivel de activación fisiológica mínima, sino como un estado específico caracterizado por un patrón de activación fisiológica distinto u opuesto al de las emociones intensas. La investigación actual parece favorecer a la teoría de la especificidad de la activación, pero sin que ello suponga aceptar una interpretación periferalista o no cognitiva de las emociones. Reconocer la importancia de la activación fisiológica periférica es también compatible con una interpretación cognitiva de carácter central, ya que los cambios corporales pueden ser la consecuencia de la activación de programas motores centrales, tal como postulan algunos modelos cognitivos de la emoción basados en el paradigma del procesamiento de la información (Lang, 1985; Leventhal y Tomarken, 1986).

II.2. *Relajación y estrés*

En cuanto a los procesos motivacionales, la investigación sobre el estrés ha sido, sin duda, el marco conceptual más relevante para el estudio de la relajación. El estrés se tiende a conceptualizar actualmente como la respuesta biológica ante situaciones percibidas y evaluadas como amenazantes y ante las que el organismo no posee recursos para hacerle frente adecuadamente. Esta forma de entender el estrés resalta el componente biológico de la respuesta, pero al mismo tiempo pone de manifiesto la importancia de dos variables psicológicas mediadoras: la valoración cognitiva de la situación y la capacidad del sujeto para hacerle frente. Por otra parte, se acepta que la respuesta biológica incluye componentes de los sistemas neurofisiológico, neuroendocrino y neuroinmunitario, además de ir acompañada de componentes subjetivos y conductuales.

La respuesta biológica de estrés ha sido investigada en el contexto de otras respuestas que han recibido diferentes denominaciones: reflejo de defensa (Pavlov), reacción de lucha o huida (Cannon) o reacción de alarma (Selye). Estas denominaciones sugieren que la respuesta biológica de estrés tiene, al menos inicialmente, un carácter adaptativo, ya que facilita al organismo el poder defenderse ante las amenazas ambientales. Sin embargo, cuando la respuesta se repite con demasiada frecuencia o su intensidad excede las demandas objetivas de la situación, entonces se puede convertir en un importante factor de riesgo para la salud, comprometiendo el funcionamiento adaptativo de los tres sistemas biológicos implicados: el neurofisiológico, el neuroendocrino y el neuroinmunitario.

Desde este marco conceptual, la relajación se considera una respuesta biológicamente antagónica a la respuesta de estrés, que puede ser aprendida y convertirse en un importante recurso personal para contrarrestar los efectos negativos del estrés (Benson, 1975).

II.3. *Relajación y aprendizaje*

El aprendizaje de respuestas biológicas constituye otro marco de referencia teórico para entender las técnicas de relajación. Las diferentes técnicas pretenden facilitar el aprendizaje del patrón de respuesta biológica correspondiente al estado de relajación, utilizando procedimientos diversos. Por lo general, las técnicas de relajación no suelen explicitar los mecanismos de aprendizaje implicados. Sin embargo, en la mayoría de ellas no es difícil identificar posibles mecanismos investigados extensamente en otros contextos. Por ejemplo, en el caso de la relajación progresiva de Jacobson —y en sus versiones simplificadas— el principal mecanismo de aprendizaje podría ser la discriminación perceptiva de los niveles de tensión EMG en cada grupo muscular, a través de los ejercicios sistemáticos de tensión-distensión. En el caso de la relajación autógena de Schultz, el mecanismo podría estar relacionado, según la teoría ideomotora de William James, con la representación mental de las consecuencias motoras de la respuesta —sensaciones de peso y calor— que dispararían las eferencias somáticas y viscerales correspondientes. En el caso de las técnicas de relajación basadas en la respiración, el principal mecanismo estaría basado en las interacciones cardiorrespiratorias del control vagal. Se sabe que el entrenamiento de patrones respiratorios caracterizados por tasas respiratorias bajas, amplitudes altas y respiraciones predominantemente abdominales incrementan el control parasimpático sobre el funcionamiento cardiovascular a través del sinus arritmia —cambios en el ritmo cardíaco asociados a las fases inspiratoria y espiratoria de cada ciclo respiratorio.

Aunque en el presente capítulo no se incluyen las técnicas de relajación basadas en el biofeedback, es importante resaltar que han sido precisamente estas técnicas las primeras en abordar explícitamente el estudio de los mecanismos de aprendizaje de las respuestas biológicas de relajación, partiendo del modelo de condicionamiento instrumental u operante. Por otra parte, se ha considerado que la respuesta de relajación, una vez emitida o evocada, puede ser condicionada a estímulos neutrales del ambiente o ser contracondicionada a estímulo evocadores de ansiedad, de acuerdo con el modelo de condicionamiento clásico o pavloviano. Este último mecanismo de aprendizaje es el que se ha supuesto como responsable de los efectos terapéuticos de técnicas de modificación de conducta como la desensibilización sistemática y el entrenamiento asertivo (Wolpe, 1973).

III. PROCEDIMIENTO

El procedimiento de relajación que presentamos en este apartado, es una adaptación de la técnica de relajación progresiva de Jacobson (1934), basada en las realizadas por Wolpe (1973) y Bernstein y Borkovec (1973). La técnica original es mucho más larga que la presentada aquí, ya que introduce más variedad de ejercicios para cada grupo muscular; en cada grupo se suelen emplear de 7 a 12 días. El tipo de instrucciones son, sin embargo, similares, con la salvedad de que están elaboradas para ser autoaplicadas. Para ello, se ilustra con dibujos detallados de forma que el sujeto pueda comprender por sí mismo cómo realizar el ejercicio.

La mayoría de los autores que utilizan la técnica de relajación progresiva han adaptado y simplificado la técnica de Jacobson por dos razones : 1) Se pueden obtener los mismos resultados con 8-10 sesiones, más las sesiones de práctica en casa, que con las 90 sesiones originales de Jacobson (Bernstein y Borkovec, 1973; Mitchell, 1977; Wolpe, 1973); y 2) parece que los sujetos siguen mejor la técnica cuando, al menos al principio, es el propio terapeuta quién los dirige en los ejercicios de tensar-relajar (Rimm y Masters, 1974).

Antes de presentar los elementos formales de la técnica, queremos hacer hincapié en una serie de aspectos necesarios para la aplicación de la técnica. En concreto, vamos a considerar aspectos referentes a la evaluación, la relación paciente-terapeuta, el ambiente físico, la voz del terapeuta y la presentación de la técnica.

Aspectos referentes a la evaluación. En clínica, es importante tener en cuenta que ni siquiera una técnica aparentemente sencilla y «buena para todo», puede ser aplicada directamente sin evaluar primero el problema. Sería una pérdida de tiempo y un esfuerzo inútil llevarla a cabo si no se está seguro de que un incremento en la habilidad para relajarse va a ser un factor importante en la resolución del problema que presenta el paciente. Podría ser incluso contraproducente. Esto es así, porque si el paciente no percibe una mejoría progresiva perderá la motivación para seguir trabajando, no sólo con ese terapeuta sino probablemente también con cualquier otro. Por ello, es necesario asegurarse durante el período de evaluación, mediante las distintas técnicas de que disponemos —entrevistas, autorregistros, cuestionarios, observación—, que el principal o uno de los principales problemas del paciente es la tensión excesiva a la que se ve sometido diariamente.

Relación paciente-terapeuta. «El psicólogo no es un simple técnico» es una frase hecha, ampliamente conocida pero poco aplicada. Tanto los aspectos anteriores concernientes a la evaluación como los incluidos en este apartado, hacen referencia a ella. No es suficiente conocer y saber aplicar bien la técnica de relajación; es necesario saber por qué y cuándo, y no sólo que el terapeuta lo conozca, sino que sepa comunicárselo al paciente. Efectivamente, tanto el proceso de evaluación como el terapéutico deben pertenecer al paciente; éste se tiene que convertir, en última instancia, en su propio psicólogo. Para ello, es necesario establecer una buena relación de trabajo en la que esté claro que es el paciente quien va a aprender a resolver sus problemas con la ayuda del psicólogo. Por eso, el terapeuta debe esforzarse en no fomentar en ningún momento la dependencia —por ejemplo, mediante el uso de frases implícitas de «yo te voy a curar, te voy a hacer sentir mejor con este método, etc.»—. Por el contrario, fomentará continuamente la independencia —mediante frases específicas, como por ejemplo: «puedes aprender algo que te sirva para sentirte mejor, tú eres el que elimina la tensión, no hay varitas mágicas, etc.»—. Efectivamente, el éxito de la relajación no depende de que el terapeuta sea muy bueno con la técnica sino que sea muy bueno motivando y asegurándose de que el paciente aprende a: 1) reconocer y relajar la tensión muscular, 2) practicar diariamente en casa, 3) aplicar la relajación en su vida cotidiana y ante situaciones estresantes específicas, y 4) convertirla en un hábito.

Ambiente físico. El ambiente físico hace referencia sobre todo a la sala de relajación y al mobiliario donde se lleve a cabo la relajación, aunque también puede incluirse aquí el atuendo del paciente.

Hay diversidad de opiniones, aunque muchos autores coinciden en que la sala de relajación sea tranquila, pero no completamente insonorizada, para que se asemeje al medio real (Bernstein y Borkovec, 1973; Jacobson y McGuigan, 1982). La temperatura debe permanecer constante, entre 22-25° C, y la luz tenue, de forma que no moleste pero que tampoco deje la habitación totalmente a oscuras.

El mobiliario en el que se practique la relajación varía según los distintos autores. Así, Jacobson (1961) utiliza una colchoneta en primer lugar, pasando luego el sujeto a la posición de sentado, para lo que se utiliza una silla normal. Otros autores, a los que nos unimos (Bernstein y Borkovec, 1973; Cautela y Groden, 1978), utilizan un sillón reclinable con soporte para pies y cabeza.

En cuanto al atuendo del paciente cuando aprende relajación, lo importante es que se encuentre cómodo y que no lleve prendas ceñidas que dificulten la circulación. Aunque algunos autores recomiendan que se quiten los zapatos (Bernstein y Borkovec, 1973), nosotros no lo creemos necesario, y sí que puede ser motivo de malestar, aparte de que los pies pueden quedarse así fríos durante la relajación. Como norma, es mejor observar al paciente y pedirle que se desprenda sólo de aquellos objetos (ejemplo: gafas) que puedan obstaculizar la tensión-relajación de algún grupo muscular.

Voz del terapeuta. El tono y la intensidad de voz que el terapeuta utilice cambia según el procedimiento de relajación que emplee —relajación progresiva, pasiva, autógena, hipnosis, etc.—. Esto es así debido a los fundamentos y a la lógica que hay detrás de cada técnica. La relajación progresiva, al fomentar el proceso de discriminación tensión-relajación, es en la que menos se utilizan tonos de voz sugestivos. La voz sigue un tono normal, un poco bajo y pausado, pero que no va perdiendo en volumen ni haciéndose cada vez más lento. Por el contrario, las técnicas de hipnosis pretenden alcanzar estados de relajación profundos mediante el uso de frases y palabras sugestivas.

Presentación de la técnica. La presentación de cualquier técnica de relajación debe comprender los siguientes puntos: finalidad para la que se va a enseñar y relación con el problema del paciente, en qué consiste la técnica en términos generales, cómo se va a proceder en las sesiones, importancia de la práctica en casa y, por último, en qué consiste la sesión actual.

Durante esta presentación, y después de ella, el terapeuta debe asegurarse que el paciente comprende y acepta la información recibida. Es decir, que tiene sentido para éste el porqué, para qué, y cómo va a aprender a relajarse. Hay que tener en cuenta que la presentación de la técnica se hace al final del período de evaluación. En éste, tanto el terapeuta como el paciente han ido observando y analizando las conductas problemáticas, de forma que ambos saben ya que el componente, o uno de los componentes más importantes de dichas conductas, es la tensión y, por tanto, tiene sentido aprender algo para hacerle frente.

A continuación se presenta el tipo de información que el terapeuta puede dar. No son instrucciones para memorizar y declamar al paciente, sino una guía para ser adaptada a cada persona concreta. El terapeuta puede decir:

Como hemos visto, una gran parte de tu problema radica en la tensión que experimentas diariamente. Esa tensión es la respuesta que tu cuerpo da a una serie de situaciones que exigen que actúes. La tensión puede ser adaptativa (buena, beneficiosa) si le sirve a uno para hacer frente a esa situación y resolverla. Por ejemplo, cuando tu jefe te dice que necesita un informe importante en poco tiempo, tú tienes que sentarte a tu mesa y teclear tu máquina, y eso requiere tensar ciertos músculos de tu cuerpo. Sin embargo, no necesitas tanta tensión que llegues a romper una tecla, ni necesitas fruncir tu frente, tensar tus hombros, etc. Tampoco necesitas seguir tensando tus músculos después de acabado el trabajo. ¿Cuál sería entonces, según lo ves tú, el ideal de tensión en esa situación?... Justo, sólo el necesario para realizar la tarea, el resto sobra y sólo te va a causar malestar y dolor de cabeza. Eso es lo que puedes aprender aquí: a distinguir la tensión innecesaria y eliminarla.

La técnica de relajación progresiva consiste en aprender a tensar y luego relajar los distintos grupos musculares de tu cuerpo, de forma que sepas qué se siente cuando el músculo está tenso y qué cuando está relajado. De esta forma, una vez que dicho aprendizaje se haya convertido en hábito, identificarás rápidamente, en las situaciones de cada día, cuándo estás tensando más allá de lo que necesitas. Esta identificación será tu señal para automáticamente relajarte. Pero, fíjate que estamos hablando de un hábito, y como cualquier hábito, para llegar a serlo, necesita ser aprendido y practicado primero. Ahora, me gustaría dejar de hablar un momento para que me cuentes, según lo dicho, en qué consiste la técnica de la relajación y para qué sirve...

Muy bien, vamos a aprender la técnica de forma progresiva en la sesiones. De manera que hoy vas a aprender a tensar y relajar los brazos; en la segunda sesión, la frente, ojos y nariz; en la tercera, la boca y las mandíbulas; en la cuarta, el cuello; en la quinta, los hombros, pecho y espalda; en la sexta, el abdomen; en la séptima, los pies y piernas; y en la octava, a relajar sólo, sin tensar, todos los músculos. Cada una de las sesiones durará 20 minutos aproximadamente.

Mucho más importante que aprender a tensar y relajar bien en las sesiones es practicar en casa. Sin esta práctica no se puede consolidar el aprendizaje, y por tanto, no se puede aplicar a la vida real, así que sería absurdo continuar con las sesiones. Es necesario que practiques como mínimo media hora diaria. En la práctica hay un mínimo, pero no un máximo; cuanto más practiques mejor. Lo que sí es importante, es que te reserves un horario y un lugar tranquilo para practicar. Elígelo de forma que nadie te moleste y no te quedes dormido (por ejemplo, no lo hagas después de comer o justo antes de dormir). Si esto ocurriera, no pasa nada, es sólo señal de que realmente te has relajado bien; pero mientras duermes no puedes aprender, y acuérdate que de eso es de lo que se trata. ¿Cómo ves tú eso de la práctica en casa?...

Bien, hoy vamos a aprender cómo tensar y relajar los músculos de los brazos. Vamos a comenzar con los de la mano dominante. Los músculos de la mano y antebrazo se tensan apretando el puño. Así, hazlo conmigo...¿notas la tensión en la mano, en los nudillos y en el antebrazo?, muy bien. Ahora suelta la mano completamente, ¿notas la diferencia entre la tensión anterior y la relajación de ahora? Eso es lo que te pediré que hagas cuando te relajes en el sillón. Cuando hayamos relajado los músculos de la mano y antebrazo por dos veces, pasaremos a los músculos del bíceps y haremos lo mismo. El ejercicio para tensar es el de apretar fuertemente el codo contra el brazo del sillón. Prueba tú ...así ...muy bien. Cuando relajemos el brazo completamente, practicaremos los mismos ejercicios con el brazo contrario; el resto de la sesión la dedicaremos sólo a relajar. No te preocupes por recordar nada porque esto te lo iré diciendo paso a paso cuando te encuentres en el sillón. ¿Tienes alguna duda?...

Bien, ahora colócate en el sillón en posición reclinada, reduciré la luz de la habitación...Ponte cómodo, aflójate cualquier prenda que te oprima, y quítate pulseras, gafas o cualquier objeto que te pueda molestar. Cuando te encuentres en una posición cómoda, procura moverte lo menos posible y no hablar durante la sesión. ¿Tienes alguna pregunta? Bien, vamos a comenzar.

III.1. *La técnica de la relajación progresiva*

El orden en que se tratan los grupos musculares, el número de sesiones y el tipo de ejercicios de tensión viene recogido en el cuadro 9.1.

Antes de comenzar la secuencia de ejercicios de tensión-relajación, se le

CUADRO 9.1. *Técnica de relajación progresiva.*

Sesiones	*Grupos musculares*	*Ejercicios*
1	Mano y antebrazo dominantes Bíceps dominante Mano, antebrazo y bíceps no dominantes	Se aprieta el puño. Se empuja el codo contra el brazo del sillón. Igual que el miembro dominante.
2	Frente y cuero cabelludo Ojos y nariz	Se levantan las cejas tan alto como se pueda. Se aprietan los ojos al tiempo que se arruga la nariz
3	Boca y mandíbulas	Se aprietan los dientes mientras se llevan las comisuras de la boca hacia las orejas. Se aprieta la boca hacia afuera. Se abre la boca.
4	Cuello	Se dobla hacia la derecha Se dobla hacia la izquierda. Se dobla hacia adelante. Se dobla hacia atrás.
5	Hombros, pecho y espalda	Se inspira profundamente manteniéndo la respiración al tiempo que se llevan los hombros hacia atrás intentando que se junten los omoplatos.
6	Estómago	Se mete hacia adentro conteniendo la respiración. Se saca hacia afuera conteniendo la respiración.
7	Pierna y muslo derecho Pantorrilla Pie derecho Pierna, pantorrilla y pie izquierdo	Se intenta subir con fuerza la pierna sin despegar el pie del asiento (o suelo). Se dobla el pie hacia arriba tirando con los dedos, sin despegar el talón del asiento (o suelo) Se estira la punta del pie y se doblan los dedos hacia adentro. Igual que el derecho
8	Secuencia completa de músculos	Sólo relajación.

pide al paciente que deje que sus ojos se vayan cerrando, y que se relaje. Después de 1 ó 2 minutos comienza la secuencia de ejercicios, para lo que se sigue una guía relativamente estandarizada. Por ejemplo, se puede comenzar con el primer grupo muscular diciendo:

Estas cómodo y relajado. Ahora me gustaría que siguieras dejando relajado todo tu cuerpo, mientras concentras tu atención en tu mano derecha (o izquierda si es su brazo dominante). Cuando yo te diga, cierra el puño muy, muy fuerte, todo lo fuerte que puedas. ¡Ahora! Fíjate lo que sientes cuando los músculos de la mano y antebrazo están tensos. Concéntrate en ese sentimiento de tensión y malestar que experimentas.

Después de aproximadamente 5 ó 7 segundos (prácticamente lo que duran las palabras del terapeuta), éste dice:
Ahora cuando te diga «suelta,» quiero que tu mano se abra completamente y la dejes caer sobre tus piernas; no lo hagas gradualmente, déjala caer de golpe. ¡Suelta!

A menudo el paciente no deja caer su mano sino que la coloca sobre las piernas. Si ocurre esto, el terapeuta le recordará las instrucciones, suavemente, sin romper la situación de relajación. A continuación, repetirá el ciclo, sujetándole esta vez el brazo y dejándolo caer cuando diga: «¡Suelta!». Si lo consigue, le indicará que eso es lo que tiene que hacer; si no lo consigue, el terapeuta tendrá que modelarlo. Una vez que el paciente ha «soltado» la tensión, el terapeuta continúa enfatizando ahora las nuevas sensaciones de relajación en contraste con las anteriores de tensión, como por ejemplo:

Nota ahora cómo la tensión y la incomodidad han desaparecido de tu mano y tu antebrazo. Fíjate en las sensaciones de relajación, de placer, de tranquilidad que tienes ahora. Fíjate en el contraste, en la diferencia entre tener la mano tensa y tenerla relajada. Continúa soltando esos músculos, dejando que se hagan cada vez más lisos, más relajados. No hagas nada, sólo déjalos sueltos.

Después de 30-40 segundos de relajación, se repite de nuevo el ejercicio, y así hasta completar los ejercicios de los brazos. El resto del tiempo hasta aproximadamente 20 minutos que dura cada sesión de relajación, se dedica sólo a relajar. Para esto, se continúan repitiendo las instrucciones anteriores de relajación. También se puede intercalar con ellas algunas de relajación pasiva (ver el apartado siguiente). En cada nueva sesión, el terapeuta procederá a relajar, en el mismo orden, pero esta vez sin tensar, los grupos musculares aprendidos en la sesión anterior y practicados en casa, añadiendo a esto los ejercicios de tensión-relajación correspondientes a la sesión. Es importante que el paciente aprenda a mantener relajados todos los músculos excepto el que esté tensando. Es decir, que, por ejemplo, no tense otra vez los ojos mientras tensa la boca. El terapeuta deberá indicárselo antes de comenzar la relajación, cuando le presente los ejercicios nuevos, y recordárselo cuando el paciente no actúe así. Este aprendizaje de tensar sólo los músculos que voluntariamente quiere, le ayudará a generalizar a la vida diaria, practicando en ella la *relajación diferencial,* que veremos en el apartado de aplicaciones.

Estas sesiones de relajación tienen lugar generalmente dos veces por semana, practicándose diariamente lo aprendido en ellas. Para la práctica en casa, es conveniente utilizar autorregistros donde el paciente anote la hora del día, el grado de relajación (escala de 0 a 10) antes y después de la práctica, y los problemas encontrados durante ella (interrupciones, no concentración, dormirse, etc.).

III.1.1. Principales problemas en la aplicación de la técnica

Durante las sesiones de relajación es muy importante observar al paciente, con el fin de evaluar si se está presentando alguno de los problemas que se citan seguidamente. Asimismo, al final de cada sesión, se le pide al paciente que comente la misma. Es decir, que señale si ha habido alguna frase que le haya ayudado especialmente o, por el contrario, le haya dificultado la relajación; si ha tenido problemas con algún grupo muscular, etc. En definitiva, es necesario adecuar la técnica a las necesidades individuales de cada persona. Por eso, las 8 sesiones estándar pueden alargarse, repitiéndose alguna de ellas, en función de que el paciente no haya relajado bien algún grupo muscular, etcétera.

Si la dificultad en relajar músculos persistiera, el terapeuta puede modelar, o ayudar físicamente (ejemplo: cogerle el brazo y dejarlo caer, etc.). Asimismo, si el ejercicio presentado no da resultado, se puede sustituir por otro destinado también a tensar-relajar ese grupo muscular (ver Bernstein y Borkovec, 1973; y Jacobson y McGuigan, 1982). De todas formas, es necesario tener en cuenta que algunas personas aprenden a relajarse mejor con otro método (por ejemplo, con la relajación pasiva). Por ello, si los problemas con el procedimiento que se está empleando persistieran sería aconsejable cambiar de técnica (ver apartado sobre las *Variaciones,* más adelante).

De los distintos grupos musculares tratados, el que frecuentemente presenta problemas para ser relajado es el del cuello. Cuando el terapeuta dice: «¡Suelta!», el cuello deberá volver a la posición en la que estaba, es decir, apoyado sobre el sillón. Para facilitar esto, se le puede pedir al paciente que imagine que suelta un muelle que sujetaba el cuello hacia la dirección en la que esté tensando.

Otros grupos musculares que presentan problemas son los de los pies. Al tensarlos, el paciente puede experimentar calambres, si es propenso a ellos. Si es así, la duración de la tensión deberá ser más corta y/o menos intensa.

El problema contrario es que el paciente se relaje tanto que se duerma. Si esto ocurriera, el terapeuta lo despertaría suavemente y seguiría relajando a partir de donde se quedó. Si esto ocurre con frecuencia en casa, el paciente cambiará el horario, de forma que no practique la relajación cuando esté cansado o sea hora de dormir. También podría hacer más sesiones diarias de menos duración.

Los ejercicios de respiración, introducidos en la sesión 5, también pueden presentar problemas. Aunque en general ayudan a la relajación, y de hecho muchas técnicas se basan en ellos (por ejemplo, la meditación), hay personas que se «obsesionan» con su respiración. Si esto ocurriera, es preferible no seguir presentándolos. Los mejores procedimientos son aquellos que así lo demuestren para cada paciente.

Quizás uno de los problemas más preocupantes consiste en que el paciente verbalice que se encuentra «relajado muscularmente» pero no «por dentro», «en la cabeza», etc. En estos casos, es conveniente asegurarle que, con la práctica, la relajación de los músculos externos llevará a la relajación de fibras menos periféricas que pueden estar causando la tensión. A medida que vaya aprendiendo a relajarse, aprenderá también a relajar esos músculos. Si la «tensión interna» está causada por pensamientos perturbadores, aparte de la posible necesidad de utilizar técnicas cognitivas si esos pensamientos son muy persistentes, el terapeuta puede aumentar la parte hablada para acaparar así la atención del paciente. En la práctica en casa, puede plantearse como alternativa el cambio de pensamientos a imágenes placenteras. También puede proporcionarse, al menos hasta que el paciente aprenda a relajarse, una cinta de relajación pasiva (ver apartado sobre las *variaciones*), ya que en ella la voz del terapeuta está continuamente controlando la conducta del paciente. Para mayor profundización de éstos y otros problemas, el lector puede remitirse a los manuales que se incluyen en el epígrafe de *Lecturas para profundizar*.

III.1.2. Variaciones

Además de la versión adaptada de Jacobson que presentamos anteriormente, existen otras adaptaciones. En general, se puede decir que no difieren entre ellas ni con la original sustancialmente. Las diferencias son únicamente de procedimiento y residen básicamente en lo siguiente: más o menos número de ejercicios para tensar los músculos; distintos tipos de ejercicios para conseguir tensión en los distintos músculos; repetición de los ejercicios más o menos veces (oscila entre 2 ó 3 veces); aprendizaje de pocos músculos cada sesión o de todos juntos desde la primera sesión; orden que siguen los ejercicios (de los brazos a la cabeza y de ahí bajando hasta los pies, o de los brazos a los pies y de ahí subiendo a la cabeza); uso de autoinstrucciones, o instrucciones dadas por el terapeuta; y, por último, posible mezcla de frases de relajación autógena o de relajación pasiva. Ninguna de estas variaciones ha demostrado ser superior sobre cualquier otra (Mitchell, 1977; Rimm y Masters, 1974).

Después de la relajación progresiva, quizás las técnicas más utilizadas en relajación hayan sido las siguientes: la técnica de la relajación pasiva, la técnica de la relajación autógena, y la respuesta de relajación, de Benson. Éstas son las técnicas que vamos a ver a continuación.

III.2. *La técnica de la relajación pasiva*

Se diferencia de la relajación progresiva en que en esta técnica no se utilizan ejercicios de tensar, sino sólo de relajar grupos musculares. Aunque la relajación progresiva permite percibir estados de tensión muscular de forma muy específica, la técnica de la relajación pasiva tiene alguna ventaja sobre la anterior. Así, puede ser muy útil en los siguientes casos: 1) Con personas que encuentran difícil relajarse después de haber tensado los músculos; 2) con personas en las que no esté aconsejado tensar ciertos músculos debido a problemas orgánicos o tensionales; y 3) como ayuda inicial para personas que encuentren difícil relajarse en casa. Para ello, las instrucciones se graban en una cinta con la que el paciente practica diariamente.

Las instrucciones que se especifican a continuación son una adaptación de la técnica de la relajación pasiva utilizada por Schwartz y Haynes (1974). Estas instrucciones pueden ser dadas en la clínica o grabadas en cinta. En ellas, además de las frases propias de la relajación pasiva, se intercalan también frases típicas de la relajación autógena —frases que hacen referencia a sensaciones de peso y calor— y breves indicaciones focalizadas en la respiración. Las instrucciones son las siguientes:

Estás confortablemente reclinado con los ojos cerrados, todas las partes de tu cuerpo están cómodamente apoyadas en el sillón de forma que no hay ninguna necesidad de tensar ningún músculo. Déjate llevar lo máximo que puedas por el sentimiento de relajación (pausa).

Ahora focaliza la atención en tu mano derecha y deja que desaparezca de ella cualquier tensión... Concéntrate en los músculos de tu mano derecha...

puedes verlos... ve dejándolos sueltos, más y más sueltos. Deja que esos músculos se vuelvan muy, muy relajados; muy, muy calmados; muy, muy tranquilos... déjate llevar... continúa concentrándote en esos sentimientos y deja que esos músculos se suelten más y más... cuando estás relajado tus músculos están muy sueltos, muy largos, muy calmados... déjalos que se suelten más y más (pausa).

Ahora focaliza tu atención más arriba, en tu antebrazo derecho; puedes sentirlo, concéntrate en esos músculos y deja que tu atención se focalice en esos sentimientos. Deja que tus músculos se relajen más y más, más y más relajados, profundamente relajados, sueltos, tranquilos... Si tu atención divaga, vuélvela de nuevo a tus músculos relajados. Están muy alargados, muy tranquilos, muy relajados (pausa).

Ahora, focaliza tu atención más arriba, en tu brazo derecho... A medida que concentras tu atención en esos músculos los vas dejando más y más relajados, muy sueltos, muy calmados, muy tranquilos. Déjate llevar más y más profundamente. Si notas que tu atención divaga, vuelve a centrarla en esos músculos. Deja que esos músculos se vuelvan más y más largos, calmados, tranquilos...déjate llevar por el sentimiento profundo de la relajación, sólo déjate llevar (pausa).

Mientras que continúas con todo tu brazo, antebrazo y mano derecha profundamente relajados, concéntrate ahora en tu mano izquierda...

De esta forma, el terapeuta avanza relajando todos los grupos musculares en el mismo orden que se haría en la relajación progresiva. Cada vez que termina de relajar uno, vuelve a mencionar los anteriores, de la siguiente forma:

...La relajación se extiende ahora por tus brazos... toda tu cara... tu cuello... y baja hacia tus hombros. Focaliza ahora tu atención en esa parte de tu cuerpo, nota cómo los músculos se van soltando más y más...

Se procede ahora a relajar esos músculos. Es aquí cuando los autores introducen las frases autógenas mencionadas:

A menudo cuando estás muy relajado, sientes una pesadez en esos músculos y un calor suave. Deja que ese sentimiento te invada. Ésa es una señal de que tus músculos se están relajando más y más...

A partir de aquí se introducirán frases de ese tipo al relajar los grupos musculares:

Deja que tus músculos se vuelvan más y más pesados, cálidos, relajados....

Las breves indicaciones sobre la respiración, a las que nos referíamos anteriormente, son dadas al final. El final de las instrucciones, después de haber relajado los pies (último grupo muscular) es el siguiente:

Concéntrate en los sentimientos de relajación. Si tu atención divaga, tráela de nuevo a esos sentimientos. Deja todo tu ser muy, muy relajado; muy, muy tranquilo. Deja tus pies... tus piernas... tus muslos... tu estómago... tu pecho... tu espalda... tus hombros... tus brazos... tu cuello... tu cara... muy, muy relajados; tus músculos están muy, muy sueltos; muy tranquilos. Deja que tu respiración lleve su propio ritmo monótono, tranquilo. Déjate llevar...déjate llevar por el estado profundo de la relajación. Todas las partes de tu cuerpo están muy relajadas, muy cálidas, muy pesadas. No hagas nada, sólo déjate llevar. Deja que tu respiración siga su propio ritmo pesado, monótono, tranquilo. Déjate llevar, déjate llevar más y más profundamente por la relajación.

Estas instrucciones duran unos 20 minutos, durante los cuales la voz del terapeuta sólo se interrumpe durante breves pausas (2 ó 3 segundos, señaladas en el texto mediante puntos suspensivos). El tipo de voz suele ser más lento y pausado que el utilizado en la relajación progresiva, aunque sin llegar a adquirir tonos hipnóticos. Debido a esta entonación, la relajación pasiva puede producir estados de relajación más profundos en una primera sesión. Sin embargo, también produce más dependencia a la voz del terapeuta, por lo que recomendamos que, si se utiliza, se haga especial énfasis en que el paciente interiorice las instrucciones lo antes posible, de forma que la cinta dada para casa vaya siendo progresivamente retirada.

III.3. *La relajación autógena*

La técnica de la relajación autógena de Schultz (1932), es otra de las técnicas clásicas más conocidas en relajación. Consiste en una serie de frases elaboradas con el fin de inducir en el sujeto estados de relajación a través de autosugestiones sobre: 1) sensaciones de pesadez y calor en sus extremidades; 2) regulación de los latidos de su corazón; 3) sensaciones de tranquilidad y confianza en sí mismo; y 4) concentración pasiva en su respiración.

Al igual que con las otras técnicas, el sujeto ha de practicarla varias veces al día hasta que llegue a conseguir relajarse de forma automática. Las instrucciones son las siguientes:

Una vez sentado en una posición cómoda, con los ojos cerrados, vamos a comenzar la relajación autógena. Primero, quiero que tomes conciencia de cualquier ruido fuera de la habitación (10 segundos). Conciencia de cómo sientes tu cuerpo en el sillón ... de los puntos de contacto entre tu cuerpo y el sillón, los puntos de contacto de la cabeza, la espalda, los brazos y las piernas (10 segundos). Ahora quiero que te concentres en tu respiración; a medida que inspiras tu abdomen se eleva, y cuando espiras, el abdomen baja suavemente... de forma que la espiración es un poco más larga que la inspiración (10 segundos). Ahora, concéntrate en tu mano y brazo derechos y comienza a decirte mentalmente: Siento mi mano derecha pesada (se repite tres veces), mi mano derecha es pesada y cálida (tres veces), siento mi mano y brazo derechos pesados (tres veces), siento una oleada cálida invadiendo mi mano y brazo derechos (tres veces). Visualiza tu mano y brazo derechos en un sitio cálido, dándoles el sol, mira cómo los rayos de sol descienden y tocan tu mano y brazo derechos... cómo los calientan suavemente. Imagínate que estás tumbado sobre arena caliente, siente el contacto de tu mano y brazo derecho sobre la arena... o introducidos en agua caliente... o cerca de una estufa. Dite: mi mano y brazo derecho se vuelven muy cálidos y pesados. Respira profunda y lentamente, a cada espiración lenta y larga, déjate llevar un poco más, mandando un mensaje de calor y relajación hacia la mano y brazo derecho (10 segundos).

De esta forma el terapeuta repite el mismo tipo de instrucciones para la mano y brazo izquierdo, pie y piernas derecha e izquierda, volviendo después sobre todas la extremidades y pasando al abdomen:

...Mis brazos y manos están cálidos y pesados (15 segundos repitiéndolo). Mis pies y piernas están cálidos y pesados (15 segundos repitiéndolo). Mi abdomen es cálido (3 veces). Mi respiración es lenta y regular (3 veces). Mi corazón late calmada y relajadamente (3 veces). Mi mente está tranquila y en paz (3 veces). Tengo confianza en poder resolver los problemas cotidianos (3 veces). Toda tensión y estrés en mi cuerpo se va disipando a cada larga y suave espiración (3 veces). Cualquier preocupación acerca de mi pasado o futuro se disipa cada vez que espiro (3 veces). Puedo mandarme mensajes positivos acerca de mi propio valor (3 veces). La esencia de la relajación estará conmigo durante todo el día (3 veces). Gradualmente puedo empezar a volver a la habitación manteniendo mis ojos cerrados. Soy consciente de nuevo de los sonidos fuera y dentro de la habitación. Voy sintiendo mi cuerpo sobre el sillón (o la cama). Cuando estés preparado, puedes empezar a mover tus dedos y poco a poco ir abriendo tus ojos.

Como ha podido observarse, este tipo de relajación es de los que utilizan más elementos de sugestión. Sin embargo, aunque es el terapeuta quien enseña y dirige al principio, será después el propio paciente quien lo interiorice y practique solo en casa. También ha podido observarse que en esta técnica no se relajan grupos musculares, sino que exclusivamente se focaliza la atención en las extremidades para calentarlas, y en el abdomen para favorecer la respiración. Como comentamos anteriormente, muchos autores han encontrado útil incorporar a sus técnicas de relajación algunas de las frases de calor y pesadez en las extremidades, así como la concentración en la respiración (Budzynski, 1974; Mitchell, 1977; Turk, Meichenbaum y Genest, 1983).

III.4. *La respuesta de relajación*

La «respuesta de relajación» de Benson (1975), es un procedimiento adaptado de las técnicas de meditación. En ellas se utiliza un «mantra» o palabra secreta susurrada al iniciado para producir estados de meditación profunda. Según señala Benson (1975), cualquier palabra puede causar los mismos cambios fisiológicos que el «mantra». Los cambios fisiológicos más consistentemente encontrados son: decrementos en el consumo de oxígeno, decrementos en la eliminación del dióxido de carbono y decrementos en la tasa respiratoria.

Las instrucciones dadas por Benson y su equipo para producir esos cambios son las siguientes:

1) Siéntate en una posición cómoda; 2) Cierra tus ojos; 3) Relaja profundamente todos tus músculos, empezando por tus pies y subiendo hacia tu cara. Manténlos relajados; 4) Respira a través de la nariz siendo consciente de tu respiración. A medida que expulses el aire di la palabra «uno» (one) para tí mismo (puede ser «paz», «relax», o cualquier otra palabra). Por ejemplo, respira adentro... afuera, «uno»; adentro... afuera, «uno»; etc. Respira fácil y naturalmente; 5) Continúa durante 10 ó 20 minutos. Puedes abrir los ojos para ver la hora, pero procura hacerlo poco y no utilices despertador. Cuando termines, siéntate durante varios minutos, primero con los ojos cerrados, y luego, con ellos abiertos. No te levantes hasta que pasen algunos minutos; 6) No te preocupes si no te relajas completamente al principio. Deja que la relajación ocurra a su propio ritmo, no la fuerces. Practica una o dos veces al día. Con la práctica la respiración ocurrirá sin ningún esfuerzo.

Como puede comprobarse, la originalidad de Benson radica en sus instrucciones acerca de la respiración activa, esto es, de la concentración en una palabra que ayude a respirar más lenta y pausadamente, favoreciendo de esta forma la relajación.

IV. APLICACIONES

La importancia de las técnicas de relajación no reside en ellas mismas —al igual que ocurre con cualquier técnica— sino en la aplicación que se haga de ellas. No son fines en sí mismas, sino medios para alcanzar una serie de objetivos. El objetivo fundamental de estas técnicas es dotar al individuo de la habilidad para hacer frente a situaciones cotidianas que le están produciendo tensión o ansiedad. Estas situaciones pueden ser:

1. Actividades rutinarias que el sujeto está llevando a cabo con más tensión de la necesaria para su correcta realización, y que le está provocando un elevado estado de activación o ansiedad generalizada, y
2. Situaciones específicas ante las que el sujeto experimenta ansiedad o estrés.

Como se recordará, en la introducción de la técnica al sujeto, la finalidad de la relajación es presentada al paciente antes de comenzar el aprendizaje, de forma que éste tenga sentido. Una vez que el paciente ha aprendido y practicado la relajación, comienza a aplicarla a su vida diaria de la forma en que especificamos a continuación.

Para el primer tipo de situaciones a la que nos referíamos, es útil el aprendizaje de la llamada «relajación diferencial» (Bernstein y Borkovec, 1973). Ésta consiste en identificar la tensión implicada al realizar una actividad habitual, eliminando tanto la tensión de los músculos que no participan en la ejecución de la tarea como el exceso de tensión en los músculos envueltos en ella. Así, se aprende a escribir, limpiar, conducir, usar el teléfono, etc., de forma «relajada». Para ello es necesario:

1. Identificar diariamente la tensión durante las actividades cotidianas. Esto puede realizarse llevando consigo un autorregistro en el que se anote el grado de tensión (en escalas subjetivas, por ejemplo de 1 a 10) en cada actividad diaria.
2. Utilizar la identificación de tensión como «señal» para aflojar los músculos y relajarlos, y
3. Practicar esto hasta que llegue a convertirse en un hábito, y por tanto, en un proceso automático. Aunque la relajación diferencial puede conseguirse aplicando cualquier técnica de relajación, la relajación progresiva parece facilitarla, al enseñar al paciente a relajar como contraste a la tensión producida previamente.

En cuanto a las situaciones específicas que producen tensión, la relajación se suele aplicar de forma parecida a la anterior, o bien, utilizando la llamada «relajación condicionada» (Bernstein y Borkovec, 1973). Ésta consiste en asociar una palabra (por ejemplo, «tranquilo», «control», etc.) al estado producido por la relajación, de forma que ante la situación estresante, el paciente utilizará esa palabra como «señal» para relajarse inmediatamente. El aprendizaje de la asociación de la palabra con el estado de relajación se puede realizar después de haber aprendido cualquier técnica para relajarse, o al mismo tiempo que se está aprendiendo. Por ejemplo, Bernstein y Borkovec (1973) se la enseñan a sus sujetos después de la técnica de relajación progresiva, mientras que Benson (1975) utiliza una palabra para enseñar a relajarse.

La técnica de relajación se utiliza también, con la misma frecuencia, como componente de la técnica de la desensibilización sistemática (Turner, este volumen; Wolpe, 1973). Esta técnica está indicada cuando el grado de ansiedad ante situaciones específicas es tan elevado que el sujeto no puede enfrentarse a ellas, evitando dichas situaciones aunque eso le reporte graves consecuencias. Estos problemas son los llamados clínicamente miedos o fobias.

Otra área donde la relajación se ha utilizado ampliamente es en los llamados problemas psicosomáticos. Así la relajación se ha aplicado con éxito en problemas de insomnio (Karakan y Moore, 1984; Lacks, 1987; Williams, Karakan y Moore, 1988); asma e hipertensión (Appel, Saab y Holroyd, 1985; Rice, 1987; Taylor, 1982) y cefaleas (Blanchard y cols., 1983; 1985; Janssen y Neutgens, 1986), entre otros.

En la aplicación a estos problemas psicosomáticos no parece que haya una técnica de relajación superior a cualquier otra. Sin embargo, se utiliza con frecuencia la relajación autógena a las cefaleas de migrañas. El objetivo es aumentar el flujo sanguíneo en las extremidades, con lo que, supuestamente, disminuiría en las arterias craneales.

La técnica de Benson también se utiliza con frecuencia ante problemas de hipertensión aunque, como dijimos, no esté demostrada su mayor eficacia con respecto a las otras técnicas. Sin embargo, esta técnica podría estar contraindicada en problemas asmáticos, sobre todo si encontramos que el paciente tiene dificultad para respirar abdominalmente.

Otra área importante de aplicación de la relajación es la referente a los procedimientos quirúrgicos y hospitalarios (Weinstein, 1976). Además de estas áreas principales, la relajación se ha aplicado también a problemas psicóticos (Weinman y cols., 1972); a problemas de diabetes (Hartman y Reuter, 1983) y en general a cualquier problema en el que haya implícito un componente ansiógeno.

Mención aparte merece la aplicación de la relajación en niños (Alexander, 1972; Weil y Goldfried, 1973). Cautela y Groden (1978) presentan una excelente adaptación de la técnica de relajación progresiva para niños.

V. RESUMEN

En este capítulo se han presentado en detalle los procedimientos para la aplicación de distintas técnicas de relajación. En concreto, las siguientes: la relajación progresiva, la relajación pasiva, la relajación autógena, y la respuesta de relajación. Cada técnica enfatiza unos elementos sobre otros. Así, el principal énfasis en la relajación progresiva recae en la discriminación entre tensión y relajación musculares; en la relajación pasiva, en el aprendizaje de la relajación de distintos grupos musculares; en la autógena, en la provocación de sentimientos de calor y pesadez en las extremidades y en la concentración pasiva en la respiración; y por último, en la respuesta de relajación, en la concentración, siguiendo las técnicas de meditación, en una palabra o «mantra» asociada con la respiración.

Estas técnicas han sido ampliamente aplicadas a una gran variedad de problemas, haciéndolo de forma individual, o en combinación con otras técnicas, o como elementos básicos de técnicas más amplias (por ejemplo, la desensibilización sistemática).

Aunque algunas técnicas de relajación han sido más usadas en el tratamiento de algunos problemas, no existe evidencia definitiva de que ninguna sea superior a cualquier otra en la resolución de dichos problemas. Sí se han encontrado, sin embargo, diferencias individuales. Como conclusión final, creemos necesario resaltar los siguientes elementos básicos, aplicables a cualquier técnica de relajación:

1. Es necesario que el aprendizaje de la técnica tenga sentido para el paciente. En otras palabras, que comprenda bien no sólo qué es lo que va a hacer y cómo, sino también para qué. Cuanto más seguro esté del beneficio que puede obtener con el aprendizaje de la relajación, mayor probabilidad de éxito tendrá la técnica, independientemente de la que sea.
2. Es necesario adecuar la técnica al paciente. Es decir, antes de aplicar la técnica hay que evaluar cuál puede ser la más adecuada para esa persona en cuestión, qué elementos necesitan ser más enfatizados, qué problemas se pueden presentar, etc. En definitiva, la mejor técnica de relajación es la que así lo sea para cada persona.

VI. LECTURAS PARA PROFUNDIZAR

Benson, H., *The relaxation response*, Londres, W. Collins and Sons, 1975.

Bernstein, D. A. y Borkovec, T. D., *Entrenamiento en relajación progresiva*, Bilbao, Desclée de Brouwer, 1983. (Or.: 1973)

Budzynski, T. H., *Relaxation training program,* Nueva York, BMA Audio Cassettes, Guilford, 1974.
Cautela, J. R. y Groden, J., *Técnicas de relajación,* Barcelona, Martínez Roca, 1985. (Or.: 1978)
Lichstein, K. L., *Clinical relaxation strategies,* Nueva York, Wiley, 1988.
Woolfolk, R. L. y Lehrer, P. M. (comps.), *Principles and practice of stress management,* Nueva York, Guilford, 1984.

10. LA DESENSIBILIZACIÓN SISTEMÁTICA

RALPH M. TURNER

I. INTRODUCCIÓN

La *desensibilización sistemática (DS)* es una intervención terapéutica desarrollada para eliminar la conducta de miedo y los síndromes de evitación. El procedimiento consta de dos componentes distintos. El primer componente consiste en enseñar al paciente una respuesta contraria a la ansiedad. La relajación progresiva, o algún otro procedimiento general de relajación, se utiliza normalmente para este propósito; aunque cualquier respuesta contraria a la ansiedad que haga el paciente, como la respuesta de aserción, bastará. Por ejemplo, una respuesta asertiva inhibe la experiencia de ansiedad y, en consecuencia, serviría adecuadamente como un agente antiansiedad. El segundo componente de la DS implica una exposición graduada al estímulo provocador de miedo. La exposición se puede llevar a cabo en la imaginación o en vivo.

La literatura empírica que apoya la eficacia de la DS es muy extensa. Turner, Di Tomasso y Deluty (1985) hicieron una revisión de los estudios de casos y de los experimentos llevados a cabo con pacientes reales. Había una abrumadora evidencia de que la desensibilización había demostrado ser un tratamiento eficaz para los trastornos fóbicos (en niños y en adultos), la ansiedad ante los exámenes, la asistencia al dentista, los miedos generales, el asma, las cefaleas debidas a contracciones musculares, las migrañas, diferentes tipos de disfunciones sexuales y es útil en el tratamiento del alcoholismo y del síndrome de Gilles de la Tourette.

La DS es una de las técnicas psicoterapéuticas más investigadas y más empleadas por los psicólogos y los psiquiatras. El resto de este capítulo se centra en una descripción detallada de su historia y de sus aplicaciones.

II. DESARROLLO HISTÓRICO

J. Wolpe (1958) desarrolló la DS como un método para reducir las reacciones de ansiedad. El procedimiento se basa en los principios del condicionamiento

Temple University Hospital, Filadelfia (EE UU)

clásico de I. V. Pavlov (1927). La suposición básica que subyace a la DS es que una respuesta de ansiedad ante un estímulo provocador de miedo puede eliminarse o debilitarse generando una respuesta contraria a la ansiedad. Cualquier respuesta que sea incompatible con la ansiedad puede utilizarse para inhibir la respuesta de ansiedad.

Antes del trabajo de Wolpe, varios investigadores habían creado las condiciones para el estudio de la neurosis inducida experimentalmente (Gantt, 1944; Masserman, 1943; Pavlov, 1927, 1941). El hallazgo inherente a todos estos trabajos era que los animales de laboratorio desarrollaban asociaciones de temor entre un acontecimiento neutral y estímulos del contexto en donde se presentaban condiciones aversivas. En el modelo típico, los animales de una determinada jaula experimental recibían repetidas veces una descarga eléctrica mientras realizaban una conducta deseada. En consecuencia, los animales desarrollaban, mientras se encontraban en la jaula, patrones de conducta «típicos de la ansiedad», como la incapacidad para comer, incluso cuando se tiene mucha hambre.

John B. Watson (1925), empleando un modelo de condicionamiento pavloviano, demostró que los miedos y las fobias que presentan los niños en los primeros años de su vida, no son heredados sino aprendidos por medio del condicionamiento. El más famoso de los experimentos de Watson mostró el condicionamiento de una respuesta de temor a una rata blanca, en un niño llamado Albert. A lo largo de una secuencia de ocho ensayos de laboratorio, Watson fue capaz de provocar una respuesta de miedo al golpear una barra de acero con un martillo de carpintero, cuando Albert intentaba tocar una rata blanca. Exploraciones adicionales mostraron una propagación o transferencia de la respuesta emocional condicionada a un conejo, a un perro, a un abrigo de piel, al algodón, a la lana e, incluso, al cabello canoso del propio Watson. Este propuso decididamente que el modelo de la respuesta emocional condicionada experimentalmente explicaba el desarrollo de todos los trastornos de ansiedad.

Las principales contribuciones de Wolpe al campo de la neurosis experimental fueron el ampliar la base empírica que apoya la idea de que las reacciones de ansiedad pueden condicionarse a los estímulos contextuales en los animales, el desarrollar un procedimiento para descondicionar la respuesta de ansiedad y, la más importante, el extender estos hallazgos a los seres humanos. En su primer experimento, Wolpe replicó los primeros hallazgos sobre la neurosis experimental, que demostraban que el aplicar pequeñas descargas eléctricas a la jaula de un animal podía inhibir, de forma fiable, su conducta de comer y conducía al desarrollo de otros síntomas de ansiedad. Posteriormente, Wolpe desarrolló un tratamiento para eliminar la respuesta de miedo condicionado. Basándose en la idea de Sherrington (1906) de la inhibición recíproca, Wolpe dedujo que el tratamiento debería consistir en inhibir de alguna manera la respuesta de ansiedad del animal y luego trasladar gradualmente a dicho animal cada vez más cerca, físicamente, de la jaula y del área experimental asociada con la descarga. Wolpe, que realizó sus experimentos con gatos, seleccionó *comida* como el método para inhibir la ansiedad, ya que es fácil de administrar y proporciona una gran tranquilidad en los gatos. Sus especulaciones se mostraron correctas. Los síntomas neuróticos de cada animal experimental se redujeron por medio de la combinación de una exposición gradual al objeto temido, más la inhibición de la ansiedad a través de la conducta de comer.

Más tarde, Wolpe dirigió su atención hacia el tratamiento de la neurosis humana. Siguiendo el precedente de Watson y Rayner (1920), Wolpe desarrolló su procedimiento de la desensibilización sistemática. La técnica terapéutica funcionaba rápida y totalmente. Esto creó las condiciones para la revolución que siguió en el tratamiento de los trastornos neuróticos de base ansiógena.

Hoy día, hay literalmente cientos de experimentos e informes de casos que evalúan la eficacia de la desensibilización. Es, sin duda, la técnica psicoterapéutica más investigada que existe actualmente. A lo largo del resto del capítulo, intentaremos delinear algunos de los trastornos para los que la DS es el tratamiento a elegir.

III. FUNDAMENTOS CONCEPTUALES Y EMPÍRICOS

III.1. *Aspectos teóricos*

Desde una perspectiva teórica, existe una gran controversia sobre el mecanismo terapéutico real responsable del cambio de conducta en la desensibilización. Baste decir que estas controversias sobre el mecanismo de cambio han servido para ampliar el rango de aplicación del procedimiento, así como para permitir usos creativos del mismo que incluso Wolpe no habría sospechado.

La posición de Wolpe a lo largo de los años (p.ej., 1958, 1973, 1976, 1981) ha sido que la inhibición recíproca subyace a la DS, de modo que si una conducta aumenta su potencia, entonces otras conductas, en compensación, tienen que disminuir la suya. Por ejemplo, la relajación y la ansiedad son respuestas que se inhiben recíprocamente. Como resultado, si un estímulo provocador de ansiedad con poca potencia se presenta cuando el paciente se encuentra relajado, tendrá lugar el contracondicionamiento. Dicho estímulo ya no provocará ansiedad, sino que, por el contrario, evocará la respuesta de relajación. Otras respuestas, además de la relajación, pueden inhibir también la ansiedad (ver Wolpe, 1973).

En su empleo del constructo de la «ansiedad», Wolpe la define como un patrón de la actividad del sistema nervioso simpático que tiene lugar cuando una persona cree que está expuesta a amenazas o daños. La actividad del componente simpático del sistema nervioso autónomo es la que está asociada con una activación emocional elevada. Los cambios corporales asociados con un aumento de la activación autónoma consisten en una elevación de la presión sanguínea y de la tasa cardíaca, un aumento de la circulación sanguínea en los grandes grupos de músculos voluntarios junto con una disminución de la circulación sanguínea en el estómago, la dilatación de las pupilas y sequedad de la boca. Se considera que estos fenómenos definen los rasgos de la respuesta de ansiedad.

Wolpe postuló que la respuesta de ansiedad puede ser condicionada clásicamente a estímulos que pasan desapercibidos en el entorno vital del individuo. Por ejemplo, un niño que anteriormente no tenía miedo de ir a la escuela, podría desarrollar miedo hacia la escuela a causa del trato hostil de un determinado profesor a lo largo de un corto período de tiempo. Incluso aunque el niño hubiese tenido relaciones positivas con otros profesores, el elevado nivel de ansiedad provocado por el profesor hostil lleva a un temor condicionado hacia la escuela por medio del proceso de generalización. Incluso pueden llegar a darse sentimientos de malestar con el solo pensamiento de ir a la escuela. La evitación de la escuela se convierte ahora en la estrategia más conveniente para evitar la experiencia de esta ansiedad condicionada.

Wolpe (1958, 1973) postuló posteriormente que el tratamiento psicológico de esas respuestas de miedo puede utilizar el contracondicionamiento, o la sustitución por una respuesta emocionalmente adaptativa de las respuestas de evitación conductual y de un activado sistema nervioso simpático. El mecanismo específico que subyace al contracondicionamiento es la inhibición recíproca. La ansiedad se inhibe por medio de una respuesta opuesta. Una respuesta opuesta eficaz tiene que estar asociada con un aumento en la preponderancia de la actividad del sistema nervioso parasimpático. Wolpe indicó que respuestas como la relajación, la aserción y la conducta sexual, que aumentan la actividad parasimpática, servirían para inhibir recíprocamente la ansiedad y sus correlatos del sistema nervioso simpático.

Esta explicación sigue encajando bien en la literatura actual sobre el aprendizaje animal. El contracondicionamiento pavloviano es un potente fenómeno que tiene lugar en una serie de procedimientos de condicionamiento animal (p.ej., Pavlov, 1927; Pearce y Dickinson, 1975). Además, una serie de teóricos del aprendizaje han sugerido que la inhibición recíproca subyace al contracondicionamiento (p.ej., Estes, 1969). Asimismo, en la década pasada, se ha propuesto una variedad de modelos cuantitativos del condicionamiento operante y pavloviano. A pesar de la diversidad de los modelos que se han propuesto, todos asumen la inhibición recíproca. Esto no quiere decir que todo lo que está implicado en el condicionamiento operante o pavloviano consiste en inhibición recíproca, sino que parece que la inhibición recíproca es un aspecto importante del aprendizaje. De todos los modelos que se han propuesto, dos han sido los más influyentes. En el caso del condicionamiento operante, el propuesto por Hernrstein (1979). En el caso del condicionamiento pavloviano, el modelo propuesto por Rescorla y Wagner (1972) y Wagner y Rescorla (1972).

Sin embargo, los experimentos con sujetos humanos han debilitado uno de los supuestos básicos de la teoría de Wolpe. La ansiedad no parece estar causada por la actividad simpática. Schachter y sus colaboradores (Schachter y Singer, 1962; Schachter y Wheeler, 1962) llevaron a cabo una serie de experimentos que mostraban que el miedo estaba controlado por factores perceptivos. Se inyectaba a los sujetos adrenalina, lo que hacía que las glándulas adrenales liberasen aún mayores cantidades de adrenalina a la corriente sanguínea y, por lo tanto, que aumentasen la actividad simpática durante un largo período de tiempo. Los sujetos de estas investigaciones no experimentaban unas claras emociones de ira y de ansiedad. Por el contrario, experimentaban emociones de euforia o de ira, dependiendo del tipo de conducta mostrado por un colaborador del experimento. Las percepciones de la situación, por parte de los individuos, como amenazantes mediaban si se iba a experimentar ansiedad o no. Así, en vez de provocar estados emocionales, el aumento de la actividad simpática tendía a aumentar un estado emocional ya existente. En consecuencia, el punto de vista teórico de Wolpe de que la relajación muscular funciona reduciendo la ansiedad, por medio del mecanismo que hace que el sistema parasimpático contrarreste e inhiba al sistema nervioso simpático, parece cuestionable.

Otras explicaciones de la DS ponen en tela de juicio a la teoría de la inhibición recíproca. Se ha sugerido que es simplemente la exposición al estímulo temido por el paciente lo que da como resultado una disminución de la ansiedad (p.ej., Marks, 1981). La exposición produce la extinción o habituación de la respuesta de ansiedad (Delprato, 1973; Kazdin y Wilcoxon, 1976; Lader y Matthew, 1968; Waters, McDonald y Koreska, 1972; Watts, 1979).

En la década pasada, se han propuesto distintos tipos de explicaciones procesuales. Las explicaciones cognitivas sugieren que las desensibilizaciones reestructuran las cogniciones de los pacientes (p.ej., Beck, 1976) o cambia su autoeficacia (Bandura, 1977*a*), de modo que ya no sienten ansiedad en presencia del estímulo temido. Rachman (1980) y Lang (1977) han sugerido que la desensibilización permite que tenga lugar un procesamiento emocional, de modo que los estímulos activadores de ansiedad son incorporados e integrados satisfactoriamente por el paciente.

Además, Goldfried ha ofrecido una interpretación de la desensibilización en términos de un mecanismo de afrontamiento o de autocontrol. Finalmente, debería señalarse que se ha presentado una explicación psicoanalítica (Silverman, Frank y Dachinger, 1974) en términos de «fantasías inconscientes» del paciente «fundiéndose» con el terapeuta, pero hay evidencias en su contra (Condon y Allen, 1980; Emmelkamp y Straatman, 1976).

En resumen, se han propuesto muchas explicaciones teóricas alternativas para explicar cómo funciona la DS. Actualmente, ninguna de las posiciones teóricas ha logrado una preponderancia sobre las demás. Parece posible que sean operativos una serie de fenómenos. Seguramente se alteran los esquemas cognitivos de la respuesta de ansiedad, pero también ocurren cambios fisiológicos, así como cambios en la respuesta conductual global. Se sabe que estos tres sistemas de respuesta están unidos de alguna manera, de modo que cada uno de ellos podría estar afectado por influencias directas e indirectas compartidas, así como por bucles de retroalimentación mutua. Podríamos presuponer, entonces, que la DS proporciona nueva información sobre una situación, objeto o emoción temidos, información que se procesa en las áreas cognitiva, fisiológica y conductual y sirve para inhibir la experiencia de la «ansiedad» y de la evitación.

III.2. *Hallazgos empíricos*

Los estudios que evalúan la eficacia de la DS son demasiado numerosos para ser revisados aquí. Sin embargo, una exposición breve de algunos de los primeros estudios sobre fobias y sobre la ansiedad ante la evaluación social, servirá para dar una idea de la eficacia de la DS. Esto no significa limitar el uso innovador de la desensibilización con otros trastornos; al contrario, apoyamos las aplicaciones creativas.

III.2.1. Fobias

En uno de los primeros estudios con una población fóbica, Lazarus (1961) sometió a prueba una variación de la DS en un formato grupal y la comparó con un grupo de terapia de introspección. Se seleccionaron treinta y cinco pacientes fóbicos, incluyendo acrofóbicos, claustrofóbicos, sujetos con fobia sexual y otros con fobias mixtas, a partir de un grupo de pacientes voluntarios, sobre la base de si su fobia específica producía las disfunciones siguientes: 1) limitaciones graves de la movilidad social; 2) interferencia con las relaciones interpersonales, y 3) limitación de las capacidades constructivas del paciente. La naturaleza y gravedad de la fobia de cada individuo se había confirmado ya por medio de la evaluación conductual llevada a cabo antes del tratamiento y se habían excluido los pacientes que habían recibido tratamiento psiquiátrico. Los sujetos fóbicos se emparejaban por el sexo y la edad (dentro de un rango de cuatro años), así como por la naturaleza y gravedad del problema y luego se les asignaba al azar a varios grupos.

La recuperación posterior al tratamiento se evaluaba por medio de una prueba objetiva de evaluación conductual para el tipo específico de la fobia correspondiente. También se utilizaban los autoinformes del paciente. El resultado de la terapia se clasificaba bien como un fracaso o bien como una recuperación completa (es decir, una «neutralidad» absoluta hacia el grupo de estímulos originalmente condicionados). Los datos apoyaban la eficacia de la desensibilización en comparación con los otros dos tratamientos —grupo de introspección y grupo de introspección más relajación.

Aunque los datos originales se expresaron en frecuencias, un modo más preciso de describir los resultados es por medio del porcentaje de pacientes recuperados. El 75% de los pacientes desensibilizados se recuperaron, mientras que el 0% del grupo de introspección y el 25% del grupo de introspección más relajación constituyen el porcentaje de recuperación en dichos grupos. De los sujetos recuperados en un principio, el 23% de los sujetos desensibilizados recayeron, mientras que del grupo de introspección más relajación fueron el 50%. Aunque todos los resultados parecen apoyar realmente la desensibilización, hay algunos fallos en este estudio, incluyendo la falta de un grupo de control y el hecho de que el mismo investigador tratara a todos los sujetos.

Gelder, Marks, Wolf y Clarke (1967) emparejaron a un grupo de sujetos fóbicos (agorafóbicos, sujetos con fobia social y sujetos con fobias específicas) en edad, nivel de vocabulario y gravedad de los síntomas, y les asignaron a tres grupos: DS, psicoterapia de grupo y/o psicoterapia individual. Las evaluaciones de los resultados, realizadas antes y después del tratamiento y durante el seguimiento, incluían evaluaciones de una serie de variables (p.ej., fobia, ansiedad) por los pacientes, los terapeutas y un observador/evaluador independiente. Los pacientes rellenaron también varios cuestionarios. Cuando evaluaban el tratamiento con éxito de la fobia principal, las respuestas del paciente, del terapeuta y del evaluador mostraban diferencias significativas entre los grupos de la desensibilización y de la introspección a favor de la desensibilización. Además, después de un seguimiento de seis meses los pacientes continuaban clasificando a la desensibilización mejor que a los otros dos tratamientos. Finalmente, las evaluaciones, después de una media de siete meses de seguimiento, realizadas por un asistente social psiquiátrico independiente, que no estaba informado sobre las condiciones de tratamiento, revelaron también que la mejoría más elevada de los síntomas tenía lugar en los pacientes desensibilizados.

Los resultados de este estudio deben de ser considerados a la luz de los siguientes problemas metodológicos. Primero, ya que los grupos de psicoterapia y los grupos de desensibilización eran dirigidos por numerosos médicos y psiquiatras, respectivamente, los efectos del tratamiento se pueden confundir con los efectos del terapeuta. Además, un médico trató a sujetos individualmente y en el grupo de psicoterapia. En segundo lugar, la duración de cada sesión de tratamiento y la duración del tratamiento general no estaban estandarizados. Los pacientes de la DS se reunían una hora cada semana durante una media de 12 meses; los pacientes del grupo de psicoterapia, 1,5 horas a la semana durante una media de 12 meses; y los pacientes de psicoterapia individual, 1,5 horas a la semana, durante una media de 18 meses. Tercero, las evaluaciones de los resultados eran de naturaleza subjetiva, pudiéndose cuestionar su validez. Cuarto, la ausencia de un grupo de placebo nos lleva a preguntarnos si los resultados pueden atribuirse únicamente a la atención del terapeuta. Quinto, el no haber llevado a cabo evaluaciones sobre la credibilidad hace que no se sepa si los tratamientos eran percibidos de forma diferente por los pacientes. Finalmente, desde un punto de vista estadístico, se empleó el análisis de varianza univariado, para evaluar los resultados de numerosas medidas. En este caso habrían sido más apropiadas pruebas multivariadas.

III.2.2. Ansiedad ante la evaluación social

La aplicación de la DS al problema de la ansiedad ante la evaluación social fue analizada cuidadosamente en una serie de estudios realizados por Paul (1966, 1968, 1969; Paul y Shannon, 1966). El experimento, ahora clásico, de Paul (1966) es uno de los estudios citados más frecuentemente en la literatura de la terapia de conducta y representa la primera comparación bien controlada de la DS con la psicoterapia tradicional.

Por una serie de razones, la investigación de Paul (1966) es un estudio metodológicamente ejemplar. Primero, es importante señalar que, para los sujetos, la ansiedad ante la actuación interpersonal era un problema clínico. Por ejemplo, en el momento de la investigación, uno de los principales requerimientos para licenciarse en la Universidad de Illinois era el hablar en público. Segundo, de un total de 380 voluntarios, sólo los sujetos que estaban más gravemente afectados fueron seleccionados para participar. Los sujetos se seleccionaban cuidadosamente excluyendo aquellos individuos con algunas de las siguientes características: altas puntuaciones de engaño; una historia de tratamiento anterior; poca motivación para la terapia; rasgos psicóticos; y un problema importante diferente al de la ansiedad ante la evaluación social. Además, la duración del problema para la muestra iba de 2 a 20 años y se informaba que el grado de máxima intensidad se alcanzaba en situaciones de hablar en público. De este modo, existían pocas dudas de que la ansiedad de los sujetos alcanzaba proporciones clínicas. Tercero, se empleaban medidas dependientes multimodales, que evaluaban los componentes cognitivos, fisiológicos y conductuales de la ansiedad. Cuarto, la terapia era administrada por cinco psicoterapeutas con experiencia y especialmente entrenados, teniendo en cuenta los siguientes controles metodológicos a lo largo de todo el experimento: 1) la selección al azar aseguraba que las características del terapeuta no se confundían con las condiciones de tratamiento; 2) el empleo de más de un terapeuta y el hecho de su experiencia satisfacían los requerimientos de la validez externa; 3) la uniformidad de los manuales de tratamiento con desensibilización y placebo y la grabación en cinta magnetofónica de las sesiones estandarizaba la presentación; 4) aunque el orden de las sesiones de tratamiento se contrabalanceaba entre los terapeutas, cada tratamiento se llevaba a cabo con igual frecuencia en tres lugares diferentes; 5) Paul comparó la desensibilización con tres condiciones de control: atención/placebo, un grupo de control de lista de espera y un grupo de control con el que no se mantenía ningún contacto. Estas condiciones permitían la evaluación de efectos no específicos debidos a la atención, la participación de los sujetos en el experimento y el posible resultado de completar los instrumentos de evaluación de la terapia; 6) se realizaban medidas de seguimiento a las seis semanas como un medio de determinar si los efectos de la terapia eran duraderos.

En vista de la naturaleza bien controlada de esta investigación, la eficacia clínica de la DS fue firmemente establecida. La DS era significativamente superior a la condición de control sin tratamiento en aspectos cognitivos, fisiológicos y conductuales de la ansiedad. También la desensibilización era superior a la psicoterapia tradicional y a la terapia placebo.

Paul (1968) publicó más tarde un estudio de seguimiento durante dos años, en el que mostraba que la DS producía los mayores beneficios en comparación con la terapia de introspección, la atención/placebo y los controles no tratados. Estos hallazgos eran consistentes con los resultados originales.

III.2.3. Resumen

A pesar de la brevedad, esta revisión muestra el rigor de la investigación empírica que apoya la eficacia de la desensibilización. Se han señalado diversas debilidades en varios de estos estudios; aún así, podemos encontrar un cuadro de resultados positivos. Sin embargo, admitimos que las primeras alegaciones sobre la gran eficacia de la DS tienen que ser moderadas por esta clase de evaluación metodológica. Como se ha indicado anteriormente, la aplicación creativa de la desensibilización con los problemas de los pacientes puede ser muy reforzante.

IV. EL MÉTODO DE LA DESENSIBILIZACIÓN SISTEMÁTICA

Wolpe (1982) ha señalado, desde hace tiempo, que la DS consta de cuatro pasos principales:

1. Entrenamiento en el empleo de la escala «SUDS»
2. Un completo análisis conductual y el desarrollo de una jerarquía de miedos
3. Entrenamiento en la relajación muscular profunda o en algún otro procedimiento de relajación
4. La combinación de la exposición, en la imaginación, a la jerarquía de miedos junto con el establecimiento de una respuesta de relajación profunda en el paciente —«la desensibilización sistemática propiamente dicha».

Sin embargo, Rimm y Masters (1974) listan una serie de consideraciones que hay que tener en cuenta antes de aplicar la técnica a un paciente. En primer lugar, se necesita hacer una distinción entre ansiedad racional y ansiedad irracional. La ansiedad es irracional si el individuo con fobia tiene la habilidad de afrontar la situación o el objeto temidos y no existe un peligro claro inherente. Sin embargo, si el individuo carece de las habilidades para manejar la situación o si la situación es peligrosa, entonces la ansiedad y la evitación son razonables. Como ejemplo comparativo considera dos conductores jóvenes; los dos han estado implicados recientemente en accidentes de coche y tienen miedo de volver a conducir. El primer individuo es un conductor muy habilidoso, que ha recibido un buen curso en la autoescuela y ha aprobado a la primera. La segunda persona es un conductor autodidacta, que ha sufrido numerosas multas de tráfico. Puesto que, cuando se hace de forma habilidosa, el conducir no es generalmente mortal, el miedo de la primera persona es irracional. Si se puede reducir su nivel de ansiedad asociado con el conducir un coche, su nivel de habilidad evitará probablemente futuros accidentes y volverá a disfrutar conduciendo. Sin embargo, nuestro segundo sujeto, probablemente se verá implicado en muchos más accidentes si eliminamos su ansiedad a conducir y, por lo tanto, se restablecerá el miedo. En este caso, la desensibilización sola no será eficaz y podría incluso ponerle en peligro.

La DS es apropiada para los temores irracionales. En el caso de temores racionales basados en déficit en habilidades, se tienen que enseñar las habilidades apropiadas, si es posible, a la persona en cuestión. En el caso de miedos racionales de peligro, es necesario aconsejar al individuo sobre lo apropiado de sus temores. El terapeuta tiene que tener en cuenta esta distinción. Es más fácil hacer la distinción cuando está implicado un peligro físico que en el caso de peligro psicológico y moral, pero el terapeuta tiene también que prestar atención a estas cuestiones. Por ejemplo, cuando empezaba mi adiestramiento después de obtener la Licenciatura, tuve a una paciente que quería ser desensibilizada de su ansiedad a tener una aventura extramatrimonial. Le dije que pensaba que no sería lo mejor para ella el desensibilizarla de esta ansiedad. Seguí explicándole que, en su caso, la ansiedad le estaba señalando algo moralmente importante y que era legítimo preocuparse por el peligro potencial de perder a su marido y a su familia en la realidad. Al final decidimos que el consejo matrimonial, junto con su marido, era el mejor camino para volver a asentar su vida. Repitiéndolo otra vez, la distinción racional-irracional es el punto de partida para los psicólogos clínicos que emplean la DS.

Luego, el clínico debería descartar para el tratamiento a aquellos pacientes que dicen sufrir numerosas fobias. Lang y Lazovik (1963) encontraron una correlación negativa entre el número de fobias informadas y el éxito de la DS. Es posible que la tendencia a desarrollar muchos temores correlacione con varios de los trastornos de la personalidad descritos en el Eje II del DSM-III (R) (APA, 1987). Turner (1986) mostró que el diagnóstico de un trastorno de personalidad, añadido a un diagnóstico de trastorno de ansiedad en el Eje I, disminuía en gran medida la eficacia de las intervenciones conductuales. Se puede utilizar el *Fear Survey Schedule* [Inventario de Miedos] (Wolpe y Lang, 1964) para obtener una estimación del número de miedos del paciente. Éste no debería mostrar más de cinco fobias, aunque no se conoce el punto exacto de corte.

Rimm y Masters (1974) sugieren que el siguiente paso consiste en averiguar si el paciente puede experimentar una imagen clara, vívida del estímulo fóbico. Se pueden utilizar imágenes neutrales o agradables para comprobar la neutralidad o lo vívido de las imágenes, pero se necesitan algunas imágenes provocadoras de emociones para asegurarse que el paciente puede experimentar adecuadamente el sentimiento de ansiedad en una proporción adecuada a la realidad. Si el paciente puede obtener una fuerte respuesta emocional y una imagen clara y vívida, entonces se puede empezar el procedimiento. Si el paciente no puede llevar a cabo esta parte del procedimiento, se debería proceder con la desensibilización en vivo. Esto se describirá con más detalle en el apartado correspondiente a las Variaciones en el presente capítulo.

Finalmente, hay que determinar si el paciente puede aprender a lograr un estado de relajación profunda. Desafortunadamente, esto sólo puede ser determinado empíricamente —intentando enseñar al paciente la relajación. Se debería presentar al paciente el procedimiento completo de relajación y pedirle que comunicara su nivel de activación. Si hay una caída perceptible de la activación, se puede continuar; si no, se puede probar otro procedimiento de relajación, como la meditación o las imágenes visuales agradables. Si no funciona ninguno de estos métodos, el paciente no es un candidato para la desensibilización.

En resumen, los requisitos para empezar la desensibilización son: a) la ansiedad debe ser irracional; b) el paciente no debería tener muchos miedos o un trastorno grave de la personalidad, c) el paciente puede desarrollar imágenes claras, vívidas, provocadoras de emociones, y d) el paciente puede obtener una respuesta de relajación fiable. Podría parecer insuperable el que algún paciente pudiese satisfacer estos criterios, pero la evidencia muestra que muchos pacientes pueden realizar fácilmente las tareas necesarias (Wolpe, 1982).

Una vez que el terapeuta tiene claro que la DS está indicada y que el paciente puede sacar provecho de la técnica, se empieza con la misma. Se encuentran implicadas cuatro operaciones: 1) entrenamiento en el uso de la *Subjective Units of Discomfort Scale, SUDS* [Escala de Unidades Subjetivas de Ansiedad], 2) entrenamiento en relajación, 3) el desarrollo de jerarquías, y 4) contraponer la relajación a la imagen fóbica.

IV.1. *La Escala de Unidades Subjetivas de Ansiedad (SUDS)*

La escala SUDS la desarrolló Wolpe como un medio de comunicación entre el terapeuta y el paciente y se refería a la magnitud de la respuesta de ansiedad del paciente ante los estímulos provocadores de miedo. La escala SUDS sirve para varias finalidades importantes. Primero, se utiliza para graduar las situaciones estimulares según su potencial provocador de ansiedad, convirtiéndose, así, en un aspecto central de la construcción de la jerarquía. Segundo, proporciona un patrón para juzgar la eficacia del entrenamiento en relajación. Tercero, el terapeuta puede obtener una estimación del nivel de ansiedad de los pacientes al comienzo de las sesiones de tratamiento y durante la presentación de las escenas.

El entrenamiento comienza con la petición del terapeuta al paciente para que piense en la ansiedad más aterradora que haya experimentado o que pueda imaginarse experimentando. A este acontecimiento se le asigna el número 100. Luego, se le pide al paciente que recuerde la experiencia más tranquila y apacible de la que haya disfrutado. A este acontecimiento se le da el 0 en la escala SUDS. Estas experiencias se convierten en los polos extremos de la escala. A menudo es útil hacer que el paciente proporcione experiencias que se coloquen a medio camino entre estos dos extremos de ansiedad y tranquilidad. Además, se le pide al paciente que piense en experiencias que se encuentren entre 0 y 50 y entre 50 y 100. En este punto, la escala se encontrará bien representada en la mente del paciente y mejorará la precisión de la información dada al terapeuta. Conforme los pacientes adquieren más experiencia con la escala SUDS, normalmente se vuelven más seguros y habilidosos con su empleo y son capaces de hacer discriminaciones cada vez más precisas de sus miedos.

IV.2. *Entrenamiento en relajación*

Wolpe incorporó el procedimiento de la relajación progresiva de Jacobson (1938) como un componente habitual de la DS. Sin embargo, existen muchas más técnicas efectivas de relajación, como la meditación y el empleo de la imaginación para relajarse. No importa qué procedimiento se escoja, es importante que el paciente practique de 15 a 20 minutos cada día —todos los días. La relajación es una habilidad que se adquiere y la práctica es muy importante. Los mejores momentos son a primera hora por la mañana, antes de ir al trabajo y antes de acostarse por la noche. Además de actuar como el agente contracondicionante en la desensibilización, las técnicas de relajación tienen un efecto beneficioso para reducir el nivel general de activación del paciente —haciéndole así menos susceptible a las situaciones provocadoras de ansiedad (Turner, 1986).

He encontrado útil impartir a los pacientes un conocimiento básico sobre el entrenamiento en relajación, con el fin de mejorar su motivación para practicarlo y sacar provecho de él. Lecturas tales como *The relaxation response* de Benson (1975) sirven como una ayuda útil a este respecto. Explico que la ansiedad es la suma de la tensión física y cognitiva que está experimentando la persona. La tensión que se siente en el terreno cognitivo o en el físico puede conducir a la tensión en el otro terreno y por medio de un bucle de retroalimentación entre ellos, alimentarse mutuamente y aumentar progresivamente. Se puede lograr una reducción de la ansiedad interviniendo en cualquier terreno. La relajación progresiva funciona reduciendo la tensión en el terreno físico y, posteriormente, en el terreno cognitivo. La meditación funciona en la dirección opuesta. Luego pregunto a los pacientes si han tenido alguna vez experiencia con algún tipo de procedimiento de relajación controlada por uno mismo. Si la han tenido y les ha sido provechoso, tiendo a utilizar su estrategia, que habrá sido muy practicada, para la desensibilización. Esto ahorra mucho tiempo y hace uso de las habilidades que ya posee el paciente.

Si el paciente no tiene experiencia previa con la relajación, le describo una revisión general de varias técnicas y luego decidimos conjuntamente cuál podría ser la más eficaz para él. Sin embargo, es mejor ser flexible y si la primera técnica que se emplea no funciona para ese individuo, intentar entonces una alternativa.

IV.2.1. Procedimiento básico de meditación

La meditación es una actividad desarrollada para mantener la atención focalizada en el aquí y ahora de una manera agradable. La meditación, aunque de formas diferentes, se ha desarrollado en muchas culturas desde el comienzo de la civilización. El objetivo de la meditación no es, necesariamente, lograr la relajación, sino permitirnos estar totalmente implicados en lo que estemos haciendo. Abandonamos los controles conscientes sobre nuestra mente, dejamos de pensar en todas las cosas que necesitamos para ser felices o en todas las cosas que podrían robarnos la felicidad. Estos típicos contenidos del pensamiento consciente ocupan una posición poco importante, se considera que simplemente están ahí. Una vez que un individuo logra este estado de meditación, se provoca una respuesta natural de relajación y el individuo obtiene la tranquilidad. De este modo, la relajación se obtiene indirectamente.

La meditación básica consiste, simplemente, en prestar atención a la realidad del aquí y ahora. Para ayudar en este proceso, uno puede sujetar la mente repitiendo un monosílabo o concentrándose en la propia respiración. Las formas orientales de meditación, como la meditación trascendental, a menudo utilizan sonidos como «mmm» y «nnn» para ayudar a la focalización. Benson (1975) señaló que solamente el repetir la palabra «uno» *(one)* servía como un punto de focalización para la meditación. El punto de concentración determinado que se escoja no parece importar. Cuando la mente vaga —como sucede a menudo— puede volver fácil y suavemente al punto de concentración, sin prestar atención a los pensamientos intrusivos. Se suspende el juicio sobre el contenido mental.

Las instrucciones básicas que doy a los pacientes son:

1. Escoge un lugar tranquilo en donde no te molesten. Retírate durante 20 minutos, dos veces al día.
2. Siéntate en una posición cómoda que soporte tu peso, de modo que disminuya la tensión muscular. No se recomienda el tumbarse porque es probable que te quedes dormido. La cuestión es lograr un estado físico como el sueño, pero estando despierto.
3. Cierra los ojos. Hago que los pacientes cierren los ojos durante dos minutos, luego que los abran durante un minuto, luego los cierren otra vez durante dos minutos antes de empezar a repetir la palabra «uno».
4. Repite la palabra «uno» en silencio en tu cabeza como un punto de concentración. Normalmente, hago que la persona repita la palabra «uno» en voz alta después de habérselo dicho y luego, gradualmente, va reduciendo el volumen hasta que logra una repetición en silencio. Esto ayuda a poner el

ejemplo. Después de dos sesiones de entrenamiento se puede eliminar esta repetición vocal.

5. No hagas juicios sobre el contenido de tu pensamiento o su adecuación. No te preocupes por tus pensamientos o intentes controlarlos; sólo son pensamientos al azar y no tienen significado. Si intentas darles un significado, te pondrás ansioso y estropearás el procedimiento.

6. Mejorarás con la práctica. Es esencial que practiques de forma regular. Encontrarás que si lo haces así, obtendrás cada vez mayores niveles de relajación.

El terapeuta debería pasar una parte de por lo menos cuatro sesiones, guiando al paciente en la meditación. Después de que se haya completado esto, el paciente practica en su casa con el fin de estar totalmente preparado para la DS.

IV.2.2. Imágenes mentales agradables

Muchos individuos pueden lograr una adecuada respuesta de relajación cerrando los ojos e imaginándose a sí mismos en una situación relajante. Los pacientes a menudo proporcionarán su propia escena imaginada y, puesto que cada uno de nosotros somos únicos, el terapeuta debería trabajar con las imágenes de los pacientes. Luego, el paciente debería adoptar una posición supina relajada, cerrar los ojos y concentrarse en la escena durante 10-20 minutos. Una escena típica que he utilizado es la siguiente:

Imagina que estás en un hermoso globo aerostático. Se encuentra en el suelo —mantenido por dos sacos de tierra. Estos sacos representan todos tus problemas. En un momento, arrojarás los sacos fuera de la barquilla y, cuando hagas eso, estarás arrojando todos tus problemas. Ahora, arroja el primer saco. Sientes inmediatamente una pérdida de peso sobre tus hombros. Ahora, arroja el segundo saco y conforme haces eso te sientes alegre y ligero. Se han ido todas tus preocupaciones. Sientes que el globo sube suavemente cada vez más alto. Hay una cuerda colgando que te da un completo control sobre el globo. Te deslizas ahora sobre hermosos campos y arroyos; el sol brilla; sin embargo, la temperatura es perfecta —ni demasiado caliente ni demasiado fría. Te tumbas en un colchón blando y te complaces en el sentimiento de tranquilidad y comodidad que sientes en estos momentos.

Al igual que sucede con la meditación, se le pide al paciente que practique con la imagen relajante dos veces al día durante 10-20 minutos. Es fácil de aprender y es eficaz para la mayoría de la gente.

IV.2.3. La relajación progresiva

La relajación progresiva fue desarrollada por Jacobson (1938) y su objetivo es reducir la tensión muscular y, posteriormente, la ansiedad general. El procedimiento de Jacobson implica un formato de entrenamiento muy estructurado que se compone de 50 sesiones de una hora. Wolpe (1982) presentó un enfoque de seis sesiones, flexible, de la relajación progresiva. Como señala Wolpe, no hay un orden intocable para el entrenamiento de varios grupos de músculos, pero el terapeuta debería seguir un orden en su enfoque.

Normalmente es más fácil empezar con las manos y los brazos, por cuestiones de comodidad. Luego se trabaja con las áreas del cuello y la cabeza. Mucha de la tensión que se forma tiene lugar en esta área y se da normalmente una enorme reducción de la ansiedad después de este paso. Luego se trabaja con los músculos abdominales y de las piernas, secuencialmente. Es importante señalar que la respuesta de relajación no se obtiene simplemente por medio de la contracción y la relajación muscular. El terapeuta enfatiza que la atención a las sutiles diferencias entre el estado de tensión muscular y el estado de relajación muscular es la clave de la técnica. El entrenamiento hace que el paciente sea capaz de percibir conscientemente el aumento de la tensión y que, al final del mismo, sea capaz de pensar y decirse «relájate», para lograr la respuesta de relajación. En otras palabras, el paciente llega a poseer el control de su capacidad para percibir el aumento de la ansiedad y llegar a relajarse.

La primera lección empieza haciendo que el paciente apriete el brazo de su sillón. Se le pide que se concentre en las sensaciones producidas en la mano y el antebrazo y que señale la localización exacta de la tensión. Debería ser capaz de contar que siente más tensión en el brazo que en la mano. Se le pide, después, que deje de apretar lentamente y que preste especial atención a la disminución de la tensión muscular de su brazo. El terapeuta repite este proceso tres veces, luego cambia al brazo opuesto y repite los mismos pasos. Más tarde, el terapeuta coge la muñeca del paciente y le pide que doble el brazo. Conforme aumenta la resistencia, el paciente puede experimentar la tensión en el bíceps. Luego el paciente dobla el brazo y el terapeuta le aplica presión sobre la mano. Se le pide al paciente que trate de extender el brazo. Si lo hace, experimentará tensión en los músculos extensores de la parte posterior del brazo. Cada vez que el paciente relaje los músculos, el terapeuta debería alentarle para que centrara su atención en las diferencias entre el estado de tensión muscular y el estado de relajación muscular.

En este punto, ya se ha presentado al paciente los principios básicos de la relajación progresiva. El terapeuta dice ahora:

La tensión o ansiedad que experimentas normalmente es más un estado físico que un estado mental. Proviene de tensar los músculos, aunque podrías no darte cuenta de que tus músculos están tensos. Sólo te das cuenta de que estás ansioso. Te vamos a enseñar ahora a percibir el comienzo de la tensión y luego a interrumpirla empleando esta técnica de tensión-relajación muscular. Quiero que te quites el reloj, las pulseras, los anillos, etc. y que te aflojes cualquier prenda que te apriete, ya que podrían interferir con que te sientas totalmente relajado.

Conforme el terapeuta presenta este material, debería hablar de una manera suave, tranquila y segura, con el fin de facilitar este proceso. Además, el terapeuta necesita estar alerta ante la posibilidad de que el paciente tense grupos de músculos automáticamente (como los músculos faciales) cuando trabaja con otro grupo de músculos. Si ocurre esto, debería señalárselo al paciente y se le debería ayudar para que evitara implicar a otros grupos de músculos distintos del grupo de músculos con el que está trabajando.

Después de esta introducción a la relajación progresiva, el terapeuta hace que el paciente se acueste totalmente en el sillón, con las piernas estiradas y los brazos a los lados del mismo. El terapeuta dirá normalmente:

Cierra los ojos, por favor. Ahora, aspira fuerte y mantén el aire. Echa el aire (después de algunos segundos). Aspira fuerte otra vez. Echa el aire. Ahora, concéntrate en tu mano derecha y cierra fuerte el puño. Aprieta el puño fuerte, más fuerte, todavía más fuerte. (Después de 10 segundos aproximadamente.) Ahora, gradualmente, lentamente, muy lentamente, libera la tensión del puño. Siente cómo va desapareciendo la tensión de tu mano. Concéntrate en cómo lo sientes. Puedes sentir que la tensión escapa de tu mano y, al mismo tiempo, sigues experimentando tensión en la espalda y en el cuello. Aspira profundamente y mantén el aire. Ahora, suéltalo. Aprieta otra vez el puño derecho. Fuerte, más fuerte, aún más fuerte. Ahora, relájalo muy lentamente. Date cuenta, otra vez, de la diferencia entre el estado de tensión muscular y el estado de relajación muscular. Aspira profundamente otra vez. Relájate. Ahora, aprieta otra vez el puño derecho. Mantén la tensión. Suelta ahora la tensión de la mano. Siente la diferencia entre el estado de tensión y el estado de relajación muscular.

Esta serie de instrucciones se repite para cada grupo de músculos. Una secuencia que se puede seguir para el entrenamiento es la siguiente:

1. *Manos.* Se tensan y relajan los puños. Primero uno, luego el otro, y más tarde los dos a la vez.
2. *Antebrazo.* Uno cada vez, las manos cogen el brazo del sillón y aprietan.

3. *Bíceps y tríceps.* Ambos grupos de músculos se tensan y se relajan en la misma secuencia que las manos. Los bíceps se tensan doblando el brazo y tensándolo. Los tríceps se pueden tensar extendiendo el brazo y empujando hacia abajo, sobre el brazo del sillón, con la parte posterior del antebrazo.

4. *Hombros.* Los hombros se pueden tensar empujándolos hacia adelante y hacia atrás.

5. *Cuello.* Primero, se inclina la cabeza hacia adelante hasta que la barbilla toca el pecho. En un segundo paso, se echa la cabeza hacia atrás y luego hacia la izquierda y hacia la derecha.

6. *Boca.* Se debería abrir la boca tanto como fuera posible. Luego los labios se aprietan fuertemente.

7. *Lengua.* La lengua se aprieta contra el techo de la boca tanto como sea posible. Luego, se aprieta contra el suelo de la boca. Más tarde, se saca fuera de la boca tanto como sea posible.

8. *Ojos.* Primero se abren los ojos tanto como sea posible. Luego se cierran apretándolos fuertemente. Más tarde, con los ojos cerrados, se alzan las cejas; ésto elevará la tensión de la frente.

9. *Espalda.* Teniendo la espalda contra la silla, empuja los hombros hacia adelante. Luego, empuja los hombros hacia atrás y la parte baja de la espalda hacia adelante.

10. *Abdomen.* Empuja hacia adelante los músculos abdominales.

11. *Nalgas.* Tensa los músculos de las nalgas empujándolos hacia adelante junto con las caderas.

12. *Muslos.* Extiende las piernas, levántalas 5 cm. y estíralas hacia afuera tanto como te sea posible.

13. *Pantorrillas.* Extiende las piernas hacia afuera, con los dedos de los pies apuntando recto.

14. *Dedos de los pies.* Primero, los dedos de los pies se curvan hacia abajo y se aprietan contra la parte inferior del zapato y, en segundo lugar, se aprietan contra la parte superior del zapato.

Después de completar la secuencia entera, el terapeuta diría:

Ahora siente la maravillosa sensación de relajación que te envuelve. Déjate sentirla. Tienes una sensación cálida, de relajación. Estás flotando ligeramente sobre el sillón. Relajado. Tranquilo. Ahora, ¿cómo te clasificarías en la escala SUDS? Bien. ¿Tienes algún resto de tensión? Si es así, tensa los músculos en esa parte otra vez.

Normalmente, los pacientes necesitan por lo menos cuatro sesiones antes de que logren una respuesta de relajación fiable y, como se ha indicado anteriormente, cuanto mayor práctica haya entre sesiones más eficaces serán los resultados obtenidos.

El entrenamiento en relajación emplea de 20 a 30 minutos en las primeras seis sesiones. El resto de la hora se pasa recogiendo información y desarrollando la jerarquía.

IV.2.4. La construcción de la jerarquía

Según Wolpe (1982), una jerarquía de ansiedad es una lista de estímulos evocadores de ansiedad, relacionados en contenido y ordenados según la cantidad de ansiedad que provocan. Estos estímulos pueden ser objetos, personas, lugares, sentimientos internos o una combinación de estas clases de estímulos en una jerarquía compleja. Los estímulos serán, a menudo, extrínsecos al individuo, como los perros o la desaprobación social. Sin embargo, pueden también ser internos, como las sensaciones de pérdida de control o de desmayarse. Los estímulos internos pueden ser un componente de la respuesta del individuo a los estímulos externos o bien pueden evocar una potente reacción de temor por sí mismos. Por ejemplo, una persona con temor a la enfermedad física podría responder al aumento de su propia tasa cardíaca asustándose de poder tener un ataque cardíaco, aumentando, por lo tanto, su tasa cardíaca y teniendo aún más miedo.

La construcción de la jerarquía empieza, aproximadamente, a la vez que el entrenamiento en relajación. Sin embargo, el trabajo sobre las jerarquías comienza con el análisis conductual inicial y continúa incluso dentro del tratamiento. Las modificaciones y ajustes de las jerarquías tienen lugar conforme se producen nuevas informaciones. Los pacientes descubrirán a menudo que han olvidado en un primer momento una dimensión o aspecto importante de su fobia. Este material debería incorporarse, cuando se descubra, al tratamiento.

La mejor fuente de información sobre la fobia del paciente es el mismo paciente. El terapeuta ayuda al paciente a discutir cuándo, dónde y bajo qué condiciones tiene lugar la respuesta de ansiedad. Se le pide al paciente que piense y describa situaciones pasadas y futuras que podrían provocar la respuesta. Se alienta al paciente para que genere tantos detalles como sea posible sobre la situación estimular total. Cuantos más detalles se obtengan sobre los estímulos externos e internos, más capaz será el terapeuta de desarrollar una escena clara, provocadora.

Otra fuente de datos para la construcción de la jerarquía proviene del *Fear Survey Schedule* [Inventario de miedos] de Wolpe y Lang (1969). Este Inventario de miedos consta de 108 ítems que describen muchos miedos comunes. Su empleo es útil por una serie de razones. Primero, ayuda a especificar el grado de temor de un paciente, con el fin de determinar si la DS es apropiada o no (hay que recordar que cuanto mayor es el número total de áreas de temor que muestra el paciente, menos efectiva será la DS). Segundo, ayuda a recordar al paciente las áreas de temor que podría haber pasado por alto en su informe verbal. Tercero, ayuda al psicólogo clínico a descubrir cuestiones pertinentes en las reacciones de ansiedad de los pacientes, como una claustrofobia que implica temor a la presencia de un gran número de personas en los ascensores, en la iglesia, en los cines, en los supermercados y en los bancos, además de encontrarse detrás de una puerta cerrada. Este paciente podría presentarse, solamente, con el miedo a los ascensores, pero una exploración cuidadosa podría revelar la lista de miedos señalada anteriormente. Después de recoger esta información, el terapeuta se da cuenta de que no es sólo el miedo a los ascensores lo que necesita tratamiento, sino el patrón generalizado de respuestas claustrofóbicas. De este modo, se debería desarrollar una serie de jerarquías para cubrir cada aspecto de la claustrofobia.

Si el clínico tratase sólo la fobia a los ascensores, probablemente la terapia no tendría éxito, puesto que hay un núcleo más básico en el problema. El tratamiento tiene que dirigirse hacia el núcleo fundamental. Éste requiere una amplia investigación por parte del terapeuta, con el fin de tener una comprensión completa del trastorno de ansiedad del paciente. Una advertencia en el uso del Inventario de miedos es que no proporciona una jerarquía, sino más bien una descripción de las áreas de temor. Cada una de las áreas proporciona el punto de partida para el desarrollo de las jerarquías. Por ejemplo, los miedos a los lugares, iglesias y ascensores abarrotados podría variar a lo largo de una dimensión según el número de personas presentes. En este caso, se desarrolla una jerarquía para cada lugar, que gradualmente aumente el número de personas presentes.

Cuando se conocen los temores centrales y se especifican sus dimensiones, se le pide al paciente que escriba todas las posibles situaciones provocadoras de ansiedad que pueda recordar y que las describa detalladamente en tarjetas. Este trabajo se le prescribe al paciente como tarea para casa y éste y el terapeuta lo revisan en la siguiente sesión. Luego, se le pide al paciente que coloque las tarjetas en un determinado orden, según el nivel de ansiedad que provoquen las situaciones estimulares. Más tarde, se le pide al paciente que proporcione puntuaciones en la escala SUDS para cada situación estimular. Lo ideal es desarrollar de 9 a 10 situaciones estimulares para cada jerarquía, de tal manera que cada situación estimular sea, aproximadamente, 10 unidades SUDS mayores que la anterior. De este modo, hay una estructura gradualmente ascendente en la escala, lo que permitirá aproximaciones graduales al ítem final de la jerarquía —hacia el que se experimenta el temor más intenso. Sin embargo, a veces, 10 unidades será un salto demasiado grande en ansiedad para que el paciente lo controle y se necesitarán estímulos cada cinco unidades. Este enfoque de jerarquía graduada es la piedra angular de la DS.

Los siguientes son algunos ejemplos de jerarquías construidas para tres pacientes. Los ítems de la jerarquía no se describen aquí con tanto detalle como se haría en la clínica.

El primer caso es el de una mujer de 42 años que vino para el tratamiento de una fobia a los puentes. Trabajaba como agente del gobierno y, en el curso de su trabajo, tenía que cruzar una serie de puentes en Filadelfia y Nueva York. Contó que cuando tenía siete años había ido con su bicicleta por un amplio trecho de un puente inacabado en Filadelfia. De pronto, el puente se terminó y se quedó cerca del precipicio. Se asustó mucho y, a partir de entonces, experimentó miedo cuando conducía por un puente; no obstante, experimentaba mucho menos miedo cuando conducía otra persona de confianza. Si conducía ella, la presencia de otra persona la ayudaba a reducir el miedo hasta un grado mucho menor. Junto con la fobia al puente, informó de un temor a perder el control y un temor a los lugares elevados —incluso si éstos eran sitios cerrados. Además, la cantidad de temor variaba dependiendo del puente en el que estaba. Las jerarquías desarrolladas para esta paciente fueron las siguientes:

Jerarquías externas (unidades SUDS en paréntesis)

A. Alturas

1. Estar de pie en el césped que hay en la parte delantera de tu casa (0) (Escena de control)
2. Estar de pie sobre un taburete pequeño en la cocina (5)
3. Subir a una escalera pequeña para pintar una pared del interior de tu casa (10)
4. Estar de pie sobre una escalera para pintar una pared del exterior de tu casa (20)
5. Conducir el coche por una carretera de montaña hacia la cima (30)
6. En un avión a 10 000 metros (40)
7. Montado en una noria de feria a medio camino de la cima (55)
8. En un restaurante, en la cima de un rascacielos, mirando por una ventana (65)
9. En una noria de feria en la cima (75)
10. Mirando por el borde de un acantilado (80)
11. Acercándose a la cima de un puente alto (90)
12. Estando de pie en la cima de una torre vigía en las montañas —mirando hacia abajo (100)

B. Puentes

B1. Cualquier puente normal

1. A dos kilómetros del puente (10)
2. A un kilómetro del puente (20)
3. A doscientos metros del puente (30)
4. A cien metros del puente (35)
5. Abandonando el puente (40)
6. Subiendo el puente (50)
7. Empezando a bajar por el otro lado del puente (60)
8. En la cima del puente, viendo el precipicio (70)
9. Acercándote al precipicio desde la cima del puente (80)

B2. Los puentes Walt Whitman y Verezanno-Narrows

1. A cuatro kilómetros del puente (10)
2. A dos kilómetros del puente (20)
3. Se ve el puente (30)
4. Pagando el peaje para cruzar el puente (40)
5. Empezando a subir el puente (50)
6. Saliendo del puente (60)
7. Empezando a subir el otro puente (70)
8. Bajando por el otro lado del puente desde el precipicio (80)
9. En la cima del puente (90)
10. Acercándose al precipicio en la cima del puente (100)

Cada una de estas jerarquías tenía dos niveles en su presentación. En el primer nivel, la paciente iba acompañada por su marido. En el nivel más alto, estaba sola. Las jerarquías del nivel de ansiedad más bajo, se completaban antes de empezar a trabajar con las del nivel de ansiedad más alto. De este modo, había seis jerarquías en total. Hay que observar que en la jerarquía B1 el abandonar el puente provoca menos ansiedad que el acercarse o estar en él. Por supuesto, esto tiene sentido porque el abandonar el puente es más seguro que el acercarse a él. Lo anterior apunta a que el orden temporal no dicta necesariamente el nivel de ansiedad y que lo que importa es el orden en el que el paciente evalúa los estímulos. El orden no tiene por qué tener sentido para un observador externo —sólo es necesario que lo tenga para el paciente. Además, se desarrolló una jerarquía para los estímulos internos.

Jerarquía interna

1. Presión en el estómago (10)
2. Tensión en el cuello (20)
3. Elevada tasa cardíaca (40)

4. Sequedad en la boca (50)
5. Manos sudorosas (60)
6. Mareos (70)
7. Visión borrosa (80)
8. Pensamiento nublado (90)
9. Sentir que se desmaya (100)

El segundo caso es un hombre de 28 años que tenía miedo a las inyecciones y a recibir atención médica.

Jerarquía externa

«Procedimientos médicos»

1. Hospitales (10)
2. Una ambulancia con las luces de emergencia (20)
3. Esperando en la antesala del médico (30)
4. La visión de alguien recuperándose de un accidente (40)
5. Un grave accidente de automóvil (55)
6. Un examen físico (60)
7. La visión de alguien que tiene un ataque el corazón (65)
8. Poniéndose una inyección (70)
9. Sacarse sangre (80)
10. Un miembro de la familia que sufre una operación (90)
11. Sufriendo una operación personalmente (100)

Jerarquía interna

«Sensaciones internas»

1. Debilidad en el estómago (10)
2. Tensión corporal (20)
3. Dolor de cabeza (30)
4. Respiración rápida (40)
5. Tasa cardíaca elevada (50)
6. Palmas sudorosas (60)
7. Frente sudorosa (70)
8. Hiperventilación (75)
9. Mareos (80)
10. Sentir que se va a desmayar (90)
11. Desmayarse (100)

El tercer ejemplo es el de un hombre de 30 años que iba a realizar el examen de licenciatura en Psicología por segunda vez. La primera vez lo suspendió y entonces empezó a estar ansioso ante la posibilidad de examinarse de nuevo.

a. El tema del examen de licenciatura

1. Dos meses antes del examen (10)
2. Un mes antes del examen (20)
3. Dos semanas antes del examen (30)
4. Una semana antes del examen (40)
5. Dos días antes del examen (50)
6. Un día antes del examen (60)
7. Las hojas de examen se colocan encima de la mesa (70)
8. Contestando a las preguntas del examen (80)
9. La noche antes del examen (85)
10. Conduciendo hacia el lugar del examen (90)
11. Esperando para entrar en la sala de examen (95)
12. Sentado y esperando que empiece el examen (100)

b. Consecuencias del tema de suspender

1. Se siente inadecuado (15)
2. Sus compañeros hablan sobre él a sus espaldas (25)
3. Su familia piensa que es un fracasado (35)
4. Su jefe le pregunta si necesita ayuda (45)
5. Un paciente suyo se entera y quiere dejar el tratamiento con él (55)
6. Le despiden del trabajo (65)
7. Su mujer le abandona porque es estúpido (75)
8. Le prohíben que trabaje como psicólogo (85)
9. No puede conseguir ninguna clase de trabajo (95)

Estos tres ejemplos proporcionan una revisión de varios tipos de jerarquías. Otros ejemplos pueden encontrarse en Wolpe (1982), Rimm y Masters (1974) y Marquis y Morgan (1969).

IV.2.5. El procedimiento de la desensibilización sistemática

Ahora que están construidas las jerarquías y el paciente ha aprendido a relajarse, se puede comenzar con la desensibilización. Normalmente empiezo las sesiones preguntando cómo se siente el paciente, qué nuevos acontecimientos han tenido lugar y si ha pensado en alguna información nueva sobre su problema de ansiedad. Esto se hace por varias razones. Ayuda a establecer y mantener la relación y a fortalecer la alianza terapéutica. También es útil, para cualquier clase de psicoterapia, la sensación de preocupación y consideración positiva del terapeuta hacia el paciente. Le permite a éste tener esperanzas y creer que obtendrá beneficios, lo que aumentará la motivación. En segundo lugar, los acontecimientos actuales de la vida de la persona podrían aumentar o disminuir su nivel base de ansiedad; y por lo tanto, afectar a los resultados de una sesión de tratamiento.

Si el paciente se siente especialmente nervioso, se debería emplear más tiempo relajándole y menos tiempo en la presentación de las escenas. Además, el terapeuta puede lograr una mayor comprensión del progreso del paciente sabiendo lo que está pasando en su vida. Si la ansiedad basal está alta, el progreso de la terapia será más lento; y bajo esas circunstancias el terapeuta no debería alarmarse. Finalmente, conforme progresa la terapia, el paciente puede ir obteniendo nuevos conocimientos sobre su problema. Por ejemplo, podría pensar en un estímulo alternativo de máxima ansiedad. Esta información se incorpora a la jerarquía. A lo largo del tratamiento se hacen tantas modificaciones como sean necesarias.

Después de 10 a 20 minutos de recogida de información, el paciente se recuesta en el sillón y comenzamos con el procedimiento de relajación. Por esta época, el paciente ya es capaz de iniciar la relajación por sí mismo; sin embargo, habitualmente dirijo la relajación con el fin de mejorar el efecto. El psicólogo clínico reafirma simplemente las instrucciones específicas de relajación empleadas en las sesiones de entrenamiento. De forma ideal, el paciente debería alcanzar un nivel cero de ansiedad. Se le enseña a que diga «ahora» cuando ha alcanzado el cero. Si no puede alcanzar cero unidades SUDS, un nivel de 15 SUDS bastará. Wolpe (1982) sugiere no intentar la desensibilización si el nivel SUDS está por encima de 25. Si el paciente comunica un nivel SUDS mayor que 25, es mejor continuar con la relajación durante el resto de la sesión y discutir más tarde qué problemas podrían estar interfiriendo para que no alcance la respuesta de relajación.

Por ahora, supondremos que la relajación se ha desarrollado adecuadamente. El terapeuta se encuentra ahora preparado para empezar con las presentaciones de las escenas. Wolpe (1982) sugiere comenzar con una escena de control. Una escena de control podría ser el estar sentado en la sala de estar leyendo el periódico o encontrarse en una esquina de la calle observando el tráfico; bastará cualquier escena relativamente inocua que no produzca ansiedad. Sin embargo, se debería tener cuidado en asegurarse de que no se incorporan inadvertidamente a la escena estímulos nocivos. El propósito de la escena de control consiste en confirmar al terapeuta que el paciente visualiza adecuadamente y responde apropiadamente.

El terapeuta pide entonces al paciente que se imagine las escenas justo como las describe. Se le enseña al paciente a que levante su dedo índice cuando visualice claramente la escena. Entonces el terapeuta deja que el paciente visualice la escena durante cinco segundos.

El terapeuta acaba con la escena diciendo, «deja de visualizar la escena» y luego pregunta al individuo el grado de ansiedad que experimentó en la escala SUDS. Para ilustrarlo, emplearé una parte de la transcripción de la paciente con fobia al puente descrito anteriormente. En este apartado estábamos tratando el primer ítem de la «Jerarquía con el marido de —cualquier puente normal».

Terapeuta: Quiero que te imagines que estás en el coche con tu marido. Vas conduciendo por la carretera, después de salir de tu casa, que se encuentra a dos kilómetros, aproximadamente, del puente de la Avenida Girard. Estáis hablando cuando te paras a pensar en el camino por el que tendrás que ir para llegar a tu destino. Te das cuenta de que tendrás que atravesar el puente de la Avenida Girard.

Después de algunos segundos, la paciente levantó el dedo índice. El terapeuta dejó que pasaran siete segundos.

Terapeuta: Deja de visualizar esa escena. ¿Cual es tu nivel de ansiedad?
Paciente 1: 5 aproximadamente.
Terapeuta: Ahora, quiero que concentres otra vez tu atención en la relajación. Déjate llevar, sintiéndote relajada. Señálame, levantando tu dedo índice, cuando hayas vuelto al nivel 0.

Después de 20 segundos, la paciente señaló con su dedo índice que había alcanzado el nivel 0.

Terapeuta: Ahora quiero que te lo imagines otra vez (Se repite palabra por palabra la escena descrita anteriormente).

Después de que el terapeuta describió la escena, la paciente levantó su dedo índice indicando que había visualizado la escena. El terapeuta esperó entonces durante cinco segundos.

Terapeuta: Deja de visualizar la escena. ¿Dónde te encuentras en la escala de ansiedad?
Paciente 1: En el cero, no tuve ninguna reacción en absoluto.
Terapeuta: Muy bien, ése es nuestro objetivo. Concéntrate otra vez en la relajación. Déjate llevar. Relájate. Sin preocupaciones. Señálame cuando alcances el nivel 0.

Después de dos segundos, la paciente lo señaló. Incluso si se encontraba ya en el 0 empleé el formato estandarizado. Luego introduje otra vez esta escena. Sigo una regla básica que señala no trasladarse al siguiente ítem de la jerarquía hasta que hayamos obtenido dos presentaciones consecutivas de nivel 0. Una vez que se ha logrado, el terapeuta se traslada al siguiente ítem de la jerarquía y procede como antes.

Generalmente, 20 minutos de desensibilización en una sesión es lo que el paciente puede tolerar. Esto puede parecer poco tiempo, pero hay que recordar que se tiene que recoger nueva información durante 10-15 minutos y conseguir que el paciente se relaje, lo que puede durar de 5 a 25 minutos, dependiendo de la persona. Observarás que la sesión de una hora está repleta. Conforme se van sucediendo las sesiones, se van llevando a cabo, básicamente, como se ha descrito anteriormente.

Si durante la sesión anterior la respuesta del paciente a una escena no disminuyó hasta cero, la siguiente sesión debería abordar otra vez ese mismo ítem de la jerarquía. Si se completa el último ítem de la jerarquía durante la sesión anterior, entonces la siguiente sesión aborda el siguiente ítem de la jerarquía. En ocasiones, tiene lugar alguna recuperación espontánea de ansiedad a una escena completada anteriormente; cuando el terapeuta se da cuenta de que ha sucedido esto, debería trabajar otra vez con esa escena.

V. VARIACIONES

Se puede realizar una serie de variaciones con el procedimiento de la DS. Wolpe (1982) señala tres clases de variaciones: 1) variaciones técnicas, 2) técnicas alternativas para inhibir la ansiedad, y 3) desensibilización «en vivo». De estas variaciones, la desensibilización «en vivo» es la más importante y la más útil, por lo que la mayor parte del resto de este apartado lo dedicaré a ella.

Antes de seguir, quiero señalar que las posibles variaciones del procedimiento de la desensibilización se abrevian o se amplían dependiendo de la posición teórica sobre lo que sucede durante la desensibilización. Wolpe ha mantenido el punto de vista de que la desensibilización funciona a través del principio de inhibir recíprocamente pequeñas cantidades de ansiedad en un proceso gradual paso a paso. Todas las variaciones que sugiere reflejan este principio y no se desvían de la técnica general descrita hasta ahora. Sin embargo, si consideráramos la desensibilización desde un punto de vista cognitivo, sería una de las muchas posibles estrategias del aprendizaje por medio de la imaginación. La función sería construir adecuados esquemas cognitivos «sin miedo», para los estímulos. Desde una perspectiva teórica cognitiva, aprendemos de tres modos: 1) acciones sobre los objetos, 2) por medio de la imaginación y 3) por medio del lenguaje. En consecuencia, la desensibilización no se vería como un tratamiento completo en sí mismo; por el contrario, el modo que emplea la imaginación sería sólo una de las tres maneras de codificar la información que emplearíamos en el tratamiento. Además, podríamos realizar diversas variaciones consistentes con la teoría del aprendizaje cognitivo. En algún caso he utilizado la relajación junto con la imaginación visual para fortalecer la sensación de autoestima de los pacientes y la capacidad para tomar el control de sus vidas. Por ejemplo, después de relajar al paciente le hago que se imagine a sí mismo pensando positivamente, sintiéndose bien y funcionando adecuadamente en el trabajo, con las personas queridas y en el cuidado de uno mismo. Normalmente, esto implica la construcción de escenas elaboradas y no emplea una jerarquía. Las variaciones de este tipo son parecidas a las técnicas de condicionamiento encubierto (Cautela y Kearney, 1986; Raich, este volumen). Puesto que estas técnicas se describen en otro capítulo, no me detendré en ellas. Esto es simplemente un recordatorio de que la perspectiva teórica que uno mantiene determina las clases de variaciones posibles. Para los propósitos presentes, supondré que la hipótesis de la inhibición recíproca es correcta y seguiré el esquema de Wolpe (1982).

V.1. *Variaciones técnicas*

Existen dos principales variaciones técnicas. La primera es la DS automatizada. En este caso, el terapeuta graba en cinta las instrucciones de relajación y visualización y hace que el paciente escuche la grabación. Ésta puede emplearse en sustitución del terapeuta para dirigir la sesión o como una ayuda de las sesiones con el terapeuta.

La segunda variación técnica consiste en llevar a cabo la DS en un formato grupal. En este caso, el terapeuta tiene una serie de pacientes con temores muy similares, a quienes se aplica la misma jerarquía y les administra el procedimiento como grupo. Tanto Wolpe (1982) como Rimm y Masters (1974) informan de éxitos con este enfoque.

La ventaja principal de estas dos estrategias es un ahorro de tiempo para el terapeuta. Sin embargo, el hacer que el paciente realice la desensibilización automatizada como tarea para casa o que participe en un grupo podría mejorar también los efectos de la terapia.

V.2. *Alternativas a la relajación para la inhibición de la ansiedad*

Para algunos pacientes, las técnicas de relajación para el autocontrol no funcionan. Cuando sucede esto, el terapeuta podría utilizar las benzodiacepinas para lograr un efecto de relajación en el paciente. Wolpe (1982) señala una serie de otros procedimientos fisiológicos contra la ansiedad; sin embargo, ninguno de éstos son apropiados para que los utilicen los psicólogos; por consiguiente no hablaré de ellos aquí.

De hecho, tal como he presentado la relajación en este capítulo, se han ido describiendo varias alternativas. Así, las alternativas a la relajación se encajan dentro del procedimiento que he descrito. Sin embargo, la alternativa principal, cuando el paciente no puede aprender a relajarse, es la desensibilización «en vivo» —que se describe seguidamente.

V.3. *La desensibilización sistemática «en vivo»*

La desensibilización «en vivo» implica una exposición directa, graduada a los objetos o situaciones temidos. El procedimiento se diferencia ligeramente de la desensibilización en la imaginación en el aspecto de que en la mayoría de las veces no se emplea una técnica específica de relajación. Por el contrario, el terapeuta utiliza la relación terapéutica para provocar la ansiedad —e inhibir las respuestas emocionales. La sensación del paciente de seguridad y confianza en el terapeuta actúa para inhibir la ansiedad durante las sesiones. El resto del procedimiento «en vivo» es esencialmente el mismo que el de la desensibilización por medio de la imaginación. El paciente y el terapeuta construyen una jerarquía o jerarquías que incorporen las situaciones relevantes que teme el paciente. Entonces, éste se dedica a las actividades definidas, empezando con el ítem de la jerarquía que provoca menos ansiedad y se va moviendo hacia el ítem que provoca más ansiedad. El trabajo del terapeuta consiste en proporcionar apoyo y aliento al paciente y ayudarle a identificar creencias y suposiciones irracionales que mantiene sobre la situación fóbica. Así, el terapeuta actúa como un agente contraansiedad y como un mecanismo corrector de los pensamientos irracionales. Éstas son funciones muy importantes y no se deberían infravalorar. Los terapeutas principiantes no deberían cometer el error de decirle simplemente al paciente «que lo haga solo». Si la persona pudiera hacerlo no necesitaría seguir un tratamiento. La presencia y la guía del terapeuta son fundamentales para llevar a cabo la desensibilización «en vivo».

Al igual que sucede con la desensibilización por medio de la imaginación, es esencial que el paciente no comunique ansiedad con un determinado ítem de la jerarquía antes de pasar al siguiente ítem; de hecho, podría ser más importante para la técnica «en vivo». El paciente tiene que sentirse seguro y confiado sobre el control de las situaciones anteriores, con el fin de mantener la creencia de que puede lograr su objetivo final. En consecuencia, se recomienda una gran práctica con cada situación. Esto permitirá al paciente sentirse tan relajado como sea posible y, por lo tanto, generar una experiencia contraansiedad inducida por él mismo.

Un ejemplo de un caso ayudará a elaborar la técnica de la desensibilización «en vivo». La paciente L. era una mujer de 46 años. Estaba casada, tenía dos niños ya crecidos y trabajaba como secretaria de un psiquiatra. Desde que podía recordar, sufría una fobia importante a los ascensores. Su pensamiento más temido era el quedar atrapada en un ascensor. Hasta hace cuatro meses, había sido capaz de evitar los ascensores con apenas dificultades. Sin embargo, recientemente, su jefe se había trasladado a un nuevo edificio de oficinas; la suya se encontraba ahora en el piso 22. Intentó usar el ascensor el primer día que había ido a trabajar al nuevo edificio, pero eso sólo sirvió para empeorar las cosas. Cuando entró en el ascensor, estaba casi lleno de otros pasajeros. Se puso nerviosa y sintió cómo su corazón latía más deprisa, así como sequedad en la boca y molestias en el estómago. El ascensor parecía tardar eternamente para llegar a su oficina, ya que paraba en cada piso durante el camino. Finalmente, en el piso 15, salió corriendo del ascensor y se dirigió hacia el servicio de señoras, donde vomitó. Creyó que todo el mundo en el ascensor se había reído de ella. A partir de ese día, la señora L. subía los 22 pisos por las escaleras; no obstante, se sentía humillada. Finalmente, le dijo a su jefe que iba a dejar el trabajo a causa de sus problemas. Después de preguntarla sobre su fobia, le sugirió que obtuviese ayuda para su problema antes de dejar el trabajo tan apresuradamente. Decidió hacerlo así y, de este modo, vino a mi consulta.

Después de recoger información sobre el problema de la paciente, su desarrollo histórico y la situación de vida actual, durante las dos primeras sesiones, llegué a la conclusión de que tenía una fobia específica y que la DS parecía ser el tratamiento apropiado. No informó de otras fobias durante las entrevistas o en el Inventario de miedos. Además, no mostró señales de un trastorno de personalidad del DSM-III-Eje II. Por consiguiente, empecé a entrenarla en relajación. Decidimos conjuntamente utilizar la relajación progresiva para el entrenamiento en relajación. Durante las siguientes tres sesiones, trabajamos exclusivamente en la relajación progresiva. Ella respondió muy bien a esta técnica y la practicó diligentemente en casa entre sesión y sesión. De este modo, en la sesión seis nos encontrábamos dispuestos a empezar la construcción de la jerarquía. Con el fin de prepararla para dicha tarea, le mandé una tarea para casa al final de la sesión cinco. Le pedí que cogiese 10 tarjetas de 5 x 7,5 cm y escribiese 10 situaciones de temor que incluyesen ascensores en ellas. Hizo toda la tarea para casa que se le mandó; en consecuencia, fuimos capaces de terminar la jerarquía durante la sesión seis. Se desarrolló sólo una jerarquía, que se presenta seguidamente.

Fobia a los ascensores

Ítem	*SUDS*
1. A seis metros del ascensor —pensando en subir en él	10
2. A tres metros del ascensor	20
3. Al pie del ascensor	30
4. Apretando el botón de llamada del ascensor	40
5. Se abren las puertas del ascensor y se prepara para entrar en él	50
6. Sube a un ascensor vacío	60
7. Sube a un ascensor lleno	70
8. Las puertas del ascensor se cierran y se mueve por un edificio con menos de 10 pisos	80
9. Estando dentro de un ascensor en un edificio de 10 a 25 pisos	90
10. Estando dentro de un ascensor en un edificio con más de 25 pisos	100
11. En un ascensor cualquiera que se para entre pisos mientras ella se encuentra dentro	100

Como se puede ver, ésta era una jerarquía unidimensional. El único aspecto notable de ella era que la paciente describió dos ítems de 100 SUDS: Estar dentro de un ascensor en un rascacielos y estar dentro de un ascensor que se ha parado entre pisos.

Después de desarrollar la jerarquía, decidí examinar la capacidad para la imaginación visual de la paciente. Desgraciadamente, la señora L. no podía visualizar. Informó que sólo podía pensar en palabras o desarrollar fragmentos de imágenes. Al principio de la sesión siete, intenté hacer de nuevo que la señora L. visualizara una escena de control, pero fue en vano. Finalmente, durante la segunda mitad de la sesión siete decidí renunciar al empleo de la desensibilización por medio de la imaginación y emplear la técnica «en vivo» con la señora L. Le expliqué los fundamentos del procedimiento «en vivo» y le dije que empezaríamos con el procedimiento de la desensibilización en nuestra próxima sesión. Como había un ascensor en el edificio de siete pisos en el que yo trabajaba, decidí que empezaríamos el tratamiento en el vestíbulo de la clínica para pacientes externos. En la siguiente sesión empezamos sentándonos en una silla en el vestíbulo, que se encontraba aproximadamente a 6 metros del ascensor. Pedí a la señora L. que pensara que iba a subir en el ascensor a mi despacho en el quinto piso. Ella informó de cinco unidades SUDS. Nos quedamos en ese lugar durante 10 minutos, antes de informarse que su nivel de unidades SUDS era cero. Estuvimos allí cinco minutos más, de modo que se pudiera sentir muy cómoda. Luego, nos levantamos y nos dirigimos hacia un sitio a 3 metros de los ascensores. No informó de ninguna ansiedad durante los siguientes cinco minutos. Los progresos que habíamos hecho a los seis metros se habían generalizado a distancias más cortas. Pero, ¿hasta qué distancia? Le pregunté qué pensaba que íbamos a hacer luego. Respondió que podría apretar el botón del ascensor porque sabía que no nos subiríamos al ascensor ese día. Le sugerí que lo intentase. Decidimos que apretaría el botón cada vez que alguien que llegara quisiera subir. La señora L. realizó esta actividad durante 25 minutos. Al principio informó de 45 unidades SUDS —principalmente porque intentó pensar en subir. Después de 10 minutos bajó rápidamente a cero. Después de 25 minutos presionando el botón, terminamos la sesión del día.

En la sesión siguiente, empezamos con la tarea de presionar el botón del ascensor otra vez. La señora L. informó de 20 SUDS durante los primeros 10 minutos; luego, su nivel de ansiedad bajó a cero. Permanecimos en esta situación durante 10 minutos más.

En este punto, me di cuenta de que tendría que saltar el ítem 5 y hacer que la paciente entrase directamente en un ascensor vacío. Como había obtenido previamente permiso de la seguridad del hospital para utilizar uno de los ascensores durante ese período de tiempo, pudimos hacer que se abrieran las puertas, entrar en él y detenerlo con las puertas abiertas. La paciente entró en el ascensor e inmediatamente informó de 70 unidades SUDS. Hablamos sobre sus sentimientos y pensamientos. Después de media hora informó de 20 SUDS. La sesión nueve empezó con la misma actividad. La señora L. informó de 50 SUDS durante 30 minutos aproximadamente y luego, gradualmente, su nivel de ansiedad bajó hasta 10 unidades SUDS. Durante la sesión 10 repetimos este ítem de la jerarquía una tercera vez. La evaluación de su ansiedad más elevada fue de 30 y logró bajar a cero en 20 minutos. La sesión 11 empezó con esta misma actividad, pero la señora L. no informó de ninguna ansiedad.

Luego cerramos la puerta y subimos un piso. La paciente informó de 10 SUDS. Volvimos abajo al vestíbulo y luego de nuevo subimos un piso. Su nivel de ansiedad bajó a cero. Luego, subimos al quinto piso. No informó de ninguna ansiedad. Durante la sesión 12, subimos al séptimo piso (la cima del edificio para pacientes externos). La señora L. experimentó 20 unidades SUDS durante los primeros 15 minutos, pero luego nada durante la siguiente media hora.

En la sesión 13 acordamos encontrarnos en el edificio de oficinas donde ella trabajaba. Nos montamos en el ascensor y subimos hasta el piso 22, donde se encontraba su oficina. Informó de 40 unidades SUDS. Indicó que la presencia de otras dos personas en el ascensor fue la principal razón de su ansiedad. Entonces subimos y bajamos del piso 22 durante el resto de la hora de terapia. El programa de la sesión 14 fue repetir esta situación otra vez. Cuando llegué al edificio de oficinas, la señora L. estaba esperándome en el vestíbulo. «Tengo algo que enseñarle», dijo. Presionó el botón del ascensor, entramos en el ascensor y subimos al piso 22. Indicó que no experimentaba ansiedad de ninguna manera. Luego me dijo que había estado subiendo en el ascensor tantas veces al día como le había sido posible, desde nuestra última sesión. Había sentido cómo su nivel de ansiedad se había reducido a cero durante la semana. Luego dijo que puesto que podía ir y venir al trabajo sin problemas, pensaba que no necesitaba continuar con la terapia. Le hice notar que no habíamos cubierto todavía varios ítems de la jerarquía. Dijo que pensaba que a partir de ahora podía abordar edificios más altos por sí misma. La señora L. se encontraba satisfecha con sus progresos; ya no tenía que angustiarse para ir y venir al trabajo y pensaba que su calidad de vida había mejorado mucho. Mantenía sus progresos a los cuatro años.

VI. RESUMEN

En este capítulo se han descrito los fundamentos históricos y teóricos de la desensibilización sistemática. Además, se ha proporcionado una descripción detallada de cómo llevar a cabo el procedimiento en formatos tanto «en vivo» como en la imaginación.

La desensibilización sistemática es especialmente apropiada para el tratamiento de fobias y miedos. Puede ser útil para descondicionar miedos asociados con el trastorno del estrés postraumático y algunos síntomas de agorafobia. Sin embargo, se alienta al psicólogo clínico para que experimente con la técnica e intente utilizarla con una amplia variedad de problemas, con el fin de tener una mayor información sobre sus ventajas y limitaciones.

VII. LECTURAS PARA PROFUNDIZAR

Eysenck, H. J., *Experimentos en terapia de conducta. I. Inhibición recíproca*, Barcelona, Orbis, 1986. (Or.: 1964).

Foa, E. B., Steketee, G. S. y Ascher, L. M., «Systematic desensitization», en A. Goldstein y E. B. Foa (comps.), *Handbook of behavioral interventions: a clinical guide*, Nueva York, Wiley, 1980.

Morris, R. J., «Métodos para la reducción de miedo», en F. H. Kanfer y A. P. Goldstein (comps.), *Métodos de consejo psicológico*, Bilbao, Desclée de Brouwer, 1986. (Or.: 1980)

Rimm, D. C. y Masters, J. C., «La desensibilización sistemática», en D. C. Rimm y J. C. Masters, *Terapia de conducta: técnicas y aplicaciones empíricas*, México, Trillas, 1980. (Or.: 1974).

Turner, R. M., DiTomasso, R. A. y Deluty, M., «Systematic desensitization», en R. M. Turner y L. M. Ascher (comps.), *Evaluating behavior therapy outcome*, Nueva York, Springer, 1985.

Walker, C. E., Hedberg, A. G., Clement, P. W. y Wright, L., *Clinical procedures for behavior therapy*, Englewood Cliffs, N.J., Prentice-Hall, 1981.

Wolpe, J., *Práctica de la terapia de conducta*, México, Trillas, 1977. (Or.:1973).

11. LA TERAPIA IMPLOSIVA (INUNDACIÓN): UNA TÉCNICA CONDUCTUAL PARA LA EXTINCIÓN DE LA RE-ACTIVACIÓN DE LA MEMORIA

DONALD J. LEVIS Y PATRICIA A. ROURKE

I. HISTORIA

Se puede considerar a la teoría (del aprendizaje) conductual y a la teoría psicodinámica como los dos sistemas de pensamiento más influyentes sobre la conducta humana. Aunque el desarrollo inicial de estos enfoques por Pavlov (1927), Watson (1925) y Freud (1936) tuvo lugar, aproximadamente, en el mismo período de tiempo, es sorprendente que esos primeros avances se influyeran tan poco entre sí. La independencia de estos dos movimientos puede atribuirse, en parte, a diferencias en sus objetivos. Pavlov y Watson intentaron desarrollar leyes sobre la conducta en general, mientras que Freud se esforzó en desarrollar una determinada comprensión de la psicopatología humana, con el objetivo de diseñar métodos de tratamiento.

Conforme maduraron dichos enfoques, se fue viendo claro que existían bases teóricas para el desarrollo de integraciones conceptuales. Así, French (1933) hizo notar que el análisis de Pavlov del estímulo-respuesta era similar al principio de asociación de ideas de Freud y que la inhibición pavloviana podría representar la contrapartida de la represión, ya que ambas funcionaban para interferir con las respuestas aprendidas. Bridger (1964) consideró que el primer y el segundo sistema de señales de Pavlov se encontraban relacionados con el tratamiento de las características de las ideas conscientes e inconscientes por parte de Freud. Aunque se señalaron otras similitudes o paralelismos entre ambas orientaciones, no fue sino hasta los esfuerzos pioneros de Dollard y Miller (1950) cuando se ofreció una amplia interpretación del aprendizaje, lo que facilitó la integración teórica de ambos enfoques. Estos esfuerzos llevaron a Alexander (1963) a concluir que la teoría psiconalítica se entendía mejor en términos (conductuales) de aprendizaje.

Aunque había aspectos de la teoría y la técnica freudianas que estuvieron sujetos a considerables críticas durante los años cuarenta y cincuenta, las extraordinarias introspecciones de Freud sobre el desarrollo de la psicopatología humana influyeron notablemente en las contribuciones de teóricos del

---

State University of New York (EE UU) y University of Iowa (EE UU), respectivamente.

aprendizaje como Hull, Skinner, Mowrer, Amsel y muchos otros (ver Levis, 1989). Los conductistas estuvieron de acuerdo con la suposición básica de Freud de que la psicopatología humana se desarrolla, en gran parte, como una función de la experiencia individual, especialmente la asociada con el desarrollo de la infancia. La conclusión de Freud de que la ansiedad funciona como una señal de la aparición de un conflicto emocional, que motiva al individuo a desarrollar conductas o síntomas para reducir este desagradable estado, preparó el camino para el desarrollo de teorías infrahumanas del conflicto (Miller, 1959) y del aprendizaje por evitación (Mowrer, 1939, 1947). Las interpretaciones de Freud sobre el modelo energético y la reducción de las necesidades se incorporaron también a las principales teorías de aprendizaje en los años cuarenta y cincuenta (p.ej., Hull, 1943).

Influida por las contribuciones de Freud y Pavlov, la moderna teoría del aprendizaje se desarrolló y floreció, estableciendo muchos importantes principios y leyes de la conducta. Con todo, la capacidad del enfoque conductual para contribuir al área de la psicopatología continuó siendo, en gran medida, una reinterpretación, en un lenguaje científico, de las contribuciones de Freud y de los neofreudianos (Dollard y Miller, 1950). Aunque se ofrecieron, de forma esporádica, técnicas conductuales específicas para el tratamiento, no constituyeron una amenaza significativa para la amplia teoría y técnica ofrecidas por Freud. El campo tuvo que esperar hasta el desarrollo del movimiento de la terapia de conducta a finales de los años cincuenta y comienzos de los sesenta (ver Kazdin, 1978; Levis, 1970; Wolpe, 1958). Este capítulo se centrará en uno de estos nuevos enfoques, desarrollado por Thomas G. Stampfl. Stampfl integró hábilmente los principios conductuales y psicoanalíticos en una teoría comprehensiva de la conducta neurótica y psicótica, lo que proporcionaba un enfoque directo, totalmente nuevo, de tratamiento en la forma de su *Terapia Implosiva (TI).*

II. DEFINICIÓN Y DESCRIPCIÓN

La teoría y la terapia implosivas representan un enfoque conductual para el tratamiento de la psicopatología, basadas teóricamente en la extensión de la teoría de los dos factores del aprendizaje de evitación de Mowrer (ver Levis, 1985, 1989; Stampfl y Levis, 1967a, 1975). La TI se basa en el principio de la extinción experimental directa, la presentación del estímulo condicionado (EC) en ausencia del estímulo incondicionado (EI). Una suposición básica de la teoría es que la conducta sintomática es conducta aprendida que proviene de la evocación de estímulos asociados con experiencias condicionadas pasadas, específicas y aversivas. Los síntomas se conceptualizan como conductas manifiestas y encubiertas desarrolladas para reducir o evitar estímulos históricamente condicionados, evocadores de ansiedad. La tarea de la terapia consiste en detener la conducta de evitación exponiendo al paciente a tantos estímulos de evitación como sea posible, intentando finalmente obtener una completa exposición al EC. Cuanto mayor sea el número de estímulos de evitación experimentados, mayor será la respuesta afectiva resultante. Puesto que la exposición al EC y la subsiguiente respuesta emocional no son seguidas por una respuesta incondicionada (RI), como dolor físico, entonces se hallan presentes las condiciones necesarias para desaprender la asociación entre el EC y la respuesta emocional. Al repetir los elementos del EC en ausencia del estímulo incondicionado biológico (EI), la respuesta emocional sufre un efecto de extinción. Repitiéndolo suficientes veces, la fuente que evoca la conducta sintomática se reduce hasta el punto de la completa eliminación de los síntomas.

El método de la TI para la presentación del EC implica tanto una presentación en vivo de los estímulos temidos, siempre que sea posible, como el empleo de una técnica que utiliza la imaginación presentada por el terapeuta. La técnica que hace uso de la imaginación se elabora de tal forma que incluya componentes estimulares del complejo EC evitado que no se pueden presentar fácilmente en vivo. La tarea del terapeuta consiste en provocar tanta respuesta emocional al complejo EC como sea posible. Cuanto mayor sea la respuesta del paciente, más rápidamente tendrá lugar el desaprendizaje emocional. La aplicación de esta técnica lleva a una relativamente rápida reducción de la conducta sintomática, teniendo lugar, normalmente, cambios significativos en un período que conlleva de una a veinte sesiones de terapia. La técnica se ha utilizado satisfactoriamente con un amplio rango de conductas neuróticas y psicóticas, incluyendo la conducta fóbica, la conducta obsesivocompulsiva, la depresión, la ansiedad penetrante, la histeria, la hipocondría, la psicopatía, las alucinaciones y delirios y otras clases de conducta desviada que tienen lugar en los individuos psicóticos.

Dado que esta técnica constituye un enfoque de exposición directa al EC, desarrollado para evocar altos niveles de respuesta emocional, se ha planteado la cuestión de que dicho enfoque podría ser dañino para el paciente (Levis, 1974; Morganstern, 1973). Esta preocupación proviene, principalmente, de dos fuentes. La primera procede de la teoría freudiana que postula que un paciente con baja fuerza del yo puede «explotar» o volverse psicótico cuando se le expone a «potentes» estímulos emocionales o estresantes. La segunda preocupación resulta de la ansiedad y temores propios del terapeuta al provocar fuertes respuestas emocionales. Stampfl, que desarrolló su procedimiento en 1957, estaba también preocupado con este tema. Para asegurarse de la inocuidad de la técnica, trató durante un período de diez años, antes de publicar la técnica en una revista profesional (Stampfl y Levis, 1967a), una amplia variedad de síntomas, incluyendo aquellos asociados con pacientes definidos tradicionalmente como «límite» o «con baja fuerza del yo». Desde entonces, todo un conjunto de estudios experimentales y empíricos ha demostrado, no sólo la inocuidad del enfoque, sino también su eficacia (Levis y Boyd, 1985; Levis y Hare, 1977; Boudewyns y Shipley, 1983). Además, la hipótesis freudiana de la baja fuerza del yo fue sometida a prueba por Boudewyns y Levis (1975), no encontrando apoyo para la misma. Es importante hacer una distinción entre elevados niveles de respuesta emocional obtenidos por medio de un «enfoque de exposición al EC», que da como resultado una extinción o un desaprendizaje directos, y un procedimiento de «estrés», que mantiene altos niveles de respuesta emocional bien minimizando la exposición al EC o bien introduciendo estímulos incondicionados. El primer autor del presente capítulo tiene cerca de 30 años de experiencia en el empleo de la técnica en un gran número de pacientes con una amplia variedad de problemas y no ha encontrado que nadie haya sido dañado con este enfoque. Por el contrario, los pacientes muestran clínicamente muchas señales de mejoría. Algo que es interesante es que también aprecian y comprenden el propósito de la técnica. Tiene sentido para ellos y así se explica, quizás, la baja tasa de abandono asociada con este enfoque (Levis y Carrera, 1967).

Es comprensible por qué, a pesar de toda la evidencia de lo contrario, los terapeutas siguen planteando esta cuestión. La Terapia Implosiva no es una técnica fácil de utilizar, en el sentido de que es agotador para el terapeuta el reproducir y experimentar la intensidad del sufrimiento del paciente. Aun así, la técnica es muy reforzante tanto para el terapeuta como para el paciente, por cuanto que los efectos de la extinción y la reducción de los síntomas, así como otros muchos cambios clínicos positivos, ocurren, con frecuencia, muy rápidamente.

Stampfl, al desarrollar su enfoque, fue influido por su amplia experiencia terapéutica con niños emocionalmente perturbados y por su capacidad para integrar los principios de la teoría psicoanalítica y de la literatura sobre el aprendizaje por evitación, experimental (Stampfl, 1966). Denominó «Implosión» a la técnica que desarrolló, un término tomado de la física, y una etiqueta que refleja el proceso de energía dinámico interno, inherente a la liberación de estímulos cargados afectivamente y codificados en el cerebro. Una vez que comienza el proceso de exposición al EC, tiene lugar una reacción en cadena en la que el primer conjunto de estímulos lleva a la evocación de otro conjunto que, a su vez, genera otro conjunto y así sucesivamente. Cada conjunto nuevo de estímulos está asociado con un nivel superior de respuesta emocional. Este proceso refleja el restablecimiento de asociaciones evocadoras de ansiedad, que pueden producir una recuperación completa en la memoria de un determinado suceso traumático. Este componente de reactivación de la memoria en la TI es un descubrimiento de una gran importancia en el intento de reconstruir la etiología de la psicopatología y ha expedido el camino a una serie de avances teóricos (Levis, 1985, 1988). La velocidad con la que se recuperan los recuerdos y se afrontan los sucesos traumáticos, convierte en obsoletos a los enfoques psicoanalíticos y a otros enfoques cognitivos.

Finalmente, debería señalarse que los términos «Implosión» e «Inundación» se emplean a menudo indistintamente. Ambos términos se refieren al intento del terapeuta de exponer repetida y continuamente al paciente a los estímulos de temor evitados, con el fin de maximizar el nivel de la respuesta emocional y el subsiguiente efecto de extinción. Sin embargo, algunos escritores reservan el término «Inundación» para aquellos terapeutas que emplean el procedimiento de la TI, pero se limitan a la presentación en vivo o en la imaginación de aquellos estímulos que se correlacionan directamente con el inicio de los síntomas (Levis y Hare, 1977). Los terapeutas que utilizan la Implosión han encontrado, especialmente al tratar con la psicopatología grave, la necesidad de ir más allá de los estímulos contingentes con los síntomas e incorporar estímulos «hipotetizados». Este punto se aclarará una vez que los fundamentos teóricos que subyacen a la técnica se comprendan mejor.

III. FUNDAMENTOS CONCEPTUALES Y EMPÍRICOS

La Terapia Implosiva es un enfoque que incorpora formulaciones inherentes a sistemas dinámicos de tratamiento reinterpretados y reaplicados en términos de la teoría y principios del aprendizaje. Los clínicos de orientación dinámica no necesitan abandonar sus conceptos fundamentales sobre la situación humana. El presente enfoque no sólo proporciona una nueva orientación teórica, sino que también altera, y en algunos casos modifica drásticamente, procedimientos de tratamiento existentes, y suministra igualmente un catalizador para sugerir nuevas líneas de experimentación con animales (Stampfl y Levis, 1967a; Stampfl, 1987, 1988). La teoría de aprendizaje adoptada representa una extensión de la teoría de los dos factores del aprendizaje por evitación de O. H. Mowrer (Mowrer, 1947, 1960a, b), que ha recibido un gran respaldo empírico en la investigación animal y humana (ver Levis, 1989).

III.1. *La adquisición de la psicopatología*

Se supone que la psicopatología es un resultado de experiencias específicas pasadas de castigo y dolor, lo que confiere fuertes reacciones emocionales a estímulos inicialmente no punitivos (neutrales). Los acontecimientos condicionantes en el ser humano son, normalmente, mucho más complejos y extensos que en el típico experimento de laboratorio. La adquisición de «señales de peligro» en el ser humano puede haber resultado de acontecimientos aversivos en el primer período de socialización del niño, implicando un duro castigo físico, privación de comida y de contacto físico y/o la exposición a abusos sexuales. Otros factores significativos de condicionamiento pueden ser los acontecimientos relacionados con experiencias aversivas en el grupo de iguales (ser molestado, golpeado) o provenientes de sucesos naturales aversivos (lesiones resultantes de caídas, quemaduras, cortes, etc.). Los acontecimientos aversivos actuales (problemas maritales, pérdida del trabajo, cuestiones familiares, mala salud, etc.) pueden contribuir también a la activación emocional (Stampfl y Levis, 1967a). La conducta desadaptativa que es probable que se etiquete como sintomática, proviene del intento del organismo para reducir o eliminar el impacto del recuerdo de acontecimientos aversivos previamente condicionados. Dicha conducta está motivada por un fuerte impulso secundario. Los impulsos secundarios se diferencian de los impulsos primarios o innatos como el hambre, la sed y el sexo, en que su capacidad para servir de elementos motivadores depende del aprendizaje. Dichos impulsos juegan un importante papel en el desarrollo de la conducta humana y se piensa que se encuentran detrás de la lucha por el prestigio, el ascenso social, el dinero, el poder, el estatus y el amor (Brown, 1961). Pero quizás el impulso más potente y penetrante es el miedo aprendido, o ansiedad, que se piensa es el principal estímulo instigador de la conducta desadaptada. Según Dollard y Miller (1950, p. 190), el miedo es importante para la formación de síntomas porque puede adherirse a nuevos estímulos por medio del aprendizaje y porque es la fuente de motivación que produce la respuesta inhibidora en la mayoría de los conflictos.

De este modo, los síntomas y las maniobras cognitivas defensivas (p.ej., negación, represión, disociación, racionalización, proyección, etc.) que se reflejan en la psicopatología de los seres humanos se consideran como equivalentes a la conducta de evitación, un punto de vista compartido por Freud (1936) y otros terapeutas conductuales (p.ej., Wolpe, 1958). La teoría de los dos factores de Mowrer (1947, 1960a) proporciona un excelente modelo de trabajo para comprender dicha conducta. Según esta posición, se piensa que al menos dos clases de respuesta son inherentes al desarrollo de la psicopatología. La primera consiste en el aprendizaje humano a responder de una manera temerosa a estímulos que no eran temidos anteriormente. La secuencia de acontecimientos necesaria para la adquisición del miedo se encuentra bien establecida en la literatura experimental y se alude a ella como condicionamiento clásico pavloviano. Su desarrollo proviene simplemente del emparejamiento de estímulos inicialmente no temidos con un acontecimiento aversivo innato que produce dolor. El estado de impulso primario o RI de dolor puede ser provocado por una variedad de EIs, como los implicados en el castigo físico o los provocados por estados graves de privación primaria, como el hambre. Después de emparejamientos suficientes de un estimulo neutral con un EI, los estímulos no temidos que preceden de forma inmediata a la presentación del EI, adquirirán la capacidad de provocar temor, incluso cuando ya no sean seguidos por un acontecimiento aversivo innato. La reacción emocional aversiva provocada por la presentación de los ahora ya estímulos condicionados de temor se denomina respuesta condicionada de temor (RC). Aunque la respuesta de temor no implica un conjunto unitario, bien definido, de topografías de respuesta, se supone generalmente que implica principalmente el condicionamiento del sistema nervioso autónomo. El aprendizaje del temor, según Mowrer, está gobernado por las leyes del condicionamiento clásico y se basa únicamente en el principio de contigüidad, el emparejamiento del EC y el EI.

Como se ha señalado anteriormente, se cree que el aprendizaje del miedo implicado en la psicopatología humana abarca un complejo conjunto de estímulos, que comprende patrones de EC tanto externos como internos (Stampfl, 1970; Stampfl y Levis, 1969a, 1975). Una vez que tiene lugar el condicionamiento del miedo, éste es capaz de condicionar secundariamente otros estímulos por medio de asociaciones o emparejamientos con los estímulos previamente condicionados. Esto representa un punto crítico, puesto que algunos teóricos adoptan un punto de vista bastante miope al analizar qué ECs instigan la conducta desadaptada. A veces se plantea la suposición ingenua de que los patrones condicionados del EC sólo implican a aquellos estímulos que se correlacionan con el comienzo de la respuesta emocional. Por ejemplo, se podría hacer la suposición de que el estímulo crítico que necesita extinción en el caso de una fobia a los aviones es el estímulo asociado con el avión. Aun así, en la gran mayoría de estos casos el paciente informa no haber tenido nunca un accidente de avión y no puede encontrarse un suceso de condicionamiento directo a estos estímulos. Básandonos en la teoría y en la experiencia clínicas, es lógico suponer que los estímulos relacionados con el comienzo de los síntomas (p.ej., la vista de un avión) representan reacciones generalizadas condicionadas que reflejan sólo una pequeña parte del complejo EC total evitado. Así, el patrón del EC que se evita por la mayoría de los síntomas clínicos, se conceptualiza de modo que implica un complejo sistema de estímulos tanto externos como internos (pensamientos, imágenes y recuerdos), incluyendo estímulos anticipados evocados por la exposición al estímulo fóbico (p.ej., temor de daño físico, muerte o pérdida de las señales de control). La evidencia de laboratorio ha demostrado, de forma muy convincente, que el condicionamiento tiene lugar no simplemente a un estímulo discreto, sino a un estímulo complejo que incluye potencialmente a todos los estímulos que preceden de forma inmediata al EI, estímulos generalizados y estímulos que han sufrido los efectos del condicionamiento secundario (ver Levis, 1989; McAllister y McAllister, 1971, 1989). Se acepta generalmente que una gran cantidad de aprendizaje emocional humano se vuelve condicionado por medio de la asociación o del emparejamiento con otros ECs aversivos. Los principios de aprendizaje implicados en esta transferencia incluyen el proceso de condicionamiento secundario, el condicionamiento de orden superior, la generalización primaria del estímulo, la generalización mediada de la respuesta, el condicionamiento mediado semántico y simbólico, y la reactivación de la memoria o la recuperación de acontecimientos aversivos pasados (ver Levis, 1985).

III.2. *Mantenimiento de los síntomas*

La teoría de los dos factores sobre el miedo ha disfrutado de un apoyo experimental considerable, en el laboratorio animal, cuando se trata de explicar la adquisición, el mantenimiento y la extinción del aprendizaje de evitación activo y pasivo (Brown y Farber, 1958; Levis, 1989; McAllister y McAllister, 1965; Mowrer, 1960a; Rescorla y Solomon, 1967). Aunque se han realizado intentos ingeniosos, por parte de los conductistas, para ofrecer una explicación alternativa no teleológica, que no necesite del concepto de miedo, de la conducta de evitación (Dinsmoor, 1950; Hernstein, 1969; Schoenfeld, 1950), o una modificación biológico-genética (Bolles, 1970; Seligman, 1971), dichas explicaciones distan mucho de resolver las paradojas críticas (Levis, 1989; Mackintosh, 1974). El poder de la teoría del miedo reside en su capacidad para generar numerosas predicciones apoyadas desde diferentes ángulos y en el fracaso de puntos de vista alternativos para reemplazar a la teoría por un modelo igualmente comprehensivo y predictivo (Levis, 1989; Mackintosh, 1974). Al añadir el constructo del miedo, la teoría es capaz de explicar por qué la fuerza de la respuesta de evitación aumenta inicialmente en presencia de una condición de EC solo y por qué tiene lugar la metódica disminución de este sistema de respuestas con la exposición continua al EC. De este modo, la teoría mantiene intacto el principio tradicional de la extinción experimental; la presentación del EC en ausencia del EI lleva a una disminución de la respuesta de evitación condicionada al EC.

Resulta irónico que los principios empíricos establecidos para la extinción de la conducta de evitación y temor, se conviertan en el talón de Aquiles de los intentos de la teoría de los dos factores para explicar la psicopatología. Es problemática la observación clínica de que la conducta sintomática en los seres humanos puede durar años, sin señales aparentes de extinción, mientras que los estudios de laboratorio sobre la evitación muestran normalmente una relativamente rápida extinción una vez que se retira el EI. Mowrer (1950, p. 351) que llamó a la preocupación de Freud (1936) sobre este tema, la «paradoja neurótica», se preguntaba por qué la denominada conducta neurótica es al mismo tiempo autoderrotista y autoperpetuante, en vez de llegar a autoeliminarse. Mowrer no sólo consideró a esta paradoja como central para la teoría y la práctica clínicas como hizo Freud, sino que reconoció correctamente que la cuestión de la evitación constante o de la conducta sintomática planteaban serias dificultades a las interpretaciones del aprendizaje de la conducta neurótica (Stampfl, 1987).

Para entender claramente la técnica de la TI, es esencial que el terapeuta comprenda la ingeniosa solución de Stampfl a la «paradoja neurótica», en su explicación teórica sobre el mantenimiento de los síntomas (Stampfl, 1970, 1987; Stampfl y Levis, 1967, 1969a). Las observaciones clínicas revelaron que aunque algunos síntomas humanos parecen durar mucho tiempo, los estímulos de los que inicialmente se informaba que provocaban el comienzo de los síntomas, sufrían, frecuentemente, un cambio con el tiempo, de modo que los primeros estímulos evocadores de miedo dejaban de provocar los síntomas. Teóricamente se sigue que, a causa de la exposición repetida al EC, las propiedades evocadoras de miedo asociadas con estos estímulos producen un efecto de extinción y son reemplazadas en la memoria por un nuevo conjunto de estímulos con propiedades instigadoras de miedo, estímulos que no habían recibido previamente mucha exposición al EC. Estos nuevos estímulos y su reactividad emocional pueden observarse cuando se impide la manifestación de los síntomas. Esta observación llevó a Stampfl a concluir que había un sistema de estímulos implicados en instigar un determinado síntoma y que estos estímulos, que representan la asociación pasada con sucesos condicionantes que implican dolor, se almacenaron en la memoria y se ordenaron de un modo secuencial o serial en términos de su accesibilidad. Además, parecía que estos patrones de estímulos se ordenaban según una dimensión de intensidad del estímulo, siendo los patrones de estímulos más aversivos los menos accesibles. Se ha hipotetizado que estos estímulos codificados en la memoria son activados por una situación estimular de la vida actual del paciente, situación que es similar, sobre una dimensión de generalización, a aquellos estímulos asociados con anteriores sucesos condicionados traumáticos. La función de los síntomas del paciente consiste en bloquear la aparición de esos estímulos y evitar las propiedades intensamente emocionales asociadas a los mismos. Sin embargo, a causa de que estos estímulos generalizados son, finalmente, expuestos, el temor hacia ellos sufre un efecto de extinción que, a su vez, reactiva el siguiente conjunto de señales en la cadena en serie. Stampfl tradujo esta observación a la terminología E-R, ampliando y modificando la ahora hipótesis clásica de conservación de la ansiedad, sugerida por Solomon y Wynne (1954).

El modelo de condicionamiento de evitación de laboratorio se plantea de tal manera que si un animal da la respuesta apropiada al EC (p.ej., salta fuera de la caja de condicionamiento) antes del comienzo del EI, el EC termina inmediatamente y se evita el EI en ese ensayo. En la extinción se elimina el EI. El apartado sobre la conservación, en la hipótesis de Solomon y Wynne, se basa en la observación de que, en el aprendizaje por evitación, la ocurrencia de una respuesta de evitación, de latencia corta, evita la exposición total al EC en ese ensayo. Por consiguiente, la parte del EC que no se expone será protegida o conservada contra la extinción del miedo, ya que la exposición es un requisito necesario para la extinción. Stampfl razonó, a partir de sus observaciones sobre el mantenimiento de los síntomas humanos, que la paradoja neurótica podía ser entendida conceptualmente por medio de la ampliación de la hipótesis de la conservación de la ansiedad. Se recordará que los sucesos condicionantes traumáticos, que mantienen la sintomatología humana, se supone que ocurren ante un complejo conjunto de estímulos que se almacenan en la memoria a largo plazo. Se piensa que estos distintos complejos de ECs están ordenados secuencialmente según su carga aversiva y en términos de su accesibilidad para la reactivación. Se seguiría, por consiguiente, que si las respuestas de evitación de latencia corta conservaban el miedo a segmentos más largos del EC, al evitar su exposición, entonces el proceso de conservación podría aumentarse aún más en el laboratorio dividiendo el intervalo EC-EI en distintos componentes estimulares. Este procedimiento debería, a su vez, mejorar los efectos de la conservación de la ansiedad, al reducir la generalización de los efectos de la extinción desde una corta exposición al EC hasta una larga exposición al mismo. Por ejemplo, considérese la presentación de un intervalo EC-EI de 18 segundos, en el que los primeros 6 segundos del EC implican la presentación de un zumbido (S1), los siguientes 6 segundos implican la presentación de luces destellantes (S2) y el último segmento, la presentación de un tono (S3). Una vez que la respuesta de evitación está sólidamente establecida al componente S1, se evita la exposición de S2 y S3. La conservación de la ansiedad ante los componentes S2 y S3 debería estar al máximo, ya que los efectos de la extinción provenientes de la exposición al componente S1 difícilmente llegarán a generalizarse al segmento restante no expuesto del intervalo EC-EI. Esto se debe a que los restantes estímulos del segmento son muy distintos a la parte expuesta del intervalo. De este modo, cuanto mayor es la reducción en la generalización de la extinción desde la primera parte expuesta del intervalo EC-EI hasta las secciones no expuestas, mayor es el grado de conservación de la ansiedad a los componentes más próximos al comienzo del EI.

En principio, el presentar al EC en serie debería llevar al máximo el efecto de conservación y retardar el proceso de extinción de la manera siguiente. La exposición al componente S1 dará como resultado final una extinción suficiente para producir latencias de la respuesta de evitación más largas. En algún punto se expondrá el componente S2. Cuando ocurra esto, el nivel de activación del miedo cambiará de un relativamente bajo nivel, evocado por el componente S1, a un estado elevado, evocado por el componente S2. El componente S2 conserva más temor, ya que se ha conservado gran parte del nivel original de miedo y porque los efectos del condicionamiento original eran más potentes, debido a la mayor proximidad de este estímulo durante el condicionamiento al EI. Después de la exposición del componente S2 se deberían observar las señales conductuales de temor. Una vez expuesto, el componente S2 funciona como un estímulo de condicionamiento de segundo orden, fortaleciendo el nivel de miedo al componente S1 (ver Rescorla, 1980). Este efecto de recondicionamiento (S1-S2) debería dar como resultado una vuelta a las respuestas de latencia corta al componente S1, que a su vez evita cualquier extinción posterior del componente S2. El efecto de recondicionamiento de S1, asociado con la exposición al S2, debería continuar ocurriendo hasta que el nivel de miedo del componente S2 haya sufrido un efecto de extinción suficiente. La respuesta debería estar entonces bajo el control del componente S2. Cuando S2 se extinga, se expondrá S3 y vuelve a darse el proceso de recondicionamiento de S2 y S1. De este modo, al añadir los componentes en serie se lleva al máximo tanto la hipótesis de la conservación de la ansiedad como el proceso del reforzamiento intermitente secundario, lo que debería producir el mantenimiento de una evitación extrema. El efecto general es una distribución de las latencias de evitación en la extinción, lo que produce una especie de efecto de vaivén. La hipótesis anterior ha recibido un fuerte apoyo empírico de los estudios de laboratorio que emplean animales (p.ej., Levis, 1966, 1979; Levis y Boyd, 1979; Levis y Stampfl, 1972) y de los estudios con humanos (Malloy y Levis, 1988). Se piensa que son los principios anteriores los que están operando en los seres humanos y los que son responsables de la demora en el desaprendizaje del miedo (para ejemplos clínicos de este efecto ver Levis, 1980, 1988; Stampfl, 1970; Stampfl y Levis, 1969a, 1975).

III.3. *Desaprendizaje del miedo y de los síntomas*

Como puede deducirse del análisis precedente sobre el mantenimiento de los síntomas, los principios de la extinción del miedo están operando con cada ocurrencia de los síntomas del paciente, pero se demoran por la capacidad del sistema de defensa para evitar cualquier exposición prolongada al EC; por la capacidad de los estímulos recién expuestos para recondicionar los estímulos previamente extinguidos; y por la complejidad del sistema de estímulos y del sistema de defensa condicionados previamente. Así, se seguiría, de forma lógica, que la extinción tanto de los estímulos provocadores emocionales como de la conducta resultante motivada para evitar estos estímulos, podría facilitarse exponiendo de alguna manera al paciente a tantos estímulos de temor como sea posible. Esto daría como resultado la provocación de una fuerte respuesta emocional en ausencia de cualquier estímulo aversivo primario (EI), lo que, a su vez, debería producir un efecto de extinción igual de fuerte. En el laboratorio, esta estrategia se ha llevado a cabo evitando o bloqueando directamente la ocurrencia de la respuesta de evitación, permitiendo que ocurriese la respuesta, pero eliminando el arreglo contingente de la terminación del EC, o demorando la ocurrencia de la respuesta hasta después de la exposición completa del EC. Cada una de estas exposiciones forzadas del EC han sido mostradas en el laboratorio para facilitar la extinción del miedo y de la evitación (Baum, 1970; Shipley, 1974; Shipley, Mock y Levis, 1971). La misma estrategia ha sido adoptada por terapeutas que emplean la TI para tratar los temores humanos, empleando un enfoque de exposición en vivo y/o presentando el estímulo temido por medio de alguna técnica de extinción que utiliza la imaginación.

IV. LA TERAPIA IMPLOSIVA —UNA REVISIÓN

Puesto que el desaprendizaje emocional es una función de la exposición repetida al EC, se seguiría que los procedimientos de laboratorio establecidos para facilitar este efecto pueden ser eficaces en el tratamiento de la psicopatología humana. La exposición al EC es un lazo común que une a todos los procedimientos psicoterapéuticos. Lo que convierte en única a la TI es el supuesto teórico de que la exposición al EC y la extinción emocional posterior constituyen la variable crítica para producir una eliminación de los síntomas. Como se ha señalado anteriormente, de esta orientación se seguiría que con cada ocurrencia de los síntomas de un paciente está teniendo lugar algún tipo de «desaprendizaje», debido a la exposición parcial al EC. Esto nos llevaría a la predicción de que la remisión de los síntomas se observaría especialmente en aquellos casos en que la evitación por el paciente es sólo parcialmente eficaz para reducir la exposición del EC. Éste parece ser el caso en la depresión y en la ansiedad penetrante (ver Boys y Levis, 1980; Hare y Levis, 1981; Levis, 1980b, 1987). Debería también tener lugar con el tiempo un cambio en los estímulos que provocan el comienzo de los síntomas y reflejar el proceso de extinción del EC. De igual manera, deberían ocurrir cambios en el patrón de respuestas del paciente cuando surgiesen nuevos conflictos y cuando los síntomas existentes dejasen de funcionar como elementos que acabasen de forma eficaz con el EC.

Para obtener una reducción sustancial de los síntomas, puede necesitarse una exposición repetida, no sólo a los elementos del EC directamente relacionados con el comienzo de los síntomas, sino también a los elementos reactivados por el procedimiento de exposición y asociados con los sucesos condicionantes traumáticos. Sin embargo, para que tenga lugar la disminución o eliminación de los síntomas, no es esencial que todos los estímulos condicionados que comprende el complejo EC total que instiga un determinado síntoma sean presentados por el terapeuta o que su presentación sea absolutamente precisa. Los efectos de la extinción que ocurren en la exposición a un determinado conjunto de elementos, deberían generalizarse a otros elementos del EC que no se han expuesto, como una función de la similitud del estímulo. Éste es el proceso inverso al que tiene lugar durante la adquisición del miedo. Sin embargo, es importante que los efectos de la extinción se obtengan con aquellos elementos que tengan la mayor carga afectiva. Finalmente, se seguiría que cuanto mayores son las respuestas emocionales al complejo EC expuesto, mayor es el grado de extinción emocional (ver Levis, 1980a; 1985).

La técnica de la TI se basa principalmente en un único principio, el de la extinción experimental directa. La tarea del terapeuta consiste en extinguir los complejos condicionados del EC aversivo que proporcionan la estimulación para la ocurrencia y mantenimiento de los síntomas. Esto puede lograrse representando, restableciendo, o reproduciendo simbólicamente, en ausencia de dolor físico (EI), los estímulos previamente condicionados que provocan la sintomatología del paciente (Stampfl y Levis, 1967a). En aquellos casos en que los patrones del EC que se están evitando implican estímulos externos discretos, se ha encontrado que la exposición en vivo a estos estímulos es muy eficaz (Levis y Boyd, 1985; Levis y Hare, 1977). Dicha exposición en vivo al EC debería funcionar como una activación de otros estímulos relacionados, internamente codificados. Si la patología no es grave, una generalización suficiente de los efectos de la extinción a partir de la exposición a los estímulos en vivo, puede ser suficiente para reducir la conducta sintomática. Sin embargo, en aquellos casos en los que la historia de condicionamiento es grave o los estímulos que provocan el comienzo de los síntomas son principalmente internos, el terapeuta puede introducir estos estímulos temidos empleando una técnica que utilice la imaginación.

El empleo de un procedimiento que use la imaginación es especialmente necesario para la presentación de aquellos estímulos internos asociados con la representación neural de sucesos condicionados pasados específicos que implican dolor y castigo. Por medio de instrucciones verbales para que intente imaginárselas, se describen al paciente escenas que incorporan varios estímulos (visuales, auditivos, táctiles) que, hipotéticamente, se encuentran ligados a los sucesos condicionados originales. La técnica es un *procedimiento operacional,* en el sentido de que la confirmación de un área de estímulos sospechosa se determina viendo si la presentación del material provoca una fuerte respuesta emocional. Según la teoría, los estímulos que provocan afectos negativos en la imaginación lo hacen a causa de un aprendizaje previo y, de esta manera, se pueden extinguir por medio de la repetición. Las imágenes funcionan únicamente como ECs; lo mismo sucede con todos los pensamientos o recuerdos.

La técnica utilizada es un enfoque de retroalimentación y, como señaló Stampfl (1970), es análoga a la situación en la que se le da a un experimentador la tarea de extinguir la conducta de evitación de una rata, pero no se le dice a qué EC fue condicionada la rata (p.ej., un tono de 4 KHz). Aunque hay un número infinito de posibles ECs que podrían haberse empleado para condicionar a la rata, el conocimiento de la literatura sobre la evitación debería aumentar la probabilidad de encontrar el EC correcto. Un experimentador cuidadoso empezaría introduciendo, de una manera sistemática, una variedad de estímulos que se sabe que se utilizan con ratas, como luces, zumbidos y tonos. Si se manifiestan señales de la conducta de evitación o miedo cuando se introduce el estímulo prueba, se obtiene un cierto apoyo para el precondicionamiento de este estímulo. Cuanto más potente sea la respuesta manifiesta, mayor es el apoyo. Supongamos, por un proceso de eliminación, que el experimentador encuentra que un tono de 8 KHz provoca una fuerte respuesta emocional. Presentando este tono seleccionado, una y otra vez, el experimentador llega a ser capaz de extinguir la respuesta emocional al tono. Hay que señalar que, a causa de la generalización de los efectos de la extinción, no se necesita una precisión absoluta. La presentación repetida de un tono de 8 KHz debería debilitar, de forma eficaz, las tendencias provocadoras de un tono de 4 KHz.

La estrategia anterior es esencialmente la misma que emplea un terapeuta de la TI. El terapeuta tiene la ventaja adicional, al reconstruir los estimulos evitados, de tratar con un organismo que se comunica verbalmente. Centrándose en las asociaciones, informadas por el paciente, con los estímulos presentados e incorporándolos a escenas imaginadas adicionales, se produce una cadena de asociaciones que no sólo añade nuevos estímulos de temor no expuestos, sino que refleja la descodificación de un recuerdo traumático real. Teniendo en cuenta esta revisión, vayamos a una presentación más detallada de la técnica.

V. PROCEDIMIENTO

Una de las primeras tareas del terapeuta al administrar la técnica de la TI consiste en determinar qué estímulos aversivos están provocando la conducta sintomática del paciente. La evaluación representa un importante ingrediente para emplear la técnica satisfactoriamente. Con el fin de facilitar este objetivo, puede ser útil la siguiente discusión de las categorías estimulares.

V.1. *Clasificación de las categorías de los estímulos de evitación*

Aunque Levis (1980a) describió siete categorías de estímulos para ser tenidas en cuenta en la investigación, la sugerencia de Stampfl (1970) de un sistema de cuatro categorías es suficiente para propósitos clínicos. Se pueden considerar estos estímulos en términos de una progresión a lo largo de un continuo, que va desde estímulos físicos y muy concretos en un extremo, hasta clases de estímulos más hipotéticos y dinámicos en el otro. La primera categoría abarca lo que se denomina *estímulos contingentes a los síntomas,* es decir, aquellos estímulos ambientales que sirven inicialmente para provocar unos síntomas determinados. Ejemplos de estímulos contingentes a los síntomas pueden incluir: la visión de picar hielo, la experiencia de subir en ascensor, comer en público, tocar las llaves de un coche de alquiler, el olor a humo, el sonido de un trueno, etc. Estos estímulos son, normalmente, los menos complejos y los más accesibles al paciente y, por tanto, al terapeuta.

La segunda categoría de estímulos se compone de *estímulos informables, provocados interiormente.* Estos se refieren a los pensamientos, sentimientos y sensaciones físicas que el paciente informa que experimenta cuando tiene lugar la conducta problemática. Por ejemplo, un hombre informa a su terapeuta que, entre otros problemas, encuentra muy difícil, y a veces imposible, entrar en la sala de estar. A pesar de su deseo de ver la televisión y pasar el tiempo con su familia, es incapaz de entrar en la sala de estar. Aquí, el ver la sala de estar sirve como el estímulo contingente a los síntomas que conduce a los síntomas, o sea, a la evitación de la sala de estar y, posteriormente, al incontrolable deseo de lavarse también las manos.

Cuando se le pide que describa sus pensamientos y sentimientos, el paciente explica que, como resultado de un accidente laboral relacionado, en el que estuvo expuesto a un compuesto radiactivo, está convencido de que el haber dejado la cartera y la chaqueta en una silla de la sala de estar, ha dado como resultado una contaminación radiactiva de toda la casa y, especialmente, de la sala de estar. Informa, además, que experimenta sentimientos de gran ansiedad cuando se encuentra dentro o cerca de la sala de estar y que esta ansiedad va acompañada por unos latidos galopantes, por una rápida respiración y un tragar saliva frecuente, por mareos y por una boca seca.

Teniendo en cuenta estas informaciones, el terapeuta procede a formar hipótesis sobre la siguiente categoría de estímulos, es decir, *estímulos no informables que hipotéticamente están relacionados con estímulos de carácter interno*. Dado que los síntomas físicos de los que informa el paciente son parecidos a aquellos que acompañan a los ataques de pánico, el terapeuta podría considerar la posibilidad de que el paciente experimentase también sentimientos de pérdida de control y el posible temor a volverse loco. Otros estímulos no informados podrían incluir el temor a la muerte y a la condenación eterna, la experiencia de la ira, de la tensión muscular, de las palmas sudorosas y sensaciones de ahogo.

Finalmente, el terapeuta, basándose en la información obtenida a partir de una entrevista detallada, intentará generar una cuarta categoría de estímulos, que Stampfl denominó *estímulos dinámicos hipotetizados*. En este caso, el material de entrevista sobre la infancia del paciente —el divorcio de sus padres cuando era un niño y una relación excesivamente estrecha con su madre —unido a la información sobre la naturaleza problemática de su matrimonio sugirió, entre otras cosas, un complejo de Edipo no resuelto. Además de los elementos referentes al complejo de Edipo, pueden surgir otros elementos dinámicos sobre la etapa oral, la etapa anal, los impulsos de muerte, la castración y toda una variedad de estímulos del proceso primario. Estas clases de elementos se convierten en sus equivalentes estimulares. Se ha encontrado que los elementos estimulares son especialmente útiles en el tratamiento de pacientes con trastornos más graves.

La progresión, que va desde la categoría de los estímulos contingentes a los síntomas hasta la de los estímulos dinámicos hipotetizados, es bastante consistente con una progresión a lo largo del continuo en serie del EC. Los estímulos de la primera categoría son los que caen más lejos del EI hipotetizado, mientras que aquellos que se encuentran en la última categoría caen relativamente más cerca a lo largo de la cadena. Sin embargo, esto no es, de ningún modo, una relación lineal. Como se señaló anteriormente, los seres humanos poseen historias de aprendizaje muy complejas. Ningún terapeuta puede esperar encontrar una clara cadena de condicionamiento, en la que los estímulos pertenezcan a una única categoría de estímulos. Por el contrario, es mucho más probable que los estímulos pertenezcan a dos o más categorías simultáneamente. A pesar de esta complejidad, las categorías de estímulos propuestas son útiles para ayudar al terapeuta a desarrollar una conceptualización del caso.

Un importante factor a considerar, al desarrollar los estímulos hipotetizados, es la atención dada a los rasgos críticos del proceso de condicionamiento. Puesto que los acontecimientos condicionados originalmente necesitan de la presencia de un EI, se plantea la suposición de que los estímulos asociados con el dolor y el daño de los tejidos (castigo físico, cortarse, caerse), se han codificado en el cerebro como un recuerdo y funcionan como activadores del EC. Por consiguiente, se supone que los estímulos asociados inmediatamente a las lesiones corporales (p.ej., la visión de la sangre), son elementos integrales del complejo estimular aversivo, aunque no sean informados por el paciente. Stampfl (1970) enfatizó el punto anterior y proporcionó una serie de ejemplos ilustrativos. Considérese un paciente que tiene miedo de caerse de los lugares elevados. Lógicamente se seguiría que el paciente tiene miedo también de las consecuencias corporales del impacto que sigue a la caída. Al reconstruir el miedo, se supone que la secuencia de caer, perteneciente a los estímulos aversivos, se relaciona con la fobia: S1 (estímulos asociados con el estar en un lugar elevado — estímulos contingentes a los síntomas); S2 (estímulos asociados con el caer — estímulos informables); S3 (estímulos asociados con el impacto, como puede ser un cuerpo destrozado — estímulos hipotetizados relacionados) y, si el paciente tiene miedo a lo que venga después de la muerte, S4 (sufrir en el infierno — estímulos dinámicos).

Una vez que está en marcha el proceso de terapia, la confirmación de la validez de los estímulos introducidos se determina por el grado de la reactividad emocional del paciente a las escenas. Frecuentemente el proceso terapéutico liberará los recuerdos reales del suceso traumático condicionado, dando como resultado la incorporación, por parte del terapeuta, de estos estímulos informables y reduciendo la necesidad de un empleo continuo de estímulos hipotetizados. Dados los fundamentos teóricos anteriores y el marco básico del proceso de categorización de los estímulos, los apartados posteriores proporcionarán un esquema de cómo llevar a cabo la técnica de la TI. Aunque Stampfl empleó inicialmente un procedimiento en vivo, la complejidad de los ECs que se evitan dio como resultado el desarrollo de una técnica que utiliza la imaginación, técnica que constituirá el centro principal de nuestra discusión. Una descripción del procedimiento en vivo pueden encontrarse en Barlow (1988), Chambless y Goldstein (1980), Foa y Tillmanns (1980) y Boudewyns y Shipley (1983).

V.2. *Recogida de información*

La recogida de información es una parte integral de cualquier estrategia de tratamiento conductual. Sólo a través de una cuidadosa y sistemática entrevista en profundidad, puede obtener el clínico información suficiente para la clasificación de los estímulos de evitación relevantes.

A menudo es útil empezar a preguntar pidiendo al paciente que describa las preocupaciones que le han llevado a buscar la ayuda del terapeuta, cómo entiende la naturaleza de la psicoterapia y qué le gustaría lograr con la terapia. Durante esta fase de la entrevista, el terapeuta intenta averiguar la gravedad del problema (el grado en el que interfiere con la capacidad del paciente para afrontar las responsabilidades diarias, el número y las clases de situaciones en las que ocurren los síntomas), la duración del problema y las razones por las que el paciente buscó terapia en esta ocasión. Además, el terapeuta debería intentar evaluar la ocurrencia de los acontecimientos significativos de la vida en el momento en que aparecieron por primera vez los síntomas, así como la existencia de otros problemas o preocupaciones.

Es esencial obtener una completa historia médica del paciente, especialmente en aquellos casos en los que un trastorno físico podría explicar el cuadro de síntomas. El terapeuta puede incluso pedir al paciente que se someta a un examen físico completo y que traiga una copia del informe en la siguiente sesión. Se tiene que tomar nota cuidadosa de cualquier medicación que está tomando actualmente el paciente, así como de cualquier condición médica o psiquiátrica que aparezca en la historia de la familia del paciente.

Áreas adicionales que debería evaluar el terapeuta incluyen el estado de ánimo actual; la satisfacción con las relaciones actuales, tanto con la familia como con los amigos; el funcionamiento sexual actual; la presencia de ideas de suicidio, alucinaciones o delirios; una completa historia familiar, incluyendo el desarrollo intelectual, social y sexual del paciente así como su educación religiosa y el estatus socioeconómico de los padres. Dada la preponderancia de los abusos físicos y sexuales en la infancia, se debería también evaluar, de modo habitual, la ocurrencia de ambos tipos de abuso infantil. A través del proceso de entrevista, el terapeuta debería estar desarrollando continuamente hipótesis sobre las clases de estímulos contenidos en cada una de las cuatro categorías anteriores.

V.3. *Plan de tratamiento*

Antes de empezar con el tratamiento formal, el terapeuta debería integrar las hipótesis que se han desarrollado a lo largo del curso de las sesiones iniciales de evaluación. Después de la terminación de ese proceso organizativo, el terapeuta debería ser capaz de contestar a las siguientes preguntas. ¿Cuál(es) es/son el/los problema(s) presente(s) (tanto los que ha identificado el paciente como los que ha descubierto el terapeuta durante el curso de las primeras sesiones de evaluación)? ¿He descartado todas las condiciones médicas que podrían explicar este cuadro de síntomas? ¿Qué impacto tiene el complejo de síntomas en el funcionamiento actual? ¿En qué situaciones ocurren normalmente los síntomas? ¿Cuáles son las fuerzas instigadoras (emociones, historia pasada de aprendizaje) que provocan estos síntomas y cuál es la responsable de su mantenimiento, a pesar del malestar subjetivo experimentado por el paciente? ¿Cuáles son las raíces históricas que se encuentran detrás del desarrollo del complejo de síntomas (por qué estos síntomas y no otro conjunto de ellos que podrían servir para el mismo propósito)?

Una vez que el terapeuta ha contestado a estas preguntas a su satisfacción (y tiene que recordarse que ésas son sólo hipótesis preliminares que el terapeuta tiene que estar dispuesto a comprobar y revisar a lo largo del curso de la terapia, conforme se dispone de nueva información), pueden llevarse a cabo entrevistas más extensas conforme progresa la terapia, con el fin de obtener información adicional y/o se pueden desarrollar escenas de prueba para proporcionar una comprobación inicial de estas hipótesis. Las escenas de prueba se componen de estímulos principalmente hipotetizados que el terapeuta no tiene muy claros o de estímulos contingentes a los síntomas, donde se necesitan más estímulos informables para construir una escena. Se utiliza retroalimentación de estas escenas, que son normalmente de corta duración, para desarrollar escenas más completas.

V.4. *La preparación de la primera sesión*

Una vez que se han completado las sesiones iniciales de evaluación y antes de la primera sesión formal de terapia, el terapeuta debería sentarse con el paciente para repasar los hallazgos de las pruebas y el material de la entrevista, para presentar la conceptualización del terapeuta sobre los problemas del paciente y para discutir las sugerencias de tratamiento. Si, después de la consideración del material de las sesiones iniciales de evaluación y de las actitudes del paciente hacia el proceso terapéutico, el terapeuta ha decidido que la TI es el tratamiento a elegir, entonces debería presentar la conceptualización de los problemas del paciente dentro del marco de la teoría de los dos factores, de modo que proporcione una suave transición hacia la descripción del proceso terapéutico.

Cuando se describe el proceso de la TI a un paciente, lo mejor, generalmente, es señalar que la técnica está de acuerdo con la clase de estrategias que los individuos emplean de forma natural en sus intentos de afrontar los acontecimientos perturbadores. Varias analogías específicas se han mostrado muy útiles para comunicar los principios esenciales que subyacen a la TI.

Una de estas analogías implica el preguntar al paciente qué es lo que se recomienda generalmente a una persona que se acaba de caer del caballo. Los pacientes son capaces, normalmente, de contestar correctamente diciendo que el jinete debería volver a montar el caballo inmediatamente. A partir de aquí, el terapeuta puede extenderse sobre la importancia de afrontar los propios miedos y, por consiguiente, vencerlos, en vez de dejar que los temores controlen a la persona y le impidan hacer cosas que le gustaría o necesitaría hacer. El terapeuta puede seguir explicando que la técnica que se propone emplear ayudará al paciente a afrontar sus miedos de esa misma manera, por medio de la utilización de presentaciones en vivo y/o en la imaginación.

Puede entonces plantearse el ejemplo de la persona que proyecta las películas en un cine, para describir la técnica que emplea la imaginación. En esta analogía, el terapeuta compara el proceso de extinción, inherente a la TI, con la manera en que la persona que proyecta las películas en un cine llega a percibir una película de miedo. La primera vez que esta persona ve la película, lo mismo que el que va al cine, puede asustarse y sufrir ansiedad en respuesta a las imágenes inocuas de la pantalla; pero después de haber visto la película cientos de veces, dicha película ya no es capaz de provocar aquellas emociones. La respuesta emocional de la persona que proyecta las películas a las imágenes de la pantalla se ha extinguido.

De igual manera, muchos de los temores y preocupaciones que impulsan a los individuos a buscar psicoterapia giran alrededor de situaciones que, por sí mismas, no plantean una amenaza a la persona; más bien estos estímulos o situaciones provocadores de ansiedad están asociados, en la cabeza de la persona, con situaciones o acontecimientos que sí plantearían amenazas. En el caso descrito anteriormente, no era la sala de estar del paciente lo que plantearía una amenaza a su seguridad, sino la exposición a un isótopo radiactivo, con el que asociaba la sala de estar. El exponer al paciente, por medio de la imaginación, a estos estímulos no peligrosos en ausencia del resultado temido, permite que se extinga el miedo a estos estímulos condicionados y libera al individuo para que lleve una vida menos limitada.

Incluso sin entrar en los fundamentos teóricos de la técnica, la explicación del enfoque de la TI es de sentido común, una explicación que es fácilmente captada por la mayoría de los pacientes. Al instruir al paciente en el procedimiento de la imaginación, se le pide que cierre los ojos y represente un papel en varias escenas que le presentará el terapeuta. Una vez que empieza la escena, se alienta decididamente al paciente para que se «deje llevar» por el papel que está representando y que «viva» la escena con emociones y sentimientos sinceros. Se instruye al paciente para que funcione como un actor o una actriz y para que se represente a sí mismo. Se le dice que no es necesaria la creencia o aceptación, en un sentido cognitivo, de los temas que introduzca el terapeuta y no se debería hacer ningún intento por asegurarse que el paciente reconozca o admita los estímulos o hipótesis que realmente se le aplican. Este factor parece ser una variable clave para permitir, en un período corto de tiempo, la reaparición de estímulos que son análogos a las interpretaciones «profundas» de las terapias orientadas dinámicamente (Stampfl y Levis, 1967a).

V.5. *El entrenamiento de imágenes «neutrales»*

Una vez que el paciente ha manifestado que entiende y acepta las sugerencias de tratamiento, es útil proporcionarle una oportunidad para que utilice la técnica con alguna imagen «neutral». Se recomienda que el terapeuta genere, por lo menos, dos escenas para que se las imagine el paciente. La primera puede implicar algún tipo de actividad diaria, que puede ir desde andar por casa hasta comer un helado. El terapeuta debería alentar al paciente para que se centre en los elementos visuales, auditivos, gustativos y olfativos que le rodean, así como en cualquier sensación física que pueda experimentar.

Se debería generar una segunda escena que contuviese alguna fantasía, con el fin de proporcionar al paciente práctica en imaginarse escenas que no son reales. (Estas escenas se emplean más frecuentemente cuando se intenta proporcionar una exposición a estímulos dinámicos hipotetizados, que es improbable que se encuentren representados adecuadamente por acontecimientos de la vida real). Una escena que se emplea habitualmente para este propósito consiste en que el paciente se imagine que se encuentra de pie en un campo muy extenso que está cubierto de césped, de árboles y de flores de todo tipo. Es primavera y se pueden oír sonidos a lo lejos como el trinar de los pájaros, el susurrar de las hojas y el murmullo de un riachuelo. Se puede oler el perfume de las flores, de la hierba y de los árboles, y se puede sentir la caricia del sol mientras el viento sopla suavemente en el rostro. Después de permanecer en el campo durante un rato y de centrarse en las sensaciones que se podrían experimentar, se instruye al paciente para que empiece a andar y luego a correr por el campo. Conforme está prestando atención a las sensaciones físicas que experimenta mientras corre, se da cuenta, de pronto, de que ya no está corriendo —de que sus pies han dejado de tocar el suelo y de que está realmente volando sobre el campo, remontándose cada vez más alto conforme va volando. Se alienta al paciente para que describa esta sensación de volar, la sensación de ingravidez y suavidad. Después de un rato, el terapeuta lleva al paciente de nuevo a la tierra, donde sigue corriendo, luego andando y finalmente se queda quieto.

El lector se habrá dado cuenta de la presencia de comillas alrededor de la palabra neutral. Estas comillas son para recordar al terapeuta que hay una amplia variedad de estímulos que pueden resultar provocadores de emociones para pacientes determinados y esos estímulos pueden ser seleccionados inadvertidamente durante las escenas de práctica. Por ejemplo, en un caso, cuando se pidió a una paciente que imaginara la escena de volar que se ha descrito anteriormente, se dio cuenta de que cuando se encontraba en el campo una profunda sensación de tristeza fluía dentro de ella. En esos casos, el terapeuta debería sacar provecho de la oportunidad que se le presenta y explorar el significado del(os) estimulo(s). En el caso que nos ocupa, la paciente explicó que el ver que el campo estaba tan vivo, la hizo sentirse muerta interiormente y alejada de él. Escenas posteriores se dedicaron a explorar el significado de estos estímulos para el paciente.

V.6. *Presentación de las escenas*

Al presentar una escena determinada, la tarea del terapeuta consiste en exponer al paciente a tantos estímulos temidos como sea posible, con el fin de provocar una fuerte respuesta de ansiedad. La presentación repetida de estos estímulos conducirá a un efecto de extinción. En general, cuanto más implicado y dramático sea el terapeuta al describir las escenas, más real será la presentación para el paciente y más fácil le será a éste participar. En cada fase del proceso, el terapeuta intenta alcanzar un nivel máximo de provocación de ansiedad. Después de alcanzar un elevado nivel de ansiedad, se mantiene al paciente en este nivel, hasta que aparezca claramente alguna señal de reducción espontánea en el valor provocador de ansiedad de los estímulos (extinción). Se repite este proceso hasta que se obtiene una mayor disminución del miedo. En este punto, se introducen nuevas variaciones para aumentar el nivel de la respuesta de ansiedad y para extinguir más del complejo EC evitado. Este procedimiento se repite hasta que se obtiene una disminución significativa de la ansiedad a la escena completa. En este punto, se le da al paciente la oportunidad de representar él mismo la escena. Se le alienta especialmente para que verbalice su propia conducta de representación del papel. Después de la presentación de cada escena, se presta especial atención a los posibles pensamientos o imágenes intrusos experimentados por el paciente durante la presentación de la escena. Éstos se registran para un posible uso en posteriores escenas o en la siguiente repetición. En ningún momento, a lo largo del procedimiento, se le dice al paciente que suprima los síntomas que pueda tener. La premisa básica es que, una vez que la ansiedad a los estímulos que provocan los síntomas se ha extinguido, la conducta desadaptada automáticamente disminuirá y finalmente desaparecerá (Stampfl y Levis, 1967a).

V.7. *La determinación objetiva de las virtudes de los estímulos hipotetizados*

Como se señaló anteriormente, es la observación de la conducta del paciente cuando se expone a los estímulos, lo que permite al terapeuta determinar qué estímulos son, de hecho, los relevantes. Dentro de este contexto, hay tres fuentes potenciales de información que el terapeuta puede utilizar con el fin de hacer esa determinación. La primera fuente se refiere al autoinforme del paciente sobre sus respuestas físicas y emocionales a las imágenes que está representando mentalmente. A lo largo del curso de una escena, el terapeuta debería obtener, a intervalos regulares, retroalimentación verbal del paciente sobre la naturaleza de sus reacciones a la escena. Dicha retroalimentación permite al terapeuta mantenerse en comunicación continua con la reacción del paciente, así como modificar la escena, con el fin de que sea más consistente con la particular historia de condicionamiento del paciente.

Junto con cualquier retroalimentación verbal que proporcione el paciente, el terapeuta debería también prestar una gran atención a cualquier respuesta conductual que sea evidente. Esas respuestas pueden incluir alguna o todas de las siguientes: conducta motora, incluyendo tensión o espasmos musculares, movimientos manifiestos como el apretar los puños o la mandíbula, un cambio de la postura como el curvarse en posición fetal; cambios visibles en la respuesta fisiológica, incluyendo un aumento de la tasa de respiración, un cambio en el color de la piel (sonrojarse o ponerse blanco), sudar, la boca seca, etc.

En aquellos casos en los que existe una discrepancia entre los datos por autoinforme del paciente y sus respuestas conductuales observables, se debería hacer un esfuerzo para reconciliar estas dos fuentes de información. Cuando un paciente informa que no experimenta respuestas físicas o emocionales a una escena, a pesar de la presencia de evidencias conductuales visibles que sugerirían lo contrario, el terapeuta debería centrarse en sensibilizar al paciente a las clases de sensaciones físicas que acompañan a la respuesta emocional. No es raro que los individuos hayan aprendido a ignorar dichas respuestas corporales, como un medio de defenderse contra las emociones dolorosas o no deseadas.

Por otra parte, cuando se dan las condiciones opuestas y el paciente mantiene que experimenta activación fisiológica, aunque no haya indicaciones manifiestas de esa activación, se puede utilizar una tercera fuente de información potencial, las medidas psicofisiológicas, como ayuda a la estrategia terapéutica. El registro continuo de la tasa cardíaca y/o de la actividad electrodermal en la forma de respuestas de conductancia de la piel y del nivel de conductancia de la piel, puede proporcionar al terapeuta un índice de la activación fisiológica, que de otra manera no estaría disponible. Las medidas psicofisiológicas pueden ser útiles también en aquellas situaciones en las que el terapeuta tiene dificultades para provocar una respuesta emocional en el paciente. En esas situaciones, pueden emplearse para proporcionar alguna indicación sobre si sería provechoso seguir un conjunto particular de estímulos o si debería abandonarse, al menos temporalmente, en favor de otro enfoque. Gran parte del poder de esta técnica proviene de la continua confianza del terapeuta en la retroalimentación conductual del paciente, con el fin de determinar la naturaleza de la historia de condicionamiento del individuo.

V.8. *Cuestiones relacionadas con el espaciamiento de las escenas y las sesiones*

Hay un cierto grado de flexibilidad inherente al enfoque de la TI así como un cierto grado de flexibilidad requerido del terapeuta que lo practica. Con respecto al tema de la duración de la escena, es posible utilizar bien una única escena de larga duración (entre 30 y 50 minutos) o una serie de escenas cortas. La literatura sobre los resultados de la terapia contiene alguna sugerencia respecto a que las escenas de larga duración pueden ser algo más eficaces que las escenas cortas (Levis y Hare, 1977). Cuando sea posible, se recomienda que se utilicen escenas largas, aunque, en algunos casos, las características del paciente, así como limitaciones prácticas, pueden hacer del empleo de escenas cortas una alternativa más deseable.

Independientemente de que se usen escenas largas o cortas, es esencial que una escena se mantenga hasta el momento en que la respuesta emocional del paciente empiece a disminuir. No se debe terminar nunca con una escena mientras el paciente está experimentando todavía una fuerte emoción, o antes de que el contenido temático de la escena se haya resuelto.

Un ejemplo de esto último es el caso de una paciente deprimida que informaba a su terapeuta que su marido había vuelto a caer en la adicción a la cocaína, algo que había dejado voluntariamente antes de su matrimonio. Su renovado interés por la cocaína había terminado con sus ahorros y le había llevado (a él) a trabajar una gran cantidad de horas extras, de modo que apenas le veía. El día anterior la había llamado por la noche y la había pedido que cogiese el coche y le llevase dinero para recuperar el anillo de matrimonio, que había entregado a un traficante de drogas en pago por más cocaína. A pesar de lo infeliz que era en su matrimonio y de la ira que sentía hacia su marido, la paciente afirmaba que no podía expresar sus sentimientos por temor a que su marido se matara si lo hacía.

En realidad, la probabilidad de que su marido se matase si expresaba sus sentimientos era muy baja, mientras que la probabilidad de que su matrimonio continuase deteriorándose si no afrontaba la adicción de su marido era muy alta. Teniendo en cuenta esta evaluación de la situación, el terapeuta hizo que la paciente se imaginase que se enfrentaba a su marido y le decía que lo abandonaría si no buscaba tratamiento para su adicción a las drogas. Se la instruyó, además, para que imaginara que volvía a casa más tarde ese día y que encontraba a su marido en el suelo, muerto por una sobredosis.

Cerca de su cuerpo había una nota que explicaba que ella lo significaba todo para él y que sin ella no podía seguir viviendo. Solamente hacía falta que le hubiese amado y hubiera creído más en él, para que hubiese encontrado la fuerza de seguir viviendo. Se enfatizaban entonces los sentimientos de culpabilidad y de maldad del paciente, hasta que se extinguían suficientemente como para que tuviera en cuenta otras opciones diferentes de la de simplemente ser paciente y esperar a que su marido buscase ayuda por sí mismo.

En este caso particular, era necesario que la escena se representase hasta su completa terminación. El haber finalizado la escena después de haber descubierto el cuerpo de su marido, habría únicamente reforzado la creencia de la paciente de que su expresión de ira y de asertividad sería seguida por un castigo catastrófico. Esto habría ido contra el objetivo del terapeuta de extinguir el nivel poco razonable de ansiedad y de culpa, que estaba bloqueando la capacidad del paciente para afrontar eficazmente sus problemas matrimoniales.

Aunque la aplicación de la técnica de la TI puede dar como resultado elevados niveles de activación emocional en el paciente, se puede señalar que, como regla general, unos diez minutos después de abrir los ojos al final de la sesión es tiempo suficiente para disminuir el estado emocional del paciente a un nivel razonable. En aquellos casos en los que el paciente experimente dificultades para reorientarse al momento presente, a menudo es útil hacer que el individuo respire profunda y lentamente tres veces y que eche el aire por la boca. Esto tiene el efecto de centrar la atención del paciente en algo concreto y no emocional, mientras que, al mismo tiempo, contribuye a una disminución en la activación fisiológica, al reducir su tasa cardíaca y su respiración. En casos raros en los que el paciente permanezca muy agitado después de que haya pasado un tiempo razonable, se repite la escena hasta que se obtenga una mayor extinción.

Dada la importancia de provocar una respuesta emocional así como de continuar una escena hasta que la intensidad de esa respuesta emocional haya empezado a disminuir, el terapeuta de la TI tiene que estar preparado para ser flexible con la duración de la sesión. Cuando sea posible, el terapeuta debería tratar de distribuir su horario de citas de modo que hubiera cierto espacio de tiempo entre éstas, por si se da el caso de que una sesión dure más tiempo del previsto.

V.9. *Tareas para casa*

Uno de los componentes clave de un enfoque que emplea la exposición al EC, es la necesidad de repeticiones. Se puede facilitar la terapia entrenando al paciente en la técnica y mandándole tareas para casa después de cada sesión. Inicialmente, esas tareas conllevan, generalmente, que el paciente practique escenas que se representaron en la sesión previa. Se recomienda que pasen entre 20 y 30 minutos cada día practicando la escena. Las tareas para casa sirven, no sólo para proporcionar pruebas adicionales de extinción y acelerar así el progreso de la terapia, sino que, además, anima también al paciente para que ponga el proceso terapéutico bajo su propio control. Se le debería alentar constantemente por intentar realizar sus tareas para casa y para que no se desanimase, ya que lleva tiempo aprender a autoadministrarse esta técnica. Los pacientes que llegan a dominar la aplicación de la TI pueden contribuir mucho a su desarrollo personal y a su progreso en la terapia. Conforme aumenta su habilidad, son capaces de desarrollar su propias escenas y proporcionar al terapeuta una mayor comprensión de sus conflictos y necesidades.

VI. VARIACIONES

VI.1. *Estímulos reactivados de la memoria*

Stampfl reconoció, desde el desarrollo inicial del procedimiento de la TI (ver Stampfl y Levis, 1967a), que la técnica era capaz de provocar recuerdos de los que no se podía informar anteriormente, recuerdos que aparentemente evitaba el paciente. Estos recuerdos recién recuperados tenían lugar, a menudo, durante o después de la presentación de una escena. El énfasis de la técnica en los estímulos del contexto circundante (p.ej., la descripción de un dormitorio) y en las sensaciones múltiples, incluyendo estímulos táctiles, olorosos, gustativos y visuales, representan las variables críticas que contribuyen a mejorar la reactivación de la memoria. Los principios empleados son similares a aquellos utilizados por los psicólogos experimentales para demostrar la recuperación de la memoria en animales (Spear, 1978). Conforme el primer autor de este capítulo ganaba más experiencia con la técnica, la información ocasional de asociaciones extrañas y poco claras, que eran ignoradas a menudo por el terapeuta, se convirtió en un ingrediente crítico para facilitar la recuperación de recuerdos traumáticos. El hacer que el paciente se centrase únicamente en estos estímulos conducía hacia otros estímulos que, a su vez, correspondían a un recuerdo con una elevada carga afectiva (Levis, 1988; Levis, en prensa).

Conforme surgían cada vez más recuerdos traumáticos, se puso en claro que había un gran número de experiencias dolorosas que se estaban evitando, en la gran mayoría de los casos tratados. Una vez que se descubría la historia de condicionamiento, se clarificaban notablemente los lazos entre la sintomatología pasada y presente. También era sorprendente el observar cómo los procesos de descodificación de los pacientes parecían seguir una ley. Los recuerdos normalmente no se recuperaban intactos y, como se ha señalado anteriormente, inicialmente aparecían desunidos y sin conexión con el contenido de la escena que se presentaba. Al introducir estos estímulos fragmentados, se encontraba que tenían lugar más asociaciones poco usuales. Al repetir este proceso, se unían finalmente. Se obtuvo un elevado nivel de respuesta emocional cuando se recuperaban los componentes críticos del recuerdo. Por medio de la repetición de este material, se observaba un ordenado proceso de extinción emocional, acompañado por una información con mayor detalle. Una vez que empezaba el proceso, la reactivación de un recuerdo llevaba a otro recuerdo que provocaba incluso una mayor ansiedad, hasta que el proceso producía una serie de acontecimientos que cubrían diferentes períodos de edad. Caso tras caso, el factor clave para unir las asociaciones parecía estar basado en el principio de la similitud del estímulo y la respuesta.

El caso siguiente ilustra las observaciones anteriores (Levis, en prensa). Una paciente, después de la presentación de una escena, informaba que veía un campo blanco en la imaginación, cuando cerraba los ojos. Cuando se le pedía que se concentrase en el campo blanco decía que veía una mesa blanca. Continuando la focalización, aparecía una botella en la mesa y señalaba que oía un ruido de fondo que parecía como si estuviera hablando la gente. Olía también la presencia de alcohol. Con cada nueva asociación, la paciente manifestaba señales cada vez más intensas de respuesta emocional. Al repetir este proceso y animar a la paciente para que se enfrentase a los estímulos temidos, se recuperó completamente el recuerdo. Según la paciente, tenía alrededor de cuatro o cinco años, un factor determinado al concentrarse en la altura de la mesa en relación con la suya (el nivel de la mesa le llegaba a los ojos). El campo blanco representaba el color de la pared, de la mesa y del suelo. Cuando apareció la imagen visual en el centro de la concentración, describió que se encontraba en un pasillo. En un primer momento se sorprendió porque la casa en la que vivió su infancia no tenía un pasillo blanco. Finalmente recordó que sus padres tenían una casita de verano con ese pasillo blanco. Parecía muy sorprendida de haber olvidado esta casita que visitó cada verano durante muchos años. El ruido que oía resultó ser una fiesta que estaban teniendo sus padres en una de las habitaciones contiguas. Los padres estaban bebidos y se divirtieron mucho obligando a la niña a que bebiera algo de sus cervezas. Este recuerdo se activó cuando, en medio de la escena, la paciente empezó a tener náuseas e informó de un fuerte olor a alcohol. El recuerdo del pasillo implicaba a un tío suyo que, finalmente y sobre la mesa, introdujo la botella de cerveza en su vagina. Este recuerdo, que era uno de los menos aversivos para esta paciente, representaba sólo uno de los diferentes acontecimientos traumáticos que fueron recuperados posteriormente.

Los diferentes componentes sensoriales de la memoria parecen retornar en una secuencia ordenada que parece seguir una ley, teniendo lugar primero las sensaciones físicas, seguidas por escenas visuales muy rápidas, y por estímulos auditivos u olorosos. Estos estímulos implican, normalmente, estímulos contextuales o un componente clave del recuerdo, como un cuchillo o un soporte para la ropa. Parece que el paciente está reviviendo los acontecimientos. Son frecuentes los cambios de la voz y del lenguaje y parecen corresponder con el período infantil del recuerdo. A menudo, con la reactivación del recuerdo, se produce dolor físico en el área corporal que fue dañada.

Los terapeutas deberían prestar especial atención a cualquier síntoma físico manifestado por el paciente durante el curso de la terapia. La experiencia indica que conforme progresa la terapia, aparecerán síntomas físicos, como dolor en un brazo o en un lado, tumescencia del área genital, dolor fuerte en el bajo abdomen o una sensación de quemazón en el área vaginal o anal. Estos síntomas representan frecuentemente liberaciones parciales de un recuerdo almacenado. Haciendo que el paciente se concentre en los síntomas físicos durante una escena, se puede descubrir un recuerdo en el que el área corporal que experimenta dolor actualmente fue dañada en el pasado. La reactivación y posterior extinción del afecto emocional acompañante da como resultado, normalmente, la eliminación del dolor actual. La repetición es un ingrediente crítico y el terapeuta debería guardarse de suponer que un recuerdo ha concluido antes de que se obtenga la extinción emocional completa. No es raro descubrir que, encajados en cada recuerdo traumático, se encuentren *«estímulos ocultos»* que encierran niveles muy elevados de afecto condicionado. Para ejemplos ilustrativos de síntomas físicos y estímulos ocultos reactivados en la memoria ver Levis (1988, en prensa).

A partir de años de experiencia recuperando estos recuerdos traumáticos, parece que los detalles del suceso real y del afecto condicionado acompañante son almacenados enteramente. Se piensa que la pérdida de memoria es mínima, puesto que parece que el recuerdo llega a bloquearse poco después de haber tenido lugar, evitando así su repetición. Parece existir una relación directa entre la potencia de la secuencia de condicionamiento y la capacidad del sistema biológico para defenderse contra una reactivación del suceso almacenado en la memoria. Las defensas cognitivas, especialmente el mecanismo de la disociación, juega un importante papel para evitar el descondicionamiento y la reactivación de estos recuerdos traumáticos. Dicha reacción de disociación es capaz de producir una completa reacción amnésica similar a la que se informa frecuentemente después de un trauma físico, como la asociada con un accidente grave de coche.

La experiencia terapéutica apoya claramente la afirmación de que la recuperación inicial del recuerdo no cambia necesariamente, por sí misma, la conducta sintomática. La introspección y la autocomprensión, que correlacionan con la extinción emocional parcial y la recuperación del recuerdo, no parecen eliminar tampoco la sintomatología. El apoyo del terapeuta, aunque es importante para favorecer la motivación del paciente de continuar el proceso de la recuperación de los recuerdos, no se liga directamente a la reducción de los síntomas. Por el contrario, clínicamente está claro que la reducción de los síntomas tiene lugar sólo cuando el afecto emocional intenso asociado con los estímulos de los recuerdos sufre un proceso de extinción, por medio de la repetición de los estímulos que provocan la fuerte respuesta de afecto. Es decir, la extinción pavloviana parece ser el agente del cambio terapéutico.

VII. APLICACIONES

Desde un nivel de análisis clínico, la técnica de la TI parece ser muy eficaz en un amplio rango de trastornos psiconeuróticos, incluyendo las reacciones de ansiedad, las fobias, los trastornos obsesivo-compulsivos, las reacciones histéricas y la depresión y para eliminar síntomas psicóticos, incluyendo las reacciones afectivas, las esquizofrénicas y las paranoides. También parece ser muy efectiva para tratar con trastornos del estrés postraumático, incluyendo los asociados con el abuso sexual y físico grave. Se han desarrollado submodelos clínicos extrapolados de la teoría general para cada nosología clínica. Aunque algunas de éstas están todavía por aparecer publicadas, el lector interesado puede evaluar y hacer sus propias extrapolaciones, a partir de la teoría general, revisando las que se encuentran disponibles. Estas incluyen el tratamiento de la depresión (Boyd y Levis, 1980; Levis, 1980b; Stampfl y Levis, 1969); de la ansiedad penetrante (Hare y Levis, 1981; Levis, 1987); de la conducta fóbica (Stampfl, 1970; 1987; Stampfl y Levis, 1967b); y de la conducta obsesivocompulsiva (Levis, 1980; Stampfl y Levis, 1973). La discusión clínica para el tratamiento de los problemas asociados con la culpa, la ira y los síntomas de inferioridad, así como cuestiones relacionadas con el tratamiento de la resistencia y de la conducta psicótica puede encontrarse en Stampfl y Levis (1969) y en Levis (1980). Para una descripción más amplia de la teoría, ver Levis (1985, 1989) y de la técnica, ver Boudewyns y Shipley (1983) y Levis (1980).

La Terapia Implosiva y las terapias de exposición relacionadas han recibido también un fuerte apoyo experimental, no sólo por haber comprobado los principios subyacentes de la teoría (Levis, 1985, 1989), sino también por la evaluación del tratamiento en las investigaciones llevadas a cabo (ver Boudwyns y Shipley, 1983; Levis y Hare, 1977; Levis y Boyd, 1985). Se ha comprobado que la terapia de exposición es el tratamiento a elegir en las reacciones fóbicas, incluyendo la agorafobia, la conducta obsesivo-compulsiva y los trastornos del estrés postraumático. Tienen todavía que aparecer estudios controlados de otras nosologías. Dados los enormes problemas metodológicos asociados con la investigación con pacientes, se aconseja precaución al plantear cualquier afirmación sobre la técnica. Sin embargo, la tendencia general de los hallazgos de la investigación que emplea una técnica de exposición al EC es muy favorable, sugiriendo que este enfoque puede ser muy prometedor para tratar toda una serie de síntomas. Pensamos que la TI y las técnicas de exposición al EC relacionadas, representan actualmente el enfoque conductual y no conductual más potente disponible hoy día, en términos de la teoría, la investigación y el potencial subyacente.

VIII. RESUMEN

El propósito principal de este capítulo consiste en estimular el interés clínico e investigador en el empleo de principio más fuertemente documentado de la psicología experimental, para eliminar la conducta de miedo y evitación —el principio de la extinción experimental vía la exposición al EC. Los enfoques basados en la extinción, como la Implosión, la Inundación y enfoques de exposición relacionados, se han utilizado para tratar una amplia variedad de problemas psicopatológicos y actualmente existe un creciente campo de investigación con pacientes. El procedimiento de la TI es, principalmente, una técnica de tratamiento que emplea la imaginación desarrollada para extinguir los estímulos críticos almacenados emocionalmente en la historia del paciente, reinstaurando o reproduciendo simbólicamente los estímulos a los que se ha condicionado la respuesta de ansiedad, en ausencia del estímulo incondicionado. Se ha formalizado la teoría subyacente a esta técnica (Levis, 1985) y representa una extensión de la teoría de los dos factores del aprendizaje por evitación y de la teoría del conflicto. Ha generado una considerable investigación de laboratorio, tanto a nivel humano como a nivel animal (ver Levis, 1985, 1989, en prensa) y a nivel de pacientes (ver Levis y Boyd, 1985). La teoría también aborda cuestiones centrales relacionadas con la psicopatología, incluyendo un intento de resolver la paradoja neurótica. La teoría no es estática, sino que está en continuo desarrollo generando nuevas líneas de investigación (Levis, 1988, 1989, en prensa; Stampfl, 1987, 1988). Como ejemplo, Stampfl (1987) ha desarrollado recientemente un enfoque análogo con animales para la conducta agorafóbica, que amplía la hipótesis del EC en serie al añadir un principio sobre el efecto del trabajo mínimo para explicar el mantenimiento de los síntomas.

La técnica ha demostrado ser importante en el sentido de que ha disipado empíricamente los temores de someter a los pacientes a un enfoque de exposición directa al EC, que provoca elevados niveles de ansiedad. Sin embargo, su principal contribución, además de producir una reducción de los síntomas, reside en la capacidad del enfoque para reconstruir la historia de condicionamiento pasada del paciente, re-activando directamente los recuerdos postraumáticos. La técnica representa un enfoque de retroalimentación operacional que, aunque es estimulante para el terapeuta, también es emocionalmente agotador, un punto que ha contribuido a limitar su amplia utilización. Para aquellos que desean aprender más sobre este enfoque, las lecturas señaladas en el apartado siguiente deberían facilitar su comprensión

IX. LECTURAS PARA PROFUNDIZAR

Boudwyns, P. A. y Shipley, R. H., *Flooding and implosive therapy: direct therapeutic exposure in clinical practice,* Nueva York, Plenum Press, 1983.

Levis, D. J., «Implementing the technique of implosive therapy», en A. Goldstein y E. B. Foa (comps.), *Handbook of behavioral interventions. A clinical guide,* Nueva York, Wiley, 1980.

Levis, D. J., «Implosive theory: a comprehensive extension of conditioning theory of fear/anxiety to psychopathology», en S. Reiss y R. R. Bootzin (comps.), *Theoretical issues in behavior therapy,* Nueva York, Academic Press, 1985.

Stampfl, T. G., «Implosive therapy: an emphasis on covert stimulation», en D. J. Levis (comp.), *Learning approaches to therapeutic behavior change,* Chicago, Aldine, 1970.

Stampfl, T. G. y Levis, D. J., «Learning theory: an aid to dynamic therapeutic practice», en L. D. Eron y R. Callahan (comps.), *Relationship of theory to practice in psychotherapy,* Chicago, Aldine, 1969.

12. EL EMPLEO DE LA INTENCIÓN PARADÓJICA EN TERAPIA DE CONDUCTA

L. MICHAEL ASCHER Y MARJORIE L. HATCH

I. INTRODUCCIÓN

La popularidad de los procedimientos paradójicos en los enfoques de psicoterapia más importantes está bien documentada (p.ej., Seltzer, 1986). No es sorprendente, entonces, que los terapeutas de conducta se interesasen por estas técnicas. Durante la década pasada, el tema central de una serie cada vez mayor de estudios empíricos y de informes clínicos ha sido *la intención paradójica (IP).* En el presente capítulo, los autores examinarán, a través de una muestra de material relevante, esta técnica recientemente añadida al repertorio de los terapeutas de conducta.

II. HISTORIA

Teniendo en cuenta la variedad de enfoques de la psicoterapia que incorporan la IP, este procedimiento parece encontrarse entre los más versátiles de los empleados por los psicoterapeutas (Ascher, 1980, 1989). En lo que respecta a la tradición conductual, la IP, o alguna variante, ha tenido una larga, aunque dispersa, relación. Esta asociación ha estado influida por la insistencia de los terapeutas de conducta en las descripciones operacionales de los procedimientos y de los objetivos conductuales. Y lo que es más importante aún, la eficacia del procedimiento tiene que ser demostrada por una serie sistemática de estudios.

Dunlap (1928) fue el primero que empleó sistemáticamente, dentro de un contexto conductual, lo que podría clasificarse como una técnica paradójica, relacionada con la IP. La práctica negativa se dirigió inicialmente hacia respuestas motoras relativamente simples, cuya frecuencia deseaba reducir el individuo. Aunque el sentido común podría dictar que se debería intentar restringir directamente esa conducta, Dunlap sugirió que la respuesta no de-

---

Dpto. de Psiquiatría, Temple University (EE UU) y Dpto. de Psicología, Temple University (EE UU), respectivamente.

seada debería practicarse de una manera específicamente determinada, con el objetivo de llevarla bajo el control del individuo.

El interés de Dunlap parecía centrarse en la naturaleza de la conducta motora aprendida; aunque creía que la ansiedad era un factor importante, normalmente jugaba un papel secundario en sus consideraciones. Viktor Frankl (1939, 1947, 1955, 1975), que fue el primero que empezó a explorar la paradoja en 1925, en conexión con su práctica clínica en Viena, estuvo interesado principalmente en el papel de la ansiedad anticipatoria para producir y aumentar una variedad de trastornos conductuales. Empleando un procedimiento que denominó «intención paradójica», sugirió que los individuos buscan activamente la misma conducta de la que desean desprenderse. Según esto, a una persona que se quedaba en casa temiendo un posible ataque cardíaco se le debería animar para que viajase lejos de casa, que aumentase la tasa cardíaca y que provocase un ataque cardíaco.

Un tercer acontecimiento en la historia de la IP en terapia de conducta tuvo lugar con el trabajo de Stampfl y Levis (1967, 1968). Durante una época, cuando el enfoque conductual más importante para la mejora de los trastornos de ansiedad era la desensibilización sistemática (DS), estos autores propusieron la antítesis —la terapia implosiva (ver capítulo anterior) (otro procedimiento que podría considerarse como paradójico y que comparte una serie de similitudes con la IP). Mientras que la DS requiere la exposición jerárquica gradual del paciente a los estímulos ansiógenos, manteniendo el nivel de ansiedad al mínimo, la implosión —o inundación— implica la presentación de estímulos de temor en los mayores niveles posibles, de modo que provoquen potentes respuestas en el paciente. Se anima, entonces, al paciente para que continúe en presencia de estos estímulos hasta que ya no experimente ansiedad. Estos tres hitos ilustran la manera en la que la paradoja terapéutica se ha adaptado a los postulados de la tradición conductual.

Recientemente, los terapeutas de conducta se han interesado en el empleo de la paradoja terapéutica, de modo que habitualmente se asocia con esta categoría de procedimientos. Así, además de emplear los tradicionales programas conductuales de tratamiento orientados hacia los problemas, los terapeutas de conducta están utilizando procedimientos paradójicos para abordar cuestiones generales de terapia. La más prominente de estas consideraciones es la resistencia del paciente a los programas conductuales de tratamiento (Dowd y Milne, 1986). Por ejemplo, Ascher (1980) sugirió el empleo de la IP como el procedimiento de organización central alrededor del cual se disponen técnicas suplementarias y como un procedimiento secundario para mejorar la cooperación de los pacientes con los programas de tratamiento. Proporcionó una ilustración en la que la IP se empleaba para ambos papeles con el mismo individuo.

III. DEFINICIÓN Y DESCRIPCIÓN

La intención paradójica (IP) es uno de los muchos procedimientos paradójicos, los cuales se componen de una serie de características similares. Entre éstas hay dos aspectos significativos: primero, los procedimientos se construyen para que sorprendan. Son contrarios a las expectativas de los pacientes sobre su visión de la naturaleza y la función de la terapia. Esto lleva al segundo aspecto, es decir, en vez de proporcionar sugerencias que fuesen congruentes con el objetivo de cambiar directamente una conducta molesta, el carácter de la contradicción requiere que el terapeuta recomiende, de forma inesperada, que el paciente mantenga la respuesta particular en su nivel más molesto. En otras palabras, se prohíbe al paciente que realice cambios relevantes en el problema actual. El terapeuta alienta al paciente para que mantenga, con gran vigor, la conducta problema en su nivel actual o, si es posible, a un nivel que sea todavía más molesto. Se ha hipotetizado que la paradoja, en este enfoque, es la incapacidad del paciente para llevar a cabo las instrucciones del terapeuta. De este modo, si el paciente intenta realmente lograr el objetivo de tener más síntomas (p.ej., aumentar la ansiedad), no tendrá éxito sino que, paradójicamente, experimentará lo contrario (p.ej., una mayor tranquilidad) (Bateson, Jackson, Haley y Weakland, 1956; Watzlawick, Beavin y Jackson, 1967).

El insomnio de iniciación del sueño ofrece una ilustración excelente de la aplicación práctica de la IP. Individuos que se quejan de dificultades para dormirse cuando se acuestan por la noche, piden ayuda al terapeuta de conducta para encontrar estrategias útiles que les sirvan para mejorar el problema. Por razones que se discutirán más adelante en este capítulo, las personas para quienes la IP constituye una estrategia apropiada no sacarán provecho, normalmente, del empleo de técnicas que «tienen sentido» para remediar sus problemas (p.ej., entrenamiento en relajación). Por consiguiente, el terapeuta sugerirá que, en vez de «intentar» dormirse, esos pacientes deberían arreglar el dormitorio, de forma óptima, para conciliar el sueño, irse a la cama e intentar mantenerse despiertos durante la noche tanto tiempo como les sea posible. Esta sugerencia es sorprendente, ya que infringe las expectativas de las personas sobre la manera en que un terapeuta debería tratar los problemas del sueño.

IV. REVISIÓN SELECTA DE LA LITERATURA EMPÍRICA

¿Es la IP un procedimiento conductual? Un principio que provenga de cualquier sistema coherente de cambio de conducta puede formar el fundamento de un procedimiento clínico. Con el fin de colocar esta técnica bajo la rúbrica de «conductual», tiene que producir, de forma fiable, resultados clínicamente significativos que sean firmemente verificados por la investigación experimental controlada. Este objetivo es el que coloca a la terapia de conducta en un lugar único entre las escuelas de psicoterapia. Así, al hablar de los fundamentos empíricos de las técnicas paradójicas dentro de un contexto conductual, se tiene que colocar el énfasis en aquellos estudios que cumplen con el modelo aceptado de la práctica experimental. Aunque una revisión detallada de la literatura sobrepasa el objetivo de la presente discusión, el lector interesado puede consultar, por ejemplo, el trabajo de Ascher, Bowers y Schotte (1985) y el de Seltzer (1986).

A pesar de la gran cantidad de informes no controlados de casos, que han estado disponibles durante muchos años, el análisis experimental sistemático de las técnicas paradójicas se ha abordado solamente en la última década. La investigación sobre el tratamiento del insomnio de iniciación del sueño proporciona el mejor ejemplo de los avances sistemáticos en la evaluación experimental de la IP. En este caso, se puede observar la utilización de métodos de investigación cada vez más sofisticados, que apoyan la eficacia de la IP como una técnica de tratamiento para el insomnio de iniciación del sueño. Así, existen progresos que proceden de afirmaciones basadas en estudios no controlados de casos (p.ej., Ascher, 1975), de diseños experimentales de caso único con distintos grados de sofisticación (Ascher y Efran, 1978; Relinger y Bornstein, 1979; Relinger, Bornstein y Mungas, 1978), de experimentos que incorporan la asignación aleatoria de los sujetos a grupos que comparan los efectos de la IP con los producidos por otros procedimientos conductuales, los debidos al placebo y los que tienen lugar en el grupo control sin tratamiento (Ascher y Turner, 1979; Lacks, Bertelson, Gans y Kunkel, 1983; Turner y Ascher, 1979).

En el primer estudio sobre la IP que incorporaba la distribución aleatoria de los sujetos a los grupos, Turner y Ascher (1979) asignaron a individuos que mostraban niveles clínicamente significativos de insomnio de iniciación del sueño, a dos grupos control (no tratamiento o placebo) o a tres grupos de tratamiento (relajación progresiva, control del estímulo o IP). Los resultados indicaron que no había diferencias entre los tres grupos de tratamiento, pero sí diferencias significativas entre los datos provenientes de los procedimientos de control *versus* los datos provenientes de los procedimientos de tratamiento. De este modo, cuando se le compara con los tratamientos estándar, la técnica de la IP, que no había sido evaluada anteriormente, producía un cambio de conducta igual de satisfactorio. Los sujetos de los tres grupos de tratamiento juzgaron que la disminución de la latencia de iniciación del sueño que habían experimentado, era de suficiente importancia como para no necesitar un tratamiento posterior del problema.

En una replicación parcial del estudio de Turner y Ascher (1979), Ascher y Turner (1979) distribuyeron aleatoriamente a pacientes que se quejaban de niveles clínicamente significativos de insomnio de iniciación del sueño, a las siguientes condiciones: la IP, un placebo creíble (es decir, un procedimiento de cuasi-desensibilización) o la condición de no tratamiento. Los sujetos asignados a la condición de la IP disminuyeron su latencia de iniciación del sueño más del 50% durante el programa de tratamiento de cuatro semanas y mostraron más progresos en todas las medidas de autoinforme sobre el sueño, excepto una *(descanso)*, que en el caso de los sujetos de las condiciones de placebo o de no tratamiento.

Ladouceur y Gros-Louis (1986) obtuvieron resultados similares en un estudio en el que comparaban la IP, procedimientos de control del estímulo, una condición educativa de control y el no tratamiento. Si bien tanto el control del estímulo como la IP producían resultados superiores a los controles educativo o de no tratamiento, los dos tratamientos conductuales eran igual de eficaces.

Lacks, Bertelson, Gans y Kunkel (1983) controlaron la gravedad de los síntomas autoinformados, distribuyendo aleatoriamente a los pacientes, emparejados según distintos niveles de latencia de iniciación del sueño, a la IP, la relajación progresiva, el control del estímulo o condiciones de placebo creíbles. Todos los procedimientos de tratamiento incluían instrucciones de contraexigencias *[se les decía a los pacientes que no esperasen ninguna mejoría hasta la cuarta semana]* [1]. A diferencia de otros investigadores (p.ej., Ladouceur y Gros-Louis, 1986; Turner y Ascher, 1979), Lacks y cols. (1983) encontraron que el control del estímulo era más eficaz en todos los niveles de gravedad de los síntomas que la IP. De hecho, los resultados de Lacks y cols. (1983) sugieren que la IP no era más efectiva que un placebo creíble. Estos hallazgos contrastan notablemente con los de otros investigadores con procedimientos de tratamiento y grupos de comparación similares.

Al intentar explicar esta diferencia, Ascher, Bowers y Schotte (1985) se centraron en las instrucciones de contraexigencias y en los sujetos empleados. Sugirieron que el procedimiento de contraexigencias podría considerarse como un componente de la IP separado, añadido a cada condición de tratamiento. Además, señalaron que mientras que la mayoría de los estudios empleaban pacientes con niveles clínicamente significativos de insomnio de iniciación del sueño, los sujetos del estudio de Lacks y cols. (1983) podrían ser más heterogéneos que los de otros estudios. Finalmente, Ascher, Bowers y Schotte (1985) concluyeron que no era sorprendente que un paquete de tratamiento compuesto por el control del estímulo más la IP fuese más eficaz que la IP sola, en una muestra tan heterogénea.

---

[1] *Nota del compilador.*

Sin embargo, otra posible razón de esta discrepancia es la variabilidad de la respuesta del paciente al tratamiento; una posibilidad apuntada por los hallazgos de Espie y Lindsay (1985). En su estudio, Espie y Lindsay (1985) informaron sobre el tratamiento de una serie de seis pacientes con insomnio de iniciación de sueño, crónico. El tratamiento se dividió en dos fases, la primera de las cuales incorporaba instrucciones de contraexigencias. Espie y Lindsay (1985) señalaron que tres pacientes mostraron rápidas respuestas positivas ante la IP, uno progresó más lentamente y dos revelaron realmente agravamientos de su trastorno del sueño. Estos dos últimos pacientes se beneficiaron de un tratamiento posterior con un procedimiento alternativo (el entrenamiento en relajación). De este modo, su informe resalta la variabilidad potencial de la respuesta al tratamiento paradójico, entre los pacientes.

Otra fuente de variabilidad, descrita previamente en este capítulo, la proporciona la ansiedad recurrente que pueden mostrar algunos sujetos y no otros. Ascher (1985) ha demostrado que la IP es el tratamiento de preferencia para aquellos que se quejan de insomnio de iniciación del sueño complicado por un componente recurrente. Por el contrario, técnicas conductuales más tradicionales producen resultados superiores a la IP cuando la dificultad para dormir no se acompaña por la ansiedad recurrente.

En general, los datos sugieren que la IP es más eficaz que un tratamiento de placebo creíble o que el no tratamiento, en la reducción del insomnio de iniciación del sueño. Además, parece que la IP puede ser más eficaz, en algunos casos, que procedimientos conductuales alternativos, como el entrenamiento en relajación o el control del estímulo. De hecho, la IP puede ayudar a los pacientes que no han respondido a tratamientos conductuales anteriores de su insomnio.

No obstante, también parece que la IP puede ser, en algunos casos, menos eficaz para aliviar los problemas de insomnio que procedimientos conductuales alternativos (Lacks y cols., 1983; Espie y Lindsay, 1985). Aunque algunos pacientes muestran una rápida mejoría en la iniciación del sueño, bajo instrucciones paradójicas, otros pueden sufrir realmente un empeoramiento de su condición (Espie y Lindsay, 1985). Estos últimos pacientes pueden, a su vez, responder más favorablemente a tratamiento alternativo, como el entrenamiento en relajación progresiva (Espie y Lindsay, 1985).

Obviamente, existe una variabilidad entre los clientes en sus respuestas a la IP. Desgraciadamente, se ha prestado poco interés en descubrir las diferencias individuales responsables de esta variedad de respuestas hacia el tratamiento. Espie y Lindsay (1985) han sugerido que los mejores candidatos para la IP podrían ser «pacientes que pueden fácilmente identificarse con el experimentar 'esfuerzos para dormir' y que padecen una ansiedad considerable sobre las consecuencias negativas de la pérdida de sueño» (p. 709). En su revisión, Schotte, Ascher y Cool (1990) están de acuerdo con Espie y Lindsay

(1985) y añaden que los enfoques paradójicos parecen indicados sólo en aquellos casos en que las cogniciones que se centran en las consecuencias potenciales de la ocurrencia de los síntomas (p.ej., los efectos de no dormirse o de experimentar ansiedad), juegan un papel importante en el mantenimiento de la conducta objetivo.

Además de las dificultades para dormir, se han recogido numerosos datos empíricos procedentes de las investigaciones sobre la eficacia clínica de la IP con trastornos de ansiedad. Michelson y colaboradores (Mavissakalian y cols., 1983; Michelson, 1986; Michelson y cols., 1986a; 1986b) llevaron a cabo un interesante proyecto que incluía a pacientes que se quejaban de agorafobia.

En su primer estudio, Mavissakalian y cols. (1983) demostraron la eficacia de la IP en el tratamiento de una agorafobia que restringía los viajes del paciente. Estos investigadores distribuyeron aleatoriamente a 26 pacientes sin medicación a tratamientos grupales, que empleaban bien un procedimiento de IP similar al de Ascher (1981) o bien un enfoque de entrenamiento en autoinstrucciones derivado de Meichenbaum (1977). Aunque el análisis de los datos obtenidos con múltiples medidas (p.ej., frecuencia e intensidad de los ataques de pánico, ansiedad y depresión autoinformadas, evaluaciones globales de la gravedad del problema y puntuaciones en un test de aproximación conductual) sugería que la IP era más eficaz que el entrenamiento en autoinstrucciones al final del tratamiento, la mejoría continua de los pacientes en la condición de autoinstrucciones dio como resultado una falta de diferencias significativas entre los tratamientos, en un seguimiento de seis meses.

En una investigación posterior, Michelson y sus colaboradores (Michelson, 1986; Michelson y cols., 1986a; 1986b) asignaron aleatoriamente a 39 sujetos agorafóbicos a tres tipos de tratamiento: exposición graduada con la ayuda del terapeuta; un amplio programa de relajación que incluía el entrenamiento en respiración con el diafragma; o la IP. Se enseñaron a los pacientes de los tres tipos de tratamiento procedimientos de autoexposición y se les alentó para que realizasen autoexposiciones regulares entre las sesiones de tratamiento. Se llevaron a cabo sesiones semanales en pequeños grupos de cuatro o cinco pacientes.

Aunque los pacientes que recibieron IP mostraron mejorías postratamiento significativas y un mantenimiento de los progresos, en un seguimiento de tres meses, según una amplia variedad de autoinformes, de la evaluación por el terapeuta, y de índices conductuales y fisiológicos, los resultados del tratamiento en este grupo no se lograron tan rápidamente como en las otras condiciones y no eran tan grandes, en algunas medidas, como los que se obtenían con la exposición graduada o con el entrenamiento en técnicas de relajación y de la respiración diafragmática. En particular, parecía que los pacientes expuestos a la IP, al contrario de aquellos de las otras condiciones de tratamiento, necesitaban más tiempo para mostrar mejorías en los índices fisiológicos (p.ej., variables de la tasa cardíaca) y era más probable que fuesen clasificados, en el período de seguimiento como sujetos con baja respuesta. De nuevo, este último hallazgo sugiere una mayor variabilidad entre los pacientes en su respuesta a la IP que en el caso de la exposición o del entrenamiento en técnicas de relajación y de respiración por medio del diafragma.

En su artículo más reciente, Michelson y cols. (1986a), ofrecen una valoración final de toda la investigación. Indican una incapacidad para ver diferencias consistentes entre los tres grupos de tratamiento, en cualquier momento, durante el curso del estudio desde el pretratamiento al seguimiento. Al igual que sucedía con la investigación sobre el insomnio, estos datos apoyan la conclusión de que, en un subgrupo de pacientes, la IP puede ser tan eficaz, o aún más, que las técnicas conductuales tradicionales, en la mejora de una variedad de aspectos cognitivo-conductuales de la agorafobia. Sin embargo, algo de un mayor interés general, fue su conclusión de que cada procedimiento aislado sólo producía un tratamiento incompleto de las molestias de la agorafobia; sugirieron que la terapia de conducta satisfactoria implica un programa con muchas técnicas.

Michelson (1986), en un reanálisis de los datos de los resultados de su proyecto, describió una interacción entre el paciente y las variables de tratamiento; los pacientes cuyo tratamiento estaba en consonancia con su perfil de síntomas obtenían mejores resultados que aquellos cuyo tratamiento desentonaba. De este modo, los pacientes con una preponderancia de síntomas cognitivos (p.ej., fuertes temores de consecuencias desastrosas, con un bajo deterioro conductual y poca activación fisiológica) funcionaban mejor con la IP, mientras que aquellos cuyos síntomas predominantes eran conductuales (p.ej., un elevado deterioro conductual, con un baja activación fisiológica y pocos temores de consecuencias desastrosas) funcionaban mejor con la exposición graduada y los pacientes cuyos síntomas eran predominantemente fisiológicos (p.ej., una elevada activación fisiológica, con un bajo deterioro conductual y pocos temores de consecuencias desastrosas) se beneficiaban más de la relajación progresiva y de la respiración diafragmática.

Las conclusiones de Michelson, junto con las de Espie y Lindsay (1985) proporcionan apoyo a la necesidad de emparejar a los pacientes con los tratamientos, sobre la base de sus perfiles clínicos únicos, incluyendo la manera en que emplean sus sistemas cognitivos para interpretar la realidad. En un estudio relacionado, Ascher y Schotte (1987) llevaron a cabo una investigación piloto, para comprobar esta hipótesis, con individuos que se quejaban de miedo a hablar en público. Las entrevistas las realizaron una serie de profesionales, que informaron de ansiedad y conducta de evitación, clínicamente significativas, asociadas con la conducta de hablar en público relacionada con el trabajo. Se clasificó a estos pacientes en sujetos que manifestaban o carecían de síntomas de ansiedad recurrente asociada con el experimentar malestar en situaciones de hablar en público.

Al cumplir los requisitos de un diseño 2x2, se asignó a los pacientes de cada grupo a dos tratamientos, cada uno de ellos compuesto por un amplio programa conductual para la mejora de la ansiedad a hablar en público (es decir, un paquete de tratamiento que incluía terapia cognitiva, desensibilización sistemática y entrenamiento en habilidades), pero que incluían o no instrucciones de IP. Así, en el diseño factorial de 2x2, la mitad de los pacientes de cada clasificación eran emparejados con el tratamiento (p.ej., los pacientes preocupados sobre posibles catástrofes asociadas con el experimentar ansiedad durante el hablar en público, recibían la IP) y la mitad de los pacientes no eran emparejados correctamente con el tratamiento (p.ej., pacientes sin esas cogniciones recibían la IP).

De acuerdo con las hipótesis, no se observaron efectos importantes debidos al enfoque de tratamiento (es decir, los pacientes mejoraban independientemente del tratamiento) o a la clasificación (es decir, los pacientes mejoraban independientemente de la presencia o ausencia de consecuencias desastrosas hipotetizadas), pero se obtuvo un efecto de interacción significativo; es decir, los pacientes que se emparejaron con el tratamiento mejoraron más rápida y completamente que aquellos que no se emparejaron.

Los estudios que investigan la IP como un componente del tratamiento de una variedad de trastornos de ansiedad, apoyan generalmente el potencial de este enfoque y sugieren que se necesita una mayor investigación. La confirmación de este potencial proviene de tres metaanálisis (Hampton, 1987; Hill, 1987; Shoham-Solomon y Rosenthal, 1987), que han incluido datos provenientes de una amplia variedad de experimentos. Generalmente, estos análisis indican que los procedimientos paradójicos son, al menos, tan eficaces, y a veces más, que los procedimientos conductuales tradicionales.

V. FUNDAMENTOS CONCEPTUALES

Viktor Frankl (1939, 1946) denominó al procedimiento *intención paradójica* utilizando el término «paradójica» en su significado médico, es decir, refiriéndose a una droga que produce una reacción, en un limitado grupo de personas, que es opuesta a la que normalmente se produce en la mayoría de la población. La «intención» o deseo que alentaba a adoptar a sus pacientes, tenía que ser lo mismo que estimulaba —lo que él llamaba— la ansiedad anticipatoria. Es decir, ciertos individuos abordan una situación que exige una conducta asociada con la actividad del sistema nervioso simpático (p.ej., la respuesta sexual) con temor sobre el éxito de su actuación. Esta ansiedad anticipatoria es la que sirve para deteriorar la actuación deseada que, a su vez, genera más ansiedad obstaculizante.

La ansiedad resultante sirve para asegurar la naturaleza de «profecía que se cumple a sí misma» del temor, al obstaculizar la consecución del objetivo. De este modo, en el ejemplo del insomnio, empleado para ilustrar la ansiedad recurrente, el individuo con una historia de dificultad para dormir, temiendo su incapacidad para quedarse dormido, tratará de controlar el proceso y, por consiguiente, generará elevados niveles de ansiedad, algo incompatible con el dormir. En este caso, las instrucciones de la IP sugerirían al individuo que se fuera a la cama con la intención de permanecer despierto toda la noche.

La eficacia de la IP se basa en el principio fundamental de que los pacientes intenten llevar a cabo la conducta que están evitando. De esta manera, el proceso circular, que se mantiene a sí mismo, se rompe, puesto que el intentar realizar la conducta no deseada es incompatible con, y finalmente neutraliza, la ansiedad anticipatoria. En sus propios términos, Frankl (1985) sugiere que un deseo y un temor sobre el mismo objetivo conductual son incompatibles. Cuando la persona es capaz de adoptar el deseo de permanecer despierto, se evita el temor de no dormirse, permitiendo el comienzo del sueño.

Aunque la explicación de Frankl sobre la eficacia de la IP es importante para comprender su papel en el tratamiento de los trastornos de ansiedad, se han propuesto puntos de vista alternativos (p.ej., Seltzer, 1986) que mantienen un uso potencial para esta área de problemas conductuales. Por ejemplo, Ascher (1989) ha propuesto que la literatura sobre el procesamiento emocional (Lang, 1977; Rachman, 1980) puede proporcionar un camino para mejorar la eficacia de la IP con los trastornos de ansiedad.

El intento más comprehensivo para explicar los enfoques paradójicos se describe en un artículo de Omer (1981). Éste considera tres hipótesis alternativas para explicar la eficacia de las técnicas paradójicas: el concepto logoterapéutico de Frankl sobre la ansiedad anticipatoria; la suposición del doble vínculo asociada con la teoría de sistemas; y el concepto del aprendizaje de la inhibición condicionada. Sin embargo, ninguna de estas hipótesis aclara el *modus operandi* de la paradoja terapéutica en todas las escuelas de psicoterapia.

Omer presenta una hipótesis superinclusiva denominada «descontextualización del síntoma». Se basa en que él entiende que en cada procedimiento paradójico, no se prescribe el síntoma tal y como es manifestado normalmente por el cliente, sino que siempre se hace de un modo y en un contexto diferentes. Propone que el contexto de un síntoma apoya a la conducta, proporcionándola un significado que es importante para el paciente. Cuando el síntoma se saca del marco que le da significado, pierde su papel en la vida del paciente. Concluye que la variable a la que se puede atribuir el cambio conductual puede ser el apartar a la conducta objetivo de su contexto normal, en vez de la instrucción paradójica.

La exposición de Omer presenta una serie de problemas. Primero, como señala Seltzer (1986), Omer no considera la paradoja terapéutica tal como la conceptualizan y emplean una variedad de enfoques psicoterapéuticos, incluyendo el psicoanálisis, la gestalt y los métodos basados en las filosofías orientales (p.ej., Watts, 1961). Segundo, no se da siempre el caso de que se prescriba el síntoma de una forma separada del contexto (es decir, de un modo «descontextualizado») y, aplicando la hipótesis de Omer en esos casos, a veces se requiere una extensión poco realista, produciendo resultados artificiales. Tercero, es perfectamente posible aplicar su principio a procedimientos no paradójicos. Por ejemplo, la acción de quejarse representa un rasgo central de los problemas de muchos pacientes. Cuando los pacientes manifiestan esas conductas ante Carl Rogers o Albert Ellis, o simplemente a cualquier otro terapeuta, el contexto será muy diferente de aquél al que se han habituado. Es decir, la reacción del terapeuta representará un contraste significativo con respecto a las respuestas que los pacientes provocan normalmente en los amigos, familiares y otras personas conocidas. En la medida en que el concepto de Omer se pueda aplicar, de forma similar, a procedimientos paradójicos y no paradójicos, sin diferenciarlos, se vuelve menos útil para explicar la eficacia de la paradoja terapéutica.

Otros investigadores han propuesto, igualmente, hipótesis incluyentes que intentan explicar el área entera de la paradoja terapéutica (p.ej., Seltzer, 1986). Cada hipótesis se fuerza para que llegue a abarcar tanto que, al igual que sucedía con Omer, se aplica tanto a los procedimientos paradójicos como a los no paradójicos —sin explicar las aparentemente características singulares de los primeros. En este caso, la posición de Dell (1986) ofrece cierta ayuda, ya que él sugiere que la paradoja no es una clasificación natural, sino más bien el resultado materializado del conflicto que existe entre nuestras teorías sobre el cambio de conducta por la terapia y los cambios clínicos que no las confirman. Cuando nuestras teorías sean reorganizadas para dar cabida a esos datos, no habrá necesidad del término «paradoja», puesto que los acontecimientos que lleven esta etiqueta se incorporarán, en ese momento, a una teoría comprehensiva.

Quizás, la hipótesis más influyente sobre la paradoja terapéutica sea el postulado del «doble vínculo», que se asocia con la teoría de sistemas. Dicha hipótesis se atribuye a Bateson (Bateson y cols., 1956), que se dedicó al estudio de las familias de individuos diagnosticados como esquizofrénicos. En contra de las hipótesis intrapsíquicas dominantes en esa época, Bateson y cols. (1956) se centraron en la comunicación interpersonal perturbada, como un factor importante en la generación y mantenimiento de la patología. En pocas palabras, el «doble vínculo patógeno» se refiere a una comunicación en la que se presentan simultáneamente mensajes mutuamente incompatibles. Aunque parecido en muchos aspectos al doble vínculo patógeno, el «doble vínculo terapéutico» se desarrolla y administra con el objetivo de producir un cambio conductual adaptativo (Watzlawick, Beavin y Jackson, 1967). Aunque los dos dobles vínculos anteriores pueden explicar una variedad de comunicaciones, el doble vínculo terapéutico se ha empleado como guía en la fomulación y administración de procedimientos terapéuticos paradójicos.

Otro concepto interesante, proveniente de la teoría de sistemas, es un método para clasificar las comunicaciones trasformacionales en aquellas relacionadas con un cambio de «primer orden» y aquellas asociadas con un cambio de «segundo orden» (Watzlawick, Weakland y Fisch, 1974). Basadas, en cierta medida, en la teoría de los tipos lógicos (Whitehead y Russell, 1910), las operaciones de primer orden tienen lugar dentro de las reglas del sistema, mientras que los procesos de segundo orden violan las reglas del sistema. Las soluciones de segundo orden se ven a menudo, desde dentro del sistema, como impredecibles, asombrosas y sorprendentes, puesto que no se basan necesariamente en las reglas y suposiciones de ese sistema. La paradoja terapéutica representa una categoría de las soluciones de segundo orden.

En el tratamiento del insomnio, por ejemplo, se pueden contrastar las operaciones de primer y segundo orden. Los procedimientos de primer orden incluyen el enseñar al individuo alguna clase de técnica de relajación que tiene que practicar a la hora de irse a la cama o el recetar un sedante. Por otra parte, el instruir a la persona para que permanezca despierta toda la noche, como es el caso de la IP, es una operación de segundo orden, puesto que viola muchas de las suposiciones del paciente sobre los enfoques psicoterapéuticos para el tratamiento del insomnio.

VI. MÉTODO Y VARIACIONES

Uno de los factores más influyentes que determinan la eficacia de la técnica es la relación entre la IP y un aspecto del problema del paciente que se ha denominado «ansiedad recurrente» (Ascher, 1984; Ascher y Schotte, 1987). El empleo de ese término se basa en las observaciones de Ascher de lo que otros han denominado el «segundo temor» (Weekes, 1976), «fobia a la ansiedad» (Ascher, 1980), «miedo a tener miedo» (Evans, 1972; Goldstein y Chambless, 1978) y «sensibilidad a la ansiedad» (Reiss, 1987). Frankl (1955) fue el primero que describió sistemáticamente el fenómeno, asociado a sus primeros informes sobre la IP y la ansiedad anticipatoria.

La ansiedad recurrente se refiere al malestar que experimenta la gente sobre las consecuencias de sus reacciones de temor. Es decir, los individuos afectados se preocupan de que la ansiedad experimentada en el presente alcance un nivel en el que, se imaginan, perderán el control y se expondrán a consecuencias desastrosas. La catástrofe hipotetizada puede ser de una naturaleza que constituya una amenaza para la vida (p.ej., una parada cardíaca, una pérdida de la consciencia, una incapacidad para respirar o para tragar) o puede ser el temor a perder el control sobre los procesos físicos o psicológicos (p.ej., el vómito, la incontinencia, el embarullarse hablando, el «volverse loco») o quizás la manifestación inocua de síntomas que son componentes naturales de la actividad simpática (p.ej., sonrojarse, sudar, temblar, un aumento en la actividad cardíaca y respiratoria).

Puesto que parece que la ansiedad recurrente se manifiesta constantemente en los pacientes con agorafobia, se considera, a veces, que está asociado exclusivamente con ese trastorno (Reiss, Peterson, Gursky y McNally, 1986). Sin embargo, no parece ser éste el caso. Por ejemplo, la ansiedad recurrente está presente, frecuentemente, en los problemas de la conducción, especialmente cuando se trata de túneles, puentes, atascos de tráfico o autopistas con problemas en el peaje. Los individuos cuyo malestar se centra en los síntomas de ansiedad, *per se*, son propensos a ser afectados por un componente recurrente, al igual que sucede con las personas cuyo problema presente implica alguna variante de la ansiedad social. De hecho, descripciones de un proceso similar a la ansiedad recurrente aparecen tanto en el DSM-III como en su forma revisada (DSM-III-R). El siguiente párrafo aparece como parte de la descripción de la fobia social (300.23).

Se presenta una marcada ansiedad anticipatoria si la persona se ve enfrentada con la necesidad de entrar en la situación social fóbica y evita normalmente dichas situaciones. De manera menos frecuente, la persona se fuerza a sí misma para aguantar la situación social fóbica, pero se experimenta con una intensa ansiedad. Normalmente, la persona teme que los otros puedan detectar señales de ansiedad en la situación social fóbica. Se puede crear un círculo vicioso en el cual el temor irracional genere ansiedad que a su vez deteriore la actuación, aumentando así la motivación para evitar la situación fóbica. La persona reconoce siempre que su temor es excesivo o poco razonable (American Psychiatric Association, 1987, pp. 241-242).

Los problemas, que pueden no ser clasificados como trastornos de ansiedad, pero que pueden tener variaciones basadas en la ansiedad, también pueden estar asociados con la ansiedad recurrente. Por ejemplo, Ascher (1985) informó de esto en casos de insomnio de iniciación del sueño y Masters y Johnson (1970) describieron una dinámica similar en relación con la disfunción sexual. Aunque se da siempre en la agorafobia, la ansiedad recurrente no se encuentra siempre en cualquier trastorno de ansiedad o en cualquier problema de base ansiógena. Por otra parte, casos en los que la ansiedad recurrente es un factor de complicación se presentan en, virtualmente, todas las categorías de trastornos de ansiedad o de problemas de base ansiógena.

Ascher (1989, 1990) ha hipotetizado que la IP (entre otros procedimientos basados en la exposición) es un componente necesario de un programa de tratamiento cuando se presente la ansiedad recurrente y puede no tener utilidad —incluso puede ser perjudicial— cuando la ansiedad recurrente no forme parte del perfil de ansiedad. Si esta hipótesis es correcta, y datos preliminares parecen apoyarla (Ascher, 1984, 1985; Ascher y Schotte, 1987), entonces la determinación del estatus del individuo con respecto al grado de recurrencia tendría importantes implicaciones para el tratamiento. Sin embargo, es normal que el componente de ansiedad recurrente pueda estar oculto por los aspectos más prominentes del problema presente, durante las etapas iniciales de la terapia y, a veces, a lo largo de todo el curso del tratamiento. De este modo, una persona con un problema específico de base ansiógena —p.ej., claustrofobia— complicada por un componente de ansiedad recurrente, podría ser indistinguible inicialmente de un individuo claustrofóbico que no está afectado por factores de ansiedad recurrente. Aunque el empleo de la desensibilización sistemática por medio de la imaginación, con el último paciente, dará como resultado la desaparición del malestar fóbico, no produciría normalmente resultados satisfactorios en el caso de una acrofobia que estuviese complicada por un elemento recurrente.

Con el fin de ayudar al lector a comprender el proceso recurrente, puede ser útil contrastar pacientes que poseen un nivel clínicamente significativo de malestar, que está asociado con algún complejo estimular ambiental y que se encuentra complicado por la ansiedad recurrente, con pacientes que tienen el mismo problema pero que no han mostrado el elemento recurrente. Por ejemplo, la gente que informa de una fobia simple a hablar en público va a evitar las tareas de hablar en público siempre que sea posible, anticipará la ansiedad cuando sea necesario hablar ante el público, se encuentra incómoda durante la charla, espera con impaciencia y experimenta un gran alivio con la terminación de la charla. Los pacientes con fobia a hablar en público, que se acompaña de un elemento recurrente, experimentan todo eso y más. La preocupación añadida es la hipotetizada pérdida de control y las embarazosas circunstancias que siguen a los niveles máximos de ansiedad. Por ejemplo, esos individuos podrían temer que —una vez que se encuentran frente al público— la ansiedad con la que empezaron su charla aumente y sea incapacitante. Temen estar durante un largo período de tiempo paralizados en silencio ante el grupo, o vomitar, o perder el control de la vejiga o el intestino. Algunos temen embarullarse hablando o simplemente sonrojarse o sudar. Otros están seguros de que, en la mitad de su charla, su ansiedad hará que se marchen corriendo de la sala. Durante el período que precede a los acontecimientos de hablar en público, estos individuos experimentan ansiedad anticipatoria y, como parece ser el caso con la mayoría de aquellos que manifiestan ansiedad recurrente, se centran en un aspecto específico de la actividad simpática.

Esta respuesta adquiere la propiedad de indicar que se encuentran en una situación peligrosa y que tienen potencialmente el riesgo de perder el control; esto se convierte en el problema presente o, por lo menos, en un aspecto central de dicho problema. De este modo, los clientes que tienden a sudar cuando se encuentran en una situación de estrés, pueden notar que sudan ligeramente cuando van a hablar en público. El sudar, su interpretación de ello y su intento fracasado de controlarlo, sirve para aumentar el complejo total de la actividad simpática que llevó a la conducta de sudar inicial. Esto, por supuesto, da como resultado un aumento del sudor de un modo circular, un modo que se mantiene a sí mismo. Se escogió como etiqueta para este proceso el término «recurrente» *(«recursive»)* debido a que las definiciones de recurrencia *(recursion)*, «la determinación de una sucesión de elementos [...] por la manipulación de uno o más elementos precedentes» (Merriam, 1977, p. 967) y de recurrente *(recursive)*, «constituyendo un procedimiento que puede repetirse a sí mismo indefinidamente o hasta que se satisfaga una condición específica» (Merriam, 1977, p. 967), resaltan esta dinámica.

Independientemente de cuál pueda ser el contenido inicial, la base de la desastrosa consecuencia hipotetizada es normalmente la realización de alguna conducta que puede recibir una evaluación social negativa. La atención podría centrarse en la conducta normalmente asociada con la desaprobación —por ejemplo, las respuestas que provienen de trastornos mentales, los efectos de los narcóticos o la dependencia excesiva del alcohol. Sin embargo, incluso la conducta que normalmente se considera inocua o socialmente neutral (p.ej., una parada cardíaca, un ataque fulminante, la pérdida de la conciencia debido a una enfermedad, la actividad observable del sistema nervioso simpático) puede ser interpretada por el individuo de tal manera que genere preocupaciones sobre la evaluación social negativa. Por ejemplo, una psicóloga pensaba que si se indispusiera durante una sesión y tuviera que pedir disculpas para ir al cuarto de baño, el paciente con el que hubiera estado interactuando supondría que la psicóloga se había ido porque se encontraba demasiado nerviosa para seguir allí.

Los individuos que manifiestan ansiedad recurrente mantienen una elevada consideración, poco realista, hacia las opiniones de los demás, junto con la propensión hacia la baja autoestima y una débil confianza en uno mismo. De hecho, es la desaprobación predicha de las otras personas significativas lo que parece formar el núcleo alrededor del cual se organiza el torbellino de la ansiedad recurrente. Los individuos afectados suponen que son el objeto de una vigilancia detallada y continua por parte de los demás y le dan a algunas de sus propias conductas una cantidad desproporcionada de significado social.

Para resumir, el componente de ansiedad recurrente se compone de dos factores básicos. El primero subraya la actividad del sistema nervioso simpático en un proceso circular que se mantiene a sí mismo. La amenaza consiste en forzar a los individuos a soportar elevados niveles de ansiedad y de pérdida de control. La experiencia total implicada en el darse cuenta de esta desagradable respuesta fisiológica y su aparente incapacidad para mantener el control, sólo sirven para aumentar la ansiedad. La percepción de mayores niveles de ansiedad sirve para aumentar cada uno de los componentes físicos de la activación simpática, incluyendo aquellos que funcionan de forma específica como señales de peligro. El reconocimiento de la elevada magnitud de las señales de peligro da como resultado un aumento de la ansiedad general. El segundo factor detalla la naturaleza del desastre que predice la señal de peligro. Es decir, con los niveles elevados de ansiedad experimentados en situaciones sociales difíciles, los individuos temen perder el control de su conducta y manifestar una conducta inapropiada, dando como resultado una evaluación social negativa, que conducirá a efectos generalizados de deterioro sobre sus vidas, en el presente y en el futuro.

La presencia de un componente de ansiedad recurrente sugiere importantes implicaciones para la composición del programa de tratamiento de cualquier trastorno de ansiedad o problema con base ansiógena. Algo básico es su hipotetizada relación íntima con la ansiedad social. Una gran parte de los individuos que acuden a psicoterapia padecen cierto nivel de ansiedad interpersonal. Sin embargo, en la mayoría de los casos (p.ej., fobias simples), esto puede ignorarse, al menos inicialmente, a cambio de una atención focalizada en el problema presente. Por el contrario, la aparición de un complejo de ansiedad recurrente sugiere normalmente un nivel clínicamente significativo de ansiedad social, que tiene que considerarse como un componente fundamental del perfil clínico en cualquier programa completo de tratamiento conductual. En un artículo de Heide y Borkovec (1984), los autores describen un fenómeno paradójico, la ansiedad inducida por la relajación, cuya dinámica es descrita como similar a la ansiedad recurrente.

La dificultad para diferenciar la presencia o ausencia de este componente continúa, incluso aunque algunos inventarios (Chambless, Caputo, Gallager y Bright, 1984; Reiss y cols., 1986) se hayan desarrollado específicamente para identificar la ansiedad recurrente. Ello se debe a que estos inventarios se fían mucho de la autoobservación de la experiencia fisiológica de la ansiedad, excluyendo las cuestiones de fobia social (Ascher, 1990). De este modo, la entrevista clínica (incluyendo el análisis conductual) sigue siendo el método más eficaz para identificar la existencia de un elemento recurrente en un trastorno de ansiedad o en un problema de base ansiógena. Cuestiones pertinentes en las que concentrarse incluyen las siguientes: ¿Qué cambios cualitativos piensa el paciente que tendrán lugar, tanto en su propia experiencia fisiológica como en la conducta observable por los demás, conforme aumenta su nivel de ansiedad? ¿Piensa el paciente que la pérdida de control es una posibilidad y, si esto es sí, cuáles serían las características de este proceso? ¿Piensa el paciente que la gente puede decirle que se está poniendo nervioso y, si esto es así, cuáles serían sus pensamientos asociados? Cuando experimenta ansiedad, ¿se concentra el paciente en un aspecto específico de la actividad simpática y, si esto es así, cuál es el significado de esta reacción para él? Independientemente de cómo se describan las consecuencias desastrosas, ¿hay preocupaciones significativas sobre la posibilidad de una evaluación social negativa por parte de los observadores? La información sobre éstas y otras cuestiones relacionadas puede ayudar a desarrollar una imagen clara del carácter de la complicación recurrente, si existiera.

Los procedimientos paradójicos se han empleando normalmente como una capacidad secundaria para facilitar la cooperación de los pacientes con objetivos terapéuticos (p.ej., Weeks y L'Abate, 1982). Aunque los terapeutas de conducta han utilizado también la paradoja de esta manera (p.ej., Ascher, 1980; Dowd y Milne, 1986), han empleado, de forma más característica, las técnicas paradójicas como técnicas utilizadas con los trastornos de ansiedad y otros problemas de base ansiógena (p.ej., disfunciones sexuales, insomnio de iniciación del sueño). Este empleo de la IP como el tratamiento conductual preferido para los problemas complicados por la ansiedad recurrente será la base de la siguiente discusión sobre la puesta en práctica.

La IP requiere dos cosas del paciente ansioso: renunciar al control sobre la ansiedad y engrandecer los temidos resultados que atribuye a la misma. Estas son empresas bastante difíciles, por lo que una parte vital del procedimiento implica una extensa explicación de la dinámica del problema presente y de la manera en que puede ser útil un programa de tratamiento organizado alrededor de la IP. El material que sigue fue sacado de un caso de un estudiante licenciado, soltero, de 27 años, que se presentó con una depresión a causa del abandono inminente de su novia. Pronto se hizo aparente que estaba preocupado porque pensaba que sería incapaz de conocer a otras mujeres, debido a una incapacidad para empezar o mantener interacciones. En esas situaciones, se sonrojaría, su mente se quedaría «en blanco» y no le saldrían las palabras. Era evidente que la ansiedad social jugaba un importante papel. En el siguiente extracto de la tercera sesión, el paciente se había dado cuenta de que veía a las mujeres buscando la perfección en él, pero no estaba preparado todavía para abandonar su posición poco realista. En este punto, la tarea del terapeuta (MLH) era mostrar de qué manera la ansiedad del paciente era similar, y también diferente, a la de otros hombres interesados en conocer a otras mujeres y unir las experiencias del paciente y el concepto de ansiedad recurrente. [Los detalles del caso, palabra por palabra, se emplean para propósitos ilustrativos y se han hecho modificaciones para ocultar cualquier aspecto que identifique al individuo y para enfatizar la información más relevante, mientras que se abrevia el material menos importante.]

T: Hemos llegado a la conclusión de que siempre existe alguna amenaza de rechazo en una situación social. Y que esperas más de tí mismo que lo que esperan los demás —esperas perfección y perfección significa una tranquilidad total. Y esto es sólo una ilusión, una mentira que estás viviendo, porque en realidad *no* estás totalmente tranquilo. ¿Qué pasa con otros hombres?, te puedes preguntar. Creo que la mayoría de los hombres se sienten nerviosos cuando se presentan a una mujer atractiva, pero son capaces de ir más allá con el fin de seguir con la conversación. Tú, también, te pones nervioso, pero lo que es diferente con respecto a tí es que te *centras* en los sentimientos y en vez de ir más allá, pones las cosas peor. Das a la ansiedad un significado especial que las otras personas no dan. Niveles de ansiedad bajos, incluso moderados, son normales en esta clase de situaciones, pero lo que tú haces es sacar la ansiedad del contexto y otorgarla un lugar especial en tu cabeza. En vez de centrarte en tu actuación e invertir toda la energía en ella, estás ocupado analizando e intentando reducir tu ansiedad e intentando parecer «impasible». No es extraño que no puedas continuar con la conversación.

P: ¿Cómo sabes que la mujer no está pensando, «Oye, qué chico tan estirado. Si quiere una cita conmigo primero se tendrá que tranquilizar»?

T: Bueno, hablemos sobre eso. En primer lugar, dudo que alguien se haya dado cuenta tan agudamente como tú, que te hayas sonrojado o que haya expresado manifiestamente que pareces «estirado». Y respecto a tu novia anterior, ¿parecía esperar que fueses una especie de autómata emocionamente neutral?

P: Bueno, no. De hecho siempre me decía que le gustaban los hombres que podían ser «reales» y mostraban cómo se estaban sintiendo interiormente.

T: Además, como dije antes, es totalmente normal que los hombres se sientan así en esta clase de situaciones. Seguramente, las mujeres no te exigirán más a tí que a otra persona. ¿Qué piensas sobre ello?

P: Sí, supongo que sí. Pero nunca pienso que otros chicos se sientan del mismo modo que yo cuando estoy en la situación.

T: Tampoco piensas de forma realista sobre lo que piensa la mujer a la que te estás presentando. La mayoría de las personas están bastante dentro de sí mismas e incluso cuando les estás hablando no te están vigilando incesantemente para buscar señales de que estás sudando o que cometes *lapsus linguae.* Apuesto a que tu ansiedad no es lo suficientemente grande como para que los demás se enteren de cómo te estás sintiendo, incluso aunque pienses que sí se están dando cuenta. De cualquier manera, incluso si la mujer con la que estuvieras hablando se diera cuenta de alguna señal, como un ligero sonrojo, no lo atribuiría necesariamente a la ansiedad. Hay explicaciones alternativas: que tienes calor, que está muy interesado por ella, etc. Lo que estoy queriendo decir es que hay explicaciones alternativas para las cosas. ¿Tiene sentido para tí lo que te estoy diciendo?

P: Sí, pero quiero saber qué hacer la próxima vez que conozca a alguien que me atraiga.

T: Muy bien, repasemos una supuesta situación. Imagina que la próxima semana, después de tu clase de Geografía, te fijas en una chica de la clase a quién admiras, de pie en el pasillo, fumándose un cigarrillo. Quieres hablar con ella, pero te das cuenta de que te estás sonrojando y notas una sensación de tensión en el estómago. Ahora recuerda que hemos hablado sobre cómo, cuando una persona se enfrenta con una situación peligrosa, se producen ciertos síntomas fisiológicos; y que esto puede ser adaptativo cuando el peligro supone una amenaza para la vida, pero no si supone una amenaza para tu estilo de vida. Conforme te das cuentas de más señales de activación, empiezas a ponerte cada vez más nervioso y tienes dificultades para concentrarte en lo que está diciendo la chica sobre las otras clases que tiene este año. Esto hace que te preocupes, «¿Qué voy a decir cuando ella deje de hablar? No he oído una palabra de lo que ha dicho». Empiezas a fantasear que ella se marchará corriendo y les dirá a todas las chicas de tu clase lo pelmazo que eres. Y así sucesivamente, hasta que te hayas convencido que acabarás siendo un soltero solitario, desamparado.

P: Pienso que no es divertido —ya había pensado en esa posibilidad.

T: Te creo. Así que, analizemos esa escena. Cuando te acercas a esa mujer, te das cuenta de que estás algo sonrojado. Tienes algunos de esos pensamientos. Además de las sensaciones corporales asociadas con la ansiedad, los pensamientos son bastante exasperantes. De modo que aumenta tu ansiedad. ¿Qué sucede cuando aumenta tu ansiedad?

P: Supongo que me sonrojo y sudo más.

T: Por lo menos *piensas* que esto es lo que está pasando. En cualquier caso, real o imaginado, el sonrojarte y sudar más da como resultado un aumento de la ansiedad que sirve para sonrojarte y sudar aún más. Esto se convierte en un círculo vicioso. Finalmente, lo que temes es ponerte tan nervioso que pierdas el control y hagas algo muy embarazoso, como el salir corriendo en mitad de una frase. Este temor a perder el control durante la presencia de altos niveles de ansiedad se encuentra en la base del problema, puesto que piensas que puedes evitarlo si mantuvieses el control sobre tu ansiedad.

P: Lo que más temo es perder el control. Tienes razón cuando dices que es el aspecto que más me asusta.

Antes de describir el programa de tratamiento, se le proporcionó al paciente información para ayudarle a comprender su problema. Al hacer esto, era necesario incorporar su problema a un sistema compacto, que fuese congruente con la IP. La conducta inexplicable o impredecible tiende a ser molesta; una explicación de la conducta problemática del paciente, que le parezca razonable, alivia esta fuente de ansiedad. Así, en el ejemplo presente, la suposición del paciente de que la mujer que conozca espera de él que esté totalmente tranquilo, incluso en una situación que puede producir un rechazo o la humillación, se compara con la posibilidad más razonable de que suponga que está nervioso, pero que, sin embargo, es capaz de actuar adecuadamente. La activación fisiológica que experimenta (p.ej., sonrojarse, sudar) se explica en el contexto de patrones normales de la activación humana, de los que normalmente se da más cuenta el sujeto que los demás. De una manera similar, su atención sobre el control de la ansiedad, en vez de atender a la eficacia de su actuación, se enfatizó y se comparó con la conducta de aproximación seguida por sus compañeros que, aunque experimentan ansiedad, lo ven como una respuesta normal y aceptable ante la situación.

Además de aumentar, generalmente, la tranquilidad por medio de la explicación, la introducción prepara al cliente para una IP en vivo, al intentar neutralizar la ansiedad asociada con la pérdida de control y con sus desastrosas consecuencias. El lograr este objetivo es importante por dos razones: 1) estas preocupaciones mantienen la conducta de evitación en el centro del problema presente y, si no se frenan, impedirán el progreso terapéutico; y 2) cuanto más reales parezcan estos acontecimientos, menos dispuesto estará el paciente a emplear las sugerencias paradójicas y a arriesgarse a las consecuencias negativas.

Una vez que se ha establecido que el paciente ha entendido la relación entre la ansiedad y el control, el énfasis de la siguiente sesión se dirigió a la explicación y aplicación de la IP. De nuevo, se utilizó una situación hipotética como base para introducir componentes importantes del programa.

T: Hablemos sobre la idea de «representar el papel». Piensas que el sonrojarte da como resultado una visión negativa tuya por los demás. Por consiguiente, cuando te das cuenta de que te estás sonrojando, necesitas controlarlo haciendo algo. La forma de representar el papel, es decir, las estrategias que has empleado hasta ahora han sido bastante ineficaces o peor aún, han puesto las cosas peor. Tu papel se basa en reglas que pienso son poco razonables. La más importante de ellas es que elevados niveles de ansiedad llevarán a una pérdida del control y a consecuencias desastrosas. Esto es poco razonable, porque apostaría que nunca has perdido el control y actuado de un modo realmente embarazoso en situaciones como la que hemos estado hablando. ¿Tengo razón?

P: Bueno, supongo que nunca he perdido realmente el control, pero a veces me he sentido casi insoportablemente nervioso.

T: Seguro, pero al igual que sucedió la última vez, finalmente te tranquilizaste. Pero que finalmente te serenes no significa mucho para tí, porque estás seguro de que sólo fue por casualidad. La próxima vez, dices, no tendrás tanta suerte y realmente estarás en un aprieto. Te digo que nunca será un completo desastre, que siempre te detendrás antes de la humillación completa y que siempre te tranquilizarás. ¿Qué piensas de esto ahora, cuando no estás especialmente nervioso?

P: Lo presentas de forma tan razonable que, bueno, pienso que tienes razón. Pero eso no me ayuda cuando estoy en una situación social.

T: Esto es parte del problema —no te das cuenta de la insensatez de tu papel cuando te encuentras en medio de la representación, por decirlo de alguna manera. De modo que lo que tienes que hacer es demostrarte a tí mismo que la regla de tu papel de que la ansiedad y la pérdida de control están relacionadas no es correcta, incluso cuando te encuentras muy nervioso. Una vez que hayas hecho esto, disminuirá la necesidad de evitación y tendrá el efecto de modular tus experiencias de ansiedad.

[más tarde durante la sesión]

T: Puesto que estás de acuerdo en intentar algo que podría ayudarte a superar este problema, volvamos a la escena que abordamos la semana pasada, pero con un final diferente. Te acercas a una mujer a la que estás interesado en conocer mejor y empiezas a sonrojarte y a sudar. Al darte cuenta de estas reacciones, te pones nervioso. Y, por supuesto, cuanto más nervioso te pones más te sonrojas y más sudas. Luego, empiezan a surgir pensamientos sobre el comportarte de forma embarazosa y el ser humillado. Con el fin de evitar esta hipotetizada tragedia, llevas a cabo conductas de las que estás convencido te ayudarán a mantener el control sobre esta ansiedad. Sin embargo, como ya he dicho, no puedes controlar la ansiedad directamente y los intentos para hacerlo sirven sólo para agravar la situación. Por consiguiente, lo que sugiero es que —cuando te encuentres en una circunstancia similar a la que te describí anteriormente— *abandones* el control.

P: Espera un segundo. ¿Cómo puedo abandonar el control cuando dices que no puedo mantenerlo?

T: Lo que estoy diciendo es que no ejerces un control directo sobre la ansiedad, sino que actúas como si lo hicieras. Y al intentar reducir la ansiedad, ya que piensas que tienes el control sobre ella, realmente empeoras la situación. Esto es lo que vas a dejar de hacer.

P: Creo que entiendo lo que dices, pero no estoy seguro de comprender exactamente lo que quieres que haga.

T: Muy bien. Lo que quiero que hagas cada vez que te acerques a una mujer para hablar con ella es que dejes que la ansiedad siga su curso sin intentar influir sobre ella. Cuando te des cuenta, justo antes de acercarte a ella, de que te estás poniendo algo nervioso, date permiso para experimentar la ansiedad. Déjate sonrojar y sudar. En otras palabras, deja que pase lo que está pasando. De hecho, lo que quiero que hagas es que intentes intensificar los sentimientos y los cambios que ocurran cuando te pones nervioso.

P: ¡Intensificarlos! ¿Estás bromeando?

T: No. Puedo decirte que piensas que tus síntomas son físicamente dañinos y que la ansiedad es lo peor que podría pasar. Esto simplemente no es verdad y tanto en cuanto sigas pensando esto continuarás sufriendo elevados niveles de ansiedad. Cuando cambies estas «reglas», entonces empezarás a observar cierta variación. Piensa en ello como una pequeña resaca. Si te despertaras con una resaca y tuvieras clase esa mañana, irías y te comportarías lo mejor que pudieras. Esta es la actitud que sería útil que mantuvieras sobre la ansiedad.

P: Entiendo el ejemplo sobre la resaca. Lo que no llego a comprender es cómo podría intensificar la ansiedad.

T: Bueno, no parece divertido al principio, especialmente porque es lo contrario al método que has empleado hasta ahora. Pero ambos estamos de acuerdo en que tu método no ha funcionado, ¿verdad? De modo que te sugiero un nuevo enfoque, representar un nuevo papel. Hablemos sobre la forma de hacerlo. Piensa en el ejemplo de la chica del pasillo. Empiezas dándote cuenta del comienzo de la activación fisiológica. Piensa en el síntoma del que te puedes dar más cuenta y concéntrate en él. Supón que es tu tasa cardíaca. Intenta aumentar el número de pulsaciones por minuto o la potencia de cada latido. Quizás el aspecto del que te das más cuenta es el de la sudoración. En ese caso, intenta aumentar el flujo de sudor. Lo que es más importante es el proceso en el que deberías trabajar para intensificar el síntoma. Conforme progresa la conversación, la ansiedad aumentará y la experiencia de malestar variará. Tu trabajo consiste en concentrarte en aumentar el síntoma del que te das más cuenta en ese momento.

P: ¿Cuál es el objeto esta vez?

T: El objeto es que en vez de intentar mantener el control de un modo directo, lo mantienes abandonando el control y «estando dispuesto» a que la ansiedad lo empeore.

P: Si *fuera* capaz de hacer esto, ¿durante cuánto tiempo tendría que hacerlo?

T: Esto es representar un papel equivocado. En este papel, lo haces hasta el final de la representación. No puedes hacerlo a medias —la única forma de utilizar eficazmente este procedimiento es sufrir realmente la ansiedad.

P: ¿Pero el propósito no es eliminar la ansiedad?

T: Ciertamente, pero con el fin de eliminarla tienes que estar dispuesto a demostrate a tí mismo que puedes tolerarla durante tanto tiempo como sea necesario. Tienes que mostrarte a tí mismo que ya no es una amenaza —que no es peligrosa ni física, ni psicológica, ni socialmente. Una vez que hayas conseguido esto, la ansiedad no representará ya una preocupación importante en esta clase de situaciones sociales.

El propósito principal de esta sesión era explicar el papel de la IP y proporcionar al paciente un método concreto de aplicarla a su situación particular. Como sucede normalmente, planteó numerosas objeciones. Se discutió cada una de ellas de manera que finalmente le permitiera arriesgarse a llevar a cabo la sugerencia paradójica como la mejor solución. En la séptima sesión, el paciente informó haber utilizado el procedimiento paradójico en una situación social fuera de la universidad.

T: Me alegra que buscases una oportunidad para emplear la estrategia. Cuéntame tu experiencia.

P: Bueno, lo intenté cuando fui a la boda de mi primo el sábado pasado, pero no estoy seguro de haber triunfado totalmente.

T: Cuéntame los detalles.

P: Cuando me enteré de que mis padres esperaban que fuese, intenté practicar previamente, imaginándome cómo sería, qué podría suceder y cómo podría «representar el papel» correctamente.

T: Bien.

P: No estaba muy nervioso cuando llegamos allí, pero después de un rato ví a una chica que conocí en la universidad, alguien por la que había estado loquito. Cuando pensé en acercarme a ella, empecé a ponerme nervioso.

T: ¿Qué sucedió entonces?

P: Me fui corriendo hacia el aseo para tranquilizarme. Entonces recordé que *no* era eso lo que se suponía que tenía que hacer. De modo que volví fuera y empecé a concentrarme en las sensaciones corporales, intentando aumentar cada una de ellas conforme me venían a la cabeza. Después de un rato, empecé a sentirme mejor, pero no llegue a ir a hablar con la chica.

T: ¿Qué sensaciones experimentaste realmente cuando te empezaste a poner nervioso en la boda?

P: Supongo que una tensión en el estómago.

T: Entonces esto es en lo que deberías haberte concentrado. Date cuenta de cómo se va tensando tu estómago. Como hemos hablado anteriormente, pienso que en este punto del tratamiento eres capaz de controlar incluso la situación más díficil. El éxito es menos una cuestión dependiente de las circunstancias y más una cuestión de lo que piensas sobre ellas. Además, un éxito incompleto sigue siendo un avance. Sea como fuere, ¿por qué piensas que no fue un experimento totalmente satisfactorio?

P: Bueno, fui a la boda esperando no ponerme nervioso y, cuando empecé a hacerlo, empecé a intentar controlarlo, sabiendo que se suponía que no tendría que hacer esas cosas.

T: Parte del proceso está yendo gradualmente hacia el punto en que la ansiedad no tenga un significado especial para tí. Haste ese momento, es normal tener la clase de pensamientos que tuviste. En este punto, sería útil si esperases *tener* ansiedad· en estas situaciones y estuvieras preparado para enfrentarte con ella. Al esperar tener ansiedad, es también muy importante evitar el papel de «podría no funcionar». En ese caso, tú estás preparándote para fracasar. Te decides o no a hacerlo, pero no puedes decidirte a intentarlo y ver qué sucede. Comprendo que, dada tu historia, la idea de huir de la situación en un esfuerzo de controlar tu ansiedad se encuentra firmemente implantado. El quedarse en la situación e intentar aumentar la activación es una estrategia mucho menos probable. De modo que tu impulso, especialmente en el medio de la situación, es el seguir la reacción conocida, incluso si no funciona. Por supuesto, cambiaste de estrategias y tu ansiedad disminuyó.

P: Entonces la próxima vez emplearé la nueva estrategia en primer lugar, ¿verdad? *Ahora* parece fácil decirlo.

T: Tienes que tener paciencia contigo mismo. Como dije anteriormente, tu respuesta desadaptativa ante la ansiedad está firmemente implantada y llevará tiempo el convertir a la nueva estrategia en la respuesta dominante y natural. Quizás lo estás intentando con demasiada fuerza. Lo que tienes que hacer es dejar de intentarlo, dejar de intentar el mantener el control, volverte sólo un observador pasivo de tu ansiedad y dejar que ella siga su curso.

Como muestra este extracto, uno de los objetivos finales es que el paciente coja lo que ha aprendido en la terapia y lo aplique a situaciones de la «vida real». La acumulación de experiencias posteriores similares, junto con las explicaciones del terapeuta, pueden servir para enfatizar que si este paciente es capaz de controlar este difícil problema, entonces puede dominar cualquier situación y que las anteriores circunstancias de su vida se debían a su propia creación. El reconocimiento del paciente de su influencia personal sobre las situaciones significativas de su vida, situaciones que anteriormente se percibían como inmodificables, puede dar como resultado una amplia variedad de efectos positivos que tengan importantes implicaciones para un ajuste cada vez más reforzante.

El propósito de este capítulo ha consistido en proporcionar una selección de contenidos con la intención de sugerir que la intención paradójica (IP), junto con una variedad de procedimientos auxiliares, es el tratamiento conductual de preferencia para la ansiedad recurrente. Aunque unos primeros datos empíricos controlados, al igual que una serie de estudios clínicos, parecen apoyar esta aseveración de eficacia, se tiene que emprender todavía una considerable evaluación clínica adicional. Con pocas excepciones, la mayoría de los datos controlados son el producto del estudio de los resultados. Se necesita investigar el proceso que subyace a las instrucciones paradójicas con el fin de comprender los métodos para mejorar el procedimiento. Una ayuda adicional a este respecto sería la información sobre las diferencias individuales de los pacientes y del terapeuta que mejorarían u obstaculizarían el empleo de la IP. La limitaciones de espacio evitan una mayor extensión y explicación del tema. Por consiguiente, el lector interesado en una mayor profundización del mismo puede consultar la bibliografía incluida en el apartado VIII.

VII. RESUMEN

La flexibilidad de los procedimientos terapéuticos paradójicos ha permitido que la mayoría de las escuelas de psicoterapia los empleen de modo bastante consistente con sus orientaciones respectivas. Así, los terapeutas de conducta han empleado estas técnicas de dos maneras. En una forma subordinada, los procedimientos paradójicos se han empleado normalmente para mejorar la cooperación del paciente con el programa terapéutico. Sin embargo, este capítulo describe un empleo de los procedimientos paradójicos, y especialmente de la intención paradójica, más característico, como rasgo central de programas que se centran en la mejora de un fenómeno de ansiedad específico. Aunque asociada en gran medida con la agorafobia, se sugiere que la ansiedad recurrente (conocida también como «miedo al miedo») es un proceso que complica muchos casos de trastornos de ansiedad y de problemas de base ansiógena. Dicha dificultad a menudo no se descubre con la urgencia del problema presente; desgraciadamente, si no se aborda la ansiedad recurrente, obstaculiza, si es que no lo impide, normalmente el progreso terapéutico. En este capítulo, se ilustra la ansiedad recurrente y se describe el tratamiento, en el que la intención paradójica juega un importante papel.

VIII. LECTURAS PARA PROFUNDIZAR

Ascher, L. M., «Paradoxical intention», en A. Goldstein y E. B. Foa (comps.), *Handbook of behavioral interventions: A clinical guide*, Nueva York, Wiley, 1980.

Ascher, L. M. (comp.), *Therapeutic paradox*, Nueva York, Guilford Press, 1990.

Frankl, V. E., *The doctor and the soul: from psychotherapy to logotherapy*, Nueva York, Knopf, 1955.

Seltzer, L. F., *Paradoxical strategies in psychotherapy: a comprehensive overview and guidebook*, Nueva York, Wiley, 1986.

Watzlawick, P., Weakland, J. y Fisch, R., *Change: principles of problem formulation and problem resolution*, Nueva York, Norton, 1974.

Weeks, G. R. y L'Abate, L. A., *Paradoxical psychotherapy: theory and practice with individuals, couples, and families*, Nueva York, Brunner/Mazel, 1982.

13. PROCEDIMIENTOS AVERSIVOS

JOSÉ CÁCERES CARRASCO

I. INTRODUCCIÓN

Por lo que a los métodos aversivos se refiere, existe toda una serie de aspectos contradictorios y paradójicos que incitan nuestro interés y motivan nuestro estudio. A guisa de introducción querría señalar algunas de estas contradicciones.

No deja de ser paradójico, por ejemplo, el hecho de que las *técnicas aversivas* fueran unas de las primeras en ser empleadas dentro del marco de las técnicas de modificación de conducta, que en la actualidad sigan empleándose con mucha frecuencia a muy diversos niveles —por ejemplo, los padres siguen utilizando procedimientos aversivos en la educación de sus hijos, los profesores los emplean para el control de sus clases, los directores para el diseño de funcionamiento de sus empresas, los planificadores de política social en diversos ámbitos (p.ej., siguen existiendo los recintos penitenciarios) y, por otra parte, en los tiempos que corren, la investigación básica y aplicada en relación con este tipo de técnicas no deja de ser escasa. Es más, desde determinados sectores parece no incentivarse este tipo de investigación [1].

Solamente algunas de las investigaciones diseñadas para clarificar otros aspectos —por ejemplo, los que tienen que ver con la preparación biológica del individuo para desarrollar reacciones aversivas condicionadas ante determinados estímulos y no otros—, podrían tener que ver indirectamente con nuestro tema, especialmente si adoptamos un modelo de funcionamiento de las técnicas aversivas que incluya aspectos del condicionamiento clásico.

Todo ello podría llevarnos a concluir que las técnicas aversivas han perdido su popularidad y que, como suele ocurrir en ocasiones, el «péndulo científico» no favorece a estos procedimientos y no están de moda.

Sin embargo, contrasta que a nivel clínico siga utilizándose este tipo de

---

Servicio Regional de Salud (Pamplona) y Universidad de Deusto (Bilbao) (España).

[1] Algunas revistas especializadas, p.ej., la *Journal of Behavior Therapy and Experimental Psychiatry*, incluyen la siguiente nota entre sus instrucciones a los autores: «Originales que incluyan el uso de procedimientos aversivos o de castigos, no serán aceptados, por lo general, si procedimientos no aversivos han demostrado su eficacia en la población clínica implicada. Tales manuscritos serán considerados para su publicación únicamente si los procedimientos aversivos se encuentran libres de efectos secundarios, y ofrecen marcadas ventajas [...]».

procedimientos, desde luego no de manera aislada y como único elemento terapéutico, sino englobado en programas de tratamiento más amplios, y también sigue informándose de su eficacia clínica en casos aislados.

Por otra parte, nos es dolorosamente patente el desarrollo de respuestas aversivas condicionadas cuando no las deseamos. Una constante en el tratamiento quimioterapéutico de determinados procesos cancerosos parece ser la aparición de respuestas aversivas condicionadas ante estímulos, en ocasiones sólo remotamente relacionados con los procedimientos quimioterapéuticos, reacciones que se producen, a veces, con un único ensayo y que ponen en un brete la aceptación y, desde luego, su continuidad con algunos pacientes (Olafsdottir, Sjödén y Wrestling, 1986). Otro ejemplo de reacciones aversivas, no siempre deseadas, es el de la aversión «natural» a determinados alimentos (García, Kimeldorf y Koelling, R. A., 1955; García y Koelling, 1966; De Silva y Rachman, 1987).

No deja de sorprender, pues, la facilidad de adquisición y de generalización de este tipo de respuestas en esos contextos, y la dificultad que el clínico aplicado tiene para provocar esa reacción aversiva ante estímulos tales como el alcohol u otros contextos estimulares apetitivos, en los que después de numerosos ensayos, dicha respuesta, o bien no aparece o si aparece se extingue con relativa facilidad y difícilmente se generaliza.

Foxx, Plaska y Bittle (1986a) intentan explicar la ausencia de programas aversivos y de investigaciones aplicadas debido a las siguientes razones:

a. La posible reacción adversa del público y de otros profesionales ante el uso de procedimientos de castigo.

b. La naturaleza de los estímulos aversivos empleados.

c. La preocupación por aspectos relacionados con cuestiones de tipo legal y ético.

d. La seguridad de los sujetos que se someten a este tipo de tratamiento.

e. El potencial que existe para posibles abusos en este campo.

Nosotros hacemos nuestros estos razonamientos y coincidimos con Foxx y cols. (1986a y b) en que, a pesar de todo, las razones anteriormente aducidas para no desarrollar un programa aversivo con algunos pacientes, pueden verse contrarrestadas por toda otra serie de razones más importantes, tanto de tipo clínico como ético. A saber:

a. Cuando el comportamiento desadaptativo del sujeto es tan serio que puede llegar a causarse daños a sí mismo o producir daños a terceros o, incluso, llegar a producirse pérdida de vidas.

b. La naturaleza del comportamiento desadaptativo es extrema y duradera, produciéndose durante años y resistiéndose a desaparecer ante otro tipo de programas de intervención.

c. Cuando algunos de estos pacientes terminan por no recibir ningún tipo de atención para desarrollar comportamientos positivos (p.ej., competencia social, actividades recreativas y de resocialización), dada la extrema gravedad y desajuste de sus comportamientos.

Dado que los programas de castigo pueden llegar a ser tratamientos eficaces, a pesar de ser intrusivos, el no considerar tales alternativas de tratamiento podría, de manera razonable, ser considerado como una violación del derecho del individuo a un tratamiento y a una educación eficaces (Griffith, 1983, Martin, 1975; Richmond y Martin, 1977).

Por todo ello pensamos que el estudio de este tipo de procedimientos debiera continuarse y ampliarse y con esa idea hemos escrito el presente capítulo.

II. HISTORIA

Según señala Kazdin (1978), el uso terapéutico de los acontecimientos aversivos para modificar el comportamiento tiene una larga historia. Ejemplos anecdóticos, entresacados de las culturas grecorromanas, ilustran este desarrollo temprano. Así, según Plutarco, Demóstenes tenía un tic en el hombro, algo muy corriente en nuestros días por otra parte, que se curó de manera rápida colocando una espada bien afilada encima del hombro, de tal manera que cada vez que lo elevaba con el tic, se pinchaba con la espada.

En nuestra cultura, ya hemos citado en otro lugar (Cáceres, 1984) cómo Lope de Vega describe un verdadero experimento de condicionamiento aversivo para el control de unos animales empeñados en molestar sistemáticamente a uno de sus protagonistas.

Por lo que se refiere a los fundamentos experimentales de las técnicas aversivas, habríamos de retrotraernos a Pavlov y Bechterev, quienes fueron capaces de establecer reacciones aversivas en respuesta a estímulos neutros (Pavlov, 1927). Otro ruso, Nikolai Kantorovich, en 1929, fue el primer investigador que empleó de manera sistemática los procedimientos aversivos (Razran, 1934). Kantorovich desarrolló un procedimiento aversivo para tratar a 20 alcohólicos, en los que intentó que asociaran el alcohol con descargas eléctricas aplicadas en las manos. Tras los resultados de Kantorovich, la utilización de las técnicas aversivas se extendió a varios países (Francia, Inglaterra, Alemania, Bélgica, Estados Unidos), especialmente al campo del tratamiento del alcoholismo, en la década de los años treinta y cuarenta (Voegtling y Lemere, 1942). Posteriormente las técnicas aversivas se aplicaron a otros tipos de comportamiento y no sólo a la consumición de alcohol.

II.1. *Temas actuales*

Quizá sea oportuno, tras este breve repaso histórico, apuntar algunos de los aspectos que, a mi entender, siguen pendientes en relación con la terapia aversiva:

1. El contraste existente entre el éxito atribuido a este tipo de técnicas en una amplia gama de trastornos, como problemas de alcoholismo, tabaquismo, obesidad, orientación del impulso sexual, etc., y la ausencia de trabajos experimentales a nivel grupal que demuestren su eficacia. Ya hemos señalado cómo, tras revisar trabajos publicados en el área del alcoholismo, Wilson (1987) se cuestiona que haya bases para seguir siendo optimistas, como los informes de caso único podrían hacernos pensar.
2. Contrasta cómo, por una parte, las bases conceptuales de muchas de las prácticas aversivas se derivan de los principios del aprendizaje, mientras que, de forma aplicada, muchos de los programas terapéuticos, aun apartándose de estos principios (utilizando, por ejemplo, principios del condicionamiento hacia atrás o existiendo una gran demora entre la aparición del EC y el EI), siguen siendo eficaces.
3. Continúan siendo un problema los aspectos relacionados con la generalización de estímulos y el mantenimiento a lo largo del tiempo.
4. Llama la atención la especificidad de los resultados encontrados con determinados procedimientos terapéuticos, en los que la reacción aversiva se produce únicamente a estímulos específicos presentados.
5. Otro tema por dilucidar estriba en la utilidad relativa de los diferentes tipos de estímulos aversivos empleados. No se ha establecido, de manera clara, la efectividad de todos estos tipos de estímulos, ni existen, por lo general, estímulos comparativos que evalúen las diferencias de los resultados.
6. Los estudios realizados para demostrar la existencia de una supuesta preparación biológica para desarrollar respuestas aversivas, indican lo siguiente (Cook III, Lang y Hodes, 1986):

a. A veces es tremendamente difícil establecer reacciones aversivas ante estímulos previamente neutros, aun cuando estos estímulos tuviesen una supuesta carga de preparación biológica.
b. Parámetros tales como la pertinencia y la relevancia EC-EI parecen ser también determinantes.
c. Aun en el caso de estímulos biológicamente preparados, en los que se

produce una reacción fisiológica aversiva condicionada, algunos elementos psicofisiológicos, como, por ejemplo, respuestas cardiovasculares aversivas condicionadas, son difíciles de conseguir (Zeaman y Smith, 1965).

III. DEFINICIÓN Y DESCRIPCIÓN

Básicamente, las técnicas aversivas intentan asociar un patrón de reacción comportamental no deseado y socialmente sancionado, con una estimulación desagradable, externa o interna, o bien reorganizar la situación de tal manera que las consecuencias de este comportamiento no deseado sean lo suficientemente desagradables para el emisor de dicha conducta, que deje de realizarla. En ambos casos se espera que se establezca una conexión entre el comportamiento a eliminar y la reacción aversiva. Se espera, además, que el desarrollo de tal conexión y el progreso de la misma genere una situación tal en el individuo (fisiológica o cognitiva), que provoque un cese total en la emisión de la conducta a eliminar.

En último extremo se esperaría, no tanto que, una vez desarrollada tal reacción asociativa, en el futuro el contexto estimular inicialmente apetitivo generase reacciones de aversión y de incomodidad, sino más bien que dicho contexto pierda su valor apetitivo y positivo, dejando al sujeto, por así decirlo, indiferente.

IV. FUNDAMENTOS CONCEPTUALES Y EMPÍRICOS

Aunque la mayoría de los estudios realizados en los primeros tiempos de la investigación acerca de las reacciones aversivas se proponían demostrar la eficacia de las mismas o su ausencia, en los momentos presentes empiezan a aparecer artículos que intentan no solamente demostrar esta eficacia o su ausencia, sino esclarecer también las posibles bases teóricas. Y ello basándose especialmente en estudios de revisión de diversos trabajos publicados anteriormente en un área determinada (p.ej., Wilson, 1987)

A pesar de estos artículos, creemos, como señalábamos hace unos años (Cáceres, 1984), que es todavía prematuro reseñar de una manera definitiva tales elementos, dado que su investigación apenas acaba de iniciarse. Dado que una revisión más extensa fue objeto de nuestro estudio anterior, nos limitaremos aquí a señalar, de manera resumida, los principales modelos planteados a la hora de explicar el funcionamiento de la terapia aversiva.

IV.1. *Condicionamiento clásico*

Esta teoría, que fue la primera en ser propuesta a la hora de explicar el funcionamiento de las técnicas aversivas, es todavía ampliamente aceptada. Según ella, se supone que la asociación de algunos de los elementos constitutivos de la constelación estimular componente del comportamiento a eliminar (EC), con el estímulo nocivo preseleccionado (EI), hará que el EC provoque una respuesta condicionada de aversión (RC) similar a la respuesta incondicionada (RI) provocada por el EI. Esos elementos estimulares así investidos, al provocar tales respuestas condicionadas, facilitarán la evitación o el escape de toda la constelación estimular de la que forme parte.

Los proponentes de este modelo insisten en que, en el procedimiento terapéutico, se satisfagan requerimientos derivados del estudio con este tipo de fenómenos en el laboratorio (número de ensayos, tiempo entre estímulos, intensidad estimular, etc.). Se explica que estos mecanismos producirían sus efectos, bien a través de cambios en las *respuestas del sujeto,* bien a través de cambios en cuanto a la *función estimular* jugada por los estímulos utilizados, o bien en cuanto a cambios producidos en el *estado del individuo.*

Existen algunos datos que estas teorías difícilmente pueden acomodar. Entre ellos cabe señalar:

1. La dificultad para conseguir respuestas condicionadas resistentes a la extinción fuera del control del paciente.
2. La dificultad a la hora de explicar la generalización masiva de los efectos del tratamiento de la consulta-laboratorio al mundo externo.
3. La dificultad para conseguir el desarrollo de determinadas respuestas condicionadas fisiológicas.
4. No siempre aquellos procedimientos de tratamiento que se ajustan mejor a los requerimientos derivados del estudio del condicionamiento clásico tienen una mayor eficacia.
5. No existe correspondencia entre los cambios producidos por el método de tratamiento y los cambios experimentados en aquellos sujetos en los que el tratamiento tiene éxito.

IV.2. *Condicionamiento operante*

Dado que, en la práctica de la terapia aversiva, el estímulo aversivo no siempre va apareado únicamente con elementos constitutivos de la constelación estimular provocadora del comportamiento desviado, sino que en ocasiones se presenta ante respuestas emitidas por el sujeto hacia dicha constelación, se introducen, pues, paradigmas de condicionamiento operante.

En la mayoría de los programas de tratamiento diseñados, ambos paradigmas (clásico y operante) coexisten. Sin embargo, algunos autores han tenido especial cuidado en diseñar sus procedimientos terapéuticos adoptando paradigmas de aprendizaje por evitación/escape o de castigo.

IV.2.1. Aprendizaje por evitación/escape

En el *condicionamiento por escape,* se termina el estímulo nocivo después de la ocurrencia de un patrón de respuestas preseleccionado, mientras que en el *condicionamiento por evitación* la ocurrencia de una conducta deseable aprendida evita el comienzo de un estímulo nocivo preseleccionado. Ambos procedimientos se suelen emplear para establecer nuevas respuestas en el paciente (Walker, Hedberg, Clement y Wright, 1981).

IV.2.2. Castigo

En el castigo, se presenta un estímulo nocivo inmediatamente después de la emisión de una respuesta (no deseada), con el propósito de reducir la probabilidad de ocurrencia futura de dicha respuesta.

El estímulo aversivo puede proporcionarlo el terapeuta, como en el caso de la presentación de una descarga eléctrica, de un ruido blanco a través de unos auriculares, o de un olor desagradable. El estímulo punitivo se lo puede aplicar también el paciente, bajo la dirección del terapeuta, y puede ser, por ejemplo, el golpearse la muñeca con una goma colocada alrededor de ella, el apretar un botón para iniciar el comienzo de una descarga eléctrica, un ruido fuerte, o algún otro estímulo aversivo (Walker y cols., 1981).

Azrin y Holz (1966) han señalado una serie de directrices para que la aplicación del castigo tenga una mayor eficacia (ver Walker y cols., 1981). Algunas de estas son las siguientes:

a. El estímulo punitivo debería prepararse de tal manera que no sea posible la conducta de escape no permitida.

b. El estímulo punitivo debería ser tan intenso como sea posible, siempre que sea seguro.

c. El estímulo punitivo debería presentarse inmediatamente después de que ha ocurrido la respuesta.

d. El estímulo punitivo no debería ir aumentándose gradualmente, sino introducirse con la intensidad preseleccionada.

e. Se debería disponer de una respuesta alternativa que no sea castigada y que produzca el mismo, o más, reforzamiento que la respuesta castigada.

IV.3. *Teorías centrales*

Además de las teorías descritas en los párrafos anteriores, se han propuesto como base del funcionamiento de la terapia aversiva diversas teorías que podríamos llamar *centrales.* Hay que señalar, sin embargo, que la aseveración de Rachman y Teasdale (1969) de que una explicación puramente cognitiva de las terapias aversivas es tan insatisfactoria como una explicación puramente de aprendizaje, sigue siendo válida. Los mecanismos propuestos por estas teorías centrales se resumirían en los siguientes:

IV.3.1. Cambios actitudinales

Algunos autores sugieren que, al igual que otras formas de terapia, la terapia aversiva produciría cambios de actitud en el sujeto que mediatizarían sus cambios conductuales. Así, Marks, Gelder y Bancroft (1970) nos informan de la importancia de los cambios actitudinales en el tratamiento y seguimiento de 17 desviados sexuales.

IV.3.2. Disonancia cognitiva

Las teorías de la disonancia cognitiva conceptualizan al individuo como un procesador activo de la información, que analiza y modifica una gran multitud de elementos cognitivos en un intento de conseguir una cierta «coherencia cognitiva». Estas teorías posiblemente nos ayuden a entender algunas características del paciente y la actitud que le predispone a aceptar o rechazar la terapia aversiva, pero seguramente no nos predicen las consecuencias específicas que resulten de un estado de disonancia cognitiva. Hay que resaltar, sin embargo, que estas explicaciones no son incompatibles con el funcionamiento de los principios de condicionamiento. De hecho, es generalmente aceptado, que las respuestas condicionadas son el producto conjunto de mecanismos cognitivos y reflejos (Kimble, 1967; Prokasy y Allen, 1969).

IV.3.3. Ensayos cognitivos

Para explicar la generalización de la respuesta aversiva condicionada desde la situación clínica a la vida cotidiana se han aducido dos posibles formas de funcionamiento: 1) La hipótesis de la incubación del miedo (Eysenck, 1968), y 2) La hipótesis de ensayos cognitivos (Bandura, 1969). Ambas se diferencian, fundamentalmente, en el papel atribuido al control voluntario (autocontrol) o a su falta (funcionamiento automático), en este proceso de generalización. En ambos casos, la confrontación en la vida real con el estímulo condicionado, o la imaginación de la secuencia de EC-EI, serviría para fortalecer la asociación entre el EC y la respuesta aversiva.

IV.4 *Teoría del estado*

Hallam y Rachman (1972; 1975), tras revisar los diversos modelos teóricos aducidos para explicar el funcionamiento de la terapia aversiva y en un intento de integrar los resultados obtenidos en su propio laboratorio, proponen su *teoría del estado* como base del funcionamiento de la terapia aversiva. Dicha teoría se basa fundamentalmente en el cambio producido en el grado general de «responsividad» de un individuo y no tanto en los cambios en cuanto a las conexiones específicas entre estímulos y respuestas. Un resumen de la teoría es el siguiente:

a. El comportamiento a eliminar se suprime durante períodos de «responsividad» alterada o sensibilización.

b. Dicha sensibilización puede inducirse mediante aversión eléctrica u otros medios conductuales, o a través de una amplia gama de acontecimientos clínicos específicos o acontecimientos no clínicos (detenciones, drogas, presión familiar, etc.).

c. Los efectos de tal sensibilización disminuyen con el tiempo.

d. Aunque no constituyan un requisito especial los procedimientos basados en paradigmas de castigo contingente a la respuesta, su utilización facilitará la supresión de la conducta desviada.

e. Si durante los períodos de sensibilización el comportamiento a eliminar es suprimido de forma adecuada, dos factores ayudarán a mantener este cambio: 1) el desarrollo de un comportamiento reforzante alternativo y 2) el refuerzo obtenido derivado del éxito por suprimir el comportamiento desviado en sí.

IV.5. *Conclusión*

Cabe apuntar, pues, que los procesos subyacentes aducidos a la hora de explicar la eficacia de las terapias aversivas son múltiples y que todavía nos faltan datos para poder delinear, de forma definitiva, un modelo que pueda explicar y acomodar todos los elementos derivados de la situación clínica y de laboratorio. Es muy posible que varios de los paradigmas revisados no sean incompatibles entre sí, sino que se complementen mutuamente y que sea la naturaleza del problema la que determine el que hayamos de insistir en un paradigma u otro. Así, pudiera ser que aquellos comportamientos desviados, en los que juegue un papel específico el poder atractivo del estímulo, hayan de recibir un tratamiento diferente de aquellos cuya perpetuación sea debida, fundamentalmente, a los efectos de una manera determinada de comportarse o de una reacción fisiológica dada.

V. PROCEDIMIENTOS Y VARIACIONES

Aunque en la práctica todos los procedimientos aversivos parezcan ser semejantes, ya que implican la secuencia de un comportamiento no deseado o desadaptativo que es seguido por una estimulación desagradable en contigüidad temporal, existen grandes diferencias, a veces sutiles, entre los procedimientos utilizados por los diversos clínicos. En este apartado revisaremos de forma descriptiva algunos de estos procedimientos y sus variaciones.

Los procedimientos básicos pueden diferenciarse entre sí con base en tres criterios fundamentales:

a. Estímulos condicionados e incondicionados. Es decir, qué aspectos del comportamiento desadaptativo o desajustado son utilizados como punto de referencia y qué estímulos aversivos se emplean.

b. Según la forma de presentación de esos estímulos. Esta forma puede ser real, imaginada o encubierta, o bien imaginada complementada con algún tipo de «recordatorio especial».

c. Según el paradigma teórico en que se base, ya sea pretendiendo seguir un modelo de condicionamiento clásico o bien siguiendo planteamientos operantes.

V.1. *Estímulos*

Una de las primeras preguntas que se debe plantear el clínico que empieza a preparar un programa aversivo, ha de ser qué estímulos aversivos va a utilizar y a qué partes, secuencias o componentes de la constelación estimular desviada se van a asociar.

V.1.1. Estímulos aversivos (EIs)

En una anterior discusión de este mismo tema (Cáceres, 1984) nos centramos fundamentalmente en la descripción de estímulos aversivos de naturaleza eléctrica y química y en repasar algunas de las ventajas e inconvenientes de cada una de ellas. No repetiremos aquí tal discusión, sino que remitimos a nuestra obra anterior al lector interesado.

Sin embargo, el arsenal de posibles estímulos susceptibles de ser empleados como aversivos puede ser muy amplio y puede extenderse a todas las modalidades sensoriales (gustativos, olfativos, «de vergüenza», etc.).

Antes de empezar a revisar procedimientos y variaciones que han empleado cada una de estas modalidades aversivas, quizá convenga que nos detengamos en repasar algunas de las características generales que sería conveniente que reuniera el estímulo aversivo. Estas características serían:

a. Debieran ser seguros y, desde luego, no poner en peligro la integridad física del sujeto. Además, no tienen que provocar efectos secundarios no deseados, bien de naturaleza comportamental (p.ej., reacciones de contraagresión por parte del sujeto o de escape y evitación por parte del terapeuta), o bien de naturaleza farmacológica (Brandsma y Stein, 1973).

b. Debieran ser eficaces. Esta eficacia no debiera suponerse, si no, a ser posible, probarse. Por «eficaces» entendemos que debieran provocar una reacción psicofisiológica incompatible con el desarrollo del comportamiento apetitivo desviado. En nuestra propia consulta, en el tratamiento de preferencias sexuales no admitidas socialmente, hemos utilizado en numerosas ocasiones registros psicofisiológicos de la respuesta de erección ante estímulos «desviados» y la rapidez de anulación de dicha respuesta por diversas modalidades aversivas (eléctrica, cognitiva, diapositivas desagradables) para, con base en este análisis, terminar eligiendo la más adecuada para el caso individual (Cáceres, 1990).

c. Tendrían que ser estímulos realistas y debiéramos utilizar criterios prácticos, entendiendo por ello que sean estímulos fáciles de ser provocados en la realidad, tanto en la consulta como en la vida cotidiana del individuo. En otras palabras, que sean «portátiles», de manera que algunas de sus características puedan ser fácilmente controlables (p.ej., su intensidad, su posibilidad de repetición, etc.).

d. Relevancia. A ser posible, debiera existir una cierta relevancia y pertinencia entre el contexto estimular utilizado como condicionado y los estímulos aversivos empleados.

El trabajo de Cook III, Lang y Hodes (1986) en relación con el desarrollo de respuestas fisiológicas condicionadas de ansiedad ante diversos estímulos, nos demuestran que éstas son más fáciles de conseguir cuando existe tal pertinencia y relevancia. Es por ello que debiéramos cuidar que si el comportamiento a eliminar se refiere a conductas consumidoras que implican al tracto gastrointestinal, los estímulos aversivos comprometan también a ese sistema. Así, hemos descrito (Cáceres, 1984) cómo en nuestro componente aversivo del Programa de Tratamiento del Alcoholismo en el Revenscraig Hospital, modificamos la colocación de los electrodos del antebrazo al cuello para que la respuesta condicionada fuera no tanto de dolor, ni de incomodidad, ni siquiera de ansiedad, sino de un cierto malestar gastrointestinal.

e. Que posibilite la generalización de los resultados. Aparte de la posible relevancia, debiéramos pensar en la posibilidad de utilizar ese procedimiento aversivo por parte del propio sujeto en aquellas situaciones en las que se presenta el problema, con el fin de facilitar la generalización de los resultados a la vida real.

Realizadas estas aclaraciones describiremos a continuación procedimientos aversivos según las principales modalidades, utilizando como referencia algunos de los trabajos publicados por clínicos relevantes e invitando al lector a que acuda a las fuentes que se citan en caso de querer ampliar detalles.

V.1.1.1. *Aversión eléctrica*

La estimulación eléctrica ha sido ampliamente utilizada como parte integrante de programas destinados a reorientar el impulso sexual. Por ello, comentaremos algunos de los trabajos realizados en este sentido.

Feldman y MacCulloch (1965, 1971) han descrito detalladamente procedimientos para el tratamiento de individuos homosexuales que deseaban cambiar sus inclinaciones sexuales. En este procedimiento, el paciente contemplaba diapositivas (y *clips* de película) desde una silla, teniendo los electrodos colocados en la pierna. Se preseleccionaron dos niveles de corriente con el fin de evitar la habituación a un estímulo de un nivel de intensidad determinado. Se le proporcionó un mando al paciente para que controlase el proyector de diapositivas, aunque el terapeuta era el que tenía el control último (Master, Hollon, Burish y Rimm, 1987).

En un principio, se presentaba a los pacientes una serie de imágenes de hombres vestidos y desnudos y se les pedía que evaluasen su grado de atractivo. Finalmente, se construía una jerarquía que incluía algunas de esas imágenes, más otras aportadas por el paciente. Después de este paso, se hacía otra jerarquía de diapositivas con imágenes de mujeres (los pacientes traían fotografías de su mujer, novia o amante, si las tenían), mezclándose ambas jerarquías.

Se informaba al paciente que vería una diapositiva de un hombre y, después de varios segundos, recibiría una descarga. También se le dijo que podría pasar la diapositiva por medio de un mando y el tiempo que la diapositiva no estuviera presente, no recibiría la descarga (o terminaría con ella si ya hubiese empezado). Sin embargo, se recalcó que la diapositiva debería permanecer en la pantalla tanto tiempo como el paciente la encontrase sexualmente atractiva.

Cuando se presentó la primera diapositiva, si el paciente la pasaba antes de ocho segundos, no se producía la descarga. Si pasaba de ese tiempo, entonces se le daba una descarga eléctrica. Si el paciente no hacía que finalizase ésta, aumentaba la intensidad de la misma hasta que el paciente terminaba con ella (cosa que raramente ocurría). En las primeras presentaciones de las diapositivas se produjeron respuestas de escape, pero poco a poco se fueron dando más respuestas de evitación. Posteriormente, se le presentaba una diapositiva de una mujer inmediatamente después de pasar una diapositiva de un hombre (esto se hizo bajo un programa intermitente, con el fin de que se diese una mayor generalización).

Los resultados de este estudio mostraron que el procedimiento tenía éxito con algunos pacientes (probablemente, según los autores del estudio, homosexuales secundarios, es decir, sujetos que tenían cierto interés o alguna habilidad heterosexuales) y no con otros (probablemente homosexuales primarios, es decir, sujetos que no tenían interés o ni habilidades heterosexuales). Masters y cols. (1987) señalan que la adquisición de habilidades para interacciones sociales y sexuales apropiadas con el sexo opuesto, hubiera aumentado el éxito de la terapia y podría haber desaparecido la distinción entre homosexuales primarios y secundarios.

V.1.1.2. *Aversión olfativa*

La utilización de olores desagradables en la terapia aversiva se basa en la ya expuesta línea de razonamiento que espera que las cualidades atractivas-apetitivas de los estímulos condicionados se vean sustituidas o reducidas, con el paso del tiempo por, o mediante, la repugnancia provocada por aquéllos. Son varios los autores que han especulado con que tales olores podrían ser estímulos incondicionados especialmente eficaces en la terapia aversiva de la obesidad (Lublin, 1969; Lazarus, 1968, 1971; Rachman y Teasdale, 1969). La lógica de sus razonamientos estriba en que este tipo de conductas apetitivas, que se encuentra parcialmente bajo el control de señales olfativas y gustativas, deberían ser contrarrestadas a través de las mismas modalidades sensoriales. A pesar de lo lógico de este razonamiento, en la práctica son muy pocos los ejemplos que han utilizado los olores en el tratamiento de la obesidad. Frothwith y Foreyt (1978) describen un programa de tratamiento aversivo para la obesidad, empleando estímulos olfativos como estímulos incondicionados. El procedimiento empleado por dichos autores es el siguiente:

El experimentador instruye a los sujetos para que miren a los alimentos objetivo y se imaginen a sí mismos comiéndolos e inhalando profundamente su olor y aroma en ese momento. En los últimos ensayos de cada sesión se pide a los sujetos que prueben cada uno de los alimentos. Tan pronto como el sujeto espira, tras haber olido el aroma de sus alimentos favoritos, se pone en funcionamiento un aparato que, a través de una máscara acoplada a la cara del sujeto, produce toda una serie de olores desagradables. Para este tipo de tratamiento, los autores utilizaron un aparato especialmente diseñado para el mismo (Foreyt y Kennedy, 1971), y los olores utilizados fueron seleccionados entre varios productos químicos malolientes, cuya composición química, toxicidad y valor aversivo de cada uno de ellos se ha descrito (Merck, 1968). Este tratamiento se realizaba generalmente en grupos pequeños de 2 a 5 personas que se sentaban en una mesa rectangular en la cual se colocan los alimentos meta, entre los cuales se incluían bebidas, cervezas, patatas fritas, y cualquier otro alimento sugerido por el sujeto, todos ellos con un alto contenido calórico. Estos alimentos se utilizaban hasta que el sujeto informaba de una pérdida de deseo de consumirlos o hasta que se hacía evidente que el procedimiento no era efectivo con un tipo de alimento concreto. A lo largo del tratamiento, la mayoría de los sujetos fueron condicionados a cinco o seis tipos de alimentos diferentes. El procedimiento aversivo en las sesiones se continuaba hasta que cada uno de los sujetos había recibido al menos 15 ensayos. Cada una de las sesiones duraba de 10 a 15 minutos. Algunos de los sujetos que no pudieron tolerar la totalidad de los ensayos programados para una sesión, por culpa del mal olor, se les excusaba de algunos ensayos.

Antes de ser expuestos a este tipo de tratamiento aversivo, se explicaba detalladamente a cada uno de los sujetos la lógica por la cual se llevaba a cabo tal tipo de intervención. Así, se les decía: «*Tu comer excesivo es un hábito aprendido que se desarrolla por medio de la asociación de la ingestión de alimentos con sensaciones placenteras. La forma de romper este hábito, de desaprenderlo, consiste en sustituir las sensaciones agradables por sensaciones desagradables. La experiencia nos indica que no hay nada que haga que la gente rechace más un alimento que los malos olores. Por ejemplo, ninguno de vosotros se atrevería a comer carne putrefacta, fruta en mal estado, o leche ácida. Nosotros hemos preparado una serie de malos olores y vamos a asociarlos con las comidas favoritas que os causan problemas. La experiencia nos ha demostrado que esta técnica ha sido muy eficaz para otras personas y confiamos que sea eficaz para vosotros también*».

Maletsky (1980) describe un procedimiento semejante, en el que utilizaba malos olores como complemento de un proceso de *sensibilización encubierta* en el tratamiento de diversas parafilias (paidofilias, exhibicionismo, etc.), concluyendo que el procedimiento es igualmente eficaz tanto en sujetos que se prestan al tratamiento voluntariamente como en aquellos cuyo tratamiento viene «forzado» por el juez o la prisión.

V.1.1.3 *Aversión gustativa*

Como ejemplo de programas que han utilizado el sentido del gusto, aunque no solamente es este sentido el implicado, describiremos los programas de fumar rápido utilizados en el tratamiento del tabaquismo.

Hall y sus colaboradores (1979) no sólo describen la efectividad de este procedimiento terapéutico sino que, además, analizan detenidamente los riesgos médicos de tal procedimiento. Este consiste en hacer que el sujeto inhale el humo de un pitillo cada seis segundos, hasta que sienta que es incapaz de continuar. Se avisa a cada persona que deje de fumar antes del momento en que crea que puede llegar a perder la conciencia o a vomitar. Una vez que no tolera continuar fumando, se permite un descanso de aproximadamente cinco minutos, durante el cual se evalúa el grado de aversión provocado por el procedimiento, en una escala tipo Likert de siete puntos, para seguidamente reanudar el fumar rápido.

Esta secuencia de fumar rápido-descanso-fumar rápido, se continúa hasta que el sujeto es incapaz de dar una chupada más o hasta que ha completado por lo menos dos ensayos. Hall, Sachs y Hall (1979) evaluaron las siguientes variables: a) tasa cardíaca, b) tasa respiratoria, c) presión arterial, (d) EKG y f) análisis de sangre, para concluir que el procedimiento no sólo es eficaz sino que es médicamente inocuo en pacientes sanos que no pertenecen a ninguno de los grupos de riesgo. Nosotros mismos (Cáceres, 1979) hemos empleado procedimientos semejantes con sujetos que sufrían este mismo tipo de problemas.

Walker y Francini (1985) apuntan, por su parte, que muchos de los fumadores pertenecen a categorías de alto riesgo y, consecuentemente, serían los que más necesitarían dejar de fumar. Es una lástima que este tipo de sujetos no pueda beneficiarse de técnicas cuya efectividad está bien probada. Por ello se intentan desarrollar alternativas que impliquen un mínimo riesgo para aquellos sujetos de alto riesgo. Así, comparan la eficacia de dos procedimientos denominados «saciación del gusto» (desarrollado por Tori, 1978) y la «focalización al fumar».

El procedimiento empleado en la *saciación del gusto* es el siguiente:

Tras pedir a los pacientes que se abstengan de fumar durante las ocho horas anteriores a cada sesión, en la misma se les pide que se sienten en una sala vacía, de frente a una pared en blanco. Tras un período de relajación con los ojos cerrados y de concentración en las sensaciones de los pulmones, garganta y boca, se pide a los sujetos que enciendan un cigarrillo de su marca favorita y que retengan en la boca una chupada durante 30 segundos. Mientras tanto, se les pide que respiren de manera normal por la nariz y que focalicen su atención en las sensaciones desagradables evocadas por el humo, a saber, sensaciones de quemazón en la boca y en la garganta, sensación de náusea, cansancio, dificultad para respirar, etc

Tras exhalar el humo a través de la boca, se les pide que lleven a cabo la ronda de nuevo utilizando inhalación pulmonar. En esta segunda secuencia, tras haber mantenido el humo durante 20 segundos en la boca, se les pide que inhalen hacia los pulmones y que se concentren en las sensaciones, terminando por echar el humo por la nariz.

Ambas secuencias se alternan, de tal manera que las inhalaciones pulmonares se limiten a cinco por cada pitillo, seguidas por un período de descanso de cinco minutos tras cada cigarrillo. Se continúa la sesión hasta que el sujeto haya fumado unos cinco pitillos.

Estos procedimientos se suelen desarrollar en grupo. Después de cinco minutos de saciación del gusto, se sustituye por el fumar focalizado, en el que se pide al sujeto que fume según su forma habitual, mientras focaliza su atención en las mismas sensaciones que se le sugirieron y que él descubrió durante el procedimiento de saciación del gusto. De nuevo se restringe la inhalación pulmonar a cinco veces por cigarrillo fumado.

Los autores concluyen que ambos procedimientos son eficaces y fisiológicamente inocuos, aunque los sujetos valoran el procedimiento de saciación del gusto dos veces más aversivo que el fumar focalizado.

Otro ejemplo de aversión gustativa lo constituye un estudio de Cáceres (1983), en el que se utilizó como elemento inhibidor gotas de jugo de limón concentrado, administradas por la familia, el terapeuta y los profesores, para el tratamiento de problemas de masturbación infantil compulsiva en sitios públicos.

V.1.1.4. *Bloqueo facial* (facial screening)

Este procedimiento, que implica colocar una cubierta de paño sobre la cara del sujeto, durante un período breve de tiempo, contingente con la ocurrencia del comportamiento a eliminar, no es doloroso y puede ser administrado con facilidad por personas allegadas al paciente.

Barmann y Vitali (1982) utilizaron este procedimiento para eliminar problemas de tricotilomanía (arrancarse el pelo) en sujetos disminuidos. El tratamiento se llevaba a cabo de la siguiente manera: El terapeuta, o persona implicada, se colocaba detrás del sujeto y realiza el bloqueo facial contingentemente con la aparición de cada una de las conductas de arrancarse el pelo. Dicha persona, además, verbalizaba la orden «¡NO,... (Nombre del niño)... las manos quietas!» dejando que la cubierta facial se deslizase encima de la cabeza del niño durante cinco segundos, de tal forma que éste pudiera seguir respirando de una manera normal y cómoda. Aplicado este procedimiento en la situación de consulta, los terapeutas entrenaron a los padres, o a los cuidadores, de los diversos sujetos tratados, por medio del modelado y la observación en la ejecución del procedimiento. Después de este entrenamiento, el resto de las sesiones fueron administradas por los cuidadores... en el ambiente natural.

Barmann y Vitali (1982) sugieren que la eficacia de este tipo de procedimiento podría deberse, por una parte, al efecto del *castigo* y, por la otra, a lo que ellos llaman *extinción sensorial* (Reincover, 1979), dado que a los niños de este estudio les gustaba, tras arrancarse el pelo, mirarlo y jugar con él. El procedimiento de bloqueo facial puede haber actuado retirando esos refuerzos sensoriales, contribuyendo, así, a la extinción de los tirones de pelo.

Al revisar los datos obtenidos por ellos insisten en que la curva de desaparición del comportamiento meta posee más las características de un proceso de extinción, ya que se produce un cambio gradual, y no tanto un cambio abrupto típico de los procedimientos basados en castigo.

Este procedimiento ha sido utilizado también para reducir los comportamientos autopunitivos en sujetos mentalmente retrasados, de 20 años (Lutzker, 1978) y para suprimir un comportamiento sexual inadecuado, en un chico retrasado de 14 años (Barman y Murray, 1981).

V.1.1.5. *Aversión química*

En los procedimientos que utilizan aversión química se espera que la administración de un determinado producto químico produzca un estado aversivo o desagradable que coincida o pueda emparejarse con los estímulos o las conductas problema. Las drogas que se utilizan más habitualmente son los *eméticos* [2], especialmente la apomorfina y la emetina. Masters y cols. (1987) señalan que, en ocasiones y disponiendo del equipo de respiración apropiado, se pueden utilizar *drogas paralizantes* (bloqueantes neuromusculares, tipo curare) de efecto breve, que provocan una incapacidad temporal para respirar —una condición que es extremadamente aversiva.

El control aversivo por medio de drogas se ha utilizado más frecuentemente en el caso del alcoholismo. En un programa típico de tratamiento, se

[2] Sustancias que producen náuseas y vómitos. *[Nota del compilador.]*

le proporciona, en primer lugar, al paciente una descripción verbal de los procedimientos de tratamiento. A menudo, se le dice al paciente que beba sólo líquidos el día de tratamiento. También se le puede dar una droga estimulante, como la bencedrina, con la intención de facilitar el proceso de condicionamiento y eliminar cualquier efecto hipnótico de la droga emética (en el caso que se use apomorfina). Puesto que hay muchos aspectos de la presentación del alcohol (olor, color, sabor), el tratamiento normalmente tiene lugar en una habitación oscura, insonorizada, donde el paciente se enfrenta a una serie de bebidas alcohólicas, que aparecen iluminadas con el fin de que concentre su atención en ellas. Después de que se le administra el fármaco emético y cuando el paciente empieza a sentir náuseas, se le da para que la tome una bebida alcohólica. El paciente tiene que oler, saborear, darle vueltas en la boca y luego tragarse cada bebida alcohólica que se le presente. Una vez que se traga el licor, tendrá lugar el vómito (Master y cols., 1987).

Nosotros mismos (Cáceres, 1978) hemos tratado el alcoholismo mediante Antabuse *(Disulfurán)*. Tras conseguir un nivel de concentración de Disulfurán en la sangre del paciente y explicarle el procedimiento, para reforzar la imagen aversiva de este producto, realizamos, de manera controlada en la situación clínica, una prueba de sus efectos aversivos al producirse la ingestión de alcohol. Para ello dábamos dosis controladas de whisky al sujeto, mientras se hallaba bajo cuidado médico en una situación de relax, y se le estimulaba a analizar las reacciones fisiológicas aversivas que iban apareciendo gradualmente (taquicardia, enrojecimiento general, dificultad en la respiración, caída de la tensión arterial, mareos, etc.). Esta reacción era abortada mediante los medios farmacológicos pertinentes si alcanzaba un determinado nivel de gravedad.

Estudios clásicos que han utilizado este tipo de procedimientos aversivos en el tratamiento del alcoholismo son los de Lemere, Voegtlin y colaboradores (Lemere y Voegtlin, 1940, Voegtlin, 1940; Voegtlin, Lemere, Broz y O'Hallaren, 1941, 1942)

V.1.2. Estímulos condicionados

Hemos de prestar atención a la elección de los estímulos o eslabones comportamentales desviados que hayan de servirnos como estímulos condicionados y a la forma en que hayamos de presentarlos. Para ello es importante determinar previamente, y a veces no es tarea fácil, cuál de los elementos componentes de la constelación estimular sirve para desencadenar con más fuerza el comportamiento no deseado.

En el caso de las parafilias, varios autores han desarrollado procedimientos loables por su capacidad de objetivar esta búsqueda (Quinsey, Chaplin y Carrigan, 1979).

Nosotros mismos (Cáceres, 1990) hemos desarrollado toda una filmoteca-audioteca para, mediante la utilización de registros fisiológicos, formalizar nuestra decisión. Estos métodos son lo suficientemente flexibles como para llevarnos, a veces, a diseñar la estimulación de manera ajustada al caso concreto.

Si no somos capaces de aislar constelaciones concretas o eslabones específicos, es recomendable utilizar un amplia gama de estímulos o de pasos comportamentales que definan la conducta desviada, cuidando que tal elección evite provocar una inhibición generalizada a estímulos que no deseamos (p.ej., en el caso del tratamiento de parafilias, hemos de evitar que comportamientos socialmente adecuados se vean involuntariamente investidos de una capacidad inhibitoria).

Hemos de cuidar también, cuando los estímulos estén bien aislados, si han de ser componentes visuales, olfativos, gustativos, los que hayan de manejarse, o bien una combinación de todos ellos. En este proceso de decisión también pueden ayudarnos los métodos psicofisiológicos (Aranegui y cols., 1989).

V.2. *Diferencias según la forma de presentación de los estímulos*

Otro de los aspectos sobre los cuales pueden variarse los diversos métodos estriba en la forma en que se presentan, tanto los estímulos condicionados como los incondicionados. Esta modalidad de presentación puede ser real, («en vivo»), encubierta-imaginada, o encubierta e imaginada complementada con algún tipo de apoyo.

V.2.1. Real

Todos los estudios citados anteriormente constituyen buenos ejemplos de la presentación real tanto de los estímulos condicionados como de los incondicionados. Otro método no descrito hasta el presente, en el que la presentación de los estímulos es real, es el que se ha dado en llamar «Aversión de Vergüenza». Este procedimiento consiste en que el sujeto, al que su comportamiento desviado, a eliminar, le produce vergüenza (en un estado de activación diferente al que ocurre generalmente), se enfrente de manera controlada a dicha situación. Nosotros hemos utilizado este tipo de aversión en algunos casos de exhibicionismo, mediante la videograbación del comportamiento exhibicionista provocado por nosotros en situaciones controladas (Cáceres, 1988).

V.2.2. Imaginada o encubierta

Para obviar algunas de las dificultades que se derivan de la aplicación de las técnicas aversivas en la realidad, y con ánimo de optimizar algunas de las posibles ventajas de este tipo de procedimientos (p.ej., puesta en práctica en la vida real del sujeto, relevancia de los estímulos condicionados-incondicionados, etc.) por una parte, y por la otra, basándose en algunas de las explicaciones que se hacen a la hora de explicar el funcionamiento de la terapia aversiva (véase lo que ya hemos señalado en el apartado «ensayos cognitivos»), varios autores han propuesto la aplicación de estos procedimientos a través de medios encubiertos o de la imaginación.

Las bases teóricas y la descripción de este tipo de procedimientos han sido ampliamente descritas y elaboradas por Cautela (1967) quien, además, ha descrito su adaptación al tratamiento del alcoholismo (Cautela, 1970) y a la conducta de fumar en exceso (Cautela, 1970b). Pero dicho tipo de procedimientos ha sido también ampliamente utilizado en tratamientos destinados a reorientar el impulso sexual. Por ejemplo, entre nosotros, Costa (1981) lo utilizó entre otro tipo de componentes terapéuticos y pretendía con él potenciar la capacidad del paciente para asociar imágenes relativas a su comportamiento sexual desviado con imágenes aversivas realistas. Las instrucciones para dirigir la imaginación eran las siguientes: «Imagínate que estás en la cama con un chico y eres sorprendido de forma imprevista por X (la chica que te gusta y que temes descubra tu comportamiento homosexual), quien al verte en tal posición sale horrorizada dando gritos. A causa de estos gritos llegan otros vecinos y todos se ven sorprendidos ante el espectáculo que presencian. Hay risas, verbalizaciones jocosas y de repugnancia, llanto de la chica...».

Cautela (1967) sugiere que al final de la presentación ha de enfatizarse una escena de escape. Por ejemplo, en el caso anterior podría haber sido: «decides no tener relación sexual con ese chico, te vas y te encuentras muy a gusto contigo mismo».

V.2.3. Encubierta, complementada

A veces la presentación de los estímulos, tanto condicionados como incondicionados, se hace de manera encubierta, pero esta presentación se refuerza con algún tipo de estímulo externo real. Maletzky (1980), por ejemplo, utilizó procedimientos de sensibilización encubierta apoyados con malos olores producidos por tejido putrefacto. A la hora de planificar este tipo de apoyos, quizá convenga también tener en cuenta los resultados obtenidos por nosotros (Aranegui y cols., 1989), en el sentido de que, al menos en lo que a estímulos fóbicos y sexuales se refiere, la estimulación visual dinámica, la auditiva, y la visual estática, por este orden, parecen ser los más eficaces a la hora de producir activación fisiológica.

V.3. *Diferencias basadas en el paradigma utilizado*

Otra fuente de discrepancia sobre los diversos procedimientos aversivos reside en el paradigma teórico asumido para el desarrollo de tratamiento. Así, aun cuando en las técnicas desarrolladas en la actualidad se tienda a combinar toda una serie de procedimientos, ha habido autores que han cuidado que los procedimientos por ellos utilizados se ajustasen el máximo posible a un modelo dado, ya fuese condicionamiento clásico, operante o cualquier otro paradigma de los antes expuestos.

De los resultados que se han obtenido se puede concluir que: 1) No siempre, por ajustarse más a un modelo determinado, los resultados son mejores, y 2) no porque los estímulos aversivos sean intensos (Sandler, 1986) los resultados mejoran. Pohl, Revusky y Mellor (1980) sugieren incluso que algunos de los resultados de sus estudios realizados con animales, indican que la intensidad de los estímulos aversivos empleados a veces son innecesariamente aversivos.

VI. APLICACIONES

Al ir revisando los diversos procedimientos utilizados en la terapia aversiva ya nos hemos ido refiriendo a las diversas áreas a las que, con mejor o peor fortuna, se han venido aplicando. De hecho, pocos han sido los comportamientos problema, por exceso, que no hayan sido sometidos, en alguna ocasión a procedimientos aversivos.

Algunos de los problemas en los que se ha aplicado la terapia aversiva han sido: alcoholismo (Wiens y Menustik, 1983; Wilson, 1987), juego compulsivo (Goorney, 1968), obesidad (Forthwirth y Foreyt, 1978), tabaquismo (Hall, Sacks y Hall, 1979; Cáceres, 1979), comportamientos agresivos (Foxx, Plaska y Bittle, 1986), homosexualidad (Maletzsky, 1973), parafilias (Maletzsky, 1980; Hayes, Brownell y Barlow, 1978), tricotilomanía (Barmann y Vitali, 1982), rumiaciones obsesivas (Emmelkamp y Walta, 1978), conducta autodestructiva (Lutzker, 1978) y berrinches infantiles (Rolider y Van Houten, 1985).

VII. CONCLUSIONES

Hemos de señalar, para concluir, que con la terapia aversiva parece haber ocurrido lo mismo que con otras técnicas terapéuticas: tras un período de popularidad exagerada y utilización indiscriminada, se da pie a otro período más crítico, depurador y analítico. La diferencia, sin embargo, estriba en que, quizás por las razones reseñadas en nuestra introducción, tal período analítico-depurador no se está realizando con la seriedad que se debiera y corremos el riesgo de, como señala un refrán británico, «tirar al bebé con el agua sucia donde le acabamos de bañar». Es decir, desechar el potencial positivo que pudiera existir, de manera indiscriminada.

Existen sobradas pruebas de que el mecanismo aversivo se produce en situaciones naturales (García, Kimeldorf y Koelling, 1955; García y Koelling, 1966; Olafsdottir, Sjödén y Westling, 1986) y de que tal mecanismo puede ser eficaz en el tratamiento de problemas concretos, pero siguen pendientes de contestación las preguntas básicas: ¿Qué tipo de sujetos pueden beneficiarse de ellos, en qué situaciones problema, con qué clase de estímulos aversivos, en qué circunstancias, bajo qué paradigmas, complementados con qué otras técnicas terapéuticas?

VIII. LECTURAS PARA PROFUNDIZAR

Cáceres, J., «Técnicas aversivas», en J. Mayor y F. Labrador (comps.), *Manual de modificación de conducta,* Madrid, Alhambra, 1984.

Masters, J. C., Burish, T. G., Hollon, S. D. y Rimm, D. C., *Behavior therapy: techniques and empirical findings* (3ª ed.), San Diego, Calif., Harcourt Brace Jovanovich, 1987.

Rachman, S., y Teasdale, J., *Aversion therapy and behaviour disorders: an analysis,* Coral Gables, Fl., University of Miami Press, 1969.

Sandler, J., «Aversion methods», en F. H. Kanfer y A. P. Goldstein (comps.), *Helping people change* (3ª ed.), Nueva York, Pergamon Press, 1986. (Hay traducción castellana de la 2ª edición [1980]: *Cómo ayudar al cambio en psicoterapia,* Bilbao, Desclée de Brouwer, 1988).

Walker, C. E., Hedberg, A. G., Clement, P. W. y Wright, L., *Clinical procedures for behavior therapy,* Englewood Cliffs, N.J., Prentice-Hall, 1981.

Walters, G. C. y Grusec, J. E., *Punishment,* San Francisco, Freeman, 1977.

Wilson, G. T., «Chemical aversion conditioning as a treatment for alcoholism: a re-analysis», *Behaviour Research and Therapy,* 25, 1987, pp. 503-516.

CUARTA PARTE

TÉCNICAS BASADAS PRINCIPALMENTE EN EL CONDICIONAMIENTO OPERANTE

14. MÉTODOS OPERANTES

JOSEPH J. PEAR

I. HISTORIA

En cierto sentido, los métodos operantes han existido a lo largo de toda la historia y probablemente se retrotraigan a épocas prehistóricas, cuando los humanos se dieron cuenta, por primera vez, que podían controlar la conducta de los demás por medio de la recompensa y el castigo. Sin embargo, el estudio científico de los efectos de la recompensa y el castigo se dice, generalmente, que empezó con el trabajo de Edward L. Thorndike (1898) sobre el aprendizaje animal. Su conjunto más famoso de experimentos implicaba el colocar un gato hambriento en una jaula de la que podía escapar tirando de una cuerda que abría la puerta. Cuando el gato escapaba de la jaula, obtenía como recompensa un trozo de pescado que se encontraba fuera de la jaula. Como resultado de sus estudios, Thorndike formuló lo que él llamó la *Ley del Efecto.* Esta ley tenía dos partes: 1) si un estímulo es seguido por una respuesta y luego por un *acontecimiento satisfactorio (o estado de satisfacción),* se fortalecerá la conexión estímulo-respuesta; 2) si un estímulo es seguido por una respuesta y luego por un *acontecimiento desagradable (o estado de desagrado),* se debilitará la conexión estímulo-respuesta. Thorndike definió los estados de satisfacción y de desagrado como sigue:

> *Por un estado de satisfacción quiero decir aquél en el que el animal no hace nada por evitarlo, haciendo a menudo cosas para mantenerlo o renovarlo. Por un estado de desagrado quiero decir aquél en el que el animal no hace nada para mantenerlo, haciendo a menudo cosas para terminar con él* (Thorndike, 1913, p. 2).

Thorndike estaba interesado también en la educación y llevó a cabo estudios con humanos, en un intento de determinar cómo podía aplicarse la ley del efecto para mejorar el sistema educativo. Como resultado de estos estudios, llegó a la conclusión de que los acontecimientos desagradables no debilitan directamente la conexión entre un estímulo y una respuesta; por el

Universidad de Manitoba (Canadá)

contrario, hacen que la respuesta se vuelva más variable, lo que da a la nueva respuesta una oportunidad de ser recompensada (Thorndike, 1913).

La influencia de Thorndike fue eclipsada por la de John B. Watson, el fundador de la escuela de psicología conocida como *conductismo.* Watson (1913, 1916, 1925) eliminó todas las referencias a la mente (p.ej., «conciencia», «imágenes mentales») y a los estados subjetivos (p.ej., «satisfacción») de su enfoque de la psicología. Todos los acontecimientos que supuestamente tienen lugar en la mente se interpretaban en términos de la conducta que puede medirse. Por ejemplo, el pensar en silencio es habla subvocal, que puede medirse (en principio) colocando sensores eléctricos en la lengua, cuerdas vocales y otras partes del aparato vocal. El aprendizaje no tiene lugar como un resultado de ideas que se asocian en la mente, sino que es un cambio en la conducta. Dándose cuenta de que toda ciencia necesita unidades, Watson escogió el *reflejo condicionado,* que había sido estudiado por el fisiólogo Pavlov (1927), como la unidad de la conducta aprendida. Según Watson, todo aprendizaje podría explicarse por los principios del condicionamiento estudiados y definidos por Pavlov. En apoyo de esta posición, Watson proporcionó elaboradas explicaciones sobre cómo el resolver un problema para obtener una recompensa (como hicieron los gatos en la jaula de Thorndike) puede verse como secuencias complejas de reflejos condicionados. Sin embargo, estas explicaciones no fueron nunca totalmente satisfactorias.

B. F. Skinner (1935) fue uno de los primeros que distinguió un tipo de condicionamiento basado en la recompensa. Inicialmente se refirió al condicionamiento pavloviano simple como *condicionamiento de Tipo I* y al tipo de condicionamiento recientemente reconocido como *condicionamiento de Tipo II.* Más tarde, empleó los términos *condicionamiento respondiente* y *condicionamiento operante,* para referirse, respectivamente, a aquellos dos tipos de condicionamiento (Skinner, 1938). Poco después de que Skinner hiciera esta distinción, Hilgard y Marquis (1940) escribieron un texto de aprendizaje en el que hicieron una distinción similar entre lo que ellos denominaron *condicionamiento clásico* y *condicionamiento instrumental,* que a veces se usan como sinónimos al condicionamiento respondiente y operante, respectivamente. Sin embargo, Skinner se diferenciaba de la mayoría de los teóricos del aprendizaje al afirmar que el condicionamiento operante es el más importante como objeto de estudio por los psicólogos, ya que la mayoría de nuestra conducta social (p.ej., el habla) es operante. Aunque similar en muchos aspectos a Thorndike, Skinner parece haber sido más influido por Watson. Al igual que éste, Skinner subrayó la importancia de utilizar terminología conductual al hablar sobre aprendizaje. Al igual que Watson, Skinner subrayó la importancia de las unidades conductuales. La unidad de conducta que introdujo Skinner es la *operante,* que se define como una respuesta que es fortalecida o mantenida por sus consecuencias. Al igual que Watson, Skinner siguió a Pavlov al utilizar la terminología estímulo-respuesta de la fisiología; sin embargo, modificó el significado de esos términos con respecto al condicionamiento operante. En el condicionamiento operante, no se considera que la respuesta sea provocada por un estímulo, sino que se dice que es emitida. Una operante puede colocarse bajo el control de un estímulo, pero no en la relación una-uno que implican las denominadas teorías estímulo-respuesta de la conducta. De este modo, Skinner no es un teórico del estímulo-respuesta, aunque a veces se le pone esa etiqueta.

Skinner ha estado muy interesado en las aplicaciones prácticas de sus teorías y descubrimientos. Una de sus primeras aplicaciones fue en el campo de la educación (Skinner, 1954, 1958, 1961), donde desarrolló máquinas de enseñar y la instrucción programada. Además, él y sus estudiantes hicieron investigaciones con pacientes psicóticos y, aunque esta investigación era de naturaleza básica, emplearon el término *terapia de conducta* para describirla y, de esta manera, fueron los primeros que, probablemente, emplearon ese término (Lindsley, Skinner y Solomon, 1953). Sin embargo, quizás la mayor influencia de Skinner sobre los métodos operantes aplicados han sido sus escritos teóricos en los que especulaba sobre cómo se puede aplicar su enfoque a áreas tan diversas como la educación, el gobierno y la terapia (Skinner, 1953).

Una de las primeras aplicaciones de los métodos operantes, recogida en la literatura sobre el tema, fue la llevada a cabo por Fuller (1949), que utilizó el reforzamiento para aumentar la conducta de levantar el brazo en un individuo deficiente con muchas minusvalías. El número de estudios sobre la aplicación de los métodos operantes creció gradualmente a lo largo de los años cincuenta y sesenta. Algunos de los estudios más influyentes de estas décadas fueron los de Flanagan, Goldiamond y Azrin (1958), que emplearon métodos operantes para disminuir la tartamudez; Ayllon y Michael (1959), Isaacs, Thomas y Goldiamond (1960) y Ayllon y Azrin (1965, 1968) que utilizaron métodos operantes para controlar y modificar la conducta anormal en pacientes psicóticos; Wolf, Risley y Mees (1964) y Lovaas (1966), que usaron métodos operantes para desarrollar el habla en niños autistas; Birnbrauer, Bijou, Wolf y Kiddeer (1965), que emplearon métodos operantes para desarrollar habilidades académicas en niños deficientes; Patterson (1965) que utilizó métodos operantes para reducir la hiperactividad; Schwitzgebel (1964), que usó métodos operantes con delincuentes juveniles; y Keller (1968), que aplicó métodos operantes a la educación superior. Desde los años sesenta, ha habido numerosos estudios sobre el empleo de los métodos operantes y se han aplicado a, prácticamente, todas las áreas de la psicología.

La investigación básica y aplicada sobre el condicionamiento operante sigue siendo de un creciente interés. En 1958, la *Society for the Experimental Analysis of Behavior* [Sociedad para el Análisis Experimental de la Conducta] fundó la *Journal of the Experimental Analysis of Behavior, JEAB,* [Revista del Análisis Experimental de la Conducta], dedicada principalmente a la investigación que seguía el enfoque iniciado por Skinner. Aunque la mayoría de sus artículos son informes de investigaciones operantes básicas, la *JEAB* publicó algunos de los primeros estudios operantes aplicados. Sin embargo, en 1968, debido al aumento de estudios operantes aplicados, la Society for the Experimental Analysis of Behavior fundó una nueva revista para recogerlos, la *Journal of Applied Behavior Analysis, JABA* [Revista del Análisis de Conducta Aplicado]. Hoy día, la *JEAB* y la *JABA* son las principales revistas para la publicación de estudios básicos y aplicados, respectivamente, sobre la conducta operante.

II. DEFINICIONES Y DESCRIPCION

Las definiciones precisas son muy importantes para la mayoría de los especialistas en métodos operantes. Todos los conceptos tienen que definirse en términos de acontecimientos conductuales y ambientales que puedan ser medidos. Los conceptos operantes claves son los siguientes:

Condicionamiento operante: consiste en un aumento en la probabilidad de la respuesta al ser seguida por un reforzador, siendo distinto al condicionamiento respondiente o pavloviano, que consiste en aumentar la probabilidad de que un determinado estímulo provoque una respuesta al emparejar ese estímulo con uno que ya provoca esa respuesta. Las respuestas que pueden aumentarse al ser seguidas por un reforzador se denominan *operantes* o *respuestas operantes.* Se dice que las respuestas operantes son emitidas por el individuo, en vez de ser provocadas por un estímulo (como en el caso de las respuestas pavlovianas).

Reforzador: cualquier estímulo que aumente la probabilidad de una respuesta a la que sigue temporalmente. No está especificado el tiempo que tiene que tardar el reforzador en seguir a la respuesta con el fin de aumentar su probabilidad de ocurrencia; sin embargo, normalmente se supone que la efectividad de un reforzador decae rápidamente conforme aumenta el tiempo que transcurre entre la respuesta y el reforzador. Hay dos clases de reforzadores: positivos y negativos. Un *reforzador positivo* es cualquier estímulo cuya presentación después de una respuesta aumenta la probabilidad de esa respuesta, mientras que un *reforzador negativo* es cualquier estímulo cuya eliminación después de una respuesta aumenta la probabilidad de esa respuesta. Una respuesta que ha sido reforzada por un reforzador negativo se denomina a menudo *respuesta de escape*, porque proporciona un escape del reforzador negativo. Los reforzadores positivos y negativos corresponden, toscamente, a los acontecimientos satisfactorios o desagradables propuestos por Thorndike; sin embargo, no se emplean los términos de Thorndike debido a sus connotaciones subjetivas.

Estímulo punitivo: cualquier estímulo que disminuya la probabilidad de una respuesta operante a la que sigue. Un estímulo que puede servir como estímulo punitivo puede servir también como reforzador negativo —empleándose uno u otro término («reforzador negativo» o «estímulo punitivo») dependiendo de si el contexto consiste en aumentar o disminuir la probabilidad de una respuesta. El término *estímulo aversivo* se utiliza, a veces, para referirse a un reforzador negativo o a un estímulo punitivo.

Reforzamiento: consiste en presentar un reforzador positivo o eliminar un reforzador negativo, inmediatamente después de una respuesta. Se dice que la respuesta ha sido *reforzada.*

Castigo: consiste en presentar un estímulo aversivo o eliminar un reforzador positivo inmediatamente después de una respuesta. Se dice que la respuesta ha sido *castigada.*

Extinción operante: consiste en disminuir la probabilidad de una respuesta reforzada dejándola de reforzar.

Extinción del castigo: consiste en la recuperación de una respuesta que había disminuido por el castigo, debido a que la respuesta deja de ser castigada.

Estímulo discriminativo: consiste en un estímulo que está correlacionado con la probabilidad de que sea reforzada una respuesta. Hay dos tipos de estímulos discriminativos: E^Ds y E^Δs. Un E^D es un estímulo en cuya presencia se refuerza una respuesta; un E^Δ es un estímulo en cuya presencia nunca se refuerza una respuesta.

Control del estímulo: consiste en la mayor probabilidad de ocurrencia de una respuesta operante en presencia de un E^D que en presencia de un E^Δ. Se dice que una respuesta bajo el control del estímulo *se emite en presencia de* o *es evocada* por el E^D, en cuanto opuesto a las respuestas condicionadas pavlovianas, que se dice que son provocadas por sus estímulos condicionados respectivos.

Generalización del estímulo: consiste en la tendencia de una respuesta, que ha sido reforzada en presencia de un estímulo, a ocurrir en la presencia de otro estímulo en función de la similitud física entre los dos estímulos. Se dice que la respuesta se ha *generalizado* del primer estímulo al último. Lo opuesto de la generalización del estímulo (es decir, la tendencia de una respuesta a no ocurrir en presencia de un estímulo diferente de aquél en cuya presencia ha sido reforzada) se denomina *discriminación del estímulo;* por eso, el establecer el control del estímulo sobre una respuesta se denomina a veces *entrenamiento en discriminación del estímulo.*

Generalización de la respuesta: consiste en la tendencia a que ocurra una respuesta que nunca ha sido reforzada debido a su similitud con otra respuesta que ha sido reforzada. Se dice que la primera respuesta se ha generalizado a partir de la última. Lo opuesto a la generalización de la respuesta (es decir, la tendencia a que no ocurra una respuesta debido a que es diferente de una respuesta reforzada) se denomina *discriminación de la respuesta.*

Reforzador primario: consiste en un estímulo que es reforzante a causa de la composición genética del organismo. Ejemplos de reforzadores primarios son la comida, el agua y el sexo.

Reforzador condicionado: es aquel estímulo que inicialmente no es un reforzador, pero que se convierte en uno como resultado de emparejarse con un reforzador primario o con otro reforzador condicionado. La alabanza y el dinero son ejemplos comunes de reforzadores condicionados. Cualquier E^D es un reforzador condicionado porque, por definición, se empareja con un reforzador.

Extinción de un reforzador condicionado: consiste en disminuir el poder reforzante de un reforzador condicionado, al presentarlo sin emparejar con un reforzador primario o con un reforzador condicionado más potente.

Estímulo condicionado aversivo: es aquel estímulo que inicialmente no es un estímulo aversivo (es decir, un reforzador negativo o un estímulo punitivo), pero que se convierte en uno como resultado de ser emparejado con un estímulo aversivo. Las respuestas que han sido reforzadas por la retirada de un estímulo condicionado aversivo se denominan *respuestas de evitación,* porque dan como resultado la evitación del acontecimiento aversivo sobre el que se basa el estímulo condicionado aversivo.

Extinción de un estímulo condicionado aversivo: consiste en disminuir el poder aversivo de un estímulo condicionado aversivo presentándolo sin emparejar con otro estímulo aversivo.

Operación de establecimiento: consiste en cualquier procedimiento que cambia la efectividad del reforzamiento de un reforzador primario. Dos operaciones de establecimiento comunes son la *privación* y la *saciación.* La privación implica la retirada del reforzador durante un período de tiempo, lo que aumenta la efectividad del reforzador. La saciación implica el presentar el reforzador durante un período prolongado de tiempo, lo que disminuye la efectividad del reforzador.

Programa de reforzamiento: consiste en una regla que especifica qué ocurrencias de una respuesta serán reforzadas. Por ejemplo, un programa determinado de reforzamiento podría especificar que sólo se reforzará la respuesta cada cinco veces que ocurra. Los dos programas de reforzamiento más simples son: *reforzamiento continuo,* que especifica que se reforzará cada ocurrencia de la respuesta; y *extinción,* que especifica que no se reforzará la ocurrencia de la respuesta. Los programas en los que se reforzarán algunas, pero no todas, las ocurrencias de la respuesta se denominan *programas de reforzamiento intermitente.*

Contingencia de reforzamiento: consiste en la relación entre una respuesta, un reforzador y (si la respuesta está bajo el control del estímulo) un E^D. Por ejemplo, una contingencia común de reforzamiento en nuestra sociedad es: si después de ver a un amigo (E^D) sonríes y dices «hola» (respuesta), el amigo es probable que sonría y diga «hola» (reforzador).

III. FUNDAMENTOS CONCEPTUALES Y EMPÍRICOS

Los fundamentos conceptuales y empíricos básicos de los métodos operantes fueron formulados por Skinner (1938, 1953, 1966). La mayoría de la investigación operante básica se ha hecho con animales, especialmente con ratas y palomas, lo que ha constituido, a menudo, una crítica del enfoque. Los animales se utilizan por las mismas razones que se hace en biología; es decir, 1) son más simples de analizar, 2) son más cómodos para trabajar, 3) se pueden realizar experimentos con ellos que no serían éticos en humanos, y 4) su relación biológica con los humanos posibilita el generalizar los resultados obtenidos con ellos a los seres humanos. El hecho de que se haya descubierto que las variables operantes que son poderosas en la investigación básica son, a menudo, eficaces para modificar la conducta humana en lugares aplicados, apoya la validez del empleo de animales. Sin embargo, hay necesidad de más investigación operante básica con humanos y, en respuesta a esta necesidad, parece darse una tendencia a publicar más investigación básica con humanos en la *JEAB.*

Skinner y otros especialistas en conducta operante consideran que el condicionamiento pavloviano (o respondiente) tiene una considerable importancia teórica. Aparte de ser otro tipo de condicionamiento, aunque de menor significado social que el condicionamiento operante, es probable que el condicionamiento pavloviano interactúe con el condicionamiento operante para producir diferentes fenómenos conductuales. Una teoría muy conocida, denominada la *teoría de los dos factores,* postula una interacción entre el condicionamiento pavloviano y el operante para explicar el efecto negativamente reforzante de un estímulo condicionado aversivo (Mowrer, 1947). La teoría de los dos factores funciona como sigue: 1) Un estímulo condicionado aversivo, que ha sido emparejado con otro estímulo aversivo, provoca una respuesta condicionada llamada «miedo» o «ansiedad», por medio del condicionamiento pavloviano. 2) El miedo o la ansiedad son aversivos, de modo que cualquier respuesta que lo haga desaparecer se refuerza; y, puesto que es provocada por el estímulo condicionado aversivo, cualquier respuesta que haga desaparecer el estímulo condicionado aversivo es reforzada. La validez de la teoría de los dos factores, el grado en el que interaccionan el condicionamiento pavloviano y el operante e incluso si la distinción entre los dos tipos de condicionamiento es válida, son cuestiones que siguen sin resolverse todavía en la teoría operante actual (Pear y Eldridge, 1984).

Una crítica común del enfoque, adoptada por muchos especialistas en conducta operante, es que niega la relevancia e incluso la existencia de estados internos. Hablando de forma estricta, esta crítica no es correcta. Lo que se rechaza es el punto de vista de que la terminología vaga sea relevante para el desarrollo de una ciencia de la conducta y las referencias a «estados internos» son, a menudo, muy vagas. Parece que el término «estado interno» (y términos similares) se refiere a menudo a dos clases de cosas muy diferentes desde un punto de vista filosófico: 1) la fisiología (incluyendo el sistema nervioso) y 2) estados mentales o subjetivos. La mayoría de los especialistas en métodos operantes reconocen que la fisiología es importante para la conducta: sin embargo, reconocen también que la ciencia de la conducta es distinta de la fisiología. La fisiología se preocupa por los órganos internos y su funcionamiento, mientras que la ciencia de la conducta se preocupa por el efecto del ambiente sobre la conducta. Suponiendo que el efecto del ambiente sobre la fisiología se pueda plasmar en leyes y que suceda lo mismo con el efecto de la fisiología sobre la conducta, resulta que el efecto del ambiente sobre la conducta se puede también plasmar en leyes. De este modo resulta que se puede tener una ciencia de la conducta que sea independiente de la ciencia de la fisiología. Esto es importante porque el conocimiento de hoy día sobre las relaciones entre la conducta y la fisiología es muy limitado. Los estados y acontecimientos subjetivos tampoco se rechazan; sin embargo, los especialistas en métodos operantes los tratan de una forma diferente a como lo hacen la mayoría de los demás psicólogos. Algunas respuestas y algunos estímulos (incluyendo los estímulos producidos por las respuestas) son internos, encubiertos o privados. Cuando la gente se refiere a estados o acontecimientos mentales o subjetivos, se están refiriendo realmente a estos tipos de respuestas y estímulos. De este modo, los estados y acontecimientos subjetivos no tienen un estatus especial desde un punto de vista operante; por el contrario, son simplemente respuestas y estímulos internos. Esto no significa que el pensar se reduzca al habla subvocal, como Watson intentó hacer. El lugar de los acontecimientos privados no se encuentra especificado, ya que esto es una cuestión para la investigación futura, cuando esté disponible la tecnología necesaria. Además, la conducta privada que a veces se denomina pensamiento, no consta sólo de conducta verbal; parte de la conducta privada tiene lugar en forma de imágenes, que Skinner define como «el ver en ausencia de la cosa a ver» o «el ver condicionado» (Skinner, 1953). En otras palabras, el ver, o cualquier clase de sensación de ese tipo, es conducta que puede ser condicionada. Se piensa que el tipo de condicionamiento implicado en el condicionamiento de las sensaciones es pavloviano, aunque (al igual que sucede con otras conductas pavlovianas) se supone que interactúa con la conducta operante.

IV. PROCEDIMIENTOS

Los procedimientos operantes se preocupan por aumentar, disminuir o mantener la conducta en situaciones particulares. La *conducta* se define como algo que hace un individuo y que puede —al menos en principio— medirse. El término se refiere bien a respuestas específicas (p.ej., decir una palabra determinada) o a respuestas bajo el control de un estímulo determinado (p.ej., decir una palabra determinada en presencia de objetos que corresponden a esa palabra y no en su ausencia). La mayoría de los programas de condicionamiento operante se componen de los siguientes pasos:

1. Identificar la conducta objetivo que se ha de aumentar o disminuir. Para obtener los mejores resultados, se debería especificar la conducta objetivo de forma tan precisa como sea posible.
2. Registrar la conducta tan objetivamente como sea posible, estableciendo una línea base con respecto a la cual evaluar los efectos del procedimiento.
3. Introducir un programa creado para producir el aumento o la disminución deseados en la conducta.

4. Modificar el programa si no ocurre el aumento o la disminución deseados en la conducta.

5. Asegurar la generalidad del cambio de conducta; es decir, que el cambio de conducta ocurra en el lugar escogido, que se generalice a otras conductas deseables y que continúe después de la terminación del programa.

Un programa operante implica el aplicar procedimientos que la investigación y la teoría indican que probablemente serán efectivos. La mayoría de los programas emplearán más de uno de los procedimientos que siguen, combinados de forma que se adapten de la manera más eficaz para tratar con el problema del individuo que lo presente.

IV.1. *Procedimientos para aumentar la conducta*

Reforzamiento. Central para todos los métodos operantes, el reforzamiento es el principal procedimiento para aumentar la conducta. Es importante seleccionar cuidadosamente tanto el reforzador como la conducta que se va a reforzar, teniendo en cuenta que lo que constituye un reforzador para un individuo no necesariamente será un reforzador para otro sujeto. Un ejemplo de un programa de reforzamiento simple, para un niño que tiene dificultades en terminar sus deberes para casa, podría ser el hacer a su programa favorito de televisión contingente con la terminación de los correspondientes deberes para casa cada tarde. Hay que señalar que esto se clasificaría como reforzamiento positivo, porque implica la presentación de un estímulo (el programa de televisión) después de la ocurrencia de la conducta deseada. Un ejemplo de reforzamiento negativo sería la amenaza de aplicar algún tipo de consecuencia aversiva si el niño no termina sus deberes para casa. No se recomienda el reforzamiento negativo porque implica el uso de estímulos aversivos, que tienen los siguientes efectos no deseables: 1) Pueden hacer que la situación se convierta en un estímulo condicionado aversivo, dando como resultado el que el niño escape de ella o la evite; 2) pueden hacer que la persona que aplica el procedimiento se convierta en un estímulo condicionado aversivo, dando como resultado que el niño escape de esa persona o la evite; y 3) pueden provocar conducta emocional que interfiera con la conducta que se está tratando de condicionar y también puede ser problemática (p.ej., conducta agresiva o destructiva).

Hay varios factores que podrían disminuir la efectividad de utilizar un programa de televisión como reforzador para terminar los deberes para casa. Primero, puede haber una demora notable entre la hora en que se debería terminar el trabajo y el reforzador, ya que el padre no tiene control sobre la hora en que ponen el programa de televisión favorito del niño. Sería mejor utilizar un reforzador que pueda entregarse inmediatamente después de la conducta objetivo. Segundo, el reforzador es contingente con una gran cantidad de conducta, lo que limita de forma importante la frecuencia de reforzamiento. Para obtener los mejores resultados, la conducta debería descomponerse en segmentos más pequeños y presentarse el refuerzo inmediatamente después de la terminación de cada segmento (p.ej., cada problema resuelto). Esto hace impracticable el utilizar un reforzador que pueda ocurrir sólo a una hora específica y que tenga una gran duración. Lo que se necesita es un reforzador que pueda entregarse en cualquier momento y sea corto, como la alabanza. Sin embargo, la alabanza sola es a menudo insuficiente porque es un reforzador condicionado y puede no haberse emparejado suficientemente con el refuerzo primario. Aunque la alabanza pueda no ser suficiente como reforzador por sí misma, se debería presentar siempre que se dan otros refuerzos positivos, ya que puede apoyar su eficacia y porque su poder como reforzador condicionado aumentará por su asociación con otros refuerzos. A veces es posible presentar potentes refuerzos condicionados o refuerzos primarios, de forma breve e inmediata, que no necesiten un emparejamiento frecuente con refuerzos primarios; p.ej., el jugar con un juguete preferido o el leer un libro durante 10 minutos, inmediatamente después de la conducta objetivo, puede ser muy eficaz con algunos niños. Otra forma de presentar un reforzamiento inmediato, breve y eficaz es emplear un *sistema de fichas,* en el que se da una ficha o un punto inmediatamente después de cada ocurrencia de la respuesta objetivo y cuando se ha acumulado un determinado número de fichas o puntos se presenta un reforzador más amplio. Puesto que las fichas se emparejan con el reforzador más amplio, se convierten en refuerzos condicionados.

Programas de reforzamiento. Durante la etapa inicial del incremento de una conducta, es normal reforzar cada ocurrencia de la respuesta objetivo (reforzamiento continuo). Sin embargo, normalmente no es cómodo ni deseable hacer esto de forma indefinida. Además, la conducta que ha sido reforzada de forma intermitente (es decir, no se refuerza cada respuesta) es más resistente a la extinción que la conducta que se ha reforzado de forma continua, siendo la resistencia a la extinción una función inversa de la frecuencia de reforzamiento (Ferster y Skinner, 1957). Por consiguiente, el programa de reforzamiento para la conducta objetivo se *reduce* normalmente (es decir, se hace menos frecuente el reforzamiento). Hay dos clases de programas de reforzamiento intermitentes —uno que se basa en la cantidad de conducta y otro que se basa en el tiempo. Si la conducta de los deberes para casa del niño, en el ejemplo anterior, se colocara bajo un programa basado en la cantidad de conducta, tendría que hacer más problemas o problemas más largos del mismo tipo, para cada ficha. Si la conducta de los deberes para casa del niño se colocase bajo un programa basado en el tiempo, se entregaría el refuerzo si el niño estuviera trabajando cuando se le observase al final de ciertos intervalos de tiempo. Los programas que se basan en la cantidad de conducta normalmente producen más conducta que los que se basan en el tiempo; sin embargo, los programas que se basan en el tiempo a menudo son más cómodos de administrar. Cualquiera que sea el tipo de programa intermitente que se emplee, es importante que el programa se reduzca gradualmente. Cada disminución del reforzamiento hará que disminuya la respuesta, dando como resultado una mayor reducción del reforzamiento. Este proceso puede llevar a la extinción de la conducta si el programa se reduce demasiado rápidamente (Ferster y Skinner, 1957).

Moldeamiento, desvanecimiento y moldeamiento por el estímulo. La conducta que no se da nunca no puede ser reforzada y, por consiguiente, no puede aumentarse por medio del reforzamiento. El moldeamiento *(shaping)*, el desvanecimiento *(fading)* y el moldeamiento por el estímulo *(stimulus shaping)* son procedimientos para aumentar la ocurrencia de la conducta que tiene un nivel cero (o casi cero) de ocurrencia. El moldeamiento implica el reforzar aproximaciones cada vez más próximas a la respuesta objetivo. Primero, se refuerza cualquier respuesta que se parezca a la respuesta objetivo, sin importar mucho que el parecido sea lejano. Después de que ha aumentado la frecuencia de esa respuesta, tendrá también lugar, por medio de la generalización de la respuesta, otra que se parezca un poco más a la respuesta objetivo y entonces se refuerza, mientras se extingue la aproximación anterior. Después de que se ha incrementado esa respuesta, se dará otra que se parezca aún más a la respuesta objetivo y será reforzada. Este proceso continúa hasta que finalmente ocurre la respuesta objetivo y se refuerza (p.ej., Fuller, 1949). Un ejemplo sería el enseñar a un niño a decir «papá». Primero, se podría reforzar el sonido «peh»; luego «pa»; luego «pa-da»; y finalmente, «papá». Al moldeamiento se le denomina también el *método de las aproximaciones sucesivas.* La investigación sobre el moldeamiento se ha visto obstaculizada por la dificultad de aplicar, de forma consistente, un procedimiento determinado para cambiar de reforzar una aproximación a reforzar otra; sin embargo, este problema puede solucionarse programando ordenadores para que moldeen nuevas respuestas (Midgley, Lea y Kirby, 1989; Pear y Legris, 1987).

El desvanecimiento implica el emplear el control presente de una respuesta objetivo por un E^D (denominado estímulo de partida) para poner la respuesta bajo el control del E^D meta. Es especialmente útil cuando el E^D meta provoca una respuesta que es incompatible con la respuesta objetivo. El procedimiento implica el presentar el E^D inicial y el E^D meta juntos durante una serie de ensayos, mientras que gradualmente se aumenta la intensidad del E^D

meta desde un bajo nivel inicial y se disminuye gradualmente la intensidad del E^D inicial desde un alto nivel original. Finalmente, la respuesta será evocada por el E^D meta de intensidad normal en ausencia del E^D inicial. Un ejemplo del uso del desvanecimiento implica el enseñar respuestas verbales apropiadas a individuos con ecolalia —es decir, individuos que repiten lo que se les dice, incluyendo las preguntas. Por ejemplo, un niño con ecolalia puede decir simplemente «llamas» cuando se le pregunta «¿Cómo te llamas?». Puesto que el niño hace eco de cualquier estímulo verbal, se puede emplear el nombre del niño como un estímulo inicial. De este modo, el profesor pregunta con voz muy baja «¿Cómo te llamas?» e inmediatamente dice el nombre del niño en voz muy alta, con el fin de que el niño repita su nombre. A lo largo de los ensayos, el profesor aumenta gradualmente el volumen de la pregunta y disminuye gradualmente el volumen del nombre del niño. Finalmente, el profesor hace la pregunta con volumen normal y no dice el nombre del niño, con el fin de que éste responda con su nombre a la pregunta (p.ej., Risley y Wolf, 1966).

El *moldeamiento por el estímulo* implica el cambio gradual de los rasgos topográficos del E^D o del E^Δ, de modo que la discriminación entre ellos es fácil al principio y luego se va haciendo más difícil (es decir, los estímulos son originalmente muy diferentes y se vuelven muy parecidos). Por ejemplo, al enseñar a un niño a colocar un cepillo de dientes en un determinado gancho para cepillos, el gancho E^D puede ser de tamaño normal, mientras que los ganchos E^Δ son mucho más pequeños de lo normal. A lo largo de los ensayos de discriminación del estímulo, el tamaño de los ganchos E^Δ se aumenta gradualmente hasta que tiene el mismo tamaño que el gancho E^D y la discriminación se basa únicamente en la posición de los ganchos (p.ej., Mosk y Bucher, 1984).

Encadenamiento. La conducta compleja se compone a menudo de secuencias repetitivas, denominadas *cadenas*, de estímulos y respuestas. Muchas tareas del cuidado de uno mismo, como limpiarse los dientes, lavarse, vestirse, hacer la cama y preparar una comida, son de este tipo. Por ejemplo, el limpiarse los dientes se compone de las conductas de coger la pasta dentífrica, quitar el tapón, coger el cepillo, poner pasta en el cepillo, etc. Hay tres procedimientos generales para enseñar cadenas de conductas: *encadenamiento hacia delante, encadenamiento hacia atrás* y *presentación de la tarea completa.* Cada uno de estos procedimientos de encadenamiento implica el descomponer primero la cadena en sus componentes; p.ej., un componente del cepillarse los dientes consiste en desenroscar el tubo de pasta (respuesta) bajo el control de la pasta dentífrica en la mano (E^D). Los componentes se «enlazan» reforzándoles en la secuencia apropiada. El encadenamiento hacia delante se lleva a cabo reforzando el primer componente, luego reforzando el primero seguido por el segundo, luego reforzando el primero seguido por el segundo al que le sigue el tercero, etc. En el encadenamiento hacia atrás, se refuerza el último componente, luego el penúltimo seguido por el último, luego el antepenúltimo seguido por el penúltimo al que le sigue el último, etc. En la presentación de la tarea completa, todos los componentes tienen lugar secuencialmente y son reforzados. Cada E^D que sigue al primero en una cadena, es un reforzador condicionado para la respuesta que lo precede, que es lo que explica la integridad de una cadena. Los tres procedimientos requieren que los componentes estén bien establecidos antes de que se unan. En caso de que no lo estén, se enseñan utilizando el moldeamiento, el desvanecimiento o el moldeamiento por el estímulo. Los tres procedimientos son eficaces; sin embargo, parece ser que la presentación de la tarea completa es a menudo más conveniente que, y por lo menos tan eficaz como, los otros dos (Bellamy, Horner e Inman, 1979; Martin, Koop, Turner y Hanel, 1981; Spooner, 1984).

Generalización del estímulo y de la respuesta. Cuando es posible, la conducta que se está incrementando se refuerza en el lugar meta, con el fin de asegurar que se coloque bajo el control de los estímulos de ese lugar. Cuando esto no es posible, se dispone de la generalización del estímulo, haciendo que el lugar de entrenamiento se parezca al lugar meta tanto como sea posible. Se puede fomentar la generalización de la respuesta por medio del entrenamiento de una variedad de respuestas meta similares (Stokes y Baer, 1977).

Independientemente de la eficacia con que se generalice la conducta al lugar objetivo, no se mantendrá en ese sitio si no recibe un reforzamiento suficiente en él. Hay dos maneras por las que se puede hacer que el reforzamiento ocurra en el lugar meta: 1) *la trampa conductual;* 2) *proporcionar una comunidad natural de reforzamiento.* La trampa conductual implica hacer arreglos para que la conducta objetivo se ponga en contacto con las contingencias de reforzamiento que están presentes en el lugar meta y que deberían mantener la conducta (Baer y Wolf, 1970). El proporcionar una comunidad natural de reforzamiento implica el entrenar al individuo a que se comporte de maneras que impulsen a los demás a proporcionar reforzamiento por la conducta objetivo (Seymour y Stokes, 1976).

IV.2. *Procedimientos para disminuir la conducta*

Cuando se aplican métodos operantes a un problema, generalmente es mejor interpretar el problema como conducta que se ha de aumentar que como conducta que se ha de disminuir. Por ejemplo, si un niño pasa excesivo tiempo soñando despierto a expensas de realizar los deberes para casa, probablemente sería mejor centrarse en aumentar la conducta referente a los deberes para casa que en disminuir el soñar despierto. En los casos en los que sea necesario centrarse en disminuir la conducta, debería haber una conducta alternativa deseable que sea incrementada por medio del reforzamiento positivo. La conducta alternativa deseable competirá con la conducta que se está disminuyendo, ayudando, de este modo, a reducirla y mantenerla a un bajo nivel.

Extinción. La extinción es probablemente el método operante más utilizado para disminuir la conducta. Implica, en primer lugar, el determinar qué es lo que está reforzando a la conducta objetivo y luego eliminar ese reforzamiento. A veces, incluso, tienen lugar conductas realmente extrañas porque los demás les prestan atención, lo cual es reforzante para el individuo que realiza la conducta. En ocasiones están implicados otros reforzadores distintos a la atención o bien añadidos a ella, como cuando se refuerzan las pataletas de un niño cediendo a sus peticiones de caramelos, helados, juguetes nuevos, etc. Es importante reconocer que la conducta no deseable puede ser muy penetrante y persistente, incluso aunque el reforzamiento que la mantiene pueda ocurrir de forma tan infrecuente que sea difícil descubrirlo. El programa de reforzamiento puede haber proporcionado originalmente un reforzamiento frecuente y luego haberse reducido gradualmente, quizás como resultado de intentos inconsistentes para aplicar la extinción.

Además de disminuir la conducta, la extinción tiene varios efectos importantes de los que cualquiera que la utilice se debería dar cuenta: a) la conducta que está sometida a extinción puede aumentar en intensidad, frecuencia y duración (p.ej., las pataletas pueden hacerse más violentas, más frecuentes y más duraderas) antes de empezar a disminuir; b) la extinción puede producir temporalmente conducta emocional (p.ej., llorar, conducta agresiva o destructiva); c) la conducta que se ha extinguido y ya no es reforzada puede, ocasionalmente, volver a ocurrir —un fenómeno conocido como *recuperación espontánea.* Todos estos efectos perturbadores pueden verse reducidos si garantizamos que se refuercen respuestas deseables alternativas al mismo tiempo que se extingue la respuesta indeseable.

Castigo. Para mucha gente, el castigo es la primera cosa que le viene a la cabeza cuando piensa en disminuir la conducta. Esto es lamentable, puesto que debería ser lo último. El castigo tiene los mismos inconvenientes que el refuerzo negativo: a) puede hacer que la situación se convierta en un estímulo condicionado aversivo, dando como resultado que el individuo escape de ella o la evite; b) puede hacer que la persona que aplica el procedimiento se convierta en un estímulo condicionado aversivo; y c) puede provocar conducta emocional que podría resultar perturbadora (p.ej., conducta agresiva o destructiva). A pesar de estos inconvenientes, parece haber algunas situaciones en las que tiene que recurrirse al castigo, ya que otros procedimientos no funcionarán con la suficiente rapidez. Por ejemplo, la conducta autodestructiva extrema puede dar como resultado graves daños para uno mismo antes de que pueda eliminarse la conducta por medio de la extinción.

Hay dos clases generales de castigo: a) la presentación de un estímulo aversivo contingente a una respuesta, y b) la retirada de un reforzador positivo contingente a una respuesta. Ejemplos de estímulos aversivos que se han utilizado como elementos punitivos son: una descarga eléctrica inocua pero dolorosa aplicada a los brazos o a las piernas, con el fin de castigar la conducta autodestructiva extrema en niños autistas (Lovaas y Simmons, 1969); un chorro de jugo de limón en la boca de un niño para castigar el vómito continuo (Sajwaj, Libet y Agras, 1974); salsa de Tabasco para castigar la conducta de comerse los dedos en un niño con poca sensibilidad al dolor (Altman, Haavik y Higgins, 1983). Hay dos tipos generales de supresión de un reforzador positivo: a) *tiempo fuera,* en el que se elimina un E^D (Ferster, (1958); y b) *coste de respuesta,* en el que se suprime una determinada cantidad de un reforzador después de una respuesta específica (Weiner, 1962). El tiempo fuera se ha administrado sacando al individuo de una situación reforzante durante un corto período de tiempo (a veces se ha empleado para este propósito una pequeña habitación vacía, denominada habitación de *tiempo fuera)* y también dejando al individuo en la situación reforzante, pero suprimiendo un E^D (p.ej., una cinta que indica que se le puede reforzar al individuo; Foxx y Shapiro, 1978). Desde un punto de vista ético, se prefiere el último tipo de tiempo fuera, ya que aquellos que lo han equiparado con largos períodos de aislamiento y privación extrema han abusado a veces del primero. Independientemente del tipo de tiempo fuera empleado, el período de tiempo fuera no debería ser largo. El coste de respuesta se ha administrado eliminando fichas después de respuestas específicas, en programas en los que las fichas se han utilizado como reforzadores (Little y Kelly, 1989; Winkler, 1970).

Además de sus potenciales efectos indeseables, el castigo sólo se puede emplear para suprimir la conducta —es decir, sólo se puede emplear para enseñar a un individuo qué es lo que no tiene que hacer, pero nunca qué es lo que tiene que hacer. Por esto, así como por otras razones, es importante que el castigo se utilice sólo en combinación con el reforzamiento positivo, en el caso que sea necesario usarse. La cuestión de si el castigo se debería emplear alguna vez es algo muy controvertido entre los especialistas del condicionamiento operante (ver Axelrod y Apsche, 1983; Johnston, 1985; Sidman, 1989; Skinner, 1971).

Reforzamiento diferencial de baja tasa y de tasa cero. Al igual que existen programas para aumentar y mantener elevados niveles de respuesta, existen también programas para reducir y mantener niveles bajos de respuesta. Uno de estos programas, denominado *reforzamiento diferencial de baja tasa (RDB)*, presenta el reforzamiento sólo cuando la respuesta objetivo ocurre con una baja tasa. En lugares aplicados (en cuanto opuesto a la investigación operante básica), la forma más común de administrar o establecer un programa de RDB consiste en presentar el reforzamiento al final de un intervalo de tiempo específico, durante el cual el número de casos de las respuestas objetivo es menor de una cantidad determinada (Deitz y Repp, 1973).

Otro programa para disminuir y mantener un bajo nivel de respuesta es el *reforzamiento diferencial de otras respuestas o de respuesta cero (RDO)*, en el que se da el reforzamiento cuando no ha habido casos de la respuesta objetivo durante un cierto período de tiempo (Repp, Deitz y Deitz, 1976). Un ejemplo de un programa RDO para las pataletas sería el proporcionar reforzamiento cada 30 minutos en los que no tuviese lugar ninguna pataleta, contando el intervalo de 30 minutos desde el reforzamiento previo o desde el final de la pataleta anterior (la que ocurrió más recientemente).

Hay que señalar que los programas de RDB y RDO poseen reservas implícitas para reforzar la conducta alternativa, de modo que si la respuesta objetivo ocurre con un baja tasa o con una tasa cero, tiene que darse alguna otra conducta y puede reforzarse. Al igual que sucede con los programas de reforzamiento para aumentar y mantener la conducta, para que haya una máxima eficacia la tasa de reforzamiento en los programas RDB y RDO, se empieza con un nivel elevado y se va reduciendo gradualmente.

Control del estímulo para no responder. La conducta que tiene lugar con demasiada frecuencia puede estar ocurriendo en momentos o en lugares inapropiados. En cualquier caso, se puede reducir la conducta hasta un nivel apropiado colocándola bajo el adecuado control del estímulo. Por ejemplo, algunos casos de obesidad pueden tratarse de forma eficaz convirtiendo las horas de la comida y la cocina en E^{D}s para comer, mientras que otras horas y lugares se convierten en E^{Δ}s. (Hay que señalar que la hora es un estímulo, en el sentido de que las manecillas y los números de un reloj que corresponden a una hora determinada constituyen un estímulo). Se da reforzamiento social al individuo cuando come durante el E^{D}, pero no se encuentran disponibles en presencia del E^{Δ} el reforzamiento social u otras clases no comestibles de reforzamiento, como los libros o la televisión (Brownell y Foreyt, 1985). Se ha utilizado de forma eficaz la misma estrategia para reducir otras conductas que ocurren en exceso, como el fumar, el soñar despierto y el preocuparse (Borkovec, Wilkinson, Folensbee y Lerman, 1983).

V. VARIACIONES

Los procedimientos anteriores pueden combinarse y modificarse de muchas maneras para producir procedimientos apropiados para una amplia variedad de problemas e intereses conductuales. Seguidamente se describen las principales variaciones que se utilizan generalmente. No se alega que los métodos que se discuten más abajo fueran creados necesariamente por especialistas en conducta operante. En muchos casos, los métodos existían antes del campo de la conducta operante; en otros casos, se desarrollaron por terapeutas que podrían no denominarse a sí mismos conductistas operantes o incluso sólo conductistas. Sin embargo, aunque hubiera habido otros orígenes para estos métodos, se podrían haber desarrollado a partir de los procedimientos descritos anteriormente y, en ese sentido, constituyen variaciones de ellos.

Instrucción. Puesto que el seguir instrucciones es importante socialmente, los especialistas que aplican métodos operantes se aseguran de que se refuerce apropiadamente en los programas de entrenamiento. Por ejemplo, se puede entrenar a los individuos autistas y a los deficientes para que sigan instrucciones simples como «levántate», «levanta la mano», «tócate la cabeza». El juego «Simón dice» *(Simon says)*, en el que se refuerza a los individuos sólo por seguir las instrucciones que sean precedidas por las palabras «Simón dice», es un método operante popular (y divertido) que los educadores han empleado para enseñar instrucciones seguidas por niños normales. Una vez que los individuos son capaces de seguir las instrucciones, pueden emplearse para hacer que se comporten de forma apropiada muy rápidamente. Por ejemplo, a un niño que sabe seguir las instrucciones se le puede decir: «Si limpias la habitación y haces la cama, recibirás un regalo sorpresa». Si la conducta del niño se refuerza por medio de regalos sorpresas y si el niño ha tenido un buen entrenamiento en el seguimiento de instrucciones, este método es normalmente suficiente para lograr el efecto deseado. Hay que señalar que esta instrucción especifica tanto el reforzador como la conducta, asegurando así que la instrucción será un potente E^D. Una instrucción que no especifica un reforzador podría ser un débil E^D o incluso un E^{Δ}, dependiendo de la historia del individuo. Cualquier instrucción que especifique (explícita o implícitamente) su reforzador se denomina una *regla* y el seguir esa instrucción se llama *conducta gobernada por reglas* (Hayes, 1989). Un ejemplo de una regla es: «Llévate siempre el paraguas en un día nublado (de modo que no te mojes si llueve)».

El seguir las instrucciones es importante para ayudar a que los individuos respondan de forma adecuada a las contingencias de algunos programas operantes complejos, como la economía de fichas, en donde se refuerzan varias respuestas objetivo con fichas que pueden cambiarse por otros reforzadores. Esos programas funcionan de forma más eficaz si se presentan en la forma de instrucciones que el individuo puede seguir fácilmente.

Una persona que sigue las instrucciones y que también puede comunicarse, puede instruirse a sí mismo. Algunas de las denominadas terapias cognitivas parecen basarse en el hecho de que las autoinstrucciones pueden afectar a la conducta. Por ejemplo, se ha mejorado la conducta de los niños hiperactivos enseñándoles a instruirse a sí mismos para que centren su atención en el trabajo (p.ej., Meichenbaum, 1986; Santacreu, este volumen). En algunos casos, el problema proviene de una autoinstrucción que necesita ser contraatacada con autoinstrucciones más apropiadas. Por ejemplo, una persona puede «catastrofizar» diciéndose a sí mismo que la vida es horrible y que no hay nada que se pueda hacer. Esta es una instrucción que actúa como un E^{Δ} para cualquier conducta que podría mejorar la situación, puesto que especifica, en realidad, que puede producirse el no reforzamiento, independientemente de lo que haga el individuo. Claramente, esa autoinstrucción puede ser debilitante, además de producir efectos emocionales no deseados. Una estrategia razonable en esos casos consiste en establecer una autoinstrucción alternativa, por la que el individuo se diga a sí mismo que la situación no es tan mala y que hay cosas que puede mejorar (p.ej., Beck, Rush, Shaw y Emery, 1979; Dobson y Franche, este volumen; Ellis y Bernard, 1985; Lega, este volumen). Por supuesto, esto solo no sería suficiente en muchos casos; se necesitaría que se condicionaran otras habilidades de afrontamiento.

No está claro por qué los métodos de autoinstrucción se consideran a menudo cognitivos en vez de simplemente operantes. Una razón puede ser que implican conducta verbal. Sin embargo, la conducta verbal es conducta operante y no existe evidencia de que esté sujeta a leyes distintas de las que describen otras conductas operantes. Otra razón puede ser que los denominados métodos cognitivos implican conducta verbal privada o encubierta, de modo que los individuos a menudo se instruyen a sí mismos en silencio en vez de en voz alta. Por consiguiente, la conducta verbal privada es también conducta operante (Skinner, 1957). No parece haber una razón apremiante para considerar a los métodos cognitivos en general distintos de los métodos operantes o que impliquen tecnología diferente o que requieran un tipo diferente de teoría.

Métodos operantes para modificar la conducta verbal pueden encontrarse también en los métodos de las terapias psicodinámicas y humanistas. Estos dos tipos de terapias se llaman «terapias verbales», ya que consisten principal o exclusivamente en hablar sobre la conducta del paciente (incluyendo la conducta emocional). Por medio de esta charla, el paciente puede desarrollar nuevas formas de hablar sobre su conducta, lo que puede ser útil para vérselas más eficazmente con ella. Además, la conducta verbal que se ha castigado puede recuperarse durante la terapia verbal, debido a la extinción del castigo, dando como resultado que el individuo se vuelva más fluido sobre temas de los que anteriormente tuviese dificultades en hablar sobre ellos (Skinner, 1957, pp. 400-402).

Modelado e imitación. La gente imita a otras personas por la misma razón que siguen instrucciones; es decir, el hacerlo a menudo lleva al reforzamiento. Cuando la gente imita una conducta inmediatamente después de que haya tenido lugar y recibe reforzamiento, la conducta modelada es un E^D para la conducta de imitación. El *modelado* consiste en presentar una conducta que se ha de imitar con el propósito de enseñar la imitación a alguien o con el propósito de provocar esa conducta en otra persona. Puesto que, al igual que el seguimiento de instrucciones, el modelado es importante socialmente, los especialistas que aplican métodos operantes se aseguran de que se refuerza adecuadamente en los programas de entrenamiento. Por ejemplo, se puede entrenar a individuos deficientes y autistas en el modelado de respuestas simples, como el levantarse, el alzar la mano, el tocarse la cabeza. A menudo la instrucción «Haz esto» se sigue por la respuesta modelada y la descripción de la misma, de modo que la instrucción y la imitación se enseñen juntas. Existe evidencia de que una vez que se le ha enseñado a un individuo a imitar muchas respuestas, es capaz de imitar nuevas respuestas (incluyendo las respuestas verbales) cuando se le presentan por primera vez (Baer, Peterson y Sherman, 1967). De este modo, el modelado es una forma eficaz de enseñar respuestas nuevas. A menudo una respuesta que se ha de colocar bajo el control de un E^D particular (p.ej., la respuesta podría ser una etiqueta y el estímulo, el objeto correspondiente a la etiqueta) se modela después de que se presenta el estímulo y la conducta modelada se desvanece a lo largo de los ensayos o se omite después de varios de ellos en el caso de que no sea necesario enseñar el desvanecimiento al individuo.

El modelado es uno de los principales ingredientes de la *representación de papeles.* En una forma de representación de papeles, el terapeuta representa la parte del paciente en la que se comporta de modo eficaz o apropiado en una determinada situación y el paciente representa más tarde una parte de sí mismo que se comporta de la misma manera. En otro tipo de representación de papeles, denominado *representación inversa de papeles,* la gente representa las partes de los demás, con el propósito de desarrollar empatía con ellos o de ponerse en su punto de vista —p.ej., hablando como podrían hablar. La representación inversa de papeles puede también ser beneficiosa para ayudar a modificar las autoverbalizaciones excesivas de que los demás están diciendo o pensando cosas negativas sobre uno mismo.

El modelado y la imitación son importantes aspectos de la teoría del aprendizaje social, lo que plantea la suposición de que la conducta de imitación (o *aprendizaje por observación)* no es un método operante porque no necesita reforzamiento (Rotter, 1954; Bandura, 1977b). Sin embargo, es difícil comprobar que no está implicado el reforzamiento en esta clase de aprendizaje y, por consiguiente, no se debería excluir la posibilidad de que esté implicado el aprendizaje operante. Por supuesto, tampoco se debería excluir la posibilidad de que no esté presente el aprendizaje operante, pero ésta es una posibilidad menos parsimoniosa y, por consiguiente, no merezca probablemente la pena una consideración seria hasta que haya más evidencia científica de ello.

Sobrecorrección. Un estado de cosas poco satisfactorio se ha *sobrecorregido* cuando el proceso de corrección se ha llevado a cabo más allá de lo que se necesita o de lo que se espera. Desde el punto de vista de rectificar una situación, la sobrecorrección podría considerarse una pérdida de tiempo o esfuerzo. Sin embargo, se ha demostrado que es un método eficaz para enseñar a alguien a no realizar conductas que den como resultado un estado de cosas poco satisfactorio (Foxx y Azrin, 1972, 1973). Hay dos clases de sobrecorrección: a) *restitución,* que consiste en corregir más componentes de la situación que los que fueron perturbados por la conducta inapropiada, y b) la *práctica positiva,* que consta de muchas repeticiones de una conducta alternativa deseable que compita con la conducta inapropiada. Un ejemplo de la restitución sería el reparar todos los muebles de una habitación en la que alguien ha dado una patada a una silla; un ejemplo de práctica positiva sería el sentarse en la silla toda una serie de veces. La sobrecorrección parece estar compuesta por dos procedimientos descritos en al apartado anterior: el castigo y el reforzamiento negativo. El castigo está implicado porque el procedimiento es, probablemente, algo aversivo y se entrega de forma contingente a la conducta; se encuentra implicado el reforzamiento negativo porque se requiere que el individuo emita conducta apropiada con el fin de escapar de una situación algo aversiva. Un procedimiento similar a la práctica positiva es la *inversión del hábito,* que es un procedimiento para disminuir los tics o hábitos nerviosos. El procedimiento consiste en practicar la conducta que compite con el tic o el hábito. A diferencia de la práctica positiva, la inversión del hábito puede implicar reforzamiento positivo, en el sentido de que la conducta que se ha mejorado puede ser un reforzador positivo para la persona que sufre el problema.

Desensibilización. Generalmente se piensa en la desensibilización sistemática como un procedimiento pavloviano. Sin embargo, también contiene una serie de elementos operantes; p.ej., el cliente tiene que seguir la relajación e imaginarse las instrucciones. Los elementos operantes de la desensibilización en vivo o de la exposición directa son más fáciles de ver. En vez de enfrentarse al estímulo temido en la imaginación, se alienta al paciente para que los afronte en la vida real. El reforzamiento, en la forma de alabanza por parte del terapeuta, es contingente con las conductas de una mayor aproximación cada vez y con los períodos de exposición, ante los estímulos temidos, cada vez más largos. Se puede ver que el procedimiento se compone, en general, de moldeamiento, desvanecimiento y extinción del castigo.

Autocontrol. Se ha distinguido hasta aquí entre la persona cuya conducta se está modificando y la persona que aplica los procedimientos que producen el cambio deseado de conducta. Si eliminamos esta distinción, tenemos un programa de *autocontrol.* Se puede acudir a un terapeuta para que ayude a diseñar y proporcionar retroalimentación sobre la conducta de un programa de autocontrol; sin embargo, la responsabilidad principal del programa pertenece al cliente. Básicamente, un programa de autocontrol se lleva a cabo utilizando métodos operantes de la manera que podría hacerlo otra persona. Una diferencia principal es que la retirada de reforzamiento a uno mismo o el castigarse, es problemático en un programa de autocontrol. El reforzamiento, por definición, fortalece cualquier respuesta a la que siga; por consiguiente (si se está tratando con un verdadero reforzador), el retirárselo a uno mismo de forma consistente hasta que ocurra la respuesta objetivo, es lógicamente imposible (Catania, 1975, 1976; Goldiamond, 1976). De igual manera, el castigo, por definición, debilita cualquier respuesta a la que sigue; por consiguiente (si se está trabajando con un verdadero estímulo punitivo), el aplicárselo a uno mismo de forma consistente es también lógicamente imposible. Una forma de sortear este problema consiste en emplear un procedimiento de compromiso en el que se coloca el reforzamiento y el castigo fuera de las propias manos. Por ejemplo, se puede dar a un amigo una cantidad de dinero con la instrucción de que el amigo devolviera el dinero, en cantidades determinadas, como reforzamiento cuando tiene lugar la conducta que se ha de incrementar. Otro método consiste en rellenar un determinado número de cheques para una organización (p.ej., un partido político) que le desagrada al individuo y entregárselos a un amigo. Se le instruye al amigo para que envíe por correo los cheques a la organización que no le agrada al cliente, como castigo cuando ocurra la conducta que se ha de disminuir o como reforzamiento negativo, cuando no ocurra la conducta que se ha de incrementar (Boudin, 1972).

Otra forma de proporcionar reforzamiento en un programa de autocontrol consiste en dibujar o hacer gráficas de la conducta objetivo. El ver el número registrado de casos del cambio de la conducta en la dirección deseada reforzará la conducta si se está tratando de aumentarla o bien reforzará una conducta alternativa deseable si se está tratando de reducir la conducta objetivo. Esta clase de «autorreforzamiento» no plantea el problema lógico mencionado anteriormente, ya que los números de la representación gráfica son reforzantes sólo si hace más fácil el discriminar una situación que ya es reforzante (p.ej., un cambio en la conducta en la dirección deseada). La idea de representar gráficamente la propia conducta no la descubrieron especialistas en conducta operante; una serie de novelistas (p.ej., Ernest Hemingway, Anthony Trollope, Irving Wallace) han representado gráficamente su producción diaria de palabras o de páginas, con el fin de ayudar a mantener su productividad (Wallace y Pear, 1977). También puede ser útil el colocar las representaciones gráficas de uno en un lugar muy visible, donde la familia y los amigos puedan verlos y proporcionar reforzamiento social de las mejorías mostradas.

El intentar colocar la conducta bajo un apropiado control del estímulo es otro importante aspecto del autocontrol. Por ejemplo, si se tiene un lugar y horas determinados para estudiar o escribir, con estímulos distintivos presentes en ese lugar, debería hacerse muy probable la conducta adecuada de escribir o de estudiar cuando uno se encuentra en ese lugar (suponiendo que el reforzamiento ocurra tambien allí). Para asegurar un potente control del estímulo, se aumenta gradualmente la cantidad de tiempo en el lugar, mientras que se toma cuidado para evitar que ocurran aquí el soñar despierto u otras conductas inapropiadas. El control del estímulo se ha empleado también para disminuir conductas como comer y fumar, según se ha explicado anteriormente. Otro uso del control del estímulo es el *contrato conductual,* que consiste en un claro acuerdo escrito que señala qué conducta producirá determinados reforzadores, quién entregará esos reforzadores y otros aspectos acordados de un programa de autocontrol (DeRisi y Butz, 1975). El contrato, que normalmente implica a dos o más individuos, proporciona distintos E^Ds escritos para la conducta de cada persona que está de acuerdo con el contrato. Al igual que sucede con otras formas de control del estímulo, esos E^Ds controlarán la conducta de forma eficaz sólo si el reforzamiento es contingente con esa conducta, que consiguientemente se expresa en el contrato.

VI. APLICACIONES

Los métodos operantes han sido y están siendo utilizados en una amplia variedad de lugares para tratar con una variedad de problemas e intereses conductuales. Este apartado describe brevemente algunas de estas aplicaciones.

Educación. Quizás la primera aplicación de los métodos operantes en el campo de la educación fue la *máquina de enseñanza.* Desarrollada por Skinner (1954, 1958, 1961), este artefacto presentaba pequeños segmentos de material, denominados *cuadros,* a los que respondían los estudiantes por medio de respuestas escritas. La máquina trasladaba cada una de las respuestas de los estudiantes debajo de una pequeña ventana donde el estudiante no pudiera modificarlo y, al mismo tiempo, revelaba la respuesta correcta que, supuestamente, reforzaba la respuesta del estudiante, si era la misma que ella. El programa ideal de la máquina de enseñanza fue desarrollado con el fin de que prácticamente todas las respuestas del estudiante fueran correctas. La popularidad de las máquinas de enseñanza y de la *enseñanza programada,* en donde los cuadros podían presentarse simplemente por medio de libros diseñados para ello, en vez de emplear una máquina, ha decaído desde los años sesenta, aunque se puede volver a poner de moda por los ordenadores (que pueden considerarse como una máquina de enseñanza muy versátil).

Otra aplicación de los métodos operantes a la educación se conoce como *Sistema de Enseñanza Personalizado (SEP),* desarrollado por F. S. Keller (1968; Keller y Sherman, 1982). El SEP utiliza segmentos de material más amplios que la enseñanza programada y las contestaciones también pueden ser más largas (p.ej., varias frases o un párrafo). Después de estudiar una unidad de material, un estudiante pasa un test basado en preguntas de lo que ha estudiado o en objetivos de estudio que el instructor ha preparado para esa unidad. El test es corregido por el instructor o por *vigilantes de exámenes,* que pueden ser estudiantes que han aprobado el curso o estudiantes de ese curso que han aprobado el test sobre el material de esa unidad. El test se corrige inmediatamente después de ser entregado, de modo que las respuestas correctas se refuercen rápidamente. Tiene que dominarse cada unidad antes de que el estudiante pueda pasar a la siguiente; un estudiante que no demuestra un dominio del material en una unidad determinada, vuelve a estudiar el material y lo intenta otra vez. Los estudios demuestran que el SEP es más efectivo que otros métodos de enseñanza que se utilizan comúnmente (Kulik, Kulik y Cohen, 1979; Sherman, 1982). Los desarrollos de la tecnología de los ordenadores son relevantes para el SEP, como también lo son para las máquinas de enseñanza o la enseñanza programada. Además de conseguir automatizar gran parte del procedimiento del SEP y hacerlo más eficaz, el ordenador proporciona posibilidades de telecomunicación (p.ej., correo electrónico), que permite a los estudiantes escribir y presentar los tests para que sean corregidos y el instructor y los vigilantes de exámenes corregir los tests y proporcionar una rápida retroalimentación, sin que el instructor, los vigilantes de exámenes y los estudiantes necesiten estar en el mismo lugar (Kinsner y Pear, 1988; Pear y Kinsner, 1988). Esto puede beneficiar a la gente para la que no es posible asistir a una institución educativa a causa del lugar donde viven, de su trabajo o de alguna incapacidad.

Los métodos operantes se han empleado también para disminuir la conducta perturbadora (p.ej., la conducta de estar continuamente levantándose de su sitio, las pataletas, la conducta agresiva) de los niños en la clase y para desarrollar sus habilidades académicas, incluyendo la lectura en voz alta, la comprensión de lo que se lee, el deletrear, el escribir, las matemáticas, la redacción, la creatividad y el aprendizaje de conceptos. Además, toda una serie de profesores han utilizado y utilizan economías de fichas en la clase, en donde se refuerza una amplia variedad de conducta no perturbadora y académica con fichas que pueden cambiarse por otros reforzadores (Witt, Elliot y Gresham, 1988).

Trastornos graves de conducta: retraso, autismo y esquizofrenia. Muchos problemas de conducta graves, como el retraso, el autismo y la esquizofrenia parecen tener causas biológicas. Aunque los métodos operantes no pueden modificar estos factores biológicos, pueden mejorar sus efectos debido a la interacción que existe entre la biología y el ambiente con respecto a la conducta. Algunas de las aplicaciones de los métodos operantes con los trastornos graves de conducta son las siguientes: se ha enseñado a individuos deficientes habilidades del cuidado de uno mismo (ir al aseo, comer, vestirse, higiene personal), habilidades sociales, habilidades de comunicación, habilidades laborales, actividades de ocio y conducta de supervivencia en la comunidad (Matson y McCartney, 1981; Whitman, Scibik y Reid, 1983); a los niños autistas se les ha enseñado habilidades sociales y lingüísticas y se ha disminuido su autoestimulación (Handleman, 1986; Koegel, Rincover y Egel, 1982). A los pacientes esquizofrénicos se les ha enseñado habilidades sociales y habilidades para la búsqueda de trabajo (Bellack, 1984). Los datos obtenidos en los programas anteriores indican claramente que los métodos operantes pueden ser eficaces en el tratamiento, control y rehabilitación de los individuos con problemas de conducta graves.

Pacientes externos. Los métodos operantes son parte del tratamiento de una variedad de problemas presentados por pacientes externos, problemas como los trastornos de ansiedad, trastornos obsesivocompulsivos, depresión, alcoholismo, obesidad y problemas conyugales. Los métodos de exposición directa, en los que el individuo se enfrenta directamente con la situación temida (en cuanto opuesto a experimentarla sólo en la imaginación) se emplean a menudo para tratar trastornos de ansiedad (p.ej., Barlow, Leitenberg, Agras y Wincze, 1969). Aunque la desensibilización sistemática es principalmente un procedimiento pavloviano, se puede considerar a la exposición directa como operante, si lo conceptualizamos como extinción del castigo, en donde la respuesta castigada es la de entrar en la situación temida. La exposición directa debería ser más efectiva que la exposición indirecta, ya que los estímulos implicados en la exposición indirecta (al ser privados) difieren de los estímulos objetivo. La exposición directa combinada con la prevención de la respuesta se ha utilizado con los trastornos obsesivocompulsivos (Foa, Steketee, Turner y Fisher, 1980; Rachman y Hodgson, 1980). Este procedimiento puede considerarse como operante si lo conceptualizamos como la extinción de una respuesta reforzada negativamente, por la no ocurrencia de un acontecimiento aversivo primario cuando la respuesta objetivo (es decir, la conducta obsesivocompulsiva) no tiene lugar. Se han utilizado una variedad de técnicas operantes con individuos deprimidos, incluyendo la modificación de autoverbalizaciones desadaptativas, el establecimiento de actividades que compiten con las autoverbalizaciones desadaptativas, la representación de papeles y el restablecimiento de tareas del cuidado de uno mismo (p.ej., lavarse, hacer la cama, comprar, cocinar), que a menudo descuidan los individuos deprimidos (Beck y cols., 1979). En el tratamiento del alcoholismo se ha utilizado el hacer que todos los reforzadores significativos (p.ej., trabajo, amigos, familia) sean contingentes con la abstinencia del alcohol (Azrin, 1976), el ayudar al individuo a cambiar su estilo de vida (Marlatt y Gordon, 1985) y el enseñar las habilidades de afrontamiento necesarias para limitar o abstenerse del consumo de alcohol (Miller, Taylor y West, 1980). Para el tratamiento de la obesidad se ha empleado el autorregistro de la conducta de comer, el control del estímulo, los contratos conductuales y el reforzamiento por hacer ejercicio y tomar los alimentos adecuados (Brownell y Foreyt, 1985; LeBow, 1981). En el tratamiento de los problemas conyugales se ha utilizado el aumentar la frecuencia de las interacciones positivamente reforzantes, la disminución de la frecuencia de las interacciones punitivas y el desarrollo de habilidades de comunicación eficaces para la solución de problemas y la reconciliación de las diferencias (Wood y Jacobson, 1985).

El autocontrol de los problemas personales. Las técnicas de autocontrol se han desarrollado para muchos problemas personales comunes que son molestos, pero que no son lo suficientemente serios como para necesitar asistencia profesional. Estos problemas incluyen la incapacidad de hablar en clase (Barrera y Glasgow, 1976), la falta de ejercicio (Kau y Fischer, 1974), hábitos de estudio inadecuados (Richards, 1976) y el rechinar de los dientes (Pawlicki y Galotti, 1978).

Medicina y cuidado de la salud. Uno de los primeros procedimientos conductuales empleados en el campo de la medicina es el *biofeedback* (biorretroalimentación), en el que la instrumentación automática «devuelve» información sobre la conducta interna, con el propósito de ayudar al individuo a modificar esa conducta. Si suponemos que la información «devuelta» puede ser reforzante o punitiva, entonces el biofeedback encaja con la definición de un procedimiento operante. El biofeedback y otras técnicas operantes se han empleado en el campo de la medicina como una alternativa a procedimientos médicos más tradicionales (p.ej., fármacos), para tratar problemas como la hipertensión esencial, las cefaleas crónicas, los ataques, el dolor crónico, los trastornos sexuales, los trastornos respiratorios y los trastornos del sueño (Doleys, Meredith y Ciminero, 1982; Simon, este volumen). Los procedimientos operantes se utilizan también para ayudar a la gente en su adhesión a los tratamientos médicos (p.ej., tomar las medicinas que le recete un médico), a vencer el temor a los procedimientos médicos (Melamed y Siegel, 1975) y a llevar a cabo conducta sana como el comer alimentos nutritivos y el hacer ejercicio de forma regular (Cataldo y Coates, 1986).

Psicología comunitaria. Los métodos operantes se han empleado en el campo de la salud mental comunitaria, que se refiere al tratamiento de los problemas de salud mental en la comunidad. También se han utilizado en una amplia gama de otros intereses comunitarios como el arrojar basura, el reciclaje, la conservación de energía y el entrenamiento en habilidades laborales (Geller, Winett y Everett, 1982; Martin y Osborne, 1980).

Negocios, industria y gobierno. Los métodos operantes se han empleado para mejorar la ejecución individual y de grupo dentro de las organizaciones. Ejemplos de la clase de cuestiones con las que se ha tratado son la productividad, el llegar tarde, el absentismo, el volumen de ventas, la seguridad de los trabajadores, el robo por parte de los empleados, el robo por parte de los clientes y las relaciones jefes-subordinados (Luthans y Kreitner, 1985).

Deportes. Los métodos operantes se han utilizado para ayudar a que los atletas aprendan nuevas habilidades y eliminen los malos hábitos, para aumentar su asistencia a los entrenamientos, para ayudar a resolver sus problemas personales y para ayudarles a que se preparen para competiciones importantes. También se han empleado para mejorar la eficacia de los entrenadores (Martin y Lumsden, 1987).

VII. RESUMEN/COMENTARIO FINAL

Aunque en otro tiempo rechazados por la mayoría de los profesionales de la salud mental, los métodos operantes se aceptan hoy día como una de las principales contribuciones a la terapia, tanto por los terapeutas conductuales como por los no conductuales. Su relevancia para la educación está siendo reconocida cada vez más por los educadores. El éxito de los métodos operantes puede atribuirse probablemente al hecho de que los especialistas en los métodos operantes adoptaron un enfoque que corre paralelo a los que se siguen en otras exitosas áreas de la ciencia básicas y aplicadas. Empezaron concentrándose en los procesos básicos que constituían los complejos fenómenos en los que estaban interesados. Al igual que los científicos en la biología y en la medicina, los investigadores de la conducta operante no han sido reacios en reconocer nuestra relación con otros animales y explotar esa relación al intentar comprender a nuestra especie. Al igual que los científicos en la física y en la biología, los especialistas en métodos operantes no han tenido miedo de abandonar conceptos queridos pero vagos y reemplazarlos por conceptos que están definidos con precisión, de modo que pueden utilizarse con la mayor comprensión y acuerdo posibles por todos aquellos que aprenden las habilidades técnicas de la ciencia. Al mismo tiempo que han enfatizado los fenómenos observables, los especialistas en métodos operantes no se han olvidado —como a menudo se ha dicho de ellos— el lado no observable de su materia de estudio. Sin embargo, han intentado emplear el lenguaje desarrollado para la conducta observable para describir la conducta privada. Los físicos adoptaron la misma estrategia cuando empezaron a conceptualizar el átomo y sus componentes y sólo más tarde desarrollaron un lenguaje diferente pero más eficaz para describir las partículas subatómicas. De igual manera, la conducta privada podría describirse mejor en un lenguaje diferente del que se usa al describir la conducta pública, pero esto solamente se descubrirá por medio de la investigación. En el momento presente, parece haber suficientes fundamentos para conceder un estatus especial a las denominadas cogniciones. Las técnicas que utilizan los terapeutas cognitivos, lo mismo que los empleados en otras clases de terapia verbal, pueden conceptualizarse como métodos operantes aplicados a la conducta verbal manifiesta y encubierta. Resumiendo, el campo de la conducta operante proporciona más que un conjunto de métodos útiles para cambiar la conducta; también ofrece un enfoque teórico y una metodología para aumentar nuestra comprensión de la conducta. Esto es mucho más válido que un simple conjunto de métodos, ya que la historia de la ciencia demuestra que la correcta comprensión teórica normalmente lleva a la creación de métodos nuevos y más eficaces.

VIII. LECTURAS PARA PROFUNDIZAR

Kazdin, A. E., *Behavior modification in applied settings* (4ª ed.), Homewood, Ill., Dorsey Press, 1989. (Hay traducción castellana de la primera edición: Kazdin, A. E., *Modificación de conducta y sus aplicaciones prácticas*, México, El Manual Moderno, 1978).

Martin, G. y Pear, J., *Behavior modification: what it is and how to do it* (3ª ed.), Englewood Cliffs, N.J., Prentice-Hall, 1988

Masters, J. C., Burish, T. G., Hollon, S. D. y Rimm, D. C., *Behavior therapy: techniques and empirical findings* (3ª ed.), Nueva York, Harcourt Brace Jovanovich, 1987.
Skinner, B. F., *Ciencia y conducta humana*, Barcelona, Fontanella, 1974. (Or.: 1953).
Watson, D. L. y Tharp, R. G., *Self-directed behavior: self-modification for personal adjustment* (4ª ed.), Monterrey, Calif., Brooks/Cole, 1985.

15. LA ECONOMÍA DE FICHAS

Roger L. Patterson

I. HISTORIA

Afortunadamente, los creadores de la *Economía de Fichas (EF,* Ayllon y Azrin, 1968) nos proporcionaron una explicación de cómo se desarrolló la EF. Estos psicólogos, junto con sus colaboradores, percibieron la necesidad, y una nueva vía, de motivar a los pacientes mentales institucionalizados crónicamente para que actuaran de modo más competente. La necesidad se encontraba ejemplificada por la gran cantidad de personas que residían, de forma continuada, en instituciones mentales y que parecían resistentes a cualquier forma de terapia. La nueva vía consistía en aplicar los métodos del condicionamiento operante para mejorar la conducta de este grupo.

A mediados de los años sesenta, una serie de estudios (p.ej., Ayllon, 1963; Ayllon y Michael, 1959; Isaacs, Thomas y Goldiamond, 1960) habían mostrado que el condicionamiento operante podía emplearse con psicóticos crónicos para producir cambios en una dirección terapéutica. Sin embargo, estos estudios se dirigieron exclusivamente al área laboral y se aplicaron sólo a conductas aisladas. Las necesidades del grupo institucionalizado crónicamente eran tales que se requeriría que un gran número de pacientes cambiase muchas clases de conductas, si es que se quería que los métodos operantes tuvieran un impacto significativo. ¿Cómo se haría esto? Estaba claro que no se podían contratar grandes equipos de psicólogos para que viviesen en las instituciones mentales durante las 24 horas del día, con el objeto de proporcionar dulces, helados, cigarrillos y otros reforzadores consumibles a cada uno de los pacientes, en el afán de emplear técnicas operantes para condicionar conductas más deseables. Debido al trabajo creativo de Ayllon, Azrin y sus colaboradores, se ha hecho evidente que: 1) se puede entrenar al personal de enfermería del centro hospitalario para que emplee la tecnología del condicionamiento operante; y 2) se pueden utilizar reforzadores secundarios en la forma de objetos (fichas) duraderos, no consumibles, en lugar del refuerzo primario de los consumibles, con el fin de crear un sistema de trabajo para la aplicación a gran escala del condicionamiento operante. Estos ingredientes, acompañados por los esfuerzos administrativos apropiados y un adecuado

---

Veteran's Administration Clinic, Daytona Beach, Florida (EE UU)

entrenamiento del personal hospitalario, les permitieron crear el primer sistema de EF.

Su trabajo fue seguido por una serie de otras publicaciones que informaban de éxitos al emplear técnicas muy parecidas (p.ej., Atthowe y Krasner, 1968; Schaeffer y Martin, 1969). Una de las publicaciones más notables y extensas fue la evaluación experimental, a gran escala, de un sistema de EF, por Paul y Lentz (1977), quienes encontraron evidencias más concluyentes con respecto a la eficacia de este enfoque con grandes grupos de pacientes mentales crónicos. El éxito del método con estos sujetos llevó a aplicaciones en los hogares, en las escuelas y en las prisiones, con grupos e individuos muy diversos.

II. DEFINICIÓN Y DESCRIPCIÓN

Según el glosario de White (1971) sobre terminología conductual, una economía de fichas es «un sistema de reforzamiento en el que se administran fichas como refuezo inmediato, fichas que son "respaldadas" posteriormente permitiendo que se cambien por refuerzos más valiosos» (p. 184). Kazdin (1985) cita tres requisitos de una EF: «1) la ficha o medio de intercambio, 2) las recompensas o refuerzos de respaldo que pueden comprarse con las fichas, y 3) el conjunto de reglas que define las interrelaciones entre las conductas específicas que obtienen fichas y los refuerzos de respaldo por los que se pueden cambiar las fichas» (p. 234).

III. FUNDAMENTOS CONCEPTUALES Y EMPÍRICOS

El origen conceptual de la EF proviene del trabajo de Skinner sobre el condicionamiento operante y la extensión que hizo de la aplicación de estas ideas de los animales a los humanos (Skinner, 1953). De este modo, la conducta humana puede cambiarse modificando las consecuencias de esa conducta. La tarea de la terapia, para aquellas personas cuyas conductas se consideran inaceptables para ellas mismas y/o para los demás, consiste en especificar cómo deberían cambiarse esas conductas por medio del empleo adecuado del manejo de las contingencias.

Un segundo fundamento de la EF es el concepto de refuerzo secundario. Es decir, que los estímulos neutrales que se han asociado directamente con los estímulos que sirven para modificar la conducta, puedan también llegar a desempeñar esa función. Hull (1943) introdujo este principio para explicar las conductas que se aprendían, pero que no eran seguidas por un refuerzo primario inmediato.

Los primeros trabajos empíricos que condujeron directamente al desarrollo de la EF, para su empleo con la conducta humana anormal, consistían en demostraciones de laboratorio de que los psicóticos podían ser condicionados de forma operante. Lindsley (1956) llevó a cabo unas primeras demostraciones de esta posibilidad, aunque su trabajo fue sólo una demostración de una conducta condicionada de presión de una palanca, sin objetivos terapéuticos determinados.

Ayllon y sus colaboradores realizaron una serie de estudios, a finales de los años cincuenta y sesenta, que mostraban que el condicionamiento operante, incluyendo el empleo de fichas como reforzadores y la administración de esos procedimientos por personal de enfermería, era positivo (ver Ullman y Krasner, 1965, donde se hallan reimpresiones de éstas y otras publicaciones relacionadas). Por ejemplo, Ayllon y Michael (1959) proporcionaron ejemplos del control práctico, por parte del personal de enfermería, del habla psicótica, de la conducta violenta, de la búsqueda de atención verbal, de la alimentación por uno mismo, del robo de comida, de la acumulación excesiva de objetos, y de otras conductas no deseables. Se utilizaron importantes principios del condicionamiento operante, incluyendo la extinción, el reforzamiento de conducta incompatible y la saciación del estímulo, para especificar las respuestas del personal que producían los cambios deseados. Ninguna de estas demostraciones emplearon fichas. Sin embargo, Haughton y Ayllon (1965) utilizaron fichas para enseñar a una mujer psicótica a llevar una escoba con ella y luego extinguieron dicha conducta. Posteriormente mostraron muchas aplicaciones clínicamente exitosas de la EF.

Los métodos descritos anteriormente están muy individualizados y requieren una pericia considerable. Por ello, puede que no sea práctico el aplicarlos en grandes instituciones, con poco personal. Atthowe y Krasner (1968) fueron capaces de aplicar un sistema de economía de fichas a un grupo amplio, con una supervisión menos intensa, empleando un sistema de «niveles». De este modo, los pacientes que eran muy deficientes en el cuidado de sí mismos y en la realización de las actividades esperadas, podían agruparse juntos y aplicarse a cada uno de ellos un conjunto similar de contingencias. Una vez que un paciente alcanzaba el nivel de actuación esperado para un grupo (nivel) determinado, podía pasar a grupos de nivel superior, que ofrecían mejores condiciones (refuerzos) de vida y requerían habilidades de un nivel superior. De esta forma, se obtuvo el moldeamiento de habilidades por medio del reforzamiento de aproximaciones sucesivas, con menor planificación y tratamiento individuales.

Estas demostraciones de la aplicabilidad del condicionamiento operante, usando reforzadores primarios y secundarios fácilmente disponibles, junto con las demostraciones de una técnica «de producción en masa» en su aplicación, fue lo que hizo popular el empleo de los métodos de EF. Esta popularidad ha llevado a una proliferación de aplicaciones, que se discutirán más adelante.

IV. PROCEDIMIENTO

Muchos escritos sobre terapias se centran en el modo en que el terapeuta individual aplica los procedimientos directamente a un individuo o a pequeños grupos de individuos. Sin embargo, en una economía de fichas, la persona o personas que diseñan y/o dirigen la EF pueden no tener el control directo del funcionamiento de los procedimientos terapéuticos en todas las ocasiones.

El director de la EF (normalmente un psicólogo, enfermero o profesor con entrenamiento conductual), en el escenario habitual, depende de que otra persona observe la conducta y entregue fichas. Esta persona es, generalmente, un empleado institucional que está al cuidado directo de los pacientes, uno o los dos padres o los profesores. [En algunos casos, pueden ser otras personas que han sido tratadas (Kazdin, 1976)]. Así, la EF y los problemas que conlleva su aplicación son distintos de los de la psicoterapia y de muchas otras técnicas conductuales (p.ej., la desensibilización).

Otra manera en que puede diferir la EF es que el director del programa, dentro de cualquier clase de institución, tiene que confiar en el apoyo administrativo. Si los administradores no entienden y no están de acuerdo con los objetivos y las técnicas de la EF, no se puede esperar apoyo, sino, por el contrario, interferencias administrativas.

Cuestiones muy básicas son las tareas del personal hospitalario, de los pacientes residentes y la determinación de plantas o espacios del edificio, así como el suministro ininterrumpido de refuerzos de respaldo. Muchas instituciones tienen la costumbre de trasladar al personal hospitalario y a los pacientes residentes por razones de organización, teniendo poco que ver con programas específicos de tratamiento. Sin embargo, se puede dañar seriamente a un programa de EF si se traslada al personal que ha sido entrenado y se sustituye por personal no entrenado; o si se cambian o limitan los refuerzos disponibles. También es destructivo para la moral del personal y de los pacientes si aquellos que van haciendo progresos se vuelven a destinar arbitrariamente a lugares en los que no funciona un programa de EF.

Por estas razones, el punto de partida para desarrollar una EF en una institución, es el trabajar íntimamente con la administración, que la controla en el desarrollo de los planes. Tiene que haber un acuerdo inicial sobre los objetivos. Los objetivos de un programa de EF tienen que coincidir con, o complementar, los objetivos de la institución general. Los detalles de las tareas del personal, de la utilización del espacio y de tareas que se esperan de los pacientes residentes, tienen que encajar con la política y los procedimientos existentes o bien tiene que haber un acuerdo de la administración para cambiarlos. Debe de haber acuerdo sobre los servicios auxiliares (comidas, tareas de mantenimiento del lugar, etc.), que funcionarán de modo que favorezca y no obstruya la EF. Se tiene que proporcionar dinero para la compra de refuerzos o bien éstos deben estar directamente disponibles. Sobre todo, tiene que haber un acuerdo administrativo para apoyar a la EF a vencer los obstáculos institucionales que surjan.

Una vez que se han obtenido esos acuerdos, los aspectos clave se centran en la selección y el entrenamiento del personal hospitalario. Es difícil determinar características específicas del personal. Sin embargo, un buen comienzo es, a menudo, la *auto*selección. Es decir, si el presunto personal de la EF tiene una idea general de que tendrán que trabajar con los pacientes residentes utilizando procedimientos no médicos, nuevos y diferentes que requieren estrechas interacciones personal-residentes y una gran cantidad de registro de datos y de «trabajo escrito», entonces aquellos que se apunten estarán más dispuestos a aprender los procedimientos necesarios. Se necesita una mínima habilidad para trabajar en un escenario estructurado empleando una estrecha observación y para rellenar con precisión hojas de datos simples. También se necesita una cierta flexibilidad en la aceptación de la conducta de los pacientes residentes y de los procedimientos. Por ejemplo, alguien que exige que todas las camas estén perfectamente hechas todos los días no será, probablemente, bueno para moldear la conducta de hacer la cama. Puede que esa persona se concentre más en la apariencia de la cama que en la conducta del paciente.

El entrenamiento del personal incorpora dos cuestiones inseparables: 1) la iniciación de la conducta deseada en el personal hospitalario; y 2) el mantenimiento de esta conducta. Un procedimiento recomendado consiste en empezar a entrenar por medio de charlas formales, determinadas lecturas y demostraciones. Sin embargo, esto debería dar paso rápidamente al, o ser ampliamente completado con, entrenamiento, utilizando la representación de papeles. Una tercera etapa puede consistir en demostraciones por parte del personal entrenado, ayudado por el moldeamiento cuando sea necesario, sobre cómo llevar a cabo los procedimientos con pacientes reales. No se debería considerar que un miembro del personal está entrenado hasta que muestre realmente dominio de los procedimientos de reforzamiento deseados, incluyendo la observación y el registro precisos. Se necesitarán comprobaciones periódicas por parte de la dirección del programa de EF, con el fin de asegurarse la ausencia de deterioro en la actuación del personal hospitalario. Para la vigilancia de éste serán muy útiles unos listados de las conductas esperadas del personal, junto con una comprobación rutinaria de los datos relativos al progreso de los pacientes.

Se ha hablado de una serie de procedimientos que pueden ser útiles para reforzar periódicamente al personal hospitalario, con el objetivo de moldear y mantener su conducta. Probablemente, el refuerzo más simple, más fácilmente disponible y menos costoso, para *todos* los niveles de personal (incluyendo no solamente al personal que se encarga del cuidado directo, sino también otros profesionales) sea también esencial y, con mucha probabilidad, efectivo; nos referimos a la retroalimentación respecto al progreso de los pacientes. El personal del hospital debería, de forma regular y frecuente, intercambiar datos sobre el progreso que están realizando los residentes a su cargo. [Patterson, Cooke y Liberman (1972) han confeccionado un boletín útil para este propósito]. También se deberían proporcionar datos sobre su propia conducta. Sin duda, la mayor parte de los programas y de las instituciones dirán que ya lo hacen. Sin embargo, en la mayoría de los programas no operantes, la retroalimentación es muy vaga y no contiene datos. El decir al personal que el paciente se encuentra «mejor» o que su (del personal) actuación se halla «por encima de la media» proporciona poca información útil, si la comparamos con datos numéricos que le muestran cuántas tareas ha realizado satisfactoriamente y cuántos éxitos han tenido los sujetos que estaban a tu cargo.

Al inicio del desarrollo del programa tienen que establecerse las clases deseables de conductas objetivo y los procedimientos para seleccionar dichas conductas objetivo. Como un procedimiento más de control del personal hospitalario, debería implicarse a dicho personal, a los padres y a los profesores en la selección de objetivos para individuos y grupos de pacientes.

La conducta meta que se ha de reforzar tiene que basarse en la población correspondiente y en los objetivos de tratamiento. En el pasado, las economías de fichas no han dado, a veces, la importancia adecuada a las relaciones entre la conducta meta y los objetivos del tratamiento. Así, por ejemplo, el objetivo declarado con respecto a los pacientes puede ser su incorporación a la comunidad, pero las únicas conductas reforzadas podrían ser aquellas que promueven la conformidad institucional. La «relevancia de la regla de conducta» de Ayllon y Azrin (1968) afirma: «Enseña sólo aquellas conductas que continuarán siendo reforzadas después del entrenamiento» (p. 49). Esta regla siempre es importante al seleccionar las conductas meta que serán útiles y que es probable que se mantengan después del tratamiento.

Los sistemas de registro de datos son esenciales y deberían diseñarse de modo que los procedimientos para comunicar los resultados sean uniformes dentro de un programa o a través de programas relacionados. La economía de fichas debería comenzar con la recogida de datos, como parte integral de la misma.

Una vez que se llevan a cabo los pasos anteriores, la fase siguiente de un programa institucional consiste en organizar al personal hospitalario, de modo que se dé una adecuada supervisión de los procedimientos de refuerzo y del registro de los datos. El papel del director del programa tiene que estar claro para todos y no verse como algo que interfiere con los procedimientos de enfermería o médicos, necesarios. Un experto en modificación de conducta bien entrenado debería estar disponible continuamente, para ayudar al personal del hospital a mejorar su técnica y para diseñar tratamientos especializados para conductas problema resistentes o poco comunes.

Después de que se han realizado los pasos anteriores, puede comenzar la puesta en marcha de la EF. Obviamente, es necesario que *todo* el personal, maestros o padres (según sea el caso) implicados sepan cuándo proporcionar fichas, y/o refuerzos sociales u otros, y cuándo dejar de hacerlo. En una gran institución no es una tarea simple. En sus libros, Patterson (1976a; Patterson y cols., 1982) ha incluido fórmulas para llevarlo a cabo.

La figura 15.1 presenta un formato utilizado por Patterson (1976b) para describir conductas objetivo y recompensas por medio de fichas, que se puede emplear individualmente con pacientes institucionalizados durante un período de una semana. Hay que señalar que este formato contiene, al final, un apartado en el que se pueden sugerir nuevos objetivos para el individuo. Estos procedimientos de reforzamiento por medio de fichas fueron administrados por el personal de enfermería del centro; y este personal podía sugerir cambios semanalmente en el programa del individuo. Cada semana, el director de la economía de fichas revisaba los resultados de ese período de tiempo; y determinaba, consultando con el personal de enfermería, cómo se tendría que administrar el programa la semana siguiente. La «prescripción» de la economía de fichas, desarrollada de esta manera, se encontraba disponible para todo el personal hospitalario implicado en el sistema de reforzamiento.

Un segundo formato, diseñado para ser utilizado en un programa diario de tratamiento (Patterson, 1976b) aparece en la figura 15.2. Este formato se diferencia del anterior en que incluye un programa, desde las 8:30 a.m. hasta las 3:30 p.m., que contiene tanto actividades programadas para grupos amplios (p.ej., Ensayo de conducta, Bar y socialización, Grupo interpersonal) como otras totalmente individualizadas (p.ej., «Jugar al ajedrez con el señor M»). La sección, en la parte superior de la hoja de registro, denominada «Instrucciones Especiales» podría emplearse para prescribir formas de tratar con la conducta altamente idiosincrásicas. El apartado referente a los «Comentarios» debería utilizarlo el terapeuta para expresar los cambios necesarios en las actividades prescritas o en los programas de reforzamiento. En la práctica, el terapeuta se reúne semanalmente con la persona encargada del programa, con el fin de revisar las hojas con los datos diarios y discutir los cambios necesarios para cada individuo.

FIGURA 15.1. Hoja de planificación del tratamiento por economía de fichas, empleada en un programa de tratamiento dentro de una institución. (Tomada de R. L. Patterson (comp.), *Maintaining effective token economies*, p. 108, Springfield, Ill., Charles C. Thomas, 1976. Copyright 1976 del editor. Reimpreso con permiso).

HOJA DE CONTROL DE LA ECONOMÍA DE FICHAS PARA LA CONDUCTA DE INTERÉS

Paciente ______________________ Terapeutas ______________________

CONDUCTAS OBJETIVO PARA ESTA SEMANA: Basadas en la evaluación previa

Conducta	Programa y cantidad de fichas
1. ______	1. ______
2. ______	2. ______
3. ______	3. ______
4. ______	4. ______
5. ______	5. ______
6. ______	6. ______
7. ______	7. ______

EVALUACIÓN: Comprobar que se realizaron las conductas anteriores. Usar el cero (0) si no se llevó a cabo la conducta correspondiente.

Fechas ________ hasta ________	L	M	X	J	V	S	D	L	M	X	J	V	S	D	
1.															1.
2.															2.
3.															3.
4.															4.
5.															5.
6.															6.
7.															7.

OBJETIVOS NUEVOS SUGERIDOS: Basar los objetivos en la evaluación. Ser específico sobre las conductas y el reforzamiento que se emplea para alcanzar una nueva conducta meta. Añadir comentarios sobre la calidad de la conducta de las semanas anteriores. Ser específico sobre el eslabón en el que se encuentra el paciente en un procedimiento de encadenamiento a la inversa.

FIGURA 15.2. Hoja de planificación del tratamiento por economía de fichas, empleado en un programa de tratamiento de día. (Tomada de R. L. Patterson (comp.), *Maintaining effective token economies* (p. 118), Springfield, Ill., Charles C. Thomas, 1976. Copyright 1976 del editor. Reimpreso con permiso).

PROGRAMA DIARIO

Paciente Terapeuta Fecha

Instrucciones especiales ______________________

	ACTIVIDAD	FICHAS				COMENTARIOS
		Pagar		Cobrar		
8:30 - 9:00	Reunión de planificación					
9:00 - 9:30	Ensayo de conducta					Pagar 2 fichas por cada comentario sobre el ensayo
9:30 - 10:00						de la otra persona. Cobrar 5 por cada risa inapropiada
10:00 - 10:30						
10:30 - 11:00	Bar y Socialización					Pagar 5 si conversa durante 10 minutos
11:30 - 12:00	Preparación de la comida					Pagar 10 por poner las mesas
12:00 - 12:30	Comida					Cobrar 30
12:30 - 1:00	Jugar al ajedrez con el Sr. M.					Pagar 10
1:00 - 1:30	Grupo Interpersonal					Pagar 2 por cada 10 minutos de participación
1:30 - 2:00						
2:00 - 2:30						
2:30 - 3:00	Bar y Socialización					Pagar 5 por 10 minutos de conversación
3:00 - 3:30	Reunión de evaluación					

Comentarios: ______________________

Además de esa información escrita, tiene que darse una comunicación verbal regular de los sistemas de manejo de las contingencias, entre los responsables del personal hospitalario, cada día de trabajo. Se deberían colocar, en lugares muy visibles para todo el personal hospitalario implicado con pacientes determinados y para cada paciente respectivo, listas de conductas objetivo que se encuentran acompañadas por refuerzos de fichas (u otros). De igual manera, pueden estar también accesibles listas de los reforzadores disponibles y de su coste.

Se debería proporcionar retroalimentación en forma de refuerzo verbal a los residentes, de modo que pueda tener lugar el reforzamiento social. También es útil para los residentes tener registros gráficos o escritos de sus realizaciones. Igualmente es necesario la retroalimentación al personal hospitalario sobre sus realizaciones. Debería darse de dos formas:

1) un conteo de las actividades *específicas* esperadas de los miembros del personal que han, y que no han, realizado; y
2) retroalimentación regular de las realizaciones *específicas* de los sujetos que están bajo su custodia.

Puesto que muchos pacientes ganan más de lo que gastan durante períodos de tiempo adecuados, se hace deseable algún sistema de operaciones bancarias para reducir la pérdida y el robo; y también buscar alguna fórmula para reducir el atesoramiento excesivo. Por ejemplo, la hoja mostrada en la figura 15.2 incluye un registro diario de pagos y gastos. Como se muestra en dicha hoja, en la reunión matutina de planificación el paciente podía retirar fichas de sus ahorros de los días anteriores, según se encuentra registrado en un libro de cuentas. En la reunión vespertina de evaluación, todas las fichas que no se habían gastado se depositaban en el «banco» para un uso posterior. Los balances se mantenían regularmente durante cada semana. De este modo, los programas diarios y el libro de cuentas proporcionaban un sistema bancario completo.

En el sistema anterior, el conteo diario y semanal hacía que fuese fácil que el personal hospitalario se diese cuenta y anulase los efectos del atesoramiento y del robo. A cualquier paciente que poseyese o que hubiese gastado más de lo que había ganado, se le podían confiscar fácilmente dichas cantidades a través del banco. Aquellos que tenían menos de lo que las cuentas mostraban que deberían tener, sufrían simplemente las consecuencias de sus pérdidas. El autor ha aplicado este sistema con adolescentes, con una población adulta general y con ancianos, tanto en lugares de tratamiento de día como en lugares residenciales.

Algunos autores (p.ej., Patterson y cols., 1982) insisten en que el reforzamiento de la EF tiene que ir acompañado del refuerzo social y de la retroalimentación positiva sobre la ejecución. La razón de esto es el favorecer la generalización (el reforzamiento social es más común en el ambiente normal); y la retroalimentación positiva hace más obvio el lazo entre el refuerzo y la conducta objetivo específica.

Los comentarios anteriores se aplican, en general, a *todas* las economías de fichas. Sin embargo, hay que señalar que existen algunas diferencias al aplicar los métodos de EF en la casa. La conducta de interés corresponde normalmente a un niño, aunque también se puede cuidar con la EF a los ancianos con problemas mentales y a los adultos mentalmente retrasados. En estos casos, los cuidadores (p.ej., los padres) administran el reforzamiento de la misma manera que dirigen la casa. Afortunadamente, se han publicado algunos métodos (p.ej., Alvord, 1973) que proporcionan formatos ya preparados de instrucciones, evaluaciones y tratamiento conductual. Existen también materiales preparados similares para su uso en la escuela (ver Buckley y Walker, 1970).

V. EVALUACIÓN

Un componente de las economías de fichas que debería incluirse en una discusión de los procedimientos es la evaluación, que puede considerarse, al menos, a dos niveles (Patterson y cols., 1982). La primera cuestión, ¿es eficaz la EF al nivel del individuo y/o de un grupo pequeño de sujetos?: es relevante para todas las economías de fichas. La segunda, ¿es eficaz la EF para satisfacer objetivos a mayor escala, institucionales o gubernamentales?: es relevante para las instituciones.

Los diseños de sujeto único (ver Barlow y Hersen, 1984) constituyen el método de elección para el primer nivel de evaluación. Estos diseños subrayan la medición fiable de conductas bien definidas de los individuos, antes y después de añadir las fichas y otros refuerzos. La suposición es que si la EF produce la conducta, ésta aumentará o disminuirá concurrentemente con la aplicación de las contingencias de reforzamiento. Por ejemplo, Patterson y Teigen (1973) mostraron que un enfoque individualizado de EF era eficaz para reemplazar las respuestas verbales delirantes de una mujer esquizofrénico-paranoide por respuestas verbales que coincidían con su historia real. Se empleó un diseño de línea base múltiple para demostrar que era realmente la EF lo que producía el cambio, en vez de deberse a otros factores. Empleando este diseño, se definieron cinco respuestas delirantes dadas por la mujer, de modo que se pudieran medir de forma fiable por medio de la entrevista estructurada. Después de que se obtuvo la línea base para las cinco respuestas, se introdujeron de forma secuencial las contingencias de la EF para cada respuesta. El hecho de que cada una de las cinco respuestas cambiaba sólo después de que se aplicaban las contingencias a dicha respuesta, proporcionaba una clara evidencia de que el programa de EF era eficaz. Este estudio era poco habitual en el sentido de que incluía también un segundo tipo de diseño, un restablecimiento de las contingencias. Es decir, después de que se modificaron las cinco respuestas, se retiraron todas las contingencias, lo que dio como resultado una reaparición de la conducta. Sin embargo, en este caso, se tuvo que informar al sujeto de que las fichas ya no se daban de forma contingente, antes de que tuviese lugar la reaparición de la conducta.

Patterson y cols. (1982) emplearon una evaluación mucho más compleja, con el propósito de demostrar que un programa a gran escala, con base institucional, era eficaz tanto para lograr objetivos de interés inmediatos para sujetos individuales y grupos como para lograr un objetivo gubernamental. La evaluación general era demasiado compleja para ser presentada aquí, pero se puede resaltar algún resultado. El Estado de Florida estaba interesado en desarrollar un programa para preparar a un grupo de ancianos, que residían en hospitales mentales del Estado, a volver a reintegrarse en la vida de la comunidad. El programa de Patterson y cols. (1982) incluía métodos de EF. Se seleccionó un instrumento de evaluación, la *Community Adjustment Potential Scale,* CAPS [Escala de Ajuste Potencial a la Comunidad]; Hogarty y Ulrich (1972), diseñado por su autor para medir la facilidad de ajuste a la comunidad, como una medida de los resultados. Esta escala era especialmente relevante para el objetivo de interés político. Cambios estadísticamente significativos en esta escala, en las mediciones realizadas antes y durante el tratamiento, mostraron que el programa era eficaz para producir este tipo de cambio. Las medidas realizadas después del tratamiento reforzaron este resultado. Por ejemplo, un estudio comparativo mostró que aquellos que fueron tratados por el programa conductual tenían cuatro veces más probabilidades de vivir en la comunidad que aquellos a los que se les daba un programa de tratamiento estándar.

Otra evaluación de la EF (Frank, Klein y Jacobs, 1982) enfatizó la cuestión del coste-eficacia como un objetivo importante de su evaluación. Fueron capaces de demostrar que su programa multinivel retornaba veinte dólares por cada dólar invertido.

Probablemente la evaluación más compleja y sofisticada de todas, que se encuentra fuera de los propósitos de este capítulo, fue llevada a cabo por Paul y Lentz (1977). Cualquiera que le interese la evaluación de sistemas de EF institucionales a gran escala, debería revisar esta publicación.

Para una supervivencia a largo plazo, es necesaria la retroalimentación positiva a los administradores y a los políticos que controlan el destino de los programas. Por consiguiente, la evaluación es una cuestión importante.

VI. VARIACIONES

Las variaciones en los mecanismos de la aplicación de la EF son numerosas y cada sistema de EF es, probablemente, único en algunos de sus aspectos. Algunos elementos en los que se diferencian las economías de fichas, que se considerarán en este apartado, incluyen las clases de fichas, la aplicación individualizada *versus* aplicación en grupo y las multas. Otras variaciones que se refieren a poblaciones y lugares específicos se tendrán en cuenta en el siguiente apartado referente a las aplicaciones.

Una *ficha* puede ser cualquier símbolo u objeto que pueda otorgarse y más tarde cambiarse por un reforzador primario. Cuando se conceden objetos reales, deben de ser inocuos, duraderos y poder almacenarse fácilmente por los individuos pertinentes. Algunas de las fichas más corrientes han sido objetos tipo monedas de metal o de plástico; tiras de plástico que se puedan atar a alguna especie de cordón que se lleve puesto, como una pulsera o un collar; y vales canjeables o estrellas de papel de colores que se pegan en una cartulina o en un póster para ser exhibidos posteriormente. Algunos sistemas de EF han utilizado dinero corriente o vales canjeables. Con algunas poblaciones que tienen deterioros cognitivos o sensoriales, o con niños pequeños, la recompensa real con objetos puede ser más útil que la exhibición de símbolos. Sin embargo, los objetos pueden perderse o ser robados fácilmente, o incluso tragarse.

En los sistemas que emplean recompensas en forma de símbolos es más fácil seguirles la pista tanto para el paciente como para el personal hospitalario. De este modo, el paciente puede llevar una pequeña tarjeta consigo, tarjeta en la que el personal hospitalario verifica o anota los puntos ganados por conductas específicas. Foreyt (1976) ha descrito también un «sistema de tarjetas taladradas», en el que el personal hospitalario lleva taladradores mecánicos para el papel. Estos taladradores se utilizan para marcar «tarjetas con el cómputo de fichas», tarjetas en las que se hallan impresas las tareas objetivo junto con los posibles pagos por cada una; y también los objetos que se pueden comprar junto con los precios respectivos. Tanto las recompensas como las compras pueden indicarse taladrando las tarjetas en los lugares apropiados.

El cómputo se simplifica en gran medida por el uso de símbolos registrados, en vez del intercambio, el almacenamiento y el conteo de los objetos. Sin embargo, si se tienen que utilizar símbolos como fichas, es necesario que la población objetivo comprenda y valore los símbolos. Con muchas, si no con la mayoría, de las poblaciones será necesario alguna práctica dirigida para el intercambio de puntos o de otros símbolos, con el fin de establecerlos como reforzadores secundarios eficaces.

Los reforzadores de respaldo pueden ser cualquier recompensa práctica que permita el lugar. Se ha utilizado una amplia variedad de comidas, bebidas, elementos de aseo, diversiones, elementos de vestir y privilegios. Siempre es deseable tener disponible una amplia variedad de reforzadores, con el fin de satisfacer las necesidades de diferentes pacientes y para evitar la saciación.

Kazdin (1976) ha proporcionado una discusión buena y concisa sobre la cuestión de la individualización de las economías de fichas. Tanto los individuos como los grupos, dentro de una unidad de tratamiento, pueden ser reforzados de la misma o de distintas maneras. Patterson (1976b) ha descrito una fórmula que proporciona una individualización total de los objetivos y de los reforzadores. Esta fórmula fue útil en una pequeña unidad de investigación y tratamiento (12 camas), con una población muy heterogénea. Dicho sistema proporciona máxima flexibilidad del tratamiento y precisión en la vigilancia del cambio, pero es un trabajo muy intenso y requiere un personal hospitalario bien entrenado. Mucho más comunes son los sistemas de «niveles», en los que grupos de pacientes son considerados como relativamente homogéneos con respecto a ciertas habilidades, como el cuidado de uno mismo y/o el manejo de la casa. Dichos grupos se han descrito anteriormente. Patterson y cols. (1982) describieron un tercer tipo más de individualización. Su programa de tratamiento se dividía en componentes de entrenamiento denominados «módulos». Cada módulo contenía su propio sistema de reforzamiento por fichas y fue diseñado para enseñar, de forma activa, un área de habilidades, como el cuidado de uno mismo básico o avanzado. Aunque las ganancias de fichas eran específicas a ciertas actividades dentro de un módulo, todas las fichas dadas en todos los módulos eran del mismo tipo y se cambiaban en la misma tienda.

Una alternativa al reforzamiento directo de los individuos o de los individuos dentro de grupos consiste en reforzar al grupo en vez de al individuo. Fairweather, Sanders, Maynard y Cressler (1969) han probado este sistema empleando dinero en vez de los reforzadores secundarios normales.

El poner multas en una EF es el procedimiento por medio del cual se retiran las fichas a los pacientes como consecuencia de realizar alguna conducta no deseada. Si se hace con gran cuidado y habilidad, puede ser útil. El requisito de observar una considerable cautela se debe a algunos importantes efectos colaterales del procedimiento. El quitarles fichas a los pacientes puede provocar emociones negativas, que pueden producir problemas adicionales. También se puede forzar a los pacientes a que salgan del programa de EF si las multas exceden a los ingresos. En este punto, las fichas no son útiles. Las multas de fichas pueden igualmente ejercer efectos negativos sobre la conducta del personal hospitalario. Algunos miembros de este personal pueden tener una predisposición previa a emplear el castigo, en vez del refuerzo positivo, para controlar la conducta. Esas personas pueden emplear en exceso las multas si no se les vigila cuidadosamente. También es posible que el personal hospitalario y los pacientes se enzarcen en batallas coercitivas que implican multas. Esta situación es como si el paciente reaccionase a las multas mostrando que no puede ser manipulado y actúa peor. El personal hospitalario reacciona con mayores restricciones y multas, hasta que se agotan todas las posibilidades. A pesar de esos problemas, varios sistemas han utilizado las multas para disminuir, con éxito, conductas no deseadas (ver Kazdin y Bootzin, 1972).

VII. APLICACIONES

La diversidad de aplicaciones de la EF es muy larga, demasiado larga para ser expuesta en un capítulo de esta extensión. Los lugares en los que tiene lugar la puesta en marcha, las conductas objetivo y la población objetivo han diferido ampliamente en los informes publicados. Instituciones que han empleado la EF han incluido hospitales mentales, residencias para deficientes mentales, reformatorios para delincuentes y prisiones. También se han empleado sistemas de economía de fichas en las clases y en escuelas enteras para niños normales. Muchas clases de programas de EF se han empleado en la casa para distintos tipos de sujetos. Los centros de tratamiento de día constituyen lugares de más reciente aplicación.

Los tipos de individuos y las clases de conductas objetivo con los que se han empleado las economías de fichas hasta el año 1990 son tan variados que constituyen toda una sorpresa. Aunque no se puede revisar todo ello aquí, seguidamente se citan algunas de las aplicaciones menos comunes, sacadas de una revisión por ordenador de la literatura de los años 1983-1988, que servirán para ilustrar la diversidad de las aplicaciones más recientes.

Una aplicación poco habitual fue el empleo de fichas para disminuir el robo de comida y fomentar la pérdida de peso en una mujer adulta que padecía el síndrome de Prader-Willi (Page y cols., 1983). Esta enfermedad es una condición de supuesta base orgánica, que tiene como síntomas una relativamente incontrolable conducta de comer y de robar comida, asociada con una grave obesidad. Se utilizaron fichas para reforzar toda conducta que fuese distinta a la de comer y robar comida mientras el sujeto se encontraba en presencia de comida durante las sesiones específicas de entrenamiento. Posteriormente, este tratamiento se amplió al contexto general, proporcionando reforzamiento con fichas por el ejercicio, el peso corporal y el no robar comida en el pabellón de pacientes internos. Más tarde, se mantuvieron programas similares cuando el sujeto salió del hospital para pasar a un grupo apoyado por la comunidad y luego a un apartamento. Este sujeto perdió un total de 37 kilos en un período de tratamiento de dos años.

Se utilizó una sala de clase, en la que el profesor administraba el reforzamiento por fichas (Haring y cols., 1986), para modificar la conducta de dos estudiantes autistas en un instituto de los suburbios. Las conductas meta eran las habilidades de la vida diaria. Este estudio es poco habitual en el aspecto de que el profesor que daba la clase era quien controlaba normalmente el programa. El procedimiento utilizado consistía en reforzar toda conducta que fuese distinta de los movimientos estereotipados.

En una clase se mejoró la conducta de alumnos de escuela elemental (EGB) con problemas en las matemáticas, pero normales en las demás áreas, usando métodos de EF (Pigott, Fantuzo y Clement, 1986). En este estudio, los iguales eran quienes administraban las fichas. Este tratamiento dio como resultado que los sujetos alcanzasen un nivel de desempeño en matemáticas indistinguible de sus compañeros con un nivel normal en esta área.

Recientemente se han empleado técnicas de EF para completar la rehabilitación de adultos con graves daños cerebrales. Giles y Clark-Wilson (1988), dos terapeutas ocupacionales, enseñaron, con éxito, a cuatro sujetos a lavarse y vestirse por sí mismos empleando ayudas verbales, ayudas físicas (cuando era necesario) y reforzamiento por medio de fichas.

La conducta de articulación de palabras en niños con problemas de habla fue la materia de estudio en un trabajo de Mowrer y Conley (1987). Se enseñó a niños de segundo grado *(aproximadamente segundo de EGB)* en escuelas públicas, que confundían los sonidos «s» y «z» entre sí, a pronunciar estos sonidos de acuerdo con el habla inglesa habitual, utilizando tanto el reforzamiento por fichas como la retirada de las fichas (coste de respuesta) por las respuestas incorrectas.

Fox, Hopkins y Anger (1987) llevaron a cabo una aplicación de la EF en la industria. Los mineros del carbón de dos peligrosas minas a cielo abierto podían ganar vales canjeables, por trabajar sin sufrir daños que supusiesen una pérdida de tiempo (como individuos y como grupo), por evitar accidentes que dañasen el equipo de trabajo, por hacer sugerencias útiles para la seguridad y por la conducta poco habitual que evitase accidentes. Perdían vales si ellos u otras personas de su grupo resultaban heridos, causaban daños al equipo de trabajo o no informaban de los accidentes o de los daños. Los resultados de este sistema se reflejaron en notables reducciones de los daños y de los accidentes y de los gastos asociados. Los ahorros producidos excedían con mucho el coste del programa. También hay que señalar que estas mejoras se mantenían durante varios años.

Una aplicación poco habitual de los métodos de EF consistió en el control de la temperatura de la piel utilizando «biofeedback» junto con el dinero como reforzamiento por fichas (Barret y cols., 1987). Los efectos de las dos contingencias de reforzamiento empleadas (reforzamiento positivo *versus* reforzamiento positivo mezclado con el coste de respuesta) no fueron concluyentes, pero los autores recomendaron que se realizase más investigación con el fin de averiguar la eficacia de distintos reforzadores sobre esta clase de respuesta.

Un estudio de Wolber y cols. (1987) comparó los efectos de las fichas solas *versus* las fichas más el reforzamiento social. Los sujetos eran individuos muy retrasados mentalmente y la conducta objetivo consistía en el cepillado de los dientes. Se encontró que el enfoque combinado era más eficaz.

Además de estos estudios anteriores, otros trabajos han incluido niños impulsivos (Schweitzer y Sulzer-Azaroff, 1988); tartamudos (Ingham, 1982); estudiantes con problemas auditivos (Jones, 1984); personas con quejas psicosomáticas (Matson, 1984); niños quemados (para disminuir la conducta de dolor, Kelley y cols., 1984); drogadictos (Pickens y Thompson, 1984); personas con sobrepeso (Colvin, Zopf y Myers, 1983); ancianos (Patterson y cols., 1982); y personas que sufren demencia (McEvoy y Patterson, 1986).

VIII. RESUMEN Y CONCLUSIONES

Las técnicas de economía de fichas, que provienen directamente del condicionamiento operante experimental con personas psicóticas utilizando reforzadores secundarios, se han convertido en uno de los métodos de tratamiento conductual más versátiles que se han desarrollado. Al principio, se pensaba que las economías de fichas constituían programas de tratamiento sólo para las personas con trastornos mentales o con retraso mental, que se hallaban institucionalizadas. Se ha comprobado realmente que son muy útiles en estos lugares. No obstante, hoy día no se piensa en las economías de fichas como *programas* de tratamiento únicamente para grupos específicos, sino más bien como una *técnica* de tratamiento potencialmente útil con cualquier persona o con cualquier grupo, para los que es aconsejable la modificación de la conducta.

IX. LECTURAS PARA PROFUNDIZAR

Alvord, J., *Home token economy: an incentive program for children and their parents,* Champaign, Ill., Research Press, 1973.

Ayllon, T. y Azrin, N., *Economía de fichas: un sistema motivacional para la terapia y rehabilitación,* México, Trillas, 1974 (Or.: 1968).

Buckley, N. K. y Walker, H. M., *Modifying classroom behavior,* Champaign, Ill., Research Press, 1970.

Kazdin, A. E., *The token economy: a review and evaluation,* Nueva York, Plenum Press, 1977.

Nogueira, R., *Psicoterapia de economía de fichas,* Santiago de Compostela, Universidad de Santiago, 1985.

Patterson, R. L., Dupree, L. W., Eberly, D. A., Jackson, G. W., O'Sullivan, M. J., Penner, L. A. y Dee-Kelly, C., *Overcoming deficit of aging: a behavioral approach,* Nueva York, Plenum Press, 1982.

Paul, G. L. y Lentz, R. J., *Psychosocial treatment of chronic mental patients: milieu* versus *social-learning programs,* Cambridge, Mass., Harvard University Press, 1977.

16. EL CONDICIONAMIENTO ENCUBIERTO

ROSA M.ª RAICH

I. INTRODUCCIÓN

Los procedimientos de condicionamiento encubierto quedan definidos al afirmar que estos fenómenos (imágenes, pensamientos...) se rigen por los mismos principios y obedecen a las mismas leyes que los observables. También se supone que los fenómenos encubiertos y los observables interactúan y se influyen mutuamente.

De alguna forma, aunque la descripción presente como fenómenos distintos a los encubiertos y a los observables, es la teoría menos cartesiana que existe al respecto, ya que lo que se afirma es que la conducta incluye todas las reacciones humanas, sean o no observables. Esta disquisición ha venido impuesta en el planteamiento de Cautela de forma histórica. Cuando este autor presentó una serie de intervenciones, muchas de ellas basadas en el condicionamiento operante, tuvo que justificar el empleo de términos y procedimientos en un ámbito de conocimientos muy sólido (el condicionamiento operante) y en el que se había elegido preferentemente una de las modalidades de respuesta: la observable o motora.

El autor precisó de las aportaciones de Wolpe (1958), Bandura (1969), Homme (1965) y Stampfl y Levis (1967) para definir y encuadrar sus técnicas, diferenciándolas de otras más cognitivas. Según Cautela (1977), estas últimas se centran en la importancia de los fenómenos encubiertos, dentro de la modificación de conducta, pero no se ocupan de estos fenómenos en el marco de una teoría del aprendizaje.

Si, por el contrario, nos mantenemos dentro de la visión de *continuum* entre los comportamientos observables y los encubiertos, tenemos presente su interacción, los consideraremos sometidos a las mismas leyes y podemos utilizar los mismos procedimientos (teniendo siempre como variable dependiente el cambio observable), nos encontraríamos en el ámbito del condicionamiento encubierto.

Universidad Autónoma de Barcelona (España)

II. HISTORIA DEL CONDICIONAMIENTO ENCUBIERTO

Mientras la imaginación había sido ampliamente utilizada en Europa con fines terapéuticos, especialmente con el Psicoanálisis (Kazdin, 1978), en América, a partir de Watson (1924), se impulsó el punto de vista de que la conducta humana se divide en observable y no observable y se supuso que en una explicación científica de la conducta humana debían excluirse absolutamente todos los aspectos no manifiestos.

Muchos teóricos del Aprendizaje como Guthrie (1935), Skinner (1938), Hull (1943) y Spence (1956) estudiaron únicamente la conducta animal, que aparentemente estaba menos influida por procesos mediacionales.

Posteriormente muchos conductistas no aceptaron una visión dicotomizada de la conducta humana (Bandura, 1969; Day, 1969; Skinner, 1953, 1963; Terrace, 1971) y consideraron indispensable la incorporación sistemática de los fenómenos no observables al análisis de la conducta. Skinner (1953) y Day (1969) supusieron una equivalencia funcional entre los fenómenos observables y los encubiertos, es decir, que los fenómenos que forman parte del ambiente y los que no son manifiestos tienen el mismo «estatus» en la explicación y control de la conducta humana. Otros, como Homme (1965), mantuvieron que no sólo se han de describir los fenómenos encubiertos sino que se ha de intentar controlar su frecuencia; Terrace (1971) propone que los acontecimientos encubiertos son conductas condicionadas que deben su existencia a una historia de reforzamiento diferencial por parte de otras personas; y Fester (1973) plantea el registro y análisis de la relación funcional entre conducta manifiesta y acontecimientos encubiertos.

A pesar de todas estas manifestaciones, no se generaliza el uso clínico de la imaginación en la terapia de conducta hasta el nacimiento de la desensibilización sistemática (Wolpe, 1958). Según Kazdin (1978), el empleo de la imaginación en las técnicas conductuales era raro antes de Wolpe. Sólo Chapell y Stevenson (1936) utilizaron imágenes para tratar a pacientes hospitalizados con úlceras pépticas. Se les decía que imaginaran escenas positivas cuando se sintieran ansiosos y ello ayudaba a la mejora de los pacientes. Otro pionero en el uso de la imaginación en modificación de conducta fue Salter (1949), pero estas aplicaciones no parecen haber tenido influencia en la terapia de conducta contemporánea. Hasta la aparición de Wolpe, con su preferencia por la desensibilización sistemática en imaginación sobre la desensibilización «en vivo», no empezó a utilizarse frecuentemente este recurso terapéutico.

Las técnicas de condicionamiento encubierto proceden directamente de la desensibilización. Esta técnica está programada para eliminar respuestas de evitación. No existía, sin embargo, ninguna técnica semejante para eliminar respuestas desadaptativas de «acercamiento» como las que se dan en las adicciones. Cautela (1967) desarrolla la *sensibilización encubierta,* que expone junto con material clínico en el que se había utilizado. Este fue el punto de partida del desarrollo de una serie de técnicas basadas en la utilización de la imaginación.

III. DEFINICIÓN Y DESCRIPCIÓN

El *condicionamiento encubierto* es un modelo teórico que se refiere a un conjunto de técnicas que utilizan la imaginación y que pretenden alterar la frecuencia de la respuesta a través de la manipulación de las consecuencias.

Se emplea el término *encubierto* porque se pide al paciente que se *imagine* tanto la conducta objeto de consulta como sus consecuencias.

Aunque se haga una referencia directa a la imaginación, los pensamientos y los sentimientos están también incluidos como procesos encubiertos que pueden ser manipulados por procedimientos de condicionamiento encubierto.

Las técnicas de condicionamiento encubierto son: Reforzamiento Positivo Encubierto (RPE), Reforzamiento Negativo Encubierto (RNE), Sensibilización Encubierta (SE), Extinción Encubierta (EE), Coste de Respuesta Encubierto (CRE), Modelado Encubierto (ME), Detención del Pensamiento (DP) y Tríada de Autocontrol (TA).

Las técnicas de RPE, RNE, SE, EE y CRE están basadas en la teoría del condicionamiento operante. El ME se enmarca en la teoría del aprendizaje social y la DT y la TA como técnicas del autocontrol.

Antes de utilizar alguno de estos procedimientos, es necesario realizar una cuidadosa evaluación de la conducta-problema, evaluando cuáles son los antecedentes y las consecuencias internas y externas de tal conducta (Fernández Ballesteros y Carrobles, 1987). Es decir, se realiza un análisis topográfico que describa detalladamente la conducta problema, en sus tres modalidades de respuesta (motora, fisiológica y cognitiva), y todas las circunstancias que la rodean, a fin de poder hacer un análisis funcional y formular una hipótesis. Una vez delimitados estos aspectos y haber decidido utilizar las técnicas de condicionamiento encubierto comienza el proceso de intervención.

En éste el primer paso consiste en proporcionar al sujeto la explicación razonada de las bases del procedimiento. Upper y Cautela (1977) insisten en demostrar al paciente cómo el ambiente influye en el control de la conducta. Cómo el castigo, la recompensa, la indiferencia y los modelos sociales tienden a producir un aumento, disminución o desaparición de las conductas. Una vez que el paciente ha entendido esta explicación, se plantea la influencia de los pensamientos, imágenes y sentimientos sobre el comportamiento. El te-

CUADRO 16.1. *Modelos teóricos en los que se encuadran las distintas técnicas del condicionamiento encubierto.*

BASADAS EN PROCEDIMIENTOS OPERANTES	
Técnicas de condicionamiento encubierto	*Técnicas operantes*
Reforzamiento positivo encubierto	Reforzamiento positivo
Reforzamiento negativo encubierto	Reforzamiento negativo
Sensibilización encubierta	Castigo directo («positivo»)
Extinción encubierta	Extinción
Coste de respuesta encubierto	Castigo indirecto («negativo»)
BASADAS EN LA TEORÍA DEL APRENDIZAJE SOCIAL	
Técnicas de condicionamiento encubierto	*Técnicas de aprendizaje social*
Modelado encubierto	Modelado
BASADAS EN LA TEORÍA DEL AUTOCONTROL	
Técnicas de condicionamiento encubierto	*Técnicas de autocontrol*
Detención del pensamiento	Control de las consecuencias de la conducta
Tríada de autocontrol	Autoobservación y control de las consecuencias de la conducta
Todas las técnicas citadas en los apartados anteriores usadas como procedimientos de autocontrol.	

rapeuta plantea y demuestra la posibilidad de cambio de éstos a través del aprendizaje, aportando ejemplos clarificadores. Cautela (1977) expone de esta forma la base lógica del procedimiento:

Sus conductas no deseadas tienen lugar principalmente porque son mantenidas por el ambiente. Este le afecta a usted de muchas maneras. Las personas de su alrededor pueden recompensarle, castigarle o ignorarle, y por lo tanto pueden estar manteniendo una determinada conducta. El observar lo que hacen otras personas y lo que les sucede también influye sobre su conducta. Estos son sólo algunos ejemplos. Modificando la manera en que el ambiente le afecta a usted, podemos modificar su conducta. Si usted es recompensado por una conducta adecuada, dicha conducta aumentará. Si es castigado por una conducta inadecuada, ésta disminuirá. Yo le enseñaré técnicas en las que se imaginará a sí mismo o a otra persona realizando una conducta determinada, tras lo cual, imaginará la consecuencia adecuada. Cuando imagine la escena, es importante que participe poniendo en juego todos sus sentidos. Por ejemplo, si está usted paseando por el bosque imagine que siente el viento en la cara, que oye el crujir de las ramas, que ve los rayos del sol entre las hojas y que percibe el aroma de las plantas. Perciba los movimientos de su cuerpo. Lo más importante cuando usted imagine es que sienta que está viviendo realmente la situación, no sólo imaginándosela.

Se pide a continuación al paciente que se imagine una escena y haga una señal cuando dicha escena esté bien clara. El terapeuta formula preguntas acerca de la imagen. Si ésta es suficientemente diáfana, seguirá simplemente con las próximas escenas que se le presenten; si no lo es, se hace imprescindible un entrenamiento en imaginación.

El proceso de un procedimiento encubierto puede ser el siguiente:

a. Entrenamiento en conseguir una visión clara de la imagen (de la conducta problema y de aquello que se usará como reforzador, modelo o castigo).

b. Establecimiento de formas de comunicación entre paciente y terapeuta (por ejemplo, levantar un dedo cuando se vea claramente la imagen). Cambiar la imagen cuando el terapeuta diga: «¡cambio!» o detenerla cuando diga «¡Basta!».

c. Alternancia de imágenes de conductas a cambiar y estímulos reforzadores o aversivos.

d. Entrenamiento en realizar la secuencia el paciente solo, durante la sesión (unas 10 veces).

e. Programación del entrenamiento entre sesiones.

En cada una de las técnicas que se exponen se verá la aplicación de este proceso.

IV. FUNDAMENTOS CONCEPTUALES Y EMPÍRICOS

Según Cautela (1977), los procesos conductuales pueden clasificarse en tres categorías:

1. *Procesos observables.*
2. *Respuestas psicológicas encubiertas* que incluyen a los pensamientos, las imágenes y las sensaciones.
3. *Respuestas fisiológicas encubiertas,* de cuya actividad no se es consciente, o respuestas de las que se es consciente, pero que no son observables para los demás.

Los procesos a los que se aplican las técnicas del condicionamiento encubierto son, obviamente, los señalados en segundo lugar. El marco teórico en el que sitúa el autor a la mayor parte de las técnicas es el del *condicionamiento operante* y sustenta la validez de la aplicación del condicionamiento a los procesos encubiertos en tres supuestos básicos:

1. *Homogeneidad.* Existe continuidad u homogeneidad entre las conductas manifiestas y encubiertas. Por ello es posible transferir las conclusiones derivadas empíricamente de los fenómenos manifiestos a los encubiertos. Es decir, poseen una importancia y unas propiedades similares para explicar, mantener y modificar la conducta.
2. *Interacción.* Existe una interacción entre los procesos encubiertos y los observables. Es decir, los procesos encubiertos pueden influir en los manifiestos y a la inversa. Esto no niega que en ocasiones los procesos encubiertos ocurran simultáneamente con los manifiestos y que a veces sean sólo un simple etiquetaje de los manifiestos. No sólo las conductas encubiertas y manifiestas siguen las mismas leyes, sino que interactúan entre sí según esas leyes.
3. *Aprendizaje.* Los procesos encubiertos y los observables se rigen de forma similar por las leyes del aprendizaje.

Por último, postula que todos los procesos manifiestos encubiertos y fisiológicos son orgánicos y que la clasificación de conducta en tres categorías es una conveniencia para describirlos.

V. TÉCNICAS BASADAS EN EL CONDICIONAMIENTO OPERANTE

V.1. *Reforzamiento positivo encubierto*

Lo que se pretende con el *reforzamiento positivo encubierto (RPE)* es aumentar la frecuencia de una conducta, ya sea ésta interna o externa, a través del reforzamiento positivo en imágenes. Se le pide al sujeto que imagine la conducta-objetivo y a continuación una imagen reforzante para él.

Por ejemplo, si la conducta-objetivo es la de iniciar una conversación, se le pide que se imagine haciéndolo en una situación determinada, sintiéndose cómodo y a continuación se incorpora la imagen reforzante. Es una técnica en cierta manera parecida a la desensibilización sistemática, pero abarca más que ésta, ya que no sólo pueden reforzarse conductas de evitación sino también de aproximación. No es necesario enseñar al sujeto a relajarse ni hacer un listado de ítems.

V.1.1. Aspectos a tener en cuenta en la aplicación de la técnica

Elección de estímulos reforzadores. Para hacerlo pueden usarse tres métodos. Uno de ellos consiste en la utilización del Cuestionario de Refuerzos *(Reinforcement Survey Schedule, RSS)* de Cautela y Kastembaum (1967). Consta de 54 ítems divididos en estímulos reforzadores que pueden presentarse de forma real o imaginada, reforzadores que sólo se pueden presentar de forma imaginada, situaciones que suelen ser reforzantes y conductas cotidianas de alta probabilidad de aparición. Cada uno de los ítems se evalúa en 5 puntos. De entre los que el sujeto ha escogido con una mayor puntuación se seleccionan tres y se hace la prueba de imaginación. Se utilizan finalmente aquellos que el paciente perciba como muy agradables y/o divertidos, que los ve muy claramente y que es capaz de visualizarlos en los 5 segundos inmediatos a su presentación.

Otra manera de elegir los estímulos consiste en preguntar al paciente situaciones, objetos o paisajes que puedan serle agradables y que no aparezcan en el RSS, o bien obtener información a partir de la historia personal del sujeto o de parientes o amigos. Es importante contar con un número elevado de reforzadores para cada paciente, a fin de que no se produzca saciación.

Los conocimientos que ha aportado la psicología experimental al reforzamiento son aplicables al reforzamiento encubierto. Por ello debe tenerse en cuenta:

a. *El número de reforzamientos.* Como la fuerza del condicionamiento aumenta en función del número de reforzamientos, en la consulta se procurará dar el mayor número posible de ensayos de reforzamiento encubierto.

b. *Intervalo entre ensayos.* Con el fin de evitar la inhibición del reforzamiento (Pavlov, 1927), se intentará distribuir los ensayos a lo largo de la sesión dejando al menos un minuto entre uno y otro ensayo.

c. *Inmediatez del reforzamiento.* El reforzamiento debe ser contingente a la respuesta deseada. Se ha de administrar inmediatamente.

d. *Programas de reforzamiento.* La finalidad del reforzamiento encubierto es conseguir una alta tasa de respuestas y aumentar la resistencia a la extinción. Para comenzar el aprendizaje lo más adecuado es un reforzamiento continuo, es decir, reforzar el 100% de las respuestas, pero a medida que se observa que la tasa de respuestas va en aumento es imprescindible pasar a programas de reforzamiento intermitente, especialmente programas de razón variable, que son mucho más resistentes a la extinción.

En este momento, una sesión puede distribuirse de la forma siguiente:

1º. Ensayo + reforzamiento
2º. Ensayo + un minuto en blanco o sencillamente borrar la imagen.
3º. Ensayo + un minuto en blanco o borrar la imagen.
4º. Ensayo + un minuto en blanco o borrar la imagen.
5º. Ensayo + reforzamiento

El reforzamiento se distribuye aleatoriamente sobre una media de 5 ensayos. Se recomienda al paciente que al practicarlo en su casa, también lo tenga en cuenta.

e. *Estado de activación.* Los investigadores del marco operante han manipulado estados de privación, con el fin de incrementar la eficacia del reforzamiento. A pesar de que en la clínica es una variable un poco difícil de controlar, se han hecho algunos intentos. Por ejemplo, si la imagen que se utiliza como reforzante es de comida, se le pide al sujeto que practique antes de comer. Si la imagen es de natación, que la practique en cuanto tenga calor y si es de una escena sexual, que lo haga cuanto sienta gran deseo sexual. De todas formas el terapeuta deberá valorar los pros y los contras de estas circunstancias.

V.1.2. Descripción de la técnica

Un ejemplo de aplicación del RPE lo encontramos en Cautela (1970*c*). Se pretende aumentar las habilidades sociales de un paciente tímido. La descripción de la escena es la siguiente:

Imagínese sentado en casa, deseando tener el valor de llamar a Elena, una chica que le han presentado hace poco y a quien le gustaría conocer mejor. Por fin se decide a llamarla. Hágame una indicación tan pronto como la escena esté clara. (El paciente hace una señal). *«Refuerzo».* (Pausa). *¿Vio usted clara la escena del reforzamiento?* (El paciente responde). *Muy bien, continuemos. Se dirige usted hacia el teléfono, empieza a marcar y respira profundamente para relajarse. Mueva un dedo cuando lo vea claro.* (El paciente hace una señal). *«Refuerzo».* (Pausa). *Termina de marcar, escucha el sonido de la llamada y oye a Elena decir: «¿Dígame?». Usted dice: «Hola Elena, pensé que sería agradable proseguir nuestra conversación de la otra tarde y me preguntaba si querrías venir a tomar una copa el jueves por la noche». Indíqueme* *cuando esté claro.* (El paciente hace una señal). *«Refuerzo». Entonces oye a Elena decir: «Desde luego, me encantará».* (El paciente hace una señal). *«Refuerzo».*

La imagen reforzante que se utilizó en este caso y que el sujeto imaginaba en los momentos de reforzamiento (el terapeuta decía la palabra «refuerzo» y el paciente traía a su mente la escena agradable) fue la de «estar en la playa». Esta imagen podía haber sido ensayada previamente de la siguiente manera:

Esta usted tumbado en la playa, en un caluroso día de verano. Concéntrese en todos los detalles de su alrededor, fíjese en todas las sensaciones. Sienta el sol tostándole la piel y el calor de la toalla. Perciba el frescor del aire. Observe las olas rompiendo en la orilla. Concéntrese en lo bien que está ahora, nadando entre las aguas.

V.1.3. Problemas que pueden surgir en el empleo del RPE

Pobreza de imágenes. Esto, como ya lo hemos mencionado puede solucionarse con un entrenamiento en imaginación. De todas formas el terapeuta debe cuidar muy bien este aspecto, describiendo las imágenes con todo lujo de detalles e incluyendo todas las modalidades sensoriales.

Ausencia de práctica fuera de la consulta. Puede someterse la práctica a un programa de reforzamiento operante o bien usar técnicas de autocontrol o aplicar el RPE a escenas en las que el paciente aparece practicando fuera de la consulta.

Ansiedad. Algunos pacientes manifiestan que están incrementando su acercamiento a situaciones fóbicas pero que experimentan ansiedad. Puede intentarse hacer que se imaginen que están cómodos y tranquilos mientras practican el acercamiento. De todas formas, al finalizar la terapia, no suelen presentar ansiedad.

Posible recuperación espontánea tras el tratamiento. Se impone un sobreaprendizaje continuado al tratamiento, al menos 6 sesiones más.

V.2. *Reforzamiento negativo encubierto*

El *reforzamiento negativo encubierto (RNE)* (Cautela, 1970d) es análogo al reforzamiento negativo operante. La respuesta que se pretende incrementar provoca el cese de un estímulo aversivo.

De este modo, aquella conducta de huida o evitación de un estímulo aversivo se incrementa considerablemente. En este procedimiento se pretende adecuar un estímulo muy aversivo para el sujeto, a nivel imaginativo, y asociar su huida o evitación a una respuesta de baja frecuencia. Esta respuesta puede ser tanto de aproximación como de evitación.

Esta técnica se utiliza sólo como última alternativa, cuando el paciente no ha respondido positivamente al reforzamiento positivo o al modelado encubierto.

V.2.1. Aspectos a tener en cuenta

Elección del estímulo aversivo. Hay varias condiciones que ha de presentar el estímulo aversivo para que sea eficaz: que provoque miedo, que sea muy claro, y que el sujeto pueda ponerle fin de manera inmediata, pues de lo contrario podría producirse un condicionamiento clásico hacia atrás entre la conducta de baja frecuencia y el estímulo altamente aversivo.

Para seleccionar la imagen aversiva puede utilizarse el Inventario de Miedos *(Fear Survey Schedule)* de Wolpe y Lang (1964), entre los que el paciente puede escoger aquellos que le producen mayor ansiedad.

De todos modos, éstos se han de ajustar a las circunstancias particulares del sujeto. Por ejemplo, si lo que expresa es temor a las ratas, sí se precisa su descripción: «callejeras, grises, mugrientas, mostrando sus incisivos de manera agresiva, portadoras de enfermedades, etc.».

Dos de los parámetros principales que afectan al RNE son: la *tasa de respuestas* que está en función de la intensidad del estímulo aversivo (aunque un estímulo extremadamente aversivo puede alterar tanto al organismo, que no sea capaz de realizar la conducta de escape) y el *cese del estímulo nocivo,* ya que cuanto mas próxima al cese de éste aparece la respuesta, más fuerte será el condicionamiento.

V.2.2. Descripción de la técnica

Después de haber escogido la conducta-problema y los estímulos aversivos, se pasa a la exposición terapéutica. Se le pide que cierre los ojos e imagine la escena aversiva (por ejemplo, una rata). Cuando la tenga muy clara y se sienta alterado, ha de avisar al terapeuta con un gesto. Entonces el terapeuta pronunciará la palabra: «Respuesta» que se refiere a la conducta que se ha de incrementar (por ejemplo, para una mujer muy tímida, hablar con un hombre en una reunión). Este paso de una a otra imagen ha de hacerse inmediatamente, ya que si hubiese un solapamiento deberían seleccionarse otros estímulos. En general, no se requieren más de 15 sesiones para producir un aumento significativo de la conducta a incrementar.

V.2.3. Problemas que pueden surgir

Prácticamente son los mismos que en el RPE. Respecto a los temores que pueda tener el terapeuta de que se incremente la reacción hacia el estímulo aversivo, la aplicación de la técnica aporta evidencia en sentido contrario. Es más fácil que se presente una disminución progresiva de la aversión, por un proceso de saciación o de habituación. Sin embargo, Upper y Cautela (1977) aconsejan no utilizar sensaciones de náusea, ya que el cese de éstas puede no ser inmediato.

V.3. *Sensibilización encubierta*

La *sensibilización encubierta (SE)* es análoga al procedimiento operante del *castigo* directo (llamado, a veces, castigo «positivo») y pretende la disminución de la probabilidad de ocurrencia de una conducta por medio de la presentación de un estímulo aversivo imaginado inmediatamente después de la ocurrencia (imaginada) de dicha conducta (no deseada).

Fue la primera de las técnicas encubiertas descritas por Cautela (1966). Está indicada en todas aquellas conductas de aproximación que son desadaptativas. Se ha descrito su eficacia con problemas de alcoholismo, obesidad, conductas delictivas (como robo, violación), conductas obsesivas, o desviaciones de la conducta sexual (exhibicionismo).

V.3.1. Aspectos que es necesario tener en cuenta

Elección de estímulos aversivos. En la elección de estímulos aversivos puede solicitarse al paciente que haga una lista de situaciones que le resulten altamente desagradables y repulsivas. Macià y Méndez (1988) recogieron tres escenas que resultaban especialmente aversivas a su paciente: la boca de un anciano expectorando, un animal muerto en avanzado estado de descomposición y una herida infectada. El estímulo que más a menudo reitera Cautela y que aparece con mayor frecuencia en la literatura es la sensación de vómito, adornada profusamente con todas las modalidades sensoriales. En otros autores aparecen escenas que convierten al objeto del deseo desadaptado en repugnante y desagradable.

V.3.2. Descripción del procedimiento

En la exposición clásica del procedimiento se comienza enseñando a relajarse al paciente (ver capítulo de Vera y Vila, en este volumen). Cuando lo consigue, se le da una explicación razonada de las bases no sólo del tratamiento sino también del problema en sí. Se le dice que no puede dejar de beber o comer o exhibirse (o el problema de que se trate) porque es un hábito sólidamente aprendido que, en la actualidad, le proporciona un alto nivel de agrado. También se le explica que la manera de eliminar su problema es asociar el objeto agradable a un estímulo desagradable. A continuación se solicita que visualice con la mayor claridad posible el objeto agradable (bebida, comida, etc.) y que levante un dedo cuando lo consiga. Una vez ha hecho la señal, tiene que verse a sí mismo acercándose a dicho objeto. Si éste es alcohol, por ejemplo, la descripción podría ser la siguiente:

Está usted encaminándose hacia el bar. Ha decidido beber una cerveza. Está acercándose al bar. Cuando ya está entrando nota una sensación desagradable en su estómago. Siente náuseas y arcadas y un líquido agrio en su boca. Intenta tragarlo, pero al hacerlo empiezan a subir hacia la boca partículas de comida. Usted llega a la barra y pide una cerveza. Cuando se la están sirviendo, nota un vómito incontrolable. Intenta mantener la boca cerrada y tragarlo pero no puede. En el momento en que sus manos tocan el vaso, no puede aguantarlo más, abre la boca y vomita. El vómito cae sobre sus manos, el vaso, la cerveza. Puede verlo flotar sobre la espuma. Su camisa y pantalones están manchados de vómito. Incluso el camarero tiene su camisa manchada. Percibe el hedor que esta extendiéndose más y más. La gente le mira. Se siente peor, va a volver a vomitar. Se da la vuelta y se dirige hacia la puerta. En este mismo momento se siente mejor, cada vez mejor. Cuando sale, nota el aire fresco y agradable de la calle y se siente muy bien. Va a su casa y se limpia, encontrándose cada vez mejor. Cautela (1985a).

Se le pide a continuación que visualice la escena por sí solo y sienta náuseas reales al aproximarse a la bebida. En este ejemplo se incluye una sensación de alivio al alejarse de la situación no adaptativa.

En cada sesión se llevan a cabo generalmente 20 escenas. 10 son descritas por el terapeuta y otras 10 son imaginadas sin descripción. Muchas veces se graban las escenas referidas por el terapeuta a fin de que el paciente pueda practicar en su casa por lo menos dos veces al día.

También se le pide que si en la vida real aparece el estímulo que le incita a realizar la conducta (por ejemplo, la cerveza), se le imagine inmediatamente cubierto de vómito o asociado a otros estímulos aversivos y que emplee la SE cuando advierta la necesidad de llevar a cabo la conducta inadecuada.

V.3.3. Problemas que pueden surgir

Los problemas que pueden surgir en la utilización de la sensibilización encubierta son parecidos a los que ocurren con el uso de terapias aversivas: aparición de hostilidad o agresividad y una cierta falta de cooperación. Se ha de tener en cuenta que en ocasiones es importante aumentar las actividades reforzantes del paciente antes de empezar con la SE, ya que ésta producirá una pérdida de refuerzos.

V.3.4. Variantes de la sensibilización encubierta

Algunos terapeutas utilizan una variante que es la sensibilización encubierta asistida y que consiste en fortalecer la aversión al estímulo mediante el uso de una descarga eléctrica o de una substancia olorosa altamente desagradable (ver capítulo de Cáceres, en este volumen). Esta variación de la técnica parece especialmente útil en el tratamiento del exhibicionismo.

Otra variación es la de instruir al paciente para que se imagine una escena aversiva inmediatamente después de enfrentarse a un estímulo externo que suela desencadenar la cadena de conductas.

V.4. *Extinción encubierta*

El *procedimiento de la extinción encubierta (EE)* pretende la disminución de la probabilidad de una conducta al arreglar que se imagine su ocurrencia en ausencia de un estímulo reforzante que previamente la acompañaba. Esta técnica puede emplearse en conductas desadaptativas de aproximación o de evitación.

Un fumador nos proporciona un ejemplo de la conducta desadaptativa de aproximación. Puede imaginarse aspirando el humo de un cigarrillo, pero sin percibir ningún aroma, sin sentir el humo, sin notar la nicotina y sin sentirse relajado. Un ejemplo de conducta desadaptativa de evitación puede ser la fobia escolar de un niño. Puede imaginar que se quedará en casa jugando con su madre, pero su madre está ocupada fuera de casa y no sabe qué hacer durante todo el día.

V.4.1. Descripción del procedimiento

En la EE se comienza con la explicación razonada sobre el mantenimiento de la conducta por estímulos externos. Por ejemplo, en el caso de un adolescente que presenta constantemente quejas psicosomáticas se le pide que se imagine en la escuela. Está en una clase determinada y nota un ligero dolor de cabeza. Se acerca a la profesora y le dice que no se encuentra bien, pero ésta está tan ajetreada con los otros alumnos que no le oye. Intenta decirlo en las clases posteriores pero nadie puede atenderle. Lo explica a sus compañeros, pero le hablan de otras cosas como de los próximos exámenes y de deportes.

Se le pregunta si vio las escenas claras y cómo se sintió. Si lo ha visto claramente, se le pide que imagine la escena por sí solo y que indique cuando haya acabado. Se realizan 10 escenas que explica el terapeuta, alternándolas con 10 que imagina el paciente solo en una misma sesión. En casa debe practicar por lo menos 10 veces al día. Se le ruega que varíe las escenas y los personajes que intervienen (su madre, sus hermanos, etc.).

V.4.2. Problemas que pueden surgir

Los problemas que pueden surgir son los relativos a la dificultad de visualizar las imágenes o a la falta de comprensión por parte del paciente, de que las conductas están mantenidas por acontecimientos ambientales. Aquí se hace necesaria una ejemplificación clara, con datos, a poder ser que tengan relación con la experiencia del sujeto.

En el procedimiento de extinción operante, se produce un incremento de la tasa de conductas en las primeras sesiones. Será importante advertir al sujeto sobre esta posibilidad y explicar detalladamente que en fases posteriores desaparece.

Por otra parte, en el tratamiento con humanos no existe el mismo control que en el laboratorio. Es posible que conductas desadaptativas que se están intentando extinguir sean reforzadas ocasionalmente en la vida diaria del sujeto. Debe advertirse al paciente que el cambio conductual se irá dando progresivamente pero no linealmente, es decir, que pueden existir altibajos.

A veces pueden presentarse contrariedad o agresividad, como en el castigo, al no recibir el reforzamiento esperado. Lo indicado es lo mismo que en el procedimiento de sensibilización encubierta.

Como en la extinción operante, es importante utilizar al mismo tiempo técnicas de reforzamiento positivo encubierto para incrementar las conductas adaptativas, sean antagónicas o no.

V.5. *Coste de respuesta encubierto*

El *coste de respuesta encubierto (CRE)* es un procedimiento basado en el castigo indirecto (llamado, a veces, castigo «negativo»). Con él se pretende disminuir la frecuencia de una conducta desadaptada imaginando que su ocurrencia está asociada con la pérdida de un reforzador positivo.

Upper y Cautela (1977) justifican la adopción de esta nueva técnica de castigo debido a que, a veces, se hace necesario cambiar los procedimientos. Así pues, aunque la sensibilización encubierta haya demostrado su eficacia, en determinados pacientes puede ser útil el cambio al coste de respuesta encubierto cuando se ha practicado la anterior durante mucho tiempo.

El uso del CRE está indicado tanto para respuestas desadaptativas de aproximación (alcoholismo, obesidad, desviaciones sexuales) como de evitación (miedo a los túneles, a los puentes).

V.5.1. Aspectos a tener en cuenta

Elección del estímulo agradable que se pierde. La consecuencia de la emisión de la respuesta es la pérdida de algo que resulta muy interesante al sujeto. Para facilitar su elección Upper y Cautela (1977) proponen el Cuestionario de Coste de Respuesta Encubierto *(Response Cost Survey Schedule)* que consta de 20 ítems. Entre ellos se encuentran: perder la agenda, que te roben el coche, se estropea tu mejor abrigo, etc. Pide al paciente que evalúe la molestia que le produciría cada una de estas situaciones sobre cinco puntos (desde ninguna hasta muchísima). Para impedir un efecto de habituación se aconseja escoger varias de estas escenas, ya que en una misma sesión pueden alternarse tres o cuatro.

V.5.2. Descripción del procedimiento

Una vez se ha llevado a cabo la evaluación de la conducta desadaptada y se ha concretado en unas secuencias, se escogen las situaciones que resultan más aversivas para el sujeto.

En un caso de obesidad por la ingestión de dulces, especialmente antes de acostarse, se pidió a la paciente que se imaginara ya en camisón a punto de meterse en cama, cuando se dirigía al frigorífico para coger algún alimento. Al abrir la puerta de éste, se decía «¡Cambio!». En este momento debía verse en la puerta del teatro donde había quedado con su marido. Él le pedía las entradas y en este momento recuerda que las ha olvidado en casa (imagen aversiva).

La imagen aversiva se presenta al inicio de la emisión de la conducta desadaptada. Como se ha practicado anteriormente, en el momento que el terapeuta dice, «¡Cambio!», debe representársela inmediatamente. Durante la sesión de tratamiento se alternan 10 imágenes explicadas por el terapeuta con otras tantas que el paciente debe representarse por sí solo. Cuando es suficientemente clara la visión de la conducta y el coste de la respuesta produce un cierto malestar, se le pide que practique en su casa.

Posiblemente sea necesaria una mayor demostración de la eficacia de esta técnica pero en estudios bien controlados se ha observado que es efectiva (Weiner, 1965; Tondo, Lane y Gill, 1975). Es importante tener cuidado al seleccionar el reforzador ya que si es demasiado poderoso el efecto resultante puede ser perturbador para el sujeto.

VI. TÉCNICAS BASADAS EN LA TEORÍA DEL APRENDIZAJE SOCIAL

VI.1. *El modelado encubierto*

Es el aprendizaje de nuevas respuestas o la modificación de respuestas ya existentes, mediante la observación en la imaginación del comportamiento de un modelo y de las consecuencias que le siguen. Esta técnica propuesta por Cautela esta basada en la teoría del aprendizaje social (Bandura, 1969).

Se utiliza, tanto en conductas de aproximación como de evitación. Cautela (1971) adaptó al condicionamiento encubierto los procedimientos de la técnica del modelado, pensado en un principio para aquellos pacientes que afirmaban no poder imaginarse a sí mismos llevando a cabo determinadas conductas (en otras técnicas de condicionamiento encubierto), pero sí a otras personas.

VI.1.1. Aspectos a tener en cuenta

Es necesario explicar al paciente el fundamento teórico en que se basa. Upper y Cautela (1977) lo describen así:

El procedimiento que vamos a seguir se basa en experimentos que demuestran que las personas aprenden nuevos hábitos mediante la observación de otras personas en diferentes situaciones. Esto se suele hacer de modo que las personas observen realmente a otros haciendo cosas. Nosotros vamos a variar un poco el procedimiento, haciendo que usted observe ciertas escenas en la imaginación, en lugar de observar directamente una película o la interacción real entre varias personas. Voy a utilizar escenas que creo le ayudaran a cambiar la conducta que ambos pensamos requiere ser modificada. Dentro de un momento, le pediré que cierre los ojos e intente imaginar, lo más claramente posible, que está observando una determinada situación. Trate de imaginárselo con todos los sentidos. Por ejemplo, intente oír realmente una voz o ver a una persona con una gran claridad. Después de describir la escena, le haré algunas preguntas sobre lo que le hizo sentir y sobre la claridad con que lo imaginó.

Para la elaboración de las escenas se han de tener en cuenta tanto los problemas específicos de los pacientes como los parámetros que afectan al modelado manifiesto. Algunos de estos parámetros son: las conductas de otras personas que siguen a la respuesta del modelo, los procesos atencionales, la capacidad de retención del observador, la práctica encubierta de las respuestas modelos, el prestigio del modelo (Bandura, 1969), el estado de activación (Schachter, 1964) la edad del modelo, y las consecuencias de su conducta (Bandura, 1969).

Asimismo Kazdin (1973, 1974a, 1974b) investigó sobre la eficacia del ME. Comprobó que ésta era mayor cuando se empleaba un modelo de afrontamiento *(coping)* que si se utilizaba un modelo de maestría *(mastery)*. El modelo de afrontamiento inicialmente se muestra indeciso, preocupado, ansioso ante la situación, pero logra sobreponerse y realiza la conducta satisfactoriamente. El modelo de maestría es el que desde el principio se muestra seguro, tranquilo y totalmente a gusto mientras realiza la conducta satisfactoriamente. La superioridad del modelo de afrontamiento es explicable, ya que se sitúa más cerca del sujeto que tiene problemas en la ejecución de una conducta.

VI.1.2. Descripción de la técnica

Una vez que se ha escogido la conducta a cambiar y el modelo adecuado, se procede a describir al sujeto la conducta del modelo. Por ejemplo, a un sujeto que solía sonrojarse siempre que se pronunciaban palabras relacionadas con la homosexualidad y temía que por ello los demás pudieran creer que lo era, se le expone esta imagen (Upper y Cautela, 1977).

Quiero que se imagine que hay dos parejas (aproximadamente de su misma edad) sentadas a la mesa de un restaurante. Está bastante lleno. Todas las mesas están ocupadas y los camareros se mueven con rapidez entre ellas. Las parejas disfrutan de la cena. Uno de los hombres dice en voz alta: «Hay un bar "gay" aquí al lado». El otro se sonroja, pero nadie parece darse cuenta de ello y comienzan a hablar de lo sabrosa que está la comida.

Se pregunta al paciente por la claridad de la escena y por el sentimiento provocado durante la descripción. El tiempo entre escenas varía entre 1 y 5 minutos. En algunos casos sólo se presenta una escena. Cuando el paciente es capaz de imaginarse la escena por sí mismo se intercalan en una misma sesión la reproducción por parte del sujeto, con la que realiza el terapeuta.

En muchas ocasiones se graban las escenas y se pide al paciente que las practique en su casa por lo menos dos veces al día en el período entre sesiones.

El modelado encubierto se ha mostrado especialmente útil en niños (Cautela, 1981; Cautela, 1985b). Este autor nos describe una sesión de tratamiento con una niña de 6 años de edad (Linda) que siempre gemía en lugar de hablar correctamente.

Linda quisiera que te imaginases que estás sentada en el cine viendo una película. En la pantalla hay una niña de 6 años que es rubia, tiene los ojos azules y una sonrisa muy bonita. Su nombre es Minda. (Esta descripción es la misma que la de Linda). Minda va hacia la sala de estar y ve a su madre y hermana hablando. En su mano lleva una muñeca. Cuando se acerca a su madre gimotea, «Mamá, mi muñeca esta rota y no sé como arreglarla». Pero su madre y hermana la ignoran completamente. Siguen hablando como si Minda no existiese. Minda llora y vuelve a decir gimiendo: «Mamá, mi muñeca esta rota. ¡Ayúdame!». Tampoco le hacen caso. Así que Minda decide marcharse. Cuando lo está haciendo oye que su madre dice: «Minda siempre anda gimoteando. ¡Es pesadísimo! En cambio tiene una voz tan bonita cuando habla normalmente!». Y su hermana contesta: «tienes razón». Minda lo oye todo y está muy triste. No quiere que la ignoren ni le gusta que hablen así de ella. Decide probar de nuevo, pero sin gimotear. Minda vuelve a ir a la sala de estar y ve a su madre leyendo el periódico. Piensa: «no voy a gimotear, voy a hablar con una voz normal». Y dice, «Perdona mamá, ¿Estás ocupada?». Su madre contesta «¡Oh no! ¿qué pasa?». Minda: «Mi muñeca está rota ¿ves? ¿Crees que puedes arreglarla?». La madre dice a su hermana: «¿Has oído qué voz tan bonita tiene Minda? Bien, voy a probar de ayudarte a arreglarla». «¡Gracias!» dice Minda. Su hermana sonríe y cuando Minda sale de la sala oye a su madre que dice: «¿Has visto qué bien habla Minda? No ha gimoteado en absoluto». Su familia está orgullosa de Minda y ella también. Se siente feliz y decide no volver a gimotear.

Ya que los niños necesitan aprender nuevas cosas constantemente para adaptarse, que están muy familiarizados con los modelos (a través de TV y cine) y que están más dispuestos a cooperar si no son ellos mismos los que actúan mal, el modelado encubierto parecer ser el tratamiento de elección.

VII. TÉCNICAS BASADAS EN EL AUTOCONTROL

VII.1. *La detención del pensamiento*

La *detención del pensamiento (DP)* es un procedimiento de autocontrol desarrollado para la eliminación de pensamientos obsesivos o perseverantes que son improductivos, irreales y tienden a inhibir la ejecución de la conducta deseada o a iniciar una secuencia de conductas desadaptadas.

Ideada por Bain (1928) y popularizada por Wolpe (1969), esta técnica se ha visto enmarcada bajo diferentes teorías. Por ejemplo, Wolpe (1969) la define como un procedimiento basado en el reforzamiento positivo. «La base probable de este procedimiento es el establecimiento de un hábito inhibitorio mediante el reforzamiento positivo» (Wolpe, 1973).

Otras veces se ha descrito como un procedimiento de reforzamiento negativo según el cual, al interrumpir un pensamiento generador de ansiedad se obtiene un gran alivio y, por ello, se aumenta la probabilidad de interrumpirlo en un futuro.

VII.1.1. Aspectos a tener en cuenta

En primer lugar se ha de llevar a cabo la evaluación que permita concretar cuáles y cómo son los pensamientos perturbadores. Qué estímulos pueden generarlos y cuáles le siguen. Se ha de llegar a la formulación exacta del pensamiento en voz alta. Por ejemplo: «No digo nunca la palabra correcta» o «Por mi culpa se va a estropear el coche».

Se hace una lista de todos los pensamientos perturbadores que el sujeto piensa que están fuera de su control, incluyendo aquellos que pueden tener consecuencias sociales aversivas como el robo o la violación y los que pueden contribuir a formar una imagen negativa de uno mismo.

El Cuestionario de la Detención del Pensamiento *(Thought Stopping Survey Schedule)* de Cautela (1975), puede proporcionar cierta ayuda para hallar los pensamientos más frecuentes en el paciente, entre una lista de 51 ítems. Pero lo más probable es que no sea necesario este recurso, ya que el paciente sufre muy a menudo con ellos y puede verbalizarlos fácilmente. En cualquier caso la formulación del pensamiento se ha de hacer con el vocabulario y de la forma usual del paciente.

Otro aspecto es explicar las bases de la intervención y conseguir que el sujeto comprenda cómo el mantenimiento e incluso los intentos de razonar que él haga respecto a los pensamientos no son productivos ni reales y no le aportan otra cosa que ansiedad y malestar.

VII.1.2. Descripción del procedimiento

Una vez localizado/s el/los pensamiento/s, se pide al sujeto que se siente cómodamente, cierre los ojos y cuando el terapeuta se lo indique empiece a describir en voz alta el pensamiento, como, por ejemplo, «No sirvo para nada». Cuando está en la segunda palabra el terapeuta dice, «¡Basta!» gritando [1].

A continuación el sujeto abre los ojos y el terapeuta le pregunta si ha detenido el pensamiento. Se repite el mismo pensamiento, siendo interrumpido con la palabra «¡Basta!» (o palabras similares, como «¡No!», «¡Alto!», etc.) por el terapeuta. Después es el propio sujeto el que vocaliza la frase y la detiene con una de las palabras anteriores. Finalmente el sujeto realiza toda la secuencia subvocalmente.

Se pueden emplear escenas agradables, que el sujeto puede imaginarse inmediatamente después de detener el pensamiento o en la mitad de una sesión intensa.

En una sesión se suelen alternar interrupciones del pensamiento durante 10 minutos, hasta que el paciente indica que ha aprendido la secuencia. Al final de la sesión se le instruye sobre cómo debe practicar en su casa. En unas horas prefijadas debe repescar los pensamientos perturbadores e interrumpirlos unas 10 ó 12 veces.

En ocasiones, cuando el pensamiento es muy molesto, el sujeto formula objeciones como: «¿pero, oiga, si puedo estar libre de ellos por qué recordarlos?» Es necesario insistir, en este caso, en que sólo debe hacerlo en los momentos especificados (por ejemplo de 9 a $9^1/_4$, de la mañana y de 5 a $5^1/_4$, de la tarde) y que la repetición, voluntaria junto a la detención hará posible el dominio de estos pensamientos incontrolados.

Para el aprendizaje del uso de la detención del pensamiento, debe repetirse la palabra «¡Basta!» en cada uno de los intentos. Posteriormente puede pasarse a un programa intermitente de razón variable en el que sólo se interrumpe vocalmente cada «x» veces.

VII.1.3. Otras consideraciones

Hay diferentes modalidades en el uso de la DP. Wolpe (1969) propone la aplicación de una descarga eléctrica concomitante con la palabra «¡basta!». Considera que puede ser necesario para aquellos sujetos que no responden bien a la forma clásica de la DP. También aporta buenos resultados instruyendo al sujeto para que se siente, se relaje y tenga pensamientos placenteros, pero que en el momento en que aparezca algún pensamiento perturbador accione una bocina o timbre. En este momento el terapeuta dice ¡Basta!

Bellack y Hersen (1977) proponen otra modalidad. Se empieza practicando imágenes positivas y luego se enseña a hacer un cambio rápido de imá-

---

[1] En esta primera fase, el terapeuta puede acompañar esa acción con una fuerte palmada sobre la mesa acentuando así el efecto de la DP. *(Nota del compilador.)*

genes neutras a las positivas, teniendo como señal la palabra «¡Basta!», primero en voz alta y luego subvocalmente. Cuando esta secuencia está aprendida se puede practicar con el objetivo a eliminar.

En general, no es una técnica que se use sola sino que se combina con reforzamiento positivo encubierto (RPE), relajación y sensibilización encubierta (SE).

La técnica de detención del pensamiento está especialmente indicada en los pensamientos de tipo obsesivo o rumiaciones en relación al propio valor personal, pero también puede utilizarse con sentimientos e imágenes o bien con conductas manifiestas.

VII.2. *La tríada de autocontrol*

Es un procedimiento descrito por Cautela (1985c) que se utiliza para disminuir la probabilidad de ocurrencia de una conducta no deseada. Incluye tres aspectos: a) El paciente se dice a sí mismo «¡Basta!», cuando realiza la conducta, encubierta o manifiesta; no deseada, b) respira profundamente, relajándose mientras echa el aire, y c) se imagina una escena agradable.

Es una combinación de técnicas, empleándose la detención del pensamiento, el control de la respuesta fisiológica y el reforzamiento positivo encubierto (RPE). Se suele utilizar conjuntamente con técnicas de reforzamiento positivo (RPE) y reforzamiento negativo (RNE) encubiertas para aumentar la frecuencia de las respuestas adaptativas.

VII.2.1. Otras técnicas encubiertas de autocontrol

Todas las técnicas de reforzamiento encubierto, una vez que el sujeto las ha aprendido durante la intervención, pueden utilizarse posteriormente como recursos de autocontrol.

VIII. APLICACIONES DEL CONDICIONAMIENTO ENCUBIERTO

El condicionamiento encubierto se aplicaba en principio a pacientes adultos en la práctica privada o ambulatoria, pero actualmente su uso se ha extendido a otras poblaciones (niños, adolescentes y ancianos) y a una gran variedad de situaciones (instituciones, escuelas, hospitales).

En la población infantil se ha utilizado para reducir miedos (Cautela, 1981) y ansiedad al hablar (Cradock, Cotler y Jason, 1978), para incrementar la interacción social en niños autistas (Groden, 1980), cambiar determinadas conductas desadaptativas en niños mentalmente retrasados (Groden y Cautela, 1980b).

En general, el condicionamiento encubierto se ha empleado con problemas como malos hábitos de estudio, ansiedad ante los exámenes (Guidry, 1974; Kostka y Galassi, 1974), y desviaciones sexuales, como exhibicionismo (Macià y Méndez, 1988; Costa, 1981; Hughes, 1977), fetichismo (Kolvin, 1967), travestismo (Gershman, 1970), sadismo (Hayes, Brownel y Barlow, 1978) y paidofilia (Barlow, Leitemberg y Agras, 1969).

También se ha utilizado en adicciones, especialmente con el procedimiento de sensibilización encubierta (SE), aunque también con coste de respuesta encubierto (CRE) y técnicas combinadas, se ha tratado el tabaquismo (Cautela, 1970b; Sachs, Bean y Morrow, 1970; Wagner y Bragg, 1970; Lawson y May, 1970; Gerson y Lanyon, 1972; Sipich y Tomas, 1974; Wisocky y Rooney, 1974) y el alcoholismo (Anant, 1967; Cautela, 1966, 1967 y 1970a; Asher y Cautela, 1974; Smith y Gregory, 1976).

Ha sido utilizado igualmente en problemas de falta de asertividad (Kazdin 1974a, 1974b, 1975, 1976b; Hersen y cols., 1979), y también se ha aportado información sobre su aplicación a obsesiones y compulsiones, onicofagia, tricotilomanía, alucinaciones, agorafobia y otros problemas.

IX. COMENTARIO FINAL

En el presente capítulo hemos desarrollado diferentes aspectos relativos a la historia, definición, fundamentos conceptuales y descripción de los procedimientos encubiertos. Hemos dedicado un mayor espacio al último apartado ya que lo que se pretende es proporcionar un instrumento didáctico para hacer factible la aplicación clínica de las técnicas.

Actualmente parece que está claramente aceptada la utilización de las técnicas de condicionamiento encubierto. Hay, ciertamente, diferencias en la efectividad de unas y otras. Por una parte, parece evidente la utilidad de la técnica de la sensibilización encubierta, sobre todo ante trastornos de la conducta sexual. Otras han de mostrar su eficacia en más estudios controlados (como la extinción encubierta o el coste de respuesta encubierta), pero a pesar de ello se hace difícil pensar en intervenciones conductuales sin tener en cuenta las aportaciones de Cautela.

El uso de las terapias aversivas que había visto mermada su posible utilización por razones éticas, pero que seguían manteniendo su necesidad ante determinados comportamientos desadaptados, ha hallado en la sensibilización encubierta (SE) y en el coste de respuesta encubierta (CRE) una salida efectiva.

También otras técnicas como la tradicional detención del pensamiento se han revalorizado.

En conjunto, creemos, que la probada eficacia de muchos de los procedimientos encubiertos y su aplicación a campos cada vez más amplios (en Psicología de la Salud, por ejemplo) y a un espectro de edades diversificado hacen de estas técnicas un instrumento útil para los terapeutas/modificadores de conducta.

X. LECTURAS PARA PROFUNDIZAR

Bellack, A. S. y Hersen, M., *Dictionary of behavior therapy techniques*, Nueva York, Pergamon Press, 1985.

Cautela, J. R. y Kearney, J. (comps.), *The covert conditioning handbook*, Nueva York, Springer, 1986.

Cautela, J. R. y Wall, C. C., «Covert conditioning in clinical practice», en A. Goldstein y E. B. Foa (comps.), *Handbook of behavioral interventions*, Nueva York, Wiley, 1980.

Kazdin, A. E., *Historia de la modificación de conducta*, Bilbao, Desclée de Brouwer, 1983. (Or.: 1978).

Macià Antón, D. y Méndez Carrillo, X., «Condicionamiento encubierto», en D. Macià Antón y X. Méndez Carrillo (comps.), *Aproximación a la evaluación y modificación de conducta*, Murcia, Vinadel, 1986.

Upper, D. y Cautela, J. R., *Condicionamiento encubierto*, Bilbao, Desclée de Brouwer, 1983. (Or.: 1977).

17. BIOFEEDBACK

MIGUEL A. SIMÓN

I. HISTORIA

En sentido literal, el término *biofeedback* (bioinformación, biorretroalimentación, retroacción biológica) se utiliza para aludir a la posibilidad de modificar una respuesta fisiológica en función de la información que se tiene de cómo ésta varía. El biofeedback representa, por tanto, una traslación y aplicación especial del concepto de feedback (Weiner, 1961; Mayr, 1970) a los sistemas biológicos, ya que se parte de la idea de que la retroalimentación (feedback) de los resultados pasados al propio sistema, es un medio eficaz para conseguir el control del mismo.

Probablemente, el término «biofeedback» (BF) apareció por primera vez en 1969, con la formación de una, por entonces, pequeña sociedad en Santa Mónica, California, la Biofeedback Research Society (denominada actualmente Biofeedback Society of America), cuando un grupo de investigadores se reunió para discutir sobre los mecanismos biológicos de retroalimentación, especialmente en el ámbito clínico. Por conveniencia, «feedback biológico» fue abreviado por «biofeedback» (Basmajian, 1981).

Ahora bien, esta posibilidad de controlar voluntariamente las respuestas fisiológicas ha sido objeto de discusión y estudio, por parte de los investigadores, desde hace ya muchos años, por lo que son numerosos los antecedentes que se podrían enumerar, antecedentes entre los que se encuentran los trabajos de Tarchanoff (1885) acerca de la aceleración voluntaria de la frecuencia cardíaca, los estudios de Bair (1901) sobre el control del músculo auricular posterior, las investigaciones de Schultz (1932) y Jacobson (1938) y el desarrollo de sus respectivos métodos de relajación («entrenamiento autógeno» y «relajación progresiva») y, finalmente, los trabajos de la escuela rusa en el ámbito del condicionamiento clásico interoceptivo, especialmente los llevados a cabo por Lisina (1958).

A partir de estos trabajos, numerosos autores empezaron, de forma simultánea, a interesarse por la investigación acerca del control voluntario de diferentes respuestas fisiológicas, tanto en animales como en humanos, momento en el que surge de forma clara y específica la investigación en esta área.

Universidad de Santiago de Compostela (España)

De acuerdo con Fontaine (1981), la aparición del BF ha sido posible gracias a un desarrollo espectacular de la tecnología, que nos ha permitido acceder a las respuestas fisiológicas más importantes y de un modo más preciso, y a un cierto número de investigaciones fundamentales en psicofisiología que, a partir de opciones teóricas distintas, buscan cómo poner bajo control diversas respuestas fisiológicas. Así, como ha destacado Kimmel (1986), es importante resaltar que las investigaciones originales que sirvieron como fundamento y posibilitaron la aparición del BF, se inscriben en lo que podríamos denominar la tradición ortodoxa de la psicología científica.

En este sentido, una de las fuentes más directas que favorecieron la aparición de las técnicas de BF, proviene de los experimentos de condicionamiento operante en el campo de la psicología animal. El condicionamiento de respuestas cardiovasculares en ratas curarizadas, realizado por Neal Miller y sus colegas (Miller y DiCara, 1967; DiCara y Miller, 1968; Miller y Banuazizi, 1968), mostraba directamente que las funciones controladas por el sistema nervioso autónomo podrían ser influidas por el condicionamiento operante.

En esta misma línea, habría que citar los primeros trabajos realizados por los grupos de Kimmel (Kimmel y Hill, 1960; Kimmel y Kimmel, 1963) y Shapiro (Shapiro, Crider y Tursky, 1964; Shapiro y Crider, 1967) en el ámbito de la respuesta galvánica de la piel en humanos.

Estos hallazgos, generados de forma relativamente independiente en la década de los años sesenta, tuvieron repercusiones teóricas importantes, entre las que son de destacar la puesta en tela de juicio de la concepción fisiológica tradicional, según la cual sólo eran voluntarias las respuestas regidas por el sistema nervioso central, mientras que las regidas por el sistema nervioso autónomo eran involuntarias y no susceptibles de control consciente; y por otra parte, el cuestionamiento de la idea más dominante en psicología, que postulaba que las respuestas regidas por el sistema nervioso autónomo sólo podían ser condicionadas clásicamente, quedando relegado el uso del condicionamiento operante al campo de las llamadas respuestas voluntarias.

Sin embargo, tanto las dificultades encontradas posteriormente por parte del propio Miller para replicar estos resultados (Miller y Dworkin, 1974), como las críticas de algunos investigadores (Schwartz, 1973) en el sentido de que la curarización no elimina la posible mediación del sistema nervioso central, han llevado a Miller a reconocer que actualmente «no es prudente confiar en los experimentos sobre animales curarizados para poner de manifiesto el aprendizaje instrumental de respuestas viscerales» (Miller, 1978, p. 376). No obstante, como ha señalado Marcos (1986), si bien a nivel teórico queda todavía por resolver el problema de si realmente las respuestas autónomas son condicionables operantemente de forma directa o mediada (es decir, que se trate de un condicionamiento indirecto que se posibilita a través de cambios musculoesqueléticos o de procesos cognitivos), parece evidente que esto no afecta a la propia utilización clínica del BF, donde se pretende que el sujeto adquiera un control sobre la respuesta objeto de entrenamiento, con independencia de la consideración de que en dicho proceso intervengan o no procesos mediacionales.

Paralelamente a los estudios mencionados, caben citarse también como fuentes importantes del surgimiento del BF, los trabajos realizados en el ámbito del control voluntario de la actividad encefalográfica (Kamiya, 1968; Brown, 1970) y neuromuscular (Marinacci y Horande, 1960; Basmajian, 1963; Jacobs y Felton, 1969). Por lo que a los primeros se refiere, podemos decir que tenían como objetivo enseñar a los sujetos a controlar la aparición del ritmo alfa (8-12 Hz), a través de la presentación de feedback contingente al mismo, estudiando los efectos conductuales de dicho control y su relación con determinados estados de conciencia. De otra parte, los estudios en el terreno de la rehabilitación neuromuscular supusieron, igualmente, un acicate de gran importancia, tanto a nivel aplicado, evidenciando algunas de las posibilidades terapéuticas del BF, como a nivel de investigación básica, donde merece especial mención el trabajo de John Basmajian (1963) acerca del control voluntario de unidades motoras simples.

A partir de estos trabajos, la posibilidad de controlar voluntariamente las respuestas fisiológicas, cuestión que representó inicialmente una curiosidad científica, empezó a estudiarse sistemáticamente y a confrontarse a niveles experimentales y clínicos. Reflejo de este desarrollo e interés es el incremento en la publicación tanto de tratados, textos y compilaciones, como del número de publicaciones periódicas *(Behavioral Medicine, Biofeedback Network, Biofeedback and Self-Regulation,* etc.). La mayoría de estos trabajos representan la aplicación de las técnicas de BF a una amplia gama de respuestas fisiológicas y a trastornos diversos, entre los cuales podríamos incluir las arritmias cardíacas, la epilepsia, la hipertensión, las cefaleas, la incontinencia fecal y distintos trastornos neuromusculares. El objetivo a alcanzar, en todos y cada uno de estos problemas, ha sido la eliminación o reducción del trastorno a través del desarrollo de un adecuado control de la respuesta alterada, por parte del propio sujeto.

Ahora bien, aunque se ha perseguido el control de las respuestas fisiológicas con un interés fundamentalmente clínico y terapéutico, conviene señalar que otro objetivo de gran importancia que centró el interés en el estudio del BF, en ocasiones no suficientemente resaltado, fue la explicación y comprensión del comportamiento humano (Vila, 1980). Así, la utilización de estos procedimientos ha permitido no sólo el acercamiento experimental a los sistemas psicofisiológicos de respuesta desde una óptica marcadamente conductual, sino que también ha generado nuevos enfoques en la investigación sobre la naturaleza del aprendizaje y los principios que lo rigen (Schwartz y Beatty, 1977).

Antes de terminar este breve bosquejo histórico, habría que decir que el BF es una técnica científica que se inscribe en un marco concreto de investigación y actuación. Forma parte indiscutible de lo que se ha dado en llamar «medicina conductual» *(behavioral medicine)*, disciplina que esencialmente representa la aplicación clínica de los principios y técnicas de la modificación de conducta a la evaluación, prevención y tratamiento de trastornos físicos (Pomerleau, 1979).

II. DEFINICIÓN Y DESCRIPCIÓN

II.1. *Concepto de biofeedback*

El BF es una técnica de autocontrol de respuestas fisiológicas, que opera a través de la retroalimentación constante que recibe el sujeto sobre la función que se desea someter a control voluntario. Dando esta información, los sujetos tienen la oportunidad de controlar gradualmente los procesos acerca de los cuales se les está informando, mientras que, sin dicha información, este control sería imposible (Gaarder y Montgomery, 1981). Así, el elemento clave e imprescindible del proceso es la información (feedback) directa, precisa y constante que el sujeto recibe sobre la variable fisiológica de interés.

Téngase en cuenta que para lograr controlar voluntariamente una respuesta fisiológica, es necesario que el cerebro reciba información inmediata de lo que ocurre en el organismo a fin de que pueda aprender a regular su actividad. El BF proporciona al cerebro una bioinformación dinámica con especial referencia a respuestas fisiológicas que, o bien no está incluida en la estructura biológica del organismo, o bien ha podido quedar alterada como consecuencia de un proceso patológico (Blanchard y Epstein, 1977). En este sentido, el BF facilita al sujeto el aprendizaje o autorregulación de tales respuestas (Vila, 1985b), por lo que puede ser concebido como una forma de imposición de un circuito de feedback externo adicional a los circuitos de feedback naturales del sistema de control adaptativo homeostático. Así, el BF potenciaría estos circuitos de feedback naturales o los sustituiría en caso de alteración de los mismos (Carrobles y cols., 1981).

Kamiya (1971) ha señalado que existen tres aspectos básicos que definen al entrenamiento en BF. Primero, la respuesta fisiológica que se desea someter a control debe ser registrada continuamente con la suficiente sensibilidad como para detectar cambios momento-a-momento. Segundo, los cambios que se producen en la variable de interés, objeto de entrenamiento, deben ser retroinformados inmediatamente al sujeto para que éste tenga un conocimiento preciso y exacto de los mismos. Tercero, la persona debe estar motivada para aprender a efectuar los cambios que se pretenden, ya que la premisa básica del BF es que a través del feedback inmediato de la respuesta bajo estudio, un individuo puede conseguir el control de la misma.

II.2. *El proceso de biofeedback*

Una forma de caracterizar al BF es aludiendo a las fases y elementos que lo componen, lo que nos lleva a hablar del proceso de BF, en el que se incluyen las siguientes operaciones básicas (Gaarder y Montgomery, 1981; Carrobles y Godoy, 1987).

1. Detección de la señal
2. Amplificación
3. Procesamiento y simplificación de la señal
4. Conversión de la señal
5. Información al sujeto (feedback) o exposición de la señal.

En la primera fase, tiene lugar la *captación o detección de la respuesta fisiológica.* Para ello, dependiendo de la propia naturaleza de la señal, se utilizarán en unos casos electrodos de registro o sensores apropiados a tal efecto y, en otros casos, transductores que convierten la señal que estamos registrando en una señal eléctrica para su manipulación posterior. Como es sabido, las señales biológicas son de naturaleza y origen diverso, por lo que su captación ha de tener en cuenta las propias características de origen de cada una de las mismas. En lo que a este aspecto se refiere y siguiendo a Brown (1972), podemos diferenciar tres tipos de señales: las de origen bioeléctrico directo, las de origen bioeléctrico indirecto y las de origen físico.

Las *señales bioeléctricas,* tanto *directas* como *indirectas,* son captadas a través de electrodos de registro. La única diferencia, a nivel de captación, entre ambas radica en que en el primer caso, como detectamos la actividad eléctrica directa producida por un órgano o tejido particular, los electrodos serán meros registradores, mientras que en el segundo caso, como la señal constituye una propiedad eléctrica del sistema biológico o fisiológico en cuestión, sólo podrá ser medida indirectamente por comparación con otras señales eléctricas de características conocidas, que se aplican externamente al organismo, por lo que la misma se captará igualmente a través de electrodos, con la única diferencia de que éstos servirán además para aplicar la corriente externa (Vila, 1985a).

Las *señales físicas,* por el contrario, no pueden ser captadas mediante electrodos o sensores. Se trata de fenómenos como la temperatura, el movimiento, la presión o la fuerza, cuyo registro ha de realizarse mediante «transductores», que transforman o convierten las señales físicas en eléctricas, de forma que posteriormente puedan ser manipuladas (p.ej., termistores para la medida de la temperatura).

Una vez captada la señal, ésta es *amplificada* hasta un nivel lo suficientemente alto como para que sea manejable eléctricamente por el sistema. Se trata, en definitiva, de multiplicar la señal de entrada por un factor fijo o controlable, de modo que la misma pueda ser aplicada más tarde a otros aparatos utilizados para registrarla o procesarla. El grado de amplificación de la señal se controla a través del mando de «sensibilidad» del monitor o aparato de BF.

Ahora bien, el incremento de la señal no es la única función que cumplen los amplificadores, sino que también realizan tareas de *filtración.* De este modo, el amplificador sólo aumentará aquellas señales que se encuentren dentro de unos determinados niveles de frecuencia. Esta regulación del paso de banda del amplificador es de gran importancia, ya que nos permite amplificar únicamente aquellas características que definen a la señal de interés, filtrándolas del resto de las señales interfirientes que hayan podido ser registradas por los electrodos (Rugh, 1979). Como es de suponer, a través de esta filtración no se eliminan todos los posibles artefactos; aquellas señales interfirientes que compartan los niveles de frecuencia, seleccionados, de la señal de interés serán amplificadas por el sistema. Para disminuir al máximo este posible efecto, deben tomarse las adecuadas precauciones en lo que se refiere al control e identificación de los artefactos y utilizarse amplificadores diferenciales (Simón, 1989).

Estos aspectos relativos a la filtración de la señal, se incluyen en la *fase de procesamiento y simplificación,* donde «la señal directa manipulada hasta ese momento es filtrada e integrada con objeto de extraer de ella sólo la parte de información necesitada para nuestro objetivo, y que bajo esta forma simplificada se va a facilitar posteriormente al sujeto» (Carrobles y cols., 1981, p. 10). Una vez que la señal ha sido filtrada, ésta podría ser retroalimentada al sujeto y enviada a algún sistema de registro o almacenamiento. Sin embargo, el hecho de que habitualmente se trabaje con señales complejas hace más adecuado que, previa exposición de la señal, ésta sufra algún tipo de procesamiento con el fin de simplificarla, lo cual facilitará su posterior análisis y retroalimentación. Por estos motivos, la señal puede sufrir ahora un proceso de integración, que consiste básicamente en la obtención de la medida promedio de ésta cada ciertos períodos de tiempo (p.ej., 5 segundos). La constante de tiempo de este proceso, puede ser seleccionada igualmente por el clínico de BF en algunos de los aparatos disponibles en el mercado. Igualmente, otra forma de garantizar esta simplificación es proporcionar feedback al sujeto sólo cuando la señal se encuentre por encima o por debajo de un cierto nivel preseleccionado por el terapeuta (umbral).

Si la sensibilidad se refiere al grado en que la señal va a ser amplificada por el aparato, el umbral, por el contrario, hace referencia al valor de la misma que va a ser retroalimentado al sujeto. Hace mención, por consiguiente, al mecanismo de procesamiento de la señal, y no a la amplificación de ésta. El umbral es el valor que el terapeuta manipula cuando está en una sesión de BF para que el sujeto incremente su habilidad de forma gradual (moldeamiento).

La fase cuarta tiene como objetivo *convertir la señal registrada* en formas estimulares que puedan ser fácilmente procesadas por los sujetos. Como veremos seguidamente, entre las más diversas modalidades sensoriales que puede adoptar esta señal, las más utilizadas por los diferentes sistemas de BF son las visuales y las auditivas.

Finalmente, esta señal transformada en otras formas estimulares, es facilitada inmediatamente como *información al sujeto,* con el objetivo de que, a través de esta información, aprenda a controlar o modificar la respuesta en el sentido apropiado, completándose el circuito de feedback cuando la señal previamente registrada es retroalimentada al sujeto (ver figura 17.1).

La cuestión más relevante a tener en cuenta en las dos últimas fases del proceso de BF es la referencia a la modalidad de presentación de la señal. En

FIGURA 17.1. *Componentes típicos de un sistema de biofeedback*

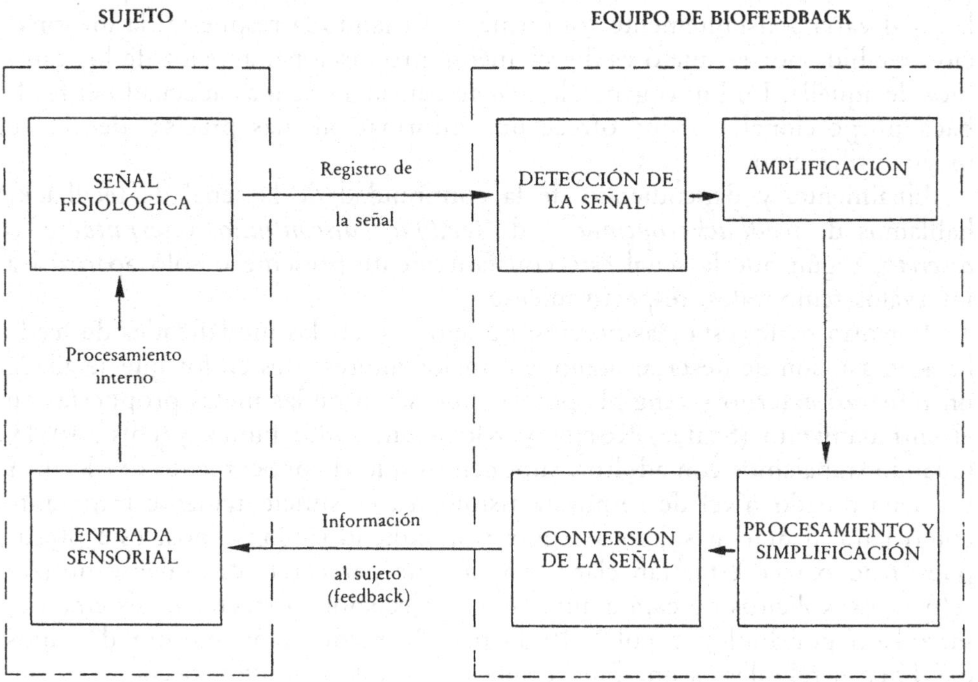

este sentido, tal y como apunta Labrador (1984), hay que distinguir tres aspectos: la modalidad sensorial de la señal presentada, el tipo de información y la relación entre la señal y la respuesta.

Con respecto al primer aspecto, hay que señalar que la forma a través de la cual se trasmite la información al sujeto sobre el estado de uno o varios de sus procesos fisiológicos, suele ser visual, auditiva o ambas simultáneamente. Para la forma visual, lo más frecuente es utilizar una *escala graduada,* con un punto central que representa la línea base media, y con desviaciones a izquierda y derecha representando, respectivamente, los decrementos o incrementos de la respuesta. Otros medios habitualmente empleados de feedback visual consisten en una *fila de luces* que se iluminan o apagan progresiva y correlativamente, según se producen incrementos o disminuciones de la respuesta, *escalas digitales* (donde los números representan el nivel de la actividad), *osciloscopios, cámaras de vídeo, ordenadores,* etc.

En cuanto a la retroalimentación auditiva, hay que decir que ésta se suele presentar a través de un sonido que cambia de tono o frecuencia en función de la actividad del sujeto.

Con referencia al tipo de información, hablamos de feedback binario y de feedback proporcional. El *feedback binario* consiste en establecer un criterio a partir del cual el sujeto recibe información sobre si está por encima o por debajo del mismo. Este criterio es fijado por el terapeuta antes del entrenamiento (Kimmel, 1981). Por el contrario, en el *feedback proporcional,* la señal varía constantemente conforme va variando la respuesta; la información recibida por el sujeto es directamente proporcional al valor de los cambios de aquélla. En líneas generales, suele considerarse más adecuado el feedback proporcional, ya que ofrece una información más precisa; de ahí su mayor utilización.

Finalmente, y dependiendo de la continuidad de la señal de feedback, hablamos de *feedback continuo* y de *feedback discontinuo, intermitente,* o *discreto,* según que la señal esté constantemente presente o sólo aparezca a intervalos temporales, respectivamente.

Por otra parte, esta clasificación no agota todas las modalidades de feedback y, así, son de destacar algunos trabajos interesantes en los que se añade un refuerzo externo y tangible por la superación de las metas propuestas en el entrenamiento (Santee, Keister y Kleinman, 1980; Finley y cols., 1981). Cuando trabajamos con adultos, suponemos que el conocimiento de alcanzar un determinado nivel de respuesta fisiológica es suficientemente reforzante como para alentar al sujeto a seguir respondiendo. Con niños, este presupuesto no parece estar tan claro, por lo que parecería conveniente utilizar refuerzos explícitos de cara a aumentar la ejecución correcta. El sistema desarrollado por Finley y cols. (1981) para la reeducación motora de niños paralítico-cerebrales es una buena muestra de este tipo de proceder.

Los planteamientos precedentes podrían dar lugar a entrar en un análisis sobre las posibles variantes del procedimiento habitual que se sigue en BF. A nuestro modo de ver, éstas y otras «variaciones» que algunos autores han señalado, no implicarían tanto hablar de variantes de procedimiento como tales, al menos en sentido amplio, cuanto que intentar en cada caso la capacidad de control de la respuesta, por parte del sujeto, a través de la búsqueda de una forma adecuada e individualizada de presentación de la retroalimentación. Sin embargo, no cabe duda de que este tipo de proceder puede, en ocasiones, alterar significativamente el procedimiento, introduciendo en el mismo otras técnicas conductuales que, por sí mismas, pueden facilitar el cambio de conducta.

III. FUNDAMENTOS CONCEPTUALES

Como ha señalado Vila (1980), el aspecto central de la investigación básica en BF es el estudio del mecanismo y proceso que regulan el aprendizaje y control de las respuestas fisiológicas. Por lo que a éste se refiere, se ha propuesto un cierto número de planteamientos teóricos para explicar el funcionamiento de las técnicas de la BF. Cada uno de ellos resalta diferentes aspectos causativos para explicar esta posibilidad de control de las respuestas fisiológicas, adoleciendo la mayoría de ellos de ser explicaciones, en cierta medida, parciales y que sólo dan cuenta de algunos de los procesos implicados en este tipo de procedimientos terapéuticos (Puente y cols., 1985). Según Shapiro (1982), entre los modelos más representativos podemos destacar los siguientes: modelo operante, modelos operacionales (somaticomusculares y cognitivos), modelo de aprendizaje de habilidades motoras y modelo cibernético o de sistemas de control autorregulados.

El *modelo operante* ha sido, probablemente, el que proporcionó un mayor ímpetu inicial, tanto en la investigación como en la práctica del BF. Como ya hemos señalado al abordar la historia, la investigación más sistemática en esta área fue estimulada por la cuestión teórica básica de si determinadas respuestas fisiológicas regidas por el sistema nervioso autónomo podrían ser estimuladas de manera operante. La investigación generada desde este planteamiento intentó demostrar el control de diferentes respuestas específicas, utilizando diversos procedimientos de moldeamiento y programas de reforzamiento. Ahora bien, explicar el BF desde planteamientos operantes implica considerar que el feedback que se facilita al sujeto es una modalidad particular de refuerzo. Mientras que en los trabajos típicos de condicionamiento operante el refuerzo consiste habitualmente en una recompensa o un castigo explícitos y contingentes, habitualmente de tipo primario o incondicionado, en el ámbito del BF la información es proporcionada en una forma que podríamos llamar «neutral», a través de cambios en una pantalla o de variaciones en la frecuencia de un tono. Sin embargo, y aunque debe señalarse que en los trabajos de BF los sujetos están muy influidos por su propia motivación para triunfar en la tarea o por el propio refuerzo social del terapeuta, estas influencias carecen, según algunos autores, de las cualidades concretas que presenta el alimento, para un organismo privado previamente del mismo, o los estímulos aversivos tales como la descarga eléctrica (Gaarder y Montgomery, 1981). En definitiva, se discute si la señal de feedback actúa como un reforzador en sentido estricto o si, por el contrario, opera gracias a sus propiedades fundamentalmente informativas, sin que hasta el momento se tengan pruebas concluyentes acerca del papel específico y relativo de ambas variables (Yates, 1980).

Con independencia de los problemas señalados, un aspecto que ha sido y sigue siendo controvertido se refiere a si, en última instancia, este control operante de las respuestas autónomas se produce de forma directa o mediada. Los defensores de la segunda posibilidad han postulado dos modelos mediacionales que presentan explicaciones alternativas al modelo operante. Estos modelos mediacionales se diferencian entre sí en función de la variable que se postula como mediadora del proceso, lo que ha dado lugar a hablar de *mediación somático-muscular* y de *mediación cognitiva* (Carrobles y Godoy, 1987). Desde ambos planteamientos no se discute la posibilidad de control operante de las respuestas autónomas, sino que, por el contrario, lo que se cuestiona es que este proceso tenga lugar de forma directa, sin el concurso, bien de la mediación del sistema musculoesquelético a través de la producción de determinados niveles de relajación muscular o del mantenimiento de un cierto ritmos respiratorio (Mulholland y Peper, 1971; Plotkin, 1976), o bien de determinadas actividades de naturaleza cognitiva, tales como pensamientos o imágenes (Lazarus, 1975; Meichenbaum, 1976) [véanse los trabajos de Benson (1975) y Holmes (1984) para analizar algunas de las evidencias disponibles acerca de esta problemática].

Los investigadores básicos están, por el momento, en desacuerdo acerca de si los cambios autónomos alcanzados por medio del BF son o no son realmente secundarios a los cambios en la actividad cognitiva o somático-muscular. La investigación actual acerca de este posible aprendizaje o control mediado parece de interés por sí misma, con independencia de que pueda aclararnos o no el mecanismo último y definitivo responsable de la eficacia del BF, ya que presenta indudables implicaciones teórico-prácticas. Entre éstas se podría señalar como de una gran transcendencia, el aumento de nuestro conocimiento y comprensión sobre las relaciones entre los niveles de funcionamiento psicológico y fisiológico.

Finalmente, los modelos basados en el *aprendizaje de habilidades motoras* y en la *aproximación cibernética o de sistemas de control autorregulados*, presentan ciertas similitudes en cuanto que dan a la señal de feedback un valor fundamentalmente informativo, derivándose la eficacia del BF de este conocimiento preciso que tiene el sujeto acerca de la respuesta-objetivo. Para el modelo de las habilidades motoras (Lang, 1975), que pretende extender sus postulados a lo que sus propios defensores denominan aprendizaje de habilidades autónomas, el BF implica, por parte del sujeto, el aprendizaje de una tarea altamente discriminativa que sea función directa de la cantidad de información disponible.

Con referencia al modelo cibernético, señalaremos brevemente que dicho modelo parte de la consideración de que el organismo está formado por numerosos sistemas de feedback que, mediante un funcionamiento automatizado, mantienen bajo control el funcionamiento del medio interno, situándolo en unos niveles óptimos de trabajo y garantizando, en definitiva, el mantenimiento de la homeostasis (p.ej., control de la producción de corticoides). En aquellos casos en los que el sistema de control natural ha sufrido alguna anomalía o desajuste (disregulación), como ocurre, por ejemplo, en los trastornos psicofisiológicos, el BF sería un medio de sobreimponer a dichos circuitos de feedback natural un sistema de feedback artificial, que proporcionaría al sujeto información de los mismos y facilitaría así su control (Gaarder y Montgomery, 1981).

Para terminar, sólo mencionar que otros modelos y explicaciones teóricas alternativos a los mencionados son el *modelo de discriminación* de Brener (1974) y el *modelo de los dos procesos* de Lacroix (1981). Esta multiplicidad de modelos, así como el solapamiento de algunos de ellos, hacen que estemos de acuerdo con Puente y cols. (1985) en que uno de los principales problemas que en la actualidad tienen planteados las técnicas de BF sea, precisamente, dar cuenta de los procesos que median o facilitan este tipo de aprendizaje; es decir, explicar de qué manera utiliza el sujeto la información para regular sus procesos internos.

IV. PROCEDIMIENTO

En este apartado vamos a referirnos al modo práctico de proceder de cara a la utilización clínica de las técnicas de BF, especificando aquellos aspectos básicos que caracterizan a la estructura general del tratamiento y al papel que el terapeuta ha de desempeñar a lo largo del mismo. Si bien el procedimiento a seguir presenta ciertas peculiaridades, dependiendo de variables tales como el tipo de técnica que se utilice (p.ej., BF electromiográfico frente a BF de frecuencia cardíaca), trastorno que presenta el sujeto (p.ej., enfermedad de Raynaud frente a incontinencia fecal), características específicas de la situación de entrenamiento, etc., vamos a tratar de presentar un esquema general de actuación que incluya los sucesivos pasos que se dan en todo tratamiento por BF. Para ello, vamos a seguir el diagrama de bloques que se observa en la figura 17.2, en el que se incluyen como fases o ejes básicos de la estructura general del tratamiento los siguientes: evaluación inicial, línea base, fijación de metas, tratamiento, sesiones finales y seguimiento.

IV.1. *Evaluación inicial*

Al igual que ocurre en todo proceso de intervención conductual en psicología clínica, las primeras sesiones están dedicadas a la evaluación del problema

FIGURA 17.2. *Diagrama de bloques de la estructura del tratamiento de biofeedback.*

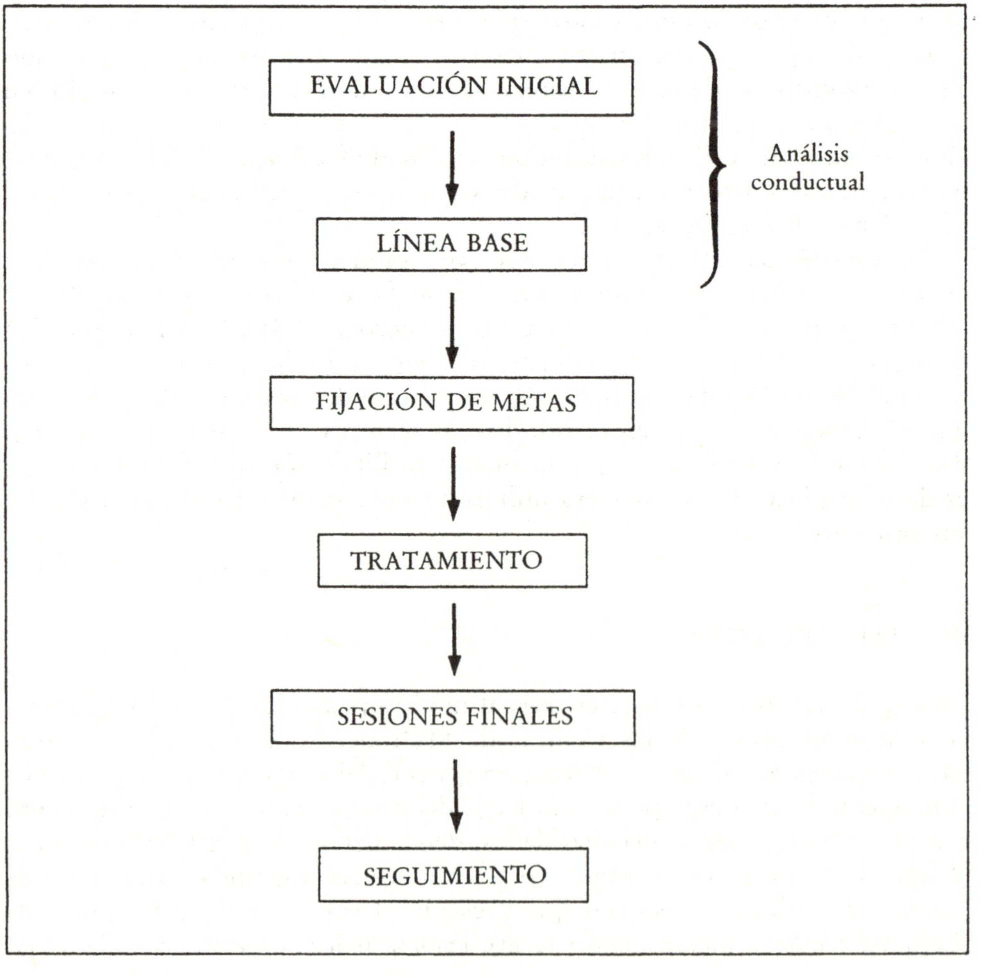

que presenta el problema, lo que proporcionará una delimitación y definición del trastorno en las áreas cognitiva, motora y psicofisiológica. En este momento, y haciendo uso de las distintas técnicas de evaluación (p.ej., entrevista, autoobservación, registros psicofisiológicos, etc.), deberán analizarse tanto el carácter de las alteraciones o respuestas problema, como su localización, intensidad y duración, dedicando una especial atención a la búsqueda de aquellos posibles factores que intensifican o disminuyen las molestias del sujeto. En definitiva, se trata de proceder a la realización de un *análisis funcional,* lo más completo posible, del problema, análisis que nos permita posteriormente establecer hipótesis funcionales acerca de dicho problema, de lo que se derivará el tratamiento a seguir y la conveniencia de la aplicación, o no, del BF.

Resulta igualmente de interés establecer la fecha aproximada de la aparición del problema y su forma de comienzo, determinando cómo influye éste en las distintas facetas de la vida diaria del sujeto y en su relación con otras personas. Este análisis de las repercusiones que tiene el problema sobre la vida ordinaria del paciente (p.ej., en la actividad profesional, en su vida familiar o en su relación con los amigos), nos ofrecerá datos susceptibles de utilizar como indicadores de hasta qué punto está siendo incapacitante para él.

Si se trata de un individuo que ha estado sometido a tratamientos previos, habrán de especificarse las características de éstos y sus resultados, pudiendo además solicitarse un informe sobre datos de investigaciones diagnósticas realizadas en otros centros o instituciones. En estas sesiones de evaluación inicial, se determinará igualmente la actitud del sujeto en relación con su problema, tanto en lo que se refiere a las causas a las que atribuye la aparición, mantenimiento y agravación del mismo, como al tipo de intentos de solución que ha buscado (por sí mismo o recurriendo a profesionales de la salud).

Se han de evaluar también posibles alteraciones a otros niveles del funcionamiento biológico, psicológico y social, aunque éstas no formen, en principio, parte de los motivos que han traído al sujeto a consulta (p.ej., la evaluación de alteraciones a nivel del lenguaje, percepción o memoria en un sujeto con hemiplejía derecha que se nos remite para tratamiento de pie caído por medio del BF). Ni que decir tiene que, dado el ámbito de aplicación de las técnicas de BF y el carácter de muchos de los problemas tratados a través de las mismas, será necesaria una exploración médica detallada y minuciosa, que se desarrollará paralelamente a la evaluación conductual, formando parte ambas de esta primera etapa, que hemos denominado genéricamente evaluación inicial del problema. Por lo que a esto se refiere, es preciso hacer mención del hecho de que la especialización en el campo del BF requiere un conocimiento de la fisiología humana, normal y patológica, y de los distintos sistemas psicofisiológicos de respuesta, con el fin de evitar aproximaciones simplistas a los distintos problemas clínicos y poder programar intervenciones adecuadas y realistas.

Finalmente, deberá indagarse acerca de las expectativas y la motivación del sujeto con respecto al tratamiento con BF, recogiendo información sobre el conocimiento que tiene acerca de esta modalidad terapéutica y la vía a través de la cual ha recurrido a buscar este tipo de ayuda.

IV.2. *Línea base*

El análisis conductual iniciado en la fase anterior tiene su continuidad en el registro de la *línea base.* Durante esta etapa, tal como han indicado Gaarder y Montgomery (1981), el objetivo fundamental que se persigue es obtener un perfil de los niveles de actividad psicofisiológica («perfil psicofisiológico» o «perfil de reactividad psicofisiológica») del sujeto, sin suministrarle ningún tipo de feedback y en condiciones tanto de relajación o reposo como de activación inducida experimentalmente. El procedimiento para obtener este perfil de activación puede presentar pequeñas variaciones según los casos y, así, por citar un ejemplo, si estamos ante un sujeto con patología neuromuscular, este perfil hará obviamente referencia a los niveles de potencial mioeléctrico de los grupos musculares afectados en condiciones de relajación, esfuerzo mínimo y esfuerzo máximo, pudiendo realizarse valoraciones paralelas o simultáneas de otras variables tales como la velocidad de conducción nerviosa (por medio de la electroneurografía), rango de movimiento de las articulaciones implicadas y fuerza de la contracción.

De cara al establecimiento de la línea base conviene tener presente, antes de proceder a efectuar el registro, la espera de un adecuado período de adaptación a los aparatos (aproximadamente, unos 4 minutos) y el mantenimiento del registro en condiciones de relajación durante un tiempo prudencial (alrededor de 10 minutos). Por otro lado, las instrucciones que se le den al sujeto han de ser claras y sencillas, indicándole específicamente que su tarea consiste únicamente en permanecer tranquilo y relajado. En este punto, conviene recordar y tener presentes los criterios de técnicas generales acerca del registro de cualquier respuesta psicofisiológica, tales como preparación de la piel, características y tipo de electrodos a utilizar o, en su caso, transductores, emplazamiento adecuado de éstos, control de posibles artefactos, etc.

Las razones básicas que motivan la obtención del perfil de reactividad psicofisiológica del sujeto durante la línea base (que puede estar compuesta por una o varias sesiones) pueden resumirse en dos. En primer lugar, tener un registro del nivel inicial de respuesta con el que comparar el posible progreso del sujeto a lo largo del tratamiento. En segundo lugar, de cara a seleccionar la variable sobre la que vamos a trabajar, ofreciendo feedback de ésta al sujeto. Por ello, la obtención de este perfil implica la detección y registro simultáneo de diversas respuestas psicofisiológicas, especialmente cuando el terapeuta aún no tiene claro sobre qué respuesta específica intervenir (p.ej., problemas de estrés).

A lo largo de la línea base, puede resultar igualmente de interés la toma de otro tipo de medidas. En este sentido, suele ser frecuente la utilización del autorregistro, que nos ayudará a identificar los factores que facilitan, e incluso provocan, la aparición de la respuesta no deseada y a determinar la frecuencia, intensidad y duración de la misma, aspectos que ya hemos comentado en el apartado anterior. El empleo de este tipo de instrumentos o técnicas de evaluación se suele prolongar hasta el final del tratamiento e incluso hasta el seguimiento.

Llegados a este punto, podemos dar por terminado el análisis conductual, que incluía, en nuestro esquema, a los dos primeros apartados conocidos como evaluación inicial y línea base. Seguidamente entraríamos en la fase que podríamos denominar «fijación de metas».

IV.3. *Fijación de metas*

Los aspectos esenciales que definen esta fase son el *establecimiento del programa conductual* a seguir, con base en las técnicas de BF, y la *delimitación específica de los objetivos* a alcanzar a lo largo del tratamiento. En este sentido, conviene tener presente que en BF se procede siempre de forma gradual, a través del establecimiento de metas explícitas y próximas que contribuyen a alcanzar otras futuras, es decir, a través de un proceso de moldeamiento o reforzamiento gradual de respuestas que sucesivamente se van aproximando a la respuesta meta que se desea alcanzar. Como se podrá suponer, la meta última y definitiva que se persigue es el control, por parte del sujeto, de la respuesta fisiológica objeto de entrenamiento y la reducción o eliminación de los síntomas que presente dicho sujeto.

Además de la fijación de los objetivos a alcanzar, se le debe explicar al sujeto, de un modo fácilmente comprensible para él, cuál es el fundamento de la terapia, en qué consiste y cómo funciona. Se le debe trasmitir, igualmente, cuál es el papel que desempeñan los aparatos, realizando incluso una demostración de su funcionamiento. También deberá hacerse explícito de forma muy clara cuál es la tarea que ha de realizar el paciente a lo largo del entrenamiento y cómo debe guiar su esfuerzo a través de la información proveniente del aparato y del propio terapeuta (Basmajian y Hatch, 1979). La información que se da al paciente sobre la técnica de BF es de vital importancia, ya que parece demostrado que el grado de mejoría del sujeto depende, en gran medida, de su propio conocimiento de la técnica y de la motivación de la tarea, de ahí que se deba cuidar la información que le vamos a proporcionar. Cuanto mayor y más precisa es la información que posee el sujeto sobre el BF, más eficaz se manifiesta la técnica (Marcos, 1986).

Como ha señalado Labrador (1984), esta información que se facilita al sujeto deberá incluir al menos lo siguiente:

a. Exposición de un modelo que conceptualice el trastorno que presenta el sujeto.
b. Señalar la posibilidad de control de la respuesta alterada, a través del entrenamiento directo en su control o de modificaciones a nivel cognitivo.
c. Explicación de qué es y cómo funciona el BF.
d. Aclarar el papel que desempeñan los distintos instrumentos que se van a utilizar.
e. Determinar cuál es el objetivo último del tratamiento.
f. Explicar cuál es la tarea del sujeto y qué es lo que debe realizar a lo largo de las sesiones.

Una vez que estamos seguros de que el paciente comprende perfectamente la tarea que se le encomienda y asume su papel predominantemente activo en el proceso, se pasa a la fase de tratamiento.

IV.4. *Tratamiento*

Después de colocar en el lugar corporal adecuado los electrodos o, en su caso, los transductores, y transcurrido el período de adaptación, que puede aprovecharse para dialogar con el sujeto sobre aspectos relacionados con la terapia o sobre hechos que le hayan acontecido desde la sesión anterior, y que nos ayudarán a forjar una buena alianza de trabajo, se alienta al sujeto para que produzca un *cambio en la respuesta* ayudándose de la retroalimentación proveniente del monitor de feedback y de la información proporcionada por el propio terapeuta. La dirección del cambio dependerá, como es lógico, del problema que presente el sujeto, pudiendo ser tanto una disminución en los niveles de respuesta (p.ej., cefaleas tensionales, hipertensión, control de la espasticidad muscular, etc.), como un aumento de los mismos (p.ej., impotencia, parálisis fláccidas, incontinencia fecal, etc.). Incluso, en algunos problemas concretos, el sujeto ha de ser entrenado para producir tanto incrementos como decrementos (p.ej., disminución de la actividad de músculos espásticos e incremento de actividad en los músculos antagonistas correspondientes, cuando se trata de posibilitar la recuperación de la marcha en hemipléjicos). Sin embargo, en la mayoría de las ocasiones, el entrenamiento suele ser unidireccional y no bidireccional.

Cada sesión suele tener una duración media de entre 30 y 60 minutos, realizándose generalmente no menos de dos a tres veces por semana. La ventaja que presenta el hecho de espaciar un poco las sesiones de entrenamiento es que se puede ir recogiendo información sobre el grado de control que se va produciendo en la respuesta bajo estudio y sobre la generalización del entrenamiento (Labrador, 1984). A lo largo de cada sesión se efectúa una serie de ensayos, los cuales son variables tanto en número como en duración, dependiendo del problema que estemos tratando, de la respuesta objeto de entrenamiento y de las propias características del sujeto. Así, y por lo que se refiere al control de respuestas autónomas, podemos establecer como duración media aproximada de cada ensayo unos cuatro minutos. Por el contrario, y en campos como el de la rehabilitación neuromuscular, cuando el objetivo es incrementar la actividad-EMG de un músculo particular o el rango de movimiento de una articulación determinada, se trata de que el sujeto intente aumentar dicha respuesta realizando un esfuerzo máximo cuya duración se puede cifrar en aproximadamente unos 10 segundos.

Por los motivos enumerados, se comprenderá que son importantes los períodos de descanso de por lo menos 1 minuto entre cada ensayo (intervalo interensayos), ya que el esfuerzo y la concentración que se le exige al sujeto son elevados, por lo que la ausencia o excesiva brevedad de estos períodos lo fatigarían pronto e inhibirían la capacidad de control de la respuesta por parte del paciente.

Al inicio de cada sesión, ha de realizarse una evaluación de la respuesta que servirá como línea base, y posteriormente se comenzará el entrenamiento, ajustando la señal de feedback (con el correspondiente mando de umbral) a las necesidades del paciente, tal como requiere la utilización del principio de moldeamiento por aproximaciones sucesivas.

El terapeuta ha de jugar un papel muy activo durante las sesiones de tratamiento, el cual puede especificarse en los siguientes puntos:

a. Ayudar y alentar continuamente al paciente por medio de la administración cuidadosa de feedback y refuerzo verbal.

b. Poner un poco más altas las metas del siguiente ensayo.

c. Comprobar y controlar que los electrodos están bien conectados y que no se han desplazado de su lugar.

d. Crear un clima de trabajo y colaboración que favorezca el interés y el esfuerzo del paciente.

e. Cambiar la posición del sujeto, si fuera necesario, para obtener mejores resultados.

f. Ayudar al sujeto a poner en marcha estrategias que puedan facilitar el control de la respuesta de interés (p.ej., imágenes mentales, ejercicios de tensión-relajación, etc.).

g. Intentar centrar la atención del sujeto en las sensaciones interoceptivas y propioceptivas que acompañan a determinados niveles de respuesta.

Como ya hemos señalado anteriormente, es importante tener en cuenta que las metas que se fijen deber ser fácilmente alcanzables por el sujeto, desarrollando un moldeamiento adecuado y preciso de la respuesta. Si estamos seguros de que, por ejemplo, el sujeto puede alcanzar una actividad-EMG de 30 μV, sólo le pediremos 25, de modo que aumentará su motivación y dispondrá de refuerzos alcanzables (Bandura y Cervone, 1983). Poco a poco le iremos alentando para que produzca incrementos de la respuesta cada vez mayores.

En algunas ocasiones, se introduce en esta fase la «práctica en casa» o *tareas para casa,* que facilitará la generalización de las habilidades aprendidas por medio de un sobreaprendizaje. En este sentido, algunos terapeutas disponen de aparatos de BF portátiles que el paciente lleva a su casa para practicar dos o tres veces diarias.

IV.5. *Sesiones finales*

La siguiente fase del tratamiento sobreviene al llegar las sesiones finales o terminales. Aquí se comienza a retirar paulatinamente la señal de feedback mientras el paciente intenta producir un determinado cambio en la respuesta. Esto se realiza en diferentes situaciones y posiciones. No se puede decir que el tratamiento de BF ha sido exitoso hasta que el paciente controle la respuesta en ausencia de feedback. Así, después de que una respuesta se ha condicionado bajo refuerzos continuos, el feedback se va atenuando de forma progresiva (programa de reforzamiento intermitente) hasta el punto en el que la persona sea capaz de lograr un control suficiente, tanto con la ayuda del feedback como sin él, y tanto en la situación clínica como fuera de ella.

Además de la atenuación del feedback, puede resultar de interés para este objetivo el sobreaprendizaje de la respuesta-meta. En este sentido, es de destacar que si una respuesta no está sobreaprendida, la capacidad de controlarla puede verse interferida por distintos agentes. Aunque la curva de aprendizaje se haya estabilizado en un punto, es posible que todavía no se haya dado el sobreaprendizaje suficiente para preparar una respuesta duradera y estable.

Igualmente, se puede preparar al sujeto para la transferencia y el mantenimiento, en las situaciones de la vida real, de la autorregulación fisiológica aprendida en la clínica o en el laboratorio, por medio de procedimientos de control de estímulos y del entrenamiento en condiciones atípicas o difíciles (Lynn y Freedman, 1981).

IV.6. *Seguimiento*

Finalmente, se entra en el seguimiento, última fase de la terapia de BF, a lo largo de la cual, y en períodos de tiempo previamente determinados, se toman medidas de la respuesta, en ausencia de feedback, para analizar la evolución del sujeto y observar si el grado de control alcanzado se ha perdido o deteriorado.

Lo más habitual es que los períodos de seguimiento se establezcan al cabo de uno, tres, seis y doce meses. Finalizado el seguimiento, caso de no observarse alteraciones en el control de la respuesta, se da por terminado el proceso terapéutico. De no ocurrir así, será preciso revisar el proceso, detectar las posibles anomalías e instaurar las medidas terapéuticas que se consideren más oportunas para la resolución satisfactoria del problema que afecta al sujeto.

V. APLICACIONES CLÍNICAS

V.1. *Disfunciones cardiovasculares*

Las técnicas de BF se han utilizado fundamentalmente en tres variedades de trastornos: arritmias, hipertensión y trastornos circulatorios periféricos.

V.1.1 Arritmias

Las arritmias pueden ser caracterizadas como alteraciones en la frecuencia del latido cardíaco o en la formación o conducción del impulso que lo genera. En esta área, los principales tipos de trastornos que han sido tratados con BF son la taquicardia sinusal (Scott y cols., 1973), Blanchard y Abel, 1976; Labrador, 1983) y las contracciones ventriculares prematuras (Pickering y Miller, 1977; Brody, Davison y Brody, 1985), si bien se han realizado algunas aplicaciones en otros trastornos, como es el caso del síndrome de Wolff-Parkinson-White (Bleecker y Engel, 1973).

La mayor parte de los trabajos realizados han utilizado BF de frecuencia cardíaca, solo o en combinación con otras técnicas conductuales. Esta modalidad de BF implica la medición de la frecuencia del latido cardíaco, de cara a informar al sujeto del número de pulsaciones por minuto, efectuándose dicha medición de forma directa, a partir de la señal del electrocardiograma (EKG), o bien de forma indirecta, a partir del pulso y mediante el empleo de transductores tanto fotoeléctricos como de presión.

En líneas generales, los resultados obtenidos con el empleo de las técnicas de BF en el campo de las arritmias son muy positivos, especialmente si se tiene en cuenta que el tratamiento farmacológico de estos trastornos presenta, a menudo, fuertes efectos secundarios y bajas tasas de adherencia. Si se enseña a estos sujetos a controlar sus respuestas cardiovasculares hasta el punto de no precisar la toma de medicación, o si al menos se posibilita un funcionamiento adecuado del sistema cardiovascular con el empleo de fármacos menos potentes o en dosis más reducidas, los riesgos que entraña este tipo de trastornos serían reducidos considerablemente. Por estos motivos, parece conveniente fomentar la investigación clínica de este tipo de trastornos mediante la realización de estudios controlados que incluyan períodos de seguimiento prolongados y controles adecuados.

V.1.2. Hipertensión

La hipertensión se refiere a un incremento en los niveles de presión arterial por encima de los 140 mm Hg para la presión sistólica y de 90 mm Hg para la presión diastólica. La mayor parte de los estudios realizados con BF se han centrado en la denominada hipertensión esencial o idiopática, que se refiere a una elevación anómala en los niveles de presión en ausencia de causa orgánica identificable.

Las investigaciones realizadas sobre el tratamiento de la hipertensión por medio de BF pueden agruparse en dos categorías. Una primera, agruparía a aquellos trabajos en los que la variable fisiológica que es retroalimentada al sujeto es la propia presión arterial, bien a través del esfigmomanómetro (que proporciona un feedback discreto y binario) o del análisis de la velocidad del pulso sanguíneo (que a pesar de ser también una medida indirecta de la presión no presenta los problemas de la anterior, proporcionando una información más continua) (Labrador, 1984). Una segunda categoría agruparía a aquellos estudios en los que el feedback que se proporciona no es de la propia presión arterial, sino de variables tales como la actividad electrodérmica, electromiográfica, temperatura de la piel, etc. Los sujetos serán alentados para controlar estas otras respuestas fisiológicas, mientras se examinan los posibles cambios concomitantes en los niveles de presión.

En líneas generales, como han señalado Pegalajar y Vila (1985), está todavía por demostrarse la utilidad específica del BF para el tratamiento de la hipertensión, ya que los resultados obtenidos en los distintos estudios indican patrones inconsistentes de mejora (Elder y Eustis, 1975; Goldstein y cols., 1982; McGrady y cols., 1983) [véase Shapiro y Goldstein (1982) para un análisis de algunos de los posibles factores explicativos de esta disparidad de resultados]. Un aspecto de especial importancia, por lo que a esto se refiere, es el desconocimiento de si los efectos fisiológicos de las distintas modalidades de BF son semejantes o si, por el contrario, difieren. Así, no está claro si un procedimiento concreto ocasiona decrementos en la presión arterial a través de una reducción de la salida cardíaca, de la resistencia periférica, o de ambos simultáneamente. Incluso, las revisiones llevadas a cabo (Shapiro, 1980) han destacado que tanto los procedimientos de BF como la relajación producen efectos comparables sobre la normalización de los valores de presión arterial, sin estar clara la significación clínica de los mismos.

V.1.3. Trastornos circulatorios periféricos

En esta área destacan las aplicaciones de las técnicas de BF a las migrañas y a la enfermedad de Raynaud.

Migrañas

Las técnicas de BF más frecuentemente utilizadas en el tratamiento de las migrañas han sido el BF de temperatura (ST-BF) y el BF de respuesta vasomotora (VMR-BF), si bien se han llevado a cabo algunos trabajos utilizando también BF electromiográfico.

Por lo que respecta al BF de temperatura (ST-BF), diremos que informa de cambios en la temperatura superficial o cutánea de una zona previamente seleccionada de la superficie del cuerpo (Gaarder y Montgomey, 1981). Como es sabido, la temperatura de la piel es una función de la circulación superficial, la temperatura ambiente y la circulación de aire alrededor de la zona en la que se va a realizar la medida, por lo que la detección y registro de la misma a través de termosensores se emplea habitualmente como medida indirecta de la circulación periférica, de cara a detectar defectos en el sistema circulatorio. Desde las primeras aplicaciones del ST-BF al tratamiento de las migrañas (Sargent, Green y Walters, 1972), se han realizado numerosos estudios encaminados a evaluar la eficacia de esta técnica sola o en combinación con el entrenamiento autógeno y otras técnicas de relajación (Kewman y Roberts, 1980; Gamble y Elder, 1983; Sargent y cols., 1986). De acuerdo con Blanchard y Andrasik (1987) podemos concluir, a partir de los distintos estudios, que el ST-BF combinado con entrenamiento autógeno presenta unos efectos claramente superiores a los de la mera autoobservación o autorregistro de episodios de dolor y a la aplicación aislada del ST-BF. Sin embargo, no parece estar tan claro si esta combinación es más eficaz que el entrenamiento en relajación solo.

Con respecto al VMR-BF, hay que decir que en principio es una modalidad terapéutica mucho más específica que la anterior, para el tratamiento de las migrañas, ya que se facilita al sujeto información sobre el volumen sanguíneo de las arterias extracraneales, generalmente la arteria temporal, y a través de transductores fotoeléctricos (Fernández Abascal y Roa, 1983). Las aplicaciones llevadas a cabo utilizando esta técnica (Bild y Adams, 1980; Gauthier y cols., 1983) muestran que, en general, se trata de un procedimiento eficaz, probablemente la técnica de BF con más utilidad potencial en este campo, a pesar de que los estudios comparativos no son consistentes en la hora de determinar las ventajas de unos métodos sobre otros (Carrobles y Godoy, 1987). Si a esto se añaden la falta de criterios apropiados para la definición de las migrañas (Yates, 1980) y los numerosos problemas metodológicos que caracterizan a gran parte de los estudios clínicos realizados (Aguilar, 1984), entonces parece necesaria una mayor profundización en esta área y una reconsideración de los planteamientos básicos que han llevado a los investigadores a proponer algunas de estas modalidades de tratamiento. En este sentido, podría resultar muy fructífero orientar la investigación desde los modelos propuestos por Bakal y Kaganov (1979) y Vallejo y Labrador (1983).

Enfermedad de Raynaud

La enfermedad de Raynaud es un trastorno de la circulación periférica caracterizado por vasoespasmos episódicos y cambios de coloración de la piel asociados a los mismos, que se presentan, fundamentalmente, en los dedos de las manos —raramente el pulgar—, algunas veces en los pies, y ocasionalmente con progresión del espasmo desde los dedos hasta las articulaciones del codo o de la rodilla. La etiología de este trastorno en su forma idiopática no está clara, habiéndose propuesto hasta la fecha numerosas hipótesis explicativas del mismo (Simón, 1988). Por otro lado, la eficacia de los tratamientos médicos actuales, tanto quirúrgicos (simpatectomía) como farmacológicos (con agentes que suprimen la actividad vasomotora simpática), es muy cuestionable (Surwit, 1982).

Dado que la enfermedad de Raynaud está asociada con la vasoconstricción y el flujo sanguíneo periférico reducido, los tratamientos con BF han sido fundamentalmente de dos tipos: VMR-BF (Shapiro y Schwartz, 1972; Roa, 1987) y ST-BF (Freedman, Ianni y Wenig, 1983; Crockett y Bilsker, 1984).

Las investigaciones controladas realizadas hasta el momento han mostrado que entre el 67% y el 92% de los sujetos con enfermedad de Raynaud tratados con ST-BF obtienen reducciones significativas en la frecuencia e intensidad de los síntomas, y que dichos beneficios terapéuticos se mantienen al menos tres años después del tratamiento, efectos que según los últimos estudios no parecen darse con otras modalidades conductuales de intervención, tales como el entrenamiento en relajación (Freedman y cols., 1988). Al igual que ocurre con otros trastornos, los tratamientos combinados han dado por lo general resultados muy positivos (Aguado, Cañas y Campos, 1983).

V.2. *Trastornos gastrointestinales*

Desde los primeros años setenta, diversos tipos de trastornos gastrointestinales han sido tratados por medio de técnicas de BF, representando una de sus áreas más recientes de desarrollo (Ray y cols., 1979). De entre los relativamente escasos trabajos realizados en este amplio y diverso grupo de trastornos, son de destacar las aplicaciones a la incontinencia fecal, al síndrome del intestino irritable y a úlceras pépticas.

V.2.1. Incontinencia fecal

En condiciones normales, la relajación refleja del esfínter anal interno provocada por la entrada de materia fecal en el recto (reflejo rectoanal inhibitorio) es compensada por una brève contracción voluntaria del esfínter anal externo, la cual posibilita el control de la evacuación de las heces. De este modo, la continencia depende de la capacidad del sujeto para percibir la distensión rectal y tensar los músculos perianales apropiadamente. Sin embargo, en algunos casos la respuesta del esfínter anal externo no se presenta o está debilitada.

Para el tratamiento de la incontinencia fecal por medio de BF se han descrito dos tipos diferentes de técnicas: BF de presión del esfínter anal (ASP-BF) y BF electromiográfico (EMG-BF).

El ASP-BF fue descrito originalmente por Engel, Nikoomanesch y Schuster (1974) como una posible modalidad de tratamiento para sujetos con incontinencia fecal. Esta técnica requiere insertar un tubo de polietileno dentro del canal anal y del recto, al cual son acoplados tres globos que se encuentran conectados a transductores de presión, los cuales nos permiten detectar, registrar y proporcionar feedback de las respuestas de los esfínteres anales interno y externo a la distensión rectal (Whitehead, Burgio y Engel, 1985).

El EMG-BF es una técnica destinada al registro y retroalimentación de los cambios eléctricos que se producen en la musculatura estriada, generalmente por medio de electrodos en contacto con la piel situada por encima del músculo (electrodos de superficie). En definitiva, se proporciona el sujeto información contingente a la propia actividad mioeléctrica, con el fin de enseñar al sujeto a controlar dicho suceso fisiológico (Mulder y Hulstijn, 1984). En el área que nos ocupa, se ha utilizado el EMG-BF para conseguir el control del esfínter anal externo y producir una respuesta adecuada de contracción del mismo. Como han señalado Carrobles y Godoy (1987), este procedimiento implica la utilización de un tampón anal que contiene los electrodos de contacto utilizados para medir y retroalimentar al sujeto la actividad-EMG del esfínter anal externo, instruyendo específicamente al paciente para que aumente la contracción del mismo. Si bien los resultados obtenidos con esta modalidad terapéutica han sido muy positivos (Haskell y Rovner, 1967; MacLeod, 1983), hay que señalar que en comparación con la técnica anterior puede presentar la desventaja de que no enseña directamente al sujeto a coordinar las contracciones del esfínter con las dimensiones rectales, presentándose inicialmente como una forma menos adecuada para mejorar la conciencia de distensión rectal del sujeto.

V.2.2. Síndrome del intestino irritable

Se conoce con el nombre de síndrome del intestino irritable a un desorden motor del tracto gatrointestinal caracterizado por dolor abdominal y trastornos de la evacuación intestinal (diarrea sola o alternando con estreñimiento) en ausencia de lesiones orgánicas morfológicas demostrables. En el tratamiento de este trastorno por medio del BF se han utilizado fundamentalmente dos tipos de técnicas. Por una parte, procedimientos encaminados a reducir de forma específica la motilidad del colon, tales como el feedback de los ruidos abdominales (BS-BF) y el feedback directo de las contracciones del colon (CC-BF). Por la otra, procedimientos supuestamente destinados a enseñar al paciente a reducir la activación emocional, tales como el EMG-BF y el ST-BF, solos o en combinación con otras técnicas conductuales (p.ej., desensibilización sistemática).

El procedimiento del BS-BF fue la primera modalidad de tratamiento por medio de BF propuesta para los sujetos con síndrome del intestino irritable. Este procedimiento, aplicado con éxito por Furman (1973), implica la detección periférica de los ruidos abdominales (sonidos producidos como resultado del movimiento de los intestinos) por medio de un estetoscopio electrónico fijado en el vientre. Sin embargo, algunos investigadores no han sido capaces de replicar estos hallazgos (Weinstock, 1976).

Este interés por estudiar la posibilidad de reducir la motilidad del colon ha llevado a algunos autores a utilizar feedback directo de las propias contracciones de éste, detectadas por medio de un globo introducido en el colon distal a través de un tubo (Bueno-Miranda, Cerulli y Schuster, 1976). Si bien este procedimiento parece modificar directamente la motilidad del colon distal, el valor clínico del mismo no ha sido todavía bien establecido.

V.2.3. Úlceras pépticas

Aunque la etiología de las úlceras gástricas y duodenales no está totalmente aclarada, habiéndose propuesto diversas hipótesis etiológicas de las mismas, existe una amplia evidencia experimental que señala como causa más próxima del problema un aumento en la secreción de ácido clorhídrico y de pepsina. Por este motivo, se han realizado algunos estudios encaminados a enseñar a los sujetos a modificar y controlar voluntariamente la secreción de ácido gástrico por medio de técnicas de BF.

La aproximación más original y específica ha sido medir el pH de los contenidos gástricos y proporcionar al sujeto feedback del mismo (pH-BF). Este procedimiento admite dos modalidades básicas. Por un lado, la medición de los niveles de pH a través de un electrodo de vidrio empotrado en el extremo de un tubo que se introduce directamente en el estómago a través de la boca y el esófago (denominado electrodo gástrico para la medida del pH). Por otro, la detección externa del pH mediante la aspiración previa de los contenidos gástricos. Aunque se ha hallado que la secreción de ácido gástrico puede verse modificada mediante procedimientos de feedback del pH estomacal, es necesario demostrar hasta qué punto este procedimiento puede ser alternativo a la terapéutica con antiácidos o cimetidina.

Algunos autores han utilizado procedimientos como el EMG-BF frontal en combinación con el entrenamiento en relajación o con terapia cognitiva (Beaty, 1976; Aleo y Nicassio, 1978), obteniéndose resultados positivos, especialmente cuando se le enseñan al sujeto estrategias de afrontamiento ante situaciones de estrés.

V.3. *Trastornos neuromusculares*

Los trastornos neuromusculares representan, sin duda alguna, el área donde las técnicas de BF han mostrado mayor utilidad y validez, demostrando su valor no sólo como técnicas complementarias a los clásicos procedimientos fisioterapéuticos, sino también como procedimientos rehabilitadores alternativos. Las técnicas más usuales en este contexto son el EMG-BF y el BF electrokinesiológico (EKL-EF). Con respecto a esta última, tenemos que decir que implica retroalimentar al sujeto no la actividad-EMG de determinados músculos, sino el propio rango de movimiento de la articulación implicada detectado normalmente a través de un electrogoniómetro (Simón y Ferreiro, 1985).

En el terreno de la rehabilitación neuromuscular, la terapéutica con BF se ha dirigido fundamentalmente hacia tres vertientes (Carrobles y Godoy, 1987):

inhibición o disminución de la actividad de músculos espásticos, aumento de actividad en músculos flácidos e incremento del control preciso del movimiento.

En la actualidad, existe una gran evidencia de cambios relevantes clínicamente con entrenamiento en BF basados en numerosos ensayos clínicos y dentro de variados trastornos neuromusculares, entre los que se podrían enumerar la hemiplejía (Basmajian, 1981; Wolf y Binder-Macleod, 1983; Inglis y cols., 1984; Mulder, Hulstijn y Van der Meer, 1986), parálisis cerebral (Finely y cols., 1981; Seeger y Caudrey, 1983), síndrome de Guillain-Barré (Ince y Leon, 1986; Ince y Brenes, 1987), parálisis facial (Godoy y Riquelme, 1985; Nudleman y Starr, 1983) y tortícolis espasmódica (Brudny, Grynbaum y Korein, 1974; Gildenberg, 1981; Harrison y cols., 1985), entre otros.

V.4. *Otros trastornos*

Entre las aplicaciones del BF a otros tipos de trastornos podríamos nombrar brevemente las referentes al tratamiento de la epilepsia, el síndrome temporomandibular, el bruxismo, el asma, la dismenorrea primaria, las disfunciones sexuales, las cefaleas tensionales y los problemas de ansiedad, entre otros.

En este apartado sólo nos extenderemos algo más sobre el problema de la epilepsia. La mayoría de los trabajos sobre este problema han utilizado feedback del ritmo sensoriomotor (SMR-BF) (12-15 Hz). Este procedimiento implica la detección, desde el cuero cabelludo, de la actividad eléctrica del área sensoriomotora, proporcionando información al sujeto acerca del grado de producción de actividad en el rango de 12 a 15 Hz. Se postula que el incremento en la producción de este ritmo ocasionará una disminución en la ocurrencia, gravedad y duración de los ataques. En conjunto, los distintos trabajos publicados señalan que esta modalidad terapéutica presenta unos resultados muy alentadores en lo que se refiere a la reducción de los ataques epilépticos y a la posibilidad de disminuir la toma de medicación anticonvulsiva (Sterman, 1977; Lubar y cols., 1981).

VI. COMENTARIOS FINALES

Antes de terminar este capítulo, es necesario insistir en que el BF no es una técnica aislada que pueda ser descontextualizada, sino que por el contrario, como ya se ha señalado, se inscribe en el marco más amplio de la medicina conductual o, si se prefiere, de la modificación de conducta aplicada al ámbito biomédico. Este aspecto debe ser subrayado convenientemente, ya que es de gran importancia tanto a la hora de evaluar los problemas que presentan los sujetos, como de cara a poner en marcha programas de intervención adecuados. En algunas ocasiones, los efectos «paradójicos» observados en la aplicación clínica del BF en un área particular se deben precisamente a una inadecuada puesta en marcha del procedimiento de intervención. Así, por ejemplo, algunos clínicos consideran al BF como una técnica a aplicar solamente en la situación específica donde la persona es «alentada» a usar el feedback de cara a regular su propio medio interno y reducir sus síntomas, y todo ello por considerarlos procesos en sí mismos. Esta es, sin embargo, una visión muy limitada del BF. Los que creen actuar a través del BF sobre una respuesta, no consideran el hecho de que esto entraña una modificación del conjunto del sistema donde esta respuesta es sólo uno de los elementos constitutivos y pasan por alto un análisis funcional pormenorizado del conjunto de las conductas del sujeto, tanto en el nivel psicofisiológico, como en el motor y en el cognitivo. Desde este planteamiento, el procedimiento utilizado para enseñar a un sujeto a modificar una determinada respuesta psicofisiológica puede no tener sentido en la clínica, si no corregimos esa disfunción en el contexto general de la vida de éste, si no le ayudamos a corregir los factores externos y si no definimos, además, una respuesta alternativa. Se trata, en definitiva, de considerar que las respuestas psicofisiológicas no son fenómenos aislados, y que la propia utilidad del BF depende, en última instancia, de la capacidad del terapeuta para poner en marcha un plan de tratamiento bioconductual integrado. De estos planteamientos, se desprende que si bien el feedback que recibe el sujeto es esencial de cara al control de la respuesta, esta información, por sí misma, no tiene un poder intrínseco para generar dicho cambio, sino que dicha capacidad se asienta en el propio sujeto que participa en el entrenamiento. Utilizando la metáfora de Shellenberger y Green (1986), podemos decir que el «fantasma no está en la caja», es decir, que no podemos suponerle una capacidad al aparato de biofeedback para producir, por sí mismo, dicho control o autorregulación fisiológica.

Los comentarios precedentes nos llevan a plantear la necesidad de realizar un debate teórico profundo acerca de los resultados obtenidos en los distintos ámbitos de aplicación del BF y de los principios postulados para la explicación de los mismos. En este sentido, parece evidente que la ausencia de un modelo explicativo que dé cuenta de los procesos implicados en este tipo de aprendizaje, dificulta enormemente el desarrollo tanto del BF en particular, como de la medicina conductual en general.

Finalmente, y por lo que se refiere a la eficacia clínica del BF en sus diferentes campos de aplicación, es necesario recomendar cierta precaución frente a una utilización poco crítica del mismo en ámbitos en los que su valor terapéutico está todavía por determinar. Por ello, la investigación futura debe centrarse en la realización de estudios controlados que, mediante la utilización de una metodología apropiada, den respuesta a los interrogantes planteados en algunas áreas, tanto acerca del mecanismo de acción de las diversas técnicas de BF, como de su eficacia relativa frente a otros procedimientos de intervención, conductuales o biomédicos.

VII. LECTURAS PARA PROFUNDIZAR

Basmajian, J. V., *Biofeedback. Principles and practice for clinicians* (2.ª ed.), Baltimore, Williams and Wilkins, 1983.

Blanchard, E. B. y Epstein, L. H., *A biofeedback primer,* Reading, Mass., Addison-Wesley, 1978.

Carrobles, J. A. y Godoy, J., *Biofeedback. Principios y aplicaciones,* Barcelona, Martínez Roca, 1987.

Hatch, J. P., Fisher, J. G. y Rugh, J. D. (comps.), *Biofeedback. Studies in clinical efficacy,* Nueva York, Plenum Press, 1987.

Labrador, F. J., «Técnicas de biofeedback», en J. Mayor y F. J. Labrador (comps.), *Manual de modificación de conducta,* Madrid, Alhambra, 1984.

Shellenberger, R. y Green, J. A., *From the ghost in the box to successful biofeedback training,* Greeley, Colorado, Pioneer Press, 1986.

Simón, M. A., *Biofeedback y rehabilitación,* Valencia, Promolibro, 1989.

QUINTA PARTE

TÉCNICAS BASADAS PRINCIPALMENTE EN LA TEORÍA DEL APRENDIZAJE SOCIAL

18. EL ENTRENAMIENTO EN HABILIDADES SOCIALES

VICENTE E. CABALLO

I. INTRODUCCIÓN

El *entrenamiento en habilidades sociales (EHS)* es una de las técnicas de terapia de conducta que más se utilizan en la actualidad. Pero también una de las más difíciles, ya que requiere conocimientos de muy diversas áreas de la psicología y, además, se encuentra notablemente determinada por la subcultura en la que se lleva a cabo la conducta que se va a entrenar. Otros muchos factores pueden constituir aspectos controvertidos de la técnica. Sin embargo, en este capítulo no vamos a detenernos en asuntos teóricos, sino que intentaremos desarrollar una exposición eminentemente práctica, que ofrezca una secuencia estructurada al lector interesado en el conocimiento del EHS. Una primera parte estará dedicada a los elementos históricos, conceptuales y empíricos de la técnica, para centrarnos después, fundamentalmente, en el procedimiento y sus elementos, continuar con la descripción de algunas estrategias útiles para el formato grupal, finalizando con un breve apartado sobre la aplicación del EHS.

II. BREVE HISTORIA DEL CONSTRUCTO DE LAS HABILIDADES SOCIALES

El campo de las *habilidades sociales (HHSS)*, que conoció su época de mayor difusión a mediados de los años setenta, sigue siendo un área de continua investigación y aplicación. Hoy día siguen apareciendo frecuentes trabajos sobre dicho tema, ya sea en forma de artículos, libros o capítulos de libro. Mientras que en las décadas de los años sesenta y setenta se sentaron las bases para el desarrollo y la investigación sobre el constructo de las HHSS, en la década de los ochenta se han ido incorporando progresivamente los hallazgos obtenidos en otras áreas de la psicología y se ha establecido definitivamente la inclusión de numerosos elementos de orientación cognitiva.

Los orígenes del movimiento de las HHSS se atribuyen con frecuencia a Salter (1949), uno de los llamados padres de la terapia de conducta, y a su

Universidad de Granada (España).

libro *Conditioned reflex therapy*. Algunas de sus sugerencias se utilizan hoy día, más o menos modificadas, en el *entrenamiento en habilidades sociales (EHS)*. Salter habla de seis técnicas para aumentar la expresividad de los individuos. Éstas son la *expresión verbal* y la *expresión facial* de las emociones, el empleo deliberado de la *primera persona* al hablar, el *estar de acuerdo cuando se reciben cumplidos o alabanzas*, el *expresar desacuerdo* y la *improvisación* y actuación espontáneas. Posteriormente, Wolpe (1958) retomó las ideas de Salter, que hasta entonces no habían tenido mucha difusión, y las incluyó en un capítulo de su libro *Psychotherapy by reciprocal inhibition*. Wolpe (1958) utilizó por primera vez el término de «conducta asertiva», que luego llegaría a ser sinónimo de habilidad social [1]. Este autor señalaba que el término *asertivo* se refería no sólo a la conducta más o menos agresiva, sino también a la expresión externa de sentimientos de amistad, cariño y otros distintos de los de ansiedad. No obstante, Wolpe se centró en la expresión de sentimientos negativos, como la expresión de molestia o enfado. Durante bastante tiempo la conducta asertiva implicó únicamente las dimensiones referidas a la defensa de los derechos y a la expresión de sentimientos negativos.

Posteriormente, Lazarus (1966) y Wolpe y Lazarus (1966) incluían ya el entrenamiento asertivo como una técnica de terapia de conducta para su empleo en la práctica clínica. Alberti y Emmons (1970), que con *Your perfect right* escribieron el primer libro dedicado en exclusiva al tema de la «asertividad», Lazarus (1971) y Wolpe (1969) dieron un potente y definitivo empuje a la investigación sobre la conducta asertiva. Otros autores como R. M. Eisler, M. Hersen, R. M. McFall y A. P. Goldstein realizaron investigaciones sistemáticas sobre este tema y desarrollaron programas de entrenamiento para aliviar déficit en habilidades.

Aunque éstos fueron los primeros comienzos de la investigación en habilidades sociales desde una perspectiva de la terapia de conducta, parece apropiado nombrar otras fuentes, bien anteriores en el tiempo o bien provenientes de campos distintos a la terapia de conducta. Phillips (1985) señala que algunas de las raíces históricas del movimiento de las HHSS no se han reconocido adecuadamente. Así, los primeros intentos de entrenamiento en habilidades sociales (EHS) se remontan a trabajos realizados con niños por autores como Jack (1934), Murphy, Murphy y Newcomb (1937), Page (1936), Thompson (1952) y Williams (1935). Estos inicios del EHS se han ignorado durante mucho tiempo y normalmente no son reconocidos como tempranos antecedentes del movimiento de las HHSS (Curran, 1985; Fodor, 1980; Her-

[1] Para los propósitos del presente capítulo emplearemos de forma sinónima los términos *conducta asertiva* y *conducta socialmente habilidosa*, por un lado, y las expresiones *entrenamiento asertivo y entrenamiento en habilidades sociales*, por otro (para una discusión más amplia sobre este tema ver Caballo, 1988).

sen y Bellack, 1977; Hollin y Trower, 1988). Por otra parte, Curran (1985) apunta también a diversos escritos teóricos neofreudianos, que favorecieron un modelo más interpersonal del desarrollo en contraposición al fuerte énfasis de Freud en los instintos biológicos, como especialmente relacionados con el tema del EHS (p.ej., Sullivan, 1953; White, 1969). Masters, Burish, Hollon y Rimm (1987) consideran, igualmente, que los escritos de Moreno (1946, 1955) sobre el *psicodrama* (una representación escenificada de las actitudes y los conflictos que los pacientes participantes tienen en la vida real) pueden considerarse como importantes influencias sobre el EHS, dada la similitud entre el psicodrama y el ensayo de conducta (el procedimiento básico del EHS). Masters y cols. (1987) piensan también que la *terapia del papel fijo* de Kelly (1955), constituye otro de los antecedentes del EHS debido a su semejanza, al igual que ocurría con el psicodrama, con el ensayo de conducta. Los mismos autores anteriores llegan a incluir el trabajo de Ellis (1962, 1973) como una importante contribución al EHS debido a que las prácticas y procedimientos que defendía Ellis se parecen notablemente a los incluidos hoy día en el EHS.

Además de los trabajos de Salter, Wolpe y Lazarus, reseñados anteriormente, una segunda fuente importante del campo de las HHSS la constituyen los trabajos de Zigler y Phillips (1960, 1961) sobre «competencia social». Esta área de investigación con adultos institucionalizados mostró que cuanto más elevada es la competencia social previa de los pacientes que son internados en el hospital, menor es la duración de su estancia en él y más baja su tasa de recaída. El nivel de competencia social anterior a la hospitalización demostró ser mejor predictor del ajuste después de la hospitalización que el diagnóstico psiquiátrico o el tipo de tratamiento recibido en el hospital (Caballo, 1988).

Mientras que estas dos fuentes tuvieron lugar en los Estados Unidos, una tercera fuente se originó en Inglaterra. En este último caso, las raíces históricas del constructo de las HHSS se basaban en el concepto de «habilidad» aplicado a las interacciones hombre-máquina, en donde la analogía con estos sistemas implicaba características perceptivas, decisorias, motoras y otras relativas al procesamiento de la información. Así, Argyle y Kendon (1967) señalaban que «una *habilidad* puede definirse como una actividad organizada, coordinada, en relación con un objeto o una situación, que implica una cadena de mecanismos sensoriales, centrales y motores. Una de sus características principales es que la actuación, o secuencia de actos, se halla continuamente bajo el control de la entrada de información sensorial» (p. 56). La aplicación del concepto de «habilidad» a los sistemas hombre-hombre dio lugar a un abundante trabajo sobre las HHSS en Inglaterra (p.ej., Argyle, 1967, 1969; Argyle y Kendon, 1967; Welford, 1966).

III. DEFINICIÓN Y DESCRIPCIÓN

III.1. *Definición de habilidad social*

Ha habido grandes problemas a la hora de definir qué es una conducta socialmente habilidosa. Se han dado numerosas definiciones, no habiéndose llegado todavía a un acuerdo explícito sobre cuándo se puede considerar a una conducta como socialmente habilidosa. Meichenbaum, Butler y Grudson (1981) afirman que es imposible desarrollar una definición consistente de competencia social, puesto que es parcialmente dependiente del contexto cambiante. La habilidad social debe considerarse dentro de un marco cultural determinado, y los patrones de comunicación varían ampliamente entre culturas y dentro de una misma cultura, dependiendo de factores tales como la edad, el sexo, la clase social y la educación. Además, el grado de efectividad de una persona dependerá de lo que desea lograr en la situación particular en que se encuentre. La conducta considerada apropiada en una situación puede ser, obviamente, inapropiada en otra. El individuo trae también a la situación sus propias actitudes, valores, creencias, capacidades cognitivas y un estilo único de interacción (Wilkinson y Canter, 1982). Claramente, no puede haber un «criterio» absoluto de habilidad social. Sin embargo, «todos parecemos conocer qué son las habilidades sociales de forma intuitiva» (Trower, 1984, p. 49). Aunque, en contextos experimentales, se puede demostrar que es más probable que determinadas conductas logren un objetivo particular, una respuesta competente es, normalmente, aquella sobre la que la gente está de acuerdo que es apropiada para un individuo en una situación específica. Del mismo modo, no existe una única manera «correcta» de comportarse, que sea universal, sino una serie de planteamientos diferentes que pueden variar de acuerdo con el individuo. Así, dos personas pueden comportarse de un modo totalmente distinto en una misma situación, o la misma persona en dos situaciones similares, y ser consideradas ambas respuestas con el mismo grado de habilidad social. Por consiguiente, la conducta socialmente habilidosa debería definirse, para algunos autores, en términos de la efectividad de su función en una situación, en vez de en términos de su topografía (p. ej. Argyle, 1981; 1984; Kelly, 1982; Linehan, 1984), aunque los problemas con respecto a emplear las consecuencias como criterio se han hecho notar repetidamente (Arkowitz, 1981; Caballo, 1988; Schroeder y Rakos, 1983): conductas que son evaluadas consensuadamente como no habilidosas (p.ej., decir tonterías) o antisociales (p.ej., el ataque físico) pueden ser, de hecho, reforzadas. Linehan (1984), no obstante, señala que se pueden identificar tres tipos básicos de consecuencias:

1. La eficacia para lograr los objetivos de la respuesta *(eficacia en el objetivo).*

2. La eficacia para mantener o mejorar la relación con la otra persona en la interacción *(eficacia en la relación).*

3. La eficacia para mantener la autoestima de la persona socialmente habilidosa *(eficacia en el autorrespeto).*

«El valor de estos objetivos —sigue diciendo Linehan (1984)— varía con el tiempo, las situaciones y los actores. Cuando un paciente intenta devolver una mercancía defectuosa a una tienda, la eficacia en el objetivo (conseguir que le cambien el objeto o le devuelvan el dinero) puede ser más importante que la eficacia en la relación (mantener una relación positiva con el encargado de la tienda). Al tratar que nuestro/a mejor amigo/a vaya a una película determinada, la eficacia de la relación (el mantener la relación íntima) puede ser más importante que el objetivo (conseguir que el/la amigo/a vaya al cine)» (p. 151).

No obstante, tanto el contenido como las consecuencias de las conductas interpersonales deberían tenerse en cuenta en cualquier definición de habilidad social (Arkowitz, 1981). Teniendo cierta idea de lo que puede constituir el contenido de la conducta socialmente habilidosa y evaluando las consecuencias de esas conductas, podemos conseguir alguna estimación del grado habilidad social. En general, se espera que la conducta socialmente habilidosa produzca reforzamiento positivo más a menudo que castigo. A nivel clínico, es importante evaluar tanto lo que hace la gente como las reacciones que su conducta provoca en los demás.

Seguidamente podemos dar, tentativamente, una definición de lo que constituye una conducta socialmente habilidosa:

La conducta socialmente habilidosa es ese conjunto de conductas emitidas por un individuo en un contexto interpersonal que expresa los sentimientos, actitudes, deseos, opiniones o derechos de ese individuo, de un modo adecuado a la situación, respetando esas conductas en los demás, y que generalmente resuelve los problemas inmediatos de la situación mientras minimiza la probabilidad de futuros problemas (Caballo, 1986)

III.2. *Clases de respuesta*

Aunque en el apartado anterior señalamos que no existe una definición generalmente aceptada, hay un acuerdo general sobre lo que conlleva el concepto de las HHSS. El uso explícito del término *habilidades* significa que la conducta interpersonal consiste en un conjunto de capacidades de actuación aprendidas (Bellack y Morrison, 1982; Curran y Wessberg, 1981; Kelly, 1982).

Mientras que los modelos de personalidad presumen una capacidad más o menos inherente para actuar de forma efectiva, el modelo conductual enfatiza: 1) que la capacidad de respuesta tiene que adquirirse, y 2) que consiste en un conjunto identificable de capacidades específicas. Además, la probabilidad de ocurrencia de cualquier habilidad en cualquier situación crítica está determinada por factores ambientales, variables de la persona y la interacción entre ambos. Por consiguiente, una adecuada conceptualización de la conducta socialmente habilidosa implica la especificación de tres componentes de la habilidad social, una dimensión conductual *(tipo de habilidad)*, una dimensión personal *(las variables cognitivas)*, y una dimensión situacional *(el contexto ambiental)*.

Diferentes situaciones requieren conductas diferentes. Los elementos conductuales necesarios para dar bien una charla son considerablemente diferentes de los elementos necesarios en una situación de relación íntima. Con Alberti (1977) tenemos que decir que la habilidad social:

a. Es una característica de la conducta, no de las personas.
b. Es una característica específica a la persona y a la situación, no universal.
c. Debe contemplarse en el contexto cultural del individuo, así como en términos de otras variables situacionales.
d. Está basada en la capacidad de un individuo para escoger libremente su actuación.
e. Es una característica de la conducta socialmente efectiva, no dañina.

Por otra parte, las clases de respuesta que se han propuesto como componentes del constructo de las HHSS han sido relativamente abundantes. Sin embargo, hay una serie de ellas que han sido generalmente aceptadas y que incluso se han encontrado en investigaciones con poblaciones españolas (Caballo, 1989; Caballo y Buela, 1988a; Caballo, Godoy y Buela, 1988; Caballo y Ortega, 1989). Esas dimensiones son las siguientes:

1. Iniciar y mantener conversaciones
2. Hablar en público
3. Expresión de amor, agrado y afecto
4. Defensa de los propios derechos
5. Pedir favores
6. Rechazar peticiones
7. Hacer cumplidos
8. Aceptar cumplidos
9. Expresión de opiniones personales, incluido el desacuerdo
10. Expresión justificada de molestia, desagrado o enfado
11. Disculparse o admitir ignorancia

12. Petición de cambios en la conducta del otro
13. Afrontamiento de las críticas

Estas dimensiones de conducta se llevan a cabo, necesariamente, con determinadas personas y en presencia de ciertos factores situacionales. Las clases de persona que se han considerado frecuentemente (p.ej., Caballo, Godoy y Carrobles, 1984; Galassi y Galassi, 1977a, 1978; Becker, Heimberg y Bellack, 1987) son las siguientes: 1) Amigos del mismo sexo, 2) Amigos del sexo opuesto, 3) Relaciones íntimas (pareja), 4) Padres, 5) Familiares, 6) Personas con autoridad del mismo sexo, 7) Personas con autoridad del sexo opuesto, 8) Compañeros de trabajo del mismo sexo, 9) Compañeros de trabajo del sexo opuesto, 10) Contactos de consumidor (vendedores/as, camareros/as), 11) Profesionales del mismo sexo (p.ej., médicos), 12) Profesionales del sexo opuesto, y 13) Niños. Los factores situacionales son múltiples y variados y no existe una clasificación comúnmente utilizada al respecto. Algunos tipos de situaciones pueden ser: A) El lugar de trabajo, B) El hogar familiar, C) Lugares de consumo (p.ej., tiendas), D) Lugares de ocio (p.ej., pubs), E) Transportes públicos, F) Lugares formales (p.ej., conferencias), etc.

III.3. *El entrenamiento en habilidades sociales*

El *entrenamiento en habilidades sociales (EHS)* se podría definir como «un enfoque general de la terapia dirigido a incrementar la competencia de la actuación en situaciones críticas de la vida» (Goldsmith y McFall, 1975, p. 51) o como «un intento directo y sistemático de enseñar estrategias y habilidades interpersonales a los individuos, con la intención de mejorar su competencia interpersonal individual en clases específicas de situaciones sociales» (Curran, 1985, p. 122). El EHS se adhiere a un enfoque conductual de adquisición de la respuesta —es decir, normalmente se concentra en el aprendizaje de un nuevo repertorio de respuestas.

El proceso del EHS implicaría, en su desarrollo completo, cuatro elementos de forma estructurada. Estos elementos son:

1. *Entrenamiento en habilidades,* donde se enseñan conductas específicas, se practican y se integran en el repertorio conductual del sujeto. Dado que la adquisición de las HHSS depende de un conjunto de factores encuadrados, principalmente, dentro de la teoría del aprendizaje social, el EHS incluye muchos de estos procedimientos en su aplicación. Concretamente se emplean procedimientos tales como las instrucciones, el modelado, el ensayo de conducta, la retroalimentación y el reforzamiento, todos los cuales serán descritos más adelante. El entrenamiento en habilidades es el elemento más básico

y más específico del EHS. A veces, dependiendo del problema particular del sujeto, sólo se emplea este procedimiento del EHS.

2. *Reducción de la ansiedad* en situaciones sociales problemáticas. Normalmente, esta disminución de la ansiedad se consigue de forma indirecta, es decir, llevando a cabo la nueva conducta más adaptativa que, supuestamente, es incompatible con la respuesta de ansiedad (Wolpe, 1958). Si el nivel de ansiedad es muy elevado, se puede emplear directamente una técnica de relajación o la desensibilización sistemática.

3. *Reestructuración cognitiva,* en donde se intentan modificar valores, creencias, cogniciones y/o actitudes del sujeto. La reestructuración cognitiva tiene lugar con frecuencia, al igual que sucede con el elemento anterior, de forma indirecta. Es decir, la adquisición de nuevas conductas modifica, a más largo plazo, las cogniciones del sujeto. Sin embargo, con la creciente cognitivación de la terapia de conducta, la incorporación de procedimientos cognitivos al EHS es algo habitual en la aplicación de esta técnica, especialmente aspectos de la terapia racional emotiva, autoinstrucciones, etc.

4. *Entrenamiento en solución de problemas,* en donde se enseña al sujeto a *percibir* correctamente los «valores» de todos los parámetros situacionales relevantes, a *procesar* los «valores» de estos parámetros para generar respuestas potenciales, *seleccionar* una de esas respuestas y *enviarla* de manera que maximice la probabilidad de alcanzar el objetivo que impulsó la comunicación interpersonal. El entrenamiento en solución de problemas no se suele llevar a cabo de forma sistemática en los programas de EHS, aunque generalmente se encuentra presente, de forma implícita, en ellos.

Linehan (1984) alega que un programa completo de EHS debe procurar un conjunto de habilidades cognitivas, emocionales, verbales y no verbales. Por otra parte, los programas de EHS deberían tratar diferentes clases de respuestas habilidosas como entidades únicas, y reconocer que el impacto social de una conducta es específico a la clase de respuesta habilidosa que define esa conducta.

En la práctica, podemos considerar, con Lange (1981; Lange, Rimm y Loxley, 1978), que las cuatro etapas del EHS son las siguientes:

1. El desarrollo de un sistema de creencias que mantenga una gran respeto por los propios derechos personales y por los derechos de los demás.
2. La distinción entre conductas asertivas, no asertivas y agresivas.
3. La reestructuración cognitiva de la forma de pensar en situaciones concretas.
4. El ensayo conductual de respuestas asertivas en situaciones determinadas.

Estas etapas no son necesariamente sucesivas; a veces, se entremezclan en el tiempo y, de hecho, se pueden readaptar y modificar de diversas formas para adecuarlas mejor a las necesidades del sujeto.

IV. FUNDAMENTOS CONCEPTUALES Y EMPÍRICOS DEL ENTRENAMIENTO EN HABILIDADES SOCIALES

Gran parte de los fundamentos conceptuales se han expuesto en los apartados anteriores. En este punto vamos a insistir un poco más en ellos.

No hay datos definitivos sobre cómo y cuando se aprenden las HHSS, pero la niñez es sin duda un período crítico. Al igual que otras capacidades, es probable que dependan de la *maduración* y de las *experiencias de aprendizaje* (Argyle, 1969). Bellack y Morrison (1982) piensan que la explicación más probable para este temprano aprendizaje de la conducta social la ofrece la teoría del aprendizaje social. El factor más crítico parece ser el *modelado.* Los niños observan a sus padres interactuando con ellos así como con otras personas y aprenden su estilo. Tanto las conductas verbales (p. ej., temas de conversación, hacer preguntas, producir información) como la conducta no verbal (p. ej. sonrisas, entonación de la voz, distancia interpersonal) pueden aprenderse de esta manera. La enseñanza directa (es decir, la *instrucción)* es otro vehículo importante para el aprendizaje. Dichos como: «di lo siento», «no hables con la boca llena», «lávate las manos antes de comer», etc., modelan la conducta social. También las respuestas sociales pueden ser *reforzadas* o *castigadas,* lo que hace que aumenten y se refinen ciertas conductas, y disminuyan o desaparezcan otras. Además, la oportunidad de *practicar* la conducta en una serie de situaciones y el desarrollo de las *capacidades cognitivas* son otros de los procedimientos que parecen estar implicados en la adquisición de las HHSS (Trower, Bryant y Argyle, 1978). El lastre del funcionamiento social defectuoso en la edad adulta (o las alabanzas por la habilidad social apropiada) no depende enteramente de los padres. «Los iguales son importantes modelos y fuentes de reforzamiento, especialmente durante la adolescencia. Las costumbres sociales, modas y estilos de vestir, y el lenguaje, cambian durante la vida de una persona; por tanto, se tiene que continuar aprendiendo con el fin de seguir siendo socialmente habilidoso. A este respecto, las habilidades sociales pueden también perderse por la falta de uso, después de largos períodos de aislamiento. La actuación social puede también ser inhibida u obstaculizada por perturbaciones cognitivas y afectivas (p. ej., ansiedad y depresión)» (Bellack y Morrison, 1982, p. 720).

Los procedimientos básicos que componen el EHS (modelado, ensayo de conducta, reforzamiento, etc.) se ajustan relativamente bien a los factores que parecen intervenir en las adquisición natural de las HHSS. La eficacia del EHS para mejorar esas habilidades parece relativamente bien establecida, tanto sus componentes por separado (p.ej., McFall y Lillesand, 1971; McFall, y Marston, 1970, McFall y Twentyman, 1973; Turner y Adams, 1977; Heimberg y cols., 1977), como el «paquete» completo (p.ej., Argyle, Trower y Bryant, 1974; Caballo y Carrobles, 1988; Goldsmith y McFall, 1975; Piccinin, McCarrey y Chislett, 1985; Van Dam-Baggen y Kraaimat, 1986). Sin embargo, no nos vamos a extender sobre este tema, ya que existen numerosas revisiones sobre la efectividad del EHS y a ellas remitimos al lector (p.ej., Curran, 1985, Marzillier, 1978; Monti y Kolko, 1985; Twentyman y Zimmering, 1979).

V. PROCEDIMIENTO [2]

El procedimiento básico consiste en identificar primero, con la ayuda del paciente, las áreas específicas en las que éste tiene dificultades. Lo mejor es obtener varios ejemplos específicos de las situaciones en términos de lo que sucede realmente en ellas. La entrevista, el autorregistro, los numerosos inventarios disponibles y el empleo de situaciones análogas, así como la observación en la vida real (ver Caballo, 1986, 1988; Caballo y Buela, 1988b, 1989, para una descripción detallada de estos instrumentos de evaluación), constituyen herramientas frecuentemente utilizadas en la determinación de problemas de inadecuación social. La delineación de la naturaleza del problema es importante porque el tratamiento específico que se emplee puede depender, hasta cierto punto, de la clase de conducta problema.

Una vez que se ha identificado esta última, el paso siguiente consiste en analizar por qué el individuo no se comporta de forma socialmente adecuada. Se han postulado una serie de factores que podrían impedir a una persona comportarse de forma socialmente habilidosa (p.ej., déficit en habilidades, ansiedad condicionada, cogniciones desadaptativas, discriminación errónea). La especificación de los factores implicados en la conducta desadaptativa nos facilitará el camino para el empleo de los distintos procedimientos del EHS.

Antes de empezar con el entrenamiento en sí, es importante informar al paciente sobre la naturaleza del EHS, sobre los objetivos a alcanzar en la terapia y sobre lo que se espera que haga dicho paciente. Además, es importante fomentar la motivación del mismo hacia el entrenamiento que va a tener

---

[2] Dadas las notables ventajas que posee el entrenamiento en grupo sobre el entrenamiento individual, al hablar de los procedimientos componentes del EHS en este apartado, nos referiremos principalmente al primer formato. Sin embargo, la mayor parte del contenido de este epígrafe se puede aplicar igualmente al entrenamiento individual.

lugar. Masters y cols. (1987) señalan que la mayoría de los terapeutas ponen un énfasis considerable en inducir una actitud positiva, entusiasta, hacia el EHS antes de empezar con los procedimientos de entrenamiento. «En parte esto es así porque el EHS, al igual que la mayoría de las técnicas de terapia de conducta, requiere una gran cantidad de participación activa por parte del paciente, lo que hace necesaria una notable motivación» (Masters, Burish, Hollon y Rimm, 1987, p. 96). Una vez que el paciente ha comprendido el objetivo del EHS y está de acuerdo en llevarlo a cabo, se puede empezar con el programa de sesiones.

A veces puede ser necesario enseñar al individuo a relajarse, antes de que aborde determinadas situaciones problemáticas. La reducción de la ansiedad en esas situaciones favorecerá, con toda probabilidad, la actuación socialmente adecuada del paciente y la adquisición de nuevas habilidades (en caso de no poseerlas). La relajación progresiva de Jacobson (ver capítulo sobre técnicas de relajación, en este volumen), dando especial importancia a la relajación diferencial, puede ser utilizada en este contexto. El enseñar al paciente a determinar su ansiedad (puntuaciones SUDS) en las situaciones problemáticas puede ser, entonces, un paso previo importante.

Posteriormente, y siguiendo el esquema propuesto por Lange (1981; Lange, Rimm y Loxley, 1978) para el desarrollo del EHS, podemos considerar en una primera fase la construcción de un sistema de creencias que mantenga el respeto por los propios derechos personales y por los derechos de los demás. Bower y Bower (1976) señalan que nuestros derechos humanos provienen de la idea de que todos somos creados iguales, en un sentido moral, y nos tenemos que tratar mutuamente como iguales. Un derecho humano básico, en el contexto de las HHSS, es algo que uno considera que toda la gente tiene en virtud de su existencia como seres humanos. La premisa subyacente del EHS es humanista: no producir estrés innecesario en los demás y apoyar la autorrealización de cada persona. El cuadro 18.1 presenta algunos de esos derechos humanos más importantes en el contexto de las HHSS.

Una segunda etapa del EHS, apuntada anteriormente, consiste en que el paciente entienda y distinga entre respuestas asertivas, no asertivas y agresivas (ver figura 18.1). En Caballo (1988) se encuentran unas descripciones básicas de estos tres tipos de respuesta. Se pueden planificar una serie de ejercicios estructurados para que el paciente participe activamente en el aprendizaje de las diferencias de estas formas de comportamiento. En el cuadro 18.2 podemos encontrar un breve resumen de las características distintivas más importantes de estos tres estilos de respuesta.

Los sujetos participantes en un programa de EHS deben tener claro que el comportamiento asertivo es, generalmente, más adecuado y reforzante que los otros estilos de comportamiento, ayudando al individuo a expresarse libremente y a conseguir, frecuentemente, los objetivos que se ha propuesto.

CUADRO 18.1. *Muestra de derechos humanos básicos* [a]

1. El derecho a mantener tu dignidad y respeto comportándote de forma habilidosa o asertiva —incluso si la otra persona se siente herida— mientras no violes los derechos humanos básicos de los demás.
2. El derecho a ser tratado con respeto y dignidad
3. El derecho a rechazar peticiones sin tener que sentirse culpable o egoísta.
4. El derecho a experimentar y expresar tus propios sentimientos.
5. El derecho a detenerte y pensar antes de actuar.
6. El derecho a cambiar de opinión
7. El derecho a pedir lo que quieres (dándose cuenta de que la otra persona tiene el derecho a decir que no).
8. El derecho a hacer menos de lo que humanamente eres capaz de hacer.
9. El derecho a ser independiente.
10. El derecho a decidir qué hacer con tu propio cuerpo, tiempo y propiedad.
11. El derecho a pedir información.
12. El derecho a cometer errores —y ser responsable de ellos.
13. El derecho a sentirte a gusto contigo mismo.
14. El derecho a tener tus propias necesidades y que esas necesidades sean tan importantes como las necesidades de los demás. Además, tenemos el derecho de pedir (no exigir) a los demás que respondan a nuestras necesidades y de decidir si satisfacemos las necesidades de los demás.
15. El derecho a tener opiniones y expresarlas.
16. El derecho a decidir si satisfaces las expectativas de otras personas o si te comportas siguiendo tus intereses —siempre que no violes los derechos de los demás.
17. El derecho a hablar sobre el problema con la persona involucrada y aclararlo, en casos límite en que los derechos no están del todo claros.
18. El derecho a obtener aquello por lo que pagas.
19. El derecho a escoger no comportarte de manera asertiva o socialmente habilidosa.
20. El derecho a tener derechos y defenderlos.
21. El derecho a ser escuchado y a ser tomado en serio.
22. El derecho a estar solo cuando así lo escojas.
23. El derecho a hacer cualquier cosa mientras que no violes los derechos de alguna otra persona.

[a] Basada principalmente en *The assertive option: Your rights and responsabilities* (pp. 80-81) por P. Jakubowski y A. Lange, 1978. Champaign, Ill., Research Press. Copyright 1978 de los autores. Reproducida con permiso. También se han empleado otras fuentes diversas.

Además, todo ello fomentaría la motivación del paciente para continuar con el programa de EHS.

Una tercera etapa abordaría la reestructuración cognitiva de los modos de pensar incorrectos del sujeto socialmente inadecuado. Quiero señalar aquí que, aunque a lo largo de este capítulo se usan expresiones generales como

CUADRO 18.2. *Tres estilos de respuesta.*

NO ASERTIVO	ASERTIVO	AGRESIVO
Demasiado poco, demasiado tarde Demasiado poco, nunca	Lo suficiente de las conductas apropiadas en el momento correcto	Demasiado, demasiado pronto Demasiado, demasiado tarde
Conducta no verbal	*Conducta no verbal*	*Conducta no verbal*
Ojos que miran hacia abajo; voz baja; vacilaciones; gestos desvalidos; negando importancia a la situación; postura hundida; puede evitar totalmente la situación; se retuerce las manos; tono vacilante o de queja; risitas «falsas».	Contacto ocular directo; nivel de voz conversacional; habla fluida; gestos firmes; postura erecta; mensajes en primera persona, honesto/a; verbalizaciones positivas; respuestas directas a la situación; manos sueltas.	Mirada fija; voz alta; habla fluida/rapida; enfrentamiento; gestos de amenaza; postura intimidatoria; deshonesto/a; mensajes impersonales.
Conducta verbal	*Conducta verbal*	*Conducta verbal*
«Quizás»; «Supongo»; «Me pregunto si podríamos»; «Te importaría mucho»; «Solamente»; «No crees que»; «Ehh»; «Bueno»; «Realmente no es importante»; «No te molestes».	«Pienso»; «Siento»; «Quiero»; «Hagamos»; «¿Cómo podemos resolver esto?»; «¿Qué piensas?»; ¿Qué te parece?».	«Harías mejor en»; «Haz»; «Ten cuidado»; «Debes estar bromeando»; «Si no lo haces...,» «No sabes»; «Deberías»; «Mal».
Efectos	*Efectos*	*Efectos*
Conflictos interpersonales Depresión Desamparo Imagen pobre de uno mismo Se hace daño a sí mismo Pierde oportunidades Tensión Se siente sin control Soledad No se gusta ni a sí mismo ni a los demás Se siente enfadado	Resuelve los problemas Se siente a gusto con los demás Se siente satisfecho Se siente a gusto consigo mismo Relajado Se siente con control Crea y fabrica la mayoría de las oportunidades Se gusta a sí mismo y a los demás Es bueno para sí y para los demás	Conflictos interpersonales Culpa Frustración Imagen pobre de sí mismo Hace daño a los demás Pierde oportunidades Tensión Se siente sin control Soledad No le gustan los demás Se siente enfadado

«asertivo», «socialmente habilidoso», etc., hay que entender que dichas expresiones se utilizan en beneficio de la economía descriptiva. Sin embargo, como debe haber quedado claro en el apartado 2, la conducta socialmente habilidosa es situacionalmente específica y los términos generales anteriores se refieren a situaciones-problema determinadas, para cada paciente. También las pautas inadecuadas de pensamiento se consideran específicas a la situación en la que se encuentra inmerso el individuo. El objetivo de las técnicas cognitivas empleadas consiste en ayudar a los pacientes a reconocer que lo que

FIGURA 18.1. «¿Qué es el entrenamiento asertivo?». *Dibujo realizado por Caren Nederlander. Copyright © 1981 Franklin Center for Behavior Change, Southfield, Michigan. Reproducido con permiso del autor.*

¿Qué es el entrenamiento asertivo?

Modificar la comunicación de pasiva o agresiva a asertiva

se dicen a sí mismos puede influir en sus sentimientos y en su conducta. Se pueden utilizar diversos ejercicios para facilitar que los pacientes descubran las relaciones entre sus cogniciones y sus sentimientos y conductas. Procedimientos tales como el autoanálisis racional, las imágenes racional-emotivas (Maultsby, 1984; Caballo y Buela, este volumen) o diversas variaciones del entrenamiento en autoinstrucciones (D'Amico, 1977; Meichenbaum, 1977; Santacreu, este volumen), pueden servir a este propósito.

La cuarta, y más importante y específica, etapa del EHS la constituye el ensayo conductual de las respuestas socialmente adecuadas en situaciones determinadas. Teniendo en cuenta todo lo visto anteriormente, ya tenemos el camino muy despejado para el ensayo satisfactorio de las conductas problema. El empleo de la relajación en el caso de que el paciente se sienta muy nervioso, la aceptación de un conjunto de derechos humanos básicos, la diferenciación entre estilos de respuesta adaptativos y no adaptativos, y la reestructuración cognitiva de los pensamientos incorrectos del individuo, nos sirven para facilitar (y, a veces, posibilitar) el ensayo conductual apropiado y, sobre todo, la generalización del mismo a la vida real. Los procedimientos empleados en esta cuarta etapa del EHS son: el ensayo de conducta (el elemento básico), el modelado, las instrucciones, la retroalimentación/reforzamiento y las tareas para casa. Estos procedimientos se llevan a cabo planteando situaciones-problema específicas en las que intervienen clases de personas específicas y representando una determinada clase de conducta. Dadas la concreción y operatividad que se persigue en el EHS, la clase de conducta representada tiene que descomponerse en elementos más sencillos, elementos «moleculares» que puedan ser evaluados con base en su adecuación y/o frecuencia (ver Caballo y Buela, 1988b, 1989). El cuadro 18.3 ofrece una breve descripción de los elementos moleculares considerados más importantes en el ámbito de las HHSS.

CUADRO 18.3. *Los componentes moleculares de la conducta interpersonal*

La adquisición de nuevas conductas en el EHS se basa en la mejora progresiva de los distintos componentes moleculares que componen cada conducta. Seguidamente, describimos brevemente algunos de los elementos moleculares más importantes de la conducta interpersonal.

LA MIRADA. La mirada se define objetivamente como «el mirar a otra persona a o entre los ojos, o, de forma más general, en la mitad superior de la cara. La mirada mutua implica que se ha hecho "contacto ocular" con otra persona» (Cook, 1979). Según Fast (1971) casi todas las interacciones de los seres humanos dependen de miradas recíprocas. La cantidad media de tiempo que la gente se pasa mirando, en una conversación social de dos personas, es la siguiente:

Mirada individual	60 por 100
mientras escucha	75 por 100
mientras habla	40 por 100
duración de la mirada	3 segundos
Contacto ocular (mirada mutua)	30 por 100
duración de la mirada mutua	1 ½ segundos

Algunos de los significados y funciones de las pautas de mirada son: a) *Actitudes.* La gente que mira más es vista como más agradable, pero la forma extrema de mirada fija es vista como hostil y/o dominante. Ciertas secuencias de interacción tienen más significados, p.ej., dejar de mirar el primero es señal de sumisión. La dilatación pupilar señala interés por el otro; b) El mirar más *intensifica* la impresión de algunas emociones, como la ira, mientras que el mirar menos intensifica otras, como la vergüenza; c) *Acompañamiento del habla.* La mirada se emplea, junto con la conversación, para sincronizar, acompañar o comentar la palabra hablada. En general, si el oyente mira más produce más respuesta por parte del que habla, y si el que habla más mira más es visto como persuasivo y seguro.

LA EXPRESION FACIAL. Parece ser que la cara es el principal sistema de señales para mostrar las emociones. Hay seis principales expresiones de las emociones y tres áreas de la cara responsables de su manifestación. Las seis emociones son: alegría, sorpresa, tristeza, miedo, ira y asco/desprecio, y las tres regiones faciales, la frente/cejas, ojos/párpados y la parte inferior de la cara. La conducta socialmente habilidosa requiere una expresión facial que esté de acuerdo con el mensaje. Si una persona tiene una expresión facial de miedo o de enfado mientras intenta iniciar una conversación con alguien, no es probable que tenga éxito.

LOS GESTOS. Un gesto es cualquier acción que envía un estímulo visual a un observador. Para llegar a ser un gesto, un acto tiene que ser visto por algún otro y tiene que comunicar alguna información. Los gestos son básicamente culturales. Las manos y, en un menor grado, la cabeza y los pies, pueden producir una amplia variedad de gestos, que se emplean para una serie de propósitos diferentes. Los gestos se constituyen en un segundo canal que es muy útil, por ejemplo, para la sincronización y la retroalimentación. Los gestos que sean apropiados a las palabras que se dicen servirán para acentuar el mensaje añadiendo énfasis, franqueza y calor. Los movimientos desinhibidos pueden sugerir también franqueza, confianza en uno mismo (salvo que el gesto sea errático y nervioso), y espontaneidad por parte del que habla.

LA POSTURA. La posición del cuerpo y de los miembros, la forma en que se sienta la persona, cómo está de pie y cómo pasea, reflejan sus actitudes y sentimientos sobre sí misma y su relación con los otros. Algunas posturas comunican rasgos como los siguientes: a) *Actitudes.* Un conjunto de posiciones de la postura que reducen la distancia y aumentan la apertura hacia el otro son cálidas, amigables, íntimas, etc. Las posiciones «cálidas» incluyen el inclinarse hacia delante, con los brazos y piernas abiertos, manos extendidas hacia el otro. Otras posiciones que indican actitudes abarcan: apoyarse hacia atrás, manos entrelazadas que sostienen la parte posterior de la cabeza indican dominancia o sorpresa; brazos colgando, cabeza hundida y hacia un lado indican timidez; piernas separadas, brazos en jarras, inclinación lateral indican determinación. b) *Emociones.* Existe evidencia de que la postura puede comunicar emociones específicas (como el estar tenso o relajado), incluyendo: hombros encogidos, brazos erguidos, manos extendidas indican indiferencia; inclinación hacia delante, brazos extendidos, puños apretados indican ira; varias clases de movimientos pélvicos, el cruzar y descruzar las piernas (en las mujeres) indican flirtear. c) Acompañamiento del habla. Los cambios importantes de la postura se emplean para marcar amplias unidades del habla, como en los cambios de tema, para dar énfasis y para señalar el tomar o el ceder la palabra.

LA ORIENTACIÓN. Los grados de orientación señalan el grado de intimidad/formalidad de la relación. Cuanto más cara a cara es la orientación más íntima es la relación y viceversa. La orientación corporal que suele ser la más adecuada para una gran cantidad de situaciones es una frontal modificada, en la que los que se comunican se encuentran ligeramente angulados respecto a una confrontación directa —quizá de 10 a 30 grados. Esta posición sugiere claramente un alto grado de implicación, librándonos ocasionalmente del contacto ocular total.

DISTANCIA/CONTACTO FÍSICO. Hay una presencia de normas implícitas dentro de cualquier cultura que se refieren al campo de la distancia permitida entre dos personas que hablan. El grado de proximidad expresa claramente la naturaleza de cualquier interacción y varía con el contexto social. Por ejemplo, el estar muy cerca de una persona o el llegar a tocarse sugiere una cualidad de intimidad en la relación, a menos que se encuentren en sitios abarrotados. Dentro del contacto corporal, existen diferentes grados de presión y distintos puntos de contacto que pueden señalar estados emocionales, como miedo, actitudes interpersonales, o un deseo de intimidad.

EL VOLUMEN DE LA VOZ. La función más básica del volumen consiste en hacer que un mensaje llegue hasta un oyente potencial y el déficit obvio es un nivel de volumen demasiado bajo para servir a esa función. Un alto volumen de voz puede indicar seguridad y dominio. Sin embargo, el hablar demasiado alto (que sugiere agresividad, ira o tosquedad) puede tener también consecuencias negativas —la gente podría marcharse o evitar futuros encuentros. Los cambios en el volumen de voz pueden emplearse en una conversación para enfatizar puntos. Una voz que varía poco en volumen no será muy interesante de escuchar.

LA ENTONACIÓN. La entonación sirve para comunicar sentimientos y emociones. Unas mismas palabras pueden expresar esperanza, afecto, sarcasmo, ira, excitación o desinterés, dependiendo de la variación de la entonación del que habla. Poca entonación, con un volumen bajo, indica aburrimiento o tristeza. Un patrón que no varía puede ser aburrido o monótono. Se percibe a la gente como más dinámica y extravertida cuando cambian la entonación de sus voces, a menudo, durante una conversación. Las variaciones en la entonación pueden regular también el ceder la palabra; puede aumentar o disminuir la entonación de la voz de una persona para indicar que le gustaría que hablase algún otro, o puede disminuir el volumen o la entonación de las últimas palabras de su expresión o pregunta. Una entonación que sube es evaluada positivamente (es decir, alegre); una entonación que decae, negativamente (deprimido); una nota fija, como neutral. Muchas veces la entonación que se da a las palabras es más importante que el mensaje verbal que se quiere transmitir.

LA FLUIDEZ. Las vacilaciones, falsos comienzos y repeticiones son bastante normales en las conversaciones diarias. Sin embargo, las perturbaciones excesivas del habla pueden causar una impresión de inseguridad, incompetencia, poco interés o ansiedad. Demasiados períodos de silencio podrían interpretarse negativamente, especialmente como ansiedad, enfado o incluso una señal de desprecio. Expresiones con un exceso de «palabras de relleno» durante las pausas, p.ej., «ya sabes», «bueno» o sonidos como «ahh» y «ehh» provocan percepciones de ansiedad o aburrimiento. Otro tipo de perturbación incluye repeticiones, tartamudeos, pronunciaciones erróneas, omisiones y palabras sin sentido.

EL TIEMPO DE HABLA. Este elemento se refiere al tiempo que se mantiene hablando el individuo. El tiempo de conversación del individuo puede ser deficitario por ambos extremos, es decir, tanto si apenas habla como si habla demasiado. Lo más adecuado es un intercambio recíproco de información.

EL CONTENIDO. El habla se emplea para una variedad de propósitos, p.ej., comunicar ideas, describir sentimientos, razonar y argumentar. Las palabras empleadas dependerán de la situación en que se encuentre una persona, su papel en esa situación y lo que está intentando lograr. El tema o contenido del habla puede variar en gran medida. Puede ser íntimo o impersonal, sencillo, abstracto o técnico. Algunos elementos verbales que se han encontrado importantes en la conducta socialmente habilidosa han sido, por ejemplo, las expresiones de atención personal, los comentarios positivos, el hacer preguntas, los refuerzos verbales, el empleo del humor, la variedad de los temas, las expresiones en primera persona, etc.

V.1. *El ensayo de conducta*

El ensayo de conducta es el procedimiento más frecuentemente empleado en el EHS. Por medio de dicho procedimiento se representan maneras apropiadas y efectivas de afrontar las situaciones de la vida real que son problemáticas para el paciente. Los objetivos del ensayo de conducta consisten en aprender a modificar modos de respuesta no adaptativos, reemplazándolos por nuevas respuestas. El ensayo de conducta se diferencia de otras formas de representación de papeles, como el psicodrama, al centrarse en el cambio de conducta como un fin en sí mismo y no como una técnica para identificar o expresar supuestos conflictos.

En el ensayo de conducta el paciente representa cortas escenas que simulan situaciones de la vida real. Se le pide al actor principal —el paciente— que describa brevemente la situación-problema real. Las preguntas *qué, quién, cómo, cuándo* y *dónde* son útiles para enmarcar la escena, así como para determinar la manera específica en que el sujeto quiere actuar. La pregunta «por qué» debería evitarse. Al actor o actores del otro papel o papeles se les llama por el nombre de las personas significativas para el sujeto en la vida real. Una vez que se empieza a representar la escena, es responsabilidad de los entrenadores asegurarse de que el actor principal representa el papel y que intenta seguir los pasos conductuales mientras actúa. Si se «sale del papel» y empieza a hacer comentarios, explicando acontecimientos pasados u otros asuntos, el entrenador señalará con firmeza que se meta otra vez en el papel.

Si el participante tiene dificultades con una escena, debería pararse para discutirlo. El continuar cuando alguien está ansioso o molesto, o está mostrando una conducta inapropiada o no funcional, no es constructivo. Por otra parte, si un sujeto muestra únicamente una leve vacilación o se está acercando a la conducta deseada, se le puede «apuntar» dándole apoyo y ánimo. El «apuntar» puede consistir en «cualquier clase de instrucción directa, indicio o señal que se da al sujeto durante el ensayo de una escena, ya sea de forma verbal o no verbal».

Si la situación escogida para el ensayo de conducta se muestra muy difícil, el que va a actuar debería ser encauzado para que practicara una versión más fácil de la misma situación. Se pueden recordar algunas cuestiones sobre el ensayo de conducta:

1. Hay que limitarse a un problema en una situación. No hay que intentar resolverlo todo en seguida.
2. Hay que limitarse al problema que se expuso en un principio.
3. Hay que escoger una situación reciente o una que es probable que ocurra en un futuro cercano.
4. No hay que prolongar la parte de la representación de papeles más de uno a tres minutos.
5. Las respuestas deberían ser tan cortas como fuese posible.
6. Recordar que el que va a actuar es el principal experto sobre cómo es la conducta asertiva y sobre cuál es la mejor respuesta para él/ella en esa situación. Los que van a representar los otros papeles deberían escogerse con base en lo que piensa el que va a actuar con respecto a quiénes representarían mejor las escenas.

Un número apropiado de ensayos de conducta para un segmento o para una situación varía de tres a diez. Salvo que la situación que se ensaye sea corta, debería dividirse en segmentos que sean practicados en el orden en que ocurren. Una especie de esquema que puede tener presente el paciente que representa el papel puede verse en el cuadro 18.4.

Aunque la secuencia de cada representación de papeles (es decir, los pasos conductuales) es siempre la misma (puede haber pequeñas variaciones), el contenido de las situaciones representadas cambia de acuerdo con lo que le ocurre o podría ocurrir a los sujetos en la vida real. Seguidamente describimos una secuencia típica para llevar a cabo el ensayo de conducta en un formato grupal. Se exponen numerosos pasos para ofrecer una idea de cómo puede ser una secuencia completa del ensayo de conducta (ayudado por otros procedimientos), aunque frecuentemente no es necesario pasar por todos esos pasos (p.ej., muchas veces no es necesario el modelado y/o el ensayo encubierto). Secuencias similares pueden encontrarse en la mayoría de los textos sobre el EHS (p.ej., Caballo, 1987; Hall y Rose, 1980; Lange y Jakubowski, 1976; Becker, Heimberg y Bellack, 1987; Liberman, DeRisi y Mueser, 1989). Los pasos son los siguientes:

1. Descripción de la situación «problema» [3].

2. Representación de lo que el paciente hace normalmente en esa situación.

3. Identificación de las posibles cogniciones desadaptativas que estén influyendo en la conducta socialmente inadecuada del paciente.

4. Identificación de los derechos humanos básicos implicados en la situación.

5. Identificación de un objetivo adecuado para la respuesta del paciente. Evaluación por parte de éste de los objetivos a corto y largo plazo *(solución de problemas).*

6. Sugerencia de respuestas alternativas por los otros miembros del grupo y por los entrenadores/terapeutas, concentrándose en aspectos moleculares de la actuación.

7. Demostración de una de estas respuestas por los miembros del grupo o los entrenadores, para el paciente *(modelado)*

8. El paciente practica encubiertamente la conducta que va a llevar a cabo como preparación para la representación de papeles.

9. Representación por parte del paciente de la respuesta elegida, teniendo en cuenta la conducta del modelo, que acaba de presenciar, y las *sugerencias* aportadas por los miembros del grupo/terapeutas a la conducta modelada. El paciente no tiene que reproducir como un «mono de imitación» la conducta modelada, sino que tiene que integrarla en su estilo de respuesta.

10. Evaluación de la efectividad de la respuesta

a. Por el que representa el papel, basándose en el nivel de ansiedad presente y en el grado de efectividad que piensa tuvo la respuesta (el paciente puede utilizar aquí los elementos del cuadro 18.4 que sean pertinentes en ese momento).

b. Por los otros miembros/entrenadores del grupo, basándose en el criterio de la conducta habilidosa. La *retroalimentación* proporcionada por éstos es específica, subrayando los rasgos positivos y señalando las conductas inadecuadas de manera amigable, no punitiva. Una forma de conseguir esto último es que los terapeutas pregunten a los miembros del grupo, «¿Qué se podría mejorar?», teniendo en cuenta que deben referirse a aspectos «moleculares» concretos y observables. Además, los terapeutas reforzarán las mejorías empleando una estrategia de *moldeamiento* o aproximaciones sucesivas.

---

[3] A pesar de la poca atención prestada a este primer paso, es extremadamente importante, ya que el resto del procedimiento dependerá de cómo plantee el paciente dicha situación. No queremos extendernos aquí sobre los sesgos cognitivos de la fuente de información, ni sobre las diferencias entre situación «percibida» y situación «real», que pueden hacer fracasar la puesta en práctica de la conducta ensayada en la vida real. Mucho nos tememos que una descripción «incorrecta» y excesivamente «sesgada», por parte del paciente, esté presente con notable frecuencia cuando se lleva a cabo el EHS. Los problemas que suelen existir para observar al sujeto en la vida real hacen difícil la solución de esta cuestión.

CUADRO 18.4. *Esquema del entrenamiento en habilidades sociales*[a]

I. *Evalúa la situación*
1. Determina lo que crees que son los derechos y responsabilidades de las distintas partes en la situación.
2. Determina las probables consecuencias a corto y a largo plazo de los diferentes caminos de acción.
3. Decide cómo te comportarás en la situación

II. *Experimenta con nuevas situaciones y conductas en las situaciones de práctica.*
1. Ensaya las nuevas conductas en las situaciones representadas. Inténtalo una y otra vez. Practícalo tantas veces como sea necesario. Cambia la respuesta del compañero de rol-play, de tal manera que las consecuencias puedan ser positivas, negativas o neutras.
2. Refuta las creencias erróneas y las actitudes contraproducentes y reemplázalas por creencias más correctas y productivas.
Invierte tu perspectiva. ¿Cómo te sentirías en la posición de la otra persona?
¿Es verdad la creencia? ¿Por qué es verdad? ¿Qué evidencias apoyan a la creencia?
¿Te ayuda la creencia a sentirte en la forma en que quieres sentirte?
¿Te ayuda la creencia a lograr tus objetivos sin herir a los demás?
¿Te ayuda la creencia a evitar molestias o situaciones desagradables importantes sin negar al mismo tiempo tus propios derechos?
Pregunta las opiniones de los demás sobre el impacto y las consecuencias probables de tu conducta.
Emplea la «detención del pensamiento» para interrumpir creencias contraproducentes y obsesivas, que ocurren frecuentemente.

III. *Evalúa tu conducta*
1. Determina tu ansiedad en la situación
(Aprende a relajarte si es necesario: a) relajación completa, b) relajación diferencial)
Puntuación SUDS
Contacto ocular
Postura relajada
Risa nerviosa
Movimientos de cabeza, manos y cuerpo, excesivos
2. Evalúa el contenido verbal
¿Dijiste lo que querías decir realmente?
¿Eran tus comentarios concisos, pertinentes, apropiadamente asertivos a la situación?
¿Eran tus comentarios claros, específicos y firmes?
¿Evitaste largas explicaciones, excusas y disculpas?
¿Empleaste la primera persona y la expresión de sentimientos cuando era apropiado?

3. Evalúa la adecuación de tu conducta no verbal
   ¿Contestaste casi inmediatamente después de que habló la otra persona?
   ¿Tu expresión facial estaba en consonancia con la situación? ¿Mirabas a la cara a la otra persona?
   ¿Acompañabas con gestos apropiados lo que estabas diciendo?
   ¿Tu postura y orientación eran acordes con la situación?
   ¿La distancia/contacto corporal eran adecuados a la clase de persona/situación?
   ¿Había vacilación o tartamudeo en tu voz? ¿Eran apropiados tu volumen y entonación?
   ¿Había alguna queja, lamento o sarcasmo en tu voz?
   ¿Había demasiados silencios? ¿El tiempo de habla era compartido, o bien tu contribución era mínima?
4. Decide si estas satisfecho con tu actuación general en la situación

IV. *Lleva a cabo las nuevas conductas en las interacciones de la vida real*
1. Decide comportarte de forma asertiva en una situación de la vida real. Practica la situación como una tarea para casa.
2. Empieza a comportarte asertivamente en interacciones que ocurren de forma natural, siendo cuidadoso de no ir demasiado deprisa.
3. Registra y evalúa las tareas para casa, las conductas ensayadas y las interacciones que ocurren de forma natural empleando las hojas de registro adecuadas.

---

[a] Basado en M. D. Galassi, y J. P. Galassi, *Assert yourself! How to be your own person*, Nueva York, Human Sciences Press, 1977. Copyright 1977 Human Sciences Press. Reproducido con permiso.

11. Teniendo en cuenta la evaluación realizada por el paciente y el resto del grupo, el terapeuta u otro miembro del grupo vuelven a representar (modelar) la conducta, incorporando algunas de las sugerencias hechas en el paso anterior. No es conveniente que en cada ensayo se intente mejorar más de dos elementos verbales/no verbales a la vez.

12. Se repiten los pasos del 8 al 11 tantas veces como sea necesario, hasta que el paciente (especialmente) y los terapeutas/miembros del grupo piensen que la respuesta ha llegado a un nivel adecuado para ser llevada a cabo en la vida real. Hay que señalar que el modelado del paso 11 no es necesario repetirlo en cada ocasión en que se vuelva a representar la escena, incorporando directamente el paciente las sugerencias que le han hecho a su nueva representación

13. Se repite la escena entera, una vez que se han incorporado, progresivamente, todas las posibles mejoras.

14. Se dan las últimas instrucciones al paciente sobre la puesta en práctica

de la conducta ensayada a la vida real, las consecuencias positivas y/o negativas con que puede encontrarse y que lo importante es que lo intente, no que tenga éxito *(tareas para casa)*. Se le señala también que, en la próxima sesión, se analizarán tanto la forma de llevar a cabo dicha conducta como los resultados obtenidos.

A esta secuencia típica del ensayo de conducta se le están añadiendo últimamente elementos de entrenamiento en *percepción social:* habilidades para recibir, procesar y enviar información (Becker, Heimberg y Bellack, 1987; Liberman, DeRisi y Mueser, 1989). Aunque la capacidad para recibir y procesar estímulos situacional e interpersonalmente relevante para determinar las normas y las reglas particulares, para comprender las emociones y las intenciones de otras personas, etc. ya fue resaltada hace años como componentes del EHS (p.ej., Morrison y Bellack, 1981; Trower, 1980), no ha estado muy claro cómo llevar a cabo ese entrenamiento en percepción social [en Becker, Heimberg y Bellack (1987) se pueden encontrar algunos ejercicios a este respecto]. También pueden incluirse diversas variaciones en la secuencia del ensayo de conducta. Por ejemplo, se pueden ensayar diferentes consecuencias negativas (incluso la peor de ellas) que podrían producirse ante la conducta del sujeto. También se pueden invertir los papeles a lo largo del ensayo, de modo que el paciente se ponga en el papel de la persona hacia quien va ir dirigida la conducta en la vida real, de forma que así pueda empatizar más con las reacciones que la otra persona podría tener frente a su propia conducta (Masters y cols., 1987; Monti y Kolko, 1985). Sin embargo, esta inversión de papeles ha sido criticada por algunos autores que señalan que, salvo que el problema del paciente sea la reducción de respuestas agresivas, la inversión de papeles debilita la respuesta asertiva y fortalece las cogniciones negativas subyacentes (Booraem y Flowers, 1978).

El cuadro 18.5 presenta un formato de evaluación de los componentes que se suelen ensayar durante la representación de papeles.

V.2. *El modelado*

La exposición del paciente a un modelo que muestre correctamente la conducta que está siendo el objetivo del entrenamiento permite el aprendizaje observacional de ese modo de actuación. El modelo suele ser representado por el terapeuta o por algún miembro del grupo y puede presentarse en vivo o grabado en vídeo. La representación puede hacerse de todo el episodio o de únicamente una parte de él. Se ha demostrado que el modelado es más efectivo cuando los modelos son de edad parecida y del mismo sexo que el observador, y cuando la conducta del modelo se encuentra más próxima a la

CUADRO 18.5. *Evaluación del entrenamiento de los componentes conductuales* [a]

Nombre: ______________________ Fecha: ______________

OBJETIVO: ______________________

Evaluación:
1. Muy pobre
2. Pobre
3. Regular
4. Bueno
5. Muy bueno

COMPONENTES CONDUCTUALES

Componentes no verbales:	Ensayos
Mirada	
Expresión facial	
Gestos	
Postura	
Orientación	
Distancia/Contacto físico	
Componentes paralingüísticos	
Volumen	
Entonación	
Fluidez	
Tiempo de habla	
Contenido	
Apropiado a la situación	
Reforzante	

[a] Adaptado y modificado de R. P. Liberman, W. J. De Risi y K. T. Mueser, *Social skills training for psychiatric patients*, Nueva York, Pergamon Press, 1989. Copyright 1989, Pergamon Press. Reproducido con permiso.

del observador, en vez de ser altamente competente o más extrema. En este último caso, la representación puede resultar demasiado compleja de modo que el observador se puede sentir abrumado y no realizar ningún aprendizaje significativo (Schroeder y Black, 1985). Es importante, entonces, que el terapeuta dirija la atención del paciente hacia los componentes separados, específicos, de la situación, de forma que reduzca su complejidad. El modelado tiene, además, la ventaja de ilustrar los componentes no verbales y paralingüísticos de una determinada conducta interpersonal. El tiempo de exposición al modelo también parece ser importante, con exposiciones más largas produciendo resultados más positivos (Eisler y Frederiksen, 1980). Por otra parte, es importante que el paciente no interprete la conducta modelada como *la* forma «correcta» de comportarse, sino como una manera de enfocar una situación particular (Wilkinson y Canter, 1982).

En el entrenamiento, el modelado parece más apropiado cuando: a) una persona muestra una conducta inapropiada y es más fácil mostrar la conducta correcta que explicarla o «apuntarla» (especialmente útil para la conducta no verbal y la conducta compleja), o b) un paciente no responde en absoluto o no parece saber cómo empezar. También parece ser que el empleo del procedimiento del «modelado» es más importante con poblaciones de amplias deficiencias (p.ej., pacientes psiquiátricos) que con aquellas que poseen un superior nivel de adaptación social (p.ej., sujetos universitarios). Algunos aspectos a recordar sobre el modelado son los siguientes:

1. La atención es necesaria para el aprendizaje. Puesto que en el modelado se aprende vicariamente por medio de la observación y la escucha, el que va a actuar tiene que saber a qué conductas tiene que prestar atención y acordarse de ellas. A veces ayuda el tener una discusión de grupo sobre qué hizo el modelo que dio como resultado una respuesta especialmente habilidosa, o el hacer que el terapeuta señale alguna de estas respuestas.
2. El modelado tiene más influencia cuando el observador considera la conducta del modelo como deseable y teniendo consecuencias positivas. El paciente recordará mejor las respuestas si tiene una oportunidad para practicar la conducta del modelo.
3. Es importante que el paciente no interprete la conducta modelada como la manera «correcta» de comportarse, sino como una forma de abordar una situación particular.

V.3. *Instrucciones/aleccionamiento*

El término *aleccionamiento* («coaching»), denominado también, a veces, retroalimentación correctiva, intenta proporcionar al sujeto información explícita sobre la naturaleza y el grado de discrepancia entre su ejecución y el criterio (p.ej., «tu contacto ocular fue demasiado breve, auméntalo»). También suele incluir información específica sobre lo que constituye una respuesta apropiada (p.ej., «Quiero que practiques el mirar directamente a la cara de la otra persona cuando estás hablando con ella»), anotaciones que dirigen la atención del sujeto hacia sus necesidades, etc. El término *instrucciones* («instructions») es más amplio, abarcando, además de todo lo anterior, información específica y general sobre el programa de EHS o aspectos de él.

La información se puede presentar bajo diversas formas, por medio de representaciones de papeles, discusiones, material escrito, descripciones en la pizarra, grabaciones en vídeo, etc. Ejemplos de información presentados en las primeras sesiones son los «derechos humanos básicos» o la distinción entre conductas asertivas, no asertivas y agresivas. También, al comienzo de cualquier sesión del EHS, es importante trasmitir claramente al paciente el componente o dimensión exactos que recibirán atención ese día y dar una explicación sobre su importancia. El propósito de empezar cada sesión con una breve instrucción del terapeuta es asegurarse de que los pacientes comprenden las expectativas de ese día, para después poder llevarlas a cabo. En una palabra, las instrucciones no se dan sólo para suministrar a los pacientes información sobre la conducta social, sino también para proporcionar una base y una explicación razonada para los ejercicios y ensayos de conducta posteriores. El paciente debería saber qué es lo que se espera que haga en la representación de papeles antes de que tenga lugar.

V.4. *Retroalimentación y reforzamiento*

La retroalimentación y el reforzamiento son dos elementos fundamentales del EHS. Muchas veces, estos dos componentes se funden en uno, cuando la retroalimentación que se da al paciente es reforzante para él. El *reforzamiento* tiene lugar a todo lo largo de las sesiones del EHS y sirve tanto para adquirir nuevas conductas, recompensando aproximaciones sucesivas, como para aumentar determinadas conductas adaptativas en el paciente. Twentyman y Zimering (1979) señalan que el tipo de reforzamiento más empleado en los programas de EHS ha sido verbal. Las recompensas sociales son refuerzos efectivos para la mayoría de la gente y en el EHS se hace por medio de la alabanza y el dar ánimo. El efecto beneficioso es mayor cuando se da inmediatamente después del ensayo de conducta. Además de reforzar verbalmente al sujeto que actúa, también se le puede reforzar no verbalmente por medio de la expresión facial, los asentimientos de cabeza, aplausos, palmadas en la espalda, etc. Cada vez que un paciente toma parte en una representación de papeles, el entrenador tiene la oportunidad de reforzar la conducta deseada. Twentyman y Zimering (1979) informan que estudios que han empleado técnicas de reforzamiento aplicables más allá del laboratorio tendían a mostrar los resultados más positivos. Los investigadores pueden encontrar unos efectos de transferencia mayores cuando se realiza un intento sistemático de incluir «reforzamiento ambiental» en los programas de entrenamiento.

También se puede instruir a los pacientes para que se autorrecompensen, «que se digan y hagan algo agradable para sí mismos» si practican bien sus nuevas habilidades (Goldstein, Gershaw y Sprafkin, 1985). Una forma de ayudar al proceso de autorrefuerzo es asociarlo con un refuerzo secundario como el dinero. Por ejemplo, se puede cambiar una moneda de un bolsillo a otro después de una respuesta asertiva. Esta transferencia se acompaña por una autoverbalización positiva. Las monedas se van juntando para la adquisición de un refuerzo más amplio. El autorreforzamiento sirve también para mantener conductas que no están siendo recompensadas por el ambiente externo.

Booraem y Flowers (1978) señalan que la psicoterapia ha tendido a centrarse en los aspectos negativos de la conducta, explorando los problemas del paciente más que sus capacidades. Por ello, es importante empezar cada sesión de grupo con informes de los éxitos. El comenzar así establece un tono de éxito en el grupo y permite a aquellos pacientes que lo hicieron bien en la vida real obtener refuerzo por parte del grupo, lo que les ayudará a mantener las mejoras obtenidas. «Esto es especialmente importante cuando lo hizo mejor que lo solía hacer, pero no consiguió todavía lo que quería, o está empezando a obtener cierta retroalimentación negativa del ambiente debido a su cambio» (Booraem y Flowers, 1978, p. 25).

La *retroalimentación* proporciona información específica al sujeto, esencial para el desarrollo y mejora de una habilidad. La retroalimentación la puede dar el entrenador, otros miembros del grupo, u ofrecerse por medio de la repetición por audio o vídeo. Si la retroalimentación la ofrecen los otros miembros del grupo deberían ser entrenados para que fuesen positivos y la presentaran de tal manera que fuese beneficiosa para el paciente. Las siguientes directrices pueden ser útiles (Wilkinson y Canter, 1982):

a. Se deberían especificar, por adelantado, las conductas sometidas a retroalimentación, de modo que durante la representación de papeles los observadores puedan concentrarse en las respuestas relevantes.

b. La retroalimentación debería concentrarse en la conducta en vez de en la persona.

c. La retroalimentación debería ser detallada, específica y concentrarse en aquellas conductas que se les ha enseñado, bien durante la sesión o en sesiones previas.

d. No debería darse una retroalimentación de más de tres conductas cada vez, ya que es muy difícil observar e informar sobre un número mayor.

e. Se debería proporcionar la retroalimentación directamente al individuo, p. ej., «Estuvo bien la manera en que la miraste», y no «Estuvo bien la manera en que él la miró».

f. La retroalimentación debería concentrarse en lo positivo, con sugerencias para la mejora y el cambio si es necesario.

g. Debería enfatizarse que la retroalimentación no es un juicio objetivo del individuo, sino impresiones subjetivas que pueden variar con las personas.

h. Debería recordarse, especialmente por el terapeuta, que la persona que da la retroalimentación lo está haciendo con base en sus propias normas y cultura, que podrían diferir de las del paciente.

El proceso de ofrecer retroalimentación puede también tener otros efectos beneficiosos. Proporciona a los pacientes la oportunidad de hacer prácticas en hablar directamente a otra persona y ayuda a los miembros del grupo a concentrarse en el actor, manteniéndolos implicados con el grupo y aumentando la probabilidad de aprendizaje observacional respecto a aquellas conductas que tienen éxito (y, en consecuencia, son reforzadas).

Si se emplea la retroalimentación por vídeo se debería dar primero al paciente la oportunidad de comentar su actuación, y deberían aplicarse las mismas reglas anteriormente expuestas. La repetición por medio del vídeo debería emplearse con precaución. Aunque puede ser una fuente de motivación e incentivo, puede también ser perturbadora y amenazante para algunos individuos. Galassi, Galassi y Fulkerson (1984) señalan que la retroalimentación por medio del vídeo no mejora e incluso puede disminuir los beneficios del EHS breve. Gelso (1974) ha informado que aquel procedimiento puede aumentar la ansiedad del paciente en programas de EHS de corta duración. No obstante, sus efectos en programas de mayor duración son desconocidos. Dado el incremento en la utilización de las técnicas audiovisuales en los últimos años, se debería investigar sistemáticamente si el empleo del vídeo en los programas de EHS aporta mejoras importantes (Dowrick y Biggs, 1983; Heilveil, 1983).

V.5. *Tareas para casa*

«Todo terapeuta con experiencia sabe que el éxito de la práctica clínica depende en gran medida de las actividades del paciente cuando no está con el terapeuta. Esta dependencia de las actividades "externas" es especialmente cierta en el caso de la práctica conductual» (Shelton y Levy, 1981, p. ix).

Las *tareas para casa* son una parte esencial del EHS. Lo que sucede en la vida real proporciona material que servirá para los ensayos en el grupo. Entre las tareas para casa que se mandan a los pacientes se encuentran el registro de su nivel de ansiedad en situaciones determinadas (puntuación SUDS), el registro de situaciones en las que han actuado habilidosamente, de situaciones en las que les gustaría haber actuado así, etc. Las tareas para casa constituyen el vehículo por medio del cual las habilidades aprendidas en la sesión de entrenamiento se practican en el ambiente real, es decir, se generalizan a la vida diaria del paciente.

Normalmente, cada sesión de un programa de EHS empieza y termina con una discusión sobre las tareas para casa, que son diseñadas específicamente para alcanzar los objetivos de la terapia. Cuando la terapia va avanzando, una buena parte de cada sesión se dedica a preparar al paciente para las próximas tareas para casa, y la dificultad de la tarea se aumenta gradualmente conforme progresa el tratamiento.

Shelton y Levi (1981) resaltan una serie de beneficios derivados del empleo sistemático de las tareas para casa:

1. *Acceso a conductas privadas.* Un enfoque de tratamiento que hace que la terapia continúe incluso en ausencia del terapeuta es especialmente útil para las conductas que no pueden observarse fácilmente en el despacho del terapeuta.
2. *Eficacia del tratamiento.* La mayoría de los nuevos patrones de conducta necesitan ser practicados repetidamente y ser llevados a cabo en lugares diferentes. La práctica que se limita al tiempo de la sesión en la terapia no habrá finalizado el trabajo. Además, el uso del resto de la semana no dedicada a la terapia formal puede significar un ahorro de dinero, tiempo y de la utilización de los servicios de salud.
3. *Un mayor autocontrol.* El implicar a los pacientes en su propio tratamiento fuera de las horas de la terapia, puede ayudarles a que se vean a sí mismos como los principales agentes de cambio y motivarles a que actúen en beneficio de su propio interés.
4. *Transferencia del entrenamiento.* Una de las tareas principales con que se enfrenta el terapeuta consiste en ayudar al paciente a transferir lo que ha aprendido durante la terapia al mundo exterior. La transferencia puede ocurrir a lo largo de tres dimensiones: situaciones, respuestas y tiempo.

V.6. *Procedimientos cognitivos*

Los procedimientos cognitivos se encuentran dispersos a todo lo largo del EHS. Desde la integración de los derechos humanos básicos en el sistema de creencias del paciente hasta la modificación directa de cogniciones desadaptativas que inhiben o desbaratan la conducta social del mismo, el EHS está impregnado de numerosos elementos cognitivos. El entrenamiento en solución de problemas o en percepción social son procedimientos explícitos que se utilizan a veces dentro de los programas de EHS. La reducción de las autoverbalizaciones negativas y el aumento de las positivas suele estar incluido en todo EHS. Frecuentemente se emplean también elementos de la terapia racional emotiva (ver figura 18.2). Por otra parte, Dryden (1984) señala que los terapeutas colaboran con sus pacientes para ayudarles a que lleguen a ser buenos empiristas, en el sentido de que se les anima a que consideren sus pensamientos o inferencias automáticas como hipótesis, en vez de como hechos, y que luego busquen datos que puedan corroborar o refutar esas hipótesis.

VI. EL ENTRENAMIENTO DE LAS HABILIDADES SOCIALES EN GRUPO

Aunque los procedimientos del EHS (o entrenamiento asertivo) se llevaron a cabo inicialmente siguiendo un formato individual (Salter, 1949; Wolpe, 1958), se ha ido prestando cada vez más atención al formato grupal (Alberti y Emmons, 1970; Bower y Bower, 1976; Cotler y Guerra, 1976; Kelley, 1979; Lange y Jakubowski, 1976; Lazarus, 1968c; Liberman y cols., 1975). Como ya hemos señalado anteriormente, el formato grupal tiene toda una serie de ventajas sobre el formato individual. La descripción de algunas de éstas puede encontrarse en Caballo (1988). Brevemente podemos decir que el grupo ofrece una situación social ya establecida en la que los participantes que reciben el entrenamiento pueden practicar con las demás personas. Un grupo proporciona diferentes tipos de personas necesarias para crear las representaciones de papeles y para proporcionar un mayor rango de retroalimentación. Los miembros de un grupo suministran también una serie de modelos, ayudando por consiguiente a disipar la idea de que el modelado por el terapeuta es la única forma «correcta». Además se ha demostrado que el aprendizaje vicario es más efectivo cuando los modelos tienen características en común con el observador.

Lange y Jakubowski (1976) señalan que hay cuatro tipos básicos de grupos de EHS: a) *Grupos orientados hacia los ejercicios,* donde los miembros del grupo participan inicialmente en una serie establecida de ejercicios de representación de papeles y, en sesiones posteriores, dichos miembros generan sus propias situaciones de ensayo de conducta, b) *Grupos orientados hacia los temas,* en los que cada sesión se dedica a un tema determinado y se emplea para ello el ensayo de conducta, c) *Grupos semiestructurados,* que

FIGURA 18.2. «Evita los absolutos». *Dibujo realizado por Caren Nederlander. Copyright © 1981 Franklin Center for Behavior Change, Southfield, Michigan. Reproducido con permiso del autor.*

utilizan algunos ejercicios de representación de papeles junto con otros procedimientos terapéuticos, como el entrenamiento de padres, clarificación de valores, etc., y d) *Grupos no estructurados,* en los que los ejercicios de representación de papeles se basan totalmente en las necesidades de los miembros de cada sesión.

El tamaño de los grupos de EHS ha variado con cierta frecuencia dependiendo de los objetivos, el tiempo del terapeuta y el número de sujetos disponibles. Así, hemos encontrado grupos de EHS desde 3 hasta 15 sujetos (Caballo, 1988). Sin embargo, creemos que el número de sujetos más empleado y recomendado en el EHS en grupo ha ido de *8 a 12 miembros.* Más aún ha variado el tiempo de duración de los programas de EHS. Generalmente, las sesiones de EHS tienen lugar *una vez a la semana* (aunque hemos encontrado estudios que emplearon 4 ó 5 días a la semana), a lo largo de *8 a 12 semanas* (habiendo hallado estudios que han empleado desde 3 hasta 17 semanas). La duración de cada sesión también ha variado frecuentemente, yendo desde 30 minutos hasta 2½ horas. Creemos que una duración de 2 *horas* por sesión es una duración adecuada (ver Caballo, 1987; Caballo y Carrobles, 1988, para un estudio más detallado sobre estas cuestiones).

VI.1. *Procedimientos y ejercicios de grupo*

Aparte de la secuencia típica del EHS, existe toda una serie de ejercicios grupales que son muy útiles cuando se lleva a cabo un programa de EHS (ver Caballo, 1987). Los ejercicios se emplean dependiendo del momento de la sesión, de la clase de conducta que se esté tratando, del ambiente grupal y de otros factores que el terapeuta determinará como convenientes para llevar a cabo dichos ejercicios. Seguidamente describimos algunos de ellos.

VI.1.1. Ejercicios de calentamiento

Como su mismo nombre indica, estos ejercicios sirven para animar el ambiente del grupo, haciendo que la gente se implique más activamente en el proceso del EHS. Suelen plantearse al principio de las sesiones o si en algún momento el grupo se encuentra poco participativo.

En la sesión inicial de un grupo de EHS la gente no se conoce. Un ejercicio habitual para que la gente se vaya conociendo es el siguiente: los participantes en el grupo se juntan por parejas. Se dejan 10 minutos de conversación en la que cada miembro de la pareja pasa 5 minutos hablándole al otro. En estos cinco minutos cada persona del grupo debería conseguir una breve biografía del/a compañero/a, describirse a sí mismo expresando los 5 adjetivos que piensa que le describen mejor y señalar sus tres puntos fuertes. Posteriormente, la gente vuelve al grupo y cada miembro ofrece una pequeña sinopsis de su compañero/a. Otros ejercicios de calentamiento diferentes son los siguientes:

Se hace que todos los miembros del grupo formen un círculo cogidos por los hombros y que uno de los miembros se quede fuera. El juego consiste en que el miembro que ha quedado fuera entre en el círculo, mientras que los miembros que lo forman tratan de no dejarle entrar (sin violencia, ni un empeño excesivo).

Se hacen grupos de tres personas. Dos de ellas se encuentran enfrente la una de la otra y una tercera sirve como espectador. Una de las dos primeras personas tendrá que decir únicamente «sí», mientras que la que tiene enfrente le contesta solamente «no». Pueden variar todos los elementos no verbales y paralingüísticos que quieran, pero no el contenido verbal («sí» o «no»). Durante la interacción las dos personas tienen que observar qué señales no verbales se manifiestan cuando se sienten más seguras y lo mismo tiene que hacer el observador respecto a la conducta que observa. Los papeles se van rotando. Finalmente, se exponen las conclusiones al grupo.

Se reúnen los participantes por parejas. Cada una de éstas tiene que tener un papel y un bolígrafo. Sin hablar, tienen que dibujar conjuntamente (cogiendo cada miembro de la pareja el mismo bolígrafo simultáneamente) sobre el papel, por ejemplo, un árbol, un gato y una casa. Una vez que han terminado todas las parejas, se reúne el grupo de nuevo y se discute brevemente qué miembro de la pareja fue el más activo en la realización del dibujo, si su actuación activa o pasiva fue reflejo de su comportamiento en la vida real, y qué señales no verbales empleó para tener una mayor participación en dicho dibujo. Si los dos han participado por igual, se resaltan las señales no verbales que emplearon para conseguirlo.

VI.1.2. Ejercicios para los derechos humanos básicos

Se hace que los participantes en el grupo lean una hoja que contiene los derechos humanos básicos expuestos en el cuadro 18.1. Se les dice que escojan un derecho de la lista que sea importante para ellos, pero que normalmente no se aplica a sus vidas, o bien uno que les sea difícil de aceptar. Luego se les da las siguientes instrucciones: «Cerrad los ojos... poneros en una posición cómoda... inspirad profundamente, mantened el aire dentro tanto como podáis y luego echadlo lentamente... Ahora imaginad que tenéis el derecho que seleccionasteis de la lista... Imaginad cómo cambia vuestra vida al aceptar ese derecho... Cómo actuaríais... Cómo os sentiríais con vosotros mismos... con otras personas...». Esta fantasía continúa durante dos minutos, después de los cuales el terapeuta sigue diciendo: «Ahora imaginad que ya no tenéis ese derecho... Imaginad cómo cambiaría vuestra vida respecto a como era hace unos momentos... Cómo actuaríais ahora... y cómo os sentiríais con vosotros mismos... y con otras personas...». Esta fantasía continúa durante otros dos minutos. Luego, por parejas, discuten las siguientes cuestiones: qué derecho seleccionaron, cómo actuaron y se sintieron cuando tenían y cuando no tenían el derecho, y qué aprendieron con el ejercicio (Kelley, 1979; Lange y Jakubowski, 1976).

VI.1.3. Ejercicios para la distinción entre conducta asertiva/no asertiva/agresiva

Se plantean una serie de ejemplos sobre la conducta asertiva, la no asertiva y la agresiva. Esto se puede hacer a través de una serie de medios (vídeo, representación de escenas, explicación verbal, etc.). Una vez que los participantes en el grupo señalan haber entendido las diferencias entre esas clases de conducta, se hace lo siguiente. Se reparten tres tarjetas de diferente color a cada miembro, cada una de las cuales representa un tipo de conducta (p.ej., blanca=asertiva, azul=no asertiva y roja-agresiva). Se les van presentando de nuevo distintas conductas. Los miembros del grupo tienen que calificar el tipo de conducta que se les presenta levantando, todos a la vez, la tarjeta correspondiente. Se discute por qué la conducta que se ha presentado se considera asertiva, no asertiva o agresiva, y también por qué las personas que clasifican la conducta de forma diferente a la mayoría lo hacen así. Si la mayor parte del grupo se «equivoca» al clasificar la conducta, se discute igualmente.

VI.1.4. Ejercicios de terapia racional emotiva

Un ejercicio muy útil para introducir a los pacientes en los principios racional-emotivos, descubrir defensas, mostrarles cómo influyen los pensamientos en los sentimientos y que se den cuenta de que una gran parte de esos pensamientos son automáticos, es el siguiente. Se dice a los miembros del grupo que se sienten cómodamente, que cierren los ojos, tomen aire profundamente por la nariz, la retengan durante un cierto tiempo en los pulmones y la echen lentamente por la boca. Luego se les da las siguientes instrucciones (Wessler, 1983): «Os voy a pedir que penséis en algo secreto, algo sobre vosotros mismos que no diríais normalmente a nadie más. Podría ser algo que habéis hecho en el pasado, algo que estáis haciendo en el presente. Algún hábito secreto o alguna característica física. *(Pausa)*. ¿Estáis pensando en ello? *(Pausa)* Bien. Ahora voy a pedir a alguien que diga al grupo en qué ha estado pensando... que lo describa con cierto detalle. *(Pausa corta)* Pero puesto que sé que todo el mundo querría hacer esto, y no tenemos suficiente tiempo para que todo el mundo lo haga, seleccionaré a alguien. *(Pausa —mirando a los miembros del grupo)* ¡Ya!, pienso que ya tengo a alguien. *(Pausa)*. Pero antes de que llame a esa persona, permitidme preguntaros ¿qué es lo que estáis experimentando en estos momentos?» (p. 49).

Normalmente la gente experimenta una elevada ansiedad (si ha vivido realmente el ejercicio), que se puede cuantificar preguntando a los sujetos el nivel de puntuación SUDS. En ese momento, el terapeuta muestra al grupo que es el *pensamiento* de hacer algo, no el hacerlo, lo que conduce a sus sentimientos. Entonces el terapeuta pregunta sobre los tipos de pensamientos que condujeron a esos sentimientos.

VI.1.5. Procedimientos para iniciar y mantener conversaciones

Hay una serie de procedimientos que ayudan a los sujetos a iniciar y mantener conversaciones con otras personas. Cuando se entrena a los pacientes en la dimensión de «Iniciar y mantener conversaciones», normalmente se les enseña una serie de ellos, como los siguientes.

Preguntas con final cerrado/abierto. Las preguntas con *final cerrado* son aquellas en las que el que responde no tiene otra elección en su respuesta que la ofrecida por el que pregunta. Este tipo de preguntas tiene generalmente una contestación correcta o puede contestarse con una corta respuesta seleccionada a partir de un número limitado de posibles respuestas (Hargie, Saunders y Dickson, 1981). Las preguntas que empiezan por «dónde», «cuándo» y «quién» son normalmente cerradas. También son cerradas las preguntas que se pueden contestar adecuadamente por «sí» o «no», las que piden al sujeto que seleccione entre dos o más alternativas, o las que le piden que identifique algo. Las preguntas con *final abierto* son aquellas que pueden contestarse de diversas maneras, dejando la respuesta abierta al que responde. Con estas preguntas el que responde tiene un elevado grado de libertad para decidir qué contestación dar. Este tipo de preguntas son de carácter amplio y requieren más de una o dos palabras. Igualmente, tienen también la ventaja de permitir dirigir una conversación hacia el nivel de comunicación que se desee. Las preguntas que empiezan con «qué», «cómo» y «por qué» son normalmente abiertas. Frecuentemente se enseña a los pacientes a hacer preguntas abiertas para mantener conversaciones durante un tiempo más prolongado.

Libre información. La libre información se refiere a la información que no fue requerida específicamente por la pregunta. Sea o no de forma consciente, la gente comparte aquella parte de sí mismos de la que quieren hablar. En este sentido, la libre información es a menudo una especie de invitación para hablar sobre aquello que la persona que la ofrece piensa que es apropiado. Se pueden hacer preguntas abiertas sobre la libre información, hacer comentarios sobre ella o què sirva para ofrecer la propia autorrevelación. Por ejemplo, A: «¿Qué estudias?», B: «Psicología. La semana que viene tengo un examen muy difícil» *(Libre información).*

Autorrevelación. Se refiere «al acto de compartir verbal o no verbalmente con otra persona aspectos de lo que te convierte en una persona, aspectos que el otro individuo no conocerá o comprenderá sin tu ayuda» (Stewart, 1977, recogido en Hargie, 1986, p. 223). Las autorrevelaciones verbales son verbalizaciones en las que el individuo revela información personal sobre él mismo. Las autorrevelaciones no verbales son conductas manifestadas por un individuo que trasmite a los otros una impresión de sus actitudes o sentimientos (Hargie, 1986). En cualquier conversación es importante que los dos (o más) participantes practiquen por lo menos alguna autorrevelación, puesto que una relación puede desarrollarse solamente cuando las personas implicadas comparten algo sobre ellas mismas. La autorrevelación normalmente es *simétrica,* señalando con ello que la gente normalmente se autorrevela aproximadamente al mismo ritmo.

La escucha. Con el fin de responder de forma apropiada a los demás, es necesario prestar atención a los mensajes que envían y asociar futuras respuestas con esos mensajes. Los mensajes recibidos pueden ser verbales o no verbales. La *escucha activa* se da cuando un individuo manifiesta ciertas conductas que indican que claramente está prestando atención a la otra persona. Pueden consistir en mensajes verbales cortos y ocasionales, o exclamaciones como «Ah-hah», «¡Oh!», «Ah, ¿sí?», etc. que señalan al que habla que se le está prestando atención y le animan también a seguir hablando. En este tipo de escucha se pueden reflejar igualmente los pensamientos y/o los sentimientos del que habla, resumiendo simplemente sus comentarios en las propias palabras del que escucha («parafraseando»). Esta clase de escucha es una manera excelente de animar a los demás a que hablen. La escucha activa puede hacerse también de los mensajes no verbales del que habla, p.ej., «asintiendo con la cabeza», «sonriendo», etc. En la *escucha pasiva* el sujeto no muestra señales externas claras que indiquen que está escuchando (Hargie, Saunders y Dickson, 1981).

En las sesiones del EHS normalmente se ensaya en parejas o en tríos estos cuatro elementos: preguntas con final abierto, libre información, autorrevelación, y escucha activa.

También se ofrece a los sujetos información sobre las maneras de iniciar conversaciones. Gambrill y Richey (1985, p. 107) señalan que hay al menos ocho maneras de iniciar conversaciones: 1) Hacer una pregunta o un comentario sobre la situación o una actividad en las que están implicados, 2) Hacer cumplidos a los demás sobre algún aspecto de su conducta, apariencia o algún otro atributo, 3) Hacer una observación o una pregunta casuales sobre lo que está haciendo alguien, 4) Preguntar si puede unirse a otra persona o pedir a otra persona que se una a él/ella, 5) Pedir ayuda, consejo, opinión o información a otra persona, 6) Ofrecer algo a alguien, 7) Compartir las experiencias, sentimientos u opiniones personales, 8) Saludar a la otra persona y presentarse. Esos mismos autores sugieren una serie de reglas básicas para la iniciación de conversaciones: a) Ser positivo, b) Ser directo, c) Cultivar una perspectiva doble, d) Anticipar una reacción positiva, e) Sacar provecho del humor, f) Utilizar frases iniciales cortas, g) Preguntarse a uno mismo cómo respondería, h) Hacer preguntas con final abierto, i) Sacar provecho de la libre información, j) Acercarse a la gente que parece libre para empezar una conversación, k) Insistir, l) Acercarse a la gente que parece amigable, m) Cultivar la curiosidad, n) Seleccionar objetivos alcanzables, o) Sacar provecho del estilo propio, p) Sonreír y mirar a la gente, q) No intimidar, r) Recompensarse los esfuerzos (Gambrill y Richey, 1985, pp. 113-115).

VI.1.6. Procedimientos defensivos

El disco rayado. Este procedimiento se puede emplear con peticiones y/o rechazos. Consiste en que el sujeto suene parecido a un disco rayado. La frase clave es «sí, pero... ». El sujeto sólo escucha, pero no responde a algo que se salga fuera de la cuestión que desea tratar. Smith (1977) lo describe como el procedimiento que «mediante la repetición serena de las palabras que expresan nuestros deseos, una y otra vez, enseña la virtud de la persistencia [...] » (p. 437).

La aserción negativa. Este procedimiento se emplea cuando el sujeto está siendo atacado y se ha equivocado. La técnica implica hacer que el sujeto admita su error y cambie inmediatamente a autoverbalizaciones positivas. El sujeto no está a la defensiva si está equivocado. La utilización de esta técnica requiere una amplia práctica, puesto que existe una tendencia natural de la gente a defenderse cuando se le ataca verbalmente (Booraem y Flowers, 1978). Smith (1977) la define como la «técnica que nos enseña a aceptar nuestros errores y faltas (sin tener que excusarnos por ellos) mediante el reconocimiento decidido y comprensivo de las críticas, hostiles o constructivas, que se formulan a propósito de nuestras cualidades negativas» (p. 438).

El recorte. Esta técnica es apropiada tanto si los pacientes están siendo atacados y no están seguros de haber cometido un error, como si piensan que están siendo atacados por medio de señales no verbales, pero el contenido que se expresa no es claramente de enfrentamiento. Cuando *recorta,* el sujeto contesta *sí* o *no* con mínima «libre información», esperando que la otra persona aclare el asunto (Booraem y Flowers, 1978). Por ejemplo, si la persona prepara el desayuno todos los días, pero esa mañana no lo ha hecho y alguien le dice «El desayuno no está preparado», la persona contesta «Sí, es cierto» y espera. El recortar es una forma de que el sujeto clarifique una cuestión antes de responder. Pero no es una manera de reemplazar una comunicación más natural.

VI.1.7. Procedimientos de «ataque»

La inversión. La inversión se emplea cuando el sujeto pide algo y parece obvio que la petición será rechazada; sin embargo, la otra persona no ha dicho todavía «no», sino que está dando toda una serie de razones por las que la petición será probablemente rechazada. El sujeto pide simplemente que se le diga «sí» o «no». De esta forma, es más probable que la próxima vez obtenga un «sí», ya que la gente parece recordar mejor sus contestaciones negativas directas que las indirectas y en sus intentos de ser justo con los demás, equilibrará las contestaciones «sí» y «no» (Booraem y Flowers, 1978).

La repetición. Este procedimiento se emplea cuando el sujeto piensa que la otra persona no esta escuchando o entendiendo lo que él está diciendo. La utilización de este procedimiento implica que el sujeto pida a la otra persona que repita lo que él estaba diciendo. Esto requiere tacto, por lo que se emplean frases como «¿Qué piensas de lo que estoy diciendo?», «¿Entiendes mi posición?», etc. (Booraem y Flowers, 1978).

El reforzamiento en forma de sandwich. Este procedimiento implica presentar una expresión positiva antes y/o después de una expresión negativa. Esto se hace para suavizar la expresión negativa y para aumentar la probabilidad de que el receptor escuche claramente el mensaje negativo con una molestia mínima. Esta técnica frecuentemente es muy útil y se suele enseñar con cierta frecuencia (ver figura 18.3).

Existen otras muchas técnicas «moleculares», de estilo similar a las que acabamos de describir, que se utilizan en el EHS. Sin embargo, diversos autores (p.ej., Booraem y Flowers, 1978) advierten contra el uso de los procedimientos denominados *banco de niebla, interrogación negativa* (Smith, 1977) y el *cambio del contenido al proceso,* ya que dichas técnicas (especialmente las dos primeras) son peligrosas y es muy difícil usarlas bien.

FIGURA 18.3. «La crítica en forma de sandwich». *Dibujo realizado por Caren Nederlander. Copyright © 1981 Franklin Center for Behavior Change, Southfield, Michigan. Reproducido con permiso del autor.*

«La crítica en forma de sandwich»

A menudo la gente se vuelve hostil o se pone a la defensiva cuando se la critica. Se puede suavizar la crítica y seguir diciendo lo que quieres poniéndolo entre dos mensajes positivos.

VII. APLICACIONES DEL ENTRENAMIENTO EN HABILIDADES SOCIALES

Phillips (1978) considera al EHS no sólo como otro enfoque de tratamiento, sino como un modelo alternativo al modelo médico tradicional de la psicopatología. Para Phillips, la psicopatología proviene de la incapacidad de un organismo para resolver problemas o conflictos y alcanzar objetivos. La carencia por parte del organismo de las habilidades sociales necesarias da como resultado estrategias poco adaptativas, como estados emocionales negativos (p. ej. ansiedad) y cogniciones desadaptativas, en lugar de soluciones sociales a los problemas. «Se ha sugerido que los trastornos mentales son principalmente trastornos de la comunicación y de las relaciones interpersonales» (Argyle, Trower y Bryant, 1974, p. 63). La opinión de Phillips es que el modelo de HHSS obvia la necesidad de diagnóstico, clasificación y agrupamientos nosológicos tradicionales y requiere, por el contrario, un análisis completo de las situaciones sociales. Phillips (1978) afirma que «el punto de vista mantenido aquí plantea la falta de habilidades sociales como el déficit conductual esencial, debido a las condiciones conflictivas persona-ambiente, y trata de promover el cambio por medio de una mejor comprensión de las contingencias (y de las modificaciones) ambientales que regulan la conducta» (p. XVII).

Numerosos investigadores han señalado a los déficit en la habilidad social como una base para las principales formas de psicopatología. «Individuos que han mostrado déficit extremos en el funcionamiento social se han encontrado a menudo en instituciones mentales o reformatorios, dependiendo del grado en que sus conductas se han visto como aceptables, desadaptivas o antisociales» (Eisler y Frederiksen, 1980, p. 4).

Una serie de trabajos llevados a cabo por Zigler y Phillips (Zigler y Levine, 1973; Zigler y Phillips, 1960; 1961; 1962) demostraron que el nivel de competencia social anterior al ingreso de un paciente en un hospital psiquiátrico era el mejor predictor del ajuste posterior a la salida del hospital. Esta relación no estaba afectada ni por la etiqueta diagnóstica del paciente ni por el tratamiento recibido durante el curso de la hospitalización. Esos trabajos sugirieron que el funcionamiento social pobre podría conducir a la psicopatología, en vez de provenir de ella. Lentz, Paul y Calhoun (1971) y Paul y Lentz (1977) encontraron que el nivel de funcionamiento social estaba relacionado con el alta del hospital y la tasa de recaída. Argyle, Bryant y Trower (1974) hallaron que un tercio de los pacientes entre 17 y 50 años con neurosis y trastornos de la personalidad que acudían a una clínica psiquiátrica como pacientes externos, durante un período de seis meses, eran considerados como socialmente inadecuados. Bryant y cols. (1976), estudiando una muestra de pacientes con características similares, hallaron que el 17% eran juzgados, por expertos, como socialmente inadecuados. Curran y cols. (1980) estudiaron 779 admisiones seleccionadas al azar de las unidades de día y de pacientes internos en un hospital psiquiátrico, encontrando que aproximadamente el 7% de esta muestra eran sujetos socialmente inadecuados.

Curran (1985) apunta que la evidencia presentada por estudios como los anteriores es asociacionista fundamentalmente y no implica una relación directa causa-efecto. Son posibles varias interpretaciones diferentes sobre las asociaciones establecidas (Curran, 1985). La inadecuación social puede considerarse como un factor que predispone a los individuos a desarrollar un rango de trastornos psicológicos; o alternativamente, la inadecuación social puede considerarse como una consecuencia o síntoma de psicopatología. Otra interpretación sería que tanto la psicopatología como la incompetencia social podrían ser consideradas como hándicaps que podrían tener etiologías separadas. La psicopatología y la incompetencia social podrían tener también una relación cíclica mutua. Existe otra posibilidad y es que ninguna tenga un efecto causal sobre la otra, sino que ambas estén relacionadas con un tercer factor no determinado. La interrelación exacta entre la inadecuación social y la psicopatología tiene un interés más que estrictamente académico. «Si la incompetencia social predispone, mantiene o aumenta el trastorno psicológico de un individuo, es bastante obvio entonces que se convierte en un objetivo básico de tratamiento. Si la incompetencia social no está relacionada con la psicopatología (cosa que parece ser bastante improbable), todavía puede seguir siendo una conducta objetivo que merezca tratamiento, porque es molesta para el individuo» (Curran, 1985, p. 127). Además se puede alegar que «es altamente irresponsable soltar a los pacientes dentro de la comunidad cuando es evidente que todavía carecen de las habilidades sociales necesarias para comportarse apropiadamente con los demás» (Christoff y Kelly, 1985, p. 365).

Parece también que los déficit en habilidad social están no sólo asociados con las formas principales de psicopatología, sino también con otras conductas disfuncionales como los problemas sexuales, el abuso de alcohol, la adicción a la droga y el mal funcionamiento conyugal.

La aplicación del EHS ha sido muy amplia y ha abarcado numerosos trastornos conductuales. Algunos de los problemas en los que frecuentemente se ha empleado el EHS han sido los siguientes: Ansiedad social, Depresión, Esquizofrenia, Problemas de pareja, Alcoholismo y drogadicción, Delincuencia/psicopatía, Obsesiones/compulsiones, Agorafobia, Desviaciones sexuales, Agresividad, Aislamiento social en los niños, Adquisición de habilidades básicas en adultos y niños mentalmente retrasados, Falta de habilidades en la búsqueda de trabajo, Mejora de las habilidades de comunicación en personas incapacitadas.

VIII. RESUMEN/COMENTARIO FINAL

El EHS se compone de un conjunto de procedimientos de terapia de conducta que enseña a los individuos a comportarse adecuadamente en situaciones sociales. El EHS da por supuesto que el actuar de forma apropiada, no agresiva, soluciona los problemas de las situaciones antes de que se vuelvan excesivamente ansiógenas.

Los procedimientos básicos empleados en el EHS implican la identificación de áreas específicas de dificultad; el seleccionar una situación con una dificultad mínima como punto de partida; el analizar la situación y explorar las conductas alternativas; el realizar tareas para casa; y el discutir sobre las reacciones y los resultados de la nueva conducta del paciente de sesión a sesión. Cuando el paciente aprende a actuar de forma efectiva en una situación se repite el procedimiento con nuevas situaciones, hasta que se adquiere un repertorio de HHSS.

Hay que señalar, sin embargo, que es la persona la que tiene que escoger cómo comportarse. Tenemos que advertir contra la tiranía del «comportamiento siempre habilidoso». Si el individuo conoce la forma más adecuada de actuar en una determinada situación y se siente capaz de hacerlo, tiene el derecho básico de elegir el modo de comportamiento que desee (siempre que respete los derechos de los demás). El EHS no «obliga» a las personas a actuar de forma socialmente habilidosa; simplemente les enseña maneras socialmente adecuadas de comportamiento. Es la persona la que tiene que decidir en último término.

Por otra parte, la habilidad social a veces provoca evaluaciones no favorables que pueden amenazar o empeorar aspectos de las relaciones interpersonales (Delamater y McNamara, 1986). Los pacientes deberían comprender esto y ser entrenados para anticipar y discriminar situaciones sociales que probablemente produzcan tales reacciones. Los pacientes que puedan anticipar tanto los beneficios como los costes de una determinada conducta habilidosa en un contexto específico se encontrarán en la mejor posición para determinar de forma realista su probable efectividad instrumental antes de llevarla a cabo.

IX. LECTURAS PARA PROFUNDIZAR

Caballo, V. E., *Teoría, evaluación y entrenamiento de las habilidades sociales,* Valencia, Promolibro, 1988.

Galassi, M. D. y Galassi, J. P., *Assert yourself! How to be your own person,* Nueva York, Human Sciences Press, 1977.

Gambrill, E. D. y Richey, C. A., *Taking charge of your social life,* Belmont, Calif., Wadsworth, 1986.

L'Abate, L. L. y Milan, M. A.(comps.), *Handbook of social skills training and research,* Nueva York, Wiley, 1985.

Lange, A. J. y Jakubowski, P., *Responsible assertive behavior,* Champaign, Ill., Research Press, 1976.

Liberman, R. P., DeRisi, W. J. y Mueser, K. T., *Social skills training for psychiatric patients,* Nueva York, Pergamon Press, 1989.

Trower, P., Bryant, B. y Argyle, M., *Social skills and mental health,* Londres, Methuen, 1978.

19. ENTRENAMIENTO DE PADRES

ROBERT J. MCMAHON

I. INTRODUCCIÓN

El *entrenamiento de padres (EP)* puede definirse como un enfoque para el tratamiento de los problemas de la conducta infantil que utiliza:

> [...] procedimientos por medio de los cuales se entrena a los padres a modificar la conducta de sus hijos en casa. Los padres se reúnen con un terapeuta o entrenador que les enseña a usar una serie de procedimientos específicos para modificar su interacción con los hijos, para fomentar la conducta prosocial y disminuir la conducta desviada (Kazdin, 1985c, p. 160).

El entrenar a los padres a ser terapeutas de conducta para sus hijos ha recibido una notable atención durante los últimos 25 años. El EP se ha aplicado a una amplia variedad de problemas infantiles; p.ej., enuresis (Houts y Mellon, 1989), obesidad (Israel, Stolmaker y Andrian, 1985), adherencia a prescripciones médicas (Riley, Parrish y Cataldo, 1989), y como una primera intervención para padres que corren el riesgo de descuidar y maltratar a sus hijos (Wolfe, Edwards, Manion y Koverola, 1988). También se ha utilizado con niños deficientes mentales y/o autistas y sus familias (p.ej., Harris, 1989; Kashima, Baker y Landen, 1988). Sin embargo, el EP se ha empleado principalmente en el tratamiento de niños que muestran problemas de conducta manifiestos, como las pataletas, la agresión, y una desobediencia excesiva, y es en esta área donde el EP posee el mayor apoyo empírico. En revisiones recientes sobre distintos enfoques de tratamiento para problemas de conducta infantiles, el EP ha aparecido como la intervención que más éxito ha tenido, hasta la fecha, con estos sujetos (Dumas, 1989; Kazdin, 1985c; McMahon y Wells, 1989). El núcleo de este capítulo será la descripción del EP tal como se emplea con niños que tienen problemas de conducta y sus familias.

Agradezco a Toni Bonnett su ayuda en la preparación de este capítulo y a Katie Robbins sus comentarios en su primera versión.

Universidad de Washington (EE UU).

II. FUNDAMENTOS CONCEPTUALES Y EMPÍRICOS

II.1. *Bases teóricas y empíricas para el empleo del EP como tratamiento para los problemas de conducta infantiles*

Una gran cantidad de investigación se ha centrado en la comparación de la conducta de los niños enviados a las clínicas/gabinetes por problemas de conducta y sus padres con la conducta de niños que no han sido remitidos a esos lugares y sus padres (p.ej., Griest, Forehand, Wells y McMahon, 1980; Patterson, 1982). La mayoría de esta investigación ha evaluado formas manifiestas de conductas problema (p.ej., agresión, falta de adherencia, o una mezcla de éstas y otras conductas problema manifiestas); tal como se había predicho, los niños enviados para tratamiento mostraron mayores niveles de estas conductas que sus contrapartidas no remitidas para tratamiento. Los padres de los primeros niños mostraban normalmente conductas más dominantes y más críticas hacia sus hijos; sin embargo, ambos grupos de padres no se diferenciaban en la frecuencia de las conductas positivas (p.ej., refuerzos verbales) dirigidas hacia sus hijos (ver Rogers, Forehand y Griest, 1981*a*, para una revisión de estos datos).

Con respecto a los problemas de conducta furtiva, la poca investigación que se ha llevado a cabo se ha centrado en los niños que roban, aunque los investigadores han empezado también a investigar otras conductas furtivas (p.ej., mentir, conducta incendiaria y uso de drogas). La mayor parte del trabajo sobre la conducta de robar lo han llevado a cabo Gerald Patterson y sus colaboradores en el Oregon Social Learning Center, OSLC [Centro de Aprendizaje Social de Oregón]. Los niños que roban muestran niveles de conductas aversivas que son comparables a los de los niños no remitidos para tratamiento, aunque los niños que roban y muestran agresión social son incluso más aversivos que los niños que son socialmente agresivos, pero no roban (Loeber y Schmaling, 1985b; Patterson, 1982). También parece que los niños que roban son más mayores en el momento de la remisión para tratamiento que los niños remitidos por otras clases de problemas de conducta y corren un riesgo más elevado de cometer actos delictivos cuando son adolescentes (Moore, Chamberlain y Mukai, 1979). Los padres de los niños que roban son más distantes, se implican menos y son menos coercitivos en las interacciones con sus hijos que los padres de niños no remitidos para tratamiento o de padres de niños socialmente agresivos (Loeber, Weissman y Reid, 1983; Patterson, 1982).

Además de las diferencias conductuales encontradas en los estudios sobre las interacciones padres-hijos, los padres de niños con problemas de conducta tienen percepciones más negativas del ajuste de sus hijos y experimentan más disfunciones personales (p.ej., depresión, ansiedad), conyugales y extrafamiliares (p.ej., aislamiento), que los padres de niños no remitidos para tratamiento (ver Griest y Wells, 1983, para una revisión). Además, parecen experimentar una mayor frecuencia de acontecimientos estresantes, tanto de carácter leve como grave (Patterson, 1982, 1983).

El enfoque teórico predominante sobre el desarrollo y mantenimiento de los problemas de conducta ha resaltado la primacía de los procesos familiares de socialización (Patterson, 1982). Patterson enfatiza la naturaleza coercitiva, o controladora, de los tipos de problemas de conducta y ha desarrollado la *hipótesis de la coerción* para explicar su desarrollo y mantenimiento. Según este modelo, hay conductas aversivas rudimentarias, como el llorar, que pueden ser instintivas en el recién nacido. Dichas conductas podrían considerarse muy adaptativas en el sentido evolutivo, ya que moldean rápidamente a la madre en las habilidades necesarias para la supervivencia del niño (p.ej., la alimentación y el control de la temperatura). Supuestamente, conforme crecen, la mayoría de los niños sustituyen las conductas coercitivas rudimentarias por habilidades sociales y verbales más apropiadas. Sin embargo, según Patterson, una serie de condiciones podrían aumentar la probabilidad de que algunos niños continuasen empleando estrategias de control aversivas. Por ejemplo, podría ser que los padres fracasaran en modelar o reforzar habilidades prosociales más apropiadas y/o pudieran seguir respondiendo a la conducta coercitiva del niño. En lo que respecta a este último punto, Patterson ha resaltado el papel del reforzamiento negativo en la intensificación y mantenimiento de las conductas coercitivas. El reforzamiento negativo juega un papel especialmente importante, ya que la conducta coercitiva de un miembro de la familia (padre o hijo) se ve reforzada cuando da como resultado la desaparición de un acontecimiento aversivo que está aplicando otro miembro de la familia. Los siguientes ejemplos ilustran la forma en que los padres y los hijos son reforzados negativamente cuando se comportan de forma coercitiva.

Aplicación de un acontecimiento aversivo
(La madre da una orden)

↓

Respuesta coercitiva del niño
(El niño lloriquea, grita, no obedece)

↓

Eliminación del acontecimiento aversivo
[La madre cede (retira la orden) antes que oír gritar y lloriquear al niño]

En este ejemplo, las conductas coercitivas del niño son reforzadas negativamente cuando la madre retira el estímulo aversivo (la orden). En el ejemplo siguiente la coerción se intensifica.

Aplicación del acontecimiento aversivo 1
(La madre da una orden)

↓

Respuesta coercitiva del niño
(El niño lloriquea, no obedece)

↓

Aplicación del acontecimiento aversivo 2
(La madre alza la voz, repite la orden)

↓

Segunda respuesta del niño
(El niño grita más alto, no obedece)

↓

Estímulo aversivo 3
(La madre empieza a gritar, repite otra vez la orden)

↓

Eliminación de la respuesta aversiva del niño
(El niño obedece)

En este ejemplo, la cada vez más intensa conducta coercitiva de la madre es reforzada por la obediencia final del niño.

Conforme se sucede este «entrenamiento» durante largos períodos, se produce un aumento significativo de la tasa y la intensidad de estas conductas coercitivas, ya que los miembros de la familia son reforzados por realizar conductas agresivas. Además, el niño observa también a sus padres llevando a cabo respuestas coercitivas, lo que proporciona la oportunidad para que ocurra el modelado de la agresión (Patterson, 1982).

Patterson y sus colaboradores han ampliado recientemente el modelo de la coerción y lo han reformulado en términos evolutivos (Patterson, 1986). Los principales elementos en el desarrollo de los problemas de conducta del niño se hipotetizan como deficiencias en *habilidades clave* propias del papel de padres, como la disciplina, la vigilancia, el refuerzo positivo, la solución de problemas y la implicación. Se presta algo menos de atención a las variables del niño, aunque aparentemente es importante tener en cuenta las variables cognitivas (p.ej., sesgos atribucionales y habilidades de solución de problemas interpersonales) y temperamentales (McMahon y Forehand, 1988). Los estímulos estresantes intrafamiliares (trastornos conyugales, problemas de ajuste personal, enfermedades físicas, etc.) y extrafamiliares (p.ej., aislamiento social o «insularidad») pueden conducir a la desorganización de las *habilidades propias del papel de padres (HPPP)*. Sin embargo, niveles adecuados de estas habilidades pueden moderar, en principio, el impacto de algunos estímulos estresantes, como el tener un hijo de temperamento difícil. El modelo sugiere ahora una progresión evolutiva desde el «entrenamiento básico» en procesos coercitivos, vía las interacciones padres-hijos dentro de la casa durante el período preescolar, hasta el impacto posterior de la conducta coercitiva y desobediente del niño sobre el concepto de uno mismo, las relaciones con los compañeros y las habilidades académicas, durante el período de edad escolar. Investigaciones preliminares han apoyado al modelo aplicado a niños con conductas problema tanto en casa (p.ej., Patterson y Bank, 1986) como en la escuela (Walker, Shinn, O'Neill y Ramsey, 1987).

El trabajo de Patterson y el de otros investigadores han indicado que el incumplimiento de las órdenes (es decir, la desobediencia excesiva a los adultos) constituye la conducta clave para el desarrollo de formas de conducta problema, tanto manifiestas (p.ej., agresión) como furtivas (p.ej., robar). Loeber y Schmaling (1985a) han encontrado que la no obediencia se encuentra colocada cerca del punto cero de su escala unidimensional manifiesta-furtiva de conductas antisociales. Patterson (1986) ha hipotetizado no sólo que la desobediencia infantil temprana es la precursora de manifestaciones graves de la conducta problema en la pubertad y la adolescencia, sino que también juega un papel en los posteriores problemas académicos y de relaciones con los compañeros. Los datos presentados por Edelbrock (1985) indican que la no obediencia aparece muy pronto en la progresión de los problemas de conducta y continúa manifestándose en etapas posteriores. Además la investigación ha mostrado que cuando la desobediencia del niño es objeto de tratamiento, a menudo hay mejorías concomitantes en otras conductas problema (Russo, Cataldo y Cushing, 1981; Wells, Forehand y Griest, 1980).

II.2. *El desarrollo del entrenamiento de padres*

La concisa definición del entrenamiento de padres (EP) presentada al comienzo del capítulo no captura los antecedentes históricos del EP o el sentido de su transformación activa, continua, en una verdadera «terapia familiar conductual» (Griest y Wells, 1983; Wells, 1985). Desde los primeros intentos para enseñar a los padres a modificar las conductas problema de sus hijos, el EP ha pasado por tres diferentes etapas de desarrollo (McMahon, 1984b).

La primera etapa, que tuvo lugar durante los años sesenta y los primeros años setenta, se preocupaba por el desarrollo de un modelo de intervención para el «entrenamiento de padres» (O'Dell, 1974) y por determinar si existía un enfoque viable para enfrentarse a una amplia variedad de problemas de conducta infantiles.

Basándose en el modelo triádico de Tharp y Wetzel (1969), el modelo del entrenamiento de padres empleaba un terapeuta (consultor) que trabajaba directamente con el padre (mediador) para reducir finalmente la conducta problema del niño (objetivo). La suposición subyacente a este modelo era que algún tipo de déficit en las habilidades propias del papel de padres (HPPP) habría sido, al menos parcialmente, responsable del desarrollo y/o mantenimiento de las conductas problema. Se llegó al modelo del EP debido a la confluencia de varios acontecimientos (Kazdin, 1985c): a) el desarrollo de las técnicas de modificación de conducta, especialmente los procedimientos de reforzamiento y de castigo basados en el condicionamiento operante, b) la tendencia a utilizar paraprofesionales (incluyendo a los padres) para llevar a cabo los servicios de salud mental, y c) un darse cuenta de que el emplear a los padres como terapeutas podía mejorar la eficacia de la terapia infantil.

Con respecto a este último punto, el modelo del entrenamiento de padres presentaba varias ventajas sobre los enfoques más tradicionales de la terapia infantil, en la que los terapeutas trabajaban individualmente con el niño en sesiones de una hora a la semana (Berkowitz y Graziano, 1972). En primer lugar, puesto que la mayoría de las conductas problema del niño se adquiere y se mantiene en el ambiente natural (es decir, en la familia), es poco probable que se obtengan cambios clínicamente significativos si se trata el niño «fuera de contexto». Segundo, incluso si se logran mejorías de la conducta del niño en la clínica, es muy probable que desaparecieran cuando éste volviese al ambiente natural que produjo inicialmente los problemas. Finalmente, los padres tienen el mayor contacto con el niño y el mayor control sobre su ambiente y, debido a que son sus padres, tienen la mayor responsabilidad moral, ética y legal de cuidar al niño.

Aunque gran parte de la investigación realizada durante esta primera etapa de desarrollo del EP estaba limitada a estudios descriptivos de casos o a diseños de caso único, con datos recogidos en la clínica o en el laboratorio (y, con menos frecuencia, en casa), la evidencia disponible apoyaba notablemente la eficacia a corto plazo de este enfoque en términos de mejorías postratamiento inmediatas tanto en la conducta de los padres como en la de los hijos. Sin embargo, la generalización de esos efectos no estaba tan clara.

Esta preocupación por la generalización de los efectos del tratamiento condujo a la segunda etapa en el desarrollo del EP, que tuvo lugar desde mediados de los años setenta hasta los primeros años ochenta. En un artículo pionero, Forehand y Atkenson (1977) describieron cuatro clases importantes de generalización, relevantes para las intervenciones del EP con niños. La *generalización contextual* se refiere a la transferencia de los efectos del tratamiento a lugares en los que no se aplicó éste (p.ej., de la clínica a casa), mientras que la *generalización temporal* alude al mantenimiento de los efectos del tratamiento después de haber finalizado. La *generalización a los hermanos* se refiere a la transferencia de las habilidades recién adquiridas propias del papel de padres, a hermanos del niño que no han sido tratados, y que los hermanos respondan de la manera deseada. La *generalización conductual* se remite a si los cambios meta de conductas problema específicas van acompañados por otras conductas que no se han considerado como objetivos.

La generalización es importante para el éxito del EP desde, por lo menos, dos perspectivas (Forehand y Atkenson, 1977). En términos del tratamiento, la generalización da como resultado un mejor empleo del tiempo del terapeuta, puesto que éste ya no será necesario para intervenir cuando se vuelvan a dar problemas previamente tratados, conductas problema en lugares nuevos, todas las conductas problema de un niño, o problemas conductuales de los hermanos del niño. En términos de prevención, la generalización minimiza la continua intervención profesional y debería dar como resultado una disminución de futuros problemas de conducta en el niño (y en los hermanos). Esto permitiría a los clínicos trasladarse desde la prevención terciaria (es decir, el tratamiento de las conductas problema) a la prevención primaria (es decir, la disminución de la incidencia de nuevos casos de desadaptación) (Caplan, 1964). Una razón adicional para la evaluación de la generalización es que permite a los terapeutas vigilar la ocurrencia potencial de efectos secundarios «negativos, de segundo orden, o no deseados» (Graziano, 1977) del EP.

Pertinente a la generalización de los efectos se encuentra la *validez social* de la intervención, que se refiere a si los cambios terapéuticos son «clínica o socialmente importantes» para el paciente (Kazdin, 1977b). Las intervenciones del EP para el tratamiento de niños con problemas de conducta han mostrado su generalización y validez social en distintos grados —algunas de forma impresionante, otras en un grado moderado y unas terceras en absoluto. Este énfasis en la generalización y la validez social de los efectos del tratamiento, y el conocimiento cada vez mayor de los múltiples factores causales y de mantenimiento con respecto a los problemas de conducta, condujo a la tercera y actual etapa de desarrollo del EP. Desde los primeros años ochenta, los investigadores clínicos se han centrado en formas de mejorar la eficacia del EP, no sólo con respecto a la eficacia a corto plazo sino especialmente con respecto a la generalización. Una consecuencia de este enfoque ha sido que el modelo del EP se ha ampliado hasta lo que se conoce como *terapia familiar conductual* (Griest y Wells, 1983; Wells, 1985). Aunque todavía se encuentra en sus años de formación (Miller y Prinz, 1990), el modelo es un intento de reconocer e incorporar al tratamiento la variedad de variables de los hijos y los padres que han estado implicadas en el desarrollo y mantenimiento de los problemas de conducta, como el ajuste personal de los padres y las percepciones sobre el niño, y las características del niño, como el temperamento y el estilo atribucional.

III. PROCEDIMIENTOS DE EVALUACIÓN Y TRATAMIENTO

III.1. *Evaluación*

La atención principal de la evaluación conductual del niño con problemas de conducta se centra en la evaluación de la conducta del niño en sí misma y, debido a la naturaleza interactiva de los problemas de conducta, en la conducta de los individuos relevantes del ambiente del niño, especialmente los padres. Con respecto a la conducta del niño, el terapeuta debería tener en mente una serie de puntos cuando lleva a cabo la evaluación. El primero y más importante, ¿está teniendo el niño realmente problemas de conducta? Si es así, el siguiente paso consiste en determinar si las conductas son características de patrones manifiestos, furtivos o mixtos de conductas problema (Loeber y Schmaling, 1985a). Además, es importante evaluar la desobediencia del niño de una manera completa.

Dado el papel teórico central concedido a los déficit en HPPP en el desarrollo y mantenimiento de los problemas de conducta del niño y el carácter interactivo de los problemas de conducta, es esencial evaluar la conducta de los padres en el contexto de las interacciones con el niño que se va a tratar. Esto es especialmente cierto para las madres (dado su papel básico dispensador de cuidados), pero también para los padres. En situaciones en las que los problemas del niño impliquen a la escuela, a los hermanos y/o a los compañeros, será necesario también obtener información sobre esas áreas.

Con el fin de obtener un estado representativo y significativo de la conducta problema en el niño que se ha remitido para tratamiento, especialmente con respecto a sus aspectos interactivos, el terapeuta de conducta tiene que confiar en múltiples métodos de intervención (McMahon y Forehand, 1988). Se pueden emplear entrevistas con los padres, el niño y otras partes relevantes (p.ej., profesores), escalas de evaluación conductual y observaciones conductuales en la clínica, la casa y/o la escuela.

El propósito principal de la entrevista con los padres es determinar la naturaleza de las interacciones típicas padres-hijo que son problemáticas, las condiciones estimulares antecedentes bajo las que ocurren los problemas, y las consecuencias que acompañan a esas conductas. Existe una serie de formatos de entrevista que ayudan al terapeuta a estructurar la información obtenida con los padres, bien con respecto a las situaciones problemáticas (p.ej., la hora de acostarse, las interacciones con los hermanos) o bien según las distintas conductas del niño (McMahon y Forehand, 1988). La entrevista con los padres puede emplearse también para obtener una breve historia médica y evolutiva del niño y para hacer unas primeras preguntas sobre la presencia de problemas de ajuste personal (p.ej., depresión) en los padres o problemas conyugales.

Una entrevista individual con el niño podría proporcionar, o no, información útil, dependiendo de la edad y/o del nivel de desarrollo del niño y de la naturaleza de las conductas específicas de éste. Los niños con menos de 10 años podrían no ser informadores fiables de sus síntomas conductuales (Edelbrock y cols., 1985). Sin embargo, incluso con niños más pequeños, las entrevistas informales pueden ser muy útiles, ya que proporcionan al terapeuta una oportunidad para evaluar la percepción del niño sobre las causas de haber venido a la clínica y puede proporcionar una evaluación preliminar de las características cognitivas, afectivas y conductuales del niño (Bierman, 1983).

Las escalas de evaluación conductual son rellenadas normalmente por los padres o los profesores con respecto a la conducta o a las características del niño. Son muy útiles como instrumentos de selección, tanto para cubrir un amplio rango de conductas problema como para evaluar la presencia de otros trastornos de conducta en el niño. Las escalas de evaluación conductual se consideran actualmente como excelentes medidas de las percepciones de los padres y los profesores sobre el niño, y cuando se examinan en el contexto de los datos de la observación conductual y de las propias impresiones del terapeuta, pueden ser indicadores importantes de si los informadores (padres, profesores) parecen tener un sesgo perceptivo en su evaluación de la conducta del niño remitido para tratamiento.

Aunque existen muchas buenas escalas de evaluación conductual (McMahon, 1984a), dos han sido las que se han recomendado como más apropiadas para el uso clínico y la investigación con niños con problemas de conducta (McMahon y Forehand, 1988). El *Child Behavior Checklist, CBCL* [Listado de la Conducta del Niño] (Achenbach y Edelbrok, 1983) se ha construido para ser empleado con niños entre 2 y 16 años. Hay formas paralelas de la CBCL para padres, profesores, niños y observadores. Una ventaja de la CBCL es que puede proporcionar información sobre la presencia simultánea de trastornos de conducta, como *déficit de atención, hiperactividad, y depresión.* El *Eyberg Child Behavior Inventory, ECBI* [Inventario de Eyberg sobre la Conducta del Niño] (Eyberg, 1980) puede utilizarse en situaciones en las que el terapeuta quiere centrarse únicamente en las conductas problema. El ECBI lo rellenan los padres y se emplea con niños entre 2 y 16 años. Los 36 ítems describen conductas problema específicas (principalmente manifiestas) y se puntúan sobre una escala de «frecuencia de la ocurrencia» y sobre una escala «sí-no» para la identificación del problema.

La observación conductual directa ha constituido desde hace mucho tiempo la condición *sine qua non* de la evaluación conductual de los niños con problemas de conducta y de sus familias, tanto para establecer patrones específicos de interacciones específicas padres-hijos como para evaluar el cambio en esas interacciones en función del tratamiento. Más recientemente, los datos de las observaciones se han comparado con los datos recogidos por medio de otros métodos, para ayudar al terapeuta a determinar si el objetivo de la intervención debería ser la interacción padres-hijo o bien cuestiones perceptivas de los padres y/o su ajuste personal. Algunos de estos sistemas de clasificación se describen seguidamente.

Dos procedimientos de observación estructurada para evaluar las interacciones padres-hijo en la clínica son el sistema desarrollado por Forehand y sus colaboradores (Forehand y McMahon, 1981) y el *Dyadic Parent-Child Interactional Coding System, DPICS* [Sistema Interactivo de Codificación de las Parejas Padres-Hijo] (Eyberg y Robinson, 1983). Estos sistemas de observación son modificaciones de los procedimientos de evaluación desarrollados por Hanf (1969) y son muy parecidos. Ambos sistemas colocan a la pareja padre (madre)-hijo en situaciones estándar que varían en el grado en que se requiere el control de los padres, yendo desde una situación de actuación libre hasta una en la que el padre (la madre) dirige la actividad del niño. En cada sistema, se puntúan distintas conductas de los padres y del niño, muchas de las cuales resaltan los antecedentes (p.ej., órdenes) y las consecuencias (p.ej., alabanza, tiempo fuera) provenientes de los padres para la obediencia o la desobediencia del niño. Ambos sistemas se han empleado también, bajo condiciones menos estructuradas, en casa.

Quizás el sistema de clasificación conductual más conocido, construido para ser utilizado en casa, es el *Family Interaction Coding System, FICS* [Sistema de Codificación de la Interacción Familiar], desarrollado por Patterson y sus colaboradores (p.ej., Reid, 1978), que se compone de 28 categorías de conducta que se emplean para describir las interacciones sociales entre los miembros de la familia. No sólo ha demostrado el FICS poder discriminar entre niños remitidos para tratamiento y niños sin necesidad de ser enviados a tratamiento, y entre sus familias, sino también entre varios subtipos de niños con problemas de conducta, como los que emplean la agresión social y los que roban. Todos estos tres sistemas de observación poseen propiedades psicométricas adecuadas y se han usado ampliamente como medidas de los resultados del tratamiento.

La utilización de sistemas de observación en casa, por los terapeutas de conducta durante la práctica clínica, es deseable pero rara, por razones obvias. Los sistemas de codificación son relativamente complejos y requieren largos períodos para entrenar a los observadores y para mantener niveles adecuados de fiabilidad. Las mismas observaciones también suelen ser prolongadas. Como consecuencia de ello, se recomienda el uso de observaciones estructuradas en la clínica para evaluar las interacciones padres-hijo.

Otra alternativa a la de colocar observadores independientes en casa es entrenar a que los padres observen y registren ciertas clases de conducta del hijo. Una ventaja añadida es la oportunidad de evaluar conductas de baja tasa, como los hurtos. El procedimiento más ampliamente validado de esta clase es el *Parent Daily Report, PDR* [Informe Diario de los Padres] (Chamberlain y Reid, 1987; Patterson, Reid, Jones y Conger, 1975), una medida de observación por los padres que se administra normalmente durante breves entrevistas telefónicas. Por ejemplo, en la versión descrita por Patterson y cols., se pregunta al padre (la madre) cuáles de las 31 conductas desadaptativas infantiles han tenido lugar en las últimas 24 horas y el lugar donde han ocurrido. El PDR se ha empleado sobre una base de pretratamiento para evaluar la magnitud de los problemas de conducta, seguir el progreso de la familia durante la terapia, y evaluar los resultados del tratamiento. Una revisión reciente del PDR ha puesto un mayor énfasis en las prácticas disciplinarias por parte de los padres y en el desarrollo de una forma paralela para los niños (Patterson y Bank, 1986).

III.2. *Revisión de los programas de entrenamiento de padres*

Como se ha señalado anteriormente, hay muchas intervenciones de EP. Antes de presentar algunos programas como ejemplos de este enfoque, merece la pena señalar algunos aspectos comunes de estas intervenciones. Como apuntan Kazdin (1985*c)* y Dumas (1989), esos aspectos incluyen los siguientes:

a. El tratamiento se lleva a cabo principalmente con los padres, dándose un menor contacto terapeuta-niño.

b. El contenido de estos programas incluye, normalmente, instrucción en los principios del aprendizaje social que subyacen a las técnicas que emplean los padres; entrenamiento en la definición, vigilancia y seguimiento de la conducta del niño; procedimientos de refuerzo positivo, que incluyen la alabanza y otras formas de atención positiva por parte de los padres, y sistemas de puntos o de fichas; procedimientos de extinción y de castigo leve como el ignorar, el coste de respuesta, y el tiempo fuera; y el entrenamiento en dar instrucciones u órdenes claras.

c. Un amplio uso de la instrucción, modelado, representación de papeles y ensayo de conducta con propósitos didácticos.

Con los adolescentes, es más probable que las intervenciones del EP se basen en una mezcla de teorías de aprendizaje social y sistémicas, con un mayor énfasis sobre el papel de las conductas problemas para mantener el sistema familiar. Es más probable que las sesiones de tratamiento incluyan el prestar atención al desarrollo de patrones de comunicación claros entre los miembros de la familia, solución de problemas y negociaciones padres-adolescentes, y el uso de contratos de contingencias.

III.3. *Un ejemplo del EP: «Ayudando al niño desobediente» de Forehand y McMahon (1981)*

Descripción. Como se ha señalado anteriormente, el incumplimiento de las órdenes (es decir, la desobediencia excesiva a los adultos) se describe, de forma consistente, como el problema de conducta más predominante tanto para los niños enviados a la clínica como para los niños «normales», y actualmente se ve como la conducta clave en el desarrollo y mantenimiento de los problemas de conducta. El programa de EP de «Ayudando al niño desobediente» (Forehand y McMahon, 1981), está construido específicamente para tratar la desobediencia y otros problemas de conducta en niños (de 3 a 8 años). El programa fue desarrollado originalmente por Constance Hanf en la Escuela de Medicina de la Universidad de Oregon a final de los años sesenta (Hanf, 1969) para tratar a niños con incapacidades físicas, pero distintos grupos independientes de investigadores lo han adaptado y evaluado, incluyendo Forehand y sus colaboradores (Forehand y McMahon, 1981), Webster-Stratton (1984) y Eyberg (Eyberg y Robinson, 1982).

Los objetivos a largo plazo del programa de EP de Forehand y McMahon (1981) son la prevención secundaria de problemas de conducta graves en niños de edad preescolar y de los primeros años de escuela, y la prevención primaria de la delincuencia juvenil posterior. Consistente con las suposiciones evolutivas y del aprendizaje social, sobre las que se basa el programa de tratamiento, los objetivos intermedios y a corto plazo incluyen:

a. La interrupción del estilo coercitivo de la interacción padres-hijo que caracteriza a esas familias y el establecimiento de patrones de interacción más positivos y prosociales.

b. La mejora de las HPPP en términos de un seguimiento y una atención más precisos de la conducta apropiada del niño, un aumento en el uso de la alabanza y otras expresiones verbales positivas para con el niño, ignorar conductas infantiles que son levemente inapropiadas, dar instrucciones claras y apropiadas al niño, y proporcionar consecuencias adecuadas para la obediencia, la desobediencia y otras conductas del niño.

c. El aumento de las conductas prosociales del niño y la disminución de las conductas problemáticas, especialmente la desobediencia. Se ha demostrado que la facilitación de una mayor obediencia a las instrucciones de los padres no sólo da como resultado una disminución de otras conductas problema, sino que los niños parecen más «felices» conforme aprenden modos más prosociales de interacción con sus padres, hermanos, profesores y compañeros.

Como se ha señalado anteriormente, el programa está construido para padres y sus hijos de 3 a 8 años que muestran desobediencia excesiva y otros problemas de conducta. No hay criterios específicos para la participación de los padres. Se alienta activamente la implicación del padre y la madre, pero no es obligatoria la participación de los dos padres. Aunque es más probable que las familias con un estatus socioeconómico más bajo se retiren del programa (McMahon, Forehand, Griest y Wells, 1981), éste es tan eficaz tanto con familias de estratos socioeconómicos bajos como con familias de estratos socioeconómicos medios y altos (Rogers y cols., 1981b).

Un único terapeuta por familia constituye todos los requisitos necesarios para llevar a cabo el programa con éxito. Sin embargo, si los recursos lo permiten, el empleo de un coterapeuta puede aumentar la flexibilidad del terapeuta para demostrar distintas habilidades a los padres (p.ej., el terapeuta representa el papel del padre mientras que el coterapeuta representa el papel del hijo), y puede servir como una experiencia de entrenamiento en vivo, útil para terapeutas novatos. Conforme éstos se vuelven más experimentados y están más cómodos en el papel de coterapeuta, pueden asumir una mayor parte del papel de profesor y pueden finalmente funcionar como terapeutas principales.

Según lo presentan Forehand y McMahon (1981), el programa de EP emplea un ambiente de aprendizaje controlado en el que se enseña a los padres a modificar patrones desadaptativos de interacción con el niño. Las sesiones se llevan a cabo en la clínica/gabinete con familias individuales, en vez de en grupos (aunque el programa se ha adaptado para ser utilizado en un formato grupal por Baum y cols., 1986, y por Pisterman y cols., 1989). Aunque el tratamiento tiene lugar normalmente en habitaciones equipadas con cristales unidireccionales para la observación, con sistemas de sonido, y con aparatos que se colocan en la oreja y por medio de los cuales el terapeuta puede comunicarse discretamente con los padres, estos elementos no son necesarios para la puesta en práctica con éxito del programa.

Este es un programa de tratamiento muy activo, que pone una gran atención en ayudar a los padres a llegar a ser competentes y sentirse cómodos con las distintas HPPP que se enseñan en el programa. Para cada habilidad, se utilizan los siguientes procedimientos:

1. Se explican el procedimiento y los fundamentos de cada habilidad, y se presentan los principios subyacentes del aprendizaje social sobre los que se base la habilidad.
2. El terapeuta demuestra la habilidad por medio de la representación de papeles.
3. El padre (la madre) practica la habilidad mientras el terapeuta representa el papel del niño.
4. Se le da al niño una explicación del procedimiento apropiada a su edad. El niño repite el procedimiento verbalmente y participa en las representaciones de las situaciones que implican el procedimiento. Se ha encontrado que el proporcionar esta clase de explicación y demostración facilita el grado de respuesta del niño a la habilidad propia del papel de padre (madre) y disminuye la conducta de resistencia (Davies, McMahon, Flessati y Tiedemann, 1984).
5. El padre (madre) practica con el niño en la clínica. El terapeuta observa y corrige desde detrás de la ventana unidireccional por medio del aparato que lleva en la oreja el padre (la madre). [Si no se dispone de un espejo de observación unidireccional o del aparato que se coloca en la oreja, el terapeuta se sienta en una esquina de la sala de terapia y proporciona retroalimentación y señales no verbales —por medio de tarjetas con signos o con señales manuales— al padre (madre)].
6. El padre (madre) practica con el niño en la clínica, pero sin la retroalimentación continua del terapeuta.
7. Se asignan tareas para casa específicas con el fin de que practiquen las habilidades diariamente en casa, tanto en sesiones de práctica estructurada como, más tarde, en distintas ocasiones a lo largo del día (p.ej., en la Fase I, el padre (la madre) desarrolla programas para aumentar, por lo menos, dos conductas, empleando las nuevas habilidades). Se da a los padres explicaciones escritas de cada habilidad propia del papel de padres, para que tengan una referencia en casa, y se les proporcionan hojas que sirvan para registrar las sesiones de práctica y el empleo de las nuevas HPPP, en casa.

El terapeuta utiliza los datos que ha recogido por medio de la observación, durante cada sesión de tratamiento, para determinar si la pareja padre (madre)-hijo ha alcanzado los criterios conductuales necesarios para trasladarse al siguiente apartado de tratamiento. Los criterios conductuales aseguran que el padre (la madre) ha alcanzado un grado aceptable de competencia en una habilidad determinada antes de enseñarle más técnicas propias del papel de padre (madre). Esto es básico, puesto que las HPPP se apoyan unas sobre otras. Además, estos criterios permiten la individualización del programa de tratamiento, distribuyendo el tiempo de tratamiento de manera más eficaz, y permitiendo que el terapeuta concentre su atención sobre las deficiencias más graves de las HPPP.

De esta forma, el número de sesiones de tratamiento necesarias para la terminación de cada fase depende de la rapidez con que el padre (la madre) muestre competencia en las habilidades que se le están enseñando y de la respuesta del niño a esta intervención. El número medio de sesiones de tratamiento para completar el programa entero ha sido normalmente de 10, con un rango de 5 a 15 sesiones. Las sesiones tienen lugar, generalmente, una o dos veces por semana, y cada sesión dura de 60 a 90 minutos.

En la sesión inicial de tratamiento, el terapeuta presenta una conceptualización de la desobediencia y de otros problemas de conducta del niño, dentro del contexto de la teoría de la coerción de Patterson (1982), y presenta una explicación razonada del programa de EP (p.ej., el papel de la interacción padres-hijo en el desarrollo y mantenimiento de los problemas de conducta, el centrarse en cambiar la desobediencia del niño). Seguidamente se presenta un esquema del contenido (es decir, las distintas HPPP) y del proceso (p.ej., el empleo de la instrucción, el modelado, el ensayo de conducta, la práctica con el niño en la sesión y en casa, los criterios conductuales) del programa.

El programa de tratamiento se compone de dos fases (ver cuadro 19.1). En cada fase, se enseñan una serie de HPPP de manera secuencial. Durante la fase de tratamiento de la Atención Diferencial (Fase I), los padres aprenden a romper el círculo coercitivo de interacción con su hijo, aumentando la frecuencia y el rango de la atención social y reduciendo la frecuencia de la conducta verbal incompatible. Primero, se enseña a los padres a que atiendan a, y describan, la conducta apropiada del niño *(Atender)*, mientras se eliminan las órdenes, las preguntas y las críticas. El segundo apartado de la Fase I consiste en entrenar a los padres a utilizar recompensas verbales (p.ej., la alabanza) y físicas (p.ej., abrazos), contingentes con la obediencia y otras conductas apropiadas *(Recompensas)*. En particular, se enseña a los padres a usar alabanzas en las que se etiqueta la conducta deseable del niño (p.ej., «Eres un niño bueno por haber recogido los juguetes»). A lo largo de la Fase I, el terapeuta resalta el empleo de la atención contingente para aumentar las conductas del niño que los padres consideran deseables. Se enseña también a éstos a ignorar conductas inapropiadas poco importantes *(Ignorar)*. Se pide a los padres que estructuren diariamente en casa Juegos con el Hijo (es decir, sesiones de actuación libre) durante 10 a 15 minutos, con el fin de practicar las habilidades que aprendieron en la clínica. Cerca del final de la Fase I, con la ayuda del terapeuta, los padres confeccionan una lista de las conductas del hijo que desean aumentar. Se discute también el uso contingente de atencio-

CUADRO 19.1. *Esquema del programa de entrenamiento de padres «Ayudando al niño desobediente»* (Forehand y McMahon, 1981)

FASE I. ATENCIÓN DIFERENCIAL

Atender
1. Describir la conducta del niño
2. Seguir, no dirigir
3. Sin preguntas, órdenes o cuestiones docentes

Recompensas
1. Físicas
2. Verbales sin etiquetar
3. Verbales etiquetando

Ignorar
1. Sin contacto ocular o señales no verbales
2. Sin contacto verbal
3. Sin contacto físico

FASE II. ENTRENAMIENTO EN EL CUMPLIMIENTO DE LAS ÓRDENES

Instrucciones claras
1. Dejar de usar órdenes beta (p.ej., vagas, interrupciones)
2. Órdenes alfa (específicas y directas, una a la vez, esperar 5 segundos)

Consecuencias
1. Reforzamiento por el cumplimiento de las órdenes
2. Secuencia aviso-tiempo fuera por no cumplir las órdenes
3. Reglas fijas

---

nes y recompensas para incrementar esas conductas. Se les pide a los padres que desarrollen programas para ser utilizados fuera de la clínica, con el fin de aumentar por lo menos dos conductas del niño utilizando las nuevas habilidades.

En la Fase II del programa de tratamiento, se enseña primero a los padres a usar órdenes apropiadas *(Instrucciones claras)*. Se enseña a los padres a dar órdenes concisas, directas, una cada vez, y dejar al niño tiempo suficiente para que las cumpla [1]. Si el cumplimiento se inicia antes de que transcurran 5 segundos, se enseña al padre (madre) a que recompense o preste atención al niño dentro de los 5 segundos que siguen a la iniciación de ese cumplimiento de la orden. Si no se empieza a cumplir la orden, los padres dan un aviso que etiqueta una consecuencia de «tiempo fuera» para la desobediencia que se prolonga (p.ej., «Si no recoges los juguetes, tendrás que sentarte en la silla del rincón»). Si el niño empieza a cumplir la orden antes de 5 segundos, se instruye a los padres para que recompensen y presten atención al cumplimiento de la orden por parte del niño. Si este cumplimiento no ocurre antes de 5 segundos después de haber dado el aviso, los padres llevan a cabo un procedimiento de tiempo fuera (breve) que implica el colocar al niño en una silla en el rincón de la habitación *(Tiempo fuera).* El niño tiene que permanecer en la silla durante 3 minutos y estarse quieto y sin moverse durante los últimos 15 segundos [2]. Después del tiempo fuera, se devuelve al niño a la tarea que no ha terminado y se le da la orden que provocó inicialmente la desobediencia. Esta vuelta a la situación original y la repetición subsiguiente de la orden es esencial para el éxito del procedimiento, puesto que enseña al niño que una vez que los padres dan una orden, el niño tiene que seguirla, sea antes o después de pasar por el tiempo fuera. El cumplimiento de la orden es seguido por la atención contingente de los padres. La secuencia de Orden-Consecuencias por parte de los Padres se presenta en la figura 19.1.

En la práctica con el niño en la clínica, se instruye a los padres para que den una serie de órdenes apropiadas y para que proporcionen consecuencias adecuadas al cumplimiento (obediencia) y al incumplimiento (desobediencia) de órdenes (Juego de los Padres). En casa, los padres practican el uso de órdenes apropiadas, consecuencias positivas por obedecer y, finalmente, el uso de procedimientos de tiempo fuera por no obedecer. Una vez que el tiempo fuera se ha empleado con éxito en casa, el terapeuta instruye a los padres para que aprendan a llevar a cabo el tiempo fuera en lugares distintos a la casa, como cuando visitan a otras personas o en la tienda de ultramarinos. Se enseña también a los padres a que construyan y lleven a cabo Reglas Fijas más generales, que son reglas que, una vez que se establecen, tienen un efecto permanente (p.ej., «Si pegas a tu hermana, tienes que ir inmediatamente al tiempo fuera»).

---

[1] Esas instrucciones claras se denominan «órdenes alfa». Las «órdenes beta» son aquellas en las que el niño no tiene oportunidad de demostrar la obediencia debido a su vaguedad o a la interrupción por parte de los padres (p. ej., «Actúa según tu edad»).

[2] Se instruye también a los padres en procedimientos de respaldo (p. ej., unos pequeños azotes en el culo del niño, la retirada de privilegios) a utilizar si el niño se resiste a quedarse en la silla de tiempo fuera.

FIGURA 19.1. *La secuencia de orden-consecuencias por parte de los padres.* Tomada de Forehand, R. y McMahon, R.J., *Helping the noncompliant child: a clinician's guide to parent training,* Nueva York, Guilford Press, 1981. Copyright 1981 Guilford Press. Reproducida con permiso.

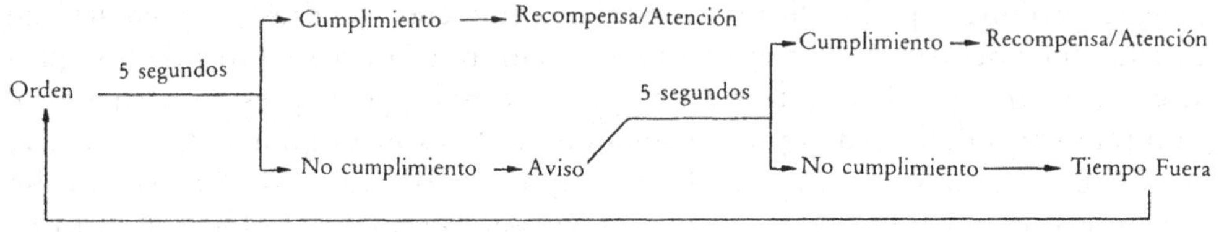

III.4. *Otras intervenciones en el entrenamiento de padres*

Otro programa de EP para niños (de 3 a 8 años) con problemas de conducta, que incluye algunos componentes de los programas de Hanf (1969) y de Forehand y McMahon (1981), es el programa de modelado por medio del vídeo/discusión en grupo, desarrollado por Webster-Stratton (1981, 1987). Algo único en esta intervención terapéutica es el empleo de un paquete estándar de 10 programas en vídeo sobre HPPP modeladas, que el terapeuta muestra a un grupo de padres. Las 250 escenas (cada una de las cuales dura aproximadamente 2 minutos) incluyen ejemplos de padres interactuando con sus hijos de modo tanto apropiado como inapropiado. Después de cada escena, el terapeuta dirige una discusión sobre las interacciones relevantes y solicita respuestas de los padres a las escenas. En este programa particular, los niños no asisten a las sesiones de terapia, aunque se da a los padres tareas para casa con el fin de que practiquen distintas HPPP con sus hijos. Las cintas de vídeo y los manuales para el terapeuta están disponibles comercialmente (Webster-Stratton, 1987).

Como se ha señalado anteriormente, el trabajo de Patterson y sus colaboradores, en el Centro de Aprendizaje Social de Oregón, con niños con problemas de conducta y sus familias ha sido pionero en el desarrollo del conocimiento teórico y empírico sobre los problemas de conducta. Los esfuerzos de Patterson en los últimos 20 años han influido mucho sobre el desarrollo y la evaluación de las estrategias de intervención del EP para niños con problemas de conducta. Resumiremos brevemente el programa de EP de Patterson para preadolescentes (2 a 12 años) que tienen problemas de conducta manifiesta. Los programas de intervención del Centro de Oregón para niños que roban y para delincuentes adolescentes se describirán posteriormente.

El programa del EP para niños preadolescentes agresivos está descrito en el manual de tratamiento de Patterson y cols. (1975) y ha sido resumido recientemente por Reid (1987). Antes de empezar el tratamiento, se les da a los padres una copia de *Vivir con niños* (Patterson, 1976b) o de *Familias* (Patterson, 1975a). La razón para la lectura de estos textos programados es que proporciona una base conceptual para el entrenamiento en habilidades específicas en las sesiones de terapia y facilita la generalización y el mantenimiento. Los padres rellenan un test breve sobre el material dado como lectura al comienzo de la primera sesión de terapia. Los datos preliminares sugieren que para algunas familias, el leer simplemente el libro puede llevar a una reducción significativa en las conductas desadaptadas del niño (Patterson, 1975b). Después de finalizar la lectura asignada y el test, el paso siguiente consiste en enseñar a los padres a determinar las conductas problema de interés. Esto requiere normalmente una o dos sesiones de tratamiento; la razón es que los padres tienen que definir con precisión las conductas meta antes de que sean capaces de responder sistemáticamente a las mismas. Los padres aprenden, entonces, a seguir la conducta del niño. Escogen dos o tres conductas (una de las cuales es, normalmente, la desobediencia) para observarlas durante un período de 1 hora cada día a lo largo de una semana. Se intenta que tanto el padre como la madre vigilen las conductas. Una vez que los padres localizan y vigilan la conducta del niño de manera adecuada, se les ayuda a establecer un sistema de reforzamiento positivo, utilizando puntos para dos o tres conductas positivas. Los reforzadores de respaldo incluyen privilegios o amenazas y se administran sobre una base diaria. Se proporciona al niño refuerzo social (es decir, alabanza) cuando realiza cada una de las conductas positivas y, con el tiempo, se van desvaneciendo los refuerzos tangibles. Después de que está bien establecido el sistema de puntos y de que ha estado funcionando durante algunas semanas, se enseña a los padres a que empleen un procedimiento de tiempo fuera de 5 minutos para la desobediencia o la conducta agresiva. El coste de respuesta (p.ej., pérdida de privilegios) y los trabajos caseros se emplean a veces para los niños más mayores. Conforme progresa el tratamiento, los padres se van volviendo cada vez más responsables de diseñar y poner en práctica los programas para el control de distintas conductas del niño. En este estadio del tratamiento se enseña a los padres estrategias de negociación y de solución de problemas. Patterson y Chamberlain (1988) estiman que aproximadamente el 30% del tiempo de terapia se dedica a tratar con problemas tales como conflictos conyugales, problemas de ajuste personal de los padres y crisis familiares.

Patterson y sus colaboradores han modificado recientemente su intervención del EP para ser empleada con adolescentes delincuentes (Marlowe y cols., 1988; Reid, 1987). Las modificaciones incluyen las siguientes:

a. Además de considerar como objetivos las conductas prosociales y antisociales, los padres también prestan atención a otras conductas que supuestamente hacen que el adolescente corra más riesgos de realizar más tarde conductas delictivas (p.ej., la no asistencia a clase, hablar con descaro al profesor, el no hacer los deberes para casa, el pasar el tiempo con «malas» compañías, violar las prohibiciones, drogadicción).

b. Se pone un gran énfasis en la vigilancia/supervisión por parte de los padres del adolescente, especialmente con respecto a la asistencia del adolescente a la escuela, su conducta allí y los resultados académicos.

c. En sustitución del procedimiento del tiempo fuera, los procedimientos de castigo incluyen el realizar pequeños trabajos, la pérdida de puntos, la limitación del tiempo libre y la restitución de los bienes robados/dañados.

d. Se pide a los padres que informen de los delitos legales a las autoridades juveniles y que luego actúen como defensores del adolescente ante los tribunales (como una forma de reducir la posibilidad de que el chico sea sacado de casa).

e. Hay una mayor implicación del adolescente en las sesiones de tratamiento, especialmente con respecto al establecimiento y verificación de los contratos conductuales hechos con los padres.

La eficacia de este enfoque con adolescentes ha sido examinada por Marlowe y cols. (1988), que se han mostrado pesimistas sobre los resultados del mismo. Estos autores defienden la intervención en etapas anteriores, antes de que los problemas hayan aumentando en gravedad y duración.

Alexander y sus colaboradores han desarrollado una intervención basada en la familia para adolescentes con problemas de conducta. La *terapia familiar funcional (TFF)* (Alexander y Parsons, 1982; Barton y Alexander, 1981) representa una ampliación e integración singular de las perspectivas conductual y sistémica. Más recientemente, el modelo ha incorporado una perspectiva cognitiva, especialmente con respecto a los patrones atribucionales dentro de la familia. En las primeras etapas del desarrollo de la TFF, Alexander empleó un enfoque de «emparejamiento con la muestra», en el que primero se identificaban los patrones de conducta que diferenciaban a las familias desadaptadas de sus contrapartidas no desadaptadas y luego se escogían como metas de la intervención aspectos significativos de esos patrones (Morris, Alexander y Waldron, 1988).

En su formato actual, la TFF incluye cinco componentes (Alexander, Waldron, Newberry y Liddle, 1988). La fase de Introducción/Impresión se interesa por las expectativas de los miembros de la familia antes de la terapia y en las primeras sesiones. Investigaciones preliminares sugieren la importancia de identificar y modificar las atribuciones de culpa de los miembros de la familia en las primeras sesiones de terapia con las familias de adolescentes delincuentes (Alexander, Waldron, Barton y Mas, 1989). En la fase de

Evaluación, el terapeuta identifica las expectativas conductuales, cognitivas y emocionales de cada miembro de la familia y los procesos familiares que necesitan modificación (p.ej., funciones interpersonales como la intimidad y la distancia). El objetivo de la fase de Inducción/Terapia consiste en modificar las atribuciones y expectativas inapropiadas de los miembros de la familia. Se emplean varias técnicas de terapia cognitiva, especialmente el reetiquetado. El *reetiquetado* se define como la «descripción verbal de cualquier conducta familiar (o individual) "negativa" desde una posición favorable o benevolente, describiendo las propiedades antónimas "positivas" de la conducta, y representando a los miembros de la familia como víctimas en vez de transgresores» (Morris y cols., 1988, p. 112). Este proceso de reatribución entre los miembros de la familia se ve como necesario, pero no suficiente, para el tratamiento con éxito. Tiene que seguirle un cambio en la conducta real. En la fase de Educación/Cambio conductual, se emplean una serie de técnicas conductuales, incluyendo el entrenamiento en habilidades de comunicación, los contratos conductuales y el manejo de las contingencias. En la fase de Finalización/Generalización, el trabajo del terapeuta consiste en facilitar el mantenimiento de las ganancias terapéuticas mientras fomenta la independencia de la familia del contexto terapéutico por medio de la retirada gradual. Durante esta fase se tratan también, si es necesario, factores extrafamiliares relevantes (p.ej., la escuela, el sistema legal).

Otra intervención del EP que combina los enfoques conductual y sistémico es el Entrenamiento en Comunicación y Solución de Problemas (ECSP; Robin y Foster, 1989). Mientras que las otras intervenciones del EP con adolescentes descritas en este capítulo se centran en problemas de conducta relativamente graves, como la conducta delincuente, el ECSP se centra específicamente en la solución del conflicto padres-adolescente, independientemente del nivel de intensidad.

Foster y Robin (1989) describen un modelo de cuatro etapas por medio del cual se lleva a cabo el ECSP. En la fase de Compromiso, el terapeuta establece la relación, lleva a cabo la evaluación y negocia un contrato terapéutico. En la fase de Desarrollo de las Habilidades, se presenta a la familia las habilidades básicas de comunicación y de solución de problemas. Los pasos de la solución de problemas incluyen la definición del problema, la generación de soluciones alternativas, el seleccionar la mejor solución y la puesta en práctica de ésta (ver Nezu y Nezu, en este volumen). Se identifican los patrones negativos de comunicación entre los padres y el adolescente (p.ej., interrupciones, desprecios, sarcasmo y salirse por las ramas) y se enseñan alternativas apropiadas. En la tercera fase, los miembros de la familia intentan solucionar distintas áreas de conflicto empleando las habilidades enseñadas anteriormente. En cada sesión se discuten conflictos específicos y se resuelven problemas, tratándose las cuestiones menos graves primero. Los ejercicios para casa incluyen tareas escritas, discusiones de solución de problemas, ejercicios de comunicación, y la aplicación de las habilidades recién adquiridas a las interacciones diarias. Hay que señalar que «consideraciones estructurales y funcionales dirigen las estrategias usadas para llevar a cabo estos procedimientos» (Foster y Robin, 1989, p. 502). Finalmente, en la fase de Desenganche, el terapeuta se vuelve menos directivo y las sesiones se programan dejando más tiempo entre ellas, con el fin de facilitar la generalización del entrenamiento a las situaciones diarias fuera de la clínica y minimizar la dependencia innecesaria del terapeuta.

El enfoque del «Sistema Familiar-Ecológico» (SFE) para el tratamiento de adolescentes con problemas de conducta resalta tanto el carácter interactivo de la psicopatología adolescente como el papel de los múltiples sistemas en los que se encuentra inmerso el adolescente, como la familia, la escuela y el grupo de iguales (Henggeler, 1982). La evaluación y el tratamiento se centran en el adolescente como individuo, en su papel en los distintos sistemas y en las interrelaciones entre estos sistemas. Los terapeutas intervienen en uno o más niveles, según se necesite, y emplean una serie de enfoques terapéuticos, como la terapia familiar, la terapia de pareja o la terapia individual. Las técnicas de tratamiento son también de amplio rango y pueden incluir procedimientos de la terapia familiar tradicional (p.ej., la intención paradójica) así como técnicas conductuales y cognitivas (p.ej., el reforzamiento, contrato de contingencias, autoinstrucciones) (Schleser y Rodick, 1982).

III.5. *Intervenciones del EP para problemas de la conducta furtiva - robar*

Mientras que las intervenciones del EP para conductas manifiestas han sido valoradas extensamente, hay una escasez de datos con respecto a las intervenciones de cualquier clase para los tipos furtivos de conductas problema. Esto se debe, en parte, a la base de datos relativamente pobre sobre estas conductas. Sin embargo, se está incrementando la atención prestada a algunas de estas conductas furtivas y a su tratamiento. Esto es especialmente cierto para la conducta de robar [3].

Existe consenso con respecto a que la identificación/etiquetado del robo es la clave para el desarrollo de una intervención con éxito para esta conducta (Barth, 1987; Miller y Klungness, 1986; Patterson y cols., 1975). Debido a la baja tasa y al carácter furtivo del robo, la detección directa, inmediata, de todos los acontecimientos de hurto por los padres, los profesores u otras

[3] Ver McMahon y Wells (1989) para una descripción de intervenciones con otras conductas problema encubiertas (p. ej., provocar fuegos, uso de drogas).

personas no es una tarea fácil. Por consiguiente, el robo es definido operacionalmente como «que el niño coja, o esté en posesión de, algo que claramente no le pertenece» (Barth, 1987, p. 151). El cuadro 19.2 contiene una elaboración de esta definición así como instrucciones para los cuidadores sobre cómo responder a la conducta de robo. Aunque la adopción de esta definición de robo puede a veces llevar a casos en los que se etiqueta incorrectamente que el niño ha robado, la alternativa de no ser capaces de tratar la conducta de robo con eficacia se considera como el peor de los dos males.

El trabajo más sistemático sobre el tratamiento del robo ha sido llevado a cabo por Patterson, Reid y colaboradores en el Centro de Aprendizaje Social de Oregón. Además de los problemas de definición señalados anteriormente, el fracaso de los padres de los niños que roban para vigilar el paradero de sus hijos o para implicarse con los niños en mayor medida, constituye la mayor dificultad para diseñar intervenciones eficaces basadas en la familia. Con el fin de abordar algunos de estos problemas, el grupo de Oregón ha desarrollado un enfoque especializado del EP con niños que tienen conductas de robo y otras conductas problema de carácter furtivo (Patterson y cols., 1975; Reid y cols., 1980). En primer lugar, se lleva a cabo el programa estándar de EP del Centro de Oregón para tratar conductas problema manifiestas, ya que estas conductas covarían con las conductas de baja tasa furtivas de muchos niños. Luego, se enseña a los padres a identificar el robo, empleando una definición operacional similar a la presentada anteriormente, y a vigilar su ocurrencia sobre una base diaria. Gran parte de la discusión de la representación de estos procedimientos tiene lugar en las sesiones de terapia.

Una vez que los padres aceptan la definición operacional de robo (un proceso que puede llevar mucho tiempo de la terapia), se enseña a los padres a administrar una consecuencia leve inmediatamente contingente a cada uno de los acontecimientos sospechosos de robo. La consecuencia (p.ej., 1 ó 2 horas de trabajo duro en casa) se mantiene a un nivel suave, ya que el niño será incorrectamente acusado de vez en cuando. La puesta en práctica de este enfoque implica mucho apoyo, contacto telefónico y discusiones. Se establecen sistemas de verificaciones dentro de las familias en las que la vigilancia es infrecuente. Además, parece importante incorporar estrategias terapéuticas que incluyan a los padres en el proceso de terapia, dada la relación entre los padres sin implicación y el robo (Reid, 1984).

Henderson (1981, 1983) ha desarrollado un programa de «Tratamiento Combinado Individualizado» (TCI) para niños y adolescentes que informan de que quieren dejar de robar. Este enfoque tiene tres amplios componentes: a) autocontrol del ambiente interno, b) control del ambiente externo por otro adulto o persona responsable, y c) la personalización del programa por parte del terapeuta. En el primer componente, Henderson enseña habilidades de relajación al niño, en un esfuerzo por contracondicionar los estímulos de

CUADRO 19.2. *Instrucciones a los cuidadores para definir y proporcionar consecuencias por robar.*

---

1. La parte más importante del esfuerzo para disminuir el robo consiste en *definir el robo como robo. El robo* se define como: «que el niño coja, o esté en posesión de, algo que claramente no le pertenece». Los padres, los profesores u otros adultos son los únicos jueces. Pueden etiquetar un acto como robo *observándolo,* o *haciendo que se lo cuenten* o *dándose cuenta de que falta algo.* No hay discusiones sobre la culpa o la inocencia. Es tarea del niño asegurarse de que no le acusen. El valor del objeto es irrelevante. El comerciar y tomar prestado no está permitido. Cualquier «compra» que el niño traiga a casa tiene que venir acompañada de un justificante. En caso contrario, tiene que devolverse y se presentan las consecuencias.

2. Una vez que se ha etiquetado una conducta como robo, se aplican las consecuencias. Se evitan las discusiones, el culpar, o el consejo.

3. *Cada* acto de robar tiene que clasificarse así y aplicar las consecuencias.

4. Evitar el empleo de tácticas detectivescas excesivas (como el registro); mantener los ojos abiertos e investigar los orígenes de un objeto nuevo.

5. Las consecuencias por robar deberían ser trabajos de la casa y pérdida de privilegios durante el día del robo y de privilegios básicos sólo en el fin de semana siguiente. No debe haber otras consecuencias como la humillación o los golpes. Se pueden volver a ganar privilegios especiales al día siguiente.

6. *A recordar:* El robo está muy unido con el vagabundeo y con el no saber el paradero de tu hijo. Si el robo es un problema, se recomienda que en ocasiones se compruebe dicho paradero.

7. No tientes a tu hijo. Mantén los objetos que sean iguales o parecidos a los que ha robado en el pasado, alejados de él. Por ejemplo, evita dejar tu cartera o tu paquete de cigarrillos a la vista o sin tenerlos vigilados.

8. El robo puede ocurrir independientemente de las pertenencias que tenga tu hijo, de modo que el darle todo lo que quiere no es un enfoque satisfactorio para terminar con el robo. Sin embargo, tu hijo debería tener alguna forma de ganar su propio dinero, de modo que pueda elegir las cosas que quiere comprar.

NOTA: Tomado de R. P. Barth, «Assessment and treatment of stealing», en B. B. Lahey y A. E. Kazdin (comps.), *Advances in clinical child psychology*, vol. 10, Nueva York, Plenum Press, Copyright 1987 Plenum Publishing Corporation. Reproducido con permiso.

activación interna que, según él, están asociados a menudo con el robo. En las sesiones de terapia, se pide al niño que se imagine a sí mismo en situaciones de robo y que luego se relaje y se imagine que está marchándose de ellas. De este modo, la relajación y la imaginación son conceptualizadas también como técnicas de autocontrol, que más tarde se extenderán al ambiente externo. Se emplea biofeedback de la tasa cardíaca para facilitar la relajación. Se pide a los padres que proporcionen oportunidades para robar o «trampas» para el niño, en casa, de manera que éste tenga una oportunidad de practicar las estrategias de autocontrol. Se proporcionan premios, en un sistema de recompensas, por no robar. Las «trampas» se van haciendo cada vez menos obvias y que sea más fácil de llegar a robar sin ser atrapado.

Con el fin de proporcionar controles externos para no robar, se tiene que poner en práctica algún sistema para vigilar el «no robar». Henderson (1981) defiende el uso de un «diario sin robos». En el diario se establecen dos tipos de anotaciones: a) cualquier período de tiempo en el que se haya observado, por un adulto responsable, que el niño no ha robado; y b) las horas de la salida y la llegada, anotadas por adultos responsables al final del día (p.ej., de casa a la escuela). Si las horas anotadas corresponden a un período de tiempo apropiado al trayecto, se supone que no ha tenido lugar el robo. Se calcula el tiempo diario «sin robos» y ese tiempo se recompensa con privilegios y actividades de respaldo. Estos reforzadores son seleccionados de modo que se encuentran relacionados, de alguna manera, con el motivo del niño para robar (ver Barth, 1987). Por ejemplo, si el niño parece robar para «divertirse», un apropiado reforzador de respaldo podría ser un viaje en la montaña rusa en el parque de atracciones.

IV. CONCLUSIONES

Los estudios de intervenciones del EP con niños preadolescentes con problemas de conducta, abarcan un amplio y sofisticado cuerpo de investigación sobre el tratamiento, y han mostrado resultados muy prometedores. No sólo se han cuantificado los resultados del tratamiento en cambios de la conducta de los padres y los niños y en las percepciones de los padres sobre la adaptación de los niños, en un gran número de investigaciones, sino que la generalización de esos efectos a la casa, con períodos razonables de seguimiento (1 año después del tratamiento y más), a los hermanos no tratados y a conductas sobre las que no se ha intervenido, se ha demostrado también para muchas de esas familias. La validez social de esos efectos se ha documentado también en una serie de programas de EP. Algunos de los programas de EP más extensamente validados para preadolescentes (Forehand y McMahon,

1981; Patterson y cols., 1975; Webster-Stratton, 1987) proporcionan manuales y/o materiales disponibles comercialmente, lo que debería ayudar a la expansión de estos programas y facilitar la replicación por investigadores no asociados con su desarrollo y valoración originales. Investigadores asociados con estas intervenciones del EP han empezado a centrar su atención en ampliar el modelo básico del EP para mejorar los resultados y la generalización. Esto ha llevado a la evaluación de una amplia variedad de variables para predecir el resultado de este tipo de intervención (cuyo desarrollo y elaboración se conoce actualmente como terapia familiar conductual; Griest y Wells, 1983), así como al desarrollo de módulos de tratamiento adicionales para tratar con los conflictos conyugales, las angustias de los padres, etc.

Al contrario que las intervenciones del EP con preadolescentes, existe un menor cuerpo de trabajo con programas de EP para adolescentes con problemas de conducta y los hallazgos han sido menos potentes. Esta menor eficacia en adolescentes con problemas de conducta se puede deber a que éstos se hallan más avanzados en el progresivo desarrollo del trastorno; como consecuencia, presentan una historia de aprendizaje más prolongada de la conducta desadaptada y tienen normalmente un repertorio más amplio de conductas problema más graves (incluyendo a menudo aquellas de carácter furtivo) que sus contrapartidas más jóvenes.

Conforme nuestros modelos conceptuales de intervención se amplían, se vuelven más sofisticados y se evalúan más extensamente, nuestros esfuerzos de tratamiento tienen el potencial de ser cada vez más satisfactorios. Sin embargo, un escollo importante puede llegar a ser la falta de un modelo claro de selección del tratamiento que esté basado sólidamente sobre aspectos conductuales y evolutivos de los problemas de conducta. He descrito varios aspectos de la selección del tratamiento con los que se enfrenta el clínico al trabajar con niños con problemas de conducta y sus familias (McMahon, 1987). Dichos aspectos incluyen decisiones como: a) ¿cuándo es beneficioso el enfoque de EP «estándar»?; b) ¿cuándo intervenir en áreas adicionales como otros trastornos del niño, problemas de ajuste conyugal o de tipo personal en los padres, sesgos perceptivos en el niño o en los padres, y/o el funcionamiento extrafamiliar (p.ej., aislamiento)?; y c) si la intervención tiene que tener lugar en una o más de estas áreas, ¿debería ocurrir antes, después, en lugar de, o simultáneamente a un tipo de intervención de EP? (p. 248).

Existen algoritmos para emparejar familias enviadas a la clínica con intervenciones específicas (p.ej., Blechman, 1981; Embry, 1984), pero tienen un alcance muy limitado, no se han ligado a estrategias de evaluación subyacentes y no se han comprobado empíricamente. Se necesita urgentemente un modelo de selección del tratamiento para niños con problemas de conducta.

Para que sea de utilidad clínica, dicho modelo tiene que incorporar datos sobre los subtipos de problemas de conducta (manifiestos, furtivos, o mixtos); sobre la posición del niño en el desarrollo progresivo de los problemas de conducta; sobre la presencia o ausencia de distintos correlatos o trastornos asociados (p.ej., déficit de atención, hiperactividad, depresión, dificultades en la lectura, problemas en las relaciones con los compañeros); y sobre el «hueco ecológico» del niño en los sistema de la familia, la escuela, los compañeros y la comunidad. De este modo, podemos empezar a valorar sistemáticamente la eficacia relativa de distintas intervenciones del EP (o, más probablemente, combinaciones del EP con otras intervenciones) para tipos determinados de niños con conductas problema, como una función de su posición en estas diferentes dimensiones.

V. LECTURAS PARA PROFUNDIZAR

Dangel, R. F. y Polster, R. A. (comps.), *Parent training: foundations of research and practice*, Nueva York, Guilford Press, 1984.

Forehand, R. y McMahon, R. J., *Helping the noncompliant child: a clinician's guide to parent training*, Nueva York, Guilford Press, 1981.

Patterson, G. R., Reid, J. B., Jones, R. R. y Conger, R. E., *A social learning approach to family intervention: Vol. 1. Families with aggressive children*, Eugene, Or., Castalia, 1975.

O'Dell, S. L., «Progress in parent training», en M. Hersen, R. M. Eisler y P. M. Miller (comps.), *Progress in behavior modification*, vol. 19, Nueva York, Academic Press, 1985.

Schaefer, C. E. y Briesmeister, J. M. (comps.), *Handbook of parent training: parents as co-therapists for children's behavior problems*, Nueva York, Wiley, 1989.

SEXTA PARTE

TÉCNICAS COGNITIVAS Y DE AUTOCONTROL

20. LA TERAPIA RACIONAL-EMOTIVA: UNA CONVERSACIÓN CON ALBERT ELLIS

LEONOR I. LEGA

I. INTRODUCCIÓN

La *Terapia Racional-Emotiva (TRE)*, una terapia cognitivo-conductual, se basa en la idea de que tanto las emociones como las conductas son producto de las creencias de un individuo, de su interpretación de la realidad (Ellis, 1962). Por esta razón, la meta primordial de la TRE es asistir al paciente en la identificación de sus pensamientos «irracionales» o disfuncionales y ayudarle a reemplazar dichos pensamientos por otros más «racionales» o efectivos, que le permitan lograr con más eficacia metas de tipo personal como el ser feliz, establecer relaciones con otras personas, etc. (Ellis y Becker, 1982).

La TRE examina, además de las inferencias sobre uno mismo, sobre los demás y sobre el mundo en general, la filosofía básica del individuo, en la cual se basan estas inferencias (Ellis y Dryden, 1987).

II. HISTORIA Y DATOS BIOGRÁFICOS

El doctor Albert Ellis, fundador de la Terapia Racional-Emotiva, nació en Pittsburgh, Pennsylvania (EE UU), el 27 de septiembre de 1913. Desde la edad de cuatro años ha vivido en la ciudad de Nueva York, donde reside actualmente. Es el fundador y presidente del Institute for Rational-Emotive Therapy en dicha ciudad, donde trabaja desde las 9 de la mañana hasta las 11 de la noche, siete días a la semana, atendiendo a un promedio semanal de setenta pacientes individuales y seis grupos de psicoterapia, supervisando terapeutas, dando conferencias y talleres para profesionales y público en general, y escribiendo un número considerable de publicaciones, el cual incluye alrededor de 500 artículos y 50 libros y monografías sobre la teoría y práctica de la TRE.

La asociación profesional con el IRET durante los últimos ocho años, ha permitido a la autora incluir segmentos de entrevistas con el doctor Albert Ellis en la elaboración de este capítulo. La utilización de materiales se ha hecho con el permiso del Institute for Rational-Emotive Therapy en Nueva York.

St. Peter's College, New Jersey, e Institute for Rational-Emotive Therapy, Nueva York (EE UU).

Recibió su doctorado en psicología clínica en la Universidad de Columbia, Nueva York, en el año 1947. Su entrenamiento clínico inicial fue en psicoanálisis, con énfasis en la teoría de Karen Horney. Durante los años cuarenta estuvo interesado también en la validez de los cuestionarios y tests de personalidad, área de donde provienen sus primeras publicaciones *(American Psychologist,* 1986). En los años cincuenta y en los años sesenta, Albert Ellis se convirtió en una figura mundialmente famosa como escritor y conferenciante en el área de la sexualidad y las relaciones matrimoniales, publicando libros como *Sex without guilt,* 1958 [«Sexo sin culpa»], *The art and science of love,* 1960 [«Arte y técnica del amor»] y *The encyclopedia of sexual behavior,* 1961[«La enciclopedia de la conducta sexual»], que se han traducido a varios idiomas. Otro cambio importante en su vida profesional ocurrió también durante los años cincuenta, como lo expresa en el siguiente fragmento de una entrevista:

A.E.: «En 1953, comencé a experimentar con otras formas de psicoterapia distintas al psicoanálisis ya que, poco a poco, fui dándome cuenta de que no era un método terapéutico muy eficaz para ayudar a los pacientes» *(American Psychologist,* 1986)

La terapia racional-emotiva fue desarrollada como tal en 1955, en una conferencia dada por Albert Ellis en el congreso de la American Psychological Association (Grieger, 1985). El modelo ABC para la terapia fue publicado por primera vez en 1958 (Ellis, 1958b) y ampliado en 1984 (Ellis, 1984a), como respuesta a una creciente necesidad de mayor elaboración y de una delineación más precisa de dicho modelo (Bernard, 1980; Huber, 1985; Wessler, 1984b; Wessler y Wessler, 1980). En la formulación de la TRE intervinieron factores teóricos provenientes del amplio bagaje filosófico que poseía Ellis (Dryden y Golden, 1986) y también factores personales (Ellis, 1986), como la aplicación asimismo de las técnicas conductistas de John B. Watson, en un intento de sobreponerse a sus propios sentimientos de timidez frente al sexo opuesto, a la edad de 19 años.

Albert Ellis estuvo casado durante un breve período en los años cincuenta. Poco después de haber obtenido su divorcio, conoció a Janet L. Wolfe, también psicóloga, con quien vive desde hace casi 25 años y quien:

A.E.: «[...]es una parte de mi vida muy hermosa y excepcionalmente importante, una vida que carecería, en gran medida, de humor, de calor y de intimidad sin ella» (Dryden, 1989).

Albert Ellis pertenece a un gran número de organizaciones profesionales, varias de las cuales le han otorgado premios y menciones honoríficas por su contribución al campo de la psicología. Entre ellas destacan el Award for Distinguished Professional Contributions de la American Psychological Association y el Humanist of the Year Award de la American Humanist Association. Institutos de Terapia Racional-Emotiva, afiliados al Institute for Rational-Emotive Therapy de Nueva York, existen en varios países del mundo como Italia, Reino Unido, México, Australia, Alemania y Holanda, y en otras ciudades de los Estados Unidos.

En cuanto a sus planes futuros, añade:

A.E.: «[...]escribir, escribir y escribir hasta que, preferiblemente a la edad de 110 años, muera sobre mi montura» (Warga, 1988).

III. DESCRIPCIÓN DEL MODELO TERAPÉUTICO

El marco filosófico general de la TRE, que se discutirá con más detalle en un apartado posterior de este capítulo, se basa primordialmente en la premisa estoica de que: «la perturbación emocional no es creada por las situaciones sino por las interpretaciones de esas situaciones» (Epicteto, siglo I d.C.). Por consiguiente, el modelo del ABC utilizado por la TRE para explicar los problemas emocionales y determinar la intervención terapéutica para ayudar a resolverlos, tiene como eje principal la forma de pensar del individuo, la manera como el paciente interpreta su ambiente y sus circunstancias, y las creencias que ha desarrollado sobre sí mismo, sobre las otras personas y sobre el mundo en general (Ellis, 1975). Si estas interpretaciones o creencias son ilógicas, poco empíricas, y dificultan la obtención de las metas establecidas por el individuo, reciben el nombre de «irracionales». Esto no significa que la persona no razone, sino que razona mal, ya que llega a conclusiones erróneas. Si, por el contrario, las interpretaciones o inferencias del individuo están basadas en datos empíricos y en una secuencia científica y lógica entre premisas y conclusiones, sus creencias son racionales, ya que el razonamiento es correcto y la filosofía básica de esa persona es funcional (Ellis, 1982).

El modelo ABC de la Terapia Racional-Emotiva funciona de la siguiente forma:

Contrariamente a la creencia general, la «A» o *«acontecimiento activante»* no produce directamente y de forma automática la «C» o *«consecuencias»*, que pueden ser *emocionales* (Ce) y/o *conductuales* (Cc), ya que, de ser así, todas las personas reaccionarían de forma idéntica ante la misma situación. La «C» es producida por la *interpretación* que se da a la «A», es decir, por las *creencias* («beliefs») (B) que generamos sobre dicha situación. Si la «B» es funcional, lógica, empírica, se la considera «racional» (rB). Si, por el contrario, dificulta el funcionamiento eficaz del individuo, es «irracional» (iB). En el ABC de la TRE, el método principal para reemplazar una creencia irracional (iB) por una racional (rB) se llama *«refutación»* o *«debate»* (D) y es, básicamente, una adaptación del método científico a la vida cotidiana, método por medio del cual se cuestionan hipótesis y teorías para determinar su validez (Ellis, 1987; Ellis y Becker, 1982; Ellis y Harper, 1961; 1975).

De acuerdo con la TRE, el elemento principal del trastorno psicológico se encuentra en la evaluación irracional, poco funcional, que hace el individuo de la realidad, de la situación que le rodea. Dicha evaluación se conceptualiza a través de exigencias absolutistas, de los *«debo de»* y *«tengo que»* dogmáticos sobre uno mismo, otros, o la vida en general, en vez de concepciones de tipo probabilista o preferencial, en las cuales el sujeto crea expectativas pero no les añade una característica de dogma. Los «debo de» y «tengo que» dogmáticos y absolutistas del pensamiento de un individuo sólo sirven para sabotear sus propósitos y objetivos básicos, ya que generan emociones y conductas que bloquean o dificultan la obtención de los mismos. De ese pensamiento irracional, dogmático, se derivan tres inferencias:

1. La tendencia a resaltar en exceso lo negativo de un acontecimiento *(«tremendismo»)*, ya que éste se percibe como más de un 100% malo —una conclusión exagerada y mágica que proviene de la creencia «Esto no debería ser tan malo como es».
2. La tendencia a exagerar lo insoportable de una situación *(«no-puedo-soportantitis»)*, ya que la persona considera que no puede experimentar ninguna felicidad, bajo ninguna circunstancia, si esta situación se presenta, o amenaza con presentarse, en su vida —o deja, o amenaza con dejar, de ocurrir, según el caso.
3. La tendencia a condenar a los seres humanos o a la vida en general *(«Condenación»)*, ya que el individuo se evalúa a sí mismo o a los demás como «subhumanos», al comprometer su valor como personas como consecuencia de su comportamiento, o sea, de hacer algo que no «deben» hacer o de no hacer algo que «deben» hacer. Esta condena también puede aplicarse al mundo, o a la vida en general, cuando éstos no proporcionan al individuo lo que cree merecer, de manera incuestionable y por encima de cualquier cosa.

Es importante aclarar aquí que la TRE considera a estas 3 inferencias como procesos secundarios irracionales, provenientes de una filosofía personal de exigencias absolutistas y «debo de» dogmáticos. Este punto es controvertido, ya que otros teóricos (Wessler, 1984c) sostienen que la relación es inversa, que las inferencias son primarias y que el pensamiento absolutista, los «debo de» dogmáticos, se derivan de ellas. Dryden y Ellis (1988) sugieren que ambos procesos pueden ser, simplemente, interdependientes y presentarse como dos caras de la misma moneda cognitiva. La importancia de esta controversia se refleja en la aplicación de la TRE, ya que la esencia de la intervención terapéutica de esta teoría consiste en atacar, no únicamente las inferencias, sino también el pensamiento dogmático, absolutista y, a veces, implícito, que las origina (Ellis, 1989; 1984a).

En resumen, en la teoría de la TRE se pueden distinguir dos principales categorías de las perturbaciones psicológicas humanas: la perturbación del yo y la perturbación de la incomodidad (Ellis, 1979b, 1980a). En la perturbación del yo, la persona se condena a sí misma como resultado de realizar exigencias absolutistas sobre sí misma, los demás y el mundo. En la perturbación de la incomodidad, la persona hace otra vez exigencias sobre uno mismo, los otros y el mundo, pero estas exigencias reflejan la creencia de que «tienen que» existir condiciones como la comodidad y una vida cómoda.

Ellis señala que los humanos hacen numerosas clases de suposiciones ilógicas cuando están trastornados. A este respecto, la TRE está de acuerdo con los terapeutas cognitivos (Beck, Rush, Shaw y Emery, 1979; Burns, 1980) sobre que esas distorsiones cognitivas constituyen un rasgo de la perturbación psicológica. Sin embargo, la teoría de la TRE mantiene que dichas distorsiones casi siempre provienen de los *«debo de»*. Algunas de las más frecuentes son las siguientes (Ellis y Dryden, 1987):

1. *Pensamiento de «todo o nada»*. «Si fracaso en un hecho importante, como *no debo*, ¡soy un fracaso *total* y *completamente* indeseable!».
2. *Saltando a las conclusiones y* non sequiturs *negativos*. «Puesto que me han visto fallar estrepitosamente, como no *debería* haberlo hecho, me verán como un idiota incompetente».
3. *Adivinar el futuro*. «Como se están riendo de mí por fallar, saben que *debería* haber tenido éxito, y en consecuencia me despreciarán para siempre».
4. *Centrándose en lo negativo*. «Como *no puedo soportar* que las cosas vayan mal, y no *deben* ir mal, no veo que esté sucediendo nada bueno en mi vida».
5. *Descalificando lo positivo*. «Cuando me hacen un cumplido sobre las cosas buenas que he hecho, sólo están siendo amables y olvidándose de las estupideces que no *debería* haber cometido».
6. *Siempre y nunca*. «Como las condiciones de la vida deberían ser buenas y en realidad son malas e intolerables, *siempre* serán de esta manera y *nunca* seré feliz».
7. *Minimización*. «Mis logros son el resultado de la suerte y no son importantes. Pero mis errores, que no *debería* haber cometido, son tremendamente malos y totalmente imperdonables».

8. *Razonamiento emocional.* «Como he actuado de forma tan incompetente, y no *debería* haberlo hecho, ¡me siento como un estúpido total y mis fuertes sentimientos demuestran que no *soy* bueno!».

9. *Etiquetado y sobregeneralización.* «Como no *debo de* fallar en un trabajo importante y lo he hecho, ¡soy un perdedor y un fracaso completo!».

10. *Personalización.* «Puesto que estoy actuando mucho peor de como lo *debería* hacer y como ellos se están riendo, estoy seguro de que sólo se están riendo de mí, ¡y eso es *terrible!*».

11. *Falseamiento.* «Cuando no lo hago tan bien como lo *debería* hacer y me siguen aceptando y alabando, ¡soy un verdadero farsante y pronto les mostraré mi verdadera cara y lo despreciable que soy!».

12. *Perfeccionismo.* «Se que lo hice bastante bien, pero una tarea como esa *debería* haberla hecho perfectamente y, por lo tanto, ¡soy un verdadero incompetente!».

Aunque los terapeutas de la TRE descubren, a veces, todos los pensamientos ilógicos que se acaban de describir, se centran especialmente en los incondicionales «tengo que» y «debo de», que parecen constituir el núcleo filosófico de las creencias irracionales que conducen a las perturbaciones emocionales. Los clínicos de la TRE sostienen que si no descubren y ayudan a los pacientes a abandonar estas creencias básicas, dichos pacientes muy probablemente continuarán manteniéndolas y desarrollando nuevas variaciones irracionales de ellas.

Los terapeutas de la TRE exploran también los «tremendismos», los «no-puedo-soportantitis» y las «condenas», y les muestran a los pacientes cómo provienen casi invariablemente de sus «debo de» y que se pueden abandonar si renuncian a sus demandas absolutistas sobre sí mismos, sobre los demás y sobre el mundo. Al mismo tiempo, los terapeutas racional-emotivos animan habitualmente a sus pacientes para que tengan deseos y preferencias fuertes y persistentes, y que eviten los sentimientos de abandono, retiro y falta de implicación (Ellis 1984b, Ellis y Dryden, 1987).

IV. MARCO DE REFERENCIA EMPÍRICO Y CONCEPTUAL

L.L.: ¿Qué bases filosóficas y empíricas tiene la TRE?

A.E.: Siempre me gustó la filosofía y, al empezar a desilusionarme con el psicoanálisis, por no ser un método lo suficientemente eficiente y efectivo, volví a leer temas filosóficos, al tiempo que comenzaba a experimentar con otras formas de psicoterapia.

Desde un punto de vista filosófico, la TRE se remonta a dos corrientes antiguas: la filosofía oriental, con Buda y Confucio, que implícitamente afirma: «Cambia tu actitud y podrás cambiarte a tí mismo», y la filosofía griega y romana, con Epicteto, Marco Aurelio y el movimiento estoico en general, quienes resaltaron la importancia de la filosofía individual en el trastorno emocional. El postulado que mantiene que: «No nos preocupan las cosas sino la visión que tenemos de ellas», se convirtió en la base de lo que más tarde fue la TRE, como lo describo en mi libro *Razón y emoción en psicoterapia* (Ellis, 1962). También fui influido por filósofos más recientes, como Kant y sus escritos sobre la importancia de las ideas, y por personas como Russell, de quien vino la idea de utilizar los métodos empíricos de la ciencia y la lógica en la práctica de la TRE.

Desde un punto de vista psicológico, dos tendencias tuvieron influencia en el desarrollo de la TRE: la de Karen Horney y Alfred Adler, proveniente de mi entrenamiento inicial en psicoanálisis, y la de los pioneros del movimiento conductista, como Watson (Ellis, 1989).

V. PROCEDIMIENTO

Durante la etapa inicial de entrenamiento en TRE, se recomienda enseñar al paciente el ABC en forma directa, ya que le ayuda a entender su esquema conceptual, a identificar y cuestionar sus aspectos irracionales para reemplazarlos por otros más funcionales y eficaces, a utilizar mejor las técnicas de la TRE para lograrlo y, en general, a llevar este aprendizaje más allá de la terapia formal para poder llegar a ser, en último término, su propio terapeuta. El estilo de la TRE es activo, directivo y, en gran parte, educacional (Ellis y Dryden, 1987; Ellis, 1984b; Walen, DiGiuseppe y Wessler, 1980).

Aunque la TRE utiliza una gran variedad de técnicas cognitivas, emocionales y conductuales, algunas de las cuales son comunes a otros sistemas de psicoterapia, esta sesión describe únicamente las técnicas específicamente desarrolladas dentro de su modelo terapéutico. Las técnicas comunes constituyen la «TRE General» (o terapia de conducta cognitiva de amplia base) y las específicas, la «TRE Preferencial» (Ellis, 1980).

Para lograr un cambio filosófico, las personas tienen que hacer lo siguiente (Ellis y Dryden, 1987):

1. Darse cuenta de que son ellas las que crean, en gran medida, sus propias perturbaciones psicológicas y que, aunque las condiciones ambientales pueden contribuir a sus problemas, tienen, en general, una consideración secundaria en el proceso de cambio.

2. Reconocer claramente que poseen la capacidad de modificar de una manera significativa estas perturbaciones.
3. Comprender que las perturbaciones emocionales y conductuales provienen, en gran medida, de creencias irracionales, dogmáticas y absolutistas.
4. Descubrir sus creencias irracionales y discriminar entre ellas y sus alternativas racionales.
5. Cuestionar estas creencias irracionales utilizando los métodos logicoempíricos de la ciencia.
6. Trabajar en el intento de internalizar sus nuevas creencias racionales, empleando métodos cognitivos, emocionales y conductuales de cambio.
7. Continuar este proceso de refutación de las ideas irracionales y utilizar métodos multimodales de cambio durante el resto de sus vidas.

Cuando las personas llevan a cabo un cambio filosófico en B, en el modelo ABC, a menudo son capaces de corregir espontáneamente sus inferencias distorsionadas sobre la realidad (sobregeneralizaciones, atribuciones erróneas, etc.). Sin embargo, a menudo necesitan cuestionar estas inferencias distorsionadas de forma más directa, como ha resaltado siempre la TRE.

V.1. *El debate filosófico*

En la TRE, el método principal para reemplazar una creencia irracional por una racional es el debate (Ellis y Harper, 1961; 1975), que consiste en una adaptación del método científico a la vida cotidiana. Phadke (1982) ha mostrado que la refutación de las creencias irracionales comprende tres pasos. Primero, los terapeutas ayudan el paciente a *descubrir* las creencias irracionales que subyacen a sus conductas y emociones autodevaluadoras. En segundo lugar, *debaten* con sus pacientes la verdad o la falsedad de sus creencias irracionales. El propósito del Debate, en general, es determinar la validez de hipótesis y teorías que, en este caso, equivaldrían a las tres inferencias irracionales descritas anteriormente, y al pensamiento absolutista y dogmático del cual se derivan. Durante el proceso, ayudan a sus pacientes a *discriminar* entre creencias racionales y creencias irracionales. Si el debate ataca únicamente a las inferencias irracionales, constituye un Debate empírico, utilizado también en otras formas de psicoterapia (Dryden y Golden, 1986). El Debate filosófico (Ellis, 1987) va más allá de estas inferencias y ataca los «debo de» dogmáticos implícitos, de los cuales se derivan. En tercer lugar, un estilo terapéutico bastante eficaz, al utilizar el Debate filosófico, es el *Diálogo socrático* (haciendo preguntas como «¿Cuál es la evidencia de que *tiene que* hacer eso?» o «En qué sentido es cierta o falsa esta creencia»), ya que ayuda al paciente a generar, en lugar de simplemente memorizar, creencias racionales y apropiadas (Walen, DiGiuseppe y Wessler, 1980).

V.2. *Las tareas para casa*

Las «tareas para casa» se emplean de forma regular en la TRE y tienen como propósito ayudar al paciente a generalizar su trabajo terapéutico más allá de la consulta del terapeuta. Una de las tareas asignadas más frecuentemente es la que utiliza el «Formulario de Autoayuda de la TRE» *(«RET Self-help Form»),* reproducido seguidamente con la autorización del Institute for Rational-Emotive Therapy de Nueva York.

Otras tareas incluyen técnicas como la *Biblioterapia,* donde se asigna al paciente la lectura de libros y artículos que se relacionan con la utilización de la TRE en su problemática particular. Esto también puede hacerse con el uso de casetes (Ellis y Becker, 1982; Ellis y Harper, 1975). El propósito de esta técnica es ayudar al paciente a practicar su nueva forma de pensar, ya que la práctica es vital en la sustitución de hábitos disfuncionales antiguos por hábitos eficaces, producto de una nueva filosofía racional. Resultados similares pueden obtenerse si el paciente asiste a talleres y conferencias sobre su área de trabajo terapéutico, como puede ser, en Nueva York, el Friday Night Workshop [«Taller del Viernes por la Noche»] donde, durante 25 años, Albert Ellis ha hecho demostraciones de la TRE para el público en general, con la ayuda de sujetos voluntarios de entre dicho público.

V.3. *Fantasía racional-emotiva*

El propósito de la Fantasía o de Imágenes Racional-Emotivas *(«Rational-Emotive Imagery»)* (Maultsby y Ellis, 1974) es el de permitir al paciente la exploración de la conexión B-C, es decir, interpretaciones-consecuencias, donde puede experimentar un cambio cognitivo, sin necesidad de estar envuelto directamente en la situación (A), pero teniendo una imagen vívida, una fantasía, sobre ella. Los pacientes obtienen práctica en cambiar sus emociones negativas inapropiadas por otras apropiadas (C), mientras mantienen una imagen vívida del acontecimiento negativo de A. De hecho aprenden a modificar sus emociones autodevaluadoras cambiando las creencias subyacentes en B. También la *hipnosis* (ver el capítulo de Dowd en este volumen) puede utilizarse de forma similar. De manera indirecta, estas técnicas permiten ver al paciente que la vida continúa y que las personas se recuperan a pesar de todo.

FIGURA 20.1. *Formulario de Autoayuda de la TRE que se emplea en las tareas para casa.*

FORMULARIO DE AUTOAYUDA DE LA TRE

Institute for Rational-Emotive Therapy
45 East 65th Street, New York, N.Y. 10021
(212) 535-0822

(A) ACONTECIMIENTOS ACTIVANTES, pensamientos, o sentimientos que ocurrieron justo antes de sentirme emocionalmente perturbado o de actuar de forma autodevaluadora: ____________________

____

(C) CONSECUENCIA O CONDICIÓN - sentimiento perturbador o conducta autodevaluadora - que generé y me gustaría cambiar:

____

(B) CREENCIAS - CREENCIAS Irracionales (IBs) que conducen a mi CONSECUENCIA (perturbación emocional o conducta autodevaluadora). Rodea con un círculo todas las que se apliquen a estos ACONTECIMIENTOS ACTIVANTES (A).	(D) REFUTACIONES PARA CADA CREENCIA IRRACIONAL rodeada con un círculo. Ejemplos: «¿Por qué DEBO DE hacerlo muy bien?» «¿Dónde está escrito que soy una MALA PERSONA?» «¿Dónde se encuentra la evidencia de que DEBO DE ser aceptado?»	(E) CREENCIAS RACIONALES EFICACES (RBs) para reemplazar a mis CREENCIAS IRRACIONALES (IBs). Ejemplos: «PREFERIRÍA hacerlo muy bien pero no TENGO QUE hacerlo necesariamente». «Soy una PERSONA QUE actúa mal, no una MALA PERSONA». «No existe evidencia de que TENGA QUE ser aceptado, aunque me GUSTARÍA».
1. ¡DEBO hacerlo bien o muy bien!	....	....
2. Cuando actuó de forma estúpida es porque soy una PERSONA MALA O SIN VALÍA	....	....
3. ¡DEBO ser aceptado por la gente a la que considero importante!	....	....
4. ¡NECESITO que me quiera alguien que se preocupe mucho por mí!	....	....
5. Si me rechazan quiere decir que soy una PERSONA MALA, INDESEABLE.	....	....
6. ¡La gente DEBE tratarme correctamente y darme lo que NECESITO!	....	....

7. ¡La gente DEBE vivir con arreglo a mis expectativas; de lo contrario será TERRIBLE!		
8. ¡La gente que actúa de forma inmoral es GENTE INDIGNA, CORROMPIDA!		
9. ¡NO PUEDO SOPORTAR las cosas malas o la gente difícil!		
10. Mi vida DEBE tener pocas dificultades o problemas importantes.		
11. ¡Es HORRIBLE cuando las cosas importantes no marchan como yo quiero!		
12. ¡NO PUEDO SOPORTAR que la vida sea tan injusta!		
13. ¡NECESITO mucha gratificación inmediata y TENGO QUE sentirme desgraciado cuando no lo consigo!		
Otras creencias irracionales:		

(F) SENTIMIENTOS y CONDUCTAS que he experimentado después de haber llegado a mis CREENCIAS RACIONALES EFICACES: ______________________________

____

ME ESFORZARÉ EN REPETIR FRECUENTEMENTE MIS CREENCIAS RACIONALES EFICACES, DE MODO QUE CONSIGA ESTAR MENOS PERTURBADO AHORA Y ACTUAR DE FORMA MENOS AUTODEVALUADORA EN EL FUTURO.

Joyce Sichel, Ph. D. y Albert Ellis, Ph. D.

V.4. *Técnicas emocionales*

La TRE ha sido criticada por dejar un poco de lado el aspecto de las emociones. Sin embargo, esta crítica corresponde a una interpretación errónea de los principios de la TRE, basada probablemente en el hecho de que su denominación original fue «Psicoterapia racional» (Ellis, 1958a). La TRE utiliza una serie de técnicas enfocadas hacia el cambio emocional, teniendo presente, claro está, que dicho cambio corresponde a un cambio en el pensamiento del individuo. El *Ejercicio para atacar la vergüenza* es una de las técnicas emocionales más conocidas (Ellis y Dryden, 1987). En dicho ejercicio el paciente actúa de una manera deliberadamente «vergonzosa» en público tratando, al mismo tiempo, de aceptarse a sí mismo a pesar de su comportamiento y de tolerar la incomodidad que éste le produce. La utilización de esta técnica en poblaciones hispanoparlantes (Lega, 1989), parece presentar algunas limitaciones por ser incongruentes con valores culturales básicos. Es necesario aclarar que dicho ejercicio no debe suponer ningún tipo de riesgo para el paciente u otras personas, sino que se trata de actividades que aprovechan pequeñas infracciones de reglas sociales como ejercicios apropiados para el ataque de la vergüenza (p.ej., anunciar la hora de salida del tren en voz alta, o el nombre de las estaciones del metro, el llevar ropa llamativa para atraer la atención del público, el entrar en una tienda de ropa y preguntar si venden tabaco, etc.). Otra técnica similar la constituyen los *Ejercicios de correr riesgo*, donde el paciente se arriesga a actuar en situaciones en las que normalmente no lo hubiese hecho, como iniciar una conversación con una persona extraña en un acontecimiento social, teniendo muy presente que su propósito no es sólo el cambio conductual sino también el cambio cognitivo, al darse cuenta de que la situación no es «horripilante» sino, simplemente «muy incómoda» y que se puede tolerar (Ellis, 1989; 1984a).

V.5. *Técnicas conductuales*

La mayor parte de estas técnicas pertenecen a la práctica de la «TRE General». La TRE ha defendido el uso de técnicas conductuales (especialmente las tareas para casa) desde su creación en 1955, puesto que es sabido que el cambio cognitivo es facilitado muy a menudo por el cambio conductual. Los terapeutas de la TRE intentan ayudar a sus pacientes para que eleven su nivel de tolerancia a la frustración, por lo que les animan a que realicen tareas para casa basadas en los modelos de la desensibilización en vivo y la inundación. Otras técnicas conductuales son la utilización de *premios y castigos*, la *terapia del papel fijo* de Kelly (en esta última se anima a los pacientes a que actúen «como si» ya pensaran racionalmente, con el fin de permitirles experimentar que el cambio es posible) o los métodos de *entrenamiento en habilidades*. La aplicación de estos últimos métodos en la «TRE Preferencial» se hace utilizándolos simultáneamente con el debate de las ideas irracionales, cuyo propósito final es cambiar la filosofía básica del paciente, y *después* de que se ha conseguido un cierto cambio filosófico (Ellis y Dryden, 1987).

V.6. *Ejemplo de un caso*

El ejemplo siguiente (Lega y Ellis, 1991), ilustra algunos aspectos del procedimiento de la TRE:

Terapeuta: «Vamos a hacer un experimento. Cierre los ojos, por favor» [Utilización de Imágenes Racional-Emotivas].

Terapeuta: «Imagine, lo más vívidamente posible, que llega al trabajo tarde y que su jefe está muy enojado con usted, ya que esto ocurre muy a menudo».

Paciente: [Después de una pausa] «Bien, ya lo estoy imaginando».

Terapeuta: «¿Cómo se siente?».

Paciente: «Profundamente angustiado».

Terapeuta: «Muy bien. Ahora trate de cambiar, sin alterar la situación, los sentimientos de angustia y pánico por los de frustración, contrariedad, preocupación... Avíseme cuando suceda esto».

Paciente: [Después de una pausa más larga] «Creo que ya lo he logrado».

Terapeuta: «Muy bien. Abra los ojos, por favor, y dígame cómo logró hacerlo. ¿Cómo cambió el sentimiento de angustia por el de preocupación?».

Paciente: «Me dije a mí mismo que aunque no está bien que llegue tarde, he sido un buen trabajador... A veces hasta hago horas extra... Si piensan en la posibilidad de despedirme, eso debe valer algo, ¿no?».

Terapeuta: «Estoy de acuerdo. La situación no es tan desesperada como usted la ve a veces. Una perspectiva más realista es una forma de cambiar la manera como nos sentimos» *[Debate empírico].*

Terapeuta: «Sin embargo, vamos más allá. Vamos a suponer que su jefe le despide de todos modos. ¿Cómo podría seguir sintiéndose *muy* preocupado en vez de angustiado?».

Paciente: «Bueno, pues pensando que no es el fin del mundo, ya que podría conseguir otro trabajo».

Terapeuta: «Muy bien. Y si vamos aún más allá y analizamos un poco su filosofía tácita, su interpretación de la situación, ¿Qué diferencias habría en ella cuando sentimos preocupación y contrariedad, en vez de angustia y pánico?» *[Estilo socrático].*

Paciente: «Bueno... [pausa]... pues que ya no lo veo como un asunto de vida o muerte».

Terapeuta: «Exactamente. Ya no ve la situación como *horrible* e *insoportable,* lo que en la TRE se conoce como "baja tolerancia a la frustración" y que tiene como consecuencia emocional la angustia. Ahora ha cambiado su enfoque rígido y dogmático por uno *preferencial,* ya que piensa que sería preferible no llegar tarde y no ser despedido, pero que aunque así sucediese, la situación no sería terrible y catastrófica y podría soportarla *a pesar* de estar sintiendo una profunda incomodidad».

Paciente: «Tiene usted razón. Es irónico... [sonríe]... pero creo que pensando de una manera que me producía angustia, afectaba de forma negativa la calidad de mi trabajo, e iba en dirección opuesta a mis intenciones. Creo que empiezo a comprender por qué me dice que el pensamiento irracional es poco funcional... He estado desperdiciando mi energía en sentirme angustiado, en lugar de usarla para tratar de llegar a tiempo al trabajo».

Terapeuta: «De acuerdo. A veces nos quedamos en las consecuencias a corto plazo, ya que es más fácil no hacer un esfuerzo en ese momento, y nos olvidamos de las consecuencias a largo plazo. Pero hay otro aspecto en la interpretación de esta situación que corre paralelo a la baja tolerancia a la frustración y que puede generar también sentimientos de ansiedad. Dígame, además de angustia ante la posibilidad de ser despedido, ¿siente usted algo más?».

Paciente: «A veces me siento deprimido».

Terapeuta: «Y, ¿de dónde podría venir esa depresión?».

Paciente: «Tal vez de pensar que soy un fracaso».

Terapeuta: «O sea, que el fallar en algo lo interpreta como fallar en todo».

Paciente: «Sí, ya veo que estoy sobregeneralizando otra vez».

Terapeuta: «De acuerdo. No sólo se devalúa en términos de su trabajo, sino también en términos de su valor como persona, como ser humano. Se autodevalúa como consecuencia de haber fallado en *un* rol, sobregeneralizando su fracaso en *un* aspecto a un fracaso *en todo*, en su esencia, en su totalidad, y generando así su sentimiento de depresión».

Paciente: «Tiene usted razón, a veces pienso así. Sin embargo, ¿no tiene más valor un buen trabajador que un mal trabajador?».

Terapeuta: «Como trabajador, sí. Como persona, no. Ser un trabajador es representar un rol y, como tal, dicha actuación puede evaluarse como buena o mala. Sin embargo, el ser humano es más que una simple suma de roles, lo que hace su evaluación *global* prácticamente imposible».

Paciente: «Creo que entiendo lo que me dice, pero debo trabajar más en este punto».

Terapeuta: «Muy bien. Podríamos utilizar como tarea para la próxima semana la lectura de... [se le asigna material pertinente] y la aplicación de esta lectura al Formulario de Autoayuda que hemos estado utilizando en sesiones anteriores».

VI. APLICACIONES

L.L.: ¿A qué poblaciones se aplica la TRE con mayor frecuencia?

A.E.: Durante casi 35 años de existencia, la TRE ha sido practicada en modalidades individual y de grupo, por psicólogos, psiquiatras, consejeros psicológicos y trabajadores sociales, en una gran variedad de poblaciones y de problemas, en forma de remedio y en forma preventiva. Sin embargo, podríamos resumir su aplicación más frecuente a tres grupos en general:

1. Quienes piensan (iB): «*Debo* actuar bien para ser una buena persona» y, por consiguiente (Ce), se deprimen y/o angustian (ansiedad del yo).
2. Quienes piensan (iB): «Otros *deben* actuar bien para que se les considere seres humanos buenos» y, como consecuencia (Ce), sienten ira si consideran que otras personas se comportan de manera inadecuada.
3. Quienes piensan (iB): «el mundo *debe* ser justo o no podría tolerarlo» y, por consiguiente (Ce), sienten angustia (ansiedad situacional) cuando las cosas no resultan como ellos quieren (Ellis, 1989).

La depresión y la ansiedad del yo están asociadas con la autodevaluación (Ellis, 1987). Una vez que el pensamiento dogmático y absolutista cambia y el paciente devalúa su conducta, pero no su persona, la depresión se convierte en tristeza. Un proceso similar ocurre cuando la ira se transforma en enojo o irritación, como consecuencia de un cambio cognitivo, en el que se juzgan las acciones de los demás pero no se las adjudica un valor a su esencia como seres humanos (Ellis, 1987). Por último, cuando la ansiedad situacional se convierte en preocupación, el paciente se ha sobrepuesto a su «baja tolerancia a la frustración» (Ellis y Knaus, 1977).

VII. VARIACIONES

La TRE se lleva a cabo habitualmente en modalidades individual y de grupo. Como vimos anteriormente, su práctica incluye actividades adicionales como talleres y conferencias. Sin embargo, hay algunas variaciones en la aplicación de está técnica, que son:

VII.1. *Grupos de TRE sólo para mujeres*

La TRE proporciona un sistema de terapia bien definido, el cual facilita el crecimiento personal y emocional de la mujer, enfatizando la ayuda a sí misma (Ellis, 1975). La práctica de la «TRE para mujeres» no implica que los patrones de salud mental sean diferentes en hombres y mujeres (Ellis, 1974). Sus metas incluyen la identificación y cambio del pensamiento autodevaluador inherente a los mensajes de socialización femenina, y la toma de responsabilidad por el bienestar propio, en una sociedad con diferentes patrones de evaluación para hombres y mujeres. La problemática más común gira alrededor de la creencia tradicional femenina, y general, de que las mujeres son débiles, indefensas y sin mucha valía. Otro problema «femenino» es el de la «baja tolerancia a la frustración» en situaciones de angustia o ira (Wolfe, 1987).

VII.2. *Maratones racional-emotivos*

Tienen como propósito proporcionar un máximo de experiencia en «grupos de encuentro», en un contexto de terapia de grupo orientada a la acción (Ellis y Dryden, 1987). Aunque utilizan técnicas que se aplican a este tipo de grupos, en general, los *maratones racional-emotivos* están mucho más estructurados y enfatizan, deliberadamente, el aspecto verbal. La duración varía entre 10 y 14 horas en un solo día, con un promedio de 12 a 18 pacientes por grupo, y uno o dos terapeutas. Una variación adicional, desarrollada en los últimos años, se conoce como *talleres intensivos,* en donde el número de participantes puede llegar a varias decenas.

VII.3. *Aplicaciones a la industria*

Esta variación es una de las desarrolladas más recientemente y tiene como propósito principal la aplicación de la TRE al área del asesoramiento a empresas. Incluye el diseño de talleres y seminarios en temas especializados, como el manejo del estrés, el desarrollo de habilidades de comunicación, el control de situaciones de crisis, la prevención y el tratamiento del alcoholismo, etc. También entrena a profesionales que trabajan en el área de «asistencia para empleados».

VIII. COMENTARIO FINAL

L.L.: ¿Cuál es la mayor crítica que se le hace a la TRE en la actualidad?

A.E.: Desgraciadamente, se basa en una comprensión errónea de la TRE, ya que se la cataloga como «racionalista», y se le acusa de no ser lo suficientemente profunda y de descuidar la filosofía básica del individuo. Sin embargo, eso es exactamente lo contrario de lo que hacemos cuando tratamos de cambiar el pensamiento rígido, irracional y dogmático, o filosofía básica, que se encuentra detrás de las inferencias que el paciente hace sobre sí mismo, los demás y el mundo en general.

L.L.: Usted insiste en que al paciente no tiene necesariamente que «caerle bien» el terapeuta para beneficiarse de la terapia ¿qué puede decirme sobre eso?

A.E.: Bueno, creo que sería preferible obtener un cierto grado de compenetración, pero al paciente no tiene que agradarle el terapeuta y al terapeuta, ciertamente, no tiene que agradarle el paciente, como condición necesaria para una relación terapéutica *eficaz.* Sin embargo, es interesante observar que la compenetración proviene muchas veces de una intervención activa y directiva, en lugar de una actitud cálida, debido a que el terapeuta está ayudando al paciente de una manera

> más eficaz. Actualmente, aun dentro de la corriente cognitivoconductual, soy uno de los terapeutas con un estilo activo-directivo más fuerte (Ellis, 1989).

Una encuesta reciente (Smith, 1982) indica que la TRE continúa ejerciendo una profunda influencia en la psicología contemporánea, colocando a Albert Ellis como el segundo entre las diez figuras más importantes de la psicología clínica actual.

IX. LECTURAS PARA PROFUNDIZAR

L.L.: ¿Qué libros recomendaría para quienes quisieran profundizar algo más sobre la TRE?

A.E.: Para el público en general, recomendaría los siguientes:

Ellis, A., *How to live with a neurotic*, North Hollywood, Calif., Wilshire, 1975.
Ellis, A., *How to stubbornly refuse to make yourself miserable about anything*, Nueva York, Carol Communications/Lyle Stuart, 1988.
Ellis, A. y Becker, I., *A guide to personal happiness*, North Hollywood, Calif., Wilshire, 1982.
Ellis, A y Harper, R. A., *A guide to rational living*, North Hollywood, Calif., Wilshire, 1975.

Para profesionales interesados en el uso de la TRE, sugeriría:

Ellis, A., *Razón y emoción en psicoterapia*, Bilbao, Desclée de Brouwer, 1980. (Or.: 1962).
Ellis, A. y Dryden, W., *Práctica de la terapia racional-emotiva*, Bilbao, Desclée de Brouwer, 1989. (Or.: 1987).
Ellis, A. y Grieger, R., *Manual de terapia racional-emotiva*, vol. I, Bilbao, Desclée de Brouwer, 1981. (Or.: 1976).
Ellis, A. y Grieger, R., *Manual de terapia racional-emotiva*, vol. II, Bilbao, Desclée de Brouwer, 1990 (Or.: 1986).

21. LA PRÁCTICA DE LA TERAPIA COGNITIVA

KEITH S. DOBSON Y RENEE-LOUISE FRANCHE

I. LA PRÁCTICA DE LA TERAPIA COGNITIVA

La terapia cognitiva, desarrollada por Aaron T. Beck, tiene una vida de aproximadamente dos décadas (Beck, 1970). Después de la publicación del libro *Cognitive therapy and the emotional disorders* [«La terapia cognitiva y los trastornos emocionales»], en 1976, hubo un amplio reconocimiento con respecto a la novedad del tratamiento que se describía y al enfoque prometedor que representaba para todo un conjunto de problemas emocionales. Después de este trabajo teórico, hubo una serie de estudios de investigación realizados al final de los años setenta y principios de los ochenta que examinaron la eficacia de la terapia cognitiva (especialmente en el caso de la depresión). Estos estudios apoyaban claramente el potencial de la terapia cognitiva para mejorar satisfactoriamente los síntomas y los problemas de los pacientes y para estimular otros esfuerzos teóricos y de investigación.

La mayoría de los primeros estudios sobre la depresión utilizaron lo que se ha convertido en un libro estándar en el área, Beck, Rush, Shaw y Emery, *Cognitive therapy of depression* [«Terapia cognitiva de la depresión»], 1979. Este libro es un manual de tratamiento muy detallado que describe no sólo los fundamentos teóricos de la terapia cognitiva, sino también otras variables como la naturaleza y la conducta de un terapeuta cognitivo, la forma prototípica de estructurar un caso de terapia cognitiva, así como descripciones detalladas de la técnica de tratamiento. El manual ha constituido la base para la mayoría de los estudios que han examinado la terapia cognitiva de la depresión (Dobson, 1989a) y ha contribuido, con toda seguridad, a la estandarización de este enfoque de tratamiento a través de una serie de investigaciones (Dobson y Shaw, 1988).

Aunque la terapia cognitiva se ha ligado principalmente al tratamiento de la depresión, éste no es el único problema al que se ha aplicado la terapia cognitiva. En la primera formulación de la terapia cognitiva (Beck, 1976), Beck trabajó con la hipótesis de que este enfoque de tratamiento podría utilizarse con problemas como la ansiedad, la depresión, la ira, los problemas interpersonales, entre otros, y el desarrollo del trabajo teórico y clínico ha

---

Universidad de Calgary (Canadá) y Universidad de British Columbia (Canadá), respectivamente.

confirmado esta conceptualización. Realmente, después de la depresión, los trastornos de ansiedad han recibido probablemente la mayor atención por parte de los teóricos y de los terapeutas cognitivos. Otras aplicaciones más recientes, y en algunos aspectos menos desarrolladas, de la terapia cognitiva incluyen los intentos de tratar con problemas tales como la soledad (Young, 1981), las disfunciones matrimoniales (Beck, 1988; Epstein, 1982), los trastornos de la personalidad (especialmente el trastorno límite de la personalidad; Freeman y Leaf, 1989; Murray, 1988; Pretzer, 1988; Young y Swift, 1988) y los síntomas psicóticos (Anderson, Turesson, Skagerlind, Warburton, Gustavsson, Perris, Johanson y Frederiksson, 1989). También se han hecho intentos de aplicar los principios y los procedimientos cognitivos al trabajo con niños (Braswell y Kendall, 1988) y, aunque este trabajo tiende a ser de naturaleza más conductual que cognitiva, se pueden emplear muchos de los mismos principios usados en el tratamiento de adultos.

En resumen, la terapia cognitiva ha ido más allá de ser únicamente un tratamiento para la depresión y ha extendido sus horizontes teóricos y terapéuticos en diversas direcciones. En el resto del capítulo, presentaremos el modelo básico de tratamiento de la terapia cognitiva. Después de esta descripción, nos detendremos en algunos aspectos del entrenamiento en terapia cognitiva, para seguir describiendo el proceso de la terapia, incluyendo una descripción de algunos de los procedimientos de tratamiento más comunes. Hacia el final del capítulo, discutiremos algunas de las conclusiones más importantes sobre los resultados de la terapia cognitiva y concluiremos con ideas sobre la investigación futura y las necesidades teóricas de desarrollo. Dentro de cada apartado, nos centraremos en la depresión, puesto que ésta es el área más desarrollada en la terapia cognitiva. No obstante, intentaremos describir cómo se ha aplicado también la terapia cognitiva a otras áreas y trataremos de proporcionar al lector más material de estudio en cada apartado.

II. EL MODELO COGNITIVO DE LA DISFUNCIÓN

Uno de los problemas del término «cognitivo» para la terapia cognitiva es que, aunque la atención se centra claramente en los procesos y productos cognitivos, no es, de hecho, un modelo exclusivamente cognitivo. Los teóricos cognitivos han reconocido desde hace tiempo una interdependencia entre cognición, afecto, fisiología y conducta y los modelos cognitivos reconocen explícitamente esta interdependencia. Una forma de examinar la naturaleza multidimensional de la disfunción es considerar a las formulaciones cognitivas con respecto a tres aspectos: las causas de la disfunción, los productos de la disfunción y el tratamiento de la disfunción.

II.1. *Causas de la disfunción*

El modelo cognitivo de la disfunción pone un gran énfasis en el potencial de los individuos para percibir negativamente el ambiente y los acontecimientos que les rodean y, a través de estas percepciones negativas, crear en ellos mismos la perturbación emocional. De hecho, en algunas formulaciones de la teoría cognitiva, se ofrece una apariencia de que las cogniciones, por sí mismas, son necesarias y suficientes para crear problemas como la depresión (Beck, 1976; Coyne y Gotlib, 1983). Sin embargo, publicaciones más recientes ponen de manifiesto que los modelos cognitivos de la disfunción no son únicamente cognitivos, sino que se etiquetarían más correctamente como modelos de diátesis-estrés [1] (Beck, 1987; Beck y Emery, 1985; DeRubeis y Beck, 1988). Dentro de este tipo de descripciones, está claro que para el desarrollo de la disfunción son necesarios los factores cognitivos predisponentes y los procesos cognitivos, pero no son suficientes en y por sí mismos.

Tomando el ejemplo de la depresión, las formulaciones contemporáneas de la teoría cognitiva sugieren que la gente que llega a deprimirse mantiene elementos vulnerables cognitivos negativos, preexistentes y relativamente estables, que la predisponen en dirección a la depresión. Estos aspectos vulnerables se describen con distintos términos, incluyendo los de creencias, suposiciones, actitudes, visiones del mundo y esquemas sobre uno mismo (Beck y cols., 1979; DeRubeis y Beck, 1988; Dobson, 1986; Kovacs y Beck, 1977; Shaw, 1984). Beck (1976) ha hablado previamente de la *tríada cognitiva negativa* (ver también Beck y cols., 1979), que se refiere a que las creencias, actitudes, etc. cognitivas se mantienen sobre tres áreas de contenido generales: *uno mismo, el mundo* y *el futuro*. También está claro que estas actitudes negativas no son suficientes para crear la depresión, sino que tienen que interactuar con experiencias aversivas de la vida para crear el tipo negativo de pensamiento que se ve en la depresión (Barnett y Gotlib, 1988). Cuando tienen lugar esos acontecimientos negativos, los esquemas o actitudes subyacentes se activan y surgen las cogniciones negativas de la depresión.

---

[1] Beck (1967) sugirió que existen diferencias individuales relativamente consistentes en la tendencia a manifestar distorsiones cognitivas negativas sobre uno mismo, el mundo y el futuro. Los esquemas con contenido negativo sobre pérdidas, fracaso, inadecuación, etc. constituyen la «diátesis» cognitiva en la teoría de Beck sobre la depresión. El modelo de *diátesis-estrés* sobre la depresión postula que cuando se enfrenta con estímulos estresantes equivalentes (acontecimientos negativos similares), la gente que manifiesta la diátesis cognitiva pertinente tiene más probabilidades de experimentar una reacción depresiva que la gente que no manifiesta esta predisposición. Por otra parte, en situaciones carentes de estrés (en presencia de acontecimientos positivos y/o en ausencia de acontecimientos negativos), la gente que posee la hipotetizada diátesis cognitiva no tendrá más probabilidades de desarrollar síntomas depresivos que la gente que no posee este factor de riesgo (según Abramson, Alloy y Metalski, 1988). *[Nota del compilador.]*

Nuestra experiencia clínica sugiere que ciertos esquemas nos predisponen a la depresión. Además, esos esquemas son, aparentemente, relativamente estables e invariables. A través de los años no se modifican ni se ponen a prueba frente a la realidad, de forma sistemática. Los esquemas que predisponen a, y se convierten en aspectos críticos de, la depresión se relacionan con condiciones estimulares que implican una reducción real o potencial del ámbito personal del individuo (Kovacs y Beck, 1977, p.437).

Además de los esquemas o actitudes generales que hacen que un individuo sea vulnerable a la depresión, el modelo cognitivo afirma también que una vez que tienen lugar los pensamientos negativos específicos que surgen de la interacción de las actitudes y los acontecimientos de la vida, los otros síntomas de la depresión son predecibles. Así, cuando una persona empieza a pensar que es un perdedor, no es especialmente sorprendente que se entristezca. Si se tiene el pensamiento de que el mundo es un lugar difícil y que se tiene que luchar contra obstáculos enormes con el fin de sobrevivir, no es especialmente sorprendente que su conducta muestre una tendencia decidida hacia la inactividad. Cuando se tiene el pensamiento de que el futuro es relativamente desesperanzador, no es especialmente sorprendente que se pierda la esperanza y que se contemple incluso el suicidio. En general, el modelo cognitivo sugiere que los distintos síntomas afectivos, conductuales y emocionales de la depresión son las consecuencias naturales de las cogniciones negativas (ver figura 21.1.). Además, es importante señalar que los teóricos cognitivos se dan cuenta de que existe un efecto recíproco entre estos distintos síntomas afectivos, conductuales y motivacionales. Así, se reconoce que cuando una persona experimenta un estado de ánimo deprimido (indepen-

FIGURA 21.1. *Un diagrama esquemático del modelo cognitivo de la depresión*

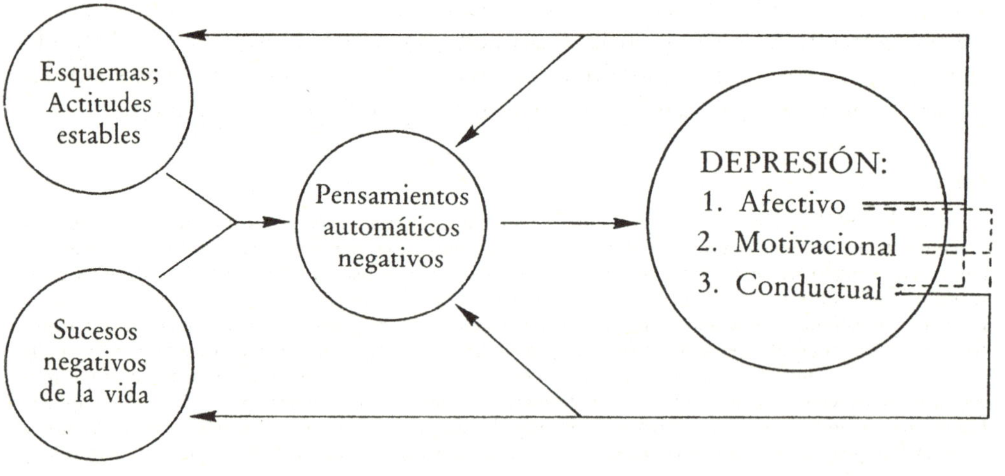

dientemente de cómo se haya producido este estado), hay una mayor accesibilidad a los pensamientos negativos. Cuando la motivación es baja, o una persona está físicamente inactiva, se eleva la probabilidad de que se den acontecimientos aversivos, aumentando, por consiguiente, la probabilidad de que el individuo pueda experimentar más cogniciones negativas, que a su vez agravarán aún más la experiencia depresiva.

Beck y sus colaboradores han descrito varios procesos cognitivos que es probable que conduzcan a emociones, conductas y consecuencias motivacionales negativas (Beck, 1976; Beck y cols., 1979; DeRubeis y Beck, 1988). Estos procesos se han descrito como distorsiones cognitivas que tienen el efecto de cambiar lo que podría ser un acontecimiento relativamente ambiguo o inocuo, en uno que se experimenta como negativo. Incluidos en esta lista de distorsiones cognitivas se encuentran errores tales como la generalización excesiva, la magnificación o minimización, la personalización, el pensamiento absolutista dicotómico, la inferencia arbitraria y la abstracción selectiva. Seguidamente se da una breve descripción de estos errores:

1. *Inferencia arbitraria.* Se refiere al proceso de llegar a una determinada conclusión en ausencia de la evidencia que la apoye o cuando la evidencia es contraria a la conclusión.
2. *Abstracción selectiva.* Se refiere a centrarse en un detalle específico extraído de su contexto, ignorando otras características más relevantes de la situación.
3. *Generalización excesiva.* Se refiere al proceso de elaborar una regla general o una conclusión a partir de uno o varios hechos aislados y de aplicar el concepto tanto a situaciones relacionadas como a situaciones ajenas.
4. *Magnificación y minimización.* Se refiere a los errores cometidos al evaluar la significación o magnitud de un acontecimiento.
5. *Personalización.* Se refiere a la tendencia y facilidad del paciente para atribuirse a sí mismo fenómenos externos cuando no existe ninguna base para realizar dicha conexión.
6. *Pensamiento absolutista dicotómico.* Se refiere a la tendencia a clasificar todas las experiencias según una o dos categorías opuestas, como, p.ej., bueno-malo. Para describirse a sí mismo, el paciente emplea las categorías del extremo negativo.

En resumen, el modelo cognitivo de la depresión no es un modelo cognitivo puro. Su formulación básica de la etiología de la perturbación es un modelo de diátesis-estrés, pero implica claramente procesos cognitivos en el desarrollo final de la disfunción. Aunque la descripción anterior se aplica de forma específica a la depresión, la formulación general puede adaptarse también a otros problemas. Con el fin de hacer esto, es necesario observar el contenido de las cogniciones sobre las que se está discutiendo. Así, mientras que en la depresión las actitudes y esquemas que constituyen factores predisponentes se centran, generalmente, alrededor de cuestiones de pérdida o de pérdida potencial, Beck y Emery (1985) han alegado que los temas cognitivos centrales de la ansiedad son aquellos relacionados con la amenaza. La amenaza, dentro de esta conceptualización, es un fenómeno relativamente amplio, y puede incluir distintas amenazas posibles como la amenaza física, la amenaza interpersonal, amenazas a la autoestima o de cualquier otra naturaleza. Lo que parece ser crítico en el desarrollo de la ansiedad *versus* la depresión, es que los individuos ansiosos dan un valor excesivo a las amenazas y a las pérdidas y se preocupan en exceso de estas amenazas basadas en una mínima evidencia. Así, el acontecimiento negativo precipitante que conduce a la ansiedad es, de forma típica, un acontecimiento que no ha ocurrido todavía, pero que le preocupa al individuo ansioso. Esto es opuesto a lo que sucede en los individuos que padecen depresión, que creen, de forma típica, que el acontecimiento ya ha ocurrido o que han experimentado realmente graves acontecimientos negativos y que, habitualmente, se culpan a sí mismos por estos acontecimientos. En los problemas de ira, hay un proceso similar al de la depresión, excepto que, de manera típica, el proceso implica cogniciones negativas (p.ej., culpa, resentimiento) que se dirigen hacia otras personas o circunstancias. La disfunción matrimonial es otra área en la que los patrones de atribución son críticos; es corriente ver a parejas de relaciones perturbadas vacilar entre atribuciones internas (es decir, culparse a uno mismo) y atribuciones externas (es decir, culpar al/a esposo/a) y parece ser que los problemas de atribución constituyen un rasgo crucial de los problemas matrimoniales (Jacobson y Holtzworth-Munroe, 1986; Beach y O'Leary, 1986).

Como se acaba de ver, el modelo cognitivo puede aplicarse a una serie de problemas disfuncionales. Sin embargo, existe todo un conjunto de cuestiones sin resolver sobre las causas de la disfunción que constituyen también temas pendientes para la terapia cognitiva.

Uno de los problemas potenciales sobre la validación de los modelos cognitivos sobre las disfunciones se debe a que el campo puede no tener todavía medidas válidas de los factores teóricos de vulnerabilidad cognitiva (Shaw y Dobson, 1981; Segal y Shaw, 1988). Aunque parece que la mayoría de las medidas de evaluación cognitiva se corresponden con el problema para el que fueron diseñadas, ha resultado más difícil establecer evidencia de la validez predictiva previamente a estos problemas. Claramente se necesitan esfuerzos continuos para buscar factores de vulnerabilidad cognitiva (Segal, 1988; Segal y Shaw, 1988).

Otra dificultad de las formulaciones cognitivas sobre las disfunciones tiene que ver con la naturaleza general de los esquemas, las creencias y las actitudes preexistentes. Al igual que es difícil especificar con gran detalle cuál es el contenido de estos factores de vulnerabilidad, también es difícil intentar especificar su origen. No está claro, por ejemplo, en qué grado estos factores de vulnerabilidad constituyen el resultado de la predisposición genética, las primeras experiencias o el modelado de los padres. En la medida en que seamos capaces de evaluar los factores de vulnerabilidad cognitiva, será importante para la investigación futura identificar los aspectos del desarrollo que han conducido a la formulación de estos factores.

Finalmente, una de las áreas que se ha estudiado poco con respecto a las formulaciones cognitivas sobre las disfunciones es el papel de los mismos sucesos de la vida. Aunque se ha reconocido explícitamente que son necesarias las experiencias negativas para el desarrollo de las disfunciones (Beck y cols., 1979; Brown y Harris, 1978; DeRubeis y Beck, 1988; Krantz, 1985), se ha prestado, sorprendentemente, poca atención a la naturaleza de estos acontecimientos (como excepción ver Kuiper, Olinger y MacDonald, 1988; Olinger, Kuiper y Shaw, 1987). Aunque se están empezando a investigar los efectos más específicos de ciertos tipos de experiencias vitales (Whittall y Dobson, 1989), se necesitan claramente más estudios sobre los acontecimientos de la vida y sus efectos.

II.2. *El producto de la disfunción*

Al igual que el modelo cognitivo sobre las disfunciones no es puramente cognitivo, también hay un reconocimiento de que los productos de la disfunción no son tampoco puramente cognitivos. Los modelos modernos de la disfunción y de la psicopatología son de naturaleza multidimensional (American Psychiatric Association, 1987) y los teóricos y terapeutas cognitivos reconocen que no se puede describir la disfunción de forma restringida. Todos los manuales de tratamiento de terapia cognitiva (Beck y cols., 1979; Beck y Emery, 1985; Beck, 1988; Sank y Schafer, 1980; Yost, Beutler, Corbishley y Allender, 1988) afirman que existe la necesidad de una amplia evaluación de las personas que padecen trastornos, no sólo para determinar las dificultades del paciente, sino también para guiar el plan de tratamiento.

Otra señal del reconocimiento de la naturaleza multidimensional de la disfunción se puede encontrar en la literatura sobre la investigación de los resultados. Hasta la fecha, todos los estudios sobre la terapia cognitiva evalúan los resultados a lo largo de una serie de dimensiones, que incluyen el cambio cognitivo, conductual y afectivo. Aunque el modelo supone que la fuente de la perturbación se refiere a procesos cognitivos negativos (ver figura 21.1), reconoce también el hecho de que las señales y los síntomas de la perturbación no son únicamente cognitivos. De este modo, la evaluación de los resultados es siempre multidimensional. De manera similar, el éxito del tratamiento se basa en una evaluación multidimensional. Un terapeuta cognitivo, por ejemplo, no estaría satisfecho si, al tratar a una persona que sufre una soledad profunda, las cogniciones del paciente se trasformasen en las de una persona que no está aislada y ansiosa socialmente, pero su conducta no cambiase. Igualmente, los terapeutas cognitivos considerarían incompleto un programa de tratamiento, para un paciente deprimido, si las cogniciones y la conducta hubieran mejorado, pero siguiese experimentando un estado de ánimo profundamente negativo. En resumen, aunque el modelo cognitivo afirma que el mecanismo principal por medio del cual se desarrolla la disfunción es a través del sistema de valoración cognitiva (ver también Lazarus y Folkman, 1984, para una explicación similar), reconoce también el hecho de que la disfunción es un concepto multidimensional y que la evaluación necesita, por consiguiente, un enfoque multidimensional de la persona bajo consideración.

II.3. *El tratamiento de la disfunción*

La terapia cognitiva enfatiza la identificación y modificación de los procesos y patrones cognitivos que son disfuncionales (Beck, 1976; Beck y cols., 1979). Quizás uno de los mayores logros de la terapia cognitiva sea el desarrollo de un gran número de técnicas terapéuticas orientadas específicamente a la modificación de los pensamientos disfuncionales automáticos y de las distorsiones cognitivas (Dobson y Shaw, 1988; McMullin, 1986). Otro logro importante de este enfoque de tratamiento es el hecho de que se han establecido también procedimientos sistemáticos para evaluar los esquemas, suposiciones y actitudes a largo plazo, añadiéndose, por lo tanto, al conjunto de instrumentos que pueden utilizar los clínicos cuando se encuentren indicadas este tipo de intervenciones terapéuticas.

El hecho de que la terapia cognitiva se centre en la cognición, no debería llevar a la conclusión de que las terapias cognitivas se preocupan únicamente del cambio cognitivo. Al igual que el modelo cognitivo de la disfunción supone que hay relaciones recíprocas entre el afecto, la conducta y la cognición, la terapia también intenta producir un cambio en estas tres áreas. Por ejemplo, en las primeras etapas para el tratamiento de la depresión, algunas de las técnicas se centran, en gran medida, en el cambio conductual y ponen menos énfasis en el cambio cognitivo. La programación de actividades que proporcionen satisfacción al paciente, por ejemplo, tiene el propósito de hacer que el individuo esté más activo y se implique más en su ambiente. Al mismo tiempo, debería observarse que el cambio conductual no se inicia solo. Incluso en la programación de acontecimientos, el terapeuta conoce las actitudes que mantiene el individuo, de modo que puede escoger actividades que se unan a estas actitudes con el fin de crear el mayor efecto antidepresivo. En otros casos, como, por ejemplo, el tratamiento de los trastornos de ansiedad, hay técnicas que implican el experimentar el afecto asociado con la ansiedad, con el fin de enseñar al individuo cómo son esas experiencias y que se dé cuenta de que pueden no ser tan abrumadoras como presupone (Beck y Emery, 1985). En dicho caso, aunque la técnica de terapia implica el empleo terapéutico de una experiencia afectiva, la técnica no es, de nuevo, exclusivamente afectiva, sino que necesita también cierta valoración de ese afecto, como una forma de lograr un beneficio terapéutico. En resumen, aunque la terapia cognitiva se centra básicamente en la cognición —tanto a nivel de pensamientos específicos como de creencias y actitudes más generales—, las técnicas de tratamiento utilizadas para producir cambios cognitivos no son exclusivamente de carácter racional o cognitivo. Muchas técnicas implican cambios conductuales o experiencias afectivas que, más tarde, pueden ser entendidas por el paciente de una manera nueva o integradora.

III. TÉCNICAS DE TERAPIA COGNITIVA

El siguiente apartado proporciona una revisión de las técnicas empleadas en la terapia cognitiva (Beck y Emery, 1985; Beck y cols., 1979). Se presentará el curso general de la terapia y las técnicas principales, poniendo énfasis sobre los síntomas depresivos, a los que seguirán aspectos especiales de los trastornos de ansiedad.

III.1. *Los principios directrices de la terapia cognitiva*

El terapeuta cognitivo adopta como un principio directriz, a lo largo de toda la terapia, la idea de que *la manera en que los pacientes perciben y, en consecuencia, estructuran el mundo es lo que determina sus emociones y su conducta* (Beck, 1976). El papel del terapeuta consiste en ayudar a los pacientes a darse cuenta de sus cogniciones y de cómo éstas median su afecto y su conducta. En la investigación de los tres componentes de la cognición, el afecto y la conducta, el terapeuta intenta responder a la siguiente pregunta: «¿Cuáles son los sentimientos y los pensamientos de esta persona, aquí y ahora, y cómo se relacionan mutuamente para producir una conducta determinada?». Las principales técnicas, que serán descritas posteriormente con más detalle, implican:

— la *autoobservación*, para aumentar el darse cuenta de los mecanismos psicológicos que están funcionando.

— la *identificación* de los lazos entre la cognición, el afecto y la conducta.

— el *examen de la evidencia* a favor y en contra de los pensamientos automáticos con el fin de sustituirlos por otros más funcionales.

— *llevar a cabo «experimentos»* para comprobar los pensamientos automáticos.

— la *determinación* de las principales *actitudes disfuncionales* que están operando, basándose en los pensamientos automáticos identificados, y que predisponen a una persona a distorsionar las experiencias.

El instrumento más importante de que disponen los terapeutas son *las preguntas.* El preguntar de forma adecuada es esencial para obtener una imagen no sesgada de las circunstancias que rodean al paciente, con el fin de desarrollar empatía y llegar a una conceptualización específica y concreta del problema del paciente. Las preguntas deberían utilizarse para clarificar el significado de las verbalizaciones del paciente, de modo que se eviten los malentendidos. Por ejemplo, el terapeuta puede preguntar, «¿Qué quiere decir exactamente con "Me siento confuso"?» o «¿Qué imágenes y pensamientos le pasan por la cabeza cuando piensa que tiene que hablar ante la clase?». Cuando se examina la evidencia de las cogniciones del paciente, las preguntas son normalmente más eficaces que la refutación directa de los argumentos de dicho individuo. Sin embargo, el terapeuta debería tener cuidado en no disparar rápidamente una pregunta tras otra a los pacientes, ya que éstos pueden sentirse abrumados o atacados. El ataque principal del enfoque socrático consiste en dejar que los pacientes integren un cuidadoso interrogatorio sobre sus cogniciones con su propio monólogo interno con el fin de comprobar si están siendo realistas. Para lograr esto, el terapeuta actúa como un modelo que está más activo al comienzo de la terapia y que, gradualmente, se vuelve más pasivo conforme los pacientes van aprendiendo a hacerse preguntas.

El *momento adecuado de las intervenciones* es importante. Por ejemplo, antes de adelantar una hipótesis sobre lo que constituye una cognición disfuncional fundamental del paciente, el terapeuta debería esperar hasta que tenga suficiente información y luego presentarlo cuidadosamente como una hipótesis que se tiene que comprobar. De hecho, puede ser más eficaz cuando los pacientes presentan ellos mismos la hipótesis, puesto que esto les proporciona un mayor control sobre su propio progreso.

Finalmente, es esencial obtener *retroalimentación de los pacientes* para examinar su interpretación de las intervenciones del terapeuta. Por ejemplo, los pacientes deprimidos construyen a menudo ciertas hipótesis sobre sus cogniciones, como el rechazo o la crítica, pero puede que no lo digan abiertamente. Si el terapeuta quiere evitar el seguir a ciegas con la terapia, tiene que preguntar sobre las percepciones del paciente a lo largo de la misma.

En resumen, los principios directrices en la aplicación de las técnicas de la terapia cognitiva comprenden el *empleo de preguntas al modo socrático, el ser sensibles a los momentos oportunos y el provocar retroalimentación.*

III.2. *La primera entrevista*

Se deberían alcanzar tres objetivos durante la primera entrevista: *una validación de la experiencia del paciente, una explicación de la naturaleza de la terapia cognitiva* y *el comienzo de la evaluación del problema.*

Con el fin de que los pacientes consideren seriamente lo que el terapeuta tiene que ofrecerles, deben sentir primero que se les toma en serio. Muy a menudo, la familia y los amigos de los pacientes deprimidos les dicen que «las cosas no van tan mal después de todo» o que «las cosas se solucionarán poco a poco». Por esta razón, puede que les sea de alivio el hablar con alguien que acepte que sus sentimientos son válidos. El terapeuta permite y acepta la expresión de los sentimientos sin intentar negarlos o suprimirlos; creyendo al paciente, el terapeuta muestra que le comprende y de esta manera empieza a establecer una relación significativa. Una vez que los pacientes han contado su historia, pueden empezar a escuchar al terapeuta.

Antes de explicar el modelo cognitivo, se debería investigar el modelo personal del paciente sobre su(s) problema(s). Por ejemplo, algunos pacientes pueden creer que su trastorno es estrictamente genético y, en consecuencia, sentirse totalmente indefensos; otros pueden pensar que se debe al estrés de su trabajo y se centran únicamente en ese aspecto. Es importante saber cuál es la explicación del paciente y disipar cualquier mito o concepto erróneo que pueda tener.

La explicación que se da de la terapia cognitiva depende de los propios modelos de los pacientes y de su nivel de sofisticación. El terapeuta debería adaptar su nivel de explicación al estilo del paciente. En la explicación, se describen los siguientes puntos:

— la relación existente entre la cognición, el afecto y la conducta (poner un ejemplo).
— centrarse en el aquí y ahora.
— el carácter de «limitada en el tiempo» de la terapia
— la inclusión de tareas para casa y la participación activa del paciente.
— dependiendo del interés del paciente, se pueden citar algunos resultados de la investigación sobre la terapia cognitiva.

La primera entrevista debería finalizar con la asignación de una tarea de autoobservación, con el fin de obtener datos de línea base. Esta tarea es esencial para proporcionar más tarde evidencia del progreso del paciente, ya que ello ofrece un punto de comparación. Si hay tiempo, el terapeuta empezará con la evaluación del problema.

III.3. *La evaluación del problema*

La primera parte de la evaluación consiste en la recogida de una historia de vida completa, un proceso por medio del cual el terapeuta desarrolla una comprensión del paciente y obtiene información sobre los acontecimientos, circunstancias o enfermedades significativas. Por la misma razón, los pacientes tienen una oportunidad de estar más cómodos con su terapeuta.

La evaluación tiene que contestar determinadas preguntas, que pueden tener repercusiones dramáticas sobre el tratamiento inmediato del paciente:

— ¿Ha tenido intentos de suicidio el paciente?
— ¿Es un individuo psicótico?
— ¿Cuál es el diagnóstico del paciente?

Debería investigarse el origen y el curso de cada problema, así como todos los tratamientos previos recibidos y la medicación que toma (la prescrita y la no prescrita). Se deberían examinar las situaciones en las que es más probable que ocurra el problema, así como las cogniciones que tienen lugar antes, durante y después del acontecimiento. Se debería hablar sobre los elementos moduladores, es decir, lo que hace que el problema mejore o empeore, al igual que sobre las consecuencias del problema, como, p.ej., la conducta de evitación. Algunos pacientes pueden tener dificultades para recordar con precisión cómo ocurre un episodio típico de su problema y para descomponerlo según la secuencia situación-moduladores-cogniciones-sentimientos-conducta-consecuencias; en estos casos, puede ser útil pedir al paciente que recuerde la experiencia más reciente donde tuvo lugar el problema. Además, con el fin de obtener datos más específicos sobre la ocurrencia del problema, se pide a los pacientes, después de la primera sesión, que observen un aspecto de su problema. Por ejemplo, una persona deprimida que cuenta que no hace nada en absoluto, debería llevar un diario durante la primera semana en el que registre, cada hora, todas las actividades que ha empezado, así como su estado de ánimo en una escala de 1 a 5. Estos diarios deberían moldearse individualmente a la situación de cada paciente.

Otras preguntas que son propias de la elaboración de la terapia cognitiva son:

— ¿Cuáles son las principales quejas del paciente y cómo pueden plasmarse en síntomas que sean la meta del tratamiento?
— ¿Cuáles son los objetivos del paciente?

Los pacientes son, frecuentemente, poco concretos en sus quejas principales. Por ejemplo, una persona deprimida puede afirmar simplemente que ya no puede hacer nada. Esta afirmación debería clarificarse especificando exactamente qué es lo que el paciente ya no puede hacer.

Debido a la misma naturaleza de la depresión, que implica una falta de motivación, los pacientes deprimidos a menudo tienen dificultades en el establecimiento de objetivos realistas y específicos para ellos mismos. Además, en cualquier trastorno, el problema de determinar los objetivos se encuentra agravado cuando la persona ha estado enferma durante un largo período de tiempo, de modo que ya no puede recordar cómo funcionaba cuando estaba mejor. Ciertas técnicas pueden contrarrestar la incapacidad para especificar los objetivos. Una de ellas es la *proyección en el tiempo,* por medio de la cual el paciente proyecta cómo quiere encontrarse dentro de dos o cinco años. Se pide a la persona que se imagine donde estaría, qué haría, cómo sería un día típico, etc. Esto puede hacerse con un estilo de conversación directo o bien se puede alentar al paciente para que se imagine a sí mismo, con los ojos cerrados, después de un período de relajación. Los aspectos cruciales para el establecimiento de objetivos son: el ser tan específicos como sea posible y el plantearse objetivos con distintos grados de dificultad, desde el levantarse por la mañana hasta el conseguir un trabajo, haciendo posible que el paciente obtenga algunos éxitos al comienzo de la terapia.

Frecuentemente se utilizan cuestionarios para evaluar las cogniciones que experimentan, en general, los pacientes (ver Hollon y Bemis, 1985; Hollon y Kendall, 1980; Rehm, 1985; Wilson, Spence y Kavanagh, 1989). El empleo de cuestionarios debería entenderse como la apertura de un área de evaluación. Los cuestionarios no son suficientes por sí solos; después de revisarlos, el terapeuta debería confirmar su contenido con la información directa del paciente.

Aunque las primeras sesiones de terapia se centran en aspectos de evaluación, debería tenerse en cuenta que la terapia cognitiva implica una vigilancia constante del progreso del paciente. La información es vital para poner en tela de juicio las creencias irracionales del paciente o simplemente para demostrar el progreso.

En resumen, se emplean técnicas de entrevista, cuestionarios y datos provenientes del autorregistro realizado por el paciente, con el fin de lograr los objetivos de la evaluación, que abarca el *obtener una historia de vida, el establecer la secuencia situación-moduladores-cogniciones-sentimientos-conducta-consecuencias y el plasmar las quejas principales en objetivos y síntomas a tratar.*

III.4. *La estructura de las sesiones siguientes*

Las sesiones de terapia cognitiva están estructuradas. Empiezan con una revisión de las tareas asignadas en la última semana, le siguen el establecer un orden para la presente sesión, el cubrir los objetivos de ésta y finalizar con una revisión y el establecimiento de tareas para casa.

Cuando entra el paciente, lo primero que se discute es la tarea para casa que llevaba asignada, lo que da idea de la importancia de dicha tarea. Es importante reforzar al paciente por intentar llevar a cabo las tareas, haya tenido éxito o no. ¿Qué ha aprendido el paciente de la tarea? ¿Había problemas? Si los había, ¿por qué ocurrieron? Aunque el contestar a esta última pregunta puede llevar un tiempo considerable, puede también proporcionar información importante. Por ejemplo, una mujer deprimida había dejado de ir al cine con su marido, una actividad con la que solía disfrutar. Como tarea para casa se le asignó el ir al cine esa semana con su marido. Fue incapaz de llevar a cabo dicha tarea y, después de seguir haciéndole preguntas, se hizo aparente que durante los últimos meses había desarrollado problemas de comunicación muy serios con su marido y era incapaz de pedirle que la acompañase al cine.

Luego, el terapeuta presenta al paciente el orden del día de la presente sesión. Si el paciente no está de acuerdo con el orden del día, o tiene un problema acuciante, debería plantearse una discusión hasta que se alcanzase un acuerdo mutuo sobre el orden del día. Conforme progresa la terapia, el terapeuta se implica cada vez menos en el establecimiento del orden del día y alienta al paciente para que gradualmente vaya tomando la responsabilidad de ambos.

Como se ha señalado antes, las intervenciones reales de la terapia cognitiva son concretas y específicas, y donde las preguntas, el saber escoger los momentos oportunos y la retroalimentación son esenciales. Las tareas para casa deberían surgir, de forma natural, de las cuestiones discutidas en la sesión y deberían tener un determinado grado de dificultad, de modo que fuera posible que el paciente tuviera algunas experiencias con éxito. Para cada tarea, el terapeuta proporciona una explicación razonada. Anticipa los problemas que puede tener el paciente al llevarla a cabo y discute con él las posibles soluciones ante estos reveses.

Las tareas pueden dividirse a grandes rasgos en dos categorías: los experimentos y la evaluación continua. *El propósito de los experimentos es el comprobar determinadas cogniciones;* se hablará más ampliamente de ellos en el apartado que trata sobre las técnicas cognitivas. *La evaluación continua consiste en el autorregistro de los síntomas, actividades, estado de ánimo, ansiedad, etc.*, cuyo carácter depende del problema objetivo de tratamiento.

Se pueden obtener evaluaciones de ciertas creencias de forma periódica, o bien antes o después de determinados acontecimientos disparadores. También se pueden emplear cuestionarios para examinar la fortaleza de ciertas cogniciones.

Algunos procedimientos y un equipo audiovisual básico pueden ayudar a comunicar ciertas ideas de forma más eficaz. El grabar las sesiones puede ser beneficioso para pacientes que tienen problemas de atención y memoria, ya que permite que se repasen sesiones anteriores. También puede ser un medio para aumentar el darse cuenta y puede hacer que la naturaleza irracional de algunas de las cogniciones de los pacientes sea más evidente. Las hojas informativas pueden servir como eficaces elementos de recuerdo de ciertas ideas presentadas, así como de elementos de ayuda.

III.5. *Técnicas conductuales*

A menudo se utilizan técnicas conductuales junto a las técnicas cognitivas. Sin embargo, con pacientes muy deprimidos, las técnicas conductuales pueden ser, en principio, la única vía de cambio, puesto que sus capacidades para el pensamiento abstracto y para verbalizar sus pensamientos pueden estar extremadamente limitadas. En estos casos, las intervenciones conductuales suelen ser eficaces para demostrar a los pacientes que no son débiles, incompetentes o inútiles.

III.5.1. Programación de actividades

La programación de actividades consiste en planificar actividades a realizar, bien de vez en cuando o bien cada hora. El propósito de esta técnica es el contrarrestar cogniciones comunes como, «Ya no hago nada». Su objetivo es proporcionar al paciente cierta sensación de eficacia y de control. El *Pleasant Events Schedule* [Inventario de Actividades Agradables] (MacPhillamy y Lewinsohn, 1971) puede proporcionar algunas ideas sobre qué actividades podrían planificarse, ya que los pacientes deprimidos pueden haber olvidado aquello con lo que solían disfrutar. Si el paciente afirma que inevitablemente pasará cierto tiempo dándole vueltas a pensamientos depresivos, se puede designar una determinada hora al día para este propósito. La técnica puede tener un efecto paradójico ya que el paciente, que «se supone se tiene que sentir deprimido», puede realmente reaccionar contra ello. Una vez que está resuelto el aspecto de la planificación, la tarea del paciente consiste en registrar sus actividades cada hora. El terapeuta debería anticipar y preparar al paciente ante los reveses, señalando que nadie realiza siempre todo lo que planifica y que simplemente el intentar llevar a cabo cualquier actividad planeada debería considerarse como un éxito.

III.5.2. Evaluación de la destreza y del placer

Para cada actividad que se planifique, se pide a los pacientes que evalúen en una escala (p.ej., de 100 puntos) el grado en el que piensan que han dominado la tarea y también el grado en que han disfrutado de ella. Estas dos evaluaciones son independientes, puesto que el paciente puede haber disfrutado al hacer algo, a pesar del hecho de que no lo hizo tan bien como solía hacerlo. El propósito de esta tarea es contrarrestar la cognición, «Ya nada me divierte», y reconocer que el placer y la destreza no son fenómenos dicotómicos. Además, apunta hacia ciertos lazos entre situaciones y sentimientos, que pueden haber pasado desapercibidos durante la evaluación normal. Por ejemplo, puede hacerse aparente que lo que más le gusta a un paciente es ver a amigos íntimos y que esta actividad alivia sus sentimientos de depresión.

Algunos pacientes creen que no tienen derecho a nada placentero mientras tengan la sensación de no haber hecho nada. Se sienten culpables si planifican actividades agradables, a pesar de que puede ser precisamente la implicación en estas actividades lo que les proporcionará la suficiente energía para realizar aquellas tareas que piensan que «tienen que hacer». Antes de empezar con un programa de actividades y con la destreza y el placer, sería conveniente explorar esa creencia con el paciente. Como experimento, se le podría pedir a éste que planificase una actividad de recreo durante el día y examinase si le ayuda a llevar a cabo la tarea menos reforzante.

III.5.3. Ensayo cognitivo

Para lograr ciertos objetivos, como el arreglar su despacho, los pacientes pueden imaginarse a sí mismos pasando por cada fase de la tarea de un modo sistemático y focalizado. De esta manera, la tarea se puede descomponer en pasos manejables, lo que hace posible anticipar obstáculos y, lo que es más importante, da al paciente la sensación de que es posible llevar a cabo la tarea.

III.5.4. Entrenamiento asertivo

No es raro que los pacientes, tanto si padecen depresión como si padecen ansiedad, muestren déficit conductuales en asertividad o habilidades sociales. La gravedad de los déficit determina, por supuesto, hasta qué punto el tratamiento debería centrarse en estos componentes. El entrenamiento asertivo (Caballo, este volumen; Rimm y Masters, 1979) implica la identificación de las situaciones problema seguido por el modelado de respuestas más apropiadas y eficaces, por parte del terapeuta, mientras el paciente representa a la persona con la que tiene problemas. El entrenamiento del paciente en las nuevas respuestas conductuales implica que el terapeuta represente el papel de la persona con la que tiene problemas el paciente y éste practique sus propias respuestas. Todo esto se puede hacer para cada situación problemática, empezando con la menos amenazante. Cuando el paciente ya se siente tranquilo representando la situación, se le asigna la tarea de comportarse asertivamente durante los días que sigúen a la sesión.

III.5.5. Representación de papeles

La representación de papeles puede aplicarse no sólo a situaciones que requieren una respuesta asertiva, sino también a situaciones que requieren otras habilidades sociales (Spence y Shepherd, 1983), como el pedir una cita, el hablar en público o el educar a los hijos (Forehand y McMahon, 1981). De nuevo, es importante asegurarse que el paciente tendrá cierto éxito con la tarea. Esto es crucial en el área del entrenamiento en habilidades de cualquier clase, puesto que a menudo son de carácter interpersonal y el fracaso puede tener un efecto negativo profundo sobre el paciente. En otras palabras, salvo que el terapeuta estuviera seguro de que la tarea se llevará a cabo con éxito fuera de la terapia, debería ponerse de acuerdo con el paciente para que esperara antes de intentar las habilidades en vivo.

III.6. *Técnicas cognitivas*

La teoría cognitiva de Beck defiende que los sentimientos negativos son una consecuencia de los pensamientos automáticos negativos, o valoraciones poco realistas de los acontecimientos, que provienen de errores cognitivos como la generalización excesiva, la abstracción selectiva, el pensamiento dicotómico absolutista, etc. Los pensamientos automáticos provienen de actitudes más centrales y ampliamente disfuncionales. Mientras que se puede acceder a los pensamientos automáticos conscientemente, las actitudes disfuncionales tienen un carácter más profundo y pueden determinarse solamente a partir de un patrón de pensamientos automáticos. Estos elementos de la terapia cognitiva deberían explicarse al paciente cuando se le instruya sobre la misma.

III.6.1. El registro diario de los pensamientos disfuncionales

Se puede enseñar a los pacientes a autorregistrar sus cogniciones con el «registro diario de pensamientos disfuncionales» *(Daily record of dysfunctional thoughts)* (ver cuadro 21.1). La observación y el registro de los pensamientos aumentará el darse cuenta por parte del paciente sobre el «flujo de pensamientos» y el desfile de imágenes que influyen sobre sus sentimientos y su conducta. Debería registrarse la situación, el texto exacto del pensamiento y los sentimientos. Es importante desarrollar, junto con el paciente, un ejemplo concreto del autorregistro de las cogniciones, considerando un acontecimiento reciente. Por ejemplo, durante una reunión de trabajo *(situación)*, una mujer se dice a sí misma, «Nunca me escuchan cuando tengo algo que decir porque piensan que soy incompetente» *(pensamiento)* y se siente frustrada y deprimida *(sentimientos)*. Si un paciente no sabe poner un ejemplo, se le puede preguntar cuáles eran sus pensamientos y sus imágenes justo antes de su primera sesión de terapia, una ocasión que probablemente produzca pensamientos ansiosos o depresivos.

Aunque siempre es más efectivo registrar las cogniciones inmediatamente después de que hayan ocurrido, a veces es imposible hacerlo. Por consiguiente, los pacientes puede dedicar cierto tiempo a lo largo del día o al final de él, para repasar sus pensamientos y sentimientos y las situaciones en las que surgieron. Basándose en el autorregistro de los pensamientos automáticos, el terapeuta y el paciente pueden trabajar juntos para identificar las situaciones que disparan los pensamientos automáticos negativos y descubrir los lazos entre cognición y emoción. Dicho autorregistro puede permitir también identificar ciertos momentos del día que son particularmente problemáticos y diseñar algunos planes de afrontamiento. Por ejemplo, un hombre se despierta a las 5:00 de la mañana y empieza a darle vueltas a la cabeza sobre la relación que ha perdido, sintiéndose culpable y deprimido por ello y pensando que su vida ya no tiene sentido. Se levanta sobre las 8:30, sintiéndose abatido. Puesto que las primeras horas de la mañana parecen constituir un momento particularmente difícil para este hombre, se le alienta para que pasee a su perro en esos momentos y que más tarde desayune en una cafetería cercana.

El siguiente paso conlleva la refutación de los pensamientos automáticos empleando varias técnicas cognitivas.

CUADRO 21.1. *Hoja de autorregistro empleada en la terapia cognitiva* (adaptada de Beck y cols., 1979, 1985)

REGISTRO DIARIO DE PENSAMIENTOS DISFUNCIONALES

Fecha	*Situación*	*Emoción(es)*	*Pensamiento(s) automático(s)*	*Distorsion(es) cognitiva(s)*	*Respuesta(s) racional(es)*	*Resultado*
	1. El acontecimiento que motivó la emoción desagradable, o 2. La corriente de pensamientos o el recuerdo que motivó la emoción desagradable	1. Especifique triste, enfadado, ansioso, etc. 2. Evalúe la intensidad de la emoción de 1 a 100	1. Anote el pensamiento o pensamientos automáticos que preceden a la emoción o emociones 2. Evalúe el grado de creencia en los pensamientos automáticos, de 0 a 100	1. Identifique la(s) distorsión(es) presente(s) en cada pensamiento automático 2. ¿De qué manera estoy personalizando, abstrayendo selectivamente, minimizando, etc.?	1. Anote respuesta(s) racional(es) al(os) pensamiento(s) automático(s), de 0 a 100 2. Evalúe el grado de creencia en la respuesta racional, de 0 a 100	1. Vuelva a evaluar el grado de creencia en los pensamientos automáticos, de 0 a 100 2. Especifique y evalúe de 0 al 100 las emociones que le siguen

III.6.2. Comprobación de la realidad

Esta técnica intenta provocar una descripción precisa de una situación, al considerar la información de los hechos reales. Preguntas que llevan a la *comprobación de la realidad* son:

¿Qué evidencia tengo de este pensamiento?
¿Existe una forma alternativa de contemplar la situación?
¿Hay alguna explicación alternativa?
¿Estás olvidando hechos relevantes o centrándote excesivamente en hechos irrelevantes?
¿Necesito recoger más evidencia sobre la realidad de este pensamiento?

La comprobación de la realidad ayuda a que el paciente obtenga una perspectiva más realista de los acontecimientos. Después de un examen más detenido, la percepción, por parte de la mujer, de que nadie la escuchaba en las reuniones, puede atribuirse racionalmente al hecho de que nadie escucha a los demás y todo el mundo habla a la vez durante los primeros 5 minutos de la reunión.

Es muy importante que el terapeuta determine hasta qué punto las preocupaciones del paciente son realistas, con el fin de evitar experiencias de fracaso y que el paciente sienta que se le toma en serio. Es posible que la preocupación de una persona sobre una situación determinada esté justificada. Por ejemplo, durante sus reuniones, la mujer podría hablar realmente en voz tan baja y tímida que nadie se siente inclinado a escucharla. En ese caso, el terapeuta debería intentar desarrollar respuestas de afrontamiento por medio del entrenamiento en habilidades y de la solución de problemas, de los que se hablará más tarde.

III.6.3. Técnicas de reatribución

En vez de atribuir todos los fracasos a una causa, el paciente explora y considera otras causas posibles. El objetivo no es quitarle toda la responsabilidad al paciente, sino identificar otros factores que estén implicados. Preguntas que se emplean a menudo en esta técnica son:

¿Qué pensaría otra persona sobre la situación?

¿Estás sobrestimando el grado de responsabilidad que tienes en que las cosas marchen de la forma que lo hacen?

¿Estás sobrestimando el grado de control que tienes sobre la manera en que funcionan las cosas?

III.6.4. Solución de problemas

Existen muchas referencias excelentes que proporcionan una descripción detallada del enfoque de solución de problemas (D'Zurilla, 1986; D'Zurilla y Nezu, 1982; Goldfried y Davison, 1976; Nezu y Nezu, este volumen; Sobel y Worden, 1981), que constituye un tipo de terapia por sí mismo. Por lo tanto, aquí sólo se revisará brevemente.

La solución de problemas puede dividirse en los pasos siguientes: el primer paso implica una definición clara del problema. En segundo lugar, se emplea un enfoque de *torbellino de ideas* para provocar en el paciente tantas soluciones no censuradas como sea posible, independientemente de que sean factibles o no, razonables o no, eficaces o no. La evaluación de las soluciones propuestas se lleva a cabo en la siguiente fase de la solución de problemas, donde se examinan cuidadosamente las ventajas y las desventajas de cada solución. Después de la fase de evaluación, el paciente escoge una solución y planifica cómo llevarla a cabo. Una vez que el paciente ha intentado la solución, el terapeuta y el paciente discuten el grado de eficacia que tuvo, si necesita cambios o si se debería intentar otra solución. Si se sugiere una nueva solución, también se evaluará posteriormente su eficacia.

III.6.5. El diseño de experimentos

La gente que sufre depresión a menudo no se siente capaz de reasumir actividades que, normalmente, era capaz de hacer, o de intentar otras nuevas. Su apatía está motivada a menudo por pensamientos automáticos autoderrotistas, como, «Ya no puedo redactar la comunicación trimestral, así que por qué lo voy a intentar» o «No tengo la energía necesaria para hacer ninguna tarea». En vez de adoptar un estilo directivo, el terapeuta considera el intentar la actividad como un pequeño ejercicio — ¿cómo sabe el paciente que no puede hacer esas cosas si no lo intenta? El punto clave de esta intervención es, «¿Qué pierdes por intentarlo?». La idea es concebir la actividad como algo que se ha de intentar, con la actitud de «ver qué sucede». El paciente no debería sentir ninguna presión para que tuviera éxito en esa actividad, simplemente el intentarlo sería suficiente.

En la siguiente sesión, se discuten las reacciones del paciente respecto a la tarea — ¿lo intentó? ¿disfrutó? ¿hizo más de lo que se esperaba? ¿quiere intentarlo otra vez? etc.

III.6.6. Refutación con respuestas racionales

Todas las técnicas cognitivas anteriores tienen el objetivo común de desarrollar una respuesta razonable a los pensamientos automáticos negativos del paciente. Por consiguiente, éste incorpora a su registro diario de pensamientos disfuncionales (ver cuadro 21.1) una nueva columna dedicada a recoger las respuestas racionales. Por ejemplo, un paciente puede experimentar depresión *(sentimiento)* los viernes por la noche cuando no tiene planeada ninguna salida *(situación)* y piensa, «Nadie me llama porque nadie me quiere y por lo tanto pasaré una noche fatal» *(pensamiento)*. Puede refutar los pensamientos disfuncionales de la siguiente manera, «Realmente salí anoche con mi amigo Roberto *(comprobación de la realidad)*, con quien tengo una íntima amistad; una razón por la que nadie me llamó es que muchos de mis amigos están estudiando por exámenes en esta época *(reatribución)*, y si intentara hacer algo interesante como el leer un buen libro o el escribir una carta podría pasar una noche agradable *(experimentación)*». Estas respuestas racionales se desarrollan al principio junto con el terapeuta, que gradualmente va cediendo cada vez más responsabilidad al paciente para que las construya.

III.7. *La modificación de las suposiciones disfuncionales*

Los pensamientos automáticos irracionales provienen de unas pocas suposiciones disfuncionales, que son crónicas y, a menudo, no están enunciadas. Ejemplos de suposiciones disfuncionales son, «Se supone que la vida tiene que ser justa» o «Si la gente no aprueba lo que hago, soy una persona sin valía». Los ejemplos expresados proporcionan una señal sobre la profundidad y la importancia de las suposiciones y de su papel como el núcleo de los errores cognitivos que llevan a un estado de ánimo negativo. Hay diferentes vías a través de las cuales el terapeuta puede descubrir las suposiciones. Cuando tiene alguna idea sobre lo que consisten, se las presenta al paciente como una hipótesis a considerar.

El contenido de los pensamientos automáticos incluye ciertos temas comunes que provienen de la misma suposición disfuncional. Los pensamientos automáticos pueden girar alrededor de un tema central como la *crítica de uno mismo*, llevando a una suposición como, «No puedo hacer nada de forma perfecta, por consiguiente no soy bueno» o la *dependencia*, «Si estoy solo significa que nadie me quiere».

También se puede atender a las clases de palabras que los pacientes emplean más frecuentemente. Por ejemplo, pueden calificarse a sí mismos o a otras personas como «estúpidos, tontos», etc., indicando una preocupación sobre cuestiones de competencia, o «cortés, amable, agradable» indicando posibles problemas con la asertividad y el enfrentamiento. Puede ser útil atender a las atribuciones del paciente sobre los demás; por ejemplo, un paciente puede decir, «Mi amiga es muy feliz porque tiene marido», lo que implica una cierta visión sobre lo que es necesario para ser feliz.

Una vez que el terapeuta piensa que ya tiene una idea clara sobre en qué consisten las suposiciones disfuncionales del paciente, debe de ser muy prudente con respecto a cómo formula la hipótesis y en qué momento. Por ejemplo, puede decir, «Teniendo en cuenta lo que me ha dicho, tengo la impresión de que se siente así con el fin de ser una persona amable, Vd. siempre necesita la aprobación de los demás ... ¿Me pregunto qué piensa sobre esto?».

Se deben discutir entonces las ventajas y desventajas de la suposición disfuncional. Las suposiciones a menudo toman la forma de una «regla», que contiene expresiones de *«deberías»* (p.ej., «Siempre debería hacer las cosas perfectamente»). Tomándolo como ejemplo, en el caso de «deberías» perfeccionistas, las ventajas son, normalmente, a corto plazo, cuando el paciente obtiene comentarios reforzantes de sus compañeros, amigos y familia sobre la calidad de sus realizaciones. Sin embargo, hay consecuencias negativas a largo plazo, del perfeccionismo, como el pasar demasiado tiempo en una tarea que no necesita ser perfecta, no intentar nunca nada nuevo por temor a no realizar el proyecto perfectamente, dedicar demasiado tiempo a una actividad y olvidarse de otras áreas de la vida como los amigos o la familia. Lo que es más importante, las personas que creen que siempre tienen que hacer las cosas perfectas no disfrutan de sus éxitos. Tampoco tienen la posibilidad de desarrollar una idea de lo que *quieren* hacer, puesto que sólo están preocupados por lo que *tienen que* hacer. Se puede atraer la atención sobre el hecho de que la perfección es un patrón muy difícil de definir y, a veces, imposible de lograr lo que, por consiguiente, convierte en imposible la sensación de éxito para una persona manifiestamente perfeccionista. Las ventajas y desventajas de abandonar una suposición disfuncional pueden escribirse en una hoja de papel, a dos columnas, con el fin de dotarlas de permanencia y objetividad. Sin embargo, es importante recordar al paciente (y al terapeuta) que no es la cantidad de contraargumentos lo que es importante, sino el hecho de si tienen poder, o no, para rebatir el sistema cognitivo del paciente.

Puesto que, a menudo, hay recompensas inmediatas por seguir la regla de la suposición (p.ej., la suposición «Siempre debería obtener la aprobación de todo el mundo» es recompensante cuando el paciente recibe alabanzas por su trabajo o creencias), los pacientes pueden tener profundos temores a abandonar la regla — ¿Qué sucederá si no obtengo la aprobación de todo el mundo? El terapeuta clarifica estos temores y se examinan las consecuencias de adoptar una nueva creencia más funcional. Para someter a prueba esos temores, se puede establecer una jerarquía de conductas que desafíen a la regla y que el paciente puede experimentar siguiendo dicha jerarquía.

Las suposiciones de las personas deprimidas a menudo se centran alrededor de temas específicos de perfeccionismo, en la obtención de la valía de uno mismo a partir de fuentes externas y en la visión del mundo de un modo dicotómico, es decir, o blanco o negro. El tema del perfeccionismo, que se ha discutido anteriormente, está íntimamente relacionado con la tendencia de los individuos deprimidos a confiar en fuentes externas de retroalimentación, como el desempeño en el trabajo o las opiniones de otras personas, para considerar que son individuos con valía. Sin embargo, con el fin de conseguir una sólida y permanente sensación de valía de uno mismo, el paciente debería quererse a sí mismo, independientemente de la retroalimentación externa.

La visión «blanco o negro» del mundo puede llevar al individuo deprimido a la suposición de que la felicidad es una dicotomía feliz/desgraciado, en vez de un continuo de felicidad que varía a lo largo de la vida de la persona, y que la gente, incluido uno mismo, es o totalmente feliz o totalmente desgraciado. Se debería alentar al paciente para que percibiese la felicidad, y la vida en general, de una manera más diferenciada, en términos de grados en vez de dicotomías. El identificar y rebatir las actitudes disfuncionales produce cambios profundos, que proporcionan al paciente una mejor protección contra las recaídas. Así, este componente de la terapia representa el núcleo de la terapia cognitiva.

IV. TERAPIA COGNITIVA PARA LOS TRASTORNOS DE ANSIEDAD

Los trastornos de ansiedad incluyen los trastornos de pánico, la agorafobia, las fobias y la ansiedad general. Todos los trastornos anteriores comparten rasgos comunes, en el sentido de que son interpretados como ansiedad o miedo. Aunque hay diferencias conceptuales entre ansiedad y miedo (Clark, 1989; Nietzel y Bernstein, 1985), siendo la ansiedad un trastorno emocional generalizado y el miedo una emoción aversiva provocada por un estímulo específico externo, no se ha encontrado que la distinción sea útil a la hora de diseñar un tratamiento. Puesto que la ansiedad puede ser producida por estímulos internos, como es el caso del pánico, la distinción entre miedo y ansiedad llega a ser irrelevante para propósitos de tratamiento.

Este apartado no se centrará en trastornos de ansiedad específicos, sino que intentará señalar los aspectos comunes entre ellos, relevantes para la terapia cognitiva (referencias más específicas se pueden encontrar en Barlow, 1988; Chambless y Goldstein, 1980). Se hablará de los aspectos más importantes encontrados en el sistema cognitivo de los pacientes ansiosos, seguido por un resumen de algunos aspectos de evaluación y por una breve descripción de las técnicas conductuales y cognitivas empleadas más frecuentemente con los síntomas de ansiedad.

IV.1. *Los aspectos cognitivos más importantes de la ansiedad*

Las cogniciones de los pacientes con ansiedad se centran alrededor de tres temas: aceptación, competencia y control (Beck y Emery, 1985), que comparten el hilo común de la *amenaza.*

Los aspectos de la *aceptación* se basan sobre el temor de que una persona no sea aceptable para los demás. El componente crucial de su sistema cognitivo es la creencia de que necesita la aceptación de todo el mundo con el fin de lograr el bienestar o la felicidad y que el rechazo representa una importante amenaza. La persona preocupada por la aceptación se encuentra excesivamente vigilante a las señales de rechazo y puede esperar también que todo el mundo le proporcione señales claras de aceptación. Suposiciones típicas incluyen: «La crítica significa rechazo personal», «No soy nada si no me quieren», «Tengo que agradar a los demás». Al igual que en el caso de los pacientes deprimidos, las respuestas racionales a las suposiciones se centran en el desarrollo de la valía de uno mismo, independientemente de las fuentes externas de aprobación.

El componente cognitivo central de los pacientes preocupados por la *competencia* es la creencia de que son inferiores debido a algún defecto que puede ser de carácter físico, que puede atribuirse a la inferioridad del intelecto o de la personalidad, o incluso a la raza o al sexo. Temen no ser capaces de realizar algunos trabajos o de asumir ciertas responsabilidades. Estos pacientes tienen la sensación de ser impostores o creen que no son lo suficientemente buenos para tener, por ejemplo, un trabajo determinado y viven con el temor de ser «descubiertos». Sus cogniciones automáticas conducen a menudo a una subestimación de sus capacidades y a una exageración de sus debilidades. Vigilan en exceso la amenaza de la crítica. Ejemplos de suposiciones típicas son: «Sólo existen ganadores y perdedores en esta vida» o «Si cometo una equivocación, fracasaré».

Las personas que temen *perder el control* se centran en la amenaza de los demás o en los acontecimientos que los dominan. Esta preocupación particular puede tomar muchas formas. Los pacientes, a menudo, temen perder el control y «volverse locos» o llegar a convertirse en los esclavos de una persona con autoridad. Normalmente atribuyen su ansiedad a estímulos externos, pero un examen más minucioso revela que no es la situación en sí misma lo que se teme (p.ej., una fiesta), sino la posible pérdida de control (p.ej., que tengan un ataque de pánico). También pueden interpretar muchas interacciones sociales como intentos de otras personas para controlarles (p.ej., «Mi jefe me invita a su chalet porque quiere que sienta que le debo algo»). Conductualmente, el temor a perder el control en un área puede manifestarse como un exceso de control en otra área; por ejemplo, una mujer que teme perder el control en su trabajo puede gastar toda su energía teniendo control sobre los temas referentes a la casa y a los niños. Suposiciones típicas incluyen: «Soy el único que puede solucionar mis problemas», «Si dejo que alguien se acerque demasiado, puede llegar a controlarme», «No puedo aguantar que los demás me digan lo que tengo que hacer». Estos pacientes muestran un deseo de un grado de control poco realista y, por esta razón, se benefician si estructuran su mundo no en términos de control sino, por el contrario, en términos de elecciones. Para hacer el cambio del control a la elección, la terapia se tiene que centrar en hacer que destaquen las opciones disponibles.

IV.2. *Aspectos de la evaluación*

Se pueden evaluar tres componentes de la fenomenología de la ansiedad: las señales fisiológicas de ansiedad, las manifestaciones conductuales y las cogniciones (Barlow, 1988; Nietzel y Bernstein, 1985; Wilson y cols., 1989). Un problema relacionado con la evaluación de la ansiedad es la falta de sincronía encontrada entre estas tres medidas, ya que una persona puede informar de una ansiedad extrema en una situación, sin mostrar ninguna manifestación conductual, o puede no informar ansiedad en otra situación, mientras que las medidas fisiológicas indican un elevado grado de ansiedad. De igual manera, los tres componentes de la ansiedad pueden cambiar con ritmos diferentes conforme progresa el tratamiento. Por consiguiente, al vigilar el progreso a lo largo de la terapia, es importante evaluar los tres componentes.

IV.3. *Técnicas conductuales*

Los individuos que padecen trastornos de ansiedad recurren a dos principales estrategias de respuesta, *conductas de evitación y conductas ritualizadas* (Beck y Emery, 1985), las cuales pueden tener profundos efectos sobre la vida de una persona. La respuesta de evitación es una retirada directa del estímulo temido, mientras que la conducta ritualizada (p.ej., tomarse la temperatura, fumar, comer) sirve al propósito de reducir temporalmente el nivel de ansiedad. El tratamiento correspondiente para la evitación es la aproximación, mientras que para la conducta ritualizada es la restricción. Técnicas específicas para alcanzar estos objetivos son las siguientes.

IV.3.1. Desensibilización sistemática

La aplicación más obvia de un tratamiento orientado hacia la aproximación es la desensibilización sistemática (Wolpe, 1973), en donde los pacientes construyen una jerarquía de las situaciones temidas y se imaginan a sí mismos en las distintas situaciones bajo un estado de relajación, un estado incompatible con el estado de ansiedad (ver Turner, este volumen). El terapeuta explica al paciente que el protegerse de una situación temida es autoderrotista, puesto que no existen oportunidades para probarse a uno mismo, de desarrollarse a través de nuevas experiencias. Puesto que el individuo nunca se encuentra con el estímulo temido, ¿cómo puede estar seguro de que no puede afrontarlo? Se debe alentar a las personas que padecen un trastorno de ansiedad para que experimenten y aprendan a través de la experimentación que su temor está mantenido por una ausencia de contacto con el estímulo temido. En los tratamientos basados en la aproximación, dos conceptos son de crucial importancia: la exposición gradual y la exposición en vivo al estímulo temido. La exposición gradual garantiza que el paciente no irá demasiado deprisa a lo largo de la jerarquía y evita experiencias de fracaso. La exposición en vivo es también un componente crítico del tratamiento basado en la aproximación, puesto que es una forma segura de acceder a las cogniciones cuando están «candentes» y representa la prueba definitiva de si el temor está o no justificado, de si el paciente piensa realmente que puede afrontarlo.

IV.3.2. El entrenamiento en relajación

Los dos métodos de relajación, la relajación muscular progresiva (Jacobson, 1938) y la relajación autógena (Luthe, 1963, 1969) son igual de aconsejables como parte de la desensibilización sistemática o como una parte independiente del tratamiento. La relajación progresiva consiste en tensar y relajar sucesivamente grupos específicos de músculos. El entrenamiento autógeno induce la relajación sugiriendo sensaciones de calor y pesadez en el cuerpo y puede decirse que, en cierto sentido, es más cognitiva que la relajación progresiva. Ambos tipos de relajación requieren de la práctica diaria. Pueden practicarse a horas fijas o como respuesta para afrontar el estímulo temido (ver Vera y Vila, en este volumen para una exposición más amplia de estos métodos).

IV.3.3. La distracción

Muchos pacientes ansiosos experimentan imágenes amenazantes recurrentes, bien un suceso pasado traumatizante o bien una escena imaginaria. Las imágenes pueden llevar a conductas ritualizadas o tener un efecto paralizante y, de este modo, necesitar ser «desconectadas». La distracción parece ser la técnica más eficaz en este asunto. Por ejemplo, se puede decir a los pacientes que se centren intensamente en algún objeto externo. La distracción puede tomar otras formas, como el ejercicio físico, el dedicarse a otra actividad (p.ej., trabajo manual) o incluso el hacer cuentas aritméticas mentales, como el contar hacia atrás de tres en tres. Puede ser útil emplear un «Termómetro de Miedo», antes y después del ejercicio de distracción, para vigilar de una manera más objetiva la reducción de la ansiedad.

IV.4. *Técnicas cognitivas*

Muchas técnicas cognitivas descritas en el apartado sobre la depresión pueden incluirse en el tratamiento de los trastornos de ansiedad. Sin embargo, algunas técnicas parecen estar especialmente indicadas para el tratamiento de los síntomas de ansiedad. Estos enfoques de tratamiento se agrupan en tres categorías principales: modificar la reacción afectiva a la ansiedad, descatastrofizar y desarrollar mecanismos de afrontamiento.

IV.4.1. La modificación del componente afectivo

Los pacientes que presentan trastornos de ansiedad a menudo tienen ansiedad a estar ansiosos. Actitudes comunes sobre la ansiedad incluyen: «La ansiedad no me deja funcionar, la ansiedad me hace perder el control, la ansiedad me vuelve loco». Los pacientes experimentan a menudo una elevada vergüenza a manifestar la ansiedad (Raimy, 1975) y exageran el grado en que otras personas a su alrededor se dan cuenta de sus síntomas. Lo que los pacientes temen es la ansiedad misma, provocada por una situación particular. Cuando este temor es muy importante, puede hacer que el paciente no intente experimentos personales en el transcurso de la terapia cognitiva.

Cuando los individuos presentan esa percepción tan catastrófica a encontrarse en un estado de ansiedad, el terapeuta puede animarles para que acepten las sensaciones de ansiedad como adaptativos. Al abandonar el control sobre sus sensaciones de ansiedad, los pacientes ven que son capaces de utilizar la ansiedad como una señal adaptativa. Al aceptar la ansiedad, el paciente hace que disminuya. Para aumentar la tolerancia a la ansiedad, los pacientes pueden empezar a incrementar gradualmente el tiempo que pasan sin dedicarse a conductas ritualizadas, como el fumar o el comer. También pueden emplear autoverbalizaciones como «Puedo hacerlo» o «No es tan malo como pensaba». La aceptación de las sensaciones de ansiedad no implica resignación de ninguna manera. Simplemente desdramatiza la experiencia de la ansiedad y libera al paciente para experimentar y ser más atrevido. En vez de convertir a los pacientes en individuos más pasivos, los hace más activos.

IV.4.2. Descatastrofizar

En las raíces de un temor, frecuentemente subyace una escena catastrófica (Clark, 1989). El terapeuta debería saber que los pacientes pueden estar muy indecisos para sacar a la luz su temor más profundo, especialmente cuando no está basado en una clara evidencia o es absurdo. Se puede tranquilizar a los pacientes diciéndoles que, de hecho, mucha gente que padece trastornos de ansiedad tiene pensamientos e imágenes extrañas sobre la peor situación o escena posibles. Normalmente, se le pregunta al paciente: «¿Qué es lo peor que puede suceder? ¿Cuáles son los pensamientos y las imágenes que pasan por su cabeza cuando piensa en la peor situación posible?». Si es apropiado, el terapeuta puede preguntar, «¿qué pasaría si ocurre lo que más teme?» o intentar determinar la probabilidad de que ocurra la situación.

Una vez que se identifica la escena catastrófica, es posible modificarla. Se puede emplear la *proyección en el tiempo* para descatastrofizar ciertos problemas. Esta técnica implica el proyectarse a sí mismo en el futuro para dar una perspectiva al paciente. Por ejemplo, se puede pedir a una persona que tiene miedo a una determinada operación que se imagine a sí misma dos meses después de la operación, cuando esté totalmente recuperada. El *descentrar* es otra técnica desarrollada para proporcionar contraargumentos a la creencia de que uno es el centro de la atención de los demás. Esta técnica es análoga a la *comprobación de la realidad*, pero tiene un objetivo más definido que consiste en darse cuenta de que uno no es el punto central de la atención. Utilizando otra técnica, el paciente puede recordar una experiencia anterior que sea similar a la temida en esos momentos. Se puede intentar retroceder a la primera experiencia y pedir al paciente que imagine lo que ve, los olores, los sonidos, de la situación original. A menudo surgen elementos similares entre las creencias subyacentes de la situación original y las creencias que motivan la situación catastrófica actual. Empleando el enfoque socrático típico, el terapeuta puede señalar las similitudes entre las dos situaciones, concebir una hipótesis sobre cómo se desarrollaron las creencias en un momento de la vida del paciente, cuando no podía evaluarlas adecuadamente, y subrayar las diferencias entre las dos situaciones, incluyendo las estrategias adultas de afrontamiento de las que el paciente dispone ahora.

IV.4.3. Estrategias de afrontamiento

La *imaginación dirigida* representa un mecanismo de afrontamiento potencialmente muy poderoso. El paciente puede imaginarse enfrentándose a la situación temida «como si» no estuviera ansioso. Inicialmente, el terapeuta puede ofrecer detalles del contenido de las imágenes para el afrontamiento. Si el paciente encuentra imposible imaginarse a sí mismo afrontando la situación, la imagen puede centrarse, en un principio, en otra persona que se enfrenta a la situación. Cuanto más rica en detalles, como sonidos, olores, colores, etc. sea la imagen, más absorbente será la técnica.

La *imaginación proyectada* implica el pedir al paciente que se imagine a sí mismo dónde quisiera estar y cómo le gustaría estar en una futura fecha determinada. Esta técnica sirve a dos propósitos: primero, para plantear objetivos realistas sobre los que el paciente pueda tener control y, segundo, para imaginarse un estado más deseable. El verse a sí mismo simplemente haciéndolo mejor, estando menos ansioso, hace que el paciente perciba este estado más a su alcance.

Dos elementos contribuyen a la eficacia del acto de imaginar: *la repetición y el emparejamiento de estímulos.* Cuanto más frecuentemente se ensaye la imagen positiva, más eficaz se vuelve. Además, se pueden emparejar ciertos estímulos con la imagen, como palabras («tranquilo»), colores («azul») o incluso eslóganes. Dichos estímulos se pueden incorporar a las autoverbalizaciones del paciente, bien en momentos específicos del día, como al levantarse por la mañana, o bien cuando se encuentra con una situación difícil.

V. LOS RESULTADOS DE LA TERAPIA COGNITIVA

Aunque limitaciones de espacio no permitirán una completa revisión de los resultados de la literatura sobre la terapia cognitiva, es importante señalar que, desde su origen, ha habido un notable esfuerzo de evaluación entre los individuos dedicados a esta área (p.ej., Baker y Wilson, 1985; Rush, Beck, Kovacs y Hollon, 1977; Shaw, 1977; Simons, Murphy, Levine y Wetzel, 1986). Basándose en la tradición empírica de la terapia de conducta, los terapeutas cognitivos han sacado provecho al documentar el resultado de su práctica terapéutica.

El resultado de la terapia cognitiva para la depresión ha sido revisado en diversas publicaciones (Beck y cols., 1979; DeRubeis y Beck, 1988; Dobson, 1989a; Williams, 1984; 1986). En general, las revisiones de los estudios de investigación muestran que aunque algunas de las investigaciones son problemáticas, desde una perspectiva metodológica (Williams, 1984), el patrón general de resultados es positivo (Dobson, 1989a). En un reciente metaanálisis de los resultados de la terapia cognitiva para la depresión (Dobson, 1989a), se mostró que el tamaño del efecto medio para la terapia cognitiva era superior a cualquier otra de las condiciones de terapia con las que se comparaba. Así, empleando el Inventario de Depresión de Beck como medida de los resultados, el estudio anterior mostró que, comparado con una lista de espera o con condiciones de control sin tratamiento, el paciente medio de la terapia cognitiva mejoró más que el 98% de los sujetos de control. Igualmente, el paciente medio de la terapia cognitiva conseguía mejores resultados que aproximadamente el 67-70% de los pacientes que recibían otras formas de tratamiento (terapia conductual, farmacoterapia y psicoterapias diversas). La revisión de Dobson muestra también que el efecto de la terapia cognitiva no estaba mediado por la duración del tratamiento, la proporción de mujeres en los estudios de investigación que se examinaron o la edad (aunque hay que señalar que el número de estudios sobre adolescentes o ancianos era pequeño). En resumen, parece que la terapia cognitiva es un tratamiento muy efectivo para problemas de depresión con pacientes externos y, si la tendencia encontrada en el artículo de Dobson (1989a) se mantiene en el futuro, constituye un tratamiento más eficaz que las alternativas más importantes.

El análisis de los resultados de la terapia cognitiva para otros problemas está mucho más atrasado que en el área de la depresión. En parte, esto se debe a que la evaluación de la depresión está más firmemente establecida que en el caso de otras áreas de investigación, y también a que la terapia cognitiva para otros problemas se ha desarrollado más recientemente (Beck y Emery, 1985; Beck, 1988). Hasta la fecha, no hay un conjunto claro de evidencias, del que se pueda uno fiar, que afirme que la terapia cognitiva sea un tratamiento eficaz a corto plazo para los problemas de ansiedad o para otros problemas, pero ese cuerpo de investigaciones está en proceso de desarrollo. Una de las cuestiones interesantes para la investigación futura en esta área será ver los resultados de aplicar la terapia cognitiva a otros problemas distintos de la depresión.

VI. TENDENCIAS FUTURAS

Aunque la terapia cognitiva puede considerarse ahora como una parte relativamente «estándar» del repertorio de un psicoterapeuta, hay claramente algunos aspectos de la teoría y la práctica que necesitan seguir siendo investigados. En este apartado final, resaltamos lo que consideramos algunas de las áreas más urgentes que necesitan ser exploradas y discutidas.

Una de las cuestiones futuras para la teoría y la práctica es el explorar los límites de la terapia cognitiva. Desde sus orígenes en el área de la depresión, está claro que la aplicación de la terapia cognitiva se ha ido extendiendo a muchos problemas diferentes. Por ejemplo, en el I Congreso Mundial de Terapia Cognitiva (junio y julio de 1989), las intervenciones terapéuticas iban dirigidas a problemas tan diversos como depresión, ansiedad, trastornos de personalidad, síndromes esquizofrénicos, problemas del trastorno del estrés postraumático, obsesiones, hipocondríasis, individuos con fobias, alcoholismo y otros trastornos del control de los impulsos, dificultades familiares y maritales, así como otros problemas. Aunque una extensión de las técnicas terapéuticas es bienvenida, creemos que se debe ejercer cierta precaución. Es importante que cuando se desarrollen nuevas técnicas terapéuticas descansen sólidamente sobre una base teórica cognitiva. También es importante que se hagan esfuerzos para evaluar los componentes cognitivos de distintos trastornos, antes y después de aplicarse nuevas técnicas terapéuticas, con el fin de determinar si estas nuevas extensiones de la terapia cognitiva están considerando realmente problemas cognitivos. Finalmente, será crítico el establecer que estas técnicas terapéuticas producen efectos demostrables. Parece haber una historia natural de nuevas teorías o desarrollos prácticos, que reciben inicialmente una gran cantidad de atención y entusiasmo, pero a los que luego les siguen esfuerzos que amplían en exceso el paradigma, llevando a una posterior decepción y a la sustitución del enfoque. Nos preocupa, que si se hacen esfuerzos para diversificar y extender en exceso la terapia cognitiva más allá de sus posibilidades, puedan tener lugar esas consecuencias negativas. Por consiguiente, animamos a los teóricos y a los investigadores para que desarrollen cuidadosamente sus enfoques de tratamiento, teniendo en cuenta el método científico correcto.

Otra área crítica de la investigación futura es el examen de los procesos de cambio asociados con la terapia cognitiva. La teoría cognitiva hace predicciones muy claras sobre el carácter del cambio que debería observarse en la terapia cognitiva y, para que sea validado el modelo cognitivo, los investigadores de la terapia cognitiva necesitan llevar a cabo investigaciones en las que se examine el cambio. Un requerimiento de esa investigación es el desarrollo de técnicas de evaluación que puedan emplearse para evaluar los procesos cognitivos de los pacientes que están bajo tratamiento (Alloy, 1988). Se ha dado cierta investigación y desarrollo de la evaluación cognitiva (Shaw y Dobson, 1981; Segal y Shaw, 1988), pero es probable que el volumen y la dirección de esta investigación sean insuficientes para permitir un examen completo de los procesos de cambio cognitivo asociados a la terapia cognitiva. Creemos que se necesita una notable investigación para desarrollar instrumentos de evaluación que se empleen en el estudio de los procesos de cambio, especialmente en la distinción entre pensamientos automáticos, situacionales, y suposiciones y creencias más profundas. Puede que sean insuficientes, para una evaluación completa del cambio cognitivo, los cuestionarios y otros instrumentos como los desarrollados para la evaluación cognitiva y que se necesiten emplear otras técnicas extraídas de la psicología cognitiva, con el fin de examinar totalmente los cambios que ocurren dentro de los pacientes que reciben terapia cognitiva (Segal, 1988).

Otra área de investigación futura se refiere a los factores del paciente y del terapeuta que puedan tener relevancia para los resultados de la terapia cognitiva. Con respecto a los factores del paciente, puede ser que haya ciertas características de los pacientes que afecten al resultado de la terapia cognitiva. Stoppard (1989), por ejemplo, ha alegado que la terapia cognitiva puede ser menos provechosa para las mujeres que para los hombres, ya que el modelo terapéutico de la terapia cognitiva se orienta más hacia la acción y es de carácter «androcéntrico». Aunque hay razones para creer que esta conceptualización puede no estar justificada (Dobson, 1989b, Shaw, 1989) y que hay también cierta evidencia de que el ser mujer no lleva a un mejor resultado en las investigaciones realizadas (Dobson, 1989b), dichas conceptualizaciones deben tomarse en serio y tratar de investigar la posibilidad de que esto sea así.

Aunque las diferencias debidas al sexo representen un posible factor que esté asociado a resultados distintos de éxito y fracaso, es también concebible que haya otros factores relevantes. Cuestiones tales como la presencia de melancolía en la depresión (American Psychiatric Association, 1987), la edad del paciente, la duración y gravedad de los problemas presentes, sus relaciones familiares y maritales (Dobson, Jacobson y Victor, 1988), el éxito o fracaso previo de otros enfoques de tratamiento y otros muchos aspectos, pueden ser examinados con respecto a sus resultados. Investigando estas cuestiones, los teóricos serán capaces de obtener una mejor conceptualización del cambio en la terapia cognitiva y los terapeutas serán capaces de hacer mejores predicciones sobre qué individuos sacarán más provecho del tratamiento.

Un área final sobre la que queremos llamar la atención es el tema del entrenamiento de terapeutas. Aunque no tenemos todavía una base de datos importante que relacione la competencia del terapeuta, u otras variables del mismo, con el cambio del paciente, es de la incumbencia de los investigadores cognitivos el empezar a establecer métodos documentados para el entrenamiento de terapeutas cognitivos. Dobson y Shaw (1988) han discutido extensamente el empleo de manuales de tratamiento en la terapia cognitiva y aunque han concluido que «la investigación compleja, controlada que ha tenido lugar como resultado de la *manualización* de distintos tratamientos ha producido algunos beneficios», también plantean varias preocupaciones y consideraciones sobre la utilización de manuales de tratamiento en la terapia cognitiva. Esos autores, lo mismo que otros (Luborsky y DeRubeis, 1984), plantean cuestiones sobre los manuales que necesitan de una mayor exploración. Hasta la fecha, no hay ninguna investigación que haya abordado la utilidad relativa de los manuales de tratamiento, en contraste con la supervisión (por un experto o por compañeros), en el entrenamiento de terapeutas cognitivos. En general, pensamos que se deberían examinar los mejores métodos para el entrenamiento de terapeutas cognitivos, al igual que los métodos para valorar la eficacia de ese entrenamiento con respecto a la competencia del terapeuta y al cambio en el paciente.

VII. RESUMEN

Este capítulo revisa los fundamentos teóricos de la terapia cognitiva de Beck. Después de la revisión, se discuten algunas de las cuestiones críticas que afectan a la práctica y al entrenamiento de los terapeutas cognitivos. Una parte importante del capítulo se dedica a la descripción de las técnicas utilizadas con pacientes deprimidos tratados desde dentro de este modelo y se describen algunos ejemplos de la aplicación de las técnicas. El capítulo continúa con las aplicaciones de la terapia cognitiva a trastornos de ansiedad y concluye con una serie de directrices futuras para el campo de la terapia cognitiva, incluyendo: más evaluaciones de los resultados, el examen de los mecanismos del cambio, la evaluación cognitiva, la evaluación de los factores del paciente y del terapeuta asociados con el cambio y el examen de los métodos óptimos para el entrenamiento del terapeuta.

VIII. LECTURAS PARA PROFUNDIZAR

Beck, A. T. y Emery, G., *Anxiety disorders and phobias: a cognitive perspective,* Nueva York, Basic Books, 1985.

Beck, A. T., Rush, A. J., Shaw, B. F. y Emery, G., *Terapia cognitiva de la depresión,* Bilbao, Desclée de Brouwer, 1983. (Or.: 1979)

Burns, D. D., *Feeling good,* Nueva York, William Morrow, 1980.

DeRubeis, R. J. y Beck, A. T., «Cognitive therapy», en K. S. Dobson (comp.), *Handbook of cognitive-behavioral therapies,* Nueva York, Guilford Press, 1988.

McMullin, R. E., *Handbook of cognitive therapy techniques,* Nueva York, Norton, 1986.

Piasecki, J. y Hollon, S. D., «Cognitive therapy for depression: unexplicated schemata and scripts», en N. S. Jacobson (comp.), *Psychotherapists in clinical practice,* Nueva York, Guilford Press, 1987.

Sank, L. I. y Shaffer, C. S., *A therapist's manual for cognitive behavior therapy in groups,* Nueva York, Plenum Press, 1984.

22. ENTRENAMIENTO EN SOLUCIÓN DE PROBLEMAS

ARTHUR M. NEZU Y CHRISTINE M. NEZU

I. HISTORIA

El interés y el estudio empírico del constructo de *solución de problemas (SP)* en humanos tiene una larga y extensa historia. Sin embargo, sólo recientemente los profesionales de la salud mental se han centrado en esta área, como un medio de comprender mejor los trastornos conductuales y los problemas emocionales, además de incorporar el entrenamiento en habilidades de solución de problemas para su tratamiento. Gran parte de la investigación inicial sobre la solución de problemas humana fue producida por campos como la psicología cognitiva experimental, la educación y la industria.

Por ejemplo, en la psicología experimental, los investigadores se han preocupado por el desarrollo de modelos *descriptivos* de solución de problemas (es decir, comprender qué hace normalmente la gente para solucionar problemas) y han llevado a cabo estudios que incluyen, generalmente, problemas intelectuales impersonales, como puzzles y tareas de formación de conceptos, pero no problemas de la vida real relevantes para la persona (p.ej., dificultades interpersonales). Dentro del campo de la educación, los psicólogos se han interesado por el concepto relacionado de la creatividad, creyendo que la solución de problemas requiere alguna forma de actuación creativa (p.ej., Guilford, 1967). En la industria, la investigación sobre la solución de problemas tomó el aspecto de desarrollar programas de entrenamiento preparados para aumentar el pensamiento productivo de los sujetos (p.ej., Osborn, 1963; Parnes, 1962). Este tipo de investigación se centró en el desarrollo de modelos *prescriptivos* o *normativos* de solución de problemas, en donde el aspecto de interés se centraba en cómo los individuos pueden maximizar su eficacia en la solución de problemas.

El entrenar a los individuos en habilidades de solución de problemas, como intervención clínica, tiene sus raíces en el movimiento que durante las décadas de los años cincuenta y sesenta defendía la adopción de un enfoque de competencia social en psicopatología. El marco predominante en esa época era un modelo de enfermedad de la conducta anormal. Los teóricos que cuestionaban la utilidad y la validez de este enfoque empezaron a centrarse

---

Hahnemann University (EE UU).

en el concepto de psicopatología como déficit en la propia capacidad para desarrollar un funcionamiento eficaz o competencia social (p.ej., Zigler y Phillips, 1961). En otras palabras, la conducta desadaptativa puede constituir el resultado de deficiencias en las habilidades y capacidades que contribuyen a la competencia social, incluyendo las habilidades de solución de problemas (D'Zurilla, 1986; D'Zurilla y Nezu, 1982). Siguiendo esta línea de razonamiento, D'Zurilla y Goldfried publicaron un artículo en 1971 titulado «Solución de problemas y modificación de conducta» que delineaba un modelo prescriptivo para entrenar a los individuos en habilidades de solución de problemas, como un medio de facilitar su competencia social general. Este enfoque integraba muchos de los hallazgos de las investigaciones provenientes de otros campos de estudio (ver anteriormente) y describía el entrenamiento dentro de un marco conductual. Desde este artículo inicial, la terapia de solución de problemas se ha aplicado, como una intervención de tratamiento, a una amplia variedad dè trastornos clínicos y problemas subclínicos, incluyendo la depresión, el estrés, la ansiedad, la agorafobia, la obesidad, los problemas matrimoniales, el alcoholismo, el daño cerebral, el retraso mental, el fumar, la indecisión en escoger una carrera y el fracaso académico. El entrenamiento en solución de problemas se ha aplicado también a poblaciones psiquiátricas internas y a una variedad de trastornos infantiles y adolescentes. Basándose en desarrollos empíricos y teóricos, D'Zurilla y Nezu (1982) revisaron posteriormente este modelo y presentaron el enfoque básico que se describirá en el presente capítulo.

II. DEFINICIONES Y DESCRIPCIÓN GENERAL

En la literatura conductual, el entrenar a los individuos en habilidades de solución de problemas se ha etiquetado como *terapia de solución de problemas sociales.* Preferimos utilizar este término como un medio de resaltar el contexto social e interpersonal en el que se desarrolla la solución de problemas de la vida real. Nezu (1987) ha definido la solución de problemas sociales como «el proceso metacognitivo por el que los individuos comprenden la naturaleza de los problemas de la vida y dirigen sus intentos hacia la modificación de, bien el carácter problemático de la situación misma o bien sus reacciones hacia ella» (p. 22).

Los *problemas*, dentro de este enfoque, se definen como situaciones específicas de la vida (presentes o anticipadas) que exigen respuestas para el funcionamiento adaptativo, pero que no reciben respuestas de afrontamiento eficaces provenientes de las personas que se enfrentan con las situaciones, debido a la presencia de distintos obstáculos. Estos obstáculos pueden incluir la ambigüedad, la incertidumbre, las exigencias contrapuestas, la falta de recursos y/o la novedad.

Básicamente, los problemas representan a menudo una discrepancia entre la realidad de una situación y los objetivos deseados (D'Zurilla, 1986; Nezu, 1987). Es probable que los problemas sean estresantes si son, de alguna manera, difíciles y relevantes para el bienestar de las personas (D'Zurilla, 1986; Nezu, 1986b; Lazarus y Folkman, 1984). Un problema puede ser un acontecimiento único (p.ej., la pérdida de la cartera o del bolso), una serie de sucesos relacionados (p.ej., un jefe que hace continuamente peticiones poco razonables) o una situación crónica (p.ej., el desempleo continuo). Las demandas de la situación problemática pueden originarse en el ambiente (p.ej., un requisito objetivo de la tarea) o dentro de la persona (p.ej., una meta, una necesidad o un compromiso personal).

Según esta definición, un problema no es una característica ni del ambiente ni de la persona, por sí solos. Por el contrario, un problema es un tipo particular de relación persona-ambiente que refleja un desequilibrio o una discrepancia percibidos entre las demandas y la disponibilidad de una respuesta adaptativa. Es probable que este desequilibrio cambie con el tiempo, dependiendo de los cambios en el ambiente, en la persona o en los dos.

Una *solución*, en este modelo, se define como cualquier respuesta de afrontamiento destinada a cambiar la naturaleza de la situación problemática, las propias reacciones emocionales negativas o ambas (D'Zurilla, 1986; Nezu, 1987).

Soluciones eficaces son aquellas respuestas de afrontamiento que no sólo logran estos objetivos, sino que al mismo tiempo maximizan otras consecuencias positivas (es decir, los beneficios) y minimizan otras consecuencias negativas (es decir, los costes) (D'Zurilla y Nezu, 1987). Estos costes y beneficios asociados incluyen las implicaciones a corto y largo plazo de la solución, así como las consecuencias personales para el individuo y el impacto que la solución tiene sobre otras personas significativas. La adecuación o eficacia de cualquier solución potencial varía de persona a persona y de lugar a lugar, ya que la eficacia percibida de una determinada respuesta de solución de problemas depende también de los propios valores y objetivos y de las otras personas significativas.

La perspectiva de este modelo sobre la solución de problemas sociales distingue igualmente entre los conceptos de *solución de problemas, puesta en práctica de la solución* y *competencia social* (D'Zurilla, 1986; D'Zurilla y Nezu, 1987; Nezu, 1987).

La *solución de problemas* es el proceso de encontrar una solución eficaz a una situación problema. La *puesta en práctica de la solución*, por otra parte, supone la ejecución en la realidad de la solución escogida. Así, esta ejecución de la respuesta de afrontamiento constituye el resultado del proceso de solución de problemas. El término «afrontamiento de solución de problemas» se refiere a la combinación de la solución de problemas y la ejecución del afrontamiento con respecto a un problema determinado. La puesta en práctica de una solución depende, no sólo de la capacidad para la solución de problemas, sino de otros factores, incluyendo las deficiencias en las habilidades de ejecución, las inhibiciones emocionales y los déficit en motivación (o reforzamiento). Esta distinción entre solución de problemas y ejecución del afrontamiento es especialmente importante para la investigación sobre la relación entre el proceso y el resultado de la solución de problemas (D'Zurilla y Nezu, 1987; Nezu y D'Zurilla, 1989). En otras palabras, las evaluaciones del proceso se deberían centrar en las habilidades y en las capacidades que permiten a los individuos solucionar problemas de forma eficaz, mientras que las evaluaciones de la solución deberían centrarse bien en las soluciones de las que se informa (técnicas o respuestas de afrontamiento específicas) o bien en la ejecución del afrontamiento real. En la práctica clínica, es especialmente importante disponer de distintas estrategias de tratamiento para el individuo que es competente en el descubrimiento de una solución eficaz, pero flojo en llevarla a la práctica.

III. EL PROCESO DE SOLUCIÓN DE PROBLEMAS SOCIALES

Hay dos suposiciones principales en un *modelo de solución de problemas* de la salud mental. En primer lugar, debido a las complejas capacidades cognitivas y a las demandas de la sociedad, los seres humanos son activos «solucionadores» de problemas. En segundo lugar, el ajuste psicológico se relaciona con la destreza en la solución de problemas de carácter tanto interpersonal como intrapersonal (D'Zurilla y Nezu, 1982). Determinadas habilidades conductuales y cognitivas median tanto las reacciones emocionales como el ajuste psicológico general. Entre estas habilidades se encuentran el enfoque general y la sensibilidad del individuo hacia los problemas, la cuestión de si considera soluciones potenciales y anticipa las consecuencias de las distintas acciones y cómo decide reaccionar el individuo cuando se enfrenta con una solución problemática. Además, este modelo postula que las habilidades de solución de problemas constituyen determinantes significativos de la competencia social (definida como la capacidad de enfrentarse de forma eficaz con el amplio rango de problemas de la vida diaria) y que la competencia social es un componente clave del ajuste psicológico general (D'Zurilla y Goldfried, 1971; D'Zurilla y Nezu, 1982).

La capacidad general de solución de problemas comprende una serie de habilidades específicas, en vez de una sola capacidad unitaria. Según D'Zurilla y Nezu (1982; ver también D'Zurilla y Goldfried, 1971), la solución de problemas «eficaz» requiere cinco procesos componentes interactuantes, cada uno de los cuales aporta una determinada contribución a la solución eficaz del problema. Esos procesos incluyen:

1) orientación hacia el problema
2) definición y formulación del problema,
3) generación de alternativas
4) toma de decisiones, y
5) puesta en práctica de la solución y verificación.

El componente de la orientación hacia el problema es diferente de los otros cuatro componentes en el sentido de que es un proceso motivacional, mientras que los otros componentes consisten en capacidades y habilidades específicas que permiten a una persona resolver un determinado problema de forma eficaz. La *orientación hacia el problema* puede describirse como un conjunto de respuestas de orientación, que representan las reacciones cognitivo-afectivo-conductuales inmediatas de una persona cuando se enfrenta por primera vez con una situación problemática. Estas respuestas de orientación incluyen una clase particular de aspectos de la atención (es decir, sensibilidad hacia los problemas) y un conjunto de creencias, suposiciones, valoraciones y expectativas generales sobre los problemas de la vida y sobre la propia capacidad general de solución de problemas. Este conjunto cognitivo se basa principalmente en la historia pasada de desarrollo y de reforzamiento, de la persona, que está relacionada con la solución de problemas de la vida real. Dependiendo de su naturaleza específica, estas variables cognitivas pueden producir un afecto positivo y una motivación para el afrontamiento, lo que probablemente facilitará la puesta en práctica de la solución de problemas o, por el contrario, pueden producir un afecto negativo y una motivación para la evitación, lo que posiblemente inhibirá o desbaratará la puesta en práctica de la solución de problemas.

Los restantes cuatro componentes del proceso de solución de problemas constituyen un conjunto de habilidades específicas o tareas dirigidas hacia un objetivo, que permiten a una persona solucionar con éxito un determinado problema. Cada tarea ofrece una contribución particular para el descubrimiento de una solución adaptativa o respuesta de afrontamiento, en una determinada situación de solución de problemas.

El objetivo de la *definición y formulación del problema* consiste en clarificar y comprender la naturaleza específica del problema. Esto puede incluir una revaloración de la situación en términos de su significación para el bienestar y el cambio. La valoración inicial del problema implica la respuesta inmediata de la persona ante un problema no definido, basándose principalmente en las experiencias con problemas similares. Después de definir y formular la naturaleza del problema de forma más clara y concreta, la persona puede entonces valorar el problema de modo más preciso.

El objetivo del tercer componente, la *generación de alternativas*, es hacer que estén disponibles tantas soluciones como sea posible, con el fin de llevar al máximo la posibilidad de que la solución «mejor» (la preferida) solución se encuentre entre ellas.

El propósito de la *toma de decisiones* es evaluar (juzgar y comparar) las opciones disponibles con respecto a la solución y seleccionar la(s) mejor(es), para ser llevada a cabo en la situación problema real.

Finalmente, el propósito de la *puesta en práctica de la solución y verificación* consiste en vigilar el resultado de la solución y evaluar la eficacia de la misma para controlar la situación problemática.

La puesta en práctica de la solución, o ejecución de afrontamiento, se incluye junto a la verificación, en la ejecución de la solución de problemas, debido a que es el prerrequisito necesario para la verificación. Sin embargo, como se ha señalado anteriormente, la puesta en práctica de la solución está separada del proceso de solución de problemas cuando se evalúan las capacidades o habilidades de solución de problemas. Las habilidades de verificación abarcan la autoobservación y la evaluación del resultado real de la solución.

Estos cinco procesos no se basan en una clasificación natural de las estrategias cognitivoconductuales empleadas por los individuos en el mundo real. Por el contrario, representan un modelo establecido de la solución de problemas eficaz o satisfactoria, basado en la investigación disponible. Además, la secuencia en la que se presentan estos componentes refleja un formato lógico y útil para el entrenamiento de individuos en la solución y afrontamiento eficaces de problemas. Sin embargo, no representa una evaluación de cómo las personas que solucionan problemas de forma satisfactoria en la vida real resuelven habitualmente los problemas. Tampoco implica que la solución de problemas de la vida real debiera seguir esa forma ordenada, unidireccional. Por el contrario, es probable que la solución eficaz de problemas implique un movimiento continuo entre los cinco componentes antes de la solución real de un problema. Por ejemplo, un aspecto importante del tercer componente, la generación de alternativas, implica un torbellino de ideas con el fin de obtener una lista exhaustiva de las posibilidades potenciales de solución. Sin embargo, este enfoque puede utilizarse también durante procesos de solución de problemas que se encuentran en una fase anterior, como el generar una lista de posibles razones por las que la situación es realmente un problema (una tarea de definición y formulación del problema).

En vez de conceptualizar las habilidades de solución de problemas sociales como rasgos de la personalidad o como facetas de la inteligencia general, este modelo las considera como un conjunto de habilidades sociales aprendidas a través de la experiencia directa y vicaria con otras personas, especialmente con individuos adultos significativos (p.ej., los padres o educadores de niños) para la propia vida (Spivak y Shure, 1974). El grado en que el niño que va desarrollándose aprende estas habilidades reflejará el grado en que las personas adultas de la casa modelan distintas habilidades de solución de problemas. El modo en el que los modelos adultos significativos afrontan los problemas reales probablemente juegue un papel clave en la adquisición por parte de un niño, de las capacidades para la solución de problemas.

Hay dos razones principales por las que los individuos pueden ser «solucionadores» poco eficaces de problemas. En primer lugar, la persona puede no haber aprendido simplemente las habilidades necesarias. En segundo lugar, el individuo puede haber adquirido las habilidades, pero no es capaz de manifestar eficazmente la solución de problemas en una situación determinada debido a emociones negativas (p.ej., ansiedad o depresión) que inhiben la ejecución de algunas o de todas las variadas operaciones de solución de problemas.

IV. EL ENTRENAMIENTO EN SOLUCION DE PROBLEMAS

Cuando describamos los métodos específicos de la terapia de solución de problemas, resaltaremos también los fundamentos conceptuales y empíricos de cada uno de los cinco procesos componentes. Además, se presentarán también varios métodos de evaluación de las habilidades de solución de problemas.

IV.1. *Objetivos del tratamiento*

Los objetivos de nuestro enfoque de terapia de solución de problemas incluyen:

a. Ayudar a los individuos a identificar las anteriores y las actuales situaciones estresantes de la vida (los acontecimientos más importantes de la vida y los problemas diarios actuales), que constituyen los antecedentes de una reacción emocional negativa.

b. Minimizar el grado en que esa respuesta impacta de forma negativa sobre intentos futuros de afrontamiento.

c. Aumentar la eficacia de sus intentos de solución de problemas, en el afrontamiento de situaciones problemáticas actuales.

d. Enseñar habilidades que permitan a los individuos vérselas de modo más eficaz con problemas futuros, con el fin de evitar perturbaciones psicológicas.

Dependiendo de las circunstancias idiosincrásicas de la propia vida, el tratamiento dentro de este contexto puede centrarse en cambiar la naturaleza problemática de las situaciones estresantes anteriores y actuales, en modificar la respuesta desadaptativa del paciente a estos acontecimientos (es decir, las perturbaciones psicológicas) o en los dos (Nezu, 1987). La terapia de solución de problemas puede aplicarse en un formato muy estructurado de tiempo limitado, similar a nuestros programas de investigación con grupos (Nezu, 1986a; Nezu y Perri, 1989) o con un formato de terapia más amplio y abierto. Puede considerarse como el único programa de tratamiento, como parte de un paquete de tratamiento más amplio o como una forma de mantenimiento y generalización del entrenamiento. Si se utiliza en unión de otras estrategias de tratamiento, recomendamos que la terapia general se lleve a cabo dentro de un *marco general de solución de problemas más amplio* (D'Zurilla, 1986, Nezu, Nezu y Perri, 1990), en el que se incorporen técnicas adicionales como medio para facilitar el entrenamiento de un proceso particular de solución de problemas. Por ejemplo, el empleo de la reestructuración cognitiva sería muy apropiado durante el entrenamiento en definición y formulación de problemas, con el fin de minimizar el grado en que distintas distorsiones cognitivas impidan que un individuo defina un problema con precisión. El empleo del entrenamiento en relajación puede ser importante igualmente durante el proceso de generación de alternativas, con el fin de facilitar la creatividad, al disminuir las posibles interferencias asociadas con la reactividad emocional.

IV.2. *Estrategias de evaluación de la solución de problemas*

Se dirigen a la evaluación de la capacidad general para, y a la puesta en práctica de, la solución de problemas de una persona. La capacidad se refiere al conocimiento y comprensión de distintos procesos cruciales de solución de problemas, mientras que la puesta en práctica refleja la aplicación de este conocimiento para resolver problemas determinados de la vida real. Aunque es probable que estas dos variables de solución de problemas se encuentren altamente relacionadas, la evaluación clínica de estas dos áreas es importante cuando se trate de identificar déficit específicos y áreas problemáticas idiosincrásicas. Por ejemplo, una persona puede ser capaz de generar un amplio rango de soluciones alternativas a un problema, pero tiene dificultades para inhibir la puesta en práctica impulsiva de una solución. El tratamiento para este individuo se centraría más en mejorar sus habilidades de puesta en práctica de la solución de problemas, que en entrenarle en técnicas relativas al torbellino de ideas.

La evaluación de la competencia en la solución de problemas de un paciente puede facilitarse empleando distintos inventarios o formatos de entrevista estructurada. Las medidas de papel y lápiz incluyen el *Problem Solving Inventory,* PSI [Inventario de Solución de Problemas] (Heppner y Peterson, 1982), el *Means-End Problem Solving Procedure, MEPS* [Procedimiento Medios-Fines para la Solución de Problemas] (Platt y Spivack, 1975); y el *Social Problem-Solving Inventory, SPSI* [Inventario de Solución de Problemas Sociales] (D'Zurilla y Nezu, 1990). El *PSI* es una medida de la capacidad autovalorada de solución de problemas y contiene 32 ítems que proporcionan puntuaciones en tres áreas: *confianza en la solución de problemas* (creer y confiar en las propias capacidades de solución de problemas); *estilo de acercamiento-evitación* (tendencia general a afrontar o evitar distintas actividades de solución de problemas); y *control personal* (creencias que se refieren al propio autocontrol sobre las emociones y las conductas durante la solución de problemas)

El *MEPS,* que se orienta más hacia la puesta en práctica, intenta evaluar un aspecto determinado de la solución de problemas —la capacidad medios-fines. De acuerdo con el *MEPS,* se pide a los sujetos que conceptualizen los posibles medios por los que una persona podría lograr un objetivo específico en una situación determinada de la vida (p.ej., hacer amigos en un nuevo vecindario).

El *SPSI* es una medida de autoinforme, relativamente reciente, sobre la capacidad de solución de problemas, que consta de 70 ítems, y que se construyó para evaluar de modo funcional cada uno de los cinco procesos componentes de la solución de problemas (D'Zurilla y Nezu, 1990). De esta manera, se pueden determinar los déficit individuales en las distintas variables de solución de problemas, como un medio para dirigir la planificación del tratamiento. La evaluación preliminar de las propiedades psicométricas de este instrumento sugiere que es una medida válida y fiable de la capacidad de solución de problemas.

Métodos adicionales para evaluar la capacidad de solución de problemas de un paciente implican el uso de entrevistas estructuradas y la representación de hipotéticas situaciones problemáticas (Kendall y Fischler, 1984; Nezu, Nezu, Arean y Kuehl, 1989). La observación, por parte de un terapeuta, de la actuación y de las habilidades del paciente (es decir, los productos del proceso de solución de problemas) puede tener lugar durante las discusiones de problemas reales. Además, se puede pedir a los pacientes que lleven un diario o registro de distintos problemas y de sus intentos, entre sesiones, para resolver estos problemas (ver D'Zurilla, 1986 y Nezu, Nezu y Perri, 1989 para formatos específicos).

IV.3. *Componentes del entrenamiento en solución de problemas*

Este apartado incluye nuestras sugerencias de tratamiento para llevar a cabo la terapia de solución de problemas. Es importante señalar que, aunque este marco parece estar secuencialmente delineado, el entrenamiento real debería ser más flexible y fluido. Más específicamente, en vez de poner en práctica este enfoque de una manera estática, se debería resaltar la interrelación dinámica entre los distintos componentes. Por ejemplo, se pueden emplear principios del *torbellino de ideas* a lo largo del entrenamiento (es decir, para generar una amplia variedad de objetivos de solución de problemas; para generar una amplia lista de consecuencias a anticipar), en vez de hacerlo solamente durante el procedimiento de la generación de alternativas.

IV.3.1. Orientación hacia el problema

El primer componente de la solución de problemas refleja un conjunto general de respuestas implicado en comprender y reaccionar a situaciones estresantes reales o percibidas. Esta orientación funciona como un proceso motivacional, que puede tener un efecto facilitador o inhibidor generalizado sobre las restantes cuatro tareas de solución de problemas. El entrenamiento de este componente trata de ayudar a los individuos con problemas, a:

a. Identificar y reconocer correctamente los problemas cuando ocurren.
b. Adoptar la perspectiva filosófica de que los problemas de la vida son normales e inevitables y que la solución de problemas es un medio viable de afrontarlos.
c. Aumentar sus expectativas de ser capaces de realizar satisfactoriamente actividades de solución de problemas (es decir, autoeficacia percibida).
d. Inhibir la tendencia a llevar a cabo hábitos de respuesta automática, basados en experiencias anteriores en situaciones similares (Nezu, Nezu y Perri, 1989).

Una orientación positiva hacia el problema conllevaría una aceptación personal de la creencia de que los problemas son normales e inevitables y que se pueden afrontar de forma eficaz. Hemos encontrado que la estrategia de *representación de papeles defendiendo la posición opuesta* es útil para «plantar la semilla», en un primer momento, de una orientación positiva (Nezu, Nezu y Perri, 1989). De acuerdo con esta técnica, el terapeuta simula adoptar una creencia determinada sobre los problemas y pide al paciente que le dé razones por las que esa creencia es irracional, ilógica, incorrecta y/o desadaptativa. Esas creencias podrían incluir las siguientes afirmaciones: «No todo el mundo tiene problemas; si tengo un problema ¡quiere decir que estoy loco!»; «Todos mis problemas me los causo yo»; «Siempre existe una solución perfecta para todos los problemas»; o «la gente no cambia; yo seré siempre así». A veces, cuando el paciente tiene dificultades para generar argumentos contra la posición del terapeuta, éste adopta entonces una forma más extrema de la creencia (p.ej., «no importa el tiempo que me lleve, continuaré intentándolo y encontraré la solución perfecta para mi problema»).

Si evaluaciones previas han indicado que el paciente se caracteriza por deficiencias y distorsiones consistentes y generalizadas del procesamiento de la información (es decir, un estilo atribucional negativo, valoraciones negativas, distorsiones cognitivas, creencias irracionales), entonces la terapia debería también tratar de mejorarlas y rectificarlas. En estos casos se recomienda emplear estrategias de reestructuración cognitiva, como las incluidas en la terapia cognitiva de Beck para la depresión (Beck, Rush, Shaw y Emery, 1979; Dobson y Franche, este volumen), para ayudar en la terapia.

Un segundo aspecto importante del proceso de orientación implica el reconocimiento y la clasificación adecuados de los problemas, cuando tienen lugar. Para facilitar este proceso, se pide a los pacientes que completen algunas «listas» de problemas [p.ej., La *Mooney Problem Check List* (Lista de Problemas) desarrollada por Mooney, Mooney y Gordon (1950); La *Personal Problems Checklist* (Lista de Problemas Personales), Schinka (1986)], como un medio de sensibilizarles ante la amplia variedad de problemas que podrían ocurrir a lo largo de todo un rango de áreas de la vida. Lo que es más importante, también se les pide que examinen las situaciones problemáticas personales que han experimentado o pueden experimentar en cada una de esas áreas (p.ej., trabajo, amistades, religión, carrera, recursos económicos).

También se enseña a los pacientes a que empleen los sentimientos o emociones («Me siento triste», «Tengo un cosquilleo en el estómago», «¡Estoy *tan* confuso!») como «indicios» o «señales» de que existe un problema. Hemos encontrado que es útil emplear imágenes visuales: la luz roja intermitente de un semáforo o una bandera roja agitándose, como señales para «PARAR y PENSAR». Básicamente, es importante enseñar a los pacientes a reconocer distintas situaciones como problemas y clasificarlas como tales. El clasificar con precisión un problema *como* problema, sirve para ayudar a la gente a inhibir la tendencia a actuar de forma impulsiva o automática, como reacción a la situación. También facilita la motivación para encararlo, en contraste con la conducta de evitación, dada la importancia de atender al problema para afrontarlo de forma eficaz.

Como parte de este entrenamiento, se ayuda a los pacientes a que identifiquen las formas específicas en que experimentan las emociones en general. Esto incluiría la activación fisiológica y los cambios somáticos (p.ej., sensaciones de estar cansado), cambios afectivos o del estado de ánimo (p.ej., estado de ánimo triste o ansioso) y los pensamientos (p.ej., «Siento que no va a cambiar nada»). Se enseña a los pacientes a que vuelvan a enmarcar estas reacciones, pasando desde un «estado emocional abrumador» a una señal de que «algo va mal» (es decir, la luz roja de tráfico les señala que «paren y piensen»). La atención se vuelve a dirigir entonces al(os) problema(s) que está experimentando el individuo, con el objetivo inmediato de continuar implicándose en las restantes tareas de solución de problemas.

Sobre la investigación que lo apoya, Cormier, Otani y Cormir (1986) diseñaron un estudio para evaluar específicamente los efectos del entrenamiento en distintos componentes de la solución de problemas, incluyendo el proceso de orientación hacia el problema. Según sus resultados, los estudiantes ya licenciados que recibían instrucciones sobre el contenido de este componente actuaban significativamente mejor que los sujetos control, en dos tareas de solución de problemas. Una tarea requería seleccionar la mejor alternativa de una lista de posibles soluciones a distintos problemas sociales e interpersonales. En la segunda medida de solución de problemas, los sujetos describían con detalle las conductas reales empleadas para solucionar una serie de seis problemas adicionales.

Además, uno de los propósitos del estudio de Nezu y Perri (1989) implicaba el examinar la contribución relativa del componente de la orientación hacia el problema, cuando se trataban individuos clínicamente deprimidos. Se utilizó una estrategia de desmantelamiento al abordar este objetivo, asignando al azar 39 sujetos diagnosticados como depresivos a tres condiciones: terapia de solución de problemas (TSP —entrenamiento en el modelo entero); terapia abreviada de solución de problemas (TASP —el modelo entero menos el entrenamiento en el proceso de orientación) y un grupo control de lista de espera (CLE). Los resultados indicaban que aunque los sujetos TASP informaban de una puntuación significativamente más baja en la depresión evaluada después del tratamiento que los miembros del grupo CLE, los sujetos TSP manifestaban niveles significativamente menores de sintomatología depresiva que los participantes en los grupos TASP y CLE. Se concluyó que, aunque a los miembros del TASP se les enseñó distintas habilidades de afrontamiento dentro de la solución de problemas (es decir, definición de problemas, generación de soluciones alternativas, toma de decisiones), el no haber abordado, de forma específica, un proceso de la solución de problemas puede haber conducido a un tratamiento menos eficaz. En cierto sentido, el tener ciertas habilidades de afrontamiento no garantiza automáticamente su puesta en práctica. Debido a que el objetivo del entrenamiento, en el proceso de orientación hacia el problema, consiste en facilitar la adopción de una tendencia positiva hacia los problemas de la vida, aumentando, por consiguiente, la motivación para implicarse en las restantes tareas de solución de problemas, la orientación negativa podría haber hecho que los sujetos del grupo TASP hubieran puesto en práctica, de forma inconsistente, las habilidades aprendidas.

Estos dos estudios proporcionan un fuerte apoyo a la inclusión del entrenamiento en la orientación hacia el problema, dentro del modelo general de terapia de solución de problemas. Los resultados dudosos del entrenamiento en solución de problemas (en niños y adultos) que aborda otros trastornos psicológicos, se han debido, en parte, a la omisión del proceso de orientación (Nezu, Nezu y Perri, 1989).

IV.3.2. Definición y formulación del problema

El propósito de este proceso de solución de problemas consiste en evaluar la naturaleza de la situación problema e identificar un conjunto de objetivos o metas realistas. El entrenamiento de este componente se centra en las siguientes cinco tareas:

a. Búsqueda de toda la información y de todos los hechos disponibles sobre el problema.
b. Descripción de estos hechos en términos claros y sin ambigüedades.
c. Diferenciar la información relevante de la irrelevante y los hechos objetivos de las inferencias, suposiciones e interpretaciones no comprobadas.
d. Identificación de los factores y circunstancias que hacen de la situación un problema.
e. Establecer una serie de objetivos realistas en la solución de problemas.

Al definir y formular un determinado problema, se coloca el énfasis en la precisión y en el alcance.

Según nuestro modelo, se enseña a los pacientes a convertirse en «reporteros de investigación personal», como un medio de recoger información, usar un lenguaje concreto y separar los hechos de las inferencias y las suposiciones. Básicamente, los individuos aprenden a formular una amplia variedad de las cinco clases de preguntas específicas siguientes (las cinco «w») —*quién* («who») (p.ej., «¿quién está implicado en este problema?»; «¿quién es el responsable de este problema?»), *qué* («what») (p.ej., «¿qué estoy sintiendo sobre este problema?», «¿qué está sucediendo que hace que me sienta triste?»; «¿qué estoy pensando en respuesta a este problema?»; «¿qué sucederá si no soluciono este problema?»), *dónde* («where») (p.ej., «¿dónde ocurre el problema?»); *cuándo* («when») (p.ej., «¿cuándo empezó este problema?»; «¿cuándo solucionaré, supuestamente, este problema?») y *por qué* («why») (p.ej., «¿por qué ocurrió este problema?»; «¿por qué me estoy sintiendo tan triste?»).

Al hacer estos tipos de preguntas, se alienta al individuo a que emplee un lenguaje concreto y sin ambigüedades, con el fin de minimizar la probabilidad de confusión y las distorsiones de la información. Se enseña también a los pacientes a que identifiquen y corrijan las clases de inferencias, suposiciones y conceptos erróneos que podrían estar desarrollando al contestar estas preguntas (p.ej., atención selectiva, inferencia arbitraria, minimización, generalización excesiva, atribuciones negativas y abstracción selectiva). De nuevo, distintas estrategias de reestructuración cognitiva son útiles en este proceso.

Al definir y formular problemas, se enseña a los pacientes, además, a plantear objetivos específicos que les gustaría alcanzar. Estos objetivos se especifican en términos concretos y sin ambigüedad, con el fin de minimizar, de nuevo, la confusión. Se alienta también a los pacientes para que establezcan objetivos realistas que sean realmente alcanzables. A menudo se da el caso de que se identifica una serie de subobjetivos que proporciona los pasos para alcanzar el objetivo general de la solución de problemas. Por ejemplo, un paciente podría afirmar que un objetivo general es tener una relación satisfactoria a largo plazo con un miembro del sexo opuesto. Objetivos importantes podrían incluir: a) la mejora de déficit en las habilidades personales (p.ej., problemas de comunicación), que podrían estar contribuyendo a las dificultades en las relaciones; b) conocer a más gente en general; c) tener citas con más frecuencia; y d) minimizar la cantidad de estrés asociado con los reveses y los sentimientos de rechazo cuando ocurran.

Al establecer los objetivos, se pueden identificar dos tipos generales: *objetivos centrados en el problema* y *objetivos centrados en la emoción*. Los objetivos centrados en el problema conllevan objetivos que se relacionan con cambios reales del problema mismo. Éstos serían especialmente relevantes para situaciones que se pueden cambiar. Por otra parte, los objetivos centrados en la emoción se relacionan con objetivos que tratan de reducir o minimizar el impacto del malestar asociado con el experimentar un problema. Estos objetivos se relacionan con situaciones que pueden identificarse como inmodificables (p.ej., la muerte de un familiar). En la mayoría de los casos, es probable que sea importante identificar ambas clases de objetivos, con el fin de maximizar los intentos de afrontamiento eficaces de la solución de problemas. En el ejemplo anterior, los distintos subobjetivos incluyen ambos tipos de objetivos.

El último paso importante de este entrenamiento implica la identificación de los obstáculos que existen en un problema determinado y que impiden que se alcancen los objetivos. Los factores que convierten en problemática a una situación pueden implicar la novedad (p.ej., trasladarse a un nuevo barrio), la incertidumbre (p.ej., obtener un trabajo nuevo), las demandas conflictivas del estímulo (p.ej., pelearse con el cónyuge por el tipo de educación que se da a los hijos), la falta de recursos (p.ej., recursos económicos limitados) o alguna otra limitación o deficiencia personal o ambiental.

Al identificar estos obstáculos, el terapeuta debería tener cuidado para ayudar al paciente a analizar cuidadosamente la situación problema. El precisar estos obstáculos conduce, a menudo, a una reevaluación de los objetivos. Hemos encontrado, por ejemplo, que algunos problemas de depresión incluyen, en último término, objetivos para incrementar la propia autoestima, aunque en un principio no se planteaba el problema de esta manera. Por ejemplo, una persona que va a terapia podría indicar inicialmente que desea perder peso y que estar gordo le deprime. El objetivo general de aumentar la propia autoestima podría abarcar una variedad de subobjetivos, como el perder peso, mejorar la apariencia física, mejorar las habilidades laborales y mejorar las relaciones interpersonales. La identificación precisa de los obstáculos y de los conflictos implicados en un problema ayuda al individuo a tratar mejor problemas complejos y a comprender el «verdadero problema».

Se han llevado a cabo varias investigaciones para comprobar la hipótesis de que el entrenamiento en el proceso de la definición y formulación del problema tendrá un importante impacto sobre la implicación efectiva en las posteriores tareas de solución de problemas. En un trabajo, Nezu y D'Zurilla (1981b) estudiaron los efectos del entrenamiento en habilidades de definición y formulación del problema (DFP) sobre el proceso de generación de alternativas. Los estudiantes universitarios se dividieron en tres condiciones que representaban distintos niveles del entrenamiento en DFP (entrenamiento específico, entrenamiento general y no entrenamiento). Además, la mitad de los miembros de cada grupo recibían entrenamiento en generación de alternativas según el «principio de cantidad» (es decir, cuanto más ideas produjesen, mayor era la probabilidad de generar alternativas más eficaces). A la otra mitad no se le dieron instrucciones para aplicar este principio. Después del entrenamiento, se pidió a todos los sujetos que generasen soluciones para uno de los dos problemas de orientación social que se presentaron. Los objetivos de solución de problemas se determinaron experimentalmente con el fin de asegurar objetivos comunes que guiasen la generación de alternativas para todos los sujetos. Los resultados de este estudio proporcionaron evidencia que confirmaba la hipótesis principal. De forma más específica, los sujetos entrenados en habilidades de DFP produjeron soluciones significativamente más eficaces que las generadas por los sujetos que recibieron entrenamiento general o que no recibieron entrenamiento. Los resultados de esta investigación indicaban también que los sujetos que recibieron instrucciones para el empleo del principio de cantidad produjeron soluciones significativamente mejores que los sujetos que no recibieron ese entrenamiento.

En un segundo estudio llevado a cabo por Nezu y D'Zurilla (1981a), los efectos del entrenamiento en habilidades de DFP se evaluaron con respecto a la mejora en la eficacia de la toma de decisiones. Estudiantes universitarios se asignaron aleatoriamente a los tres grupos que se han descrito anteriormente, reflejando diferentes niveles de entrenamiento en habilidades de DFP. Sin embargo, en este estudio, la mitad de los sujetos de cada condición recibieron también entrenamiento específico en el modelo de utilidad de la toma de decisiones, mientras que a la segunda mitad no se les dio ayudas específicas de toma de decisiones. Después del entrenamiento, se presentó a todos los sujetos ocho problemas intrapersonales e interpersonales de prueba (p.ej., cómo evitar peleas con un amigo), junto con una lista de posibles soluciones para cada uno de ellos. Estas alternativas potenciales variaban en su grado de eficacia. Se pedía a los sujetos que escogiesen la mejor solución para cada problema. Los resultados de esta investigación indicaron que los sujetos que recibían entrenamiento específico en habilidades de DFP lo hicieron significativamente mejor, en la tarea de toma de decisiones, que los sujetos que no recibieron ese entrenamiento. Además, el entrenamiento específico en DFP dio también como resultado unas decisiones significativamente mejores que cuando simplemente se enseñaban directrices generales de DFP generales. Adicionalmente, las directrices generales en la DFP dieron como resultado mejores decisiones que el no proporcionar ninguna directriz en la DFP. Finalmente, este estudio encontró también que los sujetos a los que se les daba entrenamiento en la toma de decisiones escogían soluciones más eficaces que los sujetos que no recibían dicho entrenamiento.

El estudio de Cormier y cols. (1986), reseñado anteriormente, proporciona también evidencia que apoya la importancia del entrenamiento en DFP. En este estudio, los sujetos que recibieron instrucciones sobre ciertas habilidades de DFP seleccionaron, de forma significativa, mejores alternativas de solución para seis problemas de prueba, que los participantes que no recibieron entrenamiento. La investigación de Hansen, St. Lawrence y Christoff (1985), que utilizaron un diseño de línea base múltiple con siete pacientes psiquiátricos crónicos, para evaluar la eficacia del entrenamiento en varias habilidades de solución de problemas, proporciona una evidencia más de apoyo.

IV.3.3. Generación de alternativas

El objetivo general de este componente es hacer que estén disponibles tantas soluciones alternativas al problema (es decir, opciones de afrontamiento) como se pueda, de tal manera que aumente la probabilidad de identificar, en último término, las más eficaces. Al generar estas alternativas, se enseña a los individuos a que utilicen tres reglas generales del torbellino de ideas: el principio de cantidad, el principio de aplazamiento del juicio y el principio de la variedad.

Según el *principio de cantidad,* cuantas más ideas alternativas se produzcan, más elevada será la probabilidad de que se generen opciones eficaces o de gran calidad. Se alienta a los pacientes para que produzcan tantas ideas como sea posible para cada uno de los subobjetivos (tanto para los objetivos centrados en el problema como para los objetivos centrados en la emoción). El segundo principio, el *aplazamiento del juicio,* sugiere que la regla de cantidad puede aplicarse mejor si se elimina el juicio sobre la calidad o la eficacia de cualquier idea, hasta que se produzca una lista exhaustiva. El único criterio que puede emplearse es el de la relevancia para el problema presente. Por lo demás, las valoraciones de cualquier opción se reservan para la fase de toma de decisiones.

La última regla del torbellino de ideas, el *principio de la variedad,* alienta a los individuos a pensar en un amplio rango de soluciones posibles a través de una variedad de estrategias o tipos de enfoque, en vez de centrarse sólo en una o dos ideas limitadas. Al generar opciones de solución, se alienta a los individuos a continuar usando términos concretos y sin ambigüedades.

Con respecto a la investigación sobre este proceso de solución de problemas, un estudio de D'Zurilla y Nezu (1980) investigó los principios de la generación de alternativas. Se asignó aleatoriamente a cien estudiantes universitarios a cuatro grupos experimentales y a un grupo control. La primera condición experimental implicaba el entrenamiento en la aplicación de los tres principios, mientras que el segundo grupo recibía entrenamiento en los principios de aplazamiento y cantidad, pero no en el enfoque de las estrategias. Al tercer grupo se le dieron instrucciones sobre la cantidad y las estrategias, pero no sobre el aplazamiento. El cuarto grupo recibió instrucciones sólo sobre el principio de cantidad. Al grupo control no se le dieron instrucciones sobre ninguno de los principios de la generación de alternativas. Simplemente se les dijo que resolvieran el problema. Después del entrenamiento inicial, se pidió a todos los sujetos que solucionaran dos problemas de prueba con orientación social. Los resultados de esta investigación indicaron que la solución producida por los cuatro grupos experimentales era significativamente más eficaz que las producidas por los sujetos de control.

El estudio de Nezu y D'Zurilla (1981b) descrito anteriormente, así como la investigación llevada a cabo por Nezu y Ronan (1987), proporcionan un apoyo adicional a la eficacia del entrenamiento en el principio de cantidad. Un propósito de este último estudio fue determinar si el entrenar a sujetos deprimidos en el principio de cantidad aumentaría la calidad de las alternativas de solución generadas en respuesta a un problema de prueba con orientación social. Los resultados confirmaron esta hipótesis. Los sujetos deprimidos que recibían instrucciones sobre la cantidad generaban, de manera significativa, soluciones de mayor calidad que los individuos deprimidos que no recibían ese entrenamiento.

IV.3.4. La toma de decisiones

El entrenamiento en este componente de la solución de problemas implica la identificación de un amplio rango de consecuencias potenciales que podrían ocurrir si una alternativa particular se pone realmente en práctica. Esto conlleva el generar una lista de resultados específicos anticipados de la solución, tanto los efectos a corto como a largo plazo, así como las consecuencias personales y sociales. Se definen como soluciones eficaces aquellas que se caracterizan por una cantidad máxima de consecuencias positivas y una cantidad mínima de consecuencias negativas.

Las consecuencias personales que se utilizan como criterios implican los efectos sobre el propio bienestar emocional, la cantidad de tiempo y trabajo invertida, los efectos sobre el bienestar físico y los efectos sobre las consecuencias asociadas con el bienestar de otros individuos y sus relaciones interpersonales con el paciente.

Además, se enseña a los individuos a estimar:

a. La probabilidad de que una alternativa determinada sea realmente eficaz para alcanzar el objetivo (es decir, la probabilidad de que una solución determinada tenga un efecto particular sobre el problema).

b. La probabilidad de que el individuo sea realmente capaz de llevar a cabo la solución de forma óptima (es decir, la estimación de la capacidad y deseo propios de poner en práctica una solución, independientemente de sus efectos sobre el problema).

En general, se enseña a los pacientes a valorar cada alternativa según los criterios anteriores, como un medio de decidir qué alternativas poner en práctica en la vida real. La razón coste/beneficio total para cada opción de afrontamiento puede valorarse según escalas de evaluación simples (p.ej., desde -7 = muy insatisfactorio a $+7$ = muy satisfactorio). Por ejemplo, una idea que parece tener un gran número de consecuencias positivas y una cantidad mínima de costes podría ser evaluada con un $+6$ ó un $+7$. Por el contrario, una alternativa que se caracterice por pocos resultados positivos y un gran número de consecuencias negativas se evaluaría con un -6 ó un -7.

Al utilizar estas evaluaciones, se alienta a los individuos para que desarrollen un plan general de solución, comparando primero el resultado de la suma de las puntuaciones de las distintas soluciones alternativas. Si sólo hay un pequeño número de ideas que son evaluadas como potencialmente satisfactorias, entonces el «solucionador» de problemas tiene que hacerse a sí mismo las siguientes preguntas —«¿tengo suficiente información?», «¿he definido el problema correctamente?»; «¿son demasiado elevados mis objetivos?»; «¿generé suficientes opciones?», etc. Es probable que en este punto el individuo necesite retroceder y volver a implicarse en las tareas anteriores de solución de problemas.

Si se identifican distintas alternativas satisfactorias, se alienta al individuo a que incluya una combinación de opciones de afrontamiento potencialmente eficaces para cada subobjetivo, como un medio de «atacar» el problema desde diferentes perspectivas. Además, a menudo es útil un plan de contingencias, en donde se identifican un grupo de ideas para ser aplicadas contingentemente cuando fracasen en las anteriores.

Empleando situaciones problema de la vida real, Nezu y D'Zurilla (1979) investigaron la eficacia del modelo establecido de toma de decisiones con 53 estudiantes universitarios. Este estudio abordó la cuestión de si el uso de directrices y criterios específicos de la toma de decisiones, aumentaría la capacidad de un individuo para escoger eficazmente la alternativa que tenga los resultados más deseables en toda una variedad de niveles para situaciones problemáticas de la vida real. El estudio empleó tres condiciones: 1) Directrices y Criterios Específicos (DCE), en la que los sujetos recibían instrucciones detalladas en el modelo entero; 2) Sólo Directrices (SD), en la que se daba a los sujetos las directrices globales con las que dirigir sus elecciones, pero no poseían los aspectos específicos de estas directrices; y 3) Sin Entrenamiento Sistemático (SES), en la que se decía a los sujetos que decidiesen simplemente cuál era la solución más eficaz.

Todos los sujetos de esta investigación recibieron una variedad de posibles soluciones a una serie de 12 situaciones problema y se les pedía que indicaran las mejores soluciones de acuerdo con las instrucciones que se les había dado previamente. Todas las soluciones habían sido evaluadas anteriormente con respecto a su eficacia. Los resultados apoyaron claramente la predicción de que el grupo DCE sería el que mejor tomara las decisiones y que el grupo SES sería el grupo con la puntuación más baja. Mientras que el grupo DCE funcionaba significativamente mejor que las otras dos condiciones, los grupos SD y SES no diferían significativamente entre ellos en su aplicación. Estos hallazgos generales sugieren que el entrenamiento específico en este modelo facilita la eficacia de la toma de decisiones.

Los resultados del estudio de Nezu y D'Zurilla (1979) se replicaron más tarde en investigaciones realizadas por Nezu y D'Zurilla (1981a) y Nezu y Ronan (1987). Este último estudio encontró resultados significativos en estudiantes universitarios deprimidos y no deprimidos. También se informaron de resultados que apoyaban el entrenamiento en la toma de decisiones para la solución de problemas sociales, en el estudio de Cormier y cols. (1986). Estos autores hallaron que los sujetos a los que se entrenaba en la toma de decisiones funcionaban significativamente mejor en una tarea de solución de problemas, en una evaluación al mes de seguimiento, que los sujetos que no recibían ese entrenamiento.

IV.3.5. Puesta en práctica de la solución y verificación

La primera parte de la última tarea de solución de problemas implica la aplicación de las opciones de solución escogidas. El segundo aspecto conlleva la vigilancia cuidadosa y la valoración de los resultados reales de la solución. Después de que se lleva a cabo el plan con la solución, se alienta a los individuos para que vigilen las consecuencias de la vida real que tienen lugar como función de la solución aplicada. Se enseña a los pacientes a que desarrollen medidas de autorregistro que sean relevantes para un problema determinado y que incluyan tanto evaluaciones conductuales del resultado de la solución (p.ej., frecuencia de la respuesta, duración de la respuesta, resultado de la respuesta), como evaluaciones valorativas de las propias reacciones emocionales a estos resultados y el grado en que se corresponden con las consecuencias previamente anticipadas durante el proceso de toma de decisiones. Si la equiparación es satisfactoria, entonces se alienta al «solucionador» de problemas para que se proporcione alguna clase de autorrefuerzo (p.ej., autoverbalizaciones de felicitación, una recompensa o un regalo tangibles). Por otra parte, si la equiparación no es satisfactoria, entonces se alienta al paciente para que, o bien lleve a cabo el plan de contingencias previamente establecido o bien empiece de nuevo todo el ciclo del proceso de solución de problemas. Se tiene que tener especial cuidado para distinguir entre dificultades en la aplicación o puesta en práctica de una opción de afrontamiento y el proceso de solución de problemas en sí mismo.

En estos momentos, no hay estudios empíricos que hayan evaluado específicamente la importancia de este componente dentro del proceso global de solución de problemas sociales. Sin embargo, no son necesarios estudios para demostrar que la solución de problemas sería sólo un ejercicio simbólico interesante si las soluciones no fuesen aplicadas y valoradas en un contexto real. Tampoco se necesitan estudios para mostrar que el llevar a la práctica una solución no puede establecer o reforzar la eficacia de la solución de problemas sin incorporar procedimientos de evaluación y de autocontrol dentro del proceso de verificación (D'Zurilla y Nezu, 1982). De este modo, la evidencia que apoya el empleo de procedimientos de autorregistro y de valoración dentro de un marco de evaluación conductual (Barlow, 1981a; Nelson y Hayes, 1986), además de la evidencia que apoya la teoría del control y del autocontrol (Hyland, 1987; Kanfer, 1971), también apoyan la importancia de este conjunto de operaciones de solución de problemas.

En el cuadro 22.1 se puede ver un esquema que sigue, en gran medida, lo que hemos expuesto hasta aquí sobre el entrenamiento en solución de problemas.

CUADRO 22.1. *Esquema general del proceso de solución de problemas* (basado en D'Zurilla, 1986 y Nezu y cols., 1989)

---

1. ORIENTACIÓN HACIA EL PROBLEMA
   - A. Percepción del problema
     (Reconocimiento y clasificación del problema)
   - B. Atribuciones del problema
     (Atribuciones sobre las causas del problema)
   - C. Valoración del problema
     (Significación del problema para el bienestar personal-social)
   - D. Control personal
     - D.1. Que el problema se perciba como controlable y con solución
     - D.2. Que el sujeto piense que puede resolver el problema por medio de sus esfuerzos
   - E. Compromiso de tiempo y esfuerzo
     - E.1. Estimación precisa del tiempo que se tardará en solucionar con éxito el problema.
     - E.2. La disposición del individuo a dedicar el tiempo y esfuerzo necesarios para solucionar el problema

2. DEFINICIÓN Y FORMULACIÓN DEL PROBLEMA
   - A. Recogida de información
     - A.1. Información sobre la tarea
       (p.ej., el papel que uno tiene que representar, como empleado, padre, etc.)
     - A.2. Información social-cultural
       (se refiere a las características conductuales del propio sujeto y a las de aquellos con los que tiene que interactuar, incluyendo creencias, sentimientos, etc.)
   - B. Comprensión del problema
     (Organización de la información para comprender la naturaleza del problema)
   - C. Establecimiento de objetivos
     - C.1. Plantear los objetivos en términos específicos, concretos
     - C.2. Evitar plantear objetivos poco realistas e inalcanzables
   - D. Revaluación del problema
     (Una vez que se ha concretado y definido el problema, se vuelve a evaluar con más precisión la importancia del problema, considerando los beneficios de resolverlo o no)

3. GENERACIÓN DE ALTERNATIVAS
   - A. Principio de cantidad
   - B. Principio de aplazamiento del juicio
   - C. Principio de la variedad

4. TOMA DE DECISIONES
   A. Anticipación de los resultados de la solución
      (Consecuencias positivas y negativas esperadas, a corto y a largo plazo)
   B. Evaluación (juzgando y comparando) de los resultados de cada solución
      (Resultados con respecto a: la solución del problema, el bienestar emocional, el tiempo/esfuerzo empleado y el bienestar personal-social general)
   C. Preparación de una solución
      (Una solución simple o una combinación de soluciones)

5. PUESTAS EN PRÁCTICA DE LA SOLUCIÓN Y VERIFICACIÓN
   A. Llevar a cabo la solución elegida
      Si no es posible llevar a cabo la solución escogida, debido a diversos obstáculos, se puede:
      A.1. Volver a etapas previas de la solución de problemas, para encontrar una solución alternativa
      A.2. Centrarse en salvar los obstáculos
   B. Autorregistro
      B.1. Autoobservación de la puesta en práctica de la solución y/o de sus productos (resultado)
      B.2. Registro (medición) de la actuación y/o de su resultado
   C. Autoevaluación
      C.1. Solución del problema
      C.2. Bienestar emocional
      C.3. Cantidad de tiempo y esfuerzo empleada
      C.4. Razón beneficio/coste total o bienestar personal-social general
   D. Autorreforzamiento
      Recompensarse por el trabajo bien hecho, si el resultado es satisfactorio. Si la discrepancia entre el resultado obtenido y el esperado no es satisfactoria, ir al paso siguiente.
   E. Recapitular y reciclar
      Volver al proceso de solución de problemas y averiguar las correcciones a hacer para hallar una solución más eficaz.

IV.3.6. Consideraciones clínicas adicionales

Durante el entrenamiento, los terapeutas no deberían proporcionar sólo explicaciones didácticas de cada uno de los distintos componentes del enfoque general de solución de problemas, sino que también deberían modelar la manera en la que se pueden utilizar. Además, se deberían emplear como ejemplos que ilustrasen los distintos componentes, tantos problemas relevantes y de la vida real como fuese posible. Los terapeutas deberían tener cuidado para no presentar este enfoque como un proceso de pensamiento frío, racional o estéril. Muchos pacientes reaccionan en un primer momento contra este enfoque por considerarlo o demasiado simplista (p.ej., «No tengo ninguna dificultad para solucionar problemas laborales o económicos —¡pensaba que nos íbamos a centrar en los problemas profundos que tengo!») o demasiado «frío» (p.ej., «¿cómo puedo intentar ser tan racional cuando me siento tan mal?»). Además, las señales de letargo, anedonia y una falta de motivación, requieren el empleo de estrategias iniciales destinadas a hacer que el paciente tenga por lo menos una mínima participación activa. Por ejemplo, sería importante transmitir a los pacientes una comprensión completa de las complejidades de este modelo y de sus suposiciones subyacentes, como medio de proporcionar un marco a partir del cual puedan entender de qué manera las dificultades para afrontar las situaciones difíciles pueden conducir a dificultades emocionales y a trastornos psicológicos (Nezu, Nezu y Perri, 1989). Además, el proporcionar un análisis detallado de los problemas y de la reacción de pertubación psicológica, asociada de un determinado paciente, ayuda a minimizar estas reacciones negativas iniciales. Finalmente, el conceptualizar esas perturbaciones dentro del proceso de orientación hacia el problema y el ilustrar cómo esas reacciones pueden inhibir los intentos de afrontamiento eficaces, ayuda también a minimizar los rechazos impulsivos de este modelo.

Como medio para aumentar la generalización y el mantenimiento, se alienta a los pacientes a que completen distintas tareas para casa, entre sesiones, que aborden una tarea determinada de solución de problemas (p.ej., generar soluciones a un problema que experimenta esa semana, poner en práctica un plan que haya sido desarrollado durante una sesión). Se debería enfatizar, durante el entrenamiento, el ensayo conductual de las distintas tareas de solución de problemas. Aunque los individuos pueden aprender estas estrategias de solución de problemas, es importante que se proporcionen oportunidades frecuentes para practicar esas habilidades. Los terapeutas deberían incluir, a propósito, oportunidades para la puesta en práctica real de las distintas soluciones, durante el tratamiento, con el fin de que los pacientes practiquen con frecuencia el aplicar el proceso entero de solución de problemas y, en especial, la solución satisfactoria del problema.

V. VARIACIONES Y APLICACIONES

Las variaciones del entrenamiento en habilidades de solución de problemas que se han presentado en este capítulo, pueden verse en la literatura que trata del énfasis distinto puesto en los diferentes procesos componentes, de los tipos de métodos de instrucción empleados para enseñar estas habilidades (p.ej., representación de papeles, cintas de vídeo, modelado), de la estructura del programa general (p.ej., las modalidades de tratamiento individual *versus* tratamiento en grupo), de la inclusión de técnicas conductuales de ayuda y del tipo de problema(s) objetivo abordado(s) en el tratamiento (D'Zurilla, 1986).

Como se ha señalado anteriormente, la terapia de solución de problemas puede aplicarse con un formato muy estructurado o con un formato de terapia más amplio y abierto (Nezu, Nezu y Perri, 1989). Las sesiones pueden dedicarse únicamente al entrenamiento de cada habilidad o pueden incorporarse a una orden del día más amplia, que implica otros aspectos terapéuticos. Si se aplica en la clínica, sin las restricciones que conlleva un modelo de investigación, el entrenamiento puede llevarse a cabo hasta que una determinada habilidad se haya adquirido de forma óptima (p.ej., aprendizaje basado en un criterio). Las variaciones de los métodos de instrucción pueden incluir el empleo de la discusión en grupo, el modelado de las habilidades, las tareas para casa, libros o folletos de trabajo, grabaciones en vídeo con retroalimentación y representaciones de papeles (ver D'Zurilla, 1986 y Nezu, Nezu y Perri, 1989 para considerar distintas hojas y formatos de tareas). Se debería enfatizar que, independientemente del método de enseñanza, la práctica en cada una de las habilidades, especialmente en la puesta en práctica de la solución, sea uno de los principales componentes del entrenamiento.

También existen variaciones en el entrenamiento en habilidades de solución de problemas con respecto a las clases de problemas objetivo y a las poblaciones de sujetos a las que se ha aplicado. Seguidamente presentamos una breve decripción de algunos de estos estudios de tratamiento, con el fin de resaltar esta variabilidad en las aplicaciones clínicas, así como para proporcionar cierta evidencia que apoye la eficacia de la terapia de solución de problemas. Se debe señalar que esta revisión no es exhaustiva sino sólo representativa de la literatura sobre la solución de problemas. Para revisiones más amplias se remite a los lectores a D'Zurilla (1986), D'Zurilla y Nezu (1982) y Nezu y D'Zurilla (1989).

V.1. *Pacientes psiquiátricos hospitalizados*

Se han llevado a cabo algunos estudios para evaluar la aplicabilidad y la eficacia del entrenamiento en habilidades de solución de problemas con pacientes psiquiátricos crónicos para aumentar la competencia social (Bedell, Archer y Marlowe, 1980; Coche y Flick, 1975; Siegel y Spivack, 1976a, b), para mejorar el ajuste personal (Coche y Douglass, 1977), y como parte de un programa de desinstitucionalización (Edelstein, Couture, Cray, Dickens y Lusebrink, 1980).

Este último estudio incluía 12 pacientes psiquiátricos crónicos, seleccionados para ser colocados finalmente en la comunidad, y empleó un diseño de línea base múltiple en el que cada sujeto servía como su propio control. Se pasó, en el pretratamiento, una prueba verbal de solución de problemas, que utilizaba un formato de entrevista, y también se volvió a pasar después de cada uno de los cuatro módulos de entrenamiento. En este procedimiento, se requería que los sujetos respondiesen a problemas hipotéticos similares a aquellos que podrían encontrarse en la comunidad después de dejar el hospital (p.ej., problemas al preparar la comida de forma independiente, conflictos con el casero, problemas en la administración del dinero, etc.). Además de esta medida verbal de solución de problemas, se pasó también un test verbal-conductual de solución de problemas en el pre– y en el postratamiento, con el fin de evaluar la generalización desde la solución de problemas de forma verbal a la puesta en práctica manifiesta de la solución de problemas. Este test implicaba una situación problemática simulada, en la que a un cliente (el sujeto) le cobran de más en la caja de una tienda de alimentación. Además de representar una respuesta a la situación, el sujeto respondía también verbalmente a preguntas que consideraban las mismas habilidades que se evaluaban por medio del test verbal.

Los resultados de la medida verbal de solución de problemas mostraron un aumento significativo en las cuatro áreas de habilidades, como función de cada módulo de entrenamiento respectivo. Además, los datos sugerían también que el entrenamiento en un proceso de la solución de problemas puede afectar a la capacidad para llevar a cabo otros procesos —por ejemplo, el entrenamiento en la identificación y definición del problema parecía facilitar la generación de alternativas de los sujetos y el entrenamiento en la generación de alternativas parecía mejorar su capacidad para evaluar soluciones alternativas. Se encontraron también mejorías significativas en las cuatro áreas de habilidades, al hacer comparaciones del pretratamiento al postratamiento. El análisis de los datos verbales-conductuales de la solución de problemas mostró aumentos significativos del pre- al postratamiento en la adecuación de la elección de la solución y en la adecuación de la puesta en práctica de la solución.

V.2. *Otros problemas*

El entrenamiento en habilidades de solución de problemas también se ha aplicado eficazmente con individuos que tienen problemas de adicción a las drogas (Copemann, 1973), de fumar (Karol y Richards, 1978) y de obesidad (Black, 1987; Black y Sherba, 1983; Black y Threefall, 1986; Perri, McAdoo, McAllister, Lauer, Jordan, Ynacey y Nezu, 1987; Straw y Terre, 1983).

La terapia de solución de problemas se ha empleado también como una intervención eficaz con individuos que experimentan depresión clínica (Hussian y Lawrence, 1981; Nezu, 1986a; Nezu, Mahoney, Perri, Renjilian, Arean y Joseph, 1989).

La investigación se ha centrado también en el empleo de la terapia de solución de problemas para el tratamiento del estrés y problemas de ansiedad, incluyendo la ansiedad proveniente de la indecisión vocacional (Mendoca y Siess, 1976), la agorafobia (Jannoun, Munby, Catalan y Gelder, 1980), la hipertensión (Ewart, Taylor, Kraemer y Agras, 1984) y la ira (Moon y Eisler, 1983).

Además de los trastornos clínicos vistos anteriormente, la terapia de solución de problemas se ha mostrado eficaz con problemas maritales (Whisman y Jacobson, 1989), con ancianos (Toseland, 1977), con grupos de la comunidad (Briscoe, Hoffman y Bailey, 1975), con problemas de agresividad en deficientes mentales (Nezu, Nezu, Arean y Kuehl, 1989) y en la facilitación de la competencia general entre individuos «normales» (Dixon, Heppner, Peterson y Ronning, 1979).

VI. COMENTARIOS FINALES

Empezamos este capítulo con un breve comentario histórico sobre la utilización del entrenamiento en las habilidades de solución de problemas como una intervención clínica importante. Se presentó detalladamente nuestro modelo de entrenamiento, junto con la evidencia en apoyo de cada uno de los cinco procesos componentes de la solución de problemas (orientación hacia el problema, definición y formulación del problema, generación de alternativas, toma de decisiones, puesta en práctica de la solución y verificación), así como de su eficacia con respecto a una serie de aplicaciones clínicas.

Hasta aquí, hemos conceptualizado la solución de problemas como un conjunto de habilidades de afrontamiento que puede aprender un paciente como medio de reducir las perturbaciones psicológicas. Para concluir este capítulo, nos gustaría señalar que hemos empleado recientemente una perspectiva de solución de problemas para establecer un modelo de toma de decisiones clínicas, que pueda ser utilizado por los mismos terapeutas de conducta (Nezu y Nezu, 1989). En este modelo, se considera al clínico conductual como un «solucionador» de problemas, ya que constantemente está tomando decisiones sobre el tratamiento mismo (p.ej., «¿A qué conductas objetivo les tengo que dar prioridad?», «¿Qué instrumentos de evaluación debería emplear?», «¿Qué técnicas debería aplicar para ayudar más a este paciente?», etc.). Hemos defendido la importancia de este modelo para una toma de decisiones clínica eficaz, especialmente a la luz de los principios empíricos del enfoque conductual:

> Uno de los propósitos principales de la evaluación en la terapia de conducta es ayudar al clínico a diseñar un programa de tratamiento óptimo para un paciente determinado. Incluso individuos que pueden presentar conjuntos de síntomas simi-

lares, deberían tratarse de forma distinta como una función de las variaciones individuales en una serie de características personales y conductuales... Las aplicaciones eficaces de esta perspectiva ideográfica se vuelven cada vez más complejas, dado el aumento del conjunto de técnicas de tratamiento disponibles en el repertorio conductual. La necesidad de comprender y mejorar los medios por los que los terapeutas de conducta eligen un tratamiento es, por lo tanto, crucial para el futuro de esta orientación teórica (Nezu y Nezu, 1989, p. 31).

Desde esta perspectiva, señalamos que los principios de la solución de problemas descritos en este capítulo pueden ser relevantes tanto para los pacientes como para los mismos terapeutas.

VII. LECTURAS PARA PROFUNDIZAR

D'Zurilla, T. J., *Problem-solving therapy: a social competence approach to clinical intervention,* Nueva York, Springer, 1986.

D'Zurilla, T. J. y Goldfried, M. R., «Problem solving and behavior modification», *Journal of Abnormal Psychology,* 78, 1971, pp. 107-126.

Goldfried, M. R. y Davison, G. C., *Técnicas terapéuticas conductistas,* México, Paidós, 1981. (Or.: 1976).

Nezu, A. M. y D'Zurilla, T. J., «Social problem solving and negative affective conditions», en P. C. Kendall y D. Watson (comps.), *Anxiety and depression: distinctive and overlaping features,* San Diego, Calif., Academic Press, 1989.

Nezu, A. M. y Nezu, C. M. (comps.), *Clinical decision making in behavior therapy: a problem-solving perspective,* Champaign, Ill., Research Press, 1989.

Nezu, A. M., Nezu, C. M. y Perri, M. G., *Problem-solving therapy for depression: theory, research and clinical guidelines,* Nueva York, Wiley, 1989.

23. LA TERAPIA DE VALORACIÓN COGNITIVA

RICHARD L. WESSLER Y SHEENAH HANKIN-WESSLER

I. HISTORIA

La *Terapia de Valoración Cognitiva (TVC)* surgió a partir de la terapia racional emotiva (TRE) y de la terapia cognitiva (TCO). La experiencia clínica de los autores de este capítulo reveló una necesidad de modificaciones en la TRE y en la TCO, al menos cuando se emplean en su forma pura. La TRE es demasiado dogmática teóricamente con su insistencia de que las expresiones absolutistas de los «tengo que» son la causa de la mayoría de las perturbaciones psicológicas (Wessler, 1988a). La aplicación de la TCO se limita a la distimia y a los estados de ansiedad. Muchas de nuestras ideas teóricas son similares a las expresadas por Guidano y Liotti (1983) (ver capítulo de Botella en este volumen), pero su trabajo sobre la terapia cognitivoestructural no se había publicado cuando empezamos con el nuestro.

La TVC comenzó en respuesta a tres cuestiones que planteó nuestro trabajo con pacientes. Primero, ¿por qué algunos pacientes no respondían a las intervenciones con la TRE y a la TCO como se suponía tenían que responder? Éramos terapeutas experimentados, habíamos dirigido programas de entrenamiento sobre procedimientos cognitivos en Europa y Norteamérica, y uno de nosotros (R.L.W.) había sido director de entrenamiento en el Instituto de Terapia Racional Emotiva de Nueva York (Wessler, 1987). Segundo, ¿por qué algunos pacientes no mantenían las ganancias que habían adquirido durante el curso del tratamiento? Algunos pacientes entendían la naturaleza de sus cogniciones disfuncionales y habían adoptado, durante un corto tiempo, cogniciones más funcionales. Tercero, ¿por qué algunos pacientes seguían en tratamiento con nosotros después de que habían mejorado? Los problemas presentados y los síntomas actuales habían mejorado significativamente en estos pacientes y, aun así, seguían volviendo semana tras semana a pesar de experimentar menos distimia y menos ansiedad.

La contestación a estas cuestiones nos llevó lejos del tratamiento de la distimia y la ansiedad. La personalidad se convirtió en el centro del tratamiento y empezamos a desarrollar intervenciones para los trastornos de la personalidad.

Pace University (EE UU) y Cognitive Psychotherapy Associates, Nueva York (EE UU), respectivamente.

Con pocas excepciones, ni la terapia de conducta ni la terapia cognitiva proporcionaban directrices para trabajar con los trastornos de la personalidad (Pretzer y Fleming, 1989). Las teorías de la personalidad no reciben mucha atención en la literatura sobre la terapia cognitivoconductual. Ellis (1979) alegaba que sus ideas sobre las perturbaciones constituían una teoría de la personalidad, pero claramente no era así. Otros trataban no con la personalidad sino con estructuras cognitivas; para Beck las estructuras cognitivas son representaciones organizadas de experiencias anteriores que permiten a una persona decidir una línea de acción. Las estructuras cognitivas pueden ser tácitas o no conscientes, es decir, pueden influir sobre los pensamientos, sentimientos y acciones sin que la persona se dé cuenta (Meichenbaum y Gilmore, 1984).

Al igual que la mayoría de las modificaciones realizadas en los enfoques de tratamiento existentes, el desarrollo de la TVC fue estimulado por los intentos de vencer la falta de progreso de los pacientes a lo largo del tratamiento. En vez de las explicaciones típicas de la *resistencia* o la *no adherencia al tratamiento,* la TVC considera que la falta de cambio se debe al intento de la persona de sentirse más segura (es decir, conocer el propio mundo social, económico e interpersonal y el lugar de uno en él). Estos intentos son controlados por procesos no conscientes que incluyen directrices para la acción (reglas personales para vivir), proporcionada la motivación por una necesidad de experimentar sentimientos familiares que confirmen el sentido del sí mismo (teoría de la autoconfirmación) y por un énfasis especial en el papel de la vergüenza para mantener patrones cognitivos, afectivos e interpersonales. La TVC se preocupa más de la historia de desarrollo, según la recuerda y la reconstruye el paciente, que la mayoría de los otros enfoques cognitivo-conductuales. No nos interesan las conductas meta, que a menudo son el principal interés de los terapeutas de conducta, y no utilizamos los inventarios y las hojas de registro que normalmente se emplean en la TCO. En nuestra comprensión de la personalidad nos vimos ayudados por los avances de la psicología cognitiva, especialmente por la investigación sobre los procesos no conscientes (Kihlstrom, 1987) —una alternativa al inconsciente psicodinámico.

II. DEFINICIÓN Y DESCRIPCIÓN

El término que llegaba a distinguir mejor nuestra posición era el de *«valoración cognitiva»*, un término que tomamos de los escritos sobre el estrés y la emoción de R. S. Lazarus (Lazarus y Folkman, 1984). Las cogniciones (o conocimiento) y las valoraciones (o evaluaciones) de sí mismo, de otras personas y de las situaciones son aspectos cruciales de las emociones y de las acciones (Wessler, 1986a). La TVC supone una interdependencia de los acontecimientos cognitivos, afectivos y conductuales y una necesidad de integrar los esfuerzos terapéuticos en todos los aspectos del tratamiento.

Los psicoterapeutas a tiempo completo pueden dividir su práctica en dos categorías. En primer lugar se encuentra el gratificante grupo de pacientes que responden pronto a las intervenciones terapéuticas e informan de una disminución de la distimia y la ansiedad, un aumento de la autoestima y patrones conductuales más constructivos. En segundo lugar, existe un grupo más pequeño de pacientes que, o bien no consiguen ningún progreso o bien se quejan de un aumento de la sintomatología.

Al intentar tratar, de forma creativa, al segundo grupo, más resistente, los autores hicieron dos descubrimientos: 1) que muchos enfoques psicoterapéuticos consagrados (p.ej., las terapias cognitivas, el psicoanálisis y la terapia de conducta) pueden realmente aumentar, en vez de reducir, la patología de algunos pacientes; 2) que el fracaso tiene lugar cuando los pacientes no están de acuerdo con los principios que subyacen al tratamiento y, por consiguiente, no cumplen con él.

Los autores pensaban que era necesario extraer lo que fuese positivo de las escuelas de terapia en las que eran expertos e intentar encontrar *explicaciones prácticas* (introspecciones) y *aplicaciones para el cambio* (intervenciones), que tuvieran sentido para los pacientes y para los terapeutas. Fue necesario considerar y eliminar los déficit de estos enfoques consagrados, mientras se retenía lo que parecía útil. Por ejemplo, las terapias cognitivas son útiles para explicar claramente las reglas, los valores y los juicios morales de los pacientes, algunos de los cuales, pero no todos, han sido desadaptativos. No abordan el afecto de una forma diferente que no sea una respuesta directa a la cognición.

Quedó claro, a partir de vérnoslas con el grupo más resistente de pacientes, que muchos tenían el hábito de sentirse de una manera determinada y las causas de estos sentimientos eran inconscientes. Así, el paciente puede decir: «Me he sentido desgraciado toda mi vida y me siento culpable diciendo esto, porque no tengo crisis en mi vida, todo va bien, no puedo explicar por qué me siento así». La TVC proporciona explicación e intervenciones para quejas como ésta, que tienen sentido para los pacientes y, así lo esperamos, para el lector de este capítulo, tal y como lo vamos a explicar seguidamente.

Las escuelas de pensamiento psicoanalíticas tratan con el afecto activado inconscientemente, pero son muy reacias a ofrecer explicaciones o recomendaciones directas al paciente. Las terapias de conducta suponen que los problemas del paciente se mantienen por el ambiente y proporcionan técnicas comprensibles para solucionar la dificultad presentada. No dan explicación del paciente que no puede llevar a cabo la acción sugerida o de aquellos que se sienten peor en vez de mejorar, como resultado de la aplicación de la técnica. Se pueden producir elevados niveles de ansiedad al intentar realizar nuevas conductas y estimularse sentimientos de vergüenza al no realizar una tarea conductual sobre la que se ha estado de acuerdo. La culpa puede ser el resultado del choque de una nueva conducta con un valor personal; por ejemplo, a un hombre se le mandó la tarea de ver cintas de vídeo pornográficas como parte de la terapia de conducta sexual, pero la experiencia produjo tanta culpa que pronto abandonó el tratamiento.

La TVC integra procesos cognitivos, afectivos e interpersonales en un enfoque que está limitado a determinados trastornos de personalidad. No se trata de abordar síntomas de distimia y ansiedad, excepto cuando son el resultado de aspectos de la personalidad. Debido a que exploramos patrones motivacionales, existe una similitud con la teoría psicodinámica; debido a que enfatizamos el afecto y la autovaloración, hay una similitud con la TRE y con los principios rogerianos; debido a que impulsamos alteraciones conscientes en las relaciones con otras personas, hay una similitud obvia con la terapia interpersonal. La TVC, entonces, se dirige a: 1) proporcionar introspección o conocimiento, y 2) sugerir, alentar y explicar acciones e intervenciones correctoras cognitivas. Ahora intentaremos ofrecer ambas cosas al lector.

III. FUNDAMENTOS CONCEPTUALES Y EMPÍRICOS

La TVC se desarrolló no como el resultado de una investigación empírica específica, sino como consecuencia de la práctica clínica. Existe una gran cantidad de evidencia indirecta consistente con nuestras hipótesis principales. Lewicki (1986) ha realizado investigaciones sobre los procesos no conscientes, Andrews (1989) ha llevado a cabo una exploración detallada de la teoría de la autoconfirmación por medio de una revisión de la literatura que la apoyaba y Lewis (1987) ha investigado el papel de la vergüenza y la ira como componentes de los trastornos de la personalidad. En este apartado hablaremos de los componentes clave y de los planteamientos de la TVC, de su apoyo empírico y de ejemplos clínicos.

III.1. *Reglas personales de vida*

Consideramos a las personas como criaturas gobernadas por reglas que aplican a situaciones específicas de la vida, reglas que aplican según entiendan esas situaciones. La gente emplea sus reglas para adaptarse a las situaciones, aunque pueden aplicar las reglas sin darse cuenta de que lo están haciendo; los resultados de aplicar sus reglas están normalmente mezclados y distan mucho de ser totalmente satisfactorios. En cierto sentido, *somos nuestras reglas*.

Por ejemplo, una mujer joven se describía a sí misma habiéndose criado en una familia descuidada, en la que había aprendido la regla de que «Una buena chica es vista pero no oída. Y tengo que ser siempre una buena chica». Se convirtió en una persona reservada y poco asertiva, respondiendo a las necesidades de los demás antes que a las suyas propias y rehuyendo el éxito personal. Había rechazado continuamente ascensos, había evitado los retos y no tenía relaciones íntimas. Hasta que esta mujer viese cómo y por qué había adquirido estas reglas sobre sí misma, era probable que permaneciese muy ansiosa y reservada. El tratamiento que la había dado su familia había sido tácitamente introyectado tanto en su reglas personales como en su autoconcepto, e interactuaba con el mundo en formas que garantizasen el mantenimiento de sus reglas personales. El proceso de tratamiento implica ayudarla a re-valorar estas reglas, que estaban basadas sobre los puntos de vista de dos personas —sus padres— y que las había generalizado a todo el mundo. Los orígenes de sus reglas personales no yacen en su inferioridad intrínseca, sino en un conjunto de suposiciones basadas en su historia pasada. Las reglas se adquieren, a menudo, a una edad temprana y se resisten al cambio, debido a que están fundamentadas sobre la autoridad de los propios padres.

A las reglas según las cuales vive la gente las denominamos *reglas personales de vida*. Beck (1976) ha dicho, «La persona utiliza una especie de libro de reglas mentales para guiar sus acciones y evaluarse a sí mismo y a los demás. Aplica las reglas al juzgar si su propia conducta y la de los otros es "correcta" o está "equivocada" ... Empleamos las reglas no sólo como directrices del comportamiento, sino también para proporcionar un marco que sirva para comprender las situaciones de la vida» (p. 42)

Las reglas personales de vida pueden ser guías explícitas, pero más a menudo son guías implícitas. Las *reglas implícitas* o *no conscientes* se infieren de las observaciones de la conducta, observando que la persona se comporta *«como si»* estuviera guiada por una regla determinada. La persona puede no darse cuenta de sus reglas y, por consiguiente, no puede describirlas cuando se le pregunta. Sin embargo, las reglas pueden inferirse a partir de las pautas de acción y emplearse para explicar y predecir otras acciones.

Las reglas personales de vida son también estructuras cognitivas que representan: 1) la versión idiosincrásica de una persona sobre las relaciones, sometidas a leyes, entre los acontecimientos psicológicos y sociales, y 2) los principios morales y éticos de una persona sobre lo correcto y lo incorrecto. Una regla personal expresa qué es lo que existe o qué es lo que debería existir o las dos cosas.

Las *reglas naturales* o *inferenciales* son expresiones de cómo una persona entiende la ordenación de los acontecimientos en el mundo social o natural.

Pueden ser, bien proposiciones correlacionales o bien de causa y efecto. La gente necesita suponer ciertas relaciones, sometidas a leyes, con el fin de predecir los acontecimientos, seguir una acción adaptativa y sentirse segura. A veces, las reglas personales se expresan verbalmente en forma de aforismos, como «el trabajo duro lleva al triunfo», en forma de avisos, como «no te fíes de nadie que no sea de tu familia», en forma de consejos para relacionarse con los demás, como «si eres bueno con los demás, los demás serán buenos contigo», o en forma de palabras de consuelo, como «confía en Dios».

Las *reglas morales* o *preceptivas* especifican qué debería ser, cómo se debería actuar y cómo deberían comportarse los demás. Son proposiciones sobre la conducta correcta y sobre la conducta ética. Son principios morales y valores sociales, según los entiende un individuo. Este tipo de regla personal forma la base para la evaluación de las acciones propias y ajenas, así como para evaluarse a sí mismo y a los demás, *de forma total.* Un ejemplo de una regla personal moral o preceptiva es: «Tengo que trabajar duro para considerarme una buena persona». Esta clase de regla forma la base de las valoraciones de los fenómenos sociales y se encuentra implicada en el proceso afectivo.

Las experiencias afectivas como vergüenza, culpa, ira, remordimiento y celos, implican claramente al sí mismo y al propio sistema de valores (Lewis, 1987). La *autoestima* proviene de verse a uno mismo actuando de forma consistente con las propias reglas personales preceptivas. La *culpa* y la *vergüenza* provienen del no cumplimiento de las propias reglas personales preceptivas y de la autovaloración negativa que acompaña a esa falta de cumplimiento.

Las reglas personales de vida pueden interactuar o chocar mutuamente y esta interacción o conflicto es a menudo el centro de la TVC. El fracaso para reconocer y reconciliar las reglas personales conflictivas conduce a la angustia psicológica. Por ejemplo, una mujer reveló una regla personal que decía: «Si te diviertes eres una idiota; la gente inteligente es seria, formal y sobria, no frívola y amante de la juerga». Además, ella creía que «debería ser una buena persona, no una idiota, y eso significa no divertirse. Mis sentimientos de depresión proporcionan una gran evidencia de que no me estoy divirtiendo y, por consiguiente, soy una buena persona». Conscientemente no quería sentirse deprimida, sino que quería divertirse. De esta manera, se sentía deprimida debido a la autocondena si trataba de divertirse y deprimida también debido a la privación de experiencias agradables si no se divertía.

Las reglas personales de vida funcionan de tres maneras (Wessler, 1988b). Primero, puede haber mediadores cognitivos de la experiencia afectiva. Segundo, funcionan como componentes de un sistema interactivo de cognición, afecto e (inter)acción. Tercero, hay algoritmos no conscientes para las respuestas basadas en los valores.

Un *algoritmo no consciente* es una vía almacenada para el procesamiento automático de la información social. Este procesamiento automático no consciente no está bajo el control de la persona; está bajo el control del ambiente y se activa por estímulos relevantes de la situación ambiental. Un amplio apoyo experimental para este proceso ha sido proporcionado por Lewicki (1986), que concluyó: «Cuando la gente aprende un nuevo algoritmo cognitivo (como el reaccionar de un cierto modo a determinados estímulos), que sigue a un proceso de aprendizaje controlado conscientemente, y luego repite una serie de veces lo que ha aprendido, sucede a menudo que el algoritmo cognitivo se vuelve automático y empieza a funcionar sin mediación del conocimiento consciente ... (Sin embargo), el procesamiento humano de la información implica, en sus distintos niveles, numerosos algoritmos no conscientes: 1) que *nunca se han aprendido a nivel consciente,* 2) que *funcionan totalmente fuera del propio control consciente,* y 3) que no están disponibles, para una persona que siga estos algoritmos, de una manera que no sea la proporcionada por un "punto de vista externo" sobre su funcionamiento» (p. 11, cursiva añadida).

Después de emplear el concepto de «reglas personales de vida» con muchos pacientes, desde la primera acuñación del término en 1979 (Wessler, 1987), empezamos a darnos cuenta de que pertenecían a algo más que a los *esquemas no conscientes* que producen cogniciones evaluadoras específicas. Las reglas personales de vida pertenecen a un aspecto importante de la personalidad —los *mapas cognitivos* que explican la consistencia de la conducta y del afecto a lo largo del tiempo y a través de las situaciones. Son estructuras fundamentales que definen a la persona y a su integridad como individuo.

Las reglas sobre el «sí mismo» constituyen una base para la motivación. Una persona está motivada, en parte, por reglas que dicen cómo se debería sentir. (A menudo estos sentimientos, impuestos no conscientemente, son categorizados por la persona, de forma consciente, como negativos, según se verá más adelante.) Se pueden descubrir reglas personales sobre las experiencias afectivas apropiadas, de la misma manera que cualquier otra regla personal, es decir, haciendo inferencias a partir de la conducta verbal y no verbal de la persona. Por razones que pronto estarán claras, es crucial inferir reglas personales sobre el afecto, en vez de suponer que el paciente tiene conocimiento consciente de ellas.

III.2. *Las cogniciones justificadoras*

La mayoría de las clases de terapia cognitiva están de acuerdo con la proposición de que las cogniciones controlan las emociones y los sentimientos, y que el afecto perturbador es el resultado de evaluaciones e inferencias erróneas (Raimy, 1976; Wessler, 1986b). Este punto de vista es consistente con las explicaciones teóricas de la emoción que enfatizan el papel mediador crucial de la cognición en los procesos emocionales (Lazarus y Folkman, 1984; Plutchik, 1980). Las reglas personales de vida son cogniciones que median los sentimientos y, cuando no son conscientes, funcionan como algoritmos no conscientes.

En la TVC, las cogniciones tienen una función adicional. Ciertas cogniciones pueden añadirse a los sentimientos con el fin de justificar la experiencia de los sentimientos, o con el fin de producir los sentimientos, o para apoyar las conductas defensivas. Las *cogniciones justificadoras* constituyen una categoría diferente de cogniciones desadaptativas, diferenciándose de las reglas personales de vida en que no son expresiones de valía o leyes sobre cómo estar en el mundo, sino que son negaciones o racionalizaciones defensivas, cuyo propósito es el proporcionar «razones» para ciertos sentimientos y las conductas que les siguen.

Por ejemplo, una mujer sola, deprimida, al defender su negación a responder a la petición de una cita por parte de un hombre al que encontraba atractivo, ofreció las siguientes cogniciones justificadoras como razones para esta acción: 1) «es demasiado atractivo para mí y no le gustaré cuando llegue a conocerme», 2) «por qué molestarme, si de cualquier modo no quiero novio». Cuando se le preguntó más cuidadosamente, estuvo de acuerdo en que sólo aceptaba de forma parcial estas expresiones como ciertas y que proporcionaban una explicación para la evitación que subyacía a su depresión.

El papel de las cogniciones justificadoras se ilustra también en el siguiente ejemplo. Un estudiante licenciado varón informó que estaba fracasando en sus estudios, a pesar de poseer una notable capacidad intelectual. Con el fin de mantener sentimientos de hostilidad hacia sus compañeros de facultad y, por consiguiente, minimizar la vergüenza y la ansiedad sobre su fracaso personal, adoptó las siguientes cogniciones justificadoras: 1) «los profesores me suspendieron porque no les caigo bien», y 2) «de cualquier modo el grado de licenciado no es importante». Sin embargo, no creía realmente que estas afirmaciones fueran verdad y podía citar ejemplos en los que los profesores expresaban su agrado hacia él.

Las cogniciones justificadoras dan a la persona razones plausibles para sentirse como lo hace. Sin embargo, la persona puede considerar que el pensamiento o la afirmación carece de credibilidad y puede incluso reconocer que es inconsistente con los hechos establecidos. Estas cogniciones no pueden examinarse o rebatirse de la manera que es típica de la TCO o de la TRE, debido a que la persona no cree en ellas en absoluto o no cree totalmente en ellas; de este modo, no hay nada que examinar o rebatir.

Un psicólogo informó tener ataques de ansiedad asociados con el pensamiento de que sería demandado por negligencia y comportamiento poco ético. Se le había dicho que entregase sus registros cuando así lo desease su paciente. Si era incapaz de localizar algunos de los registros, se ponía muy nervioso y permanecía así durante varios días, hasta que sus colegas, de forma independiente, le volvían a asegurar que no habría una investigación ética o una demanda por negligencia. Luego, se dio cuenta de que había creado su propia ansiedad, ya que su práctica iba demasiado bien, y que sus pensamientos de condena inminente eran simplemente cogniciones para justificar la ansiedad y la vergüenza que experimentaba cuando actuaba mejor de lo que había pensado que lo haría. En otras palabras, había violado una regla personal y se sentía ansioso, pero justificaba su sentimiento con cogniciones justificadoras negativas sobre el futuro.

III.3. *El afecto personotípico*

Cada persona experimenta ciertos afectos más frecuentemente que otros. Denominamos a estos sentimientos preponderantes *afectos personotípicos.* Se originan en las primeras experiencias de socialización de la persona. Más tarde, esos afectos se evocan más fácilmente que otros y están más frecuentemente implicados en las interacciones sociales. También es probable que ciertos individuos estén predispuestos genéticamente a responder a los estímulos ambientales con mayores niveles de afecto negativo, lo que en algunos casos puede ser gravemente desadaptativo; niveles muy elevados de ansiedad provocan trastornos en el sistema inmune y en las divisiones simpática y parasimpática del sistema nervioso autónomo, dando como resultados trastornos psicosomáticos y síntomas histéricos de conversión (Pardes, Kaufmann, Pincus y West, 1989). Aunque las emociones tienen correlatos fisiológicos y algunas expresiones emocionales son innatas, la frecuencia y la intensidad de los sentimientos están moldeadas por las primeras experiencias.

Es útil considerar a cada familia como una subcultura con sus propios patrones distintivos sobre el conocer, el actuar y el emocionarse. Un niño absorbe, de una forma no crítica, un gran repertorio de hábitos provenientes de los padres y de otros agentes socializantes. Lo mismo que el niño imita a modelos de actuación y de pensamiento, también imita el niño modelos de emociones y recibe reforzamiento dentro del sistema familiar. Liotti (1986) ofrece una explicación similar para la adquisición y el mantenimiento de los esquemas emocionales: el niño, con su limitada capacidad para pensar de forma crítica, posee esquemas emocionales que se han formado durante interacciones familiares emocionales, esquemas que probablemente se repetirán y reforzarán en interacciones posteriores y cuyo modelado, por parte de personas significativas, es reforzado fácilmente y deja pocas oportunidades para informaciones alternativas sobre la propia identidad. Los padres y otras personas significativas pueden imponer descripciones dogmáticas del carácter del niño y de la realidad, de modo que las descripciones se aceptan como verdaderas, sin sombra de duda.

Los algoritmos asociados con las experiencias afectivas se aprenden, habitualmente, en las primeras etapas de la vida y se perpetúan por medio de las interpretaciones sesgadas de los datos por parte de la persona. «Una tendencia inicial... aumenta la probabilidad de que un estímulo posterior se codifique (se perciba) de una manera que sea consistente con, y apoye, la tendencia inicial... El siguiente estímulo relevante sería codificado de una manera incluso más sesgada... En los niños pequeños se dan condiciones especialmente propicias para el funcionamiento de este proceso que se perpetúa a sí mismo» (Lewicki, 1986, p. 3).

Un terapeuta de la TVC cree que la comprensión cognitiva es sólo una de las variables que proporcionan introspección al paciente y al terapeuta. No somos sólo criaturas gobernadas por reglas y, por consiguiente, necesitamos investigar los patrones afectivos comunes que manifiestan nuestros pacientes y clarificarles estos sentimientos, especialmente cuando dichos sentimientos interfieren gravemente con sus vidas. Un ejemplo es el caso de un paciente que afirmaba, «Estoy muy nervioso y muy deprimido. He estado así toda mi vida. Me siento muy culpable, porque cuando le cuente mi vida le parecerá que está muy bien». Al investigar la historia personal de este hombre (nuestros métodos para hacerlo se tratarán más adelante en este capítulo), se descubrieron las siguientes cuestiones: 1) este individuo tenía una historia de distimia y ataques de pánico, 2) su madre tenía también una historia de depresión y de abuso del alcohol. Compartía las reglas personales de vida de su madre, según lo infirió el terapeuta; ésas incluían «no te fíes de nadie», «después de un acontecimiento bueno, viene la desgracia» y «nuestra familia tiene poca suerte intrínsecamente y está condenada al fracaso». El padre del paciente había abandonado la familia cuando éste tenía tres años, proporcionándole evidencia de que no tenía que confiar en nadie. El paciente informó también que sus ataques de pánico empeoraban cuando las cosas iban bien. Su afecto personotípico era, obviamente, la causa del dolor que tenía en la parte baja de la espalda y para el que su médico no podía encontrar una causa fisiológica. El paciente estaba avergonzado también de sus sentimientos, puesto que no podía encontrar razones concretas para ellos, excepto el saber que su madre sentía, en gran medida, lo mismo que él.

Los patrones afectivos familiares necesitaban ser explorados y clasificados. Algunas familias parecen ser propensas a la culpa y a la ansiedad, mientras que otras son notablemente hostiles en sus interacciones. Algunas familias en las que los miembros parecen aguantar pacífica y tranquilamente, pueden ser sistemas en los que hay una negación de todos los sentimientos negativos, y los miembros de la familia a menudo se desprenden de las experiencias afectivas más dolorosas. El paciente siente que ciertos patrones afectivos son familiares y «correctos», proporcionándole así un «ambiente seguro», en el sentido de que esos sentimientos proporcionan a los pacientes una confirmación de sus expectativas sobre el mundo y sobre ellos mismos. Dichas expectativas constituyen la base para muchas historias jocosas familiares; escuchamos historias sobre madres que continuamente encuentran causas de preocupación, cuando no existe ninguna, y de padres que continuamente se enfadan por cuestiones triviales, y de abuelas que, aunque son dulces, amables y no critican o se enfadan, es desagradable estar con ellas y es difícil llegar a conocerlas. Es necesario señalar (o dar a conocer) estos patrones familiares emocionales a los pacientes, para mostrarles por qué persiguen consciente e inconscientemente sus sentimientos para encontrar sentido al mundo. Con su afecto personotípico, los pacientes han experimentado su mundo únicamente desde sus perspectivas. Cuando logran ver estos patrones idiosincrásicos de sentimientos como hábitos, la mayoría de ellos adquiridos en la infancia, se puede alentar y planificar cambios conscientes y, más tarde, tendrán lugar tácitamente cambios inconscientes.

III.4. *Maniobras de búsqueda de seguridad*

Una hipótesis básica de la TVC es que el individuo perseguirá estados afectivos familiares, a menudo sin su conocimiento consciente. La persona busca la seguridad de las experiencias familiares, en vez de buscar simplemente el placer y evitar el dolor. Las *maniobras de búsqueda de seguridad* son acciones que construyen la realidad de una manera tal que los resultados producen sentimientos de seguridad en la persona.

Los estados afectivos buscados pueden ser «negativos» (como la ansiedad, la tristeza, la vergüenza), si las primeras experiencias de socialización tuvieron lugar dentro de una familia culturalmente desadaptada que modelaba y reforzaba esos sentimientos. Los individuos se encuentran motivados para reexperimentar determinados afectos, que desde la infancia les han parecido naturales. Como afirmábamos en el apartado anterior, la preferencia por un estado emocional se adquiere a través de la exposición repetida. Los sentimientos de seguridad provenientes de las experiencias negativas son patológicos y culturalmente desadaptados, aunque pueden haber sido adaptativos en otra época de la vida de la persona y continúan siéndolo en ciertas situaciones. Patrones que encajan en la situación familiar son desadaptativos en una época posterior de la vida, cuando la subcultura de la familia no es representativa de la cultura de la sociedad más amplia. En ese caso, el individuo se encuentra equipado pobremente para interactuar con otras personas, excepto con aquellas que responden, o que puede hacerse que respondan, igual que lo hacían los miembros de su familia y que estimulan involuntariamente el afecto negativo buscado no conscientemente por el individuo.

Una suposición básica de la TVC es que la gente no sólo intenta evitar las experiencias negativas afectivas y defenderse de ellas, sino que también busca estimularlas. Se dedican tanto a la defensa como a las maniobras de búsqueda de seguridad, con el fin de mantener o restaurar un grado óptimo de sentimientos familiares. La sensación de seguridad que surge de experimentar sentimientos familiares incluye el reasegurarse que uno no se enfrenta con estímulos nuevos, que ha afirmado su identidad y que puede predecir con exactitud las respuestas propias y las de otras personas.

Además de buscar situaciones que creen ciertos sentimientos, la gente puede llevar a cabo conductas interpersonales que produzcan determinadas consecuencias que puedan fácilmente ser consideradas como negativas y que no requieran de interpretaciones especiales para crear afectos negativos. La *hipótesis de la autoconfirmación* afirma que la gente interactúa según patrones que «extraen» respuestas predecibles de las otras personas y que producen sentimientos familiares en el actor. Andrews (1989) revisó un gran número de estudios que arrojaban datos consistentes sobre la hipótesis de la autoconfirmación y que apoyaban la idea de que uno incita a los demás a responder de un modo que confirme el propio autoconcepto cognitivo y que estimule sentimientos familiares.

La identificación de las maniobras de seguridad de una persona se hace por medio del análisis de patrones —acciones recurrentes que producen resultados predecibles, los cuales podrían interpretarse «como si» la persona los planificase, una práctica que es consistente con las conceptualizaciones contemporáneas de un inconsciente cognitivo (Kihlstrom, 1987). Buscamos patrones de conducta que provoquen respuestas en los demás y en ellos mismos, y que validen las imágenes negativas de uno mismo experimentadas como afecto. La conducta de evitación grave es un ejemplo de una maniobra de búsqueda de seguridad que produce vergüenza, ansiedad y depresión. No consideramos a la evitación en términos de recompensa a corto plazo, debido a que la persona no es recompensada, sino que se encuentra obsesionada por sentimientos de vergüenza y ansiedad. Las cogniciones justificadoras que fomentan la evitación incluyen, «tengo miedo de salir de la seguridad de no hacer nada y no tiene sentido hacer algo porque es lo mismo». La utilización incorrecta del tiempo, en general, es un modo en el que la gente estropea las relaciones. El actuar de forma poco fiable y el ser olvidadizo de una manera pasivo-agresiva, provoca respuestas negativas en otras personas. El malgastar el tiempo, la falta de la productividad necesaria y el fracaso en cumplir con las fechas límite, da como resultado reprensiones por uno mismo y por los demás.

Las maniobras de búsqueda de seguridad explican algo que podría ser misterioso desde un punto de vista racional y/o hedonista. Se supone, desde un punto racional y/o hedonista, que la persona actúa según sus intereses más importantes, fomentando el alcance de objetivos mantenidos conscientemente y la obtención de resultados agradables o satisfactorios. Cuando la persona actúa de modo que impide el logro de objetivos conscientemente deseados, se dice que actúa defensivamente para evitar la activación de la ansiedad. Por ejemplo, un hombre evitaba los contactos sociales con mujeres, aunque su objetivo consciente era tener una relación romántica. Sin embargo, su evitación le hacía también sentirse avergonzado, debido a su falta de éxito, y mantener una imagen de sí mismo como una persona débil y poco eficaz. Si un examen de su historia personal estableciese este patrón de autoconfirmación, entonces concluiríamos que el patrón es de búsqueda de seguridad, en vez de defensivo.

III.5. *El punto fijo emocional*

La TVC postula un *punto fijo emocional* que actúa regulando las experiencias afectivas. Cuando las experiencias afectivas se desvían de un cierto rango, empieza a tener lugar un proceso de autorregulación que produce el efecto de retornar los sentimientos de la persona a aquellos que le son más familiares. Tanto para las experiencias agradables como para el alivio de las experiencias desagradables, este proceso es el mismo que el bien conocido retorno homeostático a los estados óptimos. En general, la gente prefiere experiencias positivas afectivas a experiencias negativas y es probable que actúe de una manera que le ayude a mantener sus sentimientos positivos (Isen, 1984).

Sin embargo, hipotetizamos que la gente está también motivada para buscar experiencias desagradables y encontrar «alivio» de las agradables. Ejemplos de la búsqueda voluntaria de experiencias afectivas negativas incluyen el sentir miedo en una película de terror, sentir ansiedad mientras se observa una peligrosa actuación en el circo y sentirse triste con la trágica muerte de un héroe de ficción. Estas experiencias se buscan después de llegar a la decisión consciente de hacerlo, es decir, una decisión de re-experimentar ciertos afectos que, aunque puedan ser negativos, la persona los considera deseables. La observación clínica indica que se toman decisiones similares de forma no consciente y que implican al individuo no como espectador sino como participante.

Para la mayoría de la gente, la mayor parte del tiempo, las experiencias afectivas familiares son positivas; sin embargo, para la mayoría de la gente, parte del tiempo, y para algunas personas, la mayoría del tiempo, la seguridad proviene de estados emocionales negativos. Una revisión de la investigación apoya esta suposición. Schwartz (1986) describió la relación entre las cogniciones positivas y las cogniciones negativas en el diálogo interno. Los estudios que revisó mostraban una razón de 0,63 pensamientos positivos a 0,37 pensamientos negativos, para las personas que funcionaban bien. Para personas moderadamente ansiosas o deprimidas, la razón era de 0,50 : 0,50, mientras que personas más perturbadas mostraban una razón de 0,37 pensamientos positivos a 0,63 pensamientos negativos. Una implicación de estos hallazgos es que una persona que tiene determinadas experiencias positivas que podrían desbaratar su razón típica, restaurará esa razón buscando experiencias negativas y/o interpretando los acontecimientos de un modo negativo, tanto si los hechos encajan con la interpretación como si no. De esta manera, una persona mantiene no sólo un equilibrio cognitivo, sino también un equilibrio afectivo. De igual modo, Nathanson (1987) describió el caso de un paciente que se comportaba de forma molesta, con el fin de evitar que la gente le alabase sus habilidades laborales; cuando en alguna ocasión una persona le hacía un cumplido, al principio sentía excitación y alegría, seguido por un período de angustia que disminuía sólo cuando provocaba la censura de los demás, de modo que así podía volver a su punto fijo emocional familiar.

El punto fijo emocional funciona como el control de regulación (termostato) de un sistema de calefacción central. Cuando la persona se siente mejor encuentra pronto formas de sentirse peor. Por ejemplo, un hombre muy ansioso mantenía altos niveles de ansiedad al estar obsesionado constantemente por la posibilidad de una enfermedad terminal y la muerte. Veía cualquier pequeña dolencia como evidencia de que se estaba muriendo. Una opinión tranquilizadora de uno de sus muchos médicos le proporcionaba cierto alivio durante unos días, pero después buscaba los criterios de otros médicos en un intento de apoyar sus temores.

IV. MÉTODOS

En este apartado, describimos los métodos utilizados más frecuentemente en la TVC. El objetivo de la TVC consiste en fomentar la comprensión y la aceptación de uno mismo, colocar la expresión emocional dentro de límites interpersonalmente aceptables y modificar patrones autoderrotistas de acción y de interacción. La TVC se preocupa menos de aliviar los afectos negativos, que es lo que habitualmente se hace en la TRE y en la TCO, y más de la comprensión de cómo están implicados los afectos en la personalidad. Se necesita la introspección para vencer la inercia que evita el cambio obteniendo, primero, una comprensión del papel que juega la necesidad no consciente de reexperimentar ciertos sentimientos negativos y luego actuando de forma opuesta al patrón habitual de búsqueda de seguridad.

IV.1. *La alianza terapéutica*

La *relación* entre el paciente y el terapeuta es el primer y más esencial ingrediente del tratamiento. Es fundamental considerar al paciente con respeto. Intentamos crear un ambiente seguro, que no produzca vergüenza, en donde los sentimientos, tanto positivos como negativos, se puedan manifestar y discutir adecuadamente.

Una vez que se ha establecido una relación, necesita mantenerse. Si un paciente expresa una necesidad exigente, le diré [S.H.W.] de qué manera eso hace que me sienta atrapada y sentirme como si me apartase. A un hombre con un patrón de evitación de la conducta interpersonal le dije que su falta de emoción y sus modales corteses me hacían sentir a la vez cómoda e incómoda —cómoda en el sentido de que no me iba a atacar u ofender, pero incómoda en el sentido de que no podía conseguir una sensación real de cómo se sentía o cómo estaba.

La *autorrevelación* adecuada de sentimientos y de información personal es una técnica que anima a los pacientes a que expresen sentimientos y pensamientos, y que describan acontecimientos sobre los que sienten culpa y vergüenza. En vez de perdernos el respeto cuando contamos historias que nos presentan como personas imperfectas, los pacientes se sienten más iguales a nosotros y más aceptados. Mientras que un psicoanalista parece poco implicado y alejado, y un terapeuta de conducta parece activo y directivo, el terapeuta de la TVC se esfuerza por obtener una relación más equitativa y de colaboración.

Constantemente consultamos con los pacientes para enterarnos de cómo ven nuestras relaciones a lo largo de las primeras etapas de la formación de una alianza terapéutica. Cuestiones típicas [inspiradas en Beck, Rush, Shaw y Emery (1979)] son: ¿Qué piensas y sientes sobre mí? y ¿Qué piensas que siento sobre ti? La última pregunta implica suposiciones inadecuadas sobre nuestros pensamientos y sentimientos. El terapeuta se esfuerza en corregirlas, como, por ejemplo, tranquilizando a una joven que me acusaba de odiarla de que no la odiaba, pero que me desagradaban mucho algunas de las maneras en que se trataba a sí misma.

IV.2. *El afecto personotípico*

Desde el exterior buscamos patrones de sentimientos familiares que son típicos de esa persona y que trastornan su funcionamiento. Una paciente con un *trastorno límite de la personalidad* expresaba hostilidad de la siguiente manera: «Todos vosotros los terapeutas sois unos inútiles. Nadie puede ayudarme. Tenéis que estar locos para intentarlo». Su hostilidad era una maniobra defensiva y enmascaraba la ansiedad, la ira y la vergüenza; era *ella* realmente la que pensaba que estaba loca. Un hombre con un *trastorno narcisista de la personalidad* decía alegremente, «La vida es realmente fabulosa. Me siento muy bien». Cuando le pregunté (S.H.W.), «¿Por qué estás aquí?», surgieron sus sentimientos de vergüenza y ansiedad al decir, «No sé mantener una relación». Un hombre con un *trastorno de la personalidad por evitación* no mostraba ninguna emoción que no fuese el sonreír, especialmente cuando hablaba sobre sus fracasos; cuando se le pidió que dejara de sonreír se deshizo en lágrimas y empezó a hablar de sus fracasos y de sus temores.

A todos los pacientes se les pide que rellenen el *Multimodal Life History Questionnaire, (LHQ)* [Cuestionario Multimodal de la Historia de Vida] (Lazarus, 1981), el *Beck Depression Inventory (BDI)* [Inventario de Depresión de Beck] (Beck y cols., 1979) y para los pacientes que tienen una larga historia de problemas psicológicos, el *Millon Clinical Multiaxial Inventory-II, (MCMI-II)* [Inventario Clínico Multiaxial de Millon-II] (Millon, 1987), que explora los problemas psicológicos actuales y los patrones disfuncionales a largo plazo. Un examen de las respuestas del paciente a las preguntas del LHQ, desarrollado para centrarse en la experiencia pasada del paciente y en sus sentimientos, ayuda a definir los patrones afectivos típicos de la familia del paciente. Estos instrumentos proporcionan una base para un completo examen de la historia personal de desarrollo del paciente. Preguntas sobre los sentimientos son, «¿Cuáles eran los sentimientos más habitualmente experimentados en tu familia?» «¿Cuáles eran los sentimientos que tu padre y tu madre tenían la mayor parte del tiempo dentro de la familia?» y «¿Constituyen estos sentimientos una parte importante de tu vida hoy día?». Al contestar a estas preguntas, un paciente con un *trastorno dependiente de la personalidad* afirmaba, «Estábamos aterrorizados por mi padre todo el tiempo. Mi madre decía que debíamos calmarle o que le pondríamos peor. Todavía estoy aterrorizado por la gente, especialmente por aquellas personas que tienen autoridad. Intento evitar conflictos haciendo todo lo que pueda para agradarlas, con gran esfuerzo por mi parte».

Otra forma de evocar el afecto personotípico consiste en provocar recuerdos infantiles, contando discretamente historias de otros pacientes que tienen experiencias de vida similares, respondiendo a las señales no verbales y modelando los sentimientos por medio de la autorrevelación. Habitualmente decimos a nuestros pacientes que la ansiedad constituye uno de nuestros problemas y que tenemos que trabajar duro para afrontarla. Ésta es una afirmación correcta dentro del espíritu de la honestidad emocional. Anima a los pacientes a que nos conozcan y proporciona un ambiente sin vergüenzas, en el que se aceptan los sentimientos negativos, especialmente la vergüenza y la culpa y en el que es apropiado expresarlos.

La *imaginación dirigida* es útil para evocar patrones de afecto personotípico, especialmente en pacientes cuyo afecto está bloqueado y fuera de su conciencia (Lazarus, 1981). Les pedimos que se recuesten en el sillón y cierren los ojos, mientras se les cuentan historias que son similares en contenido a la experiencia del paciente, y se les pide que escuchen y traten de comprobar sus sentimientos. Una paciente que había insinuado que habían abusado de ella sexualmente cuando era niña, dijo inmediatamente, «No necesito hablar sobre eso. Lo he olvidado. Sucedió hace muchos años». Le pregunté [S.H.W.] que se imaginase que tenía seis años y luego le conté una historia sobre una niña que sentía horror de que su querido tío, que le prestaba mucha atención, le faltase al respeto. Le conté la mezcla de sentimientos de esta niña; de placer, por un lado, al ser el centro de la atención de su tío y de repugnancia y de ira, por el otro, cuando se daba cuenta de que estaba haciendo algo incorrecto. Se encontraba demasiado avergonzada de su implicación en estos actos como para decírselo a sus padres. Antes de que pudiera acabar esta historia, mi paciente se puso a llorar y empezó a expresar su propia vergüenza e ira profundamente arraigadas. Me contó muchos ejemplos de episodios en los que había estado implicada en experiencias sexuales de las que se avergonzaba y me habló de que toda su vida había sido obesa, lo que hacía que mantuviese sentimientos de inferioridad y de hostilidad y le proporcionaba cogniciones justificadoras para evitar a los hombres.

Los patrones afectivos se expresan tanto directa como indirectamente. Las señales no verbales constituyen claros indicadores de los sentimientos, especialmente aquellas señales asociadas con la conducta interpersonal. El psicoanalista que se sienta fuera del campo visual del paciente, ofrece una manifestación no verbal sobre el rol que percibe para sí mismo en esa relación. De igual manera, un paciente que se sienta encorvado y tan lejos del terapeuta como es posible, probablemente mostrará vergüenza y ansiedad con respecto a la exposición personal. Es importante pensar en estas señales no verbales como pistas de los patrones de afecto personotípico.

Los objetivos son el clarificar las formas de sentimientos familiares al paciente por medio de la comprensión de su etiología y el ayudar a los pacientes a que entiendan cómo mantienen esos sentimientos, algunos de los cuales son desadaptativos, con el fin de sentirse «seguros» y mantener el punto fijo emocional familiar.

IV.3. *Las cogniciones*

Al intentar comprender las cogniciones de un paciente, nos apoyamos en el LHQ como una introducción básica a los pensamientos del mismo. Muchas reglas personales de vida pueden reconocerse de esta manera y verificarse y ampliarse durante las entrevistas terapéuticas. Las siguientes constituyen una muestra de algunas preguntas de la entrevista empleadas para extraer información sobre las reglas personales de un individuo.

«¿Describirías a tus padres como personas optimistas o pesimistas?» y «¿Consideras que las necesidades de los demás son más importantes que las tuyas?» Un paciente respondió a estas preguntas diciendo, «Mis padres pensaban que yo no valía para nada, siempre criticaban mis fracasos y prestaban poca atención a mis éxitos. Siempre pongo las necesidades de los demás antes que las mías». A partir de estas respuestas es posible inferir determinadas reglas personales, como, «No triunfaré, no importa la firmeza con que lo intente» y «los demás son superiores a mí».

Estas inferencias se presentan al paciente con el fin de comentarlas y revalorarlas. Si el paciente está de acuerdo con que tiene una regla personal que predice la falta de éxito a pesar del esfuerzo, el terapeuta debería preguntarle si esta regla se aplica a todo el mundo, creando una disonancia a la regla personal. Se alienta, entonces, a este paciente para que disocie la conexión, que ha tenido toda la vida, entre esfuerzo y fracaso y que haga una nueva conexión entre esfuerzo y posible éxito. Se puede enfatizar este cambio filosófico por medio de una intervención terapéutica, en la que se anime al paciente a emprender una tarea para adquirir alguna nueva habilidad que podría ser interesante, pero que está evitando debido a la anticipación del fracaso, la desilusión y la depresión. Este paciente empezó con la fotografía y el terapeuta vigilaba sus progresos. Para sorpresa suya, comenzó a hacer algunas fotografías de buena calidad y el terapeuta fue capaz de mostrarle cómo se centraba en la crítica negativa del instructor y sólo reconocía, de pasada, la alabanza y el ánimo. Después, practicó el atender a todos los comentarios de los demás y rompió el hábito de responder sólo a la crítica negativa.

Al describir los patrones afectivos familiares, alentamos a los pacientes a que expresen cogniciones justificadoras, pensamientos que evoquen y/o justifiquen el afecto personotípico. Un hombre con éxito en los negocios, que cuando era estudiante había recibido premios nacionales por su aplicación, declaró a su terapeuta, «Soy realmente un estúpido». Cuando se le preguntó si creía en esto, contestó, «Sí. Sólo soy una persona que trabaja duro. Les engaño a todos». Cuando se le preguntó si se sentía *completamente* estúpido, contesto, «No. Supongo que una parte de mi sabe que soy inteligente». Sus patrones afectivos personotípicos revelaban un hombre que continuamente sentía y pensaba en la humillación, incluso hasta el punto en que se casó con una mujer que lo humillaba diariamente. Sus cogniciones justificadoras perpetuaban el patrón de la humillación, en el sentido de que continuamente empleaba ciertos pensamientos en los que no creía totalmente, pero que con toda seguridad le humillaban. Por ejemplo, al completar un asunto de negocios con mucho éxito, se dijo a sí mismo, «Invirtieron varios millones de dólares en mi compañía porque les engañó mi imagen de niño bueno». Un examen de su historia personal de desarrollo mostró que había sido educado por una madre dominante y crítica, que injuriaba a su padre, ausente, como una persona débil e inútil. Hoy día, su mujer le injuria de la misma manera.

IV.4. *Las maniobras de búsqueda de seguridad*

Estos patrones de conducta y de pensamientos pueden identificarse trabajando hacia atrás a partir del afecto personotípico negativo que producen. El paciente informa de acontecimientos en su vida actual durante los cuales reexperimenta emociones características y éstas pueden identificarse fácilmente como maniobras de búsqueda de seguridad. La clave para identificar las maniobras de búsqueda de seguridad consiste en asumir una actitud «como si» —el paciente actúa «como si» estuviera buscando afecto familiar.

Exploramos las relaciones interpersonales en las que están implicados nuestros pacientes, para descubrir a menudo que buscan relaciones no reforzantes que continuamente evocan patrones familiares de sentimientos. La mujer de la que hemos hablado anteriormente y que había tenido dos maridos que la injuriaban, gritó «Mis dos maridos me trataban muy mal. ¿Son todos los hombres unos cabrones o es que me seleccionó Dios para un tratamiento especial?». Una revisión de su historia personal apoyó la percepción de que trababa relaciones con hombres que la maltrataban como su padre alcohólico y que experimentaba la misma ira y compasión de sí misma que su madre. Cuando la maniobra de búsqueda de seguridad es de naturaleza interpersonal, como sucede a menudo, el terapeuta puede pedir al paciente que invierta los papeles con la otra persona significativa de su vida y que se imagine cómo se podría sentir la otra persona y descubrir así cómo provoca las reacciones emocionales en los demás

Un tipo habitual de maniobra de búsqueda de seguridad es la conducta adictiva: alcoholismo, adicción a las drogas, el juego compulsivo, el ir de compras compulsivo y el robo en las tiendas igualmente compulsivo, y los trastornos alimentarios. La vergüenza progresiva es habitual en las adicciones; el comer en exceso proporciona un buen ejemplo. Cualquier intento de intervenir, con técnicas conductuales, en las primeras etapas de la terapia puede ofrecer al paciente una oportunidad ideal de fracasar e implicarse en una maniobra de búsqueda de seguridad, para justificar el concepto negativo de sí mismo, la experiencia de la vergüenza y la humillación. Las cogniciones justificadoras familiares incluyen, «Intenté dejarlo pero comía incluso más. No puedo dejarlo. No tengo otra forma de dominar mis sentimientos». La intervención aquí consiste en mostrar al paciente que el comer en exceso mantiene estos sentimientos negativos aunque familiares —lo que era inconsciente se vuelve consciente. El hábito de comer en exceso permite a la persona evitar las relaciones íntimas, el sexo y, a veces, el ascenso profesional.

Los niños que son víctimas de actos abusivos creen a menudo que, de alguna manera, provocan y se merecen este tratamiento. Más tarde producirán respuestas similares en los demás por medio de maniobras de búsqueda de seguridad. La intervención aquí consiste en ayudar a los pacientes a transferir la responsabilidad de estos tempranos actos injuriosos a las personas que los cometen. Se tiene que mostrar al paciente que los actos no eran culpa suya y, por consiguiente, no pueden seguir injuriándose a sí mismos. Cada vez que un paciente se dedica a la conducta autodestructiva, el terapeuta le recuerda las razones por las que actúa de esa manera. La paciente que come en exceso puede realizar un registro de sus pensamientos antes y después de comer en exceso, y examinar dichos pensamientos para ver si las razones que se da a sí misma de sus acciones son válidas o son simples excusas para justificar el hacerse daño a sí misma. Conforme el paciente va entendiendo de qué va la conducta de comer en exceso, se inclina menos a creer en sus propias excusas. La conducta que una vez estaba fuera de control, ahora se controla y se aumenta la sensación de poder personal por parte del paciente.

IV.5. *Las intervenciones*

No hay una separación de la evaluación y la intervención en la TVC y, a menudo, una se confunde con la otra. Algunas intervenciones se han descrito en las páginas anteriores. Ahora resumiremos otras de las principales intervenciones empleadas en la TVC.

La *autorrevelación* y el *modelado* por el terapeuta alientan la honestidad emocional de la conducta diaria del paciente. Por su disposición a hablar de asuntos personales, el terapeuta puede fomentar una relación más estrecha entre el terapeuta y el paciente y crear una alianza terapéutica más eficaz. Por medio de la imitación del modelo que es el terapeuta y practicando la autorrevelación fuera de la sesión de terapia, el paciente puede aprender que la honestidad emocional fomenta relaciones más estrechas entre la gente.

El *interrogatorio* del terapeuta sobre las reglas personales del paciente y las cogniciones justificadoras, abre la posibilidad de comprender los orígenes de ambas categorías de cogniciones y de sus funciones en la vida actual del paciente. Esta *reconstrucción* de la historia personal de las cogniciones del paciente es, a menudo, esencial para que el paciente piense de forma diferente.

El terapeuta sugerirá a veces al paciente que intente no permitirse sentir o actuar de formas que sean consistentes con sus perturbaciones. Se instruye al paciente para que *actúe «como si»* ya hubiese conseguido los cambios que busca. Ésta es una de las principales técnicas de la TVC, debido a que hace que el paciente actúe en contra de los sentimientos familiares. Esto es necesario si tiene que cambiar los patrones disfuncionales de su vida. La disonancia cognitiva que conduce al cambio puede crearse pidiendo al paciente que intente pensar de forma diferente y actuar según esos nuevos pensamientos.

El ayudar al paciente a *reconocer los patrones disfuncionales* y fomentar sus intentos de cambio puede facilitarse si mantiene un registro escrito como, por ejemplo, un diario. Esta técnica sensibiliza al paciente ante sus patrones y le permite proponer pensamientos alternativos a los patrones que van surgiendo. El terapeuta puede revisar el diario, pudiendo ofrecer comentarios y sugerencias que el paciente no ha considerado.

Una intervención distintiva de la TVC es el *examen de las cogniciones justificadoras y su exposición* como los pilares de ciertas emociones disfuncionales. Estos afectos pueden reducirse eliminando las cogniciones que los apoyan. Dichas cogniciones justificadoras son racionalizaciones que el cliente sólo cree parcialmente, pudiéndosele instar para que las tome menos en serio. Se alienta a los pacientes a que piensen sobre sus pensamientos y que abandonen las cogniciones justificadoras, porque apoyan una visión falsa de la realidad.

La intervención básica para con las maniobras de búsqueda de seguridad consiste en *identificarlas* y recomendar al paciente que *haga lo opuesto al patrón habitual,* que lleva asociados los sentimientos familiares que el paciente busca inconscientemente. Es especialmente importante que el paciente identifique sus maniobras de búsqueda de seguridad cuando ocurran y que trate intencionadamente de modificar el patrón habitual. Por ejemplo, se puede animar al paciente para que se diga a sí mismo, «Hago esto (las maniobras de búsqueda de seguridad) para herirme a mí mismo; puedo continuar, si lo deseo, pero por lo menos sé lo que estoy haciendo y por qué lo estoy haciendo». Con la práctica, se vuelve más fácil reconocer y actuar contra las maniobras de búsqueda de seguridad. La introspección cognitiva es necesaria con el fin de detener los patrones habituales de negación y evitación.

Los *mecanismos de autoconsuelo* se refieren a lo que hace el paciente para aliviar sus propios sentimientos de angustia. Una paciente se esforzó mucho en entender que el dolor que sintió cuando era niña seguía presente en estos momentos y se había convertido en un hábito que se había impuesto a sí misma. Para ayudarla a desarrollar mecanismos de autoconsuelo, el terapeuta describió cómo se consolaba a sí mismo cuando se sentía mal: intentaba ser menos crítico y más tranquilizador consigo mismo. Es importante que el paciente se tranquilice a sí mismo, en vez de confiar en otras personas para que lo tranquilicen, incluyendo el contar con terapeuta durante las sesiones. Por medio de la autorrevelación, el terapeuta puede modelar programas emocionales para el cuidado de uno mismo, que se opongan a las maniobras de búsqueda de seguridad y también puede vigilar el desarrollo de dichos programas.

Finalmente, el terapeuta puede escribir una nota para el paciente al final de cada sesión. El paciente puede leer esta nota y, de forma ideal, ponerla en práctica conforme la va necesitando. La nota contiene los siguientes puntos: 1) qué se vio en el día de hoy —un resumen de una frase sobre los puntos principales discutidos por el terapeuta y el paciente durante la sesión, 2) patrones de pensamientos, sentimientos y acciones identificados durante la sesión, 3) tareas para casa que se opongan a los patrones. (Preferentemente las tareas para casa se las pone el paciente en vez de imponérselas el terapeuta.)

El paciente puede reunir estas notas en una especie de libro de autoayuda personal e idiosincrásico, que sirva de referencia, y que sea utilizado en las futuras ocasiones en que se enfrente con dificultades. Quizás este sea el único libro de autoayuda verdaderamente eficaz.

IV.6. *Los retrocesos*

Es muy habitual en la terapia ver a pacientes que, después de haber hecho progresos de los que se alegran tanto ellos como el terapeuta, vuelven, de pronto, a los antiguos patrones de sentimientos y conducta. Si el terapeuta y el paciente no llegan a comprender estos retrocesos, ambos se desmoralizarán, dañando así al proceso de la terapia. En la TVC estos retrocesos se ven como intentos inconscientes de mantener la «razón típica» de cogniciones y afectos positivos y negativos, es decir, intentos de reinstaurar el punto fijo emocional. Se debería mostrar al paciente que estos retrocesos son, de hecho, una señal de progreso, en el sentido de que constituyen una respuesta al cambio. Asusta el cambiar y el aventurarse en el territorio desconocido de una menor perturbación. Por consiguiente, es comprensible, no avergonzante, volver a los patrones de pensamiento, sentimiento y conducta familiares y dolorosos.

V. VARIACIONES

Existen, quizás, tantas variaciones de los procedimientos básicos de la TVC como pacientes haya, puesto que cada uno presenta problemas y «perfiles de personalidad» ligeramente diferentes. Sin embargo, podemos sugerir algunas directrices para trabajar con pacientes que tengan ciertos trastornos de la personalidad comunes.

La *personalidad dependiente* está preocupada frecuentemente por temores de ser abandonada y se siente herida fácilmente por la crítica o la desaprobación. En vez de proteger a estos pacientes, es importante discutir àbiertamente sus temores y resistir sus intentos de hacer del terapeuta un experto en darles consejos y tomar las decisiones por ellos.

La *personalidad por evitación* teme a las evaluaciones negativas de los demás y se retira y se aísla para evitar las críticas y la vergüenza. También evitará al terapeuta y lo que el terapeuta le aconseje. El terapeuta debería enfrentarse a ello suavemente y advertir al paciente sobre su patrón de evitación defensiva. También es deseable el establecimiento de contingencias para que no se recompense la evitación.

La *personalidad narcisista* reacciona a la crítica con sentimientos de ira, vergüenza o humillación; es, en otras palabras, hipersensible a las evaluaciones de los demás. Al igual que la personalidad histriónica, que busca la aprobación de los demás, no se debería reforzar a la personalidad narcisista por su preocupación sobre sí misma. Por el contrario, el terapeuta debería intentar no estar para los trotes de las maniobras defensivas y de las maniobras de búsqueda de seguridad que subyacen a las reglas personales y a las cogniciones justificadoras.

Los *trastornos límite de la personalidad* presentan desafíos y oportunidades poco habituales para el terapeuta. Aunque los sentimientos de vergüenza sostienen a la mayoría de los trastornos de la personalidad, esos sentimientos se aumentan al máximo en la personalidad límite, que es exquisitamente sensible a desaires y humillaciones involuntarios. El trabajar con ellos depende de una sólida alianza terapéutica, de modo que se pueda hacer frente a las imágenes negativas sobre sí mismo y que se pueda apoyar y fortalecer el núcleo positivo del sí mismo. Paciencia, confianza y autoaceptación constituyen requisitos por parte del terapeuta, que tiene que poner límites al paciente, pero permaneciendo flexible y abierto a los afectos y conductas continuamente cambiantes.

VI. APLICACIONES

La TVC se limita a los trastornos de personalidad y no se dedica a tratar los síntomas de ansiedad y depresión, excepto cuando son el resultado de aspectos de la personalidad. Sin embargo, los principios de la TVC se aplican a pacientes resistentes y difíciles, porque su falta de progreso se debe a aspectos de sus personalidades. Realmente, como se mencionaba al principio de este capítulo, la TVC se creó como una respuesta a la falta de progreso y a las recaídas.

Se tienen que tomar una serie de decisiones cuando se trata a un nuevo paciente. Primero, ¿se encuentra el paciente en una crisis? Para las crisis psicológicas causadas por crisis de la vida real, empleamos intervenciones de la TRE, la psicoterapia de apoyo y la solución de problemas. La TRE es especialmente eficaz para tratar con emociones y pensamientos catastróficos durante las épocas de crisis.

Segundo, ¿cuál es el trastorno actual? Para contestar a esta pregunta, nos fiamos del juicio clínico y de los resultados de los tests psicológicos para hacer un diagnóstico. El tratamiento depende del diagnóstico. Es especialmente importante saber si la condición puede tratarse con la terapia psicológica sola o si se debe recomendar y alentar la medicación, bien como el único tratamiento o en combinación. La terapia psicológica puede incluir una amplia variedad de intervenciones cognitivas, conductuales y otras y, en el fondo, es multimodal (Lazarus, 1981).

Tercero, ¿contribuyen las características de personalidad de manera significativa a este trastorno? La respuesta depende, de nuevo, del juicio clínico y de los resultados de los tests psicológicos. Cuando la contestación a esa pregunta es sí, nos centramos en tratar el trastorno de la personalidad empleando los conceptos y procedimientos descritos en este capítulo. Los pacientes más difíciles de tratar son los más difíciles de diagnosticar; normalmente tienen alguna condición crónica, como la depresión, que puede ser bioquímica o puede deberse a factores de personalidad, pero la depresión que forma parte de un síndrome límite es diferente de otras depresiones y se debería tratar adecuadamente.

VII. RESUMEN/CONCLUSIONES FINALES

La terapia de valoración cognitiva (TVC) supone 1) que la información social se procesa por medio de algoritmos no conscientes, 2) que la motivación es proporcionada, en parte, por una necesidad de volver a experimentar sentimientos familiares que confirmen la propia sensación del sí mismo y que mantienen patrones cognitivos, afectivos, conductuales e interpersonales, y 3) que la vergüenza juega un importante papel en mantener los patrones cognitivos, afectivos, conductuales e interpersonales.

Entre los aspectos básicos del tratamiento se encuentra la alianza terapéutica; la intimidad se desarrolla a través de la honestidad emocional y de compartir experiencias y sentimientos positivos y negativos. También es esencial el diagnóstico preciso y el reconocimiento del afecto personotípico, empleando el Cuestionario Multimodal de la Historia de Vida (LHQ) y otros instrumentos. Se ayuda a los pacientes a que comprendan cómo utilizan cogniciones justificadoras para mantener patrones desadaptativos y se les alienta a que pongan en duda esas cogniciones, de modo que las vean como excusas y no como hechos. Se ayuda a los pacientes a que cuestionen sus acciones y a que consideren el resultado de estas acciones antes de llevarlas a cabo. Se les alienta a que actúen contra los patrones desadaptativos, utilizando el conocimiento que han adquirido en las sesiones con el terapeuta. Éste, por medio de la autorrevelación y del modelado, presenta el ejemplo al paciente en un ambiente terapéutico sin vergüenzas.

VIII. LECTURAS PARA PROFUNDIZAR

Guidano, V. F. y Liotti, G., *Cognitive processes and the emotional disorders,* Nueva York, Guilford Press, 1983.

Wessler, R. L., «Affect and nonconscious processes in psychotherapy», en W. Dryden y P. Trower (comps.), *Developments in cognitive psychotherapy,* Londres, Sage, 1988.

Wessler, R. y Hankin-Wessler, S., «Cognitive appraisal therapy (CAT)», en W. Dryden y W. Golden (comps.), *Cognitive-behavioural approaches to psychotherapy,* Londres, Harper & Row, 1986.

Wessler, R. y Hankin-Wessler, S., «Emotions and rules of living», en R. Plutchik y H. Kellerman (comps.), *Emotion: theory, research, and experience,* vol. 5, Nueva York, Academic Press, 1990.

Wessler, R. y Hankin-Wessler, S., «Nonconscious algorithms in cognitive and affective processes», *Journal of Cognitive Psychotherapy: An International Quarterly,* 3, 1989, pp. 243-254.

24. TERAPIA COGNITIVOESTRUCTURAL: EL MODELO DE GUIDANO Y LIOTTI

CRISTINA BOTELLA ARBONA

I. HISTORIA

Hace unos años Reda y Mahoney (1984) dividían las terapias cognitivas actuales en dos grandes corrientes: a) Por una parte encuadraban a todos aquellos enfoques que se apoyan en un modelo «asociacionista», y aquí incluían planteamientos bastante clásicos como la terapia cognitiva de Beck (1976), el entrenamiento autoinstruccional de Meichenbaum (1977, 1981), o la terapia racional emotiva de Ellis (1970); b) Por la otra, agrupaban las nuevas perspectivas constructivistas que plantean una concepción *activa* de la mente humana (Arnkoff, 1980; Guidano y Liotti, 1983).

Unos años después, Mahoney y Gabriel (1987) afirman que, dentro de las orientaciones de terapias cognitivas actuales, los planteamientos constructivistas representan un importante reto frente a lo que denominan «enfoques realistas y racionalistas». El aspecto fundamental que diferencia estas dos tendencias es que mientras la perspectiva realista-racionalista asume que el mundo nos viene dado y nuestra tarea es simplemente percibirlo, la perspectiva constructivista supone que cada persona construye su propia y única percepción de la realidad.

Por último, en fechas recientes, Carmin y Dowd (1988) describen la evolución y el desarrollo de las terapias cognitivas apelando a una serie de principios básicos que, en su opinión, pueden ayudar a comprender las importantes modificaciones que se han producido en este campo. Básicamente, las terapias cognitivas se habrían desplazado desde un paradigma determinista unidireccional hasta otros paradigmas en los que, progresivamente, se reconoce y se defiende la importancia central que desempeñan las expectativas, las creencias, las cogniciones... en cualquier acción humana. Según estos autores, la evolución de las terapias cognitivas queda claramente reflejada en seis paradigmas, a los que denominan: 1) Autocontrol comportamental, 2) Control encubierto, 3) Determinismo recíproco, 4) Enfoques moleculares, 5) Enfoques metacognitivos, y 6) Enfoques constructivistas.

Limitaciones de espacio nos impiden presentar con mayor detalle el in-

Universidad de Valencia (España).

teresante análisis que llevan a cabo Carmin y Dowd (1988) sobre todos estos planteamientos. Sólo diremos que, en su opinión, los cinco primeros paradigmas comparten una serie de supuestos básicos que no serán compartidos por los enfoques constructivistas. Tales supuestos van a ser los elementos diferenciadores clave, y el hecho de adoptar la postura constructivista significará una ruptura total con todos ellos. Estos elementos son los siguientes:

a. Apoyarse con fuerza en el principio de asociación.
b. Aceptar como mecanismo básico para modificar la conducta de un organismo el proceso de retroalimentación negativa.
c. Basar sus planteamientos epistemológicos en la percepción (el organismo sería un mero recolector de datos).
d. Entender la realidad como algo invariable y que existe con independencia del organismo que percibe.
e. Sus planteamientos sobre la causalidad pueden aceptar la idea de interacción o de reciprocidad (Bandura, 1977b), pero siguen siendo lineales.

Por nuestra parte, no estamos totalmente de acuerdo con todas las afirmaciones de estos autores al describir los paradigmas anteriores y tampoco estamos de acuerdo con la «distancia» que separa a cada uno de ellos de las posturas iniciales de condicionamiento. Como ya expusimos en otro lugar (Botella, 1986), en este punto coincidimos mucho más con lo defendido por autores como Mahoney (1974) o Pelechano (1981). No obstante, sí consideramos útil adoptar, como punto de partida, todas estas perspectivas que plantean la existencia de una evolución tanto en los desarrollos clásicos de la terapia de conducta como en los nuevos enfoques de la terapia cognitiva. A partir de análisis de ese tipo (y el análisis de Carmin y Dowd es francamente ilustrativo), resulta mucho más sencillo llegar a captar cuáles son las aportaciones reales de la corriente constructivista, así como sus limitaciones. Dedicaremos el resto del trabajo a intentar aclarar estos aspectos.

II. DEFINICIÓN Y DESCRIPCIÓN

Intentar presentar una definición escueta y clara de los enfoques constructivistas nos parece una tarea tremendamente difícil puesto que, tal y como plantea Joyce-Moniz (1985), «Las formas de constructivismo son tan numerosas como las opiniones sobre la manera en que un hombre transforma la realidad» (p. 160). Desde ese punto de vista, es posible encuadrar en las orientaciones constructivistas aportaciones muy distintas: Toda la obra de Piaget, además de su clara influencia reflejada en planteamientos actuales de terapia como los de Joyce-Moniz (1985); el trabajo de Korzybski (1933), autor del que, como bien señala Caro (1984), son tremendamente deudoras las orientaciones de terapia cognitiva actuales; la aportación de Kelly (1955), a quien se reconoce cada vez más como el gran pionero en las orientaciones cognitivas en psicoterapia y cuyos planteamientos se están revitalizando (Bannister, 1975, 1977; Fransella, 1972; Neimeyer, 1986); los planteamientos de Bandura (1977b) a los que cabría calificar de constructivistas «en el sentido de que las reglas cognitivas adquiridas previamente son consideradas durante la respuesta en conjunción recíproca con las fuentes ambientales de información» (Zimmerman, 1981, citado en Joyce-Moniz, 1985); o la aportación de Neisser (1967), aunque este mismo autor (Neisser, 1980) duda de que la perspectiva constructivista pueda resultar útil para la terapia; sin olvidar las ideas de Weimer (1977) sobre las teorías motoras de la mente que, como luego veremos, han ejercido una influencia importantísima.

Dadas las dificultades existentes, nos limitaremos a presentar y describir el enfoque terapéutico al que en la actualidad se le otorga la rúbrica de *constructivista.* Dicho enfoque general se materializa en las aportaciones de autores como Arnkoff (1980), Mahoney (1980, 1985), Joyce-Moniz (1985) y, sobre todo, Guidano y Liotti (Guidano, 1984, 1987, 1988; Liotti, 1984, 1986; Guidano y Liotti, 1983, 1985).

El paradigma constructivista significa un importante punto de ruptura respecto a los paradigmas comentados en el apartado anterior. En dicho paradigma se defiende que las personas *crean* activamente sus propias realidades; y se afirma, además, que los modelos de la realidad que cada persona crea determinan a su vez el modo en que la realidad pueda ser percibida. Como bien señalan Carmin y Dowd (1988), estos modelos de la realidad contribuyen a la experiencia en sí misma, más que simplemente reflejar la experiencia. Ya no se trata de una causalidad lineal y unidireccional, sino que se va más allá del determinismo recíproco en el que se reconocía una «acción mutua» entre los determinantes personales, comportamentales y ambientales, produciéndose una creación, una construcción que influirá de forma decisiva en las posteriores construcciones que pueda realizar una determinada persona.

A partir de todo lo anterior, es posible comprender que desde la perspectiva del constructivismo la realidad no es algo estático e invariable, sino que es creada cada vez y de forma única según las estructuras cognitivas de una persona determinada. De aquí se desprende también, que resultaría un sin sentido pensar que la perspectiva de la realidad que pueda tener el terapeuta es más correcta o más adecuada que la del paciente. Como indica Joyce-Moniz (1985), es absurdo que el terapeuta pretenda tener el monopolio de la razón, «desde una perspectiva constructivista-psicogenética, los procesos de reestructuración deben conducir al cliente a la transformación y control autónomo de sus cogniciones, y no a la imposición de control cognitivo tal y como lo organiza el terapeuta» (p. 160).

III. FUNDAMENTOS CONCEPTUALES Y EMPÍRICOS

Anteriormente ya hemos prestado atención a este tema (Botella, 1987a, 1987b) y no es nuestra intención repetir todo lo que allí dijimos. Nuestro objetivo aquí se limitará a exponer sucintamente una serie de aspectos centrales que es necesario conocer para poder comprender adecuadamente este enfoque. El lector interesado puede recurrir a los trabajos citados para conocer nuestra opinión sobre estos temas.

III.1. *Comprendiendo el marco constructivista*

La orientación constructivista se apoya en una serie de supuestos básicos que derivan de la epistemología evolucionista (Campbell, 1974; Lorenz, 1977; Popper y Eccles, 1977). Guidano y Liotti (1985) resumen dichos supuestos del modo siguiente:

III.1.1. El conocimiento como resultado de la evolución

La gran ventaja que supone mantener una concepción biológica del origen del conocimiento es, como bien señala Riedl (1983), que proporciona al observador una posición fuera de los objetos investigados. Posición que permite estudiar este espinoso tema siguiendo los dictados generales de la investigación científica. Además, esta perspectiva significa entender el conocimiento como un proceso continuo en el cual los conceptos de orden y de descodificación se convierten en centrales. La idea básica la recogen Guidano y Liotti en la siguiente afirmación de Weimer (1975), «los organismos son teorías de su ambiente».

Según Guidano y Liotti (1983, 1985), al considerar el conocimiento como un proceso de interacción continua entre el organismo cognoscente y la realidad, se sitúan en una posición de *realismo crítico* y, por tanto, afirman que el logro de un conocimiento completo y absoluto será un *desideratum* hacia el cual tenderemos sin posibilidad de alcanzarlo nunca. En concreto, el conocimiento de los seres humanos estará sesgado continuamente por todas las limitaciones (tanto las procedentes de la evolución biológica como las culturales) características de la especie humana. Sin embargo, también subrayan que es en la especie humana donde se ha podido pasar de una individuación biológica a otra psicológica, gracias al creciente desarrollo de los procesos corticales más elevados que habrían ido en paralelo al surgimiento de un sentido pleno de identidad personal.

III.1.2. Las teorías motoras de la mente

Afirman que las orientaciones «asociacionistas» de terapia se basan en el empirismo clásico y de ahí derivará la concepción de la mente humana como algo pasivo que, meramente, recibe sensaciones. Para superar esta conceptualización recurren a las teorías motoras de la mente (Weimer, 1977), en las cuales la mente se contempla como un sistema activo. Desde esta perspectiva, el orden y la regularidad de nuestra experiencia fenoménica son el producto de esa mente humana activa y constructiva y no un mero reflejo de la realidad del mundo externo.

Según Guidano y Liotti (1985) el hecho de conceptualizar la mente como un complejísimo sistema de abstracción implica tomar en cuenta dos cuestiones: por una parte, el decisivo papel que desempeñan los procesos noconscientes para organizar la experiencia y, por la otra, la distinción profundo-superficial o conocimiento tácito-conocimiento explícito (Polanyi, 1966), considerando fundamental la interacción continua que se establece entre los niveles de conocimiento tácito y explícito. Entienden dicha interacción como una relación de retroalimentación positiva (Mahoney, 1982, 1985), que también contendrá sistemas de control de retroalimentación negativa, y postulan como aspectos fundamentales para la regulación del proceso la búsqueda de coherencia y la percepción de discrepancias.

III.1.3. El desarrollo del autoconocimiento: aprendiendo a ser un sí-mismo

Para explicar el desarrollo del autoconocimiento recurren al proceso de «aprender a ser un sí-mismo» y al «efecto de espejo» (Popper y Eccles, 1977). El ser humano aprende a reconocerse a sí mismo progresivamente y va unificando todo este conocimiento en una identidad personal que se va a convertir en el centro de la realidad, en el centro de todo su conocimiento. El niño aprenderá a conocer por medio de la exploración activa del medio ambiente y, dado que lo más importante del medio ambiente son las personas que rodean al niño, éste se reconocerá a sí mismo a través de esas otras personas (como el reflejo que se produce en un espejo). Todo ello implica que se establecerá una interacción dinámica entre el sí-mismo y el mundo, «el autoconocimiento de un sujeto siempre incluye su concepción de la realidad y, por su parte, cada concepción de la realidad está conectada directamente con el punto de vista del sujeto sobre el sí-mismo» (Guidano y Liotti, 1985).

III.1.4. Los procesos de apego y desapego

Una consecuencia directa de lo anterior es el importante papel que en este enfoque se concede a las relaciones interpersonales en todo el proceso de desarrollo del autoconocimiento, y ésta es la razón por la que Guidano y Liotti (1983, 1985) utilizan la teoría del apego de Bowlby (1969, 1973, 1985) como un marco que puede servir para estructurar y organizar los datos disponibles sobre los procesos del desarrollo humano.

Siguiendo este marco teórico, afirman que se producirán distintos patrones de apego entre el niño y las personas encargadas de su cuidado e insisten en que la calidad del apego que se establezca en la infancia resultará fundamental para un desarrollo emocional y cognitivo sano. Los procesos de apego y desapego se van a extender a lo largo de bastantes años y la calidad del apego también se modificará y alcanzará una progresiva complejidad (desde el puro contacto físico, característico de la primera infancia, hasta todo lo que supone un determinado modo de organizar y estructurar las relaciones interpersonales). Estos autores señalan, no obstante, que es poco probable que las conceptualizaciones que guían el comportamiento de los padres varíen sustancialmente. De este modo, las primeras nociones respecto al sí-mismo y sobre el mundo que empieza a mantener la persona en la primera infancia se mantendrán a lo largo del tiempo, debido a las confirmaciones repetidas que se van a producir durante el proceso de desarrollo.

Guidano y Liotti (1983) señalan que todo este proceso se llevará a cabo a lo largo de una serie de estadios en cuya formulación se observa la influencia de Piaget. En cada uno de estos estadios la concepción que se alcance respecto al sí-mismo dependerá del nivel al que se haya llegado en el estadio anterior, lo cual supone predeterminar o poner, de algún modo, límites al tipo de estructura cognitiva (así como al contenido de dicha estructura) al que se puede acceder en el nivel siguiente [1].

---

[1] Los estadios fundamentales en el desarrollo del autoconocimiento, según Guidano y Liotti (1983), serían los siguientes: *infancia y edad preescolar* (desde alrededor de los $2\frac{1}{2}$ hasta los 5 años); *niñez* (se extiende básicamente desde los 6 a los 12 años). Se trata de un estadio marcado por una comprensión «realista» de la realidad y se llega a descubrir el sí-mismo como «objeto» (operaciones concretas de Piaget), y *adolescencia y juventud* (desde alrededor de los 12 hasta los 18 años). El nivel de desarrollo cognitivo (operaciones formales de Piaget) posibilita el inicio de la madurez, se empieza a comprender la realidad a través de un sí-mismo con un sentido total de identidad personal.

III.2. *La organización del conocimiento humano*

Para presentar la organización y el modo de funcionamiento de los procesos de conocimiento humanos, Guidano y Liotti recurren al modelo propuesto por Lakatos (1974) sobre la organización de las teorías científicas como «programas de investigación». Consideran útil esta analogía porque: a) supone entender el sistema cognitivo humano como una teoría científica capaz de proporcionar una descripción del mundo (y aquí se incluye el sí-mismo y la realidad) y un programa de investigación a seguir; b) también supone plantear la distinción entre un nivel de conocimiento tácito y un nivel de conocimiento explícito; y c) por último, significa disminuir el énfasis en la racionalidad y acentuar los aspectos dogmáticos de una teoría.

III.2.1. Nivel de organización tácito

Firme núcleo metafísico. Es una estructura identificada fundamentalmente con el autoconocimiento tácito. Corresponde, por tanto, al nivel de elaboración de conocimiento más elevado en un sistema cognitivo humano. Este firme núcleo metafísico se puede entender como un conjunto de supuestos básicos o grupos de reglas profundas que representan los marcos de referencia generales capaces de organizar toda la información que llega del exterior (consultar figura 24.1).

FIGURA 24.1. *La organización del conocimiento que plantean Guidano y Liotti (1985) siguiendo el modelo de Lakatos (1974).*

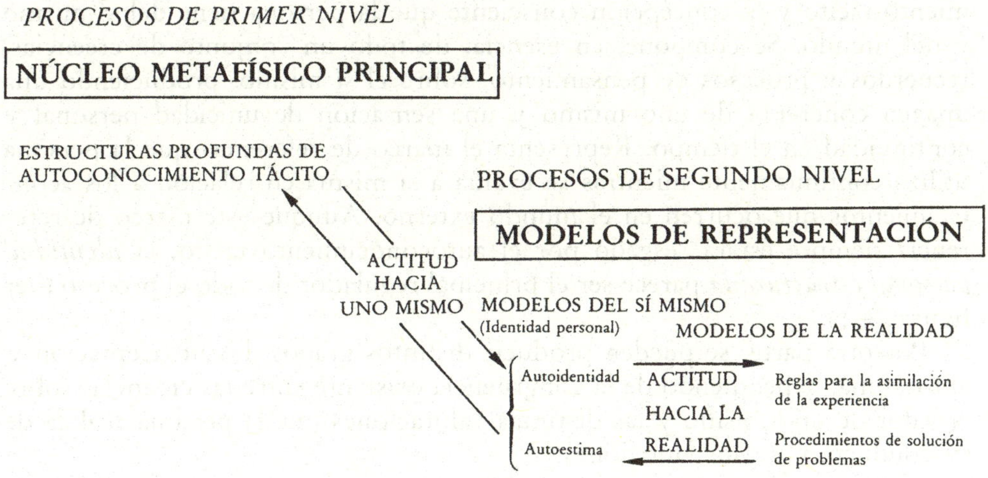

El rasgo más notable de este firme núcleo metafísico es, quizás, su capacidad para elaborar progresivamente nuevos marcos de referencia (es decir, reglas tácitas cada vez más abstractas) para la posterior inclusión y manipulación de los modelos representacionales de la realidad (más adelante se abordará este término), determinando los «distintos mundos posibles» a los que puede acceder un individuo. Las estructuras profundas del autoconocimiento, a través de los esquemas emocionales formados a lo largo del proceso de desarrollo, regularán y dirigirán la mayor parte de la vida emocional e imaginativa del individuo.

III.2.2. Nivel de organización explícito

Este nivel corresponde a los modelos de representación, que dan una imagen más incompleta y limitada del sí mismo y del mundo, comparados con el nivel tácito más abstracto. Se trata de un conjunto de modelos explícitos del sí-mismo y de la realidad que derivan de las estructuras de conocimiento tácitas. Esto significa que no todo el conocimiento tácito estará representado a este nivel: el conocimiento explícito se conformará cada vez y en cada momento; dependerá, además, de las necesidades y de los acontecimientos que la persona esté experimentando. Ahora bien, siempre se ajustará, con un mínimo de incongruencias, al nivel tácito del que proviene.

III.2.3. Identidad personal

Se conceptualiza como resultado de una relación continua entre el conocimiento tácito y la concepción consciente que la persona tiene del sí-mismo y del mundo. Se compone, en esencia, de todo un conjunto de creencias, recuerdos y procesos de pensamiento, sobre el sí mismo, produciendo una imagen coherente de uno mismo y una sensación de unicidad personal y continuidad en el tiempo. Representa el marco de referencia que la persona utiliza continuamente mientras se evalúa a sí misma en relación a los acontecimientos que ocurren en el mundo externo. Aunque este marco de referencia siempre estará sesgado por el autoconocimiento tácito, la *identidad personal estructurada* parece ser el principal regulador de todo el proceso (ver figura 24.1).

Por otra parte, se pueden producir distintos grados de autoaceptación y autoestima, dependiendo de la congruencia existente entre las creencias sobre el valor de uno mismo y las distintas valoraciones que la persona realiza de su conducta y de sus emociones.

III.2.4. Modelo de realidad

Estas estructuras cognitivas forman los posibles modelos por medio de los cuales es posible representar el mundo externo. Estos modelos representacionales constituyen la *única* posibilidad de establecer una relación con el mundo externo, y Guidano y Liotti (1985) llegan a afirmar que «el sistema de conocimiento humano no puede discriminar entre acontecimientos externos y sus representaciones internas» (p. 117).

La construcción de los modelos de la realidad, aunque sesgada por el autoconocimiento tácito, se encuentra regulada constantemente por estructuras de la identidad personal, de modo que desarrollan aspectos representacionales del mundo externo consistentes con las actitudes interactivas hacia la realidad definidas por la imagen de uno mismo. Además, esta actividad reguladora se regirá por dos tipos de reglas: a) reglas que coordinan la asimilación de la experiencia y, b) reglas que coordinan los procedimientos de solución de problemas [2].

III.2.5. La noción de organización cognitiva personal

Guidano (1987) plantea este nuevo concepto para referirse a «la organización específica de los procesos de conocimiento personales que gradualmente emergen a lo largo del curso de desarrollo individual» (p. 91). Este autor señala que las características más importantes que definen una *organización cognitiva personal (OCP)* son su evolución temporal y su plasticidad. Ahora bien,

[2] El lector que conozca otras publicaciones nuestras sobre este mismo tema (Botella, 1987a,1987b), quizás quede extrañado por algunas diferencias que aparecen tanto en la presentación de las estructuras cognitivas, como a nivel de terminología. Es posible que este punto quede aclarado con la explicación siguiente: en nuestro trabajo de 1987 recurrimos a la presentación original del modelo de Guidano y Liotti (1983) y en ella estos autores seguían con bastante fidelidad la analogía con «los programas de investigación» de Lakatos (1974). Sin embargo, en presentaciones posteriores del modelo se observan diferencias entre estos dos autores respecto a este punto: en una publicación conjunta (Guidano y Liotti, 1985) siguen apelando a Lakatos aunque hablan de dos niveles en la organización del conocimiento y no nombran una estructura tan importante como la *banda protectora.* Posteriormente, Guidano (1987) todavía difumina más esta influencia, se reafirma en los dos niveles de conocimiento y recurre a la noción de «tácito» más que al concepto de *firme núcleo metafísico.* Sin embargo, Liotti (1986) utiliza la terminología proveniente del modelo de Lakatos y defiende la existencia de tres niveles en la organización cognitiva. En este sentido, puede resultar ilustrativo comparar las figuras que utilizan estos autores para describir el modelo de Lakatos: en Guidano y Liotti (1983) produce la impresión de tres niveles; en Guidano y Liotti (1985) y Guidano (1987) dos niveles; y en Liotti (1986) vuelven a ser de tres. No era el propósito de este capítulo analizar la evolución que hayan podido sufrir estos autores y, por tanto, no hemos querido entrar en estas cuestiones. Nos hemos limitado a presentar de forma global este modelo recurriendo, en mayor medida, a la publicación más reciente en la que ambos autores firman el trabajo conjuntamente (Guidano y Liotti, 1985).

aunque pueda sufrir importantes cambios a lo largo del curso vital, siempre seguirá manteniendo un sentimiento de unicidad y continuidad histórica.

Se trata de un sistema cognitivo muy complejo, el cual, debido a su autorreferencialidad, es considerado como organizativamente cerrado o clausurado a un nivel tácito (no admite alternativas a los significados personales sobre los que están basadas la continuidad y la coherencia del sí-mismo) y estructuralmente abierto a un nivel explícito puesto que la persona está interactuando constantemente con la realidad externa [3].

III.3. *Procesos de mantenimiento y procesos de cambio*

Guidano y Liotti (1985), en líneas generales, siguen defendiendo las conceptualizaciones sobre mantenimiento y cambio que establecieron en su trabajo de 1983 y a las que nosotros ya dedicamos anteriormente nuestra atención (Botella, 1987b). No obstante, estos autores también añaden aspectos totalmente nuevos que intentaremos, aunque sea brevemente, comentar.

Continúan afirmando que la estructura cognitiva que regula todos estos procesos es la *identidad personal.* Los procesos de mantenimiento serán el resultado de la función de control de la identidad personal y se explican por la tendencia existente en el sistema cognitivo a buscar evidencia confirmatoria (recordemos el modelo de Lakatos). Habrá dos niveles de control: la *actitud hacia uno mismo,* que supone el nivel más elevado de confirmaciones, y la *actitud hacia la realidad,* que utiliza confirmaciones de un nivel más bajo. Conjuntamente contribuyen al mantenimiento y a la estabilidad de los modelos que mantiene el individuo sobre el sí-mismo y sobre la realidad.

Respecto a los procesos de cambio siguen manteniendo los conceptos de *cambio profundo* (que supone una reestructuración de la actitud del paciente hacia el sí mismo, como resultado de la reconstrucción de conjuntos de reglas profundas que surgen del autoconocimiento tácito) y *cambio superficial* (que sólo implica la modificación de la actitud del paciente hacia la realidad y que ocurre constantemente). También diferencian entre *cambio progresivo* (paso a un metanivel más elevado de representación del conocimiento) y *cambio regresivo* (estancamiento o fracaso en ese mismo proceso). Como mecanismo básico para lograr el cambio, también se postula la percepción de discrepancias que no encajan en el sistema. Finalmente, en la descripción que hacen del cambio profundo siguen insistiendo en «la reconstrucción de conjuntos

[3] Nosotros no hemos llegado a captar las diferencias reales que se pueden establecer entre las nociones de identidad personal y organización cognitiva personal. Quizás la diferencia se sitúe en que una organización cognitiva personal engloba y abarca *todo* el sistema cognitivo de una persona, mientras que la identidad personal es una parte del mismo. Nos hemos limitado pues a mantener ambos conceptos del mismo modo que lo hace Guidano (1987).

de reglas profundas que emergen del autoconocimiento tácito. El cambio de actitud hacia uno mismo producirá, consecuentemente, una modificación de la identidad personal que, por su parte, dará lugar a una reestructuración de la actitud hacia la realidad, a través de la cual se puede ver y manejar el mundo de un modo diferente» (Guidano y Liotti, 1985, p. 122).

En cuanto a los aspectos nuevos que introducen Guidano y Liotti (1985), básicamente suponen retomar y elaborar, para su consideración en terapia, una serie de ideas que plantea Mahoney (1982, 1985) a partir de aportaciones derivadas de mundos tan dispares como el de la física o la química (Prigogine, 1979) o la biología evolucionista (Ayala y Dobzhansky, 1974; Campbell, 1974).

Cuando consideran las nociones de mantenimiento y cambio Guidano y Liotti (1985) (y todavía profundiza más Guidano, 1987) afirman que en la evolución natural del conocimiento se produce un equilibrio dinámico a través de los «procesos osciladores» a lo largo de todo el ciclo vital. El principio que subyace a dicho equilibrio es el concepto de «orden a través de las fluctuaciones», que retoman del trabajo de Prigogine sobre las estructuras disipativas. Según Prigogine (1979), el proceso de autoorganización disipativa significa el desarrollo espontáneo de niveles de orden progresivamente más elevados dentro del sistema, logrados a partir de la obtención de un punto crítico de desequilibrio.

¿Y qué sentido tienen todas estas nociones para terapia? Creemos que la siguiente cita de Mahoney (1985) nos puede ayudar a captarlo.

> Virtualmente, todos nuestros intentos de intervención surgen de una metateoría que emplea como dirección tácita la armonía, el balance o la ecuanimidad. He empezado recientemente a preguntarme si esa dirección —por lo valiosa que puede ser para nuestro bienestar— recoge por completo la dinámica de nuestra categoría humana. Me pregunto a veces si, en nuestros intentos para reducir rápidamente los problemas emocionales no estamos precipitándonos a reducir al silencio al mensajero mucho antes de que comprendamos el mensaje. El grueso de nuestras técnicas específicas para dar ayuda parece dirigirse a lograr la satisfacción emocional, directa o indirectamente, sin examinar más en detalle el papel que juegan los contrastes y los sentimientos en nuestra experiencia personal (p. 27).

Lo que esto supone en realidad es, por tanto, un intento por superar la noción clásica de *estabilidad* entendida como el logro de un equilibrio homeostático alrededor de un punto óptimo al que tenderá a retornar el sistema siempre que se produzcan perturbaciones. La visión del mundo ha cambiado radicalmente, como señala Prigogine (1978); nos encontramos en un «universo participativo» en el que, por fin, se ha admitido la autonomía de las cosas y no solamente de las cosas vivas; un mundo que presenta como características básicas la complejidad y la incertidumbre (en el sentido de ausencia de normas estables y permanentes). Esta nueva visión del mundo hace que nos resulte más fácil entender las nuevas conceptualizaciones que se están manteniendo sobre el ser humano (Mahoney, 1982). En ellas, éste es considerado como un complejísimo sistema abierto en el que los procesos de orden del SNC están organizados holísticamente y estructurados «heterárquicamente» [4]. Un sistema abierto con una dimensión teleonómica (Ayala y Dobzhansky, 1974) antes que teleológica [5]. Bajo nuestro punto de vista, como inmediatamente veremos, la toma en consideración de todos estos planteamientos ayuda a comprender en gran medida muchos de los aspectos que se defienden en el enfoque constructivista: desde la importancia que se otorga a los procesos no conscientes (tácitos), pasando por los conceptos de cambio progresivo o regresivo, hasta la ilusión de la estabilidad y la coherencia absolutas...

IV. PROCEDIMIENTO

Cuando Guidano (1987) presenta el modo de actuación concreto en terapia, desde una perspectiva constructivista, insiste en un aspecto fundamental que, en su opinión, diferencia ese planteamiento de los enfoques cognitivo-comportamentales clásicos. Estos últimos se basan en una concepción estática de equilibrio circular regulado solamente por mecanismos de retroalimentación negativa, y el propósito de la terapia, por tanto, será intentar recuperar de nuevo el equilibrio perdido, proporcionando al paciente un mayor grado de autocontrol y dándole más armas y estrategias de afrontamiento. Los enfoques constructivistas, por el contrario, se centrarán en ver de qué modo es posible ayudar al paciente para que asimile los desequilibrios que se han producido a lo largo de todo su proceso de desarrollo personal y que han frustrado así sus intentos por alcanzar niveles de conocimiento y autoconciencia más elevados. Veamos qué directrices se plantean desde la perspectiva constructivista para lograr esta meta.

Según Guidano (1987) una primera tarea fundamental será intentar dar respuesta a dos cuestiones básicas:

---

[4] Mahoney (1985) utiliza la expresión de *estructuralismo heterárquico* para referirse a «la distribución descentralizada del conocimiento y a la aparición de lo que llamaremos un control que se produce a partir de una coalición y competición internas sin fin entre sistemas interdependientes de sistemas» (p. 41). Todo esto como contraste a un *estructuralismo jerárquico* en el que todavía se apreciarían claros visos de linealidad, influencia unidireccional y procesos reguladores discretos (muy probablemente procesos centrales).

[5] La teleonomía se refiere a los procesos inherentes que sirven para dirigir el mantenimiento y el crecimiento de los sistemas abiertos. La noción de teleología implica un destino o una meta clara y explícita. Por el contrario, la teleonomía supone una dirección flexible, en el sentido de que se trata de un proceso relativamente impredecible.

a. ¿Qué tipo de estadios de desarrollo han dado lugar a esta organización cognitiva personal (OCP)?
b. ¿De qué modo esta OCP está determinando la forma que adquiere la experiencia momento a momento?

Al comenzar a explorar estas cuestiones básicas, el terapeuta se sitúa ya en la dirección adecuada que posteriormente le permitirá entrever cuáles son los supuestos o concepciones tácitos que mantiene el paciente sobre el sí-mismo y sobre el mundo, ya que en ellos descansa el sentido de la realidad del paciente. Respecto a este punto conviene recordar, además, que en este enfoque (a diferencia de los planteamientos «asociacionistas» clásicos) no se cree que la concepción de la realidad que mantiene el terapeuta sea más adecuada o más satisfactoria que la del paciente. La «verdad» y lo «real» pasan a ser conceptos relativos; lo serán para una persona concreta, ya que parten o tienen su origen en el firme núcleo metafísico de una organización cognitiva personal (OCP) determinada. De ahí se desprende que la terapia no estará dirigida, en absoluto, a persuadir, a convencer o a educar al paciente para que adopte o asuma los puntos de vista del terapeuta. La tarea se centrará en ayudar al paciente a reconocer, comprender, y conceptualizar mejor su propia «verdad personal». El paciente tendrá que identificar los supuestos que subyacen a su forma de experimentar la realidad y dichos supuestos tendrán que ser modificados. La razón que aduce Guidano (1987) para que se lleve a cabo esta modificación no se basa en su posible irracionalidad, sino en que se han convertido en «una solución pasada de moda» (p. 217). Pudieron haber sido útiles en el momento en que aparecieron, pero aquella utilidad se ha ido perdiendo a medida que cambiaban las circunstancias vitales del paciente a lo largo del tiempo. De igual manera, la intervención terapéutica no se considera como una estrategia para tratar de persuadir al paciente a que acepte puntos de vista más «racionales», sino como una estrategia que modifique la demarcación del paciente entre lo real y lo no-real, con el fin de permitirle asimilar (p.ej., considerar ahora como real) recuerdos pasados olvidados y experiencias nuevas (Guidano, 1988).

Para comenzar a dar respuesta a las dos preguntas anteriormente planteadas, se insiste en la conveniencia de llevar a cabo una cuidadosa evaluación de la organización cognitiva del paciente.

IV.1. *La evaluación*

El proceso de evaluación se estructura a tres niveles (Guidano y Liotti, 1983).

a. Se inicia por medio de un análisis funcional típico centrado en los problemas de conducta del paciente. Tiene como objetivo conseguir que el paciente empiece a pensar en términos de antecedentes y consecuencias. Al final de esta fase se intentará conseguir que el paciente comience a captar la importancia que tienen los pensamientos para comprender la conducta.

b. El proceso continúa con lo que estos autores denominan un análisis cognitivo-funcional. El propósito que se persigue es hacer cada vez más consciente al paciente de los pensamientos que generalmente preceden, acompañan o siguen a las conductas problemáticas. Para ello recurren a procedimientos muy variados: desde pruebas tipo REP, derivadas de la teoría de los constructos personales de Kelly (1955), o métodos de imaginación dirigida, hasta entrevistas, registros o pruebas psicométricas tradicionales.

Guidano y Liotti dan especial importancia a los procedimientos de autoobservación, ya que consideran que a medida que el paciente progrese en su capacidad analítica, le resultará más fácil distanciarse de ciertas creencias a las que previamente consideraba como algo incuestionable y, además, con la utilización de estos elementos de autoobservación, podrán comenzar a aflorar las reglas más profundas que subyacen a sus concepciones sobre el sí mismo o sobre el mundo. Este análisis de las estructuras cognitivas se profundizará estudiando el modo en que el paciente conjuga una serie de verbos fundamentales (ser, deber, poder, necesitar y valer —ser valioso—) y todos sus sinónimos. El modo en que el paciente los conjugue junto al pronombre «yo» (o primera persona del singular) proporcionará información sobre su actitud hacia sí mismo; la forma en que lo haga junto a pronombres como «tú», «ellos», «nosotros» (las otras personas del verbo), dará información de su actitud hacia la realidad. Habría que subrayar que en este momento ya no nos estaríamos enfrentando a hechos (acontecimientos de vida del paciente), sino a las «reconstrucciones» de las estructuras cognitivas que lleva a cabo el propio paciente.

También insisten estos autores (Guidano y Liotti, 1983; Liotti, 1986; Guidano, 1987, 1988) en la tremenda importancia que tienen los *aspectos emocionales*. Será necesario estudiar y analizar las emociones que van apareciendo a medida que el proceso de evaluación y todo el proceso terapéutico avanza.

c. Hasta este momento el terapeuta habrá conseguido un primer boceto o una primera versión de los esquemas cognitivos del paciente. Tales esquemas le podrán facilitar la tarea de reconstrucción de los supuestos tácitos que se encuentran en la base de la conducta problemática del paciente. No obstante, recuerdan Guidano y Liotti (1983), en este momento se plantea una importante dificultad pues, como hemos visto, ya no nos enfrentamos a hechos y tenemos que comenzar a analizar las «reconstrucciones» que lleva a cabo el propio paciente. Esto significa que habrá que tener bien presente que, aunque tales reconstrucciones no sean más que «teorías» y no verdades absolutas, de hecho, dirigen totalmente la conducta y la vida emocional del paciente. Por lo tanto, para evitar caer en la trampa de realizar reconstrucciones absurdas o fantásticas (aunque a primera vista parezcan muy originales y creativas), será preciso reunir pruebas que las avalen. Para ello, Guidano y Liotti (1983) recomiendan llevar a cabo un análisis del desarrollo.

El análisis del desarrollo se lleva a cabo a partir de la teoría del apego de Bowlby. Aquí, otra vez, nos estaríamos moviendo a nivel de hechos, pero como tales hechos sólo pueden ser conocidos por el propio paciente o por sus familiares más cercanos, de nuevo cabe el peligro de tomar cualquier relato como una verdad absoluta. El aspecto importante a tener en cuenta aquí, será la «consistencia interna» entre los acontecimientos del pasado y el modo en que dichos acontecimientos han influido en el tema de vida del paciente y las teorías causales que éste mantiene en la actualidad. Si se satisface este criterio de «consistencia interna» y, por tanto, la contrastación entre los supuestos básicos del paciente y los hechos históricos de su vida es positiva, el proceso de evaluación podría darse por finalizado.

Según Guidano (1987, 1988), en este momento el terapeuta estará preparado para abordar tres tareas básicas:

1. Reconstrucción paso a paso de la organización cognitiva personal del cliente (OCP) y de las discrepancias reales entre el rango de estabilidad existente y las oscilaciones profundas que tienen que ser asimiladas
2. Identificación de los supuestos tácitos del paciente y de los modos de pensamiento que influyen en su estructuración del ámbito experiencial en el cual se produjo el desequilibrio
3. Identificación del estadio de desarrollo concreto en el que tuvo lugar el desequilibrio.

Respecto a los dos primeros puntos, ya señalamos anteriormente tanto la tremenda importancia que se otorga en este enfoque a las estructuras cognitivas y a las diferencias existentes entre los objetivos perseguidos en los enfoques cognitivo-comportamentales clásicos (en los que se buscaría restaurar el equilibrio perdido proporcionando al cliente nuevos métodos o modos de control y/o afrontamiento), y estos enfoques constructivistas (en los que fundamentalmente se intentaría ayudar al cliente a asimilar los desequilibrios para poder llegar a niveles de autoconocimiento más elevados). Puede observarse, además, una clara influencia general de los enfoques psicodinámicos. Tampoco es posible dejar de subrayar los importantes puntos de contacto que, bajo nuestro punto de vista, pueden establecerse entre estos últimos planteamientos de Guidano y algunas nociones de Jung como el «proceso de individuación» o la «función trascendente».

En cuanto al tercer punto, todavía nos parece más cercano a planteamientos psicodinámicos, aunque en este caso creemos que se debería apelar a Freud: amén del énfasis puesto en el proceso de desarrollo, habrá que rastrear en qué estadio aparece el problema puesto que, según Guidano (1987),«los distintos efectos que resultan del mismo acontecimiento tienen que atribuirse al diferente estadio de desarrollo en el que se produjo el acontecimiento»(p. 218). Este autor pone como ejemplo dos trastornos alimentarios: la obesidad y la anorexia. Ambos tendrían como punto de partida un acontecimiento estresante similar, generalmente una fuerte desilusión o decepción respecto a una persona importante y muy querida por el paciente (muy frecuentemente uno de los progenitores). Los distintos efectos de estos trastornos se explicarían por el estadio de desarrollo en el que se produjo el problema. En el caso de la obesidad el problema se habría producido en la infancia, debido a que las capacidades cognitivas del niño en ese momento no le permitían afrontar adecuadamente el problema y lo habría vivenciado como un fracaso aplastante. El origen de la anorexia, por el contrario, se situaría en la adolescencia, ya que las habilidades cognitivas que se estuvieran formando en ese momento permitirían al cliente afrontar la situación de modo más o menos satisfactorio, posibilitando que la percibiera como un reto intolerable contra el que habría que luchar. Estas distintas circunstancias darán lugar a dos tipos de organización cognitiva que explicarán la diferente sintomatología presente en la obesidad y en la anorexia.

IV.2. *El proceso de terapia*

IV.2.1. La relación terapéutica

Estos autores dan una gran importancia al establecimiento de la relación terapéutica, entendiéndola, no desde un planteamiento pedagógico, sino como una empresa común que supone una estrecha colaboración entre paciente y terapeuta. Para formar adecuadamente la relación terapéutica es preciso que el terapeuta tenga un conocimiento preciso de la OCP del paciente; ya que es necesario que la relación respete la identidad personal de éste y, al mismo tiempo, no se confirmen los supuestos básicos que están originando la patología (Guidano, 1987, 1988; Liotti, 1986).

Se supone que el logro de una relación terapéutica establecida bajo estas condiciones se convertirá en un arma importante que reducirá las *resistencias* del paciente, aunque éstas continuarán apareciendo a lo largo del proceso terapéutico. Guidano (1987) conceptualiza las resistencias como «la expresión de los mismos procesos oscilativos que exhiben los complejos sistemas abiertos en su evolución» (p. 219), sin embargo, la similitud con los planteamientos freudianos también resulta patente. Por una parte, se afirma que las resistencias son una fuente importante de información que puede resultar muy valiosa a la hora de descubrir aspectos de la historia de desarrollo del paciente. Por la otra, se presentan como ejemplo de resistencias los siguientes:

- Las objeciones más o menos explícitas a las prescripciones y explicaciones del terapeuta
- Las recaídas después de haber logrado los cambios deseados
- El hecho de señalar la existencia de dificultades en alguna relación interpersonal importante a partir de la aplicación de determinadas prescripciones terapéuticas.

En vez de luchar directamente para vencer estas resistencias, el terapeuta intenta utilizarlas para evaluar las «teorías» del paciente que han sido cuestionadas por la estrategia terapéutica y, por consiguiente, reconstruir esos aspectos de la historia de desarrollo del paciente que podrían haber ayudado a la formación de esas teorías (Guidano, 1988).

Se espera (Liotti, 1986) que a medida que progresa y se estructura la relación terapéutica, el paciente esté cada vez más preparado para: a) desarrollar o mejorar su habilidad en tareas de autoobservación; b) vislumbrar algunos aspectos, al menos, de las propiedades estructurales de su propia organización cognitiva; c) ser capaz de modificar y regular aquellos aspectos de su vida que impliquen o conlleven sufrimientos innecesarios. Todos estos objetivos se irán logrando y consolidando a lo largo de todo el proceso terapéutico.

IV.2.2. El cambio en terapia. Cambio profundo y cambio superficial

Recordemos que en estos enfoques se contemplan dos niveles de cambio: profundo y superficial (Arnkoff, 1980; Guidano, 1988; Guidano y Liotti, 1983). Un cambio superficial supone simplemente la modificación de la actitud del paciente hacia la realidad, sin revisar su identidad personal. Sin embargo en un cambio profundo hay una reorganización de la actitud hacia uno mismo, que supondrá la apertura (con la consiguiente posibilidad de admisión) hacia nuevas reglas que provienen del autoconocimiento tácito; las cuales gradualmente podrán conducir a una modificación y reestructuración de la identidad personal. Estos dos tipos de cambio no son excluyentes y, de hecho, generalmente en terapia sólo se logran cambios profundos a partir de cambios superficiales (Guidano, 1987). No obstante, este autor insiste en que el terapeuta deberá abstenerse de recomendar y buscar cambios profundos. Las solicitudes en este sentido tendrían que partir siempre del paciente, y ello por dos razones. En primer lugar, el proceso que supone el logro de un cambio profundo implica emociones intensas y, a menudo, dolorosas que no hay por qué hacer sufrir al paciente pues, en muchas ocasiones, un cambio superficial ya supone una mejoría sustancial en el paciente que le permite un funcionamiento mucho más satisfactorio. En segundo lugar, tampoco resultaría recomendable debido a que un cambio personal «real» solamente puede lograrse si es el paciente el que produce el cambio por sí mismo y, claro está, esto implica su total consentimiento, aquiescencia y colaboración.

De lo que llevamos dicho se desprende que la terapia comenzará intentando fomentar cambios superficiales y, posteriormente, según los deseos del paciente, podrá pasarse a niveles más profundos. Veamos ahora de qué modo estructuran Guidano y Liotti (1983) la estrategia a seguir para lograr el cambio.

Técnicas cognitivo-conductuales. Con el fin de lograr cambios a nivel superficial, el terapeuta puede elegir entre muy diversas técnicas (a las que estos autores denominan cognitivoconductuales). Aquí incluyen procedimientos como la exposición «en vivo», el entrenamiento asertivo, la desensibilización sistemática, etc. Se plantean al cliente como experimentos que le ayudarán a someter a prueba las expectativas que éste mantenga respecto a una situación o acontecimiento problemáticos. Guidano y Liotti (1983) insisten en que por medio de estas técnicas será posible modificar conductas, pero no las reglas que las gobiernan.

Otras técnicas terapéuticas cognitivas. Resulta posible aplicar también otros procedimientos a los que consideran más específicamente cognitivos: entrenamiento autoinstruccional, inoculación de estrés, entrenamiento en solución de problemas, etc. Estas técnicas, además de fomentar cambios superficiales, ayudarán al paciente para que comience a verbalizar las teorías que rigen su conducta. Una vez comenzado este proceso será posible pasar a otro nivel.

Técnicas cognitivas que cuestionan las teorías que mantienen los pacientes. Guidano y Liotti recomiendan utilizar las técnicas de reestructuración cognitiva defendidas por Ellis y Beck, siempre que el análisis del desarrollo haya finalizado. La razón en la que se basan para hacer esta recomendación es que antes de criticar una teoría es conveniente saber en qué hechos se apoya.

Técnicas semánticas. Hasta cierto punto, se asemejan a las técnicas del apartado anterior. No obstante, estamos de acuerdo en la denominación que utilizan Guidano y Liotti ya que, en nuestra opinión, estarían más cercanas a lo defendido por Korzybski (1933) sobre la importancia de la *utilización correcta del lenguaje* (ver Caro, 1984). Por medio de estos procedimientos, se enseña al paciente a utilizar adecuadamente los verbos clave a los que antes nos hemos referido (ser, deber, poder, etc.) junto a una serie de pronombres (yo, tú, ellos, etc.) (o personas del verbo). Se insiste en la importancia de relativizar la significación de adjetivos tales como bueno-malo, tonto-listo, etc.; habrá que aprender a considerarlos no como una dicotomía sino como un continuo. También se insiste en la consideración de muchos «debería» y «tendría» como emanados de normas o reglas sociales debido a que han podido tener un valor para la supervivencia del grupo, aunque en la actualidad, y para ese paciente concreto, dicho valor sea mucho más restringido.

Cuestionamiento lógico de las teorías de la identidad personal. Se supone que, llegados a este punto del proceso terapéutico, el paciente tendrá un conocimiento bastante profundo de sus estructuras cognitivas. A partir, tanto de los métodos de evaluación, como de los procedimientos de terapia utilizados, habrán ido aflorando, gradualmente, las reglas y supuestos básicos que guían la conducta del paciente. Habrá llegado el momento, por tanto, de hacer ver al paciente que sus teorías y creencias son de naturaleza episódica y que quizás sean ya algo caduco, pasado de moda. Curiosamente, la recomendación de estos autores aquí es recurrir de nuevo a las técnicas de reestructuración cognitiva, tipo Ellis y Beck.

Hasta aquí hemos expuesto la secuencia del proceso terapéutico tal y como la presentan Guidano y Liotti (1983). No obstante, para que el lector pueda tener una visión más clara de este enfoque, creemos que puede ser interesante recordar dos aspectos sobre los que insisten estos autores (Guidano y Liotti, 1983; Liotti, 1986; Guidano, 1987). Por una parte, afirman que mucho más importante que cualquier técnica es el momento *(«timing»)* de su aplicación terapéutica. Por la otra, señalan también que en este enfoque resulta posible utilizar cualesquiera de los procedimientos que en la literatura sobre terapia de conducta se denominan técnicas cognitivoconductuales; o técnicas derivadas de otros enfoques, como los diseñados por Milton Erikson; o, finalmente, cualquier otro procedimiento que pueda «inventar» el terapeuta siempre que ayude a descubrir las reglas tácitas mientras se modifican las estructuras superficiales.

En este sentido, resultan ilustrativas las recomendaciones que presenta Guidano (1987, 1988), siguiendo una serie de directrices estructuradas por Bowlby, como un medio eficaz para superar los desequilibrios y poder así alcanzar un nivel de conocimiento más integrado:

a. Animar al paciente a explorar sus modelos cognitivos.
b. Ayudar al paciente a reconocer los modelos cognitivos que está de hecho utilizando.
c. Ayudarle a seguir su pista, esto es, averiguar de qué modo se han llegado a formar (y en opinión de Bowlby, en gran medida se explicarán

porque el paciente habrá aceptado lo que sus padres le decían continuamente tanto sobre ellos como sobre él mismo).

d. Animarle a revisar dichos modelos a la luz tanto de su historia personal, como del grado en que se corresponden con la experiencia de primera mano que tiene el paciente de sí mismo y de sus padres.

e. Ayudarle a reconocer las sanciones que sus padres utilizaban para lograr que adoptara los modelos mantenidos por ellos (impidiendo así que el paciente consiguiera adoptar el suyo propio).

Guidano (1987) finaliza su exposición insistiendo en que la posibilidad que tiene cualquier persona de alcanzar modelos más comprehensivos del sí-mismo y de la realidad dependerá de su propia capacidad para llegar a estructurar, a nivel explícito, los patrones y reglas tácitas que guían su conducta. Esto significará que, además de seguir las anteriores recomendaciones, una misión fundamental del terapeuta será ayudar al paciente a «elaborar conscientemente modelos representativos alternativos capaces de reconocer y estructurar de modo más satisfactorio los procesos tácitos que están ya influyendo en sus procesos de pensamiento aunque fuera de su esfera de conciencia» (p. 222). El terapeuta tiene que tener en cuenta que el contenido de conocimiento capaz de alterar la actitud del paciente hacia el sí-mismo y hacia la realidad *ya está disponible,* de algún modo, en su organización cognitiva. Sólo faltará conseguir que él mismo lo reconozca, lo asimile y lo estructure a nivel explícito. Hay que comprender, por tanto, desde esta perspectiva la afirmación de Guidano (1987) respecto a que puede resultar *inútil e incluso peligroso* añadir nuevos conocimientos (que, lógicamente, provendrán del terapeuta) al sistema cognitivo del paciente y que toda *la información útil para el cliente llegará de sus propias estructuras cognitivas.* Parece innecesario insistir de nuevo en la notable similitud existente entre estas ideas y el pensamiento de Jung. Es como si el terapeuta pasara a convertirse en «un conductor de almas» con la misión de ayudar al paciente a «bucear» en su propia organización cognitiva, hasta que éste encuentre, estructure y asimile la información relevante que le posibilitará el avance en el largo proceso de autoconocimiento y autotrascendencia.

V. APLICACIONES [6]

Ya hemos señalado que, en opinión de Guidano y Liotti (Guidano y Liotti, 1983, 1985; Liotti, 1986; Guidano, 1984, 1987, 1988), los patrones de apego

[6] Cuando se nos pidió que escribiéramos este trabajo sobre la terapia cognitivo-estructural de Guidano y Liotti se insistió, especialmente, en que cada uno de los capítulos que iban a conforman el libro

y desapego que se estructuran en la infancia y en la adolescencia tienen una importancia central y, de hecho, van a determinar tanto el adecuado o inadecuado desarrollo emocional y cognitivo del individuo, como la forma específica que adquirirá un trastorno concreto. O dicho de otro modo, defienden la idea de que distintos síndromes clínicos se corresponden con unos determinados patrones de apego inadecuados.

Estos autores han presentado análisis sobre los siguientes problemas: agorafobia, depresión, obsesiones-compulsiones y trastornos alimentarios. Con independencia de que estemos o no de acuerdo con las ideas que defienden (ver Botella, 1987a), veamos ejemplificado en uno de estos trastornos cómo se funcionaría en terapia desde la perspectiva constructivista.

V.1. *Organización cognitiva del paciente agorafóbico*

Según Guidano y Liotti (1983), el núcleo central de esta organización cognitiva expresa un dilema básico entre libertad-soledad y protección-limitación. La libertad es algo bueno y deseable pero supone, a su vez, soledad (algo desagradable y temido). Por el contrario, la protección y la compañía pueden resultar agradables pero implican pérdida de libertad y estar sujetos a la influencia de otros.

Estos autores (Guidano y Liotti, 1983, 1985), basándose en el trabajo de Bowlby (1973), afirman que en la base de la agorafobia se encuentran unos patrones de apego patológicos. Elementos constantes en estos patrones serían: una figura sobreprotectora y/o sobrecontroladora que limita, de modo importante, la exploración autónoma del ambiente extrafamiliar por parte del niño, y amenazas directas o indirectas de abandono. Nos encontramos, por tanto, con una restricción de la libertad, que se explica como una protección ante un mundo que es percibido como algo hostil y peligroso; y/o trasmite al niño la idea de que es un ser débil, enfermo o desvalido que se enfrenta con la amenaza de la soledad.

Teniendo todo esto «en mente», se comprende que Guidano y Liotti planteen que la evitación agorafóbica obedece o está controlada por dos re-

---

debería contener un epígrafe sobre las *variaciones* existentes en el modo de aplicar la técnica o el procedimiento. En este momento creemos que el lector habrá podido comprobar por sí mismo que, dadas las características del enfoque que estamos estudiando, resulta difícil hablar de «variaciones». No estamos ante una técnica concreta como la desensibilización sistemática o la inundación, en las que sí cabe plantear distintos modos de actuar: aplicación en vivo o en imaginación, aplicación con ayuda del terapeuta o por medio de cintas grabadas, etc. Por lo tanto, obviaremos dicho epígrafe teniendo en cuenta que en este enfoque cabe cualquier técnica, procedimiento o «variación», siempre que resulten instrumentos útiles para lograr ya sea un cambio profundo o, meramente, un cambio superficial en la organización cognitiva personal del paciente.

glas básicas; la primera exige evitar la soledad y la segunda evitar la limitación. Además, desde esta perspectiva también se comprende que el aspecto central que domina o que impregna las teorías causales que mantienen los pacientes sobre su agorafobia sea la idea de *tener una enfermedad*. Ellos tienen un punto débil; por ejemplo, son vulnerables a un ataque repentino, o no pueden estar solos o en lugares de los que resulte difícil salir pues quizás los extraños no les ayuden, o quizás no puedan llegar al hospital.

Estas personas, con el fin de resolver los problemas creados por el conflicto entre libertad-soledad y protección-limitación, han desarrollado desde la infancia una actitud hipercontroladora hacia sí mismos y hacia la realidad, con el fin de manejar hábilmente su propia debilidad, a los familiares y amigos cercanos, así como al peligroso mundo exterior. Generalmente, esto se logra a lo largo del proceso de desarrollo, 1) excluyendo progresivamente de la organización cognitiva toda la estimulación externa que pueda activar la necesidad de libertad e independencia; 2) estructurando un repertorio de quejas somáticas que actúan como eficaces actividades distractoras para mantener cerca a las personas que rodean al agorafóbico sin que éste se vea en la necesidad de reducir su propia autoestima (Guidano, 1987).

Esta actitud hipercontroladora mantendrá eficazmente, y de un modo tácito, las reglas contradictorias que rigen la conducta de la persona agorafóbica y, al mismo tiempo, permitirá un cierto ajuste siempre que las relaciones interpersonales se mantengan relativamente estables. No obstante, cuando se produzca una alteración importante en el equilibrio de los lazos afectivos [7], es muy probable que se resquebraje el ajuste y aparezca la sintomatología de la agorafobia.

V.2. *La estrategia de tratamiento*

En opinión de Guidano y Liotti (1983), el objetivo a conseguir en el tratamiento de los pacientes agorafóbicos es lograr que éstos sean capaces de reconocer que la clase de libertad que necesitan, en mayor medida, es quedar libres de sus propios miedos, y que con la dependencia que les crean sus miedos, se esclavizan a sí mismos colocándose sus propias cadenas.

Para conseguir estos objetivos, la primera tarea a realizar, como ya hemos visto, será estructurar una relación terapéutica basada en la colaboración mutua y que deje un amplio margen a la necesidad de control del paciente

[7] Guidano y Liotti (1983) recogen una serie de alteraciones en las circunstancias familiares que pueden actuar como factores precipitantes de la agorafobia (p. ej., expectativas de independencia respecto de los padres, pérdida de una persona que es muy importante desde el punto de vista afectivo, para el paciente, momento en el que se estructuran importantes vínculos afectivos...)

agorafóbico. Una relación terapéutica en la que éste no se sienta amenazado, ya que el reconocimiento y el respeto de esta actitud hipercontroladora del paciente tiene una importancia crítica al comienzo del tratamiento.

Una vez logrado esto, se comenzará a organizar las condiciones que permitan conseguir los primeros cambios superficiales en la organización cognitiva del paciente. Para ello, sería necesario comenzar a *enfrentar* al paciente con sus propios miedos. Este elemento de afrontamiento, como los mismos Guidano y Liotti (1983) señalan, será un factor central reconocido tanto en terapia de conducta (Marks, 1981) como en orientaciones más cognitivas (Ellis, 1979e) o, incluso, por el mismo Freud. Para ello, es posible elegir entre varias técnicas: desensibilización por medio de la imaginación, exposición gradual «en vivo», inundación, etc.

La cuestión que plantean estos autores es que, aun siendo necesarias cualesquiera de estas técnicas de exposición, no son en absoluto suficientes si queremos obtener cambios estables y duraderos. Desde su perspectiva teórica, sólo habríamos, por el momento, obtenido cambios superficiales en la organización cognitiva del paciente y, por tanto, éste no estaría en absoluto libre de problemas y se encontraría expuesto a probables recaídas.

Para conseguir una verdadera «revolución personal» (Mahoney, 1980) será necesario ir avanzando paso a paso a través de toda la organización cognitiva del paciente, procurando ajustarse a las siguientes recomendaciones (Guidano y Liotti, 1983):

1. Reetiquetar de modo adecuado las experiencias emocionales
2. Aclaración de la relación existente entre emociones y pensamientos
3. Lograr un «distanciamiento» (en el sentido que plantea Beck, 1976) de los propios pensamientos
4. Identificación de los supuestos básicos o las creencias irracionales (tal como los plantean Beck y Ellis)
5. Descripción del modo en que se han creado estos supuestos básicos y del modo en que fueron «confirmados» a través de las experiencias cotidianas a lo largo de toda la vida del paciente.

Ya dijimos en el apartado anterior que, desde esta perspectiva, resulta lícito utilizar cualquier técnica que nos pueda ayudar a lo largo de esta secuencia de pasos. El aspecto crucial será llegar a contemplar las teorías que emergen del firme núcleo metafísico como episodios y acontecimientos que pudieron tener un sentido en algún momento de sus vidas, pero que ya no tienen por qué seguir gobernando y organizando su perspectiva del sí mismo y del mundo.

Así, a la vez que se está trabajando con las técnicas de exposición, se insistirá en que el paciente lleve a cabo una cuidadosa autoobservación a todos los niveles, y estas experiencias serán de enorme valor en terapia. Se aplicarán técnicas de reestructuración cognitiva, técnicas semánticas, o cualquier procedimiento que, según el terapeuta, pueda ayudar en esta etapa del tratamiento. Hasta este momento se espera que el paciente haya podido asumir que existen dos tipos de situaciones que le producen temor: las situaciones que implican soledad y las que implican limitación. Además, se espera que en sus autoobservaciones se repitan dos temas: las personas extrañas son potencialmente hostiles, amenazadoras, peligrosas o, en el mejor de los casos, indiferentes; las personas cercanas y familiares son un elemento tremendamente protector. Por último, también es probable que, con frecuencia, haya aparecido la idea de prevenir un problema físico (p.ej., un ataque cardíaco) al que puede estar abocado el paciente. A partir de aquí es posible comenzar la profundización en el análisis y en el proceso de terapia.

Según Guidano y Liotti (1983) habrá llegado el momento de empezar a enfrentar al cliente con la idea de *control* y el objetivo será que éste pueda comprobar que el control es un arma de doble filo, puede tener consecuencias positivas y negativas. También habrá llegado el momento de hacer que el paciente revise otras creencias básicas. ¿Dónde, cuándo y con base en qué experiencias ha aprendido, ha asumido y ha hecho suyas el paciente afirmaciones como las siguientes?:

- que las personas extrañas son peligrosas u hostiles
- que él es débil y no puede afrontar adecuadamente las dificultades que existan en el ambiente extrafamiliar
- que sólo la familia o las personas muy cercanas le protegerán y que el hogar es el único sitio verdaderamente seguro.

Reconocidos todos estos supuestos básicos habrá que trabajar a fondo (y de nuevo por medio de procedimientos de reestructuración cognitiva), hasta que el paciente llegue a ser consciente sobre cómo todos estos supuestos han estado perturbando y siguen perturbando profundamente su vida, aunque a partir de ahora ya no hay razón para que continúen haciéndolo. El paciente podrá elaborar conscientemente otros modelos alternativos que sean capaces de estructurar y asumir, de modo más adecuado, sus procesos de pensamiento tácitos.

VI. CONCLUSIONES

Como ya dijimos en otra ocasión (Botella, 1987b), los esfuerzos que llevan a cabo Guidano y Liotti (1983, 1985) y, fundamentalmente, Guidano

(1987;1988) por estructurar un modelo coherente de los procesos de conocimiento humano nos parecen encomiables, además de tremendamente brillantes. Otra cosa distinta es, sin embargo, que veamos con claridad la aplicabilidad inmediata que pueden tener en terapia cada una de sus afirmaciones y/o el modo concreto paso a paso (a lo largo de todo el proceso terapéutico) que pueda derivarse de tal sistema teórico.

Por otra parte, también continuamos pensando que muchas de las ideas defendidas por estos autores presentan una importante reminiscencia psicodinámica. Ahora bien, como repetidamente hemos señalado a lo largo del trabajo, creemos que en este momento habría que insistir, fundamentalmente, en el intrigante paralelismo que, cada vez con más fuerza, se establece entre lo defendido por Guidano (1987) y el pensamiento de Jung. Esta similitud se plantea acerca de distintos aspectos, tanto por lo que se refiere a la complejidad, originalidad y fuerza del sistema teórico defendido por estos autores, como por la ausencia de reciprocidad puntual entre teoría y aplicación práctica.

Es posible que, al igual que el desarrollo logrado en las terapias cognitivas ha facilitado que cobrara actualidad el pensamiento de Adler (Linn y Garske, 1988), el enfoque constructivista ayude a revitalizar la obra de Jung. En este sentido, habría que añadir que quizás la tarea que ya llevó a cabo Eysenck al retomar y someter a investigación controlada las nociones de introversión-extraversión, nos sirva de ejemplo para empezar a considerar ese *énfasis en lo profundo* de la psicología jungiana que, desde hace unos años, han puesto sobre el tapete los enfoques constructivistas.

Es precisamente este punto una de las cuestiones que más nos llamaron la atención cuando empezamos a leer sobre estos temas. Nosotros teníamos «en mente» las dificultades existentes respecto al tipo y/o al grado de cambio que es posible lograr en terapia de conducta, amén de las diatribas existentes sobre estas cuestiones (Arnkoff, 1980; Mahoney, 1980; Pelechano, en prensa; Botella, 1989); aunque por nuestra parte nos decantamos hacia otros modos de acción (Botella, 1987c; Pelechano, 1987). Modos de acción que, fundamentalmente, suponen tomar en consideración, de modo sistemático, la personalidad de los sujetos en terapia y para ello nos basamos en el modelo de parámetros de Pelechano (1973, 1989). Ello no es óbice para que sigamos con gran interés todos los desarrollos que se producen en estos acercamientos, pues continuamos creyendo que algunos de los planteamientos teóricos que se defienden pueden ayudar a iluminar (al menos, en algunas zonas y márgenes) el camino a seguir.

VII. LECTURAS PARA PROFUNDIZAR

Botella, C., «Modelos constructivistas en terapia cognitiva: actualidad y valoración», *Psicologemas,* 1, 1987, pp. 107-143.

Guidano, V., *Complexity of the self,* Nueva York, Guilford Press, 1987.

Guidano, V., «A systems, process-oriented approach to cognitive therapy», en K. S. Dobson (comp.), *Handbook of cognitive-behavioral therapies,* Nueva York, Guilford Press, 1988.

Guidano, V. y Liotti, G., *Cognitive processes and emotional disorders: a structural approach to psychotherapy,* Nueva York, Guilford Press, 1983.

Liotti, G., «Cognitive Therapy, attachment theory, and psychiatric nosology: a clinical and theoretical inquiry into their interdependence», en M. A. Reda y M. J. Mahoney (comps.), *Cognitive psychotherapies,* Cambridge, Mass., Ballinger Publishing, 1984.

Mahoney, M. J., «Psychotherapy and human change processes», en J. H. Harvey y M. M. Parks (comps.), *The Master Lecture series: psychotherapy research and behavior change (Vol. 1),* Washington, D.C., American Psychological Association, 1982.

Miró, M. T. e Ibáñez, E., «Entrevista con Vittorio Guidano», *Boletín de Psicología,* 5, 1984, pp. 79-95.

25. EL ENTRENAMIENTO EN AUTOINSTRUCCIONES

José Santacreu Mas

I. INTRODUCCIÓN

El *entrenamiento en autoinstrucciones* se remonta a los primeros trabajos llevados a cabo por Meinchenbaum en los años sesenta con niños hiperactivos y agresivos. Sin embargo, la preocupación de Meichenbaum por el papel del lenguaje como controlador de la conducta motora (Meichenbaum, 1969; Meichenbaum y Goodman, 1969a,b; Meichenbaum y Goodman, 1971), surge con motivo de los estudios sobre autores soviéticos como Luria y Vygotski y, más tarde, de los trabajos de Piaget.

El marco en el que surge toda esta investigación es el que hoy llamamos *modificación de conducta cognitiva,* en cuyo modelo de cambio del comportamiento se entiende que hay una interrelación entre las respuestas motoras y las cogniciones, y que los procesos de cambio incluyen aprendizajes por condicionamiento (operante y clásico), por observación de modelos e instruccionales (a través del lenguaje). El modelo de cambio cognitivo conductual supone que las respuestas motoras, fisiológicas y cognitivas que emite un sujeto, y que constituyen su «comportamiento» son en alguna medida consistentes y, por tanto, se puede modificar el comportamiento, modificando uno de los sistemas de respuesta. Aquellas técnicas que tienen por objetivo modificar el comportamiento, mediante la manipulación del sistema de respuesta cognitivo, las denominamos *cognitivas,* con independencia del procedimiento de aprendizaje que se utilice.

El desarrollo de la técnica llevada a cabo por Meichenbaum se justifica en los trabajos de Luria (1961) y Vygotski (1962), en los que, como más tarde veremos, se establece que el lenguaje en los niños pequeños no tiene la función de comunicarse con otros, sino más bien la de guiar u ordenar su propia conducta externa. El reconocimiento del *lenguaje interno* como «director y controlador» del comportamiento por parte de Meichenbaum, le lleva a describir un procedimiento general que permita modificar las verbalizaciones internas del sujeto y, en consecuencia, la conducta manifiesta.

En el presente capítulo vamos a tratar de describir el procedimiento de las autoinstrucciones y sus aplicaciones, en el marco de las técnicas cognitivo-conductuales.

Universidad Autónoma de Madrid (España)

II. DEFINICIÓN Y DESCRIPCIÓN

El entrenamiento autoinstruccional se trata de una técnica cognitiva de cambio de comportamiento en la que se modifican las autoverbalizaciones (verbalizaciones internas o pensamientos) que un sujeto realiza ante cualquier tarea o problema, sustituyéndolas por otras que, en general, son mas útiles para llevar a cabo la tarea. Estas nuevas instrucciones, que el propio sujeto se da a sí mismo, coinciden en gran parte con la secuencia de preguntas de la «técnica de solución de problemas» (D'Zurilla y Golfried, 1971). Meichenbaum (1977) incluye, además, instrucciones de autorrefuerzo para todas aquellas «respuestas» tendentes a la solución del problema, o autoinstrucciones de afrontamiento ante el fracaso (autocorrección), en el caso de error.

El objetivo es que el sujeto introduzca, inicialmente, un cambio en sus autoverbalizaciones para que, finalmente, se modifique su comportamiento manifiesto; es decir, para que alcance una mejora en su nivel de habilidad en una tarea, aumente el nivel de autocontrol de su comportamiento, o llegue a la solución de un problema.

Hemos señalado en qué consiste la técnica de las autoinstrucciones, de Meichenbaum. Sin embargo, quizás fuera conveniente definir qué son las autoinstrucciones. Aunque no existen definiciones claras del término, vamos a realizar algunas precisiones. En primer lugar, autoinstrucciones hace referencia al lenguaje, a «lo que uno se dice a sí mismo» frente a las instrucciones que dan los demás. Hacen referencia a las cogniciones en forma de lenguaje dejando aparte las imágenes.

No obstante, hay que señalar que las autoinstrucciones no se refieren a todas las cogniciones en términos de «lenguaje interno» sino a las verbalizaciones internas que acompañan a la actividad del sujeto. Son instrucciones u órdenes que el sujeto se da a sí mismo, dirigiendo su actuación. Estas verbalizaciones son coherentes con la propia actuación del sujeto. Por ejemplo: «Voy a ponerme a trabajar», «No puedo seguir corriendo», «Voy a alcanzarlo», serían autoinstrucciones que la persona se daría justo antes de iniciar la actuación, y se supone que podríamos cambiar el comportamiento del sujeto mediante un procedimiento de cambio de sus propias verbalizaciones. La técnica descrita por Meichenbaum tiene como objetivo este cambio.

Se supone, como veremos mas adelante, que en la medida en que los sujetos se enfrentan con tareas más complejas, en las que es complicado manejarse o no saben cómo actuar, las verbalizaciones internas, las autoinstrucciones, se hacen mas patentes. Es decir, el *pensamiento*, que en otros momentos podría parecer rápido o automático, ahora se enlentece y se transforma en *lenguaje* que guía con cuidado la actuación del sujeto. Este lenguaje interno o autoinstrucciones, a través del cual el sujeto se habla a sí mismo, es un mecanismo que puede, eventualmente, ayudar al sujeto a encontrar la solución o a actuar de manera más eficaz.

Así planteado, el objetivo del entrenamiento en autoinstrucciones no es otro que enseñar correctamente un tipo general de instrucciones que puedan facilitar al sujeto una rápida y eficaz actuación, teniendo en cuenta sus características personales.

III. FUNDAMENTOS CONCEPTUALES DE LA TÉCNICA

En primer lugar, habría que justificar la importancia que tienen las verbalizaciones encubiertas en el control del comportamiento inmediato del sujeto. Entiéndase bien que no nos referimos a la relación entre cognición y comportamiento motor externo, justificación, que suponemos que se habrá hecho en capítulos anteriores, sino que nos referimos exclusivamente a la relación entre las verbalizaciones (un tipo de cognición) y el comportamiento (motor externo).

Para justificar la importancia de las «verbalizaciones internas» en el control de la conducta motora voy a referirme, al igual que Meichenbaum (1977), a los trabajos de Luria (1961) y Vygotski (1962) sobre el tema.

El modelo de Luria sobre los procesos de control de la conducta motora a través de las verbalizaciones

Luria, en su libro *El papel del lenguaje en la regulación de las conductas normales y anormales,* señala que se podrían distinguir tres etapas para explicar la iniciación e inhibición de la conducta motora de los niños a través del lenguaje.

En la *primera etapa,* la conducta de los niños está dirigida por otras personas. Los adultos, a través del lenguaje o de la instigación, controlan la iniciación e inhibición de conductas.

En la *segunda etapa,* los niños guían, en gran parte, su propia conducta a través de verbalizaciones en voz alta, hablándose a sí mismos mientras actúan, diciéndose a sí mismos lo que hacen o lo que quieren hacer y cómo lo podrían conseguir. El desarrollo de esta segunda etapa se caracteriza por verbalizaciones para sí mismo, por un lenguaje sin el objetivo de comunicarse. Dichas verbalizaciones son relativas a su comportamiento y parecen servir de acicate para iniciar la acción. Este hecho podría corresponderse con lo que Piaget (1923) llama *monólogo colectivo,* refiriéndose a una situación en la que muchos chicos pequeños hablan sobre lo que hacen sin la menor intención de dialogar. Por ejemplo, en esta segunda etapa, un niño podría decir «Marta —refiriéndose a ella misma— pinta» mientras esta rayando efectivamente en la pared (Rosen, 1989).

Finalmente, en la *tercera etapa,* los niños guían su propia conducta a través de un lenguaje encubierto (subvocal). Estas verbalizaciones persisten en los niños y podemos observarlo en los adultos en ciertas ocasiones, especialmente mientras están aprendiendo a realizar una tarea complicada, como aprender a conducir, o cocinando un plato nuevo. Los datos presentados por Vygotski (1962) en un trabajo relativo al «lenguaje privado» de los adultos, pone de manifiesto que, efectivamente, las verbalizaciones audibles y comprensibles van disminuyendo con la edad, pero aumentan en la medida que los sujetos se enfrentan con una tarea de mayor relevancia o complicación.

Así, mientras que un conductor con suficiente experiencia, conduce automáticamente, sin darse cuenta en muchas ocasiones que ha cambiado de velocidad o ha puesto el indicador de cambio de dirección; un novato, que está aprendiendo a conducir, se sienta al volante y podría comenzar diciéndose interiormente algo así como:

> Bueno, primero he de comprobar que no haya metida ninguna velocidad,.. bien ¡ya está! ,.. voy a arrancar, giro la llave de contacto ... aprieto un poco el acelerador...bueno ¡ya está! Ahora voy a meter la primera, pero previamente aprieta el pedal del embrague... muy bien y ahora (una vez metida) suelta despacio el embrague... Cuidado... ¿qué pasa? ... ¡el freno de mano! (una vez liberado). Bien, muy bien, allá vamos...

Cuando el conductor es totalmente inexperto, es el profesor el que le va dando instrucciones, guiando el comportamiento del aprendiz. Por ejemplo para iniciar una maniobra de aparcamiento el profesor podría decir:

> Acércate a la derecha para aparcar junto al coche rojo. Muy bien... ahora coloca la marcha atrás y suelta el embrague... Despacio, más despacio... Eso es... gira el volante a la derecha ... un poco más. Bien, muy bien, ... etc.

Es muy probable que mientras aprendimos a conducir, mantuviéramos, de forma encubierta, un diálogo con nosotros mismos similar a éste, que ahora, al cabo del tiempo, ha desaparecido. Con cierta experiencia, la conducción se hace automáticamente, no consciente y podemos mantener una conversación mientras conducimos. Al igual que los niños, los adultos siguen las instrucciones del profesor, después las recuerdan, y ellos mismos se autoinstruyen (manifiesta o encubiertamente), desapareciendo finalmente.

Meichenbaum y Goodman (1969) se plantearon, en relación al papel de las autoinstrucciones en el control de la conducta, qué efectos podría tener el darse autoinstrucciones para llevar a cabo una tarea perfectamente conocida y que ya se realiza de manera automática. En su experimento estos autores forzaron a niños para que llevaran a cabo una tarea mientras iban diciendo en voz alta lo que iban haciendo. Un grupo estaba formado por niños de 1º grado (aproximadamente 1º de EGB) y el otro por niños de jardín de infancia (aproximadamente preescolar). Los resultados muestran que los niños mayores rendían menos cuando se autoinstruían en voz alta, mientras que los pequeños, al hablarse en voz alta, mejoraban su rendimiento.

En la amplia revisión de trabajos realizada por Meichenbaum (1977), sobre cómo afectan las verbalizaciones sobre la ejecución de la tarea, se concluye que el efecto depende:

a. De la edad de los sujetos (los niños más pequeños realizan más verbalizaciones sobre la tarea).

b. De la dificultad de la tarea o problema (con independencia de la edad, las verbalizaciones se hacen más patentes en función de la dificultad de la tarea).

c. De la calidad de las autoinstrucciones (si los sujetos realizan verbalizaciones cuyo contenido indica incapacidad para la tarea, distracción, etc., la eficacia en la tarea disminuye; si por el contrario, guían correctamente la ejecución, entonces mejora la tarea).

Si bien parece claro cuál es el papel positivo que juegan las verbalizaciones en el control de la conducta motora, en el sentido de que facilitan la ejecución inicial de dicha conducta, parece también evidente que el efecto de mejora se hace patente sólo cuando se trata de tareas nuevas o complicadas para el sujeto, puesto que en otros casos no logra sino un enlentecimiento de la misma. Además de ello, tenemos que tener en cuenta que para cada tipo de tarea será necesario un determinado tipo de autoinstrucciones, ya que, como hemos señalado anteriormente, el contenido de la instrucción es el responsable final de la eficacia del procedimiento. Por tanto, para enseñar eficazmente a través del procedimiento de autoinstrucciones, deberíamos ser capaces de señalar, en cada caso, cuál es la instrucción correcta.

Para resolver este problema, Meichenbaum echa mano de las preguntas planteadas en la «técnica de la solución de problemas» como marco general, de tal manera que, si el sujeto se autoinstruye en cada caso con las preguntas planteadas en dicha técnica, podríamos tener el marco general de instrucciones para afrontar cualquier tarea o problema. Evidentemente, sería necesario rellenar, en cada caso, las instrucciones pertinentes al problema, para de esta forma mejorar la ejecución.

Veamos pues algunos aspectos de la *técnica de solución de problemas,* para poder estimar las diferencias y similitudes en las instrucciones recomendadas entre esta técnica y la que constituye nuestro objeto de estudio. Las fases planteadas en la técnica de solución de problemas (Goldfried y D'Zurilla,

1971; Goldfried y Davison, 1976; Nezu y Nezu, en este volumen; Spivack y Shure, 1974) son las siguientes:

1. Definición de la situación general y planteamiento del problema o tarea.
2. Evaluar y definir lo más operativamente posible el problema planteado.
3. Generar una lista de posibles soluciones pertinentes al problema.
4. Decidirse por una solución evaluando previamente las posibles consecuencias, ganancias o pérdidas y alcance de la solución propuesta.
5. Verificar los resultados de la decisión en función de los logros alcanzados.

En el caso de que los resultados sean satisfactorios el proceso habría terminado. En caso contrario, habría que volver al proceso de solución de problemas (normalmente fases 3ª ó 4ª).

Meichenbaum utiliza como marco general las instrucciones relativas a la «solución de problemas» añadiendo dos aspectos importantes: las *verbalizaciones de autorrefuerzo* y las de *autocorrección.* La causa de esta modificación es, probablemente, la formación conductual de Meichenbaum, así como su conocimiento sobre la investigación llevada a cabo en autocontrol. La técnica de solución de problemas supone, de partida, una alta motivación en el sujeto y una gran tolerancia a la frustración, lo cual es probable en el ámbito científico, aunque no tanto en la clínica. La introducción por parte de Meichenbaum de los mencionados elementos en la técnica de autoinstrucciones facilita la consecución de las metas, ya que ayuda al sujeto a persistir en la búsqueda de la solución más adecuada.

Finalmente, para realizar un cambio en el comportamiento, de acuerdo con esta técnica, hemos de conocer cuál es el procedimiento a utilizar para que el sujeto se autoinstruya correctamente. Este es el objetivo del siguiente apartado.

IV. EL PROCEDIMIENTO DE APRENDIZAJE DE LA TÉCNICA DE AUTOINSTRUCCIONES

El procedimiento general de *entrenamiento en autoinstrucciones,* o lo que es lo mismo, del uso del lenguaje interno para facilitar la correcta actuación, ha sido descrito por Meichenbaum (1977, 1985) en numerosos trabajos y consta de cinco fases (en su forma más compleja, pensada para el entrenamiento con niños):

1. El monitor o terapeuta actúa como *modelo* y lleva a cabo una tarea

mientras se habla a sí mismo en voz alta sobre lo que está haciendo *(Modelado cognitivo).*

2. El paciente (el niño) lleva a cabo la misma tarea del ejemplo propuesto por el terapeuta, bajo la dirección de las instrucciones de éste *(Guía externa en voz alta).*

3. El paciente lleva a cabo la tarea mientras se dirige a sí mismo en voz alta *(Autoinstrucciones en voz alta).*

4. El paciente lleva a cabo la tarea de nuevo, mientras cuchichea las instrucciones para sí mismo *(Autoinstrucciones enmascaradas).*

5. El paciente guía su propio comportamiento a través de autoinstrucciones internas, mientras va desarrollando la tarea *(Autoinstrucciones encubiertas).*

En el trabajo llevado a cabo por Meichenbaum y Goodman (1971) para el tratamiento de niños hiperactivos, los autores utilizan este procedimiento de aprendizaje por modelos para cambiar el discurso interno del niño, y a través de él modificar el comportamiento impulsivo del sujeto. Camp, Blom, Herbert y Von Doorwick (1976) realizan el entrenamiento en autoinstrucciones a través de una historieta en la que un gato lleva a cabo una tarea mientras se pregunta a sí mismo las siguientes cuestiones: a) ¿Cuál es mi problema?, b) ¿Cómo puedo resolverlo?, c) ¿Sigo mi plan? y d) ¿Cómo lo he hecho? En ambos casos el aprendizaje se lleva a cabo por medio de un *modelo* que piensa en voz alta y dirige con éxito su comportamiento, siguiendo fundamentalmente el método de la solución de problemas. (Véase figura 25.1).

Para entender el tipo de instrucciones que Meichenbaum sugiere como marco general para cualquier tarea, describiremos un ejemplo de una tarea escolar, como pintar un rectángulo en la pizarra (Santacreu, 1983). En este caso, el terapeuta tiene como objetivo reducir la impulsividad y mejorar el enfrentamiento a los fracasos en un niño *hiperactivo.* De acuerdo con el procedimiento señalado anteriormente, el terapeuta comenzaría la tarea (fingiendo cometer errores igual que el niño) diciéndose a sí mismo:

Vamos a ver ...¿qué es lo que tengo que hacer? Tengo que pintar un rectángulo en la pizarra. Muy bien. *¿Cómo puedo hacerlo?* Tengo que ir despacio y con cuidado. Primero pinto una línea hacia abajo ... un poco más ... bien ... eso es ... Después tengo que ir hacia la derecha ... eso es. *Lo estoy haciendo bastante bien.* Recuerda que hay que ir despacio. Ahora tengo que ir hacia arriba. ¡No! No tan desviado a la derecha. *Bueno, no pasa nada ... ahora borro la línea y veamos ... aunque cometa un error puedo continuar.* Lo borro y voy mas despacio. Recto hacia arriba ... eso es. Tengo que ir con cuidado para hacer los dos lados iguales. Muy bien ya lo tengo. Ahora tengo que unir los dos lados por aquí. Despacio ... *Bien, ya he terminado. ¡lo he hecho!*

FIGURA 25.1. *Procedimiento de entrenamiento en autoinstrucciones en el que se utiliza un «comic» en el cual un gato es el modelo.* (Basado en Camp, Blom, Herbert y Von Doormick, 1977).

Lo que el modelo trata de enseñarle al niño, cuando estaba hablando en voz alta, con respecto a las verbalizaciones correctas para enfrentar el problema, se puede plasmar en los siguientes puntos:

1. *Definir el problema* («¿Qué tengo que hacer?»).
2. *Guía de la respuesta* («¿Cómo tengo que hacerlo? Despacio ... Pinta una raya hacia abajo»).
3. *Autorrefuerzo* («Lo estoy haciendo bastante bien»).
4. *Autocorrección*, en el caso de que no se alcance el objetivo propuesto, afrontando el error. («Está bien, si cometo un error puedo continuar. Iré mas despacio».)

Consideraciones prácticas y metodológicas sobre la técnica de las autoinstrucciones

Quizás convenga aquí recordar que el objetivo de esta técnica es modificar las verbalizaciones internas que el sujeto utiliza ante aquellos problemas o situaciones en los que habitualmente fracasa, realizando respuestas inadecuadas para alcanzar los objetivos. Así pues, el éxito de la técnica viene determinado, no sólo por el cambio de las verbalizaciones internas del sujeto, sino también por el cambio del comportamiento ante dichas situaciones. Por ello, desde una perspectiva metodológica, para verificar la eficacia del tratamiento, hemos de considerar, en primer lugar, si habría otros procedimientos alternativos al aquí propuesto (modelado) para el aprendizaje de la técnica de una forma eficaz y, en segundo lugar, hemos de averiguar en qué casos esta técnica de cambio del comportamiento resulta mas eficaz.

El propio Meichenbaum plantea que el elemento más importante de esta técnica es el hecho de introducir en el lenguaje interno del sujeto unas determinadas instrucciones que guíen la conducta del mismo. Este tipo de aprendizaje por autoinstrucciones se convierte en una alternativa, en la medida en que resulte más eficaz que el condicionamiento operante, para el cambio de determinados comportamientos manifiestos. Naturalmente, como suele ocurrir en cualquier tipo de aprendizaje, un procedimiento terapéutico es eficaz dependiendo de las siguientes variables: a) las características de personalidad del sujeto, b) la psicopatología que presente en el momento de la intervención y c) el tipo de conducta específica que se pretende cambiar.

En cuanto al procedimiento de aprendizaje, Meichenbaum plantea las siguientes cuestiones de índole práctica que inciden en la modificación de las verbalizaciones internas del sujeto:

1. Adecuación a las características del paciente (introducir el procedimiento de autoinstrucciones como un juego, cuando se trata de un niño).
2. La flexibilidad en el tipo de instrucciones generales a utilizar en el momento del enfrentamiento al problema. (Cada sujeto tiene frases o verbalizaciones específicas altamente eficaces para controlar su propia conducta).
3. El uso de imágenes que inciten al sujeto al uso de las verbalizaciones en el momento adecuado.
4. La práctica en el uso de verbalizaciones, para el control del comportamiento, en numerosas situaciones, con el fin de que el sujeto pueda generalizar.
5. La implicación del paciente en el aprendizaje.

Creemos que el modelado es, probablemente, el procedimiento mas eficaz para enseñar la técnica de autoinstrucciones. No obstante, pensamos, al igual que Meichenbaum, que existen otros métodos para conseguir aprender a usar las autoinstrucciones correctas en un determinado problema, como puede ser el uso de *comics* (Camp y cols., 1977) o manuales de procedimiento (Meichenbaum, 1977). En nuestra clínica, utilizamos el «manual de entrenamiento para aprender a hacer la cama» con niños enuréticos que han de utilizar el aparato despertador en su programa de entrenamiento (véase cuadro 25.1) Es un manual de instrucciones en el que se le especifica a la madre qué tiene que hacer cada día, paso a paso. A través de estas instrucciones, se le pide a la madre que actúe como modelo para el niño.

En cuanto a las características personales de los sujetos, habría que señalar: a) un nivel cultural adecuado para entender el procedimiento, y b) características generales para llevar a cabo un tratamiento psicológico, como motivación, expectativas de éxito, «lugar de control interno», etc.

En cuanto a las características de los problemas en los que sería útil la introducción de verbalizaciones que guiaran la respuesta, cabría señalar:

a. Problemas secundarios a la impulsividad del sujeto, en los que el comportamiento de éste no lleva al objetivo deseado debido a la rapidez con que se ejecuta la respuesta. Éste es el caso de niños hiperactivos, algunos casos de rendimiento escolar, agresividad. En estos casos, el procedimiento introduce mayor lentitud y, finalmente, una mejor ejecución.

b. Problemas secundarios a autoinstrucciones negativas o inadecuadas, como en el caso de los problemas de ansiedad (fobias, asertividad), estrés, depresión. En estos supuestos, el uso de unas determinadas autoinstrucciones sustituye a las inadecuadas verbalizaciones del sujeto, además de sugerir una alternativa comportamental. Evidentemente, para conseguir este mismo objetivo existen otras técnicas cognitivas.

CUADRO 25.1. *Programa de entrenamiento para aprender a hacer la cama en el que se usa el procedimiento propuesto por Meichenbaum.* (Este documento forma parte de las instrucciones que se les da a los padres de niños enuréticos para que éstos aprendan a hacer la cama, utilizado en la *Clínica de Psicología* CINTECO)

PROGRAMA DE ENTRENAMIENTO PARA HACER LA CAMA
(para niños enuréticos)

(Para llevar a cabo estas instrucciones es imprescindible que a los padres se les entrene con un ejemplo en la sesión y que conozcan algunos términos de Modificación de Conducta)

1. Instrucciones a seguir por los padres. ***DÍA 1º***

1.1. El ejercicio dura media hora y ha de buscar un momento oportuno para no ser interrumpido por otras personas o tareas.

1.2. Dispóngase con su mejor buen humor a hacer la cama completa, mientras va diciendo en voz alta lo que va haciendo delante de su hijo.

1.3. Dígale: «Fíjate bien en lo que hago, se trata de que tu aprendas a hacer tu cama».

1.4. Una vez dispuestas las sábanas, las mantas, la almohada, etc., en presencia del niño Vd. debería comenzar diciendo el siguiente texto mientras se dispone a hacer la cama:

¿Cuál es mi problema? Tengo que aprender a hacer la cama correctamente. *¿Cómo lo puedo hacer?* Primero tengo que comprobar que tengo todos los materiales, la sábana de abajo... MUY BIEN, LOS TENGO. Ahora tengo que coger la sábana de abajo y extenderla sobre el colchón ... cuidando de remeter los bordes ... Después la sábana de arriba ... MUY BIEN, YA LO TENGO. Ahora he de colocar la manta. He de colocarla con cuidado ... Atención, me he equivocado. En este lado de la cama roza el suelo *(equivóquese adrede para que su hijo vea cómo lo corrige)* NO PASA NADA... PUEDO CORREGIRLO...Tiro de este lado de la manta y ya está ... Arreglado ... (Una vez terminada la cama, mientras la revisa.) ¿Cómo me ha quedado la cama? Está muy bien.

MAÑANA LO HARAS TÚ. YA VERÁS QUE FÁCIL ES.

2. Instrucciones a seguir por los padres. ***DÍA 2º***

2.1. En las mismas condiciones del día anterior, preparadas las sábanas, mantas, etc., pídale al niño que haga la cama mientras Vd. le guía la respuesta.

2.2. Explíquele que Vd. va a hablarle indicándole lo que tiene que hacer. «Vd. le hablará como si fuera su pensamiento».

2.3. Se trata de que diga en voz alta lo que se decía a sí misma el día anterior, (punto 1.4), en perfecta coordinación con lo que va haciendo el niño.

2.4. Hable despacio, suave, sin alterarse. Recuerde que tiene que plantearse las tres preguntas: *¿Cuál es mi problema? ¿Cómo lo puedo hacer? ¿Cómo me ha quedado la cama?*

2.5. Recuerde que tiene que introducir autorrefuerzos y autocorrecciones, de acuerdo con la ejecución del muchacho (textos en mayúsculas): ... MUY BIEN, YA LO TENGO. NO PASA NADA ... PUEDO CORREGIRLO ...

3. Instrucciones a seguir por los padres. *DÍA 3º*

3.1. En las mismas condiciones del día anterior, preparadas las sábanas, mantas, etc., pídale al niño que haga la cama mientras él mismo se guía la respuesta en voz alta.

3.2. Indíquele que al hablarse tiene que plantearse las tres preguntas clave: *¿Cuál es mi problema? ¿Cómo lo puedo hacer? ¿Cómo me ha quedado la cama?*

3.3. Indíquele la necesidad de autorreforzarse o de autocorregirse. Si no lo hace, hágalo Vd., inicialmente, e insista en que lo haga.

3.4. REFUERCE FINALMENTE EL TRABAJO DEL NIÑO.

4. Instrucciones a seguir por los padres. *DÍA 4º*

4.1. Siga las instrucciones del día tercero, indicándole que puede hablar en voz baja cuchicheando.

4.2. Si observa que no sigue las instrucciones o bien que no hace la tarea correctamente, ayúdele con algunas instrucciones, pero sin intervenir directamente. (En este caso repetir otro día más en las mismas condiciones).

4.3. En caso contrario, seguir las instrucciones del «último día».

5. Instrucciones a seguir por los padres. *ÚLTIMO DÍA*

5.1. En las mismas condiciones del día anterior, preparadas las sábanas, mantas, etc., pídale al niño que haga la cama, indicándole que le avise cuando haya terminado.

5.2. Explíquele que está convencido/a de que ya sabe hacer correctamente su cama, y que hoy es el día del examen.

5.3. REFUERCE ampliamente el trabajo del niño. Señale de manera especial los aspectos correctos. *No señale los posibles errores cometidos*

c. Problemas referidos a falta de autocontrol, control del peso o de la ingesta de alcohol, prevención de las recaídas en las adicciones, control de las conductas delictivas. En este caso, el contenido de las autoinstrucciones que deben usarse ha de llevar a la anticipación de las consecuencias de la conducta que, impulsivamente, el sujeto pretende emitir, retardando la actuación.

d. Dificultades en el aprendizaje, bien en función de las dificultades inherentes al problema o bien debido a las dificultades cognitivas específicas de los sujetos, como es el caso de niños deficientes.

V. APLICACIONES DE LA TÉCNICA DE AUTOINSTRUCCIONES Y VALORACIÓN DE SUS RESULTADOS

Para determinar la eficacia de la técnica, tal como la hemos descrito anteriormente, hay que tener en cuenta que su utilidad se ha de medir por un cambio en el *comportamiento manifiesto* del sujeto, y por exigencias de la propia técnica, para que finalmente ocurra un cambio en la «conducta manifiesta» consistente con las autoinstrucciones que se da el sujeto, dicha técnica dependería de: a) el aprendizaje de unas determinadas autoinstrucciones, con contenidos pertinentes al caso, y b) el uso sistemático de dichas verbalizaciones, de forma encubierta, en el momento en que se presenten los problemas.

Así pues, se puede comparar, por una parte, la eficacia de la técnica de autoinstrucciones con otros procedimientos cognitivos cuyo objetivo sea modificar las verbalizaciones naturales del sujeto o, en algunos casos, implantarlas cuando no son patentes, como en el caso de niños hiperactivos. Las técnicas alternativas a las que nos referimos podrían ser el autocontrol, la solución de problemas, la detención del pensamiento, la reestructuración cognitiva, etc. Por otro lado, en el caso de que las mencionadas técnicas consiguieran un cambio en las verbalizaciones naturales del sujeto, se podrían comparar todas ellas con las técnicas derivadas del condicionamiento operante y las derivadas del aprendizaje por modelos, considerando, como variable dependiente, el cambio producido en el comportamiento manifiesto del sujeto.

V.1. *Aplicaciones de la técnica en casos de impulsividad*

De acuerdo con la clasificación de los problemas que hemos realizado en el apartado anterior, en cuanto a la conveniencia del uso de la técnica de autoinstrucciones, el primer tipo, hacía referencia al uso original que propuso Meichenbaum con niños hiperactivos, impulsivos o agresivos, en los que las autoinstrucciones manifiestan tener un papel enlentecedor de la acción y, por tanto, la técnica facilita una actuación más reflexiva. El objetivo terapéutico puede consistir en realizar una tarea o en controlar el propio comportamiento, inicialmente de una manera lenta para que, finalmente, y de forma automática, se logren realizar dichas tareas correctamente.

El trabajo de Meichenbaum y Goodman (1971) con niños hiperactivos demuestra la eficacia del procedimiento de autoinstrucciones. Este trabajo (en el que se utiliza el procedimiento descrito en el anterior apartado), señala la importancia de dos aspectos de la técnica: en primer lugar, la utilización de un *modelo* (terapeuta) que se aplica autoinstrucciones, como técnica de aprendizaje y, en segundo lugar, la *repetición* de las autoinstrucciones, en voz alta, en diferentes tareas, para habituar al niño al uso de este lenguaje interno. Bender (1976) obtiene similares resultados con niños impulsivos y en su trabajo queda claro que la *repetición* de las autoinstrucciones, mientras el niño hace las tareas, resulta ser el componente mas eficaz del programa de tratamiento. Camp (1980) y Camp y cols. (1976, 1977) con su ya mencionado programa de tratamiento *Think Aloud* muestran resultados similares, quedando patente el control del comportamiento a través del propio lenguaje.

Parrish y Ericson (1981) compararon el efecto del tratamiento con autoinstrucciones y un tratamiento con «instrucciones de analizar y revisar cuidadosamente», en niños impulsivos no institucionalizados. Llevaron a cabo un diseño con cuatro grupos: a) Instrucciones de revisar las tareas cuidadosamente, b) Autoinstrucciones, c) Instrucciones de revisar más autoinstrucciones, y d) Grupo de control. Sorprendentemente, los tratamientos por separado obtuvieron mejores resultados que el tratamiento combinado y, en cualquier caso, todos los tratamientos obtuvieron reducciones significativas en los errores de los exámenes, que se llevaron a cabo durante el tratamiento y las cinco semanas postratamiento. Sin embargo, el tiempo de reflexión de los niños no aumentó significativamente.

En el tratamiento de los niños hiperactivos Meichenbaum plantea que las terapias que utilizan procedimientos operantes no suelen obtener éxito debido a la acción altamente motivadora de dichos procedimientos, de tal manera, que en lugar de *enlentecer* la actividad y permitir una *actitud reflexiva,* logran todo lo contrario. Sin embargo, como el propio Meichenbaum (1977) señala, la asociación de procedimientos operantes y cognitivos (como en el caso de las autoinstrucciones) mejora los resultados. En este sentido, los estudios de Bornstein y Quevillon (1976) y, en especial, el llevado a cabo por Kendall y Braswel (1982) son muy elocuentes, poniendo de manifiesto la mayor eficacia de las autoinstrucciones en este tipo de problemas.

En el caso de niños hiperactivos se han llevado a cabo estudios sobre la generalización del tratamiento con autoinstrucciones, intentando averiguar qué tipo de instrucciones podrían favorecer dicha generalización. En el estudio llevado a cabo por Kendall y Wilcox (1980), se compara el uso de autoinstrucciones generales (útiles para afrontar cualquier tarea o situación) con autoinstrucciones específicas (relativas a una tarea específica como, por ejemplo, tareas de cálculo). Los resultados muestran que el uso de autoinstrucciones generales frente a autoinstrucciones específicas facilita la generalización, como cabría esperar. Además, en un estudio llevado a cabo por Schleser, Meyers y Cohen (1981) se obtienen mejores resultados, con instrucciones generales, incluso en las tareas específicamente entrenadas. El trabajo de Neilans e Israel (1981) muestra también el mayor mantenimiento y generalización del comportamiento inducido por programas cognitivos (en los que se incluyen autoinstrucciones), en comparación con un programa de «economía de fichas» en niños impulsivos [véase la revisión de Kendall (1984), para un análisis más detallado del tema].

Sin embargo, algunos estudios han demostrado que no siempre es fácil la generalización del tratamiento, pero como han indicado Guevremont, Osnes y Stokes (1988) una de las cuestiones claves para que las habilidades entrenadas mediante la técnica de autoinstrucciones se transfieran a otras situaciones, es que los niños autoverbalicen mientras realizan las nuevas tareas. Tanto es así, que los autores de este estudio afirman que el éxito en las nuevas tareas (tareas no entrenadas) depende de que los niños autoverbalicen en ese momento y no del éxito obtenido en la situación de entrenamiento. Ello nos indica que tenemos que animar a los sujetos a autoinstruirse de forma manifiesta en la realización de las tareas.

En resumen, podemos decir que la técnica de autoinstrucciones ha demostrado una notable eficacia en todos los terrenos, en este tipo de problemas, y ello se debe, a nuestro modo de ver, a su adecuación al modelo psicopatológico.

V.2. *Aplicaciones de la técnica en casos de ansiedad*

La técnica de autoinstrucciones se ha aplicado en numerosos casos en los que la ansiedad juega un papel importante presentando muy diversas características clínicas: depresión, fobias, habilidades sociales, estrés. En estos casos, el terapeuta evalúa hasta qué punto el lenguaje interno del sujeto es insuficiente o inadecuado para afrontar la situación y decide la conveniencia de un abordaje cognitivo. En el caso de que se considere que el componente cognitivo del problema (verbalizaciones encubiertas) sea relevante para la resolución del caso, se utilizan técnicas cuyo objetivo es sustituir dichas cogniciones (lenguaje interno) por otras más apropiadas para afrontar la situación.

Aunque en los casos de fobias no ha sido muy habitual los informes sobre tratamiento con la técnica de autoinstrucciones (probablemente debido al uso, con éxito, de otras técnicas alternativas), se han llevado a cabo algunos estudios en los que se ha tratado de modificar las autoverbalizaciones del sujeto. En la revisión de Graziano, DeGiovanni y García (1979) sobre tratamiento de la ansiedad, se cita un artículo (Kanfer, Karoly y Newman, 1975) en el que se trata la fobia a la oscuridad mediante la técnica de autoinstrucciones. En este estudio, en el *Grupo 1* se inducen autoinstrucciones relativas a la bondad del estímulo (p.ej., «En la oscuridad hay muchas cosas buenas»); en el *Grupo 2,* autoinstrucciones relativas a la capacidad del sujeto (p.ej., «Puedo moverme en lugares oscuros») y en el *Grupo 3,* instrucciones neutras. Los resultados mostraron que tanto el Grupo 1 como el Grupo 2 redujeron la fobia en mayor medida que el grupo control.

El estudio de *análogos* llevado a cabo por Fox y Houston (1981), no muestra la eficacia de la técnica. El objetivo, en este caso, era reducir la ansiedad de un grupo de niños durante la tarea de recitar un poema. El procedimiento utilizado por los autores incluye la observación de modelos que se autoinstruyen, convenientemente, mientras realizan diversas tareas o mientras se enfrentan a una situación de evaluación como la que van a sufrir los propios sujetos. Sin embargo, los niños no practican las autoinstrucciones ni en voz alta ni encubiertamente, lo que podría justificar el fracaso del tratamiento. Por otra parte, es posible que la técnica de autoinstrucciones se pueda aprender y practicar con mayor facilidad cuando se trata de tareas manuales, y que todo ello explique el fracaso de este estudio en la reducción de la ansiedad.

Recientemente hemos llevado a cabo un estudio de caso único para el tratamiento de una fobia a la oscuridad, mediante la técnica de autoinstrucciones en un niño de 6 años. Siguiendo el procedimiento señalado por Meichenbaum, tal y como lo hemos descrito anteriormente, durante la primera sesión de entrenamiento, el niño recorría, de la mano del terapeuta, una casa a oscuras mientras éste se daba autoinstrucciones sobre cómo debía actuar («[...] aquí comienzan las escaleras, he de bajar despacio, cogiéndome al pasamanos, ahí enfrente debe estar el interruptor [...]»). Después el niño repetía las autoinstrucciones en voz alta, acompañado del terapeuta. Finalmente el niño hacía solo el recorrido diciendo las instrucciones en voz alta y, después, encubiertamente. Con la ayuda de los padres, el niño repitió dos veces cada día el entrenamiento en su casa (en el pasillo, en la cocina, en su cuarto, etc.), debiendo utilizarlo, además, si se despertaba por la noche. Pasados 10 días, el niño no manifestaba en absoluto signos de ansiedad, tanto si se le exponía a situaciones de oscuridad, como si por casualidad se despertaba por la noche o se apagaba la luz de la escalera.

Se han llevado a cabo otras aplicaciones del entrenamiento en autoinstrucciones. Así Rehm (1982), en su programa de autocontrol de la depresión, utiliza esta técnica para modificar algunas de las cogniciones negativas del sujeto. Meichenbaum (1977, 1985) también recomienda la utilización de las autoinstrucciones en su técnica de «inoculación de estrés», como una de las habilidades de afrontamiento en casos con problemas de ansiedad.

V.3. *Aplicaciones de la técnica en casos de falta de autocontrol*

Uno de los aspectos de la falta de autocontrol hace referencia a la dificultad para anticipar las consecuencias de la actuación, por parte del propio sujeto. En algunos casos, como el de las adicciones (comida, medicamentos, alcohol, etc.) o en la comisión de actos delictivos, se dice que los sujetos no anticipan las consecuencias aversivas, actúan impulsivamente porque no presentan cogniciones mediadoras, esto es, no presentan verbalizaciones internas en las que evalúen todas las posibles consecuencias.

En los casos de adicciones se ha utilizado la técnica de autoinstrucciones para impedir la recaída, por ejemplo en el caso de alcohólicos (Marlatt, 1978) o en el caso de la obesidad (Marlatt y Gordon, 1979; Santacreu y Scigliano, 1986). En los casos de delincuencia y agresividad, el objetivo de la técnica ha sido fundamentalmente demorar la actuación de los sujetos. (Kennedy, 1984).

En cuanto a la eficacia de las autoinstrucciones en este grupo de problemas hemos de señalar que cuando el análisis funcional indica una gran importancia de los aspectos sociales (delincuencia, agresión), la comparación de las diversas técnicas resulta confusa, entre otras razones, porque no se alcanzan resultados positivos y duraderos con ninguna de ellas. Por el contrario, cuando los problemas se reducen al campo de actuación clínica, como es el caso de la obesidad, los resultados indican una razonable eficacia del procedimiento de autoinstrucciones.

V.4. *Aplicaciones de la técnica en casos de dificultades de aprendizaje*

Como ya hemos comentado anteriormente, las «dificultades de aprendizaje» corresponden al apartado de aplicaciones en el que más se han estudiado los fundamentos básicos de las autoinstrucciones. El ejemplo que nosotros hemos utilizado, «aprender a conducir» está relacionado con el aprendizaje de destrezas o habilidades y, en este tipo de aprendizajes, como han mostrado Luria y Vygotski, el lenguaje interno juega un papel primordial, dirigiendo la conducta del sujeto.

Así pues, se han llevado a cabo una serie de investigaciones para averiguar si las autoinstrucciones facilitarían el aprendizaje de habilidades motoras en el caso de sujetos con déficit cognitivos (deficiencia mental). Hasta los años setenta, se ha considerado que, en estos casos, los procedimientos de aprendizaje que lograban algún tipo de rendimiento eran los derivados del condicionamiento operante (moldeamiento, reforzamiento positivo, economía de fichas, etc.). Los inconvenientes de las técnicas derivadas del condicionamiento operante son su lentitud y su coste (tiempo y energía del instructor). Sin embargo, obtenían mejores resultados que los sistemas de enseñanza tradicionales (los utilizados con los niños en la escuela).

En el caso de niños con «dificultades de aprendizaje» o en el caso de «deficientes mentales», se han llevado a cabo numerosos estudios en los que se ha demostrado la eficacia del procedimiento propuesto por Meichenbaum y Goodman (1971). Así por ejemplo, Robin, Armel y O'Leary (1978) demostraron la eficacia de este procedimiento, en el caso de niños con problemas de escritura; Bonmarito y Meichenbaum (1978) en casos de comprensión lectora; Leon y Pepe (1983) en casos de mejora del cálculo; Burgio, Witman y Johnson (1980) diseñaron con éxito un programa para mejorar la atención en tareas escolares. Estos autores señalaron una serie de condiciones de la muestra para que la técnica de autoinstrucciones resultara comparativamente más eficaz: a) capacidad para articular las autoverbalizaciones necesarias, b) capacidad de comprender su significado, y c) que los comportamientos motores implicados estén en el repertorio del niño.

Sin embargo, como muy bien plantean Witman, Burgio y Johnston (1984) en su revisión sobre las intervenciones cognitivoconductuales en niños deficientes, es de especial interés *relacionar* los «modelos explicativos» del déficit cognitivo (o, en su caso, del déficit general cognitivo) con los procedimientos específicos de cambio de comportamiento, es decir, con los tipos de aprendizaje (condicionamientos, observacional, cognitivo). La suposición, que estos autores están haciendo, sería la siguiente: «Existe una correspondencia entre los déficit/capacidades cognitivas que manifiesta un organismo y los sistemas de aprendizaje que puede utilizar para adaptarse al medio» y, de acuerdo con esta idea, se podría suponer que determinados déficit cognitivos se podrían corregir mejor con procedimientos específicos de aprendizaje.

En relación a las consideraciones anteriormente planteadas, preguntas que los profesionales del campo se han de contestar para entender los resultados, a menudo sorprendentes, de los distintos programas de tratamiento son, a nuestro modo de ver, las siguientes:

1. ¿Por qué en los procedimientos usuales de aprendizaje, los que se utilizan en la escuela (instrucciones, programas operantes de baja tasa de refuerzo, imitación de modelos) no funcionan en un grupo de niños cada vez más numeroso? ¿Se trata de déficit cognitivos o emocionales? ¿Las dificultades en el aprendizaje se corresponden con déficit de naturaleza estructural u orgánica (*hardware*) o son funcionales, evolutivos (*software*).

2. ¿Por qué los programas cognitivoconductuales (p.ej., autoinstrucciones) obtienen más éxito que los conductuales (condicionamiento operante) en algunos niños con dificultades de aprendizaje?

3. ¿Por qué, tanto con unos programas como con otros, se obtiene tan bajo nivel de generalización en niños con déficit cognitivos?

Probablemente, las respuestas a estas preguntas nos podrían indicar cuáles podrían ser los aprendizajes idóneos para cada caso específico de deficiencia. Por otro lado, resulta evidente la necesidad de un análisis funcional específico de cada caso que nos señale, no sólo el tipo de aprendizaje implicado, sino también qué contenidos se necesitan aprender.

VI. CONCLUSIONES

Como resumen de este trabajo conviene recordar que la técnica de autoinstrucciones se considera derivada de los aprendizajes cognitivo-instruccionales y, por consiguiente, se incluye como una de las técnicas cognitivas de la modificación de conducta.

En términos generales, se entiende la aplicación de la técnica dentro de un modelo cognitivo-conductual de explicación del comportamiento humano y, por tanto, el objetivo de esta técnica es el *cambio de comportamiento* a través de la modificación o la implantación de unas nuevas cogniciones.

Las cogniciones a las que hace referencia la técnica son las «verbalizaciones manifiestas o encubiertas» que controlan el comportamiento motor de los sujetos, que se hacen patentes de manera clara en los niños (Luria, 1961), pero que surgen igualmente en adultos cuando se enfrentan a situaciones nuevas o especialmente complicadas. Parece ser que, en términos generales las verbalizaciones facilitan el *«aprendizaje motor complejo»* en sus fases iniciales, pero cuando las respuestas están bien establecidas, las verbalizaciones desaparecen y la secuencia de respuestas se ejecuta de manera automática. Si de manera artificial forzamos a los sujetos para que utilicen verbalizaciones como guía de su propio comportamiento, cuando la actuación, por sobreaprendida, ya es automática, entonces la ejecución se enlentece.

Meichenbaum ha descrito un procedimiento para conseguir que los sujetos utilicen autoinstrucciones que faciliten el aprendizaje de nuevos comportamientos, nuevos o complicados problemas o situaciones difíciles, estando implicados aprendizajes instruccionales, por observación de modelos y de reforzamiento positivo.

Se ha visto que este procedimiento consta de las siguientes fases: 1) Modelado cognitivo, 2) Guía externa en voz alta, 3) Autoinstrucciones en voz alta, 4) Autoinstrucciones enmascaradas y 5) Autoinstrucciones encubiertas.

Esta técnica se ha aplicado a muy diversos problemas entre los que caben destacar: hiperactividad, impulsividad, delincuencia, ansiedad, estrés y dificultades de aprendizaje. Como técnica de aprendizaje ha demostrado su eficacia en la mayoría de los problemas planteados, en especial en los casos en los que la impulsividad tiene un valor predominante.

Finalmente, en este capítulo, se han considerado algunos de los problemas metodológicos, habitualmente planteados al intentar estudiar la eficacia de las técnicas cognitivas. Si consideramos al *comportamiento* como el conjunto de respuestas motoras, fisiológicas y cognitivas, y si consideramos que las técnicas cognitivas y, en consecuencia, el procedimiento de *autoinstrucciones,* tienen como objetivo el cambio de comportamiento mediante el cambio de algunas cogniciones, podemos deducir, finalmente, que la eficacia de la técnica viene determinada, en primera instancia, por el cambio en las cogniciones del sujeto, para considerar después, si esta primera condición se ha cumplido, un cambio en el comportamiento general.

VII. LECTURAS PARA PROFUNDIZAR

Meichenbaum, D., *Cognitive-behavior modification: an integrative approach,* Nueva York, Plenum Press, 1977.

Meichenbaum, D., «Self-instructional training», en A. S. Bellack y M. Hersen (comps.), *Dictionary of behavior therapy techniques,* Nueva York, Pergamon Press, 1985.

Meichenbaum, D., «Teaching thinking: a cognitive-behavioral perspective», en J. Segal, S. Chapman y R. Glaser (comps.), *Thinking and learning skills* (vol. 2), Hillsdale, N.J., 1983.

Meyers, A. W. y Craighead, W. E. (comps.), *Cognitive behavior therapy with children,* Nueva York, Plenum Press, 1984.

Spivack, G., Platt, J. y Shure, M., *The problem-solving approach to adjustment,* San Francisco, Jossey-Bass, 1976.

26. LA INOCULACIÓN DE ESTRÉS

JERRY L. DEFFENBACHER

I. HISTORIA

El *entrenamiento en inoculación de estrés (EIDE)* surgió a principio de los años setenta (Meichenbaum, 1977), cuando la terapia de conducta (TC) se estaba ampliando para incluir procesos cognitivos y de autorregulación (p.ej., Bandura 1969; Goldfried, 1971; Mahoney, 1974). En un principio, el EIDE se desarrolló como un tratamiento general para las fobias y era un procedimiento cognitivo conductual relativamente específico (Meichenbaum, 1977, 1985; Meichenbaum y Cameron, 1983), que se centraba en las habilidades cognitivas y de relajación. Posteriormente, el EIDE se aplicó a muchos otros problemas como la ira (Novaco, 1975), dolor y problemas de salud (Turk, Meichenbaum y Genest, 1983) y al estrés laboral (Sharp y Forman, 1985). Las adaptaciones que se necesitaron llevar a cabo para ajustarse a distintas poblaciones convirtieron al EIDE en un enfoque general para los asuntos relacionados con el estrés. Puesto que el EIDE es un modelo general, las variaciones se configuran según las características del individuo o del grupo específico. Por consiguiente, este capítulo se centra en los parámetros de tratamiento aplicables al rango más amplio de problemas y no se describen variaciones o aplicaciones específicas.

II. MODELO TEÓRICO Y RESULTADOS DE LA INVESTIGACIÓN

El EIDE emplea un modelo de amplio espectro para la comprensión y el tratamiento de los problemas. Enfatiza las complejas relaciones interdependientes entre los factores afectivos, fisiológicos, conductuales, cognitivos y sociales/ambientales. *No* presupone una centralidad o una influencia causal primaria de ningún factor. Por el contrario, los subsistemas de la persona y el ambiente se ven como elementos mutuamente interactivos, que se desarrollan de un modo transaccional (Lazarus y Folkman, 1984), con una influencia recíproca (Bandura, 1977b). Por lo tanto, el EIDE implica una evaluación

---

Colorado State University (EE UU).

completa de estas complejas interacciones y una selección cuidadosa de las estrategias de tratamiento.

Las primeras aplicaciones se dirigieron hacia los trastornos de ansiedad, con los que el EIDE se mostró muy eficaz, disminuyendo, con éxito, la ansiedad ante los exámenes (Deffenbacher y Hahnloser, 1981; Meichenbaum, 1972), la ansiedad a hablar en público (Altmaier, Ross, Leary y Thornbrough, 1982; Fremow y Zitter, 1978), la ansiedad social (Butler y cols., 1984), la ansiedad generalizada (Barlow y cols., 1984; Borkovec y cols., 1987) y trastornos relacionados con la ansiedad, como son las fricciones académicas (Wernick, 1984), la timidez (Cappe y Alden, 1987), la falta de asertividad (Kaplan, 1982) y la insatisfacción con la propia imagen corporal (Butters y Cash, 1987). El EIDE disminuyó el estrés en adultos que normalmente padecían estrés (Long, 1984) y en grupos de profesionales, como profesores (Sharp y Forman, 1985) y agentes de policía (Sarason, Johnson, Berberich y Siegel, 1979). También se ha logrado una significativa reducción de la ira (Deffenbacher y cols., 1987; Deffenbacher y cols., 1988; Novaco, 1975). El EIDE se ha adaptado también, satisfactoriamente, a problemas médicos como el afrontamiento del cáncer (Telch y Telch, 1987), la esclerosis múltiple (Foley y cols., 1987), dolores de cabeza (Anderson, Lawrence y Olson, 1981), operaciones quirúrgicas (Martelli, Auerbach, Alexander y Mercuri, 1987; Wells, Howard, Nowling y Vargas, 1986) y dolor (Turk, Meichenbaum y Genest, 1983; Turner, 1982). En todos estos estudios, el EIDE fue tan eficaz como otras intervenciones y en algunas variables se produjo un cambio mayor que la desensibilización (Meichenbaum, 1972), que la relajación (Deffenbacher y Hahnloser, 1981; Martelli y cols., 1987; Novaco, 1975; Turner, 1982), que las habilidades cognitivas de afrontamiento (Deffenbacher y Hahnloser, 1981), que la exposición (Butler y cols., 1984; Cappe y Alden, 1987), que el entrenamiento en habilidades (Sharp y Forman, 1985) y que una combinación de relajación y terapia no directiva (Borkovec y cols., 1987). El EIDE es, por consiguiente, un tratamiento prometedor para muchos problemas y poblaciones diferentes (Meichenbaum y Deffenbacher, 1988).

III. MODELO DE TRATAMIENTO

El EIDE implica tres fases que se solapan:

1. Reconceptualización
2. Adquisición y ensayo de habilidades
3. Aplicación y consolidación

Cada una de ellas se describe brevemente, dándose unas descripciones más detalladas en secciones posteriores.

En la primera fase, el terapeuta y el paciente forman una relación cálida, de colaboración, llevan a cabo una detallada evaluación clínica y desarrollan una mutua comprensión de las preocupaciones del paciente. Los problemas se reconsideran dentro de este nuevo marco y se vuelven a conceptualizar como complejas cadenas de acontecimientos en desarrollo, con causas múltiples, en vez de procesos únicos y todopoderosos. Los problemas se definen, con una visión positiva, en términos de déficit en habilidades, distorsiones cognitivas, falta de habilidades conductuales, estímulos estresantes ambientales, etc., en vez de hacerse en términos de procesos globales negativos. A partir de esta reconceptualización se deriva un modelo de tratamiento que se orienta hacia la acción y que coloca importantes eslabones en la reconceptualizada cadena de acontecimientos. Por ejemplo, la tensión emocional y fisiológica podría describirse en términos de la falta de habilidades de autorregulación emocional. Podría considerarse al entrenamiento en habilidades de relajación como una manera de proporcionar las habilidades necesarias.

La segunda fase desarrolla las habilidades de afrontamiento necesarias y/o comienza la intervención ambiental. Las intervenciones varían ampliamente de individuo a individuo y de población a población, pero podrían incluir la reestructuración cognitiva para el diálogo disfuncional con uno mismo, el entrenamiento en relajación para la activación emocional y fisiológica, el entrenamiento en habilidades conductuales para los déficit en habilidades, el entrenamiento en solución de problemas, el entrenamiento en autoeficacia y en autorrefuerzo, por nombrar unos pocos procedimientos. Las intervenciones específicas surgen de las discusiones conjuntas y se enmarcan en las propias palabras, analogías y metáforas del paciente. Dichas intervenciones no son establecidas imperativamente por el terapeuta. Las habilidades y las estrategias se ensayan, se revisan y se pulen en repertorios flexibles y luego se traducen a, y se ensayan como, autoverbalizaciones específicas, por medio de las cuales el paciente puede iniciar fácilmente su aplicación cuando lo necesite.

La tercera fase asegura la aplicación de los esfuerzos de afrontamiento a las situaciones problema y su transferencia al mundo externo. En las sesiones del EIDE, se ensayan las habilidades en situaciones estresantes escenificadas, simuladas o imaginadas. Por ejemplo, los pacientes pueden emplear habilidades cognitivas y de relajación para reducir la ansiedad generada al evocar imágenes ansiógenas. Conforme los pacientes muestran un cambio fiable entre sesiones, las habilidades se van integrando y transfiriendo activamente al mundo externo por medio de experimentos conductuales, tareas para casa graduadas y su aplicación en situaciones reales. La retroalimentación servirá como base para las modificaciones que se produzcan posteriormente. Conforme la actuación en vivo se va desarrollando satisfactoriamente, el esfuerzo se dirige al mantenimiento y a la prevención de las recaídas.

III.1. *Fase I: reconceptualización*

Los pacientes empiezan el EIDE con todo un conjunto de problemas, con una serie de conceptos sobre la naturaleza de los problemas y su cambio, y con otras características psicosociales que pueden servir de apoyo o bien interferir con el cambio. Estas cuestiones son las que se abordan en primer lugar. Los objetivos de la primera fase del EIDE son:

1. Desarrollar una buena relación terapéutica
2. Evaluar conjuntamente la naturaleza de los problemas del paciente.
3. Formular hipótesis de trabajo sobre los problemas y su modificación.

III.1.1 La relación terapéutica

La relación terapéutica es la piedra angular del EIDE. Los terapeutas del EIDE se esfuerzan especialmente para desarrollar una buena alianza terapéutica, en la que el paciente se sienta comprendido y respetado y en la que se perciba al terapeuta como un solícito aliado en la empresa de comprensión y cambio. Los terapeutas del EIDE emplean normalmente un estilo abierto, directo, cálido y empático al entrar en el mundo del paciente y formar una relación de colaboración. El empleo habilidoso de cuestiones socráticas, recensiones breves, comparaciones del material, etc., ayuda a los pacientes a explorar y reconocer los problemas y sus soluciones potenciales. Este estilo de entrevista maximiza la implicación del paciente en el proceso de cambio y minimiza su resistencia. Dicha relación de trabajo conjunto constituye uno de los pilares básicos sobre el que descansan otros elementos del EIDE.

III.1.2. Evaluación

Se tiene que desarrollar una comprensión conjunta de las preocupaciones del paciente. Aunque hay muchas estrategias diferentes de evaluación, todas movilizan la implicación activa del paciente en la recogida de información y en la discusión de la información recogida. Las directrices para varias de las estrategias de evaluación más comunes del EIDE se describen seguidamente:

III.1.2.1. *Entrevistas*

Las entrevistas con el paciente (y en algunos casos con otras personas) constituyen el enfoque más básico de evaluación. Aunque la información que se necesita varía considerablemente, las dimensiones comunes son apropiadas para casi todos los pacientes.

1. Probablemente, lo primero sea la *percepción y definición del problema por parte del paciente.* ¿Cómo ve el paciente los problemas y preocupaciones? ¿Por qué ha venido a terapia? Inicialmente, el terapeuta escucha y explora de una manera abierta. Sin embargo, pronto se piden ejemplos y definiciones concretos. Esto se hace por dos razones. Primero, las descripciones iniciales a menudo son mezclas de muchas experiencias. De esta forma, pueden estar distorsionadas o ser demasiado abstractas y, por consiguiente, perder gran parte de la complejidad de la experiencia real. Este tipo de detalles es lo que facilita una precisa comprensión de los problemas. Segundo, las descripciones iniciales tienden a ser vagas y expresadas en términos generales. Por ejemplo, un paciente puede etiquetar el problema como «estar estresado». Esto podría significar, para un paciente, sentimientos de ansiedad, timidez, problemas de estómago y una conducta de evitación, mientras que para otro podría significar la activación de la ira, seguido por explosivos ataques verbales. Sin clarificación, el terapeuta podría malinterpretar la naturaleza de los problemas que se presentan. Preguntas como las siguientes podrían ser útiles: «¿Podría darme un ejemplo reciente de cuando se encontraba *estresado?*», o «El término "*estresado*" significa muchas cosas diferentes. ¿Podría describir qué es lo que experimenta cuando está *estresado?*».

2. La gravedad y el impacto de los problemas son otras dimensiones importantes. El terapeuta necesita saber cómo influyen los problemas en la vida del paciente y en la vida de los demás. Normalmente se considera que la gravedad y el impacto son más importantes conforme el individuo experimenta más de los siguientes aspectos (Deffenbacher y Suinn, 1982):

a. Frecuencia de la respuesta. ¿Con qué frecuencia ocurre el problema? ¿Qué es lo que parece que aumenta o disminuye la frecuencia? ¿Ha estado ocurriendo de forma más frecuente últimamente? Si es así, ¿por qué piensa el paciente que sucede?

b. Magnitud de la respuesta. ¿Cuánto responde el individuo? ¿Existen conductas asociadas que los demás considerarán como potentes o significativas? Por ejemplo, la activación de la ira de una determinada intensidad se juzga de forma diferente si se encuentra asociada con el ataque físico o con el ataque verbal.

c. Duración. La duración puede ser relevante de dos maneras. En primer lugar está la duración del problema. ¿Durante cuánto tiempo ha estado experimentando el paciente estos problemas? ¿Cuándo empezaron? En segundo lugar se encuentra la duración de la respuesta. ¿Cuánto tiempo dura el problema cuando comienza un episodio? ¿Cuánto tiempo le lleva al paciente recuperarse?

d. Amplitud. La amplitud puede implicar también dos dimensiones. Puede implicar un parámetro situacional. ¿Experimenta el paciente el problema en una sola situación o en un pequeño grupo de situaciones? O bien, ¿lo experimenta a través de una serie de distintas situaciones? La amplitud puede reflejarse también en el canal de respuesta. ¿Experimenta el problema principalmente en una dimensión de respuesta? O bien, ¿lo experimenta a través de distintos canales de respuesta? Por ejemplo, ¿un paciente experimenta ansiedad principalmente en un único canal, como la activación emocional y fisiológica, o muestra también una implicación cognitiva y conductual?

e. Consecuencias y resultados. ¿Qué clase de consecuencias sufre el paciente o los demás como resultado del problema? Por ejemplo, ¿Hay un deterioro significativo de las actuaciones importantes o de la salud? ¿Tiene el problema un impacto significativo psicológica, social, vocacional o económicamente sobre el paciente o sobre los demás?

Aunque la evaluación de la gravedad es importante, estas dimensiones no se convierten en una exploración de rutina. Por el contrario, los terapeutas del EIDE recogen gran parte de esta información a partir de las descripciones y ejemplos del paciente y el resto a partir de preguntas con final abierto, como: «¿Y de qué otra manera tiene impacto sobre su vida (consecuencias)?», o «Con qué frecuencia ocurre (frecuencia)», o «Describa dónde ocurre (amplitud)».

3. Comprensión situacional del problema. ¿Qué condiciones parecen iniciar o desencadenar el problema? ¿Cuáles son los elementos específicos y secuenciales de los componentes cognitivos, conductuales y emocionales/fisiológicos del problema? ¿Cómo se desarrollan a lo largo del tiempo? ¿Qué es lo que disminuye o acaba con el problema? ¿Cuáles son los resultados del problema? Una buena estrategia consiste en pedir a los pacientes que describan un ejemplo concreto (los ejemplos recientes son normalmente los mejores) y en una exploración más profunda, utilizando recensiones breves de los comentarios del paciente, seguidas de: a) incitaciones en la misma área de contenido, como «¿Y qué más sentías?», con el fin de completar una determinada dimensión; b) incitaciones referentes a otra área de contenido, como

«De modo que estabas sintiendo ... y ¿qué estaba pasando por tu cabeza en ese momento?», con el fin de comprender otro parámetro en el mismo punto temporal; o c) incitaciones secuenciales, como «¿Y qué pasó luego?», con el fin de obtener una descripción más detallada del incidente.

4. Aspectos comunes y patrones. Conforme se procesan los ejemplos, se van buscando aspectos comunes y patrones. Por ejemplo, ¿parecen preceder ciertos parámetros situacionales al problema (desencadenadores situacionales comunes), o piensa, habitualmente, el paciente de determinadas maneras sobre los acontecimientos (patrones cognitivos)? Los pacientes pueden señalar aspectos comunes, pero es el terapeuta quien normalmente empieza a hacer conexiones. Los terapeutas del EIDE no hacen, generalmente, interpretaciones directas, sino que prefieren que surja la comprensión de los temas a partir de las discusiones conjuntas. Se continúa con la entrevista de colaboración y el terapeuta compara la información, pregunta a los pacientes si ven conexiones entre los ejemplos, se pregunta en voz alta sobre las distintas posibilidades, etc., con el fin de facilitar la exploración, por parte del paciente, de los posibles patrones.

5. Expectativas e implicaciones para el cambio. A menudo los pacientes han intentado afrontar sus problemas, con diferentes grados de éxito. También tienen expectativas con respecto al cambio. Es necesario evaluar dichas expectativas e integrarlas en el proceso de cambio. Por ejemplo, ¿cómo ha intentado el paciente afrontar el problema en el pasado? ¿Qué es lo que parecía funcionar y por qué? ¿Qué es lo que no funcionaba y por qué? ¿Había buscado el paciente ayuda profesional anteriormente? Si fue así, cuándo, con quién, qué éxito tuvo y por qué? ¿Qué espera el paciente de la terapia? No sólo se tienen que discutir las expectativas, de forma realista, e incorporarse a la fase de reconceptualización, sino que también se tienen que identificar las fuentes de apoyo y de interferencia.

La relación de colaboración se mantiene a lo largo de la entrevista. Los terapeutas del EIDE dirigen y se centran en partes de la entrevista, pero los terapeutas y los pacientes trabajan *juntos* para explorar los asuntos pertinentes y desarrollar una comprensión conjunta de los problemas.

III.1.2.2. *El autorregistro (AR)*

El autorregistro (AR) implica que los pacientes observen y registren cosas entre sesiones. Los datos del AR y las reacciones a, o las conclusiones a partir del, AR se convierten en elementos importantes de discusiones posteriores.

El AR puede también proporcionar una excelente fuente de ejemplos actuales y es particularmente útil para ampliar la comprensión situacional de la conducta. El AR puede tener igualmente una serie de otros efectos, además de proporcionar información. Por ejemplo, los pacientes pueden revisar lo que piensan de los elementos que contribuyen a la causa de sus problemas, conforme van viendo las cosas más claramente, conforme empiezan a cambiar las reacciones disfuncionales, como una función de la retroalimentación a partir del AR, conforme localizan virtudes o habilidades ocultas y conforme empiezan a cambiar las atribuciones y las expectativas sobre uno mismo. Los efectos secundarios del AR pueden ser positivos o negativos y, por consiguiente, merecen una atención directa.

El AR es una tarea compleja y a menudo no se desarrolla todo su valor potencial. Las sugerencias para mejorar el éxito del AR se describen seguidamente.

a. Incorporación de las sugerencias del paciente al AR. Una dificultad general para los terapeutas consiste en «asignar» al AR como una «tarea para casa». Esto se aparta de la relación de colaboración y tiende a aumentar la resistencia, por cuanto a los pacientes, al igual que a muchos no pacientes, no les gusta que les digan lo que tienen que hacer. La referencia a «tarea para casa» les puede traer recuerdos de la escuela y aumentar la resistencia a tareas impuestas externamente. Se sugiere que el terapeuta escuche cuidadosamente los comentarios del paciente que puedan ser presentados e incorporados como sugerencias de éste al AR. Por ejemplo, se puede preguntar a un paciente, que se queja de ansiedad crónica, si la ansiedad experimentada aumenta y disminuye. El terapeuta podría continuar con una pregunta sobre cómo ambos (paciente y terapeuta) sabrían si la ansiedad sube y baja. El paciente podría indicar que él intentaría «averiguarlo». El terapeuta podría preguntar: «¿Averiguarlo? ¿Cómo lo haría?». De la discusión que se seguiría se podría llegar al establecimiento de un contrato y un formato de AR. De esta manera, el AR surge de modo natural a partir del flujo de la interacción, en vez de ser impuesto externamente por el terapeuta.

b. Ser flexible en el formato. Los terapeutas del EIDE hacen una lista de las sugerencias del paciente sobre el formato e intentan incorporarlas al diseño del AR. Esto minimiza la resistencia y aumenta la probabilidad de que sea seleccionado un proceso factible, puesto que los pacientes conocen, a menudo, las características y las circunstancias de su vida mejor que el terapeuta. Por ejemplo, los pacientes ansiosos, frecuentemente, no registrarán su estado de humor cada hora a causa de la intromisión del AR, sino que lo harán tres veces al día (mañana, tarde y noche). Existen muchos formatos de registro diferentes, como los diarios de registro libre, las tarjetas de registro estructurado, los conteos de frecuencia, el registro de la intensidad de la respuesta, etc. Se debería seleccionar el formato que encajase mejor con el individuo y con la naturaleza del problema. Además, se sugiere que debería parecer que los procesos del AR se desarrollan sobre la marcha, incluso aunque haya algunos formatos de AR que se utilicen de forma habitual. Por ejemplo, el terapeuta podría coger un papel en blanco y bosquejar el formato de registro de un diario, en vez de mostrar un formato ya preparado. Esto hace que parezca que el AR surge exclusivamente de la sesión, en vez de presentarse como un aspecto rutinario de algo externo al proceso de terapia.

c. Comenzar de forma sencilla y moldear la complejidad del AR. El AR es una conducta relativamente poco habitual y que consume mucho tiempo. Muchos programas de AR, que en los demás aspectos son correctos, fracasan porque se vuelven demasiado complejos rápidamente. Se sugiere que el foco inicial sea simplemente el establecimiento de la conducta de autorregistro y que con el tiempo se aumente la complejidad del mismo, según van mostrando los pacientes su disposición hacia el AR. Por ejemplo, un paciente podría registrar primero una breve descripción de las situaciones problema y de las reacciones generales. Con el tiempo, la dimensión de la reacción podría descomponerse en el registro de pensamientos, emociones y conductas. Sin embargo, el comenzar con esta superior complejidad puede disminuir la adherencia al AR, puesto que los pacientes se sienten abrumados por el mismo.

d. Comprobar el grado de comprensión. El AR puede fracasar porque los pacientes no entienden totalmente qué es lo que tienen que hacer. Se sugiere que, cuando sea posible, el terapeuta modele el registro de uno o más sucesos (p.ej., registrando en una hoja de papel un ejemplo de la sesión del día). Por lo menos, cuando el terapeuta y el paciente han llegado a un acuerdo con respecto al AR, se debería pedir a los pacientes que pusiesen en claro qué han entendido de lo que se va a hacer. Por ejemplo, «Hemos estado hablando sobre cómo podría anotar sus ataques de ansiedad. ¿Podría, por favor, compartir conmigo lo que ha entendido que tiene que hacer?». Estas simples comprobaciones pueden clarificar los errores importantes de comprensión que habría evitado un buen AR.

e. Cuidar la posible falta de adherencia al AR. Es útil preguntar a los pacientes por qué podría fracasar el AR. Pueden señalar cuestiones materiales que habían pasado inadvertidas, o actitudes, emociones o conductas que podrían haber interferido. Se deberían discutir todas ellas y desarrollar estrategias para su resolución. El afrontar las cuestiones de adherencia al AR es especialmente importante porque, durante la fase de evaluación, el AR es, a menudo, una de las primeras tareas que se llevan a cabo entre sesiones. El resolverlas bien y directamente puede reducir los problemas con las tareas futuras.

f. Prestar atención al autorregistro y utilizarlo. Esta sugerencia puede parecer innecesaria, pero frecuentemente se pasa por alto. Algunos terapeutas desarrollan buenos AR y luego no los utilizan o lo hacen muy pocas veces. Si el AR es, realmente, una extensión de la relación de colaboración, entonces ambas partes deberían revisarlo y mejorar su mutuo entendimiento a partir de él. El no prestar atención al AR envía un metamensaje negativo de que el AR, específicamente, y quizás las tareas entre sesiones son, normalmente, poco importantes. Si la tarea es lo suficientemente importante como para llevarla a cabo, entonces debería recibir atención. Cuando sea posible, se sugiere que el AR sea entregado antes de la siguiente sesión, de modo que el terapeuta tenga tiempo de revisarlo. Esto amplía la colaboración, puesto que se ve al terapeuta como un compañero activo, que trabaja, y comunica, además, la importancia de trabajar entre sesiones.

III.1.2.3. *Experiencias simuladas y experiencias en la vida real*

Las pruebas en vivo (p.ej., un paciente con acrofobia acercándose, entrando y subiendo en un ascensor, o la observación en casa de un padre enfadado castigando a un niño) y las simulaciones de situaciones problema (p.ej., la representación de la interacción social que exige asertividad, o el grabar en vídeo la charla de un paciente con ansiedad a hablar en público), pueden arrojar información importante. Los pacientes y los terapeutas pueden realizar observaciones directas de la conducta. Se pueden evaluar los déficit en habilidades y las sutiles secuencias de conducta, elementos que pueden ser difíciles de evaluar sin una observación directa. Además, los pacientes tienen así una reciente base de experiencias, a partir de la cual pueden informar de reacciones emocionales y fisiológicas, de cogniciones, imágenes, impulsos conductuales, etc. Todas ellas se exploran siguiendo las directrices de la entrevista bosquejadas previamente.

Se puede aumentar la comprensión por el uso creativo de grabaciones con equipo de audio y vídeo. Se pueden grabar las experiencias en vivo y las experiencias simuladas. Se puede parar, rebobinar y volver a oír o visionar la cinta en distintos puntos. La experiencia del paciente puede explorarse por medio de una especie de procedimiento de «pensar en voz alta». El equipo de audio puede emplearse incluso en algunas situaciones reales. Por ejemplo, las parejas que están enfadadas pueden, simplemente, poner en marcha el magnetófono cuando empiezan una discusión. La cinta se vuelve a pasar en la clínica y se detiene en diferentes puntos, con el fin de explorar pensamientos, sentimientos y reacciones críticos.

III.1.2.4. *El recuerdo por medio de la imaginación*

Se puede emplear la imaginación de una manera similar a la simulación, excepto en el aspecto de que el individuo recuerda de forma vívida la experiencia relevante. Primero, el paciente y el terapeuta delinean los detalles de la escena. Luego, se sienta el paciente, cierra los ojos y recuerda vívidamente el ejemplo. Se dispone de varios formatos para la exploración, ajustando el método específico al paciente. Por ejemplo, los pacientes pueden recordar la experiencia sin hablar al terapeuta. Luego, el terapeuta entrevista al paciente sobre lo que ha recordado. Esto es especialmente útil cuando el informe verbal del paciente podría interrumpir el recuerdo o proporcionar al paciente una manera de evitar el material perturbador. Otra forma consistiría en que el paciente ofreciese una narración continua de la experiencia durante el recuerdo. El terapeuta explora las cuestiones importantes al final del episodio de recuerdo y puede dirigir la atención, durante el mismo, hacia elementos específicos. En cualquiera de los dos formatos, se puede pedir a los pacientes que recuerden otra vez segmentos específicos, con el fin de explorarlos con mayor detalle.

Puesto que los procedimientos del recuerdo por medio de la imaginación descansan en procesos de memoria poco exactos, pueden producir datos imprecisos o distorsionados. Sin embargo, son muy flexibles y frecuentemente pueden generar información que, de otro modo, no estaría disponible por razones materiales o por razones éticas.

III.1.2.5. *Tests psicológicos*

Aunque los terapeutas del EIDE normalmente no emplean tests psicológicos para propósitos diagnósticos estáticos, a menudo utilizan tests. En primer lugar, las comparaciones con la norma pueden ayudar al desarrollo de hipótesis o sugerir otros aspectos que merecen ser examinados (p.ej., explorar aparentes síntomas de estrés que contribuyan al aumento hipocondríaco, debido a una elevada puntuación en esa dimensión en un test de personalidad). En segundo lugar, se están desarrollando cada vez más instrumentos para poblaciones específicas (p.ej., asertividad y ansiedad ante los exámenes) y algunos tests proporcionan subescalas para distintas dimensiones de la conducta problema (p.ej., elementos cognitivos, emocionales y conductuales de evitación de la ansiedad). Las comparaciones con la escala normativa y las subescalas pueden aumentar la comprensión del problema (p.ej., si se informa más de preocupaciones que de emocionalidad, en una escala de ansiedad, se sugiere una mayor implicación cognitiva). Incluso cuando los tests no están desarrollados psicométricamente, los análisis informales de los ítems pueden ser útiles (p.ej., la observación de que un paciente socialmente ansioso tiene una puntuación superior en los ítems de ansiedad social que en los de habilidad social, sugiere una mayor interferencia de la ansiedad que un déficit en habilidades). Finalmente, los ítems de los tests pueden emplearse como estímulos de la entrevista. Por ejemplo, el terapeuta podría decir (refiriéndose a un ítem de un test), «He observado que ha contestado que está "preocupándose" casi todo el tiempo. ¿Podría decirme qué pasaba por su cabeza cuando respondió a ese ítem?».

III.1.3. La reconceptualización

A partir de los procesos de evaluación surge una (re)conceptualización *tentativa, compartida, transaccional, de trabajo* sobre los problemas del paciente. Es «tentativa» porque es sólo una hipótesis, sólo una manera de entender y enfocar los problemas. Nuevos datos pueden llevar a una revisión. De este modo, no es algo que el terapeuta «venda» al paciente, sino que es un intento de comprender el problema. Se puede también modelar un enfoque flexible, adaptativo, de los problemas de la vida. Es «compartida» porque el paciente y el terapeuta han trabajado conjuntamente en su desarrollo. El terapeuta puede introducir información que desconozca el paciente (p.ej., información sobre el dolor o el funcionamiento del sistema nervioso autónomo), pero sobre todo se ancla en la experiencia del paciente y se desarrolla por ambos. Es «transaccional» porque ayuda a los pacientes a percibir los problemas como un complejo flujo de interacciones «persona por situación» y a ver la multiplicidad de elementos que contribuyen a las dificultades, en vez de agarrarse a atribuciones y sistemas de explicación únicos, con los que el paciente a menudo llega a la terapia. Es un modelo «de trabajo» no sólo porque puede ser revisado, sino también porque señala aspectos a los que debería dirigirse la intervención. Por ejemplo, si se han identificado los estímulos ambientales provocadores del estrés, no es muy difícil que el paciente y el terapeuta lleguen a la conclusión de que deberían modificarse dichos estímulos (p.ej., negociar un período de tiempo de 15 minutos sin quejas, para los primeros 15 minutos desde que una madre, que trabaja, llega a casa o un cambio de tareas para un trabajador muy estresado). Si predomina la activación emocional y fisiológica, el tratamiento se centrará obviamente en ayudar al paciente a que se tranquilice (p.ej., desarrollando habilidades de relajación). Si el estrés produce pensamientos e imágenes, entonces lo apropiado sería ayudar al paciente a cambiar sus «actitudes» (p.ej., reestructuración cognitiva de los procesos perfeccionistas, sobregeneralizados, con respecto a sí mismo). El entrenamiento en habilidades parece claro para pacientes poco habilidosos (p.ej., habilidades de comunicación matrimonial para parejas que se pelean continuamente). Obviamente, éstos y otros elementos meta para el tratamiento deberían combinarse cuando fuese pertinente, y desarrollarse las intervenciones y las habilidades necesarias, que constituyen el núcleo de la siguiente fase del EIDE.

III.2. *Fase II: Adquisición y ensayo de habilidades*

La fase II define, ensaya y refina los componentes básicos de la intervención. Los objetivos se basan en la evaluación y, por consiguiente, se estructuran según el individuo o el grupo. Se modifican de modo flexible conforme cambian las necesidades o la información. Aunque las intervenciones se estructuran de forma individual, algunas de ellas son muy comunes en el EIDE, por lo que requieren, al menos, una breve discusión.

III.2.1. Habilidades de relajación para el afrontamiento

El mayor valor de estas habilidades es el control de la activación emocional y fisiológica elevada. Además, si la relajación es pertinente para un individuo o grupo, puede ser un buen punto por donde empezar el entrenamiento. Para la mayoría de los pacientes la relajación es una intervención lógica, no amenazante, que aumenta rápidamente la sensación de eficacia y allana el camino al enfoque que puede ser pertinente para entrenamiento en otras áreas.

El entrenamiento en la habilidad de relajación empieza habitualmente con el entrenamiento en relajación progresiva. Cuando los pacientes dominan ya la relajación progresiva, normalmente en 2-5 semanas, se añaden los elementos que sirven para considerar a la relajación como una habilidad de afrontamiento [ver Deffenbacher y Suinn (1988) y Suinn y Deffenbacher (1988) para una ampliación de los apartados que siguen].

a. Presentar una explicación razonada sobre una habilidad activa de afrontamiento (Goldfried, 1971). El entrenamiento se delinea, normalmente, en función del aprendizaje de las habilidades de relajación por parte de los pacientes, habilidades que controlan activamente la tensión. El entrenamiento se describe como un medio de aprender a relajar la tensión cuando y donde aparezca. Hay que tener en cuenta las características culturales e individuales. Si los antecedentes culturales explican las experiencias de la vida según un modo de control externo, se deberían enmarcar los esfuerzos de la relajación dentro de esa perspectiva cultural. Si los pacientes se encuentran inicialmente tan estresados que piensan que es imposible un control de la activación, entonces el entrenamiento debería empezar bajo un formato controlado por el terapeuta (p.ej., similar al de la desensibilización) y cambiar al autocontrol cuando se haya demostrado una reducción de la tensión en las sesiones.

b. Entrenar múltiples habilidades de relajación para el afrontamiento. Los individuos difieren con respecto a qué habilidades de relajación son más eficaces para ellos. Se deberían entrenar diferentes habilidades de relajación y ayudar a los pacientes a integrar y desarrollar la más eficaz. El empleo de las habilidades de relajación incluye frecuentemente:

1. Relajación sin tensión (es decir, concentrarse y soltar grupos musculares, sin los ejercicios de tensión de la relajación progresiva);
2. Relajación inducida por la respiración (es decir, inspirar profundamente 3 ó 4 veces y dejar que la tensión se escape con cada espiración);
3. Relajación controlada por estímulos (es decir, relajarse con cada repetición lenta, rítmica de una palabra o una frase como «relájate» o «tranquilízate», que han sido previamente emparejadas con la relajación); y
4. Relajación basada en la imaginación (es decir, cerrando los ojos por breves períodos de tiempo y recordar vívidamente una imagen personal de relajación).

Estas habilidades de afrontamiento se entrenan como formas de desencadenar la capacidad de relajación desarrollada por medio de un proceso como la relajación progresiva o el «biofeedback». Cuando se han desarrollado las habilidades de afrontamiento, se establecen expresiones instruccionales para su rápida iniciación (p.ej., «Muy bien, la ansiedad está aumentando, así que recuerda esa imagen tranquilizante y relájate», o «Me estoy enfadando. Calma. Respira profundamente cuatro veces y tranquilízate»).

c. Establecer señales múltiples para la aplicación. Los pacientes necesitan saber no sólo cómo relajarse, sino también cuándo. Algunas de las mejores señales para ello son las señales internas de activación (p.ej., dolor en el estómago y tensión en los hombros). Por medio del AR o de la activación vía la imaginación o de situaciones simuladas, los pacientes pueden llegar a darse más cuenta de estas señales internas y de las «primeras señales avisadoras» que las preceden. Igualmente, se anima a los pacientes a que se relajen antes, durante y después de los estímulos estresantes previsibles (p.ej., una visita al dentista o una evaluación laboral). Puede ser útil el considerar como señales estimulares al *tiempo* (p.ej., relajarse en momentos específicos durante el día) o a la *actividad* (p.ej., mientras se realiza una actividad frecuente como el llevar a cabo una determinada tarea), especialmente para pacientes que tienen dificultades en autorregistrar el estrés o para quienes la tensión aumenta sin que se den cuenta de ello.

d. Darse cuenta de la ansiedad inducida por la relajación. Para una pequeña parte de los pacientes, el entrenamiento en relajación aumenta, en vez de disminuir, la ansiedad (Heide y Borkovec, 1984). En estos casos, son eficaces tres estrategias (Deffenbacher y Suinn, 1987). Se puede dar a los pacientes una especie de «instrucción de contraexigencia» que sugiera que lleva tiempo el desarrollar la relajación y que, en ocasiones, se experimenta inicialmente un aumento de la tensión, pero que esto desaparece con la práctica. Se puede exponer a los pacientes, de forma repetida, a la experiencia de la relajación, bien exponiéndolos repetidamente a partes del entrenamiento en relajación a lo largo del tiempo o bien aumentando significativamente la duración de las sesiones del entrenamiento en relajación. Finalmente, se puede cambiar el formato del entrenamiento en relajación (p.ej., de la relajación progresiva al «biofeedback»). Raramente tienen los pacientes dificultades con más de un enfoque.

III.2.2. Reestructuración cognitiva

La reestructuración cognitiva aborda la producción del estrés y el sesgo en el procesamiento de la información. Por ejemplo, un hombre socialmente ansioso puede embarcarse en pensamientos absolutistas (p.ej., «Tiene que salir conmigo»), sobregeneralizados («No hago nada bien. Nadie querrá salir conmigo»), catastrofistas (p.ej., «Pareceré tonto. ¡Y será tan embarazoso!»), con respecto a una posible cita, pensamientos que también estiman erróneamente las probabilidades (p.ej., «Nunca saldrá conmigo»). La reestructuración cognitiva aborda esos sesgos en el procesamiento de la información, desde el enfoque general descrito por Beck (Beck, 1976; Beck, Rush, Shaw y Emery, 1979).

El primer paso consiste en aumentar el «darse cuenta» del paciente sobre los procesos de pensamiento que a menudo existen como pensamientos automáticos, pensamientos de los que el paciente no suele tener conocimiento (Beck, 1976). Se continúa con los procesos de evaluación (p.ej., el AR o el recuerdo por medio de la imaginación), centrándose específicamente en los procesos cognitivos. Los terapeutas del EIDE no suponen que se encontrarán determinadas clases de cogniciones, sino que trabajan conjuntamente con el paciente para descubrir cogniciones tanto funcionales como disfuncionales. Conforme van surgiendo, el terapeuta las considera como hipótesis y posibilidades interesantes, en vez de como verdades automáticas y conclusiones válidas. Al hacer eso, está modelando una actitud más de tanteo, de duda y está, al mismo tiempo, abriendo camino al siguiente paso, es decir, a una exploración de la validez del mundo de presuposiciones del paciente.

Luego se recogen evidencias a favor y en contra de las cogniciones. Muchos pacientes empiezan a corregirse los pensamientos disfuncionales conforme van apareciendo. El terapeuta emplea preguntas socráticas (p.ej., «¿Qué es lo peor que podría ocurrir?», o «¿Existen modos de comprobarlo?», o «¿Cómo te enfrentarías a ello si sucediera?») y compara las contradicciones y las incongruencias entre la información y los propios pensamientos del paciente, para una posterior exploración de la validez de los procesos cognitivos de éste. Juntos desarrollan experimentos personales que el paciente realiza entre sesiones, con el fin de comprobar las antiguas y las nuevas cogniciones. Por ejemplo, un hombre socialmente ansioso podría pedir una cita a una o más mujeres, registrando sus reacciones (de él) así como los resultados. Puede que las predicciones de un rechazo no sean confirmadas; las consecuencias catastróficas pueden ser menores que las anticipadas; y las sobregeneralizaciones y las atribuciones erróneas pueden ser descubiertas y reelaboradas.

Por medio del AR, de los experimentos personales y de las discusiones se desarrolla una lista de pensamientos funcionales, de afrontamiento. Éstos se emplean para reemplazar los pensamientos y las imágenes disfuncionales. Por ejemplo, un hombre socialmente ansioso podría llegar a tener, con respecto a la conducta de pedir una cita, *pensamientos de preferencia, no exigentes* (p.ej., «Me gustaría que saliera conmigo, pero no tiene que hacerlo necesariamente. Tiene derecho a salir con quien quiera»), *negativos, pero realistas* («Será frustrante si no sale conmigo, pero no es el fin del mundo»), *situacionalmente discriminativos* (p.ej., «Bueno, no será así siempre. Sólo significa que ha rechazado esta cita. Ni más ni menos. Quizás salga conmigo la próxima vez. Si no, hay otras mujeres con las que salir»).

Aunque pueden existir aspectos comunes en las cogniciones disfuncionales de los pacientes, se ayuda a cada uno de ellos a desarrollar sus *propios* pensamientos adaptativos, de afrontamiento. Los terapeutas del EIDE *no* desarrollan prescripciones cognitivas para que las utilicen todos los pacientes. Por el contrario, ayudan a los pacientes a que desarrollen contrarrespuestas cognitivas personalmente significativas, con las que reemplazar a la imaginación y al diálogo interno disfuncionales. Esas cogniciones se ensayan luego para obtener una aplicación integrada, flexible, en la fase final del EIDE.

III.2.3. Solución de problemas

Puede que los pacientes no tengan sólo cogniciones distorsionadas, sino también estrategias pobres de solución de problemas. Los déficit en solución de problemas se abordan por medio del entrenamiento en solución de problemas (D'Zurilla y Nezu, 1982; Heppner y Krauskopf, 1987; Nezu y Nezu, en este volumen). El objetivo general es que los pacientes desarrollen una secuencia de solución de problemas, con la que puedan enfocar, analizar y reducir éstos. Los pasos comunes a la solución de problemas se describen seguidamente, junto con ejemplos del diálogo autoinstruccional pertinente a la iniciación de cada apartado.

a. Fomentar una actitud de solución de problemas. Los terapeutas modelan y animan a los pacientes para que vean el estrés como «un problema que se tiene que resolver» o «un conflicto que tienen que afrontar». No siempre existen soluciones perfectas, pero se anima a los pacientes a que vean también esto como un problema y que tomen las mejores decisiones posibles. Esta actitud se desarrolla por medio de autoinstrucciones (p.ej., «No es ningún desastre, sólo un problema que se tiene que resolver» o «Sólo es un conflicto, ni más ni menos»). A veces, los pacientes piensan que los problemas no deberían ocurrirles a ellos (p.ej., «¡No debería tener que sufrir esto!»). Ello constituye un ejemplo de un pensamiento absolutista y puede abordarse por medio de la reestructuración cognitiva. Por ejemplo, el terapeuta podría empezar a explorar esto preguntando, «¿Por qué no deberían ocurrirle cosas malas?».

b. Definir los problemas de forma concreta. Los pacientes aprenden a especificar concretamente la naturaleza del problema, definiendo claramente el quién, qué, dónde, cuándo y cómo de la situación. Esto puede, por sí mismo, reducir la ansiedad, puesto que los pacientes poseen las estrategias y habilidades de afrontamiento una vez que saben con qué están tratando. Este paso podría traducirse en pensamientos como: «Muy bien, ¿qué está sucediendo exactamente aquí?», o «El preocuparse no sirve de nada. Piensa objetivamente y desarrolla un plan. De modo que, ¿A qué me estoy enfrentando?».

c. Descomponer los problemas. Este paso puede no ser pertinente, pero, no obstante, se debería tener en cuenta. Se entrena a los pacientes a descomponer los problemas en partes más pequeñas o en una serie de distintos problemas. El hacer esto permite que los pacientes se sientan menos abrumados, que aprendan a dar prioridades y a movilizar los recursos para la solución de problemas. Este paso se concretiza en diálogos con uno mismo específicos (p.ej., «Dividamos esto. Puedo afrontar pequeños estímulos estresantes, uno cada vez» o «Existe aquí una serie de pasos. Veamos, ¿cuál es el primero? Recuerda, concéntrate y da un paso cada vez»).

d. Delinear posibles soluciones. Se anima a los pacientes para que generen tantas soluciones como sea posible. El terapeuta puede modelar o, por lo menos, animar a los pacientes para que dejen que sus cabezas trabajen libremente y no censuren ninguna idea que se les ocurra en esos momentos. La cantidad parece engendrar calidad. Además, algunas soluciones pueden ser divertidas, lo que puede servir para reducir el estrés y colocar las cosas en una perspectiva cognitiva. El ensayo de pensamientos (p.ej., ¿Cuáles son todas las posibilidades? o «Sé creativo. Averigua tantas maneras como puedas para solucionarlo. Deja que las ideas fluyan») puede ser útil para iniciar este estadio de la solución de problemas.

e. Evaluar las soluciones posibles. Después de generar las posibles soluciones, los pacientes se dedican al pensamiento crítico y evalúan esas soluciones. Para cada solución se sopesan probabilidades, posibles resultados, recursos, etc. Puede que tengan que aceptar que no hay soluciones perfectas y que tengan que separar su propia valía de las circunstancias difíciles. El diálogo interno focalizado (p.ej., «Así que, veamos que opción es la mejor» o «¿Cuáles son las ventajas y las desventajas de cada una?») puede facilitar este paso.

f. Tomar una decisión. Los pacientes pueden seleccionar entonces la mejor opción y se les anima para que la acepten como la mejor hipótesis. Los pensamientos autoinstruccionales podrían incluir diálogos como: «Muy bien, ¿Qué es lo mejor que puedo hacer?», «¿Cómo voy a abordarlo?», o «La mejor opción parece ser ... Desarrolla un plan. Así que el primer paso es ...».

g. Llevar a cabo la decisión. Se les anima para que pongan en marcha la decisión, la continúen y piensen positivamente sobre sus esfuerzos. Tanto el terapeuta como el paciente apoyan los intentos, incluso si no están funcionando bien (ver el apartado siguiente con respecto a este punto). Pensamientos como los siguientes pueden ser de ayuda: «Muy bien, empecemos. El primer paso es ...», o «Ésta parece la mejor idea, de modo que ¿por dónde empiezo?».

h. Evaluar los resultados y reconsiderar (reciclar) las soluciones si es necesario. No todas las decisiones funcionan bien. Se entrena a los pacientes para que vean que la *vigilancia* y la *reconsideración (el «reciclaje»)* son partes naturales de la solución de problemas. Puede ser necesario volver a considerar la situación a la luz de información nueva y desarrollar un nuevo plan. Pensamientos como los siguientes pueden ser útiles: «¿Cómo está funcionando?» o «No está saliendo de la manera en que lo planifiqué, pero me siento bien intentándolo y afrontándolo. Así que, reconsiderémoslo y veamos si hay un enfoque mejor».

Otros asuntos pueden interferir con la solución de problemas y necesitar atención. En primer lugar, algunas personas creen que existen soluciones «perfectas» o formas «óptimas» (normalmente las suyas) y que, por lo tanto, deben seguirse. Estas son exigencias perfeccionistas que pueden abordarse por medio de la reestructuración cognitiva. En segundo lugar, los pacientes tienen que aceptar que, a veces, no existen buenas soluciones o que no existen soluciones en absoluto. Por ejemplo, las muertes y los divorcios les suceden a personas buenas. No pueden conseguir que vuelvan a estar presentes en sus vidas otras personas o algunas relaciones. Estas cuestiones pueden abordarse delicadamente con una combinación de reestructuración cognitiva y de solución de problemas y ser convertida en autoinstrucciones (p.ej., «No puedo hacer nada a este respecto, excepto dejar de estar tan estresado. De modo que me centraré en lo que puedo hacer y lo intentaré llevar bien» o «No existe una buena solución. Parece como si estuviera en una de esas situaciones en las que no puedo hacer gran cosa. De modo que me las veré con el resto de mi vida y volveré a ello más tarde, si cambia»). Dicho enfoque no minimiza el dolor, el sufrimiento y las dificultades reales de los pacientes. Lo que intenta es reconocerlo abiertamente y con sensibilidad. Sin embargo, también intenta ayudar a los pacientes para que no se queden bloqueados por esos aspectos emocionales, que los acepten y que se enfrenten a ellos de la mejor (que puede no ser muy buena) manera posible. En tercer lugar, los pacientes pueden necesitar ayuda para legitimizar el tomarse tiempo para pensar en cosas. Puede ser necesario que necesiten negociarlo consigo mismos o con un sistema social. Una buena solución de problemas lleva tiempo y el no pensar en las cosas puede crear más problemas, puesto que se establecen planes incorrectos o se dan salidas falsas. Pensamientos como los siguientes pueden favorecer la solución de esta cuestión: «Necesito un poco de tiempo para pensarlo. Volveré más tarde.» o «Piensa en esto. Tómate tu tiempo y desarrolla un plan».

III.2.4. Entrenamiento en autoeficacia/autorrecompensa

El afrontar y cambiar los patrones de hábitos es difícil de llevar a cabo; aun así, muchos pacientes no favorecen o incluso castigan sus propios esfuerzos.

Por ejemplo, pueden ser muy críticos consigo mismos y atribuir el éxito a factores externos. Estas deficiencias en la autorregulación pueden abordarse con el entrenamiento en pensamientos de autorrefuerzo y de autoeficacia. Seguidamente se bosquejan ejemplos y directrices generales para la autoinstrucción.

a. Fomentar las evaluaciones realistas de lo que sucedió, lo que sirvió de ayuda y lo que no. Los pacientes deberían valorar de forma realista y apoyar sus propios esfuerzos (p.ej., «No fue tan malo. Me las arreglé bastante bien con mi ansiedad») y ver qué es lo que se puede aprender de ellos. Esto último es una actitud importante. El no tener éxito no se ve como un «fracaso», sino sólo un «error» del que se puede aprender (p.ej., «Fue bastante duro, pero lo hice lo mejor que pude. Ahora, examinémoslo y veamos que es lo que puedo aprender de ello»). Los patrones de evaluación de los pacientes pueden necesitar también atención, puesto que muchos tienen patrones perfeccionistas, patrones de «todo o nada», y para los que el afrontamiento tiene que ser perfecto o si no es un fracaso. Estos patrones conducen a la ira innecesaria, a la frustración y a una terminación prematura de la estrategia de afrontamiento, incluso cuando el afrontamiento era bueno objetivamente. Si los patrones son rígidos y autoderrotistas, deberían abordarse con la reestructuración cognitiva.

b. Fomentar las expectativas de un cambio pequeño, gradual. El cambio, normalmente, se produce poco a poco, en vez de una manera rápida, y se fomenta el que los pacientes lo vean de esta manera. Los pacientes podrían desarrollar y ensayar pensamientos como «Bien. Rebajé la ansiedad de 8 a 6, en mi escala de 10 puntos. Todavía tengo ansiedad, aunque sé como hacer que disminuya» o «No se ganó Zamora en una hora y lo mismo pasa con el control de mi ansiedad».

c. Fomentar la evaluación positiva por intentarlo. Deberían alentarse los intentos de afrontamiento, incluso cuando el resultado no es positivo. Por ejemplo, un paciente enfadado podría pensar: «Me enfadé más de lo que quería, pero mantuve bastante bien el control» o bien un hombre socialmente ansioso: «Bueno, no conseguí una cita, pero controlé mi ansiedad y me atreví a pedirla. Me siento bien por ello. Quizás la próxima vez tenga más suerte». Estos pensamientos mantienen a los pacientes implicados en la solución de problemas y evitan una frustración innecesaria. A veces es útil una diferenciación entre proceso y resultado. Si los pacientes lo intentan (proceso), pueden sentirse bien con respecto al proceso, incluso si los resultados son negativos. Los resultados pobres pueden verse como retroalimentación negativa y como un momento para reciclar la solución de problemas. Si no lo intentan, están casi aseguradas unas pobres valoraciones del proceso y de los resultados.

d. Fomentar las atribuciones autoeficaces, positivas. Tanto en cuanto sea posible, los pacientes se deben atribuir el cambio a sí mismos (p.ej., «Estoy encantado con el progreso que estoy realizando» o «Cuanto más lo intento mejor controlo la ansiedad»). Incluso si están implicados factores debidos a la suerte, se puede ayudar a los pacientes a que atribuyan parte de los resultados a su capacidad para sacar provecho de la situación.

e. Fomentar directrices positivas, realistas, para la conducta futura. Cuando sea posible, el diálogo con uno mismo debería, por una parte, reforzar la conducta actual y, por la otra, impulsar de forma realista a la conducta futura. (p.ej., «¡Lo hice! Lo haré incluso mejor la próxima vez» o «¡Buen trabajo! La próxima vez intentaré hablar antes»).

III.2.5. El establecimiento de habilidades conductuales

El EIDE se centra también en los déficit de información y de habilidades conductuales. Al igual que sucede en otras áreas, los déficit surgen de una exploración y una evaluación conjuntas. Se definen de forma específica y se empiezan a mejorar las habilidades según las directrices generales delineadas en los apartados anteriores (ver también el apartado sobre el entrenamiento en la aplicación). Por ejemplo, se podrían delinear los déficit en asertividad y luego modelarse y ensayarse manifiesta o encubiertamente la conducta alternativa. Las habilidades meta varían ampliamente de población a población. Por señalar algunos ejemplos, los estudiantes que se ponen nerviosos ante los exámenes, pueden necesitar entrenamiento en cómo preparar y hacer los exámenes; los individuos airados pueden necesitar aprender habilidades de comunicación interpersonal y de negociación; los agentes de policía pueden necesitar habilidades para afrontar las disputas en casa; y los pacientes con quemaduras pueden necesitar información y entrenamiento para cuidarse ellos mismos sus heridas.

III.3. *Fase III: aplicación y consolidación*

En este punto del EIDE, los pacientes han desarrollado y ensayado los rudimentos de las habilidades de afrontamiento necesarias. Los objetivos ahora se cambian a: 1) el entrenamiento para la puesta en práctica (aplicación) en sitios reales, y 2) el entrenamiento para la prevención de las recaídas y para el mantenimiento. El proceso es el de una destreza regulada, de modo que el afrontamiento demostrado en las sesiones se convierte en el criterio para programar la generalización. Es decir, cuando el paciente afronta repetidamente el estrés inducido en las sesiones, las habilidades se van transfiriendo sistemáticamente al mundo externo.

III.3.1. El entrenamiento en la puesta en práctica

Al igual que sucede con el resto del EIDE, los medios para el entrenamiento en la puesta en práctica se desarrollan conjuntamente y se adaptan de forma flexible al paciente individual o al grupo. Sin embargo, existen aspectos comunes del formato de entrenamiento y seguidamente se describen tres de ellos.

III.3.1.1. *Escenas simuladas y ensayo de conducta*

Se ensayan nuevas habilidades y se integran por medio de representaciones de papeles o de escenas simuladas en las sesiones. Por ejemplo, podría representarse un enfrentamiento con un miembro de la familia para un paciente airado; o bien un «grupo de ansiedad a hablar en público» podría hablar durante períodos cortos, mientras ensaya, al mismo tiempo, habilidades cognitivas y de relajación.

En primer lugar, se define cuidadosamente la situación problema, de modo que la simulación sea lo más parecida a la realidad. Si es posible, se desarrollan varios ejemplos y se ordenan en términos de una dificultad progresiva. Se empieza con la situación menos estresante y se discuten y se modelan las estrategias y las habilidades de afrontamiento conforme sea necesario. Luego los pacientes se encuentran con un ambiente simulado y ensayan las habilidades y las estrategias, mientras que el terapeuta y otras personas representan partes de la situación. Después del ensayo, el terapeuta describe y refuerza los aspectos correctos y señala las áreas que necesitan una mayor atención. Se ensayan y se modelan cada vez una o como mucho dos dimensiones que necesiten atención (p.ej., el volumen de voz). Los pacientes repiten el ensayo, centrándose en estas dimensiones así como en los anteriores aspectos correctos. Se evalúa el ensayo y se repite el proceso hasta que el paciente se comporta de forma tranquila y competente, con una sensación de autoeficacia. Este proceso se repite en la siguiente sesión y así hasta que se han representado todas las situaciones simuladas.

Se establecen tareas para la práctica en vivo, tareas que son normalmente menos estresantes que las que se ensayan en la sesión, conforme los pacientes representan satisfactoriamente las escenas simuladas. Dichas tareas se diseñan de modo que haya unas elevadas probabilidades de que la conducta produzca resultados positivos y que éstos se atribuyan al individuo (Bandura, 1977a). Las experiencias se registran y se discuten en sesiones posteriores, integrando la retroalimentación en los nuevos ensayos. Conforme el paciente se vuelve más habilidoso, se pueden incluir también elementos imprevistos o inesperados. Por ejemplo, un individuo airado que ensaya cómo vérselas con una confrontación interpersonal, podría enfrentarse con una representación de papeles en la que la otra persona corta bruscamente la interacción. La inclusión de esas experiencias fomenta la flexibilidad y la integración de las estrategias de afrontamiento.

Este proceso puede complementarse de varias maneras. Por ejemplo, se pueden grabar en vídeo los ensayos conductuales. La cinta se rebobina y se detiene en sitios diferentes, para la discusión o para el ensayo de nuevas habilidades. También se puede asignar a los pacientes el papel de entrenadores. Es decir, los pacientes pueden entrenar a otros pacientes cuando dominan la situación, un proceso que favorece un desarrollo continuo de sus capacidades de afrontamiento (Fremouw y Harmatz, 1975) y que es especialmente apropiado para grupos de EIDE.

III.3.1.2. *Exposición graduada*

En este enfoque el entrenamiento de la puesta en práctica se lleva a cabo en situaciones de la vida real, lo que es particularmente apropiado para fobias simples y para algunas interacciones padres-hijos, en las que se puede establecer un alto grado de control sobre la exposición al ambiente. El terapeuta y el paciente desarrollan conjuntamente una serie de situaciones cada vez más estresantes o difíciles. La primera situación que se presenta es la menos estresante o difícil. El terapeuta puede estar presente o no. Si el terapeuta está presente, impulsa, modela y alienta el afrontamiento apropiado. Las situaciones se repiten hasta que los pacientes se encuentran tranquilos y son competentes en cada nivel. Si el terapeuta no está presente, se examinan la naturaleza de la tarea, el grado en que ésta es razonable y las razones potenciales que puedan impedir su realización, con el fin de disminuir el fracaso o la conducta de evitación. Cuando se han revisado estos detalles, se redacta la tarea, de modo que el paciente y el terapeuta reciban cada uno una copia. Los pacientes registran sus experiencias, que se discuten en la sesión siguiente. Se fomentan el afrontamiento positivo y las autoatribuciones de cambio, y las dificultades y retrocesos se abordan como en la fase II. Los cambios y los ensayos adicionales se llevan a cabo conforme se van necesitando. Cuando están preparados, los pacientes vuelven a las pruebas de la aplicación en vivo.

III.3.1.3. *Ensayo por medio de la imaginación*

Los procedimientos de entrenamiento son similares a los de la simulación de escenas y la exposición graduada, excepto en que los estímulos se presentan vía la imaginación [ver Suinn y Deffenbacher (1988) para más detalles]. Las escenas que se han de imaginar se definen de forma concreta, en términos de detalles situacionales, emocionales, cognitivos y conductuales y se ordenan en función de la dificultad. Cuando sea posible, se emplean sucesos reales del pasado de la persona. Cuando sea pertinente se utilizan situaciones que varíen ampliamente (p.ej., escenas de interacciones con el mismo sexo, con el sexo opuesto y con figuras de autoridad, cuando se trata de una fobia social generalizada), con el fin de fomentar la transferencia y aumentar la sensación de control por parte del paciente.

Estas escenas se utilizan para proporcionar oportunidades de ensayo. El terapeuta describe la escena, empezando con la menos estresante. El paciente se la imagina vívidamente y experimenta la activación estresante que le señala el terapeuta. Se inician las habilidades de afrontamiento apropiadas para la reducción del estrés o para el ensayo conductual encubierto. En los comienzos del proceso, el terapeuta puede instigar las habilidades de afrontamiento (p.ej., instrucciones sobre un método específico de relajación o el repetir en voz alta las contrarrespuestas cognitivas). Sin embargo, conforme los pacientes demuestran un cierto dominio del afrontamiento y una sensación de autocontrol, el terapeuta retira gradualmente sus instigaciones, de modo que en etapas posteriores sean los pacientes los que inicien las habilidades de afrontamiento mientras siguen visualizando la escena. Cuando se ha logrado realizar la reducción del estrés o el ensayo encubierto, el paciente lo señala y el terapeuta explica la escena. Se estructura la puesta en práctica en vivo y se lleva a cabo conforme los pacientes van demostrando competencia con las presentaciones por medio de la imaginación de las situaciones problema (ver los comentarios correspondientes en el apartado de las escenas simuladas).

III.3.2. Mantenimiento y prevención de las recaídas

Los esfuerzos, en este punto del EIDE, se han dirigido al desarrollo, integración y despliegue de estrategias y habilidades de afrontamiento satisfactorias. En la etapa final de la fase III se asegura que el cambio sea fiable a lo largo del tiempo. Por consiguiente, el EIDE se centra explícitamente en el mantenimiento y en la prevención de las recaídas. Seguidamente se describen las estrategias comunes.

1. *Comunicar que los retrocesos son inevitables, pero que se pueden prevenir las recaídas*

Un elemento muy importante es de naturaleza atribucional. Los pacientes, a menudo, atribuyen los problemas de mantenimiento a factores globales, estables, y, frecuentemente, internos (p.ej., en la forma de fracasos debidos a un defecto personal o como una señal de que todo está perdido). El EIDE se enfrenta activamente con estas atribuciones. A veces es útil la distinción entre «retroceso» y «recaída» (Ost, 1989). Se espera que todo el mundo tenga retrocesos (traspiés o errores), porque son criaturas de hábitos, porque el ambiente cambia de modo que no se puede prever o porque no había suficiente práctica. Esos errores son elementos naturales de la vida y, como tal, esperados. Constituyen simplemente oportunidades para aprender y los pacientes tienen la capacidad de analizar los retrocesos, de emplear las estrategias de afrontamiento y de decidir si necesitan más ayuda. Esto no significa que hayan tenido una recaída (es decir, que han vuelto a donde empezaron), sino sólo un retroceso cuya recuperación es completamente posible. De esta manera, el EIDE desarrolla un conjunto atribucional, que se refiere a factores específicos y modificables (es decir, factores específicos internos y externos que el individuo puede evaluar y cambiar).

Las analogías son útiles a menudo. La pérdida de peso es una de las que pueden emplearse más fácilmente. Se describe la historia de un individuo que ha perdido 15 kg siguiendo una dieta y un programa de ejercicios, pero que come en exceso en una reunión familiar. Se pregunta a los pacientes qué pensaría esa persona sobre el comer en exceso y qué debería hacer. La mayoría de los pacientes indican que casi todo el mundo dejará de cumplir con la dieta en alguna ocasión y que eso no es demasiado serio, pero que es importante que esa persona no se desanime y que vuelva a seguir el régimen de dieta y ejercicios. Estas atribuciones y planes se clarifican en las propias palabras del paciente y se relacionan de forma análoga con los retrocesos que experimente el paciente. Por ejemplo, que los pacientes han perdido gran parte del «peso» de los problemas para los que buscaban ayuda, que tendrán «retrocesos» como los de la persona obesa y que podrán contraatacar el desánimo y volver a seguir el plan trazado por medio del análisis del retroceso y del empleo de sus habilidades de afrontamiento.

Una idea final es la necesidad de un *afrontamiento constante.* El EIDE comunica directamente que el afrontamiento, habitualmente, se vuelve más fácil con el tiempo, pero que los pacientes necesitarán continuar con los esfuerzos de afrontamiento. De nuevo son útiles las analogías. La analogía de la pérdida de peso puede ampliarse fácilmente. De forma específica, se pregunta a los pacientes qué debería hacer el individuo con el fin de mantener la pérdida de peso. La mayoría señalan la necesidad de una constante atención hacia los patrones de comida y ejercicio. Esto puede asemejarse a la necesidad continua de los pacientes para que empleen las habilidades y estrategias aprendidas en el EIDE (p.ej., si no continúan con sus esfuerzos, pueden experimentar la vuelta del peso de sus problemas).

2. *Ensayo del enfrentamiento con los retrocesos*

El invertir el efecto de los retrocesos se aborda directamente. Se identifican retrocesos reales, recientes o pasados. Se discuten y se desarrollan planes específicos para manejarlos. Los pacientes, entonces, ensayan estas estrategias, vía representaciones simuladas o en la imaginación. En algunos casos, los pacientes planifican y experimentan en vivo, a propósito, los retrocesos, con el fin de adquirir práctica en el afrontamiento de los mismos.

3. *Mantener contacto con los pacientes más allá de los períodos de seguimiento*

Existe buena evidencia clínica y de investigación (p.ej., Ost, 1989) de que el contacto continuo favorece la consolidación y el mantenimiento de los beneficios. Dicho contacto parece estimular una atención continua hacia los esfuerzos de afrontamiento y los pacientes informan, a menudo, que simplemente el saber que iban a hablar con el terapeuta o con los miembros del grupo, les ayuda a centrarse en el afrontamiento continuo.

Se han empleado varias estrategias para mantener el contacto:

a. Se puede ampliar el tiempo que transcurre entre las sesiones hasta 2-4 semanas. Esto proporciona tiempo para una práctica continua y también más tiempo para la consolidación y el mantenimiento de las actividades

b. Se pueden emplear sesiones de seguimiento sistemáticas como, por ejemplo, intervalos de un mes durante los tres meses siguientes e intervalos de tres meses durante el año siguiente. Las sesiones se centran en ayudar a los pacientes a que tengan éxito constante en la solución de los problemas

c. Se puede mantener un contacto indirecto. Por ejemplo, se pueden trazar y escribir en una hoja de papel planes específicos para un afrontamiento continuo. Los pacientes registran sus esfuerzos y envían por correo dichos registros al terapeuta en fechas acordadas, como una vez cada dos semanas, durante ocho semanas, y luego una vez al mes, durante seis meses. El terapeuta revisa los registros y telefonea (llamadas de 10 a 15 minutos) o escribe a los pacientes proporcionándoles refuerzo y ayuda

d. Se pueden establecer sesiones «de apoyo». El EIDE plantea una especie de política de «puertas abiertas», con lo que los pacientes pueden volver fácilmente si necesitan más ayuda.

Puede que se necesite abordar los sistemas atribucionales del paciente que consideran a la necesidad de asistencia como una recaída o como un fracaso personal. Puede ser útil la analogía de un coche con problemas mecánicos. Se puede comparar al paciente con un coche con problemas mecánicos. Cuando llegó por primera vez al taller (EIDE), funcionaba mal (problemas que se presentaron). Con un gran esfuerzo y cooperación por parte del dueño del vehículo (el paciente) y del mecánico (terapeuta del EIDE), el coche está funcionando ahora bastante bien (éxito en el EIDE). Sin embargo, esto no significa que el coche nunca más necesite una puesta a punto (breve repaso de los actuales esfuerzos de afrontamiento) o que no se produzcan otros problemas (preocupaciones diferentes del paciente) en el futuro. No hay que culpar al coche de los problemas. Simplemente se necesita volver a llevar el coche al taller para una reparación adicional.

IV. RESUMEN

Este capítulo describe el entrenamiento en la inoculación de estrés (EIDE). El EIDE es un enfoque general, compuesto por tres fases, para la conceptualización y el tratamiento de los problemas y se aplica tanto a individuos como a grupos. En la fase I (reconceptualización) se establece una relación cálida, empática, de colaboración, entre el paciente y el terapeuta, a través de la cual se lleva a cabo una evaluación cuidadosa y precisa. El paciente y el terapeuta integran los datos de la evaluación en una nueva conceptualización de las preocupaciones del paciente, conceptualización que enfatiza la naturaleza compleja, transaccional de los problemas humanos y que apunta hacia los objetivos de la intervención. En la fase II (adquisición y ensayo de las habilidades) se desarrollan, ensayan y revisan las estrategias y habilidades objetivo, hasta que el paciente posea los componentes de una intervención comprehensiva para la reducción de los problemas. En la fase III (aplicación y consolidación), estos elementos se integran y se ensayan para la puesta en práctica en la vida real. Cuando las habilidades se han transferido de manera fiable al mundo externo, se vuelve la atención hacia el mantenimiento y la prevención de las recaídas. Ya que el EIDE es un modelo general, la presentación se ha centrado en principios, procesos, directrices y ejemplos generales, los cuales pueden moldear el pensamiento y la conducta del terapeuta dentro de este modelo flexible.

V. LECTURAS PARA PROFUNDIZAR

Álvarez Cerberó, J., «Inoculación de estrés», *Psicodeia,* 1983.

Meichenbaum, D., *Cognitive-behavior modification: an integrative approach,* Nueva York, Plenum Press, 1977.

Meichenbaum, D., *Manual de inoculación de estrés,* Barcelona, Martínez Roca, 1987. (Or.: 1985).

Meichenbaum, D. y Cameron, R., «Entrenamiento en inoculación de estrés: hacia un paradigma general para el entrenamiento de las habilidades de afrontamiento», en D. Meichenbaum y M. E. Jaremko (comps.), *Prevención y reducción del estrés,* Bilbao, Desclée de Brouwer, 1987. (Or.: 1983).

Meichenbaum, D. H. y Deffenbacher, J. L., «Stress inoculation training», *The Counseling Psychologist,* 16, 1988, pp. 69-90.

27. MÉTODOS DE AUTOCONTROL

LYNN P. REHM

El objetivo de este capítulo consiste en revisar los métodos de autocontrol para la terapia. Comienza con una introducción a algunas de las posiciones teóricas que contribuyen a una orientación de autocontrol hacia la terapia, describe posteriormente los métodos y variaciones básicos y, finalmente, proporciona una detallada descripción de un programa de terapia de autocontrol para la depresión.

I. DEFINICIÓN Y DESCRIPCIÓN

El autocontrol no es una teoría sistemática única de la conducta humana, ni tampoco una escuela unificada de psicoterapia. El término se refiere a un grupo de técnicas y de estrategias de terapia que tienen algunos propósitos y suposiciones comunes. Estos métodos de terapia provienen de una serie de modelos teóricos y, a menudo, se aplican bien como técnicas auxiliares o bien como componentes de muchas formas de psicoterapia. El *autocontrol* se refiere a *aquellos procedimientos de terapia cuyo objetivo es enseñar a la persona estrategias para controlar o modificar su propia conducta a través de distintas situaciones, con el propósito de alcanzar metas a largo plazo.*

El término *autocontrol* expresa claramente la importancia del papel de la persona como director de su propia conducta. Se trata a la persona como si fuera dos personas. Una, el individuo «respondiente» que se comporta de modo problemático en una serie de situaciones y, la segunda, el individuo «controlador» que observa, evalúa y modifica la conducta del primero. Desde esta perspectiva, el terapeuta es un colaborador que ayuda a la segunda persona, enseñándole la teoría y los métodos para llevar a cabo el control de la conducta de la primera persona. El terapeuta actúa como un profesor, instruyendo a la persona en los principios del cambio de conducta aplicado a uno mismo. Aunque la distinción puede ser sutil a veces, hay una importante diferencia entre las estrategias de terapia que intentan cambiar la conducta de la persona directamente y las estrategias que intentan enseñar a la persona a

---

Universidad de Houston (EE UU).

cambiar su propia conducta. Los enfoques de autocontrol reconocen la participación activa del individuo en el proceso de terapia, a todos los niveles —recogida de información, especificación del problema, planificación de la intervención, la intervención misma y la evaluación de los resultados. La persona se vuelve más poderosa con los principios y programas de la terapia, que luego aplica a un problema particular. El terapeuta es un colaborador, un consultor o un profesor de estos principios.

A menudo se utiliza la metáfora de la persona como científico (Kelly, 1955; Mahoney, 1980) para indicar que la gente observa, de manera natural, los fenómenos de su vida, desarrolla teorías sobre su mundo, hipotetiza relaciones entre variables y lleva a cabo experimentos para validar sus teorías y controlar sus ambientes. Muchas de las teorías empleadas provienen de los intentos para comprender de qué manera tiene éxito la gente para regular su propia conducta. Las estrategias de la terapia de autocontrol utilizan estas teorías para fundamentar los procesos naturales de autorregulación. *El autocontrol convierte a los procesos naturales que normalmente están fuera de la conciencia, son encubiertos e informales, en procedimientos que son conscientes, manifiestos y formales.*

Los enfoques de autocontrol se centran en el cambio del ambiente natural de la persona. Todas las formas de psicoterapia se enfrentan con el problema de la generalización y el mantenimiento del cambio. Se puede cambiar a la conducta en el contexto controlado de la sesión de terapia, pero ¿se trasladará ese cambio a la vida diaria de la persona y será duradero? El autocontrol aborda la generalización al «ambiente de la persona» situando la intervención en ese ambiente. Las estrategias de autocontrol son, en su mayor parte, *tareas para casa*, que intentan provocar el cambio en las situaciones naturales donde tiene lugar la conducta problemática de la persona. La sesión de terapia se convierte, entonces, en un momento para la evaluación y la planificación, teniendo lugar la intervención entre las sesiones. Las técnicas de autocontrol pueden ser técnicas auxiliares que ayuden a los métodos de cambio, aplicados dentro de las sesiones, a la generalización al mundo real.

Las estrategias de autocontrol ponen el énfasis en la persona dentro de la interacción persona-situación. El autocontrol incluye técnicas que la persona aplica a través de distintos contextos. Esto implica que los métodos son, en su mayor parte, cognitivos. Provienen principalmente de posiciones teóricas cognitivoconductuales o del aprendizaje social. La gente adquiere el algoritmo o el programa para cambiar cognitivamente y lo aplica para cambiar su conducta manifiesta.

El autocontrol se interesa por el modo en que la gente trabaja para conseguir objetivos a largo plazo. Conductas que pensamos se hallan bajo el autocontrol son conductas como la demora de la gratificación, la resistencia a la tentación y la persistencia frente a la adversidad. Se piensa que la persona que controla sus gastos, que es capaz de controlar su peso haciendo dieta o que mantiene un programa de ejercicios, es una persona con autocontrol, es decir, una persona que puede autocontrolar su conducta. Dichas conductas permiten que la persona reduzca la influencia de las recompensas y de los castigos del ambiente inmediato, con el fin de lograr un objetivo en el futuro. Desde esta perspectiva, se puede pensar que muchos problemas o tipos de psicopatología consisten en un excesivo control ambiental de la conducta. Los objetos fóbicos controlan a la gente con trastornos de ansiedad, la comida controla a la persona obesa y el alcohol controla al alcohólico. Las estrategias de autocontrol ayudan a la persona a vencer este dominio del ambiente externo y reemplazarlo por una planificación y un control interno. Las estrategias de autocontrol abordan temas como el establecimiento de objetivos, el control de la motivación, y la recompensa y el castigo internos.

II. PERSPECTIVAS TEÓRICAS

Hay una serie de posiciones teóricas que contribuyen a una *perspectiva de autocontrol* sobre la terapia. Uno de los primeros teóricos en centrarse en la forma en que los individuos desarrollan perspectivas únicas sobre el mundo fue George Kelly (1955). Kelly empezó con la analogía de la gente como científicos individuales que intentan comprender, predecir y controlarse a sí mismos en su ambiente. Kelly pensaba que la forma de comprender a la gente era comprender su modo único de percibir y categorizar los acontecimientos. Postulaba que la gente desarrolla sistemas de constructos interrelacionados que emplea para entender los acontecimientos y realizar predicciones sobre el futuro. El mantener un sistema de constructos útil y funcional es un tema fundamental para la gente, y cada vez que se hace una predicción se pone a prueba, lo mismo que sucede con una teoría científica, dicho sistema de constructos. El resultado de estos experimentos valida el sistema o hace que la persona bien lo reconstruya o bien lo revise. Kelly ha influido mucho al hacer que teóricos posteriores se centren en las formas en las que los individuos construyen su mundo y controlan su conducta.

Julian Rotter (1954) ha sido una persona que ha contribuido de forma importante a la teoría del aprendizaje social y cuyo enfoque ha aportado mucho a los enfoques de autocontrol sobre la terapia. Desarrolló un modelo de cómo la gente regula su conducta en función de los valores y expectativas que asignan a los posibles resultados de una acción determinada. La singularidad del individuo se refleja en la idea de que no es el valor objetivo, externo de una recompensa lo que determina la conducta, sino el valor que el individuo asigna a esa recompensa. De igual manera, no es la probabilidad objetiva, externa y contingente lo que determina la conducta, sino las expectativas del individuo sobre la probabilidad de un resultado. Para cualquier acción se puede calcular una suma, subjetivamente, como el producto del valor de cada posible resultado multiplicado por la probabilidad de ese resultado determinado. La suma del valor de una acción puede compararse con la suma del valor de otro posible resultado para determinar una elección entre las dos acciones.

Rotter introdujo también el concepto de lugar de control interno *versus* lugar de control externo. Como una función de la experiencia, los individuos desarrollan expectativas generalizadas de su grado de control sobre distintas áreas de la actividad. La persona con un lugar de *control interno* cree que los resultados están, generalmente, bajo su control y responsabilidad personales. La persona con un lugar de *control externo* cree que los acontecimientos se encuentran, en gran medida, controlados por factores fuera de ella y de su control. Esta dimensión de las diferencias individuales es continua y varía entre áreas. Es decir, un individuo puede tener un lugar de control muy interno en el área de las pruebas atléticas en las que se siente habilidoso, pero puede tener un lugar de control externo en asuntos concernientes a las relaciones interpersonales, donde piensa que depende de los demás el que sea aceptado o no. La misma persona podría tener una sensación intermedia de control en asuntos académicos, donde parece funcionar bien en algunas clases pero no tan bien en otras. Rotter ha tenido también una considerable influencia en teóricos posteriores.

Bandura (1977a) tomó el concepto de la valoración personal de las probabilidades de los resultados y añadió la idea de las evaluaciones personales sobre la probabilidad de que el individuo pueda llevar a cabo la respuesta. Es decir, el decidir sobre una respuesta depende no sólo del resultado esperado de la respuesta, sino de la probabilidad de que la persona pueda realizar adecuadamente la respuesta. Lo primero constituye la *expectativa de los resultados,* lo segundo la *eficacia personal.* Allí donde Rotter subrayó la interpretación subjetiva de la recompensa y de la contingencia, Bandura añade una valoración subjetiva de la capacidad de respuesta de la persona. La eficacia se refiere a la estimación, por parte de la persona, de la probabilidad de que será capaz de acercarse a un objeto temido, de que será capaz de llevar a cabo una determinada proeza atlética o de que será capaz de aprender una nueva habilidad. Al igual que sucedía con las expectativas generalizadas de Rotter, la eficacia puede ser específica o más general. La eficacia es un constructo fluido que puede cambiar en cada momento, dependiendo de la influencia externa y del centro interno de la atención. Las intervenciones del autocontrol pueden funcionar aumentando la autoeficacia para situaciones y acontecimientos determinados.

Walter Mischel (1968) merece ser destacado por su trabajo sobre la forma en la que la gente desarrolla consistencia en su conducta a través de las situaciones. Al igual que los teóricos anteriores, Mischel aborda los significados subjetivos e ideográficos que dan los individuos a los estímulos. Añade la consideración de que la gente es capaz de transformar y manipular estos significados. Gran parte de su trabajo se ha centrado en la *capacidad para demorar la gratificación.* Los niños pueden aumentar su capacidad para la demora cuando se les enseñan estrategias como la *distracción* o el *transformar mentalmente las imágenes* del objetivo deseado. Éstas y otras estrategias las adquieren los niños de forma natural, conforme maduran y desarrollan el autocontrol. La adquisición de «conocimientos de procedimiento» sobre la planificación, el establecimiento de objetivos, la solución de problemas, etc. se añade al creciente repertorio, en el niño, de competencias y habilidades que pueden aplicarse a través de las situaciones. Mischel plantea la importante cuestión de que demasiada consistencia al abordar problemas puede también ser problemático y desadaptativo. La flexibilidad, en vez de la rigidez, del abordaje tiene que formar parte de los «conocimientos de procedimiento» adquiridos.

Una perspectiva teórica sobre la que se apoyará notablemente la organización de este capítulo es el modelo de Frederick Kanfer sobre el autocontrol. Kanfer (1970, 1977) define el *autocontrol* en términos de aquellas estrategias que emplea una persona para modificar la probabilidad de una respuesta, en oposición a las influencias externas existentes. Atribuimos el autocontrol a las personas cuando nos damos cuenta de que no están respondiendo a las presiones de las contingencias externas del momento, sino en favor de algún objetivo a largo plazo. Como hemos señalado anteriormente, el dejar de fumar, el perder peso sometiéndose a una dieta o el empezar programas de ejercicios son ejemplos de autocontrol.

El trabajo de Kanfer se ha centrado en los procesos a los que se entrega la gente cuando quiere alterar su conducta, con la meta puesta a largo plazo. Cuando la persona se encuentra insatisfecha con algún aspecto de su conducta (p.ej., fumar demasiado), empieza a implicarse en conducta de autocontrol. Kanfer describe este proceso natural y lo divide en tres etapas.

La primera etapa consiste en el *autorregistro*, donde la persona empieza a darse más cuenta o ser más consciente de la conducta en cuestión. Por ejemplo, la persona se vuelve más consciente de cada cigarrillo fumado, de los momentos y los lugares en los que fuma, y del número de cigarrillos consumidos. Esto podría hacerse de manera informal y asistemática o bien puede hacerse de un modo muy formal como, p.ej., llevando una *hoja de registro* de la hora y el lugar de cada cigarrillo fumado.

La segunda etapa del proceso de autocontrol es la *autoevaluación*. Conforme la persona recoge información sobre su conducta, la compara con algún patrón. Estos patrones internos pueden ser formales o informales, estrictos o laxos. El número de cigarrillos que una persona podría pensar que es aceptable puede variar considerablemente. El resultado del proceso de autoevaluación es un juicio que tiene un componente afectivo. Se puede juzgar, en un momento determinado, que los esfuerzos para dejar de fumar son satisfactorios, acompañándose de sentimientos positivos, o bien que constituyen un fracaso, acompañándose por sentimientos negativos. La intensidad de esos sentimientos variará de acuerdo con factores tales como la importancia subjetiva de la conducta, la discrepancia entre la realización y el modelo (o patrón), y la severidad percibida del modelo.

El resultado de esta autoevaluación conduce a la tercera etapa del proceso de autocontrol, que es el *autorrefuerzo*. Kanfer plantea la sencilla suposición de que una persona influye sobre su propia conducta de la misma manera que una persona podría influir sobre otra, por medio de la recompensa y el castigo. La analogía, compartida por otras teorías, consiste en considerar a la persona como si fuera dos individuos, una persona que se comporta y otra persona que observa, evalúa y refuerza. Esta última emplea conocimientos de procedimiento y estrategias de autocontrol. El autorrefuerzo implica que una autoevaluación positiva es experimentada funcionalmente como recompensante. Aumenta la probabilidad de que continúen los esfuerzos de autocontrol. La autoevaluación negativa se experimenta como punitiva y puede disminuir esfuerzos posteriores o reducir los fracasos futuros. Las habilidades de autocontrol de la persona determinarán la naturaleza de la contingencia. El autorrefuerzo puede variar en intensidad, formalidad y aplicación sistemática. Un buen sentimiento puede experimentarse simplemente como recompensante o bien la persona puede centrarse en, y amplificar, la autorrecompensa con pensamientos e imágenes positivas y reforzantes. Las contingencias y las recompensas pueden ser manifiestas y formales, como cuando uno se promete a sí mismo una recompensa cuando haya alcanzado un objetivo de autocontrol. La conducta de autocontrol se mejora cuando los individuos se plantean objetivos específicos. Puede considerarse que las tres etapas del modelo forman un *bucle de retroalimentación*, donde la conducta es registrada, evaluada en comparación a un modelo o patrón y regulada por medio del autorrefuerzo.

El modelo de autocontrol describe los esfuerzos naturales para autocontrolarse y puede también emplearse como un esquema para desarrollar métodos formales de terapia, en el intento de mejorar los esfuerzos de los pacientes para alcanzar objetivos a largo plazo. La terapia podría centrarse secuencialmente, en las habilidades y los procedimientos de autorregistro, de autoevaluación y de autorrefuerzo. El programa de autocontrol para la terapia de la depresión (Rehm, 1977, 1984) constituye un programa de ese tipo.

La teoría sobre el autocontrol ha sufrido algunas modificaciones y revisiones. En un artículo de 1977, que aplicaba el modelo a la depresión, sugerí que se debería añadir la *autoatribución* a dicho modelo, como una variable que modera la autoevaluación. Para que la gente juzgue una actuación como un éxito o un fracaso y se sienta bien o mal al respecto, tiene que creer que su conducta se encontraba bajo su control o responsabilidad. En términos atribucionales, tiene que hacer una atribución interna sobre las causas de su conducta. Otras dimensiones atribucionales pueden influir también en la autoevaluación. Una conducta determinada puede considerarse como un ejemplo de actuación bajo un modelo muy delimitado o bajo un modelo muy amplio. El fumar pocos cigarrillos un día determinado puede considerarse como el éxito de una estrategia específica o como el éxito de la eficacia general de una persona. Esta dimensión es parecida a la dimensión atribucional global-específico, que Abramson, Seligman y Teasdale (1978) han hipotetizado como un factor importante que determina la interpretación de los acontecimientos aversivos, interpretación que puede conducir a la indefensión y a la depresión.

Kanfer y Hagerman (1981) propusieron una amplia revisión del modelo, revisión que postula una secuencia de juicios en cada una de las tres etapas de autocontrol, lo que implica hacer múltiples atribuciones de causalidad sobre los componentes del autocontrol. El modelo más complejo no ha recibido tanta atención de la investigación como el original. En un capítulo reciente (Rehm, 1988), empleé el modelo básico de Kanfer como esquema heurístico para describir una variedad de procesos, que han constituido el tema de investigación de los procesos cognitivos de la depresión. La discusión posterior sobre las técnicas de la terapia de autocontrol usará un formato organizativo similar.

Se pueden señalar otras posiciones teóricas que ofrecen distintas perspectivas sobre el autocontrol. La *teoría de la atribución,* tal como se deriva de la psicología social (Weiner y cols., 1971) se ha aplicado a la depresión en la influyente teoría sobre la indefensión aprendida de Seligman (Abramson, Seligman y Teasdale, 1978) y también se ha utilizado ampliamente en muchas áreas de la psicopatología (Brewin, 1989). Donald Meichenbaum (1975, Meichenbaum y Goodman, 1971) ha aplicado un análisis evolutivo de cómo aprenden los niños a internalizar la información relativa al procedimiento, en una estrategia de *terapia autoinstruccional* (ver capítulo de Santacreu, en este manual). En esta estrategia, la persona observa primero a un modelo que realiza una tarea y verbaliza, al mismo tiempo, su pensamiento relativo al procedimiento; luego, el individuo realiza él mismo la tarea, siguiendo las instrucciones verbales dadas por el modelo. Más tarde, el sujeto se hace cargo de las instrucciones, manifestándolas en voz alta conforme ejecuta la tarea. Finalmente, las verbalizaciones son internalizadas gradualmente, de modo que la persona se autoinstruye en silencio mientras actúa.

Posteriormente, en el contexto de las discusiones sobre técnicas específicas, se tratarán algunos aspectos del enfoque cognitivo de Beck (1967, 1976; Beck y cols., 1979) sobre la psicopatología y la psicoterapia. El enfoque terapéutico de solución de problemas de D'Zurilla y Goldfried (1971) posee también procedimientos que se solapan con los enfoques de autocontrol. La investigación de Lazarus (1974, 1981) sobre las estrategias que la gente emplea para afrontar el estrés se ha sumado a las conceptualizaciones sobre los componentes cognitivos de la psicopatología y de las estrategias de terapia. Mahoney (1980) ha desarrollado un enfoque sistemático de la terapia de autocontrol y ha escrito profusamente sobre los enfoques cognitivos de la psicoterapia. El modelo de Eric Klinger (1982) sobre los intereses y planes cognitivos y el modelo de Carver y Schreier (1982) sobre la atención y la autorregulación también merecen que se les preste atención. Muchos de estos sistemas conceptuales comparten suposiciones y técnicas, parte de las cuales se revisan en los apartados siguientes.

III. AUTORREGISTRO: TÉCNICAS Y VARIACIONES

El autorregistro es una técnica básica de autocontrol. El que el paciente observe y registre sistemáticamente su propia conducta, es consistente con el principio del paciente como colaborador y agente de cambio. También es consistente con el principio conductual de la medición observacional directa de los problemas de interés. El autorregistro se emplea de distintos modos para la evaluación y como estrategia de intervención. Las tareas de autorregistro que se da a los pacientes pueden tomar muchas formas.

El autorregistro puede utilizarse para evaluar la conducta, sus antecedentes situacionales, sus consecuencias, el afecto que la acompaña o las relaciones entre todas estas variables. La forma más habitual de autorregistro sería el obtener una medición de la misma conducta de interés. Por ejemplo, el número de cigarrillos que se ha fumado, las calorías que se han consumido, los ataques de pánico sufridos, las horas que se han dormido o las respuestas asertivas que se han intentado. Se puede evaluar cualquier dimensión de una conducta, incluyendo la frecuencia, la duración, la intensidad o la calidad. Por ejemplo, se puede pedir a una persona con dolor psicógeno que registre el número de veces que siente el dolor cada día, el número de minutos de dolor, la intensidad media del dolor sufrido durante el día, o la naturaleza o localización del dolor. Se pueden registrar, por supuesto, múltiples dimensiones, como sería una combinación de la frecuencia, la intensidad y la duración.

Se pueden registrar los antecedentes de la conducta, siendo a menudo un camino para descubrir asociaciones y generar hipótesis para la terapia. Los pacientes no se dan cuenta, a menudo, de los factores o estímulos situacionales que pueden estar asociados con las respuestas problema. Esto puede ser particularmente cierto respecto a las respuestas emocionales, como la ansiedad y la depresión. Los pacientes que registran las circunstancias en las que ocurre la ansiedad, pueden descubrir conexiones estímulo-respuesta que de otra manera no se harían obvias. De igual manera, el registro del estado de ánimo puede indicar cuál de las actividades del día se encontraba asociada con estados de ánimo negativos o estados de ánimo más positivos. Incluso puede hallarse que respuestas que parecen no tener ninguna relación con los acontecimientos externos, como ciertos pensamientos obsesivos, están relacionadas con los acontecimientos ambientales. El anotar clases de condiciones antecedentes puede ayudar a planificar una intervención. Por ejemplo, el anotar las situaciones más comunes en las que una persona fuma cigarrillos puede proporcionar bien información para desarrollar un programa que reduzca la conducta de fumar en cada una de las situaciones o bien respuestas alternativas para situaciones especialmente difíciles.

El autorregistro puede también centrarse en las consecuencias de la conducta. Esto puede ser especialmente útil cuando se evalúa una conducta interpersonal problemática. Se le podría pedir a una persona con problemas de aserción que registrase las consecuencias de sus peticiones en la conducta de los demás. Los datos podrían mostrar al paciente que su conducta es mucho más eficaz de lo que piensa o bien podría proporcionar señales de las estrategias ineficaces que emplea el paciente. El registro de secuencias más largas de respuestas consecuentes puede ser especialmente útil en la evaluación de los déficit de habilidades sociales. Meichenbaum y Cameron (1973) describieron un procedimiento, trabajando con esquizofrénicos, en el que enseñaron a estos pacientes a estar especialmente atentos a las consecuencias interpersonales de su habla, de modo que les ayudase a reconocer cuándo su habla y su pensamiento pueden haberse desviado de una secuencia lógica de conversación.

El autorregistro no sólo tiene la ventaja de ser una evaluación directa de las conductas problemáticas de la persona, cuando ocurren, sino que también puede emplearse para registrar respuestas subjetivas, encubiertas, no disponibles para los observadores externos. Ya se ha señalado el registro de respuestas afectivas. Puede ser útil registrar los pensamientos obsesivos, los períodos de preocupaciones, los impulsos para realizar conductas no deseadas, los pensamientos que podrían ser los antecedentes de la conducta, o las consecuencias de situaciones particulares. Beck y cols. (1979) describen una metodología, en la terapia cognitiva, que examina las secuencias cognitivas con propósitos terapéuticos. Hace que los pacientes registren las ocasiones en las que se sienten especialmente tristes o deprimidos. Tienen que registrar la intensidad de los sentimientos y la situación en la que tienen lugar. Luego se les instruye para que intenten identificar los pensamientos que transpiraban en la situación que condujo a la reacción emocional. Estos datos se emplean para ayudar al paciente a que examine la racionalidad de los pensamientos, de modo que puedan ser racionalmente debatidos y sustituidos. El autorregistro es útil no sólo para la evaluación inicial y la generación de hipótesis, sino también para la evaluación del progreso. La evaluación continua de la conducta de interés proporciona al paciente y al terapeuta una indicación del progreso y puede ofrecer información sobre las revisiones necesarias de las estrategias de intervención cuando el progreso no se desarrolla como se esperaba. Los cambios en frecuencia, intensidad, duración o calidad pueden constituir índices de progreso. A veces pueden ser útiles también las medidas indirectas. En mi práctica clínica, una paciente con ansiedad registraba diariamente el número de veces que experimentaba ansiedad y llevaba también la cuenta de los miligramos de tranquilizante que consumía semanalmente. La elevada ingesta de tranquilizantes constituía uno de los motivos por los que buscaba ayuda y era especialmente reconfortante para ella ver cómo iba siendo capaz de enfrentarse a más situaciones sin la ayuda del diacepam.

El autorregistro puede utilizarse, como estrategia de intervención, de distintas formas. Para empezar, el autorregistro tiene efectos reactivos. Es decir, el acto de autorregistrarse tiene un efecto sobre la conducta que se está registrando. Normalmente, las conductas deseadas aumentan y las conductas no deseadas disminuyen, cuando son registradas. El iniciar conversaciones podría ser uno de los objetivos del entrenamiento en habilidades sociales y el autorregistro de esos acontecimientos probablemente ayudaría a aumentar el número de ocurrencias. El autorregistro del número de cigarrillos que se han fumado ayuda a la gente a reducir el número de cigarrillos que consume. A veces, las tareas de autorregistro, planteadas como evaluaciones, se convierten en intervenciones eficaces. En dos casos que se encontraban bajo mi supervisión, estudiantes que actuaban como terapeutas estaban tratando a individuos que se arrancaban el pelo compulsivamente (tricotilomanía). Los terapeutas pedían a los pacientes que se autorregistrasen, lo que tomaba la forma de un registro diario de cada pelo arrancado en un sobre y la introducción de los cabellos en el sobre. En ambos casos, la conducta disminuyó, de modo consistente, a lo largo de dos a tres semanas y, finalmente, se eliminó aplicando únicamente el autorregistro.

Se supone que los *efectos reactivos del autorregistro* tienen lugar porque hacen que las consecuencias y los motivos para el cambio se destaquen más. La conducta deseable se recompensa por la oportunidad de registrarla y presentar más tarde al terapeuta esta evidencia de éxito o progreso. La conducta no deseada se vuelve más difícil cuando tiene que registrarse y el registro es un recordatorio de las razones para no llevar a cabo la conducta. La conducta de registrar constituye un acto público, en el sentido de que tendrá que ser contada al terapeuta. Los pacientes dicen a menudo que resisten los impulsos para llevar a cabo la conducta no deseable porque piensan que, si lo hacen, tendrán que registrar el acontecimiento y presentar el registro al terapeuta.

El autorregistro puede usarse como una intervención para modificar la forma en que se dirige la atención en la vida de una persona. Por ejemplo, la ansiedad se acompaña a menudo por una atención dirigida hacia estados internos y respuestas fisiológicas (Barlow, 1988). Esta focalización interna hace que el paciente se dé más cuenta de los mínimos síntomas de ansiedad y aumente, de esta manera, su existencia y su importancia. Un tipo de intervención consiste en hacer que el paciente registre los acontecimientos externos de la situación, en un esfuerzo por redirigir su atención. En la depresión, los pacientes registran, normalmente, los acontecimientos negativos, excluyendo, relativamente, los sucesos positivos (Rehm, 1977). El redirigir la atención hacia los acontecimientos positivos, por medio de tareas de autorregistro, será descrito con más detalle posteriormente, cuando se exponga un programa de autocontrol para la depresión.

El trabajo de Mischel (1968) sobre la demora de la gratificación sugiere que puede lograrse la demora redirigiendo la atención hacia aspectos distintos de las propiedades reforzantes de la recompensa. Por ejemplo, los niños pueden aumentar su capacidad para demorar la gratificación enseñándoles a dirigir su atención hacia las propiedades no consumibles del caramelo deseado o enseñándoles a distraerse redirigiendo su atención hacia algo muy distinto del objeto.

Otra variación sobre este tema es el disminuir la conducta por medio de la imposición de la demora. Por ejemplo, en un programa de terapia, para un paciente que realizaba exploraciones ritualistas de comprobación, la tarea de autorregistro que le asigné consistió en anotar la hora en que tenía el impulso de realizar la comprobación y demorar la respuesta cinco minutos, antes de llevarla a cabo. El paciente pensaba que una demora de cinco minutos no aumentaría su ansiedad y, a menudo, cuando transcurrían los cinco minutos, o bien ya no sentía el impulso de realizar la comprobación o bien se había distraído con alguna otra cosa y se olvidaba de realizar la conducta compulsiva.

Los procedimientos específicos de autorregistro pueden tomar muchas formas. Para que sea útil y eficaz, el autorregistro debería hacerse tan próximo (en el tiempo) del acontecimiento como sea posible. Así, se necesita que los instrumentos de autorregistro sean portátiles y pasen desapercibidos. La tarea de autorregistro no debería ser demasiado compleja o pesada, con el fin de maximizar la probabilidad de una buena adherencia. Se han diseñado varios formularios, hojas de registro, o cuadernillos con este propósito y el ingenio del terapeuta para desarrollar tareas de autorregistro añadirá siempre nuevas formas. Las hojas de autorregistro, de pequeño tamaño, que pueden colocarse en la envoltura de celofán de un paquete de cigarrillos, constituyen un ejemplo de un sistema portátil y continuo de autorregistro, que se ha utilizado en una serie de programas para dejar de fumar.

El registro de acontecimientos discretos, como el número de cigarrillos fumados, puede ser continuo. Si el objetivo del registro es, únicamente, el número total de acontecimientos por día o por semana, se pueden adaptar, fácilmente, instrumentos para llevar en el bolsillo o en la muñeca, como los que se venden para llevar la cuenta de los golpes en el juego del golf. El afecto puede registrarse a través del muestreo del tiempo a intervalos variables. La ansiedad podría evaluarse muchas veces durante el día. La depresión se registra, a menudo, por medio de una única evaluación, que sirve para todo el día.

IV. AUTOEVALUACIÓN: MÉTODOS Y VARIACIONES

La autoevaluación es un tema que padece toda una serie de problemas en psicopatología y que constituye la base para una serie de técnicas de autocontrol en psicoterapia. Los problemas formulados en términos de autoevaluación incluyen una confianza excesiva en las evaluaciones externas, con la consiguiente exclusión de la autoevaluación, el plantear patrones que son inalcanzables o, en otras palabras, garantizar la evaluación negativa, y el valorar las situaciones de tal manera que dificulte el desarrollo de estrategias de afrontamiento eficaces. Tal y como se emplea el término aquí, la autoevaluación se utilizará también como un encabezamiento para hablar sobre temas que se refieren a las evaluaciones de la eficacia de un individuo, al llevar a cabo una conducta determinada, y a las evaluaciones de las causas de la conducta.

IV.1. *El establecimiento de metas*

La autoevaluación negativa constituye, a menudo, un componente de los problemas de ansiedad y depresión. Como sucede en el modelo de Kanfer, se puede pensar en la autoevaluación como la comparación de la propia conducta con respecto a un patrón impuesto por uno mismo. Se puede considerar entonces a los problemas de autoevaluación en términos de establecimiento de patrones. Este conjunto de patrones u objetivos puede ser irrealmente elevado y/o, después de que ha tenido lugar el hecho, se pueden reinterpretar los patrones, de modo que la actuación se encuentre siempre por debajo de esos patrones.

En un reciente caso de terapia, un hombre de treinta y pocos años se quejaba de ansiedad social en situaciones que implicaban el conocer a mujeres de su edad. El examen de sus pensamientos y de su conducta, en esas situaciones, reveló que se había planteado a sí mismo la meta perfeccionista de impresionar, a cada mujer que conocía, con su inteligencia, ingenio y encanto superiores. Con base en este objetivo, interpretaba cada resultado posible como un fracaso. Si no iniciaba una conversación, debido al miedo al fracaso, servía para validar su fracaso. Si llevaba a cabo una breve conversación, se consideraba a sí mismo un fracaso por su incapacidad para hacer que la conversación durase más tiempo. Si la mujer parecía responder positivamente a sus esfuerzos, también pensaba que era un fracaso, ya que sólo había intentado impresionarla presentando una falsa apariencia y, seguramente, no la gustaría si supiese cómo era realmente, es decir, socialmente ansioso e incompetente interpersonalmente. El resultado era una grave ansiedad social y una evitación de las mujeres, en la mayoría de las situaciones.

La intervención en este caso consistió en ayudar al paciente a que viese la situación como un problema que tenía que resolver por medio del examen de sus procesos de evaluación. Las metas que se había planteado mostraban abundantes rasgos de una autoevaluación disfuncional. Eran irrealmente elevadas, estaban vagamente definidas, colocaban el éxito fuera de su control y se definían en términos negativos. Sus metas eran irrealmente altas en el sentido de que pensaba que tenía que causar una gran impresión en cada mujer que conociese. Esto era claramente imposible e innecesario. También era poco realista el esperar que cada interacción llegara a ser una relación duradera. Se necesitaba redefinir el problema en términos de una serie de pequeños objetivos más realistas y alcanzables. La meta era vaga debido a que se definía en términos de impresionar a la otra persona. La evidencia para alcanzar este objetivo era muy subjetiva y no se podían especificar criterios claros para el éxito. Parte de la vaguedad consistía en que el objetivo se planteaba en términos de la respuesta de la otra persona. Algo que es sólo parcialmente observable y que no se encuentra bajo control del paciente. Un objetivo apropiado debería ser realista, definirse en términos observables y hallarse dentro del control del sujeto. En este caso, un objetivo inicial podría ser simplemente iniciar conversaciones con mujeres. Plantear el objetivo de esta manera es hacer su realización posible, sin ambigüedad y que se encuentre totalmente bajo el control del paciente. El éxito puede plantearse como la realización de un paso, dentro de un proceso de cambio, sin importar el resultado de la interacción. Se disminuye aún más la ansiedad ante el fracaso, cuando se eliminan todos los objetivos que se encuentran más allá del iniciar una conversación y se aconseja al sujeto que no lleve a cabo ninguna conducta que vaya más allá de una breve conversación.

Los objetivos iniciales del paciente estaban también parcialmente definidos en términos negativos, es decir, la ocultación de su nerviosismo e incompetencia o el no cometer una equivocación social. El éxito se convierte en imposible, debido a que un caso no es una evidencia convincente de que no sucederá la próxima vez. Los objetivos deberían definirse en términos positivos, como conducta que se tiene que aumentar. Se debería contar como éxito el que la conducta de interés se lleve a cabo, sea o no realizada fácilmente o sin ansiedad.

Los objetivos amplios, a largo plazo, pueden descomponerse en objetivos más pequeños, ya sea en una secuencia graduada o por medio del establecimiento de subobjetivos equivalentes. La idea de la secuencia graduada consiste en reducir la ansiedad sobre la consecución de objetivos más amplios y desarrollar la práctica y la confianza, llevando a cabo objetivos inferiores. Algunos objetivos pueden descomponerse, simplemente, en una serie de conductas componentes, cada una de las cuales podría ser un ejemplo del progreso hacia el objetivo general. Por ejemplo, el objetivo de iniciar conversaciones con mujeres podría incluir el presentarse a sí mismo a una mujer en una fiesta, el hacer comentarios sobre el tiempo mientras se espera el autobús, el tener una pequeña charla con una compañera de trabajo en la oficina, etc. Aunque estos objetivos pueden variar en dificultad, todos pueden caer dentro de la misma categoría de conseguir el objetivo inicial. Parte de la intervención consiste en ayudar al paciente a reconocer y dar fe de sus éxitos o de su progreso en cada conducta componente, en vez de contemplar cada realización como un ejemplo de lo lejos que se encuentra de su meta final.

El plantear previamente una meta claramente definida evita el cambio de objetivos, como el decidir más tarde que el nivel de éxito logrado no era realmente el que *debería* haberse alcanzado en esa situación determinada. El plantear uno mismo el objetivo pone también énfasis en la persona, que toma la responsabilidad de evaluar su propia conducta. Un elemento del problema, en este caso, era su confianza en las evaluaciones percibidas de los demás como la base para su autoestima. La práctica en autoevaluación internaliza las bases para una autoestima positiva.

IV.2. *La autoeficacia*

El concepto de Bandura sobre la autoeficacia se relaciona con la autoevaluación, en el sentido de que es una expectativa generalizada sobre si la persona puede cumplir con un determinado objetivo de actuación. Las expectativas de eficacia determinan si la persona iniciará esfuerzos dirigidos hacia el afrontamiento y la solución de problemas. Las expectativas de eficacia se encuentran influidas por cuatro factores: 1) la actuación real; 2) la experiencia vicaria; 3) la persuasión verbal; y 4) los estados fisiológicos. El determinante más poderoso de las expectativas es la propia historia de éxito o fracaso, por parte de la persona, con una tarea específica o con tareas de una clase determinada. Puede considerarse que cualquiera de los muchos enfoques de terapia para la adquisición de habilidades, mejora la eficacia de la persona para un manejo competente de la situación relevante. La experiencia puede conseguirse también a partir de la observación de los demás en la misma situación. La representación de papeles y el modelado por el terapeuta, o por otros pacientes participantes en los grupos de habilidades sociales, aumentan el rango de respuestas del individuo y el conocimiento de formas alternativas de lograr los objetivos en situaciones determinadas.

La persuasión verbal incluye el dar ánimo, las instrucciones, el consejo, las ayudas verbales y todos los métodos de influencia verbal interpersonal. Muchas técnicas de la terapia de apoyo tradicional pueden considerarse como *persuasión verbal para aumentar la eficacia.* Los estados fisiológicos pueden influir sobre la eficacia en cualquier momento. La activación o la relajación en un determinado momento influirá sobre la eficacia de la persona con respecto a su capacidad para acercarse a un estímulo temido. El estado fisiológico puede manipularse, por ejemplo, con el entrenamiento en relajación, para mejorar terapéuticamente la eficacia sobre las capacidades para lograr un objetivo.

IV.3. *Las atribuciones*

La forma en que la gente maneja sus respuestas a los acontecimientos está determinada, en parte, por las causas a las que atribuye estos sucesos. Las atribuciones se producen a lo largo de dimensiones básicas, como causas internas *versus* causas externas (es decir, debido a mí *versus* debido a causas externas a mí) y causas estables *versus* inestables (una influencia continua sobre esos acontecimientos, con implicaciones para ocasiones futuras, *versus* una causa limitada a un único acontecimiento). Para los propósitos de su análisis de la depresión, Abramson, Seligman y Teasdale (1978) plantearon una tercera dimensión, causas globales *versus* causas específicas (una causa que afecta generalmente a un amplio rango de acontecimientos *versus* una causa que está limitada sólo a un área determinada). Según esta versión atribucional de la teoría de la indefensión aprendida sobre la depresión, se da una forma de *vulnerabilidad cognitiva* ante la depresión cuando una persona tiene un estilo atribucional depresivo. Este estilo consiste en una tendencia a hacer atribuciones internas, estables y globales para los acontecimientos negativos y atribuciones externas, inestables y específicas para los sucesos positivos. Cuando tiene lugar un importante acontecimiento negativo y la persona hace una atribución depresiva, se desarrolla una expectativa generalizada de indefensión personal y continua, que da como resultado una depresión. No se ha desarrollado ningún programa específico de tratamiento partiendo de este enfoque teórico, pero Seligman (1981) sugiere que hay cuatro estrategias generales de terapia que son consistentes con la teoría.

La primera es el *enriquecimiento ambiental,* que implicaría el colocar a la persona en un ambiente en el que pudiese experimentar un mayor control y un menor peligro con respecto a los resultados adversos. La segunda es el *entrenamiento en el control personal,* que consistiría en mejorar cualquier habilidad relevante que proporcionase a la persona una mayor competencia y, de este modo, un mayor control sobre una situación. La tercera estrategia es el *entrenamiento en resignación,* a través del cual se alienta al paciente para que abandone un objetivo deseado, pero poco realista, y lo sustituya por otro con mayores posibilidades de ser alcanzado. En el apartado sobre el establecimiento de metas se vieron técnicas de esta clase. La cuarta estrategia es el *reentrenamiento en atribución,* por medio del cual se enseña a la persona a reconocer su habitual estilo disfuncional de atribuciones y sustituirlo por un enfoque más realista y flexible. Esto último se ejemplifica en el programa de terapia de autocontrol para la depresión, descrito más adelante.

Debería señalarse que muchas formas alternativas de atribución pueden ser funcionales o disfuncionales para clases específicas de situaciones. Por ejemplo, Dweck (1975) ha estudiado a niños que hacen atribuciones internas y estables sobre el fracaso e intenta enseñarles a hacer atribuciones internas pero inestables. En otras palabras, a los niños que creen que fracasan debido a su falta de capacidad, se les enseña a pensar que el fracaso se debe a una falta de esfuerzo, que se puede modificar.

V. AUTORREFUERZO: MÉTODO Y VARIACIONES

El autorrefuerzo es el tercer componente del modelo de autocontrol propuesto de Kanfer. La autorrecompensa motiva la persistencia y el esfuerzo, en ausencia de reforzamiento o en presencia de castigo, externos. El autocastigo disminuye las desviaciones de los esfuerzos planificados y reduce las respuestas que intentan obtener reforzadores externos, como, por ejemplo, cuando se sigue una dieta alimenticia, podrían hacerse seguir pensamientos de autocastigo después de pedir un postre con muchas calorías. Cuando se aplican con habilidad, ambos procedimientos pueden ayudar a alcanzar objetivos a largo plazo. Por otra parte, para un individuo con habilidades de autocontrol deficientes, la autorrecompensa puede verse como el mecanismo de la conducta desafiante, de oposición y el autocastigo puede contemplarse como el mecanismo de la baja autoestima, la inhibición y la evitación.

El autorreforzamiento se refiere a las consecuencias del proceso de autoevaluación, tal como se encuentra determinado por contingencias autoimpuestas. El autorrefuerzo puede ser manifiesto o encubierto. Una persona podría recompensarse a sí mismo con una recompensa manifiesta, tangible, como un sorbete de helado o ver una película, por terminar una tarea difícil o bien podría recompensarse a sí misma encubiertamente, con el pensamiento de los efectos positivos, a largo plazo, de su conducta o de sus realizaciones, como, por ejemplo, los pensamientos positivos sobre una mejor salud después de hacer ejercicio o los pensamientos satisfactorios al examinar un proyecto acabado. El autocastigo puede ser, igualmente, manifiesto (cortar el césped tú mismo, en vez de pagarle al chico del vecino para que lo haga, después de no haber cumplido un objetivo durante el fin de semana) o encubierto (pensamientos de culpabilidad después de un postre con muchas calorías).

Tanto el reforzamiento manifiesto como el encubierto pueden emplearse terapéuticamente como técnicas de autocontrol. Cuando la terapia de autocontrol implica tareas para casa, las técnicas de autorrefuerzo pueden emplearse para mejorar la adherencia, aumentar la generalización e incrementar la capacidad para mantener el cambio de conducta después de la terapia. La autorrecompensa puede servir como motivo para hacer la tarea, puede hacer más prominentes las recompensas a largo plazo, tanto en las situaciones diarias como en la sesión de terapia y puede alentar la adquisición de un hábito de autorrecompensa, que se podría aplicar más tarde a nuevas conductas problema.

Es importante enseñar los conceptos de consecuencias inmediatas *versus* consecuencias demoradas de la conducta y de contingencias autoadministradas. El examinar las consecuencias a corto plazo *versus* las consecuencias a largo plazo, es una técnica especialmente útil para tratar con el autocontrol desadaptativo. Por ejemplo, la impulsividad puede considerarse como conducta motivada por las recompensas externas inmediatas, a pesar del castigo o de la pérdida de reforzamiento a largo plazo. Una serie de estos principios están incorporados en el programa de terapia de autocontrol para la depresión, que se describe seguidamente.

VI. UN PROGRAMA DE AUTOCONTROL PARA LA DEPRESIÓN

El programa de autocontrol para la depresión ha sido el núcleo de mi investigación y la de mis estudiantes durante los últimos 17 años. El modelo de autocontrol para la depresión (Rehm, 1977) fue el producto de los intentos para proporcionar un amplio marco conceptual en la consideración de la depresión como un trastorno complejo, con una serie de importantes dimensiones psicológicas. Fue un intento para integrar, bajo un marco conceptual, factores que se habían identificado como componentes significativos de la depresión, por varias teorías contemporáneas cognitivo-conductuales de la depresión.

El artículo de 1977 adaptó el modelo de Kanfer sobre el autocontrol, proponiendo que la gente que está deprimida o que es vulnerable a la depresión se caracteriza por alguna combinación de seis déficit específicos en el autocontrol de la conducta. Estos componentes psicológicos de la depresión tienen lugar en las conductas de autorregistro, de autoevaluación y de autorreforzamiento, de la siguiente manera:

1. Las personas deprimidas atienden selectivamente a los acontecimientos negativos de sus vidas, con la exclusión relativa de los sucesos positivos. De forma parecida a la idea de Beck sobre la abstracción selectiva, la idea es que la gente deprimida pone su atención en la vigilancia de experiencias o acontecimientos negativos.
2. Las personas deprimidas atienden selectivamente a las consecuencias inmediatas, y no a las demoradas, de su conducta. Como un componente de la dificultad general para trabajar en objetivos a largo plazo, las personas deprimidas se encuentran más afectadas por sus necesidades emocionales inmediatas y tienen dificultades para centrarse en la gratificación demorada de una conducta que necesita más esfuerzo.
3. Las personas deprimidas establecen exigentes patrones de evaluación para su conducta. La gente deprimida es, a menudo, perfeccionista y ve que su conducta nunca es tan buena como debería ser. Estos patrones están representados a veces por objetivos de «todo o nada» (es decir, la conducta o es perfecta o es un fracaso) y a menudo son mucho más elevados para la persona en cuestión que cuando se aplican a los demás.

La conducta de autoevaluación se encuentra moderada por la autoatribución, en el modelo adaptado. Con el fin de evaluar una conducta como buena o mala y sentir orgullo o vergüenza, la persona tiene que construir la conducta como internamente controlada.

4. Las personas deprimidas tienden a hacer atribuciones internas en el caso de acontecimientos negativos y atribuciones externas en el caso de sucesos positivos. Con la reformulación atribucional del modelo de indefensión aprendida sobre la depresión (Abramson, Seligman y Teasdale, 1978), el modelo ha incorporado la idea de un estilo atribucional depresogénico, que incluye las dimensiones atribucionales de estable-inestable y global-específico. Como consecuencia de lo anterior.
5. Las personas deprimidas se administran a sí mismas recompensas con-

tingentes insuficientes. Se supone que la autorrecompensa complementa a la recompensa externa, para motivar a la conducta hacia objetivos a largo plazo, conducta que es la más deficiente en la depresión. Mientras que la teoría de Lewinsohn sobre la depresión se centra en la pérdida o la falta de refuerzo positivo proveniente del ambiente y contingente a la respuesta, el modelo presente enfatiza la falta de suplementos autoadministrados al reforzamiento externo.

6. Las personas deprimidas se administran a sí mismas un autocastigo excesivo. La conducta de las personas deprimidas está inhibida y falta la iniciativa debido a las consecuencias contingentes de una autocrítica y una culpa excesivas.

Empleando este modelo como base, hemos desarrollado un programa de terapia que aborda cada déficit secuencialmente, que enseña los principios básicos a las personas deprimidas y que asigna tareas para casa con el fin de producir cambios en su conducta en cada área específica. El programa está organizado en un formato grupal, con un orden del día estructurado para cada sesión. La mayoría de las sesiones comienza con una revisión de las tareas para casa asignadas en la última sesión y una discusión general sobre las experiencias relevantes y de los problemas de la vida. Se presenta un nuevo principio o idea cada dos semanas y los pacientes participan en alguna clase de ejercicio de papel y lápiz durante la sesión, con el fin de ayudar a que comprendan el principio. Le sigue la asignación de las tareas para casa, que implican que el sujeto se centre en un objetivo específico de autorregistro, dentro de un formato de autorregistro continuo.

El programa actual se compone de 12 sesiones de 1 ½ hora cada una, una vez a la semana. El período de 12 semanas permite cierta flexibilidad para aumentar el tiempo que se dedica a algunos temas, si se desea, y/o para que los participantes continúen con el programa durante un par de semanas más después de haber finalizado las 12 sesiones y sin incluir nuevas tareas para casa. El programa ha sido objeto de una serie de estudios realizados por mi y por mis estudiantes y también ha sido estudiado por otros investigadores (ver Rehm, 1984, para una revisión más completa). La descripción del programa, que viene a continuación, sigue la versión más reciente desarrollada a partir de la experiencia con muchos grupos de terapia que discurren por estos cauces de la investigación. Es una breve revisión del contenido del programa, omitiendo muchas de las cuestiones más sutiles o específicas que están cubiertas en el manual de terapia (Rehm, 1990).

VI.1. *Sesiones I y II: Autorregistro*

La primera sesión del programa comienza con una revisión de la naturaleza didáctica del programa y de cuestiones generales sobre la terapia de grupo, como la confidencialidad. Se pide a cada participante que cuente algo sobre él mismo y por qué ha buscado ayuda para la depresión. El terapeuta utiliza este intercambio para empezar a facilitar los procesos de grupo, señalando las similitudes de los temas y alentando los intercambios entre los participantes. El terapeuta empieza también a resaltar cuestiones pertinentes y a contar con otras palabras las preocupaciones principales, en términos consistentes con el programa de terapia.

El terapeuta proporciona un resumen de los temas que abordará el programa completo y luego presenta con detalle dos principios iniciales para que sean considerados por los participantes. Estos principios son: 1) que el estado de ánimo es una función de la conducta; y 2) que cuando la gente se encuentra deprimida atiende, de manera selectiva, a la conducta negativa, excluyendo en gran medida la conducta positiva. Por conducta queremos decir tanto la conducta motora-manifiesta como la cognición. Para los propósitos del grupo, nos referiremos a la conducta motora-manifiesta como *actividad* y a la cognición como *autoverbalizaciones.* Las actividades positivas se refieren a cualquier conducta que se experimente como agradable o que sea satisfactoria debido a que conducirá a algo positivo en el futuro. Las autoverbalizaciones son pensamientos sobre uno mismo, con un contenido o una implicación valorativos. A las actividades agradables normalmente les siguen las autoverbalizaciones positivas. En este punto del programa, tanto las actividades como las autoverbalizaciones se consideran como acontecimientos que tienen lugar de forma natural.

La discusión de la afirmación de que el estado de ánimo es una función de la conducta, a menudo provoca puntos de vista opuestos en los participantes, que pueden sentir que sus estados de ánimo no provienen de ningún sitio y que, además, influyen sobre su conducta, en vez de suceder al contrario. También sale a la luz, a menudo, la idea de que el estado de ánimo deprimido es un producto de causas biológicas subyacentes. Reconocemos que los factores biológicos pueden estar también implicados en la determinación del estado de ánimo deprimido y reconocemos que el estado de ánimo influye realmente sobre la conducta. El estado de ánimo se encuentra influido por una serie de factores, y la conducta y el estado de ánimo se pueden influir recíprocamente; pero una manera de obtener control sobre el estado de ánimo consiste en sacar ventaja del hecho de que la conducta influye sobre el estado de ánimo. La conducta es controlable y modificable y, por lo tanto, también lo es el estado de ánimo. Pedimos a los participantes que adopten

CUADRO 27.1. *Lista de actividades y autoverbalizaciones positivas empleadas en el programa de terapia de autocontrol para la depresión* (Basado en O'Hara y Rehm, 1983)

Autoverbalizaciones

1. Me gusta la gente
2. Me siento bien
3. Le gusto a la gente
4. Me agradó hacer eso
5. Soy una buena persona
6. Tengo un buen autocontrol
7. Tengo consideración de los demás
8. Algún día recordaré estos días y sonreiré
9. Mis experiencias me han preparado para el futuro
10. Ya he trabajado bastante —es hora de divertirse

Actividades

11. Planear algo con lo que disfrutas
12. Salir a divertirse
13. Asistir a una reunión social
14. Practicar un deporte
15. Divertirse en casa (p.ej., leer, escuchar música, ver la TV)
16. Hacer bien un trabajo
17. Cooperar con alguien en una tarea común
18. Iniciar una conversación (p.ej., en una tienda, una fiesta, una clase)
19. Hacer cumplidos o alabar a alguien
20. Mostrar afecto físico o amor

una actitud experimental y que estén dispuestos a examinar su propia experiencia para comprobar las afirmaciones.

La tarea para casa que se deriva de esta discusión consiste en el mantenimiento de una Hoja de Autorregistro diaria sobre la conducta y el estado de ánimo. Se suministra a los participantes una hoja de registro por cada día de la semana que viene. Tienen que registrar las conductas positivas de cada día en una lista y tienen que evaluar su estado de ánimo, al final del día, en una simple escala de cero a diez. El cero representa el día más deprimido que haya experimentado en su vida y el diez el día más feliz. Se proporcionan autoverbalizaciones y actividades de muestra y se pasa cierto tiempo rellenando una Hoja para el día en que tiene lugar la sesión, con el fin de estar seguro de que los participantes comprenden el proceso. *La Hoja de Autorregistro se convierte en la base para todas las tareas a lo largo del programa.*

El principio de la segunda sesión (y de cada una de las posteriores) se pasa discutiendo los sucesos de la semana, las tareas para casa y lo que los participantes han aprendido de las tareas. Reacciones típicas ante las primeras tareas para casa son la sorpresa de que hayan ocurrido tantas actividades positivas en la realidad. Las autoverbalizaciones positivas no suelen ser muy frecuentes, pero normalmente se suelen registrar algunas. Los participantes también se sorprenden a veces al señalar que pueden discriminar diferencias entre los estados de ánimo de un día y del siguiente, cuando antes anticipaban que la evaluación del estado de ánimo sería la misma todos los días.

La parte siguiente de esta sesión se pasa haciendo que los participantes creen gráficos del número de sus conductas positivas diarias y de sus evaluaciones diarias del estado de ánimo. El hecho de que estas dos líneas representadas gráficamente sean, a menudo, paralelas, es una demostración para los participantes de que el estado de ánimo y la actividad están relacionados. Cuando las líneas no son paralelas, estamos normalmente ante una señal de que algo raro sucede en el modo de registrar del participante. La persona podría estar registrando acontecimientos que no eran realmente positivos, o bien los acontecimientos negativos tenían una abrumadora influencia sobre el estado de ánimo, algunos días. Para la mayoría de los participantes, los gráficos constituyen una evidencia poderosa y convincente de que el principio se mantiene en su propia experiencia. La tarea para casa consiste simplemente en continuar con el autorregistro de los acontecimientos positivos durante la semana siguiente. Además de la recogida de datos, la intención de la tarea es intervenir sobre la atención selectiva de la persona, produciendo un reconocimiento más equilibrado de que ocurren tanto acontecimientos positivos como acontecimientos negativos en sus vidas diarias.

VI.2. *Sesiones III: Efectos sobre la conducta*

En la tercera sesión, se presenta el principio de que se puede pensar que cualquier conducta, tal como se representa en las hojas de registro, tiene efectos positivos y negativos, inmediatos y demorados. La gente deprimida tiende a no prestar la suficiente atención a los efectos positivos demorados. Es probable que la persona deprimida se encuentre influida por las necesidades y los resultados inmediatos y que tenga dificultades para centrarse en los resultados positivos demorados. Por ejemplo, cuando se está deprimido, la elección entre pasar una tarde escribiendo cartas a los amigos y ver una película en la televisión, es probable que se resuelva a favor de ver la película. Las consecuencias positivas inmediatas (ver la película) se vuelven más prominentes que las consecuencias positivas a largo plazo (obtenidas al escribir cartas).

La sesión conlleva el dar ejemplos de distintas combinaciones de consecuencias positivas y negativas a corto y a largo plazo, de la conducta. La idea de estas cuatro clases posibles de resultados pueden emplearse para examinar la cualidad positiva o negativa general de una actividad. Por ejemplo, una broma impulsiva hecha a expensas de un amigo podría tener consecuencias positivas inmediatas de los demás, pero a expensas de una peor relación a largo plazo con el amigo. Podría no merecer la pena el esfuerzo inmediato adicional, en un objetivo perfeccionista, por una pequeña diferencia en el resultado a largo plazo. Beck (Beck y cols., 1979) hace la distinción entre sucesos agradables y sucesos de destreza. Los acontecimientos agradables son positivos debido a sus efectos positivos inmediatos y los acontecimientos de destreza son positivos porque tienen alguna recompensa a largo plazo. La perspectiva del autocontrol añadiría la idea de que estos efectos no son eliminados por efectos negativos a corto y largo plazo importantes.

A partir del modelo, asumimos que las personas deprimidas tienen especiales dificultades con los sucesos positivos, a largo plazo, de destreza. La tarea para casa consiste en continuar rellenando las Hojas de Autorregistro diariamente, pero con un énfasis especial en señalar qué conductas son positivas, debido a que tienen efectos positivos a largo plazo. La hoja de registro de cada día debería resaltar, al menos, una actividad de destreza y debería estar acompañada por una autoverbalización referente a los efectos a largo plazo de la actividad. Por ejemplo, la actividad «Terminé de repintar la puerta de la calle» podría estar acompañada por «Estoy contento por la apariencia que la puerta tendrá ante los visitantes». La intención es aumentar la atención prestada a los efectos positivos demorados e incrementar la conducta hacia objetivos a largo plazo.

VI.3. *Sesiones IV y V: Las atribuciones*

Se emplean dos sesiones con el tema de las atribuciones. Del mismo modo que la sesión III se centró en los efectos de la conducta, estas dos sesiones se centran en las causas de la conducta. Planteado en términos de Seligman, nuestra intervención se encuentra bajo la forma del reentrenamiento en atribución. Presentamos a los participantes el concepto de estilos atribucionales depresivos y les enseñamos maneras más realistas y constructivas de examinar la causalidad.

La cuarta sesión se centra en las causas de los sucesos o acontecimientos positivos. Se explican las dimensiones de las atribuciones y se presenta la idea de que las personas deprimidas tienden a hacer atribuciones externas, inestables y específicas sobre los *acontecimientos positivos* y no logran ver causas internas, estables y globales. Se dan ejemplos y los participantes llevan a cabo un ejercicio en el que extraen un suceso de las hojas de registro de la última semana y escriben lo primero que les viene a la cabeza cuando responden a la pregunta, «¿por qué sucedió?». Estas causas se discuten luego en términos de las dimensiones atribucionales. Normalmente, las causas manifestadas son consistentes con un estilo atribucional negativo.

Más tarde, se pide a los participantes que generen alternativas o causas adicionales del suceso, que sean más positivas en su estilo atribucional. Se les hace notar que cualquier acontecimiento puede verse como el producto de múltiples causas y que estamos intentando conseguir que la gente considere, de forma realista, un rango más amplio de causas, incluyendo causas que sean consistentes con una imagen positiva de uno mismo y con los efectos positivos de uno mismo sobre el mundo. Muchas de las causas que se generan pueden implicar el reconocer cierto mérito al acontecimiento positivo, sin ser interno *y* estable *y* global. Muchas atribuciones inestables (p.ej., el esfuerzo persistente) o específicas (p.ej., una habilidad especial), son también constructivas y motivantes. La dimensión interna parece que es más importante cuando la persona reconoce su mérito o responsabilidad en un suceso positivo. La tarea para casa que viene después de esta sesión consiste en registrar diariamente en la Hoja de Autorregistro, por lo menos, una autoverbalización positiva que refleje el reconocimiento del mérito de un acontecimiento positivo.

La sesión V sigue un formato similar al hablar de los sucesos negativos y de las atribuciones sobre sus causas. Se revisan las dimensiones atribucionales y se presenta el principio que dice que las personas deprimidas tienden a hacer atribuciones internas, estables y globales sobre los *acontecimientos negativos* y no logran ver causas externas, inestables y específicas. El ejercicio empieza preguntando a los participantes que recuerden algún acontecimiento negativo reciente y que examinen luego sus causas en una secuencia similar al ejercicio para los sucesos positivos. De nuevo, el objetivo es un punto de vista más realista y equilibrado de la responsabilidad y la culpa, no una negación o externalización de toda la responsabilidad ante los acontecimientos adversos. Las tareas para casa consisten en registrar diariamente una autoverbalización que refleje una atribución positiva sobre un suceso negativo.

VI.4. *Sesiones VI y VII: Establecimiento de objetivos*

Las dos sesiones siguientes se centran en la autoevaluación en términos del establecimiento de objetivos o patrones realistas y en descomponer los objetivos en subobjetivos, de modo que se reconozca el progreso. Se presenta la idea de que las personas deprimidas tienden a colocar patrones perfeccionistas para ellos mismos y ven continuamente que no llegan a alcanzar los objetivos, debido al modo en que definen los objetivos. El núcleo de la sesión es una Hoja de Trabajo para el Establecimiento de Objetivos (ver figura 27.1), que los participantes utilizan para definir un ejemplo de objetivo para ellos mismos en términos más constructivos. Se presentan cuatro principios para el establecimiento de objetivos. Primero, los objetivos deberían definirse en una dirección positiva, es decir, como algo que hay que aumentar, no como algo que hay que disminuir o evitar. Por ejemplo, más interacciones positivas con los compañeros de trabajo, no menos discusiones. Segundo, los objetivos deberían definirse a niveles que sean realistas. Si la posibilidad de lograr el objetivo final es cuestionable, entonces se debería escoger un objetivo intermedio más fácil de conseguir. En vez de plantear el objetivo de «un trabajo bien remunerado», sería más realista el plantear un incremento de las habilidades laborales. Tercero, los objetivos deberían encontrarse dentro del control de la persona. Un objetivo como «conseguir que el jefe me conceda un aumento de sueldo» depende del jefe, no de la persona. El aumento de la productividad o la eficacia en el trabajo está más bajo el control de la persona. Cuarto, el objetivo debería definirse en términos específicos y concretos. El objetivo debería operacionalizarse tanto como fuese posible. La gente deprimida a menudo establece objetivos que son vagos y difícilmente accesibles, como el «ser más feliz» o el «tener más éxito». Si los objetivos son más concretos, como el «aumentar el tiempo que se pasa en una de las actividades preferidas» o «incrementar las actividades sociales», pueden reconocerse cuando tengan lugar.

Se pide a cada participante que seleccione un objetivo en el que trabajar durante las siguientes dos semanas. Se fomentan objetivos de tamaño moderado, con el fin de que el aprendizaje de los principios sea el aspecto básico. Se puede escoger un amplio rango de objetivos. Temas habituales son el aumento de la socialización, la programación del tiempo, la búsqueda de trabajo, el tratar de conseguir información sobre oportunidades educativas, objetivos referentes a las aficiones favoritas, ser más asertivo en una relación determinada o aumentar la comunicación matrimonial.

Después de que se defina y seleccione el objetivo, se descompone en subobjetivos. Los subobjetivos son actividades específicas que contribuirán a conseguir el objetivo. Deberían satisfacer los mismos criterios de definición que los objetivos. Los subobjetivos pueden formar una secuencia natural hacia la consecución del objetivo o pueden representar una serie de casos específicos de la conducta objetivo. El fin del ejercicio consiste en crear una lista de actividades que puedan convertirse en actividades positivas planificadas sobre las Hojas de Autorregistro de las semanas siguientes. El descomponer los objetivos en subobjetivos identificables ayuda a la gente deprimida a reconocer los esfuerzos realizados en la consecución de un objetivo a largo plazo, esfuerzos que les ayudan a evaluarse a sí mismos de forma positiva. El cambio de énfasis en el pensamiento se traduce en un reconocimiento del progreso, en vez de centrarse sólo en la distancia que queda hasta el objetivo final. Las tareas para casa consisten en planificar y registrar la actividad diaria

FIGURA 27.1. *Hoja de Trabajo para el Establecimiento de Objetivos* (Basado en O'Hara y Rehm, 1983)

Objetivo: De amplio rango:

«Quiero aumentar ______________________________

____

____

Subobjetivos:

1. ______________________________
2. ______________________________
3. ______________________________
4. ______________________________
5. ______________________________

otros ______________________________

Tareas:

1. Establecer objetivos y subobjetivos. La idea general consiste en descomponer el objetivo general en pasos pequeños, individuales. Para empezar, puedes generar toda una lista de pasos posibles y luego seleccionar de esta lista los pasos mejores y más metódicos. Los subobjetivos deberían definirse de modo que sean 1) positivos, 2) alcanzables, 3) que estén bajo tu control y 4) operacionales.

2. Corregir o construir hojas de trabajo adicionales para los objetivos anteriores o para diferentes (2 como mucho, por ahora).

3. Continuar registrando, como en las semanas anteriores, *todas* las actividades positivas.

4. Si una actividad cae dentro de tu categoría de objetivos, haz una marca en la columna extra de tu hoja de autorregistro

5. Intenta aumentar las actividades relacionadas con los objetivos.

---

referente a los subobjetivos, en las Hojas de Autorregistro. La sesión VII transcurre revisando el progreso y repasando o añadiendo cosas a las hojas de trabajo del objetivo y de los subobjetivos.

VI.5. *Sesiones VIII y IX: Autorreforzamiento*

Los conceptos de autorreforzamiento se encuentran ligados a las tareas para casa diseñadas para el establecimiento de objetivos. Se enseña el autorreforzamiento como una forma de motivación en la consecución de la conducta subobjetivo difícil. Se presentan al grupo ideas de autorreforzamiento contingente, como formas para motivarse a uno mismo. Se señala que las personas deprimidas son deficientes en la automotivación, como consecuencia de todos los hábitos de autocontrol revisados en el programa. Si una persona atiende a los sucesos negativos y a las consecuencias inmediatas, no concede valor a los acontecimientos positivos, establece objetivos realistas y vagos, y no reconoce conductas subobjetivo, es improbable que tenga alguna ocasión de recompensarse a sí mismo.

La sesión VIII se centra en el autorrefuerzo encubierto. Se pide a los participantes que generen un Menú de Recompensas, una lista de actividades positivas que podrían utilizar como recompensas para actividades subobjetivo difíciles. Las recompensas deberían ser actividades agradables que están fácilmente bajo el control de la persona. Deberían variar en magnitud, con el fin de emparejarse a distintos niveles de actividades subobjetivo difíciles. El «tomar un período de descanso en el trabajo» y el «ir a ver una película» pueden ser dos elementos del menú de recompensas que se podrían emplear, contingente y respectivamente, por hacer una incómoda llamada telefónica y por terminar un trabajo difícil, durante la semana. Las tareas para casa consisten en emplear las actividades de autorrefuerzo contingentemente a subobjetivos específicos difíciles. Se resalta que el autorreforzamiento es una forma de motivar y mantener el cambio.

En la sesión IX se discute el autorreforzamiento encubierto. Del mismo modo que las actividades pueden ser reforzantes, también lo pueden ser las autoverbalizaciones. Los participantes construyen en la sesión dos listas de autoverbalizaciones positivas. La primera se denomina Lista de Virtudes e intenta ser una lista de cualidades o características positivas generales de la persona. La segunda es una Lista de Verbalizaciones Específicas, expresadas con las propias palabras de la persona, que constituirían ejemplos de cómo harían un cumplido cuando ellos mismos son el objeto de ese cumplido. Un ejemplo de la primera lista podría ser «Tengo en consideración a los demás», mientras que un ejemplo de la segunda sería «¡Hice un buen trabajo!».

El escribir esas autoverbalizaciones positivas es a menudo difícil para la gente, especialmente cuando está deprimida. Se plantea la objeción de que estamos fomentando el jactarse y el darse importancia. El objetivo es, por el contrario, una autoestima positiva realista. El jactarse consiste en decir cosas positivas sobre uno mismo a los demás, con el fin de intentar presionarles a que estén de acuerdo. La autorrecompensa encubierta consiste en reconocer, de manera realista, el esfuerzo y el logro, y constituye la esencia de la autoestima positiva. Si se pueden reconocer las competencias de la otra persona, ¿por qué no sería lógico reconocerlas en uno mismo? Las tareas para casa consisten en practicar el recordarse a sí mismo características positivas, contingentemente a actividades positivas y recompensarse de forma encubierta actividades subobjetivo con autoverbalizaciones positivas, como aquellas de la lista específica.

VI.6. *Sesiones X, XI y XII: Continuación y mantenimiento*

Las últimas tres sesiones del programa se emplean como continuación de los procesos que ya se han presentado. La mayor atención se dedica al progreso de los objetivos y de los subobjetivos y a la utilización del autorrefuerzo. Se pueden revisar los objetivos y desarrollar otros nuevos. Se puede repasar la primera parte del programa, tanto en cuanto sea relevante para los individuos. En la última sesión, se da a los participantes un conjunto completo de hojas de registro, formularios de ejercicios y hojas de instrucciones, que se han empleado a lo largo del programa. Se les alienta para que continúen utilizando el programa formalmente, si así lo desean, o que saquen los materiales en cualquier momento futuro, cuando sientan que podrían caer deprimidos otra vez. Se espera que las habilidades aprendidas se conviertan en partes habituales de la conducta de autocontrol de cada persona, pero los materiales pueden emplearse como repaso y continuación de la práctica.

VII. CONCLUSIÓN

La terapia de autocontrol abarca una serie de posiciones teóricas y una variedad de técnicas específicas. Se ha presentado la orientación general y se ha revisado el empleo de técnicas específicas. Se ha resaltado especialmente el modelo de Kanfer sobre el autocontrol, que se puede descomponer en tres etapas: el autorregistro, la autoevaluación y el autorreforzamiento. Estas tres etapas forman un bucle de retroalimentación, en el que la conducta es registrada, evaluada en comparación con un patrón y regulada por medio del autorrefuerzo. Rehm (1977) propuso que a dicho modelo se le debería añadir la autoatribución, como una variable que modera la autoevaluación. Posteriormente, se ha descrito un ejemplo de un programa estructurado de terapia de autocontrol aplicada a la depresión, utilizando la perspectiva del autocontrol como análisis de la psicopatología y como explicación para los procedimientos de terapia. Los planteamientos de autocontrol tienen una amplia aplicabilidad, como orientación ante los problemas, y también como ayuda a otras perspectivas, añadiendo consideraciones sobre la generalización y el mantenimiento del cambio de conducta.

VIII. LECTURAS PARA PROFUNDIZAR

Blankstein, K. R. y Polivy, J., *Self-control and self-modification of emotional behavior,* Nueva York, Plenum Press, 1982.

Kanfer, F. H., «Self-control: a behavioristic excursion into the lion's den», *Behavior Therapy,* 2, 1972, pp. 398-416.

Kanfer, F. H. y Schefft, B. K., «Self-management therapy in clinical practice», en N. S. Jacobson (comp.), *Psychotherapists in clinical practice,* Nueva York, Guilford Press, 1987.

Karoly, P. y Kanfer, F. H. (comps.), *Self-management and behavior change: from theory to practice,* Nueva York, Pergamon Press, 1982.

Rehm, L. P., «A self-management therapy program for depression», *International Journal of Mental Health,* 13, 1985, pp. 34-53.

Rehm, L. P., «Self-management and cognitive processes in depression», en L. B. Alloy (comp.), *Cognitive processes in depression,* Nueva York, Guilford Press, 1988.

Rehm, L. P. y Rokke, P., «Self-management therapies», en K. S. Dobson (comp.), *Handbook of cognitive-behavioral therapies,* Nueva York, Guilford Press, 1988.

SÉPTIMA PARTE

OTRAS TÉCNICAS EN TERAPIA DE CONDUCTA

28. HIPNOTERAPIA

E. THOMAS DOWD

I. INTRODUCCIÓN

Este capítulo describirá la historia y naturaleza de la hipnosis y su empleo en terapia de conducta. Se describirá una serie de métodos con el suficiente detalle como para que el lector sea capaz de llevar a cabo ciertos procedimientos hipnóticos orientados a la solución de problemas psicológicos. Sin embargo, debería entenderse desde el principio que la competencia en el uso de los métodos hipnóticos, al igual que sucede con cualquier otro procedimiento específico, necesita un entrenamiento especializado adicional. Por ello, se sugiere al lector que asista a talleres sobre hipnosis y a otros programas educativos con el fin de ser capaz de utilizar la hipnosis, de forma competente, en la práctica clínica.

Las implicaciones del título de este capítulo también deberían tenerse en cuenta. Se emplea *hipnoterapia*, en vez de hipnosis, por una simple e importante razón. La hipnosis no es una terapia por sí misma, sino una técnica especializada que puede ser provechosamente incorporada a situaciones terapéuticas particulares. La hipnosis la deberían utilizar únicamente profesionales bien entrenados en la práctica de su propia profesión e incluso dichos profesionales no la deberían emplear como su único método de tratamiento. Así, es incorrecto hablar de un «hipnotizador» o incluso de un «hipnoterapeuta». Por el contrario, se debería hablar de un psicólogo, de un terapeuta de conducta o de un médico que están entrenados en, y usan, la hipnosis. Sin embargo, en aras de la claridad y de la brevedad, utilizaremos el término «hipnoterapeuta», en este capítulo, para referirnos a un terapeuta de conducta que ha recibido entrenamiento especializado en hipnosis y que lo utiliza en la práctica clínica.

El autor desea agradecer al doctor James M. Healy sus comentarios sobre un primer borrador de este manuscrito.

Kent State University (EE UU).

II. HISTORIA DE LA HIPNOSIS

Los fenómenos asociados con la hipnosis se han conocido desde hace siglos, aunque no por ese nombre. Los fenómenos hipnóticos probablemente jugaron un papel importante en las experiencias religiosas y en las artes curativas de antiguas culturas, así como lo siguen haciendo en las actividades de los hechiceros y «brujos» de las culturas primitivas actuales. Las curaciones asociadas con la «imposición de manos», por parte de líderes religiosos y de la realeza, probablemente eran de naturaleza hipnótica. Por ejemplo, el Nuevo Testamento describe a una mujer que se curó de una hemorragia al tocar el borde de la túnica de Jesús. También es probable que la hipnosis desempeñe un papel importante en las curaciones alegadas por los actuales «curadores por la fe», que abundan en los Estados Unidos.

El estudio moderno de lo que ahora se denomina hipnosis empezó con Paracelso, que creía que las fuerzas magnéticas (en particular aquellas que provienen de las estrellas) influían sobre la gente por medio de ondas invisibles. El concepto se amplió más tarde para incluir la idea del «magnetismo animal», una fuerza similar al magnetismo físico, que emanaba del cuerpo humano y que podía influir en los pensamientos y las acciones de los demás. Estos conceptos fueron refinados y organizados por el médico austríaco, Franz Anton Mesmer, que alegó que las enfermedades podían curarse pasando imanes por encima del cuerpo de la gente que sufría. Posteriormente descubrió que los imanes no eran necesarios y atribuyó las curaciones al «magnetismo animal» contenido en el propio cuerpo. El trabajo de Mesmer fue, finalmente, investigado por una prestigiosa comisión francesa, que decidió que el «magnetismo animal» (o «mesmerismo») no existía, sino que era el resultado de la imaginación y la sugestión. El mesmerismo (y Mesmer) fue desacreditado y la hipnosis se sumió en un olvido temporal.

La hipnosis moderna empezó con el médico escocés, James Braid, que inicialmente pensaba que un trance hipnótico estaba relacionado con el sueño. Como resultado, acuñó el término «hipnosis» (de la palabra griega «hypnos», que significa sueño). Aunque más tarde abandonó esa idea, el término, desgraciadamente, había arraigado, conduciendo a numerosas ideas erróneas sobre la naturaleza y la práctica de la hipnosis. Sin embargo, Braid rechazó la teoría del magnetismo animal sobre la hipnosis, prefiriendo considerar que estaba basada en la sugestión y en un estrechamiento del campo perceptivo. En este aspecto, anticipó sorprendentemente las modernas teorías sobre la hipnosis.

Jean-Martin Charcot, Josef Breuer y, posteriormente, Sigmund Freud emplearon la hipnosis para la solución de problemas clínicos. Charcot pensó que la hipnosis era una forma de histeria y encontró que podía inducir síntomas histéricos por medio de lo que ahora llamamos *sugestiones posthipnóticas*. La famosa paciente de Breuer, Ana O, se curó por medio de una combinación de la «recuperación de recuerdos ocultos» y la «abreación mientras se encontraba en un trance hipnótico». Freud, inicialmente, adoptó la hipnosis de manera entusiasta, pero posteriormente la rechazó cuando desarrolló su teoría psicoanalítica. Su reputación e influencia eran suficientemente grandes como para que su rechazo de la hipnosis redujese realmente su práctica durante años.

El uso de la hipnosis languideció hasta hace poco, excepto por el trabajo, relativamente poco conocido, de Clark Hull en los años treinta. Sin embargo, a partir de los años setenta ha disfrutado la hipnosis de un renacimiento significativo, surgiendo esta vez de los Estados Unidos. Aunque hay una serie de individuos, como T.X. Barber, Martin Orne, William Kroger y Herbert Spiegel, que han sido responsables del aumento del interés en, y del empleo de, la hipnosis, ello se ha debido fundamentalmente a la influencia de Milton Erickson. Realmente, el enfoque eriksoniano de la hipnoterapia, especialmente desde la muerte de Erickson en 1980, ha adquirido el estatus de un culto. En el proceso, la hipnosis ha cambiado también de ser principalmente una especialidad médica a ser fundamentalmente una modalidad psicológica. El enfoque ericksoniano se diferencia significativamente del enfoque más tradicional, que se discutirá más adelante. El empleo de la hipnosis ha sido totalmente cíclico a lo largo de los años, debido, en parte, a las exageradas alegaciones hechas sobre su eficacia, cuando se ha hecho popular, y existe el peligro de que el estatus como culto que se le ha dado actualmente en algunos círculos pueda, una vez más, conducir a su desaparición temporal.

III. LA NATURALEZA DE LA HIPNOSIS

¡Es más fácil describir lo que no es la hipnosis que lo que realmente es! A lo largo de los años, han circulado una serie de mitos sobre la hipnosis, algunos de los cuales están totalmente implantados en la mente del público e incluso en la cabeza de algunos profesionales. Este apartado discutirá algunos de esos mitos, así como el concepto actual más correcto sobre la naturaleza de la hipnosis.

III.1. *Mitos sobre la hipnosis*

1. La hipnosis implica una pérdida de la conciencia y es una forma de sueño. La asociación que se ha desarrollado entre hipnosis y sueño no es muy afortunada. La gente a menudo espera, o teme, encontrarse en un estado inconsciente durante la hipnosis. Sin embargo, la hipnosis no es un fenómeno del sueño. Los individuos no pierden la consciencia y no se duerme cuando se está en un trance. Si acaso, se mejora la concentración y se focaliza de una manera poco usual.

2. *La hipnosis implica una rendición de la voluntad y, por consiguiente, el sujeto se haya bajo el control del hipnotizador.* Al final, toda hipnosis es autohipnosis. Los individuos se dejan introducir en un trance porque así lo desean. La hipnosis no puede inducirse sin la colaboración del sujeto.

3. *Los individuos crédulos y los tontos, así como las mujeres, se hipnotizan más fácilmente.* No hay diferencias de sexo en la hipnotizabilidad. Si acaso, la capacidad para el trance requiere un individuo que confíe y se abra a nuevas experiencias. Hay una correlación ligeramente positiva entre la inteligencia y la hipnotizabilidad, en vez de suceder al contrario.

4. *La hipnosis puede utilizarse para que la gente haga o diga cosas que normalmente no haría.* Los individuos participan activamente en su propia conducta de trance y, por consiguiente, no puede obligárseles a hacer o decir nada. El hipnotizador sólo les anima para que se comporten de determinadas maneras.

5. *La hipnosis es peligrosa.* Lo mismo que sucede con cualquier técnica poderosa, el uso de la hipnosis puede ocasionalmente tener consecuencias imprevistas. Por esta causa, sólo la deberían utilizar profesionales cualificados. Sin embargo, no es más peligrosa que la mayoría de las formas de tratamiento psicológico, cuando se emplea eficazmente.

6. *Los hipnotizadores deben ser enérgicos, carismáticos o misteriosos.* ¡La conducta de algunos hipnotizadores puede haber contribuido a este mito! Sin embargo, puesto que toda hipnosis es autohipnosis, resulta que las características del sujeto son más importantes que las características del hipnotizador.

7. *La hipnosis sólo ocurre cuando se utiliza formalmente.* Aunque a la gente le son más familiares los trances formales, hay sucesos diarios que son de naturaleza hipnótica. Por ejemplo, algunos individuos están tan profundamente absortos en una actividad, que pierden la noción del tiempo (distorsión del tiempo) o no se dan cuenta de los estímulos externos. El término «hipnosis de la carretera» se refiere a la conducta de la gente que viaja en automóvil de un lugar a otro sin darse cuenta del itinerario. Los hipnoterapeutas ericksonianos, en especial, utilizan a menudo los trances informales.

8. *La hipnosis es terapia.* ¡Incluso muchos profesionales creen esto! Sin embargo, como se ha señalado antes, la hipnosis es una técnica específica para ser usada sólo dentro del contexto de la práctica profesional. Aunque casi todo el mundo puede inducir un trance, sólo un profesional cualificado puede emplear la conducta de trance para solucionar problemas clínicos.

9. *La gente no puede hablar cuando está en trance ni puede recordar lo*

que pasó una vez que ya está fuera del trance. El trance es una experiencia muy individual. Algunas personas tienen realmente amnesia espontánea para cualquier cosa que diga el hipnotizador durante el trance, mientras que otras recuerdan todo (o unas cuantas cosas) con mucha exactitud. De igual manera, es muy frecuente que los individuos hablen mientras están en trance, especialmente si el hipnotizador les dice que lo hagan.

III.2. *Teorías sobre la hipnosis*

Se han propuesto muchas explicaciones teóricas sobre los efectos de la hipnosis. Una revisión amplia va más allá de los objetivos de este capítulo y por ello remitimos al lector a Crasilneck y Hall (1985) o a Kroger (1977), para una descripción más detallada de las teorías sobre la hipnosis. Sin embargo, generalmente las teorías pueden agruparse bajo dos clases: teorías del estado *versus* teorías del no estado y teorías fisiológicas *versus* teorías psicológicas.

Las *teorías del estado* sobre la hipnosis suponen que el estado de trance es cualitativamente diferente de otras experiencias mentales humanas. Desde este punto de vista, la capacidad hipnótica o capacidad para el trance es una especie de rasgo relativamente estable que muestra fuertes diferencias individuales. Por otra parte, los *teóricos del no estado* consideran que los fenómenos hipnóticos provienen de características psicológicas y sociales tales como la motivación, las expectativas de entrar en trance, la creencia y la fe en el hipnotizador, el deseo de agradar al hipnotizador y una experiencia positiva con el trance inicial. Quizás sean correctos elementos de ambas clases teóricas. La susceptibilidad hipnótica (o como prefiero llamarla, la *capacidad para el trance)*, por lo menos según se mide por los instrumentos estándar (p.ej., la escala de Stanford o la de Harvard), muestra una alta fiabilidad test-retest, aunque disminuye conforme aumenta el período de tiempo entre los momentos de la administración (Bowers, 1976). Además, sigue una distribución normal, de modo que unos pocos individuos pueden ser hipnotizados profundamente, otros pocos no pueden ser hipnotizados y la mayoría pueden ser hipnotizados en mayor o menor grado. Por otra parte, hay cierta evidencia de que la capacidad para el trance puede aumentar algo con el entrenamiento, aunque parece que ninguna cantidad de entrenamiento convertirá a un sujeto con baja susceptibilidad en uno de alta susceptibilidad. Además, la motivación del sujeto parece ser un predictor significativo de la hipnotizabilidad (Crasilneck y Hall, 1985; Udolf, 1981). La cuestión de la estabilidad de la capacidad para el trance es una fuente importante de desacuerdo entre los hipnoterapeutas ericksonianos y los hipnoterapeutas tradicionales. Los primeros suponen que la capacidad para el trance puede ser modificada por medio del entrenamiento y que casi todo el mundo puede ser hipnotizado. Los últimos creen que dicha capacidad es una característica estable y que la mayoría de los individuos no podrán ser hipnotizados profundamente, a pesar del entrenamiento. Sea como fuere, la mayoría del trabajo hipnoterapéutico puede hacerse en un trance ligero, de modo que no es necesario que los individuos sean profundamente hipnotizados para sacar provecho terapéutico de la hipnosis. Los fenómenos asociados con los trances ligeros, medios y profundos se discutirán posteriormente.

Las *teorías fisiológicas* de la hipnosis alegan que los fenómenos hipnóticos están basados sobre, y asociados con, ciertos cambios de la fisiología humana. Pavlov, por ejemplo, consideraba la hipnosis como la inhibición de ciertos centros cerebrales (Crasilneck y Hall, 1985). Las *teorías psicológicas* incluyen muchos de los conceptos mencionados anteriormente sobre las teorías del no estado, pero también incluyen, por ejemplo, la teoría de la respuesta condicionada sobre la hipnosis. Las teorías fisiológicas son, en general, modelos explicativos más antiguos y han sido reemplazados en gran medida por las explicaciones psicológicas.

Es evidente que hay un desacuerdo considerable con respecto a la naturaleza y el origen de los fenómenos hipnóticos. Para los propósitos de este capítulo, la hipnosis puede describirse como un estado de elevada percepción y concentración sobre unos pocos estímulos relevantes del campo perceptivo. Al mismo tiempo, la percepción de estímulos periféricos se bloquea o se reduce. En el proceso, el individuo puede ser excepcionalmente receptivo a una nueva idea o conjunto de ideas, de modo que la resistencia puede quedar reducida. De este modo, la hipnosis no parece ser un estado cualitativamente diferente de ciertas experiencias que ocurren frecuentemente. Aunque todos, o la mayoría, de los individuos pueden experimentar algún fenómeno hipnótico, relativamente pocos pueden experimentar la mayoría de los fenómenos hipnóticos. Las características del sujeto parecen ser más importantes que las características del hipnotizador (Bowers, 1976). El hipnotizador simplemente utiliza y dirige las capacidades existentes en el sujeto.

III.3. *La profundidad del trance*

Este término es un vestigio desafortunado de la época en la que se pensaba que la hipnosis estaba relacionada con el sueño y, como tal, debería entenderse únicamente en un sentido metafórico. Es verdad que individuos diferentes, que poseen distintos niveles de capacidad para el trance, son capaces de realizar tareas diferentes mientras se encuentran en un trance. Por ejemplo, la regresión en la edad no puede realizarse por alguien que está en un trance ligero. Las tareas hipnóticas se han clasificado en cuatro grupos, dependiendo de la «profundidad» del trance, clasificación que se muestra en el cuadro 28.1. Sin embargo, no es cierto de ningún modo que estos fenómenos se clasifiquen siempre en este orden preciso. Además, la «profundidad» de la hipnosis puede tener poca relación con los beneficios obtenidos durante el tratamiento, especialmente para los pacientes con problemas menos graves (Crasilneck y Hall, 1985). Sin embargo, el cuadro 28.1 puede, por lo menos, alertar al hipnotizador sobre lo que tiene que buscar en la conducta de trance y, por consiguiente, proporciona un indicador general de la capacidad del sujeto para el trance. Las intervenciones específicas pueden luego ser adaptadas a la capacidad de cada individuo.

III.4. *La lógica del trance*

Éste es un término acuñado originalmente por Orne (1959), que se refiere a la capacidad de un sujeto, profundamente hipnotizado, para mantener simultáneamente percepciones o ideas inconsistentes desde un punto de vista lógico. Orne considera a las alucinaciones hipnóticas, en las que el individuo bien ve algo que no está *(alucinación positiva)* o bien no ve algo que sí está *(alucinación negativa),* como ejemplos de la lógica del trance.

La lógica del trance se caracteriza también por una exactitud literal del pensamiento, donde el sujeto sigue literalmente las instrucciones del hipnotizador. Por ejemplo, si el hipnotizador pregunta a un sujeto profundamente hipnotizado si puede decirle qué es lo que ve, mientras se encuentra en un trance (provocando normalmente no sólo una afirmación sino una descripción), el sujeto puede responder simplemente, «Sí», ¡porque literalmente eso es todo lo que le ha preguntado el hipnotizador! La lógica del trance es característica de aquellos individuos que poseen una elevada capacidad para el trance, pero los hipnoterapeutas deberían estar alerta con respecto a su apariencia. El ejemplo, que se verá posteriormente, de bucear bajo la superficie del mar, (como técnica de profundización), puede implicar a la lógica del trance. Salvo que se le proporcione al sujeto un aparato para respirar, puede literalmente no ser capaz de respirar.

IV. LA PRÁCTICA DE LA HIPNOTERAPIA

El tratamiento hipnoterapéutico puede dividirse en cinco etapas: 1) preparación del paciente, 2) inducción hipnótica, 3) profundización de la hipnosis, 4) empleo del trance hipnótico para propósitos terapéuticos y 5) terminación.

CUADRO 28.1. *Clasificación y pruebas para el trance hipnótico*

Fase	*Prueba*
Hipnoidal	Relajación Sacudidas de los párpados Cerrar los ojos Sensaciones de aletargamiento
Trance ligero	Catalepsia de los ojos y de los miembros Respiración profunda y lenta Profundización progresiva del aletargamiento Anestesia
Trance medio	Amnesia parcial Anestesia del guante Sugestiones posthipnóticas
Trance profundo (Sonambulismo)	Alucinaciones positivas y negativas Capacidad para abrir los ojos sin un trance afectivo Amnesia completa y extensa Anestesia y analgesia posthipnóticas Aceptación de sugestiones posthipnóticas extrañas Regresión en la edad y revivificación Palidez en los labios Alucinaciones posthipnóticas

Aunque estas etapas no pueden separarse en la práctica, son útiles para planificar el tratamiento. Seguidamente se presenta una descripción de cada etapa con ejemplos y procedimientos.

IV.1. *Preparación para la hipnosis*

La preparación implica tres aspectos: *el establecimiento de la relación con el paciente, la clarificación de conceptos erróneos sobre la hipnosis y la posible exploración de la capacidad para el trance.* El establecimiento de la relación terapéutica en general se ha discutido ampliamente, de modo que no se tratará con profundidad aquí. Sin embargo, hay que señalar un punto importante. Muchos pacientes van a un hipnoterapeuta esperando entrar en trance inmediatamente. Se recomienda satisfacer esas peticiones, puesto que los pacientes que obtienen aquello que piden tienden a mejorar más (Lazarus, 1973). Esto es especialmente cierto desde que las expectativas parecen ser un indicador poderoso del éxito de la hipnosis.

Como se ha señalado anteriormente, la mayoría de la gente tiene distintos conceptos erróneos sobre la naturaleza de la hipnosis (al igual que algunos terapeutas). Es importante que se clarifiquen estos conceptos erróneos antes de la inducción del trance, o posteriormente, si así es necesario, puesto que es mucho más probable que los individuos desarrollen sentimientos positivos sobre la hipnosis y empleen mejor el trance si piensan que han tenido una primera experiencia satisfactoria. Los hipnoterapeutas ericksonianos, en particular, defienden que cualquier conducta que muestren los sujetos durante el primer trance sea interpretada (a dichos sujetos) como una señal de que han entrado satisfactoriamente en trance. Esto debería aumentar las expectativas y elevar la motivación.

Es importante comprobar la capacidad para el trance, con el fin de evitar posteriores fracasos en la inducción al mismo. Hay diferencias individuales significativas en la capacidad hipnótica y no todos los individuos serán capaces de realizar todas las tareas. Por otra parte, la mayoría de los individuos son capaces de experimentar, por lo menos, un ligero trance y se les debería ayudar a desarrollar la capacidad de trance que posean. Es importante asegurar a los pacientes que realmente se encontraban en un trance e interpretar cualquier conducta que manifiesten como conducta de trance, con el fin de evitar que tengan sentimientos de fracaso.

Hay varios tests que pueden utilizarse para evaluar la capacidad para el trance. Algunos de éstos se han organizado en tareas secuenciales, como la Escala de Susceptibilidad Hipnótica de Stanford *(Stanford Hypnotic Susceptibility Scale, SHSS)* (Weitzenhoffer y Hilgard, 1967) o la Escala de Susceptibilidad Hipnótica de Harvard para grupos *(Harvard Group Scale of Hypnotic Susceptibility, HGSHS)* (Shor y Orne, 1962). Hay algunas pruebas de preinducción hipnótica que son útiles para la selección inicial de la hipnotizabilidad de los pacientes y se describen seguidamente:

1. Levitación y pesadez de la mano y el brazo. Este test puede utilizarse como una primera técnica de inducción del trance así como una prueba de susceptibilidad. Se les dice a los sujetos que extiendan los dos brazos hacia el frente, que coloquen una palma para arriba y la otra para abajo y que cierren los ojos. Se les pide que se imaginen que se ha colocado un gran peso en la primera mano, haciendo que cada vez pese más y que se ha atado un globo de helio en la segunda, haciendo que cada vez sea más ligera. Se hacen repetidamente sugestiones como, «[...] y tu mano derecha se está haciendo cada vez más pesada y tu mano izquierda se está volviendo cada vez más ligera [...]». La distancia final entre las dos manos es un indicador general de la hipnotizabilidad del sujeto.

2. Balanceo de la postura. Se dice a los sujetos que permanezcan de pie, derechos y que cierren los ojos. El hipnotizador coloca luego las manos sobre los hombros del sujeto y las mueve ligeramente hacia delante y hacia atrás, haciendo la sugestión al sujeto de que su cuerpo seguirá esos movimientos. El hipnotizador puede aumentar gradualmente la magnitud del movimiento y la respuesta del sujeto constituirá un indicador de la hipnotizabilidad. En algunos casos, el hipnotizador puede desear llevar sus manos mucho más hacia atrás, con el fin de ver si el sujeto se cae hacia atrás en sus brazos. Obviamente, ¡esto no debería intentarse con un sujeto pesado!

3. El péndulo de Chevreul. El péndulo de Chevreul se puede construir atando un cordel de, aproximadamente, 18 a 20 cm de largo, a un anillo, arandela o algún otro objeto con peso. Se coge el cordel con los dedos índice y pulgar. Se extiende el brazo hacia adelante. Se mira fijamente al péndulo, imaginándose que se mueve bien en el sentido de las agujas del reloj o bien hacia adelante y hacia atrás. Hay que esperar lo suficiente para que el péndulo se mueva en la dirección imaginada. Luego, hay que imaginar que el péndulo cambia de dirección y se espera a que realmente cambie de dirección.

El movimiento del péndulo, al igual que el movimiento de la *ouija* sobre una mesa, ocurre por una razón muy simple. No hay nada mágico en ninguno de los dos. La actividad del péndulo y de la *ouija* es el resultado de minúsculos movimientos de los dedos, la mano y el brazo. Aunque el sujeto no se da cuenta de ellos, dichos movimientos son consecuentes con los movimientos imaginados (Golden, Dowd y Friedberg, 1987) [1].

4. Atracción y repulsión de las manos. Se dice a los sujetos que extiendan las manos hacia adelante, con las manos una enfrente de la otra, y que cierren los ojos. El hipnotizador hace sugestiones de que las manos son como imanes y que se juntan o se separan, como «[...] y puedes sentir cómo tus manos se van repeliendo cada vez más (o se van atrayendo cada vez más) [...]». Si las manos llegan a tocarse finalmente, el hipnotizador puede hacer la sugestión de que las manos del sujeto se apretarán y que será muy difícil (o imposible) separarlas. Sin embargo, si se hacen desafíos como éstos, es importante que el hipnotizador diga inmediatamente que se separen las manos del sujeto, si éste parece que puede hacerlo sin esfuerzo. De otra manera, el sujeto considerará la prueba como un fracaso y el hipnotizador podría perder credibilidad.

Algunos autores no consideran de utilidad las pruebas de preinducción y sugieren que se evalúe la susceptibilidad hipnótica por la responsividad del

---

[1] Los párrafos extraídos del libro de W. L. Golden, E. T. Dowd y F. Friedberg, *Hypnotherapy: a modern approach*, han sido reproducidos con permiso. © 1987, Pergamon Press PLC.

sujeto a la misma inducción. De acuerdo con esto, describiremos seguidamente la inducción del trance hipnótico.

IV.2. *Inducción de la hipnosis*

El número de posibles técnicas de inducción que podrían utilizar los hipnotizadores es potencialmente infinita, limitada sólo por su propia creatividad. Se anima al lector para que desarrolle sus propias inducciones favoritas, basadas en su experiencia de lo que mejor le funciona. En general, estas técnicas de inducción deberían seguir la suposición de que la hipnosis es un proceso de atención elevada y focalizada y se deberían desarrollar de acuerdo con ello. Algunas de las técnicas de inducción que se usan más frecuentemente se describirán seguidamente como ilustraciones. Para una descripción de otras técnicas inductoras se remite al lector a fuentes como las de Teitelbaum (1965), Crasilneck y Hall (1985), Udolf (1981) y Wright y Wright (1987).

1. Quizás el método de inducción más común, pero también el que consume más tiempo, es *la relajación progresiva.* Este método es útil también cuando el individuo tiene miedo de la hipnosis, pero no le importa experimentar la relajación profunda. Los términos «hipnosis» y «trance» no necesitan emplearse nunca. El procedimiento, en general, sigue al de la *desensibilización sistemática* (ver capítulo correspondiente en este volumen), desarrollado por Wolpe (1982). La relajación puede empezar bien por la cabeza o bien por los pies, aunque la mayoría de los autores prefieren la cabeza. Sin embargo, no es necesario, normalmente, relajar cada grupo de músculos en profundidad. Por ejemplo, el hipnoterapeuta puede empezar como sigue,

Primero relaja los músculos de la cabeza, sintiendo cómo la tensión se escapa hacia abajo..., luego los ojos..., luego las mandíbulas, dejando que la boca se abra libremente..., luego los músculos del cuello, sintiendo cómo toda la tensión fluye hacia abajo[...]. [El procedimiento de la relajación progresiva puede terminar como sigue.] *Y ahora relajas los tobillos..., luego los pies..., y finalmente los dedos de los pies, dejando que toda la tensión se escape por los dedos de los pies.*

Las sugestiones de relajación deberían acompañarse de sugestiones para la focalización de la atención, como

[...]conforme sientas que se relajan los músculos del pecho, puedes concentrarte en tu patrón de respiración y dejar que ésta sea cada vez más lenta y más profunda, [o] *...conforme te relajas cada vez más, puedes observar cómo*

tu atención se concentra cada vez más en tu cuerpo y en el sonido de mi voz y cada vez menos en otros sonidos y en otras sensaciones, [o] *...conforme vas relajándote cada vez más, te das cuenta de que te vas liberando progresivamente de la tensión.*

2. *La fijación de los ojos,* o «braidismo», saca provecho de la fatiga natural de los músculos oculares y de la creencia común de que los ojos se vuelven pesados, de forma involuntaria, cuando uno entra en un trance. Se le dice al individuo que mire fijamente a un punto, justo por encima de la línea normal de visión (y a menudo se le dice que no parpadee), mientras que el hipnotizador hace la sugestión de que sus ojos se están volviendo cada vez más pesados y que en un momento dado será imposible mantenerlos abiertos. Finalmente, el sujeto cierra los ojos, no por las sugestiones del hipnotizador, sino por la fatiga de los ojos. Sin embargo, el sujeto supone que realmente está en trance y, por consiguiente, se aumenta la credibilidad del hipnotizador. Se puede utilizar una inducción como la siguiente,

y ahora, conforme empiezas a entrar en trance, sentirás cómo tus ojos se vuelven cada vez más pesados. En un momento dado, estarán tan pesados que desearás cerrarlos (o bien se cerrarán automáticamente). Cuando suceda eso, sabrás que estás en un trance. Sientes que cada vez están más pesados, cada vez más pesados[...]. [Cuando se cierren, el hipnotizador puede decir] *Y ahora que has entrado en trance, sientes satisfacción y bienestar, sabiendo que eres capaz de entrar en la profundidad de trance que creas que es satisfactoria para ti en estos momentos.*

Una descripción de la aplicación de esta técnica inductiva podría ser la siguiente:

Selecciona un objeto, como puede ser un punto en la pared o en el techo, la llama parpadeante de una vela, una luz o un anillo de tu mano. Mira fijamente a ese objeto. Si tus ojos se extravían, vuelve a mirar fijamente al mismo objeto. Sigue mirando al objeto hasta que tus ojos se cansen. Luego, deja que tus ojos se cierren, de modo que puedas empezar a relajarte.

Muchas personas informan de distorsiones visuales durante la fijación de los ojos. Puede parecer que el objeto se mueve. Podría cambiar de color o desaparecer. Puede darse una especie de neblina en el campo visual. El objeto puede volverse borroso. Tus ojos empezarán probablemente a sentirse cansados, pesados, tan pesados que parecen querer cerrarse. O bien puedes sentirte somnoliento, cansado, deseando cerrar los ojos y entrar en un tranquilo estado de relajación de la mente. Siente cómo empiezas a relajarte.

Tu respiración empieza a ir más despacio; una respiración lenta, profunda, rítmica. Te vas sintiendo cada vez más relajado, más somnoliento. Pero no te duermes, sólo te sientes más relajado. Tranquilo y relajado. El cuerpo se vuelve más suelto y flácido. Siente cómo se va extendiendo la relajación, por todo el cuerpo, cada vez más [Ahora se puede profundizar más en el trance. Se emplean uno o varios de los procedimientos del apartado de las técnicas de profundización] (pausa).

En estos momentos se pueden hacer sugestiones constructivas (pausa).

En unos momentos, abrirás los ojos sintiéndote totalmente despierto, relajado y con nuevas fuerzas» (Golden, Dowd y Friedberg, 1987, p. 128).

3. La técnica de la levitación de la mano y el brazo se describió anteriormente en las pruebas de susceptibilidad, pero puede emplearse también como una técnica de inducción, con variaciones. Se le dice al sujeto que se siente con las rodillas juntas, las manos sobre las rodillas y los ojos cerrados. Se puede emplear previamente la inducción de la fijación de los ojos, descrita anteriormente. El hipnotizador puede decir luego,

[...]empiezas a sentir cómo una de las manos se hace cada vez más ligera [se puede especificar la mano, pero esto sólo sirve para ofrecer al sujeto más oportunidades para resistirse], *cada vez más ligera ...será interesante ver qué mano se levanta primero* [cambiando así el centro de la atención desde si levantará una mano a qué mano levantará] *...y conforme la mano se va levantando hacia la frente, se hace cada vez más ligera ...y cuanto más ligera se hace, más alto se levanta y cuanto más alto se levanta, más ligera se hace* [estableciendo así un conjunto recíprocamente interactivo] *...cuando toque la frente, caerá sobre tus piernas y entrarás aún más profundamente en el trance.*

IV.3. *Profundización del trance*

En la práctica, las técnicas de profundización son indistinguibles, a menudo, de las técnicas de inducción y representan, generalmente, una continuación de la experiencia del trance. Realmente, el término mismo de «profundización» evoca la suposición anticuada de la hipnosis como una forma de sueño y, por consiguiente, sólo debería emplearse en sentido metafórico. Sin embargo, puede tener cierto valor el comunicar al sujeto que la hipnosis es una experiencia progresiva y que el procedimiento se desarrolla lentamente. Además, la profundización en el trance puede constituir un método para que el hipnotizador evalúe, a lo largo del tiempo, la capacidad del sujeto para el trance, implicándole en la realización de tareas progresivamente más difíciles.

Como muestra el cuadro 28.1, ciertos fenómenos son característicos de diferentes niveles de trance, aunque existe desacuerdo sobre qué fenómenos son característicos, exactamente, de qué niveles. Por estas razones, se describirán varios procedimientos de profundización.

1. *La técnica de las escaleras.* Este método hace un buen uso de la metáfora de la profundización. Después de la inducción, se le pide al sujeto que se imagine que está bajando por unas escaleras y con cada peldaño que baja va profundizando más en el trance. El número exacto de peldaños que se empleen puede variar, dependiendo de la receptividad del sujeto y de la profundidad deseada del trance. Generalmente utilizo de 10 a 20 peldaños. No parece haber una correlación exacta entre el número de peldaños utilizados y la profundidad final del trance, aunque el sujeto puede pensar que sí la hay. En cualquier caso, menos de 10 puede parecer demasiado corto y más de 20 puede resultar pesado. Al final de las escaleras, pido generalmente al sujeto que ande hasta una mecedora amplia y se eche sobre ella, con el fin de «hacer algo» con él mientras se prepara el siguiente paso del trance.

2. *La técnica del buceo.* Esta es una técnica de profundización que empleaba cuando vivía cerca de la costa, en Florida. También ilustra un punto importante sobre la inducción hipnótica y la profundización: ¡utiliza métodos que sean relevantes en las vidas de los sujetos! Aunque usé esta técnica en un estado de la costa o con individuos que les gustaba el agua, no la usaría con aquellos que no viven cerca del mar o que tienen miedo al agua. Pide al sujeto que se imagine que está buceando en el mar cada vez más hondo (de nuevo, la metáfora de profundidad sugiere un trance profundo), mientras profundiza cada vez más en el trance. Cuando se ha logrado la profundidad suficiente, el hipnotizador puede pedirle al sujeto que se mantenga suavemente a esa profundidad, en preparación para el siguiente paso del trance. Es importante decirles a los sujetos altamente susceptibles, que llevan un aparato para respirar, debido a la característica de *predisposición a la exactitud literal* de la «lógica del trance», en los sujetos muy hipnotizables.

3. *Técnica de la fragmentación.* En este método de profundización, se hipnotiza, deshipnotiza y rehipnotiza sucesivamente al sujeto. Con cada rehipnotización sucesiva, se le hace la sugestión de que profundice aún más en el trance. Por ejemplo, el hipnotizador puede sugerir que un brazo se vuelva rígido y luego se relaje, con la sugestión de que el sujeto se relaje cada vez más con cada repetición del procedimiento.

4. *Levitación de la mano y el brazo.* Ésta es una técnica extremadamente versátil; es útil como prueba de susceptibilidad, como técnica de inducción

y como técnica de profundización. Para utilizarla con esta última capacidad, se le dice al sujeto que deje caer el brazo sobre las piernas una vez que ha tocado la cara y se le hace la sugestión de que conforme hace eso, profundiza aún más en el trance. De nuevo, se emplea un movimiento hacia abajo como una metáfora de la profundidad. Observando la rapidez de la caída del brazo, el hipnotizador puede evaluar la profundidad del trance; una caída rápida indica un trance más profundo, mientras que una caída más lenta indica un trance más ligero. Por supuesto, este método puede repetirse, como una técnica de inducción y como una técnica de profundización, para animar al sujeto a explorar la profundidad de su capacidad para el trance.

5. *Contar.* Se le dice al sujeto que cuente, bien hacia delante o bien hacia atrás, hasta un número, con la sugestión de que por cada número contado irá profundizando cada vez más en el trance. Al igual que sucede con la técnica de las escaleras, es importante no emplear secuencias de números que sean demasiado largas o demasiado cortas. Por ejemplo, se le puede decir al paciente lo siguiente:

Ahora voy a contar de 1 a 10. Durante este conteo de 1 a 10 sentirás que te introduces en un estado hipnótico más profundo ... 1- el contar te ayuda a profundizar, 2- cada número te lleva hasta un nivel más profundo, 3- haciendo que profundices tanto como quieras, 4- continuando con una respiración lenta y profunda, 5- y con cada número, con cada espiración, sientes que te vas relajando más, 6- cada vez más relajado, 7- cada vez más profundamente,8- sintiendo cómo cada vez es más profundo, 9- más profundo, 10- un profundo, muy profundo, estado de relajación, sintiéndote totalmente relajado (Golden, Dowd y Friedberg, 1987, p. 28).

6. *Ligereza.* Se sugiere que varias partes del cuerpo empiezan a sentirse más ligeras. «Cuanto más ligero se vuelve el cuerpo más relajado te sientes». También se puede sugerir que el cuerpo es tan ligero que el sujeto se siente como si flotara o que se va introduciendo, flotando, en un trance cada vez más profundo (Golden, Dowd y Friedberg, 1987).

7. *Respirar.* «Concéntrate en tu respiración. Respira profunda y lentamente». Se sugiere que, con cada espiración, el sujeto va entrando en un estado más profundo de relajación o trance.

8. *Imagen de un reloj de arena.* «Imagínate un reloj de arena e imagina también los granos de arena cayendo de la parte superior a la parte inferior». Se sugiere que con cada grano de arena que cae el sujeto entrará en un trance cada vez más profundo (Golden, Dowd y Friedberg, 1987).

IV.4. *Empleo del trance hipnótico*

Casi cualquiera puede aprender a realizar las inducciones hipnóticas con relativa rapidez y, con un buen sujeto, mostrar también fenómenos esotéricos. Sin embargo, es más importante saber cómo utilizar el trance hipnótico en la solución de problemas clínicos. En el caso de la autohipnosis y durante el trance, el sujeto se puede dar a sí mismo instrucciones constructivas, modificando el pensamiento negativo e irracional y empleando la imaginación de forma terapéutica. Seis principios generales, que pueden utilizarse en la construcción de la mayoría de las sugestiones hipnóticas, son los siguientes (Golden, Dowd y Friedberg, 1987):

- Utilizar formulaciones positivas, cuando sea posible. Por ejemplo, es mejor sugerir «dejaré de fumar» que «no fumaré».
- Utilizar una imagen como sugestión. Las sugestiones son más eficaces cuando se emplea la imaginación.
- Hacer las sugestiones de forma flexible. Cambiar las exigencias por preferencias. Evitar los «tendría que» y los «debería de».
- Dejar tiempo para el cambio.
- Repetición. Repite tus sugestiones una y otra vez hasta que tengan efecto.
- Evitar sugestiones que impliquen fracaso o duda.

El apartado V describirá las aplicaciones de la hipnosis en la solución de una variedad de problemas psicológicos de los pacientes.

IV.5. *Terminación de la hipnosis*

Para sacar al paciente fuera del trance, se considera que lo mejor es emplear el procedimiento inverso al de la inducción y profundización hipnótica. De este modo, si se hipnotizó al sujeto empleando el método de las escaleras con 15 peldaños, se le debería sacar contando hacia atrás los 15 peldaños. En otros casos, un método popular es contar de 5 a 1 o de 10 a 1. Al mismo tiempo, hay que hacer sugestiones a los sujetos para que se activen y cobren nuevas fuerzas, sintiéndose muy bien, relajados, tranquilos. Es útil evitar el término «despertarse», puesto que esto contribuye a la percepción errónea de que el sujeto estaba dormido. El hipnoterapeuta novato debería darse cuenta de que algunos sujetos siguen estando en un trance ligero después de la terminación formal. Estos individuos no permanecerán en el trance, sino que, gradualmente, si no se les presta atención, reanudarán las actividades normales. Sin embargo, a menudo mostrarán un cierto retraso motor durante un determinado período de tiempo y no deberían realizar actividades que requieran reflejos rápidos, como el conducir un coche. Frecuentemente es útil, si ocurriese esto, reinducir brevemente un trance y sacarlo otra vez del mismo. Este procedimiento de fragmentación inversa es eficaz rápidamente.

V. APLICACIÓN DE LA HIPNOSIS

Probablemente no exista problema clínico que alguien, en algún lugar, alguna vez, no haya intentado curar por medio de la hipnosis. Sin embargo, hay algunos trastornos que son mucho más tratables por la hipnosis que otros. El lector debería darse cuenta de que existe una controversia considerable sobre la utilidad de la hipnosis en el tratamiento de algunos trastornos, mientras que algunos de los profesionales que la practican alegan una eficacia poco usual para su clase de hipnoterapia, con toda una serie de síndromes clínicos. Otros (p.ej., Wadden y Anderton, 1982) son mucho más conservadores en su defensa de la eficacia única de la hipnosis. Un examen amplio de las aplicaciones de la hipnosis cae más allá de los objetivos de este capítulo, pero muchos libros sobre hipnosis incluyen capítulos sobre su aplicación a una gran variedad de problemas clínicos y médicos, remitiéndose al lector a estas fuentes para ver los ejemplos. Aquí se describirán tres de ellos, para ilustrar cómo puede aplicarse la hipnosis. Muchas de las técnicas que se van a describir pueden aplicarse, con modificaciones, a otros problemas.

V.1. *La hipnosis en el control del dolor*

Se ha demostrado, de forma consistente, que éste es uno de los empleos más eficaces de la hipnosis, con una relación significativa entre la capacidad para el trance y la disminución del dolor (Wadden y Anderton, 1982). Realmente, la hipnosis fue utilizada a menudo por cirujanos para el control del dolor, antes de la invención de los anestésicos químicos, y todavía la usan dentistas y médicos en casos en que los pacientes son alérgicos a la anestesia. El control del dolor por medio de la hipnosis utiliza el hecho de que la experiencia de dolor es un fenómeno tanto psicológico como físico. Es decir, la gente se da más cuenta del dolor a causa de ciertos factores cognitivos, perceptivos, emocionales, conductuales e interpersonales. Cada uno de éstos, a su vez, se describirá brevemente.

1. Factores cognitivos y perceptivos. Los individuos con dolor tienden a pensar en él constantemente y de modo catastrófico. Es posible disminuir la experiencia de dolor desviando la atención de él, implicándose en imágenes incompatibles (por ejemplo, una tranquila escena en la playa) y teniendo pensamientos positivos sobre la propia capacidad para afrontarlo. Los individuos con poco que hacer, son especialmente vulnerables a la experiencia de dolor; no tienen nada más en lo que ocupar su atención excepto en concentrarse en su dolor. Los pensamientos negativos generalmente aumentan el dolor, mientras que los pensamientos positivos normalmente los disminuyen.

2. Factores emocionales. La experiencia de dolor puede causar también una gran cantidad de emociones, especialmente la ansiedad. Cuando la pauta del dolor es esporádica, entonces los individuos se pueden poner muy nerviosos conforme esperan el comienzo del dolor, lo que sólo sirve para intensificar el dolor cuando tiene lugar. Este efecto recíproco puede ser un factor importante en el agravamiento del dolor.

3. Factores conductuales. La gente con dolor a menudo manifiesta muchas «conductas de dolor», como quejas verbales, lamentarse, andar rígidamente, frotarse la zona dolorida y tensar los músculos. Además de servir como estímulos que constantemente recuerdan que tienen dolor, algunas de estas actividades, como el tensar los músculos, crean un dolor adicional.

4. Factores interpersonales. El dolor es también un fenómeno social, al igual que físico y psicológico. Los individuos con dolor reciben más reforzadores sociales provenientes de otras personas de su ambiente y se tienen menos expectativas sobre su actuación. Esto puede convertirse en algo muy reforzante socialmente y puede persistir incluso después de que haya desaparecido la base física del dolor. Además, algunos pacientes con dolor se benefician económicamente del mismo y, por consiguiente, no pueden permitirse el lujo de abandonarlo.

V.2. *Tratamiento del dolor por medio de la hipnosis*

Suponiendo que el paciente esté motivado positivamente, existen varias técnicas que puede emplear el hipnotizador. Sin embargo, el lector debería darse cuenta de que los que poseen una buena capacidad para el trance serán más capaces de utilizar la hipnosis para disminuir su dolor. Además, el objetivo debería ser, generalmente, disminuir el dolor, no el eliminarlo completamente, puesto que, de esta manera es mucho más probable que el paciente tenga un resultado satisfactorio. Si el paciente es capaz de reducir inicialmente su dolor, es más probable, dada esta experiencia satisfactoria, que sea capaz de eliminarlo completamente más tarde. Puede emplearse la relajación hipnótica para ayudar a los individuos a disminuir el dolor, puesto que reduce la ansiedad y la tensión muscular asociada con ella. Esto puede ser especialmente útil con el dolor agudo y temporal. Ya que casi todo el mundo, independientemente de la capacidad para el trance, puede beneficiarse de la relajación, se recomendaría en muchas ocasiones. El hipnotizador puede seguir las instrucciones de relajación del apartado dedicado a la inducción, con sugestiones adicionales para la relajación de las áreas doloridas. Se deberían evitar palabras como «dolor» o «lesión» y se deberían emplear palabras del estilo de «comodidad» y «relajación».

Los pacientes muy motivados, que tienen una buena capacidad para el trance, pueden beneficiarse de la sugestión directa para la disminución del dolor. Realmente, muchos hipnotizadores han empleado sugestiones directas para la eliminación de los síntomas, al tratar una gran variedad de problemas psicológicos. Sin embargo, se debería utilizar esta técnica de forma limitada, por dos razones. Primero, no proporciona al paciente estrategias de afrontamiento. Segundo, puede crear una situación en la que el hipnotizador podría fracasar, perdiendo de este modo credibilidad. Una sugestión directa puede expresarse como sigue,

Conforme te vas sintiendo más cómodo y más relajado, descubrirás que vas notando cada vez menos tus sensaciones de dolor. Observarás que tu dolor va disminuyendo gradualmente hasta que llega un momento en que apenas si lo sientes. Conforme vas profundizando en el trance, te vas encontrando cada vez más y más cómodo en todos los sentidos. Y descubrirás que cuando salgas del trance tu dolor habrá casi desaparecido.

Muchos otros pacientes pueden beneficiarse de la sugestión indirecta, que está formulada de tal manera que no incita al paciente a resistir. Los hipnoterapeutas ericksonianos, en particular, defienden la sugestión indirecta y han utilizado este método para tratar muchos problemas clínicos. Se resaltan palabras tales como «relajado», «cómodo» y «dejarse ir» y se alienta al paciente para que deje que desaparezcan gradualmente las sensaciones molestas. El hipnoterapeuta, por ejemplo, puede decir,

Conforme te vas relajando, te darás cuenta de que te estás encontrando más cómodo y gradualmente se van escapando las sensaciones molestas. Puedes dejar escapar estas sensaciones a tu manera y a tu propio ritmo.

De este modo, se evitan los estímulos que podrían alentar al paciente a resistirse. También se pueden utilizar sugestiones fijas. Sin embargo, los procedimientos son muy sutiles y difíciles de emplear bien, por lo que se anima al lector para que consulte libros sobre la hipnoterapia ericksoniana buscando ejemplos concretos, antes de intentar desarrollar pautas indirectas complejas y sugestiones fijas. Un ejemplo especialmente bueno de una pauta hipnótica indirecta para la disminución del dolor puede encontrarse en Healy y Dowd

(1986). Un ejemplo de una sugestión indirecta para la analgesia hipnótica podría expresarse como sigue (las sugestiones fijas se encuentran en cursiva): «Conforme concentras la atención en el área de dolor, *puedes*, si quieres, *sentir* un *entumecimiento* gradual en esa área. Conforme continúas centrando la atención, *puedes sentir* cómo se *extiende el entumecimiento.* Y puedes decidir, si quieres, que te gusta la sensación de entumecimiento y que puedes permitirte *mantener esa sensación*».

El dolor puede transferirse también a otra parte del cuerpo, donde interfiera menos con las actividades diarias o podría tratarse de una forma humorística. Por ejemplo, el dolor de la parte baja de la espalda podría transferirse al dedo gordo del pie. Esta técnica funciona mejor con un sujeto muy motivado y con una buena capacidad para el trance. La sugestión podría expresarse como sigue,

> *Puedes dejar que tu mano derecha se mueva lentamente para tocar la zona de dolor ...Cuando toca esa zona, date cuenta de las sensaciones dolorosas que fluyen hacia tu mano. Ahora deja que tu mano se mueva lentamente hacia el hombro izquierdo, sintiéndote más a gusto cuando se va moviendo ...Cuando tu mano toca el hombro izquierdo, sientes que las sensaciones se mueven hacia el hombro, pero con menos fuerza que antes. Ahora retira la mano y déjala caer sobre tus piernas.*

V.3. *Tratamiento hipnótico de los trastornos del hábito*

En ninguna otra área se demanda más la hipnosis que en el tratamiento de hábitos enraizados como el fumar, el comer en exceso, el alcohol y la adicción a las drogas, y problemas similares. Sin embargo, la literatura es muy contradictoria con respecto a los efectos únicos que la hipnosis aporta al tratamiento de estos problemas, más allá de los efectos debidos a otros factores y de los efectos no específicos. Wadden y Anderton (1982) revisaron la literatura de investigación y concluyeron que la hipnosis tenía pocos efectos de eficacia únicos que añadir a los tratamientos alternativos. Sin embargo, basaron sus conclusiones principalmente en una falta de relación entre la susceptibilidad hipnótica y el resultado del tratamiento. La literatura clínica es mucho más optimista. Spiegel y Spiegel (1978) alegan resultados significativos de la hipnoterapia para la conducta de fumar y la obesidad, después de una o dos sesiones. Crasilneck y Hall (1985) encontraron que el 64% de los sujetos dejó de fumar después de cuatro sesiones.

La motivación de los pacientes parece ser de especial importancia en el tratamiento satisfactorio de los trastornos por uso de sustancias, independientemente del método que se utilice. Por consiguiente, es particularmente importante evaluar el nivel de motivación antes de empezar el tratamiento hipnótico. Por ejemplo, muchos pacientes no quieren realmente dejar de fumar; «quieren llegar a querer» dejar de fumar. Es decir, ¡esperan una técnica que les quite instantáneamente su deseo de cigarrillos sin hacer ningún esfuerzo por su parte! Este «pensamiento mágico» está condenado al fracaso. Se aconseja al hipnoterapeuta que trate el síndrome de «querer llegar a querer» antes de tratar los síntomas.

V.4. *Tratamiento hipnótico de los trastornos por uso de sustancias*

El tratamiento hipnótico más importante de los trastornos por uso de sustancias, en el pasado, ha implicado normalmente un aspecto de la sugestión directa para la eliminación de los síntomas. De este modo, después de que se haya inducido el trance, el hipnotizador puede crear una pauta hipnótica alrededor de expresiones como,

Ya no deseas ardientemente los cigarrillos ...serás capaz de frenar el deseo de tabaco ...serás capaz de entender que el tabaco está dañando tu cuerpo, que es un hábito peligroso y malsano ...lograrás una nueva sensación de paz y de relajación que te ayudará a dejar los cigarrillos ...serás capaz de aliviar esta carga a tu cuerpo.

Con sujetos muy motivados y que poseen una buena capacidad para el trance, estas sugestiones pueden ser eficaces. Con otros pueden ser inútiles.

Otros métodos de tratamiento hipnótico para los trastornos por el uso de sustancias han implicado alguna forma de terapia de aversión encubierta, similar de alguna manera a la Sensibilización Encubierta de Cautela (1967) (Kroger, 1977; Raich, este volumen). Realmente, es posible que los éxitos que se han atribuido a la sensibilización encubierta pueden haberse debido, en parte, a la explotación de la capacidad para el trance del individuo. Por ejemplo, después de que se ha inducido el trance, se le dan al paciente sugestiones como,

Imagina vívidamente el sabor y el olor de la bebida e imagínate también que estas empezando a marearte y a tener náuseas. Conforme te vas imaginando que estás tomando la bebida, vas teniendo cada vez más náuseas y vomitas encima de ti y de la persona que está a tu lado ...¡Ese líquido verde espeso es pestilente y apestoso! Cuando te retiras de la bebida te sientes mejor y la náusea disminuye [...].

Una forma menos desagradable de hipnoterapia para los trastornos por el uso de sustancias implica sugestiones de resultados positivos que darán como resultado la eliminación de ese mal hábito. Spiegel y Spiegel (1978) han desarrollado pautas hipnóticas para la conducta de fumar y para la obesidad que implican sugestiones positivas como, «el fumar (o el comer en exceso) es veneno para mi cuerpo ...Necesito a mi cuerpo para vivir ...Le debo respeto y protección». También se pueden dar sugestiones sobre las sensaciones positivas que sentirá el paciente cuando haya dejado de fumar como, por ejemplo: «sentirás una fuerte sensación de satisfacción personal cuando rechaces una oportunidad para fumar ...continuarás sintiéndote bien sobre el hecho de haber dejado de fumar». Este método puede desarrollarse y modificarse para ser empleado con una serie de hábitos.

V.5. *La hipnosis en la reestructuración cognitiva*

Casi todos los usos documentados de la hipnosis implican la eliminación de problemas, hábitos o trastornos no deseados. Quizás esto es un desarrollo natural de nuestro punto de vista sobre la salud mental como eliminación de déficit, en vez del fortalecimiento de virtudes. Sin embargo, la hipnosis puede emplearse también para la reestructuración cognitiva y para mejorar la autoestima y el funcionamiento psicológico general. La Terapia de Conducta Cognitiva (p.ej., Beck y Emery, 1985; Dobson, este volumen; Meichenbaum, 1977) ha mostrado que las autoverbalizaciones negativas pueden afectar seriamente a la salud emocional de un individuo. Araoz (1985) ha alegado que la «autohipnosis negativa», o la aceptación y repetición sin críticas de imágenes y pensamientos negativos de tipo hipnótico, pueden superarse reemplazándolos por imágenes y pensamientos más positivos y adaptativos.

La primera tarea del hipnoterapeuta consiste en ayudar a los pacientes a descubrir sus pensamientos negativos y autoderrotistas. Una técnica consiste en pedirles que traigan a la memoria una situación problema y se acuerden de lo que estaban pensando justo antes de la situación. Aunque no es necesario estar en trance para realizar esto, la relajación puede servir de ayuda. Los pacientes pueden emplear también el autorregistro, en el que en una hoja van registrando los pensamientos y las imágenes que preceden inmediatamente a las situaciones problema. Se les puede decir también, mientras se encuentran en un trance ligero, que se imaginen a sí mismos en la situación problema y que informen de los pensamientos y las imágenes que les vengan a la cabeza.

La segunda tarea es ayudar al paciente a construir pensamientos y expresiones alternativas que reemplacen a los negativos. De forma ideal, cada expresión negativa identificada debería reemplazarse por la expresión positiva correspondiente. El hipnoterapeuta puede, por ejemplo, ayudar al paciente a crear una tabla de dos columnas, en la que los pensamientos negativos se encuentran en un lado y los pensamiento positivos en el otro. Después de que se induce el trance, el hipnoterapeuta puede entrenar al paciente a decir, por ejemplo, «incluso si no tengo éxito en todo, sigo teniendo valor», o «puedo aguantar que me rechacen incluso aunque no me guste». O bien, utilizando la imaginación, el terapeuta puede pedirle al paciente que se imagine una situación problema, que se imagine a sí mismo afrontándola con los métodos de siempre y que se imagine luego a sí mismo afrontándola con nuevos métodos que se han discutido previamente con el terapeuta. Por ejemplo, el hipnoterapeuta puede decir, «Imagínate a ti mismo diciendo "puedo mirar a esa persona a los ojos y actuar asertivamente" y luego hacerlo». Se pueden construir pautas hipnóticas enteras alrededor del reemplazamiento sistemático de las imágenes de uno mismo y las autoverbalizaciones negativas, por imágenes de uno mismo y autoverbalizaciones positivas. Puede ser aconsejable que el terapeuta tenga una grabación en cassette de esta pauta de inducción hipnótica, de modo que el paciente pueda practicar dicha técnica en casa.

VI. RESUMEN

Este capítulo ha intentado proporcionar una revisión de los principios básicos de la hipnoterapia, así como ejemplos de su empleo en el tratamiento de problemas seleccionados. Sin embargo, con el fin de utilizar la hipnosis adecuadamente en la práctica profesional, es crucial que el lector obtenga entrenamiento y práctica adicionales a lo que haya aprendido con pacientes seleccionados. Puede adquirir más conocimientos leyendo algunos de los libros que se hallan bajo el apartado de *Lecturas para profundizar.* Además, es importante que el profesional que desea utilizar la hipnosis asista a talleres, donde puede practicar las técnicas bajo la supervisión directa de un instructor cualificado. Cuando se emplean técnicas con pacientes, es importante recordar el no ir más allá del área de competencia propia. Si se empieza lentamente y se obtiene el entrenamiento necesario, se puede hacer de la práctica de la hipnoterapia una parte importante de las actividades profesionales propias.

VII. LECTURAS PARA PROFUNDIZAR

Crasilneck, H. B. y Hall, J. A., *Clinical hypnosis: principles and applications*, 2ª ed., Orlando, Calif., Grune & Stratton, 1985.

Dowd, E. T. y Healy, J. M., *Case studies in hypnotherapy*, Nueva York, Guilford Press, 1986.

Erickson, M. H. y Rossi, E. L., *Hypnotherapy: an exploratory casebook,* Nueva York, Irvington, 1979.
Golden, W. L., Dowd, E. T. y Friedberg, F., *Hypnotherapy: a modern approach,* Nueva York, Pergamon Press, 1987.
Wester, W. C. y Smith, A. H., *Clinical hypnosis: a multidisciplinary approach,* Filadelfia, Lippencott, 1984.
Wright, M. E. y Wright, B. A., *Clinical practice of hypnotherapy,* Nueva York, Guilford Press, 1987.

29. EL ESTADO DE LA CUESTIÓN EN LA TERAPIA MULTIMODAL

MAURITS G. T. KWEE

I. INTRODUCCIÓN A LA TERAPIA MULTIMODAL

El término *multimodal* se refiere al punto de vista de que los procesos emocionales surgen como dimensiones discretas, pero inseparables: conducta, afecto y pensamiento. Los datos recogidos empíricamente y las explicaciones formuladas de forma parsimoniosa constituyen los fundamentos del marco teórico de la *Terapia Multimodal (TMM).*

La teoría es necesaria para formular hipótesis sobre los mecanismos que están operando en una intervención con éxito o sin él. Debido a que vemos a la terapia como un proceso de aprendizaje y a que suponemos que las perturbaciones emocionales surgen también del aprendizaje, nuestra base es la *teoría del aprendizaje social.* Pero el hombre no es sólo un organismo que aprende. Consideramos al hombre como un ser bio-psico-social que puede ser estudiado por la *teoría general de sistemas.*

Como un modelo de explicación general del cambio terapéutico, el pensamiento de sistemas nos proporciona hipótesis comprobables. Estamos de acuerdo con Kuhn (1962) cuando enfatiza la relatividad de las teorías y dice que las teorías están en vigor mientras sirven. Esperamos teorías nuevas, relativamente más eficaces, causadas por un cambio de paradigma.

Empecemos con un bosquejo histórico de la TMM y el establecimiento de una posición dentro de las formas existentes de terapia.

I.1. *Historia y contexto*

La TMM ha sido desarrollada por Arnold A. Lazarus, psicólogo, que junto con Joseph Wolpe, psiquiatra, fue uno de los fundadores de la terapia de conducta a mediados de los años cincuenta. El fruto de su cooperación, el primer manual sobre terapia de conducta, denominado *Behavior therapy tech-*

El presente capítulo se publicó originalmente como: M.G.T. Kwee, «Multimodal Therapy», en M.G.T. Kwee y M.R.H.M. Roborgh (comps.), *Multimodale Therapie: Praktijk, theorie en onderzoek,* Lisse, Swets & Zeitlinger, 1987.

Centro Psiquiátrico JORIS, Holanda.

niques [Técnicas de terapia de conducta], (Wolpe y Lazarus, 1966), es bien conocido en el campo.

Lazarus tiene bien merecido el ser el introductor, en la literatura, de los términos «terapia de conducta» y «terapeuta de conducta» en 1958. Además, ha contribuido al desarrollo de la terapia de conducta con diversos estudios innovadores, como la primera investigación empírica sobre la desensibilización sistemática y la aplicación de la imaginación aversiva, así como de técnicas operantes y respondientes, en la terapia de niños con fobias. También ha desarrollado técnicas como la *imaginación emotiva,* la *actividad muscular dirigida* (o relajación diferencial), y la *desensibilización sistemática* y el *entrenamiento asertivo en grupos.* Además, escribió un artículo pionero sobre la terapia de conducta de la depresión (Kwee, 1981). En su libro *Behavior therapy and beyond* [Terapia de conducta y más allá], de 1971, Lazarus afirmó que había obtenido resultados más duraderos con la terapia cognitivoconductual que con la terapia de conducta de Wolpe, que se basaba fundamentalmente en la desensibilización sistemática. El empleo de procedimientos cognitivos en la terapia de conducta, como, por ejemplo, la terapia racional emotiva, se atribuye a practicantes ecléctico-sistemáticos. Si esto sigue siendo o no terapia de conducta es una controversia pendiente entre Wolpe y Lazarus. El nombre que se dé a un método es de poca importancia, comparado con el hecho de tener una «eficacia duradera».

Los datos deben de hablar por sí solos, de modo que todo el mundo que discuta en el terreno científico pueda sacar sus propias conclusiones. En las estadísticas sobre el seguimiento realizado a lo largo de un período de ocho años, la TMM aplicada por Lazarus (1981) a pacientes externos muestra hasta un 75% de éxito (n = 100) y un 5% de recaídas. Todos los pacientes anteriores tenían síntomas complejos y una media de tres tratamientos antes de empezar con la TMM. En comparación, la terapia de conducta tradicional, aplicada también por Lazarus (1971), tuvo una tasa de recaída del 36% (n = 112). Podemos concluir que la TMM tiene una mayor eficacia a largo plazo que la simple terapia de conducta. La TMM aplicada por Kwee y cols. (1986), en una institución de pacientes internos (sólo durante los días laborables), a casos graves y difíciles de tratar de neurosis compulsivas y fóbicas (n = 62), arrojó unos resultados, en el seguimiento, del 60% de eficacia. En el 70% de estos casos, los problemas existían desde hacía más de cuatro años; el 90% se había sometido anteriormente a uno o más tratamientos psiquiátricos. En aquellos casos en los que no había resultados claros, los pacientes no tuvieron éxito en abandonar las ganancias primarias y/o secundarias de sus problemas.

Al adoptar técnicas como la reestructuración cognitiva (Ellis), la autorrevelación (Rogers) y el entrenamiento en comunicación (Haley), Lazarus se ha colocado, según Wolpe, fuera de la terapia de conducta. Pero si echamos una ojeada a las técnicas más aplicadas en la TMM, la gran mayoría de ellas pueden recibir el rótulo de conductuales. Debido a que la mayoría de las técnicas que se aplican en la TMM tienen su origen en la terapia de conducta, consideramos a la TMM como una variante de la terapia de conducta. La TMM no es una nueva escuela, sino un procedimiento avanzado para un tratamiento eficaz. Hay que señalar aquí que no existe ninguna técnica de tratamiento que se pueda llamar «multimodal». La TMM es un enfoque que proporciona la oportunidad de un completo análisis y de una terapia de amplio espectro con unos resultados duraderos. Entre la familia de escuelas de terapia, cuyos miembros se anuncian al cliente-consumidor en el mercado de la terapia, la TMM ocupa un lugar respetable, según Corsini (1984). Se desconoce el número real de los métodos de psicoterapia que existen. Al revisar la literatura, Herink (1980) encontró más de 250 métodos diferentes. Probablemente existan tantas psicoterapias como psicoterapeutas. Mientras que continuamente buscamos nuevas técnicas más eficaces para añadirlas a nuestro arsenal, ignoramos aquellas que no se prestan a la comprobación empírica y que no se pueden explicar adecuadamente por medio de la teoría de sistemas y/o la teoría del aprendizaje. Incluso vamos más lejos al decir que el objetivo (principal) de la TMM consiste en solucionar los problemas del paciente tan rápido cono sea posible, y todo el resto, incluida la misma TMM, puede sacrificarse en favor de ese objetivo.

I.2. *La teoría del aprendizaje social*

Lazarus (1971), por medio de lo que llama el «juego del animal», denuncia a aquellos terapeutas de conducta que reducen al paciente a un organismo de funcionamiento mecanicista. Defendemos, por el contrario, una visión holística que ve al hombre como un organismo bio-psico-social. La teoría de sistemas, a la que pertenece esta visión holística, ofrece un marco más amplio para la explicación de los cambios psicológicos que en el caso de la teoría del aprendizaje. La teoría de sistemas incluye a la teoría del aprendizaje, ofreciendo una explicación del cambio terapéutico en cuanto esos sistemas se encuentran conectados con la educación y los procesos de aprendizaje.

El juego del animal alega que los principios del aprendizaje encontrados en ratas y perros, por ejemplo, no se aplican necesariamente al hombre. Es muy probable que los procesos de aprendizaje jueguen un papel en el origen del comportamiento neurótico, incluso más que los factores genéticos y bioquímicos, pero los principios del condicionamiento, por sí solos, no ofrecen una explicación suficiente de las causas y de la desaparición de las neurosis en el hombre. Como mucho, presentan una visión metafórica, con cuya ayuda el terapeuta puede tener una guía para la evaluación y el tratamiento. Además, partiendo de la evidencia de que algunas técnicas conductuales son eficaces, no se puede concluir que la conducta problemática se haya originado de la misma manera que dichas técnicas. Esto sería una explicación a *posteriori* que no tiene ningún sentido, no más que la explicación de que un dolor de cabeza se debe a un déficit de aspirina en la sangre debido a que las aspirinas son útiles para el dolor de cabeza (London, 1972).

El aprender por medio de la asociación y el condicionamiento es, hasta cierto punto, decisivo para lo que hace, piensa y siente la gente. Es muy probable que el condicionamiento clásico (Pavlov) juegue un papel en el origen de muchas aversiones. Por ejemplo, un paciente puede decir: «Después de sufrir una operación abdominal hace unos años, tuve que vérmelas con las náuseas postoperatorias. Había un compañero de habitación que escuchaba continuamente las Overturas de Mozart. Desde esa época siento náuseas y dolores abdominales cuando oigo esa música». Por otra parte, se pueden ver diariamente ejemplos del condicionamiento operante de Skinner en la educación de los niños. El *prestar atención* a los niños es uno de los más extendidos y puede servir, con frecuencia, para reforzarlos cuando se quejan o manifiestan conductas desadaptativas. El resultado a menudo es que aprenden a obtener la atención deseada y necesaria de una forma negativa. Por el contrario, la conducta agradable no es seguida a menudo por el comentario positivo de los padres. En consecuencia, dicha conducta disminuye y puede incluso extinguirse. Nuestras explicaciones llegan lejos con el *condicionamiento clásico* y el *condicionamiento operante,* pero no lo suficiente. Cuando adquirimos la conducta social o habilidades complejas como conducir un coche o nadar, el *aprendizaje vicario* juega un indudable papel. Aprendemos observando a los demás que (no) hacen algo, por sus experiencias y, también, imitando su conducta. Esta forma interpersonal de aprendizaje hace sitio a los procesos cognitivos, especialmente a la *imaginación* (p.ej., imaginarse la conducta del modelo) y a la *interpretación* de lo que se considera positivo o negativo. Tenemos que resaltar la idea de que la gente no responde a la materia concreta que les rodea, sino a su entorno percibido de forma abstracta. El curso de pensamientos de la gente determina qué estímulos se observan, cómo se observan, cómo se evalúan y cómo se recuerdan. Aquí, se considera muy importante la influencia de valores, normas, creencias y actitudes (Bandura, 1986).

La idea de que el aprendizaje juega un papel central en el desarrollo de la conducta disfuncional y en el proceso de tratamiento, está en línea con la posición de que la terapia significa fundamentalmente una reeducación emocional. Sin embargo, el grado de nuestra capacidad para aprender está limitado por, y depende de, nuestro substrato biológico. Desde un punto de vista fisiológico es importante el concepto de los límites, ya que define el rango de las posibilidades humanas. Suponemos que los límites de la tolerancia a la frustración, de la tolerancia al estrés y de la tolerancia al dolor son innatos.

Hay gente con un sistema nervioso autónomo estable, mientras que otros tienen reacciones autónomas inestables. Estas últimas personas son de por sí algo ansiosas. Aprenden la conducta disfuncional de manera relativamente más rápida bajo el estrés. Intervenciones como la hipnosis pueden elevar algunos de los límites, pero la herencia biológica determinará, finalmente, dichos límites.

I.3. *Conceptos multimodales*

Los elementos básicos de la TMM constituyen modalidades diferenciables, pero realmente inseparables, que denominaremos **BASIC I.D.** Somos personas que se comportan (conducta o *Behavior)*, experimentan emociones (afecto o *Affect)*, perciben (sensación o *Sensation)*, imaginan (imaginación o *Imagery)*, razonan (cognición o *Cognition)*, se relacionan (relaciones interpersonales o *Interpersonal relationships)* y están hechas de carne y sangre, que es lo mismo que decir que tienen una dimensión biológica o de salud que puede ser influida por fármacos (drogas o *Drugs)*. Tomando las primeras letras de estas modalidades *(en inglés)* y juntándolas surge el acróstico BASIC I.D., que representa a los elementos que forman los materiales para la evaluación y la terapia multimodales. Las modalidades son comparables con las siete notas musicales (do, re, mi, fa, sol, la, si), que pueden tocarse con diferentes octavas. El conocimiento de estas notas proporciona una base para componer música, que puede variar desde la música rock hasta la música clásica. El terapeuta multimodal es como el profesor de música, que le da significado tanto a las notas simples como a las piezas complejas para que el alumno lo entienda, al mismo tiempo que le guía y le entrena. A menudo, están implicados los siguientes elementos: conducta fóbica de evitación (B), estados depresivos y de ansiedad (A), sensaciones no deseadas como el mareo (S), imágenes obsesivas «intrusivas» (I), estilos de pensamiento absolutista, poco razonables (C), conflictos interpersonales (I.) y/o problemas de salud basados en disfunciones biológicas, como, por ejemplo, el asma (D.). Es importante señalar que desde la «Psychologie vom Empirischen Standpunkte» de Brentano (1972), cada una de las modalidades representan las principales áreas de la psicología experimental general. Veamos qué es lo que pueden implicar los distintas modalidades y qué elementos podemos incluir bajo cada uno de los encabezamientos. Hacemos esto con el fin de dibujar un Perfil de Modalidades (PM) del paciente. El PM se construye sobre la base de las contestaciones del paciente a las preguntas que siguen.

Conducta (B). Todas las acciones, hábitos, gestos, reacciones que son observables y medibles. ¿Qué conductas te ayudan a ser feliz y a conseguir tus objetivos? ¿Qué te gustaría empezar a hacer? ¿Qué te gustaría hacer más (aumentar)? ¿Qué te gustaría hacer menos (disminuir)? ¿Qué consideras como algunas de tus principales virtudes y algunos de tus puntos fuertes?

Afecto (A). Emociones, estados de humor, sentimientos internos. ¿Qué te hace reír? ¿Qué te hace llorar? ¿Qué te pone triste o alegre? ¿Qué te asusta o te vuelve loco? ¿Cómo te va con las emociones del amor, el odio, los celos, la simpatía, la culpa, la vergüenza? ¿Te encuentras afectado por la ansiedad, la ira, la depresión, la culpa u otras emociones negativas? Anota debajo de Conducta (B) cómo te comportas cuando te sientes triste, alegre, cuando estás asustado o cuando te vuelves loco.

Sensación (S). ¿Qué te gusta ver, oír, saborear, tocar y oler especialmente? ¿Qué te desagrada ver, oír, saborear, tocar y oler? ¿Padeces sensaciones desagradables (como dolores, mareos o temblores) de forma frecuente o persistente? ¿Cuáles son las cosas sensuales y sexuales que te «encienden» y que te «apagan»? ¿Qué apoyo encuentran tus sensaciones en tus sentimientos (A) y en tus conductas (B)?

Imaginación (I). ¿Qué es lo que te imaginas haciendo en un futuro inmediato? ¿Cómo describirías la imagen de tí mismo? ¿Cual es tu imagen corporal? ¿Qué es lo que te gusta y lo que te disgusta sobre la manera como te percibes a tí mismo? ¿Cómo influyen estas imágenes en tus conductas (B), estado de ánimo (A) y sensaciones (S)?

Cognición (C). ¿Cuáles son algunos de tus valores y creencias más apreciados? ¿Cuáles son tus principales «debería», «tengo que» y «debo de»? ¿Cuáles son tus pretensiones e intereses intelectuales más importantes? ¿Son tus atribuciones internas o externas? ¿Sabes abstraer correctamente?, es decir, ¿sabes distinguir entre descripciones, inferencias y evaluaciones? ¿Cómo afectan los pensamientos a tus conductas (B), emociones (A), sensaciones (S) e imágenes (I)?

Relaciones interpersonales (I.). ¿Quiénes son las personas más importantes de tu vida? ¿Qué esperan los demás de tí? ¿Qué esperas de los demás? ¿Qué te aportan las personas significativas de tu vida? ¿Qué les aportas tú a ellos? ¿Qué grado de habilidad tienes para comunicarte con los demás? ¿Vives aislado socialmente o puedes manipular tu ambiente social? (También se puede tener en cuenta el comportamiento del paciente durante la sesión terapéutica) ¿Cómo influyen tus relaciones interpersonales sobre tus conductas (B), afecto (A), sensaciones (S), imaginaciones (I) y cogniciones (C), y a la inversa?

Drogas (D.). ¿Estás preocupado por el estado de tu salud? ¿Cuáles son tus hábitos con respecto a la comida, al dormir, a la higiene y al estar en forma? ¿Tomas algún tipo de medicación o drogas? ¿Es necesario consultar a un médico por alguna cuestión de salud física?

La investigación sistemática sobre el BASIC I.D. se hace con la ayuda del

Multimodal Life History Questionnaire, [Cuestionario Multimodal sobre la Historia de vida] (Lazarus, 1981) o la *Multimodal Anamnesis Psychotherapy* [Anamnesis Multimodal para la Psicoterapia] (MAP; Kwee y Roborgh, 1989). Es importante enmarcar los síntomas y problemas que se presentan, en un amplio contexto y establecer qué influencias interactivas tienen las perturbaciones emocionales sobre el BASIC I.D. entero. Antes de que el terapeuta empiece a analizar el contenido del BASIC I.D. para construir el Perfil de Modalidades (PM), delinea un Perfil Estructural (PE) del paciente. Con este propósito, el paciente rellena un Inventario de Perfil Estructural que consta de 35 ítems. Landes (1988) estudió este cuestionario y encontró que era lo suficientemente válido y fiable para ser empleado en la práctica clínica. El terapeuta obtiene así un perfil que puede clasificarse bajo una estructura de tipologías. Esto le proporcionará la modalidad que prefiere el paciente. Éste podría verse como una persona que, principalmente, «actúa» (B), «siente emociones» (A), «percibe por los sentidos» (S), «sueña» (I), «piensa» (C) o «se relaciona» (I.). Una elevada puntuación en D. indica que el individuo ha elegido hábitos saludables, como el hacer ejercicio físico de forma regular, tomar comidas sanas y evitar el exceso de alcohol o de drogas. Las puntuaciones en las modalidades anteriores pueden representarse en los siguientes histogramas.

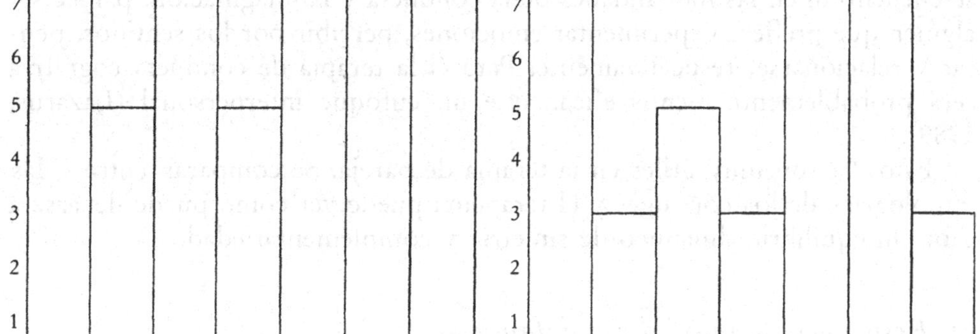

Perfil del paciente Z

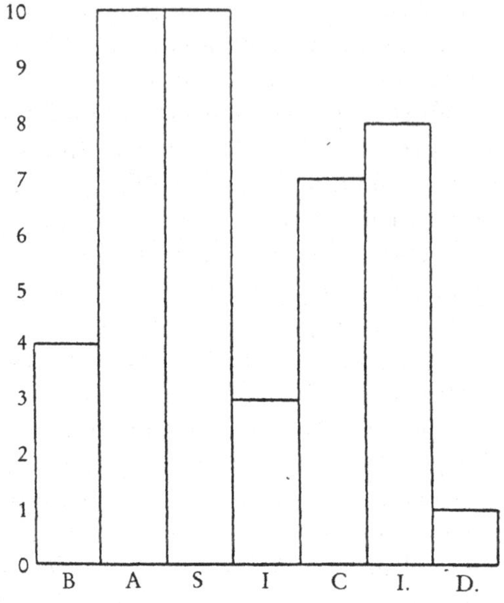

Los perfiles de los pacientes *X* e Y son casi iguales. Ambos pacientes tienen la mayor puntuación en las modalidades de actuar, pensar y relacionarse, pero X cuida más su salud que Y. Debido a que X es una persona que «actúa, se relaciona y piensa» e Y «actúa, piensa y se relaciona», pueden reaccionar de forma diferente ante una intervención. Probablemente, los dos reaccionen bien a técnicas que actúen sobre la conducta, las cogniciones y las relaciones interpersonales, pero X preferirá las intervenciones interpersonales a la reestructuración cognitiva, mientras que Y será más susceptible, probablemente, a los procedimientos cognitivos. Z, cuyas puntuaciones más bajas se encuentran en las modalidades de la conducta y la imaginación, parece ser alguien que prefiere experimentar emociones, percibir por los sentidos, pensar y relacionarse, respectivamente. Para él la terapia de conducta cognitiva será probablemente menos eficaz que un enfoque interpersonal (Lazarus, 1989).

Estos PE son muy útiles en la terapia de pareja. Se comparan entre sí las «tipologías» de los cónyuges y el terapeuta puede ver cómo puede llevarse a cabo un equilibrio dinámico de simetría y complementariedad.

I.4. *Resistencia y maniobras defensivas*

Si queremos explicar las conductas manifiestas, las respuestas afectivas, las reacciones sensoriales, las imágenes mentales, los procesos cognitivos y las relaciones interpersonales, no tendremos éxito si nos limitamos a la psicología del aprendizaje. El aprendizaje puede tener lugar en las distintas dimensiones del BASIC I.D. y en diferentes niveles de consciencia. En psicología experimental se acepta, de forma general, que los procesos no conscientes son una necesidad conceptual. La evidencia experimental muestra que las experiencias conscientes, lo mismo que los procesos mentales no conscientes, son necesarios para comprender la conducta de los seres humanos (Shevrin y Dickman, 1980). Por procesos no conscientes entendemos que: a) la gente tiene distintos niveles de consciencia sobre sí mismo (por ejemplo, no consciente, consciente, muy consciente, fabulosamente consciente) y b) que los estímulos subliminales (no reconocidos) pueden, sin embargo, influir sobre la conducta consciente, sobre el pensar y sobre el sentir (por ejemplo, no ser consciente de que un pensamiento es un pensamiento y no un hecho). Estos procesos deben distinguirse del inconsciente psicoanalítico, que tiene un significado de «entidad topográfica».

De la misma manera, en la TMM utilizamos el concepto de «reacciones de defensa», en vez de «mecanismos de defensa». Sin emplear constructos psicoanalíticos, todo clínico puede observar que las personas intentan defenderse, a un nivel cognitivo, contra el dolor, el malestar, o las emociones negativas como la ansiedad, la depresión, la vergüenza y la culpa. La gente puede estrechar su campo de consciencia, engañarse a sí mismo, poner un nombre falso a sus sentimientos y perder el contacto con ella misma y con los demás. En nuestro intento de reducir la disonancia, los individuos sucumbimos a mecanismos como la *represión* o la *negación* (por ejemplo, en el caso del luto), la *proyección* (por ejemplo, en el caso del temor social), la *racionalización* (por ejemplo, en el caso de falta de asertividad), la *sublimación* (por ejemplo, deporte en vez de sexo), el *desplazamiento* (por ejemplo, golpear la almohada), la *formación reactiva* (reír en vez de llorar) o la *regresión* (por ejemplo, comer cuando se está nervioso). Según la ley de la navaja de Occam, no es necesario emplear la jerga freudiana para reconocer y desmantelar estas realidades (Lazarus, 1981).

No se deberían mezclar *defensividad*, que es intrapsíquica por naturaleza, con *resistencia*, que pertenece al terreno interpersonal. Por otra parte, la defensividad contra una instrucción provocadora de ansiedad, por ejemplo, puede llevar a la resistencia o incluso solaparse con ella. Sin embargo, la diferencia sigue existiendo. La resistencia surge, generalmente, cuando se programan ejercicios de introspección y tareas para casa. Cuando se presentan ejercicios de instrospección, se recomienda el empleo de metáforas (proverbios, dichos y expresiones hechas); por ejemplo, «No limpies el suelo con un grifo abierto» [1] (cuando se intenta motivar al paciente para que trabaje

[1] Proverbios holandeses *(Nota del compilador)*.

también en los problemas emocionales que subyacen a los síntomas) o «no tires los zapatos viejos antes de tener unos nuevos» [2] (es decir, no abandones tus síntomas antes de haber adquirido nuevas habilidades para solucionar tus problemas emocionales) (en el caso de síntomas persistentes y de ganancia secundaria). En el caso de las tareas para casa, el terapeuta puede ser poco claro cuando las formula, o bien el paciente subestima su utilidad, o el paciente no cree en la autoayuda, o el paciente no quiere invertir tanto.

La opinión de Lazarus es que el 90% de la resistencia puede atribuirse a la ignorancia del terapeuta (Dryden, 1985). Expresiones como «No se curará» o «El paciente se encuentra demasiado trastornado» parecen trivialidades, que el terapeuta puede remplazar por la aplicación de las siguientes tácticas:

a. Una llamada telefónica del terapeuta para consultar aspectos de los que se ha hablado en la sesión
b. Sesiones de terapia en casa del paciente o paseando por la calle
c. Tratar con intereses comunes, como los deportes o la música

En cualquier caso, es importante no cometer los mismos errores con los pacientes que las terapias tradicionales y no imponer, por lo tanto, el marco unimodal del terapeuta sobre el paciente. Cuando el terapeuta se encuentra en un callejón sin salida, puede ser debido a los siguientes factores:

a. Ausencia de una alianza de trabajo
b. Un análisis inadecuado (especialmente cuando no se identifican los factores antecedentes y consecuentes)
c. Empleo de técnicas incorrectas
d. Empleo incorrecto de las técnicas
e. Implicación insuficiente del entorno social en la terapia, y
f. El paciente y el terapeuta tienen diferentes objetivos en su cabeza (Lazarus y Fay, 1982)

Algunos pacientes, especialmente los que son enviados por el juez o los adolescentes que son enviados por sus padres, necesitan técnicas paradójicas que provengan de la teoría de la comunicación. Dentro de la modalidad interpersonal, en las interacciones complejas y diádicas, pueden existir perturbaciones de la comunicación, perturbaciones a las que podemos encontrar una salida si comprendemos la metacomunicación. Es decir, si entendemos la comunicación sobre la comunicación, dando un paso atrás para investigar el contenido y la forma (o el lugar) del mensaje (Haley, 1973).

---

[2] *Id.*

I.5. *Teoría de sistemas: estructuras*

La *teoría general de sistemas* es una metateoría, una teoría sobre teorías, que surge de la ciencia natural y es válida para muchas áreas del estudio empírico (Von Bertalanffy, 1968). La teoría de sistemas intenta organizar los hallazgos de algunas o todas las ciencias de la vida y de la conducta en una única estructura conceptual. Se supone que el mundo esta formado por una población de objetos denominados sistemas. Un sistema es un conjunto de elementos interactuantes que forma un todo integrado que se puede observar en distintos niveles de organización (p.ej., células, órganos, seres humanos, la familia y la sociedad) (Miller, 1978). Los sistemas de todos estos niveles están abiertos y se componen de subsistemas que procesan las entradas, los procesos internos y las salidas de distintas formas de materia, energía e información. El pensamiento de sistemas conlleva un punto de vista holístico que acentúa la conexión de todas las formas de vida. Esta posición no es una antítesis sino una forma general de pensamiento que incorpora el pensamiento dualista cartesiano del siglo XVII. Acentúa la indivisibilidad y la interdependencia, en vez de una separación en dos de la mente y el cuerpo. Un punto de vista desde los sistemas no se opone a la visión mecanicista del hombre, sino que es un nuevo paradigma que incluye al viejo. De esto modo, el aprendizaje no es rechazado por la teoría de sistemas, sino que se incluye como una descripción específica de un subapartado particular de la investigación empírica.

La relación o interacción entre las diferentes modalidades se define por medio de una causalidad *circular* en vez de lineal. Cualquier acontecimiento dentro de una modalidad es tanto una causa como un efecto. Desde este punto de vista, la causa puede ser el efecto y el efecto la causa, dependiendo de donde se ponga el énfasis. Un acontecimiento es tanto causa como causado. De modo que uno se puede preguntar si B.F. Skinner condicionaba a la rata o viceversa. ¿Era la presión de la palanca por la rata lo que hacia que el experimentador echase comida en el comedero? El mal funcionamiento de un subsistema, como, por ejemplo, el hígado, tiene consecuencias para todo el funcionamiento biológico del individuo. De manera análoga, en la modalidad interpersonal, parece que cuando un ama de casa padece agorafobia, por ejemplo, los miembros de la familia están implicados de muchas formas como causa y efecto. La causalidad circular puede hacer su contribución a la discusión sobre la primacía de la cognición *versus* el afecto. Algunos psicólogos (entre ellos R. Lazarus, 1984) dicen que el pensamiento siempre precede al sentimiento, mientras que otros (entre los que se encuentra Zajonc, 1984) opinan lo contrario. El pensamiento de sistemas tiene sitio para ambas explicaciones lineales y postula además que existen muchas otras combinaciones circulares entre las modalidades, de las que hablaremos más adelante.

Kwee y Lazarus (1986) han introducido la teoría de sistemas en el enfoque multimodal. El BASIC I.D. se considera como el sistema organizacional de la psique, y las distintas modalidades como los elementos de ese sistema. El BASIC I.D., como sistema, no es un conjunto disperso de modalidades. Es un sistema de organización conjunto unido de estructuras conectadas y de procesos integrados. Este *todo* es más que la suma de sus partes separadas. No es posible influir sobre una modalidad sin perturbar el *todo.* Las modalidades del BASIC I.D. se encuentran estrechamente interrelacionadas y funcionan conjuntamente. El BASIC I.D. tiene propiedades que no se pueden reducir a las modalidades separadas. No es una estructura rígida, sino una entidad flexible y estable en la que tienen lugar procesos dinámicos.

Las modalidades separadas tienen límites que están abiertos y son flexibles. Permiten interacciones y en la figura 29.1 están representadas gráficamente por líneas de puntos. Para definir las relaciones mutuas entre las modalidades, agrupamos al BASIC I.D. en un orden jerárquico (ver figura 29.1).

La modalidad biológica y la modalidad social forman los límites de la psique humana. Debido a que el funcionamiento biológico constituye la base del funcionamiento psicosocial, las cuestiones referentes a la Biología o a la

FIGURA 29.1. *El orden jerárquico de la psique como sistema bio-psico-social, operando en la forma de modalidades, con el Afecto en el centro.*

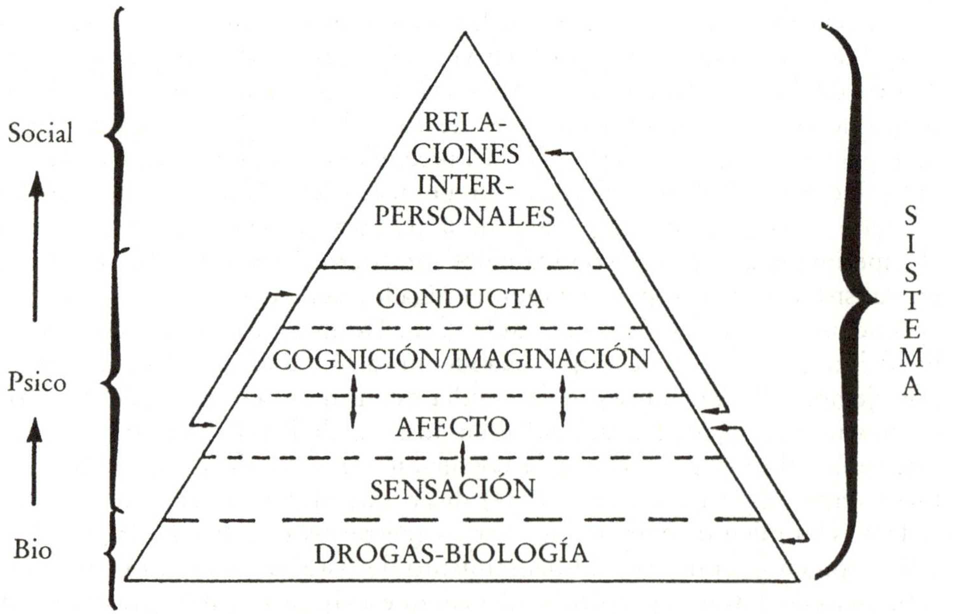

salud se colocan abajo. La Sensación se coloca inmediatamente encima, ya que las experiencias sensoriales se encuentran muy limitadas por la biología. Los procesos emocionales son estimulados por, y/o provienen de las sensaciones, de modo que el Afecto se coloca encima de la Sensación. Debido a que el afecto es mediado y estimulado por la Cognición y la Imaginación, hemos situado estas modalidades sobre el Afecto. La Conducta, como modalidad que se encuentra entre la modalidad Interpersonal y las otras, influye sobre la duración y la intensidad de las emociones. La modalidad Interpersonal se coloca en la cima, teniendo en cuenta que las respuestas emocionales existen principalmente dentro de un contexto social.

Las modalidades se estructuran en estratos, de modo que cada modalidad tiene un grado diferente de complejidad. Desde un punto de vista evolutivo, el estrato jerárquico sigue el orden de desarrollo, desde lo biológico, vía lo psicológico, hasta las dimensiones sociales de la vida humana. La modalidad o grupo de modalidades que ocupa una posición «menor» se denomina subsistema. Si ocupa una posición «principal» se denomina suprasistema. Los supra y los subsistemas son similares, estructuralmente, al sistema y se conectan por medio de procesos interactivos. Cada modalidad es un subsistema del BASIC I.D. y al mismo tiempo un sistema propio, que tiene sus propios subsistemas. Así, la Sensación, como subsistema del BASIC I.D., es un sistema en sí mismo que se compone de subsistemas que regulan el ver, el oír, el sentir, el oler y el saborear.

I.6. *Teoría de sistemas: procesos*

Empezamos aquí la descripción de los procesos del sistema BASIC I.D., procesos caracterizados por una actividad dinámica que existe con un flujo constante. Dichos procesos constan de comunicación y transacción (Kuhn, 1974). La *comunicación* es el intercambio mutuo de información entre las modalidades. Así se puede hablar de comunicación con uno mismo, de modo que las cogniciones y las imágenes (C/I) son transportadas desde la sensación (S) hasta la modalidad conductual (B). La *transacción* es el intercambio mutuo de material y energía entre las modalidades del BASIC I.D. Por experiencia sabemos que la energía invertida, por ejemplo, en correr (B), se hace a costa de la experiencia de, por ejemplo, la emoción de la ansiedad (A).

Otro proceso importante es la modificación del BASIC I.D. como un todo y como las modalidades separadas. Distinguimos entre crecimiento y decadencia. El crecimiento es el aumento en la calidad y cantidad de un cierto conjunto de modalidades. En la decadencia, disminuyen la calidad y la cantidad. La entropía es el resultado de la decadencia y se da cuando aumenta el trastorno. Existe un desmoronamiento de estructuras y procesos. Si la entropía aumenta continuamente, el subsistema finalmente morirá. Los cambios llevan tiempo, pueden ocurrir de repente o gradualmente, y pueden desarrollarse por su cuenta.

Las modalidades sobrepasan los límites mutuos a causa de la oscilación. El BASIC I.D. se encuentra en una condición de flujo constante y de equilibrio dinámico. La *homeostasis* es el proceso por medio del cual el sistema se regula a sí mismo. Es bien conocido el ejemplo del termostato que mantiene la temperatura de una habitación en un determinado valor. Emplea el mecanismo de la *retroalimentación* (hacia adelante y hacia atrás) para ese propósito. En este proceso se fijan normas y ayudas. Las actuaciones proporcionan información en la forma de retroalimentación, que sirve para la regulación de la norma. En el caso de la autorregulación (procesos de cambio de primer orden), se encuentran implicados pocos ajustes del sistema por el sistema. Por consiguiente, la retroalimentación positiva se preocupa del aumento de los cambios y la retroalimentación negativa de la disminución de los mismos. Si la retroalimentación disminuye la desviación con respecto al equilibrio, lo denominamos retroalimentación negativa (por ejemplo, la relajación o la disminución de la temperatura corporal). Lo contrario, la retroalimentación positiva se preocupa del aumento o intensificación de ciertas desviaciones (por ejemplo, miedo al miedo o el desarrollo corporal).

El equilibrio dinámico se pone constantemente a prueba. A veces las fluctuaciones pueden ser tan fuertes que el sistema pasa por una etapa inestable hasta una estructura completamente nueva. La transformación de uno mismo (procesos de cambio de segundo orden) es la capacidad creativa del sistema para sobrepasar los límites somáticos o mentales por medio de la retroalimentación positiva. El sistema pasa por un proceso, de modo que su estructura fundamental cambia y alcanza un nuevo equilibrio dinámico. La transformación de uno mismo consiste en una reorganización tal que surge una nueva estructura. Generalmente, ésta surge como una reacción a las fuertes influencias externas o internas, de modo que la forma de funcionamiento anterior ya no es adaptativa. Las fases de desarrollo y los procesos de aprendizaje ocurren de la misma manera. Un ejemplo de la teoría del aprendizaje es la denominada curva de aprendizaje discontinua, en la que, a saltos, la persona alcanza un nuevo nivel de integración, que es más que la suma precedente de la información incluida.

Un último concepto que mencionamos es la *equifinalidad*, que se refiere al interés en el estado presente del BASIC I.D. y no en cómo ha estado anteriormente. Diferentes condiciones iniciales pueden conducir al mismo resultado final o al mismo trastorno emocional. Los síntomas se mantienen principalmente por factores de la situación «aquí y ahora».

II. MACROANÁLISIS

Si consideramos a la terapia de conducta como un «esqueleto» y al BASIC I.D. como «la carne que se une a los huesos», la dinámica de sistemas le da un «alma» a nuestro enfoque. Una visión desde los sistemas nos da la posibilidad de ver al hombre como un complejo sistema viviente dinámico, en vez de un simple organismo que funciona mecánicamente.

Sobre la base de un análisis funcional conductual, se puede desarrollar un modelo de sistemas que incluya una causalidad circular. Se construye un inventario de datos necesarios por medio de una recogida continua de información. Un análisis funcional es un modelo esquemático de los síntomas del paciente, en términos de factores que preceden y siguen inmediatamente y están simultáneamente presentes. Nuestro modelo, al que llamaremos *Multimodal Functional (macro) Analysis (MFA),* [(macro) Análisis Funcional Multimodal] está construido, estructuralmente, por modalidades y funciones de acuerdo con los procesos de la homeostasis y la retroalimentación. Nuestro interés se dirige hacia los subsistemas cíclicos del BASIC I.D. que están implicados en la motivación del paciente. De los miles de posibles subsistemas cíclicos (un *ciclo* consiste en una repetición infinita de la misma secuencia de acontecimientos) [3] del BASIC I.D., escogemos cinco. Éstos son los ciclos de «ganancias» extrínsecas e intrínsecas, los ciclos de «pérdidas» intrínsecas y extrínsecas, y los ciclos de mediación cognitiva (percibir por los sentidos, pensar, experimentar emociones, hacer). El reconocimiento de estos ciclos nos proporciona una evaluación sobre si el paciente está motivado o no por el tratamiento y de si la (no) motivación se debe a factores externos (extrínsecos) o internos (intrínsecos). Un lugar central en estos subsistemas cíclicos lo ocupa el Afecto. El propósito de todos los esfuerzos terapéuticos consiste en conseguir cambios en ese subsistema. Cada uno de los cinco subsistemas cíclicos combina un complejo de modalidades interactuantes que forma una unidad de organización. Estos cinco subsistemas cíclicos forman la «plancha original» de nuestro *MFA,* que puede rellenar cada paciente de forma específica.

El término *macro* refleja el carácter general y global de las descripciones de las modalidades. Se detiene artificialmente un proceso psíquico con el fin de observar qué es lo que está sucediendo y decidir qué diseño de tratamiento se espera que tenga los mejores resultados. Ilustraremos esto utilizando el ejemplo de un paciente agorafóbico «medio».

---

[3] Nota del compilador.

II.1. *La ganancia secundaria*

Nuestra paciente agorafóbica tiene las siguientes características: mujer casada, treinta años, pasivo-dependiente, poco asertiva y con tensiones en su matrimonio. Ha padecido una fobia durante casi cinco años después del nacimiento de su segundo hijo. La fobia consistía fundamentalmente en no atreverse a salir a la calle por miedo a un ataque de pánico. No iba lejos sin su marido y no utilizaba los transportes públicos sin él. Era sorprendente que el flexible marido la acompañase a todas partes, hiciese la compra por ella y viviese esclavizado por su fobia. Cada vez que se enfrentaba a situaciones en las que se sentía «encerrada» o «sola», se ponía muy ansiosa. Esta ansiedad variaba desde la intranquilidad hasta el pánico y se acompañaba por síntomas somáticos como taquicardia, parestesia, sudor, etc., que podían aumentar y luego extinguirse lentamente. Debido a ese temor, intentaba escaparse y evitar toda una serie de situaciones, como, por ejemplo, sentándose cerca de la salida en el cine o buscando continuamente las salidas, allí donde estuviese. Observamos que el marido le presta mucha atención como resultado de la fobia, forzándole a hacer lo que quiere y evitando sus responsabilidades. Formulándolo de una manera diferente, podemos afirmar que por medio de su fobia controla su entorno. Además, así tiene una fuerte excusa para seguir representando el papel de la persona dependiente, sin vergüenza. Desde el punto de vista teórico del aprendizaje, se puede afirmar que su conducta fóbica está positivamente reforzada y, por consiguiente, aumentará su frecuencia e intensidad. A esto lo llamamos la *ganancia secundaria* y secundaria significa extrínseco o interpersonal, por naturaleza.

Aparece la causalidad circular cuando la flecha de la ganancia interpersonal llega aún más lejos. Cada vez más situaciones específicas pueden conducir a la ansiedad y al miedo: los ascensores, las colas, los grupos, las visitas, etc. Hablando en términos de aprendizaje, podemos decir que aquí está operando el mecanismo de la generalización (del estímulo). Las acciones reforzantes del marido y de otras personas convierten a la relación en complementaria. Una persona es muy dependiente y la otra muy independiente. Una persona sigue su propio camino y la otra es sumisa. Una persona obtiene atención y la otra presta atención. Esa complementariedad fija hace rígido al matrimonio. En la terapia, se debe aumentar la flexibilidad de la interacción social y tiene que tomar la forma de un equilibrio dinámico complementario y simétrico. El equilibrio armónico proviene de encontrar la justa mitad entre ser opuesto a los demás (simetría) y completar a los otros (complementariedad) (Haley, 1973). Hablamos de los siguientes subsistemas:

→ B — I. — S — A ↩

Las conductas de escape y evitación (B) pueden provocar reacciones del marido y del ambiente social que produzcan beneficios —por ejemplo, atención— al paciente (I.). La generalización da como resultado un aumento de las situaciones manifiestas de miedo (S), de modo que las reacciones de ansiedad y miedo pueden aumentar (A), incrementándose aún más la conducta fóbica. Debido al carácter cíclico de todo lo anterior, cada intervención en cada modalidad de la secuencia que acabamos de ver puede romper la cadena. Sin embargo, el énfasis se pone en la modalidad interpersonal, ya que la ganancia extrínseca de la secuencia se impone claramente en nuestro examen.

La paciente tiene que clarificar las complejas relaciones funcionales entre la fobia y el entramado interpersonal. La comprensión de estas interconexiones aumenta la motivación para participar en las intervenciones propuestas. En el caso de nuestra paciente agorafóbica, la terapia marital parece ser el tratamiento a elegir. Se podrían crear áreas dentro del matrimonio, en las que ella tomase la dirección y él pudiera confiar en ella. La paciente debería darse cuenta de que el abandonar la fobia significa que también perderá las ganancias mencionadas. Es importante señalar que ese matrimonio discordante puede ser causa y estar causado. En otras palabras, el problema de la relación puede ser el resultado de la fobia y, al mismo tiempo, un antiguo problema sin resolver anterior a la fobia puede haber contribuido al desarrollo de la fobia. El terapeuta tiene que estar alerta sobre el hecho de que la paciente podría «utilizar» la fobia en una pelea matrimonial. Es posible que un fallo en el sistema de comunicación y/o la falta de asertividad y/o una imagen negativa de uno mismo, conduzcan al paciente a «utilizar» la fobia. Cada una de estas posibilidades exige un abordaje específico y, además, conecta con otros subsistemas cíclicos, es decir, con la pérdida secundaria.

II.2. *La pérdida secundaria*

La *pérdida* se refiere a la tensión mental o al estrés que sufre el paciente. *Secundaria* se refiere al origen de la pérdida, que tiene características extrínsecas o interpersonales. En el caso de que la paciente no tenga las habilidades para comunicarse de forma efectiva o para comportarse asertivamente, tiene que aprender dichas habilidades. En este ciclo, la paciente reacciona con una fobia, no como un arma en su lucha con el cónyuge, sino como una consecuencia de su falta de habilidades interpersonales. Si esta falta de habilidades sociales resalta más que la ganancia secundaria, sería mejor empezar con el entrenamiento en habilidades antes de intervenir sobre la relación matrimonial (Lazarus, 1981).

El paciente que llega a la terapia pide que le alivien la fobia. La conducta de evitación es, obviamente, un problema de tal magnitud que se busca ayuda profesional. El problema fóbico puede forzar aún más a nuestra paciente poco habilidosa, en el papel de un ama de casa superdependiente. La vemos en el papel de un ama de casa tradicional, que no es un contrincante para su marido y que lo respeta y lo difama a la vez. Aquí, la falta de habilidad en la comunicación o la poca asertividad, son causa de, y están causadas por, la fobia. Debido a esta falta de habilidad, la paciente puede llegar, en último término, al aislamiento social. El resultado puede ser tan desastroso que no pueda funcionar «normalmente» en el área social. Es posible incluso que llegue a no poder trabajar en casa o que sea incapaz de cumplir sus tareas de madre. Esta situación puede deteriorar enormemente su vida diaria. Las posibles consecuencias podrían ser la incapacidad para trabajar y la admisión en un hospital psiquiátrico. En este caso, la carrera de nuestra ama de casa y madre agorafóbica se deteriora aún más por la estigmatización. Estas consecuencias sociales tienen un efecto «punitivo» sobre la paciente. El resultado es el aumento de la ansiedad, que indicamos alargando la flecha de modo que rodee finalmente el subsistema cíclico.

En nuestro lenguaje de las modalidades, tenemos aquí otra vez una secuencia estructural B-I.-S-A, que describimos anteriormente. No es una coincidencia que la secuencia de la ganancia secundaria sea igual a la secuencia de la pérdida secundaria. Son iguales en cuanto a su estructura superficial, pero los procesos subyacentes son mutuamente opuestos. Un equilibrio dinámico entre estos dos ciclos ayuda a que el *status quo* de nuestra paciente agorafóbica continúe. Con la ayuda de las intervenciones propuestas, se debe deshacer la ganancia y suprimirse la pérdida. El terapeuta contribuye a esto fortaleciendo el ciclo de retroalimentación (retroalimentación positiva) en el caso de la pérdida secundaria (por ejemplo, mejorando las habilidades sociales defectuosas) y debilitando dicho ciclo (retroalimentación negativa) en el caso de la ganancia secundaria (por ejemplo, disminuyendo la atención del esposo).

Tomado en conjunto, el subsistema cíclico pasa a través de la siguiente secuencia:

La conducta fóbica de escape y evitación (B) refleja habilidades sociales defectuosas (I.), con el resultado de una disminución de los contactos sociales que acaba en un aislamiento social. En el peor de los casos, la paciente padece privación sensorial en el área social, como consecuencia, por ejemplo, de la pérdida del trabajo (S). Por lo tanto, el temor fóbico (A) y la conducta fóbica aumentarán. El tratamiento a elegir, para romper este ciclo es el entrenamiento en habilidades sociales, poniendo énfasis en los ensayos del papel asertivo.

En el caso de nuestra paciente agorafóbica, estos ensayos podrían tener también como objetivo el desempeñar el papel de un individuo independiente que se atreve a vivir su propia vida.

II.3. *La ganancia primaria*

Cuando observamos a la paciente después de la conducta de evitación o después de escaparse de la situación fóbica, podemos darnos cuenta de que se siente muy aliviada. Después de realizar la conducta fóbica, se produce un alivio de la tensión, experimentándose por la paciente, de forma intrínseca, como reforzante. En términos del aprendizaje social, el fenómeno por el que se elimina un sentimiento desagradable se denomina reforzamiento negativo. La conducta de evitación se fortalece y aumentará en frecuencia e intensidad. La reducción de la tensión proporciona un beneficio o una *ganancia* que es intrínseca por naturaleza y que llamaremos *primaria,* de acuerdo con la literatura.

Por una parte, la paciente se siente aliviada, se queda en casa y raramente sale. Se siente perdida si sale de casa, pero también sola si se queda dentro. Por otra parte, el quedarse dentro le da cierta estructura y le mantiene a largo plazo. Su vida llega a componerse de objetivos que se encuentran en el interior de la casa y, finalmente, se adapta a la situación fóbica existente. Surge una cierta homeostasis, a causa de la cual le es difícil imaginarse una vida sin una fobia. Si la paciente permanece con la fobia, no necesita enfrentarse a ella y tiene una excusa creíble para no dejar la casa. En este caso, la reducción de la tensión es causa y causada, en relación con la conducta fóbica. La exposición en vivo, una técnica de la terapia de conducta, es la intervención a elegir para romper la asociación de la reducción de la tensión con el escape y la evitación (Emmelkamp, 1982).

El aumento de las conductas fóbicas, como resultado de la reducción de la tensión, llevará de nuevo a una imagen de uno mismo negativa, por medio de pensamientos como, «Aquí me tienes, soy un cobarde, nunca triunfaré» o «Nunca me recuperaré». De esta manera, la paciente se hace sabotaje a sí misma y, finalmente, moldea su imagen como «el ama de casa superdependiente». Si ya tuviera una imagen negativa de sí misma antes de la fobia, ésta lo que haría sería fortalecerla. Además, normalmente tiene también pensamientos de culpa. La paciente generalmente se reprocha a sí misma por las molestias que causa a su marido y a los niños, por culpa de la fobia. Al catastrofizar y crear imágenes de condena sobre el futuro, inicia un ciclo de temor anticipatorio. Cuando se establece el miedo a tener miedo, la agorafobia aumenta una unidad más.

Al alargar la flecha, se forma el siguiente subsistema cíclico:

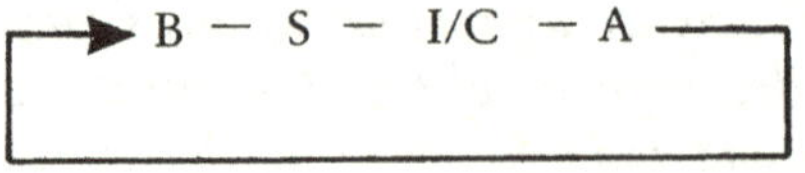

En un primer momento, la conducta fóbica (B) produce una reducción de la tensión (S). En segundo lugar, la paciente se culpa a sí misma por esto, después de lo cual se fortalece la autoimagen negativa y se disparan los pensamientos de condena (I/C). Finalmente, da como resultado un miedo al miedo (A) y un aumento de las conductas de escape y evitación. El círculo se completa. Los ejercicios de la exposición en vivo tratan de que la paciente experimente la disminución de la tensión mientras se encuentra en la situación temida. De esta manera, la paciente aprende a «habituarse» a los estímulos fóbicos hasta que se alcanza la «extinción». El entrenamiento en relajación puede ayudar a alcanzar esos niveles. De este modo, situaciones temidas anteriormente perderán finalmente su valor provocador de ansiedad. Es difícil alcanzar un bajo nivel de tensión cuando el paciente se queja de toda clase de síntomas somáticos. Es aquí donde el ciclo de la ganancia primaria se conecta con el ciclo de la pérdida primaria.

II.4. *La pérdida primaria*

En la *pérdida primaria*, el centro de nuestra observación se dirige a los fenómenos de somatización. La somatización aumenta cuando persiste la conducta fóbica. Nuestra paciente agorafóbica informa de toda clase de percepciones sensoriales, que varían desde la parestesia en las piernas hasta la cefalea tensional. Las quejas somáticas funcionales pueden presentarse de muchas maneras diferentes, como, por ejemplo, una hinchazón en la garganta, presión en el pecho, palpitaciones, tensiones abdominales y estomacales, mareos, náuseas, flojedad, sudor y cansancio. En último término, el resultado puede ser la hiperventilación y perturbaciones psicosomáticas. Nos podemos imaginar aquí migrañas, una elevada presión sanguínea, eczemas y otras disfunciones corporales, a las que algunos pacientes pueden estar «predispuestos». A menudo, como en el caso de nuestra paciente agorafóbica, puede darse una dependencia de tranquilizantes. La mayoría de las veces ocurre esto cuando el paciente ha hecho poco para reducir los problemas. Toma sus fármacos para seguir manteniendo como válido, y con poco esfuerzo, su estilo de vida fóbico. En el peor de los casos, el paciente llega a convertirse en un adicto de los tranquilizantes. La ansiedad se reprime, pero no se elimina. Finalmente, la ansiedad aumenta y se acompaña por sentimientos de depresión, especialmente como una consecuencia del desamparo de la situación. La conducta fóbica aumenta por medio de los ciclos de retroalimentación positiva que están conectados con las somatizaciones, las cuales aumentan más a su vez.

El ciclo de la pérdida primaria es opuesto al ciclo de la ganancia primaria. Diferentes de los ciclos secundarios, los dos anteriores pasan a través de una secuencia B – I. – S – A, siguiendo dichos ciclos primarios la secuencia B – S – I/C – A (ganancia primaria) y la secuencia B – S – D. – A (pérdida primaria). Al igual que los ciclos secundarios, los dos ciclos primarios, que acentúan ambos la modalidad de la percepción sensorial, se equilibran mutuamente. En el caso de la pérdida primaria, se tiene que elevar la retroalimentación negativa (dirigida hacia la reducción) en la terapia, haciendo que el paciente aprenda a ignorar la somatización y la reemplace por la relajación. El entrenamiento en relajación servirá también en este caso de ganancia primaria. Este ciclo puede romperse aumentando la retroalimentación positiva de la respuesta de relajación en las ocasiones en que se encuentre en las situaciones fóbicas (Schwartz, 1982).

La secuencia del subsistema cíclico de la pérdida primaria tiene el aspecto siguiente:

→ B – S – D. – A ⟲

La conducta fóbica, por ejemplo, el escapar de la situación temida (B), da como resultado, en última instancia, toda clase de quejas somaticofuncionales y un aumento del estrés, que se percibe sobre el cuerpo o dentro de él (S). A través de la hiperventilación, esto puede llevar a varios trastornos somáticos (D.) y dar como resultado un aumento de la ansiedad (A), con un posterior incremento de las conductas fóbicas. Hay que eliminar las quejas somaticofuncionales. Puede suceder que la paciente aprenda a vivir con ellas. Luego se adapta a las mismas y surge cierta homeostasis. El estrés y la tensión son causa y causadas con respecto a la conducta fóbica. Este fenómeno produce tensiones físicas que dan como resultado un aumento de la conducta de escape-evitación.

De cualquier modo, la intervención en este ciclo debe dirigirse a romper la cadena de las somatizaciones. Según la teoría del aprendizaje, el paciente es «castigado» por las dolencias somáticas. Aquí está indicado el entrenamiento en relajación, con la ayuda de la relajación muscular, de la relajación mental y de la relajación por medio de la respiración. Es importante para combatir la hiperventilación y para reducir las posibles perturbaciones psicosomáticas. Los ejercicios que emplean la respiración pueden extenderse y aplicarse tan intensamente que se pueden confundir con la meditación. La meditación puede remplazar o evitar la ingestión de medicamentos.

II.5. *La mediación cognitiva*

Por *mediación cognitiva* queremos decir que, en ciertas situaciones, los sentimientos y conductas aumentan o disminuyen cambiando los conceptos e imágenes del paciente. El subsistema cíclico de la mediación cognitiva pasa a través de la secuencia siguiente:

→ S – C/I – A – B ↩

La secuencia S – C/I – A – B en el caso de nuestra paciente agorafóbica es como sigue:

La situación fóbica que percibe, como un ascensor, una cola o un autobús (S), se acompaña de pensamientos (C). Por medio de estos pensamientos atribuye la causa de su temor a la situación, a través del razonamiento dicotomizado, de la catastrofización o de la sobregeneralización, en vez del pensamiento racional o relativista. Al mismo tiempo, tiene toda clase de imágenes que se relacionan con la pérdida del control, como el desmayarse, volverse loca o tener de pronto un ataque al corazón o un tumor cerebral (I). Todos estos pensamientos aumentan sus reacciones de miedo (A). En consecuencia, tiene lugar un aumento de la conducta de escape-evitación (B). En esta secuencia S – C/I – A – B se favorecen especialmente la terapia cognitiva de Beck o la terapia racional emotiva de Ellis. En dicha secuencia, las modalidades de la Cognición y la Imaginación, en relación con el Afecto, son las que más nos llaman la atención.

El principio básico es la idea empíricamente comprobada de que no es la situación *per se* la que nos pone nerviosos, sino nuestros propios pensamientos sobre la situación (Plutchick, 1980). Según Ellis (1962) el hombre es un organismo que «percibe las sensaciones-piensa-experimenta emociones-se mueve», por lo cual considera que el pensar y el experimentar emociones están compleja e inseparablemente unidos. Este punto de vista encaja con nuestra visión de la teoría de sistemas, de que todas las modalidades están conectadas en interacción mutua. Los pensamientos y los sentimientos son mutuamente dependientes y están conectados en un continuo proceso de interacciones fluctuantes y dinámicas. Las imágenes y los conceptos de nuestra paciente agorafóbica son causa y están causados en relación con las reacciones de miedo. Por medio de la imaginación catastrofizante y de modos de pensar poco lógicos, aumenta sus miedos. Luego, el miedo puede provocar el pensamiento negativo, por ejemplo, «Nunca me recuperaré».

Merece la pena ver la diferencia entre el pensamiento-imagen y el pensamiento-cognitivo. En general, las cogniciones, el pensamiento lógico y analítico, están localizados en el hemisferio izquierdo, que dirige el lado derecho de nuestro cuerpo. Lo derecho se identifica a menudo con lo bueno, lo exacto, lo inteligente, lo justo, en una palabra, lo positivo. La capacidad intelectual gráfica se encuentra representada globalmente por el hemisferio derecho, que dirige el lado izquierdo del cuerpo. Lo izquierdo se identifica a menudo con la síntesis, la imaginación, la fantasía, el soñar (despierto), la clase de pensamiento que se ve principalmente como creativo e intuitivo. A menudo se mira a esta forma de pensamiento como algo «inferior», debido a que se le atribuyen cualidades como suave, débil o femenino. A diferencia de la modalidad cognitiva, es la modalidad de la imaginación la que, vía el sistema límbico, está estrechamente conectada con la vida emocional (Afecto). Los dos hemisferios complementarios se encuentran conectados por un manojo de nervios, el cuerpo calloso. La intención de la TMM consiste en integrar el trabajo de los dos hemisferios por medio del análisis lineal (cuenta de los árboles) y de la síntesis holística (seguir viendo el bosque) (Sperry, Gazzaniga y Bogen, 1969).

La imaginación del paciente está conectada con las reacciones fóbicas por medio de círculos de retroalimentación positiva. En el caso de nuestra paciente agorafóbica, la ansiedad aumenta a través de la imagen negativa de uno mismo y de las proyecciones negativas del futuro. Ella se ve a sí misma como un individuo deficiente que se eclipsa ante los demás y como una desgraciada madre y esposa que no realiza bien sus deberes familiares. Imágenes negativas de humillación social, de ser rechazada y de desprestigio cruzan por su cabeza. El futuro le parece tenebroso y está abatida por ello. Estas imágenes y su temor engordan juntos en un proceso escalonado. Una manera poco racional de pensamiento completa el cuadro. Debido a la continua evaluación negativa por parte de la paciente, se forman más miedos. Una evaluación se encuentra por encima de una descripción en la escala de abstracción. Y debido a que la primera se aparta de la realidad más que la última, cae fácilmente en errores de pensamiento. Nuestra paciente hace la siguiente evaluación, por ejemplo: «Cada vez que estoy fuera, tengo esos sentimientos desagradables que no puedo controlar». En vez de esto, sería mejor que fuese concreta por medio de la descripción; por ejemplo: «Anteayer por la mañana, cuando estaba fuera, me vinieron a la cabeza mis problemas matrimoniales. Tuve sentimientos desagradables que disminuyeron cuando recuperé el aliento. Me sentí bien». Los errores de pensamiento como el razonamiento dicotómico (p.ej., «Todo me va siempre mal»), la sobregeneralización (p.ej., «Evito todas aquellas situaciones de las que no puedo escaparme de forma inmediata») o la catastrofización (p.ej., «Nunca me recuperaré») conducen a un aumento de su ansiedad.

El vehículo de los pensamientos y de las imágenes es el lenguaje. Si la ansiedad de nuestra paciente está mediada fuertemente por las Cogniciones y/o Imágenes, es conveniente que aprenda a utilizar un lenguaje que describa como un «mapa» la realidad del «territorio» (Korzybski, 1933). Este lenguaje tiene que ser un reflejo de la estructura de la realidad, que se interrelaciona en el procedimiento por medio de interacciones mutuas (Kwee, 1982). El desconectar este ciclo es el terreno de la terapia de conducta cognitiva, de la que la terapia racional emotiva es el exponente más conocido. Es necesario enseñar al paciente cogniciones e imágenes relativistas que sirvan para remplazar sus estilos de pensamiento absolutista. Al mismo tiempo, es importante enseñar al paciente autoinstrucciones conductuales que se dirijan a la reducción de las conductas fóbicas.

II.6. *Integración de los círculos viciosos*

Antes de emprender un análisis paso a paso y de delinear las técnicas terapéuticas, es necesario definir, en primer lugar, una estrategia terapéutica. Por estrategia nos referimos a la secuencia, escogida por el terapeuta, para romper los círculos por medio de intervenciones. Como vimos anteriormente, diferenciamos cinco ciclos, que arrojan 153 posibles secuencias estratégicas.

Estos cinco ciclos pueden resumirse como sigue:

Círculo I. Mediación cognitiva: S C I A (p.ej., imagen negativa de uno mismo)
Círculo II. Pérdida primaria: B S D.A (p.ej., somatización)
Círculo III. Pérdida secundaria: B I.S A (p.ej., aislamiento social)
Círculo IV. Ganancia primaria: B S C/I A (p.ej., reducción de la tensión)
Círculo V. Ganancia secundaria: B I.S A (p.ej., búsqueda de atención)

Utilizamos los términos círculo y ciclo (viciosos) de forma intercambiable. Hay que señalar que se distinguen entre ellos, de tal manera que el término ciclo representa un proceso y el término círculo un estado. Cuando hablamos de círculos, detenemos artificialmente un proceso continuo, con el fin de examinarlo más atentamente. La forma en que estos cinco ciclos viciosos se interrelacionan, interactúan y son mutuamente dependientes, puede verse en la figura 29.2.

De los miles de posibles bucles circulares del BASIC I.D., hemos escogido

FIGURA 29.2. *Los cinco círculos viciosos, presentados esquemáticamente.*

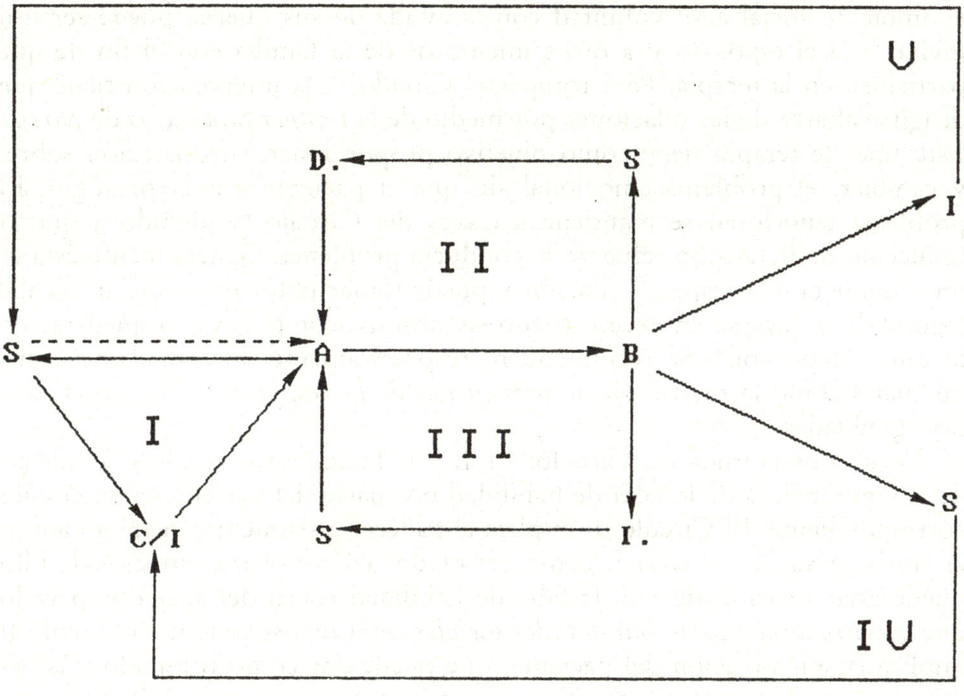

estos cinco círculos porque nos dan una indicación sobre la motivación del paciente para el tratamiento. Este último factor va a decidir al final el éxito o el fracaso de la terapia. La motivación para la terapia puede evaluarse estimando la razón entre la ganancia y la pérdida de los síntomas. Las ganancias primaria y secundaria representan principalmente una ganancia o beneficio a corto plazo, pero una pérdida o desventaja a largo plazo. Las pérdidas primaria y secundaria son dañinas para el paciente tanto a corto como a largo plazo. Anteriormente vimos ilustraciones de las variantes de la ganancia y de la pérdida de las quejas. Pensaremos que el paciente no está motivado cuando la ganancia de las quejas es mayor que la pérdida. Pensaremos que el paciente está motivado cuando la pérdida es mayor que la ganancia. El paciente puede estar motivado extrínseca o intrínsecamente. Cuando el paciente viene a la terapia por sí mismo, debido al sufrimiento interno, hay motivación intrínseca. Cuando el paciente no ha ido a la terapia por sí mismo, sino que lo ha hecho principalmente para complacer a otra(s) persona(s), hay una motivación extrínseca. En este último caso, se tiene que motivar al paciente antes y durante el tratamiento.

Los Círculos V y IV, mantenedores de síntomas, merecen una primera inspección, porque tienen una acción de mantenimiento sobre la conducta problema, debido a su carácter reforzante. Cuando el paciente puede moldear el ambiente social a su voluntad con la ayuda de sus quejas, puede ser útil invitar a la/el esposa/o y a otros miembros de la familia con el fin de que participen en la terapia. Para romper el Círculo V, la intervención tiene que dirigirse al área de las relaciones por medio de la *terapia familiar* o de *pareja*. Este tipo de terapia tiene como objetivo proporcionar introspección sobre, y cambiar, el problema emocional sin que el paciente pierda prestigio. El problema emocional se mantiene a través del Círculo IV, debido a que la reducción de la tensión refuerza la conducta problema. Generalmente ésta es una conducta de escape o evitación y puede tomar la forma de evitar la calle (agorafobia), lavarse en exceso (neurosis obsesivocompulsiva) o quedarse en la cama (depresión). Se recomiendan, respectivamente, intervenciones conductuales como la *exposición*, la *prevención de la respuesta* y las *tareas para casa* graduadas.

Luego observamos los Círculos III, II y I. Todos estos círculos se nutren de la ignorancia o de la falta de habilidad por parte del paciente en el círculo correspondiente. El Círculo III implica el padecer aislamiento social o incluso el sufrir privación sensorial, como resultado del problema emocional. Ello puede estar relacionado con la falta de habilidad social del paciente, para lo que el *entrenamiento en habilidades sociales* sería una solución. El Círculo II implica la somatización del paciente, que puede dar como resultado trastornos psicosomáticos (p.ej., tensión → asma, picor → eczema, agitación →elevada presión sanguínea). No es raro que estas quejas se encuentren conectadas con la hiperventilación (incapaz de respirar profundamente), para la que el *entrenamiento en relajación* y la *meditación* pueden constituir un remedio. El Círculo I se refiere al mantenimiento del problema emocional como resultado de la ignorancia, es decir, del pensamiento y de la imaginación poco racionales del paciente. El punto de partida consiste en que el paciente no se perturba emocionalmente por los acontecimientos activadores, sino por los pensamientos e imágenes sobre esos acontecimientos. Se recomiendan la *terapia cognitiva* o la *terapia racional emotiva* para romper este círculo.

Para terminar señalaremos que hay que tener en cuenta la evaluación de la importancia de los círculos y seguir la instrucción de que «lo más importante es lo primero». Se prescriben sucesivamente intervenciones para los círculos V, IV, III, II y I: terapia dirigida a la interacción, terapia de conducta, entrenamiento en habilidades sociales, entrenamiento en relajación/meditación y terapia cognitiva. Sin embargo, no todos los círculos tienen que aplicarse para todos los pacientes. Por lo tanto, es importante, para la estrategia, estudiar si se aplican todos los círculos y qué orden en la escala se da a cada uno de ellos.

III. MICROANÁLISIS

Mientras que en el macroanálisis se estudia el BASIC I.D. de una manera holística (abstracta), las modalidades se exploran más concretamente en el microanálisis. La intención del macroanálisis consiste en recoger una visión general del paciente y diseñar una terapia, un plan o una estrategia globales. El *microanálisis* se refiere al análisis de una experiencia emocional específica, de un episodio, en términos del BASIC I.D. Con base en esta información, se proyecta la táctica terapéutica de la TMM. Conoceremos la elección y el orden en que se aplican las técnicas de tratamiento específicas. Por medio del microanálisis, ponemos en práctica el ideal científico de la especificidad: ¿qué terapia, por qué terapeuta, para qué paciente, con qué problemas y en qué circunstancias hay un mayor éxito?

Por un episodio emocional nos referimos a una situación concreta o a un momento específico, en donde el paciente experimenta fuertemente su problema. Existen diferentes conceptos sobre la naturaleza psicológica de los episodios emocionales, variando desde un orden estructurado fijo del BASIC I.D. hasta una multiplicidad de secuencias de modalidades. El establecimiento de estas órdenes secuenciales, que pueden concebirse como microsubsistemas, da una idea de las técnicas que tienen que aplicarse y en qué orden. Esto está en correspondencia con el punto de vista multimodal de que cuantas más modalidades del BASIC I.D. sufran cambios, más duraderos serán los resultados finales. No se necesita ser un Ellis en la modalidad cognitiva, o un Skinner en la modalidad conductual, o un Haley en la modalidad interpersonal o un Rogers en la modalidad afectiva, o un Reich en la modalidad sensorial, o un Erickson en la modalidad de la imaginación, para ser eficaz en la TMM. La TMM es un sistema abierto en el que el terapeuta puede actuar desde una posición técnico-ecléctica, poseyendo una base teórica integral.

Nuestra idea es que cuantas más habilidades adquiere el paciente en la terapia, menos probabilidades existirán de que recaiga en los antiguos síntomas. Para nosotros la mejoría duradera es una función de la combinación de modalidades, estrategias y tácticas, o técnicas. Sin embargo, no se aconseja al terapeuta que aplique una mezcolanza de técnicas, sino que emplee solamente aquellas intervenciones cuya eficacia ha sido demostrada empíricamente. Un terapeuta eficiente posee un arsenal de distintas técnicas. Sabe cómo y cuándo utilizarlas de forma eficiente y eficaz.

Los siguientes apartados tratarán sobre estas técnicas, así como sobre la doctrina ecléctica subyacente, los ingredientes activos de estas técnicas y el arte de utilizarlas. Antes de entrar en estas cuestiones, veamos el punto de vista multimodal sobre las emociones.

III.1. *La teoría de las emociones*

La teoría multimodal sobre las emociones o el subsistema afectivo, proporciona una dirección para el proceder terapéutico. Empieza con un microanálisis del problema, presentado por el paciente, antes de que empiece el procedimiento técnico. Aunque el microanálisis siempre tiene lugar de una manera multimodal, en la práctica no siempre es necesario intervenir en todas las modalidades. Suponemos que un análisis profundo produce una base importante para el tratamiento, que se refiere a las necesidades del paciente individual. El microanálisis se basa en la teoría multimodal del Afecto, que coloca en un mismo lugar a todas las posibles órdenes disparadoras o secuenciales.

La primera teoría psicológica sobre las emociones, la de James y Lange, afirma que nuestra percepción (S) de, por ejemplo, un oso es seguida por nuestra interpretación del peligro (C), luego por la conducta (B) de correr y sólo después de eso se experimenta (los síntomas fisiológicos de) la emoción (A). En respuesta a esto, Cannon y Bard afirman que la percepción (S) del oso lleva a una interpretación del peligro (C), a la que sigue (los síntomas fisiológicos de) la experiencia de ansiedad (A), por medio de la cual se activa finalmente la conducta (B) de correr. La hipótesis de Cannon-Bard se ha profundizado más por los llamados cognitivistas, que asignan la primacía al pensamiento (entre otros, Arnold, 1960; Plutchik, 1980; R. Lazarus, 1984). Sin embargo, el psicólogo social Zajonc (1984) asigna la primacía al Afecto, que considera funciona independientemente de las cogniciones. En una controversia con R. Lazarus (1984) afirma que la percepción (S) es seguida por la emoción (A) y después vienen la conducta (B) y la cognición (C). Otra teoría relacionada (Greenberg y Safran, 1984) afirma que la percepción (S) está unida a la emoción (A), lo que forma la base para las decisiones (C) a favor de una actuación (B) determinada. Así, vemos en la teoría una diversidad de órdenes secuenciales (SCBA, SCAB, SBAC y SACB), ninguna de las cuales ha sido claramente probada o rechazada hasta hoy día.

Una teoría que es útil en la práctica y que nos parece atractiva es la de Candland y cols. (1977). Afirman que no existe un orden fijo de modalidades en el caso de una experiencia emocional. Hay una interacción compleja entre las modalidades, que influye, por medio de una retroalimentación continua, sobre los distintos procesos que aparecen simultáneamente. Concebimos al Afecto como el producto de la interacción recíproca entre la conducta, la percepción, la imaginación y la cognición, que tiene lugar en un contexto interpersonal y que posee una base bioquímica/neurofisiológica.

Sin embargo, los datos de la investigación tienen que decidir qué órdenes disparadoras específicas existen, en qué situaciones específicas y en qué clase específica de individuos. Sin embargo, la práctica terapéutica no puede esperar. En el microanálisis, nos basamos en aquellas órdenes disparadoras que el paciente nos presenta. Éstas se encuentran dictadas por la experiencia del paciente y nosotros nos vemos forzados a aceptarlas como «verdaderas» sobre una base empática, tomándolas como un punto de partida para una posterior exploración del BASIC I.D.

III.2. *Las modalidades dominantes*

En la terapia de conducta cognitiva una experiencia emocional es un patrón tripartito de respuestas que consta de conductas, pensamientos y sentimientos, que en la TMM se analiza más extensamente por medio del BASIC I.D. Las diferentes modalidades actúan como componentes mutuamente interactuantes, aunque funcionen de forma separada.

Desde nuestro punto de vista multimodal, destacamos, entre otros, a la persona que «actúa», a la que «piensa» y a la que «siente». Veamos nuestras intervenciones con ellas. Cuando un paciente, que permanece en cama todos los días, es una persona que «actúa», se recomienda una intervención conductual. En el caso de que sea una persona que «piensa», se prefiere una intervención cognitiva. Cuando el paciente es una persona que «siente», se recomienda una intervención afectiva o de evocación. Sin embargo, cuando tiene lugar un cambio en una modalidad, no está asegurado que aparezcan también cambios en las otras modalidades. Así, el paciente puede cambiar los pensamientos, pero no los sentimientos ni la conducta. O bien el paciente puede cambiar los sentimientos, pero no los pensamientos o la conducta. También es posible que cambie la conducta, pero no los pensamientos ni los sentimientos. Si defendemos una terapia «completa», es necesario realizar cambios congruentes en tantas modalidades como sea posible.

Una serie de estudios (Michelson, 1986) ha investigado la idea de que la técnica de intervención que se aplique tiene que corresponder con la modalidad dominante en el paciente. Incluso en el tratamiento de trastornos con el mismo diagnóstico psiquiátrico, se ha demostrado que se obtienen resultados duraderos si se considera lo que acabamos de señalar. Ost y cols. (1981, 1982, 1984) encontraron resultados reseñables con pacientes fóbicos a los que clasificaron como «personas que actúan» y «personas que piensan». Los individuos con fobia social que pertenecen a la categoría de «personas que actúan», responden mejor al entrenamiento en habilidades sociales que al entrenamiento en relajación. Por el contrario, las «personas que sienten» obtienen mejores resultados con el entrenamiento en relajación que con el entrenamiento en habilidades sociales. Los sujetos con claustrofobia mejoraron más con el entrenamiento en relajación, cuando pertenecían a la categoría de «personas que sienten», que si se les aplicaba la exposición en vivo. Por el contrario, las «personas que actúan» funcionaron mejor con la exposición en vivo que con el entrenamiento en relajación. Los mismos resultados se obtuvieron con agorafóbicos, aunque éstos no alcanzaron significación estadística. Técnicas idénticas o parecidas parecen arrojar buenos resultados en el 80% de los casos. Además de las dos tipologías que hemos visto, también estaban implicadas «personas que piensan», tratadas con intervenciones cognitivas, y los hallazgos se pudieron confirmar estadísticamente (Michelson, 1986).

Estos hallazgos empíricos apoyan el principio de que una técnica de tratamiento que es consonante con la modalidad dominante producirá los mejores resultados. Aunque suponemos que las órdenes disparadoras producen ciertas pautas relativamente fijas en ciertas situaciones para determinados individuos, pueden diferir en distintas circunstancias. Por ello, se recomienda una definición y un análisis sistemático de las órdenes disparadoras para cada episodio emocional presentado por el paciente.

III.3. *«Órdenes disparadoras» secuenciales*

Un método de tratamiento que emplea una orden disparadora prototípica en el análisis de un episodio emocional es la terapia racional emotiva. De acuerdo con el modelo emocional de Plutchik (1980), se utiliza aquí el denominado esquema ABC12. **A** representa la percepción de una determinada situación (S), **B** la interpretación cognitiva (C) y/o imágenes/fantasías (I) de la situación, **C1** la emoción (A) y **C2** la conducta (B e I.) en esa situación. En nuestro lenguaje multimodal, los terapeutas racional emotivos se atienen a la secuencia SC/IAB/I. La consecuencia de mantener un orden fijo es que se introduce al paciente a la fuerza en un modelo. El modelo tiene la ventaja de discriminar entre pensar, experimentar emociones y percibir, favoreciendo a los pensamientos. Las expresiones, planteadas como percepciones, como «Le oigo decir tonterías», se desmantelan en cogniciones. Así, «tonterías» es una inferencia de lo que ha dicho la persona. De la misma manera, expresiones que parecen expresar sentimientos, como, por ejemplo, «Me siento inseguro» o «Siento como si me tragase la tierra», se identifican como la cognición «Estoy inseguro y me siento ansioso» y la imagen «Me traga la tierra y me siento ansioso». En nuestro concepto multimodal, distinguimos cuatro emociones básicas, ansiedad, ira, alegría y tristeza, términos que determinan el color de la activación fisiológica que experimenta la persona. La terapia se dirige generalmente a cambiar los sentimientos negativos extremos (pánico, ira, depresión) por la «alegría de vivir» (felicidad, alegría, satisfacción). Una vez más señalamos que las emociones no se presentan aisladas, sino como subsistemas acompañados por las modalidades del BASIC I.D.

Un inconveniente importante de atenerse al orden SC/IAB/I. como modelo de trabajo, es que el abordaje de un trastorno emocional tiene lugar también según una manera prefijada determinada. El procedimiento enfatiza fuertemente la modalidad cognitiva y se dirige a la reestructuración cognitiva por medio de la disputa racional. El punto de partida, «el modo en que piensas es el modo en que te sentirás y te comportarás», se plantea a costa de los procedimientos dirigidos a la acción. La literatura de investigación afirma que hay una vía de dos sentidos entre el pensar y el comportarse. El pensamiento racional no produce necesariamente un cambio conductual y, hasta hoy día, los ejercicios conductuales en vivo parecen ser más eficaces que el cambio de los procesos simbólicos. La investigación con agorafóbicos ha mostrado que la reestructuración cognitiva tiene lugar después de la exposición en vivo. Durante el entrenamiento conductual, los pacientes se dan cuenta de que su temor disminuye debido a que no ha sucedido lo que esperaban y cambian, en consecuencia, sus pensamientos. Hay más reestructuración cognitiva después de ejercicios conductuales en vivo que después de la modificación cognitiva directa (Emmelkamp, Kuipers y Eggeraat, 1978; Rachman y Wilson, 1980). Nuestra propia experiencia clínica con más de 500 pacientes fóbicos, compulsivos, depresivos, anoréxicos, bulímicos y somatizadores, muestra que el simple cambio cognitivo solo no funciona (Kwee, Duivenvoorden, Trijsburg y Thiel, 1986). Una manera de mejorar un procedimiento unimodal, bimodal o incluso trimodal consiste en tener en cuenta las posibles 5 040 combinaciones secuenciales del BASIC I.D. Nuestro concepto sobre las órdenes disparadoras está de acuerdo con el pensamiento de sistemas de que las modalidades no existen por sí mismas, sino que están bajo un flujo constante de interacciones.

Generalmente, el paciente representa una secuencia relativamente estable en una serie de cuatro o cinco modalidades durante un episodio emocional. De esta manera, una «persona que actúa» puede experimentar una secuencia BSIA: estar en la cama (B), sentir dolor de cabeza (S), imaginarse cosas negativas (I) y experimentar depresión (A). Después de haber pasado por la consulta, se pueden iniciar las siguientes intervenciones: programa de actividades para detener la conducta de evitación, entrenamiento en relajación como un remedio contra el dolor de cabeza, ejercicios para la imaginación positiva y aceptación de los pensamientos depresivos. Una «persona que piensa» podría experimentar una secuencia CII.A: Pensar que es un individuo sin valía (C), imaginarse que siempre será de esa manera (I), manifestar conducta no asertiva (I.) y sentirse, finalmente, muy deprimido (A). El proceso de terapia podría comenzar con la reestructuración cognitiva, por medio del aprendizaje para pensar correctamente, seguido de la imaginación racional emotiva, el entrenamiento en asertividad y la aceptación de los sentimientos de depresión.

III.4. *Rastreando la secuencia*

Sea la que sea la categoría a la que pertenezca el paciente, la cuestión es seguir las órdenes disparadoras de cada episodio emocional, con el fin de ser capaz de definir la táctica terapéutica. Un procedimiento construido para este propósito se denomina «rastreo» (Lazarus, 1981). El «rastreo» es especialmente útil si el paciente informa que no sabe de dónde provienen los problemas y cómo tienen lugar.

Un ejemplo puede ilustrar este punto. La señora B. sufre ataques de ansiedad y tiene la idea de que provienen del «cielo». El siguiente extracto muestra cómo se identifica la orden disparadora de las modalidades por medio del «rastreo» (T × Terapeuta, P × Paciente):

T.: Cuando se siente ansiosa, ¿se ha dado cuenta si este sentimiento va precedido por pensamientos o imágenes o por ciertas sensaciones corporales?
P.: No sé lo que me causa la ansiedad. Puede suceder en cualquier sitio. Lo mismo que esta mañana. Ocurrió cuando estaba lavando los platos. Sin razón alguna.
T.: Intente recordar cada pensamiento, imagen o idea que le vino a la cabeza antes de que se sintiera ansiosa.
P.: No puedo acordarme
T.: Por favor, cierre los ojos, échese hacia atrás, relájese e imagine que está lavando los platos.
P.: (Después de un rato) Ya tengo la escena.
T.: Muy bien. Ahora vea esa escena con los ojos de la mente, imagine que está de pie en la cocina. Describa lo que está pasando.
P.: Estoy enjuagando los platos para quitar los restos de huevo antes de ponerlos en el lavavajillas.
T.: ¿Cómo se siente mientras lo está haciendo?
P.: Muy bien. Estoy mirando por la ventana y veo que el jardín está un poco descuidado. Hay que cortar el césped... Estoy recordando algo (abre los ojos). Esta mañana, cuando estaba lavando los platos, miré por la ventana y vi algo que brillaba, probablemente el reflejo de la luz del sol en una plancha de aluminio o algo parecido ... Me irritó los ojos y los tuve que cerrar por un momento, apartándolos de aquel sitio. Pero cuando los abrí me sentí mareada.
T.: ¿Qué sucedió entonces?
P.: (Cierra los ojos) Tuve dolor de cabeza ... (abre los ojos). Lo estoy sintiendo otra vez ahora. Me siento mareada otra vez. Me siento tensa.
T.: ¿Puede recordar cuándo empezó exactamente a sentirse tensa?
P.: Me ocurre siempre que empiezo a sentir una opresión en el pecho.

T.: De modo que el mareo le produjo una reacción en cadena, sintió dolor de cabeza y opresión en el pecho. ¿Qué pasó después de eso?
P.: (Pausa) Dejé de lavar los platos y me senté. Me puse nerviosa y tenía miedo de que me diese un ataque de pánico.
T.: ¿Qué le produjo temor finalmente?
P.: ¿Qué quiere decir?
T.: ¿Cómo pasó del mareo, el dolor de cabeza y la opresión a la ansiedad?
P.: Uhm, pensaba que era mejor sentarme antes de que me pusiera más tensa y me diera un ataque de pánico.
T.: ¿De modo que tuvo pensamientos antes de sentarse?
P.: Eso sucede la mayor parte del tiempo.
T.: ¿Qué se estaba diciendo a sí misma?
P.: Cuando me senté, tuve varias imágenes en las que me ahogaba y tenía un ataque de pánico.
T.: ¿De modo que se imaginó que se iba a morir porque le faltaba oxígeno?
P.: Sí, veo como sucede y lucho contra ello.

El diálogo anterior muestra que la orden disparadora de la señora B. es SCBIA, en la que S = mareos, dolor de cabeza, opresión, C = expectativas de tener un ataque de pánico, B = sentarse, I = imágenes en las que se ahoga y lucha contra la muerte y A = ansiedad y pánico.

III.5. *El eclecticismo técnico*

Una encuesta entre más de 400 psicólogos clínicos en los Estados Unidos mostró que la mayoría de ellos defendía una orientación ecléctica (Smith, 1982). Cada vez más terapeutas consideran que las técnicas o los procedimientos eficaces son más importantes que sus orientaciones teóricas o ideológicas (Frances, Clarkin y Perry, 1985). Se pueden distinguir, por lo menos, diez variantes del enfoque ecléctico (Dryden, 1984), de las cuales el *eclecticismo técnico* o *sistemático* que defendemos es una de ellas (Lazarus, 1986). Nuestra variante puede llamarse *sistemático* porque no es ateórico, ya que nos remitimos a la teoría general de sistemas como un modelo general y a la teoría del aprendizaje social como un modelo específico de nuestras explicaciones (Kwee y Lazarus, 1986).

El eclecticismo técnico es diferente del eclecticismo teórico, que rechazamos porque conduce, en nuestra opinión, a una improductiva confusión de explicaciones, conceptos y términos contradictorios. Las teorías son menos importantes que las técnicas en el tratamiento de la desgracia humana (London, 1972). Un punto de vista técnico-ecléctico defiende el empleo de una variedad de técnicas que están abiertas a la verificación y a la refutación de su efectividad. Estas técnicas pueden haber sido desarrolladas por cualquier escuela u orientación, pero lo que importa es que se demuestre que son empíricamente efectivas y eficientes. El uso de estas técnicas no significa que subscribimos necesariamente las teorías que se formulan en apoyo de estas técnicas. Las técnicas son efectivas aparte de sus teorías y muchas veces por otras razones diferentes de las que sus creadores tenían en mente. Un terapeuta eficaz puede aplicar técnicas eficaces, independientemente de cómo, dónde y por quién fueron creadas estas técnicas. Un terapeuta tiene un objetivo diferente del científico, que no se puede permitir ser ecléctico. En el laboratorio, la cuestión es comprobar un número limitado de variables, con el fin de ser capaz de identificar los ingredientes efectivos. Las explicaciones teóricas se adaptan sobre la base de este tipo de investigación. Tomemos el ejemplo de la desensibilización sistemática, una de las técnicas más exploradas en la terapia de conducta. Su creador, Wolpe (1958), pensaba que la ansiedad se eliminaba por medio de la «inhibición recíproca». Esto implica que la ansiedad desaparece cuando al paciente se le ofrece una respuesta opuesta a la ansiedad, al enfrentarse a situaciones inductoras de miedo. Este procedimiento requiere: a) una potente respuesta que reduzca el miedo (p.ej., relajación muscular), b) una jerarquía graduada de estímulos provocadores de miedo y c) un emparejamiento de la ansiedad y la relajación, con un grado de dificultad cada vez mayor. Más de treinta años de investigación nos muestran que la eficacia de este procedimiento se puede explicar por medio de seis teorías diferentes. El cuadro 29.1. muestra las explicaciones que se han ido sucediendo a lo largo del tiempo.

CUADRO 29.1. *Explicaciones alternativas para la desensibilización sistemática desde 1958 hasta hoy día* (Thoresen y Coates, 1978)

1. Inhibición recíproca (Wolpe, 1958)	Se elimina la ansiedad por medio de la relajación inducida en la situación provocadora de miedo
2. Contracondicionamiento (Davison, 1968)	Se reduce la ansiedad emparejando la reacción con una respuesta antagonista
3. Habituación/Extinción (Lader y Matthews, 1968)	Se reduce la ansiedad si no la siguen consecuencias aversivas
4. Exposición (Marks, 1978)	Se reduce la ansiedad por medio de la exposición gradual o prolongada a la situación temida
5. Solución de poblemas (Goldfried y Goldfried, 1980)	Se reduce la ansiedad por medio de habilidades de solución de problemas (p. ej., el habla racional con uno mismo)
6. Autoeficacia (Bandura, 1986)	Se reduce la ansiedad por medio de la expectativa de ser capaz de tomar medidas efectivas

En la TMM empleamos principalmente 40 técnicas de las que se ha comprobado empíricamente su eficacia (Lazarus, 1986, 1987, 1989). Por comprobación empírica nos referimos desde la manipulación experimental y la investigación correlacional hasta la observación sistemática en la realidad y la comprobación metodológica de las experiencias controlables. Originalmente, Lazarus (1981) recogió 39 técnicas en su compendio de las técnicas que empleaba más frecuentemente. Nosotros hemos añadido la cuadragésima técnica, denominada *terapia de la aflicción*, que se ha desarrollado dentro del terreno de la terapia de conducta (Ramsay, 1979). En el cuadro 29.2. se ordenan estas técnicas según el BASIC I.D.

En esta lista se puede ver que la mayoría de estas técnicas (34) provienen de la *práctica de la terapia cognitivo-conductual* (Wilson, 1982). Las restantes seis técnicas merecen una explicación. Tres técnicas que utilizan la imagina-

CUADRO 29.2. *Las 40 técnicas más utilizadas en la Terapia Multimodal (TMM)*

B—	1. Ensayo de conducta, 2. Modelado, 3. No reforzamiento, 4. Reforzamiento positivo, 5. Registro y autorregistro, 6. Control del estímulo, 7. Exposición sistemática, 8. La silla vacía.
A —	9. Expresión de emociones, 10. Entrenamiento en el control de la ansiedad, 11. Identificación de sentimientos, 12. Terapia de la aflicción.
S —	13. Biofeedback, 14. Focalización, 15. Hipnosis, 16. Meditación, 17. Entrenamiento en relajación, 18. Entrenamiento en focalización sensorial, 19. Entrenamiento del umbral.
I —	20. Imaginación anti «shock del futuro», 21. Imaginación asociada, 22. Imaginación aversiva, 23. Imaginación de afrontamiento o de ensayo de los objetivos, 24. Imaginación positiva, 25. La técnica aceleradora, 26. Proyección en el tiempo (hacia adelante o hacia atrás).
C —	27. Biblioterapia, 28. Corrección de conceptos erróneos, 29. Paradigma A-B-C-D-E de Ellis, 30. Solución de problemas, 32. Entrenamiento en autoinstrucciones, 32. Detención del pensamiento.
I.—	33. Entrenamiento en comunicación, 34. Contrato de contingencias, 35. Entrenamiento en hacer amistades, 36. Acercamientos sexuales graduados, 37. Estrategias paradójicas, 38. Entrenamiento en asertividad y habilidades sociales.
D.—	39. Fomento de hábitos de salud (buena alimentación, ejercicios físicos, tiempo de ocio), 40. Remitir al médico cuando se sospecha de problemas orgánicos o están indicadas intervenciones biológicas.

ción *(imaginación anti «shock del futuro»*, la *técnica aceleradora* y la *proyección en el tiempo)* fueron creadas por Lazarus (1987) y dan buenos resultados en la práctica clínica. La *«técnica de la silla vacía»* es una técnica de origen guestáltico (Fagan y Sheperd, 1970) y la *«focalización»* proviene de la terapia experiencial (Gendlin, 1981). Parece que la eficacia de ambas técnicas se ha comprobado empíricamente un buen número de veces. La *meditación* se utiliza ampliamente hoy día en la terapia de conducta (Shapiro, 1980). Los méritos de esta técnica provienen del hecho de que ha sobrevivido el paso del tiempo durante miles de años. Se están acumulando datos de la investigación sobre la meditación Zen y la meditación transcendental. La meditación de la risa se ha mostrado muy eficaz para restablecer la alegría (Kwee, 1986). Algunas técnicas no mencionadas son idénticas a, o variantes de, las mencionadas en nuestro compendio. La *aproximación sucesiva* es idéntica a la *exposición sistemática* y la *imaginación racional* al *ensayo de los objetivos.* La *reestructuración racional emotiva sistemática* no es nada más que una variante del *autoanálisis racional.* El *entrenamiento autógeno* no es muy diferente del *entrenamiento en relajación.* Aunque, como terapeutas multimodales, seguimos buscando más técnicas eficaces de las que actualmente tenemos a nuestra disposición, siempre ponemos cuidado en mantener una actitud científica antes de incorporalas a nuestro repertorio. Rechazamos procedimientos que son vagos, no están comprobados científicamente y no pueden explicarse por la teoría de sistemas y/o la teoría del aprendizaje social.

III.6. *Conclusiones*

Para algunos pacientes puede bastar la aceptación incondicional, la sinceridad, la cordialidad y la empatía, o la «amistad» del terapeuta. Sin embargo, son una minoría. Otros pacientes necesitan de la introspección sobre la relación entre los acontecimientos pasados y los síntomas presentes. Algunos otros buscan cambios en sus hábitos, una orientación vocacional o «experiencias emocionales correctoras» (Alexander, 1932). De todos modos, casi cualquier terapia intenta proporcionar al paciente una cierta filosofía de la vida, otra visión de él/ella y de los demás, y nuevas formas de manejar los problemas emocionales.

En la TMM distinguimos una serie de mecanismos comprobados experimentalmente, que suponemos son los ingredientes activos del cambio psicológico. El cuadro 29.3. muestra los ingredientes que suponemos son eficaces en la mayoría de las técnicas que aplicamos.

La introducción de estos ingredientes activos no puede separarse de la persona del terapeuta que los utiliza. La personalidad y estilo del terapeuta son instrumentos de la terapia y constituyen una parte inherente de la misma.

CUADRO 29.3. *Los supuestos ingredientes activos de la Terapia Multimodal (TMM)*

B —	Reforzamiento positivo. Reforzamiento negativo. Castigo. Contracondicionamiento. Extinción.
A —	Aceptación y reconocimiento de los sentimientos. Catarsis.
S —	Dejar escapar la tensión. Sensaciones agradables.
I —	Imágenes de ser capaz, de afrontamiento. Cambios en la imagen de uno mismo.
C —	Reestructuración cognitiva. Aumento de la conciencia.
I. —	Modelado. Aceptación incondicional. Resolución de conflictos
D.—	Ejercicio y dieta saludables. Abandonar el alcohol y las drogas. Medicación, cuando esté indicada.

El terapeuta tiene que: a) mostrar cordialidad, ser firme y paciente, poseer humor y ajustarse con flexibilidad al paciente, b) tener habilidad para utilizar las técnicas (y si es necesario crear él mismo técnicas), c) practicar lo que predica, y d) ser un maestro en el arte de comunicar. El oficio terapéutico es comparable con la práctica de un arte. Un músico tiene que saber sobre las leyes fisiológicas de los sonidos y las vibraciones, entre otras cosas, pero este conocimiento no es decisivo para la ejecución musical. Con respecto al terapeuta se aplica que el conocimiento científico es útil en su práctica pero no depende principalmente de él. El escuchar a un músico virtuoso es comparable con el observar la práctica de un renombrado terapeuta. El estudiar la práctica de los expertos puede aumentar nuestro conocimiento de los mecanismos terapéuticos del cambio psicológico (p. ej., Klein, Dittman, Parloff y Gill, 1969).

También es importante que el terapeuta sea capaz de establecer tareas terapéuticas, principalmente en la forma de tareas para casa, de tal manera que el paciente las pueda llevar a cabo. Al hacer esto, se señalan las siguientes cuestiones (Shelton y Levy, 1981): a) Sé explícito y claro sobre lo que tiene que hacer el paciente (sé primero un modelo); b) Define la frecuencia, el momento y la duración de cada tarea específica; c) Pregunta al paciente si encuentra la tarea suficientemente importante y si contribuye a la solución del problema; d) Observa que el paciente no se sienta amenazado por la tarea o que piense que consume demasiado tiempo y energía. Ni que decir tiene que las tareas no pueden parecer órdenes, sino peticiones o sugerencias. También es aconsejable empezar con tareas fáciles antes de pasar a las tareas difíciles.

Las tareas para casa constituyen una parte esencial de cualquier tratamiento efectivo (Wilson, Franks, Brownell y Kendall, 1984). Proporciona generalización de los resultados desde la situación de terapia al ambiente social del paciente. Otra manera de conseguir la generalización consiste en implicar tanto como sea posible al cónyuge y/o a otras personas importantes del ambiente del paciente. Esto puede proporcionar a los miembros de la familia una oportunidad para crecer con el paciente y puede evitar saboteadores terapéuticos. También es muy útil el uso de cassettes para lograr la generalización. Se pueden escuchar en casa grabaciones de las sesiones de terapia, tantas veces como se desee, de modo que puede darse un «superaprendizaje». Al final de la terapia es útil anticipar posibles situaciones provocadoras de estrés. Aprendiendo el paciente a manejar futuros problemas emocionales, se pueden disminuir las recaídas y mantenerse los resultados.

IV. RESUMEN

La Terapia Multimodal (TMM) es un enfoque que se ha desarrollado a partir de la tradición conductual. Después de ver el nacimiento de la terapia de conducta en los años cincuenta y de su posterior auge en los sesenta, hubo una especie de «cambio de paradigma» en los setenta, marcado por la inclusión de factores cognitivos. En lo que ahora se conoce como terapia de conducta cognitiva, las cogniciones están también sujetas a análisis y modificación en la práctica clínica. Durante los años ochenta se ha podido observar una necesidad de incluir el «afecto» como una dimensión importante. Así tendríamos una «terapia de conducta cognitivoafectiva», que es en esencia la TMM. En la TMM distinguimos incluso dimensiones más refinadas, denominadas modalidades, que pueden ser clasificadas bajo el acróstico BASIC I.D. [Conducta *(«Behavior»)*, Afecto *(«Affect»)*, Sensación *(«Sensation»)*, Imaginación *(«Imagery»)*, Cognición *(«Cognition»)*, Relaciones Interpersonales *(«Interpersonal relations»)* y Drogas o temas relacionados con la salud *(«Drugs»)*]. Estas modalidades pueden considerarse discretas, pero interrelacionadas, y juntas forman un sistema biopsicosocial, que reconoce la causalidad circular. Al añadir la teoría de sistemas, como metateoría, a la psicología del aprendizaje, se podría crear el «marco» necesario para el análisis funcional, por medio del cual los casos más complejos pueden ser comprendidos más fácilmente. También proporciona al terapeuta directrices para planificar una estrategia y escoger así las técnicas de tratamiento apropiadas. En la TMM nos adherimos a la doctrina del eclecticismo técnico, lo que significa que apoyamos el empleo de cualquier técnica proveniente de cualquier escuela, siempre que se haya probado su eficacia y se puedan explicar sus fundamentos y mecanismos por los que funciona, por medio de la teoría de sistemas y la psicología experimental general, especialmente por la psicología del aprendizaje. Desde nuestro punto de vista existen 40 técnicas muy eficaces, cuya aplicación defendemos. Si en el futuro se encuentran mejores teorías y/o técnicas, las prácticas que tienen lugar actualmente, inclùso la misma TMM, deben de abandonarse.

V. LECTURAS PARA PROFUNDIZAR

Kwee, M. G. T. y Lazarus, A. A., «Multimodal therapy: the cognitive-behavioral tradition and beyond», en W. Dryden y G. Golden (comps.), *Cognitive-behavioral approaches to psychotherapy,* Londres, Harper & Row, 1986.

Lazarus, A. A., *Terapia multimodal,* Buenos Aires, Ippsem, 1983. (Or.: 1981)

Lazarus, A. A. (comp.), *Casebook of multimodal therapy,* Nueva York, Guilford Press, 1985.

Lazarus, A. A., «Multimodal therapy», en J. C. Norcross (comp.), *Handbook of eclectic psychotherapy,* Nueva York, Brunner/Mazel, 1986.

Lazarus, A. A., «The multimodal approach with adult outpatients», en N. S. Jacobson (comp.), *Psychotherapists in clinical practice: cognitive and behavioral perspectives,* Nueva York, Guilford Press, 1987.

30. LA ENTREVISTA CONDUCTUAL

BARRY A. EDELSTEIN y JEROME YOMAN

La entrevista conductual es, sin lugar a dudas, el procedimiento de evaluación conductual más frecuentemente utilizado (Haynes, 1978; Linehan, 1977; Morganstern, 1988; Edelstein y Berler, 1987; Swan y MacDonald, 1978). Una encuesta reciente sobre los psicólogos clínicos de Estados Unidos (Norcross, Prochaska y Gallagher, 1989) reveló que la entrevista clínica era empleada por el 96% de los clínicos y que ocupaba el 39% del tiempo que dedicaban a la evaluación. La entrevista clínica es también la primera conexión crítica del proceso terapéutico.

I. HISTORIA

Históricamente, los terapeutas de conducta no han distinguido la entrevista del proceso global de la evaluación y la terapia conductuales. Para el terapeuta de conducta, la entrevista era principalmente un método de obtención de información para la evaluación, método que proporcionaba información cuestionable sujeta a las múltiples influencias sobre la conducta verbal. La información autoinformada era frecuentemente desechada, especialmente por los terapeutas operantes, en favor de fuentes de datos múltiples e independientes (p.ej., Weller y Luchterhand, 1969). Una consecuencia poco afortunada de esta relativa falta de atención y desconfianza hacia los datos extraídos de la entrevista, ha sido la poca investigación que se ha llevado a cabo sobre la entrevista conductual, a pesar de su ubicuidad. Por consiguiente, disponemos de poco apoyo empírico para nuestras prácticas de entrevista conductual, en general (Alberts, Edelstein, Yoman y Breitenstein, 1988; Barrios y Hartmann, 1986; Edelstein y Berler, 1987) y sobre la fiabilidad y validez de la entrevista conductual, en particular (Alberts y cols., 1988; Hay, Hay, Angle y Nelson, 1979).

Gran parte del trabajo publicado sobre la entrevista conductual se compone de sugerencias, sin base empírica, sobre cómo se debería llevar a cabo una entrevista (p.ej., Cormier y Cormier, 1975; Hackney y Nye, 1973; Mor-

---

West Virginia University (EE UU).

ganstern, 1988) o de directrices y esquemas para organizar la información obtenida en la entrevista (p.ej., Kanfer y Saslow, 1969; Peterson, 1968; Pomeranz y Goldfried, 1970; Wahler y Cormier, 1970). A pesar del limitado apoyo empírico, la entrevista sigue siendo una herramienta indispensable.

II. DEFINICIÓN Y DESCRIPCIÓN

La *entrevista conductual* es típicamente una interacción diádica entre el paciente y el terapeuta, por medio de la cual el terapeuta busca la información necesaria para llevar a cabo un análisis del problema del paciente. Puesto que no existe una conceptualización única de la entrevista, quizá se defina mejor por sus objetivos y por las tareas realizadas para cumplir esos objetivos. Aunque dichas tareas pueden articularse, el modo en que se realizan varía considerablemente con los entrevistadores.

II.1. *Objetivos de la entrevista*

Una entrevista puede tener numerosos objetivos, que van desde el establecimiento de la relación hasta la intervención sobre los problemas que presenta el paciente. Para los propósitos de este capítulo, la entrevista será considerada como el proceso que empieza con el primer encuentro entre el terapeuta y el paciente y que termina con el establecimiento de conductas objetivo para la intervención. Aunque se aplican los mismos principios a la entrevista con niños, limitaremos nuestra discusión a la entrevista con adultos, incluyendo a los padres de niños con problemas de conducta. Para una discusión detallada de la entrevista con niños, se remite al lector a Edelstein y Berler (1987).

El *primer objetivo* es el establecimiento de una relación terapéutica con el cliente. Esto incluye el desarrollo de una conexión armónica y el enseñar al paciente conductas de rol apropiadas, de modo que pueda participar prestando su colaboración en el proceso de la entrevista.

El *segundo objetivo* es la acumulación de la información necesaria para un análisis funcional preciso del(os) problema(s) presente(s) en el paciente.

El *tercer objetivo* de la entrevista es la identificación de las conductas meta para la intervención (Ciminero, 1977; Hawkins, 1988; Haynes, 1978).

III. FUNDAMENTOS CONCEPTUALES Y EMPÍRICOS

No existe virtualmente apoyo empírico para la entrevista conductual. Aunque una serie de estudios ha examinado su fiabilidad y validez (p.ej., Alberts,

Edelstein, Yoman y Breitenstein, 1988; Christoff, Scott, Edelstein, Sims, Brasted y Steinfeld, 1980; Hay, Hay, Angle y Nelson, 1979; Felton y Nelson, 1984), la mayoría de los estudios se ha centrado en la eficacia de programas para entrenar a personas a que lleven a cabo entrevistas (p.ej., Alberts, Freeman, Desiderato, Shawchuck y Edelstein, 1987; Alberts, Freeman, Desiderato, Wiener y Edelstein, 1986; Christoff, Spencer, Edelstein, Couture, Sims y Vieira, 1978; Couture y Edelstein, 1977; Edelstein, Knight, DiLorenzo, Baer, Detrich y Carr, 1983; Edelstein y Scott, 1983; Hirsch, Fuqua y Miltenberger, 1986; Iawata, Wong, Riordan, Dorsey y Lau, 1982; Miltenberger y Fuqua, 1985; Miltenberger y Veltum, 1988; Veltum y Miltenberger, 1989).

La fiabilidad y validez de la entrevista conductual han sido, irónicamente, las últimas propiedades investigadas. Los pocos estudios que han abordado las propiedades psicométricas de la entrevista han arrojado resultados decepcionantes. Por ejemplo, Hay y cols. (1979) investigaron la fiabilidad de la evaluación de la conducta problema empleando cuatro entrevistadores que llevaban a cabo entrevistas con los mismos cuatro pacientes. El acuerdo entre los entrevistadores fue de 0,55 para las áreas del funcionamiento social y personal y 0,40 para aspectos clínicos más específicos dentro de esas áreas generales. Felton y Nelson (1984) encontraron igualmente un escaso acuerdo en la identificación de los antecedentes y consecuentes en las entrevistas clínicas. La variabilidad tanto en la conducta del paciente (es decir, de la información presentada durante las entrevistas) como en la conducta del terapeuta (es decir, la cantidad y especificidad de las preguntas hechas), de los estudios de Hay y cols. (1979) y de Felton y Nelson (1984), contribuyó, probablemente, a los bajos niveles de acuerdo entre los clínicos (Alberts y cols., 1988).

Alberts y cols. (1988) proporcionaron una evaluación más controlada de los acuerdos entre los entrevistadores sobre la conceptualización de los problemas del paciente y sobre otros juicios respecto a la identificación de la conducta problema y a la selección del tratamiento. El acuerdo entre los entrevistadores en el análisis funcional, llevado a cabo por cuatro pares de entrevistadores con cuatro pacientes, variaba con el nivel de los análisis realizados. El acuerdo medio entre los entrevistadores, para las descripciones globales del problema de los pacientes (p.ej., depresión), era de 0,56 (rango = 0,25 a 0,69). El acuerdo sobre los antecedentes de la conducta problemática era de 0,30 (rango = 0,25 a 0,37) y el acuerdo sobre las consecuencias era de 0,31 (rango = 0,25 a 0,35). El acuerdo medio entre los entrevistadores sobre la estrategia de intervención apropiada para cada problema fue de 0,35 (rango = 0,33 a 0,39).

Alberts y cols. (1988) hicieron también que sus entrevistadores seleccionasen un objetivo para la intervención en cada problema descrito. Los entrevistadores seleccionaron una o más explicaciones a partir de una lista de ellas, que podían haber utilizado para tomar sus decisiones. El acuerdo entre los entrevistadores, a través de los clientes, sobre la selección de explicaciones fue de 0,36 (rango = 0 a 1). Finalmente, el porcentaje medio de acuerdo para cada posible par de entrevistadores, sobre la identificación de componentes conductuales funcionales, fue modesto para cinco de las seis parejas (rango = 0,30 a 0,40). La sexta pareja logró moderados niveles de acuerdo (M = 0,61, rango = 0,53 a 0,79). Se podría concluir a partir de estos resultados que, con entrevistadores bien entrenados, el acuerdo entre éstos sobre incluso los aspectos más molares de los problemas que se presentan es, como mucho, modesto. Con cuestiones referentes al empleo de la información obtenida en la entrevista (p.ej., selección del objetivo, selección de la intervención), los datos son incluso menos importantes. Aunque estos datos no son definitivos, sugieren que nos queda un largo trecho para establecer la fiabilidad y la validez de los resultados de la evaluación por medio de la entrevista conductual.

IV. MÉTODO

No se ha identificado un único método que sea correcto o que sea más eficaz para llevar a cabo una entrevista. Esto es, en parte, una función de la falta de investigación relevante y, en parte, una función de la complejidad del proceso de entrevista. Además, no hay razón para creer que un método es más eficaz que otro. La entrevista es un proceso cibernético dinámico (Edelstein y Berler, 1987; Miller, Galanter y Pribram, 1960; Wiener, 1948). El terapeuta y el paciente están constantemente cambiando su conducta en respuesta a la conducta del otro. La cuestión crítica es si los entrevistadores logran sus objetivos y llegan a un análisis fiable y válido del(os) problema(s) del cliente; no si los entrevistadores logran estos objetivos de idéntica manera.

IV.1. *El establecimiento de una relación terapéutica*

Frieswyk, Allen, Colson, Coyne, Gabbard, Horwitz y Newsom (1986) han definido la *relación (alianza) terapéutica* como «la colaboración del paciente en las tareas de la psicoterapia» (p. 32). La relación terapéutica se consideraba, tradicionalmente, como la piedra angular del psicoanálisis, aunque la distinción entre alianza y transferencia ha estado frecuentemente difuminada en la literatura psicoanalítica. Por el contrario, los terapeutas de conducta han adquirido la reputación de ser impersonales en la terapia y de no preocuparse por la relación paciente-terapeuta. Irónicamente, el rechazo, por parte de los terapeutas de conducta, del concepto psicoanalítico de la transferencia es, probablemente, una de las razones por las que muchos individuos tienen el concepto erróneo de que los terapeutas de conducta son impersonales (Wilson y Evans, 1977). La relación terapéutica, hasta cierto punto, ha sido siempre importante para éstos, como lo evidencian los escritos de los primeros terapeutas de conducta (p.ej., Crisp, 1966; Meyer y Gelder, 1963; Eysenck, 1959; Lazarus, 1963; Wolpe, 1954). Aunque los terapeutas de conducta más contemporáneos han ensalzado las virtudes de la relación terapéutica (p.ej., Foa y Goldstein, 1980; Goldstein, 1973; Hersen y Bellack, 1981; Kanfer y Grimm, 1980; Kanfer y Schefft, 1988; Sweet, 1984), no han llevado a cabo ninguna investigación sobre los efectos específicos de las conductas del terapeuta sobre la relación terapéutica y de los efectos de la relación sobre los resultados de la terapia. Sin embargo, es un ingrediente importante del proceso de entrevista y merece realmente una consideración seria y su estudio por parte de los psicólogos conductuales.

La relación terapéutica implica una colaboración del paciente y el terapeuta en las tareas de la entrevista (Frieswyk y cols., 1986). Por consiguiente, se puede considerar que la función de la *relación* en la entrevista consiste en la facilitación del proceso de evaluación, tal como se lleva a cabo en el contexto de la entrevista. El objetivo del terapeuta es conseguir la colaboración del paciente.

El obtener la colaboración del paciente es un complejo proceso de influencia social, que requiere de una gran parte de la competencia social necesaria en las conversaciones diádicas ordinarias. La diferencia principal entre la entrevista y una conversación casual es que los objetivos y muchas de las tareas de la entrevista se establecen antes de que empiece la entrevista. Aunque la conducta que se desarrolla en cada momento se encuentra influida por la conducta del paciente, la conducta del terapeuta se guía generalmente por los objetivos de la entrevista. Para lograr una relación de colaboración entre el paciente y el terapeuta, éste puede tener que aplicar un sutil procedimiento de moldeamiento, por medio del cual la conducta del paciente sea moldeada en un papel de colaboración con el terapeuta.

IV.2. *El entrenamiento de la conducta del rol de paciente (CRP)*

Una parte considerable de la literatura se ha basado en la suposición de que determinadas *conductas del rol de paciente (CRPs)* mejoran el progreso de la terapia (p.ej., Lennard y Bernstein, 1967; Zwick y Attkisson, 1984; LaTorre, 1977). Con frecuencia, datos anecdóticos publicados asocian las CRPs deficientes con sesiones de terapia confusas y que van a la deriva, con pacientes decepcionados y con terapeutas desilusionados. Realmente, es difícil imaginarse que progrese la entrevista sin ciertas CRPs, como puede ser la *autorre-*

velación. Desgraciadamente, la investigación sobre la CRP se ha centrado normalmente en variables tales como las *expectativas* del paciente, que tienen sólo relaciones *teóricas*, que no establecidas empíricamente, con la CRP real (Childress y Gillis, 1977; Tinsley, Bowman y Ray, 1988).

Por consiguiente, la investigación existente ha arrojado poca luz tanto sobre si los intentos para influir en las CRPs son eficaces como sobre si las CRPs tienen algo que ver con el resultado de la terapia (LaTorre, 1977; Tinsley y cols., 1988). Sin embargo, éstas son las cuestiones cruciales. Nos interesa, no si las *expectativas* del paciente son realistas o si son congruentes con las del terapeuta, sino si la *conducta* del paciente facilita el progreso de la entrevista y de la terapia. Un marco para la evaluación y el entrenamiento de las CRPs puede proporcionar a los clínicos instrumentos que se van autocorrigiendo empíricamente y que sirvan para explorar las conductas del paciente durante su práctica terapéutica. El resto de este apartado describirá dicho marco.

IV.3. *CRPs para la terapia de conducta*

Los distintos aspectos del papel, que los clínicos consideran normalmente importantes para el resultado de la terapia, se convierten seguidamente en CRPs específicas. Dos advertencias son pertinentes: 1) La relación entre la mayoría de estas CRPs y el resultado de la terapia aguarda una investigación empírica; 2) La lista que sigue no es de ninguna manera exhaustiva. Sin embargo, puede sugerir conductas de interés para pacientes particulares.

El objetivo del cliente es *obtener servicios profesionales* y no otros contactos personales o íntimos con el terapeuta (Zwick y Attkisson, 1984; Kanfer y Schefft, 1988). Esto significa que *evitará hacer preguntas personales* al terapeuta que no estén relacionadas con la tarea correspondiente de la terapia (Kanfer y Schefft, 1988) y *se limitará a los contactos que se especifiquen en el contrato de tratamiento* (normalmente en la sala de consulta del terapeuta). También se espera que el paciente haga un *uso sabio de los servicios obtenidos*, cambiando, por ejemplo, su conducta en respuesta a la retroalimentación del terapeuta (Goldfried, 1982c).

Se espera que el paciente *participe activamente y tenga una conducta de colaboración* (Orne y Wender, 1968; Heitler, 1976; Tinsley y cols., 1988). El paciente puede hacer esto compartiendo responsabilidades del proceso de la entrevista, con el terapeuta (Kanfer y Schefft, 1988; Tinsley y cols., 1988; Zwick y Attkisson, 1984). Esta conducta de compartir incluye que el paciente *exprese los objetivos y deseos personales*, que *tome decisiones sobre el alcance y el curso del tratamiento*, y que *discuta abiertamente sus preocupaciones sobre el tratamiento y el terapeuta* (Orne y Wender, 1968; Strupp y Bloxom,

1973; Warren y Rice, 1972; Zwick y Attkisson, 1984). La discusión de las preocupaciones sobre el tratamiento puede implicar el no estar de acuerdo con el terapeuta y el hacer peticiones específicas. El paciente puede también participar activamente ofreciendo sus propias soluciones al problema, en vez de esperar el consejo del terapeuta (Orne y Wender, 1968; Zwick y Attkisson, 1984). De igual manera, el paciente puede generar consecuencias y juicios de valor sobre los cursos personales de acción, en vez de provocarlos en el terapeuta.

El paciente tiene que *autorrevelarse* para participar de forma eficaz en la entrevista (Orne y Wender, 1968; Strupp y Bloxon, 1973; Glenn, 1983; Zwick y Attkisson, 1984; Kanfer y Schefft, 1988; Tinsley y cols., 1988; Hamilton, 1988). Esto puede conllevar el tolerar el malestar y/o fuertes reacciones emocionales ante el contenido de lo que se revela. En la terapia de conducta, la autorrevelación toma, de modo ideal, formas específicas. Por ejemplo, se enseña a los pacientes a que revelen información que se relacione con los antecedentes y los consecuentes de los problemas presentes. El paciente aprende también a tomar responsabilidades de sus problemas (Strupp y Bloxom, 1973; Tinsley y cols., 1988), discutiendo éstos en términos que se refieran a su propia conducta.

IV.4. *Métodos de evaluación de la CRP*

IV.4.1. Evaluación de la historia predictora de las CRPs, por medio de la entrevista

La historia de aprendizaje del paciente afecta a su CRP. El terapeuta puede identificar objetivos para el entrenamiento de la CRP entrevistando al paciente sobre la historia que sea relevante para el rol de paciente. Es probable que la experiencia pasada del paciente con la terapia sea un predictor válido de la CRP (Heitler, 1976; LaTorre, 1977). La naturaleza y la cantidad de dicha experiencia representa la cantidad de práctica que el paciente ha tenido con distintas CRPs. El que el paciente caracterice las experiencias con la terapia pasada como buenas o malas, puede decir al terapeuta actual si ciertas CRPs han sido castigadas o reforzadas en el pasado. Las experiencias de terapia negativas pueden producir realmente una aversión hacia el rol de paciente. La topografía o la frecuencia de ciertas conductas de rol, que el paciente aprendió en terapias anteriores de tendencia no conductual, pueden no ser congruentes con el rol de paciente en la terapia de conducta. El contenido verbal (p.ej., asociación libre *versus* la descripción de los antecedentes y los consecuentes) y el equilibrio de la conducta verbal entre el paciente y el terapeuta (p.ej., el paciente habla la mayor parte del tiempo en la terapia psicodinámica), pueden ser distintos.

La exposición pasada del paciente a otra persona que recibía servicios de salud mental, puede haber conducido al aprendizaje vicario relevante al rol de paciente (Orne y Wender, 1968; LaTorre, 1977). El terapeuta puede preguntar sobre el conocimiento, por parte del paciente, de las CRPs de otra persona y sobre la reacción del paciente a la entrada de la otra persona en el rol de paciente. El terapeuta puede preguntar al paciente si ha observado algún beneficio en la otra persona como resultado de adoptar ésta el rol de paciente. Finalmente, el terapeuta puede preguntar si el paciente observó alguna reacción, por parte de la otra persona, al rol de paciente que representaba.

El paciente puede haber estado expuesto a otras representaciones del rol de paciente en libros, en televisión y en películas (Orne y Wender, 1968). La discusión de las reacciones del paciente a estas representaciones, incluyendo su evaluación del realismo, podría ser útil, puesto que dicha exposición puede también conducir al aprendizaje vicario.

Los pacientes pueden generalizar conductas de rol provenientes de experiencias pasadas con otros profesionales. Esto puede, a menudo, ser problemático, puesto que el rol de paciente en la terapia es totalmente único. Por ejemplo, las conductas del rol de paciente, generalmente pasivas, ignorantes y sin implicaciones, aprendidas en las interacciones con médicos, son poco válidas para el rol de paciente en la terapia (Orne y Wender, 1968; Heitler, 1976). De igual manera, las interacciones con superiores o jefes pueden requerir una condescendencia y un acatamiento a la autoridad, constituyendo «conductas del paciente para la terapia» poco eficaces.

El estatus legal, bajo el que una persona representa el papel de paciente, es claramente relevante para las CRPs. Los pacientes que acuden a la fuerza tienden a encontrar las CRPs aversivas (Rooney, 1988). Heitler (1976) señala que es más probable que los pacientes con bajo estatus social y económico acudan a la fuerza (y que conozcan a otros pacientes que también acuden a la fuerza), otro factor que explica la mayor preponderancia, en estos sujetos, de problemas con el rol de paciente.

IV.4.2. Observación de las características de acercamiento/evitación del contexto del rol de paciente.

La observación, o la petición de autoinformes o de informes de los acompañantes, de las características de exigencia bajo las cuales el paciente viene a la terapia, puede proporcionar información relevante a las CRPs. Obviamente, el paciente que se encuentra muy presionado por la esposa o que va acompañado a las sesiones por un trabajador de los servicios de protección del menor, puede ser propenso a resistirse a la representación del rol. El llegar tarde y la asistencia irregular pueden estar asociados también con patrones de evitación o la falta de ejecución de las CRPs. Estas variables dan pie al terapeuta para que evalúe su covariación con la conducta que tiene lugar en la sesión (p.ej., el paciente que de forma sistemática llega tarde a las sesiones ¿tiene también problemas para encontrar algo sobre lo que hablar cuando está en ellas?).

IV.4.3. Observación de grabaciones en audio y/o en vídeo de la sesión

Este método de evaluación permite a los terapeutas participar totalmente en el proceso de entrevista y observarlo detenida y directamente. También les permite identificar y discriminar CRPs meta para intervenciones futuras dentro de las sesiones (Kohlenberg y Tsai, 1987). La observación de las grabaciones de la sesión proporciona al terapeuta una oportunidad para identificar reforzadores potenciales naturales en su propia conducta, para las CRPs (Ferster, 1979). Las CRPs descritas anteriormente son objetivos potenciales para que el terapeuta las observe. Por ejemplo, el terapeuta podría contar el número de veces que el paciente cambia de tema o que hace una afirmación asertiva sobre el curso de la sesión. También se podría evaluar el tiempo que el paciente pasa en silencio o el porcentaje del tiempo de sesión que se pasa hablando.

IV.4.4. Evaluación de la ansiedad relacionada con las CRPs

La evitación y el escape de CRPs determinadas se encuentra reforzado por la reducción de la ansiedad. La ansiedad puede evaluarse por medio de Unidades Subjetivas de Ansiedad *(Subjective Units of Discomfort, SUDS)* o incluso por procedimientos psicofisiológicos (p.ej., la respuesta electrodérmica), durante CRPs evitadas frecuentemente. Estos datos pueden compararse con una línea base apropiada. Por ejemplo, la ansiedad manifestada durante la discusión de un problema difícil puede compararse con la ansiedad observada mientras se discute un tema neutral, con la ansiedad mientras está en la sala de espera o con la ansiedad durante una conversación en casa.

IV.5. *La enseñanza de las conductas del rol de paciente*

El enseñar conductas del rol de paciente constituye una parte integral de la entrevista y no simplemente un asunto trivial, del que se pudiera prescindir, antes de pasar al trabajo «real» de la terapia (Lennard y Bernstein, 1967). La investigación pasada sobre la CRP se ha interesado principalmente por la *comprensión* del paciente del rol de paciente. Ahora nos centraremos en la *ejecución*, por parte de los clientes, de las CRPs.

IV.5.1. El reforzamiento

Los terapeutas hacen bien en controlar el poder del refuerzo para moldear las CRPs. El primer paso para lograr esto es que el terapeuta reconozca que el proceso de entrevista es un proceso de influencia mutua entre él y el paciente (Cormier y Cormier, 1985; Edelstein y Berler, 1987; Ferster, 1979; Hamilton, 1988; Kohlenberg y Tsai, 1987). Como señaló Ferster (1979), «[...] el habla del paciente se alimenta por la forma en que influye sobre el terapeuta» (p. 30). Por consiguiente, el terapeuta tiene que regular sus reacciones hacia la conducta verbal del paciente para influir en esa conducta. Entre las implicaciones de esto encontramos que las conductas de escuchar, las respuestas empáticas y las expresiones de consideración positiva, por parte del terapeuta, se hagan de forma contingente y no de manera incondicional (Hamilton, 1988). Por ejemplo, el terapeuta puede dejar de hacer respuestas verbales mínimas («uh, huh», «bien») cuando un paciente insiste en describir un acontecimiento pasado excluyendo, por consiguiente, una discusión para solucionar el problema con el fin de evitar que vuelva a ocurrir.

Con estos instrumentos a mano, el terapeuta puede embarcarse en un programa de moldeamiento del rol. Un aspecto primordial de este intento es el mantener el ambiente terapéutico general suficientemente reforzante para que el paciente vuelva a las sesiones. El empleo del refuerzo en vez del castigo (Kohlenberg y Tsai, 1987) es una manera de conseguirlo. Se pueden utilizar procedimientos de *reforzamiento diferencial de otras conductas* y la *extinción*, en cuanto opuestos al castigo, para reducir cualquier CRP desadaptativa. Cuando las CRPs están ausentes, se puede emplear el moldeamiento para reforzar aproximaciones sucesivas a CRPs eficaces. Cuando se ha entrenado a un paciente en un rol apropiado para otra relación profesional u orientación terapéutica, se puede emplear el reforzamiento diferencial para mantener o acelerar CRPs congruentes con la terapia actual y extinguir las CRPs incompatibles con ella.

IV.5.2. Desensibilización y exposición

Los terapeutas pueden emplear la desensibilización en casos en los que la respuesta de ansiedad del paciente obstruya la puesta en práctica de las CRPs.

Un estado de relajación, alcanzado por medio de técnicas de relajación (p.ej., la respiración diafragmática), puede emparejarse con la ejecución de aspectos progresivamente más amenazadores de la CRP. Las técnicas de exposición incitan al paciente a que continúe con una CRP, a pesar de una ansiedad cada vez mayor. Por ejemplo, cuando el paciente cambia un tema relacionado con un problema difícil a un asunto que no tiene nada que ver con el problema, el terapeuta podría hacer, de forma persistente pero con ánimos de ayuda, que el paciente volviese a la tarea hasta que el tema problemático hubiese sido totalmente discutido.

IV.5.3. Entrenamiento en habilidades y ensayo de conducta

El terapeuta puede modelar cualquier habilidad en la que el paciente sea deficiente y luego hacer que el paciente la ensaye hasta dominarla. Por ejemplo, el paciente podría aprender a pedir de forma asertiva que la sesión de entrevista terminase antes, con el fin de llegar pronto a una cita al otro extremo de la ciudad. Igualmente, el terapeuta podría enseñar también al paciente a describir los antecedentes y los consecuentes, por medio del modelado de descripciones apropiadas y empleando ejemplos familiares para el paciente.

IV.5.4. El contexto de la relación

Las conductas de colaboración del terapeuta aportan una importante contribución para enseñar las CRPs. Las sugerencias y las peticiones hechas por el terapeuta pueden constituir mejores estímulos para la colaboración del paciente que las órdenes (Lazarus y Fay, 1982). Por ejemplo, «¿Y si consideraras las posibles consecuencias de esa estrategia?» puede ser mejor que, «*Describe* las consecuencias de esa estrategia». Los terapeutas pueden provocar incluso más colaboración en el paciente si emplean señales sutiles para conseguir que el paciente sugiera lo que el terapeuta tiene en mente (Meichenbaum y Gilmore, 1982). Por ejemplo, «Me pregunto qué podríamos hacer para que te dieras cuenta por tí mismo de las consecuencias de esa estrategia» puede cumplir el mismo objetivo, en un contexto de mayor colaboración, que los ejemplos anteriores. Los terapeutas pueden aumentar también la colaboración por parte del paciente presentando conceptualizaciones sobre la conducta del paciente como hipótesis, no como «la verdad incontestable» (Meichenbaum y Gilmore, 1982). De esta manera, el decir «Corrígeme si me equivoco, pero creo haber observado un patrón, ya que siempre que hablamos de tu hermano, cambias de tema. ¿Crees que eso es lo que ha estado ocurriendo?» puede ser mejor que el decir, «Claramente estás evitando hablar sobre tu hermano». El proporcionar una explicación razonada sobre los procedimientos terapéuticos y sobre las tareas, incluyendo las CRPs deseadas, puede mejorar la motivación y la colaboración del paciente (Goldfried, 1982c; Meichenbaum y Gilmore, 1982). El desarrollo de la relación terapéutica, en general, facilita en gran medida el que los pacientes asuman el rol de paciente (Goldfried, 1982c; Meichenbaum y Gilmore, 1982). Esencial para este esfuerzo es que el terapeuta se establezca como una fuente de reforzamiento verbal y no verbal para el paciente.

IV.6. *La resistencia: una falta de colaboración*

Un objetivo básico de los esfuerzos del terapeuta en las primeras etapas del proceso de entrevista es prevenir problemas con las conductas del rol de paciente (Cormier y Cormier, 1985; Goldfried, 1982c; Kanfer y Schefft, 1988). Sin embargo, puede surgir la resistencia y que el paciente y el terapeuta no consigan implicarse totalmente en un esfuerzo de colaboración.

IV.6.1. Definiciones de resistencia

El fracaso del paciente en ejecutar adecuadamente las conductas de rol es parte de lo que los terapeutas han llamado *resistencia* (ver Goldfried, 1982c y Gottman y Leiblum, 1974, para la discusión de otros tipos de resistencia). Kanfer y Schefft (1988) definen la resistencia como «un fracaso del paciente para satisfacer las expectativas del terapeuta o para cumplir su parte (del paciente) del contrato terapéutico» (p. 131). De modo similar, Gottman y Leiblum (1974) definen la resistencia como «una palabra utilizada por el terapeuta cuando el paciente no satisface las expectativas de éste o no trabaja en lo que considera un camino hacia el objetivo» (p. 101).

Definiciones como las anteriores se centran en el fracaso de la conducta de los pacientes. Sin embargo, muchos de los analistas de la resistencia colocan la mayoría de la responsabilidad para el cambio sobre el terapeuta (p.ej., Lazarus y Fay, 1982). Realmente, es acertado describir a la resistencia como un fallo en las intervenciones del terapeuta para establecer CRPs adecuadas. Por consiguiente, se propone una definición más amplia, sin culpables: un fracaso del paciente y del terapeuta para colaborar suficientemente de modo que permita cumplir oportunamente con los objetivos de la entrevista. Algunos ejemplos de resistencia pueden clarificar dicho concepto al lector:

A. Al comienzo de la terapia, un paciente falta a varias sesiones seguidas y ofrece excusas vagas cuando el terapeuta le aborda al respecto. El terapeuta se había dado cuenta de los problemas que había con la alianza terapéutica, pero no los comentó con el paciente, creyendo que mejorarían una vez que éste empezase a experimentar los beneficios del tratamiento. La postura del paciente había sido seca y su estilo verbal formal, incluso después de varias sesiones de tratamiento. El paciente había respondido, de manera consistente, a las sugerencias y conceptualizaciones de sus problemas con un alegre «lo que Vd. diga, doctor».

B. Una entrevista empieza revelando un problema fundamental del paciente con la ansiedad social, pero frecuentemente cambia de tema y se dedica a largas divagaciones sobre la poca confianza que le da su mujer en casa. Aunque el terapeuta no se ha dado cuenta, cada vez que intenta que el paciente vuelva al tema, se pone manifiestamente ansioso, no para de moverse, aprieta las mandíbulas y mira al techo.

C. Un paciente deja repentinamente de acudir a la terapia después de que su terapeuta completa la evaluación de sus problemas. El paciente había expresado frecuentemente su escepticismo sobre el tratamiento. El terapeuta apenas había respondido a estas expresiones, porque no quería reforzarle socialmente.

IV.6.2. La importancia de la resistencia en la terapia de conducta

La resistencia es esencial en psicoterapia. Wachtel (1982) señala: «En la misma naturaleza de la mayoría de los problemas psicológicos está el que el paciente se encuentre impedido a hacer lo que se tendría que hacer para que las cosas marcharan mejor». Wachtel (1982) sigue sugiriendo que cuando el terapeuta cuenta que no hay puntos muertos en sus prácticas, indica «una falta de autorreflexión crítica», más que una falta de esos problemas (p. xiii). La resistencia es, por lo tanto, prácticamente inevitable. Pero los terapeutas pueden obtener cierto alivio sabiendo que sirve para funciones importantes. La resistencia puede proteger al paciente contra psicoterapias poco eficaces y contra la incompetencia o los errores del terapeuta (Meichenbaum y Gilmore, 1982). Según esto, la resistencia puede servir para alertar a los terapeutas de que la forma en que están llevando a cabo la entrevista es inadecuada para un paciente particular o de que su conceptualización del caso del paciente es incompleta o está equivocada.

IV.6.3. Tipos de resistencia

La descripción de tres categorías de resistencia puede ayudar a clarificar sus causas y la conexión entre la evaluación y la intervención. La primera categoría es la *incompetencia del rol*. Ésta es una circunstancia en la que las CRPs no se encuentran en el repertorio del paciente. A éste le pueden faltar determinadas habilidades del rol de paciente (Kanfer y Schefft, 1988; Gottman y Leiblum, 1974). Por ejemplo, puede no saber cómo describir, de forma específica, una situación problema en términos de sus antecedentes y sus consecuencias. Los pacientes pueden también entender mal las comunicaciones del terapeuta (Kanfer y Schefft, 1988). Puede no llegar a discriminar esta terapia de otras terapias pasadas o la relación terapéutica de otras relaciones. En los casos de incompetencia del rol pueden estar indicados el modelado y el ensayo de conducta de las CRPs deficientes.

El *escape/evitación del rol* implica la evitación o terminación de las CRPs porque son, de alguna manera, aversivas para el paciente. Por ejemplo, el paciente puede temer al fracaso en las tareas terapéuticas o creer que el intentar cambiar sólo hará que las cosas vayan peor (Meichenbaum y Gilmore, 1982). La desensibilización y la exposición pueden reducir el «escape/evitación del rol» que esté relacionado con la ansiedad.

La «reactancia» es un caso especial de escape/evitación del rol. Se refiere a que los pacientes resisten activamente los intentos por parte del terapeuta para cambiar su conducta, porque creen que estos intentos serán una amenaza para su libertad (Brehm, 1976). La reactancia es especialmente un problema con los pacientes que perciben que tienen un control interno sobre sus vidas (Goldfried, 1982c). La estimulación y la conducta de colaboración reforzante pueden reducir la reactancia.

La *no ejecución del rol* tiene lugar cuando las conductas del rol se encuentran en el repertorio del paciente y la ansiedad no está asociada con ellas, pero siguen estando en un problemático bajo nivel. Esto puede ocurrir cuando, con base en su historia, el proceso de entrevista actual no predice beneficios para el paciente (Kanfer y Schefft, 1988) y/o la tasa y la cantidad de reforzamiento actual para las CRPs son insuficientes para sostener el esfuerzo que implican. La falta de ejecución puede ocurrir cuando el paciente no entiende o no acepta la conceptualización del terapeuta sobre los problemas meta (Gottman y Leiblum, 1974) o la explicación del tratamiento (Kanfer y Schefft, 1988). Los pacientes pueden también no ejecutar las conductas del rol debido a que su sistema de apoyo social refuerza constantemente la conducta desadaptativa (Kanfer y Schefft, 1988). Finalmente, la no ejecución del rol puede deberse a problemas con la relación terapéutica (Gottman y Leiblum, 1974). El fracaso del terapeuta para establecerse él mismo como una fuente de refuerzos podría ser uno de esos problemas. La identificación de beneficios adicionales de las CRPs podría servir como un estímulo discriminativo para las CRPs, en los casos de no ejecución del rol. El terapeuta puede también examinar refuerzos inmediatos potenciales (p.ej., «hace falta mucha valentía para hablar de tus problemas de esa manera») para las CRPs.

IV.6.4. La eliminación de la resistencia

Principios directrices. Quizás, la directriz más importante para que los terapeutas venzan la resistencia es enfocarla como un problema de la interacción paciente-terapeuta. Esto ayuda al clínico a desechar cuestiones relativas a la culpa. El terapeuta puede entonces intentar lograr «no sólo una simple victoria, sino una participación real y eficaz del paciente» (Wachtel, 1982, p. xvi).

La base para la intervención sobre la resistencia es la información proveniente de la evaluación, según se ha descrito anteriormente. Esos datos ayudan al terapeuta a escoger y valorar las estrategias y las técnicas de intervención para lograr objetivos de colaboración terapéutica, frente a la resistencia. El análisis funcional es el instrumento más útil para evaluar la resistencia (Turkat y Meyer, 1982; Meichenbaum y Gilmore, 1982; Gottman y Leiblum, 1974). Dicho análisis puede descubrir que la conducta de resistencia del paciente está reforzada por la atención del terapeuta o por el control que ejerce dicha conducta sobre la sesión de terapia (Gottman y Leiblum, 1974). Por el contrario, en algunas situaciones, las respuestas empáticas con la conducta de resistencia pueden provocar una importante información relativa a la evaluación y alentar al paciente a que colabore en la solución de los problemas del proceso.

El vencer la resistencia conlleva abordar las contingencias que compiten para la conducta de resistencia y para la conducta de colaboración. Los terapeutas tienen tres opciones: a) el compromiso, b) extinguir la conducta de resistencia del paciente, y c) abandonar parte del plan de tratamiento, temporal o permanentemente.

Para vencer la resistencia (es decir, para obtener o recuperar la colaboración), tienen que cambiar tanto la conducta del terapeuta como la conducta del paciente. Esto requiere una autocrítica constructiva por parte del terapeuta (Wachtel, 1982). La insistencia del terapeuta en atribuir la resistencia únicamente al paciente consiste normalmente en la resistencia del *terapeuta* al cambio (Lazarus y Fay, 1982; Meichenbaum y Gilmore, 1982). Esa conducta del terapeuta podría ser la fuente fundamental de la resistencia del paciente al cambio de conducta y así constituir el principal obstáculo para el progreso del tratamiento. Por otra parte, la misma conducta de cambio del terapeuta (p.ej., cambios en la estructura o en el estilo terapéutico según las preferencias del paciente) puede ser uno de los refuerzos más poderosos para las conductas del rol de paciente descritas anteriormente.

Para conformar los procedimientos de tratamiento al caso individual (Turkat y Meyer, 1982), es vital que el repertorio conductual y las reglas del terapeuta sean flexibles (Cormier y Cormier, 1985; Kanfer y Schefft, 1988; Lazarus y Fay, 1982) y creativos (Meichenbaum y Gilmore, 1982). Turkat y Meyer (1982) describen adecuadamente el proceso de la entrevista: «sobre la marcha, el clínico tiene que evaluar (por medio de la comprobación de hipótesis) cómo reaccionar ante el paciente y luego modificar su conducta (es decir, la del terapeuta) correspondientemente, con el fin de obtener la información necesaria» del paciente (p. 162). La intervención sobre la resistencia consiste en una solución de problemas interpersonales que aborda la cuestión, «¿Qué es lo que hará que esta entrevista sea eficaz?». Aunque se alienta la flexibilidad del terapeuta en la solución de problemas, las normas éticas (Goldfried, 1982c), las habilidades de los terapeutas y la disposición personal de los mismos para el compromiso, ponen límites a las posibilidades de la conducta del terapeuta. Cuando las dificultades se encuentran en las habilidades y la disposición del terapeuta, se aconseja remitir al paciente a otro profesional.

Se anima a los terapeutas para que utilicen el moldeamiento y el reforzamiento para vencer la resistencia. El empleo de la coerción y el enfrentamiento podrían aumentar la resistencia. Kiesler (1971) aconseja a los agentes del cambio de conducta que «induzcan la conducta bajo condiciones de, aparentemente, muy poca presión externa» (p. 164). La identificación y el empleo de refuerzos naturales, cuya introducción puede pasar más desapercibida, podría evitar la reactancia y otros tipos de resistencia (Kohlenberg y Tsai, 1987).

Estrategias. El mejor consejo para los terapeutas es que empiecen desde donde se encuentra el paciente, no desde donde el terapeuta desea que se encuentre el paciente. Si la reestructuración inicial de la relación terapéutica era incompleta y/o poco eficaz, el terapeuta tiene que volver a esa tarea. Si no se ejecutan determinadas conductas del rol de paciente, entonces el terapeuta tiene que volver a una de las estrategias docentes descritas anteriormente, basándose en los resultados de un análisis funcional.

Cuando surge la resistencia, es útil que los terapeutas examinen si sus expectativas de rol para el paciente son realistas (Gottman y Leiblum, 1974). Existe poca investigación que aborde una determinada especificación del rol de paciente para la eficacia de la terapia. Por consiguiente, no es aconsejable que los terapeutas definan el rol de forma restrictiva. Podrían descomponerse los objetivos del proceso en pasos más pequeños o subobjetivos, con el fin de hacerlos menos difíciles para el paciente. Esto puede ayudar a motivar al paciente (Goldfried, 1982c) y a que el terapeuta trabaje hacia la consecución del objetivo. Igualmente, Goldstein, Heller y Sechrest (1966) sugieren que los terapeutas empleen conductas de rol en las que los pacientes que planteen resistencia sean ya competentes.

También pueden ser útiles la retroalimentación al paciente y la discusión abierta de las interacciones con resistencia (Goldfried, 1982c). Con el fin de señalar un camino de colaboración eficaz, dichas interacciones pueden enmarcarse en términos de una influencia mutua. Por ejemplo, el terapeuta podría decir, «Creo que he notado un patrón de conducta en nuestras sesiones. Cuando te pregunto por tu trabajo, empiezas a morderte los labios y a mirar por toda la habitación. Pareces nervioso y no hablas mucho al respecto. Luego intento que me des más detalles, lo que parece ponerte más nervioso. ¿Cómo podría conocer tu trabajo sin hacer que te pongas tan nervioso?».

El aprender a reconocer y a vencer la resistencia puede dar como resultado un mayor desarrollo personal y una mayor eficacia profesional para el terapeuta (Meichenbaum y Gilmore, 1982). Por supuesto, estas habilidades del terapeuta son también vitales para la consecución, por parte del paciente, de los objetivos del tratamiento. De este modo, el vérselas con la resistencia constituye una parte integral para llegar a ser un terapeuta competente.

El desarrollo de la relación terapéutica y el vencer la resistencia son tareas que impregnan el proceso de la entrevista. Normalmente se continuará abordando estas cuestiones cuando se pasa a la siguiente fase de la entrevista.

IV.7. *La obtención de información para un análisis funcional*

En los últimos 25 años han aparecido en la literatura muchas directrices y esquemas de entrevista (p.ej., Bersoff y Grieger, 1971; Cormier y Cormier, 1985; Kanfer y Saslow, 1965, 1969; Peterson, 1968; Pomeranz y Goldfried, 1970; Wahler y Cormier, 1970). Expondremos brevemente unas pocas directrices representativas, que creemos serán útiles para el lector. Uno de los primeros esquemas para llevar a cabo una entrevista conductual lo ofrecieron Kanfer y Saslow (1965, 1969). El esquema comprende siete apartados e intenta servir de base para las decisiones de la intervención:

1. Análisis inicial de la situación problema
2. Clarificación de la situación problema
3. Análisis motivacional
4. Análisis del desarrollo
5. Análisis del autocontrol
6. Análisis de las relaciones sociales
7. Análisis del ambiente socio-físico-cultural

Bajo cada uno de estos encabezamientos principales, los autores proporcionaban un desglose más detallado de los temas a cubrir. Por ejemplo, bajo el encabezamiento número 1 se sugiere un enfoque general del repertorio conductual del paciente. Esto incluye excesos conductuales, déficit conductuales y habilidades conductuales. Este esquema sigue siendo un instrumento muy útil 25 años después de su publicación inicial.

Más recientemente, Cormier y Cormier (1985, p. 179) han ofrecido un excelente esquema para la obtención de la historia durante la entrevista, así como una discusión detallada de once categorías para evaluar los problemas del paciente en la entrevista. El espacio no permite un desarrollo de estas categorías, de modo que se remite al lector interesado a la fuente original. Las categorías son las siguientes:

1. Explicación del *propósito* de la evaluación —presentando al paciente una explicación sobre la entrevista de evaluación.
2. Identificación del *rango* de problemas —empleando indicaciones para ayudar al paciente a identificar todas las cuestiones relevantes, primarias y secundarias, con el fin de obtener una «visión completa».
3. *Seleccionar y dar prioridad* a cuestiones y problemas —utilizando indicaciones para ayudar al paciente a dar prioridad a determinados problemas y a seleccionar el área inicial en el que centrarse.
4. Identificación de las *conductas problema que se presentan* —usando indicaciones para ayudar al paciente a identificar los seis componentes de la(s) conducta(s) problema(s): afectivo, somático, conductual, cognitivo, contextual y de relación.
5. Identificación de los *antecedentes* —empleando indicaciones para ayudar al paciente a identificar fuentes de antecedentes y su efecto sobre la conducta problema.
6. Identificación de las *consecuencias* —utilizando indicaciones para ayudar al paciente a identificar las fuentes de las consecuencias y su influencia sobre la conducta problema.
7. Identificación de las *ganancias secundarias* —usando indicaciones para ayudar al paciente a identificar las variables controladoras subyacentes que sirven como «recompensas» para mantener la conducta problema.
8. Identificación de *soluciones anteriores* —empleando indicaciones para ayudar al paciente a identificar soluciones o intentos previos para solucionar el problema y su efecto posterior sobre el problema.
9. Identificación de las *habilidades de afrontamiento del paciente* —utilizando indicaciones para ayudar al paciente a identificar conductas presentes y pasadas adaptativas o de afrontamiento, y cómo se podrían emplear dichas habilidades para trabajar con el problema actual.
10. Identificación de las *percepciones del paciente* sobre el problema —uti-

lizando indicaciones para ayudar al paciente a describir cómo entiende el problema.

11. Identificación de la *intensidad del problema* —usando indicaciones y/o la autoobservación por parte del paciente para identificar el impacto del problema sobre la vida del mismo, incluyendo a) el grado de la gravedad del problema y b) la frecuencia o duración de las conductas problema.

Aunque el esquema anterior podría ser útil también para entrevistar a padres de niños con problemas de conducta, se han construido otros esquemas para ser utilizados específicamente en el trabajo con padres. Holland (1970, pp. 70-79) proporcionó unas directrices de entrevista muy prácticas con el objetivo de entrevistar y entrenar a los padres de niños con problemas de conducta. Las siguientes directrices generales se acompañaban por instrucciones más detalladas:

1. Hacer que los padres establezcan problemas y objetivos generales.
2. Hacer que los padres reduzcan los problemas y objetivos generales a una lista de conductas discretas que requieran un aumento o una disminución de la frecuencia.
3. Hacer que los padres seleccionen una única conducta problema de la lista, conducta sobre la que concentrar sus esfuerzos.
4. Hacer que los padres especifiquen, en términos conductuales, la conducta precisa que está teniendo lugar actualmente y que desearían cambiar.
5. Hacer que los padres especifiquen, en términos conductuales, la conducta precisa que desean cambiar.
6. Hacer que los padres discutan cómo podrían avanzar, paso a paso, hacia la conducta final.
7. Hacer que los padres hagan una lista de refuerzos positivos y negativos que piensan que serán eficaces para producir cambios de conducta.
8. Hacer que los padres discutan qué privaciones son posibles.
9. Hacer que los padres establezcan claramente qué es lo que quieren hacer, aumentar o disminuir una conducta, o aumentar una y disminuir otra.
10. Hacer que los padres discutan la situación en la que debería tener lugar la conducta deseada.
11. Hacer que los padres discutan la situación en la que no debería ocurrir la conducta objetivo.
12. Hacer que los padres determinen una situación que aumente la probabilidad de que tenga lugar alguna forma o una parte de la conducta deseada.
13. Hacer que los padres discutan cómo pueden aumentar la conducta deseada dando de forma inmediata, después de la conducta, un refuerzo positivo.
14. Hacer que los padres discutan cómo pueden aumentar la conducta

deseada haciendo que acabe inmediatamente después de la conducta un refuerzo negativo.

15. Hacer que los padres discutan cómo pueden disminuir la conducta no deseada retirando los refuerzos que la siguen.

16. Hacer que los padres discutan cómo pueden hacer que disminuya la conducta no deseada eliminando una conducta positiva.

17. Hacer que los padres discutan cómo pueden disminuir la conducta no deseada por medio del tiempo fuera.

18. Discutir con los padres cómo pueden establecer como patrón los refuerzos que dan al niño.

19. Hacer que los padres discutan cómo pueden variar los refuerzos que dan al niño.

20. Hacer que los padres discutan cómo pueden aplicar dos o más procedimientos simultáneamente.

21. Hacer que los padres ensayen verbalmente el programa entero.

Wahler y Cormier (1970) han descrito una «entrevista ecológica» que es útil para enseñar a los pacientes un lenguaje que les permita comunicarse con el entrevistador y producir información que haga posible al entrevistador establecer las condiciones ambientales bajo las cuales se emitan sus distintas conductas. Los autores han proporcionado una lista que permite que los padres establezcan la relación entre ciertas conductas y las distintas situaciones y momentos del día durante el que tiene lugar la conducta. La mañana, la tarde y la noche se colocan a lo largo del eje vertical. Bajo la mañana se pone, por ejemplo, «despertarse», «vestirse», «desayunar», «cuarto de baño», «salir para la escuela», «jugar en casa», «deberes» y «televisión». En el eje horizontal se encuentran distintas conductas que los padres pueden emparejar con cada una de las situaciones colocadas en el eje vertical. Estas conductas incluyen, por ejemplo, quejas, discusiones, exigencias, peleas, destruir juguetes o otros objetos de la casa, llorar, etc. Se presenta una matriz similar para conductas de la comunidad general (p.ej., el patio del vecino, el parque público, el coche familiar) y de la escuela (p.ej., fuera de su asiento, hablar a los demás, discusiones, llorar). Estas listas son especialmente útiles con padres y profesores que tienen dificultades para recordar las situaciones en las que el niño emite conductas problemáticas.

Aunque estos esquemas de entrevista no proporcionan toda la esencia de la entrevista, sirven como directrices útiles tanto para terapeutas inexpertos que buscan preguntas apropiadas, como para terapeutas expertos que desean tener estímulos apropiados para hacer preguntas de las que a menudo podrían olvidarse.

IV.8. *Análisis de identificación de las conductas objetivo*

Se podría conceptualizar el proceso evaluador de la entrevista como un análisis del sistema ambiental del paciente, que lleva a la identificación de las conductas objetivo y a las intervenciones apropiadas. El/los problema(s) que se presenta(n) puede(n) variar desde una conducta problema individual hasta un problema del sistema general, que produce lo que parecen ser conductas problemáticas aisladas. El simple modelo ABC [Antecedentes, conducta *(Behavior)*, Consecuencias], presentado por muchos terapeutas de conducta, contrasta con la complejidad de los problemas de los pacientes. Las conductas problema no ocurren aisladas. Están ligadas a estímulos antecedentes y consecuentes y a su vez pueden servir también como estímulos antecedentes y consecuentes. Por ejemplo, una paciente con ansiedad generalizada puede contar que los problemas para controlar la conducta de oposición de su hijo dan pie a la ocasión para las respuestas de ansiedad. La ansiedad y la incapacidad de la paciente para controlar la conducta del niño conducen a la evitación de éste, a una relación cada vez peor entre madre e hijo, a autoverbalizaciones de desaprobación y a una disminución de la autoestima. La ansiedad ocasionada por la conducta del niño y el bajo control, por parte de la madre, de esa conducta, aumentan la probabilidad de conflictos matrimoniales, reflejados en discusiones entre la paciente y su marido sobre la conducta de oposición del niño. El marido increpa a la paciente sobre su poca habilidad para controlar la conducta del niño, lo que conduce a un aumento de la ansiedad, a autoverbalizaciones de desaprobación y a la depresión. La ansiedad elevada reduce la tolerancia de la madre hacia la conducta de oposición, lo que hace que empiece el círculo vicioso de nuevo. Como puede ver el lector, aquí no hay una única conducta objetivo, sino, por el contrario, un conjunto de conductas relacionadas entre sí, cada una de las cuales puede considerarse como un antecedente, una conducta o una consecuencia, dependiendo de donde se lleve a cabo el análisis en la secuencia conductual.

También es importante considerar el nivel de análisis con el que se conceptualizan los problemas actuales del paciente. En general, el nivel de análisis debería estar parejo con el nivel en el que se va a llevar a cabo la intervención (Evans, 1985). Por ejemplo, si se ha determinado que un paciente evita salir de casa y acercarse a lugares donde se reúne un número elevado de personas, se podría seleccionar un tratamiento de exposición que implicase poco o ningún conocimiento de las cogniciones (acontecimientos privados) del paciente. El tratamiento podría basarse en la conducta de evitación del paciente. Por otra parte, se podría emplear una técnica de inundación, lo que requeriría un amplio conocimiento de los pensamientos del paciente ocasionados por situaciones activadoras de la ansiedad y de las situaciones que más probablemente provocarán fuertes respuestas emocionales y conducta de evitación. Aunque esto es un simple ejemplo, sirve para ilustrar los distintos niveles de análisis que se podrían llevar a cabo, dependiendo del carácter de la intervención más apropiada.

Conforme se empieza a estrechar el foco del análisis, a partir de diversas combinaciones de conductas, se podrían empezar a establecer definiciones operacionales de las conductas clave. Una vez que se haya realizado esto, estas conductas más discretas, operacionalmente definidas, pueden soportar un análisis funcional más detallado. Conforme progresa el análisis, es importante que el terapeuta determine las funciones que realiza cada conducta de interés. Bandura (1968) y Kanfer y Grimm (1977) han ofrecido esquemas analiticoconductuales que se pueden utilizar para llevar a cabo un análisis funcional. Seguidamente se presenta un resumen del esquema de Kanfer y Grimm (1977):

I. Déficit conductuales

A. Información: una base inadecuada de conocimiento para dirigir la conducta

B. Interacción interpersonal: un fracaso para implicarse en conducta social aceptable debido a déficit en habilidades

C. Habilidades para dirigirse a uno mismo: incapacidad para suplementar o contrarrestar las influencias ambientales inmediatas y regular su propia conducta por medio de respuestas dirigidas por uno mismo

D. Autorrefuerzo: deficiencias en el autorrefuerzo de la actuación

E. Autovigilancia: déficit en la vigilancia de la propia conducta

F. Autocontrol: incapacidad para cambiar las respuestas en situaciones conflictivas

G. Déficit en el rango de reforzadores: repertorio conductual limitado debido a un rango limitado de reforzadores

H. Habilidades: déficit en conductas cognitivas y/o motoras necesarias para satisfacer las demandas de la vida diaria

II. Excesos conductuales

A. Ansiedad: reacciones emocionales condicionadas inapropiadas: respuestas afectivas a objetos o acontecimientos estímulo

B. Autovigilancia: actividad de autoobservación excesiva

III. Problemas en el control estimular ambiental

A. Estímulos que provocan reacciones emocionales inapropiadas: respuestas afectivas a objetos o a acontecimientos, que conducen a un malestar subjetivo o a una conducta inaceptable
B. Ambientes restrictivos: fracaso en ofrecer apoyo u oportunidades para conductas apropiadas en un medio diferente
C. Arreglos ineficaces del control del estímulo para las actividades diarias: fracaso en satisfacer las demandas ambientales o las responsabilidades que provienen de una organización poco eficaz del tiempo

IV. Inapropiado control de los estímulos generados por uno mismo

A. Etiquetado de uno mismo: autodescripciones que sirven como señales para las conductas que conducen a resultados negativos
B. Conductas encubiertas: actividad verbal/simbólica que sirve como señal para la conducta inapropiada
C. Discriminación de los estímulo internos: un etiquetado erróneo de las señales internas

V. Un arreglo contingente inapropiado

A. A la conducta adecuada no le siguen consecuencias positivas: fracaso del ambiente para apoyar la conducta apropiada
B. Efectos beneficiosos de la conducta inapropiada: mantenimiento ambiental de la conducta no deseable
C. Exceso de reforzamiento: empleo excesivo del reforzamiento positivo para la conducta deseada
D. Reforzamiento no contingente: presentación del refuerzo independientemente de la respuesta

Una vez que el análisis de un sujeto está completo, las decisiones sobre qué conductas «objetivo» abordar, por medio de una serie de intervenciones, pueden tomarse siguiendo distintos criterios, incluyendo la gravedad y la posibilidad de la intervención (ver Gambrill, 1977 y Mash y Terdal, 1981 para discusiones detalladas de las consideraciones a tener en cuenta con respecto a las conductas objetivo). Alentamos al lector a que se centre en la función de las conductas y que escoja un enfoque constructivo (Goldiamond, 1974) cuando tenga que decidir sobre qué conductas intervenir. Se denomina un *enfoque constructivo* porque el enfoque de los problemas «consiste en la construcción de repertorios (o en su restablecimiento o transferencia a nuevas situaciones) en vez de en la eliminación de repertorios)» (p. 14). La respuesta más probable del paciente, y frecuentemente del terapeuta, es eliminar las conductas problema. En muchos casos, la supuesta función de la conducta desadaptativa (p.ej., reducción de la ansiedad, obtener atención de los padres) es bastante razonable. Las conductas escogidas para cumplir estas funciones son frecuentemente desadaptativas. En vez de eliminar simplemente las conductas desadaptativas, alentamos al terapeuta para que encuentre conductas alternativas que pudiera emplear el paciente para realizar las mismas funciones que las que cumplen las conductas desadaptativas. Este enfoque no sólo desarrolla el repertorio del paciente, sino que también puede prevenir el surgimiento de otras conductas desadaptativas que tienen el objeto de realizar la función de las conductas eliminadas por el terapeuta (denominado a veces «sustitución del síntoma»).

Finalmente, el lector debería recordar que el análisis que resulte y la selección de la conducta objetivo pueden cambiar con el tiempo. El terapeuta debería ser flexible cuando se obtiene nueva información a través del proceso de evaluación continua que caracteriza a la terapia de conducta.

V. RESUMEN

La entrevista conductual es un complejo proceso de formación de una relación, de aprendizaje y de evaluación que apenas ha recibido atención de los investigadores, a pesar de su frecuente empleo por los terapeutas de conducta. Se espera, irónicamente, que sea fiable y válida, pero permitiendo también al terapeuta ser lo suficientemente flexible para investigar indicios y explorar aspectos que vaya viendo (Morganstern, 1988). Algunos autores han prestado una considerable atención al análisis funcional realizado por medio del proceso de entrevista, pero han prestado poca atención a la relación paciente-terapeuta. En contraste, los autores de este capítulo se han centrado más en el proceso general de la entrevista y de la conducta del paciente conforme es moldeada por el terapeuta. Alentamos al lector para que adopte el estilo de entrevista de un individuo practicorreflexivo, que continuamente vigila el control recíproco ejercido por las conductas del paciente y del terapeuta. Un observador y analista de conducta astuto puede, sin la ayuda de publicaciones, desarrollar un repertorio considerable de estrategias de intervención eficaces.

VI. LECTURAS PARA PROFUNDIZAR

Cormier, W. y Cormier, S. (comps.), *Interviewing strategies for helpers,* Monterrey, Calif., Brooks/Cole, 1985.

Edelstein, B. A. y Berler, E. S., «Interviewing and report writing», en C. L. Frame y J. L. Matson (comps.), *Handbook of assessment in childhood psychopathology: applied issues in differential diagnosis and treatment evaluation,* Nueva York, Plenum Press, 1987.

Gambrill, E., *Casework: a competency-based approach,* Nueva York, Prentice-Hall, 1983.

Kanfer, F. y Schefft, B., *Guiding the process of therapeutic change,* Champaign, Ill., Research Press, 1988.

Morganstern, K. P., «Behavioral interviewing», en A. S. Bellack y M. Hersen (comps.), *Behavioral assessment: a practical handbook,* 3.ª ed., Nueva York, Pergamon Press, 1988.

31. TÉCNICAS DIVERSAS EN TERAPIA DE CONDUCTA

VICENTE E. CABALLO y GUALBERTO BUELA-CASAL

I. INTRODUCCIÓN

A lo largo de las páginas anteriores hemos visto toda una serie de técnicas que actualmente constituyen el repertorio instrumental de intervención más importante de que dispone hoy día el terapeuta de conducta. Sin embargo, aunque el número de procedimientos terapéuticos expuestos en el presente volumen es considerable, quedan otras muchas técnicas que no han sido consideradas. En el presente capítulo, nos proponemos describir, de forma breve, una serie de métodos de intervención que pueden ser de utilidad al psicólogo clínico aplicado. En este capítulo abordaremos, por un lado, procedimientos «molares» de amplio alcance (llamados a veces «terapias») y, por otro, técnicas específicas, que denominaremos «moleculares», y que constituyen muchas veces los ladrillos con los que se construyen las «grandes» terapias.

A pesar del esfuerzo desarrollado para la elección de las técnicas «molares» y «moleculares» que componen este capítulo, somos conscientes que otras muchas, y probablemente muy útiles, pueden haber quedado fuera de dicha selección. Pero el espacio es implacable, obligándonos a limitar la cantidad de procedimientos considerados.

Finalmente, señalaremos que no hemos dividido este capítulo en secciones, ni cada técnica en una serie de apartados determinados, como ocurre a lo largo del libro, en nuestro afán de dedicarnos fundamentalmente a exponer al lector el aspecto práctico de cada técnica. Las cuestiones históricas, conceptuales y empíricas restarían espacio a la descripción con fines aplicados de las técnicas, por lo que la consideración de estos aspectos será muy breve (siempre y cuando se aborden).

Universidad de Granada (España).

II. TÉCNICAS MOLARES

II.1. *Procedimientos de modelado*

El papel de los modelos sociales en el aprendizaje humano fue estudiado ampliamente por Miller y Dollard (1941) en su investigación histórica sobre el aprendizaje por observación. Sin embargo, los terapeutas de conducta reconocieron el potencial de este tipo de aprendizaje para ser utilizado terapéuticamente sólo a partir de que Bandura y sus colaboradores publicaran numerosos estudios sobre el «modelado» *(modeling)* (Bandura, 1969; Bandura y Walters, 1963). Aunque Bandura no fue el primer investigador clínico en aplicar las estrategias del aprendizaje por observación en el tratamiento de los problemas de conducta de la gente, los estudios anteriores no tuvieron un impacto significativo sobre el trabajo de los terapeutas aplicados (Walker y cols., 1981).

Los autores anteriores señalan que se han puesto numerosas etiquetas al proceso asociado con el «aprendizaje por observación», incluyendo las siguientes: contagio, copia, identificación, imitación, incorporación, internalización, introyección, modelado, aprendizaje por observación, representación de papeles, inversión de papeles, facilitación social, condicionamiento vicario, extinción vicaria, y aprendizaje vicario. Todos estos términos denominan a un proceso en el que la conducta de un individuo se modifica como resultado de observar, escuchar o leer sobre la conducta de un modelo, sin llevar a cabo realmente la conducta meta o sin ser reforzado por hacerlo. Los modelos son especialmente importantes porque proporcionan información sobre el modo de adquirir conductas de forma rápida, sin tener que llevarlas a cabo y sin tener que moldear la conducta con base en el ensayo y error.

El efecto del modelado está determinado tanto por las características del modelo como por las actividades cognitivas del observador. Es decir, el impacto de los modelos está influido por características del modelo tales como el estatus y la similitud con el observador y por la capacidad del observador para atender, extraer y recordar lo que ve. Los modelos pueden ser reales (presencia corporal) o simbólicos (presentados a través de libros, películas, TV o descripciones verbales). El observador puede ser un espectador pasivo o un participante activo en la actividad del modelo. Puede igualmente mostrar cambios de conducta inmediatamente después de ver la conducta del modelo, después de un tiempo de demora, o nunca. Los observadores tienden a imitar la conducta modelada si les gusta o respetan al modelo, si ven al modelo recibir reforzamiento, si ven al modelo manifestar señales de placer o están en un ambiente donde el imitar la ejecución del modelo es reforzado (ver cuadro 31.1. más adelante). Hay veces en las que un observador hace lo opuesto a lo que ve en el modelo. Esta *imitación inversa* es normal cuando a un observador no le gusta el modelo, ve que se castiga a éste, o está en un ambiente en el que la conformidad es castigada.

Con el fin de clarificar los efectos del modelado es importante distinguir entre *aprendizaje* y *ejecución*. El único requisito para el aprendizaje por medio del modelado es la observación de un modelo. Se supone que el observador adquiere la respuesta modelada por medio de la codificación encubierta o cognitiva de los acontecimientos observados (Bandura, 1977b). Sin embargo, el que una respuesta aprendida sea puesta en práctica puede depender de las consecuencias o incentivos asociados con dicha respuesta (Kazdin, 1989).

Algunos autores diferencian entre modelado, imitación y aprendizaje por observación (p.ej., Masters y cols., 1987; Matson, 1985). El *modelado,* usado en su sentido más amplio, es un término genérico que abarca a los otros dos y se refiere tanto al aprendizaje que tiene lugar a partir de la observación de los demás como a cualquier cambio por imitación que puede resultar en la conducta. En su sentido más limitado, se refiere a la conducta del individuo que es observado. La *imitación* se refiere a la conducta de aquel que observa las acciones de otro y luego las copia. Considera la conducta del observador, no la del modelo, y refleja la ejecución (y no el aprendizaje permanente del observador sobre la forma de comportarse). El *aprendizaje por observación* se refiere al aprendizaje que ocurre a partir de la observación de los demás. Este aprendizaje puede tener lugar sin que exista una puesta en práctica inmediata de lo aprendido (Masters y cols., 1987).

II.1.1. Efectos del modelado

Bandura (1969) señaló varios efectos básicos del modelado, como son los efectos de adquisición, los efectos de desinhibición, los efectos de inhibición y los efectos de facilitación. Veremos brevemente cada una de estas influencias.

1. El *efecto de adquisición* se refiere al aprendizaje de una nueva secuencia de conductas como resultado de observar a un modelo. Cuando la nueva conducta se encuentra sólo un poco por encima del presente nivel de competencia del observador, éste probablemente pueda replicar satisfactoriamente el nuevo comportamiento después de la primera exposición a la conducta del modelo. Sólo cuando la conducta del modelo se encuentra varios niveles por encima de las habilidades actuales del observador, es menos probable que éste imite la conducta de forma satisfactoria, sin práctica. La práctica puede implicar tanto replicaciones manifiestas de la conducta como el ensayo cognitivo. El aprendizaje es más rápido cuando una persona realiza *ambas* prácticas, la manifiesta y la encubierta.

2. El *efecto de desinhibición* tiene lugar cuando la conducta inhibida del observador se vuelve más frecuente después de observar a un modelo realizar la conducta de interés sin sufrir consecuencias negativas. Muchas de las aplicaciones clínicas de los principios del modelado caen dentro de esta categoría.

3. El *efecto de inhibición* se produce cuando la conducta del observador ocurre con menos frecuencia como resultado de haber observado la conducta de un modelo a la que le siguen consecuencias aversivas, no es reforzada o tiene lugar con una baja tasa.

4. El *efecto de facilitación* se refiere al aumento de conductas que el observador ya ha aprendido y para las que no existen restricciones o inhibiciones. El efecto del modelo es proporcionar una «señal» informativa que desencadene conductas similares en el observador. Los efectos de facilitación son relativamente fugaces, ocurriendo inmediatamente después de que la conducta del modelo sirva como estímulo discriminativo para una respuesta similar en el observador.

II.1.2. Factores que mejoran los efectos del modelado

Bandura (1977b) señaló cuatro procesos que componen y dirigen el modelado, que son los siguientes:

1. *Procesos de atención.* Las personas no aprenden, cuando observan a un modelo, si no atienden a los rasgos significativos de la conducta de éste o si no la perciben adecuadamente. Los procesos de atención determinan qué modelos se seleccionan, de entre los muchos posibles, y a qué conductas se presta atención. Algunos de los elementos que influyen en este tipo de procesos se refieren a las características de los *estímulos de modelado* (distintividad, valor afectivo, complejidad, preponderancia, valor funcional) y del *observador* (capacidades sensoriales, nivel de activación, disposición perceptiva, reforzamiento pasado).

2. *Procesos de retención.* Después de que el observador atiende a la información importante relativa al modelo y comprende los aspectos relevantes, tiene que ser capaz de recordar dicho material. Es decir, para que el observador pueda beneficiarse de la conducta del modelo cuando éste ya no está presente para guiarle, las pautas de respuesta tienen que representarse en la memoria de forma simbólica. Los seres humanos tienen muy desarrollada su capacidad de simbolización, lo que les permite aprender gran parte de su conducta por medio de la observación. Además, el procesamiento activo de la información a través de la codificación, la clasificación, la unión de imágenes gráficas (icónicas) al material verbal, y el empleo de elementos mne-

mónicos y esquemas estructurados, puede mejorar el recuerdo del material (Wilson y O'Leary, 1980).

3. *Procesos de reproducción motora.* El tercer componente del modelado consiste en la conversión de las representaciones simbólicas en las representaciones apropiadas (Bandura, 1977b). La realización de muchas conductas motoras exige habilidades motoras que necesitan de la práctica manifiesta y de la retroalimentación propioceptiva para su correcta ejecución. Elementos que influyen en este tipo de procesos son las capacidades físicas, la disponibilidad de las respuestas componentes, la observación de las propias reproducciones y la retroalimentación sobre la precisión.

4. *Procesos motivacionales.* Aunque se haya pasado por todos los procesos anteriores, puede que el observador no lleve a cabo la conducta modelada debido a que espera que a dicha conducta le sigan consecuencias aversivas. La probabilidad de llevar a cabo las conductas que se aprenden por medio del modelado dependerá de las consecuencias de éstas: será mayor cuando las consecuencias sean gratificantes y menor cuando sean aversivas.

En el cuadro 31.1 podemos ver un esquema de los factores que mejoran el modelado y que puede servir de guía rápida al desarrollar un programa de modelado (Perry y Furukawa, 1986).

II.1.3. El procedimiento del modelado

Al llevar a cabo un procedimiento de modelado se puede seguir una serie de pasos. Muchos de ellos son similares a los propuestos en el capítulo sobre el entrenamiento en habilidades sociales. No obstante, aquí nos detendremos en los elementos relativos al modelado. Estos pasos son los siguientes [1]:

1. El terapeuta debería determinar por adelantado que los estímulos de modelado propuestos satisfacen los objetivos terapéuticos y el sistema de valores del paciente.
2. El terapeuta, el modelo u otro narrador deberían expresar claramente al paciente cuál es la conducta deseada.
3. El paciente debería estar moderadamente relajado. Cuando el paciente se queja de elevados niveles de ansiedad, puede ser especialmente útil el entrenamiento en relajación antes de la introducción de los procedimientos de modelado.

---

[1] Adaptado de Walker, C. U. Walker, A. G. Hedberg, P. W. Clement y L. Wright, *Clinical procedures for behavior therapy*, Englewood Cliffs, N. J., Prentice-Hall, 1981. Copyright 1981 Prentice-Hall. Reproducido con permiso.

CUADRO 31.1. *Factores que mejoran el modelado*[a]

I. *Factores que mejoran la adquisición (aprendizaje y retención)*
   A. Características del modelo
      1. Similitud de sexo, edad, raza y actitudes
      2. Prestigio
      3. Competencia
      4. Cordialidad y educación
      5. Valor de la recompensa
   B. Características del observador
      1. Capacidad para procesar y retener la información
      2. Incertidumbre
      3. Nivel de ansiedad
      4. Otros factores de personalidad
   C. Características de la presentación por medio del modelado
      1. Modelo por símbolos o en vivo
      2. Modelado encubierto
      3. Modelos múltiples
      4. Modelo de maestría *versus* modelo de afrontamiento
      5. Procedimientos de modelado graduados
      6. Instrucciones
      7. Comentarios sobre las características y las reglas
      8. Resumen realizado por el observador
      9. Ensayo
      10. Minimización de los estímulos distractores

II. *Factores que mejoran la actuación*
   A. Factores que proporcionan incentivos por la actuación
      1. Reforzamiento vicario (recompensar al modelo)
      2. Autorreforzamiento
      3. Extinción vicaria del miedo a responder (no hay consecuencias negativas para el modelo)
      4. Reforzamiento directo
   B. Factores que afectan la calidad de la actuación
      1. Ensayo y retroalimentación
      2. Modelado participante
   C. Transferencia y generalización de la actuación
      1. Similitud del lugar de entrenamiento al contexto real
      2. Práctica repetida que afecta a la jerarquía de respuestas
      3. Incentivos para la actuación en los lugares reales
      4. Principios de aprendizaje que regulan una clase de conductas
      5. Planificación de variaciones en las situaciones de entrenamiento.

[a] Adaptado de M. A. Perry y M. J. Furukawa, «Modeling methods», en F. H. Kanfer y A. P. Goldstein (comps.), *Helping people change*, 3.ª ed., Nueva York, Pergamon Press, 1986. Copyright 1986 Pergamon Press. Reproducido con permiso.

4. El terapeuta debería proporcionar instrucciones o una narración que centre la atención del paciente sobre los aspectos relevantes de la conducta y del ambiente del modelo.

5. El modelo debería demostrar las acciones manifiestas que se desean y describir verbalmente lo que está haciendo, así como las consecuencias que anticipa. En algunas circunstancias, el aprendizaje se mejorará empleando un proceso de tres pasos: a) demostrar y describir la conducta deseada; b) demostrar y describir la conducta desadaptativa opuesta; c) demostrar y describir otra vez la conducta deseada. Estos tres pasos se deben llevar a cabo en una rápida sucesión.

6. Inmediatamente después de la presentación al paciente de la secuencia modelada, el terapeuta debería pedir a éste que describiese la conducta del modelo y sus antecedentes y consecuentes.

7. El terapeuta debería instruir al paciente para que repitiese el paso 6 en ausencia de señales de modelado.

8. El terapeuta debería hacer que el paciente ensayase las acciones modeladas mientras se encuentran presentes las señales de modelado. Esta instrucción se da normalmente en la segunda presentación, o en las siguientes, de los estímulos de modelado, en vez de en la presentación inicial.

9. Si el terapeuta tiene razones para creer que el paciente tendrá dificultades al principio para copiar las acciones modeladas, debería emplear incitaciones u orientaciones físicas. Las incitaciones implican que el terapeuta toque o coja una parte del cuerpo del paciente y guíe a éste hacia la acción deseada.

10. El terapeuta debería pedir al paciente que practicase las conductas modeladas en ausencia del modelo.

11. Los pasos anteriores deberían llevarse a cabo bajo la supervisión directa del terapeuta *antes* de que el paciente lo intente solo.

12. Si es posible, el terapeuta debería utilizar modelos prestigiosos con el fin de conseguir y mantener la atención del paciente.

13. Si es posible, el terapeuta debería utilizar modelos que tengan una similitud funcional con el observador. Por ejemplo, en el caso de una fobia, emplear modelos que hayan aprendido a afrontar sus propias fobias. Esta sugerencia corresponde al *principio de moldeamiento* del condicionamiento operante y al principio clínico de *empezar donde se encuentra el paciente.*

14. El terapeuta debería arreglar el tratamiento de modo que el paciente observase varios modelos.

15. El terapeuta debería llevar a cabo varias sesiones de modelado para establecer como objetivo un problema concreto en un paciente determinado.

16. Cuando el paciente reproduce los elementos básicos de la conducta modelada, el terapeuta debería reforzar al paciente.

17. Conforme el paciente se vuelve más resuelto o habilidoso, el terapeuta

debería dirigir las conductas modeladas hacia una mayor dificultad o complejidad.

18. El terapeuta debería entrenar al paciente para que emplease la autoobservación y el autorrefuerzo, de modo que éste pueda hacerse cargo, gradualmente, de su programa de tratamiento.

19. Durante las secuencias de modelado, el modelo debería ser reforzado por manifestar las conductas deseadas.

20. Durante las secuencias de modelado, el modelo debería ser castigado cuando manifestase conductas no deseadas.

21. El terapeuta debería intentar introducir alguna novedad en la secuencia de modelado.

22. El modelo debería representar conductas de afrontamiento en vez de conductas perfectas. Cada secuencia de modelado debería comenzar haciendo que el modelo se enfrente a un problema que es muy similar al que tiene el paciente. Luego, la secuencia debería representar al modelo intentando afrontar el problema. Finalmente, la secuencia debería mostrar cómo la conducta de afrontamiento del modelo tiene un impacto positivo sobre el problema. Si se presenta al paciente modelos que parecen haber logrado ya un dominio completo del problema, servirá únicamente para que ese paciente no sepa utilizar el modelo como una fuente de nuevas estrategias para un afrontamiento más eficaz.

II.1.4. Clases de procedimientos de modelado

Hay una serie de variaciones de los procedimientos de modelado que reciben distintos nombres. Estos tipos de procedimientos son los siguientes (Masters y cols., 1987): 1) Modelado graduado, 2) Modelado dirigido (normalmente gradual), 3) Modelado dirigido más reforzamiento, 4) Modelado participante (normalmente graduado), 5) Modelado con participación dirigida (normalmente gradual), 6) Desensibilización con contacto, 7) Modelado encubierto (utilizando la imaginación), 8) Modelado con ayudas para la inducción de la respuesta y con experiencias de maestría dirigidas por uno mismo, y 9) Modelado de afrontamiento y modelado de maestría.

Los tres primeros normalmente describen procedimientos para la adquisición o facilitación de nuevos patrones de conducta. El *modelado graduado* implica la presentación de conductas cada vez más difíciles. En el *modelado dirigido* se emplea alguna ayuda física, normalmente de forma gradual. El cuarto, el quinto y el sexto describen normalmente procedimientos para tratar con el miedo, la ansiedad y las conductas de evitación. Los términos *modelado participante, modelado con participación dirigida* y *desensibilización con contacto* describen, básicamente, los mismos procedimientos de modelado. Éstos consisten, en general, en una demostración modelada más la participación del paciente. La desensibilización con contacto implica invariablemente contacto corporal con el terapeuta para guiar la participación del paciente. En el *modelado encubierto,* el sujeto se imagina a un modelo realizando la conducta objetivo (ver capítulo de Raich en este volumen). El octavo tipo de procedimiento implica la *introducción de ayudas para la facilitación de la conducta* participante durante la interacción terapéutica. Las *experiencias de maestría dirigidas por uno mismo* se refieren a la introducción de amplios períodos de práctica durante el tratamiento, períodos durante los cuales el paciente se acerca a los estímulos temidos y practica y perfecciona las respuestas de acercamiento por sí mismo, sin ayudas externas. En el *modelado de afrontamiento,* los modelos muestran, en un primer momento, actuaciones que manifiestan temor y, gradualmente, conforme continúa la secuencia de modelado o en posteriores presentaciones, dichas actuaciones se vuelven cada vez más competentes con respecto al patrón de conducta meta. En el *modelado de maestría,* la actuación del modelo se presenta, desde el principio, de forma totalmente competente, representando la conducta ideal que tiene que llegar a imitar el observador.

II.1.5. Aplicaciones

Los procedimientos de modelado se han aplicado a numerosos problemas, bien como estrategia única de tratamiento o bien como parte de otras técnicas o programas de tratamiento (la opción más frecuente). Entre los problemas tratados por medio del modelado caben destacar la depresión, el alcoholismo, la ansiedad ante los exámenes, la falta de habilidades sociales, las fobias, las disfunciones sexuales, y los patrones obsesivocompulsivos.

II.2. *La terapia de conducta racional*

Maxie Maultsby presentó una comunicación en el I Congreso Nacional sobre Terapias Racional-Emotivas y Conductuales, en el año 1975, que delineaba el desarrollo de la *terapia de conducta racional (TCR).* El autor anterior señala que las influencias más importantes en la formulación de la TCR provienen de: 1) la práctica de la medicina familiar y la psiquiatría, 2) la neuropsicología de Luria, 3) la teoría operante de Skinner, y 4) las técnicas de la psicoterapia racional-emotiva de Ellis (Maultsby y Gore, 1986).

Estos autores señalan que la influencia más importante proviene, con mucho, de la terapia de Ellis. Sin embargo, a diferencia de ésta, la TCR deja las cuestiones filosóficas a la preferencia individual de los pacientes. Además, la

TCR evita el eclecticismo técnico en favor de técnicas terapéuticas derivadas exclusivamente de la teoría del aprendizaje psicosomático de la TCR sobre la conducta humana sana.

El terapeuta de la TCR conceptualiza los problemas de los pacientes según el modelo ABC sobre las experiencias de la vida, que es una extensión teórica del modelo ABC sobre las emociones humanas descrito por Ellis. La TCR considera que la **(A)** son las percepciones o aquello de lo que se da cuenta la gente, **(B)** son los pensamientos evaluadores de la gente sobre sus percepciones, **(C-1)** constituyen las emociones, desencadenadas y mantenidas por los pensamientos evaluadores en B, y **(C-2)** son las conductas físicas, desencadenadas y mantenidas también por los pensamientos evaluadores en B. La hipótesis de la TCR es que la gente tiende a causar sus propias reacciones físicas y emocionales por medio de las creencias que han llegado a adoptar. Después de que la gente, con cerebros que funcionan normalmente, tiene los mismos pensamientos evaluadores en B, sobre las mismas percepciones en A, y obtiene las mismas emociones y conductas en Cs las suficientes veces, sucede lo siguiente: sus hemisferios izquierdos convierten esos pensamientos y percepciones, repetidamente emparejados, en programas mentales o unidades semipermanentes, conscientes, con significado personal, denominados *creencias.* Una creencia se puede representar como *a-B,* en donde la letra mayúscula B indica que el habla con uno mismo consciente es el estímulo controlador en esa unidad de percepción. Neuropsicológicamente, las palabras en B (en la unidad de percepción a-B) desencadenan en los hemisferios derechos imágenes mentales de acontecimientos-A pasados, reales e imaginados. Por consiguiente, la unidad de percepción a-B desencadena las mismas reacciones físicas y emocionales habituales en *C* que las As y Bs reales en el emparejamiento original ABC (Maultsby y Gore, 1986). Después de que la gente se forma creencias, sus hemisferios izquierdos ya no necesitan procesar estímulos-A pasados, como sucesos mentales únicos. En este punto, las palabras de su hemisferio izquierdo provocan unidades de percepción a-B almacenadas internamente, que desencadenan reacciones físicas y emocionales habituales, en C, controladas por el hemisferio derecho. Cada repetición de esa secuencia a-BC constituye una ocasión para practicar las reacciones-C habituales.

Neuropsicológicamente, la imaginación es todo lo que los cerebros sanos necesitan para desencadenar las imágenes mentales apropiadas y necesarias para el aprendizaje emocional y físico. Estos mismos mecanismos mentales permiten que la gente practique diariamente —a propósito o sin quererlo— todos sus hábitos emocionales.

En la TCR, la percepción A-b representa la actitud. La «b» minúscula de la Unidad A-b indica que las actitudes son mudas y, por consiguiente, formas «superconscientes», no habladas, de creencias. Las creencias constituyen la forma consciente o hablada de las actitudes. Después de que la gente se forma actitudes, sus hemisferios derechos ya no perciben los estímulos externos pasados en A como acontecimientos mentales aislados. Por el contrario, los hemisferios derechos perciben esos estímulos "A" pasados como estímulos condicionados, codificados como actitudes A-b que desencadenan programas cerebrales de reacciones físicas y emocionales habituales en "C". Por consiguiente, con apenas pensamientos o con pensamientos no conscientes, la gente puede reaccionar con reacciones físicas y emocionales instantáneas, aparentemente involuntarias pero correctas ante sus percepciones —basadas en pasadas actitudes codificadas— sobre los acontecimientos activantes externos pasados.

Otra forma de conceptualizar los problemas de los pacientes en la TCR es en términos del grado de «racionalidad» o «irracionalidad» que parecen tener las creencias y actitudes asociadas con los problemas. Se enseña al paciente a ver la «racionalidad» *versus* la «irracionalidad» sobre la base de si al pensamiento, al sentimiento y a la conducta física de interés se les aplica *tres o más* de las cinco reglas de la conducta «racional», que son las siguientes (Maultsby, 1984, p. 16):

1. La conducta racional se basa en hechos obvios.
2. La conducta racional te ayuda de forma óptima a proteger tu salud y tu vida.
3. La conducta racional te ayuda de forma óptima a lograr tus objetivos a corto y a largo plazo.
4. La conducta racional te ayuda de forma óptima a evitar los conflictos que te son más indeseables con los demás.
5. La conducta racional te ayuda de forma óptima a sentir las emociones que quieres sentir.

Estrategia de tratamiento. Después de pasar la entrevista, el primer paso de la TCR consiste en presentar al paciente sus ABCs emocionales. Luego se le muestran las cinco reglas de la conducta racional, que piense sobre ellas y las aplique a sus pensamientos y conductas relativos al problema. Más tarde, se plantea la idea de que el paciente realice el *autoanálisis racional (AAR)* de forma regular y por escrito. Después de que ha llevado a cabo el AAR correctamente, empieza a emplear diariamente las *imágenes racional-emotivas (IRE).*

El AAR por escrito es el procedimiento principal de la TCR. El AAR, realizado entre las sesiones de terapia, es una forma estructurada de que los pacientes descubran las relaciones causa-efecto entre los componentes cognitivos, emocionales y físicos de sus problemas personales y, también, los cambios racionales que tienen que, y pueden, hacer para empezar a ayudarse a ser felices inmediatamente. La secuencia del AAR es la siguiente (Maultsby y Gore, 1986):

1. Hacer que los pacientes describan A, el acontecimiento activante.
2. Inmediatamente después del apartado A, los pacientes tienen que escribir sus creencias, B. Se pueden numerar cada una de éstas y comprobar si tienen una actitud positiva, negativa o neutral sobre cada una de ellas, escribiendo «positiva o buena», «negativa o mala» o «neutra», entre paréntesis, después de cada idea.
3. En el apartado C, se hace que los pacientes escriban las consecuencias conductuales de sus ideas B. La sección C tiene dos partes: las emociones y las acciones. Los pacientes tienen que manifestar simplemente cómo se sintieron y qué es lo que hicieron físicamente.
4. Inmediatamente después del apartado C, se hace que los pacientes escriban las «cinco preguntas racionales».
5. Frente al apartado C, los pacientes escriben la sección E; ésta contiene las nuevas emociones y acciones que quieren tener en acontecimientos futuros similares de tipo-A. Se recuerda a los pacientes que el apartado E describe sólo las elecciones que ellos han hecho sobre las nuevas emociones y acciones físicas para acontecimientos A similares y futuros. Deben ignorar las conductas que otras personas (incluido el terapeuta) quieren que aprendan, pero de las que ellos no están convencidos.
6. El sexto paso es *Da,* la comprobación por parte de la cámara de A. Los pacientes se preguntan a sí mismos: «¿Una cámara de vídeo habría grabado los acontecimientos A tal y como yo los he descrito?». Si la respuesta es «sí» para cada frase de A, los pacientes tienen que escribir «todos los hechos» en la sección Da y seguir con el apartado Db. Si no, quiere decir que hay por medio opiniones personales y, entonces, tienen que describir los hechos tal como los grabaría una cámara de vídeo.
7. El séptimo paso es *Db,* es decir, la comprobación y el cuestionamiento racionales de cada idea del apartado B, empleando las «cinco preguntas racionales». Luego, tienen que reemplazar las ideas B irracionales por ideas racionales en la sección Db.

Las *imágenes racional-emotivas (IRE)* constituyen la segunda técnica terapéutica de la TCR. Su base descansa en el hecho neuropsicológico de que las imágenes (es decir, el practicar mentalmente las reacciones emocionales o físicas) producen el mismo aprendizaje rápido que las experiencias de la vida real. En consecuencia, cada vez que la gente se imagina a sí misma, mentalmente, pensando, sintiendo emociones y actuando físicamente de la manera en que quieren hacerlo, están empleando IRE, la forma más eficaz de práctica emocional. Las IRE son también útiles para mejorar la práctica física. Cuando los pacientes practican las IRE diariamente, se enseñan a sí mismos nuevos hábitos emocionales de la manera más rápida y segura posible. Las instrucciones típicas de las IRE son las siguientes (Maultsby y Gore, 1986):

1. Leer los apartados Da, Db y E de un AAR bien hecho.
2. Relajarse utilizando la «Maniobra para Sentirse Mejor Rápidamente» [2].
3. Cuando te encuentres relajado (de uno a tres minutos), imagínate mentalmente a ti mismo tan vívidamente como sea posible en la situación Da descrita en tu AAR.
4. Cuando te imagines vívidamente a ti mismo en la situación Da, concéntrate en tus pensamientos racionales Db, imagínate a ti mismo teniendo los sentimientos y la conducta física del apartado E. Haz que la experiencia sea tan vívida y realista como sea posible.
5. Mantén esa imagen y vuelve a detenerte en tus pensamientos racionales Db. Si los pensamientos de la sección B se introducen en tu cabeza, refútalos tranquilamente con tus pensamientos Db e ignora relajadamente todos los pensamientos que no estén en el AAR.
6. Repite el paso anterior una y otra vez durante diez minutos. Si tienes dos AAR con los que practicar, pasa cinco minutos con cada uno. Pero no lleves a cabo las IRE con más de dos AAR durante una sesión de diez minutos.

Hay que decir a los pacientes que no esperen milagros después de tan sólo dos o tres sesiones de IRE. Lleva tiempo y práctica la extinción de viejos hábitos emocionales y el autocondicionamiento de otros nuevos. Los pacientes tienen que practicar las IRE diariamente empleando el mismo AAR, hasta que empiecen a experimentar la clase de respuestas del apartado C que quieren tener en la vida diaria.

II.3. *Reestructuración racional sistemática* [3]

Las suposiciones y expectativas de los individuos sobre el mundo que les rodea pueden tener importantes implicaciones para su reacción emocional y

[2] La *Maniobra para Sentirse Mejor Rápidamente (MSMR)* es un procedimiento «de respiración lenta, diafragmática. Para llevarla a cabo se siguen los siguientes pasos: primero, ponte cómodo físicamente mientras estás de pie, sentado, o (preferiblemente) acostado. Cierra los ojos, dibuja una ligera sonrisa en tu cara y disminuye tu tasa de respiración entre cuatro y seis ciclos completos de inspiración-espiración por minuto. Es una respiración con el «estómago», de modo que el abdomen saldrá hacia afuera cuando inspiras. Empieza inspirando tranquilamente durante 3 ó 4 segundos, mientras piensas al mismo tiempo: «A, estoy inspirando.» Luego inmediatamente espira durante tres a cuatro segundos, mientras piensas lentamente: «B, estoy espirando.» Al final de la espiración, descansa durante tres a cuatro segundos, mientras piensas: «C, estoy relajándome.» Luego, repite esa secuencia de respiración lentamente, una y otra vez, hasta que notes que estás claramente relajado» (Maultsby, 1984, p. 203).

[3] La mayor parte de este epígrafe ha sido extraído de M. R. Goldfried, «Application of rational restructuring to anxiety disorders», *The Counseling Psychologist,* núm. 16, 1988, pp. 50-68. Sage Publications. Reproducido con permiso.

la conducta real. Así, por ejemplo, en la medida en que los individuos estén respondiendo apropiadamente a una situación que *etiquetan erróneamente* como peligrosa, el tratamiento que se ha de aplicar consistirá en modificar el proceso de etiquetado y no su respuesta a él.

Los pacientes no se dan cuenta siempre de cómo construyen distintas situaciones ansiógenas. Aunque muchos individuos pueden ser capaces de informar sobre lo que se dicen a sí mismos en distintas situaciones ansiógenas, no siempre se dan cuenta de las razones «subyacentes» por las que eso les perturba. Teóricamente, esas autoverbalizaciones reflejan suposiciones más básicas, algunas de las cuales pueden tener un carácter tácito (Goldfried, 1988). Se puede considerar que estas suposiciones tácitas reflejan *esquemas* básicos, que son las suposiciones subyacentes que los individuos ansiosos traen a una variedad de diferentes situaciones. Dos de estos esquemas básicos que se encuentran normalmente en la práctica clínica son los que reflejan la necesidad de *aprobación* por parte de los demás («Todo el mundo tiene que quererme») y de *perfección* («Tengo que ser perfecto en todo lo que hago»).

El objetivo de la reestructuración sistemática no es sólo obtener una perspectiva diferente de los aspectos problemáticos de sus vidas, sino enseñar a los pacientes un procedimiento para que ellos mismos lo puedan hacer. En este sentido, el objetivo terapéutico consiste en proporcionar a los individuos habilidades de afrontamiento, de modo que en último término aprendan a funcionar como sus propios terapeutas (Goldfried, 1988).

La *reestructuración racional sistemática* se basa en la terapia racional-emotiva de Ellis, pero intenta ser más estructurada y resaltar más el empleo de este procedimiento para proporcionar al paciente habilidades de afrontamiento. Las directrices clínicas del procedimiento son las siguientes (Goldfried, 1988; Goldfried y Goldfried, 1980):

1. *Presentar la suposición de que los pensamientos median las emociones.* El primer objetivo de la terapia consiste en ayudar a los pacientes a reconocer que sus pensamientos, suposiciones, expectativas y etiquetas pueden afectar a su reacción emocional ante las situaciones. Aunque hay casos en los que los pacientes pueden identificar fácilmente los pensamientos que provocan las reacciones emocionales, puede haber otras ocasiones en las que no encuentren autoverbalizaciones que conduzcan a esas reacciones emocionales, especialmente si esos pensamientos se han aprendido tan bien que asumen el estatus de una construcción automática e implícita de los acontecimientos. A veces es útil señalar que los pacientes están reaccionando «como si» estuvieran percibiendo una situación particular de un modo determinado.

2. *Establecer una perspectiva realista en el paciente.* En vez de intentar convencer al paciente de que las suposiciones que provocan su conducta

desadaptativa son poco realistas, el objetivo consiste en ayudarle a adoptar esa perspectiva por sí mismo. Una forma de conseguir esto es haciendo que el terapeuta represente el papel de abogado del diablo, de modo que la tarea del paciente sea convencer al supuestamente poco realista terapeuta por qué su forma de pensar no tiene sentido.

3. *Identificar las suposiciones poco realistas que median la conducta desadaptativa del paciente.* Como resultado del paso anterior, a menudo los pacientes reconocen espontáneamente que ciertas creencias están asociadas con sus propias conductas desadaptativas. Si no sucede así, se puede llevar a cabo una exploración más detallada, de modo que lleguen a darse cuenta de las suposiciones específicas que causaban la conducta desadaptativa en distintas situaciones. Es posible analizar las cosas que los pacientes se dicen a sí mismos examinando las dos preguntas siguientes: a) ¿Cuál es la probabilidad de que estén interpretando correctamente la situación? y b) ¿Cuáles son las implicaciones últimas del modo en que han etiquetado la situación? Esta fase se habrá llevado a cabo satisfactoriamente si los pacientes llegan a reconocer que ciertas suposiciones, aunque implícitas, median su conducta desadaptativa, pero que darse simplemente cuenta de esto no les proporciona ninguna manera de cambiar. Luego se pasa a la fase siguiente.

4. *Ayudar a los pacientes a cambiar sus cogniciones poco realistas.* Ahora se necesita un esfuerzo activo de afrontamiento. Para ayudar a los pacientes a utilizar la reestructuración racional como un medio de afrontar su conducta desadaptativa, su reacción emocional tiene que servir como una «señal» para detenerse y preguntarse a sí mismos: «¿Qué me estoy diciendo en esta situación particular que puede ser poco realista?» La tarea del terapeuta consiste en ayudarles a identificar y reemplazar esta evaluación poco realista por una valoración más apropiada de la situación. Este proceso de reaprendizaje se lleva a cabo por medio de diferentes procedimientos como el *ensayo en la imaginación.* En éste, se pide a los pacientes que señalen el grado de ansiedad que sienten cuando se imaginan una situación particular y que identifiquen luego lo que se están diciendo a sí mismos que puede producirles la perturbación. Se pide a los pacientes que piensen en voz alta durante este proceso, de modo que el terapeuta pueda ayudarles en sus intentos de descubrir o reevaluar su percepción del acontecimiento. Después del proceso de reevaluación, señalan el grado en que ha disminuido su ansiedad. Se puede construir una jerarquía que vaya aumentando progresivamente el grado de perturbación de las situaciones. Se anima también a los pacientes para que lleven a cabo el proceso de la reestructuración racional en situaciones de la vida real en las que se dé la conducta desadaptativa.

II.4. *El entrenamiento en el control de la ansiedad* [4]

Suinn y Richardson desarrollaron en 1971 el *entrenamiento en el control de la ansiedad (ECA)* como una terapia conductual para el tratamiento de los trastornos generalizados de ansiedad. En el ECA no es necesario que los pacientes identifiquen las causas o estímulos que precipitan su ansiedad. Por el contrario, la misma experiencia de ansiedad se emplea para entrenar al paciente a reconocer su presencia. Se enseña al paciente a prestar atención a síntomas que reflejan la presencia de ansiedad. Las sesiones del ECA continúan luego entrenando al paciente en la iniciación de respuestas de relajación cuando se percibe la activación de la ansiedad, sirviendo la relajación para reducir y eliminar el estado de ansiedad. También se enseña al paciente a reconocer los síntomas lo suficientemente pronto como para utilizar la relajación y evitar que la ansiedad alcance un nivel elevado.

El ECA utiliza profusamente la imaginación, bien para activar la ansiedad bien para mejorar la relajación. En el primer caso, se pide al paciente que recuerde un acontecimiento en el que experimentó moderados o elevados niveles de ansiedad. Por medio de la imaginación, el paciente recuerda este acontecimiento, volviendo a experimentar la ansiedad. En términos de la relajación, el paciente identifica un acontecimiento que conlleva el estar relajado. Concentrándose en esta imagen, se ayuda al paciente a encontrar la misma sensación de relajación. Las cinco sesiones de que se compone el ECA son las siguientes (Suinn, 1985; Suinn y Deffenbacher, 1988):

Sesión 1: Esta sesión implica cuatro pasos —explicación razonada, desarrollo de una escena de relajación, entrenamiento en relajación (método) y la asignación de tareas para casa. En el segundo paso, la escena de relajación debería describir un acontecimiento real que esté asociado con sensaciones de relajación o tranquilidad.

Sesión 2: En esta sesión se incluyen cuatro etapas —la identificación de una escena de ansiedad, la relajación, la ansiedad (escena) seguida por la relajación (escena y método) y las tareas para casa. La primera de esas etapas selecciona una escena que implique una experiencia real asociada con un nivel moderado de ansiedad (un nivel de 60 en una escala en que el 100 es el máximo de ansiedad). La segunda etapa incluye instrucciones de relajación sin emplear el componente de tensar los músculos.

---

[4] Parte de este epígrafe se ha extraído de R. M. Suinn y J. L. Deffenbacher, «Anxiety management training», *The Counseling Psychologist*, núm. 16, 1988, pp. 31-49. Sage Publications. Reproducido con permiso.

Sesión 3: Esta sesión sigue los pasos usados en la sesión 2, pero añadiendo dos pasos nuevos, la relajación iniciada por uno mismo y el prestar atención a los síntomas activadores de la ansiedad, de modo que el paciente pueda identificar las señales personales asociadas con la ansiedad. Así, los pasos implicados en la sesión 3 son la relajación iniciada por el paciente, la activación de la ansiedad, el atender a los síntomas de ansiedad durante esta activación, la vuelta a la relajación, la repetición (3-4 veces) de este ciclo «activación-atención a los síntomas-relajación», y las tareas para casa.

Sesión 4: En esta sesión se identifica una escena de ansiedad de nivel 90, que se alternará con la escena de ansiedad de nivel 60. Luego, la sesión requiere que el paciente asuma más responsabilidad para obtener el control después de la activación de la ansiedad (escena imaginada). En vez de que el terapeuta termine la escena de ansiedad y vuelva a iniciar la relajación, el paciente decide cuándo finalizar la escena de ansiedad y toma la responsabilidad para implantar la relajación empleando una escena relajante, una revisión de los músculos (relajándolos) o una relajación controlada por estímulos (respiración profunda). La tarea para casa implica comprobar las primeras señales de una activación estresante inminente e iniciar las habilidades de relajación si se percibe estrés.

Sesión 5: Esta sesión completa el desvanecimiento gradual del terapeuta y la obtención, por parte del paciente, del autocontrol. El paciente emplea la escena de ansiedad para experimentar la activación de la ansiedad y, mientras está inmerso en la escena, inicia el control de la relajación. Cuando se alcanza ésta, el cliente finaliza la escena de ansiedad y continúa con la relajación hasta que el terapeuta le presenta la siguiente escena de ansiedad. Al igual que antes, se alternan las escenas de nivel 60 y 90. La tarea para casa es la misma que en la sesión anterior.

Sesiones 6 a 8: Se repite el formato de la sesión 5 del ECA hasta que se consigue totalmente el autocontrol. El terapeuta busca una situación real para que el paciente pueda comprobar su progreso en el control de la ansiedad.

II.5. *Ciencia personal*

La *ciencia personal* constituye un enfoque de la terapia cognitivoconductual desarrollado por Mahoney (1976). Este autor señala que la denominación de «ciencia personal» se debe a que dicho enfoque aplica las habilidades empíricas de la solución de problemas a los problemas íntimos y personales. Se considera al terapeuta como un consejero técnico o un entrenador que instruirá al paciente en el desarrollo de habilidades de afrontamiento a los problemas.

El modelo de la ciencia personal de Mahoney considera a los problemas emocionales como una consecuencia de las crisis de la vida y/o de las deficiencias en el desarrollo o en la utilización de las habilidades de afrontamiento. Este enfoque intenta enseñar a los pacientes las habilidades empleadas por los investigadores para abordar y resolver las situaciones problema. La terapia se concibe como un proceso de aprendizaje que enseña a los pacientes a enfocar sus problemas como científicos personales. En el núcleo de este modelo se encuentra un fuerte énfasis en la importancia de una teoría sobre uno mismo activa, de afrontamiento. El paciente juega un papel activo y de colaboración en la terapia y se contempla como un agente responsable del autocontrol.

El enfoque de la ciencia personal consta de siete componentes básicos que siguen una secuencia ordenada y se representan, en inglés, por el acrónimo SCIENCE (Ciencia). Según Mahoney (1976), estos componentes constituyen las habilidades fundamentales para la solución de problemas y son los siguientes (se incluye el acrónimo SCIENCE así como la primera palabra en inglés correspondiente al mismo):

S Especificar el área general del problema *(specify)*
C Recoger datos *(collect)*
I Identificar patrones o fuentes *(identify)*
E Examinar opciones *(examine)*
N Delimitar y experimentar *(narrow)*
C Comparar datos *(compare)*
E Ampliar, revisar y reemplazar *(extend)*

Con el fin de enseñar al paciente este enfoque empírico de solución de problemas, el terapeuta puede incorporar una serie de procedimientos clínicos como el control del estímulo, incentivos para la motivación, la graduación de tareas, el aprendizaje por observación y la práctica activa. Las etapas finales de la terapia se planifican para desplazar hacia el paciente, de modo gradual, mayores cantidades de responsabilidad y control, con el fin de facilitar la generalización y el mantenimiento de los beneficios del tratamiento.

II.6. *Terapia familiar*

El término *terapia familiar conductual* se utiliza hoy día para denominar una especie de ampliación del entrenamiento de padres (EP) para tratar problemas de la conducta infantil, especialmente trastornos agresivos (ver McMahon, en este volumen, para un examen más detenido de estas cuestiones). Al igual que el EP, la terapia familiar conductual se centra inicialmente en el niño; es decir, el hijo (o hijos) de la familia es (son) las metas del tratamiento. Pero a diferencia del EP, el modelo conceptual de la terapia familiar conductual reconoce que muchas otras variables, aparte de los déficit en habilidades, pueden trastornar las capacidades de los adultos para cuidar adecuadamente de sus hijos, contribuyendo especialmente a la conducta agresiva infantil (Wells, 1985). Según esta autora, esas variables adicionales son las siguientes [5]: 1) percepciones por parte de los padres, 2) variables psicológicas de los padres, 3) problemas de pareja, y 4) variables sociales.

La *terapia familiar* contemporánea se basa en la doble suposición teórica de que los trastornos del sistema familiar pueden ser *causa y/o efecto* de la sintomatología individual (Grebstein, 1986). Aquí seguiremos el modelo de terapia familiar propuesto por Alexander y colaboradores (Alexander, Barton, Waldron y Mas, 1983; Alexander y Parsons, 1982) que adopta una orientación basada en la teoría conductual y en la teoría de sistemas. Dicho modelo identifica cinco principales dimensiones de la intervención que incluyen las *fases de la intervención,* los *objetivos* de cada fase, las *funciones del terapeuta* necesarias para alcanzar los objetivos, los tipos de *habilidades del terapeuta* que son necesarias para lograr las funciones de cada fase y las *actividades representativas* implicadas en cada fase. Las fases de la intervención (ver también McMahon, en este volumen) son las siguientes (Alexander, Barton, Waldron y Mas, 1983):

1. *Introducción/Impresión.* El objetivo principal de esta fase es la creación de expectativas para el cambio en la familia. Esta fase puede verse como relativamente transitoria, puesto que termina en el punto en que los terapeutas empiezan a llevar a cabo los procesos de evaluación, terapia y educación. Así, la fase de Introducción/Impresión se refiere básicamente a las expectativas que se crean antes de la interacción terapéutica. La principal función del terapeuta en esta fase es la *credibilidad.* Las actividades que afectan a la credibilidad y al cambio de expectativas pueden variar notablemente. El terapeuta puede modificar el mobiliario de la habitación, la ropa que usa, la conducta del personal de recepción (secretarias, etc.), e incluso el tipo de formularios que el paciente tiene que rellenar antes de empezar la terapia.

---

[5] Si se revisa el capítulo de McMahon sobre *el entrenamiento de padres* (en este mismo volumen), se verá que algunos de los enfoques del entrenamiento de padres incluyen ya todas las variables que Wells (1985) señala como distintivas de la terapia familiar conductual. Por ello, no encontramos diferencias significativas entre estos dos tipos de técnicas. Quizá la terapia familiar, desde un punto de vista conductual, debería reservarse para el tratamiento de la familia como sistema, utilizando los principios de la teoría del aprendizaje social y de la teoría de sistemas.

2. *Evaluación/Comprensión.* Los objetivos de esta fase son comprender la conducta, el afecto y la cognición en la familia. Además, el terapeuta necesita enterarse de qué es lo que necesita cambiarse y qué variables intrafamiliares y extrafamiliares mejorarán y obstaculizarán el cambio positivo. También tiene que identificar el contexto y las funciones de los patrones problemáticos y desadaptativos, y evaluar los patrones de respuesta cooperativos y de resistencia hacia el terapeuta. Éste tiene igualmente que identificar los sistemas de valores y el tipo de lenguaje de la familia.

3. *Inducción/Terapia.* El objetivo principal de esta fase es la creación de un contexto para el cambio. Se basa en procesos motivacionales y atribucionales puestos de manifiestos por medio de intervenciones específicas. Este proceso significa cambiar el significado de la conducta de los miembros de la familia, poniendo un énfasis especial en las atribuciones positivas. También se definen los problemas y se establece un tipo de lenguaje, de modo que la familia vea el cambio como deseable y posible. Durante esta fase, el terapeuta modifica también las reacciones adversas a las propiedades estimulares del mismo terapeuta, proporciona una explicación razonada de las técnicas de tratamiento y desarrolla procedimientos para establecer control sobre personas relevantes que no están implicadas directamente en la terapia.

4. *Tratamiento/Educación.* El principal objetivo de esta fase es producir un cambio a largo plazo en la familia. Se planifican cuidadosamente cambios en los patrones de interacción, aplicando las técnicas de modificación de conducta necesarias. Actividades representativas de esta fase incluyen el entrenamiento en comunicación, el contrato conductual, el modelado, y la manipulación de acontecimientos ambientales para establecer el control del estímulo y las consecuencias apropiadas. El análisis funcional de la conducta de cada miembro de la familia es necesario para particularizar la aplicación de las técnicas a las familias concretas. En esta fase también se identifican y se modifican el afecto, la cognición y la conducta resistentes.

5. *Generalización/Finalización.* Los objetivos de esta fase consisten en mantener los cambios iniciados previamente y, al mismo tiempo, establecer la independencia del contexto de tratamiento. A veces será necesario aplicar técnicas específicas para asegurar la generalización, como el sobreaprendizaje, el anticipar y representar crisis y tensiones futuras en la familia, y el evaluar e intervenir directamente, a veces en sistemas extrafamiliares. Hay que asegurarse que ha terminado el problema y que se han alcanzado estilos de solución de problemas y procesos familiares adaptativos.

II.7. *Terapia de pareja*

La *terapia de pareja (TP)* es la denominación general para el tratamiento de parejas cuya relación no es feliz. Desde un punto de vista conductual, los principios conceptuales con respecto a los problemas de pareja son los siguientes (Bornstein y Bornstein, 1986):

1. La conducta de los miembros de la pareja se debe examinar siempre dentro de su contexto de relación (el paciente es la «relación» y no tanto los individuos concretos).
2. Los problemas de pareja son una función de bajas tasas de conducta agradable y/o elevadas tasas de conducta desagradable provenientes del otro miembro de la pareja.
3. Aunque la reciprocidad tiene lugar en parejas con problemas y sin ellos, el intercambio negativo tiene una mayor probabilidad de ocurrencia en las relaciones con problemas.
4. La insatisfacción conyugal se encuentra asociada claramente con déficit de comunicación.
5. Las parejas con problemas tienen mayores dificultades para solucionar los conflictos y afrontar las discusiones con eficacia.
6. Los mecanismos cognitivos influyen en el ajuste y la satisfacción conyugales.

Los objetivos generales de la TP son el aumentar la interacción positiva mutua, disminuir los intercambios negativos y proporcionar a las parejas estrategias generales para solucionar futuros problemas de la relación. Se emplean una serie de procedimientos terapéuticos solos (o, más a menudo, en combinación) para lograr esos objetivos. Dichos procedimientos incluyen el contrato conductual, el entrenamiento en solución de problemas, el entrenamiento en comunicación, el aumento de los intercambios positivos, y la reestructuración de cogniciones problemáticas (Foster y Griffin, 1985).

En el núcleo de la TP se encuentran el contrato conductual y el entrenamiento en solución de problemas, cuyo objetivo es enseñar a las parejas a alcanzar soluciones, del agrado de los dos, sobre cuestiones que han sido el origen de continuos problemas.

El entrenamiento en solución de problemas se acompaña del *entrenamiento en comunicación,* necesario generalmente para disminuir las acusaciones, la defensividad, la adivinación del pensamiento, las sobregeneralizaciones y las escapatorias hacia errores pasados y presentes que impiden la eficaz solución de los problemas. Aunque las metas de ese entrenamiento en comunicación varían con las parejas, las habilidades que se enseñan más frecuentemente son el empatizar y la escucha activa, mantenerse en el tema que están hablando, aceptar y comprender el punto de vista del otro aunque no se esté de acuerdo con él, hacer peticiones directas sobre conductas específicas, expresar sentimientos positivos y negativos con expresiones en primera persona, contrastar las inferencias y atribuciones con el otro miembro de la pareja sobre la conducta del/a compañero/a. Los procedimientos empleados para enseñar a las parejas habilidades de comunicación y de solución de problemas incluyen la instrucción, el modelado, el ensayo de conducta, las tareas para casa, y la retroalimentación por parte del terapeuta y/o del otro miembro de la pareja. Liberman y cols. (1987) señalan una serie de habilidades del terapeuta para la dirección de la terapia de pareja, que son las siguientes: 1) Planear metas para los pacientes, 2) Plantear escenas relevantes para que sean ensayadas por los pacientes, 3) Estructurar la representación de los pacientes, 4) Instruir a los pacientes, 5) Modelar a los pacientes, 6) Hacer sugerencias a los pacientes, 7) Adiestrar o ayudar a los pacientes en las representaciones, 8) Proporcionar a los pacientes retroalimentación positiva sobre conductas específicas, 9) Proporcionar a los pacientes retroalimentación negativa sobre conductas específicas, 10) Hacer que los pacientes lleven a cabo ensayos de conducta, 11) Ignorar conductas inapropiadas, inconsecuentes o irrelevantes, y 12) Estar físicamente al lado de los pacientes durante los ensayos de conducta.

Otra táctica de la TP implica el tratar de aumentar las interacciones positivas. Esto se puede lograr estableciendo la frecuencia diaria de las conductas positivas que tiene que realizar cada miembro de la pareja, pedir a éstos que intenten ver cuál de sus conductas positivas conduce al mayor aumento de la satisfacción conyugal en los registros diarios de su compañero/a, y/o planificar «días de afecto» o de «amor» especiales, en que uno de los cónyuges proporciona un gran número de conductas muy valoradas por el otro (Foster y Griffin, 1985). También se pueden establecer actividades de las que disfruta la pareja pero que raramente realiza.

Las estrategias cognitivas pueden emplearse también cuando sean necesarias. Las intervenciones cognitivas incluyen el volver a enmarcar (volver a etiquetar) las atribuciones negativas para crear explicaciones causales más saludables («No es que no te quiera, es que no tiene las habilidades necesarias para expresar afecto»), presentar hechos y evidencias contradictorias para corregir las expectativas irracionales y reemplazar las atribuciones vagas, que culpan al otro miembro de la pareja sobre las causas de los problemas conyugales, por atribuciones que resaltan la causalidad mutua y por factores específicos modificables.

La generalización de los efectos de la TP de la clínica a la vida diaria tiene también que programarse. Bornstein y Bornstein (1986) plantean cinco estrategias que ayudarán a esta generalización (ver capítulo de Milan y Mitchel, en este volumen):

1. Las *trampas conductuales.* Se refieren al establecimiento de conductas que serán reforzadas de forma natural en el ambiente externo a la clínica. Las tareas para casa pueden funcionar fácilmente como «trampas».

2. El *desvanecimiento gradual de las contingencias.* Se reducen las consecuencias externas de la conducta a lo largo del curso del programa de terapia.

3. *Ampliación del control del estímulo.* Se amplía el rango de estímulos que ejercen control sobre la conducta.

4. *Autocontrol.* Cuando se enseña a los pacientes a vigilar, evaluar y reforzar su propia actuación, las mejoras conductuales pueden ser mantenidas más fácilmente a lo largo del tiempo y a través de las situaciones. Igualmente, las habilidades desarrolladas en la clínica tienen que llegar a estar bajo el control de la pareja.

5. Los *compañeros como facilitadores.* Cada miembro de la pareja funciona como un estímulo discriminativo para su compañero/a con respecto a las conductas de interacción recién adquiridas.

II.8. *La terapia sexual*

La *terapia sexual,* o el tratamiento de la disfunción sexual, ha obtenido una amplia atención, tanto profesional como popular, desde la publicación del libro de Masters y Johnson, *Human sexual inadequacy,* en 1970. Actualmente, la terapia sexual constituye un área especializada de la psicología, la psiquiatría y la medicina. Se señala una serie de principios básicos para la terapia sexual, recibiendo cada uno de ellos distinto énfasis dependiendo del caso particular (Friedman y Chernen, 1987; LoPiccolo, 1978):

a. *Responsabilidad mutua,* es decir, todas las disfuncionales sexuales son *trastornos compartidos.* Independientemente de la causa de la disfunción, ambos miembros de la pareja son responsables del cambio futuro y de la solución de sus problemas.

b. *Información y educación.* Muchos pacientes que padecen una disfunción sexual ignoran lamentablemente muchos aspectos de la conducta sexual. Por consiguiente, el terapeuta tiene que asegurarse de que los pacientes tengan un conocimiento adecuado del ciclo de respuesta sexual.

c. *Cambio de actitud.* Las actitudes negativas de los padres y de la sociedad hacia la expresión sexual, experiencias pasadas traumáticas y problemas actuales se mezclan para hacer que los pacientes con disfunciones sexuales aborden cada interacción sexual con ansiedad o, en casos extremos, con asco y repugnancia. El terapeuta tiene que provocar directamente un cambio de actitudes en esos pacientes.

d. *Eliminación de la ansiedad ante la actuación.* Para que la terapia tenga éxito, los pacientes deben liberarse de la ansiedad ante su actuación sexual. Los pacientes tienen que dejar de atender exclusivamente a la erección, el orgasmo o la eyaculación y centrarse en disfrutar del *proceso,* en vez de intentar obtener un resultado determinado.

e. *Incrementar la comunicación y la eficacia de la técnica sexual.* Las parejas disfuncionales tienden a ser incapaces de comunicar claramente sus preferencias y desagrados sexuales. La terapia sexual alienta la experimentación sexual y una comunicación abierta, eficaz, sobre la técnica y las respuestas sexuales.

f. *Cambio de los estilos de vida destructivos y de los roles sexuales.* A veces la relación sexual tiene lugar sólo cuando todas las demás tareas se han resuelto, cuando las personas están ya cansadas física y mentalmente. El cambio del momento en que tiene lugar la relación sexual, el tomarse tiempo para ella, puede convertir al sexo en una experiencia más positiva. La rígida separación de los roles sexuales puede constituir también una influencia negativa para la relación sexual de muchas parejas.

g. *Planificar cambios en la conducta.* Si hay una característica distintiva de la terapia sexual, ésta es la prescripción de una serie de pasos graduales sobre conductas sexuales específicas, que los pacientes tienen que realizar en su propia casa. Algunos de estos procedimientos se describen seguidamente.

II.8.1. Focalización sensorial

Este procedimiento consiste en tareas semanales sobre un contacto corporal cada vez mayor. Al principio se prohíbe el coito y el contacto con los pechos y los genitales, con el fin de evitar las preocupaciones sobre la actuación (p.ej., falta de orgasmo, de eyaculación o de erección). El propósito de esta técnica es volver a aprender a tener placer con el contacto corporal y reducir la ansiedad ante la actuación. Los miembros de la pareja practican el darse masaje y el tocarse mutuamente, con el énfasis puesto en que aprendan a darse cuenta de lo que es agradable. El prohibir una expresión sexual más intensa permite que los pacientes disfruten de besarse, abrazarse, darse masajes y de otras actividades placenteras, sin el trastorno que ocurriría si el paciente anticipase que estas actividades serían seguidas por el coito u otras conductas sexuales que no han sido agradables en el pasado. Después de que los pacientes han aprendido a obtener placer por medio de estos ejercicios, se incluyen ya las zonas genitales y de los pechos. El objetivo ahora es darse placer genital, pero sin llegar al orgasmo. Se acarician suavemente los pechos y los genitales de diversos modos (oral, manual), señalando cada miembro de la pareja lo que le va resultando más agradable al recibir esas caricias y tratando de centrarse en sus propias sensaciones y gozar de ellas. La relación sexual de la pareja se reconstruye por medio de una serie graduada de aproximaciones sucesivas hacia la relación sexual completa.

II.8.2. La técnica del apretón

Es una técnica básica de la terapia sexual y se utiliza frecuentemente en el tratamiento de la eyaculación precoz. El procedimiento requiere que la compañera estimule el pene erecto hasta el punto en el que el hombre experimente una sensación que avisa de la inevitabilidad de la eyaculación. En este punto la estimulación se interrumpe y la compañera aprieta justo debajo de la corona del glande (de 15 a 30 segundos) y espera que se reduzca la activación. El proceso se repite hasta que se informan de períodos cada vez más largos del control del reflejo eyaculatorio. Una variación de esta técnica es el *método de arranque/parada* de Semans. Este procedimiento se lleva a cabo no por medio de un apretón, sino por la terminación de la estimulación. El hombre descansa hasta que disminuye la sensación de una elevada activación y entonces empieza de nuevo la estimulación. Dicho ejercicio es útil en el caso de una compañera que no pueda practicar el apretón, o para personas sin compañera y personas que desean practicar solos la masturbación.

II.8.3. Ejercicios de masturbación

Este procedimiento para reducir la ansiedad asociada con la autoestimulación genital y el orgasmo implica ejercicios progresivos y específicos. Primero, el individuo atiende a la imagen corporal (desnuda, examinando el cuerpo y los genitales por medio del espejo). Después de que se ha establecido la tranquilidad en esta área, se autoestimula la localización visual y táctil de las áreas de placer. La autoestimulación continúa con una intensidad y una duración cada vez mayores hacia el objetivo del orgasmo. La estimulación manual o por medio de un vibrador puede emparejarse con la fantasía y con imágenes eróticas. En las mujeres, se entrena el músculo pubococcígeo para aumentar el darse cuenta de las sensaciones vaginales [Esto puede hacerse indicando a la mujer que detenga y reanude la corriente de orina, puesto que son los músculos pubococcígeos los que se contraen para interrumpir la acción de orinar (Kaplan, 1978)]. Finalmente, una vez que se experimenta y se practica el orgasmo, se incorporan ejercicios graduados con el/la compañero/a para fomentar la generalización de esta nueva conducta y emparejarlo finalmente con el coito.

II.8.4. La maniobra del puente

La focalización sensorial se suele utilizar en las etapas iniciales de la terapia para mujeres que no alcanzan el orgasmo en el coito. Kaplan (1978) señala que la tarea esencial implica la combinación de la estimulación del clítoris y el coito, una técnica que recibe el nombre de la *maniobra del puente*. La mayoría de las mujeres que no alcanzan el orgasmo en el coito pero sí con la estimulación del clítoris, pueden llegar al orgasmo si al mismo tiempo que se encuentra el pene en la vagina se estimula el clítoris. La maniobra del puente es algo diferente y más eficaz, consistiendo básicamente en la estimulación del clítoris hasta el momento inmediatamente anterior al orgasmo y dejar luego que los movimientos del coito pongan en acción el reflejo del orgasmo (Kaplan, 1978). Se crea así un «puente» entre la estimulación del clítoris y el coito.

II.8.5. Estrategia para el tratamiento del vaginismo

El vaginismo se puede tratar por medio de una serie de dilatadores para ayudar a la mujer a aceptar y disfrutar de la introducción vaginal. Se enseña primero a la mujer ejercicios de relajación y de focalización sensorial para elevar su activación. Se entrena el músculo pubococcígeo para aumentar el darse cuenta de las sensaciones vaginales, con la instrucción adicional de insertar el dilatador durante la fase de relajación. La mujer aumenta gradualmente el tamaño del dilatador que emplea. También tiene lugar la participación de la pareja durante los ejercicios de la focalización sensorial en este período. El dilatador se introduce gradualmente durante la sesión con la pareja, siendo transferido en último término el papel de la inserción al compañero sexual. Finalmente se incluye el coito, poniéndose la mujer arriba para tener un mayor control sobre la penetración y los movimientos pélvicos. Luego se introducen gradualmente otras posiciones.

III. TÉCNICAS MOLECULARES

III.1. *El recondicionamiento orgásmico*

Ésta es una técnica que emplea las propias fantasías sexuales del paciente para reducir o eliminar la activación sexual desviada. Existen cuatro procedimientos distintos a este respecto (Maletzky, 1985):

1. *La masturbación directa.* Simplemente se le pide al paciente que se masturbe diariamente con fantasías no desviadas y que evite la masturbación con fantasías desviadas. Desde un punto de vista teórico, la asociación de la fantasía, el orgasmo y un estímulo apropiado, como una mujer de la misma edad, aumentará finalmente la activación sexual no desviada.

2. *Imagen alternativa.* Se le pide al paciente que se masturbe durante un determinado período de tiempo, que puede ir desde un día hasta varias semanas, ante fantasías desviadas una parte de ese período y ante fantasías no desviadas durante la otra parte de ese período. Por ejemplo, los días pares puede masturbarse ante fantasías desviadas y los días impares ante fantasías no desviadas.

3. *El procedimiento de la saciación.* Se le pide al paciente que se masturbe ante fantasías o imágenes de la actividad sexual con un estímulo apropiado (como una mujer de su misma edad) hasta que alcance el orgasmo. Inmediatamente después, se le pide que continúe masturbándose de 15 a 60 minutos ante fantasías desviadas. Esto hace que las fantasías desviadas se experimenten durante el período de tiempo en el que la activación sexual está en su nivel más bajo. Algunos autores señalan que este procedimiento es útil debido a los principios del condicionamiento aversivo, así como a otros mecanismos como el autocontrol cognitivo y los cambios en la percepción de uno mismo.

4. *Cambio en la fantasía de masturbación.* Se le pide al paciente que se masturbe con fantasías o materiales relativos a la activación sexual desviada hasta el momento en que la eyaculación es inevitable y que entonces cambie inmediatamente a fantasías o materiales no desviados, de modo que el orgasmo se produzca ante estos últimos. Más tarde, en cada masturbación posterior, se instruye al paciente para que realice ese cambio cada vez más pronto en el curso de la masturbación hasta que, finalmente, se masturbe sólo ante fantasías y materiales no desviados.

III.2. *El contrato conductual*

El contrato conductual se refiere a una técnica de terapia de conducta en la que se discute un acuerdo y se hace un contrato que especifique las conductas, recompensas y castigos necesarios que se aplicarán a una situación determinada. El contrato puede ser verbal o escrito, aunque muchos terapeutas prefieren esta última forma debido a que añade claridad y proporciona a los individuos implicados un registro que guíe su conducta y resuelva los desacuerdos que puedan surgir (Walker, Hedberg, Clement y Wright, 1981).

El contrato conductual, aunque es una técnica muy simple, se ha encontrado que es muy eficaz en la práctica clínica. La razón de esto parece deberse a varios principios muy importantes que están en funcionamiento cuando se hace un contrato (Walker y cols. 1981):

1. Se reduce en gran medida la vaguedad y la ambigüedad de la situación problema. Con el fin de establecer un contrato que se refiera a la conducta, las partes implicadas en el mismo tienen que expresar muy explícitamente lo que quieren. Sus demandas tienen que traducirse a conductas específicas que puedan ser descritas en el contrato. Esto tiende a tener un efecto muy estimulante en el propio pensamiento sobre un problema y facilita la estructuración de la situación.

2. Una segunda característica del contrato es que hace muy explícita la contingencia o relación entre la conducta deseada y la recompensa o el castigo. De este modo, no hay duda sobre la conducta que tiene que realizarse y cuál será el resultado de llevarla a cabo.

3. Los contratos representan una excelente manera, para una persona, de manipular el ambiente de forma apropiada y eficaz, con el fin de lograr los efectos y los objetivos deseados. Esta capacidad para vérselas satisfactoriamente con el mundo y los propios problemas es muy reforzante en sí misma.

Los procedimientos básicos del contrato conductual son muy simples. Las personas implicadas discuten el área sobre la que se lleva a cabo el contrato y se llega a un acuerdo con respecto a los términos del mismo. Éstos se escriben y se firman por ambas partes, recibiendo cada una de ellas una copia. Stuart (1971) ha sugerido cinco componentes que tienen que ser considerados para su inclusión en el contrato. Primero, se tienen que especificar las *responsabilidades* de todas las partes. Segundo, se listan los privilegios o *recompensas* por cumplir con las responsabilidades. Tercero, se debe establecer un sistema para *vigilar* la conducta, de modo que se pueda determinar si hay que ofrecer una recompensa o privilegio. Finalmente, debería considerarse la posibilidad de *bonificaciones* por una actuación muy buena y *sanciones* por determinados fallos. Los tres primeros deben ser siempre partes del contrato. Los dos últimos pueden necesitarse o no, dependiendo de las circunstancias.

Se ha especificado una serie de reglas para realizar contratos satisfactorios (Dowd y Olson, 1985; Homme y cols., 1969). Éstas son las siguientes:

1. El contrato debería normalmente ser escrito y firmado por los participantes en el mismo.
2. La paga o recompensa proveniente del contrato debería ser inmediata.
3. Los contratos deberían emplear el principio de aproximaciones sucesivas reforzando pequeños pasos en la dirección apropiada, en vez de exigir cambios importantes entregando grandes recompensas.
4. Deberían ser frecuentes y relativamente fáciles de conseguir pequeñas recompensas.
5. El contrato debería exigir y recompensar las realizaciones e iniciativas independientes por parte de la persona, en vez de recompensarla por hacer lo que otros dicen que haga.
6. La recompensa (que debe estar especificada) tiene que darse después de que se ha llevado a cabo la conducta y tiene que ser contingente con ella, no entregarse por adelantado.
7. Todas las partes implicadas deberían negociar abiertamente los contenidos del contrato, de modo que consideren justos los términos de éste; si no, es probable que no lo respeten.
8. El contrato tiene que ser claro y específico. Las conductas específicas requeridas tienen que ser observables y medibles, de modo que cada parte pueda observar cuándo se da la conducta determinada.
9. El contrato tiene que ser hecho con honradez, con intenciones sinceras y realistas de cumplir con él.
10. El contrato debería generalmente plantearse en términos positivos, en vez de negativos, y debería producir una recompensa para la persona, en vez de, simplemente, la evitación de un castigo.
11. El contrato debería especificar, por adelantado, las sanciones para cada persona por no llevar a cabo su parte del contrato.
12. El contrato puede incluir una cláusula que proporcionase bonificaciones extras si la persona sobrepasa las exigencias mínimas del contrato y/o realiza la conducta durante un período prolongado de tiempo.
13. El contrato debería emplearse sistemáticamente, revisando los viejos contratos y construyendo otros nuevos para ampliar las áreas en las que se utiliza y vérselas con nuevas situaciones conforme se presentan.
14. El contenido de cualquier contrato no es de obligatoriedad jurídica y está abierto a la renegociación por cualquier parte en cualquier momento.

La técnica se ha empleado con éxito al menos con cinco grandes categorías de problemas (Dowd y Olson, 1985): a) conductas académicas o relacionadas con la escuela; b) conductas sociales y vida independiente; c) control de hábitos, como el consumo de alcohol y drogas; d) problemas matrimoniales; y e) delincuencia.

III.3. *Biblioterapia*

Este término se refiere al empleo de materiales escritos (manuales de autoayuda) para ayudar a los pacientes a modificar su conducta, sus pensamientos o sus sentimientos. Los requisitos para una utilización con éxito de la biblioterapia incluyen unas habilidades de lectura que sean parejas al nivel de lectura necesario para abordar el manual y un conjunto de habilidades de autocontrol que comprendan las siguientes: 1) Autodiagnóstico (habilidades en el uso del material escrito para definir claramente los resultados deseados y planificar cómo alcanzarlos; esto necesitará de habilidades en la recogida de información útil); 2) Habilidades de autorregistro para reunir información referente a la evaluación y valorar el progreso; 3) Habilidades para arreglar los incentivos, de forma que tengan lugar nuevas habilidades; 4) Habilidades para realizar nuevos pasos cuando se obtengan ganancias positivas; 5) Habilidades de solución de problemas para vencer obstáculos cuando no funciona la intervención, y 6) Habilidades para generalizar y mantener los cambios (Gambrill, 1985).

III.4. *La interpretación alternativa*

Es un procedimiento a emplear dentro de la reestructuración cognitiva. McMullin (1986) señala que la primera interpretación del paciente no es normalmente la mejor. Muchos pacientes intuyen el significado de una determinada situación y, posteriormente, se atienen a esta interpretación inicial, suponiendo que tiene que ser correcta. Juicios posteriores, frecuentemente más racionales, raramente parecen implantarse tan sólidamente como el primero. El objetivo de esta técnica es que el paciente aprenda a mantener en suspenso su juicio inicial, hasta que pueda obtener más información y percibir las situaciones más objetivamente. Para ello se hace que el paciente lleve un registro escrito de las peores emociones experimentadas durante el período de una semana, anotando, en una o dos frases, el acontecimiento activante (situación) y la primera interpretación de este acontecimiento (creencia). La semana siguiente se hace que el paciente continúe con el mismo ejercicio, intentando encontrar por lo menos cuatro interpretaciones más para cada acontecimiento. Cada una de las interpretaciones debería ser diferente de la primera, pero igual de plausible. En la siguiente sesión, se ayuda al paciente a decidir cuál de las cuatro interpretaciones posee la mayor evidencia que la apoye objetivamente. Hay que estar seguros de emplear la lógica, en vez de impresiones subjetivas. Finalmente, se le instruye al paciente para que siga intentando encontrar interpretaciones alternativas, poniendo primero el juicio en suspenso, y para que tome una decisión sobre la creencia correcta sólo cuando el tiempo y la distancia produzcan la objetividad necesaria. Hay que continuar con este procedimiento durante, por lo menos, un mes hasta que el paciente pueda hacerlo automáticamente (McMullin, 1986).

III.5. *Cambiar la etiqueta*

Para ciertas personas, una única etiqueta mal empleada puede crear una ansiedad intensa. Estas etiquetas, o «cogniciones intervinientes», incluyen no sólo pensamientos, oraciones no verbalizadas o perspectivas filosóficas, sino también palabras y frases sueltas. Cada uno de estos vehículos actúa como un símbolo que provoca respuestas emocionales por medio del condicionamiento operante, clásico o cognitivo. Una vez que el símbolo y la respuesta afectiva se han emparejado, el símbolo posee la capacidad de provocar la emoción directamente (McMullin, 1986). Los símbolos son, por definición, arbitrarios. Uno puede ser sustituido por otro fácilmente. Lo mismo pasa con las palabras pero, a diferencia de lo que sucede con otros símbolos, a menudo palabras diferentes conllevan connotaciones emocionales totalmente diferentes. Muchos pacientes escogen, consistentemente, palabras con connotaciones negativas, cuando podrían seleccionar etiquetas neutrales o positivas.

El *cambio de etiqueta* ayuda a los pacientes a identificar sus etiquetas negativas y sustituirlas por asociaciones emocionales más objetivas y positivas. Por medio de este proceso aprenden que la única diferencia entre dos palabras es su valor emocional. Al llevar a cabo esta técnica se hace una lista de situaciones o acontecimientos específicos (referentes) que el paciente asocia con palabras negativas. Por ejemplo, ¿qué referentes visualiza el paciente cuando utiliza las palabras «inferior», «enfermo», y «débil»? Luego se describen estos referentes en términos objetivos, no evaluadores. ¿Qué grabaría una cámara de vídeo de la situación o del acontecimiento? Se listan las etiquetas negativas más importantes que utiliza el paciente para describir las situaciones. Luego se ayuda al paciente a listar las etiquetas positivas y neutrales que podrían emplearse para interpretar los referentes. Se explica cómo estas nuevas etiquetas son tan válidas como las antiguas, pero provocan emociones más positivas. Finalmente, se hace que el paciente practique utilizando nuevas etiquetas cada día, registrando la situación, encontrando la etiqueta negativa y sustituyéndola por una palabra más positiva (McMullin, 1986). Por ejemplo, una persona que «cambia a menudo de opinión» podría etiquetarse como una «veleta» o bien podría etiquetarse como «flexible».

III.6. *La creencia racional*

Este procedimiento se utiliza en la reestructuración cognitiva. El cuestionamiento con éxito debilita un pensamiento irracional, pero fuerza al paciente a centrarse en el pensamiento inicial. Una vez que se centra en él, el pensamiento irracional produce emociones negativas. El cuestionamiento tiene que trabajar entonces contra el pensamiento y la emoción que provoca. La técnica de la creencia racional, por el contrario, hace que el paciente no tenga que pensar en el pensamiento irracional, evitando tener que trabajar contra la emoción negativa. El paciente se imagina la creencia realista inmediatamente después de estar expuesto a los estímulos desencadenantes ambientales. En este enfoque, el paciente no discute contra un pensamiento irracional, sino que se concentra en pensar racionalmente. Para ello, se hace una lista de las situaciones en las que el paciente tiene problemas. Pueden ser situaciones específicas, del pasado o del presente, o situaciones generales de la vida, a las que es probable que tenga que enfrentarse. Se preparan creencias racionales, o autoverbalizaciones, que el paciente puede emplear en esas situaciones. Dichas creencias no deberían exagerar ni los rasgos positivos ni los rasgos negativos de las situaciones, sino basarse en un punto de vista objetivo de lo que está ocurriendo. Hay que pasar cierto tiempo intentando encontrar la interpretación más sensata de la situación. Se registra el estímulo desencadenante de cada situación en la cara de una tarjeta. En la otra cara, se escribe una descripción completa de la percepción racional que el paciente está intentando lograr. Varias veces al día, durante, por lo menos, seis semanas, el paciente debería imaginarse claramente que está en la situación. Una vez que la imagen es nítida, el paciente debería pensar en el pensamiento racional hasta que sea, también, nítido. Los pacientes deberían practicar el ejercicio hasta que, de forma refleja, perciban la creencia racional cuando se imaginen el acontecimiento. Si hay pensamientos irracionales que se entrometen cuando el paciente esta llevando a cabo el ejercicio, debería utilizar la «detención del pensamiento» e intentar utilizar de nuevo la creencia racional (McMullin, 1986). Por ejemplo, en una situación que provoca un «temor a la interacción con extraños» la creencia racional podría ser «Tengo una oportunidad de conocer gente nueva e interesante».

III.7. *La jerarquía de valores*

El poder de la persuasión constituye una de las herramientas más importantes del terapeuta. Sin embargo, a veces, el recurrir a los valores personales del paciente puede ser una técnica mucho más efectiva que apoyarse en argumentos racionales. Los valores tienen la ventaja de que son propios y están profundamente enraizados en los conceptos del paciente sobre la realidad. Los pacientes no aceptarán frecuentemente un juicio racional de que sus actitudes o conductas no son correctas, pero raramente rechazarán una discrepancia comprobada entre sus actitudes o conductas y sus valores reales.

El terapeuta tiene que hallar la jerarquía de valores del paciente. Esto se puede lograr por medio de preguntas específicas. Hay que hacer una distinción entre preguntas que simplemente provocan juicios de valor («¿Qué piensa de los gitanos?») y preguntas que fuerzan a los pacientes a ordenar sus valores de una forma jerárquica («¿Qué preferiría, la seguridad de que alguien se preocupe por usted o el riesgo de estar libre y, quizás, solo en cierto modo?»). Este último tipo de preguntas, hecho a lo largo de una amplia variedad de temas, llevará a la construcción de una jerarquía personal. Luego, se construye una lista de creencias antiguas y dañinas, y los pacientes asocian cada una de ellas con un valor determinado de sus jerarquías personales. (Se resaltan inmediatamente, como incongruentes con las realidades del paciente, las viejas creencias que no encajan con la jerarquía). Se hace una lista de las creencias nuevas, preferidas, y se incita a los pacientes para que asocien cada una de éstas con un valor determinado de sus jerarquías personales. Se resaltan aquellas nuevas creencias que pueden encajar claramente con los valores más elevados. Los pacientes deberían practicar el percibir el valor elevado cuando piensan en la nueva creencia. Finalmente, y para que se produzca la generalización, se hace que los pacientes practiquen el contemplar el valor elevado en una serie de situaciones. Esto puede hacerse empleando imágenes, mientras está en la clínica, o bien esperando a que un estímulo ambiental desencadene el pensamiento (McMullin, 1986). (Un ejemplo podría ser: *Antigua creencia,* «Tengo que tener un hombre para ser feliz», *Valor elevado de la paciente,* «Respeto hacia uno mismo», *Nueva creencia,* «Prefiero verme a mi misma sola que odiarme por vivir como una esclava con un hombre que no me gusta».

III.8. *El empleo de imágenes*

Las imágenes se emplean en muchas técnicas de terapia de conducta. Prácticamente todas las técnicas verbales pueden adaptarse a procedimientos de visualización de imágenes. Para muchos pacientes, el mejor enfoque es entremezclar procedimientos verbales e imágenes, ya que la combinación produce mayores cambios que la utilización de sólo un enfoque. Sin embargo, si un paciente es particularmente diestro en la visualización o si responde especialmente a la modificación de imágenes, el terapeuta puede resaltar el trabajo con imágenes. Se pueden emplear imágenes específicas para cambiar las percepciones irracionales por percepciones racionales. Estos cambios pueden ser más rápidos si se utilizan imágenes que si se utilizan palabras. Algunos de los tipos principales de imágenes son los siguientes (McMullin, 1986):

1. *Imágenes de afrontamiento,* en las que los pacientes se imaginan a sí mismos afrontando con éxito las situaciones difíciles. Se emplean para corregir el pensamiento pasivo, de evitación.
2. *Imágenes relajantes,* que incluyen escenas naturales y visualizaciones sensuales. Se utilizan para contrarrestar pensamientos ansiosos, productores de temor.
3. *Imágenes de maestría,* en las que los pacientes se imaginan realizando tareas perfectamente. Se usan para contrarrestar pensamientos irracionales de fracaso e indefensión.
4. *Imágenes nocivas,* que se utilizan en el condicionamiento aversivo, de escape o por evitación, para contrarrestar conductas negativas.
5. *Imágenes idealizadas,* que se emplean cuando los pacientes no son capaces de pensar en sus objetivos finales (p.ej., «¿Qué quieres estar haciendo dentro de diez años?»).
6. *Imágenes recompensantes,* usadas para reforzar el pensamiento realista (p.ej., «¿Qué cosas buenas sucederán si terminas el proyecto?»).
7. *Imágenes igualadoras,* que disminuyen los efectos negativos de visualizaciones aversivas, temidas (p.ej., «Imagina a tu jefe vestido de pato, graznando»).

III.9. *La imaginación emotiva*

Consiste en el empleo de imágenes emotivas inhibidoras de ansiedad, como, por ejemplo, imágenes que activen sensaciones de orgullo, serenidad, afecto, alegría, autoafirmación, etc. Lazarus (1985) señala que esta técnica es especialmente útil con niños que padecen fobia y describe los siguientes pasos en la aplicación de la técnica:

a. Se construye una jerarquía graduada, al igual que sucede en la desensibilización.

b. El terapeuta establece la naturaleza de las imágenes sobre el héroe del niño y las fantasías que las acompañan.

c. Se le cuenta al niño una historia lo suficientemente parecida a su vida real como para que sea creíble, historia en la que el héroe favorito del niño modele la conducta sin miedo del niño y le proporcione ánimo y apoyo.

d. Paso a paso el niño tiene que imaginarse a sí mismo enfrentándose a las situaciones que teme, acompañado por las imágenes de su héroe.

III.10. *El cambio de pensamiento*

Los procedimientos de *cambio de pensamiento* incluyen los elementos de la detención del pensamiento y de la distracción; también hacen que la persona provoque voluntariamente la cognición perturbadora, detenga la cognición, se distraiga, se recompense cuando sea aplicable y vuelva a provocar la cognición perturbadora. El propósito de esta técnica consiste en capacitar a la persona para obsesionarse o tener pensamientos repetitivos cuando sea apropiado hacerlo, y ser capaz de concentrarse en otras actividades cuando no sea apropiado actuar así.

III.11. *La silla vacía*

Aunque éste es un procedimiento de origen guestáltico, a veces se emplea como una técnica más de la terapia de conducta. Consiste, en esencia, en que el paciente se sienta frente a una silla vacía e imagina que esta ocupada por una persona importante (padre, amigo, etc.). El paciente acusa, pide, habla al ocupante imaginario de la silla vacía. Luego, el paciente se cambia a la silla vacía y se transforma en la otra persona, que habla a la silla vacía que el paciente acaba de dejar como si fuera el propio paciente. El paciente cambia otra vez de silla, siendo de nuevo él mismo y continuando el diálogo. Se continúa cambiando de silla, asumiendo el papel de la otra persona y de sí mismo, hasta que se llega a alguna resolución. Esta técnica es especialmente útil para que los pacientes valoren el punto de vista de los demás.

III.12. *El control del estímulo*

La presencia de ciertos estímulos en una situación puede predecir la ocurrencia de ciertas conductas. Por ejemplo, la presencia de determinados alimentos atractivos puede aumentar la ingesta de comida. Si se controlan las condiciones antecedentes que presentan la ocasión para que sea reforzada la conducta, se puede producir un aumento en la respuesta que se emite. Karoly (1986) identifica cuatro clases de estímulos antecedentes: 1) estímulos discriminativos, que se han unido en el pasado al reforzamiento contingente a la respuesta; 2) «reglas» o estímulos verbales, la adherencia a los cuales ha dado como resultado, anteriormente, el reforzamiento; 3) estímulos facilitadores, que hacen que el responder sea más fácil; y 4) operaciones motivacionales, que aumentan la eficacia del reforzamiento (p.ej., privación previa).

No todos los problemas requieren que se aumente o disminuya la conducta. Algunos requieren que se responda en el lugar apropiado en el momento oportuno. Un ejemplo del control del estímulo aplicado al problema del insomnio se puede encontrar en Caballo y Buela (1990). Karoly (1986) hace las siguientes recomendaciones al utilizar el control del estímulo:

1. Identificar por medio de la observación (no de la deducción) los lazos funcionales entre los estímulos antecedentes y las conductas que no se han de incrementar.
2. Identificar los estímulos que provocan la conducta inapropiada
3. Eliminar los estímulos para la conducta inapropiada
4. Resaltar más los estímulos para responder de forma apropiada
5. No utilizar en exceso el control del estímulo. Cada presentación no reforzada de un estímulo debilitará su poder para provocar la respuesta.
6. Si un estímulo arbitrario se ha establecido como estímulo discriminativo, transformarlo gradualmente en un antecedente natural, con el fin de fomentar la generalización al ambiente real.
7. Entrenar al individuo a tomar las riendas del «control por el estímulo» de su propia conducta.

III.13. *La inversión del hábito*

Esta técnica se suele emplear para el tratamiento de los tics y se compone de dos elementos. El primero implica el enseñar al paciente a que se dé cuenta de cada ocurrencia del hábito y emita una respuesta físicamente incompatible. El segundo implica la identificación de personas o situaciones que puedan desencadenar el tic y el hacer que discuta y practique la manera en la que llevará a cabo las respuestas incompatibles en esas situaciones. Esta técnica incluye también que el paciente repase con el terapeuta los inconvenientes causados por el tic, que identifique los antecedentes asociados con episodios en los que haya una alta o una baja probabilidad de que se dé el tic, que aumente el darse cuenta del tic reproduciéndolo deliberadamente y contemplándolo en un espejo, que aprenda a relajarse, a autorregistrarse diariamente las conductas de tic, y que obtenga el apoyo social de los miembros de la familia por controlar la conducta de tic (Beck, 1985). Con esta técnica se han modificado, entre otros, tics como chuparse el dedo, el parpadeo excesivo, el comerse la uñas y la tricotilomanía.

III.14. *La práctica masiva*

La práctica masiva es un procedimiento paradójico que se ha aplicado principalmente con los tics. El fundamento teórico del tratamiento es que con la práctica voluntaria del tic, muchas veces en un período de tiempo concentrado, se producirá la fatiga (es decir, la inhibición reactiva). Cuando esa fatiga alcance un punto crítico, el paciente ya no será capaz de ejecutar el tic (Hersen, 1985).

III.15. *La prevención de la respuesta*

Esta técnica se ha utilizado principalmente en el tratamiento del trastorno obsesivocompulsivo. En ella se expone al paciente ante los estímulos que causan el pensamiento obsesivo, la ansiedad y la conducta compulsiva. Entonces se evita que el paciente se entregue a la conducta ritualizada, lo que inicialmente provoca un aumento de la ansiedad y el pensamiento obsesivo. Después de una serie de sesiones, la ansiedad y las obsesiones se suelen reducir gradualmente hasta niveles subclínicos. Se supone que el procedimiento se basa en la extinción (Williamson, 1985). Una variación de esta técnica es la construcción de una jerarquía, de modo que el paciente se exponga inicialmente a estímulos que provoquen menos ansiedad y aprenda a afrontar bajos niveles de ésta, antes de pasar a los estímulos que constituyen el núcleo del problema.

III.16. *El fumar rápido*

Es un procedimiento aversivo empleado para ayudar a los fumadores a dejar de fumar. Consiste en hacer que el sujeto fume un cigarrillo con una tasa de una inhalación cada 6 segundos. Este «fumar concentrado» produce pronto efectos sensoriales y fisiológicos desagradables como mareo, náuseas y un aumento de la tasa cardíaca. Se le pide al fumador que se concentre en esas sensaciones negativas durante el procedimiento. El fumar rápido continúa (si es necesario se enciende un segundo cigarrillo) hasta que el sujeto ya no es capaz de dar otra «chupada» o está a punto de ponerse malo. Se permite entonces al fumador que respire aire fresco hasta que esas sensaciones desaparecen y entonces se vuelve a repetir el procedimiento de fumar rápido. Este ciclo continúa hasta que el fumador es incapaz de tolerar otro cigarrillo. Las sesiones de fumar rápido se llevan a cabo diariamente hasta que el fumador es capaz de abstenerse totalmente. Al llevar a cabo esta técnica se aconseja que el fumador que la va a seguir pase antes por una revisión médica para saber si su salud es buena, desaconsejándose el uso de la técnica con aquellas personas que padecen trastornos cardíacos, una alta presión sanguínea, diabetes, bronquitis crónica o enfisema (Lowe, 1985).

III.17. *El entrenamiento en el control de la retención*

El entrenamiento en el control de la retención (o ejercicios para la expansión de la vejiga) consiste en un procedimiento que requiere que el individuo aguante sin orinar durante períodos de tiempo cada vez más largos. El objetivo de esta técnica es aumentar la capacidad funcional de la vejiga y se ha empleado con problemas como la enuresis diurna y nocturna.

Algunos factores de este procedimiento que varían son los siguientes: 1) la ingesta de líquido, habiendo casos en los que se ha maximizado dicha ingesta de modo que se aumente el número de ensayos de retención a lo largo del día; 2) El incremento del tiempo de retención, variando desde un período que va aumentando progresivamente hasta hacer que el individuo retenga la orina tanto como pueda; 3) El tiempo máximo que se le pide al sujeto que retenga la orina ha variado desde veinte hasta noventa minutos; 4) En la mayoría de los casos, el procedimiento se lleva a cabo en casa, después de que se han dado a los padres instrucciones escritas (Doleys, 1985b).

A veces se utilizan, como parte de esta técnica, ejercicios de control del esfínter. Estos ejercicios consisten en que el individuo practique voluntariamente el dejar que salga la orina y el cortar su flujo durante el episodio de orinar. De este modo se aumenta el control voluntario de los músculos del esfínter externo.

III.18. *El condicionamiento de la almohadilla y el timbre*

Este procedimiento se define como la aplicación de un instrumento sensible a la orina para el tratamiento de la incontinencia urinaria. El nombre del procedimiento proviene del aparato empleado, compuesto generalmente de alguna clase de «almohadilla» sensible a la orina que, cuando se activa, dispara una alarma o «timbre» (Doleys, 1985a).

Esta técnica se ha utilizado frecuentemente con la enuresis funcional nocturna. Los aspectos básicos del procedimiento requieren que el sujeto enurético duerma sobre una almohadilla sensible a la orina. Esa almohadilla se conecta a una batería que alimenta un zumbador, un timbre, o una alarma en general. El aparato está construido de forma que la mínima cantidad de orina cierre un circuito eléctrico, activando la alarma y despertando al individuo enurético. Desde un punto de vista teórico se señala que, con el tiempo, la distensión de la vejiga adquiere propiedades estimulares discriminativas, haciendo que el niño se despierte cuando se produce esa distensión y antes de que empiece a orinarse. También se hipotetiza que, por medio del condicionamiento, se inhibe la evacuación de modo que no ocurra hasta que el sujeto enurético se despierte (Doleys, 1985a).

Algunas variaciones con respecto a esta técnica son:

a. El empleo de versiones pequeñas y portátiles del aparato que pueden ser utilizadas durante el día.

b. La programación intermitente de la alarma (en función del porcentaje de veces que se orina).

c. El sobreaprendizaje. Una vez que se ha alcanzado el criterio inicial de noches secas, se aumenta la ingesta nocturna de líquidos.

III.19. *El empleo del metrónomo*

El *empleo de un metrónomo* en personas con problemas de tartamudez permite al tartamudo dar ritmo a su habla al hacer coincidir sus sílabas, palabras o frases con el sonido rítmico del aparato. El paquete de tratamiento que utiliza esta técnica se compone de cuatro etapas. En las dos primeras se emplea un metrónomo ordinario. En las dos siguientes, un metrónomo en miniatura. Las etapas son las siguientes (Yates, 1977):

1. Se demuestra al sujeto que, utilizando el metrónomo, se puede hablar sin tartamudear.
2. Se moldea el habla aumentando la tasa y empleando por cada golpe de metrónomo unidades de habla más largas.
3. El tartamudo elabora una jerarquía de situaciones en las que tiene lugar el tartamudeo, utilizando primero el metrónomo en aquellas que le producen menos ansiedad y siguiendo progresivamente con las más ansiógenas.
4. Una vez que el tartamudo logra esto, se va desvaneciendo gradualmente el uso del metrónomo.

IV. RESUMEN/CONCLUSIONES

A lo largo de este capítulo se han visto toda una serie de técnicas que se utilizan, con mayor o menor frecuencia, en el ámbito de la terapia de conducta. Algunas constituyen un enfoque para el cambio de amplias áreas personales, mientras que otras son procedimientos simples que, solos o en combinación, intentan modificar pequeños síntomas. Todas son útiles y cada una de ellas puede constituir la intervención adecuada en el momento oportuno. Su conocimiento puede facilitar una solución más rápida de los problemas del paciente. Sin embargo, hay que tener en cuenta que las técnicas son herramientas útiles que pueden incorporarse al repertorio de habilidades del terapeuta, pero que sólo se han de emplear una vez realizado un análisis exhaustivo del problema o problemas del paciente, análisis que determinará qué técnicas serán, probablemente, las más adecuadas en cada caso. Las técnicas no sustituyen al planteamiento teórico, implícito o explícito, del terapeuta al abordar los trastornos de conducta, pero sí le ayudan a llevar a cabo su modelo de intervención con los pacientes que trata.

V. LECTURAS PARA PROFUNDIZAR

Bellack, A. S. y Hersen, M. (comps.), *Dictionary of behavior therapy techniques,* Nueva York, Pergamon Press, 1985.

Dryden, W. y Golden, W. (comps.), *Cognitive-behavioural approaches to psychotherapy,* Londres, Harper and Row, 1986.

Kanfer, A. P. y Goldstein, A. P. (comps.), *Helping people change: a textbook of methods,* 3ª ed., Nueva York, Pergamon Press, 1986. [Hay traducción castellana de la 2ª edición (1980): *Cómo ayudar al cambio en psicoterapia,* Bilbao, Desclée de Brouwer, 1988.]

Masters, J. C., Burish, T. G., Hollon, S. D. y Rimm, D. C., *Behavior therapy: techniques and empirical findings,* 3ª ed., San Diego, Calif., Harcourt Brace Jovanovich, 1987. [Hay traducción castellana de la 1ª edición (1974): Rimm, D. C. y Masters, J. C., *Terapia de conducta: técnicas y hallazgos empíricos,* México, Trillas, 1980.]

McMullin, R. E., *Handbook of cognitive therapy techniques,* Nueva York, Norton, 1986.

Walker, C. E., Hedberg, A. G., Clement, P. W. y Wright, L., *Clinical procedures for behavior therapy,* Englewood Cliffs, N.J., Prentice-Hall, 1981.

OCTAVA PARTE

EXTENSIONES DE LA TERAPIA DE CONDUCTA

32. TERAPIA DE GRUPO COGNITIVOCONDUCTUAL

RICHARD L. WESSLER

I. HISTORIA

Al revisar la historia de la terapia de grupo conductual, Hollander y Kazaoka (1988) llegaron a la conclusión de que sólo recientemente entró el enfoque en la corriente principal de la terapia de conducta y que los fenómenos de grupo presentan un mayor grado de complejidad que el tratamiento individual. Probablemente, la primera aplicación de las técnicas cognitivoconductuales en grupo fue la terapia racional emotiva. Alrededor de 1955, Ellis desarrolló la terapia racional emotiva individual y casi inmediatamente empezó a aplicarla en grupos (Wessler, 1983).

II. DEFINICIÓN Y DESCRIPCIÓN

Hollander y Kazaoka (1988) definen la terapia de grupo conductual como: «Cualquier intento, por parte de una persona o personas, para modificar la conducta de, por lo menos, dos o más personas que se reúnen como grupo, por medio de la aplicación sistemática de procedimientos validados empíricamente, dentro de un marco que permita la recogida de datos relevantes para la evaluación del impacto de esos procedimientos sobre los miembros del grupo como individuos y sobre el grupo como un todo» (p. 260). La terapia de grupo cognitivoconductual aplica los principios y técnicas de la terapia cognitivoconductual a grupos. Combina las suposiciones y procedimientos de la terapia cognitivoconductual individual con los procesos encontrados en la terapia de grupo. Cualquier técnica desarrollada para la terapia cognitivoconductual individual puede utilizarse en los grupos. (Estas técnicas se describen en distintos capítulos de este volumen; el presente capítulo se centra en los procesos de grupo.)

El formato grupal ofrece ciertas ventajas. La terapia de grupo proporciona oportunidades para observar las interacciones de los pacientes y para administrar retroalimentación de sus interacciones. El formato grupal proporciona oportunidades para examinar los sistemas de creencias y las conductas de los

---

Pace University (EE UU)

pacientes, especialmente las conductas interpersonales. Una terapia de grupo es un lugar ideal para aprender a relacionarse y a interactuar con la gente de formas diferentes; es un contexto seguro en el que practicar nuevas conductas.

III. FUNDAMENTOS CONCEPTUALES Y EMPÍRICOS

III.1. *Supuestos básicos*

La terapia de grupo cognitivoconductual descansa sobre los mismos fundamentos que la terapia individual, p.ej., la terapia racional emotiva de Ellis, la terapia cognitiva de Beck, la terapia multimodal de Lazarus y la terapia de valoración cognitiva de Wessler y Hankin-Wessler (ver los capítulos correspondientes en este volumen). Algunas de las terapias de grupo cognitivo-conductuales se basan en un modelo educativo de terapia. La tarea del terapeuta consiste en enseñar y la tarea del paciente consiste en aprender o reaprender nuevas conductas y creencias. Según Corsini (1988), «la gente desadaptada no está "enferma", son "ignorantes", no saben qué hacer. La terapia es, básicamente, un método de aprendizaje —sobre uno mismo, sobre los demás, sobre la vida» (p. 13).

La utilización de un modelo educativo es típico de aquellos enfoques cognitivos que Mahoney (1986) clasifica como «racionalistas». Suponen que las descripciones incorrectas de la realidad y las inferencias erróneas sobre la misma constituyen las fuentes de las perturbaciones emocionales. Un *enfoque racionalista* supone normalmente que la conducta y la emoción son resultados directos del procesamiento cognitivo; las cogniciones sirven como mediadores entre los estímulos y las respuestas. Una cognición no evaluadora es una descripción neutral de un objeto o de un acontecimiento, o alguna conclusión lógica sobre éstos. Las cogniciones no evaluadoras incluyen las anticipaciones o expectativas, las predicciones, y las atribuciones que la gente crea para explicar su propia conducta y la de los demás. El fracaso en el procesamiento de la información puede llevar, lógicamente, a una persona a conclusiones desadaptativas y a las consiguientes emociones y conductas desadaptativas.

Un enfoque alternativo es el que Mahoney llama «constructivista». En este enfoque, la persona crea una representación subjetiva de la realidad. La persona es similar a un artista que pinta una impresión de sus percepciones, pero que cree que su creación es una representación precisa de la realidad. En la posición racionalista, la persona es similar a una cámara que es capaz de tomar una fotografía precisa de la realidad, a diferencia del artista cuya subjetividad impide tanto una representación precisa como que comprenda que el cuadro no es fiel.

El *enfoque constructivista* es menos educativo y está más interesado en la utilidad de la versión de la realidad que tiene la persona. Es compatible con aquellas formas de terapia cognitivoconductual que se basan en un modelo actitudinal. Las actitudes constan de tres componentes: conocimiento, afecto y acción. Se supone que estos tres componentes son mutuamente interdependientes; el cambio en uno de los componentes produce un cambio en los otros dos. El componente afectivo consta de valoraciones cognitivas. Una cognición valoradora es una afirmación sobre lo bueno o lo malo que es algún acontecimiento u objeto. Las cogniciones valoradoras están implicadas directamente en las emociones. Los esfuerzos educativos tienen poco impacto sobre estas valoraciones cognitivas, ya que éstas se basan en procesos actitudinales, en vez de basarse en la información y la lógica. Por consiguiente, la tarea del terapeuta de grupo no es la educación sino el cambio de actitudes.

III.2. *Un modelo integrador*

Diferentes cogniciones pueden ser el objetivo de las intervenciones terapéuticas. Seguidamente se presenta un modelo de sus interrelaciones con los sentimientos subjetivos y los acontecimientos ambientales. Denominado el Episodio Cognitivo-Emotivo-Conductual (ECEC) (Wessler, 1986b), empieza con un estímulo y termina con el reforzamiento de las consecuencias de las acciones. Aunque las ocho etapas están colocadas secuencialmente, la secuencia no es rígida. El episodio es similar al modelo sobre las emociones propuesto por Plutchik (1980). El ECEC consta de los pasos siguientes: 1) el estímulo, 2) la percepción del estímulo, 3) el informe descriptivo del estímulo percibido, 4) las inferencias basadas en los informes descriptivos, 5) las valoraciones de los informes y de las inferencias, 6) las experiencias afectivas encubiertas, 7) las decisiones y acciones y 8) las consecuencias reforzantes de las acciones.

III.2.1. El estímulo

Un ECEC específico empieza con un estímulo en el ambiente externo de los acontecimientos sociales y físicos o en ambiente interno de los pensamientos y sentimientos de una persona. Ejemplos de estímulos manifiestos incluyen las acciones y las verbalizaciones de otras personas; ejemplos de estímulos encubiertos son los propios pensamientos y sentimientos de una persona, incluyendo las sensaciones corporales, como, p.ej., náuseas o activación autónoma, o cualquiera de los pasos cognitivos del ECEC.

III.2.2. La percepción

Los estímulos pueden percibirse y discriminarse de otros estímulos disponibles. Sin embargo, los estímulos no necesitan ser el tema central de la atención o del darse cuenta y pueden no ser conscientes, en el sentido de que la persona no tiene un acceso introspectivo directo al proceso (Kilhstrom, 1987). El fallo en la percepción de los estímulos puede ser defensivo o puede ser un aspecto de los procesos no conscientes, en los que no hay descripciones o inferencias conscientes.

III.2.3. La descripción

Las descripciones son representaciones simbólicas conscientes de las observaciones. Éstas son contiguas temporalmente con los estímulos. Los informes descriptivos pueden hacerse antes o después de que ocurran los estímulos o pueden tratar sobre imágenes que no tienen un estímulo manifiesto. Mahoney (1977) proporciona una explicación de la terapia de conducta *cognitiva* y la distingue de la terapia de conducta cuando alega que los ambientes no afectan directamente a una persona ni causan las respuestas conductuales. Las palabras y las imágenes son representaciones simbólicas del ambiente y son ellas, y no el ambiente, las causas inmediatas de la conducta. Mahoney describe un cambio desde el interés en el ambiente, como el centro de las intervenciones terapéuticas (que es la costumbre en terapia de conducta), hasta el interés en las cogniciones sobre el ambiente, como el centro de las intervenciones (que es lo habitual en la terapia de conducta cognitiva).

III.2.4. Las inferencias

Beck (1976) describió las maneras en las que las conclusiones arbitrarias y falsas pueden estar implicadas en las perturbaciones emocionales. Los errores cognitivos que describió —sobregeneralización, abstracción selectiva, interpretaciones arbitrarias, etc.,— son errores de inferencia. Otras operaciones lógicas incluyen el razonamiento, el generar predicciones y expectativas, el hacer atribuciones causales y motivacionales y el dar otras interpretaciones y significados no evaluadores a las propias observaciones. Estas conclusiones son el resultado de operaciones lógicas y paralógicas y se encuentran implicadas en la teoría cognitivosocial de Bandura (1986), que enfatiza la función reguladora de las predicciones sobre la conducta, que se basan en el conocimiento que tiene la persona de las acciones y de los resultados anticipados de las acciones. El fallo de no tener categorías relevantes para las nuevas experiencias o de no adecuar las nuevas experiencias a nuevas categorías, puede afectar seriamente al conocimiento cognitivo y al funcionamiento psicológico general. Los estímulos pueden perderse o distorsionarse debido a la falta de categorías conceptuales apropiadas. Las inferencias sobre los estímulos provienen de esquemas o estructuras cognitivas centrales y la tarea de la terapia de conducta cognitiva consiste en descubrir las cogniciones centrales relativamente duraderas (Guidano y Liotti, 1983).

III.2.5. Las valoraciones

Varias teorías sobre la emoción asignan un papel central a las valoraciones cognitivas (p.ej., Plutchik, 1980) o «cogniciones candentes» *(hot cognitions)* (Wessler, 1986a, 1986b). La valoración, más que el conocimiento, es lo que está implicado en la naturaleza de la experiencia afectiva. Las valoraciones de estímulos específicos se basan en los principios morales y valores sociales relativamente duraderos o lo que podría denominarse «esquemas de valores». Las valoraciones pueden ser implícitas, en vez de explícitas, pero pueden descubrirse prestando atención a señales semánticas, como los significados connotativos de las palabras.

Las cogniciones más significativas en la terapia son aquellas que pertenecen al sí mismo. Aunque el concepto del sí mismo es un conjunto de inferencias e hipótesis sobre uno mismo (Guidano y Liotti, 1983), el juicio o la consideración de uno mismo se basa en las valoraciones cognitivas de uno mismo. Las afirmaciones sobre la propia valía se basan en las valoraciones del grado en que uno ha satisfecho sus expectativas de conducta apropiada y las expectativas que supone que tienen los demás sobre su conducta (Wessler, 1988b). De este modo, la inferencia y la valoración son a menudo inseparables, excepto para conseguir una mayor claridad teórica y terapéutica (Wessler, 1986a; 1986b) y ambas se van adquiriendo desde la infancia a través de la interacción con otras personas.

Además, pueden no ser conscientes, en el sentido de que normalmente permanecen fuera del propio darse cuenta y no se han etiquetado o verbalizado (Guidano y Liotti, 1983). La psicología cognitiva contemporánea ha llegado a aceptar una versión significativamente menos consciente del funcionamiento humano, una versión que considera a los procesos no conscientes como la norma (Kihlstrom, 1987). Lewicki (1986) ha recogido evidencia experimental de los algoritmos (es decir, patrones almacenados para el procesamiento de la información social) no conscientes. La terapia de conducta cognitiva trata con los procesos no conscientes en la forma de creencias irracionales, pensamientos automáticos, estructuras cognitivas y reglas personales de vida.

III.2.6. El afecto

Los afectos son experiencias subjetivas de las emociones. Ciertos afectos —ira, ansiedad, depresión— constituyen frecuentemente el centro de la atención en la terapia de conducta cognitiva. Hay una notable evidencia de que se puede experimentar un afecto sin mediadores cognitivos conscientes (Zajonc, 1980; Westen, 1985) y la tarea de la terapia consiste en hacer manifiestas al paciente las valoraciones implícitas, no conscientes.

III.2.7. Las decisiones y las acciones

Las decisiones son cogniciones especiales que sopesan los probables resultados de una acción, por medio de la predicción y la valoración. De especial importancia en la terapia son las decisiones de pensar y actuar de un modo que es inconsistente con los propios afectos, p.ej., eligiendo actuar de determinadas maneras que son provocadoras de ansiedad, con el fin de demostrar autoeficacia y producir cambios en la propia competencia autopercibida. Los procedimientos autoinstruccionales y de inoculación de estrés son ejemplos de intervenciones terapéuticas que fomentan el rechazo de la persona a actuar de maneras que proporcionen un alivio inmediato de la perturbación emocional y en su lugar sigan un camino que lleve a un resultado más adaptativo.

III.2.8. El reforzamiento

Las consecuencias reforzantes de las propias acciones afectan a las acciones posteriores, a las experiencias afectivas y a las cogniciones. Los reforzadores sociales toman la forma de las respuestas de los demás a la propia conducta. Tomadas conjuntamente, las acciones y las consecuencias reforzantes de las propias acciones, forman una unidad de conducta interpersonal. Las autorrecompensas constituyen otra importante forma de reforzamiento.

III.2.9. La integración de los pasos

Con el fin de ilustrar cómo encajan estas etapas unas con otras y qué intervenciones se pueden llevar a cabo en cada una de ellas, vamos a poner el ejemplo de una persona que padece ansiedad en situaciones interpersonales. Desde una perspectiva cognitiva, la etapa crucial no es la situación interpersonal *(estímulo)* o el que la persona sepa que pronto ocurrirá una interacción cara a cara *(percepción* e *informe descriptivo).* Lo que es importante es la predicción, por parte del individuo, de que otras personas serán críticas o poco amistosas y le tratarán con hostilidad o indiferencia *(inferencia)* y que la conducta que él anticipa de ellas es muy negativa porque «demuestra» que él es inferior *(valoración).* El resultado de la valoración es la ansiedad *(afecto),* que puede reducirse eligiendo evitar la situación interpersonal *(decisión y acción).* Esta elección proporciona una alivio inmediato de la ansiedad *(reforzamiento)* y crea un patrón de evitación fóbica.

Hay formas terapéuticas de reducir la ansiedad. Primero, la distracción, pensando o haciendo algo que no esté relacionado con la situación interpersonal *(ignorar el estímulo),* un procedimiento que puede ser eficaz en intervenciones de emergencia. Segundo, remplazar las predicciones sobre las conductas negativas de las otras personas por predicciones más favorables *(cambiar la inferencia);* esta táctica es típica de las terapias cognitivoconductuales, que enfatizan la adopción de nuevas atribuciones, de nuevos resultados anticipados y de operaciones lógicas más cuidadosas. Tercero, se puede *volver a valorar* la situación interpersonal y persuadirse a sí mismo de que el obtener respuestas indiferentes u hostiles de otras personas no es extremadamente malo, ni tiene ninguna implicación significativa sobre uno mismo (valoración); esto es una táctica habitual de la terapia racional emotiva. Cuarto, el biofeedback, la relajación y la medicación pueden *cambiar las experiencias emocionales* (afecto). Quinto, por medio de las expresiones autoinstruccionales y de la adquisición de habilidades interpersonales uno puede *modificar su propia conducta* (decisión y acción).

Las intervenciones descritas en el apartado sobre los métodos, en este capítulo, están orientadas hacia una o más etapas del ECEC.

IV. MÉTODOS

No hay un único proceso en la terapia de grupo cognitivoconductual. Hollander y Kazaoka (1988) describen el proceso de un modo que se aplica a casi todos, si no a todos, los grupos [1].

---

[1] Rose (1986) propone una serie de pasos muy similares a los planteados por Hollander y Kazaoka (1988) y que, con toda seguridad, han servido de base para las etapas planteadas por estos últimos autores. Los pasos propuestos por Rose (1986) son, sucintamente, los siguientes: organización del grupo, orientar a los miembros hacia el grupo (establecimiento de la identidad), desarrollar la atracción grupal, evaluar el problema y las posibilidades de resolverlo, registrar las conductas que se han determinado como problemáticas, evaluar el progreso del tratamiento, planear y llevar a cabo procedimientos específicos para el cambio, evaluar los problemas del grupo, modificar los atributos del grupo, y establecer programas para la transferencia y el mantenimiento (en el ambiente real) de los cambios de conducta que tengan lugar en el grupo. (*Nota del compilador*).

IV.1. *Formación del grupo*

La selección de los miembros depende de una serie de consideraciones. La consideración más importante es la similitud de los miembros. Cuando se tratan ciertos problemas, p.ej., déficit en habilidades, todos los miembros deberían ser muy parecidos. Cuando se afrontan temas generales, no es necesaria dicha selectividad; la selección de los pacientes puede llevarse a cabo poniendo requisitos poco precisos, como un rango razonable de edad, un estatus socioeconómico y educativo similar, y experiencias socioculturales.

IV.2. *Establecer la norma de abrirse y compartir emociones y experiencias*

Con el fin de desarrollar la cohesión del grupo, se pueden emplear procedimientos como las presentaciones por subgrupos, el modelado de las conductas esperadas, la utilización de la representación de papeles, pedir la interacción de subgrupos bajo el formato de hablar sobre algún tema señalado o realizar algún ejercicio psicológico. La cohesión del grupo se demuestra cuando hay un elevado porcentaje de contacto ocular con el que habla, un elevado porcentaje de interacciones paciente-paciente, una alta frecuencia de autorrevelación y un número pequeño de miembros del grupo en los que se concentran o quienes emiten repetidamente, mensajes negativos.

IV.3. *Establecer un marco cognitivoconductual para todos los miembros*

Los pacientes llegan a la terapia con una amplia variedad de expectativas, algunas de ellas contrarias a la terapia de conducta cognitiva. La tarea del terapeuta consiste en proporcionar un marco común de referencia. Esto puede hacerse por medio de la instrucción directa o del aprendizaje a través de las experiencias. El *mensaje fundamental* es que los pensamientos están implicados en el afecto y en la acción y que por medio de la comprensión y modificación de los propios pensamientos habrá también una modificación del afecto y de las acciones. Los esfuerzos que se hagan deberían presentar el marco de un modo positivo, con el fin de establecer expectativas positivas sobre el proceso de cambio y el propio potencial para el cambio.

IV.4. *Establecer y poner en práctica un modelo para el cambio*

Una vez que se ha establecido la necesidad de descubrir y corregir las propias cogniciones y valoraciones, el terapeuta tiene que mostrar al grupo cómo se lleva a cabo. Además, el terapeuta tiene que introducir mecanismos para transferir los efectos del tratamiento al mundo que se encuentra fuera del grupo de terapia; normalmente, esto se hace asignando «tareas para casa» a los miembros individuales del grupo, de modo que puedan practicar lo que han aprendido durante la sesión de terapia. Las «tareas para casa» conductuales son especialmente importantes, porque los cambios de conducta son fuerzas poderosas para cambiar las cogniciones y las valoraciones. El paciente, señala Corsini (1988), «tiene que comprender y obtener una nueva visión de la vida, luego tiene que actuar de maneras nuevas, más apropiadas y más satisfactorias y luego se sentirá bien con respecto a sí mismo» (p. 23). Primero los pensamientos, luego la acción, luego los sentimientos; éstas constituyen las condiciones en vivo para la modificación de las actitudes.

Otros mecanismos de aprendizaje y modificación de las actitudes *(y que supuestamente intervienen en los cambios producidos por toda la terapia de grupo)*[2] incluyen (Hollander y Kazaoka, 1988):

1. La manipulación de las expectativas/placebo
2. Persuasión y compromiso público
3. Normas de grupo
4. La utilización de contratos
5. Las contingencias individuales y/o grupales
6. El modelado
7. Ensayo de conducta y representación de papeles
8. Ejercicios estructurados
9. El sistema de parejas *(«buddy system»)*[3]
10. El reforzamiento por los compañeros

---

[2] *Nota del compilador*

[3] El sistema de parejas (*buddy system*) consiste básicamente en que parejas de participantes en un grupo de terapia comparten ejercicios y se ayudan en ellos mutuamente. Por ejemplo, los miembros seleccionan compañeros para una vigilancia mutua durante la semana que transcurre entre las sesiones. Los contactos pueden ser cara a cara o por teléfono. Rose (1986) señala que este arreglo proporciona a los miembros una oportunidad de actuar como terapeutas y como pacientes, y de practicar las habilidades directivas recién aprendidas. *(Nota del compilador)*

IV.4.1. El proceso de cambio

El proceso de cambio, para el paciente individual, empieza por una evaluación de sus problemas. Esta evaluación individual tiene lugar antes de la formación de un grupo o antes de que la persona se una a un grupo ya formado. La evaluación incluye el pasar un inventario de las principales cogniciones, valoraciones, dificultades emocionales, patrones de conducta y actitudes sobre uno mismo, que tiene la persona. Una manera útil de recoger estos datos es emplear el *Multimodal Life History Questionnaire* [Cuestionario Multimodal de la Historia de Vida] (Lazarus, 1981) o algún cuestionario similar, más una entrevista individual. Se recomienda un diagnóstico formal del trastorno actual (DSM-III-R Eje I) y de los problemas de personalidad de larga duración (DSM-III-R Eje II), antes de empezar con cualquier clase de terapia cognitivoconductual. Dependiendo del diagnóstico, se favorece la medicación y/o algún tipo de psicoterapia. Además, deberían revisarse los problemas de depresión y los trastornos de ansiedad que no respondan al tratamiento cognitivoconductual en unos pocos meses, centrando entonces nuestra atención en los factores biológicos que necesiten medicación y en los trastornos de personalidad que requieran intervenciones especiales (ver el capítulo sobre la Terapia de Valoración Cognitiva, en este volumen).

Los métodos desarrollados para la terapia cognitivoconductual individual pueden aplicarse también a grupos de pacientes. Además, el mismo grupo es un vehículo de cambio. Debido a las influencias ambientales sobre los pacientes individuales, los atributos del grupo pueden estructurarse de manera que generen cambios terapéuticos en los miembros individuales. Los terapeutas de los grupos cognitivoconductuales trabajan para alcanzar objetivos interactivos de grupo y consideran esto como un medio de lograr objetivos de tratamiento individuales. Hay algunos tipos de terapia de grupo cognitivo conductual que no se centran en los procesos de grupo y en la interacción paciente-paciente. Normalmente estos grupos son básicamente instructivos, con las sesiones estructuradas previamente a la sesión de grupo real. Se supone que los objetivos de tratamiento son los mismos para todos los miembros del grupo y, habitualmente, estos objetivos se centran en cuestiones sobre el autocontrol y el entrenamiento de las habilidades. En el siguiente apartado, denominado Variaciones, se describen estos enfoques de la terapia cognitivoconductual; en primer lugar, los relativamente limitados enfoques centrados en el problema, en los que el terapeuta escoge el tema y planifica el orden del día; y en segundo lugar, los enfoques más amplios centrados en los problemas personales, en los que los pacientes contribuyen a establecer el orden del día y discuten sus propios problemas y los asuntos que les perturban.

V. VARIACIONES

V.1. *Enfoques de entrenamiento en habilidades*

Ejemplos de este tipo de grupo incluyen: grupos de entrenamiento de padres, grupos de entrenamiento en asertividad y grupos de entrenamiento en habilidades sociales.

V.1.1. Grupos de entrenamiento de padres

El terapeuta funciona como un profesor y su tarea principal consiste en presentar información que ayude a los padres a comportarse de forma más eficaz con sus hijos. Por ejemplo, una madre informaba que sus técnicas de quejarse, regañar, castigar y recompensar no habían tenido éxito para influir sobre la conducta de su hijo. El terapeuta respondió sugiriendo que la madre emplease «consecuencias naturales» de la conducta del niño, consecuencias que en último término serían aversivas. En esta situación, el terapeuta no estaba interesado en conocer la historia de la situación, sólo en encontrar una solución viable (Corsini, 1988). No había interés por las causas del problema; por el contrario, la atención se centraba en qué hacer para solucionarlo.

V.1.2. Entrenamiento asertivo

Éste es uno de los mejores ejemplos de los métodos cognitivoconductuales aplicados a un área problema específica. Al igual que en el entrenamiento de padres, el terapeuta funciona principalmente como un profesor. Lange y Jakubowski (1976) identificaron varios procedimientos básicos: primero, enseñar a los miembros del grupo las diferencias entre aserción y agresión y entre no aserción y cortesía; segundo, reducir las barreras cognitivas y afectivas del individuo para actuar asertivamente; y tercero, desarrollar habilidades asertivas por medio de la práctica dentro del grupo y fuera de él. El programa que propusieron tiene un tiempo límite (nueve sesiones) y enfatiza los ejercicios grupales y la asignación de tareas para casa. Las primeras seis sesiones están estructuradas y las tres últimas se dedican a trabajar con las necesidades individuales de cada participante. Ya que estos grupos están orientados al entrenamiento en habilidades y no a la terapia *per se,* se dirigen principalmente a personas con pocas, o ninguna, perturbaciones psicológicas.

V.1.3. Entrenamiento en habilidades sociales

Estos grupos se dirigen a personas con déficit en la conducta interpersonal, las cuales, con un entrenamiento adecuado, podrían funcionar mejor en su ambiente social y aumentar su capacidad para vivir satisfactoriamente con aquellos que les rodean (Wessler, 1984). El amplio uso del modelado y de la representación de papeles da al terapeuta y a los otros miembros del grupo numerosas oportunidades para proporcionar retroalimentación al individuo sobre sus habilidades interpersonales. Se pueden utilizar, con propósitos instructivos, grabaciones de vídeo que describan la conducta ideal; y las grabaciones de vídeo de los intentos del individuo para reproducir el modelo, proporcionan una retroalimentación adicional, necesaria para refinar sus habilidades sociales. El énfasis se pone en aprender cómo y cuándo actuar de un modo que produzca reforzamiento positivo proveniente del ambiente.

V.2. *Autocontrol de la conducta*

Los grupos de autocontrol tienen como objetivo explícito proporcionar un conjunto de habilidades que permita al individuo controlar las conductas que le son problemáticas. El objetivo específico consiste en proporcionar a la persona las habilidades necesarias para modificar su propia conducta. La persona objetivo es el paciente mismo y la atención se centra en los problemas de la conducta individual y en la variedad de habilidades y técnicas que son necesarias para afrontar los problemas objetivo.

Meichenbaum (1977) identificó los componentes comunes a los distintos programas de entrenamiento en habilidades de afrontamiento. Aquellos incluyen:

— Enseñar al paciente el papel de las cogniciones en su problema actual
— Entrenarle a observar sus autoverbalizaciones e imágenes
— Entrenarle en los fundamentos de la solución de problemas
— El modelado de las autoverbalizaciones e imágenes asociadas con las habilidades manifiestas y cognitivas
— El modelado, ensayo y fomento de la autoevaluación positiva y las tareas conductuales en vivo, de dificultad progresiva.

Reduciéndolo a sus términos más simples, este enfoque enseña a la gente a identificar las autoverbalizaciones negativas sobre las perturbaciones emocionales y a remplazarlas por autoverbalizaciones más adaptativas que reduzcan excesos conductuales y fomenten la conducta eficaz en el propio ambiente.

Novaco (1978) presentó un programa de diez sesiones para tratar con la ira. Después de la evaluación inicial sobre la extensión del problema de la ira, se presenta a los participantes las técnicas de la relajación y de la desensibilización. En la mayoría de las sesiones se enfatiza el ensayo activo de estrategias de afrontamiento encubierto, incluyendo el prepararse para la provocación y el enfrentarse con la activación y la agitación. La atención de estos enfoques de autocontrol se centra en el autocontrol cognitivo de la conducta, en vez de en la redefinición cognitiva y en la revaloración de la situación. El enfoque que se describe seguidamente enfatiza el *cambio* cognitivo y afectivo, en vez del *control* cognitivo de la conducta.

V.3. *Los enfoques psicoeducativos*

Se emplea el término psicoeducativo para referirse a los grupos que enfatizan la autoayuda y proporcionan información que cada participante puede utilizar en un programa autoadministrado de desarrollo y crecimiento personal. Al igual que sucede con otros enfoques descritos en este apartado, el enseñar constituye el principal objetivo y actividad del terapeuta y se presta poca o ninguna atención a los problemas o intereses individuales de cada miembro del grupo. La enseñanza se centra en las causas de las emociones; por ejemplo, que el pensamiento negativo se encuentra asociado con el estado de humor deprimido y cómo uno puede vigilar sus propios pensamientos y adoptar alternativas a los pensamientos disfuncionales. Habitualmente, los enfoques psicoeducativos tienen un tiempo limitado y están muy estructurados. Los grupos podrían reunirse desde un mínimo de una o dos sesiones hasta un máximo de quince. Los miembros del grupo podrían ser un auditorio pasivo, que escuchase conferencias ayudadas por material audiovisual, o bien que entablase discusiones limitadas con uno o más de los líderes del grupo. Más tarde podrían repasarse las contestaciones escritas a las preguntas realizadas, con el fin de comprobar lo que cada persona ha comprendido de los conceptos y principios presentados durante la sesión. La psicoeducación confía a menudo en lecturas sugeridas o recomendadas de libros populares cognitivoconductuales de autoayuda.

Se pueden asignar tareas para casa escritas y conductuales, especialmente si el grupo se reúne más de una o dos veces. Estas tareas pueden discutirse en las reuniones del grupo. Las tareas para casa escritas consisten a menudo en inventarios y formularios que los participantes rellenan entre sesiones. Así, se incluyen inventarios de cogniciones, registros sobre los intentos de cambio, el autorregistro del progreso en un problema objetivo y otros materiales empleados en la terapia cognitivoconductual individual. Sank y Shaffer (1984) han descrito una serie de formularios útiles para ser empleados en grupos psicoeducativos, junto con un plan estructurado para enseñar y aplicar los conceptos y principios de la terapia cognitivoconductual.

Los enfoques psicoeducativos pueden ser útiles cuando se trate con grupos muy grandes o cuando los participantes no puedan implicarse en las sesiones de terapia. Constituyen medios eficaces de ofrecer mucha información en un período de tiempo relativamente corto. Y son sistemáticos, si las sesiones están bien estructuradas y bien planificadas, de modo que no se omita información vital.

Hay varias limitaciones a los enfoques psicoeducativos. Primero, sólo pueden tratar con cogniciones conscientes y, de este modo, permanece inaccesible para la persona una importante fuente de influencia sobre el afecto y la acción —cogniciones o esquemas fundamentales, principios morales y valores sociales. Segundo, tratan con aspectos generales, no con cogniciones idiosincrásicas de la persona individual. Tercero, pueden presentar principios correctos que el individuo encuentra confusos a la hora de aplicarlos adecuadamente. Cuarto, suponen que el individuo está muy motivado —Sank y Shaffer (1984) recomendaban no escoger personas que careciesen de motivación para trabajar en sus problemas; la persona que no se tome la molestia y el tiempo necesarios para empezar o continuar el programa de autoayuda no obtendrá mucho provecho. Quinto, los grupos psicoeducativos se encuentran limitados a problemas que utilizan el autoconsejo y, por consiguiente, son inadecuados para personas con perturbaciones moderadas y graves.

V.4. *Grupos de terapia amplia*

Las clases de grupos de terapia cognitivoconductual descritos hasta aquí necesitan que los participantes aprendan ciertos principios y se den cuenta de sus propios pensamientos, sentimientos y acciones. Las siguientes clases de grupos consideran a los problemas de cada individuo como el centro de la atención terapéutica y tienen objetivos de tratamiento mucho más amplios que los de los grupos de los que se ha hablado anteriormente. Estos tipos de grupos incluyen la terapia cognitiva (de la depresión), la terapia racional emotiva y los enfoques afectivo-experienciales.

V.4.1. Consideraciones generales

Cualquier problema que tenga un componente interpersonal es apropiado para la terapia de grupo cognitivoconductual. Los objetivos de cambio son aquellos que, en último término, produzcan mayores modificaciones en la conducta interpersonal y en la imagen de uno mismo. Según Hollander y

Kazaoka (1988), hay tres categorías de grupos centrados en el problema. La primera, el *grupo mixto,* en el que se coloca el énfasis sobre problemas individuales que pueden no ser compartidos por otros miembros del grupo. La segunda, el *grupo situacional,* en el que los miembros se enfrentan con dificultades situacionales comunes a su propia manera, p.ej., las encontradas en un grupo de padres/madres solteros/as. La tercera, el *grupo de desarrollo,* en el que la gente se enfrenta con dificultades comunes, debido a una edad o una etapa de vida similares, como, p.ej., un grupo de adolescentes. En el nivel de las relaciones, los problemas conductuales conducen a objetivos tales como el sentirse más seguro, el reducir la dependencia de los demás, el expresar verdadero afecto, el mejorar las relaciones sociales y el disminuir las emociones que interfieren con las relaciones interpersonales (ansiedad social, ira).

No existe un modo formal y bien establecido de dirigir grupos de terapia cognitivoconductual. Los programas con un formato de «paso a paso», en donde los problemas y los planes de tratamiento se especifican claramente por adelantado, son más característicos de los grupos de entrenamiento en habilidades y de los de autocontrol. Las técnicas que se emplean en los grupos de terapia amplia están limitadas únicamente por la experiencia y la inventiva del terapeuta y pueden incluir técnicas que normalmente no se consideran cognitivas ni conductuales, como, p.ej., el psicodrama, ejercicios guestálticos para darse cuenta y experiencias de grupos de encuentro.

Los grupos de terapia de conducta cognitiva progresan a través de ciertas etapas informales. Al comienzo, o etapa de orientación, los miembros y los líderes se van conociendo mutuamente. Se pide a los miembros del grupo que se presenten a sí mismos y se espera que aprendan los nombres de los demás miembros. Cada persona ofrece cierta información sobre su historia pasada. El terapeuta alienta a los miembros para que revelen información personal, respeten la confidencialidad del grupo, y hagan y acepten alabanzas y críticas constructivas.

El terapeuta establece ciertas directrices para el comportamiento de los pacientes. Como parte de una orientación cognitivoconductual, el terapeuta enfatiza que los pacientes, que son miembros del grupo, tienen que hacer ciertas cosas, con el fin de cambiarse a sí mismos y a sus vidas. No deberían esperar que una mayor comprensión intelectual conduzca a un cambio sin esfuerzo. Se hace hincapié en el valor de la cooperación y de la asistencia mutua entre los miembros del grupo. El terapeuta crea la estructura de cada reunión de grupo y los pacientes proporcionan el contenido, revelando sus problemas y hablando de ellos abiertamente. El terapeuta no es una persona facilitadora que simplemente deja que se satisfagan los potenciales de crecimiento positivo, ni tampoco es un miembro del grupo que tiene libertad para hablar de sus propios problemas o de interactuar con sus pacientes fuera de la sesión de terapia.

El terapeuta toma un papel activo en cada sesión, salvo que deliberadamente escoja retirarse de la discusión y actuar como animador, en vez de hacerlo como terapeuta o profesor. El terapeuta controla cada sesión, de modo que no la dominen una o dos personas, que nadie perturbe al grupo y que nadie haga anotaciones antiterapéuticas. Si el grupo no se une a la tarea de solucionar problemas personales y la discusión anda vagando por áreas no productivas, el terapeuta tiene que intervenir. Ya que es probable que los miembros del grupo sugieran soluciones prácticas para el problema específico del paciente, el terapeuta debería permanecer alerta, incluso cuando está callado, y guiar la atención del grupo para volver a trabajar con las cogniciones y dificultades psicológicas. El terapeuta también tiene responsabilidades sobre las interacciones expresivo-emocionales dentro del grupo. Aunque los grupos de terapia de conducta cognitiva se orientan principalmente a la tarea, no es raro que surjan preocupaciones personales e interpersonales. Finalmente, aunque el centro de la atención lo constituye cada individuo, el proceso de la terapia requiere atención a la dinámica del grupo de terapia, a las normas y papeles de liderazgo que surjan y a los patrones inflexibles de interacción.

Los miembros del grupo están a menudo a la defensiva y ocultan información sobre ellos mimos, especialmente en las primeras etapas de la terapia. El terapeuta debería afrontar esta cuestión directamente. La información personal se oculta normalmente por razones psicológicas; la experiencia de la vergüenza conduce a pautas de evitación. Concentrándose en las cogniciones que tiene el miembro del grupo sobre sus sentimientos, el terapeuta puede favorecer la autorrevelación que disminuya la vergüenza. El terapeuta debería también modelar la autorrevelación con el fin de vencer las reservas del paciente sobre la misma.

Conforme madura el grupo, la continuidad se convierte en un asunto importante. Se deben vigilar ciertas cuestiones clave de cada individuo y trabajar sobre material nuevo sólo después de haber prestado atención a los temas de las sesiones anteriores. En las últimas etapas de un grupo han ocurrido ya muchos cambios interpersonales. Los apoyos del grupo se van desvaneciendo lentamente, conforme los miembros vayan confiando más en sí mismos y puedan mantener las nuevas imágenes de sí mismos y los nuevos patrones de acción.

V.4.2. Terapia cognitiva en grupos

Los grupos de solución de problemas poseen aspectos educativos pero, a diferencia de los grupos psicoeducativos, constituyen aspectos secundarios al objetivo principal que es trabajar en los problemas psicológicos y prácticos de cada individuo. La mayoría de los aspectos educativos se encuentran en la enseñanza de los principios de la terapia cognitiva y del autorregistro. Hollon y Shaw (1979) presentaron un programa para la terapia de grupo cognitiva, que incluye una presentación explícita de la teoría cognitiva de Beck (1976), durante la primera sesión, empleando ejemplos proporcionados por los miembros del grupo. Este tipo de grupo, debido a que se basa en la teoría cognitiva de Beck, enfatiza la detección de los pensamientos automáticos, su corrección por medio de la identificación de los errores lógicos que contengan y la adopción de cogniciones alternativas que remplacen a los pensamientos automáticos negativos.

Los miembros del grupo adquieren experiencia ayudándose mutuamente, aprendiendo de los intentos con éxito y sin él que hacen los demás para utilizar la teoría cognitiva, y aprendiendo vicariamente sobre sus propios problemas observando a las otras personas luchando con los suyos. Se emplean tareas para casa conductuales y escritas, al igual que en la terapia individual. El orden del día de cada reunión del grupo lo determinan los intereses de los participantes, lo mismo que el paciente contribuye a la orden del día en la terapia cognitiva individual.

Estos grupos pueden estar limitados por el tiempo o bien ser abiertos. El programa de Hollon y Shaw cubría un período de doce semanas, pero se pueden usar períodos más largos o más cortos. Un grupo de tiempo limitado tiende a alentar a los pacientes para que trabajen activamente sobre sus problemas y para que busquen experiencias correctoras, en vez de generar más introspección. Los grupos abiertos no tienen tiempo límite y son normalmente heterogéneos, al menos con respecto al diagnóstico. El orden del día se determina al comienzo de cada sesión, pero no hay un esquema predeterminado sobre qué aspectos cubrir, como sucede en los grupos de tiempo limitado. La presentación de la teoría puede repetirse cuando se incorporan nuevos miembros o bien éstos se reorientan en las sesiones de terapia individual.

En un grupo abierto, centrado en la solución de problemas personales, las discusiones pueden volverse predecibles y rutinarias si hay menos de 6 miembros y pocos cambios en la composición del grupo. Sin embargo, si hay más de 12 miembros es difícil incluir a todo el mundo en la discusión y puede haber una implicación baja o variable. La duración de cada sesión puede adaptarse al propósito, tamaño y ambiente del grupo. Son típicas las reuniones de grupo semanales, pero también pueden ser eficaces reuniones menos frecuentes, especialmente cuando el terapeuta quiera dejar tiempo suficiente para que los miembros del grupo intenten nuevas conductas y tengan experiencias correctoras (Wessler y Hankin-Wessler, 1989a).

El empleo de grabaciones de vídeo mejora los ensayos conductuales y es válido para dar retroalimentación a los participantes sobre sus amaneramientos y estilo de autopresentación. Se pueden utilizar pizarras y representaciones gráficas para enseñar ciertos puntos o registrar las cogniciones del paciente (Covi, Roth y Lipman, 1982; Hollon y Shaw, 1979; Sank y Shaffer, 1984). Los pacientes a menudo se benefician escuchando las grabaciones magnetofónicas de las sesiones de grupo cuando ellos son los pacientes que actúan. Esos registros magnetofónicos pueden revisarse varias veces entre las reuniones de grupo y son especialmente útiles porque los pacientes no pueden retener en la memoria todo lo que se ha dicho en general y sobre ellos durante la discusión. Los registros magnetofónicos pueden fácilmente conducir a la violación de la confidencialidad y se debería prevenir a cada paciente de que las cintas no las escuchasen otras personas —¡son sólo para que las escuchen ellos!

V.4.3. La terapia de grupo racional emotiva

Como se ha mencionado al comienzo de este capítulo, la primera forma de terapia de grupo cognitivoconductual fue la terapia racional emotiva de Ellis (TRE). Ellis dirigió personalmente la terapia de grupo durante tres décadas y sus grupos eran abiertos (Wessler, 1983).

Los objetivos de la TRE consisten en cambiar la conducta y las emociones perturbadas y afrontar casi cualquier acontecimiento desafortunado que pudiera surgir en la vida del paciente. La TRE mantiene que los seres humanos pueden emplear los procesos de sus pensamientos conscientes en su propio beneficio, solucionando sus problemas y replanteando las suposiciones autoderrotistas sobre la supuesta perfección propia y la de los demás. El resultado ideal de la TRE es que la persona adopte una actitud de autoaceptación, en vez de autocondena, y que acepte la realidad reconociendo su existencia, en vez de evitar los acontecimientos negativos o intentar evitarlos con pensamientos mágicos y acciones supersticiosas. La TRE intenta ayudar a la gente a reducir o eliminar las fuertes emociones negativas. Para alcanzar este objetivo, la TRE trata de ayudar a la gente a que identifique las creencias que producen y sostienen las conductas y experiencias emocionales disfuncionales. La valoración de uno mismo, de otras personas y del mundo son los principales objetivos de cambio.

La TRE se resume en la teoría ABC de Ellis sobre las perturbaciones. En pocas palabras, A es un acontecimiento o experiencia activante que se interpreta según las propias creencias o cogniciones evaluadoras (B). Juntas producen C, las consecuencias conductuales y emocionales. De este modo, las respuestas conductuales y emocionales de una persona se deben a las creencias sobre sus percepciones de un acontecimiento o a sus cogniciones sobre lo que ha ocurrido en el pasado o pudiera ocurrir en el futuro. Ellis supone que las conductas y emociones disfuncionales se deben a creencias irracionales y que otras emociones y conductas, incluyendo aquellas que son negativas aunque no disfuncionales, se deben a creencias racionales. Ambas creencias, racionales e irracionales, son altamente evaluadoras pero, además, las creencias irracionales son «expresiones de *tener que*»; es decir, expresan qué tiene o no tiene que existir de manera absoluta, incluyendo la propia perfección. Cuando la realidad amenaza con violar una «expresión de *tener que*», el resultado es una fuerte reacción emocional, p.ej., ansiedad, ira, depresión.

La TRE debería proceder como sigue: el terapeuta muestra al paciente qué cambios conductuales y emocionales pueden alcanzarse por medio de los cambios cognitivos y enseña al paciente la teoría ABC. El terapeuta continúa mostrando al paciente qué pensamientos irracionales mantiene, de qué manera no son válidas estas creencias y cómo pueden cambiarse. El terapeuta instruye al paciente para que trabaje en la consecución de los cambios cognitivos recomendados y puede asignarle tareas para casa con el fin de ayudarle a conseguirlo. Este proceso básico se repite a lo largo de cada sesión (Wessler y Hankin-Wessler, 1988).

El proceso de la TRE en grupos es similar al de la terapia individual. Cada persona es el centro del cambio y, por consiguiente, es necesaria una evaluación de las creencias irracionales, de las emociones disfuncionales y de los patrones de conducta desadaptativos, más importantes de una persona. Los hechos sobre el individuo son de poca importancia en la TRE; incluso los problemas prácticos de la vida de una persona (la A en la teoría ABC) son menos importantes que las creencias. Los miembros del grupo a menudo se aficionan a identificar las creencias irracionales de los demás. Sin embargo, existe el riesgo de que los miembros del grupo se pongan tácitamente de acuerdo en no enfrentarse a las creencias del otro, sino simplemente ofrecer sugerencias prácticas. Un terapeuta con experiencia reconocerá esas acciones, las comentará e intentará evitar que vuelvan a ocurrir.

Tanto el terapeuta como los miembros del grupo deberían, de forma activa, hacer preguntas, ofrecer comentarios y comprobar hipótesis sobre las creencias irracionales. Estas hipótesis pueden inferirse a partir de la conducta del paciente en el grupo y de los autoinformes sobre los pensamientos, sentimientos y acciones. El paciente sobre el que se centra la sesión en un determinado momento empieza, normalmente, presentando algún problema personal y habla de un acontecimiento, situación o relación interpersonal (A). Luego se busca y se clarifica la C o consecuencias emocionales. A veces tanto la A como la C se presentan juntas, p.ej., «Me enfadé mucho con mi jefe cuando me pidió que trabajase hasta tarde la noche pasada». Las preguntas sobre A y C clarifican y añaden riqueza al informe y son útiles en el caso de que la persona tenga dificultades para reconocer e informar sobre las experiencias emocionales.

Luego el terapeuta hace que el grupo se centre en el sistema de creencias, haciendo preguntas que revelen «expresiones de *tener que»* y expresiones de culpa, intolerancia y grandiosidad. Gradualmente, se descubre el pensamiento evaluador de la persona, se le pide que rebata la verdad de sus autoverbalizaciones y los miembros del grupo ofrecen razones por las cuales las autoverbalizaciones no son ciertas. Ellis frecuentemente preguntaba, «¿Dónde está la evidencia de que lo que te estás diciendo a tí mismo es verdad?».

El terapeuta normalmente termina su trabajo con el paciente que está siendo el centro de la terapia recomendándole tareas para casa, con la intención de que fortalezcan el pensamiento racional que se supone reemplazará al irracional. Las tareas para casa son, a menudo, conductuales, ya que el cambio cognitivo puede provenir del cambio conductual, aunque también se emplean tareas para casa cognitivas, en las que la persona contraataque de forma repetida su creencia irracional. La ventaja de las tareas para casa conductuales es que conllevan experiencias. Es menos probable que la gente cambie cogniciones mantenidas durante mucho tiempo simplemente decidiendo hacerlo así. Se obtienen mejores resultados cuando los individuos actúan de distintas formas y observan las consecuencias de su propia conducta (Bandura, 1986).

Quizás la tarea para casa conductual más conocida propuesta por Ellis sea el «ejercicio para atacar la vergüenza». Con el fin de reducir la vergüenza que acompaña a la ansiedad interpersonal al manifestar las propias inadecuaciones, se le pide a una persona que haga alguna locura en público. Ese ejercicio puede hacerse también dentro del mismo grupo y la experiencia puede ayudar a preparar a la persona para realizar el ejercicio en vivo. En general, las tareas de casa conductuales de la TRE requieren una actividad contrafóbica.

V.4.4. Los métodos experienciales de la terapia cognitivoconductual en grupo

Los métodos directos pueden ser medios eficaces para enseñar los principios cognitivos, pero los métodos indirectos, basados en la experiencia, pueden utilizarse también para este propósito. Estos métodos pueden, de hecho, ser superiores, ya que la gente asimila la nueva información mejor cuando participan activamente en el proceso de aprendizaje, que cuando absorben pasivamente el nuevo material, escuchando y leyendo. Los métodos indirectos o experienciales incluyen ejercicios, juegos y fantasías dirigidas, cada uno de los cuales pueden designarse para abordar ciertos temas. En las primeras etapas de la formación de un grupo, los juegos y las fantasías pueden utilizarse para ilustrar las conexiones entre las valoraciones cognitivas y los efectos que las aconpañan. Más tarde, puede emprenderse el proceso del cambio cognitivo por medio de una fantasía de grupo dirigida, en la que cada miembro pueda trabajar en sus propias áreas problemáticas y pueda, después, procesar las experiencias en la discusión de grupo (Wessler y Hankin, 1988; Wessler y Hankin-Wessler, 1989a).

Un terapeuta creativo puede incorporar casi cualquier ejercicio en el proceso de grupo. Por ejemplo, Nardi (1986) mezcló elementos del psicodrama con la terapia de conducta cognitiva. Un miembro del grupo, que representa el papel de padre de otro miembro, hace, gritando, comentarios negativos sobre ese sujeto y le golpea con un bastón de espuma; luego la persona sobre la que se centra la terapia coge el bastón y se pega a sí misma, mientras se grita los mismos comentarios negativos. Este ejercicio experiencial es una demostración eficaz sobre la fuente de la autocrítica y de lo que hace la persona actualmente para contribuir a su propia desgracia. En otro ejercicio, Nardi hacía que los miembros del grupo actuasen como «otros yo», expresando las cogniciones disfuncionales de los principales caracteres de un psicodrama; este ejercicio ofrece a todos los miembros del grupo oportunidades para clarificar las relaciones entre cognición y afecto.

Empleando una variedad de métodos experienciales, el terapeuta puede proporcionar condiciones a través de las cuales los miembros tengan experiencias nuevas y actúen de forma diferente en el grupo, apoyándose mutuamente con respecto a la ansiedad, experimentada de forma común, sobre el cambio y sobre la pérdida de identidad que a menudo evita el cambio. La información nueva puede adquirirse de manera indirecta y no amenazante. Muchos miembros del grupo poco responsables y no asertivos pueden responder más fácilmente debido a que todo el mundo está implicado en el proceso. El humor actúa relajando un grupo tenso y el desarrollo de un ejercicio puede conducir a una mayor autorrevelación.

Junto con la creatividad, los terapeutas deberían tener flexibilidad. La flexibilidad puede tener lugar cuando el terapeuta está bien informado, es ingenioso e imaginativo y parece esencial para tratar eficazmente con un amplio rango de personas y problemas diferentes. A su vez, una atmósfera variada, creativa, puede alentar a los pacientes para que se vuelvan más flexibles en sus actitudes y más creativos al buscar soluciones a sus problemas.

VI. APLICACIONES

La corrección de las cogniciones es el rasgo distintivo de la terapia de conducta cognitiva y la clave para resultados terapéuticos duraderos. Los problemas específicos que se pueden tratar incluyen ansiedad, fobias, depresión, control de la ira, déficit de habilidades e incluso a los trastornos de personalidad (Wessler, 1988b). Además, en su formato grupal, la terapia de conducta cognitiva puede ampliarse para tratar problemas interpersonales y para fomentar la exploración y el darse cuenta de uno mismo. De este modo, la terapia de grupo cognitivoconductual, aunque tiene sus raíces en la terapia de conducta y en la terapia racional emotiva, es un enfoque versátil que puede vérselas con una amplia variedad de aspectos psicológicos. Puede funcionar estrictamente como terapia conductual, pero también puede adoptar aquellos objetivos asociados más habitualmente con los enfoques psicodinámicos y humanistas.

VII. RESUMEN/COMENTARIO FINAL

La terapia de conducta cognitiva ha empezado a acumular una sólida base empírica (Schwartz, 1982) y un apoyo indirecto es el ofrecido por varias décadas de investigación sobre los cambios de actitud y por la investigación contemporánea sobre la emoción. El metaanálisis del proceso terapéutico proporciona una firme explicación para que la terapia de conducta cognitiva emplee sus tácticas con el fin de producir cambios en la valoración y en otros aspectos cognitivos (Strong y Claiborn, 1982). Al igual que otras formas de terapia psicológica, la terapia de grupo cognitivoconductual se emplea más fácilmente y de manera más eficaz con pacientes que están muy motivados para cambiar y de modo menos eficaz con pacientes muy perturbados, con diagnósticos tales como psicosis y personalidad antisocial. Para algunas personas, el tratamiento grupal es superior al tratamiento individual; muchos de los problemas de la vida implican relaciones con otras personas y un grupo es un lugar ideal en el que trabajar sobre esos problemas.

En resumen, hay varias ventajas en la terapia de grupo:

1. Los grupos tienen una mejor relación coste/eficacia; el terapeuta puede trabajar con varios pacientes al mismo tiempo.
2. Los miembros del grupo pueden aprender que no son los únicos que tienen un determinado problema.
3. El grupo puede funcionar de una manera preventiva; un miembro del grupo puede oír a los otros discutir sobre problemas con los que todavía no se ha encontrado.
4. Los miembros pueden aprender a ayudarse mutuamente; un principio educativo bien establecido es que un buen modo de aprender una habilidad es enseñándola a otra persona.
5. Algunas experiencias, actividades y ejercicios sólo se pueden hacer en grupo.

6. Algunos ejercicios de grupo son eficaces para producir ciertas experiencias emocionales, que luego pueden tratarse en vivo en el grupo.

7. Ciertos problemas, p.ej., déficit interpersonales o carencia de habilidades sociales, pueden tratarse de forma más eficaz en un formato grupal; el paciente puede practicar nuevas conductas sociales y nuevas maneras de relacionarse con la gente.

8. Un grupo permite a los pacientes recibir una gran cantidad de retroalimentación sobre su conducta, que puede ser más persuasivo que un terapeuta individual, para producir el cambio.

9. Los miembros del grupo pueden proporcionar presión de los compañeros, que puede ser más eficaz que un terapeuta individual, para fomentar la adhesión a las tareas para casa.

10. Cuando el centro de la terapia es la solución de problemas prácticos, el grupo puede ofrecer más información sobre el problema y más sugerencias para su solución, que las que podría originar un terapeuta individual.

El proceso de la terapia cognitiva en grupo varía ampliamente, desde enfoques educativos hasta una variedad de métodos directos e indirectos. Los procedimientos son diferentes, pero los objetivos son los mismos —ayudar a los pacientes en sus intentos de vivir más eficazmente en sus propios ambientes sociales, de ser más productivos en sus vidas personales y de estar relativamente libres de problemas emocionales extenuantes.

VIII. LECTURAS PARA PROFUNDIZAR

Hollon, S. D. y Shaw, B. F., «Terapia cognitiva de grupo para pacientes depresivos», en A. T. Beck, A. J. Rush, B. F. Shaw y G. Emery, *Terapia cognitiva de la depresión,* Bilbao, Desclée de Brouwer, 1983. (Or.: 1979).

Sank, L. I. y Shaffer, C. S., *A therapist's manual for cognitive behavior therapy in groups,* Nueva York, Plenum Press, 1984.

Wessler, R. L., «Rational-emotive therapy in groups», en A. Freeman (comp.), *Cognitive therapy with couples and groups,* Nueva York, Plenum Press, 1983.

Wessler, R. L. y Hankin, S., «Rational-emotive and related cognitively oriented psychotherapies», en S. Long (comp.), *Six group therapies,* Nueva York, Plenum Press, 1988.

Wessler, R. L. y Hankin-Wessler, S., «Cognitive group therapy», en A. Freeman, L. E. Beutler y K. E. Simon (comps.), *Comprehensive handbook of cognitive therapy,* Nueva York, Plenum Press, 1989.

33. PSICOLOGÍA CONDUCTUAL COMUNITARIA

LUIS FERNÁNDEZ RÍOS

I. INTRODUCCIÓN

Aunque el reconocimiento del papel de la comunidad en el tratamiento y la prevención de la enfermedad viene desde antiguo, ha sido en los últimos 25 años cuando se ha sistematizado tanto la teoría como la práctica de la *Psicología comunitaria (PC).* Hoy día la PC se está aplicando a múltiples ámbitos, pero no por ello se puede decir que constituya un campo teórico-práctico exento de crisis. De una forma general, se pueden señalar como factores que contribuyen a la misma, los siguientes:

a. La ausencia, a pesar de los esfuerzos y avances efectuados, de un diseño curricular diferencial claro entre la PC y otras especialidades psicológicas;
b. La existencia de un desajuste entre teoría y práctica, pues generalmente las suposiciones teóricas de la PC no han sido llevadas a la práctica.

La situación actual de la PC es más bien interdisciplinar. Esto es, se trata de tener en cuenta las aportaciones que se pueden efectuar desde diversas disciplinas y que pueden resultar útiles para la promoción de la salud y la prevención de la enfermedad.

Pero, al mismo tiempo que la PC configura un campo interdisciplinar, también presenta múltiples aplicaciones a diferentes áreas. Una de ellas la constituye la *Psicología Conductual Comunitaria (PCC),* a la cual está dedicado el presente capítulo. Ésta, a su vez, incluye un conjunto de posibilidades de aplicación que serían demasiado extensas para ser incluidas dentro de los límites de este trabajo. Por ello, se han seleccionado una serie de aspectos, que se consideran relevantes, para intentar establecer los límites del contenido del capítulo.

Partimos desde, y aceptamos, los siguientes supuestos: a) un trabajo o una historia sin un «sesgo» teórico es imposible (Lakatos, 1982); b) es necesario tener en cuenta que cada autor busca hallar «hechos» que justifiquen su propio punto de vista teórico-práctico (Scarr, 1985); y c) la construcción

---

Universidad de Santiago de Compostela (España).

social de los problemas sobre los cuales se va a intervenir en cada momento determinado (Blumer, 1971; Schneider, 1985).

El objetivo del presente capítulo consiste en una breve aproximación a algunos de los principios generales, aplicaciones prácticas y situación actual de la PCC.

II. DEFINICIÓN Y COMPONENTES DE LA PSICOLOGÍA CONDUCTUAL COMUNITARIA

Desde la Conferencia de Swampscott (celebrada en 1965 y que se toma como fecha de fundación de la PC) hasta nuestros días, esta disciplina ha ido progresivamente ampliando su ámbito teórico-práctico. Sin entrar en las características generales de la PC, que el lector interesado puede encontrar en la bibliografía disponible (p.ej., Bloom, 1984; Costa y López, 1986; Levine y Perkins, 1987; Rappaport, 1977; Zax y Specter, 1979), podemos decir que la PCC constituye un «subcampo» de la PC. «Subcampo» en el sentido de que conjuntando unas características de la PC y de la terapia o modificación de conducta, trata de aplicarlas a aspectos relativamente específicos, de los cuales se hablará más adelante.

Aunque la historia de la modificación de conducta (Kazdin, 1978) y de la PC (Rappaport, 1977) son diferentes, la PCC constituye un campo teórico-práctico en el cual confluyen la metodología del conductismo, en su aplicación a la modificación de conducta, y las estrategias y marcos conceptuales de la PC (Glenwick y Jason, 1980). Y, si bien se trata de un área de investigación-acción relativamente reciente, ya se dispone de una cierta bibliografía (véase, por ejemplo, Glenwick y Jaon, 1980, 1984; Jason y Glenwick, 1984; Nietzel, Winnett, MacDonald y Davison, 1977).

Partimos del supuesto de que ya se conocen las características fundamentales de la modificación o terapia de conducta y de que hoy en día se va más allá del marco clásico de los modelos de aprendizaje (Eelen y Fontaine, 1986), enmarcándose también dentro del modelo de procesamiento de la información (Kanfer y Hagerman, 1985). Con todo, siempre se hace énfasis en la adquisición, por parte del individuo, de «repertorios conductuales básicos» (Staats, 1975) para comportarse de forma competente en una comunidad concreta.

La PCC tiene, además, una serie de componentes que delimitan su campo teórico-práctico (Jason y Glenwick, 1980). Dichos componentes son:

a. Un marco conceptual que conlleva el rechazo del modelo médico y psicoanalítico de salud/enfermedad y la adopción del modelo de aprendizaje.

b. Un estilo de entrega de servicios en forma de estrategia de búsqueda, en vez de espera.

c. El objetivo de la intervención puede centrarse sobre el individuo, el grupo, la organización, la comunidad, etc.

d. Una dimensión temporal focalizada ya sea en la prevención primaria o bien en la secundaria.

Ahora que hemos señalado algunas características generales de la PCC, ¿cómo se pueden aplicar al campo de la protección y promoción de la salud a nivel comunitario?

III. PSICOLOGÍA CONDUCTUAL COMUNITARIA Y PROMOCIÓN DE LA SALUD

La PCC puede efectuar múltiples aportaciones a la prevención de la enfermedad y a la protección y promoción de la salud y calidad de vida. Dado que no parece oportuno señalar aquí la larga lista de temas a los cuales podrían ser aplicables los principios de la PCC, llevaremos a cabo una selección de los mismos. Juzgamos socialmente relevante señalar los siguientes:

a. Facilitar el uso del cinturón de seguridad entre los automovilistas (Geller y Bigelow, 1984; Geller y cols., 1987).

b. Promocionar conductas adaptativas o no patológicas en la escuela (Drabman y Furman, 1980; Roubury y Baer, 1980).

c. Conseguir una mayor control respecto al depósito y recogida de basuras en general (Geller, 1980) o de excrementos de animales en particular (Jason y Zolik, 1981).

d. Conservación de la energía (Winett, 1980).

e. Aplicación en el campo industrial y de las organizaciones públicas (McNees, Gilliam y Schnelle, 1980).

f. Favorecer el control de natalidad de la población (Lolordo y Shapiro, 1980).

g. Continuar contribuyendo a las actuaciones contra el crimen, la delincuencia y otras conductas antisociales (Kazdin, 1985c; Nietzel, 1979).

h. La adquisición de habilidades para conseguir un empleo a través de una entrevista (Mathews y Fawcett, 1984).

Además de los temas que se acaban de señalar y de otros no indicados aquí, existen dos campos que consideramos importante ponerlos de manifiesto, como sería la aplicación de la PCC al: 1) fomento de la inmunogénesis conductual, y 2) campo de la salud mental comunitaria (o ecología conductual).

III.1. *Inmunogénesis conductual*

Por lo que atañe a este aspecto, el del fomento de la *inmunogénesis conductual*, se trata de reducir los factores de riesgo de enfermedad atribuibles a comportamientos patológicos del sujeto (Matarazzo, 1984). Dado que es aceptado que múltiples factores de riesgo (tabaco, alcohol, accidentes de tráfico, falta de unas adecuadas condiciones higiénicas en el contexto ambiental, etc.) se deben al comportamiento del sujeto (patogénesis conductual), la modificación de esa conducta a nivel comunitario podría ayudar a alcanzar la salud y la calidad de vida individual y colectiva. Campos teórico-prácticos como la Psicología de la salud, la Salud conductual, la Medicina conductual, etc., pueden contribuir al desarrollo de la aplicación de los principios de la PCC.

Además, es necesario tener en cuenta la gran utilidad, para la protección y promoción de la salud, de los fundamentos de la teoría del aprendizaje social, principalmente a través del aprendizaje por observación y la teoría de la autoeficacia y su influencia positiva sobre la salud (Bandura, 1986, en prensa; O'Leary, 1985; Strecher, DeVellis, Becker y Rosenstock, 1986).

El objetivo de la PCC sería el de fomentar, a través de las técnicas de modificación de conducta que se considerasen más pertinentes para cada contexto concreto, individuos y comunidades «conscientes» de que el comportamiento (individual y colectivo) es reforzante para la protección y promoción de la salud. Y, además, hacer énfasis en un «clima social» en el cual se acepte que conductas patológicas actuales pueden tener su efecto negativo varios años después.

Un ejemplo de ello puede ser el del Alameda County Study (Berkman y Breslow, 1983), que parte del supuesto de que los patrones de mortalidad, salud y enfermedad constituyen un reflejo de las condiciones de vida de una comunidad. Dicho estudio, llevado a cabo con 2 229 hombres y 2 496 mujeres, de edades comprendidas entre 30 y 69 años y desarrollado entre 1965-1974, reveló cinco hábitos o estilos de vida fuertemente relacionados cada uno de ellos y de forma independiente con la mortalidad durante los nueve años de seguimiento. Estos hábitos o patologías conductuales eran: a) consumo de cigarrillos, b) ingestión de cantidades excesivas de alcohol; c) llevar una vida físicamente inactiva; d) ser obeso; y e) dormir menos de 7 o más de 8 horas diarias (Berkman y Brelow, 1983).

Teniendo en cuenta el papel que los estilos de vida juegan en la prevención primaria del cáncer, se puede decir que existen ciertos obstáculos para llevar a cabo programas de prevención eficaces. Estos obstáculos se deben a (Bayés, 1985):

— el carácter placentero y reforzante inmediato de ciertos comportamientos, como, por ejemplo, el de fumar;

— el tiempo transcurrido entre el estímulo cancerígeno y la aparición clínicamente detectable del cáncer; y

— que el surgimiento tardío del cáncer (u otra patología) es sólo probable, lo cual puede llevar al sujeto a considerarse invulnerable al mismo.

De aquí que una de las tareas de la PCC sea el hacer que los sujetos sean conscientes de los riesgos de sus propios comportamientos y que no se consideren invulnerables o mantengan un optimismo no realista sobre las probabilidades de enfermedad (Weinstein, 1984; 1988), a pesar de ciertos efectos positivos (tales como reducir los sentimientos de ansiedad, realzar la sensación de control personal) de la ilusión de invulnerabilidad (Perloff, 1987).

Los dos ejemplos anteriores, el del Alameda County Study y el de la prevención primaria del cáncer, constituyen casos en los cuales es posible llevar a cabo estrategias de intervención desde un modelo conductual *(componente conceptual)*, adoptando una estrategia de búsqueda *(estilo de entrega)*, focalizándose ya sea sobre una organización, comunidad, etc. *(objetivo de la intervención)* y haciendo énfasis en la prevención primaria o secundaria *(dimensión temporal)*.

III.2. *Salud mental comunitaria*

En cuanto al segundo aspecto, el de la aplicación de la PCC a la protección y promoción de la salud mental, el campo de acción está relativamente poco delimitado pero, sin embargo, se dispone actualmente de un cierto conocimiento. Ya Burnham (1924) no sólo trataba de aplicar la teoría de los reflejos condicionados a la higiene (salud) mental y a la educación, sino que también criticaba al psicoanálisis considerándolo como una «astrología psicológica» (p. 628). Todo ello dio lugar a que los principios de aprendizaje fuesen progresivamente aplicados al campo de la protección y promoción de la salud a nivel escolar y comunitario.

Gambrill (1975) y Wodarski (1976) ponen de manifiesto la falta de aplicación de la tecnología conductual a los ambientes de la salud mental comunitaria. La razón es, principalmente, el predominio y utilización del modelo médico de enfermedad. No obstante, esto ha contribuido a realzar una «conciencia» de las posibilidades de las técnicas de modificación de conducta en ambientes de la salud mental comunitaria. En los últimos años, existen diversos ejemplos de la aplicación de la tecnología conductual a este último campo (p.ej., Johnson y Geller, 1980), y una síntesis de los mismos se puede encontrar en Jeger y Slotnick (1982a).

Aunque los principios de la PCC pueden ser de valor teórico-práctico en la prevención primaria y secundaria, tal vez donde se hayan utilizado con mayor frecuencia haya sido en la prevención terciaria o psicología de la rehabilitación de enfermos mentales hospitalizados. Ya que, según Kiesler y Sibulkin (1987), existen «tratamientos» alternativos a la hospitalización y utilización exclusiva de fármacos, como puede ser el entrenamiento (siempre que sea factible) en habilidades sociales.

La aplicación de la PCC o tecnología conductual comunitaria a la salud mental comunitaria se fundamenta, como ya se ha señalado, en que la conducta es aprendida y que un sujeto se comporta de una forma que no necesariamente tiene por qué ser así. Jeger y Slotnick (1982b), al hablar de la Ecología conductual hacen énfasis en la congruencia (o adaptación) entre el individuo y su ambiente. De hecho:

> Las intervenciones ecológico-conductuales buscan optimizar el desarrollo humano al realzar las destrezas de dominio y afrontamiento de los individuos para incrementar la autoeficacia y autoestima, y/o al realzar las fuerzas comunitarias y organizacionales para que la calidad de vida sea mejorada (Jeger y Slotnick, 1982b, p. 12).

Para conseguir estos objetivos, se necesita un conocimiento base que es extraído de la teoría y práctica de la modificación de conducta (p.ej., condicionamiento operante, aprendizaje social, terapia cognitiva).

Como ejemplos concretos de la aplicación de la Ecología conductual y la PCC se pueden citar varios (véase Jeger y Slotnick, 1982a), de entre los cuales juzgamos pertinente el hacer especial énfasis en el *Behavior Analysis and Modification Project, BAM* [Proyecto de Análisis y Modificación de Conducta], llevado a cabo por R. P. Liberman y colaboradores (Liberman, King y DeRisi, 1976; Liberman y cols., 1982).

Como ponen de manifiesto Liberman, King y DeRisi (1976), los métodos conductuales en salud mental comunitaria resultan útiles porque:

- son breves y económicos por lo que se refiere a su aplicación;
- pueden ser utilizados por paraprofesionales sin titulación académica;
- son más eficaces cuando se llevan a cabo cerca del medio ambiente natural del paciente, lo cual favorece la generalización de las conductas adquiridas;
- pueden evaluarse, pues sus objetivos son específicos y operacionalizables; y, por último,
- ofrecen medios concretos para llevar a cabo estrategias de prevención primaria, secundaria y terciaria (o rehabilitación) mediante la consulta, educación, intervención precoz, etc.

El proyecto BAM llevado a cabo en el Centro de Salud Mental Comunitaria de Oxnard (California) constituye un ejemplo de cómo aplicar la teoría y la práctica de la terapia de conducta a los problemas de los pacientes que acuden a un centro de salud mental comunitaria. Liberman, King y DeRisi (1976) enumeran como objetivos de dicho proyecto los siguientes:

a. Entrenar al equipo clínico en la teoría y práctica del análisis y la modificación de conducta.
b. Adopción, por parte del equipo, de los métodos de evaluación conductual y de procedimientos de registro.
c. Desarrollar una serie de servicios de terapia de conducta pertinentes para las necesidades de los pacientes y las capacidades del equipo.
d. Evaluar un programa de salud mental a través de la observación conductual directa.
e. Evaluar los efectos de la modificación de conducta en pacientes individuales.
f. Utilizar la tecnología conductual en la consulta comunitaria.

Después de haber considerado a la PCC como un subcampo de la PC y algunas de sus posibles aplicaciones, vamos a señalar algunas de las características actuales de la PCC en América Latina y en España.

IV. PSICOLOGÍA COMUNITARIA Y PSICOLOGÍA CONDUCTUAL COMUNITARIA EN AMÉRICA LATINA

Aunque existen ciertas diferencias significativas entre la PC en América Latina y en los Estados Unidos (Bernal y Marín, 1985; Serrano-García y Hernández, 1985), y tengan lugar diversas perspectivas, en cierta medida complementarias entre sí, dentro del ámbito latinoamericano (Newbrough, 1985), el hecho indiscutible es que la PC está alcanzando cada vez más auge en América Latina, tanto a nivel general (Carranza y Almeida, 1988; Hirschman, 1986) como en el campo específico de la salud (Organización Panamericana de la Salud, 1984).

Dentro del universo de la PC en América Latina, se pueden diferenciar, *grosso modo*, dos enfoques:

a. Uno centrado en la Psicología Social Comunitaria (p.ej., Escovar, 1977, 1980; Marín, 1980, 1985; Montero, 1982, 1984; Santiago, Serrano-García y Perfecto, 1983; Serrano-García, López y Rivera-Medina, 1987), que hace énfasis en:

— las situaciones de *estrés social* que tienen lugar en la sociedad actual y sus posibles soluciones;

— la necesidad de *control* real sobre las condiciones de vida;

— el concepto de *alienación,* como explicación integrada de una situación de apatía, desmotivación y anomia que parece existir en ciertas comunidades iberoamericanas.

b. Otro focalizado en la teoría de la Psicocomunidad (p.ej., Biro, Lartigue y Cueli, 1981; Cueli y Biro, 1975; Lartigue, 1980; Lartigue y Biro, 1986), que defiende como principales puntos de vista:

— que existe una correspondencia biunívoca entre las manifestaciones conductuales a nivel individual (desde la perspectiva psicoanalítica de Rapaport, 1978) y lo observado en la comunidad; y

— en la medida en que el grupo se desarrolle también lo hará la comunidad.

La PCC puede efectuar aportaciones desiguales a los dos enfoques que se acaban de señalar, el centrado en la Psicología Social Comunitaria y el de la teoría de la Psicocomunidad. Mientras que sí tiene aplicaciones en el primer enfoque, por ejemplo, en la práctica de la terapia cognitiva para la manipulación de situaciones de estrés, no parece tener *ninguna* utilidad práctica para el segundo. Haciendo más énfasis en éste, no consideramos que resulte relevante para cambiar comunidades marginales y pobres (ni tampoco para comunidades marginadas y ricas). Lo que requieren las comunidades pobres son medios sociomateriales y recursos personales [es decir, «capital humano», (Coleman, 1989)] para salir de su situación de opresión, y no de interpretaciones psicoanalíticas. La pobreza, el subdesarrollo cultural y material necesitan acciones prácticas inmediatas y eficaces, partiendo de los supuestos de que son los que oprimen aquellos que instauran la violencia y de que la ideología dominante es la de la clase dominante.

A pesar de los trabajos aportados por los autores de la teoría de la Psicocomunidad, pensamos que su relevancia social y científica, desde una perspectiva práctica, es, más bien, escasa. Esto tanto por la dificultad de operacionalizar la terminología empleada, como por la tecnología de intervención utilizada. Consideramos que las comunidades pobres y marginadas tienen poco control sobre su presente y su futuro, y que no lo llegarán a conseguir a través de aproximaciones psicoanalíticas, sino de cambios sociomateriales de las condiciones de vida. Esto nos llevaría a considerar algunos aspectos de la teoría de la «habilitación» *(empowerment)* (Rappaport, 1987; Rappaport, Swift y Hess, 1984), que no vamos a desarrollar aquí, pero que juzgamos relevante para tenerla en cuenta como alternativa a la orientación de psicocomunidad.

Después de haber señalado unas breves indicaciones acerca de la situación actual de la PC y la PCC en América Latina, vamos a efectuar algunas consideraciones acerca de su estatus actual en España.

V. LA PSICOLOGÍA CONDUCTUAL COMUNITARIA EN ESPAÑA

Tanto en algunos textos de PC publicados en otros países europeos (p.ej., Franestato, Contesini y Dini, 1983), como los citados en España (p.ej., Martín González, Chacón Fuertes y Martínez García, 1988; Sánchez Vidal, 1988), la importancia que se le atribuye a la PCC es más bien escasa. Sin embargo, otros autores españoles (Bayés, 1983; Costa, 1984; Costa y López, 1986; Pelechano, 1979, 1980) hacen énfasis en una orientación conductual o incluso ecléctica (Carrobles, 1985).

De todas formas, pensamos que el futuro de la teoría y práctica de la PCC en España es muy prometedor, ya que parece ser una forma útil de actuación y cambio de comportamiento a nivel comunitario. El que no se haya desarrollado más tal vez sea debido al sólo reciente interés que ha tenido la PC en nuestro país.

VI. COMENTARIO CRÍTICO Y PERSPECTIVAS FUTURAS

Hasta ahora hemos insistido en los aspectos positivos de la PCC. Sin embargo, existe una serie de críticas que es necesario tener en cuenta. Rappaport (1977) enumera cuatro dificultades de la aplicación (o extensión) de la tecnología conductual a la PC, así como a la PCC, que son las siguientes:

a. Los principios teorico-prácticos de la tecnología conductual tal vez no sean tan poderosos y generalizables a los ambientes comunitarios, como a primera vista pudiese parecer;

b. La cuestión de quién controla los refuerzos y castigos en una comunidad;

c. El tema de si los principios fundamentales del análisis de la conducta individual pueden resultar útiles o no para entender la conducta a nivel comunitario; y

d. Se puede argumentar si realmente la tecnología conductual no constituye algo imposible de poner en práctica a nivel comunitario.

Además de las críticas señaladas, se puede hacer referencia a otros aspectos tales como la falta de definiciones operacionales de los conceptos de la PCC, el relativo fracaso de múltiples programas de prevención, una falta de criterios claros para distinguir entre los distintos niveles de prevención (es decir, prevención primaria y secundaria), etc.

Quisiera, finalmente, señalar otro aspecto que tiene conexión con la aplicación de la teoría y práctica de la PCC a la salud/enfermedad mental. Se trata de la temática relacionada con el concepto de «preparatoriedad» a ciertas patologías, como, por ejemplo, las fobias (Mineka, 1987; Ohman, Dimberg y Ost, 1985; McNally, 1987) o las neurosis (Eysenck, 1987) y lo que ello puede implicar para la investigación-acción comunitaria.

Sin embargo, a pesar de los problemas señalados, entre otros, consideramos que sí se puede aplicar la tecnología de la conducta a ambientes comunitarios. De hecho, no sólo se han diseñado comunidades siguiendo los principios de la tecnología conductual, sino que también es posible llevar a cabo una adecuada planificación cultural. Como indica Skinner (1953a, 1971), para una planificación cultural efectiva resulta más práctico cambiar la cultura que al individuo, ya que aquello que se consiga con el individuo perecerá con él, mientras que cualquier práctica cultural eficaz en la promoción de la salud y de la calidad de vida comunitaria sobrevivirá durante plazos más largos de tiempo. Se supone que una cultura sana constituye un conjunto de contingencias de reforzamiento omnipresentes que conducen al sujeto a saber qué hacer en su vida cotidiana. Tenemos que insistir en el establecimiento de estilos de vida sana y enfatizar una «cultura de la salud» (San Martín, Martín y Carrasco, 1986), en donde la tecnología conductual sí podría efectuar aportaciones positivas y favorecer cambios comunitarios (Skinner, 1986).

VII. CONCLUSIONES (A MODO DE RESUMEN)

Después de lo expuesto a lo largo del presente capítulo, se podrían extraer una serie de conclusiones, siendo algunas de las más significativas las siguientes:

a. La PCC se puede considerar como un subcampo de la PC

b. Los fundamentos teorico-prácticos de la PCC se basan en la psicología del aprendizaje

c. La PCC presenta, además de adoptar un componente conceptual o modelo de aprendizaje, un estilo activo de entrega de servicios, niveles diferentes en el objetivo de la intervención, y hace énfasis en la prevención primaria y secundaria.

d. La aplicación de la PCC al campo de la prevención de la enfermedad y promoción de la salud tiene lugar a través de la «manipulación» de contingencias de reforzamiento o en el entrenamiento, a través de la tecnología conductual, de habilidades o estilos de vida que el sujeto necesita para llevar una vida sana.

e. Dado que la PCC ha surgido dentro de la PC de los Estados Unidos, su desarrollo en América Latina es más bien escaso. En España parece estar adquiriendo un auge teórico-práctico cada vez mayor.

f. A pesar de los avances efectuados por la PCC, todavía quedan muchos problemas (críticas) que solucionar. No obstante, ello no impide el desarrollo progresivo de la utilización de la misma para la protección y promoción de la salud y la prevención de la enfermedad.

VIII. LECTURAS PARA PROFUNDIZAR

Bloom, B. L., *Community mental health: a general introduction,* Monterrey, Calif., Brooks/Cole, 1984.

Cone, J. D. y Hayes, S. C., *Environmental problems/behavioral solutions,* Blemont, Calif., Brooks/Cole, 1980.

Geller, E. S., Winett, R. A. y Everett, P. B., *Preserving the environment: new strategies for behavior change,* Nueva York, Plenum Press, 1982.

Glenwick, D. S. y Jason, L. S. (comps.), *Behavioral community psychology: progress and prospects,* Nueva York, Praeger, 1980.

Jeger, A. M. y Slotnick, R. S. (comps.), *Community mental health and behavioral-ecology,* Nueva York, Plenum Press, 1982.

Levine, M. y Perkins, D. V., *Principles of community psychology: perspectives and aplications,* Nueva York, Oxford University Press, 1987.

O'Donnell, C. R., «Behavioral community psychology and the natural environment», en C. M. Franks (comp.), *New developments in behavior therapy: from research to clinical application,* Nueva York, Haworth Press, 1984.

34. LA CUESTIÓN AMBIENTAL

VICENTE E. CABALLO

I. INTRODUCCIÓN

El gran auge que en nuestros días está teniendo el enfoque interaccionista para la explicación de la conducta humana, incluidos sus trastornos, es más una cuestión teórica que práctica. Aunque se considera, con relativa claridad, que las personas y su contexto se determinan mutuamente en un proceso de interacción dinámico y recíproco, la atención continúa centrada fundamentalmente en el estudio del individuo. A pesar de esta conciencia teórica sobre la importancia de la interacción persona x contexto, pocos avances, basados en este marco teórico, han tenido lugar a la hora de abordar en la práctica los trastornos de conducta humanos. No obstante, los factores contextuales empiezan a ser objeto de una investigación sistemática en la psicología contemporánea. La misma Asociación Psiquiátrica Americana sugiere que se adopte el término «ecopsiquiatría» para describir la complejidad de las interacciones biológicas, físicas y psicosociales, entre la persona y el ambiente, que determinan la enfermedad y la salud mental (Franks, 1984b).

Gran parte de la atención que hoy día se presta al ambiente, se dedica al estudio del mismo desde una macroperspectiva. La degradación paulatina que el hábitat humano está sufriendo fuerza una necesaria atención sobre el mismo. La contaminación del ambiente, la desaparición de grandes masas forestales, la desertización progresiva del terreno o la eliminación de la capa de ozono, son algunos de los temas «ecológicos» que preocupan, o debieran preocupar, a la humanidad hoy día. Incluso algunos gobiernos se están «sensibilizando» ante estos drásticos cambios y parecen tener un gran interés en que la investigación «ayude a explicar cómo los individuos y las instituciones afectan y responden a los procesos ambientales en una escala global o multinacional» (Adler, 1990). Si descendemos desde ese macronivel a una esfera menos molar, nos encontramos con otros aspectos contextuales que influyen, no tanto sobre la especie humana en su totalidad, sino sobre grandes grupos de individuos. La masificación de las grandes ciudades, el tráfico, el ruido, el tipo de vivienda, la clase de trabajo, contribuyen, en cierta medida, a la determinación de la conducta humana. De la conducta «normal» y de la

Universidad de Granada (España).

conducta «perturbada». Quizá esta última sea, frecuentemente, un intento de adaptación al ambiente «perturbado» en el que se desenvuelve. Nuestro interés en este capítulo reside en la influencia del ambiente próximo sobre la conducta humana y en la posibilidad de intervenir sobre dicho ambiente para modificar el comportamiento de los individuos inmersos en él.

Al igual que sucede con tantas ideas que se han vuelto populares en Psicología, no resulta novedoso que el contexto se convierta en el sujeto de observación y análisis. Little (1987) señala que el impacto del ambiente («la naturaleza») sobre la conducta humana constituye una de las teorías más antiguas de las diferencias entre los individuos. Así, la *astrología* ocupó un lugar central en las antiguas explicaciones sobre los orígenes del comportamiento humano. El autor anterior hace notar, incluso, que una de las primeras doctrinas precursoras de la psicología de la personalidad, la *teoría de los humores*, asumió que las condiciones ambientales locales podrían afectar a la mezcla de humores en el cuerpo.

Deteniéndonos en épocas más cercanas, un interés explícito por el contexto que rodea a la conducta se puede encontrar ya en los trabajos de Thomas (1928), Kantor (1924, 1926), Koffka (1935), Lewin (1936), Murray (1938), Tolman y Brunswick (1935), y, posteriormente, en los escritos de Köhler (1947), Barker (1968), Moos (1976), etc. La popularidad actual de los enfoques contextuales en psicología se achaca a una serie de causas que resaltan las limitaciones ambientales sobre la conducta, causas entre las que se encuentran los factores señalados anteriormente.

Cohen, Evans, Stokols y Krantz (1986) señalan que la perspectiva contextual en psicología parece estar asociada con una serie de supuestos básicos, que son los siguientes (pp. 187-188):

1. Los fenómenos psicológicos deberían considerarse en relación a los medios espaciales, temporales y socioculturales en los que tienen lugar.
2. La atención que se presta a las respuestas del individuo ante los estímulos y acontecimientos discretos, a corto plazo, debería complementarse con análisis más molares y longitudinales sobre los lugares y las actividades diarias de la gente.
3. La búsqueda de relaciones fiables y generalizables entre el ambiente y la conducta debería equilibrarse con una sensibilidad hacia, y un análisis de, la especificidad situacional de los fenómenos psicológicos
4. Los criterios sobre la validez externa y ecológica de la investigación deberían considerarse explícitamente (junto con su validez interna), no sólo cuando se diseñan estudios conductuales, sino también como una base para juzgar la aplicabilidad de los hallazgos de la investigación al desarrollo de la política pública y de las intervenciones comunitarias.

II. AMBIENTES, SITUACIONES Y ESTÍMULOS

Una idea básica que subyace en la investigación contextual es el concepto de *inclusión* («embeddedness»). Es decir, se piensa que un fenómeno particular se encuentra incluido en (y es influido por) un conjunto de acontecimientos circundantes (Cohen y cols., 1986). Pero, ¿qué conjunto de variables contextuales proporciona la mejor plataforma de análisis para la comprensión del fenómeno que nos ocupa? La cuestión clave es la identificación de los factores situacionales más importantes, de entre aquellos potencialmente relevantes, en la determinación de la conducta de interés. Para ello, un primer paso sería la delimitación del alcance y el contenido apropiados del análisis contextual. Cuanto mayores y más complejas sean las unidades contextuales del análisis, mayor es el rango potencial de factores —psicológicos, socioculturales, arquitectónicos y geográficos— que pueden afectar a las relaciones de un individuo con su entorno (Cohen y cols., 1986). Un punto de partida básico para el análisis contextual de toda una serie de problemas yace en la *situación* inmediata en la que se encuentra el individuo.

Pero, ¿cómo podemos delimitar una «situación»? Raush (1977) señala que la situación puede utilizarse, y así ha sido, para referirse a acontecimientos que van desde estímulos específicos hasta el ambiente total. Magnusson (1978) revisa una serie de conceptos sobre la situación que van desde la definición de Watson, «una situación es, por supuesto, en un análisis final, definible como un complejo grupo de estímulos», pasando por definiciones que incluyen a todos los estímulos externos al organismo, hasta aquellas que incluyen a la persona en la situación.

Pervin (1978) discutió las definiciones, mediciones y clasificaciones de *estímulos, situaciones* y *ambientes*, señalando que «la distinción principal parece tener que ver con la escala de análisis —que va desde la consideración de las variables y conductas moleculares en el caso del estímulo, hasta las variables y conductas molares en el caso del ambiente». Endler (1981) ofrece la siguiente distinción entre estos tres términos. «El ambiente es el contexto o el trasfondo general y persistente en el que tiene lugar la conducta, mientras que la situación es el trasfondo momentáneo o pasajero. Los estímulos pueden conceptualizarse como los elementos dentro de una situación» (p. 364).

La tradición del aprendizaje operante ha prestado, desde sus orígenes, una notable atención a los estímulos ambientales que ejercen un efecto sobre la conducta. El análisis aplicado de la conducta, que proviene del modelo operante, considera casi únicamente acontecimientos moleculares que tienen lugar fuera del organismo y que ocurren con una proximidad espacial y temporal. Sin embargo, algunos autores (p.ej., Biglan, Glasgow y Singer, 1990; Dumas, 1989b; Martens y Witt, 1988) abogan por una mayor atención de ese análisis hacia variables ambientales menos moleculares, ya que los estímulos, las respuestas y las consecuencias ocurren en un marco ambiental más amplio, que a menudo influye sobre ellos de forma importante. El estudio de las variables ambientales requerirá que se amplíen las unidades de análisis tanto espacial como temporalmente. Sabemos que la conducta tiene lugar en un marco de *acontecimientos ambientales* (el contexto inmediato e histórico en el que se desarrolla la contingencia), con el que se encuentra relacionada funcionalmente. Dichos acontecimientos cambian continuamente y pueden ejercer un efecto de control sobre la conducta. Por consiguiente, un análisis funcional necesitará incluir, a menudo, las contingencias inmediatas de interés y, al menos, algunas de las variables ambientales que se sabe o se sospecha que influyen sobre ellas.

Así, por ejemplo, se podría pensar que los programas del entrenamiento de padres con niños pequeños suelen tener un notable éxito porque la intervención modifica fundamentalmente los factores contextuales naturales que más importancia tienen en ese momento para el niño, es decir, la relación de los padres con él. El mayor fracaso de este tipo de programas con adolescentes, aparte de otros factores (ver McMahon, en este volumen), puede deberse también a que, aunque el programa cambia la conducta de los padres para con el adolescente, no interviene normalmente en el entorno referente a los iguales, que en esa etapa de la vida puede constituir el contexto más significativo para el adolescente.

III. UNIDADES DE ANÁLISIS DE LAS SITUACIONES

Pervin (1978) ha señalado que una situación tiene cuatro componentes principales: «Una situación se describe de forma que implique un "lugar" específico, unas "personas; específicas en la mayoría de los casos, un "momento; específico y "actividades" específicas» (p. 376). Es decir, una situación es definida por la organización de varios componentes que consisten en *quién* está implicado, *qué* está sucediendo, *cuándo* y *dónde* tiene lugar la acción.

Por otra parte, los fenómenos comprendidos por los términos «situaciones» y «variables situacionales» pueden variar ampliamente en su esfera de aplicación. Se pueden centrar en el microanálisis o en el macroanálisis (Endler, 1981, 1983). En términos del «mundo externo» podemos describir y tratar al ambiente con respecto a factores físicos, factores sociales o alguna combinación de los dos.

Las ciudades, parques, lagos, y edificios son ejemplos de *macroambientes físicos*. Las variables estímulo o los objetos aislados, como una mesa, una silla, la temperatura de una habitación, son ejemplos del *microambiente físico*.

Los valores culturales, las normas y los roles, comunes a toda la sociedad, son ejemplos del *macroambiente social.* El *microambiente social* se refiere a normas, valores, hábitos y actitudes, comunes al individuo específico y a los grupos con los que la persona interactúa directamente en casa, en la escuela o en el trabajo. Hasta cierto punto se refiere al ambiente social único para el individuo. La información recibida de nuestro ambiente social es más ambigua y fluida que la recibida de nuestro ambiente físico. La reacción a nuestro ambiente social, tanto a la gente como a los acontecimientos, raramente está libre de evaluaciones negativas y positivas.

Para desarrollar una teoría y una investigación efectivas sobre el ambiente, y sobre las situaciones en particular, necesitamos identificar unidades de análisis apropiadas a lo largo de la dimensión micronivel-macronivel. Por supuesto, cualquier intento de demarcar unidades de análisis es, hasta cierto punto, arbitrario; no existen límites definidos, determinados. Esta circunstancia se refleja en los muchos y distintos sentidos en que los términos *situaciones* y *factores situacionales* se utilizan por los diferentes autores que trabajan en este campo. Barker (1963) ha desarrollado el concepto de *escenario conductual* («behavioral setting») como unidad ambiental básica. El escenario conductual es una unidad que tiene lugar de forma natural, con propiedades físicas, conductuales y temporales, y revela una variedad de complejas interrelaciones entre sus partes.

Las unidades de análisis de las situaciones se han descrito también como situaciones reales y situaciones percibidas. En términos *físicos* y *biológicos*, una situación puede definirse de forma estricta como esa parte del ambiente total que está disponible para la percepción sensorial durante un cierto tiempo. A las propiedades físicas y biológicas de los lugares (iglesias, autobuses, discotecas, clases, laboratorios, etc.) se unen los factores *socioculturales* —normas, reglas, roles, etc.— que contribuyen a una definición completa de la *situación real.* Tanto por separado como en combinación, estas tres clases de propiedades pueden emplearse para las descripciones y categorizaciones de las situaciones reales.

Dentro del marco de una situación real, pueden distinguirse subunidades de análisis: 1) los *estímulos* situacionales; y 2) los *acontecimientos* situacionales. Los estímulos —es decir, un sonido, un perro que ladra, una serpiente, etc.— funcionan como señales en sí mismas para un participante. Las partes específicas de una situación total, que pueden ser delimitadas en términos de causa y efecto (p.ej., lo que dice o hace una persona en respuesta a una acción inmediatamente precedente de otra persona o a un cambio en el ambiente físico y/o biológico), pueden llamarse *acontecimientos.*

Una *situación percibida* se define como una situación real en cuanto se percibe, interpreta y se le asigna un significado o, en otras palabras, como se construye y representa en la mente de un participante. Esta formulación implica la existencia de situaciones percibidas, parcialmente diferentes para la misma situación real, dependiendo de la interpretación de cada participante. «El enfoque de la percepción-de-la-situación conduce a definiciones de las situaciones en términos de sus propiedades o dimensiones percibidas, en cuanto opuestas a sus propiedades definidas objetivamente o a sus propiedades provocadoras de conductas» (Pervin, 1978, p. 77).

Pero no solamente las personas reaccionan ante las situaciones, sino que también afectan a las situaciones con las que interactúan. Como señala Bowers (1973): «Las situaciones son una función de la persona tanto como la conducta de la persona es una función de la situación». Después de todo, los individuos tienen cierta libertad para elegir estar donde, cuando y con quien quieran. En consecuencia, «las situaciones en las que se encuentra un individuo pueden deberse, en parte, a su propia elección» (Snyder, 1981, p. 309). Además, una vez dentro de la situación, la conducta del individuo puede tener su influencia sobre esa situación.

III.1. *La búsqueda de una taxonomía de las situaciones*

No existe una taxonomía universalmente aceptada sobre las situaciones. Las clasificaciones existentes sobre éstas se basan, casi sin excepción, en un número limitado de situaciones escogidas de forma no sistemática (p.ej., acontecimientos estresantes, situaciones de riesgo, situaciones de examen, ambientes escolares, contextos laborales, etc.). Al analizar las situaciones, no hay una única característica o un conjunto definido de características que puedan emplearse para todos los propósitos. Dependiendo del problema, las propiedades que se han de investigar varían. Por ejemplo, Van Heck (1984, 1989) partió de las siguientes categorías de estímulos en el análisis del contenido de las situaciones: 1) Contexto, 2) Lugar/ambiente físico, 3) Características objetivamente discernibles del ambiente físico, 4) Personas, 5) Características objetivamente discernibles de las personas implicadas, 6) Acciones y actividades que son características de la situación particular, 7) Objetos, y 8) Aspectos temporales. El autor anterior hizo la siguiente clasificación de las situaciones en base a su trabajo empírico: 1) Situaciones de lucha y conflicto interpersonal; 2) Situaciones que reflejan el trabajar conjuntamente, la docencia y el intercambio de pensamientos, ideas y conocimiento; 3) Situaciones referentes a la actividad sexual hombre-mujer, a la intimidad y a las relaciones interpersonales; 4) Situaciones que implican actividades recreativas; 5) Situaciones que se refieren a actividades relacionadas con los viajes; 6) Rituales religiosos y similares; 7) Actividades deportivas; 8) Situaciones que implican excesos conductuales; 9) Actividades de servicio; y 10) Actividades comerciales.

Por su parte, Argyle, Furnham y Graham (1981), analizando las situaciones sociales, encontraron un número limitado de tipos básicos. Algunos de los principales fueron los siguientes: 1. Acontecimientos sociales formales; 2. Interacciones con amigos o relaciones íntimas; 3. Interacciones casuales con conocidos; 4. Interacciones formales en tiendas y oficinas; 5. Ocasiones de habilidades sociales asimétricas (p.ej., impartir docencia, la entrevista, la supervisión); 6. Negociación y conflicto; y 7. Discusión de grupo. Los autores anteriores señalan que una dimensión más que se podría añadir a este grupo sería la *atmósfera emocional* (ya que la expresión emocional es parte de las reglas en situaciones tales como las bodas y las fiestas).

Moos (1973) propuso seis categorías de dimensiones ambientales a través de las cuales las características del medio se han relacionado con índices del funcionamiento humano. Esas características, siguiendo un orden que va desde lo real a lo percibido, son las siguientes: 1. Dimensión ecológica, 2. Estructura organizacional, 3. Características personales y conductuales de los habitantes, 4. Escenarios conductuales, 5. Propiedades reforzadoras del ambiente, y 6. Características psicosociales y clima organizacional.

Por su parte, Argyle (1981) ha establecido una lista de rasgos de las situaciones, que se enumera seguidamente: 1) Estructura del objetivo, 2) Repertorio de elementos, 3) Reglas, 4) Secuencias de conducta, 5) Roles, 6) Conceptos, 7) ambiente físico, 8) Lenguaje y habla, y 9) Habilidades y dificultades.

La característica estructural que se ha discutido con más frecuencia es el ordenamiento de los ambientes y las situaciones con respecto a su efecto *restrictivo versus* el efecto *facilitador* sobre varias clases de conducta. El efecto restrictivo sobre la conducta real de los aspectos físicos, biológicos, culturales y/o psicosociales de algunas situaciones, lugares y ambientes (p.ej., prisiones, hospitales, barriadas pobres, religiones, sistemas educativos) puede ser muy potente e impedir la conducta exploratoria y la acción constructiva y, por el contrario, conducir a la pasividad y a la conducta reactiva, o incluso destructiva. Esto implica, entre otras cosas, que el carácter restrictivo *versus* el carácter facilitador de los ambientes y las situaciones es importante en el análisis de los procesos de desarrollo. El carácter de las restricciones y aquello que se facilita, los tipos de conductas que se restringen *versus* los que se fomentan, y la fuerza con la que se infieren los refuerzos y los castigos, juegan un papel crucial en el proceso de aprendizaje, en el que se forman las percepciones, interpretaciones y maneras de tratar con el mundo externo por parte de los individuos. Sobre estas bases, los análisis de ambientes y situaciones en términos de facilitación-restricción de varias clases de conducta y de los efectos sobre la conducta real, y el desarrollo de esas características, constituyen una tarea esencial de la investigación psicológica.

Otra variable situacional central que ha sido especialmente subrayada por diferentes autores consiste en los *objetivos* o intenciones. Las intenciones y objetivos son factores directrices centrales que influyen en las situaciones que busca un individuo en cuanto tiene alternativas, a qué señales atiende y qué estrategias aplica para tratar con la información situacional. Los objetivos a largo plazo son factores importantes del patrón de vida de un individuo, en un sentido muy amplio y general, mientras que los objetivos a corto plazo pueden estar limitados a tipos específicos de situaciones y ocasiones y pueden diferir en distintos estadios de desarrollo.

IV. EL CONTEXTO COMO FACTOR DETERMINANTE DE LA CONDUCTA

El considerar al contexto (la situación) como un factor básico en la determinación de la conducta humana nos plantea la posibilidad de modificar dicho factor con el fin de modificar el comportamiento de las personas. «Un médico aconseja a un ocupado ejecutivo con una alta presión sanguínea que pase una semana en el campo». «Un cardiólogo apremia a un administrador para que delegue algunas de sus responsabilidades a otras personas de la oficina». Estas conductas se basan en la creencia de que el ambiente social tiene efectos importantes sobre los procesos psicológicos. Además, sus recomendaciones reflejan la suposición de que se pueden distinguir diferentes tipos o dimensiones de estímulos ambientales; que estas dimensiones pueden tener distintas influencias sobre los procesos fisiológicos; y que los efectos pueden diferir de un individuo a otro (Kiritz y Moos, 1974). Después de una revisión de los efectos de distintos ambientes sobre variables fisiológicas, los autores anteriores recomiendan la investigación de efectos fisiológicos específicos dependientes de distintas dimensiones socioambientales.

Caplan y Nelson (1973) señalan que «lo que se hace sobre un problema depende de cómo se define. La manera en que se define un problema social determina los intentos de solución, es decir, la estrategia de cambio, la selección de un sistema que produzca la actuación social y los criterios de evaluación. Las definiciones de los problemas se basan en las suposiciones sobre las causas del problema y dónde subyacen. Si las causas de la delincuencia, por ejemplo, se definen en términos *centrados en la persona* (p.ej., incapacidad para demorar la gratificación), sería lógico iniciar técnicas de tratamiento para *cambiar a la persona*... Si, por otra parte, las explicaciones se *centran en la situación,* p.ej., si se interpretara la delincuencia como la sustitución de caminos ya aprobados previamente de forma convencional por otras vías extralegales, con el fin de lograr objetivos socialmente valorados, los esfuerzos hacia un tratamiento corrector tendrían, lógicamente, una orientación hacia el *cambio del sistema*» (Caplan y Nelson, 1973, en Price, 1981, p. 108).

El recoger información, de forma sistemática, sobre el impacto psicológico de las situaciones puede emplearse, por lo menos, de tres maneras para desarrollar estrategias de intervención social. Primero, la información situacional puede proporcionar directrices sobre qué lugares seleccionar para maximizar los beneficios personales. Segundo, la información sobre las características de un lugar puede devolverse a los participantes con el fin de proporcionar un estímulo para el cambio del lugar. Finalmente, la información ambiental puede emplearse como una guía para diseñar y planificar nuevos lugares con cierta confianza de que el lugar, una vez establecido, tendrá el efecto deseado.

V. PSICOPATOLOGÍA Y CONTEXTO AMBIENTAL

Como hemos señalado al principio de este capítulo, el enfoque interaccionista parece ser la opción más lógica para la explicación y control de la conducta humana. Hettema y Kenrick (1989) proponen, por ejemplo, un modelo interaccionista de la depresión en los siguientes términos: los acontecimientos ambientales, la valoración cognitiva y los factores fisiológicos interactúan para determinar el que alguien caiga en la depresión. Señalan que el ambiente, la cognición y la biología son todos factores necesarios, pero no suficientes individualmente, para provocar una depresión. No hay una clara línea de separación entre dichos factores. Los cambios en una clase de factores provocarán cambios en las otras dos, a corto y a largo plazo (Hettema y Kenrick, 1989). Así, por ejemplo, en individuos vulnerables a la depresión *(biología),* la aparición de acontecimientos estresantes *(ambiente)* puede provocar visiones pesimistas sobre uno mismo, el mundo y el futuro (la «tríada *cognitiva»* de Beck) que, a su vez, conducirán a la depresión. Algunos de los acontecimientos ambientales que pueden funcionar como elementos precipitantes de la depresión son: factores personales (fracasos continuos, exigencias excesivas, separación de una persona querida) y factores ecológicos (disponibilidad de recursos, densidad de población, clima, número de familiares en el entorno y posición social). Igualmente, muchas de las situaciones estresantes incluidas en la Escala para la Evaluación del Reajuste Social *(Social Readjustement Rating Scale, SRRS)* de Holmes y Rahe (1967), pueden constituir estímulos desencadenantes de la depresión en individuos predispuestos a ella. Entre los acontecimientos incluidos en dicha escala se encuentran la muerte del cónyuge, el divorcio, la separación matrimonial, el ir a la cárcel, una enfermedad o lesión, la jubilación, etc. Paykel (1979) encontró que algunos de estos acontecimientos (como la muerte, separación o divorcio del cónyuge) aumentaban el riesgo de depresión en 6,5 veces. También se ha encontrado que unas fuertes presiones laborales pueden contribuir al desarrollo de la depresión entre mujeres (Welner y cols., 1979). Sin embargo, a pesar de la importancia de los factores ambientales, los esfuerzos empleados en el tratamiento de la depresión se han centrado en el apartado cognitivo o en el biológico, pero raramente en el ambiental [el cambio de conducta directo en el sujeto deprimido (p.ej., mejorando sus habilidades sociales) para que, a su vez, modifique el ambiente (la reacción de los demás hacia él) sería una estrategia a medio camino]. No obstante, entre las posibles vías a seguir para la prevención primaria de la depresión, una modificación de los factores ambientales (p.ej., mayor apoyo social, aumento de los períodos de ocio y planificación de actividades relajantes y gratificantes en éstos) parece claramente necesaria.

Otro trastorno mental, como es la esquizofrenia, también parece recibir su impacto del ambiente. Se supone que la esquizofrenia se encuentra determinada fundamentalmente por factores biológicos. Sin embargo, algunos de los individuos que desarrollan la esquizofrenia han pasado por algún acontecimiento estresante poco antes del episodio esquizofrénico. Se ha encontrado igualmente que los sujetos que han padecido un episodio de esquizofrenia y salen del hospital, tienen una mayor probabilidad de recaída si los miembros de su familia (a la que vuelven) expresan una notable hostilidad hacia el paciente («niveles elevados de Emoción Expresada»). Brown, Birley y Wing (1972) encontraron que, a lo largo de un período de nueve meses, había una recaída del 58% de los pacientes dados de alta que volvían a vivir con familias de elevados niveles de «emoción expresada», en contraste con el 16% de recaídas en pacientes que volvían con familias de bajos niveles de «emoción expresada». Parece claro que «la imposibilidad de escapar de una familia hostil representa un estímulo estresante grave y crónico» (Fowles, 1984, p. 84). Finalmente, parece haber también otros factores ambientales que contribuyen al desarrollo, intensificación o recaída de la esquizofrenia, como son un contexto hospitalario aversivo y/o empobrecido, el estigma social asociado al estatus de paciente, o las reacciones del ambiente ante déficit intelectuales, educativos o laborales (Fowles, 1984).

Un ejemplo muy claro en el que los factores ambientales juegan un papel primordial es el *patrón de conducta Tipo A*. Este patrón de conducta constituye un claro factor de riesgo para los trastornos coronarios. Dicho patrón de comportamiento se caracteriza por un excesivo afán competitivo, hostilidad, impaciencia y una forma de hablar rápida y embarullada. Por el contrario, el patrón de conducta Tipo B consiste en una ausencia relativa de esas características y un estilo diferente de afrontamiento. Se ha encontrado que los sujetos Tipo A trabajan muchas más horas a la semana, están más implicados con el trabajo y se llevan con mucha más frecuencia trabajo para hacer en casa que en el caso de los sujetos Tipo B. También los individuos Tipo

A tienen una escasa vida familiar y unas deficientes relaciones con su familia, particularmente los hombres. «No se alienta especialmente a los hombres en nuestra sociedad para que sean miembros activos de sus familias» (Price, 1982, p. 219). Las relaciones de amistad se encuentran también afectadas negativamente en los sujetos Tipo A. Es probable que éstos no tengan tiempo o ganas de desarrollar relaciones basadas en la cooperación, el afecto o el compartir sentimientos (características necesarias para el desarrollo de amistades significativas). Como consecuencia de ello suele darse una falta de apoyo social y la percepción de esta carencia parece ser un importante factor mediador de la conducta Tipo A (y de los trastornos coronarios).

En otro orden de cosas, el ruido ambiental, la densidad de población, el calor excesivo y la contaminación del aire parecen tener efectos negativos potenciales sobre la salud mental y física (Evans y Cohen, 1987), aunque dichos efectos pudieran estar mediados por factores psicológicos (no hay que olvidar la formulación interaccionista expuesta al principio del capítulo). El ruido parece tener también efectos dañinos sobre muchos aspectos de la conducta social. Se ha encontrado que el ruido producido por el tráfico rodado influye en que los estudiantes participen menos en clase, que haya poca interacción entre los habitantes de una calle ruidosa, y que disminuya la disposición de la gente a ayudar a los demás (Holahan y Wandersman, 1987).

V.1. *Algunas implicaciones prácticas*

En el enfoque comunitario (ver capítulo de Ríos, en este volumen), los problemas humanos se abordan a través del contexto ambiental en el que tienen lugar dichos problemas. Hasta el momento, la mayoría de las aplicaciones conductuales comunitarias han tenido lugar en el hogar y en las escuelas, o dentro de programas dirigidos a problemas de la comunidad general, como el crimen, la reintegración de la gente que ha dejado de estar al cuidado institucional, el desempleo, la conservación de la energía y el control de los residuos.

O'Donnell y Tharp (1982) comentan que habitualmente las intervenciones dirigidas a la comunidad han optado por desarrollar programas nuevos dentro de la estructura ya existente de los lugares naturales. Sin embargo, señalan, la estrategia alternativa de un ataque radical a la estructura de esos lugares se ha dejado para otras disciplinas. Como psicólogos clínicos, solemos pensar que el problema yace en el individuo y que la tarea conductual consiste en crear la conducta deseada. Raramente tiene lugar el punto de vista alternativo: que quizás el problema yazca en el contexto ambiental existente. Si la conducta deseable falta realmente del repertorio del individuo, podemos preguntarnos ¿por qué el contexto natural no la ha creado? También puede suceder que la conducta deseable exista en el repertorio de los individuos, pero que el contexto ambiental no permita su ocurrencia o mejora (O'Donnell y Tharp, 1982). Estos autores señalan que, a menudo, limitamos nuestra evaluación al ambiente que informa de deficiencias: la escuela, la familia. Pero raramente evaluamos el ambiente total.

Existe cierta evidencia de que las redes sociales influyen en un amplio rango de problemas conductuales. Esto tiene implicaciones para una conceptualización del contexto ambiental de la conducta y para resolver las limitaciones del enfoque conductual (O'Donnell y Tharp, 1982). Las redes sociales se refieren a «la estructura de las relaciones sociales entre unidades, habitualmente individuos, grupos o instituciones» (O'Donnell y Tharp, 1982, p. 305). Las redes sociales son fuentes importantes de información, apoyo emocional y acceso a los recursos deseados por sus miembros. La red de cada individuo se compone de todas aquellas personas con las que tiene contacto.

Se ha mostrado la importancia de las redes sociales en una serie de problemas conductuales. Por ejemplo, los chicos que tienen amigos delincuentes es más probable que se vean implicados en delitos. El encontrar trabajo está relacionado con el número de personas diferentes con las que el individuo tiene contactos. Una de las formas más importantes de ayuda que los miembros de una red social pueden proporcionar es el apoyo social durante un período de estrés. El apoyo social se ha asociado con menores niveles de colesterol y menos informes de estar enfermo después de que un sujeto ha perdido su trabajo, con una menor tasa de depresión entre las mujeres, con una menor tasa de angina de pecho entre los hombres y con una recuperación más rápida y una menor tasa de muertes después de un ataque cardíaco (O'Donnell y Tharp, 1982). La falta de apoyo social se ha asociado con mayores tasas de problemas psicológicos y físicos, y con un uso más elevado de drogas para reducir el estrés. Se ha señalado también que las personas con problemas de conducta psicótica tienen redes sociales de tamaño más pequeño, constituidas normalmente por 10-12 personas en vez de las 20-30 de que se componen las redes de la mayoría de la gente. Además, la mayoría de los miembros de la red social son familiares, en vez del equilibrio habitual de familiares, vecinos, amigos, compañeros de trabajo, etc. (Pattison, 1977; Westermeyer y Pattison, 1979).

En un paciente, con un dolor somatoforme, tratado recientemente por el autor, la falta de una red social amplia (carencia de amigos, sin trato con los vecinos, etc.) y el reforzamiento de su dolor por los miembros de su estrecha red social (limitada a familiares), mantenía el problema por el que vino a tratamiento y dificultaba notablemente la generalización de los cambios ocurridos en las sesiones de tratamiento. Aunque la modificación de su red social era la intervención más deseable, dicha intervención ambiental se presentaba extremadamente difícil. La opción escogida fue poco innovadora y muy tradicional en terapia de conducta: modificación de pensamientos y conductas. Parte de las conductas modificadas intentaba conseguir un cambio en el contexto social del paciente, a falta de una modificación directa de dicho entorno. Para muchos problemas de la conducta humana «se pueden identificar variables controladoras que es difícil o imposible modificar por medio de intervenciones en individuos, pequeños grupos o familias. Dichas variables incluyen las costumbres de las organizaciones y las condiciones económicas y las prácticas sociales de comunidades enteras. Se necesitan estrategias para identificar y modificar estos factores» (Biglan, Glasgow y Singer, 1990, p. 197).

Las *intervenciones sobre las redes sociales* pueden llevarse a cabo (O'Donnell y Tharp, 1982): 1) desarrollando nuevos programas dentro de la estructura existente, 2) creando estructuras alternativas, o 3) modificando la estructura existente. En el primer caso, los programas han proporcionado nuevos papeles para los miembros de la red social. En el caso concreto en el que los compañeros pueden influir sobre el desarrollo de la conducta antisocial, puede ser necesario romper la red. Un ejemplo de la segunda opción ha sido, por ejemplo, la creación de un club para encontrar empleo (Azrin, Flores y Kaplan, 1975). La tercera posibilidad es más difícil de llevar a cabo, pero tiene un potencial considerable para la prevención de problemas psicológicos. Una de las principales dificultades es el determinar las variables apropiadas para ser modificadas. Así, O'Donnell (1980) señaló que el diseño de un lugar afecta a la frecuencia y la clase de contacto social entre la gente, influyendo por consiguiente en el desarrollo de redes sociales y conductas relacionadas. Una de las variables más importantes para la interacción social en lugares amplios es la proximidad física, sobre la que puede influirse por medio del diseño arquitectónico de un lugar. La formación de amistades puede favorecerse arreglando las situaciones de modo que se puedan encontrar personas de *estatus parecido*, con una cierta *regularidad* (la proximidad conduce a la atracción y a la formación de amistades), en *lugares agradables* (la luz y los sonidos potentes pueden obstaculizar la atracción y la formación de amistades), con *episodios poco estructurados* (la formalidad y la estructura de los rituales comunes de interacción pueden favorecer u obstaculizar la formación de amistades) que favorezcan la *autorrevelación* y *actividades reforzantes.* O'Donnell (1980) encontró que tenía lugar una mayor interacción entre la gente dentro de un espacio más cerrado, mientras que la amistad variaba inversamente con la distancia funcional entre la gente que se encontraba en dormitorios residenciales. También se señala que los esfuerzos para disminuir la *soledad* (un problema cada vez más frecuente en nuestro tiempo, especialmente en las grandes ciudades) tienen que ir más allá del individuo, para considerar los factores culturales y sociales que fomentan la misma. El individuo que vive o trabaja en un lugar físicamente aislado puede estar también socialmente aislado (Perlman y Peplau, 1981). Como señala Gordon (1976):

«La soledad de las masas no es sólo un problema que puedan afrontar los individuos particulares implicados; es una indicación de que las cosas funcionan muy mal a nivel social» (p. 21). Las instituciones sociales podrían considerar modos de ayudar a grupos de riesgo como los nuevos estudiantes o los ejecutivos que se trasladan de lugar con sus familias. Además, serían útiles programas sociales para otros grupos como los viudos y los divorciados recientes. Realmente, parece probable que las intervenciones dirigidas a problemas específicos —como la jubilación o el trasladarse a un nuevo lugar— puedan ser más eficaces que las intervenciones dirigidas más globalmente a la «soledad».

O'Donnell y Tharp (1982) señalan finalmente que las redes sociales no constituyen únicamente una influencia importante sobre la conducta en el contexto natural, sino que el desarrollo de dichas redes es también, en parte, una función de cómo estructuramos el diseño físico y social del ambiente. Por consiguiente, las redes sociales ofrecen una oportunidad para la conceptualización y el estudio sistemáticos del ambiente natural.

En otros aspectos diferentes, las intervenciones directas sobre el ambiente físico pueden ser útiles para modificar la conducta que tiene lugar en él. Así, por ejemplo, para controlar el robo en las tiendas se pueden introducir elementos que señalen una clara vigilancia (p.ej. cámaras de vídeo, espejos) y se puede arreglar el espacio. Con respecto a los desórdenes de los campos de fútbol, factores tales como una mejor separación de los grupos opuestos de hinchas, la provisión de asientos, el empleo de cámaras de TV, y el impedir la entrada de alcohol y de gente borracha pueden dificultar la ocurrencia de esos desórdenes (Argyle, Furnham y Graham, 1980).

En el caso de la *agresión,* se ha encontrado que el exceso de gente y la invasión del espacio personal, las altas temperaturas, la exposición a modelos agresivos, a estímulos que simbolizan la agresión, la disponibilidad de armas, y la presión del grupo (violento), favorecen el que se produzca la conducta agresiva. Incluso se ha llegado a sugerir últimamente que la «comida basura» (comida de baja calidad, compuesta principalmente por hamburguesas y patatas fritas, perritos calientes, refrescos, dulces empaquetados, etc.), de consumo frecuente en los países anglosajones, podría estar en la base de muchos episodios violentos. En el caso del *altruismo,* el número y las actuaciones de los transeúntes, la exposición a modelos, el refuerzo, la familiaridad de la situación, y las características de la víctima, favorecen u obstaculizan la conducta altruista. En el caso de la *asertividad,* el poder y el estatus de las personas que interactúan, la competencia en la tarea, el sexo de la otra persona, la complejidad y la no familiaridad de la situación, favorecen u obstaculizan la expresión de la conducta asertiva. Como hemos visto anteriormente, en el caso de la *atracción interpersonal,* la proximidad (distancia física entre las personas y la distancia temporal entre los períodos de interacción), el estrés ambiental (cualquier variable situacional que pueda afectar el estado emocional o de humor de un individuo), también afectan a la conducta de atracción por otra persona. Casi todos los elementos de la *conducta no verbal* son situacionalmente específicos. El «contacto corporal», por ejemplo, es función, no sólo de la edad y del sexo de la gente y de la naturaleza del mensaje que se está enviando, sino también, y de forma más importante, del acontecimiento social que está teniendo lugar. Igualmente, la «conducta espacial» (proximidad, orientación) es función de las condiciones del lugar, del significado especial de ciertas áreas determinadas, de la edad y del estatus de las personas que interactúan. Con respecto a la «mirada», la gente tiende a mirar más a aquellas personas que les gustan; en sitios abarrotados (ascensores, metros) hay una evitación de la mirada, aumentando ésta cuando la gente se encuentra a más distancia, mientras que cuando el contenido de la conversación es más íntimo se mira menos. El conocimiento de los efectos que sobre la conducta tiene el contexto circundante debería ayudar a diseñar y modificar diversos ambientes para producir el efecto deseado sobre la conducta.

Pero para que las intervenciones tengan lugar a gran escala tiene que propagarse lo que conocemos sobre las variables ambientales que afectan a la conducta. Biglan, Glasgow y Singer (1990) señalan que es fácil encontrar ejemplos del abismo que existe entre lo que sabemos que afecta a la conducta humana y los procedimientos utilizados habitualmente para cambiar ésta. Así, estos autores señalan que, en el área referente a la conducta de fumar, los médicos que aconsejan a los pacientes que fuman que dejen de hacerlo, producen un pequeño, pero significativo, aumento en la tasa de personas que dejan de fumar, comparado con lo que ocurre cuando los médicos no hablan sobre ese tema. Si la práctica de ese consejo pudiera extenderse entre todos los médicos, tendría probablemente un impacto significativo sobre la conducta de fumar y, supuestamente, sobre la morbilidad y la mortalidad asociadas con el fumar. Sin embargo; la mayoría de los médicos no proporcionan ese consejo (Nutting, 1986).

VI. UN COMENTARIO FINAL

Parece clara la gran influencia del ambiente sobre la conducta humana. No podía ser menos. El ser humano se desenvuelve necesariamente en un entorno y se tiene que adaptar a él (o bien, algo mucho más difícil, adaptar el entorno a su propia conducta). No se puede aislar el contexto sin tener en cuenta la conducta y viceversa. Sin embargo, esto último ha sido muy frecuente hasta hace poco. La interacción hombre x ambiente es continua y recíproca y, aunque la interacción es el aspecto esencial, quizá convenga en estos momentos prestar un mayor énfasis a la parte del ambiente, la menos estudiada hasta hoy día. El conocimiento del contexto, pero de un contexto más amplio que el limitado entorno estudiado habitualmente por el conductismo clásico (aunque con escasas incursiones —aun en forma de novela— al ambiente global, como el *Walden dos* de Skinner), parece necesario para poder entender el desarrollo de los comportamientos humanos y su interacción con el mundo que le rodea.

VII. LECTURAS PARA PROFUNDIZAR

Aragonés, J. I. y Corraliza, J. A. (comps.), *Comportamiento y medio ambiente: la psicología ambiental en España,* Madrid, Comunidad de Madrid, 1988.

Fernández Ballesteros, R. (comp.), *El ambiente: análisis psicológico,* Madrid, Pirámide, 1986.

Gifford, R., *Environmental psychology: principles and practice,* Boston, Allyn and Bacon, 1987.

Jiménez Burillo, F. y Aragonés, J. I. (comps.), *Introducción a la psicología ambiental,* Madrid, Alianza, 1986.

Cone, J. D. y Hayes, S. C., *Environmental problems/behavioral solutions,* Belmont, Calif., Brooks/Cole, 1980.

Proshansky, H. M., Ittelson, W. H. y Rivlin, L. G. (comps.), *Psicología ambiental,* México, Trillas, 1978. (Or.: 1970).

Stokols, D. y Altman, I. (comps.), *Handbook of environmental psychology* (2 vols.), Nueva York, Wiley, 1987.

35. MEDICINA CONDUCTUAL

JUAN F. GODOY

I. INTRODUCCIÓN CONCEPTUAL, HISTÓRICA Y METODOLÓGICA

I.1. *Introducción*

Las técnicas de terapia/modificación de conducta, que han sido presentadas en los capítulos precedentes de esta obra, y sus diversas aplicaciones en una amplísima variedad de trastornos, constituyen, qué duda cabe, la parte más fructífera y rica de la psicología clínica.

Por la gran eficacia demostrada frente a otros procedimientos alternativos, han constituido, durante más de medio siglo, el principal arsenal terapéutico de la clínica psicológica en el abordaje de múltiples problemas de la salud mental, tales como trastornos de ansiedad, fobias, obsesiones-compulsiones, depresión, esquizofrenia, trastornos infantiles, etc. por citar algunos ejemplos de una lista de aplicaciones clínicas que podría ser mucho más larga.

Por otra parte, casi desde sus orígenes, estas mismas técnicas se han utilizado con éxito en el tratamiento de otros problemas de índole no estrictamente psicopatológica, como los trastornos psicofisiológicos y ciertos trastornos orgánicos, ampliando así el área de actuaciones profesionales del psicólogo clínico y propiciando el surgimiento de uno de los más fructíferos y ricos desarrollos actuales de la psicología clínica: la medicina conductual/psicología de la salud.

Así, aunque la *medicina conductual* es, como el lector podrá comprobar en las páginas que siguen, mucho más que las aplicaciones de la terapia de conducta al campo de la salud física (y mental, en cuanto a su contribución a la salud física), no podía faltar en un manual de las características de éste, un capítulo dedicado a ella.

En este capítulo nos centraremos secuencialmente en el concepto, historia, modelos, áreas de aplicación y estrategias de evaluación y tratamiento propias de la medicina conductual.

Universidad de Granada (España).

I.2. *Concepto*

Tal y como acabamos de avanzar en el apartado anterior, la medicina conductual se perfila hoy como uno de los desarrollos más recientes y fructíferos de la psicología clínica, generando, a pesar de su corta historia, una gran atracción y un gran interés, y no sólo entre los profesionales de la psicología.

Conceptualmente, la medicina conductual no es otra cosa que un amplio campo de integración de conocimientos que proceden de muy diferentes disciplinas, de entre las que cabe destacar (como puede desprenderse de la etiqueta otorgada al área) las biomédicas (anatomía, fisiología, endocrinología, epidemiología, neurología, psiquiatría, etc.), por una parte, y las psicosociales (aprendizaje, terapia y modificación de conducta, psicología comunitaria, sociología, antropología, etc.), por la otra. Dichos conocimientos se dirigen a la promoción y mantenimiento de la salud y a la prevención, diagnóstico, tratamiento y rehabilitación de la enfermedad. La característica definitoria fundamental, pues, de la medicina conductual es la interdisciplinaridad: conjunto integrado de conocimientos biopsicosociales relacionado con la salud y la enfermedad físicas.

Así, la medicina conductual, más que una nueva idea, es un nuevo campo interdisciplinario, que se distingue por el desarrollo y puesta en práctica de modelos integradores biopsicosociales para la resolución de problemas prácticos en el amplio campo de la salud y la enfermedad. Sin embargo, si no como nueva idea, sí se nos presenta como un nuevo estilo de trabajo e investigación, caracterizado por la búsqueda y aplicación de conocimiento interdisciplinar al extenso campo de la salud humana, siendo su ingrediente esencial esta integración del conocimiento empírico procedente de los esfuerzos interdisciplinarios de investigación (Gentry, 1984).

Al constituir la medicina conductual un área de integración, las contribuciones de las diferentes disciplinas que la nutren han sido muy diversas. Por lo que a la psicología respecta, esas contribuciones han sido principalmente (Taylor, 1982) la metodología del estudio experimental de sujeto único, poco utilizada normalmente en medicina, las estrategias y técnicas propias de la evaluación conductual, las técnicas de terapia y modificación de conducta y, por último, la evidencia bien constatada de la estrecha relación existente entre determinadas conductas y la morbilidad (ingesta excesiva y obesidad, patrón de conducta tipo A y riesgo de trastorno coronario, etc.).

I.2.1. Definición y características básicas

Muchas han sido las definiciones propuestas para la medicina conductual. Algunas de las más clásicas son las siguientes:

«Aplicación sistemática de los principios y la tecnología conductuales al campo de la medicina, la salud y la enfermedad» (Blanchard, 1977, p. 2).

«Campo interdisciplinario relacionado con el desarrollo y la integración del conocimiento y técnicas de las ciencias conductuales y biomédicas relevantes para la salud y la enfermedad y la aplicación de este conocimiento y estas técnicas a la prevención, diagnóstico, tratamiento y rehabilitación» (Schwartz y Weiss, 1978, p. 250).

(a) El uso clínico de técnicas derivadas del análisis experimental de la conducta —terapia de conducta y modificación de conducta— para la evaluación, prevención, cuidado o tratamiento de la enfermedad física o la disfunción fisiológica, y (b) la investigación que contribuye al análisis funcional y a la comprensión de la conducta asociada con trastornos médicos y problemas en el cuidado de la salud (Pomerleau y Brady, 1979, p. XII).

«Campo multi-interdisciplinario, promovido principalmente por psicólogos y médicos, que se propone como objetivo básico el progreso e integración de los conocimientos y técnicas de las ciencias biomédicas, conductuales y otras disciplinas relacionadas para lograr 1) comprender, tratar y rehabilitar los procesos de enfermedad, y 2) promover, mantener o intensificar la salud» (Reig, 1985, p. 7).

Puede apreciarse que todas las definiciones resaltan las tres características básicas de la medicina conductual (Gentry, 1984):

1. Su naturaleza interdisciplinar o la integración del conocimiento relacionado con la salud y la enfermedad, lo que supone el reconocimiento explícito de la génesis multifactorial de las mismas.
2. Su interés por la investigación de los factores conductuales que contribuyen a la promoción general de la salud y al desarrollo, prevención y tratamiento de la enfermedad, es decir, el reconocimiento formal de la naturaleza recíproca de las relaciones entre los aspectos biofísicos y psicosociales.
3. La aplicación de estrategias conductuales para la evaluación y el control o modificación de este tipo de factores, o la convicción de la necesidad de ampliar las estrategias convencionales de actuación, de tipo biomédico.

Para finalizar, una cuarta característica importante de la medicina conductual, que aunque no en todas las definiciones anteriores sí aparece en la mayoría de ellas, es su doble carácter, tanto básico como aplicado (Agras, 1982; Miller, 1983).

I.3. *Historia*

Los precedentes de la medicina conductual podrían remontarse, como hemos visto, al desarrollo de la terapia/modificación de conducta y a la aplicación de técnicas de la misma, especialmente el «biofeedback», al tratamiento de determinados problemas médicos. En uno de los primeros manuales sobre «biofeedback» se utilizó por primera vez el término «medicina conductual» (Birk, 1973). Si equipamos esta área a las aplicaciones del biofeedback en el tratamiento de problemas biomédicos, cabe referirse a la histórica Conferencia de Yale sobre medicina conductual (celebrada en la Universidad de Yale del 4 al 6 de febrero de 1977) como el hecho que marca el acta de nacimiento de la misma. En esta conferencia se reunieron por primera vez una serie de investigadores procedentes de una amplia variedad de especialidades de los ámbitos biomédico y conductual, con la intención de crear una línea común de investigación sobre la salud, surgiendo así un campo de integración entre psicología y medicina que significó, en palabras de Neal E. Miller (citado por Gentry, 1984) desarrollar dos destrezas en una cabeza («two skills in one skull»).

Las principales conclusiones de esta conferencia fueron dos (Gentry, 1984): 1) la necesidad y conveniencia de llegar a una definición de medicina conductual que guíe la investigación futura y sea aceptada por los investigadores de las áreas biomédica y social-conductual, y 2) la necesidad y conveniencia de crear un cuerpo de investigación relacionado con la salud y la enfermedad humanas en donde culminen las contribuciones de las disciplinas con ellas relacionadas.

Como resultado de esta reunión fundacional y de la comunión de intereses de los participantes en la misma, se constituyó la *Academy of Behavioral Medicine Research.*

A partir de esta fecha la expansión de la medicina conductual fue vertiginosa, siendo ejemplos e hitos significativos de este crecimiento, la aparición al año siguiente de la revista *Journal of Behavioral Medicine* y, posteriormente, de los *Behavioral Medicine Abstracts* y *Behavioral Medicine Update,* la constitución de la Society of Behavioral Medicine, la Study Section on Behavioral Medicine en los National Institutes of Health y las ramas de medicina conductual/psicología de la salud de los National Heart, Lung, and Blood Institute, National Cancer Institute, National Institute of Child Health and Human Development y National Institute of Dental Research.

La medicina conductual surge, pues, con fuerza, potenciada y promovida por una gran diversidad de factores. Además de los ya señalados anteriormente, otro conjunto de ellos son los siguientes (Agras, 1982; Blanchard, 1982; Keefe y Blumenthal, 1982; Gentry, 1984):

1. El hecho de que los investigadores biomédicos y conductuales, operando independientemente, hayan sido incapaces de explicar satisfactoriamente por qué unas determinadas personas enferman y otras no.
2. El hecho de que el principal desafío que tiene actualmente la medicina

esté relacionado con la evaluación y el tratamiento de las enfermedades crónicas, como, por ejemplo, los trastornos cardiovasculares o el cáncer, mucho más influidas, en su génesis y mantenimiento, por los factores conductuales y el estilo de vida de las personas.

3. La madurez alcanzada por las ciencias sociales y conductuales, así como los avances de la epidemiología conductual.

4. La insatisfacción con los tratamientos médicos y quirúrgicos de muchos problemas, tanto por los efectos secundarios indeseables de ciertos tratamientos como por el poco éxito de muchos de ellos.

5. El crecimiento del interés por la prevención de la enfermedad, la salud pública y la salud conductual, en parte debido al elevado coste del tratamiento médico de la enfermedad.

6. El renacimiento y rápido crecimiento de la psicología médica.

Y, para finalizar este listado, otros elementos que también han contribuido al desarrollo de la medicina conductual son:

1. La necesidad de formalizar una mutua y estrecha colaboración entre medicina y psicología (disciplinas tradicionalmente distanciadas) que responda con realismo a las necesidades y objetivos de ambas (Agras, 1982; Reig, 1985).

2. La atmósfera científica actual en relación con los procesos de salud y enfermedad, caracterizada por la aceptación general de un modelo multifactorial de la enfermedad y por ello de soluciones interdisciplinares al tratamiento y prevención de la misma (Reig, 1985).

3. El reconocimiento cada vez más extendido, entre los profesionales de la medicina, del importantísimo papel que en la génesis, exacerbación y mantenimiento/eliminación de las enfermedades crónicas juegan los factores comportamentales, como muestra la necesidad creciente, en la medicina, del surgimiento de áreas subespecializadas centradas en estos aspectos comportamentales (psiconeuroendocrinología, psicodermatología, psicoinmunología, etc.).

A pesar de esta corta historia como disciplina, la medicina conductual se presenta hoy día como un campo de conocimientos firmemente desarrollado y en continua expansión. Son buenas pruebas de la excelente salud de que goza el área, entre otras, las relacionadas tanto con el elevado conjunto de investigaciones realizadas como con el volumen de publicaciones relacionadas con la medicina conductual.

Por fortuna para nosotros, este mismo panorama de solidez presenta la medicina conductual en nuestro país, a juzgar por el gran número de investigadores y de equipos que, desde hace años, trabajan en el área. El lector interesado en este tema puede acudir a las revisiones realizadas por Reig (1989), en donde se realiza una detallada presentación de la historia y desarrollo de la psicología de la salud en España, y Godoy (en prensa), en donde se presenta pormenorizadamente la producción española relacionada con el área de la medicina conductual. En estos trabajos se podrá constatar que, al contrario de lo que ha sucedido en otros campos, en donde nuestro retraso con respecto a otros países ha sido notable, los desarrollos de la medicina conductual en nuestro país son muy aceptables.

Así, resumiendo, puede afirmarse que, vista en su conjunto, la medicina conductual se perfila como una muy interesante área de aplicación de la psicología, con un estado de desarrollo relativamente avanzado y en constante expansión.

Hay que señalar, sin embargo, que aún existen importantes lagunas o problemas por resolver. Entre éstos se encuentran por su importancia los relacionados con la investigación precisa de los mecanismos a través de los cuales los factores comportamentales contribuyen al mantenimiento de la salud y a la generación de la enfermedad, de una parte, y los relativos al desarrollo de programas adecuados de intervención cuyos objetivos sean la promoción general de la salud y la prevención, tratamiento y rehabilitación de la enfermedad, teniendo en cuenta que la actuación se dirigiría hacia aquellos factores comportamentales directamente relacionados con dicha salud y enfermedad.

1.4. *Modelos conceptuales en medicina conductual*

De lo tratado hasta aquí puede desprenderse que la característica definitoria básica de la medicina conductual es la consideración de la salud y la enfermedad, especialmente la crónica, como estados multideterminados por un amplio abanico de variables, entre las que deben incluirse las de tipo *somático o biofísicas* (genéticas, anatómicas, fisiológicas, bioquímicas, endocrinas, inmunológicas, etc.), las de tipo *psicológico o comportamentales* (estilos cognitivos, emociones, habilidades o recursos, conductas de riesgo, etc.) y las *externas o ambientales,* especialmente sociodemográficas y psicosociales (estatus social, raza, sexo, eventos vitales críticos, soporte social, etc.).

Ello supone, pues, una ampliación de los tradicionales modelos conceptuales médicos de la enfermedad, que normalmente restringen las causas de la misma a variables de tipo biofísico. Dicha ampliación se ha realizado, históricamente, en dos fases: 1) En un primer momento, la consideración de la participación en su génesis de factores psicológicos, siendo concebidos muchos trastornos como fenómenos de naturaleza psicosomática y, 2) posteriormente, la inclusión, entre los factores determinantes de la enfermedad, de los relacionados con el ambiente social, de forma que ésta es concebida como algo de naturaleza biopsicosocial o sociopsicosomática (Carrobles, 1984).

De esta forma, el modelo conceptual imperante en la medicina conductual no ha de ser un modelo restrictivo sino, más bien, un modelo amplio que integre las diferentes variables o factores que conjuntamente determinan la salud y la enfermedad. Si estas últimas son actualmente concebidas como estados o procesos de naturaleza biopsicosocial, la necesaria integración debe hacerse desde un paradigma de tipo bioconductual (Krantz, Grunberg y Baum, 1985) o biopsicosocial (Engel, 1977, 1980; Leigh y Reiser, 1980; Schwartz, 1982; Miller, 1983; Bayés, 1987).

El modelo que proponemos es una extensión al campo de la salud y enfermedad físicas, del ya expuesto en otro lugar relativo a la conducta anormal (Godoy y Martos, 1982). Este modelo se basa en dos supuestos fundamentales. Uno, la evidencia constatada de que la salud y la enfermedad, de cualquier tipo que sean, dependerán, en su génesis y mantenimiento, tanto de variables internas o procedentes del propio organismo como de variables externas al sujeto, relacionadas con su ambiente. Dos, la evidencia constatada de que aunque ambos tipos de variables son siempre importantes, el grado de su participación será diferente en cada tipo de procesos, trastornos o enfermedades.

Refiriéndonos al primer supuesto, las variables relevantes, interdependientes y multideterminantes del trastorno, son tantas y tan diversas que aquí sólo podremos listarlas. Desde el organismo, o variables internas del sujeto, el conjunto incluye, en primer lugar, variables de tipo orgánico, somáticas o biofísicas (genéticas, anatomofisiológicas, bioquímicas, endocrinas, inmunológicas, etc.), que son básicas en el sanar y en el enfermar, contribuyendo poderosamente en estos procesos, bien estructural o bien funcionalmente. En segundo lugar, variables de tipo comportamental o psicológicas (percepciones, pensamientos, expectativas, motivaciones, sentimientos, hábitos, conductas de riesgo, habilidades o recursos, respuestas a la enfermedad, etc.), que también contribuyen poderosamente a los procesos de sanar y enfermar, ahora desde las actitudes y comportamientos del sujeto.

Centrándonos en estas últimas, y obviando la poderosa contribución de cogniciones y emociones, nos referiremos muy brevemente a tres importantes conjuntos de variables comportamentales como son las conductas de riesgo, las estrategias de afrontamiento del estrés y las respuestas al tratamiento médico o grado de cumplimiento del mismo. En relación con las *conductas de riesgo* existe evidencia de que determinados hábitos son factores de riesgo para un importante número de enfermedades graves. Entre ellos, el tabaquismo, el alcoholismo, la alimentación inadecuada, la inactividad física, la falta de higiene y el dormir poco son los más relevantes. Algunos ejemplos de las relaciones entre factores de riesgo y enfermedades son las que se dan entre *tabaco* y enfermedades pulmonares, cardiovasculares, cerebrovasculares y diversos tipos de cáncer, *alcoholismo* y trastornos hepáticos y cerebrales, *alimentación inadecuada* y estados de desnutrición o de obesidad, *inactividad física* y enfermedades hipocinéticas o cardiovasculares, *falta de higiene* y enfermedades dentales o dermatológicas, y un *patrón inadecuado de sueño* y diversos trastornos (Institute of Medicine, 1980a, 1980b, 1982; OMS, 1972, 1974).

El carácter nocivo asociado a este tipo de hábitos no se reduce a su condición de factores de riesgo de enfermedades concretas. La asociación del alcoholismo y otras adicciones con accidentes laborales y de tráfico y con conductas antisociales y delictivas da una idea del daño potencial que encierran determinados hábitos y sus elevados costes personales, sociales y económicos.

Por lo que al *estrés* se refiere, suele considerarse a éste como un proceso central en las relaciones entre conducta y enfermedad, tanto por sus efectos directos sobre el organismo (aumento de la tasa cardíaca, elevación de la presión arterial, inmunosupresión, etc.) como por sus efectos indirectos vía cambios conductuales inducidos (tabaquismo, alcoholismo, adicciones, etc.) (Krantz, Grunberg y Baum, 1985). Así, no es de extrañar que el estrés se encuentre tan estrechamente relacionado con la enfermedad (Institute of Medicine, 1981). Sin embargo, las relaciones entre estrés y enfermedad no son simples, existiendo notables diferencias entre los individuos en su respuesta a situaciones estresantes. Por ello, tendremos que considerar como fundamentales los factores de predisposición, que harán a los sujetos más o menos vulnerables, las capacidades, habilidades o recursos del individuo para enfrentarse a las situaciones estresantes, y el soporte social del sujeto.

En tercer lugar, la propia *conducta* del sujeto con respecto a su enfermedad es importante, tanto por sus respuestas emocionales, sociales y laborales ante la enfermedad misma como por el grado de colaboración prestada al régimen terapéutico. Sin embargo, un importante problema que actualmente tienen las ciencias de la salud es la falta de adherencia de los pacientes a los tratamientos y prescripciones médicos, siendo los porcentajes de no seguimiento altos (promedio de 50%) cuando el régimen tiene cierta duración y complejidad. Es por ello que, en los últimos 10 años, se está dedicando, desde todas las disciplinas relacionadas con la salud, una enorme cantidad de esfuerzo por conocer, de una parte, las variables relacionadas con la falta de adherencia del paciente y, de otra, a elaborar programas que la mejoren. De nuevo, el comportamiento del sujeto es un factor importante en relación con su salud, ya que, obviamente, la efectividad terapéutica final de los tratamientos médicos exige el seguimiento de los mismos por parte del paciente, siendo fundamental la colaboración de éste. Piénsese, por ejemplo, en la gravedad y funestas consecuencias de que hipertensos o diabéticos no sigan sistemáticamente su régimen terapéutico.

Por lo que a las *variables externas o ambientales* se refiere, las principales están relacionadas con las características del ambiente físico (geográficas, arquitectónicas, climáticas, etc.) y con los aspectos sociodemográficos y psicosociales (sexo, raza, estatus socioeconómico, religión, relaciones familiares, interacciones sociales, acontecimientos vitales, etc.). Entre dichas variables, posiblemente las más importantes sean las relativas a los estímulos estresantes ambientales, al soporte social y a los comportamientos de las personas significativas próximas al sujeto. Las primeras porque son elementos básicos, junto a las percepciones del sujeto, en la determinación de las respuestas y estados de estrés, cuyo posible impacto sobre la salud comentábamos más arriba. El soporte social, definido como la protección que al sujeto otorga su red social y las consecuencias positivas derivadas de sus relaciones sociales, por su papel protector o amortiguador del impacto de los estímulos estresantes. Por último, los comportamientos de las personas significativas para el sujeto, por su importante papel potenciador, inhibidor o regulador de las conductas del mismo, muy especialmente las relacionadas con la enfermedad y el rol de enfermo.

Así, el modelo es amplio, extendiéndose más allá de las variables biofísicas como único mecanismo en la generación de la enfermedad, e incorporando la importante contribución de los factores socioculturales, ambientales y conductuales en la generación, precipitación, exacerbación y mantenimiento (y, por consiguiente, en el tratamiento-rehabilitación) de la enfermedad física, especialmente la crónica.

Y no sólo en el tratamiento, sino también en la prevención: demostrada la importancia de los factores conductuales en la generación del problema, la intervención precoz sobre éstos (facilitando estrategias de enfrentamiento al estrés, cambiando los estilos de vida, eliminando las conductas de riesgo, etc.) impedirá *(prevención primaria)* la aparición de la enfermedad.

La contribución de las diferentes variables implicadas en la generación de la enfermedad es muy diversa para cada tipo de trastorno. Así, mientras que ciertos problemas son más dependientes de variables externas (herpes genital, por ejemplo), otros problemas están más ligados a la contribución de variables internas, bien somáticas (hemiplejía, por ejemplo), bien comportamentales (obesidad, por ejemplo). Esta diferente contribución va a determinar, en último término, el tipo de tratamiento más adecuado al problema concreto y qué profesionales habrán de participar en el mismo.

En resumen, la medicina conductual supone la incorporación definitiva de la importancia que en la generación de la enfermedad física tienen los factores psicológicos, algo que la medicina viene intuyendo desde Hipócrates [Galeno estimaba que un 60% (entre un 50% y 80%, según las estimaciones actuales) de los pacientes presentaban síntomas de tipo emocional, más que físico (Shapiro, 1978)], pero que no ha considerado seriamente hasta hoy, como prueba el hecho de la poca consideración prestada a nuestros métodos de evaluación y tratamiento en la formación y la práctica médicas.

II. ÁMBITO DE APLICACIÓN DE LA MEDICINA CONDUCTUAL

El modelo conceptual biopsicosocial que acabamos de presentar propicia una amplia actuación sobre la salud y la enfermedad a todos los niveles asistenciales. Debido a limitaciones de espacio, la referencia a las actuales posibilidades de intervención desde la medicina conductual sobre los diferentes aspectos relacionados con la salud y la enfermedad, se hará de una forma muy esquematizada. Por otra parte, dado el impresionante volumen de investigación en el área y la consecuente producción en la misma, el ámbito de aplicación de la medicina conductual crece con extraordinaria rapidez, abarcando cada vez más tipos de problemas y más y mejores estrategias en el abordaje de los mismos.

Estas diversas actuaciones pueden ser agrupadas en tres diferentes áreas (ver cuadro 35.1), como son la evaluación y el tratamiento de trastornos específicos de la salud, la potenciación de la actividad de otros profesionales de la salud y la promoción general de la salud y prevención de la enfermedad.

II.1. *Evaluación y tratamiento de trastornos específicos*

La primera de estas áreas de actuación, y quizá la más específica de la medicina conductual, es la relativa a la evaluación y tratamiento de determinados trastornos físicos, algunos de los cuales aparecen en el cuadro 35.1. La medicina conductual ha supuesto un notable cambio de estrategia con respecto a la medicina convencional. El cambio se debe a la incorporación de una perspectiva multidimensional en la evaluación, diagnóstico, tratamiento y rehabilitación, incluyendo los aspectos psicosociales en la actuación sanitaria (tradicionalmente reducida a los aspectos puramente biomédicos). Así, los objetivos, las estrategias, las técnicas y los instrumentos que caracterizarán la actuación evaluadora en medicina conductual incorporarán los avances producidos en la evaluación psicológica. Los principios básicos que debe seguir dicha actividad evaluadora son:

En cuanto a los objetivos, la evaluación debe estar diseñada para que sea útil en la explicación del trastorno y en el diseño del adecuado programa de

CUADRO 35.1. *Principales áreas de aplicación de la medicina conductual*

EVALUACIÓN Y TRATAMIENTO DE TRASTORNOS ESPECÍFICOS

Problemas cardiovasculares
- Trastornos del ritmo cardíaco
  - Arritmias
  - Taquicardias
  - Bradicardias
- Trastornos de la presión arterial
  - Hipertensión
  - Hipotensión
- Problemas coronarios
  - Patrón de conducta Tipo A
  - Reducción del riesgo cardiovascular
  - Rehabilitación postinfarto
- Trastornos periféricos
  - Migraña
  - Enfermedad de Raynaud

Trastornos del SNC
- Epilepsia
- Lesiones cerebrales
- Hiperactividad infantil
- Insomnio

Trastornos neuromusculares
- Lesiones centrales
  - Hemiplejia
  - Paraplejia/Cuadriplejia
  - Poliomielitis
  - Parálisis cerebral
- Lesiones periféricas
  - Parálisis facial
  - Problemas de mano y pie
- Diskinesias
  - Síndromes rigidoacinéticos
    - Parkinson
  - Coreas
    - Corea de Huntington
  - Temblores
    - Temblor intencional
  - Diskinesia tardía
  - Distonías
    - Tortícolis espasmódica
    - Blefarospasmo

CUADRO 35.1. *(Cont.)*

Síndrome temporomandibular
Espasmo hemifacial
Calambres profesionales
Escribiente
Músicos
Deportistas
Otros problemas que incluyen disfunciones musculares
Escoliosis
Cifosis
Trastornos gastrointestinales
Trastornos de la motilidad esofágica
Espasmo esofágico
Reflujo gastroesofágico
Rumiación
Náusea/Vómito
Aerofagia
Disfagia
Trastornos del flujo
Gastritis
Úlceras pépticas
Colitis
Colon irritable
Trastornos excretores
Incontinencia fecal/encopresis
Incontinencia urinaria/enuresis
Trastornos respiratorios
Bronquitis crónica
Asma
Enfisema
Trastornos sexuales
Impotencia
Vaginismo
Anorgasmia
Homosexualidad
Paidofilia
Trastornos dermatológicos
Dermatitis crónica
Dermatitis atópica
Dermatitis seborréica
Psoriasis
Urticaria
Eczema
Hiperhidrosis
Prurito

CUADRO 35.1. *(Cont.)*

Acné vulgaris
Alopecia
Herpes
Problemas oftalmológicos y visuales
Miopía
Estrabismo
Glaucoma
Nistagmo
Problemas dentales
Bruxismo
Caries dental
Enfermedad periodontal
Trastornos otológicos
Tinitus
Trastornos del habla
Alteraciones de la voz
Disfonía
Hipernasalidad
Alteraciones del habla
Tartamudez
Problemas articulatorios
Cefaleas
Cefaleas tensionales
Dolor crónico
Lumbalgias
Algias articulares
Dolor abdominal
Dismenorrea
Dolor postoperatorio
Artritis
Artritis reumatoide
Alergias
Obesidad
Adicciones
Diabetes
Cáncer
SIDA

POTENCIACIÓN DE LA ACTUACIÓN DE OTROS PROFESIONALES DE LA SALUD

Mejora de las relaciones profesional-enfermo
Preparación de pacientes para los tratamientos médicos
Aumento en la adherencia a los tratamientos y prescripciones médicas

CUADRO 35.1. *(Cont.)*

PROMOCIÓN Y MANTENIMIENTO DE LA SALUD Y PREVENCIÓN DE LA ENFERMEDAD

- Generación de estilos de vida saludables
- Cambios en el estilo de vida para eliminar factores de riesgo
  - Tabaquismo
  - Alcoholismo y otras adicciones
  - Alimentación inadecuada
  - Inactividad física
  - Falta de higiene
  - Falta de descanso y ocio
- Detección e intervención precoz

---

tratamiento, así como para la evaluación de la evolución y de los efectos a corto y largo plazo del mismo.

En cuanto a los contenidos, la evaluación debe dirigirse hacia aquellas variables, externas o internas, antecedentes o consecuentes, relevantes al problema en cuestión, abarcando la evaluación del ambiente físico y social, del estado biológico y del comportamiento del sujeto, así como los diferentes componentes cognitivos, motores y fisiológicos.

En cuanto a las estrategias, técnicas e instrumentos, se tienen que elegir aquellos más apropiados al caso concreto, teniendo como último referente la utilidad y la bondad de las mismas.

En el cuadro 35.2 se expone, con fines orientativos, una pauta general de las posibles actuaciones evaluadoras en medicina conductual.

Aunque la medicina conductual nace notablemente orientada hacia el tratamiento, con un cierto «furor terapéutico» (Birk, 1973), los avances en los aspectos relacionados con la evaluación son notables. Ejemplos de los mismos son el diseño de formatos de entrevistas estructuradas para problemas específicos (cefaleas, enfermedad de Raynaud, patrón de conducta Tipo A, estrés, etc.) y la elaboración de multitud de medidas de autoinforme (p.ej., patrón de conducta Tipo A, abuso de sustancias, patrones de sueño, cefaleas, dolor crónico, estado de salud y conductas ante la enfermedad, etc.). Por último, indicar sólo la amplia utilización que en medicina conductual tienen los registros psicofisiológicos.

Por lo que al tratamiento se refiere, la medicina conductual incorpora a los tratamientos médicos convencionales las estrategias cognitivoconductuales comúnmente utilizadas en la terapia de conducta, y muy especialmente el biofeedback, cuyas aplicaciones clínicas (Carrobles y Godoy, 1987; Simón,

CUADRO 35.2. *Pauta general de la actividad evaluadora en medicina conductual*

1. Evaluación del trastorno específico en sus dimensiones o parámetros más relevantes:
   - Frecuencia
   - Intensidad
   - Duración
   - etc.

2. Identificación de circunstancias internas o externas relacionadas con modificaciones u oscilaciones en el trastorno:
   - Que lo precipitan o agravan
   - Que lo alivian

3. Consecuencias del trastorno a nivel:
   - Personal
   - Familiar y social
   - Laboral

4. Información y percepciones del paciente sobre su trastorno:
   - Causas
   - Síntomas
   - Tratamiento

5. Evolución del tratamiento y grado de adherencia o seguimiento de las prescripciones de tratamiento

6. Seguimiento

este volumen) cubren casi por completo el área de actuaciones de la medicina conductual. Todas estas estrategias de tratamiento han sido suficientemente revisadas en esta obra, por lo que no van a ser comentadas aquí. Sin embargo, tenemos que indicar que, aunque en una concepción amplia de la medicina conductual cualquier tratamiento psicosocial eficaz podría ser utilizado, si se revisa el campo se observa que la mayor parte de los trastornos son abordados utilizando un número reducido de las técnicas expuestas en esta obra, siendo las más utilizadas, además del biofeedback, los programas de entrenamiento en respiración/relajación, las técnicas de reestructuración cognitiva, las técnicas de afrontamiento del estrés, el entrenamiento en habilidades sociales, la solución de problemas, y las diferentes técnicas de autocontrol. Además de estas técnicas cognitivoconductuales, los programas de entrenamiento físico, especialmente los de tipo aeróbico, son también muy utilizados en medicina conductual, debido a los importantes beneficios fisiológicos (cardiovasculares, respiratorios, musculoesqueléticos, metabólicos y endocrinos) y psicológicos (cognitivos y emocionales) derivados de la aplicación sistemática de programas de actividad física.

II.2. *Potenciación de la actividad de otros profesionales de la salud*

La segunda de las áreas de actuación en medicina conductual está relacionada no con las posibles intervenciones directas sobre el trastorno sino con otro tipo de actuaciones destinadas a potenciar la actividad de los demás profesionales de la salud (médicos, enfermeros/as, etc.), prestándoles la adecuada preparación y colaboración que les permita un mejor desempeño de sus roles y actividades profesionales. En esta segunda línea, las principales actuaciones (ver cuadro 35.1) se podrían dirigir a: 1) optimizar las relaciones enfermo-profesional de la salud, relaciones personales que tantísima importancia tendrán en la respuesta del paciente al tratamiento y en el seguimiento o cumplimiento del mismo; 2) La preparación de pacientes para los exámenes o los tratamientos médicos, especialmente en aquellos casos en los que la actuación profesional es muy intrusiva o aversiva, generando en los pacientes elevados niveles de ansiedad y un buen número de indeseables conductas de evitación. Las actuaciones en esta línea se han dirigido a la preparación de pacientes para los exámenes endoscópicos gastrointestinales o en las cateterizaciones cardíacas, así como para los tratamientos de hemodiálisis, los tratamientos dentales, la radiación y quimioterapia en cáncer, o la preparación de pacientes para los tratamientos quirúrgicos y la hospitalización; y 3) La elaboración de programas destinados al incremento en la adherencia a los tratamientos médicos, aspecto al que nos hemos referido ya en un apartado anterior.

II.3. *Promoción y mantenimiento de la salud y prevención de la enfermedad*

Una última área de actuación dentro de la medicina conductual es la referida a la promoción general de la salud, mediante la generación de programas que inciten a la población a optimizar su estado de salud y a mantenerlo vía la adopción de hábitos y estilos de vida saludables. Las actuaciones en esta área deben estar dirigidas a la concienciación del valor que la salud tiene *per se* y la asunción de las propias responsabilidades en la promoción y mantenimiento de la misma.

La prevención de la enfermedad es otra línea de actuación, especialmente la prevención primaria o la referida a evitar la aparición del trastorno actuando sobre aquellos factores (ambientales o personales) relacionados con su génesis, o factores o conductas de riesgo, y la instauración en su lugar de hábitos y estilos de vida saludables.

Como puede apreciarse en el cuadro 35.1, y como comentábamos más arriba, los principales comportamientos de riesgo de problemas crónicos a los que podrían ir dirigidos los programas preventivos centrados en el sujeto son el tabaquismo, el alcoholismo y las demás conductas adictivas, los patrones alimenticios inadecuados, la falta de actividad física, la falta de higiene y la falta de descanso y ocio. A estos tipos de comportamiento insano e irresponsable, común a muchas clases de problemas, habría que sumarles otros más específicos para determinados trastornos, como, por ejemplo, el patrón de conducta Tipo A (por el riesgo de trastorno coronario) o la promiscuidad sexual (por el riesgo de problemas de transmisión sexual o de infecciones diversas). Otras actuaciones preventivas deben dirigirse al medio o comunidad, estando destinadas a modificar su potencial peligrosidad.

A nivel secundario, las actuaciones deben dirigirse a la detección precoz del trastorno a fin de intervenir en sus primeras etapas de desarrollo, cuando el pronóstico de recuperación es más favorable. Piénsese, en este sentido, lo importante que sería este tipo de actuaciones en la detección e intervención temprana de determinados problemas como el cáncer o la obesidad.

III. UN EJEMPLO DE ESTRATEGIAS DE ACTUACIÓN EN MEDICINA CONDUCTUAL: EVALUACIÓN Y TRATAMIENTO DE LA MIOPÍA

En este apartado, presentamos, con la intención de ilustrar al lector interesado en la aplicación práctica de los modelos conceptuales de la medicina conductual, un modelo de abordaje de uno de los más comunes e importantes trastornos visuales, como es la miopía, basado en nuestra propia experiencia (ver, para una revisión de esta línea de investigación, Godoy, 1987, 1988; Godoy, Catena y Caballo, 1986).

La miopía es, como es sabido, una ametropía o error refractivo caracterizado por la visión borrosa de los objetos distantes, siendo nítida la de los próximos. Ello se debe a que los rayos luminosos procedentes del objeto distante hacen foco antes del plano de la retina en lugar de hacerlo sobre la misma (ojo emétrope).

Las razones a que puede deberse este error refractivo (obviando los casos más graves de miopía progresiva), debidos a ciertos problemas degenerativos, son tanto de índole estructural como funcional. La causa estructural más común de miopía es el aumento en la longitud axial del ojo. En estos casos hablamos de miopía «axial o estructural» porque es la anatomía del propio ojo la responsable de la existencia de la ametropía, siendo normal el poder refractivo de los medios oculares. En otros casos la miopía es debida a un aumento en la potencia refractiva ocular, siendo normal (24 mm) la longitud axial del ojo. En estos casos hablamos de «miopía refractiva o de potencia», que puede ser debida bien a razones estructurales como el aumento en la curvatura de la córnea, que genera un aumento en el poder de refracción del ojo, o bien a razones funcionales como aumentos en la refracción ocular por espasmo del músculo ciliar, que controla la curvatura del cristalino, o acomodación, de forma que éste aumenta así su poder de convergencia. En estos casos hablamos de «miopía funcional» porque es la fisiología del ojo la responsable de la ametropía y no existe patología orgánica conocida.

El tratamiento médico convencional de la miopía se basa en la utilización de correctores de visión, lentes o lentillas, que al ser lentes divergentes tienen como efecto, en el ojo corregido, la modificación de la trayectoria de los rayos procedentes de los objetos distantes y el consiguiente aumento de la distancia focal hasta el plano de la retina. Otros tratamientos son quirúrgicos, entre los que se encuentran los destinados a la disminución de la curvatura de la córnea haciendo en ella múltiples incisiones radiales *(queratotomía radial)* o extrayendo de ella una sección central que, tras su congelación y talla, se vuelve a unir a la misma *(queratomieleusis).* Como puede apreciarse, estos tratamientos son muy coherentes con el abordaje médico del trastorno, estando únicamente enfocados a la modificación de los aspectos biofísicos del mismo e ignorando los conductuales. Sin embargo, se sabe que los factores conductuales desempeñan un papel capital en la génesis del problema, como claramente evidencian los estudios relacionados con la inducción experimental de miopía (Young, 1961; Rose, Yinon y Belin, 1974; Wallman, Turkell y Trachtman, 1978), así como los estudios transculturales (Young, Leary, Baldwin, West, Goo, Box y Johnson, 1970) sobre la aparición, con la introducción de la escolarización obligatoria, de altos niveles de miopía en poblaciones en las que la incidencia del trastorno era mínima.

Un cambio en el abordaje de este problema exige tener en cuenta este tipo de factores. Esto es lo que nosotros hemos hecho desde nuestro programa de evaluación y tratamiento de la miopía, fruto del cual ha sido el desarrollo de nuevas estrategias conductuales tanto en la evaluación como en el tratamiento de este extendido trastorno visual.

A nivel de evaluación y dadas las limitaciones y problemas de fiabilidad que hemos encontrado en los procedimientos convencionales de evaluación, tanto en las medidas de agudeza visual como en las mecanizadas (Catena, Godoy y Caballo, 1988), hemos desarrollado medidas conductuales de la agudeza visual basadas tanto en la respuesta de los pacientes al tratamiento como en medidas de agudeza totalmente mecanizadas y automatizadas. Las primeras utilizan como medida la distancia en centímetros (medida pre, durante y postratamiento por medio de una regla graduada) desde el estímulo visual al sujeto (Godoy, Carrobles y Santacreu, 1984). Las segundas, que son las que actualmente utilizamos, incluyen la medida de la ejecución del sujeto en dos tests mecanizados, utilizando un ordenador personal (Catena, Godoy y Caballo, 1985, 1988; Catena, Godoy y Ortega, 1988; Godoy y Catena, 1990). Uno de ellos, denominado «Signos», consta de seis parejas de signos gráficos compuestas cada una de ellas por un signo objetivo y un distractor, diferenciados entre sí por el tamaño de ciertos detalles. Los 12 signos se presentan al azar en diez diferentes tamaños, siendo la tarea del sujeto teclear, mediante una correspondencia previamente establecida, si el signo presentado en el monitor es objetivo o distractor. La puntuación se expresa mediante el índice d', obtenido a partir de la puntuación típica normalizada de la tasa de aciertos y de falsas alarmas.

El otro test, llamado «Letras», consta de 8 letras mayúsculas que se presentan al azar en ocho tamaños diferentes, siendo la tarea del sujeto teclear el dígito correspondiente a la letra, según la correspondencia previamente establecida. La puntuación se expresa en términos de aciertos.

Los tests se aplican en condiciones adecuadas de iluminación y acomodando a los sujetos, a los que previamente se han retirado sus correctores de visión, a 200 cm de la pantalla. El programa facilita las instrucciones pertinentes y proporciona las medidas de la ejecución. Estos tests son fáciles de aplicar y no sólo son más fiables y económicos que las medidas convencionales, sino que además son una muy adecuada medida de la generalización de los efectos del tratamiento, al incorporar en la evaluación material no entrenado.

En relación con el tratamiento, hemos desarrollado dos tipos de programas, que se han revelado muy efectivos en la mejora de la agudeza visual. Uno de ellos, el «Programa manual», hace que el sujeto se entrene en la discriminación, cada vez más distante en función de su correcta ejecución, de los estímulos visuales (textos) contenidos en una tarjeta, utilizando para ello una regla graduada y un portatarjetas (Godoy, Carrobles y Santacreu, 1984; Godoy, Catena y Carrobles, 1985, 1986).

El segundo, denominado «Programa mecanizado», consiste en tres tareas diferentes de búsqueda visual que el sujeto se administra utilizando un ordenador personal (Godoy, Catena y Carrobles, 1985, 1986; Godoy y Catena, 1990).

Una de ellas consiste en discriminar y dictar frases que se presentan aleatoriamente en el monitor, a una distancia del mismo determinada por el nivel inicial de miopía y la ejecución exitosa o errónea del paciente. Otra es una tarea de búsqueda visual consistente en la localización, lo más rápida posible, de una letra objetivo que se presenta en el monitor, incorporada a una matriz variable de letras y en un lugar determinado al azar. La tercera es un juego con diferentes niveles de dificultad en el que el sujeto dirige por el monitor una «ballena», evitando chocar con otros objetos que aparecen en la pantalla. El programa demostró ser muy eficaz, tanto como el programa manual descrito anteriormente (Godoy, Catena y Carrobles, 1985, 1986). Estudios posteriores (Godoy, Catena y Caballo, 1988, 1989) evidenciaron que los tres componentes del programa mecanizado tenían una efectividad muy similar en el incremento de la agudeza visual, si bien la primera tarea se reveló ligeramente más eficaz.

Finalmente señalaremos que los tratamientos se aplican en una habitación bien iluminada y sin correctores de visión. Lo mismo que sucedía con el aspecto de la evaluación, nuestros programas de tratamiento han demostrado ser fáciles de montar y de aplicar y muy efectivos, tanto a corto como largo plazo, como evidencian los seguimientos efectuados.

IV. LECTURAS PARA PROFUNDIZAR

Blanchard, E. B. y Epstein, L.H., *Behavioral medicine: behavioral procedures in the treatment of physical illness,* Nueva York, Plenum Press, 1980.

Ferguson, J. M. y Taylor, C. B. (comps.), *The comprehensive handbook of behavioral medicine,* 3 vols., Nueva York, Spectrum Medical and Scientific Books, 1980/1981.

Gentry, V. D. (comp.), *Handbook of behavioral medicine,* Nueva York, Guilford Press, 1984.

Melamed, B. G. y Siegel, L. J., *Behavioral medicine. Practical applications in health care,* Nueva York, Springer, 1980.

Schneiderman, N. y Tapp, J. T., *Behavioral medicine. The biopsychosocial approach,* Londres, Lawrence Erlbaum, 1985.

Tunks, E. B. y Bellisimo, A., *Behavioral medicine: Concepts and procedures,* Nueva York, Pergamon Press, 1990.

Wickramasekera, I. E., *Clinical behavioral medicine. Some concepts and procedures,* Nueva York, Plenum Press, 1988.

REFERENCIAS

Abramson, L. Y., Alloy, L. B. y Metalski, G. I., «The cognitive diathesis-stress theories of depression: Toward an adequate evaluation of the theories' validities», en L. B. Alloy (comp.), *Cognitive processes in depression,* Nueva York, Guilford Press, 1988.

—, Seligman, M. E. P. y Teasdale, J. D., «Learned helplessness in humans: Critique and reformulation», *Journal of Abnormal Psychology,* 87, 1978, pp. 49-74.

Achenbach, T. M. y Edelbrook, C. S., *Manual for the Child Behavior Checklist and revised Child Behavior Profile,* Burlington, Verm., Universidad de Vermont, Department of Psychiatry, 1983.

Adler, T., «Behavior study needed as the earth warms up», *APA Monitor,* 21, 1990, p. 8.

Agras, W. S., «Behavioral medicine in the 1980s: Nonrandom connections», *Journal of Consulting and Clinical Psychology,* 50, 1982, pp. 797-803.

Aguado, P., Cañas, A. y Campos, J., «Influencia de los estímulos cognitivos en el tratamiento de la enfermedad de Raynaud con biofeedback de temperatura», *Revista Española de Terapia del Comportamiento,* 1, 1983, pp. 67-86.

Aguilar, G., «Biorretroalimentación térmica para el tratamiento de las migrañas: Problemas metodológicos y validez clínica», *Revista Española de Terapia del Comportamiento,* 2, 1984, pp. 99-120.

Alberti, R. E., «Assertive behavior training: Definitions, overview, contributions», en R. E. Alberti (comp.), *Assertiveness: Innovations, applications, issues,* San Luis Obispo, Calif., Impact, 1977.

— y Emmons, M. L., *Your perfect right,* San Luis Obispo, Calif., Impact, 1970.

Alberts, G., Edelstein, B., Yoman, J. y Breitenstein, J., «The behavioral assessment interview: Interassessor agreement on case and treatment formulation», Comunicación presentada en el congreso de la American Psychological Association, Atlanta, 1988.

—, Freeman, T., Desiderato, L., Shawchuck, C. y Edelstein, B., «Behavior analysis skills and process measures in the clinical interview», Comunicación presentada en el congreso de la Association for Behavior Analysis, Nashville, 1987.

—, Freeman, T., Desiderato, L., Wiener, A. y Edelstein, B., «The assessment interview: Functional analysis, functional effectiveness, and client satisfaction», Comunicación presentada en el congreso de la Association for Behavior Analysis, Milwaukee, 1986.

Aldrich, C. A., «A new test for learning in the new born: The conditioned reflex», *American Journal of Disease of Children,* 35, 1928, pp. 36-37.

Alemán, M., *Guzmán de Alfarache* (2 vols.), Madrid, Gredos, 1987. (Or.: 1595 y 1604).

Aleo, S. y Nicassio, P., «Auto-regulación of duodenal ulcer disease: A preliminary report of four cases», *Proceedings of the Biofeedback Society of America Ninth Annual Meeting,* Denver, Colorado, 1978.

Alexander, A. B., «Systematic relaxation and flow rates in asthmatic children: Relationship to emotional precipitants and anxiety», *Journal of Psychosomatic Research,* 16, 1972, pp. 405-410.

Alexander, F., «The dinamics of psychotherapy in the light of learning theory», *American Journal of Psychiatry,* 120, 1963, pp. 440-448.

Alexander, J., *Thought-control in everyday life* (5ª edición), Nueva York, Funk y Wagnals, 1928.
Alexander, J. F. y Parsons, B. V., *Functional family therapy*, Monterrey, Calif., Brooks/Cole, 1982.
—, Barton, C., Waldron, H. y Mas, C. H., «Beyond the technology of family therapy: The anatomy of intervention model», en K. D. Craig y R. J. McMahon (comps.), *Advances in clinical behavior therapy*, Nueva York, Brunner/Mazel, 1983.
—, Waldron, H. B., Barton, C. y Mas, C. H., «The minimizing of blaming atributions and behavior in delinquent families», *Journal of Consulting and Clinical Psychology*, 57, 1989, pp. 19-24.
—, Waldron, H. B., Newberry, A. M. y Liddle, N., «Family approaches to treating delinquents», en E. W. Nunnally, C. S. Chilman y F. M. Cox (comps.), *Mental illness, delinquency, addictions, and neglect*, Newbury Park, Calif., Sage, 1988.
Alexander, R., *The medical value of psychoanalysis*, Nueva York, Norton, 1932.
Alloy, L. (comp.), *Cognitive processes in depression*, Nueva York, Guilford Press, 1988.
Altmaier, E. M., Ross, S. L., Leary, M. R. y Thornbrough, M., «Matching stress inoculation treatment components to client's anxiety mode», *Journal of Counseling Psychology*, 29, 1982, pp. 331-334.
Altman, H., Haavik, S. y Higgins, S., «Modifying the self-injurious behavior of an infant with Spina Bifida and diminished pain sensitivity», *Journal of Behavior Therapy and Experimental Psychiatry*, 14, 1983, pp. 165-168.
Alvord, J., *Home token economy: An incentive program for children and their parents*, Champaign, Ill., Research Press, 1973.
American Psychiatric Association, *Diagnostic and statistical manual of mental disorders (DSM-III-R)* (3ª edición - revisada), Washington, D.C., American Psychiatric Association, 1987 [American Psychiatric Association, *Manual diagnóstico y estadístico de los trastornos mentales (DSM-III-R)*, Barcelona, Toray-Masson, 1988].
Anant, S. S., «A note on the treatment of alcoholics by verbal aversion technique», *Canadian Psychologist*, 8, 1967, pp. 19-22.
Anastasi, A., «Psychology, psychologists, and psychological testing», *American Psychologist*, 22, 1967, pp. 297-306.
— «Evolving concepts of test validation», *Annual Review of Psychology*, 37, 1986, pp. 1-15.
Anderson, B. O., Turesson, P., Skagerlind, L., Warburton, E., Gustavsson, H., Perris, C., Johansson, T. y Fredericksson, T., «Preliminary results of an intensive cognitive-behavioral treatment programme for patients with schizophrenic syndrome», Comunicación presentada en el First World Congress of Cognitive Therapy, Oxford, Gran Bretaña, junio de 1989.
Anderson, N. B., Lawrence, P. S. y Olson, T. W., «Within-subject analysis of autogenic training and cognitive training in the treatment of tension headache pain», *Journal of Behavior Therapy and Experimental Psychiatry*, 12, 1981, pp. 219-223.
Andrews, J. D. W., *The active self in psychotherapy*, Boston, Allyn & Bacon, 1989.
Anónimo, *La vida y hechos de Estebanillo González hombre de buen humor compuesta por él mismo*, Madrid, Espasa-Calpe, 1973. (Or.: 1646).
— *La vida de Lazarillo de Tormes y de sus fortunas y adversidades*, Madrid, Castalia, 1987. (Or.: 1554).
Appel, M. A., Saab, P. G. y Holroyd, K. A., «Cardiovascular disorders», en M. Hersen y A. S. Bellack (comps.), *Handbook of clinical behavior therapy with adults*, Nueva York, Plenum Press, 1985.
Aranegui, C., Fernández, I., García, O., Lamarca, C., Legarda, M. A., Ruiz de Azúa, M. J. y Cáceres. J., «Reacciones fóbicas: Anticipación y canales de percepción», *Cuadernos de Medicina Psicosomática*, 11/12, 1989, pp. 19-26.
Araoz, D. L., *The new hypnosis*, Nueva York, Brunner/Mazel, 1985.

Argyle, M., *The psychology of interpersonal behavior,* Londres, Penguin, 1967 [*Psicología del comportamiento interpersonal,* 4.° ed., ed., Madrid, Alianza, 1987].
— *Social interaction,* Londres, Methuen, 1969 [*Análisis de la interacción social,* Buenos Aires, Amorrortu, 1983].
— «The experimental study of the basic features of situations», en D. Magnusson (comp.), *Toward a psychology of situations: An interactional perspective,* Hillsdale, N.J., Lawrence Erlbaum, 1981.
— «Some new developments in social skills training», *Bulletin of the British Psychological Society,* 37, 1984, pp. 405-410.
—, Bryant, B. y Trower, P., «Social skills training and psychotherapy: A comparative study», *Psychological Medicine,* 4, 1974, pp. 435-443.
—, Furnham, A. y Graham, J. A., *Social situations,* Cambridge, Cambridge University Press, 1981.
— y Kendon, A., «The experimental analysis of social performance», *Advances in Experimental Social Psychology,* 3, 1967, pp. 55-98.
—, Trower, P. y Bryant, B., «Explorations in the treatment of personality disorders and neuroses by social skills training», *British Journal of Social Psychology,* 47, 1974, pp. 63-72.
Arkowitz, H., «Assessment of social skills», en M. Hersen y A. S. Bellack (comps.), *Behavioral assessment: A practical handbook* (2ª edición), Nueva York, Pergamon Press, 1981.
— y Messer, S. B. (comps.), *Psychoanalytic therapy and behavior therapy: Is integration possible?,* Nueva York, Plenum Press, 1984.
Arnkoff, D., «Psychotherapy from the perspective of cognitive therapy», en M. J. Mahoney (comp.), *Psychotherapy process,* Nueva York, Plenum Press, 1980.
Arnold, M. B., *Emotion and personality,* Nueva York, Columbia University, 1960.
Ascher, L. M., «Paradoxical intention as a component in the behavioral treatment of sleep onset insomnia: A case study», Comunicación presentada en el congreso de la Association for Advancement of Behavior Therapy, San Francisco, Calif., 1975.
— «Paradoxical intention», en A. J. Goldstein y E. B. Foa (comps.), *Handbook of behavioral interventions: A clinical guide,* Nueva York, Wiley, 1980.
— «Employing paradoxical intention in the treatment of agoraphobia», *Behaviour Research and Therapy,* 19, 1981, pp. 533-542.
— «Paradoxical intention and the recursive aspect of social anxiety», Comunicación presentada en el congreso de la Association for Advancement of Behavior Therapy, Filadelfia, Pen., 1984.
— «Die paradoxe intention aus der sicht des verhaltenstherapeuten», en A. Laengle (comp.), *Wege zum sinn: Logotherapie als orientierungshilfe,* Munich, Piper, 1985.
— «Paradoxical intention: Its clarification and emergence as a conventional behavioral procedure», *The Behavior Therapist,* 12, 1989, pp. 23-28.
— «Paradoxical intention and recursive anxiety», en L. M. Ascher (comp.), *Therapeutic paradox,* Nueva York, Guilford Press, 1990.
—, Bowers, M. R. y Schotte, D. E., «A review of data from controlled case studies and experiments evaluating the clinical efficacy of paradoxical intention», en G. R. Weeks (comp.), *Promoting change through paradoxical therapy,* Homewood, Ill., Dow Jones-Irwin, 1985.
— y Cautela, J. R., «An experimental study of covert extinction», *Journal of Behavior Therapy and Experimental Psychiatry,* 5, 1974, pp. 232-238 [Upper, D. y Cautela. J. R. (comps.), *Condicionamiento encubierto,* Bilbao, Desclée de Brouwer, 1983].
— y Efran, J., «The use of paradoxical intention in cases of delayed sleep onset insomnia», *Journal of Consulting and Clinical Psychology,* 8, 1978, pp. 547-550.
— y Schotte, D. E., «Paradoxical intention and recursive anxiety», Manuscrito no publicado,

Temple University Health Science Center, Department of Psychiatry, Filadelfia, 1987.
— y Turner, R. M., «A comparison of two methods for the administration of paradoxical intention», *Behaviour Research and Therapy,* 18, 1979, pp. 121-126.
Atthowe, J. M. y Krasner, L., «A preliminary report on the application of contingent reinforcement procedures (token economy) on a "chronic" psychiatric ward», *Journal of Abnormal Psychology,* 73, 1968, pp. 37-43.
Axelrod, S. y Apsche, J. (comps.), *The effects of punishment on human behavior,* Nueva York, Academic Press, 1983.
Ayala, F. J. y Dobzhansky, T., *Studies in the philosophy of Berkeley. Reduction and related problems,* Berkeley, California Press, 1974 [*Estudios sobre la filosofía de la biología,* Barcelona, Ariel, 1983].
Ayllon, T., «Intensive treatment of psychotic behavior by stimulus satiation and food reinforcement», *Behaviour Research and Therapy,* 1, 1963, pp. 53-61.
— y Azrin, N. H., «The measurement and reinforcement of behavior of psychotics», *Journal of the Experimental Analysis of Behavior,* 8, 1965, pp. 357-383.
— y Azrin, N. H., *The Token Economy: A motivational system for therapy and rehabilitation,* Nueva York, Appleton, Century, Crofts, 1968. [*Economía de fichas,* México, Trillas, 1974].
—, Kuhlman, C. y Warzak, W.J., «Programming resource room generalization using lucky charms», *Child and Family Behavior Therapy,* 4, 1982, pp. 61-67.
— y Michael, J., «The psychiatric nurse as a behavioral engineer», *Journal of the Experimental Analysis of Behavior,* 2, 1959, pp. 323-334 [R. Ardila (comp.), *Terapia del comportamiento,* Bilbao, Desclée de Brouwer, 1980].
Azrin, N. H., «Improvements in the community-reinforcement approach to alcoholism», *Behaviour Research and Therapy,* 14, 1976, pp. 339-348 [R. Ardila (comp.), *Terapia del comportamiento,* Bilbao, Desclée de Brouwer, 1980].
—, «A strategy for applied research: Learning based but outcome oriented», *American Psychologist,* 32, 1977, pp. 140-149.
—, Flores, T. y Kaplan, S. J., «Job-finding club: A group-assisted program for obtaining employment», *Behaviour Research and Therapy,* 13, 1975, pp. 17-27.
— y Hayes, S. C., «The discrimination of interest within a heterosexual interaction: Training, generalization, and effects of social skills», *Behavior Therapy,* 15, 1984, pp. 173-184.
— y Holz, W.C., «Punishment», en W. K. Honig (comp.), *Operant behavior: Areas of research and application,* Nueva York, Appleton, 1966 [*Manual de condicionamiento operante,* México, Trillas, 1975].
Baer, D. M., «Laboratory control of thumbsucking by withdrawal and representation of reinforcement», *Journal of the Experimental Analysis of Behavior,* 5, 1962, pp. 525-528.
— «Applied behavior analysis», en G. T. Wilson y C. M. Franks (comps.), *Contemporary behavior therapy: Conceptual and empirical foundations,* Nueva York, Guilford Press, 1982.
—, Peterson, R. F. y Sherman, J. A., «The development of imitation by reinforcing behavioral similarity to model», *Journal of the Experimental Analysis of Behavior,* 10, 1967, pp. 405-416.
— y Wolf, M. M., «The entry into natural communities of reinforcement», en R. Ulrich, T. Stachnik y J. Mabry (comps.), *Control of human behavior,* vol. 2, Glenview, Ill., Scott, Foresman and Company, 1970 [*Control de la conducta humana,* vol. 2, México, Trillas, 1975].
—, Wolf, M. M. y Risley, T., «Some current dimensions of applied behavior analysis», *Journal of Applied Behavior Analysis,* 1, 1968, pp. 91-97.
Bain, J. A., *Thought control in everyday life,* Nueva York, Funk and Wagnals, 1928.

Bair, J. H., «Development of voluntary control», *Psychological Review*, 8, 1901, pp. 474-510.
Bakal, D. A. y Kaganov, J. A., «Sympton characteristics for chronic and non-chronic headache sufferers», *Headache*, 19, 1979, pp. 285-289.
Baker, A. L. y Wilson, P. H., «Cognitive-behavior therapy for depression: The effects of booster sessions on relapse», *Behavior Therapy*, 16, 1985, pp. 335-344.
Bandura, A., «A social learning interpretation of psychological dysfunctions», en P. London y D. Rosenhan (comps.), *Foundations of abnormal psychology*, Nueva York, Holt, Rinehart & Winston, 1968.
— *Principles of behavior modification*, Nueva York, Holt, Rinehart, & Winston, 1969 [*Principios de modificación de conducta*, Salamanca, Sígueme, 1983].
— «Self-efficacy: Toward a unifying theory of behavior change», *Psychological Review*, 84, 1977*(a)*, pp. 191-215.
— *Social learning theory*, Englewood Cliffs, N.J., Prentice Hall, 1977*(b)*. [*Teoría del aprendizaje social*, Madrid, Espasa-Calpe, 1982].
— «Reflections on self-efficacy», *Advances in Behaviour Research and Therapy*, 1, 1978*(a)*, pp. 237-269.
— «The self system in reciprocal determinism», *American Psychologist*, 1978*(b)*, pp. 346-358.
— «A self-efficacy mechanism in human agency», *American Psychologist*, 37, 1982, pp. 122-147.
— *Social foundations of thought and action*, Englewood Cliffs, N.J., Prentice-Hall, 1986 [*Pensamiento y acción: Fundamentos sociales*, Barcelona, Martínez Roca, 1987].
— «Self-efficacy mechanism in psychological activation and health-promotion behavior», en J. Maden, S. Mathysse y J. Barchas (comps.), *Adaptation, learning and affect*, Nueva York, Raven Press, (en prensa).
— y Cervone, D., «Self-evaluative and self-efficacy mechanisms governing the motivational effects of goal systems», *Journal of Personality and Social Psychology*, 45, 1983, pp. 1017-1028.
— y Walters, R. H., *Social learning and personality development*, Nueva York, Holt, Rinehart and Winston, 1963 [*Aprendizaje social y desarrollo de la personalidad*, Madrid, Alianza, 1974].
Bannister, D., *Issues and approaches in the pscychological therapies*, Nueva York, Wiley, 1975.
— *New perspectives in personal construct theory*, Londres, Academic Press, 1977.
Barbaree, H. E., Marshall, W. L. y Lanthier, R. D., «Deviant sexual arousal in rapists», *Behaviour Research and Therapy*, 17, 1979, pp. 215-222
Barbrack, C. R., «Negative outcome in behavior therapy», en D. T. Mays y C. M. Franks (comps.), *Negative outcome in psychotherapy and what to do about it*, Nueva York, Springer, 1985.
Barker, R. G., «On the nature of the environment», *Journal of Social Issues*, 19, 1963, pp. 17-38.
— *Ecological psychology: Concepts and methods for studying the environment of human behavior*, Stanford, Stanford University Press, 1968.
Barlow, D. H. (comp.), *Behavioral assessment of adult disorders*, Nueva York, Guilford Press, 1981*(a)*.
— «On the relationship of clinical research to clinical practice: current issues, new directions», *Journal of Clinical and Consulting Psychology*, 49, 1981*(b)*, pp. 147-155.
— *Anxiety and its disorders: The nature and treatment of anxiety and panic*, Nueva York, Guilford, 1988.
—, Cohen, A. S., Waddell, M. T., Vermilyea, B. B., Klosko, J. S., Blanchard, E. B. y Dinardo, P. A., «Panic and generalized anxiety disorders: Nature and treatment», *Behavior Therapy*, 15, 1984, pp. 431-449.
—, Leitenberg, H. y Agras, W. S., «The experimental control of sexual deviation through

manipulation of noxious scene in covert sensitization», *Journal of Abnormal Psychology,* 74, 1969, pp. 596-601.

—, Leitenberg, H., Agras, W. S. y Wincze, J. P., «The transfer gap in sistematic desensitization: An analogue study», *Behaviour Research and Therapy,* 7, 1969, pp. 191-197.

Barmann, B. C. y Murray, W. J., «Suppresion of inappropiate sexual behavior by facial screening», *Behavior Therapy,* 12, 1981, pp. 730-735

— y Vitali, D. L., «Facial screening to eliminate trichotillomania in developmentally disabled persons», *Behavior Therapy,* 13, 1982, pp. 735-742

Barnett, P. A. y Gotlib, I. H., «Psychosocial functioning and depression: Distinguishing among antecedents, concomitants and consequences», *Psychological Bulletin,* 104, 1988, pp. 97-126.

Barrera, M. y Glasgow, R., «Design and evaluation of a personalized instruction course in behavioral self-control», *Teaching of Psychology,* 3, 1976, pp. 81-83.

Barrett, B. H., «Reduction in rate of multiple tics by free operant conditioning methods», *Journal of Nervous and Mental Disease,* 135, 1962, pp. 187-195.

— y Lindsley, O. R., «Deficits in acquisition of operant discrimination in institutionalized retarded children», *American Journal of Mental Deficiency,* 67, 1962, pp. 424-436.

Barrett, H. R., Streets, T. M., Tucker, J. H. y Pettaway, G. T., «Skin temperature biofeedback for multiple sessions with monetary incentives», *Perceptual and Motor Skills,* 65, 1987, pp. 139-146.

Barrios, B. A., «On the changing nature of behavioral assessment», en A. S. Bellack y M. Hersen (comps.), *Behavioral assessment: A practical handbook* (3ª edición), Nueva York, Pergamon Press, 1988.

— y Hartmann, D. P., «The contributions of traditional assessment: Concepts, issues, and methodologies», en R. O. Nelson y S. C. Hayes (comps.), *Conceptual foundations of behavioral assessment,* Nueva York, Guilford Press, 1986.

Barth, R. P., «Assessment and treatment of stealing», en B. B. Lahey y A. E. Kazdin (comps.), *Advances in clinical child psychology,* vol. 10, Nueva York, Plenum Press, 1987.

Bartolomé, P., Carrobles, J. A. I., Costa, M. y Del Ser, T., *La práctica de la terapia de conducta,* Madrid, Pablo del Río, 1977.

Barton, C. y Alexander, J. F., «Functional family therapy», en A. S. Gurman y D. P. Kniskern (comps.), *Handbook of family therapy,* Nueva York, Brunner/Mazel, 1981.

Barton, E. J. y Ascione, F. R., «Sharing in pre-school children: Facilitation, stimulus generalization, response generalization, and maintenance», *Journal of Applied Behavior Analysis,* 12, 1979, pp. 417-430.

Basmajian, J. V., «Control and training of individual motor units», *Science,* 141, 1963, pp. 440-441.

— «Biofeedback in rehabilitation: A review of principles and practices», *Archives of Physical Medicine and Rehabilitation,* 62, 1981, pp. 469-475.

— y Hatch, J. P., «Biofeedback and the modification of skeletal muscular dysfunctions», en R. J. Gatchel y K. P. Price (comps.), *Clinical applications of biofeedback: Appraisal and status,* Nueva York, Pergamon Press, 1979.

Bateson, G., Jackson, D. D., Haley, J. y Weakland, J. H., «Toward a theory of schizophrenia», *Behavioral Science,* 1, 1956, pp. 251-264.

Baum, C.. G., Reyna McGlone, C. L. y Ollendick, T. H., «The efficacy of behavioral parent training: Behavioral parent training plus clinical selfcontrol training, and a modified STEP program with children referred for noncompliance», Comunicación presentada en el congreso de la Association for Advancement of Behavior Therapy, Chicago, 1986.

Baum, M., «Extinction of avoidance responding through response prevention (flooding)», *Psychological Bulletin,* 74, 1970, pp. 276-284.

Bayés, R., «Aportaciones del conductismo a la salud mental comunitaria», *Estudios de Psicología*, 13, 1983, pp. 92-110.

— *Psicología oncológica*, Barcelona, Martínez Roca, 1985.

— «Factores de aprendizaje en la salud y la enfermedad», *Revista Española de Terapia del Comportamiento*, 5, 1987, pp. 119-135.

Beach, S. R. H. y O'Leary, K. D., «The treatment of depression occurring in the context of marital discord», *Behavior Therapy*, 17, 1986, pp. 43-49.

Beaty, E. T., «Feedback assisted relaxation training as a treatment for peptic ulcers», *Biofeedback and Self-Regulation*, 1, 1976, pp. 323-324 (Abstract).

Bechterev, V. M., *La psychologie objective*, París, Alcan, 1913.

— «Die perversitaten und inversitaten vom standpunkt der reflexologie», *Archiv fuer Psychiatrie und Nervenkrankheiten*, 68, 1923, pp. 100-213.

— *General principles of human reflexology: An introduction to the objective study of personality* (Traducción E. Murphy y W. Murphy), Nueva York, International Publishers, 1932.

Beck, A. T., *Depression: Causes and treatment*, Filadelfia, University of Pennsylvania Press, 1967.

— «The core problem in depression: The cognitive triad», en J. H. Masserman (comp.), *Depression: Theories and therapies*, Nueva York, Grune and Stratton, 1970.

— *Cognitive therapy and the emotional disorders*, Nueva York, International Universities Press, 1976.

— «Cognitive models of depression», *Journal of Cognitive Psychotherapy*, 1, 1987, pp. 5-37.

— *Love is never enough*, Nueva York, Harper & Row, 1988.

— y Emery, G., *Anxiety disorders and phobias: A cognitive perspective*, Nueva York, Basic Books, 1985.

—, Rusch, A. J., Shaw, B. R. y Emery, G., *Cognitive therapy of depression*, Nueva York, Guilford, 1979 [*Terapia cognitiva de la depresión*, Bilbao, Desclée de Brouwer, 1983].

Beck, S., «Habit reversal», en A. S. Bellack y M. Hersen (comps.), *Dictionary of behavior therapy techniques*, Nueva York, Pergamon Press, 1985.

Becker, R. E., Heimberg, R. G. y Bellack, A. S., *Social skills training treatment for depression*, Nueva York, Pergamon Press, 1987.

Bedell, J. R., Archer, R. P. y Marlowe, H. A., jr., «A description and evaluation of a problem-solving skills training program», en D. Upper y S. M. Ross (comps.), *Behavioral group therapy: An annual review*, Champaign, Ill., Research Press, 1980.

Bellack, A. S. (comp.), *Schizophrenia: Treatment, management, and rehabilitation*, Orlando, Fl., Grune and Stratton, 1984.

— y Hersen, M., *Behavior modification: An introductory textbook*, Nueva York, Williams and Wilkins, 1977.

— y Hersen, M. (comps.), *Dictionary of behavior therapy techniques*, Nueva York, Pergamon Press, 1985.

— y Morrison, R. L., «Interpersonal dysfunction», en A. S. Bellack, M. Hersen y A. E. Kazdin (comps.), *International handbook of behavior modification and therapy*, Nueva York, Guilford Press, 1982.

Bellamy, G. T., Horner, R. H. e Inman, D. P., *Vocational habilitation of severely retarded adults: A direct service technology*, Baltimore, Md., University Park Press.

Bender, N., «Self-verbalization versus tutor verbalization in modifying impulsivity», *Journal of Educational Psychology*, 68, 1976, pp. 347-354.

Benson, H., *The relaxation response*, Nueva York, Avon Books, 1975.

Bergin, A. E. y Lambert, M. J., «The evaluation of therapeutic outcomes», en S. L. Garfield y A. E. Bergin (comps.), *Handbook of psychotherapy and behavior change*, Nueva York, Wiley, 1978.

Berkman, L. F. y Breslow, L., *Health and ways of living: The Alameda County Study,* Nueva York, Oxford University Press, 1983.

Berkowitz, B. P. y Graziano, A. M., «Training parents as behavior therapists: A review», *Behaviour Research and Therapy,* 10, 1972, pp. 197-317.

Berkowitz, S., Sherry, P. J. y Davis, B. A., «Teaching self-feeding skills to profound retardates using reinforcement and fading procedures», *Behavior Therapy,* 2, 1971, pp. 62-67.

Bernal, G. y Marín, B. (comps.), «Community psychology in Cuba: An introduction», *Journal of Community Psychology,* 13, abril, 1985.

Bernstein, D. A. y Nietzel, M. T., *Introduction to clinical psychology,* Nueva York, McGraw-Hill, 1980 [*Introducción a la psicología clínica,* México, McGraw-Hill, 1982].

Bersoff, D. N. y Grieger, R. M., «An interview model for the psychosituational assessment of children's behavior», *American Journal of Orthopsychiatry,* 41, 1971, pp. 483-493.

Bertalanffy, L. von, *General systems theory,* Nueva York, Braziller, 1968.

Bierman, K. L., «Cognitive development and clinical interviews with children», en B. B. Lahey y A. E. Kazdin (comps.), *Advances in clinical child psychology,* vol. 6, Nueva York, Plenum Press, 1983.

Biglan, A., Glasgow, R. E. y Singer, G., «The need for a science of larger social units: A contextual approach», *Behavior Therapy,* 21, 1990, pp. 195-215.

Bijou, S. W., «Patterns of reinforcement and resistance to extinction in young children», *Child Development,* 28, 1957, pp. 47-54.

Bild, R. y Adams, H. E., «Modification of migraine headaches by cephalic blood volume pulse and EMG biofeedback», *Journal of Consulting and Clinical Psychology,* 48, 1980, pp. 51-57.

Birk, L. (comp.), *Biofeedback: Behavioral medicine,* Nueva York, Grune and Stratton, 1973.

Birnbrauer, J. S., Bijou, S. W., Wolf, M. M. y Kidder, J. D., «Programmed instruction in the classroom», en L. P. Ullmann y L. Krasner (comps.), *Case studies in behavior modification,* Nueva York, Holt, Rinehart and Winston, 1965.

Biro, C. E., Lartigue, M. T. y Cueli, J. (comps.), *Tres comunidades en busca de su identidad,* México, Alhambra Mexicana, 1981.

Black, D. R., «A minimal intervention program and a problem-solving program for weight control», *Cognitive Therapy and Research,* 11, 1987, pp. 107-120.

— y Scherba, D. S., «Contracting to problem solve versus contracting to practice behavioral weight loss skills», *Behavior Therapy,* 14, 1983, pp. 100-109.

— y Threlfall, W. E., «A stepped approach to weight control: A minimal intervention and a bibliotherapy problem-solving program», *Behavior Therapy,* 17, 1986, pp. 144-157.

Blackman, D. E., «Contemporary behaviourism: A brief overview», en C. F. Lowe, M. Richelle, D. E. Blackman y C. M. Bradshaw (comps.), *Behaviour analysis and contemporary psychology,* Londres, Lawrence Erlbaum, 1985.

Blanchard, E. B., «Behavioral medicine: A perspective», en R. B. Williams y V. D. Gentry (comps.), *Behavioral approaches to medical treatment,* Cambridge, Ballinger, 1977.

— «Behavioral medicine: Past, present, and future», *Journal of Consulting and Clinical Psychology,* 50, 1982, pp. 795-796.

— y Abel, G. G., «An experimental case study of the biofeedback treatment of a rape-induced psychophysiological cardiovascular disorder», *Behavior Therapy,* 7, 1976, pp. 113-119.

— y Andrasik, F., «Biofeedback treatment of vascular headache», en J. P. Hatch, J. G. Fisher y J. D. Rugh (comps.), *Biofeedback. Studies in clinical efficacy,* Nueva York, Plenum Press, 1987.

—, Andrasik, F., Arena, J. G., Neff, D. F., Saunders, N. L., Jurish, S. E., Teders, S. J. y Rodichok, L. D., «Psychophysiological responses as predictors of response to behavioral

treatment of chronic headache», *Behavior Therapy,* 14, 1983, pp. 357-374.
—, Andrasik, F., Evans, D. D., Neff, D. F., Appelbaum, K. A. y Rodichok, L. D., «Behavioral treatment of 250 chronic headache patients: A clinical replication series», *Behavior Therapy,* 16, 1985, pp. 308-327.
— y Epstein, L. H., «The clinical usefulness of biofeedback», en R. M. Eisler, M. Hersen y P. M. Miller (comps.), *Progress in behavior modification,* vol. 4, Nueva York, Academic Pres, 1977.
— y Epstein, L. H., *Behavioral medicine: Behavioral procedures in the treatment of physical illness,* Nueva York, Plenum Press, 1980.
Blechman, E. A., «Toward comprehensive behavioral family intervention: An algorithm for matching families and interventions», *Behavior Modification,* 5, 1981, pp. 221-236.
Bleecker, E. R. y Engel, B. T., «Learned control of cardiac rate and cardiac conduction in the Wolff-Parkinson-White syndrome», *New England Journal of Medicine,* 288, 1973, pp. 560-562.
Bloom, B. L., *Community mental health: A general introduction,* Monterrey, Calif., Brooks/Cole, 1984.
Blumer, H., «Social problems as colective behavior», *Social Problems,* 18, 1971, pp. 298-306.
Boget, T., Clariana, M. y Bayés, R., «Importancia de la variable "investigador" en los resultados de las técnicas de autocontrol», *Estudios de Psicología,* 12, 1982, pp. 128-132.
Bolles, R. C., «Species-specific defense reactions and avoidance learning», *Psychological Review,* 77, 1970, pp. 32-48.
Bonmarito, J. y Meichenbaum, D., «Enhancing reading comprehension by means of self-instructional training», Manuscrito no publicado, University of Waterloo, 1978.
Booraem, C. D. y Flowers, J. V., *Approaches to assertion training,* Monterrey, Calif., Brooks/Cole, 1978.
Borkovec, T. D., Mathews, A. M., Chambers, A., Ebrahimi, S., Lytle, R. y Nelson, R., «The effects of relaxation training with cognitive or nondirective therapy and the role of relaxation-induced anxiety in the treatment of generalized anxiety», *Journal of Consulting and Clinical Psychology,* 55, 1987, pp. 883-888.
—, Wilkinson, L., Folensbee, R. y Lerman, C., «Stimulus control applications to the treatment of worry», *Behaviour Research and Therapy,* 21, 1983, pp. 247-251.
Bornstein, P. H. y Bornstein, M. T., *Marital therapy: A behavioral-communications approach,* Nueva York, Pergamon Press, 1986 [*Terapia de pareja,* Madrid, Pirámide, 1988].
— y Quevillon, R. P., «The effects of a self-instructional package on overactive pre-school boys», *Journal of Applied Behavior Analysis,* 4, 1976, pp. 179-199.
Botella, C., *Introducción a los tratamientos psicológicos,* Valencia, Promolibro, 1986.
— «Modelos constructivistas en terapia cognitiva: actualidad y valoración», *Psicologemas,* 1, 1987*(a),* pp. 107-143.
— «La aplicación del constructivismo en terapia: presentación y análisis crítico del modelo de Guidano y Liotti», *Análisis y Modificación de Conducta,* 13, 1987*(b),* pp. 623-653.
— *Eficacia terapéutica y niveles de cambio: la utilización de un marco teórico de guía de resultados,* XXI Congreso de Psicología, La Habana, 1987.
— «Personalidad y terapia de conducta: ¿Dos disciplinas irreconciliables?», *Análisis y Modificación de Conducta,* 15, 1989, pp. 193-211.
Boudewyns, P. A. y Levis, D. J., «Autonomic reactivity of high and low ego-strenght subjects to repeated anxiety eliciting scenes», *Journal of Abnormal Psychology,* 84, 1975, pp. 682-692.
— y Shipley, R. H., *Flooding and implosive therapy,* Nueva York, Plenum, 1983.
Boudin, H. M., «Contingency contracting as therapeutic tool in the deceleration of amphetamine use», *Behavior Therapy,* 3, 1972, pp. 604-608.

Bower, G. H. y Bower, S., *Asserting yourself: A practical guide for positive change,* Reading, Mass., Addison-Wesley, 1976 [hay traducción castellana].

Bowers, K. S., «Situationism in psychology: An analysis and a critique», *Psychological Review,* 80, 1973, pp. 307-336.

— *Hypnosis for the seriously curious,* Nueva York, Norton, 1976.

Bowlby, J., *Attachment and loss I: Attachment,* Nueva York, Basic Books, 1969.

— «Self reliance and some conditions that promote it», en R. G. Gosling (comp.), *Support, innovation and autonomy,* Londres, Tavistock, 1973.

— «The role of childhood experience in cognitive disturbance», en M. J. Mahoney y A. Freeman (comps.), *Cognition and psychotherapy,* Nueva York, Plenum Press, 1985 [*Cognición y psicoterapia,* Barcelona, Paidós, 1988].

Boyd, T. L. y Levis, D. J., «Depression», en R. J. Dirtzman (comp.), *Clinical behavior therapy and behavior modification,* vol. 1, Nueva York, Garland STPM Press, 1980.

Bradshaw, C. M. y Szadabi, E., «Quantitative analysis of human operant behavior», en G. Davey y C. Cullen (comps.), *Human operant conditioning and behavior modification,* Nueva York, Wiley, 1988.

Braswell, L. y Kendall, P. C., «Cognitive-behavioral methods with children», en K. S. Dobson (comp.), *Handbook of cognitive-behavioral therapies,* Nueva York, Guilford Press, 1988.

Breger, L. y McGaugh, J. L., «Critique and reformulation of "learning theory" approaches to psychotherapy and neurosis», *Psychological Bulletin,* 63, 1965, pp. 338-358 [O. Nudler (comp.), *Problemas epistemológicos de la psicología,* Buenos Aires, Siglo XXI, 1975].

— y McGaugh, J. L., «Learning theory and behavior therapy: Reply to Rachman and Eysenck», *Psychological Bulletin,* 65, 1966, pp. 170-175.

Bregman, E. P., «An attempt to modify the emotional attitudes of infants by the conditioned response technique», *Journal of Genetic Psychology,* 45, 1934, pp. 169-198.

Brehm, S. S., *The application of social psychology to clinical practice,* Washington, D.C., Hemisphere, 1976.

Brener, J. M., «A general model of voluntary control applied to the phenomena of learned cardiovascular change», en P. A. Obrist, A. H. Black, J. Brener y L. V. DiCara (comps.), *Cardiovascular psychophysiology. Current issues in response mechanisms, biofeedback and methodology,* Chicago, Aldine, 1974.

Brentano, F., *Psychology from an empirical standpoint,* Nueva York, Humanitas Press, 1972. (Or.: 1874).

Brewin, C. R., *Cognitive foundations of clinical psychology,* Hillsdale, N.J., Lawrence Erlbaum, 1989.

Bridger, W. H., «Contributions of conditioning principles to psychiatry», Pavlovian Conditioning and American Psychiatry, Symposium No. 9, 1964, Group for the Advancement of Psychiatry. Reimpreso en G. A. Kimble (comp.), *Foundations of conditioning and learning,* Nueva York, Appleton-Century-Crofts, 1967.

Briscoe, R. V., Hoffman, D. B. y Bailey, J. S., «Behavioral community psychology: Training a community board to problem solve», *Journal of Applied Behavioral Analysis,* 8, 1975, pp. 157-168.

Brissaud, E., «Tics et spasmes cloniques de la face», *Journal of Medecine et de Chirurgie Pratiques,* 65, 1894, pp. 49-64.

Broden, M., Hall, R. V. y Mitts, B., «The effect of self-recording on the classroom behavior of two eighth-grade student», *Journal of Applied Behavior Analysis,* 4, 1971, pp. 191-199.

Brody, C., Davison, E. y Brody, J., «Self-regulation of a complex ventricular arrhythmia», *Psychosomatics,* 26, 1985, pp. 754-756.

Brown, B. B., «Recognition of aspects of consciousness through association with EEG alpha activity represented by a light signal», *Psychophysiology,* 6, 1970, pp. 442-452.

Brown, C., «Instruments in psychophysiology», en N. S. Greenfield y R. A. Sternbach (comps.), *Handbook of psychophysiology*, Nueva York, Holt, Rinehart and Winston, 1972.
Brown, G. W., Birley, J. L. T. y Wing, J. K., «Influence of family life on the course of schizophrenic disorders: A replication», *British J. of Psychiatry*, 121, 1972, pp. 241-258.
— y Harris, T., *Social origins of depression*, Nueva York, The Free Press, 1978.
Brown, J. S., *The motivation of behavior*, Nueva York, McGraw-Hill, 1961.
— y Farber, I. E., «Secondary motivational systems», *Annual Review of Psychology*, 19, 1958, pp. 99-134.
Brownell, K. D. y Foreyt, J. P., «Obesity», en D. H. Barlow (comp.), *Clinical handbook of psychological disorders: A step-by-step treatment manual*, Nueva York, Guilford Press, 1985.
Brudny, J., Grynbaum, B. B. y Korein, J., «Spasmodic torticollis: Treatment by feedback display of the EMG», *Archives of Physical Medicine and Rehabilitation*, 55, 1874, pp. 403-408.
Bryant, B., Trower, P., Yardley, K., Urbieta, H. y Letemendia, F. J. J., «A survey of social inadequacy among psychiatric outpatients», *Psychological Medicine*, 6, 1976, pp. 101-112.
Buckley, N. K. y Walker, H. M., *Modifying classroom behavior*, Champaign, Ill., Research Press, 1970.
Bueno-Miranda, F., Cerully, M. y Schuster, M. M., «Operant conditioning of colonic motility in irritable bowel syndrome (IBS)», *Gastroenterology*, 70, 1976, p. 867. Abstract.
Burgio, L. D., Witman, T. L. y Johnson, M. R. A., «A self instructional package for increasing attending behavior in educable mentally retarded children», *Journal of Applied Behavior Analysis*, 13, 1981, pp. 443-459.
Burnham, W. H., *The normal mind. An introduction to mental hygiene and the hygiene of school instructions*, Nueva York, Appleton, 1924.
Burns, D. D., *Feeling good*, Nueva York, William Morrow, 1980.
Bush, K. M., Sidman, M. y De Rose, T., «Contextual control of emergent equivalence relations», *Journal of the Experimental Analysis of Behavior*, 51, 1989, pp. 29-45.
Butler, G., Cullington, A., Munby, M., Amies, P. y Gelder, M., «Exposure and anxiety management in the treatment of social phobia», *Journal of Consulting and Clinical Psychology*, 52, 1984, pp. 642-650.
Butler, J. M., Rice, L. N. y Wagstaff, A. K., «On the naturalistic definition of variables: An analogue of clinical analysis», en H. Strupp y L. Luborsky (comps.), *Research in psychotherapy*, Washington, D.C., American Psychological Association, 1962.
Butters, J. W. y Cash, T. F., «Cognitive-behavioral treatment of women's body-image dissatisfaction», *Journal of Consulting and Clinical Psychology*, 55, 1988, pp. 889-897.
Caballo, V. E., «Evaluación de las habilidades sociales», en R. Fernández Ballesteros y J. A. I. Carrobles (comps.), *Evaluación conductual: Metodología y aplicaciones* (3ª edición), Madrid, Pirámide, 1986.
— «Evaluación y entrenamiento de las habilidades sociales: una estrategia multimodal», Tesis doctoral, Universidad Autónoma de Madrid, 1987 (Microficha).
— *Teoría, evaluación y entrenamiento de las habilidades sociales*, Valencia, Promolibro, 1988.
— «La multidimensionalidad conductual de las habilidades sociales: propiedades psicométricas de una nueva medida de autoinforme», Comunicación presentada en las VIIas Jornadas de Modificación de Conducta-Habilidades Sociales, Madrid, mayo de 1989.
— y Buela, G., «Factor analyzing the College Self-Expression Scale with a Spanish population», *Psychological Reports*, 63, 1988*(a)*, pp. 503-507.
— y Buela, G., «Molar/molecular assessment in an analogue situation: Relationships among several measures and validation of a behavioral assessment instrument», *Perceptual and Motor Skills*, 67, 1988*(b)*, pp. 591-602.

— y Buela, G., «Diferencias conductuales, cognoscitivas y emocionales entre sujetos de alta y baja habilidad social», *Revista de Análisis del Comportamiento,* 4, 1989, pp. 1-19.

— y Buela, G., «Técnicas de modificación de conducta en el tratamiento de los trastornos del sueño», en G. Buela-Casal y F. Navarro (comps.), *Avances en la investigación del sueño y sus trastornos,* Madrid, Siglo XXI, 1990.

— y Carrobles, J. A. I., «Comparación de la efectividad de diferentes programas de entrenamiento en habilidades sociales», *Revista Española de Terapia del Comportamiento,* 6, 1988, pp. 93-114.

—, Godoy, J. F. y Buela, G., «The Multidimensional Scale of Social Expression-Motor Subscale (MSSE-MS): Factor analyzing a new scale on social skills», Comunicación presentada en el Third World Congress on Behavior Therapy, Edimburgo, septiembre de 1988.

—, Godoy, J. F. y Carrobles, J. A. I., «Evaluación de las habilidades sociales por medio de una estrategia multimodal: primeros datos», Comunicación presentada en el I Congreso de Evaluación Psicológica, Madrid, 1984.

— y Ortega, A. R., «La Escala Multidimensional de Expresión Social: Algunas propiedades psicométricas», *Revista de Psicología General y Aplicada,* 42, 1989, pp. 215-221.

Cáceres, J., «Tratamiento del alcoholismo en el hospital Ravenscraig», Manuscrito no publicado, 1978.

— «Modificación del comportamiento y hábito de fumar», *Revista de Psicología General y Aplicada,* 34, 1979, pp. 225-243.

— «Utilización de zumo de limón en el tratamiento del comportamiento masturbatorio compulsivo en una niña de cinco años», Manuscrito no publicado, 1983.

— «Técnicas aversivas», en J. Mayor y F. Labrador (comps.), *Manual de modificación de conducta,* Madrid, Alhambra, 1984.

— «Exhibicionismo: estudio, evaluación y tratamiento de un caso problema», en M. A. Vallejo, F. Fernández Abascal, y F. Labrador (comps.), *Análisis de casos clínicos en modificación de conducta,* Madrid, TEA, 1988.

— *Evaluación psicofisiológica de la sexualidad humana,* Barcelona, Martínez Roca, 1990.

Camp, B. W., «Two psychoeducational treatment programs for young agressive boys», en C. K. Whalen y B. Henke (comps.), *Hiperactive children-The social psychology of identification and treatment,* Nueva York, Academic Press, 1980.

—, Blom, G. E., Herbert, F. y Von Doormick, W. J., «"Think Aloud": A program for developing self-control in young aggresive boys», *Journal of Abnormal Child Psychology,* 5, 1977, pp. 157-169.

Campbell, D. T., «Evolutionary epistemology», en P. A. Schilpp (comp.), *The philosophy of Karl Popper,* La Salle, Ill., Library of Living Philosophers, 1974.

Candland, D. K., Fell, J. P., Keen, E., Leshner, A. L., Torpy, R. M. y Plutchik, R., *Emotion,* Monterrey, Calif., Brooks/Cole, 1977.

Cantor, M. B. y Wilson, J. F., «Feeding the face: New directions in adjunctive behavior research», en F. R. Brush y J. B. Overmier, (comps.), *Affect, conditioning, and cognition. Essays on the determination of behavior,* Hillsdale, N.J., Lawrence Erlbaum, 1985.

Capanaga, V., *San Juan de la Cruz. Valor psicológico de su doctrina,* Madrid, Imprenta Juan Bravo, 3, 1950.

Caplan, G., *Principles of preventive psychiatry,* Nueva York, Basic Books, 1964.

Caplan, N. y Nelson, S. D., «On being useful: The nature and consecuences of psychological research on social problems», *American Psychologist,* 28, 1973, pp. 199-211.

Cappe, R. F. y Alden, L. E., «A comparison of treatment strategies for clientes functionally impaired by extreme shyness and social avoidance», *Journal of Consulting and Clinical Psychology,* 54, 1986, pp. 796-801.

Carmin, C. C. y Dowd, E. T., «Paradigms in cognitive psychotherapy», en Dryden y P.

Trower (comps.), *Developments in cognitive psychotherapy*, Newsbury Park, Calif., Sage, 1988.
Caro, I., «La teoría de la semántica general de Alfred Korzybski», *Boletín de Psicología*, 5, 1984, pp. 35-68.
Carranza, M. y Almeida, E., «La psicología comunitaria», Manuscrito no publicado, 1988.
Carrobles, J. A., «Psicología y medicina», en M. D. Avia, R. Burgaleta, C. Camarero, J. A. Carrobles, M. Costa, A. Fierro, J. A. de Juan y J. Toro (comps.), *La psicología como ciencia*, Madrid, Ayuso, 1984.
— «El modelo comunitario y la posibilidad de integración de diferentes modelos: El punto de vista ecléctico», en J. A. Carrobles (comp.), *Análisis y modificación de la conducta II*, Madrid, UNED, 1985.
—, Cardona, A., Santos, P., García, A., Jiménez, A. y Llorente, J. M., *El biofeedback en la rehabilitación de accidentes de la mano y pie: Estudio experimental de casos clínicos*, Madrid, Fundación Mapfre, 1981.
— y Godoy, J., *Biofeedback. Principios y aplicaciones*, Barcelona, Martínez Roca, 1987.
Carson, R. C., Butcher, J. N. y Coleman, J. C., *Abnormal psychology and modern life*, Glenview, Ill., Scott, Foresman and Company, 1988 [*Psicología de la anormalidad y vida moderna*, México, Trillas, 1988].
Carver, C. S. y Scheier, M. F., «An information processing perspective on self-management», en P. Karoly y F. H. Kanfer (comps.), *Self-management and behavior change: From theory to practice*, Nueva York, Pergamon Press, 1982.
Cataldo, M. F. y Coates, T. J. (comps.), *Health and industry: A behavioral medicine perspective*, Nueva York, Wiley, 1986.
Catania, A. C., «The mith of self-reinforcement», *Behaviorism*, 3, 1975, pp. 192-199.
— «Self-reinforcement revisited», *Behaviorism*, 4, 1976, pp. 157-162.
— «Rule-governed behaviour and origins of language», en C. F. Lowe, M. Richelle, D. E. Blackman y C. M. Bradshow (comps.), *Behaviour analysis and contemporary psychology*, Londres, Lawrence Erlbaum, 1985.
Catena, A., Godoy, J. F. y Caballo, V. E., *Test conductual de agudeza visual*, III Congreso Nacional de la Asociación Española de Terapia del Comportamiento (A.E.T.C.O.), Gijón, 1985.
—, Godoy, J. F. y Caballo, V. E., «Test conductual de agudeza visual: Un estudio de fiabilidad en miopes», *Evaluación Psicológica/Psychological Assessment*, 4, 1988, pp. 353-360.
—, Godoy, J. F. y Ortega, A. R., *Diferencias de ejecución entre miopes y no miopes en el test conductual de agudeza visual*, IV Congreso Nacional de la Asociación Española de Terapia del Comportamiento (A.E.T.C.O.), Gandía, 1988.
Cattell, R. B., «The psychometric properties of tests: Consistency, validity, and efficiency», en R. B. Cattell y C. R. Johnson (comps.), *Functional psychological testing: Principles and instruments*, Nueva York, Brunner/Mazel, 1986.
Cautela, J. R., «Treatment of compulsive behavior by covert sensitization», *Psychological Record*, 16, 1966, pp. 33-41.
— «Covert sensitization», *Psychological Reports*, 20, 1967, pp. 459-468 [Upper, D. y Cautela, J. R. (comps.), *Condicionamiento encubierto*, Bilbao, Desclée de Brouwer, 1983].
— «The treatment of alcoholism by covert sensitization», *Psychotherapy: Theory, Research and Practice*, 7, 1970*(a)*, pp. 86-90
— «Treatment of smoking by covert sensitization», *Psychological Reports*, 26, 1970*(b)*, pp. 415-420
— «Covert reinforcement», *Behavior Therapy*, 1, 1970*(c)*, pp. 33-50 [Upper, D. y Cautela, J. R. (comps.), *Condicionamiento encubierto*, Bilbao, Desclée de Brouwer, 1983].
— «Covert negative reinforcement», *Journal of Behavior Therapy and Experimental*

Psychiatry, 1, 1970*(d),* pp. 273-378 [Upper, D. y Cautela, J. R. (comps.), *Condicionamiento encubierto,* Bilbao, Desclée de Brouwer, 1983].

— «Covert Extintion», *Behavior Therapy,* 2, 1971*(a),* pp. 192-200 [Upper, D. y Cautela, J. R. (comps.), *Condicionamiento encubierto,* Bilbao, Desclée de Brouwer, 1983].

— «Covert Modeling», Comunicación presentada en la V Reunión Anual de la Association for Advancement of Behavior Therapy, Washington, septiembre, 1971*(b).*

— *Thought Stopping Survey Schedule,* Chesnut Hill, Mass., Boston College, 1975.

— «The present status of covert modeling», *Journal of Behavior Therapy and Experimental Psychiatry,* 6, 1976, pp. 323-326 [Upper, D. y Cautela, J. R. (comps.), *Condicionamiento encubierto,* Bilbao, Desclée de Brouwer, 1983].

— «Covert conditioning: Assumptions and procedures», *Journal of Mental Imagery,* 1, 1977, pp. 53-64 [Upper, D. y Cautela, J. R. (comps.), *Condicionamiento encubierto,* Bilbao, Desclée de Brouwer, 1983].

— «Condicionamiento encubierto en niños», *Analisis y Modificación de Conducta,* número extraordinario, 1981, pp. 67-84.

— «Covert sensitization», en A. S. Bellack y M. Hersen (comps.), *Dictionary of behavior therapy techniques,* Nueva York, Pergamon Press, 1985*(a).*

— «Covert Modeling», en A. S. Bellack y M. Hersen (comps.), *Dictionary of behavior therapy techniques,* Nueva York, Pergamon Press, 1985*(b).*

— «Self-control triad», en A. S. Bellack y M. Hersen (comps.), *Dictionary of behavior therapy techniques,* Nueva York, Pergamon Press, 1985*(c).*

— y Groden, J., *Relaxation: A comprehensive manual for adults, children, and children with special needs,* Champaign, Ill., Research Press, 1978 [*Técnicas de relajación,* Barcelona, Martínez Roca, 1985].

— y Kastembaum, R. A., «A reinforcement survey schedule for use in therapy training and research», *Psychological Reports,* 20, 1967, pp. 1115-1130.

— y Kearney, A.J., *The covert conditioning handbook,* Nueva York, Springer, 1986.

Chamberlain, P. y Reid, J. B., «Parent observation and report of child symptoms», *Behavioral Assessment,* 9, 1987, pp. 97-109.

Chambless, D. L., Caputo, C., Gallagher, R. y Bright, P., «Assessment of fear in agoraphobia: The body sensations questionnaire and the agoraphobic cognitions questionnaire», *Journal of Consulting and Clinical Psychology,* 52, 1984, 1090-1097.

— y Goldstein, A., «The treatment of agoraphobia», en A. Goldstein y E. Foa (comps.), *Handbook of behavioral interventions: A clinical guide,* Nueva York, Wily, 1980.

Chappell, M. N. y Stevenson T. I., «Group psychological training in some organic conditions», *Mental Hygiene,* 20, 1936, pp. 588-597.

Chase, P. N., Johnson y Sulzer-Azaroff, B. S., «Verbal relations within instruction are there subclasses of the intraverbal?», *Journal of the Experimental Analysis of Behavior,* 43, 1985, pp. 304-313.

Childress, R. y Gillis, J. S., «A study of pretherapy role induction as an influence process», *Journal of Clinical Psychology,* 33, 1977, pp. 540-544.

Cheng, P. W., «Restructuring versus automaticity: Alternative accounts of skill acquisition», *Psychological Review,* 92, 1985, pp. 414-423.

Christoff, K., Edelstein, B. y Spencer, J., «The use of modeling tapes in the teaching of interviewing skills», Comunicación presentada en el congreso de la Association for Behavior Analysis, Dearborn, 1979.

— y Kelly, J. A., «Behavioral approaches to social skills training with psychiatric patients», en L. L'Labate y M. A. Milan (comps.), *Handbook of social skills training and research,* Nueva York, Wiley, 1985.

—, Scott, O., Edelstein, B., Sims, C., Brasted, W. y Steinfeld, B., «On the validity of components of clinical interviewing skills», Comunicación presentada en el congreso de la Association for Behavior Analysis, Dearborn, 1980.

—, Spencer, J., Edelstein, B., Couture, E., Sims, C. y Vieira, K., «Teaching interviewing skills: Inmediate versus delayed feedback», Comunicación presentada en el congreso de la Midwestern Association of Behavior Analysis, Chicago, 1978.

Church, R., «The varied effects of Punishment», *Psychological Review,* 70, 1963, pp. 369-402.

Ciminero, A., «Behavioral assessment: An overview», en R. A. Ciminero, K. S. Calhoun y H. E. Adams (comps.), *Handbook of behavioral assessment,* Nueva York, Wiley, 1977.

Clark, D. M., «Anxiety states», en K. Hawton, P. Salkovskis, J. Kirk y D. Clark (comps.), *Cognitive behaviour therapy for psychiatric problems: A practical guide,* Oxford, Oxford University Press, 1989.

Coche, E. y Douglas, A. A., «Therapeutic effects of problem-solving training and play-reading groups», *Journal of Clinical Psychology,* 33, 1977, pp. 820-827.

Cohen, S., Evans, G. W., Stokols, D. y Krantz, D. S., *Behavior, health, and environmental stress,* Nueva York, Plenum Press, 1986.

Coleman, J. S., «Social capital in the creation of human capital», *American Journal of Sociology* (Suplemento), 94, 1989, pp. 95-120.

Colotla, V. A., «La polidipsia adjuntiva como modelo del alcoholismo», en V. A. Colotla, V. M. Alcaraz y C. R. Schuster (comps.), *Modificación de conducta. Aplicaciones del análisis conductual a la investigación biomédica,* México, Trillas, 1980.

Colvin, R. H., Zopf, K. J. y Myers, J. H., «Weight control among co-workers: Effects of monetary contingencies and social milieu», *Behavior Modification,* 7, 1983, pp. 64-75.

Condon, T. J. y Allen, G. J., «The role of psychoanalytic merging fantasies in systematic desensitization: A rigorous methodological examination», *Journal of Abnormal Psychology,* 89, 1980, pp. 437-443.

Cone, J. D., «Truth and sensitivity in behavioral assessment», Comunicación presentada en el Congreso de la Association for the Advancement of Behavior Therapy, Chicago, 1978.

— «Confounded comparisons in the triple response mode assessment research», *Behavioral Assessment,* 1, 1979, pp. 85-95.

— «Psychometric considerations», en M. Hersen y A. S. Bellack (comps.), *Behavioral assessment: A practical handbook* (2ª edición), Nueva York, Pergamon Press, 1981.

— «Idiographic, nomothetic, and related perspectives in behavioral assessment», en R. O. Nelson y S. C. Hayes (comps.), *Conceptual foundations of behavioral assessment,* Nueva York, Guilford Press, 1986.

— «Psychometric considerations and the multiple models of behavioral assessment», en A. S. Bellack y M. Hersen (comps.), *Behavioral assessment: A practical handbook* (3ª edición), Nueva York, Pergamon Press, 1988.

Connis, R. T., «The effects of sequential pictorial cues, self-recording, and on the job-task sequencing of retarded adults», *Journal of Applied Behavior Analysis,* 12, 1979, pp. 355-361.

Cook III, E. W., Lang, P. J. y Hodes, R. L., «Preparedness and phobia: Effects of stimulus content on human visceral conditioning», *Journal of Abnormal Psychology,* 95, 1986, pp. 195-207.

Cook, M. y Kipnis, D., «Influence tactics in psychotherapy», *Journal of Consulting and Clinical Psychology,* 54, 1986, pp. 22-26.

Corsini, R. J., *Current psychotherapies,* Itasca, Ill., Peacock, 1984.

— «Adlerian groups», en S. Long (comp.), *Six group therapies,* Nueva York, Plenum Press, 1988.

Cooper, J. O., Heron, T. E. y Heward, W. L., *Applied behavior analysis,* Columbus, Ohio, Merrill, 1987.

Copeman, C. D., «Aversive counterconditioning and social training: A learning theory ap-

proach to drug rehabilitation», Tesis doctoral sin publicar, State University of New York at Stony Brook, 1973.
Cormier, W. H. y Cormier, L. S., *Behavioral counseling: Initial procedures, individual and group strategies,* Boston, Mass., Houghton Mifflin, 1975.
— y Cormier, L. S., *Interviewing strategies for helpers,* Monterrey, Calif., Brooks/Cole, 1979.
— y Cormier, L. S., *Interviewing strategies for helpers* (2ª edición), Monterrey, Calif., Brooks/Cole, 1985.
—, Otani, A. y Cormier, S., «The effects of problem-solving training on two problem-solving tasks», *Cognitive Therapy and Research,* 10, 1986, pp. 95-108.
Costa, M., «Tratamiento conductual de la homosexualidad», *Revista de Psicología General y Aplicada,* 35, 1981, pp. 287-299.
— «La terapia de la conducta en la salud comunitaria», *Anuario de Psicología,* 30/31, 1983, pp. 112-125.
— y López, E., *Salud comunitaria,* Barcelona, Martínez Roca, 1986.
Cotler, S. B. y Guerra, J. J., *Assertion training: A humanistic-behavioral guide to self-dignity,* Champaign, Ill., Research Press, 1976.
Couture, E. y Edelstein, B., «A modularized course in interviewing techniques», Comunicación presentada en el congreso de la Southeastern Psychological Association, Miami, 1977.
Covarrubias, P., *Remedio de jugadores,* 1534 (Biblioteca de la Universidad de Oviedo, Signatura: A-247).
Covi, L., Roth, D. y Lipman, R. S., «Cognitive group psychotherapy of depression: The closed-ended group», *American Journal of Psychotherapy,* 35, 1982, pp. 991-999.
Coyne, J. C. y Gotlib, I. H., «The role of cognition in depression: A critical appraisal», *Psychological Bulletin,* 94, 1983, pp. 472-505.
Cradock, C., Cotler, S. y Jason, L. A., «Primary prevention: Immunization of children for speech anxiety», *Cognitive Therapy and Research,* 2, 1978, pp. 389-396.
Crasilnek, H. B. y Hall, J. A., *Clinical hypnosis: Principles and applications* (2ª edición), Orlando, Grune & Stratton, 1985.
Crisp, A. H., «"Transference" "symptom emergence" and social repercussion in behavior therapy», *British Journal of Medical Psychology,* 39, 1966, pp. 179-196.
Crockett, D. y Bilsker, D., «Bringing the feet in from the cold: Thermal biofeedback training of foot-warming in Raynaud's syndrome», *Biofeedback and Self-Regulation,* 9, 1984, pp. 431-438.
Cronbach, L. J., «The two disciplines of scientific psychology», *American Psychologist,* 12, 1957, pp. 671-684.
— «Test validation», en R. L. Thorndike (comp.), *Educational measurement,* Washington, D.C., American Council of Education, 1971.
— «Validity on parole: How can we go straight?», *New Directions for Testing and Measurement,* 5, 1980, pp. 99-108.
— *Essentials of psychological testing* (4ª edición), Nueva York, Harper and Row, 1984.
— y Gleser, G., *Psychological tests and personnel decisions* (2ª edición), Urbana, Ill., University of Illinois Press, 1965.
—, Gleser, G., Nanda, H. y Rajaratnam, N., *The dependability of behavioral measurements: Theory of generalizability for scores and profiles,* Nueva York, Wiley, 1972.
— y Meehl, P. E., «Construct validity in psychological tests», *Psychological Bulletin,* 52, 1955, pp. 281-302.
— y Quirk, T. J., «Test validity», en *International encyclopedia of education,* Nueva York, McGraw-Hill, 1976.
—, Rajaratnam, N. y Gleser, G., «Theory of generalizability: A liberalization of reliability theory», *British Journal of Statistical Psychology,* 16, 1963, pp. 137-163.

Cueli, J. y Biro, C. E., *Psicocomunidad,* Englewood Cliffs, N.J., Prentice-Hall Internacional, 1975.

Curran, J. P., «Social skills therapy: A model and a treatment», en R. M. Turner y L. M. Ascher (comps.), *Evaluating behavior therapy outcome,* Nueva York, Springer, 1985.

—, Corriveau, D. P., Monti, P. M. y Hagerman, A. J., «Social skill and social anxiety: Self-report measurement in a psychiatric population», *Behavior Modification,* 4, 1980, pp. 493-512.

— y Wessberg, H. W., «Assessment of social inadequacy», en D. H. Barlow (comp.), *Behavioral assessment of adult disorders,* Nueva York, Guilford Press, 1981.

D'Amico, W., «Case studies in assertive training with adolescents», en R. E. Alberti (comp.), *Assertiveness: Innovations, aplications, issues,* San Luis Obispo, Calif., Impact, 1977.

Dance, K. A. y Neufeld, R. W. J., «Aptitude-treatment interaction research in clinical setting: A review of attempts to dispel the "patient uniformity" myth», *Psychological Bulletin,* 104, 1988, pp. 192-213.

Darwin, C., *On the origin of species by means of natural selection,* Londres, Murray, 1959.

— *The descent of man,* Nueva York, Appleton, 1871.

— *The expression of the emotions in man and animals,* Londres, Murray, 1872.

Davies, G. R., McMahon, R. J., Flessati, E. y Tiedemann, G. L., «Verbal rationales and modeling as adjuncts to a parenting technique for child compliance», *Child Development,* 55, 1984, pp. 1290-1298.

Davison, G. C. y Stuart, R. B., «Behavior therapy and civil liberties», *American Psychologist,* 30, 1975, pp. 755-763.

Day, W. F., «Radical behaviorism in reconciliation with phenomenology», *Journal of Experimental Analysis of Behavior,* 12, 1969, pp. 315-328.

Deffenbacher, J. L. y Hahnloser, R. M., «Cognitive and relaxation coping skills in stress inoculation», *Cognitive Therapy and Research,* 5, 1981, pp. 211-215.

—, Story, D. A., Brandon, A. D., Hogg, J. A. y Hazaleus, S. L., «Cognitive and cognitive-relaxation treatments of anger», *Cognitive Therapy and Research,* 12, 1989, pp. 167-184.

—, Story, D. A., Stark, R. S., Hogg, J. A. y Brandon, A. D., «Cognitive-relaxation and social skills interventions in the treatment of general anger», *Journal of Counseling Psychology,* 34, 1987, pp. 171-176.

— y Suinn, R. M., «The self-control of anxiety», en P. Karoly y F. Kanfer (comps.), *Self-management and behavior change from theory to practice,* Nueva York, Pergamon Press, 1982.

— y Suinn, R. M., «Generalized anxiety syndrome», en L. Michelson y L. M. Ascher (comps.), *Anxiety and stress disorders: Cognitive-behavioral assessment and treatment,* Nueva York, Guilford Press, 1987.

— y Suinn, R. M., «Systematic desensitization», *The Counseling Psychologist,* 16, 1988, pp. 9-30.

Deitz, S. M. y Repp, A. C., «Decreasing classroom misbehavior through the use of DRL schedules of reinforcement», *Journal of Applied Behavior Analysis,* 6, 1973, pp. 457-463.

Delamater, R. J. y McNamara, J. R., «The social impact of assertiveness: research findings and clinical implications», *Behavior Modification,* 10, 1986, pp. 139-158.

Dell, P. F., «Why do we still call them "paradoxes"?», *Family Process,* 25, 1986, pp. 223-234.

Delprato, D. J., «Exposure to the aversive stimulus in an animal analogue to systematic desensitization», *Behaviour Research and Therapy,* 11, 1973, pp. 187-192.

— «Developmental interactionism: An emerging integrative framework for behavior therapy», *Advances in Behaviour Research and Therapy* (en prensa).

DeRisi, W. J. y Butz, G., *Writing behavioral contracts: A case simulation practice manual,* Champaign, Ill., Research Press, 1975.

DeRubeis, R. J. y Beck, A. T., «Cognitive therapy», en K. S. Dobson (comp.), *Handbook of cognitive-behavioral therapies,* Nueva York, Guilford Press, 1988.

De Silva, P. y Rachman, S., «Human food aversions: Nature and acquisition», *Behaviour Research and Therapy,* 25, 1987, pp. 457-468.

DiCara, L. y Miller, N. E., «Changes in heart rate instrumentally learned by curarized rats as avoidance responses», *Journal of Comparative and Physiological Psychology,* 65, 1968, pp. 8-12.

Dieckhöfer, K., *El desarrollo de la psiquiatría en España. Elementos históricos y culturales,* Madrid, Gredos, 1984.

Dinsmoor, J. A., «A quantitative comparison of the discriminative and reinforcing functions of a stimulus», *Journal of Experimental Psychology,* 41, 1950, pp. 458-472.

Dixon, D. N., Heppner, P. P., Petersen, C. H. y Ronning, R. R., «Problem-solving workshop training», *Journal of Counseling Psychology,* 26, 1979, pp. 133-139.

Dobson, K. S., «The self-schema in depression», en L. M. Hartman y K. R. Blankstein (comps.), *Perception of self in emotional disorders and psychotherapy,* Nueva York, Plenum Press, 1986.

— «A meta-analysis of the efficacy of cognitive therapy for depression», *Journal of Consulting and Clinical Psychology,* 57, 1989*(a),* pp. 414-419.

— «Evaluation of the adequacy of cognitive/behavioral theories for understanding depression in women: A commentary», *Canadian Psychology,* 30, 1989*(b),* pp. 56-58.

— y Shaw, B. F., «The use of treatment manuals in cognitive therapy: Experience and issues», *Journal of Consulting and Clinical Psychology,* 56, 1988, pp. 673-680.

—, Shaw, B. F. y Vallis, T. M., «Reliability of a measure of the quality of cognitive therapy», *British Journal of Clinical Psychology,* 24, 1985, pp. 295-300.

—, Jacobson, N. S. y Victor, J., «Towards and integration of cognitive therapy and behavioral marital therapy for depression», en J. F. Clarkin, G. Haas e I. Glick (comps.), *Family variables and intervention in affective illness,* Nueva York, Guilford Press.

Doleys, D. M., «Bell and pad conditioning», en A. S. Bellack y M. Hersen (comps.), *Dictionary of behavior therapy techniques,* Nueva York, Pergamon Press, 1985*(a).*

— «Retention control training», en A. S. Bellack y M. Hersen (comps.), *Dictionary of behavior therapy techniques,* Nueva York, Pergamon Press, 1985*(b).*

—, Meredith, R. L. y Ciminero, A. R. (comps.), *Behavioral medicine: Assessment and treatment strategies,* Nueva York, Plenum Press, 1982.

Dollard, J. y Miller, N. E., *Personality and psychoterapy,* Nueva York, McGraw-Hill, 1950.

Dowd, T. y Milne, C. R., «Paradoxical interventions in counseling psychology», *The Counseling Psychologist,* 14, 1986, pp. 237-282.

— y Olson, D. H., «Contingency contracting», en A. S. Bellack y M. Hersen (comps.), *Dictionary of behavior therapy techniques,* Nueva York, Pergamon Press, 1985.

Dowrick, P. W. y Biggs, S. J., *Using video: Psychological and social applications,* Chichester, Wiley, 1983.

Drabman, R. S. y Furman, N., «Behavioral procedures in the classroom», en D. S. Glenwick y L. A. Jason (comps.), *Behavioral community psychology: Progress and prospects,* Nueva York, Praeger, 1980.

—, Spitalnik, R. y O'Leary, K. D., «Teach self-control to disruptive children», *Journal of Abnormal Psychology,* 82, pp. 10-16.

Drenth, P. J., *Der psychologische test,* Múnich, Barth, 1969.

Dryden, W., *Individual therapy in Britain,* Londres, Harper & Row, 1984*(a).*

— «Social skills training from a rational-emotive perspective», en P. Trower (comp.), *Radical approaches to social skills training,* Londres, Croom Helm, 1984*(b).*

— *Therapists' dilemmas,* Londres, Harper & Row, 1985.

— «Albert Ellis: An efficient and passionate life», *Journal of Counseling and Development,* 67, 1989, pp. 539-546.

— y Ellis, A., «Rational-emotive therapy», en K. S. Dobson (comp.), *Handbook of cognitive-behavioral therapies,* Nueva York, Guilford Press, 1988.

— y Golden, W., *Cognitive-behavioral approaches to psychotherapy,* Londres, Harper and Row, 1986.

Dumas, J. E., «Treating antisocial behavior in children: Child and family approaches», *Clinical Psychology Review,* 9, 1989*(a),* pp. 197-222.

— «Let's not forget the context in behavioral assessment», *Behavioral Assessment,* 11, 1989*(b),* pp. 231-247.

Dunlap, K., «A revision of the fundamental law of habit formation», *Science,* 67, 1928, pp. 360-362.

Dweck, C. S., «The role of expectations and attibutions in the alleviation of learned helplessness», *Journal of Personality and Social Psychology,* 31, 1975, pp. 674-685.

D'Zurilla, T. J., *Problem-solving therapy: A social competence approach to clinical intervention,* Nueva York, Springer, 1986.

— y Goldfried, M. R., «Problem solving and behavior modification», *Journal of Abnormal Psychology,* 78, 1971, pp. 107-126.

— y Nezu, A., «A study of the generation-of-alternatives process in social problem solving», *Cognitive Therapy and Research,* 4, 1980, pp. 67-72.

— y Nezu, A., «Social problem solving in adults», en P. C. Kendall (comp.), *Advances in cognitive behavioral research and therapy,* vol. 1, Nueva York, Academic Press, 1982.

— y Nezu, A. M., «The Heppner and Krauskopf approach: A model of personal problem or social skills?», *The Counseling Psychologist,* 15, 1987, pp. 463-470.

— y Nezu, A. M., «Development and preliminary evaluation of the Social Problem-Solving Inventory (SPSI)», *Psychological Assessment: A Journal of Consulting and Clinical Psychology,* 1990.

Edelbrock, C., «Conduct problems in childhood and adolescence: Developmental patterns and progressions», Manuscrito sin publicar, 1985.

—, Costello, A. J., Dulcan, M. K., Kalas, D. y Conover, N., «Age differences in the reliability of the psychiatric interview of the child», *Child Development,* 56, 1985, pp. 265-275.

Edelstein, B. A. y Berler, E., «Interviewing and report writing», en C. L. Frame y J. L. Matson (comps.), *Handbook of assessment in childhood psychopathology,* Nueva York, Plenum Press, 1987.

—, Couture, E. T., Cray, M., Dickens, P. y Lusebrink, N., «Group training of problem-solving with chronic psychiatric patients», en D. Upper y S. Ross (comps.), *Behavioral group therapy, 1980: An annual review,* Champaign, Ill., Research Press, 1980.

—, Knight, J., DiLorenzo, T., Baer, R., Detrich, R. y Carr, W., «Training alternative analyses in clinical interviewing», Comunicación presentada en el congreso de la Association for Behavior Analysis, Milwaukee, 1983.

— y Scott, O., «The teaching of behavioral interviewing skills», Comunicación presentada en el congreso de la Association for Behavior Analysis, Milwaukee, 1983.

Eelen, P. y Fontaine, O. (comps.), *Behavior therapy: Beyond the conditioning framework,* Hillsdale, N. J., Lawrence Erlbaum, 1986.

Ehrenberg, O. y Ehrenberg, M., *The psychotherapy maze,* Nueva York, Holt, Rinehart and Winston, 1977.

Eisler, R. M. y Frederiksen, L. W., *Perfecting social skills: A guide to interpersonal behavior development,* Nueva York, Plenum Press, 1980.

Elder, S. T. y Eustis, N. K., «Instrumental blood pressure conditioning in out-patient hypertensives», *Behaviour Research and Therapy,* 13, 1975, pp. 185-188.

Elliot, R., Hill, C. E., Stiles, W. B., Friedlander, M. L., Mahrer, A. R. y Margison, F. R., «Primary therapist response modes: Comparison of six rating systems», *Journal of Consulting and Clinical Psychology*, 55, 1987, pp. 218-223.

Ellis, A., *Sex without guilt*, Nueva York, Lyle Stuart, 1958*(a)*.

— «Rational psychotherapy», *Journal of General Psychology*, 59, 1958*(b)*, pp. 35-49.

— *The art and science of love*, Nueva York, Lyle Stuart, 1960.

— *The encyclopedia of sexual behavior*, Nueva York, Hawthorn, 1961.

— *Reason and emotion in psychotherapy*, Nueva York, Lyle Stuart, 1962.

— *The essence of rational psychotherapy*, Nueva York, Institute for Rational Living, 1970.

— «Treatment of sex and love problems in women», en V. Franks y V. Burtle (comps), *Women in Therapy*, Nueva York, Brunner/Mazel, 1974.

— *How to live with a neurotic*, North Hollywood, Calif., Wilshire, 1975.

— *Anger: How to live with and without it*, Secaucus, N.J., Citadel Press, 1977.

— «The theory of rational-emotive therapy», en A. Ellis y J. M. Whiteley (comps.), *Theoretical and empirical foundations of rational-emotive therapy*, Monterrey, Calif., Brooks/Cole, 1979*(a)*.

— «Discomfort anxiety: A new cognitive behavioral construct. Part 1», *Rational Living*, 14, 1979*(b)*, pp. 3-8.

— «Toward a new theory of personality», en A. Ellis y J. M. Whiteley (comps.), *Theoretical and empirical foundations of rational-emotive therapy*, Monterrey, Calif., Brooks/Cole, 1979*(c)*.

— *The essence of rational psychotherapy: A comprehensive approach to treatment*, Nueva York, Institute for Rational Living, 1979*(d)*.

— «A note on the treatment for agoraphobics with cognitive modification versus prolonged exposure "in vivo"», *Behavior Research and Therapy*, 17, 1979*(e)*, pp. 162-164.

— «Discomfort anxiety: A new cognitive behavioral construct. Part 2», *Rational Living*, 15, 1980*(a)*, pp. 25-30.

— «Rational-emotive therapy and cognitive behavior therapy: Similarities and differences», *Cognitive Therapy and Research*, 4, 1980*b*, pp. 325-340.

— «Expanding the ABC's of rational-emotive therapy», en A. Freeman y M. Mahoney (comps.), *Cognition and psychotherapy*, Nueva York, Plenum Press, 1984(a) [*Cognición y psicoterapia*, Barcelona, Paidós, 1988].

— «Rational-emotive therapy», en R. J. Corsini (comp.), *Current psychotherapies*, Itasca, Ill., Peacock, 1984*(b)*.

— «Awards for distinguished professional contributions: 1985», *American Psychologist*, 41, 1986, pp. 380-397.

— «A sadly neglected cognitive element in depression», *Cognitive Therapy and Research*, 11, 1987, pp. 121-145.

— *How to stubbornly refuse to make yourself miserable about anything*, Nueva York, Carol Communications/Lyle Stuart, 1988.

— Comunicación personal, 1989.

— y Becker, I., *A guide to personal happiness*, North Hollywood, Calif., Wilshire, 1982.

— y Bernard, M. E. (comps.), *Clinical aplications of rational emotive therapy*, Nueva York, Plenum Press, 1985 [*Aplicaciones clínicas de la terapia racional-emotiva*, Bilbao, Desclée de Brouwer, 1990].

— y Dryden, W., *The practice of rational-emotive therapy*, Nueva York, Springer, 1987 [*Práctica de la terapia racional-emotiva*, Bilbao, Desclée de Brouwer, 1989].

— y Harper, R. A., *A guide to rational living*, North Hollywood, Calif., Wilshire, 1961.

— y Harper, R. A., *A new guide to rational living*, North Hollywood, Calif., Wilshire, 1975.

— y Knaus, W., *Overcoming procrastination*, Nueva York, New American, 1977.

Embry, L. H., «What to do? Matching client characteristics and intervention techniques through a prescriptive taxonomic key», en R. F. Dangel y R. A. Polster (comps.), *Parent training: Foundations of research and practice,* Nueva York, Guilford Press, 1984.
Emmelkamp, P. G. M., *Phobic and obsessive-compulsive disorders: Theory, research and practice,* Nueva York, Plenum Press, 1982*(a).*
— «Anxiety and fear», en A. S. Bellack, M. Hersen y A. E. Kazdin (comps.), *International handbook of behavior modification and therapy,* Nueva York, Plenum Press, 1982*(b).*
—, Kuipers, A. C. M. y Eggeraat, J. B., «Cognitive modification versus prolonged exposure in vivo: A comparison with agoraphobics as subjects», *Behaviour Research and Therapy,* 16, 1978, pp. 33-42.
— y Straatman, H., «A psychoanalytic reinterpretation of the effectiveness of systematic desensitization. Fact or fiction?», *Behaviour Research and Therapy,* 14, 1976, pp. 245-249.
— y Walta, C., «Effects of therapy set on electrical aversion therapy and covert sensitization», *Behavior Therapy,* 9, 1978, pp. 195-198.
Endler, N. S., «Situational aspects of interactional psychology», en D. Magnusson (comp.), *Toward a psychology of situations,* Hillsdale, N.J., Lawrence Erlbaum, 1981.
— «Interactionism: A personality model, but not yet a theory», en M. M. Page (comp.), *Nebraska symposium on motivation 1982: Personality - Current theory and research,* Lincoln, University of Nebraska Press, 1983.
Engel, B. T., Nikoomanesh, P. y Schuster, M. M., «Operant conditioning of tectosphincteric responses in the treatment of fecal incontinence», *New England Journal of Medicine,* 290, 1983, pp. 646-649.
Engel, G. L., «The need for a new medical model: A challenge for biomedicine», *Science,* 196, 1977, pp. 129-136.
— «The clinical application of the biopsychosocial model», *American Journal of Psychiatry,* 137, 1980, pp. 535-544.
English, H. B., «Three cases of the conditioned fear response», *Journal of Abnormal and Social Psychology,* 24, 1929, pp. 221-225.
Epling, W. F. y Pierce, W. D., «Applied behavior analysis: A new direction from the laboratory», en G. Davey y C. Cullen (comps.), *Human operant conditioning and behavior modification,* Nueva York, Wiley, 1988.
Epstein, N., «Cognitive therapy with couples», *American Journal of Family Therapy,* 10, 1982, pp. 5-16.
Erwin, E., *Behavior therapy: Scientific, philosophical and moral foundations,* Cambridge, Cambridge University Press, 1978 [*Terapia de conducta,* Madrid, Pirámide, 1988].
Escovar, L. A., «El psicólogo social y el desarrollo», *Psicología,* IV, 1977, pp. 367-377.
— «Hacia un modelo psicológico-social de desarrollo», *Boletín de la AVEPSO,* III, 1980, pp. 1-6.
Espie, C. A. y Lindsay, W. R., «Paradoxical intention in the treatment of chronic insomnia: Six case studies illustrating variability in therapeutic response», *Behaviour Research and Therapy,* 23, 1985, pp. 703-709.
Estes, W. K., «Outline of theory of punishment», en B.A. Campbell y R.M. Church (comps.), *Punishment and aversive behavior,* Nueva York, Appleton-Century-Crofts, 1969.
Evans, G. W. y Cohen, S., «Environmental stress», en D. Stokols e I. Altman (comps.), *Handbook of environmental psychology* (2 vols.), Nueva York, Wiley, 1987.
Evans, I. M., «A conditioning model of a common fear pattern -fear of fear», *Psychotherapy: Theory, Research and Practice,* 9, 1972, pp. 238-241.
— «Building systems models as a strategy for target behavior selection in clinical assessment», *Behavioral Assessment,* 7, 1985, pp. 21-32.
— «Response structure and the triple-response-mode concept», en R. O. Nelson y S. C.

Hayes (comps.), *Conceptual foundations of behavioral assessment,* Nueva York, Guilford Press, 1986.
Ewart, C. K., Taylor, C. B., Kraemer, H. C. y Agras, W. S., «Reducing blood pressure reactivity during interpersonal conflict: Effects of marital communication training», *Behavior Therapy,* 15, 1984, pp. 473-484.
Eyberg, S. M., «Eyberg Child Behavior Inventory», *Journal of Clinical Child Psychology,* 9, 1980, p. 29.
— y Robinson, «Parent-child interaction training: Effects on family functioning», *Journal of Clinical Child Psychology,* 11, 1982, pp. 130-137.
— y Robinson, E. A., «Dyadic Parent-Child Interaction Coding System: A manual», *Psychological Documents,* 13, 1983. (Ms. N° 2582).
Eysenck, H. J., «Learning theory and behaviour therapy», *Journal of Mental Science,* 105, 1959, pp. 61-75.
— *Behavior therapy and the neuroses,* Oxford, Pergamon Press, 1960.
— (comp.), *Experiments in behaviour therapy,* Nueva York, Macmillan, 1964.
— «A theory of incubation of anxiety fear responses», *Behaviour Research and Therapy,* 6, 1968, pp. 309-332
— «Neo-behavioristic (S-R) theory», en G. T. Wilson y C. M. Franks (comps.), *Contemporary behavior therapy: Conceptual foundations of clinical practice,* Nueva York, Guilford Press, 1982.
— «The role of heredity, environment and "preparedness" in the genesis of neurosis», en H. J. Eysenck y J. Martin (comps.), *Theoretical foundations of behavior therapy,* Nueva York, Plenum Press, 1987.
— y Martin, I. (comps.), *Theoretical foundations of behavior therapy,* Nueva York, Plenum Press, 1987.
Fagan, J. y Shepherd, J., *Gestalt therapy now,* Middlesex, G.B., Penguin, 1970.
Fairweather, G. W., Sanders, D. H., Maynard, H. y Cressler, D. L., *Community life for the mentally ill: An alternative to institutional care,* Chicago, Aldine, 1969.
Falk, J. L., «The formation and function of ritual behavior», en T. Thompson y M. D. Zeiler (comps.), *Analysis and integration of behavioral units,* Hillsdale, N.J., Lawrence Erlbaum, 1986.
Farkas, G. M., «An ontological analyses of behavior therapy», *American Psychologist,* 35, 1980, pp. 364-374.
Feldman, M. P. y MacCulloch, M. J., «The application of anticipatory avoidance learning to the treatment of homosexuality», *Behaviour Research and Therapy,* 2, 1965, pp. 165-183.
— y MacCulloch, M. J., *Homosexual behaviour: Therapy and assessment,* Oxford, Pergamon Press, 1971.
Felton, J. y Nelson, R., «Inter-assessor agreement on hypothesized controlling variables and treatment proposal», *Behavioral Assessment,* 6, 1984, pp. 199-208.
Fernández-Abascal, E. G. y Roa, A., «Consideraciones acerca de la instrumentación en biofeedback», *Revista Española de Terapia del Comportamiento,* 1, 1983, pp. 235-247.
Fernández Ballesteros, R., *Psicodiagnóstico: Concepto y metodología,* Madrid, Cincel-Kapelusz, 1980.
— y Carrobles, J. A. I. (comps.), *Evaluación conductual: Metodología y aplicaciones* (3ª edición), Madrid, Pirámide, 1986.
Ferster, C. B., «Control of behavior in chimpanzees and pigeons by time-out from positive reinforcement», *Psychological Monographs,* 72, 1958, núm. 461.
— «Classification of behavioral pathology», en L. Krasner y L. P. Ullmann (comps.), *Research in behavior modification: New developments and implications,* Nueva York, Holt, Rinehart and Winston, 1965.

— «A functional analysis of depression», *American Psychologist,* 28, 1973, pp. 857-870.

— «A laboratory model of psychotherapy: The boundary between clinical practice and experimental psychology», en P. O. Sjoden, S. Bates y W. S. Dockens (comps.), *Trends in behavior therapy,* Nueva York, Academic Press, 1979.

— y DeMyer, M. K., «The development of performances in autistic children in an automatically controlled environment», *Journal of Chronic Diseases,* 13, 1961, pp. 312-345.

— y Skinner, B. F., *Schedules of reinforcement,* Nueva York, Appleton-Century -Crofts, 1957 [*Programas de refuerzo,* México, Trillas, 1985].

Finley, W. W., Etherton, M. D., Dickman, D., Karimian, D. y Simpson, R. W., «A simple EMG-reward system for feedback training of children», *Biofeedback and Self-Regulation,* 6, 1981, pp. 169-180.

Fishman, D. L., Rotgers, F. y Franks, C. M. (comps.), *Paradigms in behavior therapy: Present and promise,* Nueva York, Springer, 1988.

Fiske, D. W., «Two worlds of psychological phenomena», *American Psychologist,* 34, 1979, pp. 733-739.

Fitterling, J. M., Martin, J. E., Gramling, S., Cole, P. y Milan, M. A., «Behavior management of exercise training in headache patients: An investigation of exercise adherence and headache activity», *Journal of Applied Behavior Analysis,* 21, 1988, pp. 9-19.

Fitzpatrick, A. R., «The meaning of content validity», *Applied Psychological Measurement,* 7, 1983, pp. 3-13.

Flanagan, B., Goldiamond, I. y Azrin, N., «Operant stuttering: The control of stuttering behavior through response-contingent consequences», *Journal of the Experimental Analysis of Behavior,* 1, 1958, pp. 173-177.

Foa, E. y Emmelkamp, P. M. G. (comps.), *Failures in behavior therapy,* Nueva York, Wiley, 1983.

— y Tillmans, A., «The treatment of obsessive-compulsive neuroses», en A. Goldstein y E. B. Foa (comps.), *Handbook of behavioral interventions: A clinical guide,* Nueva York, Wiley, 1980.

Fodor, I. G., «The treatment of communication problems with assertiveness training», en A. Goldstein y E. Foa (comps.), *Handbook of behavioral interventions,* Nueva York, Wiley, 1980.

Foley, F. W., Beddell, J. R., LaRocca, N. G., Scheinberg, L. C. y Reznikoff, M., «Efficacy of stress-inoculation training in coping with multiple sclerosis», *Journal of Consulting and Clinical Psychology,* 55, 1987, pp. 919-922.

Fontaine, O., «La clinique du biofeedback: Un faux pas?», *Acta Psychiatrica Belga,* 81, 1981, pp. 213-225.

Forehand, R. L. y Atkenson, B. M., «Generality of treatment effects with parents as therapist: A review of assessment and implementation procedures», *Behavior Therapy,* 8, 1977, pp. 575-593.

— y McMahon, R. J., *Helping the noncompliant child: A clinician's guide to parent training,* Nueva York, Guilford Press, 1981.

—, Sturgis, E. T., McMahon, R. J., Aguar, D., Green, K., Wells, K. C. y Breiner, J., «Parent behavioral training to modify child noncompliance», *Behavior Modification,* 3, 1979, pp. 3-25.

Foreyt, J. P., «The punch-card token economy program», en R. L. Patterson (comp.), *Maintaining effective token economies,* Springfield, Ill., Charles C. Thomas, 1976.

— (comp.), *Behavioral treatments of obesity,* Oxford, Pergamon Press, 1977.

— y Kennedy, W. A., «Treatment of overweight by aversion therapy», en J. P. Foreyt (comp.), *Behavioral treatments of obesity,* Oxford, Pergamon, 1977.

Foster, S. L. y Griffin, J. M., «Behavioral marital therapy», en A. S. Bellack y M. Hersen

(comps.), *Dictionary of behavior therapy techniques,* Nueva York, Pergamon Press, 1985.
— y Ritchey, W. L., «Issues in the assessment of social competence in children», *Journal of Applied Behavior Analysis,* 12, 1979, pp. 625-638.
— y Robin, A. L., «Parent-adolescent conflict», en E. J. Mash y R. A. Barkley (comps.), *Treatment of childhood disorders,* Nueva York, Guilford Press, 1989.
Fowles, D. C., «Biological variables in psychopathology: A psychobiological perspective», en H. E. Adams y P. B. Sutker (comps.), *Comprehensive handbook of psychopathology,* Nueva York, Plenum Press, 1984.
Fox, J. E. y Houston, B. K., «Efficacy of self-instruccional training for reducing children's anxiety in an evaluative situation», *Behaviour Research and Therapy,* 19, 1981, pp. 509-515
Foxx, R. M. y Azrin, N. H., «Restitution: A method for eliminating aggresive disruptive behaviour of retarded and brain-damaged patients», *Behaviour Research and Therapy,* 18, 1972, pp. 15-27.
— y Azrin, N. H., «The elimination of autistic self-stimulatory behavior by overcorrection», *Journal of Applied Behavior Analysis,* 6, 1973, pp. 1-14.
—, Hopkins, B. L. y Anger, W. K., «The long-term effects of a token economy on safety in open-pit mining», *Journal of Applied Behavior Analysis,* 20, 1987, pp. 215-224.
— McMorrow, M. J., Bittle, R. G. y Bechtel, D. R., «The successful treatment of a dually-diagnosed deaf man's aggression with a program that included contingent electric shock», *Behavior Therapy,* 17, 1986*(b),* pp. 170-186.
— McMorrow, M. J., Rendleman, L. y Bittle, R. G., «Increasing staff accountability in shock programs: Simple and inexpensive shock device modifications», *Behavior Therapy,* 17, 1986*(c),* pp. 187-189.
— Plaska, T. y Bittle, R., «Guidelines for the use of contingent electric shock to treat aberrant behavior», en R. M. Eisler, M. Hersen y P. M. Miller (comps.), *Progress in behavior modification,* Nueva York, Academic Press, 1986*(a).*
— y Shapiro, S. T., «The time-out ribbon: A nonexclusionary timeout procedure», *Journal of Applied Behavior Analysis,* 11, 1978, pp. 125-136.
Frances, A., Clarkin, J. y Perry, S., *Differential therapeutics in psychiatry: The art and science of treatment selection,* Nueva York, Brunner/Mazel, 1985.
Francestato, D., Contesini, A. y Dini (al cuidado de), *Psicologia di comunità: Esperienze a confronto,* Roma, Il Pensiero Scientifico, 1983.
Frank, J. D., *Persuasion and healing,* Baltimore, MD, John Hopkins Press, 1961.
Frank, P. J., Klein, S. K. y Jacobs, J., «Cost-benefit analysis of a behavioral program for geriatric inpatients», *Hospital and Community Psychiatry,* 33, 1982, pp. 374-377.
Frankl, V. E., «Zur memischen bejahung und vermeinung», *Internationale Zeitschrift fuer Psychoanalyse,* 43, 1939, pp. 26-31.
— *Die psychotherapie in der praxis,* Viena, Deuticke, 1947.
— *The doctor and the soul: From psychotherapy to logotherapy,* Nueva York, Knopf, 1955.
— «Paradoxical intention and dereflection», *Psychotherapy: Theory, Research and Practice,* 12, 1975, pp. 226-237.
— «Logos, paradox, and the search for meaning», en M. J. Mahoney y A. Freeman (comps.), *Cognition and psychotherapy,* Nueva York, Plenum Press, 1985.
Franks, C. M., *Conditioning techniques in clinical practice and research,* Nueva York, Springer, 1964.
— (comp.), *Behaviour therapy: Appraisal and status,* Nueva York, McGraw-Hill, 1969.
— «On behaviourism and behaviour therapy Not necessarily synonymous and becoming less so», *Australian Behaviour Therapist,* 7, 1980, pp. 14-23.
— «2081 - Will we be many, or one - or none?», *Behavioural Psychotherapy,* 9, 1981, pp. 287-290.

— «Behavior therapy: An overview», en C. M. Franks, G. T. Wilson, P. Kendall y K. D. Brownell, *Annual review of behavior therapy: Theory and practice*, vol. 8, Nueva York, Guilford Press, 1982.
— «On conceptual and technical integrity in psychoanalysis and behavior therapy: Two fundamentally incompatible systems», en H. Arkowitz y S. B. Messer (comps.), *Psychoanalysis and behavior therapy: Is integration possible?*, Nueva York, Plenum Press, 1984*(a)*.
— «Behavior therapy: An overview», en C. M. Franks, G. T. Wilson, P. C. Kendall y K. D. Brownell, *Annual review of behavior therapy; Theory and practice*, vol. 10, Nueva York, Guilford Press, 1984*(b)*.
— «Behavior therapy: An overview», en G. T. Wilson, C. M. Franks, P. C. Kendall y J. P. Foreyt, *Review of behavior therapy: Theory and practice*, vol. 11, Nueva York, Guilford Press, 1987*(a)*.
— «Behavior therapy and AABT: Personal recollections, conceptions, and misconceptions», *The Behavior Therapist*, 10, 1987*(b)*, pp. 171-174.
— y Wilson, G. T. (comps.), *Annual review of behavior therapy: Theory and practice*, vol. 3, Nueva York, Brunner/Mazel, 1975.
Fransella, F., *Personal change and reconstruction*, Nueva York, Academic Press, 1972.
Franzen, M. D., *Reliability and validity in neuropsychological assessment*, Nueva York, Plenum Press, 1989.
Fray Luis de Granada, *Guía de pecadores*, Barcelona, Planeta, 1986. (Or.: 1556).
Fray Luis de León, *De los nombres de Cristo*, Madrid, Cátedra, 1980. (Or.: 1583).
Frederiksen, L. W. y Frederiksen, C. B., «Teacher-determined and self-determined token reinforcement in a special education classroom», *Behavior Therapy*, 6, 1975, pp. 310-314.
Freedman, R. R., Ianni, P. y Wenig, P., «Behavioral treatment of Raynaud's disease», *Journal of Consulting and Clinical Psychology*, 51, 1983, pp. 539-549.
—, Sabharwal, S. C., Ianni, P., Desai, N., Wenig, P. y Mayes, M., «Nonneural beta-adrenergic vasodilating mechanism in temperature biofeedback», *Psychosomatic Medicine*, 50, 1988, pp. 394-401.
Freeman, A. y Leaf, R. C., «Cognitive therapy applied to personality disorders», en A. Freeman, K. M. Simon, L. E. Beutler y H. Arkowitz (comps.), *Handbook of cognitive therapy*, Nueva York, Plenum Press, 1989.
Fremouw, W. J. y Zitter, R. E., «A comparison of skills training and cognitive restructuring-relaxation for the treatment of speech anxiety», *Behavior Therapy*, 9, 1978, pp. 248-259.
French, T. M., «Interrelations between psychoanalysis and the experimental work of Pavlov», *American Journal of Psychiatry*, 12, 1933, pp. 1165-1203
Freud, S., *The problem of anxiety*, Nueva York, Psychoanalytic Quarterly Press & W.W. Norton & Co., 1936.
Friedman, J. M. y Chernen, L., «Sexual dysfunction», en L. Michelson y L. M. Ascher (comps.), *Anxiety and stress disorders*, Nueva York, Guilford Press, 1987.
Frieswyk, S. H., Allen, J. G., Colson, D. B., Coyne, L., Gabbard, G. O., Horwitz, L. y Newsom, G., «Therapeutic alliance: Its place as a process and outcome variable in dynamic psychotherapy research», *Journal of Consulting and Clinical Psychology*, 54, 1986, pp. 32-38.
Frothwith, R. A. y Foreyt, J. P., «Aversive conditioning treatment of overweight», *Behavior Therapy*, 9, 1978, pp. 861-872.
Fuentes Ortega, J. B., «¿Funciona la psicología empírica, de hecho, como una fenomenología experimental del comportamiento?», Introducción a Brunswik, E., *El marco conceptual de la psicología*, Madrid, Debate, 1989*(a)*.
— «Nota sobre la causalidad apotética a la escala psicológica», *El Basilisco* (segunda época), 1, 1989*(b)*, pp. 57-64.

Fuller, P. R., «Operant conditioning of a vegetative human organism», *American Journal of Psychology,* 62, 1949, pp. 587-590.

Furman, S., «Intestinal biofeedback in funtional diarrhea: A preliminary report», *Journal of Behavior Therapy and Experimental Psychiatry,* 4, 1973, pp. 317-321.

Gaarder, K. R. y Montgomery, P. S., *Clinical biofeedback. A procedural manual for behavioral medicine* (2ª edición), Baltimore, Williams and Wilkins, 1981.

Galassi, J. P. y Galassi, M. D., «Assessment procedures for assertive behavior», en R. E. Alberti (comp.), *Assertiveness: Innovations, applications, issues,* San Luis Obispo, Calif., Impact, 1977*(a).*

—, Galassi, M. D. y Fulkerson, K., «Assertion training in theory and practice: An update», en C.M. Franks (comp.), *New developments in behavior therapy: From research to clinical application,* Nueva York, Haworth Press, 1984.

Galassi, M. D. y Galassi, J. P., *Assert yourself! How to be your own person,* Nueva York, Human Sciences Press, 1977*(b).*

— y Galassi, J. P., «Assertion: A critical review», *Psychotherapy: Theory, Research and Practice,* 15, 1978, pp. 16-29.

Gamble, E. H. y Elder, S. T., «Multimodal biofeedback in the treatment of migraine», *Biofeedback and Self-Regulation,* 8, 1983, pp. 383-392.

Gambrill, E., «Role of behavior modification in community mental health», *Community Mental Health Journal,* 11, 197-5, pp. 307-315.

— *Behavior modification: A handbook of assessment, intervention and evaluation,* San Franciso, Jossey-Bass, 1977.

— «Bibliotherapy», en A. S. Bellack y M. Hersen (comps.), *Dictionary of behavior therapy techniques,* Nueva York, Pergamon Press, 1985.

— y Richey, C., *Taking charge of your social life,* Belmont, Calif., Wadsworth, 1985.

Gantt, W. H., «Experimental basis for neurotic behavior», *Psychosomatic Medicine Monograph,* 3, 1944, núms. 3 y 4.

— y Muncie, W., «Analysis of the mental defect in chronic Korsakoffs's Psychosis by means of the conditional reflex method», *Bulletin of the Johns Hopkins Hospital,* 70, 1942, pp. 467-487.

García, J., Kimeldorf, D. J. y Koelling, R. A., «Conditioned aversion to saccharin resulting from exposure to gamma radiation», *Science,* 122, 1955, pp. 157-158.

— y Koelling, R. A., «Relation of cue to consequence in avoidance learning», *Psychonomic Science,* 4, 1966, pp. 123-124.

García de la Concha, V., *Nueva lectura del Lazarillo de Tormes,* Madrid, Castalia, 1981.

Garfield, S., «Research on client variables in psychotherapy», en S. L. Garfield y A. E. Bergin (comps.), *Handbook of psychotherapy and behavior change,* Nueva York, Wiley, 1978.

Gatch, M. B. y Osborne, J. G., «Transfer of contextual stimulus function via equivalence class development», *Journal of the Experimental Analysis of Behavior,* 51, 1989, pp. 369-378.

Gauthier, J., Doyon, J., Lacroix, R. y Drolet, M., «Blood volume pulse biofeedback in the treatment of migraine headache: A controlled evaluation», *Biofeedback and Self-Regulation,* 8, 1983, pp. 427-442.

Gavino, A., «Problemas conceptuales y metodológicos en los tratamientos psicológicos: asertividad, habilidad y competencia social como ejemplo», en A. Fierro (comp.), *Psicología clínica,* Madrid, Pirámide, 1988.

Gelder, M. G., Marks, I. M., Wolf, H. y Clarke, M., «Desensitization and psychotherapy in phobic states: A controlled enquiry», *British Journal of Psychiatry,* 113, 1967, pp. 53-73.

Geller, E. S., «Applications of behavior analysis to litter control», en D. Glenwick y L. Jason (comps.), *Behavioral community psychology: Progress and prospects,* Nueva York, Praeger, 1980.

— y Bigelow, B. E., «Development of corporate incentive programs for motiving safety belt-use: A review», *Traffic Safety Evaluation Research Review,* 3, 1984, núm. 5.

—, Rudd, J. R., Kalsher, M. J., Streff, F. M. y Lehman, G. R., «Employer-based problems to motivate safety belt-use: A review of short and long-term effects», *Journal of Safety Research,* 18, 1987, pp. 1-7.

—, Winett, R. A. y Everett, P. B., *Preserving the environment: New strategies for behavior change,* Nueva York, Plenum Press, 1982.

Gendlin, E. T., *Focusing,* Nueva York, Bantam Books, 1981.

— «What comes after traditional psychotherapy research?», *American Psychologist,* 41, 1986, pp. 131-136.

Gentry, V. D. (comp.), *Handbook of behavioral medicine,* Nueva York, Guilford Press, 1984.

Gershman, L., «Case conference. A transvestite fantasy treated by thought-stopping, covert sensitization and aversive shock», *Journal of Behavior Therapy and Experimental Psychiatry,* 1, 1970, pp. 153-161.

Gerson, P. y Lanyon, R. I., «Modification of smoking behavior with aversion-desensitization procedure», *Journal of Consulting and Clinical Psychology,* 38, 1972, pp. 399-402.

Gildenberg, P. L., «Comprehensive management of spasmodic torticollis», *Applied Neurophysiology,* 44, 1981, pp. 233-243.

Giles, G. M. y Clarke-Wilson, J., «The use of behavioral techniques in functional skills training after severe brain injury», *American Journal of Occupational Therapy,* 42, 1988, pp. 658-665.

Glenn, S., «Maladaptative functional relations in client verbal behavior», *The Behavior Analyst,* 6, 1983, pp. 47-56.

— «Rules as environmental events», *Analysis of Verbal Behavior,* 5, 1987, pp. 29-32.

Glenwick, D. S. y Jason, L. A., (comps.), *Behavioral community psychology: Progress and prospects,* Nueva York, Praeger, 1980.

— y Jason, L. A., «Behavioral community psychology: An introduction to the special issue», *Journal of Community Psychology,* 12, 1984, pp. 103-112.

Godoy, J. F., *Trastornos oftalmológicos y visuales,* I Congreso Nacional de Psicología de la Salud, Jaén, 1987.

— «Programa de evaluación y tratamiento conductual de la miopía», en Colegio Oficial de Psicólogos, Delegación de Andalucía Oriental (comp.), *Jornadas Andaluzas de Psicología y Salud,* Granada, 1988.

— «Medicina conductual: Guía documental (II). Literatura en lengua castellana», *Encuentros en Psicología,* (en prensa).

—, Carrobles, J. A. I. y Santacreu, J., «Tratamiento conductual de la miopía: Programa de entrenamiento en agudeza visual», en Colegio Oficial de Psicólogos (comp.), *Comunicaciones y ponencias, Vol. 3: Psicología y salud,* Madrid, 1984.

— y Catena, A., «Tratamiento de la miopía», en J. M. Buceta y A. M. Bueno (comps.), *Modificación de conducta y salud: Perspectivas actuales en la aplicación de tratamientos psicológicos,* Madrid, Eudema, 1990.

—, Catena, A. y Caballo, V. E., *Elaboración experimental de un programa para la evaluación y tratamiento conductual de la miopía,* I Jornadas de Psicología y Salud, Santander, 1986.

—, Catena, A. y Caballo, V. E., *Efectividad de diversos programas de tratamiento mecanizado de la miopía,* IV Congreso Nacional de la Asociación Española de Terapia del Comportamiento (AETCO), Gandía, 1988.

—, Catena, A. y Caballo, V. E., «Efectividad de diversos programas de tratamiento mecanizado de la miopía», *Revista Española de Terapia del Comportamiento,* 7, 1989, pp. 107-117.

—, Catena, A. y Carrobles, J.A.I., *Tratamiento mecanizado de la miopía,* III Congreso Nacional de la Asociación Española de Terapia del Comportamiento (AETCO), Gijón, 1985.

—, Catena, A. y Carrobles, J. A. I., «Tratamiento mecanizado de la miopía», *Revista Española de Terapia del Comportamiento,* 4, 1986, pp. 311-321.
— y Martos, F. J., *Modelos psicopatológicos: Una alternativa al modelo médico tradicional. Implicaciones para la determinación de la actuación del psicólogo clínico en los equipos asistenciales en salud mental,* IV Jornadas Nacionales de la Asociación Española de Neuropsiquiatría, Jaén, 1982.
— y Riquelme, M., «Biofeedback y espasmo postparalítico de la cara: Estudio experimental de un caso», *Rehabilitación,* 19, 1985, pp. 457-463.
Golden, W. L., Dowd, E. T. y Friedberg, F., *Hypnotherapy: A modern approach,* Nueva York, Pergamon Press, 1987.
Goldfried, M. R., «Systematic desensitization as training in self-control», *Journal of Consulting and Clinical Psychology,* 37, 1971, pp. 228-234.
— «On the search for effective intervention strategies», *The Counseling Psychologist,* 7, 1978, pp. 28-30.
— «On the history of therapeutic integration», *Behavior Therapy,* 13, 1982*(a),* pp. 572-593.
— (comp.), *Converging themes in psychotherapy: Trends in psychodynamic, humanistic, and behavioral practice,* Nueva York, Springer, 1982*(b).*
— «Resistance and clinical behavior therapy», en P. L. Wachtel (comp.), *Resistance: Psychodynamic and behavioral approaches,* Nueva York, Plenum Press, 1982.
— «Application of rational restructuring to anxiety disorders», *The Counseling Psychologist,* 16, 1988, pp. 50-68.
— y Davison, G., *Clinical behavior therapy,* Nueva York, Holt, Rinehart and Winston, 1976 [*Terapia conductista,* Barcelona, Paidós, 1981].
— y Kent, R. N., «Traditional versus behavioral personality measurement: A comparison of methodological and theoretical assumptions», *Psychological Bulletin,* 77, 1972, pp. 409-420.
— y Linehan, M. M., «Basic issues in behavioral assessment», en A. R. Ciminero, K. S. Calhoun y H. E. Adams (comps.), *Handbook of behavioral assessment,* Nueva York, Wiley, 1977.
— y Pomeranz, D. M., «Role of assessment in behavior modification», *Psychological Reports,* 23, 1968, pp. 75-87.
Goldiamond, I., «Toward a constructional approach to social problems: Ethical and constitutional issues raised by applied behavioral analysis», *Behaviorism,* 2, 1974, pp. 1-85.
— «Self-reinforcement», *Journal of Applied Behavior Analysis,* 9, 1976, pp. 509-514.
— «Training parent trainers and ethics in non linear analysis of behavior», en R. F. Dangel y R. A. Polster (comps.), *Parent training: Foundations of research and practice,* Nueva York, Guilford Press, 1984.
Goldsmith, J. B. y McFall, R. M., «Development and evaluation of an interpersonal skills-training program for psychiatric patients», *Journal of Abnormal Psychology,* 84, 1975, pp. 51-58.
Goldstein, A. J. y Chambless, D. L., «A reanalysis of agoraphobia», *Behavior Therapy,* 9, 1978, pp. 47-59.
Goldstein, A. P. y Foa, E. B., *Handbook of behavioral interventions: A clinical guide,* Nueva York, Wiley, 1980.
—, Gershaw, N. J. y Sprafkin, R. P., «Structured learning: Research and practice in psychological skill training», en L. L'Abate y M. A. Milan (comps.), *Handbook of social skills training and research,* Nueva York, Wiley, 1985.
—, Heller, K. y Sechrest, L. B., *Psychotherapy and the psychology of behavior change,* Nueva York, Wiley, 1966.
Goldstein, I. B., Shapiro, D., Thananopavarn, C. y Sambhi, M. P., «Comparison of drug and behavioral treatment of essential hypertension», *Health Psychology,* 1, 1982, pp. 7-26.

Gomes-Schwartz, B., «Effective ingredients in psychotherapy: Prediction of outcome from process variables», *Journal of Consulting and Clinical Psychology,* 46, 1978, pp. 1023-1035.
Goodenough, F. L., *Mental testing: Its history, principles, and aplications,* Nueva York, Rinehart, 1949.
Goorney, A. B., «Treatment of a compulsive horse race gambler by aversion therapy», *British Journal of Psychiatry,* 114, 1968, p. 329.
Gordon, S., *Lonely in America,* Nueva York, Simon and Schuster, 1976.
Gottman, J. M. y Leiblum, S. R., *How to do psychotherapy and how to evaluate it,* Nueva York, Holt, Rinehart and Winston, 1974.
Graziano, A. M., «Parents as behavior therapists», en M. Hersen, R. M. Eisler y P. M. Miller (comps.), *Progress in behavior modification,* vol. 4, Nueva York, Academic Press, 1977.
— DeGiovani, I. S. y García, I. K., «Behavioral treatment of children's fear: A review», *Psychological Bulletin,* 86, 1979, pp. 804-830.
Grebstein, L. C., «An eclectic family therapy», en J. C. Norcross (comp.), *Handbook of eclectic psychotherapy,* Nueva York, Brunner/Mazel, 1986.
Greenberg, L. S., «A task analysis of interpersonal conflict resolution», en L. N. Rice y L. S. Greenberg (comps.), *Patterns of change: Intensive analysis of psychotherapy process,* Nueva York, Guilford Press, 1984.
— «Change process research», *Journal of Counseling Psychology,* 54, 1986, pp. 4-9.
— y Safran, J. D., «Integrating affect and cognition: A perspective on the process of therapeutic change», *Cognitive Therapy and Research,* 8, 1984, pp. 559-578.
Greenspoon, J., «Verbal conditioning and clinical psychology», en A. J. Bachrach (comp.), *Experimental foundations of clinical psychology,* Nueva York, Basic Books, 1962.
Greenwood, C. R., Hops, H., Delquadri, J. y Guild, J., «Group contingencies for group consequences in classroom management: A further analysis», *Journal of Applied Behavior Analysis,* 7, 1974, pp. 413-425.
Grieger, R. M., «From a linear to a contextual model of the ABC's of rational-emotive therapy», *Journal of Rational-Emotive Therapy,* 3, 1985, pp. 79-89.
Griest, D. L., Forehand, R., Wells, K. C. y McMahon, R. J., «An examination of differences between nonclinic and behavior-problem clinic-referred children and their mothers», *Journal of Abnormal Psychology,* 89, 1980, pp. 497-500.
— y Wells, K. C., «Behavioral family therapy with conduct disorders in children», *Behavior Therapy,* 14, 1983, pp. 37-53.
Griffith, R. G., «The administrative issues: An ethical and legal perspective», en S. Axelrod y J. Apsche (comps.), *The effects of punishment on human behavior,* Nueva York, Academic Press, 1982.
Groden, J., «The use of imagery procedures to increase initiation of verbal behavior among autistic children and adolescents: A multiple baseline analysis», Tesis doctoral, Boston College, 1980.
— y Cautela, J., «The use of imagery with students labeled "trainable retarded"», Manuscrito no publicado, Boston College, 1980. (Expuesto en Cautela, 1981).
Guevremont, D. C., Osnes, P. G. y Stokes, T. F., «The functional role of preschoolers verbalizations in the generalization of the self instructional training», *Journal of Applied Behavior Analysis,* 21, 1988, pp. 45-55.
Guidano, V., «A constructivist outline of cognitive processes», en M. A. Reda y M. J. Mahoney (comps.), *Cognitive psychotherapies,* Cambridge, Mass., Ballinger, 1984.
— *Complexity of the self,* Nueva York, Guilford Press, 1987.
— «A systems, process-oriented approach to cognitive therapy», en K. S. Dobson (comp.), *Handbook of cognitive-behavioral therapies,* Nueva York, Guilford Press, 1988.

— y Liotti, G., *Cognitive processes and emotional disorders,* Nueva York, Guilford Press, 1983.
— y Liotti, G., «A constructivist foundation for cognitive therapy», en M. J. Mahoney y A. Freeman (comps.), *Cognition and psychotherapy,* Nueva York, Plenum Press, 1985 [*Cognición y psicoterapia,* Barcelona, Paidós, 1988].
Guidry, L. S., «Covert reinforcement in the treatment of test anxiety», *Journal of Consulting and Clinical Psychology,* 21, 1974, pp. 260-264.
Guilford, J. P., *The nature of human intelligence,* Nueva York, McGraw-Hill, 1967.
Guion, R. M., «Content validity: The source of my discontent», *Applied Psychological Measurement,* 1, 1977, pp. 1-10.
Guthrie, E. R., *The psychology of human learning,* Nueva York, Harper, 1935.
Guy, A., *Vivès ou l'humanisme engagé,* París, Seghers, 1972.
— «Miguel Sabuco, psicólogo de las pasiones y precursor de la medicina psicosomática», *Al-BASIT,* XIII, 22, 1987, pp. 112-123.
Hackney, H. y Nye, S., *Counseling strategies and objectives,* Englewood Cliffs, N.J., Prentice-Hall, 1973.
Haigh, G., «Defensive behavior in client-centered therapy», *Journal of Consulting Psychology,* 30, 1949, pp. 3-18.
Haley, J., *Uncommon therapy,* Nueva York, Norton, 1973.
Hall, J. A. y Rose, S. D., «Assertion training in a group», en S. D. Rose (comp.), *A casebook in group therapy: A behavioral-cognitive approach,* Englewood Cliffs, N.J., Prentice-Hall, 1980.
Hall, R., Sachs, D. y Hall, S., «Medical risk and therapeutic effectiveness of rapid smoking», *Behavior Therapy,* 10, 1979, pp. 249-259.
Hallam, R., Rachman, S. y Falkowski, W., «Subjective, attitudinal and physiological effects of electrical aversion therapy», *Behaviour Research and Therapy,* 10, 1972, pp. 1-13.
Halle, J. W., Baer, D. M. y Spradlin, J. E., «Teachers' generalized use of delay as a stimulus control procedure to increase language use in handicapped children», *Journal of Applied Behavior Analysis,* 14, 1981, pp. 389-409.
Hamilton, S. A., «Behavioral formulations of verbal behavior in psychotherapy», *Clinical Psychology Review,* 8, 1988, pp. 181-193.
Hampton, B., «Paradoxical approaches to psychotherapy, do they work?», Comunicación presentada en el congreso de la American Psychological Association, Nueva York, 1987.
Handleman, J. S., «A glimpse at current trends in the education of autistic children», *The Behavior Therapist,* 7, 1986, pp. 137-139.
Hanf, C., «A two-stage program for modifying maternal controlling during mothers-child (M-C) interaction», Comunicación presentada en el congreso de la Western Psychological Association, Vancouver, British Columbia, 1969.
Hansen, D. J., St. Lawrence, J. S. y Christoff, K. A., «Effects of interpersonal problem-solving training with chronic aftercare patients on problem-solving component skills and effectiveness of solutions», *Journal of Consulting and Clinical Psychology,* 53, 1985, pp. 167-174.
Hare, N. y Levis, D. J., «Pervasive ("free-floating") anxiety: A search for a course and treatment approach», en S. Turner, K. Calhoun y H. Adams (comps.), *Handbook of clinical behavior therapy,* Nueva York, Wiley, 1981.
Hargie, O., «The skill of self-disclosure», en O. Hargie (comp.), *A handbook of communication skills,* Londres, Croom Helm, 1986.
—, Saunders, C. y Dickson, D., *Social skills in interpersonal communication,* Londres, Croom Helm, 1981.
Haring, T. G., Breen, C. G., Pitts-Conway, V. y Gaylord-Ross, R., «Use of differential

reinforcement of other behavior during dyadic instruction to reduce stereotyped behavior of autistic students», *American Journal of Mental Deficiency,* 90, 1986, pp. 694-702.

Harris, B., «Whatever happened to Little Albert?», *American Psychologist,* 34, 1979, pp. 151-160.

Harris, S. L., «Training parents of children with autism: An update on model», *The Behavior Therapist,* 12, 1989, pp. 219-221.

Harrison, D. W., Garret, J. C., Henderson, D. y Adams, H. E., «Visual and auditory feedback for head tilt and torsion in a spasmodic torticollis patient», *Behaviour Research and Therapy,* 23, 1985, pp. 87-88.

Hartley, D. y Strupp, H., «Therapeutic alliance: A contribution to outcome in brief psychotherapy», en J. Masling (comp.), *Empirical studies of psychoanalytic theory,* Hillsdale, Nueva York, Lawrence Erlbaum, 1982.

Hartman, P. E. y Reuter, J. M., «The effects of relaxation therapy and cognitive coping skills training on the control of diabetes mellitus», Comunicación presentada en la reunión de la Society of Behavioral Medicine, Baltimore, 1983.

Hartmann, D. P. y Atkinson, C., «Having your cake and eating it too: A note on some apparent contradictions between therapeutic achievements and design requirements in N01 studies», *Behavior Therapy,* 4, 1973, pp. 589-591.

—, Roper, B. L. y Bradford, D. C., «Some relationships between behavioral and traditional assessment», *Journal of Behavioral Assessment,* 1979, pp. 3-21.

Haskell, B. y Rovner, H., «Electromyography in the management of the incompetent anal sphincter», *Diseases of the Colon and Rectum,* 10, 1967, pp. 81-84.

Haughton, E. y Ayllon, T., «Production and elimination of symptomatic behavior», en Ullman, L. y Krasner, L., *Case studies in behavior modification,* Nueva York, Holt, Rinehart & Winston, 1965.

Hawkins, R. P., «Who decided that was the problem? Two stages of responsibility for applied behavior analysts», en W. S. Wood (comp.), *Issues in evaluating behavior modification,* Champaign, Ill., Research Press, 1975.

— «Selection of target behaviors», en R. O. Nelson y S. C. Hayes (comps.), *Conceptual foundations of behavioral assessment,* Nueva York, Guilford Press, 1986.

Hay, W. M., Hay, L. R. y Nelson, R. O., «Direct and collateral changes in on-task and academic behavior resulting from on-task versus academic contingencies», *Behavior Therapy,* 8, 1977, pp. 431-441.

—, Hay, L. R., Angle, H. V. y Nelson, R. O., «The reliability of problem identification in the behavioral interview», *Behavioral Assessment,* 1, 1979, pp. 107-118.

Hayes, S. C. (comp.), *Rule-governed behavior: Cognitions, contingencies, and instructional control,* Nueva York, Plenum, 1989.

—, Brownell, K. D. y Barlow, D. H., «The use of self administered covert sensitization in the treatment of exhibitionism and sadism», *Behavior Therapy,* 9, 1978, pp. 283-289.

—, Kohlenberg, B. S. y Melancon, S. M., «Avoiding and altering rule-control as a strategy of clinical intervention», en S. C. Hayes (comp.), *Rule-governed behavior. Cognition, contingencies, and instructional control,* Nueva York, Plenum Press, 1989.

— y Nelson, R. O., «Assessing the effects of therapeutic interventions», en R. O. Nelson y S.C. Hayes (comps.), *Conceptual foundations of behavioral assessment,* Nueva York, Guilford Press, 1986.

—, Nelson, R. O. y Jarrett, R. B., «Evaluating the quality of behavioral assessment», en R. O. Nelson y S. C. Hayes (comps.), *Conceptual foundations of behavioral assessment,* Nueva York, Guilford Press, 1986.

—, Nelson, R. O. y Jarrett, R. B., «The treatment utility of assessment: A functional approach to evaluating assessment quality», *American Psychologist,* 42, 1987, pp. 963-974.

—, Rincover, A. y Solnick, J. V., «The technical drift of applied behavior analysis», *Journal of Applied Behavior Analysis,* 13, 1980, pp. 275-285.
—, Zettle, R. D. y Rosenfarb, I., «Rule-following», en S. C. Hayes (comp.), *Rule-governed behavior. Cognition, contingencies, and instructional control,* Nueva York, Plenum Press, 1989.
Haynes, S., *Principles of behavioral assessment,* Nueva York, Gardner Press, 1978.
— «Behavioral assessment», en M. Hersen, A. E. Kazdin y A. S. Bellack (comps.), *The clinical psychology handbook,* Nueva York, Pergamon Press, 1983.
— «The design of interventions programs», en R. O. Nelson y S. C. Hayes (comps.), *Conceptual foundations of behavioral assessment,* Nueva York, Guilford Press, 1986.
— y Jensen, B., «The interview as a behavioral assessment instrument», *Behavioral Assessment,* 1, 1979, pp. 97-106.
Healy, J. M. y Dowd, E. T., «Hypnotherapeutic control of long term pain», en E. T. Dowd y J. M. Healy (comps.), *Case studies in hypnotherapy,* Nueva York, Guilford, 1986.
Heide, F. y Borkovec, T., «Relaxation-induced anxiety: Mechanisms and theoretical implications», *Behaviour Research and Therapy,* 22, 1984, pp. 1-12.
Heilveil, I., *Video in mental health practice,* Londres, Tavistock, 1983.
Heimberg, R. G., Montgomery, D., Madsen, C. H.jr. y Heimberg, J. S., «Assertiveness training: A review of the literature», *Behavior Therapy,* 8, 1977, pp. 953-971.
Heitler, J. B., «Preparatory techniques in initiating expressive psychotherapy with lower class, unsophisticated patients», *Psychological Bulletin,* 83, 1976, pp. 339-352.
Heller, K. y Marlatt, G. A., «Verbal conditioning, behavior therapy, and behavior change: Some problems in extrapolation», en C. M. Franks (comp.), *Behavior therapy: Appraisal and status,* Nueva York, McGraw-Hill, 1969.
Hemton, W. W. e Iverson, I. H., *Classical conditioning and operant conditioning. A response pattern analysis,* Nueva York, Springer-Verlag, 1978.
Henderson, J. Q., «A behavioral approach to stealing: A proposal for treatment based on ten cases», *Journal of Behavior Therapy and Experimental Psychiatry,* 12, 1981, pp. 231-236.
— «Follow-up of stealing behavior in 27 youths after a variaty of treatment programs», *Journal of Behavior Therapy and Experimental Psychiatry,* 14, 1983, pp. 331-337.
Henggeler, S. W., «The family-ecological systems theory», en S. W. Henggeler (comps.), *Delinquency and adolescent psychopathology: A family-ecological systems approach,* Littleton, Mass., Wright-PSG, 1982.
Henry, W. P., Schacht, T. E. y Strupp, H. H., «Structural analysis of social behavior: Application to a study of interpersonal process in differential psychotherapeutic outcome», *Journal of Consulting and Clinical Psychology,* 54, 1986, pp. 27-31.
Heppner, P. P. y Krauskopf, C.J., «An information-processing approach to personal problem solving», *The Counseling Psychologist,* 15, 1987, pp. 371-447.
— y Petersen, C. H., «The development and implications of a personal problem solving inventory», *Journal of Counseling Psychology,* 29, 1982, pp. 66-75.
Herink, R., *The psychotherapy handbook,* Nueva York, New American Library, 1980.
Herrnstein, R., «Methods and theory in the study of avoidance», *Psychological Review,* 76, 1969, pp. 49-69.
— «The evolution of behaviorism», *American Psychologist,* 32, 1977, pp. 593-603.
— «Derivatives of matching», *Psychological Review,* 86, 1979, pp. 486-495.
Hersen, M., «Historical perspectives in behavioral assessment», en M. Hersen y A. S. Bellack (comps.), *Behavioral assessment: A practical handbook,* Nueva York, Pergamon Press, 1976.
— «Complex problems require complex solutions», *Behavior Therapy,* 12, 1981, pp. 15-29.
— «Massed practice», en A. S. Bellack y M. Hersen (comps.), *Dictionary of behavior therapy techniques,* Nueva York, Pergamon Press, 1985.

— y Barlow, D., *Single case experimental designs* (2ª edición), Nueva York, Pergamon Press, 1984 [*Diseños experimentales de caso único,* Barcelona, Martínez Roca, 1988].
— y Bellack, A. S., «Assessment of social skills», en A. R. Ciminero, A. S. Calhoun y H. E. Adams (comps.), *Handbook for behavioral assessment,* Nueva York, Wiley, 1977.
— y Bellack, A. S., *Behavioral assessment: A practical handbook* (2ª edición), Nueva York, Pergamon Press, 1981.
— y Bellack, A. S. (comps.), *Dictionary of behavioral assessment techniques,* Nueva York, Pergamon Press, 1988*(a).*
— y Bellack, A. S., «DSM-III and behavioral assessment», en A. S. Bellack y M. Hersen (comps.), *Behavioral assessment: A practical handbook* (3ª edición), Nueva York, Pergamon Press, 1988*(b).*
—, Kazdin, A. E., Bellack, A. S. y Turner, S. M., «Effects of live modeling, over modeling and rehearsal on assertiveness in psychiatric patients», *Behavioral Research and Therapy,* 17, 1979, pp. 369-377.
Hettema, J. y Kenrick, D. T., «Biosocial interaction and individual adaptation», en P. J. Hettema (comp.), *Personality and environment: Assessment of human adaptation,* Chichester, Wiley, 1989.
Hilgard, E. R. y Bower, G. H., *Theories of learning,* Nueva York, Appleton-Century-Crofts, 1966.
— y Marquis, D. G., *Conditioning and learning,* Nueva York, Appleton-Century-Crofts, 1940.
Hill, K. A., «Meta-analysis of paradoxical interventions», *Psychotherapy,* 24, 1987, pp. 266-270.
Hillner, K. P., *Conditioning in contemporary perspective,* Nueva York, Springer, 1979.
Hirsch, M. J., Fuqua, R. W. y Miltenberger, R. G., «The training of initial behavioral assessment interview skills», Comunicación presentada en el congreso de la Association for Behavior Analysis, Milwaukee, 1986.
Hirschman, A. O., *El avance en colectividad. Experimentos populares en la América Latina,* México, Fondo de Cultura Económica, 1986.
Hogan, R. y Nicholson, R. A., «The meaning of personality test scores», *American Psychologist,* 43, 1988, pp. 621-626.
Hogarty, G. E. y Ulrich, R., «The Discharge Readiness Inventory», *Archives of General Psychiatry,* 26, 1972, pp. 414-426.
Holahan, C. J. y Wandersman, A., «The Community Psychology perspective in Environmental Psychology», en D. Stokols e I. Altman (comps.), *Handbook of environmental psychology* (2 vols.), Nueva York, Wiley, 1987.
Holmes, D. S., «Meditation and somatic arousal reduction: A review of the experimental evidence», *American Psychologist,* 39, 1984, pp. 1-10.
Holmes, T. S. y Rahe, R. H., «The Social Readjustment Rating Scale», *Journal of Psychosomatic Research,* 11, 1967, pp. 213-218.
Holland, C. J., «An interview guide for behavioral counseling with parents», *Behavior Therapy,* 1, 1970, pp. 70-79.
Hollander, M. y Kazaoka, K., «Behavior therapy groups», en S. Long (comp.), *Six group therapies,* Nueva York, Plenum Press, 1988.
Hollin, C. R. y Trower, P., «Development and applications of social skills training: A review and critique», en M. Hersen, R. M. Eisler y P. M. Miller (comps.), *Progress in behavior modification,* vol 22, Newbury Park, Calif., Sage, 1988.
Hollon, S. D. y Bemis, K. M., «Self-report and the assessment of cognitive functions», en M. Hersen y A. S. Bellack (comps.), *Behavioral assessment* (2ª edición), Nueva York, Pergamon Press, 1985.
— y Kendall, P. C., «Cognitive self-statements in depression: Development of an automatic

thoughts questionnaire», *Cognitive Therapy and Research,* 4, 1980, pp. 383-395.
— y Shaw, B. F., «Group cognitive therapy for depressed patients», en A. T. Beck, A. J. Rush, B. F. Shaw y G. Emery (comps.), *Cognitive therapy of depression,* Nueva York, Guilford Press, 1979.
Homme, L. E., «Perspectives in psychology: XXIV Control of coverants, the operants of the mind», *Psychological Record,* 15, 1965, pp. 501-511.
—, Csangi, A., Gonzales, M. y Rechs, J., *How to use contingency contracting in the classroom,* Campaign, Ill., Research Press, 1969.
Houts, A. C. y Mellon, M. W., «Home-based tratment for primary enuresis», en C. E. Schaefer y J. M. Briesmeister (comps.), *Handbook of parent training: Parents as co-therapists for children's behavior problems,* Nueva York, Wiley, 1989.
Howard, K. I., Kopta, S. M., Krause, M. S. y Orlinsky, D. E., «The Dose-Effect relationship in psychotherapy», *American Psychologist,* 41, 1986, pp. 159-164.
Huarte de San Juan, J., *Examen de ingenios para las ciencias,* Barcelona, PPU, 1988. (Or.: 1575).
Huber, C., «Pure vs. pragmatic rational-emotive therapy», *Journal of Counseling and Development,* 61, 1985, pp. 321-322.
Hugues, R. C., «Treatment of exhibicionism by covert sensitization», *Journal of Behavior Therapy and Experimental Psychiatry,* 8, 1977, pp. 177-179.
Hull, C. L., *Principles of behavior,* Nueva York, Appleton-Century Crofts, 1943.
Hunt, H. F., «Problems in the interpretation of the "experimental neurosis"», *Psychological Reports,* 15, 1964, pp. 27-35.
Hussian, R. A. y Lawrence, P. S., «Social reinforcement of activity and problem-solving training in the treatment of depressed institutional elderly patients», *Cognitive Therapy and Research,* 5, 1981, pp. 57-69.
Hyland, M. E., «Control theory interpretation of psychological mechanism of depression: Comparison and integration of several theories», *Psychological Bulletin,* 102, 1987, pp. 109-121.
Ince, L. P. y Leon, M. S., «Biofeedback treatment of upper extremity dysfunction in Guillain-Barré syndrome», *Archives of Physical Medicine and Rehabilitation,* 67, 1986, pp. 30-33.
Ingham, R. J., «On token reinforcement and stuttering therapy», *Journal of Applied Behavior Analysis,* 16, 1982, pp. 465-475.
Inglis, J., Donald, M. W., Monga, T. N., Sproule, M. y Young, M. J., «Electromyographic biofeedback and physical therapy of the hemiplegic upper limb», *Archives of Physical Medicine and Rehabilitation,* 65, 1984, pp. 755-759.
Institute of Medicine, *Smoking and behavior,* Washington, National Academy of Sciences, 1980*(a).*
— *Alcoholism, alcohol abuse, and related problems: Opportunities of research,* Washington, National Academy of Sciences, 1980*(b).*
— *Research on stress and human health,* Washington, National Academy of Sciences, 1981.
— *Health and behavior: A research agenda,* Washington, National Academy of Sciences, 1982.
Iriarte, M. de, *El doctor Huarte de San Juan y su Examen de ingenios. Contribuciones a la historia de la psicología diferencial,* Madrid, CSIC, 1948. (Orig. 1938).
Isaacs, W., Thomas, J. y Goldiamond, I., «Applications of operant conditioning to reinstate verbal behavior in psychotics», *Journal of Speech and Hearing Disorders,* 25, 1960, pp. 8-12.
Isen, A. M., «Toward understanding the role of affect in cognition», en R. S. Wyer y T. K. Srull (comps.), *Handbook of social cognition,* vol. 3, Hillsdale, N.J., Lawrence Erlbaum.
Israel, A. C., «Some thoughts on correspondence between saying and doing», *Journal of Applied Behavior Analysis,* 11, 1978, pp. 271-276.
—, Stolmaker, L. y Andrian, C. A. G., «The effects of training parents in general child

management skills on a behavioral weight loss program for children», *Behavior Therapy*, 16, 1985, pp. 169-180.

Ivancic, M. T., Reid, D. H., Iwata, B. A., Faw, G. D. y Page, T. J., «Evaluating a supervision program for developing and maintaining therapeutic staff-resident interactions during institutional care routines», *Journal of Applied Behavior Analysis*, 14, 1981, pp. 95-107.

Iwata, B. A., Wong, S. E., Riordan, M. M., Dorsey, M. F. y Lau, M. M., «Assessment and training of clinical interviewing skills: Analogue analysis and field replication», *Journal of Applied Behavior Analysis*, 15, 1982, pp. 191-203.

Jack, L. M., *An experimental study of ascendant behavior in preschool children*, Iowa City, University of Iowa Studies in Child Welfare, 1934.

Jacobs, A. y Felton, G. S., «Visual feedback of myoelectric output to facilitate muscle relaxation in normal persons and patients with nect injuries», *Archives of Physical Medicine and Rehabilitation*, 50, 1969, pp. 34-39.

Jacobson, E., *You must relax*, Nueva York, Whittlesey House, 1934 [*Aprenda a relajarse*, Buenos Aires, Compañía General Fabril Editora, 1961].

— *Progressive relaxation*, Chicago, University of Chicago Press, 1938.

— y McGuigan, F. J., *Principles and practice of progressive relaxation*, Nueva York, Guilford, BMA Audio Cassettes, 1982.

Jacobson, N. S. y Holtzworth-Munroe, A., «Marital therapy: A social learning-cognitive perspective», en N. S. Jacobson y A. S. Gurman (comps.), *Clinical handbook of marital therapy*, Nueva York, Guilford Press, 1986.

Jannoun, L., Munby, M., Catalan, J. y Gelder, M., «A home-based treatment program for agoraphobia: Replication and controlled evaluation», *Behavior Therapy*, 11, 1980, pp. 294-305.

Janssen, K. y Neutgens, J., «Autogenic training and progressive relaxation in the treatment of three kinds of headache», *Behaviour Research and Therapy*, 24, 1986, pp. 199-208.

Jason, L. A. y Glenwick, D. S., «Behavioral community psychology», *Journal of Community Psychology*, 13, abril 1984 (N° especial).

— y Zolik, E. S., «Characteristics of behavioral community interventions», *Professional Psychology*, 12, 1981, pp. 769-775.

Jeger, A. M. y Slotnick, R. S. (comps.), *Community mental health and behavioral-ecology*, Nueva York, Plenum Press, 1982*(a)*.

— y Slotnick, R, S., «Community mental health. Toward a behavioral-ecology perspective», en A. M. Jeger y R. S. Slotnick (comps.), *Community mental health and behavioral-ecology*, Nueva York, Plenum Press, 1982*(b)*.

Johnson, R. P. y Geller, E. S., «Community mental health center programs», en D. Glenwick y L. Jason (comps.), *Behavioral community psychology: Progress and prospects*, Nueva York, Praeger, 1980.

Johnston, J. M., «Controlling professional behavior: A review of *The effects of punishment on human behavior* by Axelrod y Apsche», *The Behavior Therapist*, 8, 1985, pp. 111-119.

— y Pennypacker, H. S., *Strategies and tactics of human behavioral research*, Hillsdale, N.J., Lawrence Erlbaum, 1980.

Jones, E. E., Cumming, J. D. y Horowitz, M. J., «Another look at the nonspecific hypothesis of therapeutic effectiveness», *Journal of Consulting and Clinical Psychology*, 56, 1988, pp. 48-55.

Jones, M. C., «The elimination of children's fear», *Journal of Experimental Psychology*, 7, 1924*(a)*, pp. 382-390.

— «A laboratory study of fear: The case of Peter», *Pedagogical Seminary*, 31, 1924*(b)*, pp. 308-315.

Jones, R. T., Kazdin, A. E. y Haney, J. I., «Social validation and training of emergency fire safety skills for potential injury prevention and lifesaving», *Journal of Applied Behavior Analysis,* 14, 1981*(a),* pp. 249-269.

—, Kazdin, A. E. y Haney, J. I., «A follow-up to training emergency skills», *Journal of Applied Behavior Analysis,* 14, 1981*(b),* pp. 716-722.

Jones, T. W., «Behavior modification studies with hearing-impaired students: A review», *American Annals of Deafness,* 129, 1984, pp. 451-458.

Joyce-Moniz, L., «Epistemological therapy and constructivism», en M. J. Mahoney y A. Freeman (comps.), *Cognition and psychotherapy,* Nueva York, Plenum Press, 1985 [*Cognición y psicoterapia,* Barcelona, Paidós, 1988].

Kale, R. J., Kaye, J. H., Whelan, P. A. y Hopkins, B. L., «The effects of reinforcement on the modification, maintenance, and generalization of social responses of mental patients», *Journal of Applied Behavior Analysis,* 1, 1968, pp. 307-314.

Kamiya, J., «Conscious control of brain waves», *Psychology Today,* 1, 1968, pp. 57-60.

— «Preface», en T. Barber, L. DiCara, J. Kamiya, N. Miller, D. Shapiro y J. Stoyva (comps.), *Biofeedback and self-control,* Chicago, Aldine-Atherton, 1971.

Kanfer, F. H., «Self-regulation: Research, issues and speculations», en C. Neuringer y J. L. Michael (comps.), *Behavior modification in clinical psychology,* Nueva York, Appleton-Century-Crofts, 1970.

— «The maintenance of behavior by self-generated stimuli and reinforcement», en A. Jacobs y L. B. Sacks (comps.), *The psychology of private events,* Nueva York, Academic Press, 1971.

— «Assessment for behavior modification», *Journal of Personality Assessment,* 36, 1972, pp. 418-423.

— «Self-regulation and self-control», en H. Zeir (comp.), *The psychology of the 20th century,* Zúrich, Kindler Verlag, 1977.

— «Target selection for clinical change programs», *Behavioral Assessment,* 7, 1985, pp. 7-20.

— y Grimm, L. G., «Behavioral analysis: Selecting target behaviors in the interview», *Behavior Modification,* 1, 1977, pp. 7-28.

— y Grimm, L. G., «Managing clinical change: A process model of therapy», *Behavior Modification,* 4, 1980, pp. 419-444.

— y Hagerman, S., «The role of self-regulation», en L. P. Rehm (comp.), *Behavior therapy for depression: Present status and future directions,* Nueva York, Academic Press, 1981.

— y Hagerman, S. M., «Behavior therapy and the information-processing paradigm», en S. Reiss y R. R. Bootzin (comps.), *Theoretical issues in behavior therapy,* Nueva York, Academic Press, 1985.

—, Karoly, P. y Newman, A., «Reduction of chidren's fear of the dark by competence related and situational threat related verbal cues», *Journal of Consulting and Clinical Psychology,* 43, 1975, pp. 251-258.

— y Saslow, G., «Behavioral analysis: An alternative to diagnostic classification», *Archives of General Psychiatry,* 12, 1965, pp. 529-538 [*Psicopatología y personalidad,* México, Interamericana, 1974].

— y Saslow, G., «An outline for behavioral diagnosis», en C. M. Franks (comp.), *Behavior therapy: Appraisal and status,* Nueva York, McGraw-Hill, 1969.

— y Schefft, B., *Guiding the process of therapeutic change,* Champaign, Ill., Research Press, 1988.

Kantor, J. R., *Principles of psychology,* vol. 1, Bloomington, Principia Press, 1924.

— *Principles of psychology,* vol. 2, Bloomington, Principia Press, 1926.

— *Interbehavioral psychology,* Grannel, Ohio, Principia Press, 1959.

— *Cultural psychology,* Chicago, Principia Press, 1982.

Kaplan, D. A., «Behavioral, cognitive, and behavioral-cognitive approaches to group assertion training», *Cognitive Therapy and Research,* 6, 1982, pp. 301-314.

Kaplan, H. S., *Manual ilustrado de terapia sexual,* Barcelona, Grijalbo. (Or.: 1975).

Karakan, I. y Moore, C. A., «Evaluation and treatment of insomnia», en R. J. Mathew (comp.), *The biology of anxiety,* Nueva York, Brunner/Mazel, 1984.

Karol, R. L. y Richards, C. S., «Making treatment effects last: An investigation of maintenance strategies for smoking reduction», Comunicación presentada en el congreso de la Association for the Advancement of Behavior Therapy, Chicago, 1978.

Karoly, P., «Operant methods», en F. H. Kanfer y A. P. Goldstein (comps.), *Helping people change* (3.ª edición), Nueva York, Pergamon Press, 1986 [*Cómo ayudar al cambio en psicoterapia,* Bilbao, Desclée de Brouwer, 1987].

Kashima, K. J., Baker, B. L. y Landen, S. J., «Media-based versus professionaly led training for parents of mentally retarded children», *American Journal on Mental Retardation,* 93, 1988, pp. 209-217.

Kau, M. L. y Fischer, J., «Self-modification of exercise behavior», *Journal of Behavior Therapy and Experimental Psychiatry,* 5, 1974, pp. 213-214.

Kazdin, A. E., «Covert Modeling and reduction of avoidance behavior», *Journal of Abnormal Psychology,* 81, 1973, pp. 87-95.

— «Comparative effects of some variants of cover modeling», *Journal of Behavior Therapy and Experimental Psychiatry,* 5, 1974*(a),* pp. 225-231.

— «Covert modeling, model similarity, and reduction of avoidance behavior», *Behavior Therapy,* 5, 1974*(b),* pp. 325-340.

— «Effects of covert modeling and model reinforcement on assertive behavior», *Journal of Abnormal Psychology,* 83, 1974*(c),* pp. 240-252.

— «The effects of model identity and fear relevant similarity in cover modeling», *Behavior Therapy,* 5, 1975, pp. 624-635.

— «Implementing token programs: The use of staff and patients for maximizing change», en R. L. Patterson (comp.), *Maintaining effective token economies,* Springfield, Ill., Charles C. Thomas, 1976.

— «Effects of covert modeling, multiple models and model reinforcement on assertive behavior», *Behavior Therapy,* 7, 1976*(b),* pp. 211-222.

— «Artifact, bias, and complexity of assessment: The ABCs of reliability», *Journal of Applied Behavior Analysis,* 10, 1977*(a),* pp. 141-150.

— «Assessing the clinical or applied importance of behavior change through social validation», *Behavior Modification,* 1, 1977*(b),* pp. 427-452.

— «Behavior therapy: Evolution and expansion», *The Counseling Psych.,* 7, 1978*(a),* pp. 34-37.

— *History of behavior modification: Experimental foundations of contemporary research,* Baltimore, University Park Press, 1978 [*Historia de la modificación de conducta,* Bilbao, Desclée de Brouwer, 1983].

— «Covert and overt rehearsal and elaboration during treatment in the development of assertive behavior», *Behaviour Research and Therapy,* 18, 1980, pp. 191-201.

— «Token economy», en A. S. Bellack y M. Hersen (comps.), *Dictionary of behavior therapy techniques,* Nueva York, Pergamon, 1985*(a).*

— «Selection of target behaviors: The relationship of the treatment focus to clinical dysfunction», *Behavioral Assessment,* 7, 1985*(b),* pp. 33-47.

— *Treatment of antisocial behavior in children and adolescents,* Homewood, Ill., Dorsey Press, 1985*(c)* [*Tratamiento de la conducta antisocial en la infancia y la adolescencia,* Barcelona, Martínez Roca, 1988].

— «Comparative outcome studies of psychotherapy: Methodological issues and strategies», *Journal of Consulting and Clinical Psychology,* 54, 1986*(a),* pp. 95-105.

— «Editor's introduction to the Special Issue», *Journal of Consulting and Clinical Psychology,* 54, 1986*(b),* p. 3.
— *Behavior modification in applied setting* (4ª edición), Pacific Grove, Calif., Brooks/Cole, 1989.
— y Cole, P. E., «Attitude and labeling biases toward behavior modification: The effects of labels, canten and jargon», *Behavior Therapy,* 12, 1981, pp. 56-68.
— y Polster, R., «Intermittent token reinforcement and response maintenance in extinction», *Behavior Therapy,* 4, 1973, pp. 386-391.
— y Wilcoxon, L. A., «Systematic desensitization and nonspecific treatment effects: A methodological evaluation», *Psychological Bulletin,* 83, 1976, pp. 729-758.
Keefe, F. J. y Blumenthal, J. A. (comps.), *Assessment strategies in behavioral medicine,* Nueva York, Grune and Stratton, 1982.
Keller, F. S., «Goodbye teacher ...», *Journal of Applied Behavior Analysis,* 1, 1968, pp. 79-89.
— y Sherman, J. G., *The PSI Handbook: Essays on personalized instruction,* Lawrence, KS., TRI Publications, 1982.
— y Schoenfeld, W. N., *Principles of psychology,* Nueva York, Appleton-Century-Crofts, 1950.
Kelley, C., *Assertion training: A facilitator's guide,* San Diego, Calif., University Associates, 1979.
Kelley, M. L., Jarvie, G. J., Middlebrook, J. L., McNeer, M. F. y Drabman, R. S., «Decreasing burned children's pain behavior: Impacting the trauma of hydrotherapy», *Journal of Applied Behavior Analysis,* 17, 1984, pp. 147-158.
Kelly, G., *The psychology of personal constructs,* Nueva York, Norton, 1955.
Kelly, J. A., *Social-skills training: A practical guide for interventions,* Nueva York, Springer, 1982 [*Entrenamiento en habilidades sociales,* Bilbao, Desclée de Brouwer, 1987].
Kendall, P. C., «Annotation cognitive-behavioral therapy for children», *Journal of Child Psychology and Psychiatry,* 2, 1984, pp. 173-179.
— y Braswell, L., «Cognitive behavioral self control therapy for children: A component analysis», *Journal of Consulting and Clinical Psychology,* 49, 1982, pp. 672-689.
— y Fischler, G. L., «Behavioral and adjustment correlates of problem solving: Validational analyses of interpersonal cognitive problem solving measures», *Child Development,* 55, 1984, pp. 879-892.
— y Wilcox, L. E., «A cognitive-behavioral treatment for impulsivity: Concrete versus conceptual training in non self controlled problem children», *Journal of Consulting and Clinical Psychology,* 48, 1980, pp. 80-91.
Kendler, H. H. y Spence, J. T., «Tenets of neobehaviorism», en H. H. Kendler y J. T. Spence (comps.), *Essays in neobehaviorism: A memorial volume to Kenneth W. Spence,* Nueva York, Appleton-Century-Crofts, 1971.
Kennedy, R. E., «Cognitive behavioral interventions with delinquents», en A. W. Meyers y W. E. Craighead, *Cognitive behavior therapy with children,* Londres, Plenum Press, 1984.
Kewman, D. y Roberts, A. H., «Skin temperature biofeedback and migraine headache: A double-blind study», *Biofeedback and Self-Regulation,* 5, 1980, pp. 327-345.
Kiesler, C. A. y Sibulkin, D. E., *Mental hospitalization. Myths and facts about national crisis,* Beverly Hills, N.J., Sage, 1987.
Kihlstrom, J. F., «The cognitive unconscious», *Science,* 237, 1987, pp. 1445-1452.
Kilman, P. R. y Howell, R. J., «The effects of structure of marathon group therapy and locus of control on therapy outcome», *Journal of Consulting and Clinical Psychology,* 42, 1974, p. 912.
Kimble, G. A., *Hilgard y Marquis' conditioning and learning,* Nueva York, Appleton Century Crofts, 1961 [*Condicionamiento y aprendizaje,* México, Trillas, 1969].

Kimmel, E. y Kimmel, H. D., «A replication of operant conditioning of the GSR», *Journal of Experimental Psychology,* 65, 1963, pp. 212-213.

Kimmel, H. D., «The relevance of experimental studies to clinical applications of biofeedback», *Biofeedback and Self-Regulation,* 6, 1981, pp. 263-271.

— «The myth and the symbol of biofeedback», *International Journal of Psychophysiology,* 3, 1986, pp. 211-218.

— y Hill, F. A., «Operant conditioning of the GSR», *Psychological Reports,* 7, 1960, pp. 555-562.

Kinsner, W. y Pear, J. J., «Computer-aided personalized system of instruction for the virtual classroom», *Canadian Journal of Educational Communication,* 17, 1988, pp. 21-36.

Kirby, K. C. y Bickel, W. K., «Toward an explicit analysis of generalization: A stimulus control interpretation», *The Behavior Analyst,* 11, 1988, pp. 115-129.

Kiritz, S. y Moos, R. H., «Physiological effects of social environments», *Psychosomatic Medicine,* 36, 1974, pp. 96-114.

Klein, M., Dittman, A. T., Parloff, M. R. y Gill, M. W., «Behavior therapy: Observations and reflections», *Journal of Consulting and Clinical Psychology,* 33, 1969, pp. 259-266.

Klinger, E., «On the self-management of mood, affect and attention», en P. Karoly y F. H. Kanfer (comps.), *Self-management and behavior change: From theory to practice,* Nueva York, Pergamon Press, 1982.

Koegel, R. L. y Rincover, A., «Research on the difference between generalization and maintenance in extra therapy responding», *Journal of Applied Behavior Analysis,* 10, 1977, pp. 1-12.

—, Rincover, A. y Egel, A. L., *Educating and understanding autistic children,* San Diego, Calif., College-Hill Press.

Koffka, K., *Principles of gestalt psychology,* Nueva York, Harcourt, Brace and World, 1935.

Kohlenberg, R. J. y Tsai, M., «Functional analytic therapy», en N. S. Jacobson (comp.), *Psychotherapists in clinical practice: Cognitive and behavioral perspectives,* Nueva York, Guilford Press, 1987.

Köhler, W., *Gestalt psychology,* Nueva York, Liveright, 1947.

Kolvin, I., «Aversive imagery. Treatment in adolescents», *Behavior Therapy,* 5, 1967, pp. 245-249.

Korchin, S. J. y Sands, S. H., «Principles common to all psychotherapies», en C. E. Walker (comp.), *The handbook of clinical psychology,* vol. 1, Homewood, Ill., Dow Jones-Irwin, 1983.

Korzybski, A., *Science and sanity: An introduction to non-Aristotelian systems and general semantics,* Lakeville, Conn., Institute of General Semantics, 1933.

Kostka, M. P. y Galassi, J. P., «Systematic desensitization versus positive reinforcement in the reduction of test anxiety», *Journal of Consulting and Clinical Psychology,* 21, 1974, pp. 464-468.

Kovacs, M. y Beck, A. T., «Cognitive-affective processes in depression», en C. E. Izard (comp.), *Emotions in personality and psychopathology,* Nueva York, Plenum Press, 1977.

Krantz, D. S., Grunberg, N. E. y Baum, A., «Health psychology», *Annual Review of Psychology,* 36, 1985, pp. 349-383.

Krantz, S. E., «When negative cognitions reflect negative realities», *Cognitive Therapy and Research,* 9, 1985, pp. 595-610.

Krasner, L., «The use of generalized reinforcers in psychotherapy research», *Psychological Reports,* 1, 1955, pp. 19-25.

— «Studies of the conditioning of verbal behavior», *Psychological Bulletin,* 55, 1958, pp. 148-170.

— «The therapist as a social reinforcement machine», en H. H. Strupp y L. Luborsky

(comps.), *Research in psychotherapy, vol. 2,* Washington, DC, American Psychological Association, 1962.
— «Behavior modification-values and training: The perspective of a psychologist», en C. M. Franks (comp.), *Behavior therapy: Appraisal and status,* Nueva York, McGraw-Hill, 1969.
— «Behavior therapy», *Annual Review of Psychology,* 22, 1971, pp. 483-532.
Krasnogorski, N. I., «The conditioned reflexes in children's neuroses», *American Journal of Diseases in Children,* 30, 1925, pp. 753-768.
Kratochwill, T. R., «Selection of target behaviors: Issues and directions», *Behavioral Assessment,* 7, 1985, pp. 3-5.
Kroger, W. S., *Clinical and experimental hypnosis in medicine, dentistry and psychology* (2ª edición), Filadelfia, Lippincott, 1977.
Kubie, L. S., «Relation of the conditioned reflex to psychoanalytic technic», *Archives of Neurology and Psychiatry,* 32, 1934, pp. 1137-1142.
Kuhn, A., *The logic of social systems,* San Francisco, Jossey-Bass, 1974.
Kuhn, T. S., *The structure of scientific revolutions,* Chicago, University of Chicago Press, 1962.
— *The structure of scientific revolutions* (2ª edición), Chicago, University of Chicago Press, 1970.
Kuiper, N. A., Olinger, L. J. y MacDonald, M. R., «Depressive schemata and the processing of personal and social information», en L. Alloy (comp.), *Cognitive processes in depression,* Nueva York, Guilford Press, 1988.
Kulik, J. A., Kulik, C. C. y Cohen, P. A., «Meta-analysis of outcome studies of Keller's personalized system of instruction», *American Psychologist,* 34, 1979, pp. 307-318.
Kwee, M. G. T., «Towards the clinical art and science of multimodal psychotherapy», *Current Psychological Reviews,* 1, 1981, pp. 55-68.
— «Psychotherapy and the practice of general semantics», *Methodology and Science,* 15, 1982, pp. 236-256.
— «On psychotherapy: Emotionally, relativity and spirituality», Comunicación presentada en la escuela de verano de Sufi, Katwijk, Países Bajos, 1986.
—, Duivenvoorden, H. J., Trijsburg, R. W. y Thiel, J. H., «Multimodal therapy in an inpatient setting», *Current Psychological Research & Reviews,* 5, 1986, pp. 344-357.
— y Lazarus, A. A., «Multimodal therapy: The cognitive-behavioral tradition and beyond», en W. Dryden y W. Golden (comps.), *Cognitive-behavioral approaches to psychotherapy,* Londres, Harper & Row, 1986.
— y Roborgh, M. R. H. M., *Multimodale Anamnese Psychotherapie (MAP): vragenlijst en hadleiding,* Lisse, Swets & Zeitlinger, 1989.
Labrador, F. J., «Tratamiento de una taquicardia sinusal por medio de relajación, biofeedback R.P.G. y biofeedback de tasa cardíaca», *Revista Española de Terapia del Comportamiento,* 1, 1983, pp. 289-302.
— «Técnicas de biofeedback», en J. Mayor y F. J. Labrador (comps.), *Manual de modificación de conducta,* Madrid, Alhambra, 1984.
Lacks, P., *Behavioral treatment for persistent insomnia,* Nueva York, Pergamon Press, 1987.
—, Bertelson, A. D., Gans, L. y Kunkel, J., «The effectiveness of three behavioral treatments for different degrees of sleep onset insomnia», *Behavior Therapy,* 14, 1983, pp. 593-605.
Lacroix, J. M., «The adquisition of autonomic control through biofeedback: The case against an afferent process and a two-process alternative», *Psychophysiology,* 18, 1981, pp. 573-587.
Lader, M. H. y Mathews, A. M., «A physiological model of phobic anxiety and desensitization», *Behaviour Research and Therapy,* 6, 1968, pp. 411-424.
Ladouceur, R. y Gros-Louis, Y., «Paradoxical intention vs. stimulus control in the treatment of severe insomnia», *Journal of Behavior Therapy and Experimental Psychiatry,* 17, 1986, pp. 267-269.

Lakatos, I., «Falsification and methodology of scientific research programmes», en I. Lakatos y A. Musgrave (comps.), *Criticism and the growth of knowledge*, Londres, Cambridge University Press, 1974.
— *Historia de la ciencia y sus reconstrucciones*, Madrid, Tecnos, 1982.
Lamarre, J. y Holland, J. G., «The functional independence of mands and tacts», *Journal of the Experimental Analysis of Behavior*, 43, 1985, pp. 5-19.
Landes, A. A., «Assessment of the reliability and validity of the multimodal Structural Profile Inventory», Tesis Doctoral sin publicar, Graduate School of Applied and Professional Psychology, New Jersey, Rutgers University, 1988.
Landy, F. J., «Stamp collecting versus science: Validation and hypothesis testing», *American Psychologist*, 41, 1986, pp. 1183-1192.
Lang, P. J., «Fear reduction and fear behavior: Problems in treating a construct», en J. M. Schlien (comp.), *Research in psychotherapy* (vol. 3), Washington, D.C., American Psychological Association, 1968.
— «Acquisition of heart-rate control: Method, theory and clinical implications», en D. C. Fowles (comp.), *Clinical applications of psychophysiology*, Nueva York, Columbia University Press, 1975.
— «Imagery in therapy: An information processing analysis of fear», *Behavior Therapy*, 8, 1977, pp. 862-886.
— «The cognitive psychophysiology of emotion: Fear and anxiety», en A. H. Tuma y J. D. Maser (comps.), *Anxiety and the anxiety disorders*, Hillsdale, New Jersey, Lawrence Erlbaum, 1985.
— y Lazovik, A. D., «Experimental desensitization of a phobia», *Journal of Abnormal and Social Psychology*, 66, 1963, pp. 519-525.
Lange, A. J., «Entrenamiento cognitivo-conductual de la aserción», en A. Ellis y R. Grieger (comps.), *Manual de terapia racional-emotiva*, Bilbao, Desclée de Brouwer, 1981. (Or.: 1977).
— y Jakubowski, P., *Responsible assertive behavior*, Champaign, Ill., Research Press, 1976.
—, Rimm, D. C y Loxley, J., «Cognitive-behavioral assertion training procedures», en J. M. Whiteley y J. V. Flowers (comps.), *Approaches to assertion training*, Monterrey, Calif., Brooks/Cole, 1978.
Lartigue, M. T., *Biopsicosociología social*, México, Alhambra Mexicana, 1980.
— y Biro, C. E. (comps.), *Alternativas para el diálogo con comunidades marginadas*, México, Alhambra Mexicana, 1986.
LaTorre, R. A., «Pre-therapy role induction procedures», Canadian *Psychological Review*, 18, 1977, pp. 308-321.
Lawson, D. M. y May, R. B., «Three procedures for the extinction of smoking behavior», *Psychological Record*, 20, 1970, pp. 151-157.
Lazarus, A. A., «New methods of psychotherapy. A case study», *South African Medical Journal*, 32, 1958, pp. 660-663.
— «Group therapy and phobic disorders by systematic desensitization», *Journal of Abnormal and Social Psychology*, 63, 1961, pp. 504-510.
— «The results of behaviour therapy in 126 cases of severe neurosis», *Behaviour Research and Therapy*, 1, 1963, pp. 69-79.
— «Behavior rehearsal vs. non-directive therapy vs. advice in affecting behaviour change», *Behaviour Research and Therapy*, 4, 1966, pp. 209-212.
— «Aversion therapy and sensory modalities: Clinical impressions», *Perceptual and Motor Skills*, 27, 1968*(a)*, p. 178.
— «Learning theory and the treatment of depression», *Behaviour Research and Therapy*, 6, 1968*(b)*, pp. 83-89.

— «Behavior therapy in groups», en G. M. Gazda (comp.), *Basic approaches to group psychotherapy and group counseling,* Springfield, Ill., Charles C. Thomas, 1968*(c).*

— *Behavior therapy and beyond,* Nueva York, McGraw-Hill, 1971 [*Terapia conductista,* Barcelona, Paidós, 1984].

— «"Hypnosis" as a facilitator in behavior therapy», *International Journal of Clinical and Experimental Hypnosis,* 21, 1973, pp. 25-31.

— *The practice of multimodal therapy,* Nueva York, McGraw-Hill, 1981 [*Terapia multimodal,* Buenos Aires, Ippem, 1983].

— «Emotive imagery», en A. S. Bellack y M. Hersen (comps.), *Dictionary of behavior therapy techniques,* Nueva York, Pergamon Press, 1985.

— «Multimodal therapy», en J. C. Norcross (comp.), *Handbook of eclectic psychotherapy,* Nueva York, Brunner/Mazel, 1986.

— «The multimodal approach with adult outpatients», en N. S. Jacobson (comp.), *Psychotherapists in clinical practice: Cognitive and behavioral perspectives,* Nueva York, Guilford Press, 1987.

— *The practice of multimodal therapy* (2ª edición), Baltimore, John Hopkins University Press, 1989.

— y Abramovitz, A., «The use of "emotive imagery" in the treatment of children's phobias», *Journal of Mental Science,* 108, 1962, pp. 191-195.

— y Fay, A., «Resistance or rationalization? A cognitive-behavioral perspective», en P. L. Wachtel (comp.), *Resistance: Psychodynamic and behavioral approaches,* Nueva York, Plenum Press, 1982.

Lazarus, R. S., «Psychologist stress and coping in adaptation and illness», *International Journal of Psychiatry in Medicine,* 5, 1974, pp. 321-333.

— «A cognitively oriented psychologist looks at biofeedback», *American Psychologist,* 30, 1975, pp. 553-561.

— «The stress and coping paradigm», en C. Eisdorfer, D. Cohen, A. Kleinman y P. Maxim (comps.), *Models for clinical psychopathology,* Nueva York, Spectrum, 1981.

— «On the primacy of cognition», *American Psychologist,* 39, 1984, pp. 124-129.

— y Folkman, S., *Stress, appraisal and coping,* Nueva York, Springer, 1984 [*Estrés y procesos cognitivos,* Barcelona, Martínez Roca, 1986].

LeBow, M. D., *Weight control: The behavioral strategies,* Nueva York, Wiley, 1981.

Lee, V. L., *Beyond behaviorism,* Hillsdale, N.J., Lawrence Erlbaum, 1988.

Lega, L., «Ethnic thinking: Significant issues in the psychology of hispanics», Comunicación presentada en el Critical Thinking Conference, Montclair State, New Jersey, 1989.

— y Ellis, A., «Rational emotive therapy», en R. Corsini (comp.), *Five therapists and one client,* Itaca, Ill., Peacock, 1991.

Leigh, H. y Reiser, M. F., *The patient: Biological, psychological and social dimensions of medical practice,* Nueva York, Plenum Press, 1980.

Leitenberg, H., «Response initiation and response termination: Analysis of effects of punishment and escape contingencies», *Psychological Reports,* 16, 1965, pp. 559-575.

Lemere, F. y Voegtlin, W. L., «Conditioned reflex therapy of alcoholic addiction: Specificity of conditioning against chronic alcoholism», *California and Western Medicine,* 53, 1940, pp. 268-269.

Lennard, H. L. y Bernstein, A., «Role learning in psychotherapy», *Psychotherapy: Theory, Research, and Practice,* 4, 1967, pp. 1-6.

Lentz, R. J., Paul, G. L. y Calhoun, J. F., «Reliability and validity of three measures of functioning with "hard-core" chronic mental patients», *Journal of Abnormal Psychology,* 77, 1971, pp. 313-323.

Leon, J. A. y Pepe, H. J., «Self-instructional training: Cognitive behavior modification for remediating arithmetics deficits», *Excepcional Children,* 50, 1983, pp. 54-60.

Leventhal, H. y Tomarken, A. J., «Emotion: Today's problems», *Annual Review of Psychology,* 37, 1986, pp. 565-610.

Levine, M. y Perkins, D. V., *Principles of community psychology: Perspectives and aplications,* Nueva York, Oxford University Press, 1987.

Levis, D. J., «Effects of serial CS presentation and other characteristics of the CS on the conditioned avoidance response», *Psychological Reports,* 18, 1966, pp. 755-766.

— «Behavioral therapy: The fourth therapeutic revolution?», en D. J. Levis (comp.), *Learning approaches to therapeutic behavior change,* Chicago, Aldine, 1970.

— «Implosive therapy: A critical analysis of Morganstern's review», *Psychological Bulletin,* 81, 1974, pp. 155-158.

— «The infrahuman avoidance model of symtom maintenance and implosive therapy», en J. D. Keehn (comp.), *Psychopathology in animals,* Nueva York, Academic Press, 1979.

— «Experimental and theoretical foundations of behavior modification», en A. S. Bellack, M. Hersen y A. E. Kazdin (comps.), *International handbook of behavior modification and therapy,* Nueva York, Plenum Press, 1982.

— «Implosive therapy: A comprehensive extension of conditioning theory of fear/anxiety to psychopathology», en S. Reiss y R. R. Bootzin (comps.), *Theoretical issues in behavior therapy,* Nueva York, Academic Press, 1985.

— «Implementing the technique of implosive therapy», en A. Goldstein y E. B. Foa (comps.), *Handbook of behavioral interventions: A clinical guide,* Nueva York, Wiley, 1986*(a).*

— «The learned helplessness effect: An expectancy discrimination deficit or motivational induced persistence?», *Journal of Research in Personality,* 14, 1986*(b),* pp. 158-169.

— «Treating anxiety and panic attacks: The conflict model of implosive therapy», *Journal of Integrative and Eclectic Psychotherapy,* 6, 1987, pp. 450-461.

— «Observation and experience from clinical practice: A critical ingredient for advancing behavior theory and therapy», *The Behavior Therapist,* 11, 1988, pp. 95-99.

— «The case for a return to a two-factor theory of avoidance: The failure of non-fear interpretations», en S. B. Klein y R. R. Mowrer (comps.), *Contemporary learning theories, vol. 1: Pavlovian conditioning and the status of tradition,* Hillsdale, N.J., Lawrence Erlbaum, 1989.

— «A clinician's plea for a return to the development of nonhuman models of psychopathology: New clinical observations in need of laboratory study», en M. R. Denny (comp.), *Aversive stimuli and behavior,* Hillsdale, N.J., Lawrence Erlbaum, (en prensa).

— y Boyd, T. L., «Symptom maintenance: An infrahuman analysis and extension of the conservation of anxiety principle», *Journal of Abnormal Psychology,* 88, 1979, pp. 107-120.

— y Boyd, T. L., «The CS exposure approach of implosive therapy», en R. McMillan Turner y L. M. Ascher (comps.), *Evaluation of behavior therapy outcome,* Nueva York, Springer, 1985.

— y Carrera, R. N., «Effects of 10 hours of implosive therapy in the treatment of outpatients: A preliminary report», *Journal of Abnormal Psychology,* 72, 1967, pp. 504-508.

— y Hare, N., «A review of the theoretical rationale and empirical support for the extinction approach of implosive (flooding) therapy», en M. Hersen, R. M. Eisler y P. M. Miller (comps.), *Progress in behavior modification,* vol. 2, Nueva York, Academic Press, 1977.

— y Stampfl, T. G, «Effects of serial CS presentations on shuttlebox avoidance responding», *Learning and Motivation,* 3, 1972, pp. 73-90.

Lewicki, P., *Nonconscious social information processing,* Nueva York, Academic Press, 1986.

Lewin, K., *Principles of topological psychology,* Nueva York, McGraw-Hill, 1936.

Lewinsohn, P. M., «Clinical and theoretical aspects of depression», en K. S. Calhoun, H. E.

Adams y K. M. Mitchel (comps.), *Innovative methods in psychopatology,* Nueva York, Wiley, 1974.

Lewis, H. B., «Shame -the "sleeper" in psychopathology», en H. B. Lewis (comp.), *The role of shame in symptom formation,* Hillsdale, N.J., Lawrence Erlbaum, 1987.

Liberman, R. P., DeRissi, W. J. y Mueser, K. T., *Social skills training for psychiatric patients,* Nueva York, Pergamon Press, 1989.

—, King, L. W. y DeRisi, W. J., «Behavior analysis and therapy in community mental health», en H. Leitenberg (comp.), *Handbook of behavior modification and behavior therapy,* Englewood Cliffs, N.J., Prentice-Hall, 1976 [*Modificación y terapia de conducta,* 2 vols., Madrid, Morata, 1982].

—, King, L. W., DeRisi, W. J. y McCann, M., *Personal effectiveness training: A manual for teaching social and emotional skills,* Champaign, Ill., Research Press, 1975.

—, Kuehnel, T. G., Kuehnel, J. M., Eckman, T. y Rosenstein, J., «The behavioral analysis and modification project for community mental health. From conception to dissemination», en A. M. Jeger y R. S. Slotnick (comps.), *Community mental health and behavioral ecology,* Nueva York, Plenum Press, 1982.

—, Wheeler, E. G., De Visser, L., Kuehnel, J. y Kuehnel, T., *Manual de terapia de pareja,* Bilbao, Desclée de Brouwer, 1987. (Or.: 1983).

Lindsley, O. R., «Operant conditioning methods applied to research in chronic schizophrenia», *Behaviour Research and Therapy,* 1, 1956, pp. 45-51.

— «Characteristics of the behavior of chronic psychotics as revealed by free-operant conditioning methods», *Diseases of the Nervous System* (suplemento monográfico), 21, 1960, pp. 66-78.

—, Skinner, B. F. y Solomon, H. D., *Studies in behavior therapy. Status Report 1,* Watham, MA, Metropolitan State Hospital, 1953

Linehan, M., «Issues in behavioral interviewing», en J. D. Cone y R. P. Hawkins (comps.), *Behavioral assessment: New directions in clinical psychology,* Nueva York, Brunner/Mazel, 1977.

— «Content validity: Its relevance to behavioral assessment», *Behavioral Assessment,* 2, 1980, pp. 147-159.

— «Interpersonal effectiveness in assertive situations», en E. A. Bleechman (comp.), *Behavior modification with women,* Nueva York, Guilford Press, 1984.

Liotti, G., «Cognitive therapy, attachment theory and psychiatric nosology: A clinical and psychiatric inquiry into their interdependence», en M. A. Reda y M. J. Mahoney (comps.), *Cognitive psychotherapies,* Cambridge, Mass., Ballinger, 1984.

— «Structural cognitive therapy», en W. Dryden y W. L. Golden (comps.), *Cognitive-behavioural approaches to psychotherapy,* Londres, Harper and Row, 1986.

Lisina, M. I., «The role of orientation in the transformation of involuntary reactions to voluntary ones», en L. G. Voronin, A. N. Leontiev, A. R. Luria, E. N. Sokolov y O. B. Vinogradova (comps.), *Orienting reflex and exploratory behavior,* Washington, American Institute of Biological Sciences, 1965.

Little, B. R., «Personality and environment», en D. Stokols e I. Altman (comps.), *Handbook of environmental psychology* (2 vols.), Nueva York, Wiley, 1987.

Little, L. M. y Kelley, M. L., «The efficacy of reponse cost procedures for reducing children's noncompliance to parental instructions», *Behavior Therapy,* 20, 1989, pp. 525-534.

Llavona, L., «El proceso en evaluación conductual», en J. Mayor y F. J. Labrador (comps.), *Manual de modificación de conducta,* Madrid, Alhambra, 1984.

Loeber, R. y Schmaling, K. B., «Empirical evidence for overt and covert patterns of antisocial conduct problems: A meta-analysis», *Journal of Abnormal Child Psychology,* 13, 1985*(a),* pp. 337-352.

— y Schmaling, K. B., «The utility of differentiating between mixed and pure forms of antisocial child behavior», *Journal of Abnormal Child Psychology,* 13, 1985*(b),* pp. 315-336.
—, Weissman, W. y Reid, J. B., «Family interactions of assaultive adolescents, stealers, and nondelinquents», *Journal of Abnormal Child Psychology,* 11, 1983, pp. 1-14.
Loevinger, J., «Theory and techniques of assessment», *Annual Review of Psychology,* 10, 1959, pp. 289-316.
Lolordo, M. y Shapiro, K. L., «A behavioral approach to population control», en D. S. Glenwick y L. A. Jason (comps.), *Behavioral community psychology: Progress and prospects,* Nueva York, Praeger, 1980.
London, P., «The end of ideology in behavior modification», *American Psychologist,* 27, 1972, pp. 913-930.
Long, B. C., «Aerobic conditioning and stress inoculation: A comparison of stress management interventions», *Cognitive Therapy and Research,* 8, 1984, pp. 517-542.
LoPiccolo, J., «Direct treatment of sexual dysfunction», en J. LoPiccolo y L. LoPiccolo (comps.), *Handbook of sex therapy,* Nueva York, Plenum Press, 1978.
Lorenz, K., *Behind the mirror,* Nueva York, Harcourt Brace Jovanovich, 1977.
Lovaas, O. I., «A program for the establishment of speech in psychotic children», en J. K. Wing (comp.), *Early childhood autism,* Elmsford, Nueva York, Pergamon Press, 1966.
— y Simmons, J. Q., «Manipulation of self-destruction in three retarded children», *Journal of Applied Behavior Analysis,* 2, 1969, pp. 143-157.
Lowe, C. F., «Determinants of human operant behaviour», en M. Zeiler y P. Harzen (comps.), *The reinforcement and organization of behaviour,* Nueva York, Wiley, 1979.
— «Radical behaviorism and human psychology», en G. C. Davey (comp.), *Animal models of human behavior,* Nueva York, Wiley, 1983.
— y Higson, P. J., «Self-instruccional training and cognitive behaviour modification: A behavioural analysis», en G. Davey (comp.), *Applications of conditioning theory,* Londres, Methuen, 1981.
Lowe, M., «Rapid smoking», en A. S. Bellack y M. Hersen (comps.), *Dictionary of behavior therapy techniques,* Nueva York, Pergamon Press, 1985.
Lubar, J. F., Krulikowski, D., Natelson, S. E., Holder, G. S., Whitsett, S. F., Pamplin, W. E. y Krulikowski, D., «EEG operant conditioning in intractable epileptics», *Archives of Neurology,* 38, 1981, pp. 700-704.
Lublin, I., «Principles governing the choice of unconditioned stimulus in aversive conditioning», en R. Rubin y C. M. Franks (comps.), *Advances in behavior therapy,* Nueva York, Academic Press, 1968.
Luborsky, L. y DeRubeis, R. J., «The use of psychotherapy treatment manuals: A small revolution in psychotherapy research style», *Clinical Psychology Review,* 4, 1984, pp. 5-14.
— y Strupp H. H., «Research problems in psychotherapy: A three-year follow-up», en H. H. Strupp y L. Luborsky (comps.), *Research in psychotherapy,* vol. 2, Washington, DC., American Psychological Association, 1962.
Luján, N., *La vida cotidiana en el siglo de oro español,* Barcelona, Planeta, 1988.
Luria, A., *The role of speech in the regulation of normal and abnormal behaviors,* Nueva York, Liveright, 1961.
Luthans, F. y Kreitner, R., *Organizational behavior modification and beyond: An operant and social learning approach,* Glenview, Ill., Scott, Foresman, 1985.
Luthe, W., «Autogenic training: Method, research, and application in medicine», *American Journal of Psychotherapy,* 17, 1963, pp. 174-195.
— *Autogenic training* (6 vols.), Nueva York, Grune and Stratton, 1969.
Lutzker, J. L., «Reducing self-injurious behavior by facial screening», *American Journal of Mental Deficiency,* 82, 1978, pp. 510-513.

Lynn, S. J. y Freedman, R. R., «Transfer y evaluación del entrenamiento en biofeedback», en A. P. Goldstein y F. H. Kanfer (comps.), *Generalización y transfer en psicoterapia*, Bilbao, Desclée de Brouwer, 1981. (Or.: 1979).

— y Garske, J. P., *Psicoterapias contemporáneas*, Bilbao, Desclée de Brouwer, 1988.

Macià, D. y Méndez, X., «Evaluación y modificación de conducta de un caso de exhibicionismo mediante sensibilización encubierta sin relajación», en D. Macià Anton y F. X. Méndez Carrillo (comps.), *Aplicaciones clínicas de la evaluación y modificación de conducta*, Madrid, Pirámide, 1988.

Mackintosh, N. J., *The psychology of animal learning*, Nueva York, Academic Press, 1974.

MacLeod, J. H., «Biofeedback in the management of partial anal incontinence», *Diseases of the Colon and Rectum*, 26, 1983, pp. 244-246.

MacPhillamy, D. J. y Lewinsohn, P. M., «The Pleasant Events Schedule», manuscrito no publicado, University of Oregon, 1971.

Magnusson, D., *On the psychological situation*, Report from the Department of Psychology, Universidad de Estocolmo, núm. 544, 1978.

Mahoney, M. J., *Cognition and behavior modification*, Cambridge, Mass., Ballinger, 1974 [*Cognición y modificación de conducta*, México, Trillas, 1983].

— «Personal science: A cognitive learning therapy», en A. Ellis y R. Grieger (comps.), *Handbook of rational-emotive therapy*, Nueva York, Springer, 1976 [*Manual de terapia racional-emotiva*, Bilbao, Desclée de Brouwer, 1981].

— «Reflections on the cognitive-learning trend in psychotherapy», *American Psychologist*, 32, 1977, pp. 5-13.

— «Psychotherapy and the structure of personal revolutions», en M. J. Mahoney (comp.), *Psychotherapy process: Current issues and future directions*, Nueva York, Plenum Press, 1980.

— «Psychotherapy and human change processes», en J. H. Harvey y M. M. Parks (comps.), *The Master lecture series: Psychotherapy research and behavior change*, vol. 1, Washington, D.C., American Psychological Association, 1982.

— «Psychotherapy and human change processes», en M. J. Mahoney y A. Freeman (comps.), *Cognition and psychotherapy*, Nueva York, Plenum Press, 1985.

— y Arnkoff, D., «Cognitive and self-control therapies», en S. Garfield y A. Bergin (comps.), *Handbook of psychotherapy and behavior change*, Nueva York, Wiley, 1978.

— y Gabriel, T. J., «Psychotherapy and the cognitive sciences: An evolving alliance», *Journal of Cognitive Psychotherapy*, 1, 1987, pp. 39-59.

— y Kazdin, A. E., «Cognitive behavior modification: Miconceptions and premature evaluation», *Psychological Bulletin*, 86, 1979, pp. 1044-1049.

Mahrer, A. R. y Nadler, W. P., «Good moments in psychotherapy: A preliminary review, a list, and promising research avenues», *Journal of Consulting and Clinical Psychology*, 54, 1986, pp. 10-15.

Maletzky, B. M., «"Assisted" covert sensitization: a preliminary report», *Behavior Therapy*, 4, 1973, pp. 117-119.

— «Self-referred versus court-referred sexually deviant patients: Success with assisted covert sensitization», *Behavior Therapy*, 11, 1980, pp. 306-314.

— «Orgasmic reconditioning», en A. S. Bellack y M. Hersen (comps.), *Dictionary of behavior therapy techniques*, Nueva York, Pergamon Press, 1985.

Malloy, P. y Levis, D. J., «A laboratory demonstration of persistent human avoidance», *Behavior Therapy*, 19, 1988, pp. 229-241.

Maravall, J. A., *La literatura picaresca desde la historia social*, Barcelona, Taurus, 1986.

Marcos, J. L., *Manual de condicionamiento y biofeedback de la actividad electrodérmica*, Salamanca, Servicio de Publicaciones de la Universidad Pontificia, 1986.

Marín, G., «Hacia una psicología social comunitaria», *Revista Latinoamericana de Psicología*, 12, 1980, pp. 171-180.

— «La experiencia latinoamericana en la aplicación de la psicología social al cambio comunitario», *Cuadernos de Psicología*, 7, 1985, pp. 69-92.

Marinacci, A. A. y Horande, M., «Electromyogram in neuromuscular reeducation», *Bulletin of the Los Angeles Neurological Society*, 25, 1960, pp. 57-71.

Marks, I., «Behavioral psychotherapy of adult neuroses», en S. Garfield y A. Bergin (comps.), *Handbook of psychotherapy and behavior change*, Nueva York, Wiley, 1978.

— *Cure and care of neuroses: Theory and practice of behavioral psychotherapy*, Nueva York, Wiley, 1981 [*Tratamiento de las neurosis*, Barcelona, Martínez Roca, 1986].

—, Gelder, M. G. y Bancroft, J., «Sexual deviant two years after electric aversion», *British Journal of Psychiatry*, 117, 1970, pp. 173-185

Marlatt, G. A., «Craving for alcohol loss of control and relapse: A cognitive behavioral analysis», en P. E. Nathan y G. A. Marlatt (comps.), *Alcoholism: New directions in behavioral research and treatment*, Nueva York, Plenum Press, 1978.

— y Gordon, J. R., «Determinants of relapse: Implications for the maintenance of behavior change», en P. Davison (comp.), *Behavioral medicine: Changing health lifestyle*, Nueva York, Brunner/Mazel, 1979.

— y Gordon, J. R., *Relapse prevention: Maintenance strategies in the treatment of addictive behaviors*, Nueva York, Guilford Press, 1985.

Marlowe, H., Reid, J. B., Patterson, G. R., Weinrott, M. R. y Bank, L., «A comparative evaluation of parent training for families of chronic delinquents», Manuscrito bajo revisión, 1988.

Marquis, J. N. y Morgan, W. G., *A guidebook for systematic desensitization*, Palo Alto, Calif., Veterans Administration Hospital, 1969.

Martelli, M. F., Auerbach, S. M., Alexander, J. y Mercuri, L. G., «Stress management in the health care setting: Matching interventions with patient coping styles», *Journal of Consulting and Clinical Psychology*, 55, 1987, pp. 201-207.

Martens, B. K. y Witt, J. C., «Ecological behavior analysis», en M. Hersen, R. M. Eisler y P. M. Miller (comps.), *Progress in behavior modification*, vol. 22, Newbury Park, Calif., Sage, 1988.

Martin, G. L., Koop, S., Turner, C. y Hanel, F., «Backward chaining versus total task presentation to teach assembly tasks to severely retarded persons», *Behavior Research of Severe Developmental Disabilities*, 2, 1981, pp. 117-136.

— y Lumsden, J., *Coaching: An effective behavioral approach*, St. Louis, MS., Times Mirror/Mosby, 1987.

—, y Osborne, J. G., *Helping in the community: Behavioral applications*, Nueva York, Plenum Press, 1980.

Martin, I. y Levey, A. B., «Conditioning, evaluations, and cognitions: An axis of integration», *Behaviour Research and Therapy*, 23, 1985, pp. 167-175.

Martin, R., *Legal challenges to behavior modification: Trends in school, corrections and mental health*, Champaign, Ill., Research Press, 1975.

Martín González, A., Chacón Fuertes, F. y Martínez García, M. (comps.), *Psicología comunitaria*, Madrid, Visor, 1988.

Marziali, E. y Sullivan, J. M., «Methodological issues in the current analysis of brief psychotherapy», *British Journal of Medical Psychology*, 53, 1980, pp. 19-27.

—, Marmar, C. y Krupnick, J., «Therapeutic alliance scales: Development and relationship to psychotherapy outcome», *American Journal of Psychiatry*, 138, 1981, pp. 361-364.

Marzillier, J. S., «Outcome studies of skills training: A review», en P. Trower, B. Bryant y M. Argyle, *Social skills and mental health*, Londres, Methuen, 1978.

Mash, E. J., «What is behavioral assessment?», *Behavioral Assessment,* 1, 1979, pp. 23-29.
— y Terdal, L. G., «Behavioral assessment of childhood disturbance», en E. J. Mash y L. G. Terdal (comps.), *Behavioral assessment of childhood disorders,* Nueva York, Guilford Press, 1981.
Masserman, T. H., *Behavior and neurosis,* Chicago, University of Chicago Press, 1943.
Masters, J. C., Burish, T. G., Hollon, S. D. y Rimm, D. C., *Behavior therapy: Techniques and empirical findings* (3ª edición), San Diego, California, Harcourt Brace Jovanovich, 1987.
Masters, W. H. y Johnson, V. E., *Human sexual inadequacy,* Boston, Little Brown, 1970 [*Inadecuación sexual humana,* México, Intermédica, 1981].
Matarazzo, J. D., «Behavioral immunogens and pathogens in health and illness», en B. L. Hammond y C. J. Scheirer (comps.), *Psychology and health: Master lecture series,* vol. 3, Washington, D.C., American Psychological Association, 1984.
—, Wiens, A. N., Matarazzo, R. G. y Saslow, G., «Speech and silence behavior in clinical psychotherapy and its laboratory correlates», en J. Schlien, H. Hurt, J. D. Matarazzo y C. Savage (comps.), *Research in psychotherapy,* Washington, D.C., American Psychological Association, 1968.
Mateer, F., *Child behavior: A critical and experimental study of young children by the method of conditioned reflexes,* Boston, R. G. Badger, 1918.
Mathews, R. M. y Fawcett, S. B., «Building the capacities of job candidates through behavioral instruction», *Journal of Community Psychology,* 13, 1984, pp. 123-129.
Matson, J. L., «Behavioral treatment of psychosomatic complaints of mentally retarded adults», *American Journal of Mental Deficiency,* 88, 1984, pp. 638-646.
— «Modeling», en A. S. Bellack y M. Hersen (comps.), *Dictionary of behavior therapy techniques,* Nueva York, Pergamon Press, 1985.
— y McCartney, J. R., *Handbook of behavior modification with the mentally retarded,* Nueva York, Plenum Press, 1981.
Maultsby, M. C., *Rational behavior therapy,* Englewood Cliffs, N.J., Prentice-Hall, 1984.
— y Ellis, A., *Techniques for using rational-emotive imagery,* Nueva York, Institute for Rational-Emotive Therapy, 1974.
— y Gore, T. A., «Rational behaviour therapy», en W. Dryden y W. Golden (comps.), *Cognitive-behavioural approaches to psychotherapy,* Londres, Harper and Row, 1986.
Mavissakalian, M., Michaelson, L., Greenwald, D., Kornblith, S. y Greenwald, M., «Cognitive-behavioral treatment of agoraphobia: Short and long-term efficacy of paradoxical intention vs. self-statement training», *Behaviour Research and Therapy,* 21, 1983, pp. 75-86.
Mayr, O., *The origins of feedback control,* Cambridge, Mass., MIT Press, 1970.
Mays, D. T. y Franks, C. M. (comps.), *Negative outcome in psychotherapy and what to do about it,* Nueva York, Springer, 1985.
McAllister, W. R. y McAllister, D. E., «Variables influencing the conditioning and the measurement of acquired fear», en W. F. Prokasy (comp.), *Classical conditioning: A symposium,* Nueva York, Appleton-Century-Crofts, 1965.
— y McAllister, D. E., «Behavioral measurement of conditioned fear», en F. Robert Brush (comp.), *Aversive conditioning and learning,* Nueva York, Academic Press, 1971.
McAllister, D. E. y McAllister, W. R., «Fear theory and aversively motivated behavior: Some controversial issues», en M. R. Denny (comp.), *Aversive stimuli and behavior,* Hillsdale, N.J., Lawrence Erlbaum, 1989.
McDowell, J.J., «The importance of Herrnstein's mathematical statement of effect for behavior therapy», *American Psychologist,* 37, 1982, pp. 771-779.
McEvoy, C. L. y Patterson, R. L., «Behavioral treatment of deficit skills in dementia patients», *The Gerontologist,* 26, 1986, pp. 475-478.

McFall, R. M., «A review and reformulation of the concept of social skills», *Behavioral Assessment*, 4, 1982, pp. 1-33.

— y Lillesand, D. B., «Behavior rehearsal with modeling and coaching in assertion training», *Journal of Abnormal Psychology*, 77, 1971, pp. 313-323.

— y Marston, A. R., «An experimental investigation of behavior rehearsal modeling, and coaching to assertion training», *Journal of Abnormal Psychology*, 76, 1970, pp. 295-303.

— y Twentyman, C. T., «Four experiments on the relative contributions of rehearsal modeling, and coaching to assertion training», *Journal of Abnormal Psychology*, 81, 1973, pp. 199-218.

McGovern, M. P., Newman, F. L. y Kopta, S. M., «Metatheoretical assumptions and psychotherapy orientation: Clinician atributions of patients' problem causality and responsability for treatment outcome», *Journal of Consulting and Clinical Psychology*, 54, 1986, pp. 476-481.

McGrady, A., Fine, T., Woerner, M. y Yonker, R., «Maintenance of treatment effects biofeedback-assisted relaxation on patients with essential hypertension», *American Journal of Clinical Biofeedback*, 6, 1983, pp. 34-39.

McMahon, R. J., «Behavioral checklists and rating scales», en T. H. Ollendick y M. Hersen (comps.), *Child behavioral assessment: Principles and procedures*, Nueva York, Pergamon Press, 1984*(a)*.

— «Enhancing the effectiveness of behavioral parent training: Adjunctive procedures and client variables», Comunicación presentada en la National Canadian Parent Training and Education Conference, Londres, Ontario, 1984*(b)*.

— «Some current issues in the behavioral assessment of conduct disordered children and their families», *Behavioral Assessment*, 9, 1987, pp. 235-252.

— y Forehand, R., «Conduct disorders», en E. J. Mash y L. G. Terdal (comps.), *Behavioral assessment of childhood disorders* (2ª edición), Nueva York, Guilford Press, 1988.

—, Forehand, R., Griest, D. L. y Wells, K. C., «Who drops out of treatment during parent behavioral training?», *Behavioral Counseling Quarterly*, 1, 1981, pp. 79-85.

— y Wells, K. C., «Conduct disorders», en E. J. Mash y R. A. Barkley (comps.), *Treatment of childhood disorders*, Nueva York, Guilford Press, 1989.

McMullin, R., *Handbook of cognitive therapy techniques*, Nueva York, Norton, 1986.

McNally, R. J., «Preparadness and phobias: A review», *Psychological Bulletin*, 101, 1987, pp. 183-303.

McNees, M. P., Gilliam, S. y Schnelle, J. F., «Applications of behavior technology to bussines, industry, and public organizations», en D. S. Glenwick y L. A. Jason (comps.), *Behavioral community psychology: Progress and prospects*, Nueva York, Praeger, 1980.

McReynolds, P., «History of assessment in clinical and educational settings», en R. O. Nelson y S. C. Hayes (comps.), *Conceptual foundations of behavioral assessment*, Nueva York, Guilford Press, 1986.

Meichenbaum, D., «The effects of instructions and reinforcement on thinking and language behaviors of schizophrenics», *Behaviour Research and Therapy*, 7, 1969, pp. 101-114.

— «Cognitive modification of test anxiety college students», *Journal of Consulting and Clinical Psychology*, 39, 1972, pp. 370-380.

— «Self-instructional methods», en F. H. Kanfer y A. P. Goldstein (comps.), *Helping people change: A textbook of methods*, Nueva York, Pergamon Press, 1975.

— «Cognitive factors in biofeedback therapy», *Biofeedback and Self-Regulation*, 1, 1976, pp. 201-216.

— *Cognitive-behavior modification: An integrative approach*, Nueva York, Plenum Press, 1977.

— «Una perspectiva cognitivo comportamental del proceso de socialización», *Análisis y Modificación de Conducta,* número extraordinario, 1981, pp. 85-113.
— *Stress inoculation training,* Nueva York, Pergamon Press, 1985 [*Manual de inoculación de estrés,* Barcelona, Martínez Roca, 1987].
— «Cognitive behavior modification», en F. H. Kanfer y A. P. Golstein (comps.), *Helping people change* (3ª edición), Nueva York, Pergamon Press, 1986 [*Cómo ayudar al cambio en psicoterapia,* Bilbao, Desclée de Brouwer, 1987].
—, Butler, L. y Gruson, L., «Toward a conceptual model of social competence», en J. Wine y M. Smye (comps.), *Social competence,* Nueva York, Guilford Press, 1981.
— y Cameron, R., «Training schizophrenics to talk to themselves: A means of developing attentional controls», *Behavior Therapy,* 4, 1973, pp. 515-534.
— y Cameron, R., «Stress inoculation training: Toward a general paradigm for training coping skills», en D. Meichenbaum y M. E. Jaremko (comps.), *Stress reduction and prevention,* Nueva York, Plenum Press, 1983 [*Prevención y reducción del estrés,* Bilbao, Desclée de Brouwer, 1987].
— y Deffenbacher, J. L., «Stress inoculation training», *The Counseling Psychologist,* 16, 1988, pp. 69-90.
— y Gilmore, J. B., «Resistance: From a cognitive-behavioral perspective», en P. Wachtel (comp.), *Resistance in psychodynamic and behavioral therapies,* Nueva York, Plenum Press, 1982.
— y Gilmore, J. B., «The nature of unconscious processes: A cognitive-behavioral perspective», en K. S. Bowers y D. Meichenbaum (comps.), *The unconscious reconsidered,* Nueva York, Wiley, 1984.
— y Goodman, J., «The developmental control of operant motor responding by verbal operants», *Journal of Experimental Child Psychology,* 7, 1969*(a),* pp. 553-565.
— y Goodman, J., «Reflection-impulsivity and verbal control of motor behavior», *Child Development,* 40, 1969*(b),* pp. 785-797.
— y Goodman, J., «Training impulsive children to talk to themselves: A means of developing self-control», *Journal of Abnormal Psychology,* 77, 1971, pp. 115-126.
— y Turk, D. C., *Facilitating treatment adherence,* Nueva York, Plenum Press, 1987.
Meige, H. y Feindel, E., *Tics and their treatment* (Traducción A. A. K. Wilson), Londres, Sidney Appleton, 1907.
Melamed, B. G. y Siegel, L. J., «Reduction of anxiety in children facing hospitalization and surgery by use of filmed modeling», *Journal of Consulting and Clinical Psychology,* 46, 1975, pp. 13571367.
Mendonca, J. D. y Siess, T. F., «Counseling for indecisiveness: Problem solving and anxiety in management training», *Journal of Counseling Psychology,* 23, 1976, pp. 330-347.
Merck and Co., *The Merck index of chemicals and drugs,* Rathway, N.J., Merck, 1968.
G. y C. Merriam Co., *Webster's New Collegiate Dictionary,* Estados Unidos, G. & C. Merriam Co., 1977.
Messick, S., «The standard problem: Meaning and values in measurement and evaluation», *American Psychologist,* 30, 1975, pp. 955-966.
— «Test validity and the ethics of assessment», *American Psychologist,* 35, 1980, pp. 1012-1027.
— «Constructs and their vicissitudes in educational and psychological measurement», *Psychological Bulletin,* 89, 1981, pp. 575-588.
— «Validity», en R. L. Lynn (comp.), *Educational measurement* (3ª edición), Nueva York, American Council of Education y MacMillan Publishing Company, 1989.
Meyer, V. y Gelder, M. G., «Behavior therapy and phobic disorders», *British Journal of Psychiatry,* 109, 1963, pp. 19-28.

Michael, J., «Establishing operations and the mand», *Analysis of Verbal Behavior,* 6, 1988*(a),* pp. 3-9.
— *Concepts and principles of behavior analysis* (4ª edición), Western Michigan University (Mimeo), 1988*(b).*
Michelson, L., «Treatment consonance and response profiles in agoraphobia: The role of individual differences in behavioral and physiological treatments», *Behaviour Research and Therapy,* 24, 1986, pp. 263-275.
—, Mavissakalian, M. y Marchione, K., «Cognitive, behavioral and psychophysiological treatments of agoraphobia: A comparative outcome investigation», *Behavior Research and Therapy,* 24, 1986*(a),* pp. 263-275.
—, Mavissakalian, M., Marchione, K., Dancu, C. y Greenwald, M., «The role of self-direct in vivo exposure in cognitive, behavioral and psychophysiological treatments of agoraphobia», *Behavior Therapy,* 17, 1986*(b),* pp. 91-108.
Midgley, M., Lea, S. E. G. y Kirby, R. M., «Algorithmic shaping and misbehavior in the acquisition of token deposit by rats», *Journal of the Experimental Analysis of Behavior,* 52, 1989, pp. 27-40.
Milan, M. A., Mitchell, Z. P., Berger, M. I. y Pierson, D. F., «Positive routines: A rapid alternative to extinction in the treatment of bedtime temper tantrums», *Child Behavior Therapy,* 3, 1982, pp. 13-25.
Millenson, J. R., *Principios de análisis conductual,* México, Trillas, 1977. (Or.: 1967).
Miller, G., Galanter, E. y Pribram, C., *Plans and the structure of behavior,* Nueva York, Holt, Rinehart and Winston, 1960.
Miller, G. E. y Klungness, L., «Treatment of nonconfrontative stealing in school-age children», *School Psychology Review,* 15, 1986, pp. 24-35.
— y Prinz, R. J., «The enhancement of social learning family interventions for childhood conduct disorder», *Psychological Bulletin,* 108, 1990, pp. 291-307.
Miller, J. G., *Living systems,* Nueva York, McGraw-Hill, 1978.
Miller, N. E., «Liberalization of the basic S-R concepts: Extensions to conflict behavior, motivation and social learning», en S. Koch (comp.), *Psychology: A study of a science,* vol. 2, Nueva York, McGraw-Hill, 1959.
— «Biofeedback and visceral learning», *Annual Review of Psychology,* 29, 1978, pp. 373-404.
— «Behavioral medicine: Symbiosis between laboratory and clinic», *Annual Review of Psychology,* 34, 1983, pp. 1-31.
— y Banuazizi, A., «Instrumental learning by curarized rats of specific visceral response, intestinal or cardiac», *Journal of Comparative and Physiological Psychology,* 65, 1968, pp. 1-7.
— y DiCara, L. V., «Instrumental learning of heart-rate changes in curarized rats: Shaping and specificity to discriminate stimulus», *Journal of Comparative and Physiological Psychology,* 63, 1967, pp. 12-19.
— y Dollard, J., *Social learning and imitation,* Nueva York, Yale University Press, 1941.
— y Dworkin, B., «Visceral learning: Recent difficulties with curarized rats and significant problemas for human research», en P. A. Obrist, A. H. Black, J. Brener y L. V. DiCara (comps.), *Cardiovascular psychophysiology,* Chicago, Aldine, 1974.
Miller, W. R., Taylor, C. A. y West, J. C., «Focus versus broad-spectrum behavior therapy for problem drinkers», *Journal of Consulting and Clinical Psychology,* 48, 1980, pp. 590-601.
Millon, T., *Manual for the MCMI-II* (2ª edición), Minneápolis, Minn., National Computer Systems, 1987.
Miltenberger, R. G. y Fuqua, R. W., «Evaluation of a training manual for the adquisition of behavioral assessment interviewing skills», *Journal of Applied Behavior Analysis,* 18, 1985, pp. 323-328.

— y Veltum, L. G., «Evaluation of an instructions and modeling procedure for training behavioral assessment interviewers», *Journal of Behavior Therapy and Experimental Psychiatry,* 19, 1988, pp. 31-41.

Mineka, S., «A primate model of phobic fears», en H. J. Eysenck e I. Martin (comps.), *Theoretical foundations of behavior therapy,* Nueva York, Plenum Press, 1987.

Mischel, W., *Personality and assessment,* Nueva York, Wiley, 1968 [*Personalidad y evaluación,* México, Trillas, 1973].

— «Review of "Nelson, R. O. y Hayes, S. C. (comps.), *Conceptual foundations of behavioral assessment,* Nueva York, Guilford Press, 1986"», *Behavioral Assessment,* 10, 1988, pp. 125-128.

Mitchell, L., *Simple relaxation,* Londres, J. Murray, 1977.

Mitford, J., *Kind and usual punishment: The prison business,* Nueva York, Knopf, 1973.

Montero, M., «Fundamentos teóricos de la psicología social comunitaria en Latinoamérica», *Boletín de la* AVEPSO, V, 1982, pp. 15-22.

— «La psicología comunitaria: Orígenes, principios y fundamentos teóricos», *Revista Latinoamericana de Psicología,* 16, 1984, pp. 387-400.

Monti, P. M. y Kolko, D. J., «A review and programmatic model of group social skills training for psychiatric patients», en D. Upper y S. M. Ross (comps.), *Handbook of behavioral group therapy,* Nueva York, Plenum Press, 1985.

Moon, J. R. y Eisler, R. M., «Anger control: An experimental comparison of three behavioral treatments», *Behavior Therapy,* 14, 1983, pp. 493-505.

Mooney, R. L. y Gordon, L. V., *Manual: The Mooney Problem Checklist,* Nueva York, Psychological Corporation, 1950.

Moore, D., Chamberlain, P. y Mukai, L., «Children at risk for delinquency: A follow-up comparison of aggressive children and children who steal», *Journal of Abnormal Child Psychology,* 7, 1979, pp. 345-355.

Moos, R. H., «Conceptualizations of human environments», *American Psychologist,* 28, 1973, pp. 652-665.

— *The human context: Environmental determinants of behavior,* Nueva York, Wiley, 1976.

Morales Borrero, M., *La geometría mística del alma en la literatura española del Siglo de Oro,* Madrid, Fundación Universitaria Española, 1975.

Moreno, J. L., *Psychodrama* (vol. 1), Nueva York, Beacon House, 1946.

— «The discovery of the spontaneous man with special emphasis upon the technique of role reversal», *Group Psychotherapy,* 8, 1955, pp. 103-129.

Morganstern, K. P., «Implosive therapy and flooding procedures: A critical review», *Psychological Bulletin,* 79, 1973, pp. 318-334.

— «Behavioral interviewing», en A. S. Bellack y M. Hersen (comps.), *Behavioral assessment: A practical handbook,* Nueva York, Pergamon Press, 1988.

Morris, R. J. y Magrath, K. H., «The therapeutic relationship in behavior therapy», en M. J. Lambert (comp.), *Psychotherapy and patient relationships,* Homewood, Ill., Dow Jones-Irwin, 1983.

Morris, S. B., Alexander, J. F. y Waldron, H., «Functional family therapy», en I. R. H. Falloon (comp.), *Handbook of behavioral family therapy,* Nueva York, Guilford Press, 1988.

Morrison, R. L. y Bellack, A. S., «The role of social perception in social skill», *Behavior Therapy,* 12, 1981, pp. 69-79.

Mosk, M. D. y Bucher, B., «Prompting and stimulus shaping procedures for teaching visual-motor skills to retarded children», *Journal of Applied Behavior Analysis,* 17, 1984, pp. 23-24.

Mowrer, D. E. y Conley, D., «Effect of peer administered consequences upon articulatory responses of speech-defective children», *Journal of Communication Disorders,* 20, 1987, pp. 319-325.

Mowrer, O. H., «A stimulus-response analysis and its role as a reinforcing agent», *Psychological Review,* 46, 1939, pp. 553-565.

— «On the dual nature of learning -A re-interpretation of "conditioning" and "problem-solving"», *Harvard Educational Review,* 17, 1947, pp. 102-148.

— «Pain, punishment, guilt, and anxiety», en P. H. Hock y J. Zubin (comps.), *Anxiety,* Nueva York, Grune and Stratton, 1950.

— *Learning theory and personality dynamics,* Nueva York, Ronald Press, 1950*(b).*

— *Learning theory and behavior,* Nueva York, Wiley, 1960*(a).*

— *Learning theory and the symbolic processes,* Nueva York, Wiley, 1960*(b).*

Mulder, T. y Hulstijn, W., «Sensory feedback therapy and theoretical knowledge of motor control and learning», *American Journal of Physical Medicine,* 63, 1984, pp. 226-244.

—, Hulstijn, W. y Van der Meer, J., «EMG feedback and the restoration of motor control: A controlled group study of 12 hemiparetic patients», *American Journal of Physical Medicine,* 65, 1986, pp. 173-188.

Mulholland, T. B. y Peper, E., «Occipital alpha and accomodative vergence, pursuit tracking, and fast eye movements», *Psychophysiology,* 8, 1971, pp. 556-575.

Murphy, G., Murphy, L. B. y Newcomb, T. M., *Experimental social psychology,* Nueva York, Harper and Row, 1937.

Murray, E. J., «Personality disorders: A cognitive view», *Journal of Personality Disorders,* 2, 1988, pp. 37-43.

Murray, H. A., *Explorations in personality,* Nueva York, Oxford University Press, 1938.

Myerson, W. A. y Hayes, S. C., «Controlling the clinician for the clients' benefit», en J. E. Krapfl y E. H. Vargas (comps.), *Behaviorism and ethics,* Kalamazoo, Mi., Behaviordelia, 1978.

Nardi, T. J., «The use of psychodrama en RET», en A. Ellis y R. M. Grieger (comps.), *Handbook of rational-emotive therapy,* vol. 2, Nueva York, Springer Publishing Company, 1986.

Nathan, P. E., «Symptomatic diagnosis and behavioral assessment», en D. H. Barlow (comp.), *Behavioral assessment of adults disorders,* Nueva York, Guilford Press, 1981.

Nathanson, D. L., «The shame/pride axis», en H. B. Lewis (comp.), *The role of shame in symptom formation,* Hillsdale, N.J., Lawrence Erlbaum, 1987.

Neilans, T. H. e Israel, A. C., «Towards maintenance and generalization of behavior change: Teaching children self-regulation and self-instructional skills», *Cognitive Therapy and Research,* 3, 1981, pp. 189-195.

Neimeyer, R. A., «Personal construct therapy», en W. Dryden y W. Golden (comps.), *Cognitive-behavioural aproaches to psychotherapy,* Londres, Harper and Row, 1986.

Neisser, U., «The role of theory in the ecological study of memory: Comment on Bruce», *Journal of Experimental Psychology: General,* 114, 1985, pp. 272-276.

Nelson, R. O., «Behavioral assessment: Past, present, and future», *Behavioral Assessment,* 5, 1983, pp. 195-206.

— «Is behavioral assessment the missing link between diagnosis and treatment?», Ponencia presentada en el Congreso de la Association for Advancement of Behavior Therapy, Filadelfia, 1984.

— «Relationship between assessment and treatment within a behavioral perspective», *Journal of Psychopathology and Behavioral Assessment,* 10, 1988, pp. 155-170.

— y Hayes, S. C., «Some current dimensions of behavioral assessment», *Behavioral Assessment,* 1, 1979*(a),* pp. 1-16.

— y Hayes, S. C., «The nature of behavioral assessment: A commentary», *Journal of Applied Behavior Analysis,* 12, 1979*(b),* pp. 491-500.
— y Hayes, S. C., «Nature of behavioral assessment», en M. Hersen y A. S. Bellack (comps.), *Behavioral assessment: A practical handbook* (2ª edición), Nueva York, Pergamon Press, 1981.
— y Hayes, S. C. (comps.), *Conceptual foundations of behavioral assessment,* Nueva York, Guilford Press, 1986*(a).*
— y Hayes, S. C., «The nature of behavioral assessment», en R. O. Nelson y S. C. Hayes (comps.), *Conceptual foundations of behavioral assessment,* Nueva York, Guilford Press, 1986*(b).*
Newbrough, J. R., *Community psychology in Latin America,* Presentado como lectura del Master, La semana de Psicología, Instituto Tecnológico y Estudios Superiores de Occidente, Guadalajara, México, octubre de 1985.
Nezu, A. M., «Efficacy of a social problem solving therapy approach for unipolar depression», *Journal of Consulting and Clinical Psychology,* 54, 1986*(a),* pp. 196-202.
— «Negative life stress and anxiety: Problem solving as a moderator variable», *Psychological Reports,* 58, 1986*(b),* pp. 279-283.
— «A problem-solving formulation of depression: A literature review and proposal of a pluralistic model», *Clinical Psychology Review,* 7, 1987, pp. 121-144.
— y D'Zurilla, T. J., «An experimental evaluation of the decision-making process in social problem solving», *Cognitive Therapy and Research,* 3, 1979, pp. 269-277.
— y D'Zurilla, T. J., «Effects of problem definition and formulation on decision making in the social problem-solving process», *Behavior Therapy,* 12, 1981*(a),* pp. 100-106.
— y D'Zurilla, T. J., «Effects of problem definition and formulation on the generation of alternatives in the social problem-solving process», *Cognitive Therapy and Research,* 5, 1981*(b),* pp. 265-271.
— y D'Zurilla, T. J., «Social problem solving and negative affective conditions», en P. C. Kendall y D. Watson (comps.), *Anxiety and depression: Distinctive and overlaping features,* San Diego, Calif., Academic Press, 1989.
—, Mahoney, D. J., Perri, M. G., Renjilian, D. A., Arean, P. A. y Joseph, T. X., «Effectiveness of problem-solving therapy for severely hospitalized veterans», Comunicación presentada en el congreso de la Association for the Advancement of Behavior Therapy, Washington, 1989.
— y Nezu, C. M. (comps.), *Clinical decision making in behavior therapy: A problem-solving perspective,* Champaign, Ill., Research Press, 1989.
—, Nezu, C. M. y Perri, M. G., *Problem-solving therapy for depression: Theory, research, and clinical guidelines,* Nueva York, Wiley, 1989.
—, Nezu, C. M. y Perri, M. G., «Psychotherapy for adults within a problem-solving framework: Focus on depression», *Journal of Cognitive Psychotherapy,* 4, 1990, pp. 247-256.
— y Perri, M. G., «Social problem-solving therapy for unipolar depression: An initial dismantling investigation», *Journal of Consulting and Clinical Psychology,* 57, 1989, pp. 408-413.
— y Ronan, G. F., «Social problem solving and depression: Deficits in generating alternatives and decision making», *Southern Psychologist,* 3, 1987, pp. 29-34.
Nezu, C. M., Nezu, A. M., Arean, P. A. y Kuehl, E., «Assertiveness and problem-solving training for mentally retarded persons with dual diagnoses», Comunicación presentada en el congreso de la Association for the Advancement of Behavior Therapy, Washington, 1989.
Nietzel, M. T., *Crime and its modification. A social learning perspective,* Nueva York, Pergamon Press, 1979.
— y Bernstein, D. A., «Assessment of anxiety and fear», en M. Hersen y A. S. Bellack

(comps.), *Behavioral assessment* (2ª edición), Nueva York, Pergamon Press, 1985.
—, Winnett, R. A., MacDonald, M. L. y Davison, W. S., *Behavioral approaches to community psychology*, Oxford, Pergamon Press, 1977.
Norcross, J. C., Prochaska, J. O. y Gallagher, K. M., «Clinical psychologists in the 1980s: II. Theory, research and practice», *The Clinical Psychologist*, 42, 1989, pp. 45-53.
Novaco, R., *Anger control: The development and evaluation of an experimental treatment*, Lexington, Mass., D. C. Heath, 1975.
— «Anger and coping with stress», en J. Foreyt y D. Rathjen (comps.), *Cognitive behavior therapy: Theory, research and practice*, Nueva York, Plenum Press, 1978.
Nudleman, K. L. y Starr, A., «Focal facial spasm», *Neurology*, 33, 1983, pp. 1092-1095
Nunnally, J. C. y Durham, R. L., «Validity, reliability and special problems of measurement in evaluation research», en E. L. Struening y M. Guttentag (comps.), *Handbook of evaluation research*, vol. 1, Londres, Sage, 1975.
Nutting, P. A., «Health promotion in primary medical care: Problems and potential», *Preventive Medicine*, 15, 1986, pp. 537-548.
O'Dell, S. L., «Training parents in behavior modification: A review», *Psychological Bulletin*, 81, 1974, pp. 418-433.
O'Donnell, C. R., «Environmental design and the prevention of psychological problems», en P. Feldman y J. Orford (comps.), *Psychological problems: The social context*, Nueva York, Wiley, 1980.
— y Tharp, R. G., «Community intervention and the use of multidisciplinary knowledge», en A. S. Bellack, M. Hersen y A. E. Kazdin (comps.), *International handbook of behavior modification and therapy*, Nueva York, Plenum Press, 1982.
O'Hara, M. W. y Rehm, L. P., «Self-control group therapy of depression», en A. Freeman (comp.), *Cognitive therapy with couples and groups*, Nueva York, Plenum Press, 1983.
Ohman, A., Dimber, V. y Ost, L. G., «Animal and social phobias. Biological constraints on learned fear responses», en S. Reiss y R. Bootzin (comps.), *Theoretical issues in behavior therapy*, Nueva York, Academic Press, 1985.
Olafsdottir, M., Sjödén, P. y Westling, B., «Prevalence and prediction of chemotherapy-related anxiety, nausea and vomiting in cancer patients», *Behaviour Research and Therapy*, 24, 1986, pp. 59-66.
O'Leary, A., «Self-efficacy and health», *Behaviour Research and Therapy*, 23, 1985, pp. 437-451.
O'Leary, K. D., «The assessment of psychopathology in children», en H. C. Quay y J. S. Werry (comps.), *Psychopathological disorders of childhood*, Nueva York, Wiley, 1972.
— y Wilson, G. T., *Behavior therapy: Applications and outcome* (2ª edición), Englewood Cliffs, N.J., Prentice-Hall, 1987.
O'Leary, S. G. y Dubey, D. R., «Applications of self-control procedures by children: A review», *Journal of Applied Behavior Analysis*, 12, 1979, pp. 449-465.
— y O'Leary, K. D., «Behavior modification in the school», en H. Leitenberg (comp.), *Handbook of behavior modification and behavior therapy*, Englewood Cliffs, N.J., Prentice-Hall, 1976 [*Modificación y terapia de conducta*,2 vols., Madrid, Morata, 1982].
Olinger, L. J., Kuiper, N. A. y Shaw, B. F., «Dysfunctional attitudes and stressful life events: An interactive model of depression», *Cognitive Therapy and Research*, 11, 1987, pp. 25-40.
Ollendick, T. y Cerny, J., *Clinical behavior therapy with children*, Nueva York, Plenum Press, 1981.
Omer, H., «Paradoxical treatments: A unified concept», *Psychotherapy: Theory, Research and Practice*, 18, 1981, pp. 320-324.
OMS, *Etiología y prevención de la caries dental*, Ginebra. Autor, 1972.
— *Consecuencias del tabaco para la salud*, Ginebra, Autor, 1974.
Organización Panamericana de la Salud, *Participación de la comunidad en la salud y el desarrollo en las Américas*, Washington, Organización Panamericana de la Salud, 1984.

Orlinsky, D. E. y Howard, K. I., «The relationship of process to outcome in psychotherapy», en S. Garfield y A. Bergin (comps.), *Handbook of psychotherapy and behavior change*, Nueva York, Wiley, 1978.

Orne, M. T., «The nature of hypnosis: Artifact and essence», *Journal of Abnormal and Social Psychology*, 58, 1959, pp. 277-299.

— y Wender, P. H., «Anticipatory socialization for psychotherapy: Method and rationale», *American Journal of Psychiatry*, 124, 1968, pp. 1201-1212.

Ortega y Gasset, J., *Investigaciones psicológicas*, Madrid, Alianza, 1981. (Or.: 1916)

Osborn, A., *Applied imagination: Principles and procedures of creative problem solving* (3ª edición), Nueva York, Charles Scribner's Sons, 1963.

Ost, L. G., «A maintenance program for behavioral treatment of anxiety disorders», *Behaviour Research and Therapy*, 27, 1989, pp. 123-130.

—, Jerremalm, A. y Johansson, J., «Individual response patterns and the effects of different behavioral methods in the treatment of social phobia», *Behaviour Research and Therapy*, 22, 1984, pp. 1-16.

—, Johansson, J. y Jerremalm, A., «Individual response patterns and the effects of different behavioral methods in the treatment of claustrophobia», *Behaviour Research and Therapy*, 20, 1982, pp. 445-460.

—, Jerremalm, A. y Johansson, J., «Individual response patterns and the effects of different behavioral methods in the treatment of agoraphobia», *Behaviour Research and Therapy*, 22, 1984, pp. 697-707.

Page, L. M., *The modification of ascendant behavior in preschool children*, Iowa City, University of Iowa Studies in Child Welfare, 1936.

Page, T. J., Stanley, A. E., Richman, G. S., Deal, R. M. y Iwata, B. A., «Reduction of food theft and long-term maintenance of weight loss in a Prader-Willi adult», *Journal of Behavior Therapy and Experimental Psychiatry*, 14, 1983, pp. 261-268.

Pardes, H., Kaufmann, C. A., Pincus, H. A. y West, A., «Genetics and psychiatry: Past discoveries, current dilemmas, and future directions», *The American Journal of Psychiatry*, 146, 1989, pp. 435-443.

Parloff, M. B., Waskow, I. E. y Wolfe, B. E., «Research on therapist variables in relationship to process and outcome», en S. Garfield y A. Bergin (comps.), *Handbook of psychotherapy and behavior change*, Nueva York, Wiley, 1978.

Parnes, S. J., «The creative problem solving course and institute at the University of Buffalo», en S. J. Parnes y H. F. Harding (comps.), *A sourcebook for creative thinking*, Nueva York, Charles Scribner's Sons, 1962.

Parrish, J. M. y Ericson, M. T., «A comparison of cognitive strategies in modifying the cognitive style of impulsive third grade children», *Cognitive Therapy and Research*, 5, 1981, pp. 71-84.

Patterson, G. R., «An application of conditioning techniques to the control of a hyperactive child», en L. P. Ullman y L. Krasner (comps.), *Case studies in behavior modification*, Nueva York, Holt, Rinehart y Winston, 1965.

— *Families: Applications of social learning to family life* (edición revisada), Champaign, Ill., Research Press, 1975*(a)*.

— *Professional guide for «Families» and «Living with children»*, Champaign, Ill., Research Press, 1975*(b)*.

— «The aggressive child: Victim and architect of a coercive system», en E. J. Mash, L. M. Hamerlynck y L. C. Handy (comps.), *Behavior modification and families*, Nueva York, Brunner/Mazel, 1976*(a)*.

— *Living with children: New methods for parents and teachers* (edición revisada), Champaign, Ill., Research Press, 1976*(b)*.

— *Coercive family process,* Eugene, Or., Castalia, 1982.
— «Stress: A change agent for family process», en N. Garmezy y M. Rutter (comps.), *Stress, coping and development in children,* Nueva York, McGraw-Hill, 1983.
— «Performance models for antisocial boys», *American Psychologist,* 41, 1986, pp. 432-444.
— y Bank, L., «Bootstrapping your way in the nomological thicket», *Behavioral Assessment,* 8, 1986, pp. 49-73.
— y Chamberlain, P., «Treatment process: A problem at three levels», en L. C. Wynne (comp.), *The state of the art in family therapy research: Controversies and recommendations,* Nueva York, Family Process Press, 1988.
—, Reid, J. B., Jones, R. R. y Conger, R. E., *A social learning approach to family intervention: Vol. 1. Families with aggressive children,* Eugene, Or., Castalia.
Patterson, R. L. (comp.), *Maintaining effective token economies,* Springfield, IL. Charles C. Thomas, 1976*(a).*
— «Individualized treatment using token economy methods», en R. L. Patterson (comp.), *Maintaing effective token economies,* Springfield, Charles C. Thomas, 1976*(b).*
—, Cooke, C. y Liberman, R. P., «Reinforcing the reinforcers: A method of supplying feedback to nursing personnel», *Behavior Therapy,* 3, 1972, pp. 444-446.
—, Dupree, L. W., Eberly, D. A., Jackson, G. W., O'Sullivan, M. J., Penner, L. A. y Dee-Kelly, C., *Overcoming deficit of aging: A behavioral approach,* Nueva York, Plenum Press, 1982.
— y Teigen, J. R., «Conditioning and post-hospital generalization of nondelusional responses in a chronic psychotic patient», *Journal of Applied Behavior Analysis,* 6, 1973, pp. 65-70.
Pattison, E. M., «A theoretical-empirical base for social system therapy», en E. F. Foulks, R. M. Wintrob, J. Westermeyer y A. R. Favazzo (comps.), *Current perspectives in cultural psychiatry,* Nueva York, Spectrum, 1977.
Paul, G. L., *Insight vs. desensitization in psychotherapy. An experiment in anxiety reduction,* Stanford, University Press, 1966.
— «Strategy of outcome research in psychotherapy», *Journal of Consulting Psychology,* 31, 1967, pp. 104-118.
— «Two year follow-up of systematic desensitization in therapy groups», *Journal of Abnormal Psychology,* 73, 1968, pp. 119-130.
— «Outcome of systematic desensitization», en C. M. Franks (comps.), *Behavior therapy: Appraisal and status,* Nueva York, McGraw-Hill, 1969.
— y Lentz, R. J., *Psycho-social treatment of chronic mental patients: Milieu versus social-learning programs,* Cambridge, Mass., Harvard University Press, 1977.
— y Shannon, D. T., «Treatment of anxiety through systematic desensitization in therapy groups», *Journal of Abnormal Psychology,* 71, 1966, pp. 124-135.
Pavlov, I. P., *The work of the digestive glands* (Traducción W. H. Thompson), Londres, Charles Griffin, 1902.
— «Experimental psychology and psychopathology in animals», Conferencia dada en el Congreso Médico Internacional, abril de 1903, Madrid, España. (También reimpresa en I. P. Pavlov, *Selected works,* Moscú, Foreign Languages Publishing House, 1955).
— «The scientific investigation of the psychical faculties or processes in the higher animals», *Science,* 24, 1906, pp. 613-619.
— *Conditioned reflexes: An investigation of the physiological activities of the cerebral cortex,* Londres, Oxford University Press, 1927.
— *Lectures on conditioned reflexes* (Traducción W. H. Gantt), Nueva York, International Publishers, 1928.
— *Conditioned reflexes and psychiatry,* Nueva York, International, 1941.

Pawlicki, R. y Galotti. N., «A tic-like behavior case study emanating from a self-directed behavior modification course», *Behavior Therapy*, 9, 1978, pp. 671-672.
Paykel, E. S., «Recent life events in the development of the depressive disorders», en R. A. Depue (comp.), *The psychobiology of the depressive disorders*, Nueva York, Academic Press, 1979.
Pear, J. J. y Eldridge, G. D., «The operant-respondent distinction: Future directions», *Journal of the Experimental Analysis of Behavior*, 42, 1984, pp. 453-467.
— y Kinsner, W., «Computer-aided personalized system of instruction: An effective and economical method for short-and long-distance education», *Machine-Mediated Learning*, 2, 1988, pp. 213-237.
— y Legris, J. A., «Shaping by automated tracking of an arbitrary operant response», *Journal of the Experimental Analysis of Behavior*, 47, 1987, pp. 241-247.
Pearce, J. M. y Dickinson, A., «Pavlovian counterconditioning: Changing the suppressive properties of shock by association with food», *Journal of Experimental Psychology: Animal Behavior Processes*, 1, 1975, pp. 170-177.
Pegalajar, J. y Vila, J., «Trastornos psicosomáticos y biofeedback», en J. A. I. Carrobles (comp.), *Análisis y modificación de conducta II: Aplicaciones clínicas*, Madrid, UNED, 1985.
Pelechano, V., *Personalidad y parámetros. Tres escuelas y un modelo*, Valencia, Vicens-Vivens, 1973.
— *Psicología educativa comunitaria*, Valencia, Alfaplús, 1979.
— *Psicología familiar comunitaria*, Valencia, Alfaplús, 1980*(a)*.
— «Psicología de intervención», *Análisis y Modificación de Conducta*, 6, 1980*(b)*, pp. 321-347.
— «Intervención comportamental: una vieja aspiración con un nuevo perfil», en V. Pelechano, J. L. Pinillos y J. Seoane, *Psicologema*, Valencia, Alfaplús, 1980*(c)*.
— *Apuntes de psicoterapia y modificación de conducta*, Valencia, Promolibro, 1981*(a)*.
— *Apuntes de psicodiagnóstico*, Universidad de Valencia, 1981*(b)*.
— «Seminario sobre personalidad y terapia», Manuscrito no publicado, Facultad de Filosofía y Ciencias de la Educación, Universidad de Oviedo, 1981.
— «Ejes de referencia y una propuesta temática», en E. Ibáñez y V. Pelechano (comps.), *Tratado de Psicología General, vol. 9: Personalidad*, Madrid, Alhambra, 1989.
— «Un análisis profano de la terapia de conducta y el porvenir de una ilusión de dos salidas posibles», *Boletín de Psicología* (en prensa).
Pérez Álvarez, M., «Propuesta conductista de aplicación social de un modelo cognitivo de la lectura», *Análisis y Modificación de Conducta*, 11, 1985*(a)*, pp. 5-41.
— «Reconstrucción conductista de algunas formulaciones cognitivas», Conferencia invitada a las «II Jornadas de Psicología. Revisión de la Psicología del Aprendizaje», Oviedo, marzo de 1985*(b)*.
— «De la teoría cognitiva de la lectura a la tecnología de la enseñanza de la lectura», tesis doctoral inédita, Universidad Complutense de Madrid, 1986.
— «El sujeto y sus circunstancias», Conferencia invitada al «III Seminario de Psicología. El problema del sujeto en la psicología contemporánea», Tarragona, Noviembre, *Si... entonces...* (1989, en prensa).
Perlman, D. y Peplau, L. A., «Toward a social psychology of loneliness», en S. Duck y R. Gilmour (comps.), *Personal relationships. 3: Personal relationships in disorder*, Londres, Academic Press, 1981.
Perloff, L. S., «Social comparison and illusions of invulnerability to negative life events», en C. R. Snyder y C. E. Ford (comps.), *Coping with negative life events*, Nueva York, Plenum Press, 1987.
Perri, M. G., McAdoo, W. G., McAllister, D. A., Lauer, J. B., Jordan, R. C., Yancey, D. Z.

y Nezu, A. M., «Effects of peer support and therapist contact on long-term weight loss», *Journal of Consulting and Clinical Psychology,* 55, 1987, pp. 615-617.

Perry, M. A. y Furukawa, M. J., «Modeling methods», en F. H. Kanfer y A. P. Goldstein (comps.), *Helping people change: A textbook of methods* (3ª edición), Nueva York, Pergamon Press, 1986.

Pervin, L. A., «Definitions, measurements, and classifications of stimuli, situations, and environments», *Human Ecology,* 6, 1978, pp. 71-105.

Peterson, D. R., *The clinical study of social behavior,* Nueva York, Appleton-Century-Crofts, 1968.

Phillips, E. L., *The social skills basis of psychopathology,* Nueva York, Grune and Stratton, 1978.

— «Social skills: History and prospect», en L. L'Abate y M. A. Milan (comps.), *Handbook of social skills training and research,* Nueva York, Wiley, 1985.

Piaget, J., *Le langage et la pensée chez l'enfant,* Neuchâtel, Delachaux et Niestle, 1923 [*El lenguaje y el pensamiento en el niño,* Barcelona, Paidós, 1987].

Piccinin, S., McCarrey, M. y Chislett, L., «Assertion training outcome and generalization effects under didactic vs. facilitative training conditions», *Journal of Clinical Psychology,* 41, 1985, pp. 753-762.

Pickens, R. W. y Thompson, T., «Behavioral treatment of drug dependence», Washington, D.C., *National Institute of Drug Abuse Monograph Service,* 46, 1984, pp. 104-114.

Pickering, T. G. y Miller, N. E., «Learned voluntary control of heart rate and rhythm in two subjects with premature ventricular contractions», *British Hear Journal,* 39, 1977, pp. 152-159.

Piggott, H. E., Fantuzzo, J. W. y Clement, P. W., «The effects of reciprocal peer tutoring and group contingencies on the academic performance of elementary school children», *Journal of Applied Behavior Analysis,* 19, 1986, pp. 93-98.

Pisterman, S., McGrath, P., Firestone, P., Goodman, J. T., Webster, I. y Mallory, R., «Outcome of parent-mediated treatment of preschoolers with Attention Deficit Disorder with Hyperactivity», *Journal of Consulting and Clinical Psychology,* 57, 1989, pp. 628-635.

Pitres, A., «Des spasmes rythmiques hysteriques», *Gazette Medicale de Paris,* 5, 1888, pp. 145-307.

Platt, J. J. y Spivack, G., *Manual for the means-ends problem-solving procedures (MEPS): A measure of interpersonal cognitive problem-solving skills,* Filadelfia, Hahnemann Community Mental Health/Mental Retardation Center, 1975.

Plotkin, W. B., «On the self-regulation of the occipital alpha rhythm: Control strategies, states of consciousness, and the role of physiological feedback», *Journal of Experimental Psychology: General,* 105, 1976, pp. 66-99.

Plutchik, R., *Emotion: A psychoevolutionary synthesis,* Nueva York, Harper and Row, 1980.

Pohl, R. W., Revusky, S. y Mellor, C. S., «Drugs employed in the treatment of alcoholism: Rat data suggest they are unnecesarily severe», *Behaviour Research and Therapy,* 18, 1980, pp. 71-78.

Polanyi, M., *The tacit dimension,* Nueva York, Doubleday, 1966.

Pomeranz, D. M., «An intake report outline for behavior modification», *Psychological Reports,* 26, 1970, pp. 447-450.

Pomerleau, O. F., «Behavioral medicine: The contribution of the experimental analysis of behavior to medical care», *American Psychologist,* 8, 1979, pp. 654-663.

— y Brady, J. P. (comps.), *Behavioral medicine: Theory and practice,* Baltimore, Williams and Wilkins, 1979.

Poppen, R. L., «Some clinical implications of rule-governed behavior», en S. C. Hayes (comp.), *Rule-governed behavior. Cognition, contingencies, and instructional control,* Nueva York, Plenum Press, 1989.

Popper, K. R. y Eccles, J. C., *The self and its brain,* Nueva York, Springer, 1977 [*El yo y su cerebro,* Barcelona, Labor, 1980].

Pretzer, L. L., «Paranoid personality disorder: A cognitive view», *International Cognitive Therapy Newsletter,* 4, 1988, pp. 10-12.

— Fleming, B., «Cognitive-behavioral treatment of personality disorders», *The Behavior Therapist,* 12, 1989, pp. 105-109.

Price, R. H., «Risky situations», en D. Magnusson (comp.), *Toward a psychology of situations,* Hillsdale, N.J., Lawrence Erlbaum, 1981.

Price, V. A., *Type A behavior pattern: A model for research and practice,* Nueva York, Academic Press, 1982.

Prigogine, I., *La nouvelle alliance: Metamorphose de la science,* Paris, Gallimard, 1979 [*La Nueva Alianza: Metamorfosis de la ciencia,* Madrid, Alianza, 1983].

— *From being to becoming: Time and complexity in the physical sciences,* San Francisco, Freeman, 1980.

Prokasy, W. F. (comp.), *Classical conditioning: A symposium,* Nueva York, Appleton Century Crofts, 1965.

— y Allen, C. K., «Instructional sets in human differential eyelid conditioning», *Journal of Experimental Psychology,* 80, 1969, pp. 271-291

Puente, M. L., Labrador, F. J., Vallejo, M. A., Cruzado, J., Muñoz, M. y Larroy, C., «Biofeedback EMG frontal: Alcance de su eficacia y variables que la modulan», *Análisis y Modificación de Conducta,* 11, 1985, pp. 501-531.

Quinsey, V. L., Chaplin, T. C. y Carrigan, W. F., «Sexual preferences among incestuous and nonincestuous child molesters», *Behavior Therapy,* 10, 1979, pp. 562-566.

Rachlin, H., *Introducción al conductismo moderno,* Madrid, Debate, 1977. (Or.: 1976).

Rachman, S., «Emotional processing», *Behaviour Research and Therapy,* 18, 1980, pp. 51-60.

— y Hodgson, R., *Obsessions and compulsions,* Englewood Cliffs, N.J., Prentice-Hall.

— y Teasdale, J. D., «Aversion therapy: An appraisal», en C. M. Franks (comp.), *Behavior therapy: Appraisal and status,* Nueva York, McGraw-Hill, 1969*(a).*

— y Teasdale, J. D., *Aversion therapy and behaviour disorders: An analysis,* Coral Gables, Fl., University of Miami Press, 1969 *(b).*

— y Wilson, G. T., *The effects of psychological therapy* (2ª edición), Nueva York, Pergamon Press, 1980.

Raimy, V., *Misunderstandings of the self,* San Francisco, Calif., Jossey-Bass, 1975.

Ramsay, R. W., «Bereavement: A behavioral treatment of pathological grief», en P. O. Sjödén, S. Bates y W. S. Dockens III (comps.), *Trends in behavior therapy,* Nueva York, Academic Press, 1979.

Rapaport, D., *El modelo psicoanalítico, la teoría del pensamiento y las técnicas proyectivas,* Buenos Aires, Hormé, 1978.

Rappaport, J., *Community psychology: Values, research and action,* Nueva York, Holt, Rinehart and Winston, 1977.

— «Terms of empowerment/exemplars of prevention: Toward a theory for community psychology», *American Journal of Community Psychology,* 15, 1987, pp. 121-148.

—, Swift, R. y Hess, R. (comps.), *Studies in empowerment: Steps toward understanding and action,* Nueva York, Haworth Press, 1984.

Raskin, N. J., «An analysis of six parallel studies of the therapeutic process», *Journal of Consulting Psychology,* 13, 1949, pp. 206-220.

Raush, H. L., «Paradox, levels, and junctures in person-situation systems», en D. Magnusson y N. S. Endler (comps.), *Personality at the crossroads: Current issues in interactional psychology,* Hillsdale, New Jersey, Lawrence Erlbaum, 1977.

Raven, J. C., *Psychological principles apropriate to social and clinical problems,* Londres, Lewis, 1966.
Ray, W. J., Raczynski, J. M., Rogers, T. y Kimball, W. H., *Evaluation of clinical biofeedback,* Nueva York, Plenum Press, 1979.
Razran, G., «Conditioned withdrawal responses with shocks as conditioning stimulus in adult human subjects», *Psychological Bulletin,* 31, 1934, pp. 111-143
Reda, M. y Mahoney, M., *Cognitive psychotherapies,* Cambridge, Mass., Ballinger, 1984.
Rehm, L. P., «A self-control model of depression», *Behavior Therapy,* 8, 1977, pp. 787-804.
— «Self management in depression», en P. Karoly y F.H. Kanfer (comps.), *Self management in behavior change: From theory to practice,* Nueva York, Pergamon Press, 1982.
— «Self-management therapy for depression», *Advances in Behavior Research and Therapy,* 6, 1984, pp. 83-98.
— «Assessment of depression», en M. Hersen y A. S. Bellack (comps.), *Behavioral assessment* (2ª edición), Nueva York, Pergamon Press, 1985.
— «Self-management processes and cognitive processes in depression», en L. B. Alloy (comp.), *Cognitive processes in depression,* Nueva York, Guilford Press, 1988.
— «Manual for the self-management therapy program for depression», Manuscrito sin publicar, Universidad de Houston, 1990.
Reid, J. B., *A social learning approach to family intervention: Vol. 2. Observation in home settings,* Eugene, Or., Castalia, 1978.
— «Stealing and other clandestine activities among antisocial children», en D. J. Kolko (Presidente), *Child antisocial behavior research: Current status and implications,* Symposium impartido en el congreso de la Association for Advancement of Behavior Therapy, Filadelfia, 1984.
— «Therapeutic interventions in the families of aggressive children and adolescents», Comunicación presentada en el congreso de la Organizato dalle Cattedre di Psicologia Clinica e delle Teorie di Pesonalita dell Universita di Roma, Roma, 1987.
—, Hinojosa Rivera, G. y Lorber, R., «A social learning approach to the outpatient treatment of children who steal», Manuscrito no publicado, Oregon Social Learning Center, Oregón, 1980.
Reig, A., «La psicología en el sistema sanitario», *Papeles del Colegio de Psicólogos,* 20, 1985, pp. 7-12.
— «La psicología de la salud en España», *Revista de Psicología de la Salud,* 1, 1989, pp. 5-49.
Reisinger, J. J., «The treatment of "anxiety-depressio" via positive reinforcement and response cost», *Journal of Applied Behavior Analysis,* 5, 1972, pp. 121-130.
Reiss, S., «Theoretical perspectives on fear of anxiety», *Clinical Psychology Review,* 7, 1987, pp. 585-596.
— y Bootzin, R. R. (comps.), *Theoretical issues in behavior therapy,* Nueva York, Academic Press, 1985.
—, Peterson, R. A., Gursky, D. M. y McNally, R. J., «Anxiety sensitivity, anxiety frequency, and the prediction of fearfulness», *Behaviour Research and Therapy,* 24, 1986, pp. 1-8.
Relinger, H. y Bornstein, P. H., «Treatment of sleep onset insomnia by paradoxical instruction: A multiple baseline design», *Behavior Modification,* 3, 1979, pp. 203-222.
—, Bornstein, P. H. y Mungas, D. M., «Treatment of insomnia by paradoxical intention: A time-series analysis», *Behavior Therapy,* 9, 1978, pp. 955-959.
Repp, A. C., Deitz, S. M. y Deitz, D. E., «Reducing inappropriate behaviors in classrooms and individual sessions through DRO schedules of reinforcement», *Mental Retardation,* 14, 1976, pp. 11-15.
Rescorla, R. A., *Pavlovian second-order conditioning: Studies in associative learning,* Hillsdale, N.J., Lawrence Erlbaum, 1980.

— «Pavlovian conditioning: It's not what you think it is», *American Psychologist,* 43, 1988, pp. 151-160.

— y Solomon, R. L., «Two-process learning theory: Relationships between Pavlovian conditioning and instrumental learning», *Psychological Review,* 74, 1967, pp. 151-182.

— y Wagner, A. R., «A theory of Pavlovian conditioning: Variations in the effectiveness of reinforcement and nonreinforcement», en A. H. Black y W. F. Prokasy (comps.), *Classical conditioning, II. Current research and theory,* Nueva York, Appleton-Century-Crofts, 1972.

Rice, L. N., «Therapist's style of participation and case outcome», *Journal of Consulting Psychology,* 29, 1965, pp. 155-160.

— «Client behavior as a function of therapist's style and client resources», *Journal of Counseling Psychology,* 20, 1973, pp. 306-311.

— «The evocate function of the therapist», en D. Wexler y L. N. Rice (comps.), *Innovations in client-centered therapy,* Nueva York, Wiley, 1974.

— y Greenberg, L., *Patterns of change: Intensive analysis of psychotherapy process,* Nueva York, Guilford Press, 1984.

— y Saperia, E. P., «Task analysis of the resolution of problematic reactions», en L. N. Rice y L. S. Greenberg (comps.), *Patterns of change: Intensive analysis of psychotherapy process,* Nueva York, Guilford Press, 1984.

— y Wagstaff, A. K., «Client voice quality and expresive style as indices of productive psychotherapy», *Journal of Consulting Psychology,* 31, 1967, pp. 557-563.

Rice, P. L., *Stress and health: Principles and practice for coping and wellness,* Monterrey, Calif., Brooks/Cole, 1987.

Richards, C. S., «Improving study behaviors through self-control techniques», en J. D. Krumboltz y C. E. Thoresen (comps.), *Counseling methods,* Nueva York, Holt, Rinehart & Winston, 1976 [*Métodos de consejo psicológico,* Bilbao, Desclée de Brouwer, 1982].

Richmond, R. G. y Martin, P., «Punishment as a therapeutic method with institutionalized retarded persons», en T. Thompson y J. Grabowski (comps.), *Behavior modification of the mentally retarded* (2ª edición), Nueva York, Oxford University Press, 1977.

Rickard, H. C., Digman, P. J. y Horner, R. F., «Verbal manipulation in a psychotherapeutic relationship», *Journal of Clinical Psychology,* 16, 1960, pp. 364-367.

Riedl, R., *Biología del conocimiento,* Barcelona, Labor, 1983. (Or.: 1981).

Riley, A. L. y Wetherington, C. L., «Schedule-induced polydipsia: Is the rat a small furry human? (An analysis of an animal model of human alcoholism)», en S. B. Klein y R. R. Mower (comps.), *Contemporary learning theories: Instrumental conditioning theory and the impact of biological constraints on learning,* Hillsdale, N.J., Lawrence Erlbaum, 1989.

Riley, A. W., Parrish, J. M. y Cataldo, M. F., «Training parents to meet the needs of children with medical or physical handicaps», en C. E. Schaefer y J. M. Briesmeister (comps.), *Handbook of parent training: Parents as co-therapists for children's behavior problems,* Nueva York, Wiley, 1989.

Rimm, D. C. y Masters, J. C., *Behavior therapy: Techniques and empirical findings,* Nueva York, Academic Press, 1974 [*Terapia de conducta: técnicas y hallazgos empíricos,* México, Trillas, 1980].

— y Masters, J. C., *Behavior therapy: Techniques and empirical findings* (2ª edición), Nueva York, Academic Press, 1979.

Risley, T. y Wolf, M. M., «Experimental manipulation of autistic behaviors and generalization into the home», en R. Ulrich, T. Stachnik y J. Mabry (comps.), *Control of human behavior,* vol. 1, Glenview, Ill., Scott, Foresman and Company, 1966 [*Control de la conducta humana,* México, Trillas, 1972].

Roa, A., «Estrategias de intervención aplicadas a la enfermedad de Raynaud», en J. M. Buceta (comp.), *Psicología clínica y salud: Aplicación de estrategias de intervención,* Madrid, UNED, 1987.
Robin, A. L., Armel, S. y O'Leary, K. D., «The effects of self-instruction on writting deficiency», *Behavior Therapy,* 6, 1978, pp. 178-187.
— y Foster, S. L., *Negotiating parent-adolescent conflict: A behavioral-family systems approach,* Nueva York, Guilford Press, 1989.
Rogers, C. R., «The necessary and sufficient conditions for therapeutic personality change», *Journal of Consulting Psychology,* 21, 1957, pp. 95-103.
Rogers, T. R., Forehand, R. y Griest, D. L., «The conduct disordered child: An analysis of family problems», *Clinical Psychology Review,* 1, 1981*(a),* pp. 139-147.
—, Forehand, R., Griest, D. L., Wells, K. C. y McMahon, R. J., «Socioeconomic status: Effects on parent and child behaviors and treatment outcome of parent training», *Journal of Clinical Child Psychology,* 10, 1981*(b),* pp. 98-101.
Rolider, A. y Van Houten, R., «Suppressing tantrum behavior in public places through the use of delayed punishment mediated by audio recordings», *Behavior Therapy,* 16, 1985, pp. 181-194
Rooney, R. H., «Socialization strategies for involuntary clients», *Social Casework,* 69, 1988, pp. 131-140.
Roper, T. J., «What is meant by the term "schedule-induced", and how general is schedule induction?», *Animal Learning Behavior,* 9, 1981, pp. 433-440.
Rose, L., Yinon, U. y Belin, M., «Myopia induced in cats deprived of distance vision during development», *Vision Research,* 14, 1974, pp. 1029-1032.
Rose, S. D., «Group methods», en F. H. Kanfer y A. P. Goldstein (comps.), *Helping people change: A textbook of methods* (3ª edición), Nueva York, Pergamon Press, 1986 [*Cómo ayudar al cambio en psicoterapia,* Bilbao, Desclée de Brouwer, 1987].
Rosen, A. y Proctor, E. K., «Distinctions between treatment outcomes and their implications for treatment evaluation», *Journal of Consulting and Clinical Psychology,* 49, 1981, pp. 418-425.
Rosen, H., «Piagetian theory and cognitive therapy», en A. Freeman, K. M. Simon, L. E. Beutler y H. Arkowitz (comps.), *Comprehensive handbook of cognitive therapy,* Nueva York, Plenum Press, 1989.
Rosenbaum, M. S. y Drabman, R. S., «Self-control training in the classroom: A review and critique», *Journal of Applied Behavior Analysis,* 12, 1979, pp. 467-485.
Rotter, J. B., *Social learning and clinical psychology,* Englewood Cliffs, Nueva York, Prentice-Hall, 1954.
Rowbury, T. G. y Baer, D. M., «Applied analysis of preschool children's behavior», en D. S. Glenwick y L. A. Jason (comps.), *Behavioral community psychology: Progress and prospects,* Nueva York, Praeger, 1980.
Ruben, D. H., «The "interbehavioral" approach to treatment», *Journal of Contemporary Psychotherapy,* 16, 1986, pp. 62-71.
— y DelPrato, D. J. (comps.), *New ideas in therapy: Introduction to an interdisciplinary approach,* Westport, Conn., Greenwood Press, 1987.
Rugh, J. D., «Instrumentation in biofeedback», en R. J. Gatchel y K. P. Price (comps.), *Clinical applications of biofeedback: Appraisal and status,* Nueva York, Pergamon Press, 1979.
Rush, A. J., Beck, A. T., Kovacs, M. y Hollon, S., «Comparative efficacy of cognitive therapy and pharmacotherapy in the treatment of depressed outpatients», *Cognitive Therapy and Research,* 1, 1977, pp. 17-37.
Russo, D. C., Cataldo, M. F. y Cushing, P. J., «Compliance training and behavioral covaria-

tion in the treatment of multiple behavior problems», *Journal of Applied Behavior Analysis,* 14, 1981, pp. 209-222.
— y Koegel, R. L., «A method for integrating an autistic child into a normal public-school classroom», *Journal of Applied Behavior Analysis,* 10, 1977, pp. 579-590.
Saavedra Fajardo, D., *Empresas políticas, idea de un príncipe político-cristiano,* Madrid, Editora Nacional, 1976. (Or.: 1640).
Sabuco, M., *Nueva filosofía (Obras de Doña Oliva Sabuco de Nantes),* Madrid, Establecimiento tipográfico de Ricardo Fé, 1888. (Or.: 1587).
Sachs, L. E., Bean, H. y Morrow, J. E., «Comparison of smoking treatments», *Behavior Therapy,* 1, 1970, pp. 465-472.
Sajwaj, T., Libet, J. y Agras, S., «Lemon-juice therapy: The control of life-threatening rumination of a six-month-old infant», *Journal of Applied Behavior Analysis,* 7, 1974, pp. 557-563.
Salter, A., *Conditioned Reflex Therapy: The direct approach to the reconstruction of personality,* Nueva York, Creative Age Press, 1949.
Sambrooks, J. E. y MacCulloch, M. J., «A modification of the sexual orientation method and an automated technique for presentation and scoring», *British Journal of Social and Clinical Psychology,* 12, 1973, pp. 163-174.
—, MacCulloch, M. J. y Waddington, J. L., «Incubation of sexual attitude change between sessions of instrumental aversion therapy. Two cases studies», *Behavior Therapy,* 9, 1978, pp. 477-485.
Sánchez Vidal, A., *Psicología comunitaria: Bases conceptuales y métodos de investigación,* Barcelona, PPU, 1988.
Sandler, J., «Aversion Methods», en F. H. Kanfer y A. P. Goldstein (comps.), *Helping people change* (3.ª edición), Nueva York, Pergamon Press, 1986 [*Cómo ayudar al cambio en psicoterapia,* Bilbao, Desclée de Brouwer, 1987].
San Ignacio de Loyola, *Ejercicios espirituales de San Ignacio de Loyola,* Santander, Sal Terrae, 1985. (Orig. 1521-1541).
San Juan de la Cruz, *Cántico espiritual. Poesías,* Madrid, Alhambra, 1979. (Orig. 1578).
Sank, L. I. y Shaffer, C. S., *A therapist's manual for cognitive behavior therapy in groups,* Nueva York, Plenum Press, 1984.
San Martín, H., Martín, A. C. y Carrasco, J. L., *Epidemiología: Teoría, investigación, práctica,* Madrid, Díaz de Santos, 1986.
Santacreu, J., «Tratamiento con autoinstrucciones de Meichenbaum para niños hiperactivos», *Psicodeia,* Dossier n.º 3, 1983, pp. 14-22.
— y Scigliano, R., «Programa de autocontrol de la obesidad», *Estudios de Psicología,* 25, 1986, pp. 123-138.
Santa Teresa de Jesús, *Las moradas,* Madrid, Espasa-Calpe, 1985. (Or.: 1577).
— *Su vida,* Madrid, Espasa-Calpe, 1978. (Or.: 1562).
Santee, J. L., Keister, M. E. y Kleinman, K. M., «Incentives to enhance the effects of electromyographic feedback training in stroke patients», *Biofeedback and Self-Regulation,* 5, 1980, pp. 51-56.
Santiago, L. C., Serrano-García, J. y Perfecto, G., «La psicología social-comunitaria y la teología de la liberación», *Boletín de la AVEPSO,* VI, 1983, pp. 15-21.
Sarason, I., Johnson, J., Berberich, J. y Siegel, J., «Helping police officers to cope with stress: A cognitive-behavioral approach», *American Journal of Community Psychology,* 7, 1979, pp. 593-603.
Sargent, J. D., Green, E. E. y Walters, E. D., «The use of autogenic feedback training in a pilot study of migraine and tension headaches», *Headache,* 12, 1972, pp. 120-125.
—, Solbach, P., Coyne, L., Spohn, H. y Segerson, J., «Results of a controlled, experimental,

outcome study of non-drug treatments for the control of chronic migraine headaches», *Journal of Behavioral Medicine*, 9, 1986, pp. 291-323.

Scarr, S., «Constructing psychology. Making facts and fables for our times», *American Psychologist*, 40, 1985, pp. 499-512.

Schachter, S., «The interaction of cognitive and physiological determinants of emotional state», en L. Berkovitz (comp.) *Advances in Experimental Social Psychology*, vol. 1, Nueva York, Academic Press, 1964.

— y Singer, J. E., «Cognitive, social and physiological determinants of emotional states», *Psychological Review*, 69, 1962, pp. 379-399.

Schaefer, H. H. y Martin, P. L., *Behavioral therapy*, Nueva York, McGraw-Hill, 1969.

Schaffer, N. D., «Multidimensional measures of therapist behavior as predictors of outcome», *Psychological Bulletin*, 92, 1982, pp. 670-681.

Schinka, J. A., *Personal problems checklist*, Odessa, Fl., Psychological Assessment Resources, 1986.

Schleser, R., Meyers, A. y Cohen, R., «Generalization and self-instructions. Effects of general versus specific content, active rehearsal and cognitive level», *Child Development*, 52, 1981, pp. 335-340.

— y Rodick, J. D., «A comparison of traditional family therapy models and the family-ecological systems approach», en S. W. Henggeler (comp.), *Delinquency and adolescent psychopathology: A family-ecological systems approach*, Littleton, Mass., Wright-PSG, 1982.

Schneider, J. W., «Social problems: The constructionist view», *Annual Review of Sociology*, 11, 1985, pp. 209-229.

Schoenfeld, W. N., «An experimental approach to anxiety, escape and avoidance behavior», en P. H. Hock y J. Zubin (comps.), *Anxiety*, Nueva York, Grune and Stratton, 1950.

Schotte, D. E., Ascher, L. M. y Cools, J., «The use of paradoxical intention in behavior therapy», en L. M. Ascher (comp.), *Therapeutic paradox*, Nueva York, Guilford Press, 1990.

Schroeder, H. E. y Black, M. J., «Unassertiveness», en M. Hersen y A. S. Bellack (comps.), *Handbook of clinical behavior therapy with adults*, Nueva York, Plenum Press, 1985.

— y Rakos, R. F., «The identification and assessment of social skills», en R. Ellis y D. Whittington (comps.), *New directions in social skill training*, Londres, Croom Helm, 1983.

Schultz, J. H., *Das autogene training*, Leipzig, Verlag, 1932.

— y Luthe, W., *Autogenic training (Vol. 1)*, Nueva York, Grune and Stratton, 1969.

Schwartz, A. y Goldiamomd, I., *Social casework: A behavioral approach*, Nueva York, Columbia University Press, 1975.

Schwartz, G. E., «Biofeedback on therapy: Some theoretical and practical issues», *American Psychologist*, 28, 1973, pp. 666-673.

— «Testing the biopsychosocial model: The ultimate challenge facing behavioral medicine?», *Journal of Consulting and Clinical Psychology*, 50, 1982*(a)*, pp. 1040-1053.

— «Integrating psychobiology and behavior therapy: A systems perspective», en G. T. Wilson y C. M. Franks (comps.), *Contemporary behavior therapy: Conceptual and empirical foundations*, Nueva York, Guilford Press, 1982*(b)*.

— y Beatty, J. (comps.), *Biofeedback: Theory and research*, Nueva York, Academic Press, 1977.

— y Weiss, S. M., «Behavioral medicine revisited: An amended definition» *Journal of Behavioral Medicine*, 1, 1978, pp. 249-251.

Schwartz, M. S. y Haynes, S. N., *Passive muscle relaxation*, Nueva York, Guilford, BMA Audio Cassettes, 1974.

Schwartz, R. M., «Cognitive-behavior modification: A conceptual review», *Clinical Psychology Review*, 2, 1982, pp. 267-283.

— «The internal dialogue: On the asymmetry between positive and negative coping thoughts», *Cognitive Therapy and Research,* 10, 1986, pp. 591-605.

Schweitzer, J. B. y Sulzer-Azaroff, B., «Self-control: Teaching tolerance for delay in impulsive children», *Journal of the Experimental Analysis of Behavior,* 50, 1988, pp. 173-186.

Schwitzgebel, R. L., *Streetcorner research: An experimental approach to juvenile delinquency,* Cambridge, Mass., Harvard University Press, 1964.

Scott, R. W., Blanchard, E. B., Edmunson, E. D. y Young, L. D., «A shaping procedure for heart-rate control in chronic tachycardia», *Perceptual and Motor Skills,* 37, 1973, pp. 327-338.

Sechenov, I. M., *Reflexes of the brain: An attempt to establish the physiological basis of psychological processes* (Traducción S. Belsky), Cambridge, Mass., MIT Press, 1965. (Or.: 1865).

Seeger, B. R. y Caudrey, D. J., «Biofeedback therapy to achieve symmetrical gait in children with hemiplegic cerebral palsy: Long-term efficacy», *Archives of Physical Medicine and Rehabilitation,* 64, 1983, pp. 160-162.

Segal, Z. V., «Appraisal of the self-schema construct in cognitive models of depression», *Psychological Bulletin,* 103, 1988, pp. 147-162.

— y Shaw, B. F., «Cognitive assessment: Issues and methods», en K. S. Dobson (comp.), *Handbook of cognitive-behavioral therapies,* Nueva York, Guilford Press, 1988.

Seguín, E., *Jacobo Rodríguez Pereira. Primer maestro de sordomudos en Francia,* Madrid, Francisco Beltrán, 1932. (Or.: 1847).

Segura, M., «La situación terapéutica y sus problemas», en J. A. I. Carrobles (comp.), *Análisis y modificación de conducta II: Aplicaciones clínicas,* Madrid, UNED, 1985.

Seligman, M. E. P., «Phobias and preparedness», *Behavior Therapy,* 2, 1971, pp. 307-321.

— *Helplessness: On depression, development, and death,* San Francisco, Freeman, 1975 [*Indefensión aprendida,* Madrid, Debate, 1986].

— «A learned helplessness point of view», en L. P. Rehm (comp.), *Behavior therapy for depression: Present status and future directions,* Nueva York, Academic Press, 1981.

Seltzer, L. F., *Paradoxical strategies in psychotherapy: A comprehensive overview and guidebook,* Nueva York, Wiley, 1986.

Serrano-García, J. y Hernández, S. A., «Análisis comparativo de marcos conceptuales de la psicología de comunidad en Estados Unidos y América Latina (1960-1985)», Ponencia presentada al II Congreso Interamericano de Psicología, Caracas, Venezuela, julio de 1985.

—, López, M. y Rivera-Medina, E., «Toward a social-comunity psychology», *Journal of Community Psychology,* 15, 1987, pp. 431-446.

Seymour, F. W. y Stokes, T. F., «Self-recording in teaching girls to increase work and evoke staff praise in an institution for offenders», *Journal of Applied Behavior Analysis,* 9, 1976, pp. 41-54.

Shapiro, A. K., «Placebo effects in medical and psychological therapies», en S. L. Garfield y A. E. Bergin (comps.), *Handbook of psychotherapy and behavior change: An empirical analysis* (2ª edición), Nueva York, Wiley, 1978.

Shapiro, A. P., «Behavior modification: Can it control hypertension?, *Journal of Cardiovascular Medicine,* diciembre de 1980, pp. 1075-1079.

Shapiro, D., «Generalization and maintenance in biofeedback treatment», en R. B. Stuart (comp.), *Adherence, compliance and generalization in behavioral medicine,* Nueva York, Brunner/Mazel, 1982.

— y Crider, A., «Operant electrodermal conditioning under multiple schedules of reinforcement», *Psychophysiology,* 4, 1967, pp. 168-175.

—, Crider, A. y Tursky, B., «Differentiation of an autonomic response through operant reinforcement», *Psychosomatic Science,* 1, 1964, pp. 147-148.

— y Goldstein, I. B., «Biobehavioral perspective on hypertension», *Journal of Consulting and Clinical Psychology,* 50, 1982, pp. 841-858.
— y Schwartz, G. E., «Biofeedback and visceral learning: Clinical applications», *Seminars in Psychiatry,* 4, 1972, pp. 171-184.
Shapiro, D. A. y Shapiro, D., «Meta-analysis of comparative therapy outcome studies: A replication and refinement», *Psychological Bulletin,* 92, 1982, pp. 581-604.
Shapiro, D. H., *Meditation: Self-regulation strategies and altered states of consciousness,* Nueva York, Aldine, 1980.
Shapiro, M. B., «The single case in clinical-psychological research», *Journal of General Psychology,* 74, 1966, pp. 3-23.
Shaw, B. F., «A comparison of cognitive therapy and behavior therapy in the treatment of depression», *Journal of Consulting and Clinical Psychology,* 45, 1977, pp. 543-552.
— «Specification of the training and evaluation of cognitive therapists for outcome studies», en J. Williams y R. Spitzer (comps.), *Psychotherapy research,* Nueva York, Guilford Press, 1984.
— «The adequacy of cognitive theory for understanding depression in women», *Canadian Psychology,* 30, 1989, pp. 51-52.
— y Dobson, K. S., «The cognitive assessment of depression», en T. Merluzzi, C. Glass y M. Genest (comps.), *Cognitive assessment,* Nueva York, Guilford Press, 1981.
Shelton, J. L. y Levy, R. L., *Behavioral assignments and treatment compliance: A handbook of clinical strategies,* Champaign, Ill., Research Press, 1981.
Shellenberger, R. y Green, J. S., *From the ghost in the box to successful biofeedback training,* Greeley, Colorado, Pioneer Press, 1986.
Sherman, J. G., «PSI today», en J. G. Sherman, R. S. Ruskin y G. B. Semb (comps.), *The personalized system of instruction: 48 seminal papers,* Lawrence, KS., TRI Publications.
Sherrington, C. S., *Integrative action of the nervous system,* New Haven, Conn., Yale University Press, 1906.
Shevrin, H. y Dickman, S., «The psychological unconscious: A necessary assumption for all psychological theory?», *American Psychologist,* 35, 1980, pp. 421-434.
Shipley, R. H., «Extinction of conditioned fear in rats as a function of several parameters of CS exposure», *Journal of Comparative and Physiological Psychology,* 87, 1974, pp. 699-707.
—, Mock, L. A. y Levis, D. J., «Effects of several response prevention procedures on activity, avoidance responding, and conditioned fear in rats», *Journal of Comparative and Physiological Psychology,* 77, 1971, pp. 256-270.
Shoham-Solomon, V. y Rosenthal, R., «Paradoxical interventions: A metaanalysis», *Journal of Consulting and Clinical Psychology,* 55, 1987, pp. 22-28.
Shor, R. E. y Orne, E. E., *Manual: Harvard Group Scale of Hypnotic Susceptibility, Form A,* Palo Alto, Consulting Psychologists Press, 1962.
Sidman, M., *Tácticas de investigación científica,* Barcelona, Fontanella, 1973. (Or.: 1960)
— «Functional analysis of emergent verbal classes», en T. Thompson y M. D. Zeiler (comps.), *Analysis and integration of verbal behavioral units,* Hillsdale, N.J., Lawrence Erlbaum, 1986.
— *Coercion and its fallout,* Boston, Mass., Authors Cooperative, 1989.
Siegel, J. M. y Spivack, G., «Problem-solving therapy: The description of a new program for chronic psychiatric patients», *Psychotherapy: Theory, Research, and Practice,* 13, 1976, pp. 368-373.
Silva, F., «El análisis funcional de conducta como disciplina diagnóstica», *Análisis y Modificación de Conducta,* 4, 1978, pp. 28-55.
— *Introducción al psicodiagnóstico,* Valencia, Promolibro, 1982.

— *Psicodiagnóstico: Teoría y aplicación,* Valencia, Centro Editorial de Servicios y Publicaciones Universitarias, 1985.
— *Evaluación conductual y criterios psicométricos,* Madrid, Pirámide, 1989.
Silverman, L. H., Franks, S. y Dachinger, P., «Psychoanalytic reinterpretation of the effectiveness of systematic desensitization: Experimental data bearing on the role of merging fantasies», *Journal of Abnormal Psychology,* 83, 1974, pp. 313-318.
Simón, M. A., «Consideraciones acerca de la naturaleza y etiología de la enfermedad de Raynaud», *Revista Española de Terapia del Comportamiento,* 6, 1988, pp. 115-125.
— *Biofeedback y rehabilitación,* Valencia, Promolibro, 1989.
— y Ferreiro, J., «Diseño de un sistema de biofeedback electrokinesiológico de la articulación tibiotarsiana», *Revista Española de Terapia del Comportamiento,* 3, 1985, pp. 271-281.
Simons, H. D., Murphy, G. G., Levine, J. L. y Wetzel, R. D., «Cognitive therapy and pharmacotherapy for depression: Sustained improvement over one year», *Archives of General Psychiatry,* 43, 1986, pp. 43-48.
Sipich, J. F., Rusell, R. K. y Tobias, L. L., «A comparison of covert sensitization and "non specific" treatment in the modification of smoking behavior», *Journal of Behavior Therapy and Experimental Psychiatry,* 5, 1974, pp. 201-203.
Skinner, B. F., «Two types of conditioned reflex and a pseudo type», *Journal of General Psychology,* 12, 1935, pp. 66-77.
— «Two types of conditioned reflex: A reply to Konorski and Miller», *Journal of General Psychology,* 16, 1937, pp. 272-279.
— *The behavior of organisms: An experimental analysis,* Nueva York, Appleton-Century-Crofts, 1938 [*La conducta de los organismos,* Barcelona, Fontanella, 1975].
— *Walden two,* Nueva York, Macmillan, 1948 [*Walden dos,* Barcelona, Fontanella, 1968].
— «Are theories of learning necessary?», *Psychological Review,* 57, 1950, pp. 193-216.
— *Science and human behavior,* Nueva York, MacMillan, 1953*(a).* [*Ciencia y conducta humana,* Barcelona, Fontanella, 1970].
— «Some contributions of an experimental analysis of behavior to psychology as a whole», *American Psychologist,* 8, 1953*(b),* pp. 69-78.
— «The science of learning and the art of teaching», *Harvard Educational Review,* 24, 1954, pp. 86-97.
— *Verbal behavior,* Nueva York, Appleton-Century-Crofts, 1957 [*Conducta verbal,* México, Trillas, 1982].
— «Teaching machines», *Science,* 128, 1958, pp. 969-977.
— «Why we need teaching machines», *Harvard Educational Review,* 31, 1961, pp. 377-398.
— «Behaviorism at fifty», *Science,* 140, 1963, pp. 951-958.
— «Operant behavior», en W. K. Honig (comp.), *Operant behavior: Areas of research and application,* Nueva York, Appleton-Century-Crofts, 1966.
— *Beyond freedom and dignity,* Nueva York, Alfred A. Knopf, 1971 [*Más allá de la libertad y la dignidad,* Barcelona, Fontanella, 1972].
— «La naturaleza genérica de los conceptos de estímulo y respuesta», en B. F. Skinner, *Registro acumulativo,* Barcelona, Fontanella, 1975. (Or.: 1935).
— *Sobre el conductismo,* Barcelona, Fontanella, 1977. (Or.: 1974).
— *Contingencias de reforzamiento. Un análisis teórico,* México, Trillas, 1981. (Or.: 1969).
— «What is wrong daily life in the western world?», *American Psychologist,* 41, 1986*(a),* pp. 568-574.
— «The evolution of verbal behavior», *Journal of Experimental Analysis of Behavior,* 45, 1986*(b),* pp. 115-122.
— «An operant analysis of problem solving», en A. C. Catania y S. Harnad (comps), *The*

selection of behavior. The operant behaviorism of B. F. Skinner: Comments and consequences, Nueva York, Cambridge University Press, 1988. (Or.: 1966).
—, Solomon, H. C. y Lindsley, O. R., *Studies in behavior therapy (Status Report I),* Waltham, Mass., Metropolitan State Hospital, noviembre de 1953.
—, Solomon, H. C., Lindsley, O. R. y Richards, M. E., *Studies in behavior therapy (Status Report II),* Waltham, Mass., Metropolitan State Hospital, mayo de 1954.
Sloane, R. D., Staples, F. R., Cristol, A. H., Yorston, N. J. y Whipple, K., *Short-term analytically oriented psychotherapy versus behavior therapy,* Cambridge, Mass., Harvard University Press, 1975.
Smith, D., «Trends in counseling and psychotherapy», *American Psychologist,* 37, 1982, pp. 802-809.
Smith, M. J., *Cuando digo No me siento culpable,* Barcelona, Grijalbo, 1977. (Or.: 1975).
Smith, M. L., Glass, G. V. y Miller, T. I., *The benefits of psychotherapy,* Baltimore, MD., John Hopkins University Press, 1980.
Smith, R. E. y Gregory, T. B., «Covert sensitization by induced anxiety in the treatment of an alcoholic», *Journal of Behavior Therapy and Experimental Psychiatry,* 7, 1976, pp. 331-333.
Snyder, M., «On the influence of individuals on situations», en N. Cantor y J. F. Kihlstrom (comps.), *Personality, cognition, and social interaction,* Hillsdale, N.J., Lawrence Erlbaum, 1981.
Sobel, H. y Worden, J., *Helping cancer patients to cope: A problem-solving intervention for health care professionals,* Nueva York, BMA & Guilford Press, 1981.
Solana, M., *Historia de la filosofía española: Época del Renacimiento. (Siglo XVI)* (3 vols.), Madrid, Asociación Española para el Progreso de las Ciencias, 1941.
Solomon, R. L. y Wynne, L. C., «Traumatic avoidance learning; The principle of anxiety conservation and partial irreversibility», *Psychological Review,* 61, 1954, pp. 353-385.
Spear, N. E., *The processing of memories: Forgetting and retention,* Hillsdale, N.J., Lawrence Erlbaum, 1978.
Spence, K. W., «Cognitive vs. stimulus-response theories of learning», *Psychological Review,* 57, 1950, pp. 159-172.
— *Behavior theory and conditioning,* New Haven, Conn., Yale University Press, 1956.
Spence, S. y Shepherd, G. (comps.), *Developments in social skills training,* Nueva York, Academic Press, 1983.
Sperry, R. W., Gazzaniga, M. S. y Bogen, J. E., «Interhemispheric relationships: The neocortical commissures, syndroms of hemispheric disconnection», en P. J. Vinken y G. W. Bruyn (comps.), *Handbook of clinical neurology* (vol. 4), Amsterdam, North-Holland, 1969.
Spiegel, H. y Spiegel, D., *Trance and treatment: Clinical uses of hypnosis,* Nueva York, Basic Books, 1978.
Spivack, G. y Shure, M. B., *Social adjustment of young children,* San Francisco, Calif., 1974.
Spooner, F., «Comparison of backward chaining and total task presentation in training severely handicapped persons», *Education and Training of the Mentally Retarded,* 19, 1984, pp. 349-367.
Staats, A. W. (comp.), *Human learning: Studies extending conditioning principles to complex behavior,* Nueva York, Holt, Rinehart & Winston, 1964.
— *Social behaviorism,* Homewood, Ill., Dorsey Press, 1975 [*Conductismo social,* México, El Manual Moderno, 1979].
— «Paradigmatic behaviorism, unified theory construction methods, and the *zeitgeist* of separatism», *American Psychologist,* 36, 1981, pp. 239-256.
— «Behaviorism with personality: The paradigmatic behavioral assessment approach», en R.

O. Nelson y S. C. Hayes (comps.), *Conceptual foundations of behavioral assessment,* Nueva York, Guilford Press, 1986.

Staddon, J. E. R., «Conducta inducida por el programa», en W. K. Honig y J. E. R. Staddon (comps.), *Manual de conducta operante,* México, Trillas, 1983. (Or.: 1977)

Stampfl, T. G., «Implosive therapy, Part. I: The theory», en S. G. Armitage (comp.), *Behavioral modification techniques in the treatment of emotional disorders,* Battle Creek, Michigan, V.A. Hospital Publication, 1966.

— «Implosive therapy: An emphasis on covert stimulation», en D. J. Levis (comp.), *Learning approaches to therapeutic behavior change,* Chicago, Aldine, 1970.

— «Theoretical implications of the neurotic paradox as a problem in behavior theory: An experimental resolution», *The Behavior Analyst,* 10, 1987, pp. 161-173.

— «The relevance of laboratory animal research to theory and practice: One-trial learning and the neurotic paradox», *The Behavior Therapist,* 11, 1988, pp. 75-79.

— y Levis, D. J., «The essentials of implosive therapy: A learning-theory-based psychodynamic behavioral therapy», *Journal of Abnormal Psychology,* 72, 1967*(a),* pp. 496-503.

— y Levis, D. J., «Phobic patients: Treatment with the learning theory approach of implosive therapy», *Voices: The Art and Science of Psychotherapy,* 3, 1967*(b),* pp. 23-27.

— y Levis, D. J., «Learning theory: An aid to dynamic therapeutic practices», en L. D. Eron y R. Callahan (comps.), *Relationship of theory to practice in psychotherapy,* Chicago, Aldine, 1969.

— y Levis, D. J., «Implosive therapy: A behavioral therapy?», en J. T. Spence, R. C. Carson y J. W. Thibaut (comps.), *Behavioral approaches to therapy,* Morristown, N.J., General Learning Press, 1976.

Sterman, M. B., «Sensorimotor EEG operant conditioning: Experimental and clinical effects», *Pavlovian Journal of Biological Science,* 12, 1977, pp. 63-92.

Stokes, T. F. y Baer, D. M., «An implicit technology of generalization», *Journal of Applied Behavior Analysis,* 10, 1977, pp. 349-367.

Stoppard, J. M., «An evaluation of the adequacy of cognitive/behavioral theories for understanding depression in women», *Canadian Psychology,* 30, 1989, pp. 39-58.

Straw, M. K. y Terre, L., «An evaluation of individualized behavioral obesity treatment and maintenance strategies», *Behavior Therapy,* 14, 1983, pp. 255-266.

Strecher, V. J., DeVellis, B. M., Becker, M. H. y Rosentock, J. M., «The role of self-efficacy in achieving health behavior change», *Health Education Quarterly,* 13, 1986, pp. 73-91.

Strong, S. R., «Social psychological approaches to psychotherapy research», en S. Garfield y A. Bergin (comps.), *Handbook of psychotherapy and behavior change,* Nueva York, Wiley, 1978.

— y Claiborn, C. D., *Change through interaction,* Nueva York, Wiley, 1982.

Strosahl, K. D. y Linehan, M. M., «Basic issues in behavioral assessment», en A. R. Ciminero, K. S. Calhoun y H. E. Adams (comps.), *Handbook of behavioral assessment* (2ª edición), Nueva York, Wiley, 1986.

Strupp, H. H. y Bloxom, A. L., «Preparing lower-class clients for group psychotherapy: Development and evaluation of a role-induction film», *Journal of Consulting and Clinical Psychology,* 41, 1973, pp. 373-384.

Stuart, R. B., «Behavioral contracting within the families of delinquents», *Journal of Behavior Therapy and Experimental Psychiatry,* 2, 1971, pp. 1-11.

Stufflebeam, D. L. y Shinkfield, A. J., *Evaluación sistemática,* Buenos Aires, Paidós, 1987.

Suinn, R. M., «Generalized anxiety disorder», en S. M. Turner (comp.), *Behavioral theories and treatment of anxiety,* Nueva York, Plenum Press, 1984.

— «Anxiety management training», en A. S. Bellack y M. Hersen (comps.), *Dictionary of behavior therapy techniques,* Nueva York, Pergamon Press, 1985.

— y Deffenbacher, J. L., «Anxiety management training», *The Counseling Psychologist,* 16, 1988, pp. 31-49.
— y Richardson, F., «Anxiety management training : A non-specific behavior therapy program for anxiety control», *Behavior Therapy,* 2, 1971, pp. 498-512.
Sullivan, H. S., *The interpersonal theory of psychiatry,* Nueva York, Norton, 1953.
Sulzer-Azaroff, B. y Mayer, G., *Applying behavior analysis procedures with children and youth,* Nueva York, Holt, Rinehart & Winston, 1977.
Surwit, R. S., «Behavioral treatment of Raynaud's syndrome in peripheral vascular diseases», *Journal of Consulting and Clinical Psychology,* 50, 1982, pp. 922-932.
Swan, G. E., «On the structure of eclecticism: Cluster analysis of eclectic behavior therapists», *Professional Psychology,* 10, 1979, pp. 732-739.
— y McDonald, M. C., «Behavior therapy in practice: A national survey of behavior therapists», *Behavior Therapy,* 9, 1978, pp. 799-807.
Sweet, A. A., «The therapeutic relationship in behavior therapy», *Clinical Psychology Review,* 4, 1984, pp. 253-272.
Tarchanoff, J. R., «Voluntary acceleration of heart beat in man», *Pfüger's Archive der Gesamten Physiologie,* 35, 1885, pp. 109-135.
Taylor, C. B., «Adult medical disorders», en A. S. Bellack, M. Hersen y A. E. Kazdin (comps.), *International handbook of behavior modification and therapy,* Nueva York, Plenum Press, 1982.
— «DSM-III and behavioral assessment», *Behavioral Assessment,* 5, 1983, pp. 5-14.
Teitelbaum, M., *Hypnosis induction techniques,* Springfield, Ill., Charles C. Thomas, 1965.
Telch, C. F. y Telch, M. J., «Group coping skills instruction and supportive group therapy for cancer patients: A comparison of strategies», *Journal of Consulting and Clinical Psychology,* 54, 1986, pp. 802-808.
Tenopyr, M. L., «Content-construct confusion», *Personnel Psychology,* 30, 1977, pp. 47-54.
Terrace, H. S., «Awareness as viewed by conventional and by radical behaviorism», Ponencia presentada en la reunión de la American Psychological Association, Washington, 1971.
Tharp, R. G. y Wetzel, R. J., *Behavior modification in the natural environment,* Nueva York, Academic Press, 1969.
Thomas, W. I., *The child in America,* Nueva York, Knopf, 1928.
Thompson, G. G., *Child psychology,* Boston, Mass., Houghton-Mifflin, 1952.
Thoresen, C. E. y Coates, T. G., «What does it means to be a behavior therapist?», *The Counseling Psychologist,* 7, 1978, pp. 3-21.
Thorndike, E. L., «Animal intelligence: An experimental study of the associative processes in animals», *Psychological Review Monograph Supplements,* 2, 1898, núm. 8.
— *The psychology of learning,* Nueva York, Teachers College, Columbia University, 1913.
— *Human learning,* Nueva York, Century, 1931.
— *The fundamentals of learning,* Nueva York, Teachers College, 1932.
— *An experimental study of rewards,* Nueva York, Teachers College, 1933.
Tinsley, H. E., Bowman, S. L. y Ray, S. B., «Manipulation of expectancies about counseling and psychotherapy: Review and analysis of expectancy manipulation strategies and results», *Journal of Counseling Psychology,* 35, 1988, pp. 99-108.
Tolman, E. C. y Brunswik, E., «The organism and the causal texture of the environment», *Psychological Review,* 42, 1935, pp. 89-101.
Tondo, T. R., Lane, J. R. y Gill, K., «Suppresion of specific eating behaviors by covert response cost: An experimental analysis», *Psychological Record,* 25, 1975, pp. 187-196.
Tori, C. D., «A smoking satiation procedure with reduced medical risk», *Journal of Consulting and Clinical Psychology,* 34, 1978, pp. 574-579.

Toseland, R., «A problem-solving group workshop for older persons», *Social Work,* 22, 1977, pp. 325-326.

Trower, P., «Situational analysis of the components and processes of behavior of socially skilled and unskilled patients», *Journal of Consulting and Clinical Psychology,* 48, 1980, pp. 327-329.

— «A radical critique and reformulation: From organism to agent», en P. Trower (comp.), *Radical approaches to social skills training,* Londres, Croom Helm, 1984.

Truax, C. B., «Reinforcement and non-reinforcement in Rogerian psychotherapy», *Journal of Abnormal Psychology,* 71, 1966, pp. 1-9.

Tryon, W. W., Ferster, C. B., Franks, C. M., Kazdin, A. E., Lewis, D. J. y Tryon, G. S., «On the role of behaviorism in clinical psychology», *Pavlovian Journal of Biological Science,* 15, 1980, pp. 12-20.

Turk, D. C., Meichenbaum, D. y Genest, M., *Pain and behavioral medicine: A cognitive-behavioral perspective,* Nueva York, Guilford Press, 1983.

Turkat, I. D. y Feuerstein, M., «Behavior modification and the public misconception», *American Psychologist,* 33, 1978, p. 194.

— y Meyer, V., «The behavior-analytic approach», en P. Wachtel (comp.), *Resistance: Psychodynamic and behavioral approaches,* Nueva York, Plenum Press, 1982.

Turner, J. A., «Comparison of group progressive-relaxation training and cognitive-behavioral therapy for chronic low back pain», *Journal of Consulting and Clinical Psychology,* 50, 1982, pp. 757-765.

Turner, R. M., «Multivariate assessment of therapy outcome research», *Journal of Behavior Therapy and Experimental Psychiatry,* 9, 1978, pp. 309-314.

— «Behavioral self-control procedures for disorders of initiating and maintaining sleep (DIMS)», *Clinical Psychology Review,* 6, 1986, pp. 27-38.

— «The effects of personality disorder diagnosis on the outcome of social anxiety sympton reduction», *Journal of Personality Disorders,* 1, 1987, pp. 136-143.

— y Ascher, L. M., «A controlled comparison of progressive relaxation, stimulus control, and paradoxical intention therapies for insomnia», *Journal of Consulting and Clinical Psychology,* 47, 1979, pp. 500-508.

—, DiTomasso y Deluty, M., «Systematic desensitization», en R. M. Turner y L. M. Ascher (comps.), *Evaluating behavior therapy outcome,* Nueva York, Springer, 1985.

Turner, S. M. y Adams, H., «Effects of assertive training in three dimensions of assertiveness», *Behaviour Research and Therapy,* 15, 1977, pp. 475-483.

Turpin, G., «An overview of clinical psychophysiological techniques: Tools or theories», en G. Turpin (comp.), *Handbook of clinical psychophysiology,* Chichester, Wiley, 1989.

Twentyman, C. T. y Zimering, R. T., «Behavioral training of social skills: A critical review», en M. Hersen, R. M. Eisler y P. M. Miller (comps.), *Progress in behavior modification,* vol. 7, Nueva York, Academic Press, 1979.

Udolf, R., *Handbook of hypnosis for professionals,* Nueva York, Van Nostrand Reinhold, 1981.

Ullmann, L. P. y Krasner, L., *Case studies in behavior modification,* Nueva York, Holt, Rinehart, and Winston, 1965.

— y Krasner, L., *A psychological approach to abnormal behavior,* Englewood Cliffs, N.J., Prentice-Hall, 1969.

Upper, D. y Cautela, J. R. (comps.), *Covert conditioning,* Oxford, Pergamon Press, 1977 [*Condicionamiento encubierto,* Bilbao, Desclée de Brouwer, 1983].

Vallejo, M. A. y Labrador, F. J., «Modelo de predisposición psicobiológica para explicar las cefaleas», *Revista Española de Terapia del Comportamiento,* 1, 1983, pp. 5-18.

Vallés, F., *Sagrada filosofía,* Madrid, Real Academia Nacional de Medicina, 1971. (Or.: 1587).

Van Dam-Baggen, R. y Kraaimaat, F., «A group social skills training program with psychiatric

patients: Outcome, drop-out rate and prediction», *Behaviour Research and Therapy,* 24, 1986, pp. 161-169.
Van Den Bos, G. R., *Psychotherapy: Practice, research, policy,* Beverly Hills, Calif., Sage, 1980.
— «Psychotherapy research: A special issue», *American Psychologist,* 41, 1986, pp. 111-112.
Van Heck, G. L., «The construction of a general taxonomy of situations», en H. Bonarius, G. L. Van Heck y N. Smid (comps.), *Personality psychology in Europe: Theoretical and empirical developments,* Lisse, Swets and Zeitlinger, 1984.
— «Situation concepts: Definitions and classification», en P. J. Hettema (comp.), *Personality and environment: Assessment of human adaptation,* Chichester, Wiley, 1989.
Van Houten, R., «Social validation: The evolution of standards of competency for target behaviors», *Journal of Applied Behavior Analysis,* 12, 1979, pp. 581-591.
Vaughan, M., «Rule-governed behavior and higher mental precesses», en S. Modgil y C. Modgil (comps.), *B. F. Skinner. Consensus and controversy,* Londres, Falmer Press, 1987.
— «Rule-governed behavior in behavior analysis. A theoretical and experimental history», en S. C. Hayes (comp.), *Rule-governed behavior. Cognition, contingencies, and instructional control,* Nueva York, Academic Press, 1989.
Veltum, L. G. y Miltenberger, R. G., «Evaluation of a self-instructional package for training initial assessment interviewing skills», *Behavioral Assessment,* 11, 1989, pp. 165-177.
Vernon, P. E., «The concept of validity in personality studies», en B. Semeonoff (comp.), *Personality assessment: Selected readings,* Londres, Penguin, 1964.
Vygotski, L., *Thought and language,* Nueva York, Wiley, 1962. (Original en ruso 1934) [hay traducción castellana del inglés en Latauro, Buenos Aires].
Vila, J., «Biofeedback y auto-regulación», *Análisis y Modificación de Conducta,* 6, 1980, pp. 367-376.
— «Sistemas psicofisiológicos de respuesta humana», en A. Puerto (comp.), *Psicofisiología* (2ª edición), Madrid, UNED, 1985*(a).*
— «Aplicaciones clínicas del biofeedback», en A. Puerto (comp.), *Psicofisiología* (2ª edición), Madrid, UNED, 1985*(b).*
Vives, J. L., *Tratado del alma,* Madrid, Ediciones de la Lectura, 1923. (Or.: 1538).
— *Tratado de la enseñanza,* México, Porrúa, 1984. (Or.: 1531).
Voegtlin, W. L., «The treatment of alcoholism by establishing a conditioned reflex», *American Journal of Medical Science,* 199, 1940, pp. 576-580.
—, Lemere, F., Broz, W. R. y O'Hollaren, P., «Conditioned reflex therapy of chronic alcoholism. IV. A preliminary report on the value of reinforcement», *Quarterly Journal of Studies on Alcoholism,* 2, 1941, pp. 505-511.
—, Lemere, F., Broz, W. R. y O'Hollaren, P., «Conditioned reflex therapy of alcoholic addiction. VI. Follow-up report of 1042 cases», *American Journal of Medical Science,* 203, 1942, pp. 525-528.
Voeltz, L. M. y Evans, I. M., «The assessment of behavioral interrelationships in child behavior therapy», *Behavioral Assessment,* 4, 1983, pp. 131-165.
Wachtel, P. L., *Psychoanalysis and behavior therapy,* Nueva York, Basic Books, 1977.
— *Resistance: Psychodynamic and behavioral approaches,* Nueva York, Plenum Press, 1982.
Wadden, T. A. y Anderton, C. H., «The clinical use of hypnosis», *Psychological Bulletin,* 91, 1982, pp. 215-243.
Wade, Y. C. y Hartmann, D. P., «Behavior therapists' self-reported views and practices», *The Behavior Therapist,* 2, 1979, pp. 3-6.
Wagner, A. R. y Rescorla, R. A., «Inhibition in Pavlovian conditioning: Applications of a theory», en R. A. Bookes y M. S. Halliday (comps.), *Inhibition and learning,* Nueva York, Academic Press, 1972.
Wagner, M. K. y Bragg, R. A., «Comparing behavior modification approaches to habit de-

crement-smoking», *Journal of Consulting and Clinical Psychology,* 34, 1970, pp. 258-263.
Wahler, R. G., «Some structural aspects of deviant child behavior», *Journal of Applied Behavior Analysis,* 8, 1975, pp. 27-42.
— y Cormier, W. H., «The ecological interview: A first step in outpatient child behavior therapy», *Journal of Behavior Therapy and Experimental Psychiatry,* 1, 1970, pp. 179-189.
— y Fox, J. J., «Setting events in applied behavior analysis: Toward a conceptual and methodological expansion», *Journal of Applied Behavior Analysis,* 14, 1981, pp. 327-338.
— y Hann, D. M., «A behavioral system perspective in childhood psychopathology. Expanding the three-term operant contingency», en N. A. Kragenor, J. D. Arasteh y M. F. Cataldo (comps.), *Childhealth behavior: A behavioral perspective,* Nueva York, Wiley, 1986.
Walen, S. R., DiGiuseppe, R. y Wessler, R. L., *A practitioner's guide to rational-emotive therapy,* Nueva York, Oxford, 1980.
Walker, C. E., Hedberg, A. G., Clement, P. W. y Wright, L., *Clinical procedures for behavior therapy,* Englewood Cliffs, N.J., Prentice-Hall, 1981.
Walker, H. M. y Buckley, N. K., «Programming generalization and maintenance of treatment effects across time and across setting», *Journal of Applied Behavior Analysis,* 5, 1972, pp. 209-224.
—, Shinn, M. R., O'Neill, R. E. y Ramsey, E., «A longitudinal assessment of the development of antisocial behavior in boys: Rationale, methodology, and first-year results», *Remedial and Special Education,* 8, 1987, pp. 7-16.
Walker, W. B. y Franzini, L. R., «Low risk aversive group treatments, physiological feedback, and booster sessions for smoking cessation», *Behavior Therapy,* 16, 1985, pp. 263-275.
Wallace, I. y Pear, J. J., «Self-control techniques of famous novelists», *Journal of Applied Behavior Analysis,* 10, 1977, pp. 515-525.
Wallman, J., Turkel, J. y Trachtman, J., «Extreme myopia produced by modest change in early visual experience», *Science,* 201, 1978, pp. 1249-1251.
Warren, N. y Rice, L., «Structuring and stabilizing of psychotherapy for low-prognosis clients», *Journal of Consulting and Clinical Psychology,* 39, 1972, pp. 173-181.
Waters, W. F., McDonald, D. G. y Koresko, R. L., «Psychophysiological responses during analogue systematic desensitization and nonrelaxation control procedures», *Behaviour Research and Therapy,* 10, 1972, pp. 381-394.
Watson, J. B., «Psychology as the behaviorist views it», *Psychological Review,* 20, 1913, pp. 158-177.
— *Behavior: An introduction to comparative psychology,* Nueva York, Holt, 1914.
— «The place of the conditioned reflex in psychology», *Psychological Review,* 23, 1916, pp. 89-116.
— *Psychology from the standpoint of a behaviorist,* Filadelfia, Lippincott, 1919.
— *Behaviorism,* Chicago, University of Chicago Press, 1924.
— y Rayner, R., «Conditioned emotional reactions», *Journal of Experimental Psychology,* 3, 1920, pp. 1-14.
Watts, A. W., *Psychotherapy east and west,* Nueva York, Pantheon, 1961 [*Psicoterapia del Este, psicoterapia del Oeste,* Barcelona, Kairós, 1987].
Watts, F. N., «Habituation model of systematic desensitization», *Psychological Bulletin,* 86, 1979, pp. 627-637.
Watzlawick, P., Beavin, J. H. y Jackson, D. D., *Pragmatics of human communication,* Nueva York, Norton, 1967.
—, Weakland, J. y Fisch, R., *Change: Principles of problem formulation and problem resolution,* Nueva York, Norton, 1974.

Webster-Stratton, C., «Modification of mothers' behaviors and attitudes through a videotape modeling group discussion program», *Behavior Therapy,* 12, 1981, pp. 634-642.

— «Randomized trial of two parent-training programs for families with conduct-disordered children», *Journal of Consulting and Clinical Psychology,* 52, 1984, pp. 666-678.

— *The parents and children series,* Eugene, Or., Castalia, 1987.

Weekes, C., *Simple, effective treatment for agoraphobia,* Nueva York, Hawthorn, 1976.

Weeks, G. R. y L'Abate, L. A., *Paradoxical psychotherapy: Theory and practice with individuals, couples, and families,* Nueva York, Brunner/Mazel, 1982.

Weil, G. y Goldfried, M. R., «Treatment of insomnia in an eleven-year-old child through self-relaxation», *Behavior Therapy,* 4, 1973, pp. 282-284.

Weimer, W. B., «The psychology of inference and expectation: Some preliminary remarks», en G. Maxwell y R. M. Anderson (comps.), *Minnesota studies in the philosophy of science,* vol. 6, Minneápolis, Minn., University of Minnesota Press, 1975.

— «A conceptual framework for cognitive psychology: Motor theories of the mind», en R. Shaw y J. D. Bransford (comps.), *Perceiving, acting, and knowing,* Hillsdale, N.J., Lawrence Erlbaum, 1981.

Weiner, B., Frieze, I., Kukla, A., Reed, L., Rest, S. y Rosenbaum, R. M., *Perceiving the causes of success and failure,* Nueva York, General Learning Press, 1971.

Weiner, H., «Some effects of response cost on human operant behavior», *Journal of the Experimental Analysis of Behavior,* 5, 1962, pp. 201-208.

— «Real and imagined cost effects upon human fixed-interval responding», *Psychological Reports,* 17, 1965, pp. 935-942.

Weiner, N., *Cibernetics,* Cambridge, Mass., MIT Press, 1961.

Weinman, B., Gelbart, P., Wallace, M. y Post, M., «Inducing assertive behavior in chronic schizophrenics: A comparison of socioenvironmental, desensitization, and relaxation therapies», *Journal of Consulting and Clinical Psychology,* 39, 1972, pp. 246-252.

Weinstein, D. J., «Imagery and relaxation with a burn patient», *Behaviour Research and Therapy,* 14, 1976, p. 481.

Weinstein, N. D., «Why it won't happen to me? Perception of risk factors and susceptibility», *Health Psychology,* 3, 1984, pp. 431-457.

— «The precaution adoption process», *Health Psychology,* 7, 1988, p. 386.

Weinstock, S. A., «The reestablishment of intestinal control in functional colitis», *Biofeedback and Self-Regulation,* 1, 1976, p. 324.

Weitzenhoffer, A. M. y Hilgard, E. R., *Stanford Profile Scales of Hypnotic Susceptibility, Forms I and II,* Palo Alto, Consulting Psychologists Press, 1967.

Welford, A. T., «The ergonomic approach to social behavior», *Ergonomics,* 9, 1966, pp. 357-369.

Weller, L. y Luchterhand, E., «Comparing interviews and observations on family functioning», *Journal of Marriage and the Family,* 31, 1969, pp. 115-122.

Wells, J. K., Howard, G. S., Nowlin, W. F. y Vargas, M. J., «Presurgical anxiety and postsurgical pain and adjustment: Effects of a stress inoculation procedure», *Journal of Consulting and Clinical Psychology,* 54, 1986, pp. 831-835.

Wells, K. C., «Behavioral family therapy», en A. S. Bellack y M. Hersen (comps.), *Dictionary of behavior therapy techniques,* Nueva York, Pergamon Press, 1985.

—, Forehand, R. y Griest, D. L., «Generality of treatment effects from treated to untreated behaviors resulting from a parent training program», *Journal of Clinical Child Psychology,* 9, 1980, pp. 217-219.

Welner, A., Marten, S., Wochnick, E., Davis, M. A., Fishman, R. y Clayton, P. J., «Psychiatric disorders among professional women», *Archives of General Psychiatry,* 36, 1979, pp. 169-173.

Wernick, R. L., «Stress management with practical nursing students», *Cognitive Therapy and Research*, 8, 1984, pp. 543-550.

Wessler, R. A. y Wessler, R. L., *The principles and practice of rational-emotive therapy*, San Francisco, Calif., Jossey-Bass, 1980.

Wessler, R. L., «Rational-emotive therapy in groups», en A. Freeman (comp.), *Cognitive therapy with couples and groups*, Nueva York, Plenum Press, 1983.

— «Cognitive-social psychological theories and social skills: A review», en P. Trower (comp.), *Radical approaches to social skills training*, Londres, Croom-Helm, 1984*(a)*.

— «A bridge too far: Incompatibilities of rational-emotive therapy and pastoral counseling», *Personnel and Guidance Journal*, 63, 1984*(b)*, pp. 264-266.

— «Alternative conceptions of rational-emotive therapy», en M. A. Reda y M. J. Mahoney (comps.), *Cognitive psychotherapies*, Cambridge, Mass., Ballinger, 1984*(c)*.

— «Varieties of cognitions in the cognitively oriented psychotherapies», en A. Ellis y R. M. Grieger (comps.), *Handbook of rational-emotive therapy*, vol. 2, Nueva York, Springer, 1986*(a)*.

— «Conceptualizing cognitions in the cognitive-behavioural therapies», en W. Dryden y W. Golden (comps.), *Cognitive-behavioural approaches to psychotherapy*, Londres, Harper and Row, 1986*(b)*.

— «Listening to oneself: Cognitive appraisal therapy», en W. Dryden (comp.), *Key cases in psychotherapy*, Londres, Croom-Helm, 1987.

— «Inaccurate implications of philosophy of science and rational-emotive therapy», *Psychotherapy*, 25, 1988*(a)*, pp. 149-155.

— «Affect and nonconscious processes in cognitive psychotherapy», en W. Dryden y W. Golden (comps.), *Developments in cognitive psychotherapy*, Londres, Sage Publications, 1988 *(b)*.

— y Hankin-Wessler, S., «Cognitive appraisal therapy (CAT)», en W. Dryden y W. Golden (comps.), *Cognitive-behavioural approaches to psychotherapy*, Londres, Harper and Row, 1986.

— y Hankin-Wessler, S., «Rational-emotive and related cognitively oriented psychotherapies», en S. Long (comp.), *Six group therapies*, Nueva York, Plenum Press, 1988.

— y Hankin-Wessler, S., «Cognitive group therapy», en A. Freeman, L. E. Beutler y K. E. Simon (comps.), *Comprehensive handbook of cognitive therapy*, Nueva York, Plenum Press, 1989*(a)*.

— y Hankin-Wessler, S., «Nonconscious algorithms in cognitive and affective processes», *Journal of Cognitive Psychotherapy: An International Quarterly*, 3, 1989*(b)*, pp. 243-254.

Westen, D., *Self and society*, Nueva York, Cambridge University Press, 1985.

Westermeyer, J. y Pattison, E. M., «Social networks and psychosis in a peasant society», Comunicación presentada en el congreso de la American Psychiatric Association, Chicago, 1979.

Whisman, M. A. y Jacobson, N. S., «Marital distress», en A. M. Nezu y C. M. Nezu (comps.), *Clinical decision making in behavior therapy: A problem-solving perspective*, Champaign, Ill., Research Press, 1989.

Whitall, M. y Dobson, K. S., «An investigation of the temporal relationship between anxiety and depression as a consequence of cognitive vulnerability to interpersonal evaluation», Manuscrito no publicado, University of Calgary, 1989.

White, O. R., *A glossary of behavioral terminology*, Champaign, Ill., Research Press, 1971.

White, R., «Competence and the psychosexual stages of development», en M. R. Jones (comp.), *Nebraska symposium on motivation*, Lincoln, NE, University of Nebraska Press, 1960.

Whitehead, A. N. y Rusell, B., *Principia mathematica* (vol. I), Cambridge, Cambridge University Press, 1910.

Whitehead, W. E., Burgio, K. L. y Engel, B. T., «Biofeedback treatment of fecal incontinence in geriatric patients», *Journal of the American Geriatrics Society*, 33, 1985, pp. 320-324.
Whitman, T., Scibik, J. W. y Reid, D. H., *Behavior modification with the severely and profoundly retarded: Research and application*, Nueva York, Academic Press, 1983.
Wiener, N., *Cybernetics: Or control and communication in the animal and the machine*, Cambridge, Mass., MIT Press, 1948.
Wiens, A. N. y Menustik, C. E., «Treatment outcome and patient characteristics in an aversion therapy program for alcoholism», *American Psychologist*, 38, 1983, pp. 1089-1096.
Wiest, W. M., «Algunas críticas recientes al conductismo y la teoría del aprendizaje con especial referencia a Breger y McGaugh y Chomsky», en O. Nudler (comp.), *Problemas epistemológicos de la psicología*, Buenos Aires, Siglo XXI, 1975.
Wiggins, J. S., *Personality and prediction: Principles of personality assessment*, Reading, Mass., Addison-Wesley, 1973.
Wilkinson, J. y Canter, S., *Social skills training manual: Assessment, programme design and management of training*, Chichester, Wiley, 1982.
Williams, H. M., «A factor analysis of Berne's social behavior in young children», *Journal of Experimental Education*, 4, 1935, pp. 142-146.
Williams, J. M. G., «Cognitive-behavior therapy for depression: Problems and perspectives», *British Journal of Psychiatry*, 145, 1984, pp. 254-262.
— *The psychological treatment of depression*, Londres, Croom Helm, 1986.
Williams, R. L., Karakan, I. y Moore, C. A., *Sleep disorders: Diagnosis and treatment* (2ª edición), Nueva York, Wiley, 1988.
Williamson, D. A., «Response prevention», en A. S. Bellack y M. Hersen (comps.), *Dictionary of behavior therapy techniques*, Nueva York, Pergamon Press, 1985.
Wilson, G. T., «Clinical issues and strategies in the practice of behavior therapy», en C. M. Franks, G. T. Wilson, P. C. Kendall y K. D. Brownell (comps.), *Annual review of behavior therapy: Theory and practice*, vol. 8, Nueva York, Guilford Press, 1982.
— «Chemical aversion conditioning as a treatment for alcoholism: A re-analysis», *Behaviour Research and Therapy*, 25, 1987, pp. 503-516.
— y Evans, I. M., «The therapist-client relationship in behavior therapy», en A. S. Gurman y A. S. Rain (comps.), *The therapist's contribution to effective psychotherapy: An empirical approach*, Nueva York, Pergamon Press, 1977.
— y Franks, C. M., *Contemporary behavior therapy: Conceptual and empirical foundations*, Nueva York, Guilford Press, 1982.
—, Franks, C. M., Brownell, K. A. y Kendall, P. C., *Annual review of behavior therapy: Theory and practice*, vol. 9, Nueva York, Guilford Press, 1984.
— y O'Leary, K. D., *Principles of behavior therapy*, Englewood Cliffs, N.J., Prentice-Hall, 1980.
Wilson, P. H., Spence, S. H. y Kavanagh, D. J., *Cognitive-behavioral interviewing for adult disorders*, Baltimore, MD., John Hopkins University Press, 1989.
Winett, R. A., «An emerging approach to energy conservation», en D. S. Glenwick y L. A. Jason (comps.), *Behavioral community psychology: Progress and prospects*, Nueva York, Praeger, 1980.
— y Winkler, R. C., «Current behavior modification in the classroom: Be still, be quiet, be docile», *Journal of Applied Behavior Analysis*, 5, 1972, pp. 499-504.
Winkler, R. C., «Management of chronic psychiatric patients by a token reinforcement system», *Journal of Applied Behavior Analysis*, 3, 1970, pp. 47-55.
Wisocki, P. A. y Rooney, E. J., «A comparison of thought stopping and covert sensitization techniques in the treatment of smoking: A brief report», *Psychological Record*, 24, 1974, pp. 191-192.

Witman, T., Burgio, L. y Johnston, M. B., «Cognitive behavioral interventions with mentally retarded children», en A. W. Meyers y W. E. Craighead (comps.), *Cognitive behavior therapy with children*, Londres, Plenum Press, 1984.

Witt, J. C., Elliot, S. N. y Gresham, F. M. (comps.), *Handbook of behavior therapy in education*, Nueva York, Plenum Press, 1988.

Wodarski, S., «Procedural steps in the implementation of behavior modification programs in open settings», *Journal of Behavior Therapy and Experimental Psychiatry*, 7, 1976, pp. 133-136.

Wolber, G., Carne, W., Collins-Montgomery, P. y Nelson, A., «Tangible reinforcement plus social reinforcement alone in acquisition of tooth brushing skills», *Mental Retardation*, 25, 1987, pp. 275-279.

Wolf, M. M., Risley, T. y Mees, H., «Application of operant conditioning procedures to the behavior problems of an autistic child», *Behaviour Research and Therapy*, 1, 1964, pp. 305-312.

Wolf, S. L., «Electromyographic biofeedback applications to the hemiplegic patient. Changes in lower extremity neuromuscular and functional status», *Physical Therapy*, 63, 1983, pp. 1404-1413.

Wolfe, D. A., Edwards, B., Manion, I. y Koverola, C., «Early intervention for parents at risk of child abuse and neglect: A preliminary investigation», *Journal of Consulting and Clinical Psychology*, 56, 1988, pp. 40-47.

Wolfe, J. L., «Cognitive-behavioral group therapy for women», en C. M. Brody (comp.), *Women's therapy groups: Paradigms of feminist treatment*, Nueva York, Springer, 1987.

Wolpe, J., «Experimental neuroses as learned behavior», *British Journal of Psychology*, 43, 1952, pp. 243-268.

— «Reciprocal inhibition as the main basis of psychotherapeutic effects», *Archives of Neurology and Psychiatry*, 72, 1954, pp. 205-226.

— *Psychotherapy by reciprocal inhibition*, Stanford, Calif., Stanford University Press, 1958 [*Psicoterapia por inhibición recíproca*, Bilbao, Desclée de Brouwer, 1978].

— *The practice of behavior therapy*, Nueva York, Pergamon Press, 1969.

— *The practice of behavior therapy* (2ª edición), Nueva York, Pergamon Press, 1973 [*La práctica de la terapia de conducta*, México, Trillas, 1977].

— *Theme and variations: A behavior therapy casebook*, Nueva York, Pergamon, 1976.

— «Reciprocal inhibition and therapeutic change», *Journal of Behavior Therapy and Experimental Psychiatry*, 12, 1981, pp. 185-188.

— *The practice of behavior therapy* (3ª edición), Nueva York, Pergamon Press, 1982.

— y Lang, P., «A fear survey schedule for use in behavior therapy», *Behavior Research and Therapy*, 2, 1964, pp. 27-30.

— y Lang, P., *Fear Survey Schedule*, San Diego, Calif., Educational and Industrial Testing Service, 1969.

— y Lazarus, A. A., *Behavior therapy techniques*, Nueva York, Pergamon Press, 1966.

—, Salter, A. y Reyna, L. J. (comps.), *The conditioning therapies: The challenge in psychotherapy*, Nueva York, Holt, Rinehart and Winston, 1964.

Wood, L. F. y Jacobson, N. F., «Marital distress», en D. H. Barlow (comp.), *Clinical handbook of psychological disorders: A step-by-step treatment manual*, Nueva York, Guilford Press, 1985.

Wood, R. y Flynn, J. M., «A self-evaluation token system versus an external evaluation token system alone in a residential setting with pre-delinquent youth», *Journal of Applied Behavior Analysis*, 11, 1978, pp. 503-512.

Wright, M. E. y Wright, B. A., *Clinical practice of hypnotherapy*, Nueva York, Guilford, 1987.

Yates, A. J., *Behavior therapy*, Nueva York, Wiley, 1970 [*Terapia de conducta*, México, Trillas, 1975].

— *Teoría y práctica de la terapia conductual,* México, Trillas, 1977. (Or.: 1975).
— *Biofeedback and the modification of behavior,* Nueva York, Plenum Press, 1980.
Yela, M., *La estructura de la conducta. Estímulo, situación y conciencia,* Madrid, Real Academia de Ciencias Morales y Políticas, 1974.
— «Toward a unified psychological science. The meaning of behavior», en A. W. Staats y L. P. Mos (comps.), *Annals of theoretical psychology,* Nueva York, Plenum Press, 1987.
Yerkes, R. y Morgulis, S., «The method of Pavlov in animal psychology», *Psychological Bulletin,* 6, 1909, pp. 257-273.
Yost, E. B., Beviler, L. E., Corbishley, M. A. y Allender, J. R., *Group cognitive therapy: A treatment approach for depressed older adults,* Nueva York, Pergamon Press, 1988.
Young, F. A., «The effect of restricted visual space on the primate eye», *American Journal of Ophthalmology,* 52, 1961, pp. 799-806.
—, Leary, E. A., Baldwin, W. R., West, D. C., Goo, F. J., Box, R. A. y Johnson, C., «Refractive errors, reading performance and school achievement among Eskimo children», *American Journal of Optometry,* 47, 1970, pp. 384-390.
Young, J., «Loneliness», en S. D. Hollon y G. Emery (comps.), *New directions in cognitive therapy,* Nueva York, Guilford Press, 1981.
— y Beck, A. T., «Cognitive Therapy Scale rating manual», Manuscrito no publicado, Universidad de Pensilvania, Filadelfia, 1980.
— y Swift, W., «Schema-focused cognitive therapy for personality disorders: Part I.», *International Cognitive Therapy Newsletter,* 4, 1988, pp. 13-14.
Zajonc, R. B., «Feeling and thinking: Preferences need no inferences», *American Psychologist,* 35, 1980, pp. 151-175.
— «On the primacy of affect», *American Psychologist,* 39, 1984, pp. 117-123.
Zax, M. y Specter, G. A., *Introducción a la psicología de la comunidad,* México, El Manual Moderno, 1978. (Or.: 1974)
Zeaman, D. y Smith, R. W., «Review of some recent findings in human cardiac conditioning», en W. F. Prokasy (comp.), *Classical conditioning: A symposium,* Nueva York, Appleton Century Crofts, 1965.
Zettle, R. D. y Hayes, S. C., «Rule-governed behavior: A potential theoretical framework for cognitive-behavioral therapy», en P. C. Kendall (comp.), *Advances in cognitive-behavioral research and therapy,* vol. 1, Nueva York, Academic Press, 1982.
— y Young, M. J., «Rule-following and human operant responding: Conceptual and methodological considerations», *Analysis of Verbal Behavior,* 5, 1987, pp. 33-39.
Zigler, E. y Levine, J., «Premorbid adjustment and paranoid-nonparanoid status in schizophrenia: A further investigation», *Journal of Abnormal Psychology,* 82, 1973, pp. 189-199.
— y Phillips, L., «Social effectiveness and symptomatic behaviors», *Journal of Abnormal and Social Psychology,* 63, 1960, pp. 231-238.
— y Phillips, L., «Social competence and outcome in psychiatric disorder», *Journal of Abnormal and Social Psychology,* 63, 1961, pp. 264-271.
— y Phillips, L., «Social competence and the process-reactive distinction in psychopathology», *Journal of Abnormal and Social Psychology,* 65, 1962, pp. 215-222.
Zilboorg, G. y Henry, G. W., *A history of medical psychology,* Nueva York, W. W. Norton, 1941.
Zimmerman, B. J., «Social learning theory and cognitive constructivism», en I. E. Sigel, D. M. Brodzinsky y R. M. Golinkoff (comps.), *New directions in Piagetian theory and practice,* Hillsdale, N.J., Lawrence Erlbaum, 1981.
Zwick, R. y Attkisson, C. C., «The use of reception checks in client pretherapy orientation research», *Journal of Clinical Psychology,* 40, 1984, pp. 446-452.

ÍNDICE ANALÍTICO